# 한 번에 합격,
# 자격증은 이기적

# 이렇게
# 기막힌
# 적중률

**함께 공부하고 특별한 혜택까지!**
이기적 스터디 카페 🔍

**구독자 13만 명, 전강 무료!**
이기적 유튜브 🔍

# 자격증 독학, 어렵지 않다!
## 수험생 합격 전담마크

# 이기적 스터디 카페

# 인증만 하면, **고퀄리티 강의가 무료!**

# 100% 무료 강의

# 1년 365일 이기적이 쏜다!

## 365일 진행되는 이벤트에 참여하고 다양한 혜택을 누리세요.

### EVENT ❶

**기출문제 복원**

- 이기적 독자 수험생 대상
- 응시일로부터 7일 이내 시험만 가능
- 스터디 카페의 링크 클릭하여 제보

이벤트 자세히 보기 ▶

### EVENT ❷

**합격 후기 작성**

- 이기적 스터디 카페의 가이드 준수
- 네이버 카페 또는 개인 SNS에 등록 후
  이기적 스터디 카페에 인증

이벤트 자세히 보기 ▶

### EVENT ❸

**온라인 서점 리뷰**

- 온라인 서점 구매자 대상
- 한줄평 또는 텍스트 & 포토리뷰 작성 후
  이기적 스터디 카페에 인증

이벤트 자세히 보기 ▶

### EVENT ❹

**정오표 제보**

- 이름, 연락처 필수 기재
- 도서명, 페이지, 수정사항 작성
- book2@youngjin.com으로 제보

이벤트 자세히 보기 ▶

**N Pay**
네이버페이
포인트 쿠폰 **20,000원**

영진닷컴 쇼핑몰 **30,000원**

- N페이 포인트 5,000~20,000원 지급
- 영진닷컴 쇼핑몰 30,000원 적립
- 30,000원 미만의 영진닷컴 도서 증정

※ 이벤트별 혜택은 변경될 수 있으므로 자세한 내용은 해당 QR을 참고하세요.

# 이기적 크루를 찾습니다!

# WANTED

## 저자 · 강사 · 감수자 · 베타테스터 상시 모집

### 저자 · 강사

- **분야** 수험서 전 분야
  수험서 집필 혹은 동영상 강의 촬영
- **요건** 관련 강사, 유튜버, 블로거 우대
- **혜택** 이기적 수험서 저자 · 강사 자격
  집필 경력 증명서 발급

### 감수자

- **분야** 수험서 전 분야
- **요건** 관련 전문 지식 보유자
- **혜택** 소정의 감수료
  도서 내 감수자 이름 기재
  저자 모집 시 우대(우수 감수자)

### 베타테스터

- **분야** 수험서 전 분야
- **요건** 관련 수험생, 전공자, 교사/강사
- **혜택** 활동 인증서 & 참여 도서 1권
  영진닷컴 쇼핑몰 30,000원 적립
  스타벅스 기프티콘(우수 활동자)
  백화점 상품권 100,000원(우수 테스터)

◀ 모집 공고 자세히 보기

이메일 문의하기 ✉ book2@youngjin.com

# 기억나는 문제 제보하고 N페이 포인트 받자!

# 기출 복원 EVENT

| 성명 | 이기적 |
|---|---|

수험번호  2 0 2 4 1 1 1 3

## Q. 응시한 시험 문제를 기억나는 대로 적어주세요!

① 365일 진행되는 이벤트    ② 참여자 100% 당첨    ③ 우수 참여자는 N페이 포인트까지

영진닷컴 쇼핑몰

**30,000원**

N Pay

네이버페이
포인트 쿠폰          **20,000원**

### 적중률 100% 도서를 만들어주신 여러분을 위한 감사의 선물을 준비했어요.

**신청자격**  이기적 수험서로 공부하고 시험에 응시한 모든 독자님

**참여방법**  이기적 스터디 카페의 이벤트 페이지를 통해 문제를 제보해 주세요.

※ 응시일로부터 7일 이내의 시험 복원만 인정됩니다.

**유의사항**  중복, 누락, 허위 문제를 제보한 경우 이벤트 대상에서 제외됩니다.

**참여혜택**  영진닷컴 쇼핑몰 30,000원 적립

정성껏 제보해 주신 분께 N페이 포인트 5,000~20,000원 차등 지급

이벤트 페이지 확인하기 ▶

# 이기적이
# 다 드립니다

**여러분은 합격만 하세요!** 이기적 합격 성공세트 BIG 4

### 저자가 직접 알려주는, **무료 동영상 강의**

도서와 연계된 동영상 강의 제공!
책으로만 이해하기 어려웠던 내용을 영상으로 쉽게 공부하세요.

### 무엇이든 물어보세요, **1:1 질문답변**

1:1 질문답변부터 다양한 이벤트까지~
이기적 스터디 카페에 접속하여 시험에 관련된 정보들을 받아 가세요.

### 마지막까지 이기적과 함께, **핵심요약 PDF**

시험장에서 많이 떨리실 거예요.
마지막으로 가장 많이 출제되었던 핵심 개념을 정리해 보세요.

### 더 많은 문제를 원한다면, **적중 모의고사**

문제를 더 풀고 연습하고 싶으시다고요?
걱정 마세요. 적중률 100% 모의고사까지 아낌없이 드립니다.

※ 〈2025 이기적 정보처리기사 필기 기본서〉를 구매하고 인증한 수험생에게만 드리는 자료입니다.

이기적 스터디 카페 바로가기 ▶

# 시험 환경 100% 재현!

# CBT 온라인 문제집

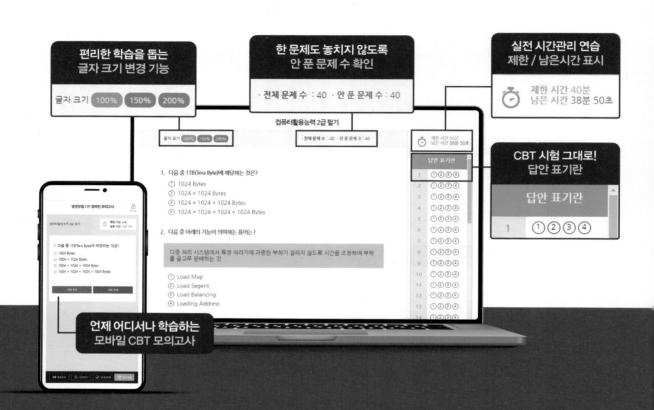

**편리한 학습을 돕는 글자 크기 변경 기능**

글자 크기 100% 150% 200%

**한 문제도 놓치지 않도록 안 푼 문제 수 확인**

· 전체 문제 수 : 40 · 안 푼 문제 수 : 40

**실전 시간관리 연습 제한 / 남은시간 표시**

제한 시간 40분
남은 시간 38분 50초

**CBT 시험 그대로! 답안 표기란**

답안 표기란

1 ① ② ③ ④

**언제 어디서나 학습하는 모바일 CBT 모의고사**

## 이용 방법

| STEP 1 | STEP 2 | STEP 3 | STEP 4 |
|---|---|---|---|
| 이기적 CBT cbt.youngjin.com 접속 | 과목 선택 후 제한시간 안에 풀이 | 답안 제출하고 합격 여부 확인 | 틀린 문제는 꼼꼼한 해설로 복습 |

이기적 CBT 🔍

이렇게
기막힌
적중률

# 정보처리기사
## 필기 기본서

1권 · 이론서

"이" 한 권으로 합격의 "기적"을 경험하세요!

YoungJin.com Y.
영진닷컴

출제빈도에 따라 분류하였습니다.
- ㉑ : 반드시 보고 가야 하는 이론
- ㉗ : 보편적으로 다루어지는 이론
- ㉞ : 알고 가면 좋은 이론

▶ 표시된 부분은 동영상 강의가 제공됩니다.
이기적 홈페이지(license.youngjin.com)에 접속하여 시청하세요.

▶ 제공하는 동영상과 PDF 자료는 1판 1쇄 기준 2년간 유효합니다.
단, 출제기준안에 따라 동영상 내용은 변경될 수 있습니다.

**PART 01  소프트웨어 설계**

1권

## PART 03 데이터베이스 구축

# PART 04 프로그래밍 언어 활용

2권

## PART 05 정보 시스템 구축 관리

구매 인증 PDF

모의고사 01~03회

시험장까지 함께 가는 핵심 요약
이기적 스터디 카페에서 제공

※ **참여 방법** : '이기적 스터디 카페' 검색 → 이기적 스터디
카페(cafe.naver.com/yjbooks) 접속 → '구매 인증 PDF
증정' 게시판 → 구매 인증 → 메일로 자료 받기

시험에 반드시 나오는 내용으로 꽉 채운 핵심 이론

**출제빈도**
섹션별 출제빈도를 상중하로
나누어 효율적인 학습이 가능합니다.

**빈출 태그**
시험에 자주 출제되는
주요 키워드를 태그로 정리했습니다.

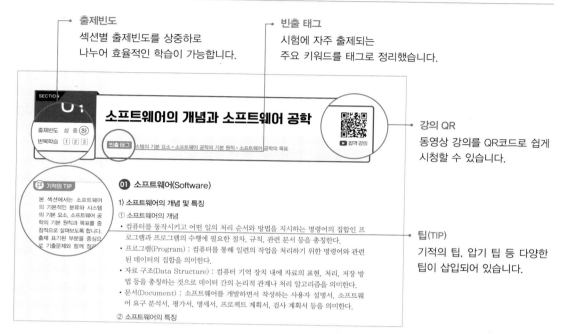

**강의 QR**
동영상 강의를 QR코드로 쉽게
시청할 수 있습니다.

**팁(TIP)**
기적의 팁, 암기 팁 등 다양한
팁이 삽입되어 있습니다.

---

시험에 자주 출제되는 내용만 엄선한 대표 기출 90선

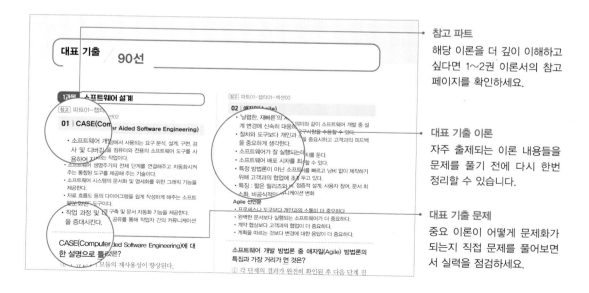

**참고 파트**
해당 이론을 더 깊이 이해하고
싶다면 1~2권 이론서의 참고
페이지를 확인하세요.

**대표 기출 이론**
자주 출제되는 이론 내용들을
문제를 풀기 전에 다시 한번
정리할 수 있습니다.

**대표 기출 문제**
중요 이론이 어떻게 문제화가
되는지 직접 문제를 풀어보면
서 실력을 점검하세요.

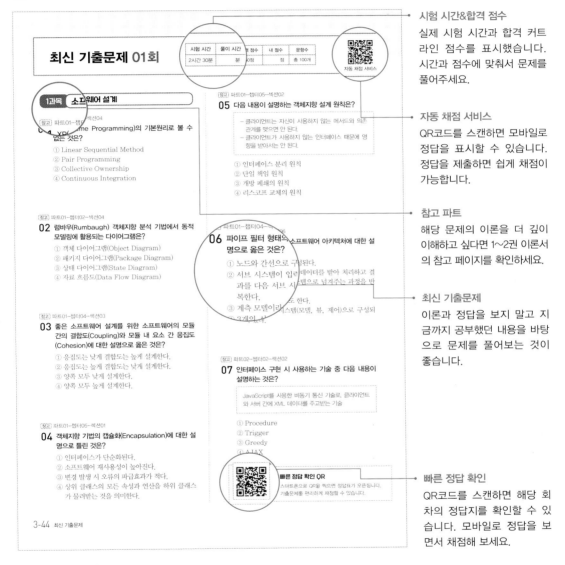

**시험 시간&합격 점수**

실제 시험 시간과 합격 커트라인 점수를 표시했습니다. 시간과 점수에 맞춰서 문제를 풀어주세요.

**자동 채점 서비스**

QR코드를 스캔하면 모바일로 정답을 표시할 수 있습니다. 정답을 제출하면 쉽게 채점이 가능합니다.

**참고 파트**

해당 문제의 이론을 더 깊이 이해하고 싶다면 1~2권 이론서의 참고 페이지를 확인하세요.

**최신 기출문제**

이론과 정답을 보지 말고 지금까지 공부했던 내용을 바탕으로 문제를 풀어보는 것이 좋습니다.

**빠른 정답 확인**

QR코드를 스캔하면 해당 회차의 정답지를 확인할 수 있습니다. 모바일로 정답을 보면서 채점해 보세요.

---

최신 기출문제 01회

| 시험 시간 | 풀이 시간 | 격 점수 | 내 점수 | 문항수 |
|---|---|---|---|---|
| 2시간 30분 | 분 | 0점 | 점 | 총 100개 |

자동 채점 서비스

**1과목 소프트웨어 설계**

참고 파트01~챕터 섹션04

**01** XP( me Programming)의 기본원리로 볼 수 없는 것은?

① Linear Sequential Method
② Pair Programming
③ Collective Ownership
④ Continuous Integration

참고 파트01~챕터02~섹션04

**02** 럼바우(Rumbaugh) 객체지향 분석 기법에서 동적 모델링에 활용되는 다이어그램은?

① 객체 다이어그램(Object Diagram)
② 패키지 다이어그램(Package Diagram)
③ 상태 다이어그램(State Diagram)
④ 자료 흐름도(Data Flow Diagram)

참고 파트01~챕터04~섹션03

**03** 좋은 소프트웨어 설계를 위한 소프트웨어의 모듈 간의 결합도(Coupling)와 모듈 내 요소 간 응집도(Cohesion)에 대한 설명으로 옳은 것은?

① 응집도는 낮게 결합도는 높게 설계한다.
② 응집도는 높게 결합도는 낮게 설계한다.
③ 양쪽 모두 낮게 설계한다.
④ 양쪽 모두 높게 설계한다.

참고 파트01~챕터05~섹션01

**04** 객체지향 기법의 캡슐화(Encapsulation)에 대한 설명으로 틀린 것은?

① 인터페이스가 단순화된다.
② 소프트웨어 재사용성이 높아진다.
③ 변경 발생 시 오류의 파급효과가 적다.
④ 상위 클래스의 모든 속성과 연산을 하위 클래스가 물려받는 것을 의미한다.

참고 파트01~챕터05~섹션02

**05** 다음 내용이 설명하는 객체지향 설계 원칙은?

- 클라이언트는 자신이 사용하지 않는 메서드와 의존 관계를 맺으면 안 된다.
- 클라이언트가 사용하지 않는 인터페이스 때문에 영향을 받아서는 안 된다.

① 인터페이스 분리 원칙
② 단일 책임 원칙
③ 개방 폐쇄의 원칙
④ 리스코프 교체의 원칙

참고 파트01~챕터04~섹션06

**06** 파이프 필터 형태의 소프트웨어 아키텍처에 대한 설명으로 옳은 것은?

① 노드와 간선으로 구성된다.
② 서브 시스템이 입력 데이터를 받아 처리하고 결과를 다음 서브 시스템으로 넘겨주는 과정을 반복한다.
③ 계층 모델이라 스템(모델, 뷰, 제어)으로 구성되 2개의 서

참고 파트02~챕터02~섹션02

**07** 인터페이스 구현 시 사용하는 기술 중 다음 내용이 설명하는 것은?

JavaScript를 사용한 비동기 통신 기술로, 클라이언트와 서버 간에 XML 데이터를 주고받는 기술

① Procedure
② Trigger
③ Greedy
④ AJAX

**빠른 정답 확인 QR**

스마트폰으로 QR을 찍으면 정답지가 오픈됩니다. 기출문제 편리하게 채점할 수 있습니다.

**STEP 01** 응시 자격 조건 확인

- 4년제 대학 졸업자 및 졸업예정자 이상의 학력 소지자만 응시 가능
- 정확한 응시 자격은 시행처에서 확인

 **STEP 02** 원서 접수

- 큐넷 홈페이지(q-net.or.kr)에서 접수
- 원서 접수 기간에 직접 인터넷으로 접수

 **STEP 03** 시험 응시

- 신분증, 수험표, 기타 준비물 지참
- CBT 시험 방식으로 진행

 **STEP 04** 합격자 발표

- 시험 종료와 동시에 합격 여부 확인
- 큐넷 홈페이지에서도 확인 가능

## 01 시행처

한국산업인력공단

## 02 시험 과목

| 필기 | 소프트웨어 설계, 소프트웨어 개발, 데이터베이스 구축, 프로그래밍 언어 활용, 정보 시스템 구축 관리 |
|---|---|
| 실기 | 정보처리 실무 |

## 03 검정 방법

| 필기 | 객관식 4지 택일형, 과목당 20문항(과목당 30분) |
|---|---|
| 실기 | 필답형(2시간 30분) |

## 04 합격 기준

| 필기 | 100점을 만점으로 하여 과목당 40점 이상, 전과목 평균 60점 이상 |
|---|---|
| 실기 | 100점을 만점으로 하여 60점 이상 |

## 05 출제기준

- 적용 기간 : 2023년 1월 1일~2025년 12월 31일
- 소프트웨어 설계, 소프트웨어 개발, 데이터베이스 구축, 프로그래밍 언어 활용, 정보 시스템 구축 관리

출제 기준 상세 보기

| 요구사항 확인 | 현행 시스템 분석<br>요구사항 확인<br>분석 모델 확인 |
|---|---|
| 화면 설계 | UI 요구사항 확인<br>UI 설계 |
| 애플리케이션 설계 | 공통 모듈 설계<br>객체지향 설계 |
| 인터페이스 설계 | 인터페이스 요구사항 확인<br>인터페이스 대상 식별<br>인터페이스 상세 설계 |
| 데이터 입출력 구현 | 자료구조<br>데이터 조작 프로시저 작성<br>데이터 조작 프로시저 최적화 |
| 통합 구현 | 모듈 구현<br>통합 구현 관리 |

| 제품 소프트웨어 패키징 | 제품 소프트웨어 패키징<br>제품 소프트웨어 매뉴얼 작성<br>제품 소프트웨어 버전 관리 |
|---|---|
| 애플리케이션 테스트 관리 | 애플리케이션 테스트케이스 설계<br>애플리케이션 통합 테스트<br>애플리케이션 성능 개선 |
| 인터페이스 구현 | 인터페이스 설계 확인<br>인터페이스 기능 구현<br>인터페이스 구현 검증 |
| SQL 응용 | 절차형 SQL 작성<br>응용 SQL 작성 |
| SQL 활용 | 기본 SQL 작성<br>고급 SQL 작성 |
| 논리 데이터베이스 설계 | 관계데이터베이스 모델<br>데이터모델링 및 설계 |
| 물리 데이터베이스 설계 | 물리 요소 조사 분석<br>데이터베이스 물리 속성 설계<br>물리 데이터베이스 모델링<br>데이터베이스 반정규화<br>물리데이터 모델 품질 검토 |
| 데이터 전환 | 데이터 전환 기술<br>데이터 전환 수행<br>데이터 정제 |
| 서버 프로그램 구현 | 개발환경 구축<br>서버 프로그램 구현<br>배치 프로그램 구현 |
| 프로그래밍 언어 활용 | 기본문법 활용<br>언어 특성 활용<br>라이브러리 활용 |
| 응용 SW 기초 기술 활용 | 운영체제 기초 활용<br>네트워크 기초 활용<br>기본 개발환경 구축 |
| 소프트웨어 개발 방법론 활용 | 소프트웨어 개발 방법론 선정<br>소프트웨어 개발 방법론 테일러링 |
| IT 프로젝트 정보 시스템 구축 관리 | 네트워크 구축 관리<br>SW 구축 관리<br>HW 구축 관리<br>DB 구축 관리 |
| 소프트웨어 개발 보안 구축 | SW 개발 보안 설계<br>SW 개발 보안 구현 |
| 시스템 보안 구축 | 시스템 보안 설계<br>시스템 보안 구현 |

## PART 01 소프트웨어 설계

20문항

### 01 요구사항 확인
**19%**

빈출 태그 요구사항 분석, 요구사항 관리 도구, 요구사항 검토, 워크스루, UML, 유즈케이스 다이어그램, 객체지향 분석 기법

### 02 화면 설계
**5%**

빈출 태그 사용자 인터페이스 기본 원칙, UI 설계 지침, UI 설계 원칙

### 03 애플리케이션 설계
**25%**

빈출 태그 자료 흐름도, 데이터 사전, 모듈화, 응집도, 결합도, 소프트웨어 아키텍처 품질 속성, 미들웨어, WAS

### 04 인터페이스 설계
**2%**

빈출 태그 JSON, AJAX, 인터페이스 연계 기술, 인터페이스 검증 도구, 소프트웨어 모델링

### 05 소프트웨어 개발 및 방법론
**49%**

빈출 태그 GoF 디자인패턴, CASE, 재공학, 재사용, 애자일, XP, 객체지향, 객체지향의 구성요소, 캡슐화, 추상화, 상속성, CBD

## PART 02 소프트웨어 개발

20문항

### 01 데이터 입출력 구현
**26%**

빈출 태그 선형/비선형 자료 구조, Stack, 검색, 정렬, 순환 복잡도

### 02 통합 구현
**8%**

빈출 태그 상향/하향식 통합, Stub, Driver, V 모델

### 03 제품 소프트웨어 패키징
**12%**

빈출 태그 패키징의 개념, 형상 관리, 형상 관리 도구의 명령어, 빌드 자동화 도구, 성능 테스트 도구, 클린코드, 외계인코드, DRM 구성 요소

### 04 애플리케이션 테스트 관리
**40%**

빈출 태그 테스트 케이스, 인수 테스트(알파, 베타), 블랙/화이트박스 테스트, 소프트웨어 테스트 원리, 단위 테스트, 단위 테스트 도구, 경계값 분석

### 05 인터페이스 구현
**14%**

빈출 태그 인터페이스 시스템의 구성, API, SOAP, 미들웨어 솔루션 유형, IDE

## 데이터베이스 구축
**20문항**

01 SQL 응용 　　17%
　　빈출 태그 DDL, DML, DCL

02 SQL 활용 　　22%
　　빈출 태그 하위 질의, SQL 연산자

03 논리 데이터베이스 설계 　　42%
　　빈출 태그 트리 순회, E-R 다이어그램, 이상 현상, 정규화, Locking, 관계 대수, 순수 관계
　　　　　　연산자, 데이터베이스 설계 단계(개념-논리-물리), 릴레이션의 구성, 키의 종류,
　　　　　　무결성

04 물리 데이터베이스 설계 　　18%
　　빈출 태그 분산 데이터베이스의 목표, 데이터베이스 분할, 인덱스, 해싱

05 데이터 전환 　　1%
　　빈출 태그 트랜잭션, 정규화, 반정규화

## 프로그래밍 언어 활용
**20문항**

01 서버 프로그램 구현 　　16%
　　빈출 태그 분산 운영체제의 투명성, 분산 운영체제의 구조, UNIX 명령어, UNIX 환경
　　　　　　변수

02 프로그래밍 언어 활용 　　35%
　　빈출 태그 C(변수, 자료형, 라이브러리, 반복문, 문자열 처리, 연산자), Java(연산자, 변수,
　　　　　　접근 제어자, 배열 객체, 함수, 출력), Python

03 응용 SW 기초 기술 활용 　　49%
　　빈출 태그 운영체제 스케줄링, 가상 기억 장치, LINUX, IP, TCP/IP, OSI 7계층

## 정보 시스템 구축 관리
**20문항**

01 소프트웨어 개발 방법론
　　활용 　　18%
　　빈출 태그 SW 개발 프레임워크, HSM, Hadoop, LOC, COCOMO, 나선형 모델,
　　　　　　ISO/IEC 12207, ISO/IEC 9126 품질 특성

02 IT 프로젝트 정보 시스템
　　구축 관리 　　16%
　　빈출 태그 프로젝트 일정 관리(PERT, CPM, Putnam)

03 소프트웨어 개발 보안 구축 　　20%
　　빈출 태그 접근 통제, CMMI, 소프트웨어 품질, SPICE

04 시스템 보안 구축 　　46%
　　빈출 태그 정보보안의 3요소, RIP, 공격 유형, 암호화 기법(공개키, 비공개키, 해시)

# CBT 시험 가이드

## CBT란?

CBT는 시험지와 필기구로 응시하는 일반 필기시험과 달리, 컴퓨터 화면으로 시험 문제를 확인하고 그에 따른 정답을 클릭하면 네트워크를 통하여 감독자 PC에 자동으로 수험자의 답안이 저장되는 방식의 시험입니다.

오른쪽 QR코드를 스캔해서 큐넷 CBT를 체험해 보세요!

## CBT 필기시험 진행 방식

본인 좌석
확인 후 착석 ➡ 수험자
정보 확인 ➡ 화면 안내에
따라 진행 ➡ 검토 후
최종 답안 제출 ➡ 퇴실

## CBT 응시 유의사항

- 수험자마다 문제가 모두 달라요. 문제은행에서 자동 출제됩니다!
- 답지는 따로 없어요!
- 문제를 다 풀면, 반드시 '제출' 버튼을 눌러야만 시험이 종료되어요!
- 시험 종료 안내방송이 따로 없어요.

## FAQ

**Q** CBT 시험이 처음이에요! 시험 당일에는 어떤 것들을 준비해야 좋을까요?

**A** 시험 20분 전 도착을 목표로 출발하고 시험장에는 주차할 자리가 마땅하지 않은 경우가 많으므로, 대중교통을 이용하는 것을 추천합니다. 무사히 시험 장소에 도착했다면 수험자 입장 시간에 늦지 않게 시험실에 입실하고, 자신의 자리를 확인한 뒤 착석하세요.

**Q** 기존보다 더 어려워졌을까요?

**A** 시험 자체의 난이도 차이는 없지만, 랜덤으로 출제되는 CBT 시험 특성상 경우에 따라 유독 어려운 문제가 많이 출제될 수는 있습니다. 이러한 돌발 상황에 대비하기 위해 이기적 CBT 온라인 문제집으로 실제 시험과 동일한 환경에서 미리 연습해두세요.

# CBT 진행 순서

| | |
|---|---|
| **좌석번호 확인** | 수험자 접속 대기 화면에서 본인의 좌석번호를 확인합니다. |
| **수험자 정보 확인** | 시험 감독관이 수험자의 신분을 확인하는 단계입니다.<br>신분 확인이 끝나면 시험이 시작됩니다. |
| **안내사항** | 시험 안내사항을 확인하고, 다음을 클릭합니다. |
| **유의사항** | 시험과 관련된 유의사항을 확인합니다. |
| **문제풀이 메뉴 설명** | 시험을 볼 때 필요한 메뉴에 대한 설명을 확인합니다.<br>메뉴를 이용해 글자 크기와 화면 배치를 조정할 수 있습니다.<br>남은 시간을 확인하며 답을 표기하고, 필요한 경우 아래의 계산기를 이용할 수 있습니다. |
| **문제풀이 연습** | 시험 보기 전, 연습을 해 보는 단계입니다.<br>직접 시험 메뉴화면을 클릭하며, CBT가 어떻게 진행되는지 확인합니다. |
| **시험 준비 완료** | 문제풀이 연습을 모두 마친 후 [시험 준비 완료] 버튼을 클릭하면 시험 감독관의 지시에 따라 시험이 시작됩니다. |
| **시험 시작** | 시험이 시작되었습니다. 수험자는 제한 시간에 맞추어 문제풀이를 시작합니다. |
| **답안 제출** | 시험을 완료하면 [답안 제출] 버튼을 클릭합니다. 답안을 수정하기 위해 시험화면으로 돌아가고 싶으면 [아니오] 버튼을 클릭합니다. |
| **답안 제출 최종 확인** | 답안 제출 메뉴에서 [예] 버튼을 클릭하면, 수험자의 실수를 방지하기 위해 한 번 더 주의 문구가 나타납니다. 완벽히 시험 문제 풀이가 끝났다면 [예] 버튼을 클릭하여 최종 제출합니다. |
| **합격 발표** | CBT 시험이 모두 종료되면, 퇴실할 수 있습니다. |

---

이제 완벽하게 CBT 필기시험에 대해 이해하셨나요?

그렇다면 이기적이 준비한 CBT 온라인 문제집으로 학습해 보세요!

이기적 온라인 문제집 : https://cbt.youngjin.com

이기적 CBT
바로가기

**Q** 국가직무능력표준(NCS)을 기반으로 출제 기준이 변경되었다고 하는데, NCS가 정확히 무엇인가요?

**A** 국가직무능력표준(NCS : National Competency Standards)이란 산업현장에서 직무를 수행하기 위해 요구되는 지식·기술·소양 등의 내용을 국가가 산업부문별·수준별로 체계화한 것으로 산업현장의 직무를 성공적으로 수행하기 위해 필요한 능력(지식, 기술, 태도)을 국가적 차원에서 표준화한 것입니다.

**Q** 독학사 취득을 위한 학점 인정 현황은 어떻게 되나요?

**A** 평생교육진흥원 학점은행 홈페이지(cb.or.kr)를 통해 좀 더 자세한 내용을 확인 할 수 있습니다.

| 종목 | 학점 |
|---|---|
| 정보처리기사 | 20 |
| 정보처리산업기사 | 16 |
| 사무자동화산업기사 | 16 |
| 워드프로세서 | 4 |
| 컴퓨터활용능력 1급 | 14 |
| 컴퓨터활용능력 2급 | 6 |

**Q** 정보처리기사의 문항 수 및 합격 기준은 어떻게 되나요?

**A** 평생교육진흥원 학점은행 홈페이지(cb.or.kr)를 통해 좀 더 자세한 내용을 확인 할 수 있습니다.

| 시험 과목 | 전체 문항 수 (총 100문항) | 시험 시간 (총 150분) | 합격 기준 |
|---|---|---|---|
| 소프트웨어 설계 | 20문항 | 30분 | |
| 소프트웨어 개발 | 20문항 | 30분 | |
| 데이터베이스 구축 | 20문항 | 30분 | 과목당 40점 이상, 전 과목 평균 60점 이상 |
| 프로그래밍 언어 활용 | 20문항 | 30분 | |
| 정보 시스템 구축 관리 | 20문항 | 30분 | |

**Q** 정보처리기사는 어디에서 접수하며, 방문 접수도 가능한가요?

**A** 큐넷 홈페이지(q-net.or.kr)에서 인터넷 접수만 가능합니다.

**Q** 기사 응시 자격은 어떻게 되나요?

**A** 4년제 이상 정규 대학교 졸업자 및 졸업 예정자, 3년제 전문 대학교 졸업자(경력 1년), 2년제 전문 대학교 졸업자(경력 2년), 산업기사 등급의 자격증 취득자(경력 1년), 기능사 등급의 자격증 취득자(경력 3년), 고등학교 이하 학력(실무경력 4년 이상)

**Q** 정보처리기사 자격증을 응시할 경우 전공 제한이 있습니까?

**A** 한국산업인력공단의 정보처리기사 자격증은 모든 학과가 관련 학과로 인정됩니다. 따라서 실제 전공 제한은 없습니다.

**Q** 필기시험에 합격한 이후 언제까지 필기시험이 면제되나요?

**A** 국가기술자격법 시행령 제21조 제1항의 근거에 의거 필기시험 면제기간은 당회 필기시험 합격자 발표일로부터 2년간입니다.

**Q** 당회 필기시험에 합격 후 실기시험을 접수하지 않으면 필기합격이 취소되나요?

**A** 당회 실기시험에 접수하지 않아도 필기시험 합격일로부터 2년간 필기시험이 면제됩니다. 단, 응시자격 서류를 제출하여야 합격이 됩니다. 응시자격 서류를 제출하지 않으면 필기시험 불합격자로 처리됩니다.
- 당회 실기시험에 응시할 경우 : 실기시험 접수 기간 내(필기시험 합격예정자 발표일로부터 4일간)에 응시자격서류를 제출 후 실기시험 접수
- 당회 실기시험에 응시하지 않을 경우 : 필기시험 합격예정자 발표일로부터 8일 이내(토, 일, 공휴일 제외)에 응시자격 서류를 제출하여야 필기시험 합격자로 됨

**Q** 접수 후 시험 장소나 종목을 변경할 수 있나요?

**A** 접수된 내용(종목, 장소, 일자, 응시 계열)은 변경 및 수정이 불가능합니다. 접수 취소 후 재접수해야 합니다.

**Q** 정보처리기사 시험의 응시 수수료는 얼마인가요?

**A** 필기 : 19,400원, 실기 : 22,600원(변경될 수 있음)

**Q** 사진 파일의 규격과 사진 재등록은 어떻게 하나요?

**A**

| 사진 파일 규격 | 사진 재등록 방법 |
|---|---|
| • 용량 : 100kbyte 이하<br>• 크기 : 세로 4.5cm ×가로 3.5cm<br>• 형식 : JPG 파일만 가능 | • 로그인 후 개인 정보 관리 메뉴에서 사진 재등록<br>• 접수 완료 후에는 접수를 취소하지 않아도 사진만 재등록 가능 |

**Q** 입실 시간이 지난 후 시험장에 도착할 경우 시험 응시가 가능한가요?

**A** 반드시 시험 30분 전에 입실해야 합니다. 입실 시간이 지나면 시험에 응시할 수 없습니다.

**Q** 자격증 발급 신청 후 수령까지 소요 기간은 얼마나 걸리나요?

**A** 자격증 발급(3~6일) 및 배송업체에서 배송하는 기간(2~4일)을 포함하여 약 7일(5~10일) 정도 소요됩니다.

# 소프트웨어 설계

파트 소개

소프트웨어 설계 과목은 소프트웨어를 개발하기 위한 기본적인 절차입니다. 요구사항을 분석하고 요구사항에 맞는 적합한 소프트웨어를 설계하는 과정을 학습하세요. 소프트웨어 설계의 전체적인 흐름을 파악하고 각 챕터와 섹션에서 빈출 태그를 중심으로 학습하도록 하세요.

# CHAPTER 01

# 소프트웨어 공학과
# 개발 방법론

**학습 방향**

본 챕터에서는 소프트웨어의 개념부터 소프트웨어 개발을 효율적으로 할 수 있도록 도와주는 소프트웨어 공학 그리고 소프트웨어 개발에 있어 다양한 방법론을 학습함으로써 소프트웨어의 기본 개념과 소프트웨어 개발의 전체적인 흐름을 파악하게 됩니다.

**출제빈도**

| SECTION 01 | 하 | 15% |
| SECTION 02 | 중 | 25% |
| SECTION 03 | 상 | 45% |
| SECTION 04 | 하 | 15% |

# 소프트웨어의 개념과 소프트웨어 공학

▶합격 강의

**빈출 태그** 시스템의 기본 요소 • 소프트웨어 공학의 기본 원칙 • 소프트웨어 공학의 목표

## 01 소프트웨어(Software)

### 1) 소프트웨어의 개념 및 특징

#### ① 소프트웨어의 개념

- 컴퓨터를 동작시키고 어떤 일의 처리 순서와 방법을 지시하는 명령어의 집합인 프로그램과 프로그램의 수행에 필요한 절차, 규칙, 관련 문서 등을 총칭한다.
- 프로그램(Program) : 컴퓨터를 통해 일련의 작업을 처리하기 위한 명령어와 관련된 데이터의 집합을 의미한다.
- 자료 구조(Data Structure) : 컴퓨터 기억 장치 내에 자료의 표현, 처리, 저장 방법 등을 총칭하는 것으로 데이터 간의 논리적 관계나 처리 알고리즘을 의미한다.
- 문서(Document) : 소프트웨어를 개발하면서 작성하는 사용자 설명서, 소프트웨어 요구 분석서, 평가서, 명세서, 프로젝트 계획서, 검사 계획서 등을 의미한다.

#### ② 소프트웨어의 특징

- 상품성 : 소프트웨어를 개발하면 상품이 되어 판매할 수 있다.
- 복잡성 : 개발하는 과정이 복잡하고 관리가 어렵다.
- 변경 가능성 : 프로그램을 일부 수정하여 업그레이드 및 오류 수정 등을 할 수 있다.
- 복제성 : 복제가 쉬워 쉽게 복사, 유통이 가능하다.
- 순응성 : 기술의 발전, 사용자 요구, 사회적 흐름의 변화에 맞춰 적절히 변형된다.
- 비가시성 : 소프트웨어 구조는 외관으로 나타나 있지 않고 코드로 내재되어 있다.

### 2) 소프트웨어의 분류

#### ① 시스템 소프트웨어(System Software)

- 하드웨어를 관리하고 컴퓨터 자원을 활용하는 소프트웨어를 의미한다.
- 운영체제, 컴파일러, 로더, 디버거 등

#### ② 응용 소프트웨어(Application Software)

- 사용자가 원하는 목적에 맞게 만들어진 소프트웨어를 의미한다.
- 엑셀, 파워포인트, 워드프로세서, 그래픽 디자인 프로그램 등

#### ③ 미들웨어 소프트웨어(Middleware Software)

- 시스템 소프트웨어와 응용 소프트웨어를 연결해 주는 중간 단계의 소프트웨어를 의미한다.
- 데이터베이스 관리 시스템, 웹 서버, 애플리케이션 서버, 트랜잭션 처리 모니터 등

### 3) 시스템(System)의 개념과 기본 요소 <sup>21.5</sup>

#### ① 시스템의 개념

- 컴퓨터로 처리 가능한 자료를 입력하고 저장, 처리, 가공해 출력할 수 있도록 설계/구현된 정보 체계를 의미한다.
- 하나의 목적을 위해 다양한 요소가 유기적으로 결합된 것을 의미한다.

#### ② 시스템의 기본 요소 ★ <sup>24.5</sup>

- 입력(Input) : 처리 방법, 제어 조건, 처리할 데이터를 시스템에 투입하는 요소이다.
- 출력(Output) : 처리된 결과를 시스템에서 출력하는 요소이다.
- 처리(Process) : 입력된 자료를 처리 조건에 따라 변환 및 가공하는 요소이다.
- 제어(Control) : 시스템의 기본 요소들이 각 과정을 올바르게 행하는지 감독하는 요소이다.
- 피드백(Feedback) : 처리된 결과를 측정, 파악하여 목표에 도달되었는가를 검사하며 만일 불충분할 경우 목표 달성을 위해 다시 입력하는 요소이다.

★ 시스템의 기본 요소

### 4) 소프트웨어 위기(Software Crisis)

#### ① 소프트웨어 위기(Software Crisis)의 개념

컴퓨터의 발달 과정에서 소프트웨어의 개발 속도가 하드웨어의 개발 속도를 따라가지 못해 사용자들의 요구사항을 감당할 수 없는 문제가 발생함을 의미한다.

#### ② 소프트웨어 위기의 원인 <sup>22.7</sup>

- 하드웨어 비용을 초과하는 개발 비용의 증가
- 개발 기간의 지연
- 개발 인력 부족 및 인건비 상승
- 성능 및 신뢰성 부족
- 유지보수의 어려움에 따른 엄청난 비용

## 02  소프트웨어 공학(Software Engineering) <sup>23.6</sup>

### 1) 소프트웨어 공학(Software Engineering)의 개념 <sup>21.3</sup>

- 경제적으로 신뢰도 높은 소프트웨어를 만들기 위한 방법, 도구와 절차들의 체계를 말한다.
- IEEE(전기전자공학자협회)는 소프트웨어의 개발, 운용, 유지보수 및 파기에 대한 체계적인 접근 방법이라 정의하였다.
  └─ Institute of Electrical and Electronics Engineers

### 2) 소프트웨어 공학의 등장 배경

- 소프트웨어 개발에 필요한 시간과 비용 예측력이 부족
- 개발된 소프트웨어의 품질 수준이 부족
- 하드웨어에 대한 소프트웨어의 상대적 비용 증대
- 유지보수 역할의 증대

- 하드웨어 및 소프트웨어 기술의 급속한 발전
- 크고 복잡한 소프트웨어에 대한 수요 증가
- 특정 개인에 의존한 시스템의 개발

### 3) 소프트웨어 공학의 분류

- 소프트웨어 공학은 크게 소프트웨어 개발 생명주기 모형, 소프트웨어 프로세스 모형, 소프트웨어 품질 관리, 소프트웨어 유지보수 등으로 분류한다.
- 소프트웨어 개발 생명주기 모형 : 소프트웨어를 개발하는 과정을 단계별로 분류한 모형으로, 폭포수 모형, 프로토타입 모형, 나선형 모형, 애자일 개발 방법론 등이 있다.
- 소프트웨어 프로세스 모형 : 소프트웨어 개발을 위한 절차와 방법을 제공하는 모형으로, ISO/IEC 12207★, CMMI 등이 있다.
- 소프트웨어 품질 관리 : 소프트웨어 개발 과정에서 품질을 유지하고 향상시키기 위한 관리 기법을 연구하는 것으로, 테스트, 코드 리뷰, 정적 분석 등이 있다.
- 소프트웨어 유지보수 : 개발된 소프트웨어를 사용하고 보수하는 과정을 연구하는 것으로, 버그 수정, 기능 추가, 기술 업그레이드 등이 있다.

★ ISO/IEC 12207
소프트웨어 개발의 프로세스를 규정하는 국제 표준이다. 이 표준은 ISO와 IEC의 합동 기술 위원회에서 제정되었으며, 소프트웨어 생명주기 프로세스의 기본 구조와 활동을 제시한다.

### 4) 소프트웨어 공학의 기본 원칙 24.7, 20.8

- 현대적인 프로그래밍 기술을 적용해야 한다.
- 신뢰성이 높아야 한다.
- 사용의 편리성과 유지보수성이 높아야 한다.
- 지속적인 검증 시행을 해야 한다.
- 사용자가 원하는 대로 동작해야 한다.
- 시스템의 안전성과 보안에 최선을 다해야 한다.
- 최신 프로그램 언어, 최신 알고리즘 사용 현황을 확인해야 한다.
- 소프트웨어 개발 비용을 최소화하도록 노력해야 한다.
- 개발 단계와 소스 코드 등의 문서화를 통해 명확성을 유지해야 한다.

### 5) 공학적으로 좋은 소프트웨어의 조건

- 신뢰성이 높고 효율적이어야 하며, 사용자의 의도대로 동작해야 한다.
- 편리성 제공 및 잠재적 에러를 최소화해야 한다.
- 유지보수성이 쉬워야 한다.

**소프트웨어 공학 계층 구조**

### 6) 소프트웨어 공학 계층 구조

- 도구 : 프로세스와 방법을 처리하는 기능을 제공하는 것이다.
- 방법론 : 소프트웨어를 설계하는 데 기술적인 방법을 제공하는 것이다.
- 프로세스 : 소프트웨어의 가장 기초가 되며, 개발에 사용되는 방법론과 도구가 적용되는 순서를 의미한다.

✔ 개념 체크

1  소프트웨어 공학의 기본 원칙상 지속적인 검증 시행은 필요하지 않다. (O, X)

1 X

## 7) 소프트웨어 공학의 목표 <sup>21.3</sup>

- 최소의 비용으로 단기간에 시스템에 적합한 소프트웨어를 개발하는 것이다.
- 소프트웨어 제품의 품질을 향상시키고 소프트웨어 생산성과 작업 만족도를 증대시키는 것이다.
- 신뢰성 있는 소프트웨어를 경제적인 비용으로 획득하기 위해 공학적 원리를 정립하고 이를 이용하는 것이다.

## 8) 소프트웨어 품질

- 사용자의 요구대로 만들어져야 한다.
- 유지보수가 쉬워야 한다.
- 에러를 최소화해야 한다.
- 초반에 정한 비용에 맞춰 개발해야 한다.
- 정확한 결과가 도출되어야 한다.
- 원하는 시간에 원하는 기능을 수행할 수 있어야 한다.

**기적의 TIP**

소프트웨어 공학의 궁극적 목표는 최소의 비용으로 계획된 일정보다 이른 시일 안에 개발하는 것입니다.

---

## 이론을 확인하는 기출문제

**01** 시스템의 구성 요소로 볼 수 <u>없는</u> 것은?

① Process
② Feedback
③ Maintenance
④ Control

시스템의 구성 요소 : Process, Feedback, Control, Input, Output

**02** 소프트웨어 위기를 가져온 원인으로 가장 옳지 <u>않은</u> 것은?

① 소프트웨어 규모 증대와 복잡도에 따른 개발비용 증가
② 프로젝트 관리 기술의 부재
③ 소프트웨어 개발 기술에 대한 훈련 부족
④ 소프트웨어 수요의 감소

사회가 고도화되면서 소프트웨어 수요가 폭증하였다.

**03** 다음 중 공학적으로 잘 작성된 소프트웨어가 갖는 특성으로 가장 적합한 것은?

① 원하는 요구사항 중에 중요한 사항만 반영한다.
② 유지보수 비용이 많이 들어간다.
③ 신뢰성이 떨어지더라도 효율성이 높다.
④ 사용자가 손쉽게 사용할 수 있다.

잘 작성된 소프트웨어는 사용자가 쉽고, 편하고, 빠르게 사용할 수 있다.

**04** 소프트웨어 공학의 기본 원칙이라고 볼 수 <u>없는</u> 것은?

① 품질 높은 소프트웨어 상품 개발
② 지속적인 검증 시행
③ 결과에 대한 명확한 기록 유지
④ 최대한 많은 인력 투입

개발 인력을 많이 투입한다고 소프트웨어의 생산성이 향상되지 않는다. 개발할 소프트웨어의 성격에 맞게 적절한 개발 인력을 투입해야 한다.

정답 01 ③ 02 ④ 03 ④ 04 ④

# 소프트웨어의 재공학

▶ 합격 강의

---

**⑮ 기적의 TIP**

본 섹션에서는 재공학과 재
사용, 그리고 소프트웨어 자
동화 도구를 중심으로 학습
합니다. 내용을 암기하기보다
는 개념적인 이해를 하시기
바랍니다.

## 🅞① 소프트웨어 재공학

└─ 현재의 시스템을 변경하거나 재구조화(Restructuring)하는 것

### 1) 소프트웨어 재공학(Software Reengineering)

① 소프트웨어 재공학의 개념 및 목표
- 소프트웨어 위기를 개발의 생산성이 아닌 유지보수의 생산성으로 해결하려는 방법을 의미한다.
- 재구조화는 재공학의 한 유형으로 사용자의 요구사항이나 기술적 설계의 변경 없이 프로그램을 개선하는 것이다.
- 소프트웨어 재공학 관점에서 가장 연관 깊은 유지보수 유형은 예방 유지보수(Preventive Maintenance)이다.
- 재사용을 수월하게 하며 소프트웨어의 수명을 연장하는 것을 목표로 한다.

② **재공학의 장점** 22.3
- 개발 시간과 비용을 감소시킨다.
- 프로젝트 실패의 위험을 감소시킨다.
- 소프트웨어의 품질 및 생산성을 향상시킨다.
- 구축 방법에 대한 개발 지식을 공유할 수 있다.

③ **재공학의 과정** 23.6, 22.3
- 분석(Analysis) : 기존 소프트웨어의 명세서를 확인하여 소프트웨어의 동작을 이해하고 재공학 대상을 선정하는 것이다.
- 재구성(Restructuring) : 소프트웨어 구조를 향상시키기 위해 코드를 재구성하는 것이다.
- 역공학(Reverse Engineering) 22.8 : 원시 코드를 분석하여 소프트웨어 관계를 파악하고 기존 시스템의 설계 정보를 재발견하여 다시 제작하는 작업이다.
- 이식(Migration) : 기존 소프트웨어 시스템을 새로운 기술 또는 하드웨어 환경에서 사용할 수 있도록 변환하는 작업이다.

**✔ 개념 체크**

1 재공학 과정 중 이식(Mi-
 gration)은 기존 소프트웨어
 시스템을 새로운 기술 또는
 하드웨어 환경에서 사용할
 수 있도록 변환하는 작업이
 다. (O, X)

1 O

## 2) 소프트웨어 재사용(Software Reuse)

① 재사용(Reuse)의 2가지 기본 기술 [20.8]

- 생성 중심(Generation Based, 모듈화) [23.6, 23.3] : 재사용 단위를 찾아 발전시키는 기술로, 전자칩 같은 유용한 소프트웨어 부품을 찾아내는 방법이다.
- 합성 중심(Composition Based, 모델화) : 모듈을 생산성 있게 조립하는 기술로, 전자칩 같은 소프트웨어 부품, 즉 블록(모듈)을 만들어서 끼워 맞추는 방법으로 소프트웨어를 완성시키는 방법이다.

② 재공학 vs 재사용

- 재공학(Reengineering) : 이미 작성된 소프트웨어를 개선하거나 수정하는 과정을 말한다. 코드 유지보수, 향상된 성능, 새로운 요구사항 충족 등의 목적으로 수행된다. 재공학은 소프트웨어 시스템의 기능 및 비기능적인 요구사항을 충족시키기 위한 기술을 적용하여 시스템의 구조를 개선한다. 이를 통해 개발 비용 및 시간을 절감할 수 있다.
- 재사용(Reuse) : 이미 작성된 소프트웨어 구성 요소를 다른 소프트웨어에서 사용하는 것으로, 개발 비용과 시간을 절약하여 코드의 생산성을 향상시킬 수 있다. 재사용할 수 있는 코드를 개발하는 데 사용할 수 있는 도구와 기술도 있다.
- 둘 다 개발 비용과 시간을 절약하는 방법이지만, 재사용은 코드의 재사용성을 향상시키는 데 초점을 두고, 재공학은 기존 코드를 개선하는 데 초점을 둔다는 차이가 있다.

> **🅱 기적의 TIP**
>
> 재사용 가능한 구성 요소는 라이브러리, 프레임워크, 모듈, 클래스 등이 있습니다. 꼭 기억하세요.

**➕ 더 알기 TIP**

**리팩토링(Refactoring)** [23.6, 22.4]

소프트웨어를 보다 쉽게 이해할 수 있고, 적은 비용으로 수정할 수 있도록 겉으로 보이는 동작의 변화 없이 내부 구조를 변경하는 것을 의미한다.

## 02 CASE

### 1) CASE의 개념과 분류

① CASE(Computer Aided Software Engineering)의 개념 [24.5, 24.3, 23.6, 23.3]

- 소프트웨어 개발 과정에서 사용되는 요구 분석, 설계, 구현, 검사 및 디버깅 과정을 컴퓨터와 전용 소프트웨어 도구를 사용하여 자동화하는 작업이다.
- 자료 흐름도 등의 다이어그램을 쉽게 작성하게 해주는 소프트웨어 도구이다.
- 작업 과정 및 데이터 공유를 통해 작업자 간의 커뮤니케이션을 증대한다.

② CASE가 제공하는 기능 [23.6, 21.5, 21.3, 20.9]

- 개발을 신속하게 할 수 있고, 오류 수정이 쉬워 소프트웨어 품질이 향상된다.
- 소프트웨어 생명주기의 전체 단계를 연결해 주고 자동화시켜 주는 통합된 도구를 제공해 주는 기술이다.
- 소프트웨어 시스템의 문서화 및 명세화를 위한 그래픽 기능을 제공한다.
- 소프트웨어 개발 단계의 표준화를 기할 수 있으며 자료 흐름도 작성 기능을 제공한다.
- 모델들 사이의 모순 검사 기능을 제공하며 다양한 소프트웨어 개발 모형을 지원한다.
- 원천 기술 [23.6] : 구조적 기법, 프로토타이핑 기술, 정보 저장소 기술

③ CASE 사용의 장점

- 소프트웨어 개발 기간 단축 및 개발 비용을 절약하여 소프트웨어 생산성을 향상시킨다.
- 자동화된 검사를 통해 소프트웨어 품질이 향상된다.
- 프로그램의 유지보수가 간편해지고 소프트웨어 모듈의 재사용성이 향상된다.
- 소프트웨어 개발 주기의 표준안 확립, 소프트웨어 개발 기법의 실용화, 문서화의 용이성 제공, 시스템 수정 및 유지보수 축소 등의 효과를 얻을 수 있다.

④ CASE 사용의 단점

- 적응성 부족 : CASE는 기본적으로 템플릿 기반의 접근 방식이므로 특별한 요구사항이나 프로젝트의 특성에 대응하기 어려울 수 있다. 이 경우에는 새로운 템플릿을 만들어야 하므로 개발 시간이 길어질 수 있다.
- 복잡성 : CASE 도구를 사용하는 것은 프로젝트를 관리하는 데 필요한 복잡한 프로세스를 생성할 수 있다. 이러한 프로세스는 실제 개발 프로젝트에서 적용하기 어렵거나 비효율적일 수 있다.
- 비용 : CASE 도구를 구매하는 데 고비용이 요구되며, 구매 비용뿐만 아니라 훈련 및 유지보수 비용도 필요하다. 따라서 소규모 개발 프로젝트에서는 비용 대비 효율성이 떨어질 수 있다.
- 제한적인 협업 : CASE 도구를 사용하면 프로젝트의 여러 이해관계자 간에 협업을 향상시킬 수 있으나 종종 다른 개발 도구와 통합하는 데 제한이 있을 수 있다. 이에 따라 정보의 소통이 제한될 수 있다.
- 문서화의 부족 : CASE 도구는 자동으로 문서를 생성하지만, 생성된 문서는 보통 불완전하거나 정확하지 않을 수 있다. 이 문제는 사람들이 직접 문서를 작성하면 해결될 수 있다.

⑤ CASE의 분류 [21.5]

- 상위(Upper) CASE : 요구 분석 및 설계 단계 지원(모델 간 모순 검사 기능, 모델 오류 검증 기능, 자료 흐름도 작성 기능)
- 하위(Lower) CASE : 소스 코드 작성, 테스트, 문서화 과정 지원
- 통합(Integrate) CASE : 소프트웨어 개발 주기 전체 과정 지원

✔ 개념 체크

1 CASE의 원천 기술에는 (      ), 프로토타이핑 기술, 정보 저장소 기술이 있다.

2 CASE의 분류에는 상위, 중위, 하위가 있다. (O, X)

1 구조적 기법  2 X

## 2) 요구사항 분석과 CASE 도구

### ① 요구사항 분석을 위한 CASE 도구의 개념

- 요구사항을 자동으로 분석하고, 요구사항 분석 명세서를 기술하도록 개발된 도구를 의미한다.
- 표준화와 보고를 통한 문서화 품질 개선, 변경이 주는 영향 추적의 용이성, 명세에 대한 유지보수 비용 축소, 교차 참조도와 보고서를 통한 결함, 생략, 불일치 등의 발견 용이성 등의 특징을 갖는다.
- DB를 모두가 이용 가능하다는 점에서 분석자들 간의 적절한 조정 기능을 제공한다.

### ② 요구사항 분석을 위한 CASE 도구의 종류

- <u>SADT</u>(Structured Analysis and Design Technique) [20.9]
  - SoftTech 사에서 개발한 것으로 시스템 정의, 소프트웨어 요구사항 분석, 시스템/소프트웨어 설계를 위해 널리 이용되어 온 구조적 분석 및 설계 도구이다.
  - 구조적 요구 분석을 하기 위해 블록 다이어그램을 채택한 자동화 도구이다.
- <u>SREM</u>(Software Requirements Engineering <u>Methodology</u>) ⎯ RSL/REVS
  - TRW 사가 우주 국방 시스템 그룹에 의해 실시간 처리 소프트웨어 시스템에서 요구사항을 명확히 기술하도록 할 목적으로 개발한 것으로, RSL과 REVS를 사용하는 자동화 도구이다.
  - RSL(Requirement Statement Language) : 요소, 속성, 관계, 구조들을 기술하는 요구사항 기술 언어이다.
  - REVS(Requirement Engineering and Validation System) : RSL로 기술된 요구사항들을 자동으로 분석하여 요구사항 분석 명세서를 출력하는 요구사항 분석 기술이다.
- <u>PSL/PSA</u>(Program Statement Language/Program Statement Analysis)
  - 미시간 대학에서 개발한 것으로 PSL과 PSA를 사용하는 자동화 도구이다.
  - 요구분석에 필요한 내용을 PSL이란 기술 언어를 사용하여 작성한 뒤 PSA에 입력하면, PSA는 분석 데이터베이스에 저장하고 있는 자료를 분석하여 최적의 요구 명세서를 자동으로 출력해 준다.

🕐 암기 TIP

**SADT, SREM, PSL/PSA**
CASE 도구는 모두 약어에 S가 포함된다는 것을 기억하세요.

✅ 개념 체크

1 SoftTech 사에서 개발한 것으로 시스템 정의, 소프트웨어 요구사항 분석, 시스템/소프트웨어 설계를 위해 널리 이용되어 온 구조적 분석 및 설계 도구는?

1 SADT

**01** 소프트웨어 재공학이 소프트웨어의 재개발에 비해 갖는 장점으로 거리가 먼 것은?

① 위험 부담 감소
② 비용 절감
③ 시스템 명세의 오류 억제
④ 개발 시간의 증가

소프트웨어 재공학은 개발 시간의 단축을 위해서 사용된다.

**02** 소프트웨어 재공학의 주요 활동 중 기존 소프트웨어 시스템을 새로운 기술 또는 하드웨어 환경에서 사용할 수 있도록 변환하는 작업을 의미하는 것은?

① Analysis
② Migration
③ Restructuring
④ Reverse Engineering

이식(Migration) : 기존 시스템 환경 → 새로운 시스템 환경

**03** CASE(Computer Aided Software Engineering)의 원천 기술이 아닌 것은?

① 구조적 기법
② 프로토타이핑 기술
③ 정보 저장소 기술
④ 일괄 처리 기술

CASE 원천 기술 : 구조적 기법, 프로토타이핑 기술, 정보 저장소 기술

**04** 다음 중 상위 CASE 도구가 지원하는 주요 기능으로 볼 수 없는 것은?

① 모델들 사이의 모순 검사 기능
② 전체 소스 코드 생성 기능
③ 모델의 오류 검증 기능
④ 자료 흐름도 작성 기능

상위(Upper) CASE : 요구 분석 및 설계 단계 지원(모델 간 모순 검사 기능, 모델 오류 검증 기능, 자료 흐름도 작성 기능)

**05** CASE(Computer Aided Software Engineering)에 대한 설명으로 가장 옳지 않은 것은?

① 프로그램의 구현과 유지보수 작업만을 중심으로 소프트웨어 생산성 문제를 해결한다.
② 소프트웨어 생명주기의 전체 단계를 연결해 주고 자동화해 주는 통합된 도구를 제공한다.
③ 개발 과정의 속도를 향상시킨다.
④ 소프트웨어 부품의 재사용을 가능하게 한다.

CASE는 소프트웨어 개발 과정에서 사용되는 요구 분석, 설계, 구현, 검사 및 디버깅 과정을 컴퓨터와 전용 소프트웨어 도구를 사용하여 자동화하는 작업이다.

**06** SoftTech 사에서 개발된 것으로 구조적 요구 분석을 하기 위해 블록 다이어그램을 채택한 자동화 도구는?

① SREM
② PSL/PSA
③ HIPO
④ SADT

SADT(Structured Analysis and Design Technique)
• SoftTech 사에서 개발한 것으로 시스템 정의, 소프트웨어 요구사항 분석, 시스템/소프트웨어 설계를 위해 널리 이용되어 온 구조적 분석 및 설계 도구이다.
• 구조적 요구 분석을 하기 위해 블록 다이어그램을 채택한 자동화 도구다.

정답 01 ④ 02 ② 03 ④ 04 ② 05 ① 06 ④

출제빈도 **상** 중 하
반복학습 ① ② ③

**빈출 태그** 폭포수 모형・나선형 모형・프로토타입 모형・상향식/하향식 설계・HIPO・V-모델・애자일 방법론

## ① 소프트웨어 설계 방법론

### 1) 소프트웨어 생명주기(SDLC : Software Development Life Cycle)

① 소프트웨어 생명주기의 개념

- 소프트웨어 제품의 개념 형성에서 시작하여 운용/유지보수에 이르기까지 변화의 모든 과정이다.
- 단계별 주요 활동과 산출물을 표현함으로써 프로젝트의 관리를 쉽게 해준다.
- 프로젝트의 비용 산정과 개발 계획을 수립할 수 있는 기본 골격이 된다.
- 타당성 검토 → 개발 계획 → 요구사항 분석 → 설계 → 구현 → 테스트 → 운용 → 유지보수

② 소프트웨어 생명주기 단계

- 요구 분석 단계(Requirement Analysis) : 시스템의 요구사항을 수집하고 분석하여 시스템의 목적과 기능을 정의한다. 이 단계에서 요구사항 명세서를 작성하고, 시스템 구성 요소 및 인터페이스 등을 정의한다.
- 설계 단계(Design) : 시스템의 요구사항과 명세서를 기반으로 시스템의 구조를 설계한다. 이 단계에서 시스템 아키텍처, 모듈 구조, 데이터 구조 등을 설계하고, 설계 문서를 작성한다.
- 구현 단계(Implementation) : 설계 단계에서 작성한 설계 문서를 기반으로 소프트웨어를 개발한다. 이 단계에서 프로그래밍, 테스팅, 디버깅 등의 작업을 수행하고, 소프트웨어를 완성한다.
- 테스트 단계(Testing) : 소프트웨어가 요구사항을 충족하는지 확인하기 위해 테스트를 수행한다. 이 단계에서 기능적 테스트, 성능 테스트, 보안 테스트 등을 수행한다.
- 유지보수 단계(Maintenance) : 소프트웨어가 고객의 요구사항에 계속해서 부합하도록 유지보수를 수행한다. 이 단계에서 버그 수정, 기능 개선, 기술 업그레이드 등을 수행한다.

> 🅱 **기적의 TIP**
>
> 소프트웨어 설계를 도와주는 다양한 방법론을 학습합니다. 빈출 태그와 출제 표시된 내용을 중심으로 정리하며, 방법론의 이름을 보고 방법론을 이해하도록 합니다. 무조건 암기보다는 해당 명칭을 갖게 된 배경을 살피면 좀 더 쉽게 접근이 가능합니다.

> ✔ **개념 체크**
>
> 1 소프트웨어 생명주기 단계 중 작성한 설계 문서를 기반으로 소프트웨어를 개발하는 단계는?
>
> 1 구현 단계

### 2) 폭포수 모형(Waterfall Model) <sup>21.3, 20.9, 20.8, 20.6</sup>

① 폭포수 모형의 개념
- Boehm이 제시한 고전적 생명주기 모형으로, 소프트웨어 개발 과정의 각 단계가 순차적으로 진행되는 모형이다.
- 폭포수 모형은 항공 방위 소프트웨어 시스템 개발 경험을 토대로 처음 개발되어 1970년대부터 널리 알려졌다.

② 폭포수 모형의 개발 단계
- 요구 분석 단계(Requirement Analysis) : 시스템의 요구사항을 수집하고 분석하여 요구사항 명세서를 작성한다.
- 설계 단계(Design) : 요구사항 명세서를 기반으로 시스템의 구조를 설계한다.
- 구현 단계(Implementation) : 설계 단계에서 작성한 설계 문서를 기반으로 소프트웨어를 개발한다.
- 테스트 단계(Testing) : 소프트웨어가 요구사항을 충족하는지 확인하기 위해 테스트를 수행한다.
- 유지보수 단계(Maintenance) : 소프트웨어가 고객의 요구사항에 계속해서 부합하도록 유지보수를 수행한다.

**폭포수 모형의 개발 단계**

③ 폭포수 모형의 특징 및 장점
- 개발 과정이 일정하게 진행되기 때문에 예측 가능성이 커진다.
- 유사한 개발 경험이 있는 경우 효율적이고, 품질 면에서 우수하다.
- 단계별로 문서화 작업(Document Driven)이 필요하여, 문서화가 잘되는 장점이 있다.
- 모형의 적용 경험과 성공 사례가 많다.
- 순차적인 접근 방법을 이용한다.
- 오래되고 널리 사용된 전통적인 기법이다.
- 단계적 정의와 산출물이 명확하다.

④ 폭포수 모형의 단점
- 현실적으로 오류 없이 진행하기 어렵다. 즉, 거꾸로 되돌아가는 상황이 발생한다.
- 새로운 요구나 경험을 설계에 반영하기 힘들다.
- 개발이 완료되고 사용 단계에 들어서야 사용자 의견을 반영할 수 있다.
- 초기에 요구사항을 완벽히 수집하고 분석해야 해서 요구사항 변경이 어렵다는 단점도 있다.
- 각 단계가 완료되어야 다음 단계로 넘어갈 수 있어서 전체 개발 기간이 길어지는 문제가 있다.
- 명확성이나 정밀성을 강조하는 경우 코딩이나 테스트 작업이 지연될 수 있다.
- 사용자의 요구를 만족하는지는 최종적인 성과물이 완성되어야만 판명된다.

### 3) HIPO(Hierarchy Input Process Output) 24.7, 24.5, 24.3, 23.3, 22.3, 20.6

① HIPO의 개념

- 구조적 분석 및 설계 방법론 중 하나이다.
- 입력, 처리, 출력으로 구성되는 시스템 분석 및 설계와 시스템 문서화용 기법이다.
- 일반적으로 가시적 도표(Visual Table of Contents)★, 총체적 다이어그램 (Overview Diagram)★, 세부적 다이어그램(Detail Diagram)★으로 구성된다.

② HIPO의 특징

- 기능과 자료의 의존 관계를 동시에 표현할 수 있다.
- 보기 쉽고 이해하기 쉬우며 수정 및 유지보수가 쉽다.
- 하향식 소프트웨어 개발을 위한 문서화 도구이다.
- 상위 레벨에서 하위 레벨로 세분된 계층적 구조로 되어 있다.
- 입력 데이터, 처리 로직, 출력 결과를 각각 분리하여 분석 및 설계를 수행한다.
- 구조화된 분석 및 설계 결과를 기반으로 구현 단계에서 쉽게 코드화할 수 있다.
- 모듈화 및 재사용성을 고려하여 설계할 수 있다.

### 4) 나선형 모형(Spiral Model) 23.3, 22.3, 21.8, 21.3

① 나선형 모형의 개념

- Boehm이 제시하였으며, 반복적인 작업을 수행하는 점증적 생명주기 모형이다.
- 점증적 모형, 집중적 모형이라고도 하며 유지보수 과정이 필요 없다.
- 소프트웨어 개발 중 발생할 수 있는 위험을 관리하고 최소화하는 것이 목적이다.
- 나선을 따라서 돌아가면서 각 개발 순서를 반복하여 수행하는 점진적 방식이다.
- 폭포수 모형과 프로토타입 모형의 장점을 살린 모형으로 누락된 요구사항을 추가할 수 있다.

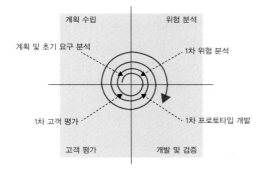

② 나선형 모형의 개발 단계 22.7, 21.3, 20.9, 20.8

- 계획 수립 : 기능 설정, 제약 조건 파악 등의 세부적 계획 단계이다.
- 위험 분석 : 위험 요소 분석 및 해결 방안 설정 단계이다.
- 개발과 검증 : 기능 개발 및 검증 단계이다.
- 고객 평가 및 다음 단계 수립 : 결과물 평가 및 추후 단계 진행 여부를 결정하는 단계이다.

---

★ **가시적 도표(Visual Table of Contents)**
시스템의 전체적인 기능과 흐름을 나타내는 도표(=구조도)

★ **총체적 다이어그램(Overview Diagram)**
프로그램을 구성하는 기능을 기술한 것으로 입력, 처리, 출력 등의 기능을 명확히 표현한 도표

★ **세부적 다이어그램(Detail Diagram)**
총괄 도표에 표시된 기능을 상세히 기술한 모듈 도표(=상세 도표)

**폭포수 모형 vs HIPO**
1. 접근 방법
- 폭포수 모형 : 단계별로 직선적인 순차적 접근 방식
- HIPO 방법론 : 계층적 구조를 이용한 구조적 분석 및 설계
2. 구성 요소
- 폭포수 모형 : 요구사항 분석, 설계, 구현, 검증, 유지보수
- HIPO 방법론 : 입력, 처리, 출력으로 구분된 계층적 구조
3. 장·단점
- 폭포수 모형 : 개발 비용과 시간을 줄일 수 있으나, 초기 요구사항 분석에 문제가 발생하면 전체 프로젝트에 영향을 미친다.
- HIPO 방법론 : 구조적 분석과 설계에 대한 명확한 계획 수립이 가능하며, 대규모 프로젝트에 적합하나, 초기 분석이 복잡하고 시간이 많이 소요될 수 있다.

**🅱 기적의 TIP**

나선형 모형은 위험 분석에 중점을 둔 모형으로 나선을 따라 빙글빙글 돌 듯이 개발 과정을 여러 번 반복한다는 것을 기억하세요.

**✓ 개념 체크**

1 Boehm이 제시하였으며, 반복적인 작업을 수행하는 점증적 생명주기 모형은?

1 나선형 모형

## 5) 프로토타입 모형(Prototype Model) [23.8]

### ① 프로토타입 모형의 개념

- 실제 개발될 시스템의 견본(Prototype, 시제품)을 미리 만들어 최종 결과물을 예측하는 모형이다.
- 개발이 완료되고 나서 사용을 해야 문제점을 알 수 있는 폭포수 모형의 단점을 보완하기 위한 모형으로 요구사항을 충실하게 반영할 수 있다.

### ② 프로토타입 모형의 특징

- 요구사항의 변경이 용이하다.
- 요구사항이 불명확한 경우 적용하기 좋다.
- 최종 결과물의 일부 또는 전체 모형을 볼 수 있다.
- 개발 중 발생한 요구사항을 쉽게 반영할 수 있다.
- 공동의 참조 모델을 제공한다.
- 프로토타입은 추후 구현 단계에서 사용할 구현 골격이 된다.
- 가상으로 시뮬레이션을 통하여 최종 결과물에 대한 예측이 가능한 모형이다.
- 실제 소프트웨어와의 차이가 발생할 수 있다.

**프로토타입 개발 순서**
요구 수집 → 빠른 설계 → 프로토타입 구축 → 고객 평가 → 프로토타입 조정 → 구현

### ③ 프로토타입 모형의 장점

- 요구사항 수집의 정확성 향상 : 프로토타입을 만들어 사용자와 고객이 요구하는 기능이나 디자인 등을 쉽게 파악할 수 있어서 요구사항의 부재나 부정확성을 사전에 파악하고 개선할 수 있다.
- 개발 시간 및 비용 절감 : 프로토타입 모형은 초기에 프로토타입을 빠르게 만들어 피드백을 받으며 개선할 수 있어서 개발 시간 및 비용을 절감할 수 있다.
- 개발 결과물의 품질 향상 : 프로토타입 모형은 초기에 개발 중에 발생하는 문제를 빠르게 발견하고 수정할 수 있다. 이를 통해 최종 제품의 품질을 향상시킬 수 있다.
- 고객 만족도 향상 : 프로토타입 모형은 사용자가 원하는 기능이나 디자인 등을 빠르게 파악하고 적용할 수 있어서 고객의 만족도를 향상시킬 수 있다.
- 효율적인 협업 및 의사소통 : 프로토타입 모형은 초기에 프로토타입을 만들어 피드백을 받으며 개선할 수 있어서 팀 내 협업 및 의사소통이 효율적으로 이루어질 수 있다.

### ④ 프로토타입 모형의 단점

- 초기에 대량의 개발자나 사용자 참여가 필요하다.
- 프로토타입 개발로 인한 추가 비용이 발생할 수 있다.
- 제품의 최종적인 목표가 명확하지 않으면, 프로토타입을 개발하기 어렵다.

✅ **개념 체크**

1 프로토타입 모델은 초기에 대량의 개발자나 사용자 참여가 필요하지 않다. (O, X)

1 X

## 6) 상향식과 하향식 설계 <sup>22.3, 20.6</sup>

### ① 상향식 설계

- 가장 기본적인 컴포넌트를 먼저 설계한 다음 이것을 사용하는 상위 수준의 컴포넌트를 설계하는 방식이다.
- 최하위 수준에서 각각의 모듈들을 설계하고 모듈이 완성되면 이들을 결합하여 검사한다.
- 모듈의 복잡도가 낮은 순서로 설계하기 때문에 기능 추가가 쉽고 모듈의 독립성이 높지만, 시스템 전체를 파악하기 어려워 설계가 복잡할 수 있다.

### ② 하향식 설계

- 소프트웨어 설계 시 제일 상위에 있는 Main User Function에서 시작하여 기능을 하위 기능들로 나눠 가면서 설계하는 방식이다.
- 통합 검사 시 인터페이스가 이미 정의되어 있어 통합이 간단하다.
- 레벨이 낮은 데이터 구조의 세부 사항은 설계 초기 단계에서 필요하다.
- 시스템 전체를 파악하기 쉽고 설계가 명확하지만, 기능 구현이 어렵고 모듈의 독립성이 낮을 수 있다.

**🅱 기적의 TIP**

두 방식의 선택은 시스템의 복잡도와 개발팀의 선호도에 따라 결정될 수 있으며, 최근에는 두 방식을 융합하여 사용하는 방식도 많이 적용되고 있다는 것을 기억하세요.
- 하향식 설계 : Main User Function → Element Function
- 상향식 설계 : Element Function → Main User Function

### ③ 상향식 설계 vs 하향식 설계

| 구분 | 상향식 설계 | 하향식 설계 |
|---|---|---|
| 설계 시작점 | 최하위 모듈 | 최상위 모듈 |
| 모듈의 복잡도 | 낮은 모듈부터 설계 | 높은 모듈부터 설계 |
| 인터페이스 정의 | 모듈이 완성된 후 정의 | 모듈 설계 초기에 정의 |
| 통합 | 모듈이 완성된 후 통합 | 모듈을 점차 조합하여 통합 |
| 장점 | 기능 추가가 쉽다. 모듈의 독립성이 높음 | 통합이 쉽다. 설계가 명확함 |
| 단점 | • 시스템 전체를 파악하기 어려움<br>• 설계가 복잡함 | • 기능 구현이 어려움<br>• 모듈의 독립성이 낮음 |

## 7) V-모델 <sup>23.6, 22.3</sup>

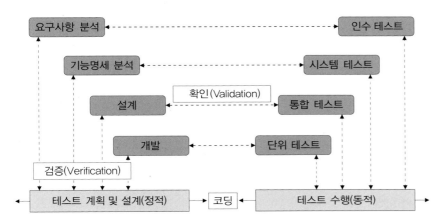

① V-모델의 특징
- 폭포수 모형에 시스템 검증과 테스트 작업을 강조한 모델이다.
- 세부적인 프로세스로 구성되어 있어서 신뢰도 높은 시스템 개발에 효과적이다.
- 개발 단계의 작업을 확인하기 위해 테스트 작업을 수행한다.
- 생명주기 초반부터 테스트 작업을 지원한다.
- 코드뿐만 아니라 요구사항과 설계 결과도 테스트할 수 있어야 한다.
- 폭포수 모형보다 반복과 재처리 과정이 명확하다.
- 테스트 작업을 단계별로 구분하므로 책임이 명확해진다.

② V-모델의 장점
- 개발 초기부터 테스트 활동을 수행하므로 결함을 초기에 발견하여 수정할 수 있다.
- 모든 개발 단계에서 요구사항을 준수하는지 확인할 수 있다.
- 단계마다 검증 및 확인 단계가 있으므로, 개발 과정의 진행 상황을 파악하기 쉽다.
- 테스트 케이스*와 개발 케이스의 상호 대응 관계를 정확하게 파악할 수 있어 테스트 케이스의 누락을 최소화할 수 있다.

③ V-모델의 단점
- 비용이 많이 드는 모델이다. 단계별로 자원과 시간이 많이 소요된다.
- 변경이 어렵다. 개발 단계에서 요구사항이 변경되면 해당 요구사항을 준수하는 모든 단계를 수정해야 한다.
- 위험 요소가 있는 경우 해당 위험 요소에 대한 테스트 케이스를 추가하는 등의 작업을 수행하지 않으면 개발 과정에서 결함이 발생할 가능성이 높다.

## 02 애자일(Agile) 개발 방법론  23.8, 23.3, 22.4, 22.3, 21.9, 21.5, 21.3, 20.9, 20.8

### 1) 애자일 개발 방법론

① Agile 방법론의 개념
- 특정 방법론이 아니고 소프트웨어를 빠르고 낭비 없이 제작하기 위해 고객과의 협업에 초점을 둔 다양한 방법론 전체를 일컫는 것으로 소프트웨어 개발 중 설계 변경에 신속히 대응하여 요구사항을 수용할 수 있다.
- 절차와 도구보다 개인과 소통을 중요시하고 고객과의 피드백을 중요하게 생각한다.
- 소프트웨어가 잘 실행되는데 가치를 두며, 소프트웨어 배포 시차를 최소화할 수 있다.

② Agile 방법론의 특징
짧은 릴리즈와 반복, 점증적 설계, 사용자 참여, 문서 최소화, 비공식적인 커뮤니케이션의 변화가 있다.

③ Agile 방법론의 종류 [21.5]

익스트림 프로그래밍(XP, eXtreme Programming), 스크럼(SCRUM), 린 (Lean), DSDM(Dynamic System Development Method, 동적 시스템 개발 방법론), FDD(Feature Driven Development, 기능 중심 개발), 크리스탈(Crystal), ASD(Adaptive Software Development, 적응형 소프트웨어 개발 방법론), DAD(Disciplined Agile Delivery, 학습 애자일 배포), 칸반(Kanban)

④ Agile 선언문 [21.3] ——— 문서 중심이 아닌, 실행할 수 있는 소프트웨어를 중시

- 프로세스나 도구보다 개인과의 소통이 더 중요하다.
- 완벽한 문서보다 실행되는 소프트웨어가 더 중요하다.
- 계약 협상보다 고객과의 협업이 더 중요하다.
- 계획을 따르는 것보다 변경에 대한 응답이 더 중요하다.

## 2) 애자일 방법론의 장단점

① 장점
- **빠른 개발 및 출시를** 할 수 있다.
- **요구사항 변경에 대한 대응**이 빠르다.
- 고객의 요구사항에 중점을 두기 때문에 개발된 제품이 고객에게 더욱 만족스러울 수 있다.
- **개발자의 참여와 역할**을 강조한다.
- 기술적 부채(Technical Debt)를 줄일 수 있다. Agile 방법론에서는 짧은 주기로 개발하므로, 기존 코드에 대한 유지보수나 개선 작업을 빠르게 처리할 수 있어, 기술적 부채를 줄일 수 있다.

② 단점
- 개발 과정에서 요구사항 변경이 일어날 수 있지만, 이에 대한 대응이 미리 계획되어 있지 않으면 개발 프로세스 전체에 영향을 미칠 수 있다.
- 빠른 개발이 우선이므로, 기존 코드에 대한 유지보수나 개선 작업을 미루는 경우가 많아져 **기술적 부채가 쌓이는 문제**가 발생할 수 있다.
- 개발자의 역할을 강조하기 때문에 프로젝트 전반적인 관리가 부족할 수 있다. 따라서 프로젝트 관리자는 더욱 열심히 노력해야 한다.
- 작은 개발팀이 주도적으로 일하도록 하는 것을 강조하기 때문에 대규모 팀의 경우 협업이 어려울 수 있다.
- 고객의 요구사항에 대한 빠른 대응이 필요하므로, **고객의 적극적인 참여가 필요**하다. 고객의 참여가 미흡할 경우, 요구사항에 대한 정확한 파악이 어려워질 수 있다.

**애자일 방법론의 원칙**
1. 소통한다. → 알기 쉬운 차트, 정보 공유, 회의
2. 협력한다. → 개발팀 협조, 고객과의 대화로 문제 해결
3. 적응한다. → 변화 수용, 융통성 발휘
4. 지속한다. → 검증을 반복, 점증 개발
5. 가치를 전달한다. → 위험도 높은 작업 우선, 비용감소
6. 피드백한다. → 자주 출시, 고객 평가

 개념 체크

1 익스트림 프로그래밍, SCRUM, DAD는 애자일 방법론에 속한다. (O, X)

10

**01** 다음 내용이 설명하는 소프트웨어 개발 모형은?

> 소프트웨어 생명주기 모형 중 Boehm이 제시한 고전적 생명주기 모형으로서 선형 순차적 모델이라고도 하며, 타당성 검토, 계획, 요구사항 분석, 설계, 구현, 테스트, 유지보수의 단계를 통해 소프트웨어를 개발하는 모형

① 프로토타입 모형
② 나선형 모형
③ 폭포수 모형
④ RAD 모형

폭포수 모형(Waterfall Model) : 각 단계가 끝나는 시점에서 확인, 검증, 검사를 거쳐 다음 단계로 넘어가거나 이전 단계로 환원하면서 구현 및 운영 단계에 이르는 하향식 생명주기 모형이다.

**02** 소프트웨어 생명주기 모델 중 나선형 모델(Spiral Model)과 관련한 설명으로 틀린 것은?

① 소프트웨어 개발 프로세스를 위험 관리(Risk Management) 측면에서 본 모델이다.
② 위험 분석(Risk Analysis)은 반복적인 개발 진행 후 주기의 마지막 단계에서 최종적으로 한 번 수행해야 한다.
③ 시스템을 여러 부분으로 나누어 여러 번의 개발 주기를 거치면서 시스템이 완성된다.
④ 요구사항이나 아키텍처를 이해하기 어렵다거나 중심이 되는 기술에 문제가 있는 경우 적합한 모델이다.

나선형 모형에서 위험 분석은 반복적인 매주기마다 수행해야 한다.

**03** 소프트웨어 개발 모델 중 나선형 모델의 4가지 주요 활동이 순서대로 나열된 것은?

> Ⓐ 계획 수립
> Ⓑ 고객 평가
> Ⓒ 개발 및 검증
> Ⓓ 위험 분석

① Ⓐ-Ⓑ-Ⓓ-Ⓒ 순으로 반복
② Ⓐ-Ⓓ-Ⓒ-Ⓑ 순으로 반복
③ Ⓐ-Ⓑ-Ⓒ-Ⓓ 순으로 반복
④ Ⓐ-Ⓒ-Ⓑ-Ⓓ 순으로 반복

계획 수립 - 위험 분석 - 개발 및 검증 - 고객 평가

**04** 애자일(Agile) 프로세스 모델에 대한 설명으로 틀린 것은?

① 변화에 대한 대응보다는 자세한 계획을 중심으로 소프트웨어를 개발한다.
② 프로세스와 도구 중심이 아닌 개개인과의 상호 소통을 통해 의견을 수렴한다.
③ 협상과 계약보다는 고객과의 협력을 중시한다.
④ 문서 중심이 아닌, 실행 가능한 소프트웨어를 중시한다.

애자일 프로세스 모델은 변화에 빠른 대응을 중심으로 한다.

**05** 애자일 개발 방법론이 아닌 것은?

① 스크럼(Scrum)
② 익스트림 프로그래밍(XP : eXtreme Programming)
③ 기능 주도 개발(FDD : Feature Driven Development)
④ 하둡(Hadoop)

하둡은 오픈소스를 기반으로 한 분산 컴퓨팅 플랫폼이다.

정답 01 ③ 02 ② 03 ② 04 ① 05 ④

# XP와 SCRUM

▶ 합격 강의

## 01 XP(eXtreme Programming) 24.3, 23.6, 23.3, 22.7, 22.4, 21.9, 21.8

### 1) XP 정의와 핵심 가치

① XP(eXtreme Programming)의 개념 ── 소규모 개발 조직이 불확실하고 변경이 많은 요구를 접하였을 때 적절한 방법임

- 1999년 Kent Beck이 제안하였으며, 개발 단계 중 요구사항이 시시각각 변동이 심한 경우 적합한 방법론이다.
- 요구에 맞는 양질의 소프트웨어를 신속하게 제공하는 것을 목표로 한다.
- 요구사항을 모두 정의해 놓고 작업을 진행하는 것이 아니라, 요구사항이 변경되는 것을 적용하는 방식으로 예측성보다는 적응성에 더 높은 가치를 부여한 방법이다.
- 고객의 참여와 개발 과정의 반복을 극대화하여 생산성을 향상하는 방법이다.

② XP 핵심 가치 20.9, 20.6

- 의사소통(Communication) : 개발자, 관리자, 고객 간의 원활한 소통을 지향한다.
- 단순성(Simplicity) : 부가적 기능 또는 미사용 구조와 알고리즘은 배제한다.
- 피드백(Feedback) : 소프트웨어 개발에서 변화는 불가피하다. 이러한 변화는 지속적 테스트와 통합, 반복적 결함 수정 등 빠르게 피드백한다.
- 용기(Courage) : 고객 요구사항 변화에 능동적으로 대응한다.
- 존중(Respect) : 개발 팀원 간의 상호 존중을 기본으로 한다.

### 2) XP 절차

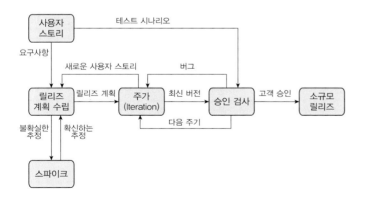

> **🅑 기적의 TIP**
>
> 본 섹션은 애자일 방법론 중 대표 격인 XP, SCRUM을 학습합니다. 출제 빈도가 높은 부분이므로 기출 표기된 내용을 기출문제와 함께 키워드로 정리하세요.

> **🅑 기적의 TIP**
>
> XP 핵심 가치는 모두 고객과의 소통과 관련되어 있다는 것을 기억하세요.
> - XP 핵심 정리 : 고객의 참여와 개발 과정의 반복을 극대화하여 생산성을 향상하는 방법
> - XP 핵심 가치 : 소통, 단순성, 피드백, 용기, 존중

> **✓ 개념 체크**
>
> 1 XP 핵심 가치 중, (    )은 (는) 고객 요구사항 변화에 능동적으로 대응하는 것을 뜻한다.
>
> 1 용기(Courage)

┌ Unified Modeling Language

| 구분 | 설명 |
|---|---|
| User Story | 일종의 요구사항으로 UML의 유즈케이스와 같은 목적으로 생성되나 형식이 없고 고객에 의해 작성된다는 것이 다르다. |
| Release Planning | 몇 개의 스토리가 적용되어 부분적으로 기능이 완료된 제품을 제공하는 것으로 부분/전체 개발 완료 시점에 대한 일정을 수립한다. |
| Iteration | • 하나의 릴리즈를 세분화한 단위이며 1~3주 단위로 진행된다.<br>• 반복(Iteration) 진행 중 새로운 스토리가 추가될 때 진행 중 반복(Iteration)이나 다음 반복에 추가될 수 있다. |
| Acceptance Test | • 릴리즈 단위의 개발이 구현되었을 때 진행하는 테스트로 사용자 스토리에 작성된 요구사항을 확인하여 고객이 직접 테스트한다.<br>• 오류가 발견되면 다음 반복(Iteration)에 추가한다. 테스트 후 고객의 요구사항이 변경되거나 추가되면 중요도에 따라 우선순위가 변경될 수 있다.<br>• 완료 후 다음 반복(Iteration)을 진행한다. |
| Small Release | • 릴리즈 단위를 기능별로 세분화하면 고객의 반응을 기능별로 확인할 수 있다.<br>• 최종 완제품일 때 고객에 의한 최종 테스트 진행 후 고객에게 제공한다. |

사용자의 요구사항을 간단한 시나리오로 표현(UML의 Use Case와 목적이 같다)

## 3) XP의 12가지 실천 사항(Practice) 24.7, 22.7, 20.9

| 구분 | 12가지 실천 사항 | 설명 |
|---|---|---|
| Fine Scale Feedback | Pair Programming (짝 프로그래밍) | • 두 사람이 짝이 되어 한 사람은 코딩을 다른 사람은 검사를 수행하는 방식이다.<br>• 코드에 대한 책임을 공유하고, 비형식적인 검토를 수행할 수 있다.<br>• 코드 개선을 위한 리팩토링을 장려하며, 생산성이 떨어지지 않는다. |
| | Planning Game | 게임처럼 선수와 규칙, 목표를 두고 기획에 임한다. |
| | Test Driven Development | 실제 코드를 작성하기 전에 단위 테스트부터 작성 및 수행하며, 이를 기반으로 코드를 작성한다. |
| | Whole Team | 개발 효율을 위해 고객을 프로젝트팀원으로 상주시킨다. |
| Continuous Process | Continuous Integration | 상시 빌드 및 배포를 할 수 있는 상태로 유지한다. |
| | Design Improvement | 기능 변경 없이 중복성/복잡성 제거, 커뮤니케이션 향상, 단순화, 유연성 등을 위한 재구성을 수행한다. |
| | Small Releases | 짧은 주기로 잦은 릴리즈를 함으로써 고객이 변경 사항을 볼 수 있게 한다. |
| Shared Understanding | Coding Standards | 소스 코드 작성 포맷과 규칙들을 표준화된 관례에 따라 작성한다. |
| | Collective Code Ownership | 시스템에 있는 소스 코드는 팀의 모든 프로그래머가 누구든지 언제라도 수정할 수 있다. |
| | Simple Design | 가능한 가장 간결한 디자인 상태를 유지한다. |
| | System Metaphor | 최종적으로 개발되어야 할 시스템의 구조를 기술한다. |
| Programmer Welfare | Sustainable Pace | 일주일에 40시간 이상 작업 금지, 2주 연속 초과 근무를 금지한다. |

**XP의 12개 실천 항목**

1. Pair Programming : 하나의 작업을 2명의 개발자가 공동 수행
2. Planning Game : 게임처럼 목표를 두고 기획 수행
3. Test Driven Development : 단위 테스트 후 실제 코드 작성
4. Whole Team : 고객을 프로젝트팀원으로 상주
5. Continuous Integration : 상시 빌드 및 배포가 가능한 상태로 유지
6. Design Improvement : 불필요한 기능 제거 및 리팩토링
7. Small Releases : 필요한 기능들만 갖춘 간단한 시스템을 빠르게 배포
8. Coding Standards : 표준화된 코드 작성
9. Collective Ownership : 소스 코드는 모든 개발자가 언제라도 수정 가능
10. Simple Design : 가장 간결한 디자인 상태 유지
11. System Metaphor : 최종 개발되어야 할 시스템 구조를 조망
12. Sustainable Pace : 초과 근무 지양

✓ 개념 체크

1 XP의 12가지 실천 사항 중 두 사람이 짝이 되어 한 사람은 코딩을 다른 사람은 검사를 수행하는 방식은?

1 짝 프로그래밍(Pair Programing)

## 4) SCRUM

### ① SCRUM 개념과 특징

- 요구사항 변경에 신속하게 대처할 수 있도록 반복적이고 점진적인 팀 중심의 소프트웨어 개발 방법론으로 소규모 팀원 간 활발한 소통과 협동심이 필요하다.
- 신속하고 반복적으로 실제 작동하는 소프트웨어를 제공한다.
- 개발자들의 팀 구성과 각 구성원의 역할, 일정 결과물 및 그 외 규칙을 정하는 것을 말한다.
- 기능 개선점에 우선순위를 부여하고, 개발 주기 동안 실제 동작할 수 있는 결과를 제공한다.
- 개발 주기마다 적용된 기능이나 개선점의 리스트를 제공한다.
- 커뮤니케이션을 위하여 팀은 개방된 공간에서 개발하고, 매일 15분 정도 회의를 한다.
- 팀원 스스로 팀을 구성해야 한다. —— Self Organizing
- 개발 작업에 관한 모든 것을 팀원 스스로 해결해야 한다. —— Cross Functional

### ② SCRUM 기본 원리

- 기능 협업을 기준으로 배치된 팀은 스프린트 단위로 소프트웨어를 개발한다.
- 스프린트 시 행하는 작업은 고정되며, 반복 주기(2~4주)마다 이해 관계자에게 일의 진척도를 보고한다.
- 요구사항, 아키텍처, 설계가 프로젝트 전반에 걸쳐 잘 드러나야 한다.
- 정해진 시간을 철저히 지켜야 하며, 완료된 모든 작업은 제품 백로그에 기록된다.
- 가장 기본적인 정보 교환 수단은 일일 스탠드 업 미팅, 또는 일일 스크럼이다.

### ③ SCRUM 절차

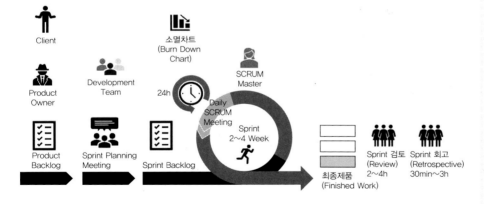

 개념 체크

1 SCRUM의 5가지 가치는 확약, 전념, 정직, (    ), (    )이다.

1 존중, 용기

**스크럼의 요소**
- 백로그(Backlog) : 제품 기능 목록으로 사용자가 요구한 기능에 우선순위를 부여하여 나열한 목록이다.
- 스프린트(Sprint) : 단거리 선수가 전력 질주한다는 의미로 작업량이 많지 않고, 작은 개발 단위를 단기간 내에 전력으로 개발하는 것을 말한다.
- 스크럼 미팅 : 15분 정도의 팀 미팅으로 작업의 계획을 수립한다.
- 스크럼 마스터 : 팀리더로 효율적인 개발과 문제 해결을 위해 노력한다.

④ SCRUM 팀의 담당자별 역할 24.3, 22.7, 22.3

| 담당자 | 역할 |
| --- | --- |
| 제품 책임자<br>(Product Owner) | • 개발 목표에 이해도가 높은 개발 의뢰자, 사용자가 담당한다.<br>• 제품 요구사항을 파악하여 기능 목록(Product Backlog)을 작성한다.<br>• 제품 테스트 수행 및 요구사항 우선순위를 갱신한다.<br>• 업무 관점에서 우선순위와 중요도를 표시하고 신규 항목을 추가한다.<br>• 스프린트 계획 수립까지만 임무를 수행한다.<br>• 스프린트가 시작되면 팀 운영에 관여하지 않는다. |
| 스크럼 마스터<br>(SCRUM Master) | • 업무를 배분만 하고 일은 강요하지 않으며 팀을 스스로 조직하고 관리하도록 지원한다.<br>• 개발 과정에서 장애 요소를 찾아 제거한다.<br>• 개발 과정에서 스크럼의 원칙과 가치를 지키도록 지원한다. |
| 스크럼 팀<br>(SCRUM Team) | • 제품 책임자, 스크럼 마스터를 제외한 팀원(개발자, 디자이너, 제품 테스터 등 모든 팀원)이 해당되고 팀원은 5~9명 내외로 구성한다.<br>• 기능을 작업 단위로 분류하며, 요구사항을 사용자 스토리로 도출, 구현한다.<br>• 개발 일정, 속도를 추정한 뒤 제품 책임자에게 전달한다.<br>• 스프린트 결과물을 제품 책임자에게 시연한다.<br>• 매일 스크럼 회의에 참여하여 진행 상황을 점검한다. |

## 5) SCRUM 과정 22.7

### ① Product Backlog(제품 백로그, 제품 기능 목록)

- 제품 개발에 필요한 모든 요구사항(User Story)을 우선순위에 따라 나열한 목록이다.
- 개발 과정에서 새롭게 도출되는 요구사항으로 인해 지속해서 업데이트된다.
- 제품 백로그에 작성된 사용자 스토리를 기반으로 전체 일정 계획인 릴리즈 계획을 수립한다.

### ② Sprint 22.3

작은 단위의 개발 업무를 단기간에 전력 질주하여 개발한다는 의미로 반복 주기(2~4주)마다 이해 관계자에게 일의 진척도를 보고한다.

### ③ Sprint Planning Meeting

- 제품 백로그에서 진행할 항목을 선택한다.
- 선택한 스프린트에 대한 단기 일정을 수립하고, 요구사항을 개발자들이 나눠 작업할 수 있도록 Task 단위로 나눈다.
- 개발자별로 Sprint Backlog를 작성하고 결과물에 대한 반복 완료 시 모습을 결정한다.
- 수행에 필요한 요구사항을 스크럼 마스터에게 보고하여 이해관계자로부터 지원을 받는다.

**SCRUM 절차**
Product Backlog → Sprint → Sprint Planning Meeting → Daily SCRUM Meeting → Finished Work → Sprint Review → Sprint Retrospective

✓ 개념 체크

1 SCRUM에서 작은 단위의 개발 업무를 단기간에 전력 질주하여 개발하는 것을 의미하는 단어는?

1 Sprint

④ Daily SCRUM Meeting
- 매일 약속된 시간에 짧은 시간 동안(약 15분) 서서 진행 상황만 점검한다.
- 팀원 한 사람씩 어제 한 일과 오늘 할 일을 이야기하고 스프린트 작업 목록을 잘 개발하고 있는지 확인한 뒤 완료된 세부 작업 항목을 완료 상태로 옮겨 스프린트 현황판에 갱신한다.
- 스크럼 마스터는 방해 요소를 찾아 해결하고 잔여 작업 시간을 소멸 차트(Burn Down Chart)에 기록한다.

⑤ Finished Work
모든 스프린트 주기가 완료되면 제품 백로그의 개발 목표물이 완성된다.

⑥ Sprint Review(스프린트 리뷰, 스프린트 검토 회의)
- 스프린트 리뷰에 개발자와 사용자가 같이 참석한다.
- 하나의 스프린트 반복 주기(2~4주)가 끝나면 실행할 수 있는 제품이 생성되는데 이에 대해 검토하며, 검토는 가능한 4시간 안에 마무리한다.
- 개선해야 할 사항에 대하여 제품 책임자(Product Owner)는 피드백을 정리하고 제품 백로그를 작성하여 다음 스프린트에 적용한다.

⑦ Sprint Retrospective(스프린트 회고)
- 스프린트에서 수행한 활동과 결과물을 살펴본다.
- 개선점이 없는지 살펴보고 문제점을 기록하는 정도로 진행한다.
- 팀의 단점을 찾기보다는 강점을 찾아 팀 능력을 극대화한다.
- 개발 추정 속도와 실제 작업 속도를 비교하고 차이가 있다면 이유를 분석해 본다.

 개념 체크

1 스프린트 리뷰(Sprint Review)는 스프린트에서 수행한 활동과 결과물을 살펴보는 과정이다. (O, X)

1 X

**01** 익스트림 프로그래밍에 대한 설명으로 **틀린** 것은?

① 대표적인 구조적 방법론 중 하나이다.
② 소규모 개발 조직이 불확실하고 변경이 많은 요구를 접하였을 때 적절한 방법이다.
③ 익스트림 프로그래밍을 구동시키는 원리는 상식적인 원리와 경험을 최대한 끌어올리는 것이다.
④ 구체적인 실천 방법을 정의하고 있으며, 개발 문서보다는 소스 코드에 중점을 둔다.

익스트림 프로그래밍 기법은 대표적인 애자일 방법론 중 하나이다.

**02** 익스트림 프로그래밍(eXtreme Programming)의 5가지 가치에 속하지 <u>않는</u> 것은?

① 의사소통
② 단순성
③ 피드백
④ 고객 배제

**XP의 5가지 가치**
• 의사소통(Communication)
• 단순성(Simplicity)
• 피드백(Feedback)
• 용기(Courage)
• 존중(Respect)

**03** XP(eXtreme Programming)의 기본 원리로 볼 수 <u>없는</u> 것은?

① Linear Sequential Method
② Pair Programming
③ Collective Ownership
④ Continuous Integration

XP 12가지 실천 항목 중 Linear Sequential Method는 없다.

**04** 애자일(Agile) 기법 중 스크럼(Scrum)과 관련된 용어에 대한 설명이 **틀린** 것은?

① 스크럼 마스터(Scrum Master)는 스크럼 프로세스를 따르고, 팀이 스크럼을 효과적으로 활용할 수 있도록 보장하는 역할 등을 맡는다.
② 제품 백로그(Product Backlog)는 스크럼 팀이 해결해야 하는 목록으로 소프트웨어 요구사항, 아키텍처 정의 등이 포함될 수 있다.
③ 스프린트(Sprint)는 하나의 완성된 최종 결과물을 만들기 위한 주기로 3달 이상의 장기간으로 결정된다.
④ 속도(Velocity)는 한 번의 스프린트에서 한 팀이 어느 정도의 제품 백로그를 감당할 수 있는지에 대한 추정치로 볼 수 있다.

스프린트(Sprint)는 하나의 완성된 최종 결과물을 만들기 위한 주기로 2~4주 정도로 반복한다.

**05** 다음 보기 중 SCRUM 기본 원리를 **잘못** 설명한 것은?

① 기능 협업을 기준으로 배치된 팀은 스프린트 단위로 소프트웨어를 개발한다.
② 스프린트는 고정된 10일의 반복이며, 스프린트 시 행하는 작업은 고정된다.
③ 요구사항, 아키텍처, 설계가 프로젝트 전반에 걸쳐 잘 드러나야 한다.
④ 정해진 시간을 철저히 지켜야 하며, 완료된 모든 작업은 제품 백로그에 기록된다.

스프린트(Sprint)는 하나의 완성된 최종 결과물을 만들기 위한 주기로 2~4주 정도로 반복한다.

# CHAPTER 02

# 현행 시스템 분석과
# 요구 분석

학습 방향

현행 시스템 분석과 요구 분석 챕터에서는 소프트웨어 설계를 위한 고객의 현행 시스템을 분석하고 고객의 요구를 다양한 방법으로 모으고 분석하는 과정을 학습하세요. 요구사항을 분석하는 도구인 UML이 주로 출제되니 기출 표기에 해당하는 문제를 중심으로 준비하세요.

**출제빈도**

| | | |
|---|---|---|
| SECTION 01 | 하 | 10% |
| SECTION 02 | 하 | 10% |
| SECTION 03 | 중 | 15% |
| SECTION 04 | 상 | 40% |
| SECTION 05 | 상 | 25% |

빈출 태그 현행 시스템 파악 절차 • FEP • 플랫폼 특성 분석 항목

---

🅑 **기적의 TIP**

개발 대상 시스템의 현황을 파악하고 그 기반으로 고객의 요구를 파악하고 분석하는 부분을 학습합니다. 기출 표기된 내용을 중심으로 학습자가 요구 분석가가 되었다고 생각하고 학습에 임하세요.

## 🔟 현행 시스템 분석

### 1) 현행 시스템 분석

① 현행 시스템 분석의 개념과 목적
- 현행 시스템이 어떤 하위 시스템으로 구성되어 있는지 파악하는 절차를 의미한다.
- 현행 시스템의 제공 기능과 타 시스템과의 정보 교환 분석을 파악한다.
- 현행 시스템의 기술 요소와 소프트웨어, 하드웨어를 파악한다.
- 목적 : 개발 시스템의 개발 범위를 확인하고 이행 방향성을 설정한다.

② **현행 시스템 파악 절차** 22.3, 21.3
- 1단계 : 시스템 구성 파악 → 시스템 기능 파악 → 시스템 인터페이스 현황 파악
- 2단계 : 아키텍처 파악 → 소프트웨어 구성 파악
- 3단계 : 시스템 하드웨어 현황 파악 → 네트워크 구성 파악

③ 시스템 아키텍처
- 시스템 내의 상위 시스템과 하위 시스템들이 어떠한 관계로 상호 작용하는지 각각의 동작 원리와 구성을 표현한 것이다.
- 시스템의 전체 구조, 행위, 그리고 행위 원리를 나타내며 시스템이 어떻게 작동하는지 설명하는 틀이다.
- 시스템의 목적 달성을 위해 시스템에 구성된 각 컴포넌트를 식별하고 각 컴포넌트의 상호 작용을 통하여 어떻게 정보가 교환되는지 설명한다.
- 단위 업무 시스템별로 아키텍처가 다른 경우 핵심 기간 업무 처리 시스템을 기준으로 한다.

🕐 **암기 TIP**

**아키텍처 설계 과정**
**설계 목표 설정** → 시스템 타입 결정 → 타입 적용 및 커스터마이즈 → 서브 시스템의 기능, 인터페이스 동작 작성 → **아키텍처 설계 검토**

절차를 모두 암기하기보다는 첫 단계, 끝 단계 2가지만 암기하세요.

---

✅ **개념 체크**

1 현행 시스템 파악 절차 중 3단계에서는 아키텍처 파악 – 소프트웨어 구성 파악을 수행한다. (O, X)

1 X

## 2) 시스템 및 인터페이스 현황 파악 <sup>24.7</sup>

### ① 시스템 구성 파악

- 조직 내의 주요 업무를 기간 업무와 지원 업무로 구분하여 기술한다.
- 모든 단위 업무를 파악할 수 있도록 하며, 시스템 내의 명칭, 기능 등 주요 기능을 명시한다.
- 시스템 구성 현황 작성 예

| 구분 | 시스템명 | 시스템 내용 |
|------|----------|-------------|
| 기간 업무 | 단위 A 업무 | 기간 단위 업무 A 처리를 위한 A1, A2 등의 기능을 제공 |
| | 단위 B 업무 | 기간 단위 업무 B 처리를 위한 B1, B2 등의 기능을 제공 |
| 지원 업무 | 지원 C 업무 | 지원 업무 C 처리를 위한 C1, C2 등의 기능을 제공 |

### ② 시스템 기능 파악

- 단위 업무 시스템이 현재 제공하고 있는 기능을 주요 기능과 하부 기능으로 구분하여 계층형으로 표시한다.
- 시스템 기능 구성도 예

| 시스템명 | 기능 L1 | 기능 L2 | 기능 L3 |
|----------|---------|---------|---------|
| 단위 A 업무 시스템 | 기능 1 | 하부 기능 11 | 세부 기능 111 |
| | | | 세부 기능 112 |
| | | 하부 기능 12 | 세부 기능 121 |
| | | | 세부 기능 122 |
| | 기능 2 | 하부 기능 21 | 세부 기능 211 |
| | | | 세부 기능 212 |

### ③ 인터페이스 현황 파악 <sup>24.5, 21.3</sup>

- 현행 시스템의 단위 업무 시스템이 타 단위 업무 시스템과 서로 주고받는 데이터의 연계 유형, 데이터 형식과 종류, 프로토콜 및 주기 등을 명시한다.
- 데이터 형식 **예** XML, 고정 Format, 가변 Format
- 통신 규약 **예** TCP/IP, X.25
- 연계 유형 **예** EAI★, FEP★
- 인터페이스 현황 작성 예

| 송신 시스템 | 수신 시스템 | 연동 데이터 | 연동 형식 | 통신 규약 | 연계 유형 | 주기 |
|-------------|-------------|-------------|-----------|-----------|-----------|------|
| 단위 A 업무 시스템 | 대외 기관 시스템 C | 연체 정보 | XML | TCP/IP | EAI | 1시간 |
| 단위 B 업무 시스템 | 대외 기관 시스템 D | 신용 정보 | XML | X.25 | FEP | 수시 |

**인터페이스 현황 파악 시 고려 사항**
- 데이터를 주고받는 형식(XML, 고정 포맷, 가변 포맷 등)이 무엇인지 파악
- 데이터를 주고받는 형식 프로토콜(TCP/IP, X.25 등)이 무엇인지 파악
- 데이터들의 연계 유형(EAI, FEP 등)은 무엇인지 파악

★ EAI(Enterprise Application Integration, 기업 애플리케이션 통합)
기업 내의 컴퓨터 애플리케이션들을 현대화, 통합, 조정하는 것을 목표로 세운 계획, 방법 및 도구 등을 의미한다.

★ FEP(Front-End Processor, 전위 처리기)
- 입력 데이터를 프로세서가 처리하기 전에 미리 처리하여 프로세서가 처리하는 시간을 줄여주는 프로그램이나 하드웨어이다.
- 여러 통신 라인을 중앙 컴퓨터에 연결하고 터미널의 메시지(Message)가 보낼 상태로 있는지 받을 상태로 있는지 검색한다. 통신 라인의 에러를 검출한다.

### 3) 소프트웨어, 하드웨어, 네트워크 현황 파악

#### ① 소프트웨어 현황 파악
- 시스템 내의 단위 업무 시스템의 업무 처리용 소프트웨어의 품명, 용도, 라이선스 적용 방식, 라이선스 수를 명시한다.
- 시스템 구축 시 많은 예산 비중을 차지하므로 라이선스 적용 방식과 보유한 라이선스 수량 파악이 중요하다.
- 라이선스 적용 방식 단위 : 사이트, 서버, 프로세서, 코어, 사용자 수

#### ② 하드웨어 현황 파악
- 각 단위 업무 시스템의 서버 위치 및 주요 사양, 수량, 이중화 여부를 파악한다.
- 서버 사양 : CPU 처리 속도, 메모리 크기, 하드 디스크의 용량
- 서버 이중화 : 장애 시 서비스를 계속 유지하기 위하여 운영
- 기간 업무의 장애 대응 정책에 따라 필요 여부가 달라진다.
- 현행 시스템에 이중화가 적용되어 있다면 대부분 목표 시스템도 이중화가 요구되므로 그에 따른 기술 난이도, 비용 증가 가능성을 파악한다.

#### ③ 네트워크 현황 파악
- 현행 업무 처리 시스템의 네트워크 구성 형태를 그림으로 표현한다.
- 장애 발생 시 추적 및 대응 등의 다양한 용도로 활용된다.
- 서버의 위치, 서버 간 연결 방식 등을 파악한다.
- 물리적인 위치 관계, 조직 내 보안 취약성 분석 및 대응 방안을 파악한다.

#### ④ 개발 기술 환경 분석
개발 대상 시스템의 플랫폼, OS, DBMS, Middleware 등을 분석한다.

### 4) 플랫폼(Platform) 파악

#### ① 플랫폼의 개념
- 응용 프로그램을 실행하기 위한 하드웨어와 시스템 소프트웨어의 결합이다.
- 다양한 애플리케이션이 작동하는 데 기본이 되는 운영체제 소프트웨어를 의미한다.
- 동일한 플랫폼에서 개발된 소프트웨어는 언제, 어디서나 손쉽게 실행될 수 있다.

**플랫폼의 구성**
응용 소프트웨어 + (하드웨어 + 시스템 소프트웨어)

#### ② 플랫폼의 종류
- 운영체제 플랫폼 : Windows, macOS, UNIX, Linux, Android, iOS 등
- 애플리케이션 플랫폼 : Java, .NET Framework, Node.js, Ruby on Rails 등
- 클라우드 플랫폼 : Amazon Web Services(AWS), Microsoft Azure, Google Cloud Platform 등
- 데이터베이스 플랫폼 : Oracle, MySQL, MongoDB, MS-SQL 등
- 게임 플랫폼 : Unity, Unreal Engine, CryEngine 등
- 모바일 플랫폼 : iOS, Android, Windows Phone 등
- IoT 플랫폼 : AWS IoT, Microsoft Azure IoT, Google Cloud IoT 등
- 인터넷 서비스 플랫폼 : Google Maps, Facebook, Twitter 등
- 개발자 플랫폼 : GitHub, Bitbucket, GitLab 등

✓ **개념 체크**

1 운영체제 플랫폼에는 Windows, Linux, Android, iOS, Oracle, MySQL 등이 있다. (O, X)

1 X

③ 플랫폼 성능 특성 분석 및 항목 [20.6]

- 현행 시스템의 사용자가 요구사항을 통하여 시스템 성능상의 문제를 요구할 경우 플랫폼 성능 분석을 통하여 사용자가 느끼는 속도를 파악하고 개선 방향을 제시할 수 있다.
- 플랫폼 성능 특성 분석 항목
  - 경과 시간(Turnaround Time) : 작업을 요청한 시점부터 작업이 완료되어 결과가 반환되는 시점까지의 시간을 측정한다.
  - 사용률(Utilization) : 시스템 또는 자원의 활용 정도를 나타내는 지표이다. 사용률을 모니터링하면 자원 최적화와 성능 향상을 위한 정보를 얻을 수 있다.
  - 응답 시간(Response Time) : 시스템 또는 서비스가 요청받은 후 응답을 완료하는 데 걸리는 시간을 의미한다.
  - 가용성(Availability) : 시스템이 가동 중지 없이 지속적으로 사용 가능한 시간을 백분율로 나타낸다.
  - 정확성(Accuracy) : 플랫폼에서 처리된 결과가 얼마나 올바른 값에 근접했는가를 측정하는 정도를 말한다.

④ 플랫폼 성능 특성 분석 방법

- 성능 테스트(Performance Test) : 현재 시스템의 플랫폼을 평가할 수 있는 성능 테스트를 수행한다.
- 사용자 인터뷰 : 사용자를 대상으로 현행 플랫폼 기능의 불편함을 인터뷰한다.
- 문서 점검 : 플랫폼과 유사한 플랫폼의 기능 자료를 분석한다.

⑤ 플랫폼 사용으로 얻을 수 있는 이점

- 개발/운영/유지보수 비용의 감소, 생산성 향상, 동일 플랫폼 간의 네트워크 효과를 얻을 수 있다.
- 개발 비용 감소 : 개발자들은 기존에 개발해 놓은 코드와 도구를 재사용할 수 있어 개발 비용을 줄일 수 있다.
- 개발 시간 단축 : 개발을 위해 필요한 다양한 라이브러리, 프레임워크, 도구 등을 제공하므로, 개발자들은 이를 사용하여 빠르게 개발할 수 있다.
- 안정성 및 보안성 향상 : 보안 및 안정성과 관련된 기능을 제공하므로, 이를 활용하여 소프트웨어 제품의 보안성과 안정성을 높일 수 있다.
- 쉬운 유지보수 : 다양한 도구와 라이브러리를 제공하므로, 이를 사용하여 개발된 소프트웨어 제품의 유지보수가 쉬워진다.
- 다양한 플랫폼 지원 : 다양한 운영체제와 플랫폼을 지원하므로, 개발자들은 이를 사용하여 다양한 플랫폼에서 소프트웨어 제품을 개발할 수 있다.
- 커뮤니티 지원 : 보통 다양한 커뮤니티를 형성하고 있으며, 이를 통해 개발자들은 다양한 지식과 경험을 공유할 수 있다. 이는 개발자들의 역량 향상과 문제 해결 능력 향상에 큰 도움을 준다.

 개념 체크

1 플랫폼 성능 특성 분석 항목에는 경과 시간, 가용성, 사용률, 정확성 등이 있다.
(O, X)

1 0

**기적의 TIP**

시스템 아키텍처는 소프트웨어 시스템의 설계 단계에서 수행되는 것이며, 플랫폼은 소프트웨어 실행 단계에서 사용된다는 것을 기억하세요.

### ⑥ 시스템 아키텍처 vs 플랫폼

| 구분 | 설명 |
|---|---|
| 시스템 아키텍처 | • 소프트웨어 시스템의 전체 구조 및 구성 요소 간의 관계를 설계하는 것이다.<br>• 시스템의 기능, 성능, 보안 등을 고려하여 설계한다.<br>• 시스템 아키텍처는 소프트웨어 시스템의 설계 단계에서 수행된다. |
| 플랫폼 | • 하드웨어나 소프트웨어를 실행할 수 있는 플랫폼을 제공하는 소프트웨어이다.<br>• 개발자가 해당 플랫폼 위에서 소프트웨어를 개발할 수 있도록 지원한다.<br>• 플랫폼은 운영체제, 데이터베이스, 프로그래밍 언어 등 다양한 요소를 포함할 수 있다.<br>• 플랫폼은 소프트웨어 실행 단계에서 사용된다. |

## 5) 현행 시스템 운영체제 분석

### ① OS(Operating System, 운영체제) 개념 및 종류

- HW/SW 자원 관리 및 공통 서비스 제공, 사용자와의 인터페이스를 제공한다.
- 종류 : Windows, Android, iOS, UNIX, LINUX, Mac OS 등

### ② 현행 시스템의 OS 분석 항목 및 고려 사항

- 분석 항목 : 현재 정보 시스템의 OS 종류와 버전, 패치 일자, 백업 주기 분석
- 고려 사항 : 가용성, 성능, 기술 지원, 주변기기, 구축 비용(TCO★)
- 현행 환경 분석 과정에서 라이선스의 종류, 사용자 수, 기술의 지속 가능성 등을 고려해야 한다.
- 메모리 누수 : 실행 소프트웨어가 정상 종료되지 않고 남아 있는 증상

★ TCO(Total Cost of Ownership)

일정 기간 자산 획득에 필요한 직/간접적인 총비용으로 HW, SW 구매 비용, 운영 교육, 기술 지원, 유지보수, 손실, 에너지 사용 비용을 나타낸다.

### ③ 오픈소스 라이선스 종류

- 소스 코드가 공개되어 누구나 특별한 제한 없이 소스를 사용할 수 있으며 대표적으로 LINUX가 있다.
- GNU(GNU's Not Unix) : 컴퓨터 프로그램은 물론 모든 관련 정보를 돈으로 주고 구매하는 것을 반대하는 것이 기본 이념이다. 예 LINUX
- GNU GPLv1(General Public License) : 소스 코드를 공개하지 않으면서 바이너리만 배포하는 것을 금지하며, 사용할 수 있는 쉬운 소스 코드를 같이 배포해야 한다.
- BSD(Berkeley Software Distribution) : 아무나 개작할 수 있고, 수정한 것을 제한 없이 배포할 수 있다. 단, 수정본의 재배포는 의무적인 사항이 아니다. 공개하지 않아도 되는 상용 소프트웨어에서도 사용할 수 있다.
- Apache 2.0 : 2004년 발표된 Apache License 2.0은 Apache 소프트웨어 재단에서 사용하는 라이선스로, 상업적 사용을 포함한 모든 용도로 무료로 사용할 수 있다. 예 Android, Hadoop ── 다수의 저렴한 컴퓨터를 하나처럼 묶어 대량 데이터(Big Data)를 처리하는 기술
- GNU Affero General Public License v3.0 : 2007년에 발표된 AGPLv3는 일반적인 GPL과 비슷한 특징을 가지고 있지만, 네트워크를 통해 소프트웨어를 제공할 때 소스 코드 공개를 요구한다.

하둡(Hadoop)

- 오픈소스를 기반으로 한 분산 컴퓨팅 플랫폼이다.
- 일반 PC급 컴퓨터들로 가상화된 대형 스토리지를 형성한다.
- 다양한 소스를 통해 생성된 빅데이터를 효율적으로 저장하고 처리한다.

- Eclipse Public License 2.0 : 2011년에 발표된 EPL 2.0은 Java 기반의 개발 도구인 Eclipse에서 사용하는 라이선스로, 상업적 사용과 배포를 할 수 있으며 수정한 부분의 공개 의무가 있다.
- Mozilla Public License 2.0 : 2012년에 발표된 MPL 2.0은 Mozilla Firefox 등 Mozilla 소프트웨어에서 사용하는 라이선스로, 수정한 부분의 공개 의무가 있지만 전체 코드를 공개할 필요는 없다.
- Creative Commons 라이선스 : 2013년 이후로 Creative Commons는 소프트웨어 라이선스로도 활용할 수 있는 라이선스를 제공하고 있다. Creative Commons Zero, Attribution, Attribution-Share Alike 등 다양한 라이선스가 있으며, 상업적인 용도로도 무료 사용이 가능하다.

## 6) 현행 시스템 DBMS 분석

### ① DBMS(DataBase Management System)

- 종속성과 중복성의 문제를 해결하기 위해서 제안된 데이터베이스 시스템이다.
- 응용 프로그램과 데이터의 중재자로서 모든 응용 프로그램들이 데이터베이스를 공유할 수 있도록 관리한다.
- 데이터베이스의 구성, 접근 방법, 관리 유지에 대한 모든 책임을 진다.
- 종류 : Oracle, IBM DB2, Microsoft SQL Sever, MySQL, SQLite, MongoDB, Redis

### ② 현행 시스템 DBMS 분석

- DBMS 종류, 버전, 구성 방식, 저장 용량, 백업 주기, 제작사의 유지보수 여부 가능성을 분석한다.
- 테이블 수량, 데이터 증가 추이, 백업 방식 등을 분석한다.
- 논리/물리 테이블의 구조도를 파악하여 각 테이블의 정규화 정도, 조인 난이도, 각종 프로시저, 트리거 등을 분석한다.

### ③ DBMS 분석 시 고려 사항 [20.6]

| 구분 | 설명 |
| --- | --- |
| 가용성 | 장시간 운영 시 장애 발생 가능성, 패치 설치를 위한 재기동 시간과 이중화 및 복제 지원, 백업 및 복구 편의성 등을 고려한다. |
| 성능 | 대규모 데이터 처리 성능(분할 테이블의 지원 여부), 대량 거래 처리 성능 및 다양한 튜닝 옵션 지원, 비용 기반 최적화 지원 및 설정의 최소화 등을 고려한다. |
| 기술 지원 | 제조업체의 안정적인 기술 지원, 같은 DBMS 사용자들 간의 정보 공유 여부와 오픈소스 여부 등을 고려한다. |
| 상호 호환성 | 설치 가능한 운영체제 종류를 파악하여 다양한 운영체제에서 지원되는지 확인한다. JDBC, ODBC 등 상호 호환성이 좋은 제품을 선택한다. |
| 구축 비용 | 라이선스 정책 및 비용, 유지 또는 관리 비용, 총소유비용(TCO)을 고려한다. |

**01** 아키텍처 설계 과정이 올바르게 나열된 것은?

> ㉮ 설계 목표 설정
> ㉯ 시스템 타입 결정
> ㉰ 스타일 적용 및 커스터마이즈
> ㉱ 서브 시스템의 기능, 인터페이스 동작 작성
> ㉲ 아키텍처 설계 검토

① ㉮ → ㉯ → ㉰ → ㉱ → ㉲
② ㉲ → ㉮ → ㉯ → ㉱ → ㉰
③ ㉮ → ㉲ → ㉯ → ㉱ → ㉰
④ ㉮ → ㉯ → ㉰ → ㉲ → ㉱

아키텍터 설계 과정 : 설계 목표 설정 → 시스템 타입 결정 → 스타일(타입) 적용 및 커스터마이즈 → 서브 시스템의 기능, 인터페이스 동작 작성 → 아키텍처 설계 검토

**02** 현행 시스템 분석에서 고려하지 않아도 되는 항목은?

① DBMS 분석
② 네트워크 분석
③ 운영체제 분석
④ 인적 자원 분석

현행 시스템 분석 시 고려 사항 : DBMS 분석, 네트워크 분석, 운영체제 분석, 플랫폼 분석 등

**03** 입력되는 데이터를 컴퓨터의 프로세서가 처리하기 전에 미리 처리하여 프로세서가 처리하는 시간을 줄여주는 프로그램이나 하드웨어를 말하는 것은?

① EAI
② FEP
③ GPL
④ Duplexing

전처리기(FEP)는 프로세서가 처리하기 전에 미리 처리하여 프로세서가 처리하는 시간을 줄여주는 프로그램이나 하드웨어이다.

**04** 소프트웨어 설계 시 구축된 플랫폼의 성능 특성 분석에 사용되는 측정 항목이 <u>아닌</u> 것은?

① 응답 시간(Response Time)
② 가용성(Availability)
③ 사용률(Utilization)
④ 서버 튜닝(Server Tuning)

플랫폼 특성 분석 항목 : 응답 시간(Response Time), 가용성(Availability), 사용률(Utilization), 정확성(Accuracy)

**05** 다음 중 운영체제가 <u>아닌</u> 것은?

① Prezi
② Windows
③ Unix
④ Linux

Prezi는 프리젠테이션 도구이다.

정답 01 ① 02 ④ 03 ② 04 ④ 05 ①

# 요구사항 개발

▶ 합격 강의

## ❶ 요구사항 개발

### 1) 요구공학(Requirements Engineering)

① 요구공학의 개념

- 소프트웨어 개발 시, 사용자 요구가 정확히 반영된 시스템 개발을 위하여 사용자의 요구를 추출, 분석, 명세, 검증, 관리하는 구조화된 활동 집합이다.
- 요구사항을 정의하고, 문서로 만들고, 관리하는 프로세스를 의미한다.
- 효과적인 의사소통을 통하여 공통 이해를 설정하며, 불필요한 비용 절감, 요구사항 변경 추적이 가능해진다.
- 분석 결과의 문서화를 통해 향후 유지보수에 유용하게 활용할 수 있다.
- 자료 흐름도, 자료 사전 등이 효과적으로 이용될 수 있으며, 더 구체적인 명세를 위해 소단위 명세서★가 활용될 수 있다.

② 요구공학의 목적

- 소프트웨어 개발 시 이해관계자 사이의 원활한 의사소통 수단을 제공한다.
- 요구사항 누락 방지, 상호 이해, 오류 등의 제거로 경제성을 제공한다.
- 요구사항 변경, 이력 관리를 통하여 개발 비용 및 시간을 절약할 수 있다.
- 비용과 일정에 대한 제약 설정과 타당성 조사, 요구사항 정의 문서화 등을 수행한다.

### 2) 요구사항

① 요구사항 베이스라인(BaseLine, 기준선)

- 이해 당사자 간의 명시적 합의 내용이며 프로젝트 목표 달성 여부를 확인하는 기준이다.
- 요구사항을 조기에 명확히 확정하고, 추후 발생할 수 있는 변경 사항을 체계적으로 관리하기 위한 기준이 된다.

② 요구사항 분류

- 기술 내용에 따른 분류 : 기능 요구사항, 비기능 요구사항
- 기술 관점 및 대상에 따른 분류 : 시스템 요구사항, 사용자 요구사항

---

**🄵 기적의 TIP**

본 섹션은 비전문가인 고객의 요구를 듣고 그 요구를 관리하는 단계를 학습합니다. 요구사항을 분석하고, 요구사항을 명세하는 전체적인 흐름을 이해하고 이미 출제된 부분을 문제와 함께 정리하세요.

★ 소단위 명세서(Mini-Spec)
처리 절차나 논리적 활동을 기술하는 도구로, 프로그램 설계 언어(PDL)로 간단하게 기술하는 명세서이다.

**✔ 개념 체크**

1 ( )은(는) 이해 당사자 간의 명시적 합의 내용이며 프로젝트 목표 달성 여부를 확인하는 기준이다.

1 베이스라인(Baseline, 기준선)

### ③ 요구사항 분류 기준 <sup>21.9</sup> 21.9

- 기능 요구사항, 비기능 요구사항을 구분하고 우선순위 여부를 확인한다.
- 요구사항이 하나 이상의 고수준 요구사항으로부터 유도된 것인지 확인한다.
- 이해관계자나 다른 원천(Source)으로부터 직접 발생한 것인지 확인한다.
- 요구사항이 제품에 관한 것인지 프로세스에 관한 것인지 확인하고 요구사항이 소프트웨어에 미치는 영향의 범위를 확인한다.
- 요구사항이 소프트웨어 생명주기 동안에 변경이 발생하는지를 확인한다.

### ④ 기능적 요구사항 vs 비기능적 요구사항 <sup>22.4</sup>

'차량 대여 시스템이 제공하는 모든 화면이 3초 이내에 사용자에게 보여야 한다'는 비기능적 요구에 해당함

| 기능적 요구사항 | 시스템이 실제로 어떻게 동작하는지에 관점을 둔 요구사항 |
|---|---|
| 비기능적 요구사항 | 시스템 구축에 대한 성능, 보안, 품질, 안정성 등으로 실제 수행에 보조적인 요구사항 |

SWEBOK(Software Engineering Body of Knowledge, 소프트웨어 공학 지식 체계) : 국제표준화기구의 정보 기술 분야인 ISO/IEC에서 의견을 모아 집필 발간하는 표준화 체계 문서

## ⑫ SWEBOK 기반의 요구사항 개발 프로세스

### 1) 요구사항 개발 프로세스

- 요구사항을 명확히 분석하여 검증하는 진행 순서를 의미한다.
- 개발 대상에 대한 요구사항을 체계적으로 도출한다.
- 도출된 요구사항을 분석하여 분석 결과를 명세서에 정리한다.
- 정리된 명세서를 마지막으로 확인, 검증하는 일련의 단계를 말한다.
- 경제성, 기술성, 적법성, 대안성 등 타당성 조사가 선행되어야 한다.

Feasibility Study

### 2) 요구사항 개발 프로세스 절차 <sup>24.3, 21.5</sup>

도출(Elicitation) → 분석(Analysis) → 명세(Specification) → 확인(검증)(Validation)

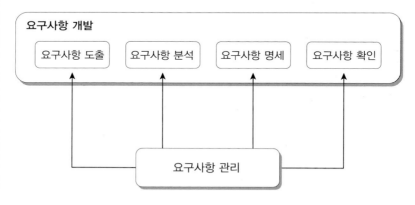

기능적 요구사항
사용자가 원하는 기능을 말한다. 사용자는 그 기능을 시스템을 통해 제공받기를 원하며, 시스템은 사용자에게 필요한 기능을 제공해 줘야 한다.

비기능적 요구사항
기능적 요구사항이 소프트웨어가 제공하는 기능이라면, 비기능적 요구사항은 수행할 수 있는 환경, 품질, 제약 사항이다.

✔️ 개념 체크

1 요구사항 개발 프로세스의 절차는 '도출' → '분석' → '명세' → '확인'이다. (O, X)

10

① 요구사항 도출(Requirement Elicitation)

- 소프트웨어가 해결해야 할 문제를 이해하는 첫 번째 단계이다.
- 현재의 상태를 파악하고 문제를 정의한 후 문제 해결과 목표를 명확히 도출하는 단계이다.
- 요구사항의 위치와 수집 방법과 관련되어 있다.
- 이해관계자(Stakeholder)가 식별되며, 개발팀과 고객 사이의 관계가 만들어지는 단계이다.
- 다양한 이해관계자와 효율적인 의사소통이 중요하다.
- 요구사항 도출 기법 : 고객의 발표, 문서 조사, 설문, 업무 절차 및 양식 조사, 브레인스토밍, 워크숍, 인터뷰, 관찰 및 모델의 프로토타이핑, Use Case, 벤치마킹, BPR(업무 재설계), RFP(제안요청서)

② 요구사항 분석(Requirement Analysis) 23.6, 23.3, 22.3, 21.5, 20.9 ┌ 구조화와 열거가 어려워, 명확하지
└ 못하거나 모호한 부분이 많음

- 소프트웨어가 환경과 어떻게 상호 작용하는지 이해하고, 사용자의 요구사항을 걸러 내기 위한 과정을 통하여 요구사항을 도출하고, 요구사항 정의를 문서화하는 과정이다.
- 도출된 사항을 분석하여 소프트웨어 개발 범위를 파악하고 개발 비용, 일정에 대한 제약을 설정하고 타당성 조사를 수행한다.
- 요구사항 간 상충하는 것을 해결하고, 소프트웨어의 범위(비용과 일정)를 파악하고 타당성 조사를 시행한다.
- 요구사항 기술 시 요구사항 확인, 요구사항 구현의 검증, 비용 추정 등의 작업이 가능하도록 충분하고 정확하게 기술한다.
- 요구 분석을 위한 기법 20.8 : 사용자 의견 청취, 사용자 인터뷰, 현재 사용 중인 각종 문서 분석과 중재, 관찰 및 모델 작성 기술, 설문 조사를 통한 의견을 수렴한다.

③ 요구사항 분석 수행 단계

- 문제 인식 : 인터뷰, 설문 조사 등 도구를 활용하여 요구사항을 파악하는 단계이다.
- 전개 : 파악한 문제를 자세히 조사하는 단계이다.
- 평가와 종합 : 요구사항을 다이어그램이나 자동화 도구를 이용하여 종합하는 단계이다.
- 검토 : 요구 분석 작업의 내용을 검토, 재정리하는 단계이다.
- 문서화 : 요구사항 분석 내용을 문서로 만드는 단계이다.

④ 요구사항 명세(Requirement Specification)

- 시스템 정의, 시스템 요구사항, 소프트웨어 요구사항을 작성한다.
- 체계적으로 검토, 평가, 승인될 수 있도록 문서로 만드는 것을 의미한다.
- 기능 요구사항은 빠지는 부분 없이 명확하게 기술한다.
- 설계 과정의 오류 사항을 추적할 수 있어야 한다.
- 비기능 요구사항은 필요한 것만 명확하게 기술한다.
- 개발자가 효과적으로 설계할 수 있고 사용자가 쉽게 이해할 수 있도록 한다.

**요구사항 분석이 어려운 이유**

- 사용자의 요구사항이 모호하고 불명확하다.
- 개발하고자 하는 시스템 자체가 복잡하다.
- 사용자의 요구는 예외가 많고, 수정 요구가 많다.
- 소프트웨어 개발 과정 중에 요구사항이 계속 변할 수 있다.
- 모순되는 요구사항이 나오거나 동일한 내용이 다르게 표현될 수 있다.
- 개발자와 사용자 간의 지식이나 표현의 차이가 커서 상호 이해가 쉽지 않다.

**요구사항 명세 속성**

- 정확성 : 요구사항은 정확해야 한다.
- 명확성 : 단 한 가지로만 되어야 한다.
- 완전성 : 모든 것(기능+비기능)이 표현할 수 있어야 한다.
- 일관성 : 요구사항 간 충돌이 없어야 한다.
- 수정 용이성 : 요구사항 변경이 가능해야 한다.
- 추적성 : RFP, 제안서를 통해 추적할 수 있어야 한다.

✔ **개념 체크**

1 요구사항 분석은 소프트웨어가 환경과 어떻게 상호 작용하는지 이해하고, 사용자의 요구사항을 걸러내기 위한 과정을 통하여 요구사항을 도출하고, 요구사항 정의를 문서화하는 과정이다.

(O, X)

1 O

⑤ 요구사항 명세 기법 24.3, 22.4, 20.9

| 구분 | 정형 명세 | 비정형 명세 |
|---|---|---|
| 기법 | 수학적 기반/모델링 기반 | • 상태/기능/객체 중심 명세 기법<br>• 자연어 기반 |
| 종류 | • Z, VDM<br>• Petri-Net(모형 기반)<br>• LOTOS(대수적 방법)<br>• CSP, CCS | • FSM(Finite State Machine)<br>• Decision Table, ER 모델링<br>• State Chart(SADT)<br>• Use Case<br>• 사용자 기반 모델링 |
| 장점 | • 시스템 요구 특성을 정확하고 간결하게 표현할 수 있음<br>• 명세/구현의 일치성 | • 명세 작성 이해 용이<br>• 의사전달 방법 다양성 |
| 단점 | • 사용자의 낮은 이해도<br>• 이해관계자의 부담 가중 | • 불충분한 명세 기능<br>• 모호성 |

⑥ **요구사항 확인(Requirement Validation)** 24.3

- 요구사항 분석 단계를 거쳐 문서로 만들어진 내용을 확인하고 검증(Verification)★ 하는 단계이다.
- 일반적으로 요구사항 관리 도구를 이용하여 이해관계자들이 문서를 검토해야 하고, 요구사항 정의 문서들에 대해 형상 관리★를 한다.
- 회사의 표준에 적합하고 이해할 수 있고, 일관성이 있고, 완전한지 검증한다.
- 요구 분석가가 요구사항을 이해했는지 확인(Validation)★이 필요하다.
- 리소스가 요구사항에 할당되기 전에 문제를 파악하기 위하여 검증을 수행한다.

⑦ **요구사항 관리(Requirement Management)**

- 요구사항 명세서와 관련된 변경 사항을 추적하고, 관리하는 과정이다.
- 변경 사항을 분류하고, 승인 절차를 거쳐 변경 관리를 수행한다.
- 변경 사항이 요구사항 명세서에 어떤 영향을 미치는지 분석하여 적절히 대응한다.

⑧ **요구사항 관리 도구의 필요성** 21.5

- 요구사항을 관리하는 프로세스의 효율성을 제고하는 데 필요하다.
- 빠지거나 중복되는 요구사항을 쉽게 관리할 수 있다.
- 사용자의 요구사항 변경으로 비용 편익(비용 대비 만족감)을 분석하기가 용이하다.
- 사용자의 요구사항 변경이 시작된 부분을 추적하기 용이하다.
- 사용자의 요구사항 변경으로 파급되는 영향을 평가하기 용이하다.
- 시스템이 올바르게 구축되고 있는지를 확인하는 데 필요하다.
- 사용자와 개발자 간 원활한 의사소통을 위해 필요하다.

⑨ **요구사항 할당(Requirement Allocation)**

- 요구사항을 만족시키기 위한 아키텍처 구성 요소를 식별하는 활동이다.
- 식별된 타 구성 요소와 상호 작용 여부 분석을 통하여 추가 요구사항을 발견할 수 있다.

---

**요구사항 확인의 예**

표준에 적합한가?, 이해 가능한가?, 일관성 있는가?, 완전한가?

**★ 검증(Verification)**

개발 단계의 산출물이 이전 단계에서 설정된 규격과 요구들이 충족되는지 판단하기 위한 활동이다.

**★ 형상 관리(Configuration Management)**

애플리케이션 개발 단계에서 도출되는 프로그램, 문서, 데이터 등의 모든 자료를 형상 단위라고 하며, 이러한 자료의 변경을 관리함으로써 애플리케이션 버전 관리 등을 하는 활동이다.

**★ 확인(Validation)**

개발 단계의 산출물이 최초의 사용자 요구사항 또는 소프트웨어 요구에 적합한지를 입증하기 위한 활동이다.

**정형 분석(Formal Analysis)**

- 구문(Syntax)과 형식적으로 정의된 의미(Semantics)를 지닌 언어로 요구사항을 표현한다.
- 명확하게 표현하여 오해를 최소화할 수 있다.
- 요구사항 분석의 마지막 단계에서 이루어진다.

**01** 요구사항 개발 프로세스의 순서로 옳은 것은?

> ㉠ 도출(Elicitation)
> ㉡ 분석(Analysis)
> ㉢ 명세(Specification)
> ㉣ 확인(Validation)

① ㉠-㉡-㉢-㉣
② ㉠-㉢-㉡-㉣
③ ㉠-㉣-㉡-㉢
④ ㉠-㉡-㉣-㉢

SWEBOK에 따른 요구사항 개발 프로세스 : 도출(Elicitation)→분석(Analysis)→
명세(Specification)→확인(Validation)

**02** 요구사항 분석 시에 필요한 기술로 가장 거리가 먼 것은?

① 청취와 인터뷰 질문 기술
② 분석과 중재 기술
③ 설계 및 코딩 기술
④ 관찰 및 모델 작성 기술

설계 및 코딩 기술은 소프트웨어 개발 단계에 해당한다.

**03** 소프트웨어 설계에서 요구사항 분석에 대한 설명으로 틀린 것은?

① 소프트웨어가 무엇을 해야 하는가를 추적하여 요구사항 명세를 작성하는 작업이다.
② 사용자의 요구를 추출하여 목표를 정하고 어떤 방식으로 해결할 것인지 결정하는 단계이다.
③ 소프트웨어 시스템이 사용되는 동안 발견되는 오류를 정리하는 단계이다.
④ 소프트웨어 개발의 출발점이면서 실질적인 첫 번째 단계이다.

③번은 디버깅에 관한 내용으로 테스트 및 유지보수 단계에서 진행된다.

**04** 요구사항 분석에서 비기능적(Nonfunctional) 요구에 대한 설명으로 옳은 것은?

① 시스템의 처리량(Throughput), 반응 시간 등의 성능 요구나 품질 요구는 비기능적 요구에 해당하지 않는다.
② '차량 대여 시스템이 제공하는 모든 화면이 3초 이내에 사용자에게 보여야 한다'는 비기능적 요구이다.
③ 시스템 구축과 관련된 안전, 보안에 대한 요구사항들은 비기능적 요구에 해당하지 않는다.
④ '금융 시스템은 조회, 인출, 입금, 송금의 기능이 있어야 한다'는 비기능적 요구이다.

• 기능적 요구 : 실제 동작하는가? (자동차가 전진, 후진한다.)
• 비기능적 요구 : 성능, 보안, 품질, 안정성 (자동차가 시속 100km/h로 달린다.)

**05** 요구사항 명세 기법에 대한 설명으로 틀린 것은?

① 비정형 명세 기법은 사용자의 요구를 표현할 때 자연어를 기반으로 서술한다.
② 비정형 명세 기법은 사용자의 요구를 표현할 때 Z 비정형 명세 기법을 사용한다.
③ 정형 명세 기법은 사용자의 요구를 표현할 때 수학적인 원리와 표기법을 이용한다.
④ 정형 명세 기법은 비정형 명세 기법에 비해 표현이 간결하다.

비정형 명세 기법은 상태/기능/객체 중심의 명세 기법이다. Z는 정형 명세 도구이다.

**06** 요구사항 관리 도구의 필요성으로 틀린 것은?

① 요구사항 변경으로 인한 비용 편익 분석
② 기존 시스템과 신규 시스템의 성능 비교
③ 요구사항 변경의 추적
④ 요구사항 변경에 따른 영향 평가

②번은 성능 분석 도구의 기능이다.

SECTION 03

# 요구사항 확인 기법과 FTR

합격 강의

출제빈도 상 (중) 하

반복학습 1 2 3

빈출 태그 프로토타이핑 • 인수 테스트의 종류 • 정형 기술 검토 지침 사항

## 01 요구사항 확인 기법

### 1) 요구사항 확인 기법

① 요구사항 확인 기법의 종류

프로토타이핑(Prototyping), 모델 검증(Model Verification), 요구사항 검토(Requirement Reviews), 인수 테스트(Acceptance Tests)와 그 외 다양한 기법이 존재한다.

② 그 외 다양한 요구사항 확인 기법

- 인터뷰(Interview) : 사용자와 개발자 간 대화를 통해 요구사항을 파악하는 기법이다.
- 설문 조사(Survey) : 대상 집단에 설문지를 배포하여 요구사항을 파악하는 기법이다.
- 시나리오(Scenario) : 사용자가 시스템을 사용할 때의 상황과 행동을 상세히 묘사하여 요구사항을 파악하는 기법이다.
- 스토리보드(Storyboard) : 그림과 글을 이용하여 사용자 인터페이스의 요구사항을 파악하는 기법이다.
- 워크숍(Workshop) : 대규모 그룹으로 모여 요구사항을 수집하고 검토하는 기법이다.
- 브레인스토밍(Brainstorming) : 자유로운 발상을 통해 요구사항을 도출하는 기법이다.
- 분석 모델링(Analysis Modeling) : 사용자의 요구사항을 분석하여 모델을 만들어 추상화된 요구사항을 파악하는 기법이다.

### 2) 프로토타이핑(Prototyping) 22.7

① 프로토타이핑의 개념

- 도출된 요구사항을 토대로 프로토타입(시제품)을 제작하여 대상 시스템과 비교하면서 개발 중에 도출되는 추가 요구사항을 지속해서 재작성하는 도구이다.
- 새로운 요구사항을 도출하기 위한 수단이다.
- 소프트웨어 엔지니어 관점에서 요구사항을 확인하기 위한 수단으로 많이 사용되고 실제 구현 전에 잘못된 요구사항을 적용하는 자원 낭비를 방지할 수 있다.

기적의 TIP

본 섹션은 앞 섹션과 이어지는 내용입니다. 요구사항을 분류하고 요구사항은 검토한 뒤, 개발된 요구사항이 고객이 원하는 그것인지 검토하는 내용을 학습합니다.

요구분석 시 사용자의 의견을 듣는 개발자의 자세 및 규칙

**BS(Brain Storming)의 4가지 규칙**

- 비판 금지 : 사용자는 대부분이 초보자이므로 사용자의 의견을 비판하게 되면 사용자에게 얻을 수 있는 문제를 파악하기가 어렵게 되므로 비판을 금지한다.
- 자유분방 : 어떠한 사용자의 의견도 경청한다.
- 다수 환영 : 사용자의 의견이 많을수록 문제 대상의 접근이 용이하다.
- 연쇄 개선 : 중요한 의견이 나왔을 때 집중적으로 질문한다.

기적의 TIP

프로토타이핑은 시제품을 이용한 개발 방법론이고, 인수 테스트는 고객이 SW를 인수하는 단계에서 진행하는 테스트로, 즉 납품 전 최종 테스트라고 보면 됩니다.

개념 체크

1 요구사항 확인 기법 중 자유로운 발상을 통해 요구사항을 도출하는 기법은?

1 브레인스토밍(Brainstorming)

② 프로토타이핑의 절차

요구사항 수집 및 분석 단계 → 설계 단계 → 개발 단계 → 검토 및 피드백 → 프로토
타입 정제 단계 → 요구사항 검증

| 절차 | 내용 |
|------|------|
| 요구사항 수집 및 분석 | 사용자 요구사항을 수집하고 이를 분석하여 요구사항 명세서를 작성한다. |
| 설계 단계 | 요구사항 명세서를 기반으로 프로토타입 설계를 수행한다. |
| 개발 단계 | 설계된 프로토타입을 개발한다. |
| 검토 및 피드백 | 개발된 프로토타입을 사용자에게 제공하여 검토 및 피드백을 수집한다. |
| 프로토타입 정제 단계 | 검토 및 피드백을 바탕으로 프로토타입을 수정한다. |
| 요구사항 검증 | 수정된 프로토타입을 바탕으로 요구사항 검증을 수행한다. |

③ 프로토타이핑의 장·단점

| 장점 | • 분석가의 가정을 파악하고 잘못되었을 때 유용한 피드백을 제공한다.<br>• 문서나 그래픽 모델보다 프로토타입으로 이해하기 쉬워 사용자와 개발자 사이의 의사소통에 도움이 된다.<br>• 요구사항의 가변성이 프로토타이핑 이후에 급격히 감소한다.<br>• 빠르게 제작할 수 있으며, 반복 제작을 통하여 발전된 결과를 가져올 수 있다. |
|------|------|
| 단점 | • 사용자의 관심이 핵심 기능에서 멀어질 수 있으며 프로토타입의 디자인이나 품질 문제로 집중될 수 있다.<br>• 프로토타입 수행 비용이 발생한다.<br>• 전체 범위 중 일부 대상 범위만 프로토타입을 제작하면 사용성이 과대 평가될 수 있다. |

## 3) 모델 검증(Model Verification)

① 모델 검증의 개념

• 분석 단계에서 개발된 모델의 품질을 검증한다.
• 개발자가 작성한 모델이 요구사항을 정확하게 반영하고 있는지 검증하는 기법이다.
• 개발자가 작성한 모델이나 설계를 바탕으로 소프트웨어를 개발하기 전에 요구사항을 분석하고 검증하여 오류를 최소화하고 품질을 향상시키는 것을 목적으로 한다.

② 모델 검증의 종류

• 정적 분석(Static Analysis)
  – 객체 모델에서 객체들 사이에 존재하는 의사소통 경로(Communication Path)를 검증하기 위해 사용한다.
  – 명세의 일관성과 정확성을 확인 분석하는 도구이다.
  – 작성된 소스 코드를 실행하지 않는다.
  – 소스 코드나 문서를 대상으로 하는 분석 기법으로, 코드를 실행하기 전에 잠재적인 오류를 찾아내기 위해 사용된다.
• 동적 분석(Dynamic Analysis)
  – 직접 실행을 통하여 모델을 검증하는 방식이다.
  – 작성된 소스 코드를 실행한다.
  – 코드에 존재하는 메모리 누수 현황을 발견하여 스레드의 결함 등을 분석한다.

**정적 코드 분석**
• 소스 코드를 직접 분석한다.
• 이는 소프트웨어의 흐름을 따라가며 잠재적인 버그나 오류를 찾아내는 방법이다.

**정적 문서 분석**
요구사항이나 설계 문서를 대상으로 분석을 수행하여 불일치나 누락 사항 등을 찾아내는 방법이다.

✓ **개념 체크**

1 동적 분석(Dynamic Analysis)은 소스 코드나 문서를 대상으로 하는 분석 기법으로, 코드를 실행하기 전에 잠재적인 오류를 찾아내기 위해 사용된다. (O, X)

1 X

### 4) 요구사항 검토(Requirement Reviews)

요구사항 확인의 가장 일반적인 방법으로, 여러 검토자가 에러, 잘못된 가정, 불명확성, 표준과의 차이 등을 찾아내는 작업을 수행하며, 검토자 그룹을 어떻게 구성하느냐가 중요하다.

### 5) 인수 테스트(Acceptance Tests) 24.5, 20.9

① 인수 테스트의 개념

- 소프트웨어가 사용자나 고객의 요구사항을 만족시키는지 확인하기 위한 테스트 단계이다.
- 소프트웨어 개발의 마지막 단계에서 이루어지며, 사용자나 고객이 제품을 사용하며 발생할 수 있는 문제를 사전에 발견하여 수정할 수 있도록 돕는다.

② 인수 테스트의 종류

계약 인수 테스트, 규정 인수 테스트, 알파 검사, 베타 검사, 사용자 인수 테스트, 운영 인수 테스트

> ┌ 소프트웨어가 완성되고 공개적으로 출시되기 전에 일반 사용자에게 제공하여 테스트하는 방법
>
> └ 소프트웨어 개발 중 초기 단계에서 주로 사용되는 테스트 방법으로, 소프트웨어의 기능과 성능을 개발자들이 직접 테스트

③ 인수 테스트의 절차

- 계획 : 인수 테스트의 목적과 범위를 결정하고, 테스트 방법과 절차를 계획한다.
- 설계 : 테스트 케이스를 작성하고, 테스트를 수행할 환경과 데이터를 설계한다.
- 구현 : 설계한 테스트 케이스를 실행하고, 테스트 결과를 기록한다.
- 검토 : 테스트 결과를 분석하고, 결함을 추적하여 수정한다.
- 수행 : 수정된 제품을 다시 테스트하여 인수 조건을 만족하는지 확인한다.
- 완료 : 인수 테스트 결과를 문서화하고, 테스트 환경을 정리한다.

## 02 정형 기술 검토 24.3, 23.8, 23.6, 22.7, 22.3

### 1) 정형 기술 검토(FTR : Formal Technical Review)

① 정형 기술 검토의 개념

- S/W 개발 산출물 대상 요구사항 일치 여부, 표준 준수 및 결함 발생 여부를 검토하는 정적 분석 기법이다.
- 소프트웨어 개발에서 일어나는 오류와 결함을 찾아내기 위해 전문가들이 참여하는 검토 방법의 하나이다.

② 정형 기술 검토의 목적

- 소프트웨어 제품의 품질 향상 : 소프트웨어 제품에 대한 오류와 결함을 미리 찾아내고 수정하여 최종 제품의 품질을 향상시키는 것을 목적으로 한다.
- 생산성 향상 : 검토를 통해 발견된 오류와 결함을 미리 수정하여 소프트웨어 개발 과정에서의 생산성을 높일 수 있다.

**효과적인 프로젝트 관리를 위한 3대 요소**
- 사람(People) – 인적 자원
- 문제(Problem) – 문제 인식
- 프로세스(Process) – 작업 계획

✓ 개념 체크

1 소프트웨어가 사용자나 고객의 요구사항을 만족시키는지 확인하기 위한 테스트 단계는?

1 인수 테스트

- 지식 공유 : 다양한 전문가들이 모여 제품에 대해 논의하고 지식을 공유하는 과정이기 때문에 개발자들 간의 지식 공유와 협업을 향상시키는 효과를 가져올 수 있다.
- 표준 준수 : 소프트웨어 개발 프로세스의 표준을 준수하는 데 중요한 역할을 한다. 검토를 통해 개발자들은 표준 준수 여부를 확인하고, 개선점을 찾아내어 향후 개발에 적용할 수 있다.
- 비용 절감 : 검토를 통해 발견된 오류와 결함을 미리 수정함으로써 최종 제품에서의 결함 및 오류 발생률을 줄일 수 있다. 이는 소프트웨어 개발 비용을 줄이는 데 이바지할 수 있다.

## 2) 정형 기술 검토의 특징

- 구조화된 절차를 따른다.
  구체적인 절차를 따라서 검토를 수행하므로, 검토의 일관성과 효율성을 높일 수 있다.
- 전문가의 참여가 필요하다.
  소프트웨어 개발 분야의 전문가들이 참여하므로, 검토의 정확성과 완성도를 높일 수 있다.
- 오류와 결함을 찾아내는 능력을 향상시킨다.
  참여자들이 소프트웨어 코드나 문서를 검토하여 오류와 결함을 찾아내므로, 소프트웨어 품질을 향상시키는 데 큰 역할을 할 수 있다.
- 개발 초기에 적용할 수 있다.
  소프트웨어 개발 초기에 적용할 수 있으므로, 초기 오류와 결함을 찾아내어 뒤로 미루는 비용과 시간을 줄일 수 있다.
- 문서화가 중요하다.
  검토 결과를 문서화하여 정리해야 하므로, 향후 수정 및 개선 작업에도 유용하게 활용할 수 있다.

## 3) 정형 기술 검토 지침 사항 23.6, 22.7, 22.3

- 의제와 그 범위를 유지하라.
- 참가자의 수를 제한하라.
- 각 체크 리스트를 작성하고, 자원과 시간 일정을 할당하라.
- 개발자가 아닌 제품의 검토에 집중하라.
- 논쟁과 반박을 제한하라.
- 검토 과정과 결과를 재검토하라.
- 문제 영역을 명확히 표현한다.

 개념 체크

1 정형 기술 검토 지침 사항은 의제와 그 범위를 유지하고, 참가자의 수는 제한하지 않는다. (O, X)

1 X

**01** 프로토타입 모형에 대한 설명으로 가장 옳지 않은 것은?

① 개발 단계 안에서 유지보수가 이루어지는 것으로 볼 수 있다.
② 최종 결과물이 만들어지는 소프트웨어 개발 완료 시점에 최초로 오류 발견이 가능하다.
③ 발주자나 개발자 모두에게 공동의 참조 모델을 제공한다.
④ 사용자의 요구사항을 충실히 반영할 수 있다.

프로토타입 모형은 소프트웨어 요구사항 분석 과정부터 오류를 발견할 수 있다.

**02** 알파, 베타 테스트와 가장 밀접한 연관이 있는 테스트 단계는?

① 단위 테스트
② 인수 테스트
③ 통합 테스트
④ 시스템 테스트

알파, 베타 테스트는 개발사 내부와 실제 사용자에 의해 시행된다.

**03** 정형 기술 검토(FTR)의 지침으로 틀린 것은?

① 의제를 제한한다.
② 논쟁과 반박을 제한한다.
③ 문제 영역을 명확히 표현한다.
④ 참가자의 수를 제한하지 않는다.

정형 기술 검토 시 참가자는 해당 주제에 맞는 이해관계자를 대상으로 제한한다.

정답 01 ② 02 ② 03 ④

출제빈도 (상) 중 하
반복학습 1 2 3

빈출 태그 개념 모델링 • UML • 럼바우 • UML의 소프트웨어에 대한 관점 • UML 접근 제어자

## 01 개념 모델링(Conceptual Modeling)

### 1) 개념 모델링의 개념

- 요구사항을 이해하기 쉽도록 실 세계의 상황을 단순화하여 개념적으로 표현한 것을 모델이라고 하고, 이렇게 표현된 모델을 생성해 나가는 과정을 개념 모델링이라고 한다.
- 모델은 문제가 발생하는 상황에 대한 이해를 증진하고 해결책을 설명하므로 소프트웨어 요구사항 분석의 핵심이라 할 수 있다.
- 개발 대상 도메인의 엔티티(Entity)들과 그들의 관계 및 종속성을 반영한다.
- 요구사항별로 관점이 다르므로 개념 모델도 다양하게 표현되어야 한다.
- 대부분 UML(Unified Modeling Language)을 사용한다.

### 2) 개념 모델링의 종류

Use Case Diagram, Data Flow Model, State Model, Goal Based Model, User Interactions, Object Model, Data Model

> **기적의 TIP**
>
> 개발된 요구를 모델링하는 과정을 학습합니다. 대표적인 도구인 UML, 럼바우의 객체지향 분석 기법, UML은 최빈출이므로 확실하게 정리하세요.

> **요구사항 분석 도구**
> - Data Flow Diagram
> - Data Dictionary
> - UML Diagram
> - E-R Diagram

## 02 UML(Unified Modeling Language) 22.3

### 1) UML의 개념 22.7, 22.3

- 객체지향 소프트웨어 개발 과정에서 시스템 분석, 설계, 구현 등의 산출물을 명세화, 시각화, 문서화할 때 사용하는 모델링 기술과 방법론을 통합하여 만든 범용 모델링 언어이다.
- Rumbaugh의 OMT 방법론과 Booch의 Booch 방법론, Jacobson의 OOSE 방법론을 통합하여 만든 모델링 개념의 공통 집합으로 객체지향 분석 및 설계 방법론의 표준 지정을 목표로 제안된 모델링 언어이다.
- OMG(Object Management Group)에서 표준화 공고 후 IBM, HP, Microsoft, Oracle 등이 참여하여 1997.1 버전 1.0을 Release 하였다.

### 2) 럼바우(Rumbaugh) 객체지향 분석 기법 23.3, 22.7, 22.3, 21.9, 21.5, 21.3, 20.9, 20.8, 20.6

① 개념
- 소프트웨어 구성 요소를 그래픽으로 모형화하였다.
- 객체 모델링 기법이라고도 한다.
- 럼바우 객체지향 분석 기법의 절차 : 객체 모델링 → 동적 모델링 → 기능 모델링

> **개념 체크**
>
> 1 럼바우 객체지향 분석 기법의 절차는 객체 모델링 → ( ) 모델링 → 기능 모델링의 순서로 진행된다.
>
> 1 동적

② 기법별 작성 도구 [23.8]

- **객체 모델링** : 객체 다이어그램
  └─ OMT(Object Modeling Technique)
- **동적 모델링** : 상태도
- **기능 모델링** : 자료 흐름도

③ 분석 절차 [24.3, 23.3]

- 객체 모델링 : 정보 모델링이라고도 한다. 시스템에서 요구되는 객체를 찾아내어 속성과 연산 식별 및 객체 간의 관계를 규정하여 객체를 다이어그램으로 표시한다.
- 동적 모델링 : 제어 흐름, 상호 작용, 동작 순서 등의 상태를 시간 흐름에 따라 상태 다이어그램으로 표시한다.
- 기능 모델링 : 여러 프로세스 간의 자료 흐름을 표시한다. 어떤 데이터를 입력하여 어떤 결과를 가져올 수 있을지를 표현한다.

## 3) UML의 특성

### ① 시각화(Visualization)

- UML은 그래픽으로 표현하여 시각적으로 이해하기 쉬운 모델링 언어이다.
- 클래스 다이어그램, 유즈 케이스 다이어그램, 상태 다이어그램 등 다양한 다이어그램을 사용하여 소프트웨어 시스템을 시각적으로 나타낸다.

### ② 문서화(Documentation)

소프트웨어 생명주기의 중요한 작업을 추적하고 문서화할 수 있다. 개발 프로세스 및 언어와 무관하게 개발자 간의 의사소통 도구를 제공한다.

### ③ 명세화(Specification)

- 분석, 설계, 구현의 완벽한 모델을 제공한다.
- 유즈 케이스 다이어그램은 시스템의 사용자 요구사항을 표현하고, 시퀀스 다이어그램은 시스템의 동작을 명세화한다.

### ④ 구축(Construction)

객체지향 언어와 호환되는 프로그래밍 언어는 아니지만, 모델이 객체지향 언어로 매핑될 수 있다.
└─ Mapping

### ⑤ 확장성(Extensibility)

- UML은 사용자가 필요에 따라 확장할 수 있는 구조로 되어 있다.
- UML의 확장 메커니즘은 사용자가 모델 요소를 추가하고 기존 모델 요소를 수정하는 것을 가능하게 한다.

### ⑥ 표준화된 언어(Standardized Language)

- UML은 국제 표준화 기구인 OMG에서 표준화된 모델링 언어이다.
- UML은 다른 모델링 언어와의 호환성을 보장하며, 다양한 도구와 플랫폼에서 사용될 수 있다.

**객체 모델링 순서**
- 객체와 클래스를 식별
- 클래스에 대한 자료를 사전 작성
- 클래스 간의 관계 정의
- 객체 속성 및 연결 관계 정의
- 클래스 계층화 및 모듈로 정의
- 생성된 모형을 반복적으로 검증

**동적 모델링 순서**
- 사건의 상호 작용 순서에 대한 시나리오 작성
- 시나리오를 역할과 시간에 따라 표기한 후 사건 추적도 작성
- 사건 추적도를 사건 발생자의 관계로 설명하는 사건 흐름도 작성
- 사건과 상태를 연결시킨 상태도 작성

**기능 모델링 순서**
- 외부와 시스템 간의 입출력 자료를 정의
- 자료 흐름도를 상세화
- 프로세스 기능에 대한 정의를 기능 명세서로 작성
- 제약 조건 파악
- 최적화 기준 명세화

## 4) UML 소프트웨어에 대한 관점 <sub></sub>22.4, 22.3, 21.8, 21.3

### ① 기능적 관점

- 사용자 측면에서 본 소프트웨어의 기능을 나타내며, 사용 사례 모델링이라고도 한다.
- 요구 분석 단계에서 사용하며, UML에서는 Use Case Diagram을 사용한다.

### ② 정적 관점

- 소프트웨어 내부의 구성 요소 사이의 구조적 관계를 나타낸다.
- 객체, 속성, 연관 관계, 오퍼레이션의 시스템 구조를 나타내며, UML에서는 Class Diagram을 사용한다.
- **예** 클래스 사이의 관계, 클래스 구성과 패키지 사이의 관계

### ③ 동적 관점

시스템의 내부 동작을 말하며, UML에서는 Sequence Diagram, State Diagram, Activity Diagram을 사용한다.

순차 다이어그램 : 회귀 메시지(Self-Message), 제어 블록(Statement Block) 등으로 구성

## 5) UML의 구성과 접근 제어자

### ① UML의 기본 구성 23.8, 23.3

| 구성 | 설명 |
|---|---|
| 사물(Things) | • 객체지향 모델을 구성하는 기본 요소이다.<br>• 객체 간의 관계 형성 대상이다. |
| 관계(Relationship) | • 객체 간의 연관성을 표현하는 것이다.<br>• 종류 : 연관, 집합, 포함, 일반화, 의존, 실체화 |
| 다이어그램(Diagram) | • 객체의 관계를 도식화한 것이다.<br>• 다양한 관점에서 의사소통할 수 있도록 View를 제공한다.<br>• 정적 모델 : 구조 다이어그램<br>• 동적 모델 : 행위 다이어그램 |

### ② 스테레오 타입 22.7, 20.6

- UML에서 제공하는 기본 요소 외에 추가적인 확장 요소를 표현할 때 사용한다.
- UML 확장 모델에서 스테레오 타입 객체를 표현할 때 사용하는 기호는 쌍 꺾쇠와 비슷하게 생긴 길러멧(Guillemet) ≪ ≫이며, 길러멧 안에 확장 요소를 적는다.

### ③ UML 접근 제어자

Java의 접근 제어자와 공유

| 접근 제어자 | 표기 | 설명 |
|---|---|---|
| public | + | 어떤 클래스의 객체에서든 접근 가능하다. |
| private | − | 해당 클래스로 생성된 객체만 접근 가능하다. |
| protected | # | 해당 클래스와 동일 패키지에 있거나 상속 관계에 있는 하위 클래스의 객체들만 접근 가능하다. |
| package | ~ | 동일 패키지에 있는 클래스의 객체들만 접근 가능하다. |

**사물(Things)의 종류**
- 구조 사물(Structure Things) : 시스템의 개념적, 물리적 요소를 표현(Class, Use Case, Component, Node)
- 행동 사물(Behavioral Things) : 시간과 공간에 따른 요소들의 행위를 표현(Interaction, State Machine)
- 그룹 사물(Grouping Things) : 요소들을 그룹으로 묶어서 표현(Package)
- 주해 사물(Annotation Things) : 부가적인 설명이나 제약 조건들을 표현(Note)

🕐 **암기 TIP**

**구글(클)에 컴팩(컴패) 목베개(복배객) 검색해 봐!**
구조적 다이어그램 종류 : 클래스, 컴포넌트, 패키지, 복합체 구조, 배치, 객체

✅ **개념 체크**

1. UML의 기본 구성 중 객체지향 모델을 구성하는 기본 요소는?

2. UML의 접근 제어자 중 +는 어떤 클래스의 객체에서든 접근할 수 있다. (O, X)

1 사물 2 O

④ 연관 관계 다중성 표현

| 표기 | 의미 |
| --- | --- |
| 1 | 1 객체 연결 |
| * 또는 0..* | 0이거나 그 이상 객체 연결 |
| 1..* | 1이거나 1 이상 객체 연결 |
| 0..1 | 0이거나 1 객체 연결 |
| 1, 3, 6 | 1이거나 3이거나 6 객체 연결 |
| n | n개 객체 연결 |
| n..* | n이거나 n개 이상 객체 연결 |

## 이론을 확인하는 기출문제

**01** 다음의 설명에 해당하는 언어는?

> 객체지향 시스템을 개발할 때 산출물을 명세화, 시각화, 문서화하는 데 사용된다. 즉, 개발하는 시스템을 이해하기 쉬운 형태로 표현하여 분석가, 의뢰인, 설계자가 효율적인 의사소통을 할 수 있게 해준다. 따라서, 개발 방법론이나 개발 프로세스가 아니라 표준화된 모델링 언어이다.

① Java      ② C
③ UML      ④ Python

UML : 객체 지향 시스템을 개발할 때 산출물을 명세화, 시각화, 문서화하는 데 사용된다.

**02** 객체지향 분석기법의 하나로 객체 모형, 동적 모형, 기능 모형의 3개 모형을 생성하는 방법은?

① Wirfs−Block Method
② Rumbaugh Method
③ Booch Method
④ Jacobson Method

럼바우(Rumbaugh) 객체지향 분석 기법 : 소프트웨어 구성 요소를 그래픽으로 모형화하였다.

**03** 럼바우(Rumbaugh)의 객체지향 분석에서 사용하는 분석 활동으로 옳은 것은?

① 객체 모델링, 동적 모델링, 정적 모델링
② 객체 모델링, 동적 모델링, 기능 모델링
③ 동적 모델링, 기능 모델링, 정적 모델링
④ 정적 모델링, 객체 모델링, 기능 모델링

럼바우(Rumbaugh) 객체지향 분석 기법 : 객체 모델링, 동적 모델링, 기능 모델링

**04** UML의 기본 구성 요소가 아닌 것은?

① Things
② Terminal
③ Relationship
④ Diagram

UML의 구성 : 사물(Things), 관계(Relationship), 다이어그램(Diagram)

정답 01 ③ 02 ② 03 ② 04 ②

# UML 다이어그램

▶ 합격 강의

**빈출 태그** 구조/행위 다이어그램 구분 • 클래스 다이어그램 관계 표현 • 유스케이스 다이어그램 •
유스케이스 다이어그램의 구성 요소

## 01 UML 다이어그램의 분류 21.5

### 1) 구조 다이어그램(Structural Diagram) 20.6

#### ① 구조 다이어그램의 개념

• 시스템의 구조와 구성 요소 간의 관계를 시각적으로 표현하므로, 소프트웨어 개발
자들이 시스템을 더 잘 이해하고 설계하는 데 도움을 준다.
• 구조적 다이어그램은 시스템의 변경이나 개선을 수행할 때, 이들 간의 관계를 파악
하여 시스템 전체적인 구조를 파악하는 데 도움을 준다.

#### ② 구조 다이어그램의 종류 24.5

• 클래스 다이어그램(Class Diagram) 22.3
  − 시스템 내의 클래스, 인터페이스, 관계 등을 시각적으로 표현하는 다이어그램이
    다.
  − 시스템의 구조와 클래스 간의 관계를 보여줌으로써 소프트웨어 개발자들이 시
    스템을 이해하고 설계하는 데 도움을 준다.
  − 클래스의 속성과 메소드를 표현하여 개발자가 클래스를 구현할 때 필요한 정보
    를 제공하며, 상속, 연관, 집합 등 다양한 관계를 표현하여 클래스 간의 상호 작
    용을 더 잘 이해할 수 있도록 도와준다.
  − 소프트웨어 개발의 초기 단계인 요구사항 분석 및 설계 단계에서 매우 중요한
    도구이다.
• 객체 다이어그램(Object Diagram)
  − 객체 간의 관계와 상태를 보여주는 다이어그램이다.
  − 클래스 다이어그램에서 정의된 클래스들이 실제로 어떻게 인스턴스화 되는지를
    보여준다.
  − 클래스 다이어그램에서 설계한 시스템이 실제로 어떻게 동작하는지를 파악하는
    데 유용하다.
  − 시스템의 특정 시점에서 객체들의 구성을 시각적으로 보여주며, 객체 간의 관계
    와 상태를 쉽게 이해할 수 있도록 도와준다.
  − 객체지향 프로그래밍에서 객체들의 상호 작용을 설계하고 구현하는 데 도움을
    준다.

**B 기적의 TIP**

본 섹션은 출제 비중이 높습
니다. 구조/행위 다이어그램
을 구분할 수 있어야 하고 각
다이어그램의 목적을 기억하
도록 합니다. 행위 다이어그
램 하위 유스케이스 다이어
그램의 구성 요소, 구성 요소
간의 관계는 자주 출제되는
부분이니 완벽히 정리하세요.

**✓ 개념 체크**

1 시스템의 구조와 구성 요소
간의 관계를 시각적으로 표
현하여 소프트웨어 개발자
들이 시스템을 더 잘 이해하
고 설계하는 데 도움을 주는
다이어그램은?

1 구조적 다이어그램

**기적의 TIP**

복합체 구조 다이어그램은 다른 다이어그램들과 결합하여 시스템의 전반적인 구조를 이해하고 설계할 수 있도록 돕는다는 것을 기억하세요.

- 객체 간의 관계를 나타내는 화살표와 레이블, 객체의 속성과 상태를 보여주는 속성 창 등으로 구성된다.
- 클래스 다이어그램과 유사하지만, 객체들의 실제 인스턴스를 보여준다는 점에서 차이가 있다.

- **복합체 구조 다이어그램(Composite Structural Diagram)**
  - 시스템의 복잡한 구조의 모델링하기를 위한 다이어그램이다.
  - 구조적인 관점에서 객체의 내부 구조와 그 구성 요소 간의 상호 작용을 나타내며, 객체의 구조를 자세히 분석하고 설계하는 데 도움을 준다.
  - 클래스, 컴포넌트, 인터페이스 등의 요소들을 이용하여 시스템의 내부 구조를 모델링한다.
  - 다른 다이어그램과 달리 시스템의 내부 구조를 보여주므로, 시스템의 복잡성을 분석하고 해결하는 데 유용하다.
  - 다양한 모델링 도구에서 지원되며, 객체의 내부 구조와 상호 작용을 모델링하는 데에 있어서 매우 유용하며, 시스템의 구조적인 분석과 설계에 필수적인 도구이다.

- **배치 다이어그램(Deployment Diagram)**
  - 시스템의 물리적인 배치와 구성을 나타내는 다이어그램이다.
  - 이 다이어그램은 시스템이 어떻게 물리적으로 배치되어 있는지, 시스템의 하드웨어와 소프트웨어 간의 관계를 표현한다.
  - 소프트웨어 요소들이 어떻게 물리적인 서버나 컴퓨터에 배포되는지, 또한 배포된 요소 간의 상호 작용을 표현한다.
  - 시스템의 물리적인 구성 요소를 표현하는 데, 이는 컴퓨터, 서버, 네트워크 등과 같은 요소를 포함한다.
  - 시스템을 구성하는 다양한 구성 요소 간의 관계를 이해하는 도움이 된다.
  - 시스템의 배포 과정을 모델링할 때도 사용된다.
  - 다양한 모델링 도구에서 지원되며, 시스템의 구성과 배치를 이해하는 데에 있어서 필수적인 도구이다.

**컴포넌트 다이어그램**
다양한 모델링 도구에서 지원되며, 소프트웨어 시스템의 구조를 분석하고 설계하는 데에 있어서 필수적인 도구이다.

- **컴포넌트 다이어그램(Component Diagram)** 24.5, 22.8
  - 소프트웨어 시스템을 구성하는 컴포넌트들의 구조와 관계를 나타내고 모형화하는데 사용하는 다이어그램이다.
  - 시스템을 구성하는 각 컴포넌트가 어떻게 작동하며, 서로 어떻게 상호 작용하는지를 나타낸다.
  - 시스템의 컴포넌트가 어떤 기능을 수행하는지를 상세하게 나타내어, 소프트웨어 개발자들이 이를 구현하기 위한 설계를 수월하게 할 수 있도록 돕는다.
  - 소프트웨어 시스템의 모듈화와 재사용성을 높이는 데에 매우 유용하다.

- 패키지 다이어그램(Package Diagram)
  - 소프트웨어 시스템을 구성하는 여러 개체를 그룹화하여 표현하며, 그룹화된 개체들은 하나의 패키지로 묶어서 표현한다.
  - 소프트웨어 시스템의 모듈화와 구조화를 가능하게 해준다.
  - 시스템의 기능을 그룹화하여 표현하고, 각 그룹의 관계와 의존성을 나타내는 데에 매우 유용하다.
  - 패키지 간의 관계를 통해 시스템의 구조를 명확하게 표현할 수 있어서 개발자들은 시스템의 모듈화된 구조를 파악할 수 있고, 이를 활용하여 소프트웨어를 더욱 효율적으로 개발할 수 있다.

 기적의 TIP

패키지 다이어그램은 소프트웨어 개발자들이 시스템을 구성하는 요소들을 이해하고, 이를 관리하고 유지보수하는 데에 큰 도움을 준다는 것을 알아두세요.

## 2) 행위 다이어그램(Behavioral Diagram) [24.7, 23.3, 20.9]

### ① 행위 다이어그램의 개념
- 시스템의 동작을 표현하는 다이어그램이다.
- 시스템 내에서 일어나는 상호 작용, 메시지 흐름, 객체 간의 상호 작용 등을 그래픽으로 표현하여 시각화한다.

### ② 행위 다이어그램의 종류
- 유스케이스 다이어그램(Use Case Diagram)
  시스템과 시스템을 사용하는 사용자 간의 상호 작용을 시각적으로 표현한다. 이 다이어그램은 시스템이 제공하는 기능과 사용자가 시스템을 사용하는 방식을 표현한다.
- 활동 다이어그램(Activity Diagram) [23.8]
  - 시스템 내부의 프로세스나 작업 흐름을 시각적으로 표현하는 도구이다.
  - 프로세스나 작업 흐름을 시각화하고, 시스템의 동작을 이해하고, 시스템의 설계 및 구현을 위한 정보를 수집할 수 있다.
- 상태 머신 다이어그램(State Machine Diagram)
  - 객체의 생명주기와 상태 변화를 시각화하여 설명할 수 있다.
  - 상태(State), 이벤트(Event), 전이(Transition) 등으로 구성된다.
  - 상태는 동그라미로 표현되며, 이벤트는 화살표로 표현된다. 전이는 이벤트가 발생하면 객체가 상태를 변경할 때 사용되는 화살표로 나타낸다.
- 협력 다이어그램(Collaboration Diagram)
  - 협력 다이어그램은 객체들이 서로 메시지를 주고받는 과정을 표현한다.
  - 이 다이어그램은 객체 간의 상호 작용을 중심으로 객체 간의 관계와 역할을 보여주며, 객체 간의 메시지 흐름과 타이밍을 나타낸다.
  - 객체는 협력 다이어그램에서 사각형으로 표현되며, 객체 간의 메시지는 화살표로 표현된다. 메시지는 호출하는 객체와 호출된 객체 사이를 연결하며, 호출된 객체는 해당 메시지를 수신한다.

✓ 개념 체크

1 Use Case 다이어그램, 활동 다이어그램, 상태 머신 다이어그램은 구조적 다이어그램이다. (O, X)

2 (　　　)은(는) 시스템 내에서 일어나는 상호 작용, 메시지 흐름, 객체 간의 상호 작용 등을 그래픽으로 표현하여 시각화한다.

1 X  2 행위 다이어그램

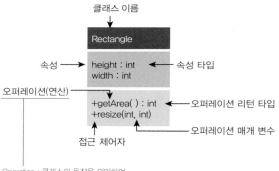

**🕐 암기 TIP**

**행위 – 움직임, 구조 – 체계**
UML 구조, 행위 다이어그램
구분은 각 다이어그램의 단
어 의미를 보면 쉽게 구분할
수 있습니다.

**시퀀스 다이어그램과 통신 다이어그램의 차이점**
• 시퀀스 다이어그램은 메시지들
의 흐름과 순서에 초점을 맞춤
• 통신 다이어그램은 참여 요소
간의 상호 작용 관계에 초점을
둠

• 상호 작용 다이어그램(Interaction Diagram)
  – 객체 간에 주고받는 메시지를 통해 상호 작용을 시각화하여 설명할 수 있다.
  – Use Case를 수행하기 위해 객체들이 어떻게 상호 작용하는지를 표현한다.
  – 대표적인 상호 작용 다이어그램은 순차 다이어그램과 통신 다이어그램이다.
  – 순차 다이어그램과 통신 다이어그램은 서로 1:1 변환할 수 있다.

| | |
|---|---|
| **순차 다이어그램**<br>(Sequence Diagram)<br>22.7, 22.4, 20.8 | • Use Case의 실현을 위해 시스템의 구성 요소들이 어떻게 상호 작용하는가를 시각화하여 설명할 수 있다.<br>• 특정 객체들이 활성화되어 동작하고, 다른 객체들을 호출하는 순서를 표현한다.<br>• 시간 흐름과 순서에 따른 시스템 동작을 표현<br>• 구성 요소 : 객체(Object), 생명선(Lifeline), 실행(Activation), 메시지(Message), 시간(Time) |
| **통신 다이어그램**<br>(Communication Diagram) | • 시스템에서 객체 간의 통신을 보여주기 때문에 객체지향 소프트웨어 설계에서 중요한 역할을 한다.<br>• 객체 간의 관계와 역할, 메시지 흐름 및 시간 제약 등을 한눈에 파악할 수 있도록 도와준 이를 통해 시스템의 설계와 구현에 대한 이해도를 높일 수 있다.<br>• UML 도구를 사용하면 순차 다이어그램과 상호 변환이 가능하다. |

## 02 클래스 다이어그램(Class Diagram) 21.8, 21.3

• 시스템을 구성하는 객체 간의 관계를 추상화한 모델을 논리적 구조로 표현한다.
• 객체지향 개발에서 공통으로 사용된다.
• 분석, 설계, 구현 단계 전반에 지속해서 사용된다.

**🕐 암기 TIP**

• 클래스 이름 : 강아지
• 속성 – 다리 수 : 4개
• 속성 – 꼬리 : 1개
• 오퍼레이션 – 다리 : 걷는다.
• 오퍼레이션 – 꼬리 : 흔든다.
강아지를 클래스로 묶는다고
생각하면 암기하기 쉽습니다.

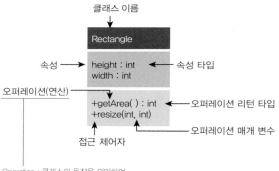

Operation : 클래스의 동작을 의미하며,
클래스에 속하는 객체에 대하여 적용될
메소드를 정의한 것

**✓ 개념 체크**

1 (    )은(는) 시스템을 구성
하는 객체 간의 관계를 추상
화한 모델을 논리적 구조로
표현한다.

1 클래스 다이어그램(Class Diagram)

# 03 Use Case Diagram

## 1) Use Case Diagram [24.3]

### ① Use Case Diagram의 개념

- 객체지향 초반기 분석 작업에 작성되는 사용자의 요구를 기능적 측면에서 기술할 때 사용하는 도구로 액터(Actor)와 유스케이스(Use Case)로 구성된다.
- 얻어지는 결과는 개발 대상 시스템이 제공해야 하는 서비스 목록이 된다.

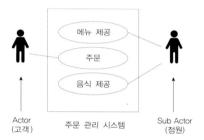

타원 : 기능 표시
사람 : 사용자
실선 : 사용자 - 기능 간 관계
사각형 : 프로그램 범위

### ② Use Case Diagram 요소 [22.7, 22.4, 21.5, 21.3]

| 요소 | | 설명 |
|---|---|---|
| 시스템 경계(System Boundary) | | • 시스템이 제공해야 하는 사례(Use Case)들의 범위가 된다.<br>• 큰 규모의 객체로 구현되는 존재이다. |
| 액터(Actor) | | • 서비스를 이용하는 외부 객체이다.<br>• 시스템이 특정한 사례(Use Case)를 실행하도록 요구할 수 있는 존재이다. |
| 유스케이스(Use Case) | | • 사용자 관점에서 바라본 시스템의 기능을 표현한다.<br>• 시스템이 제공해야 하는 개별적인 서비스 기능이다.<br>• 서비스는 특정 클래스의 멤버 함수로 모델링된다. |
| 관계<br>(Relationship) | 연관 관계<br>(Association) | • Use Case와 Actor 간의 상호 작용이 있음을 표현한다.<br>• Actor가 Use Case를 실행할 수 있는지를 결정하며, 이를 통해 시스템의 동작을 설명할 수 있다. |
| | 포함 관계<br>(Include) | • 하나의 Use Case가 다른 Use Case의 실행을 전제로 할 때 형성되는 관계이다.<br>⑩ 계좌 개설과 계좌 조회 Use Case가 있을 때, 계좌 개설 Use Case에서 계좌 조회 Use Case로의 Include 관계를 설정하여 시스템의 전체적인 동작을 설명할 수 있다. |
| | 확장 관계<br>(Extend) | • 확장 기능 Use Case와 확장 대상 Use Case 사이에 형성되는 관계이다.<br>• 확장 대상 Use Case를 수행할 때 특정 조건에 따라 확장 기능 Use Case를 수행할 때 적용한다.<br>⑩ 예금 기능을 수행하는 Use Case에서 이체 기능을 확장하는 경우, 이를 Extend 관계로 표시할 수 있다. |
| | 일반화 관계<br>(Generalization) | • 유사한 Use Case 또는 Actor를 모아 추상화한 Use Case 또는 Actor와 연결시켜 그룹을 만들어 이해도를 높이기 위한 관계이다.<br>• 일반적으로 하위 Use Case가 상위 Use Case의 기능을 물려받는 경우 사용된다. |

**Use Case Diagram 요소**

연관(Association), 의존(Dependency), 일반화(Generalization)가 있으며 의존 관계는 포함(Include), 확장(Extend)으로 나눠진다.

✔ **개념 체크**

1 Use Case Diagram의 요소는 시스템 경계, 유스케이스, 접속 관계, 사용 관계, 확장 관계로 구성된다. (O, X)

1 X

### ③ Use Case Diagram 작성 단계

| 단계 | 설명 |
|---|---|
| 액터 식별 | • 모든 사용자 역할과 상호 작용하는 타 시스템을 식별한다.<br>• 정보를 주고받는 하드웨어 및 지능형 장치를 식별한다. |
| Use Case 식별 | • Actor가 요구하는 서비스와 정보를 식별한다.<br>• Actor가 시스템과 상호 작용하는 행위를 식별한다. |
| 관계 정의 | • Actor와 Actor 그리고 액터와 Use Case의 관계 분석을 정의한다.<br>• Use Case와 Use Case 간의 관계 분석을 정의한다. |
| Use Case 구조화 | • 두 개의 상위 Use Case에 존재하는 공통 서비스를 추출한다.<br>• 추출된 서비스로 Use Case를 정의한다.<br>• 추출된 서비스를 사용하는 Use Case와 관계를 정의한다.<br>• 조건에 따른 서비스 수행 부분을 분석하여 구조화한다. |

**➕ 더 알기 TIP**

**Use Case Diagram 관계 요소** 24.5

| 확장 관계<br>(Extends Association) | 기본 유스케이스 수행 시 특별한 조건을 만족할 때 수행하는 유스케이스이다. |
|---|---|
| 사용 관계<br>(Uses Association) | 여러 개의 유스케이스에서 공통으로 수행해야 하는 기능을 모델링하기 위해 사용한다. |
| 접속 관계<br>(Communication Association) | • 액터/유스케이스 또는 유스케이스/유스케이스 사이에 연결되는 관계이다.<br>• 액터나 유스케이스가 다른 유스케이스의 서비스를 이용하는 상황을 표현한다. |

## 2) Use Case Diagram 관계 표현

### ① UML 관계 표현

| 구분 | 표시 | 설명 |
|---|---|---|
| 단방향 연관 관계 | ⟶ | 한쪽은 상대방을 알지만 반대쪽은 상대방 존재를 모름 |
| 양방향 연관 관계 | ⟶ | 양쪽 클래스 객체들이 서로의 존재를 인식 |
| 의존 관계 | ⤏ | 연관 관계와 같지만 메소드를 사용할 때와 같이 매우 짧은 시간만 유지 |
| 일반화 관계 | ⟹ | 객체지향에서 상속 관계(IS-A)를 표현하며, 한 클래스가 다른 클래스를 포함하는 상위 개념일 때 사용 |
| 집합/포함 관계 | ◇ | 클래스 사이의 전체나 부분이 같은 관계 |
| | ◆ | 전체/부분 객체 중 포함하는 사물의 변화가 포함되는 사물에게 영향을 미치는 관계 |
| 실체화 관계 | ⤏ | 책임 집합 인터페이스와 실제로 실현한 클래스들 사이의 관계 |

**연관 관계의 예**
"학생" 클래스와 "강의" 클래스 간의 연관 관계가 있을 때, "학생" 클래스는 여러 개의 "강의"를 수강할 수 있으며, "강의" 클래스는 여러 명의 "학생"을 수용할 수 있다. 이때, "학생" 클래스와 "강의" 클래스 간의 연관 관계는 다음과 같이 표현할 수 있다.

[학생]————수강————▶[강의]

위와 같이 "학생" 클래스와 "강의" 클래스 간의 관계를 화살표로 표시하면, "학생" 클래스와 "강의" 클래스 간에 수강이라는 개념이 존재한다는 것을 알 수 있다.
이러한 연관 관계를 기반으로 소프트웨어를 설계하면, 클래스 간의 상호 작용을 더욱 명확하게 이해할 수 있으며, 이를 바탕으로 소프트웨어를 구현할 수 있다.

**✔ 개념 체크**

1 Use Case Diagram의 구성 요소 간의 관계 중 (  )은(는) 유사한 Use Case 또는 Actor를 모아 추상화한 Use Case 또는 Actor와 연결시켜 그룹을 만들어 이해도를 높이기 위한 관계이다.

1 일반화 관계(Generalization)

② UML 연관 관계(Association Relation)

- 한 사물의 객체가 다른 사물의 객체와 연결된 것을 표현한다.
- 두 클래스가 서로 연관이 있다면 A, B 객체를 서로 참조할 수 있음을 표현한다.
- 연관 관계명 : 관계의 의미를 표현하기 위해 이름을 가질 수 있다.
- 역할명 : 수행하는 역할의 명시적 이름을 가질 수 있다.

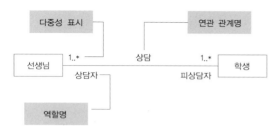

③ UML 의존 관계(Dependency Relation) [24.3, 21.8]

- 연관 관계와 같지만, 메소드를 사용할 때와 같이 매우 짧은 시간만 유지된다.
- 영향을 주는 객체(User)에서 영향을 받는 객체 방향으로 점선 화살표를 연결한다.

④ UML 일반화 관계(Generalization Relation) [20.8]

- 객체지향에서 상속 관계를 표현한다.
- 하위 클래스(Sub Class)와 상위 클래스(Super Class) 간의 관계를 나타내며, 하위 클래스는 상위 클래스의 특성과 기능을 상속받아 사용할 수 있다.
- 하위 클래스는 상위 클래스의 공통된 속성과 기능을 재사용할 수 있으며, 객체 지향 프로그래밍에서 코드 재사용을 촉진한다.

⑤ UML 집합 관계(Aggregation Relation)

- 전체와 부분 간의 관계를 나타내는 데 사용된다.
- 집합 관계에서 전체 객체는 부분 객체를 포함하며, 부분 객체는 전체 객체에 의해 생성, 소멸하지 않는다.
- '부분'을 나타내는 객체를 다른 객체와 공유할 수 있다.
- '전체' 클래스 방향에 빈 마름모로 표시하고, or 관계에 놓이면 선 사이를 점선으로 잇고 {or}를 표시한다.

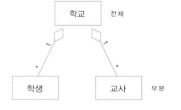

**연관 관계와 의존 관계의 비교**

- 연관(Association) : 어느 한 객체가 다른 객체와 연결된다(집합 연관 관계, 복합 연관 관계).
- 의존(Dependency) : 한 사물의 명세서가 바뀌면 그것을 사용하는 다른 사물에 영향을 끼친다(반대는 성립 하지 않는다).

**일반화 관계의 예**

"직원"이라는 상위 클래스와 "매니저"와 "일반 직원"이라는 하위 클래스가 있다고 가정할 때 매니저와 일반 직원 클래스는 직원 클래스를 상속 받아야 직원 클래스의 속성과 기능을 사용할 수 있습니다. 예를 들어, 직원 클래스에 "이름"이라는 속성이 있다면, 매니저와 일반 직원 클래스는 이 속성을 상속받아 사용할 수 있다는 것입니다.

**집합 관계의 예시**

"자동차는 엔진으로 구성되어 있다"

이 경우 자동차는 전체 객체이며, 엔진은 부분 객체이다.
자동차 객체는 여러 개의 엔진 객체를 포함할 수 있으며, 엔진 객체는 자동차 객체에 속하지만, 자동차 객체에 의해 생성, 소멸되지 않는다.

⑥ UML 포함 관계(Composition Relation)

- 부분 객체가 전체 객체에 속하는 강한 집합 연관의 관계를 표현하는 클래스이다.
- '부분' 객체는 다른 객체와 공유 불가하고, '전체' 객체 방향에 채워진 마름모로 표시한다.

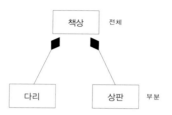

⑦ UML 실체화 관계(Realization Relation) 24.5, 21.5

- 인터페이스와 실제 구현된 일반 클래스 간의 관계로 존재하는 행동에 대한 구현을 표현한다.
- 한 객체가 다른 객체에게 오퍼레이션을 수행하도록 지정하는 의미적 관계이다.

**01** UML 모델에서 사용하는 Structural Diagram에 속하지 <u>않는</u> 것은?

① Class Diagram
② Object Diagram
③ Component Diagram
④ Activity Diagram

---

구조적(Structural) 다이어그램 : 클래스(Class) 다이어그램, 객체(Object) 다이어그램, 컴포넌트(Component) 다이어그램, 배치(Deployment) 다이어그램, 복합체 구조(Composite) 다이어그램, 패키지(Package) 다이어그램

**02** UML에서 활용되는 다이어그램 중, 시스템의 동작을 표현하는 행위(Behavioral) 다이어그램에 해당하지 <u>않는</u> 것은?

① 유스케이스 다이어그램(Use Case Diagram)
② 시퀀스 다이어그램(Sequence Diagram)
③ 활동 다이어그램(Activity Diagram)
④ 배치 다이어그램(Deployment Diagram)

---

행위(Behavioral) 다이어그램 : 유스케이스(Use Case) 다이어그램, 시퀀스(Sequence) 다이어그램, 통신(Communication) 다이어그램, 상태(State) 다이어그램, 활동(Activity) 다이어그램, 상호 작용 개요(Interaction Overview) 다이어그램, 타이밍(Timing) 다이어그램

**03** UML 다이어그램이 <u>아닌</u> 것은?

① 액티비티 다이어그램(Activity Diagram)
② 절차 다이어그램(Procedural Diagram)
③ 클래스 다이어그램(Class Diagram)
④ 시퀀스 다이어그램(Sequence Diagram)

---

• 구조적 다이어그램 : Class Diagram, Object Diagram, Composite Structural Diagram, Deployment Diagram, Component Diagram, Package Diagram
• 행위 다이어그램 : Use Case Diagram Activity Diagram, Collaboration Diagram, State Diagram Interaction Diagram(Sequence Diagram, Communication Diagram), Interaction Overview Diagram, Timing Diagram

**04** 클래스 다이어그램의 요소로 다음 설명에 해당하는 용어는?

> – 클래스의 동작을 의미한다.
> – 클래스에 속하는 객체에 대하여 적용될 메소드를 정의한 것이다.
> – UML에서는 동작에 대한 인터페이스를 지칭한다고 볼 수 있다.

① Instance
② Operation
③ Item
④ Hiding

---

• 클래스 다이어그램 : 시스템 내 클래스의 정적 구조를 표현하고 시스템을 구성하는 클래스들 사이의 관계를 표현한다.
• 구성 요소
– 속성 : 클래스로 인스턴스에 속하는 정보나 데이터의 특성을 나타낸다.
– 연산(Operation) : 클래스의 동작을 의미하며, 클래스에 속하는 객체에 대하여 적용될 메소드를 정의한 것이다.

**05** UML 다이어그램 중 시스템 내 클래스의 정적 구조를 표현하고 클래스와 클래스, 클래스의 속성 사이의 관계를 나타내는 것은?

① Activity Diagram
② Model Diagram
③ State Diagram
④ Class Diagram

---

클래스 다이어그램(Class Diagram) : 시스템 내 클래스의 정적 구조를 표현하고 시스템을 구성하는 클래스들 사이의 관계를 표현한다.

정답 01 ④ 02 ④ 03 ② 04 ② 05 ④

**06** UML 모델에서 한 사물의 명세가 바뀌면 다른 사물에 영향을 주며, 일반적으로 한 클래스가 다른 클래스를 오퍼레이션의 매개 변수로 사용하는 경우에 나타나는 관계는?

① Association　　② Dependency
③ Realization　　④ Generalization

---

UML 의존 관계(Dependency Relation) : 연관 관계와 같지만 단 메소드를 사용할 때와같이 매우 짧은 시간만 유지된다.

**07** UML 모델에서 한 객체가 다른 객체에게 오퍼레이션을 수행하도록 지정하는 의미적 관계로 옳은 것은?

① Dependency
② Realization
③ Generalization
④ Association

---

UML 실체화 관계(Realization Relation)
• 인터페이스와 실제 구현된 일반 클래스 간의 관계로 존재하는 행동에 대한 구현을 표현한다.
• 한 객체가 다른 객체에 오퍼레이션을 수행하도록 지정하는 의미적 관계이다.

**08** 아래의 UML 모델에서 '차' 클래스와 각 클래스의 관계로 옳은 것은?

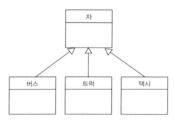

① 추상화 관계
② 의존 관계
③ 일반화 관계
④ 그룹 관계

---

UML 일반화 관계(Generalization Relation)
• 객체지향에서 상속 관계(Is A Kind Of)를 표현한다.
• 한 클래스가 다른 클래스를 포함하는 상위 개념일 때 사용한다.

**09** 유스케이스 다이어그램에 관련된 내용으로 틀린 것은?

① 시스템과 상호 작용하는 외부 시스템은 액터로 파악해서는 안 된다.
② 유스케이스는 사용자 측면에서의 요구사항으로, 사용자가 원하는 목표를 달성하기 위해 수행할 내용을 기술한다.
③ 시스템 액터는 다른 프로젝트에서 이미 개발되어 사용되고 있으며, 본 시스템과 데이터를 주고받는 등 서로 연동되는 시스템을 말한다.
④ 액터가 인식할 수 없는 시스템 내부의 기능을 하나의 유스케이스로 파악해서는 안 된다.

---

액터(Actor) : 서비스를 이용하는 외부 객체이다. 시스템이 특정한 사례(Use Case)를 실행하도록 요구할 수 있는 존재이다.

**10** UML에서 시퀀스 다이어그램의 구성 항목에 해당하지 않는 것은?

① 생명선　　② 실행
③ 확장　　　④ 메시지

---

시퀀스 다이어그램의 구성 요소 : 객체(Object), 생명선(Lifeline), 실행(Activation), 메시지(Message), 시간(Time)

**11** 기본 유스케이스 수행 시 특별한 조건을 만족할 때 수행하는 유스케이스는?

① 연관　　② 확장
③ 선택　　④ 특화

---

확장 관계(Extends Association)
• 기준 유스케이스와 확장 대상 유스케이스 사이에 형성되는 관계로, 해당 유스케이스에 부가적인 유스케이스를 실행할 수 있을 때의 관계이다.
• 확장 대상 유스케이스를 수행할 때 특정 조건에 따라 확장 기능 유스케이스를 수행하는 경우에 적용한다.

---

정답　06 ②　07 ②　08 ③　09 ①　10 ③　11 ②

# CHAPTER 03

# UI(User Interface, 사용자 인터페이스) 설계

학습 방향

사용자 인터페이스 설계에서는 시스템과 사용자가 서로 의사소통하기 위한 부분에 대한 내용입니다. UI(User Interface)라고 하며, 고객이 직접적으로 느끼는 제품의 품질이므로 고객의 현재 시스템 환경과 요구사항을 정확히 파악하고 설계하도록 합니다. 어려운 부분은 아니니 개념적으로 정리하고 암기할 부분을 정리하여 문제와 함께 암기하도록 하세요.

출제빈도

| SECTION 01 | 하 | 20% |
| SECTION 02 | 상 | 60% |
| SECTION 03 | 하 | 20% |

---

**기적의 TIP**

본 섹션은 사용자 인터페이스를 확인하기 위해 사용자의 경향 및 요구사항을 파악하여 정황 시나리오를 작성하는 단계입니다. 출제율이 낮으니 간단히 흐름만 정리하세요.

★ UI(User Interface)
사용자가 어떤 방식으로 응용 프로그램을 이용하는가를 설계하는 작업이다.

---

## 01 UI 표준을 위한 환경 분석

### 1) 사용자 경향 분석

- 기존/현존 UI★ 경향을 숙지하고 현재 UI 단점을 작성한다.
- 사용자의 요구사항을 파악하고, 쉽게 이해할 수 있는 기능 위주로 기술 영역을 정의한다.

### 2) 사용자 경향 분석 시 주의점

#### ① 다양한 사용자 그룹 파악

사용자 그룹을 너무 좁게 정의하면, 다른 사용자 그룹의 요구사항을 놓치게 될 수 있다. 따라서, 가능한 모든 사용자 그룹을 고려하여 사용자 경험(UX)을 설계하는 것이 중요하다.

#### ② 인터뷰 질문의 정확성

인터뷰할 때, 질문이 너무 추상적이거나, 주관적인 답변을 유도하면 안 된다. 대신, 명확하고 구체적인 질문을 하여 사용자의 요구사항과 선호도를 정확히 파악해야 한다.

#### ③ 사용자의 행동 고려

사용자가 인터페이스에서 어떤 작업을 수행하는 데 필요한 최소한의 동작을 고려해야 한다. 사용자가 자주 사용하는 기능이나 단축키 등을 파악하여 인터페이스를 최적화할 수 있다.

#### ④ 시나리오 기반 테스트

사용자 경험을 평가하는 방법의 하나는 시나리오 기반 테스트이다. 이때, 테스트를 진행할 때 실제 사용 환경과 유사한 조건에서 테스트를 진행해야 한다.

#### ⑤ 사용자 피드백 수집

사용자의 피드백을 수집하는 것이 중요하다. 사용자들의 요구사항과 선호도를 고려하여 인터페이스를 개선할 수 있다.

#### ⑥ 보안 문제 고려

인터페이스에서 보안에 관련된 문제가 발생할 수 있다. 따라서, 사용자 경험을 개선하는 동시에 보안에 대한 고려도 필요하다.

### 3) 기능 및 설계 분석

**① 기능 조작성 분석**
- 사용자 편의를 위한 조작에 관한 분석을 확인한다.
- **예** 스크롤바 지원 가능 여부, 마우스 조작 시 동선 확인

**② 오류방지 분석**
- 조작 시 오류에 대해 예상 가능한지 확인한다.
- **예** 의도치 않은 페이지 이동, 기능 버튼의 명확한 구분이 가능한지 확인, 기능 버튼의 이름이 사용자 조작과 일치하는지 확인

**③ 최소한의 조작으로 업무 처리가 가능한 형태인지 분석**
- 작업 흐름에 가장 적합한 레이아웃인지 확인한다.
- **예** 기능 특성에 맞는 UI 확인 및 조작 단계 최소화와 동선 단순 여부 확인

**④ UI의 정보 전달력 확인**
- 중요 정보인지, 쉽게 전달 가능한지 여부와 정보 제공의 간결성, 명확성, 정보 제공방식의 일관성, 사용자의 이해성을 확인하고 상호연관성이 높은 정보인지 확인한다.
- **예** 오류 발생 시 해결 방법의 접근 용이성 확인

### 4) UI 요구사항 요소

| 구분 | 설명 |
|---|---|
| 데이터 요구 | • 사용자 요구 모델과 객체들의 핵심 특성에 기반하여 데이터 객체를 정리한다.<br>• 인터페이스에 영향을 줄 수 있으니, 초기에 확인한다.<br>• **예** Email 메시지 속성 : 제목, 송신자, 송신일, 참조인, 답변 등 |
| 기능 요구 | • 동사형으로 사용자의 목적 달성을 위해 실행해야 할 기능을 설명한다.<br>• 기능 요구 목록으로 정리한다.<br>• 최대한 철저하게 작성해야 한다.<br>• **예** 사용자는 메일을 작성하거나 수신, 참조하여 발송할 수 있다. |
| 제품, 서비스 품질 | • 감성 품질과 데이터/기능 요구 외 제품 품질, 서비스 품질을 고려한다.<br>• 시스템 처리 능력 등 정량화 가능한 요구사항을 확인한다. |
| 제약 사항 | 비용, 데드라인, 시스템 준수에 필요한 규제 등 사전에 제약 사항의 변경 여부를 확인한다. |

## 02 정황 시나리오

### 1) 정황 시나리오 작성
- 개발하는 서비스의 초기 모양을 상상하는 단계이다.
- 사용자 관점에서 작성하며 요구사항 정의에서 가장 기초적인 시나리오를 의미한다.
- 높은 수준과 낙관적인 상황에서 이상적 시스템 동작에 초점을 둔다.
- 육하원칙을 따르고 사용자가 주로 사용하는 기능 기반에서 작성한다.
- 간단명료하게 작성하여 정확하게 전달하고, 같은 동작 기능은 하나의 시나리오에 통합한다.
- 외부 전문가, 경험자에게 검토를 의뢰하도록 한다.

**개념 체크**

1 UI 요구사항의 요소 중 동사형으로 사용자의 목적 달성을 위해 실행해야 할 기능을 설명한 것은?

1 기능 요구

## 2) 정황 시나리오 작성 예

| 정황 시나리오 | 요구사항 |
|---|---|
| • 사원은 출근하여 시스템에 로그인하고 오늘 업무를 확인한다.<br>• 어제 요청한 결제가 승인되었는지 확인한다. | • 로그인하면 맨 위 화면에 오늘 업무가 표시되어야 한다.<br>• 결제 요청 내역에 결제 승인 여부가 확인될 수 있도록 승인 내역은 다른 색을 이용한다. |

**시나리오에 필요한 내용**
• 제품이 어떤 환경에서 사용되는가?
• 얼마나 오랜 시간 동안 사용되는가?
• 퍼소나(Persona, 페르소나)가 제품을 사용하는 동안 방해받는 외부 요소가 있는가?
• 여러 명이 한 제품을 사용하는가? 한 공간에 몇 명이 함께 업무를 진행하는가?
• 함께 사용하는 다른 제품에는 어떤 것이 있는가?
• 페르소나(Persona)가 목표를 달성하려면 어떤 활동을 해야 하는가?
• 제품을 사용함으로써 얻을 수 있는 최종 결과는 무엇인가?

─ 어떤 제품 혹은 서비스를 사용할 만한 목표 인구 집단 안에 있는 다양한 사용자 유형들을 대표하는 가상의 인물

## 3) 정황 시나리오 작성 시 유의 사항

### ① 명확한 목적 설정
정황 시나리오를 작성할 때, 명확한 목적을 설정해야 한다. 사용자가 제품 또는 서비스를 사용하는 이유와 목적을 고려하여 정확한 시나리오를 작성해야 한다.

### ② 사용자 중심
정황 시나리오는 사용자의 경험을 중심으로 작성되어야 한다. 사용자가 어떻게 제품 또는 서비스를 사용하는지를 고려하여 작성해야 한다.

### ③ 상황 설명
정황 시나리오는 사용자가 직면할 수 있는 다양한 상황을 고려하여 작성되어야 한다. 예를 들어, 기술적인 문제, 환경적인 요소 등이 사용자 경험에 영향을 미칠 수 있으므로 이러한 상황을 고려하여 작성해야 한다.

### ④ 피드백 수집
정황 시나리오를 작성한 후, 다른 사람들과 피드백을 공유하고 수정해야 한다. 이를 통해 사용자 경험을 개선할 수 있다. 또한, 사용자 피드백을 수집하여 제품 또는 서비스를 개선하는 데 활용할 수 있다.

### ⑤ 상세한 기술 설명
정황 시나리오는 사용자가 제품 또는 서비스를 사용하는 과정을 상세하게 기술해야 한다. 사용자가 어떤 버튼을 클릭하고, 어떤 화면을 보고, 어떤 동작을 하는지를 상세히 작성해야 한다.

### ⑥ 예외 상황 고려
정황 시나리오 작성 시, 예외 상황에 대해서도 고려해야 한다. 사용자가 의도하지 않은 상황이 발생하거나, 오류 메시지를 받을 경우, 사용자가 쉽게 대처할 수 있도록 예외 상황에 대처하는 방법도 고려해야 한다.

### ⑦ 단계적인 설명
정황 시나리오를 작성할 때는 사용자가 단계적으로 진행해야 하는 과정을 설명해야 한다. 이를 통해 사용자가 쉽게 제품 또는 서비스를 사용할 수 있도록 도와줄 수 있다.

✔ **개념 체크**

1 어떤 제품 혹은 서비스를 사용할 만한 목표 인구 집단 안에있는 다양한 사용자 유형들을 대표하는 가상의 인물을 의미하는 단어는?

1 페르소나(Persona)

**01** UI 정황 시나리오 작성 시 주의사항으로 가장 중요한 것은 무엇인가?

① UI 요소들의 디자인과 레이아웃을 최종 결정하기 전에 테스트를 진행해야 한다.
② 사용자의 목표와 요구사항을 고려하여 시나리오를 작성해야 한다.
③ 시나리오 작성에 필요한 모든 자료를 미리 수집해야 한다.
④ UI 요소들의 적절한 사용법을 학습한 후에 시나리오 작성을 시작해야 한다.

------
사용자 인터페이스는 사용자의 목표와 요구사항을 가장 중점으로 두고 작성해야 한다.

**02** UI 표준을 위한 환경 분석 중 요구사항 요소가 <u>아닌</u> 것은?

① 데이터 요구
② 아키텍처 요구
③ 제품, 서비스 품질
④ 제약사항

------
UI 표준을 위한 환경 분석 요구사항 : 데이터 요구, 기능 요구, 제품, 서비스 품질, 제약사항

**03** 다음 중 페르소나를 사용하는 목적은?

① 사용자의 취향과 성향을 파악하여 제품을 디자인하기 위함이다.
② 시장조사를 대체하기 위한 것이다.
③ 제품 개발에 필요한 자료를 수집하기 위함이다.
④ 사용자의 불만 요소를 파악하기 위한 것이다.

------
페르소나는 특정 제품, 서비스 또는 브랜드를 대표하는 가상의 인물이다.

**04** 다음 중 UI 사용자 요구사항의 분류가 <u>아닌</u> 것은?

① 데이터 요구
② 기능 요구
③ 제품, 서비스 품질
④ 법규

------
법규는 UI 사용자 요구사항 분류에 속하지 않는다.

SECTION

02

UI 표준과 지침

출제빈도 (상) 중 하
반복학습 1 2 3

빈출 태그 UI 설계 원칙 • UI 설계 지침 • UI 개발 시스템이 가져야 할 기능

▶ 합격 강의

## 01 UI 표준 및 지침

### 1) UI의 개념

- 인간, 디지털 기기, 소프트웨어 사이에서 의사소통할 수 있도록 만들어진 매개체이다.
- 인간과 컴퓨터의 상호 작용(HCI)에 필요한 화상, 문자, 소리, 수단(장치)을 의미한다.

### 2) UI 분야

- 표현에 관한 분야 : 전체적인 구성과 콘텐츠의 상세 표현을 위한 분야이다.
- 정보 제공과 전달 분야 : 물리적 제어를 통한 정보 제공과 전달을 위한 분야이다.
- 기능 분야 : 기능적으로 사용자가 쉽고 간편하게 사용하도록 하는 분야이다.

### 3) UI 활용 분야

#### ① 웹 디자인

웹 디자인에서 UI는 웹 사이트를 사용하기 쉽고 직관적으로 만드는 데 사용된다. 웹 사이트의 디자인, 레이아웃, 색상 등을 결정하는 요소 중 하나이다.

#### ② 모바일 앱 디자인

UI는 모바일 앱 디자인에서도 매우 중요하다. 모바일 환경에서는 화면이 작아서 UI를 통해 사용자가 쉽게 앱을 사용할 수 있도록 해야 한다.

#### ③ 게임 디자인

게임 디자인에서 UI는 게임의 플레이어와의 상호 작용을 담당한다. 게임 내에서 플레이어가 어떤 작업을 수행하고, 그 결과를 어떻게 표시할지를 결정한다.

#### ④ 산업 디자인

산업 디자인에서 UI는 제품 디자인의 일부로 사용된다. 제품의 디자인과 함께 UI를 설계하여 사용자가 제품을 쉽게 조작하고 유지 보수할 수 있도록 해야 한다.

#### ⑤ 기계 학습 인터페이스

기계 학습에서 UI는 데이터와 모델의 상호 작용을 담당한다. UI는 데이터를 시각적으로 나타내고, 모델의 결과를 해석할 수 있도록 해야 한다.

**UI의 특징**
- 실사용자의 만족도에 직접 영향을 준다.
- 적절한 UI 구성으로 편리성, 가독성, 동선의 축약 등으로 작업 시간을 줄일 수 있고 업무 효율을 높일 수 있다.
- 실사용자가 수행해야 할 기능을 구체적으로 제시한다.
- UI 설계 전 소프트웨어 아키텍처를 우선 숙지하고 있어야 한다.

✓ 개념 체크

1 UI는 인간, 디지털 기기, 소프트웨어 사이에서 의사소통할 수 있도록 만들어진 매개체이다. (O, X)

1 O

### 4) UI 개발 시스템이 가져야 할 기능 20.9

- 사용자 입력의 검증
- 에러 처리와 에러 메시지 처리
- 도움과 프롬프트(Prompt) 제공

## 02 UI 설계

### 1) UI 설계 원칙 23.8, 22.4, 21.8, 20.8, 20.6

#### ① 직관성(Intuitiveness)

사용자가 UI를 처음 접했을 때 그 의미나 사용법이 자연스럽게 느껴지도록 설계하는 원칙이다. 사용자는 처음에 UI를 보고도 그것이 무엇을 의미하며 어떻게 사용해야 하는지 쉽게 이해할 수 있어야 한다. 즉, UI 요소는 직관적이어야 하며, 사용자가 필요한 작업을 쉽게 수행할 수 있도록 구성되어야 한다.

#### ② 유효성(Efficiency) —— 예를 들어, 버튼은 누르면 작동한다는 것이 유효성의 예이다.

사용자가 시스템 또는 애플리케이션을 사용하여 목표를 달성하는 데 얼마나 효과적으로 그리고 정확하게 수행할 수 있는지를 의미한다.

#### ③ 학습성(Learnability)

사용자가 UI를 처음 접했을 때 그것을 어떻게 사용해야 하는지를 쉽게 배울 수 있도록 설계하는 원칙이다. UI 요소는 직관적이어야 하고, 사용자의 경험이나 배경지식에 구애받지 않고 쉽게 이해할 수 있어야 한다. 이를 통해 사용자는 쉽게 UI를 학습하고 작업을 수행할 수 있다.

#### ④ 유연성(Flexibility)

사용자의 요구를 최대한 수용하면서 오류를 최소화해야 한다는 것으로, UI 요소가 다양한 상황에서도 사용자가 원하는 대로 동작하도록 하여 사용자가 UI를 더욱 효율적으로 사용할 수 있도록 하는 원칙이다. 예를 들어, UI 요소는 여러 가지 방법으로 사용될 수 있어야 하며, 사용자의 선호에 따라 조절할 수 있어야 한다. 이를 통해 사용자는 자신이 원하는 방식으로 UI를 사용할 수 있게 된다.

### 2) UI 설계의 필요성

- 구현 대상 결과의 오류를 최소화하고, 구현하는 결과를 얻는 데 필요한 노력을 줄일 수 있다.
- 막연한 작업 기능에 대하여 구체적 방법을 제시한다.
- 사용자 편의성을 높여 작업 시간 단축, 업무 이해도를 높인다.
- 정보 제공자/공급자 사이의 원활하고 쉬운 매개 임무를 수행한다.

**🕐 암기 TIP**

**(직)진하다 (유)턴해서 (학)교 앞에서 (유)턴해**
UI 설계 원칙은 사용자가 직접 접하는 환경이므로 직관적이고 기능 접근이 유효해야 한다. 또 쉽게 배우고 기능이나 오류에 유연성 있게 접근할 수 있어야 합니다.

**유효성의 예**
사용자가 주문을 쉽게 만들고 확인할 수 있으며 주문 프로세스가 무리 없이 작동하는 경우, 그 시스템은 높은 유효성을 갖는 것이라고 할 수 있다.

**피드백(Feedback)**
UI와 관련된 기본 개념 중 하나로, 시스템의 상태와 사용자의 지시에 대한 효과를 보여주어 사용자가 명령에 대한 진행 상황과 표시된 내용을 해석할 수 있도록 도와주는 것이다.

**✓ 개념 체크**

1 UI 설계 원칙 중 (     )은(는) 사용자가 시스템 또는 애플리케이션을 사용하여 목표를 달성하는 데 얼마나 효과적으로 그리고 정확하게 수행할 수 있는지를 의미한다.

1 유효성(Efficiency)

**암기 TIP**

사일간 단결하여 가명쓴 표 오류 접수하자!

사(사용자)일(일관성)간 단(단순)결(결과예측)하여 가명(가시/명시)쓴 표(표준) 오류(오류) 접(접)수하자!

**가시성을 고려한 UI 설계 시 고려 사항**

- 명확한 레이블(Labeling) : 사용자가 UI 요소가 어떤 기능을 수행하는지 쉽게 이해할 수 있도록 레이블을 붙여야 한다. 예를 들어, 버튼에 "확인" 또는 "취소"와 같은 레이블을 붙여 사용자가 쉽게 버튼의 기능을 이해할 수 있도록 한다.
- 일관성(Consistency) : 사용자는 UI 요소를 일관된 방식으로 사용하고 인식할 수 있어야 한다. 예를 들어, 모든 버튼이 같은 위치에 있어야 하고, 모든 아이콘이 일관된 크기와 색상을 갖도록 해야 한다.
- 적절한 표시(Proper Signifies) : 사용자가 필요한 정보를 쉽게 찾을 수 있도록 UI 요소를 표시해야 한다. 예를 들어, 텍스트 필드에 힌트 텍스트를 표시하거나, 선택할 수 있는 UI 요소를 강조하여 표시하는 것이 이에 해당한다.
- 레이아웃(Layout) : UI 요소의 레이아웃은 사용자가 UI 요소를 쉽게 찾고 인식할 수 있도록 구성해야 한다.

**한국형 웹 콘텐츠 접근성 지침 4가지 원칙**

- 인식의 용이성 : 대체 텍스트, 멀티미디어 대체 수단, 명료성
- 운용의 용이성 : 입력 장치 접근성, 충분한 시간 제공, 광(光)과민성 발작 예방, 쉬운 내비게이션
- 이해의 용이성 : 가독성, 예측 가능성, 콘텐츠의 논리성, 입력 도움
- 견고성 : 문법 준수, 웹 애플리케이션 접근성

## 3) UI 설계 지침 21.8, 21.5

| 구분 | 설명 |
|---|---|
| 사용자 중심 | 실사용자의 이해를 바탕으로 쉽게 이해하고 사용할 수 있는 환경을 제공한다. |
| 일관성 | 사용자가 쉽게 기억하고 빠르게 습득할 수 있도록 버튼이나 조작법을 제공한다. |
| 단순성 | 인지적 부담을 줄이도록 가장 간단한 조작 방법으로 작동하도록 한다. |
| 가시성 | 주요 기능은 메인 화면에 배치하여 쉽게 조작할 수 있도록 한다. |
| 표준화 | 기능 구조의 선행 학습 이후 쉽게 이용할 수 있도록 디자인을 표준화한다. |
| 접근성 | 사용자의 직무, 성별, 나이 등의 조건을 고려한 다양한 계층을 수용해야 한다. |
| 결과 예측 가능 | 작동 대상 기능만 보고도 결과 예측이 가능해야 한다. |
| 명확성 | 사용자 관점에서 개념적으로 쉽게 인지할 수 있어야 한다. |
| 오류 발생 해결 | 오류가 발생하면 사용자가 상황을 정확히 인지할 수 있어야 한다. |

## 03 UI 구현

### 1) UI 구현 표준

- 전체 시스템 개발 중에 개발자 간 협업을 통하여 각기 개발한 화면 간에 공통적으로 갖추어야 할 최소한의 UI 요소 및 배치 규칙 등의 규칙을 의미한다.
- 공통으로 적용되어야 할 화면 구성, 화면 이동 등이 있다.

### 2) UI 설계 시 오류 메시지나 경고에 관한 지침 22.3

#### ① 명확하고 이해하기 쉬운 메시지

- 오류 메시지나 경고는 사용자가 쉽게 이해하고 처리할 수 있도록 명확하게 작성되어야 한다.
- 사용자가 어떤 문제가 발생했는지 쉽게 이해할 수 있도록 메시지가 구성되어야 한다.

#### ② 문제 해결 방법 제공

- 오류 메시지나 경고는 사용자가 문제를 해결할 수 있도록 해야 한다.
- 메시지에는 문제의 원인과 해결 방법에 대한 정보가 제공되어야 하며, 사용자가 문제를 해결할 수 있도록 도와주는 안내도 제공되어야 한다.

#### ③ 시각적인 강조

- 오류 메시지나 경고는 시각적으로 강조되어야 한다.
- 사용자가 메시지를 빠르게 인식하고 문제에 대해 처리할 수 있도록 메시지가 눈에 잘 띄도록 디자인되어야 한다.

#### ④ 사용자 경험 고려

- 오류 메시지나 경고는 사용자 경험을 고려하여 설계되어야 한다.
- 메시지가 너무 많이 나타나거나 너무 자주 나타나면 사용자가 지루해하거나 짜증을 느끼게 될 수 있다.
- 사용자가 문제를 자주 겪는 경우 메시지를 자동으로 숨기거나 무시할 수 있도록 선택지를 제공하는 것도 좋은 방법이다.

### 3) UI 표준 구성과 표준 수립

#### ① UI 표준 구성

UI 표준 구성은 전체적인 UX 원칙, 정책 및 철학, UI 스타일 가이드, UI 패턴 모델 정의, UI 표준 수립을 위한 조직 구성으로 되어 있다.

| UI 표준 구성 | 설명 |
|---|---|
| 전체적인 UX 원칙 | 사용자의 관점에서 사용자 업무를 효율적으로 수행할 수 있는 UX 원칙 정의 |
| 정책 및 철학 | 조직의 목표나 정체성을 포함하는 정책 및 철학 설정 |
| UI 스타일 가이드 | UI에 대한 구동 환경 및 레이아웃 등을 정의 |
| UI 패턴 모델 정의 | CRUD 방식을 기반으로 데이터 입력, 출력 패턴 모델 정의 |
| UI 표준 수립을 위한 조직 구성 | UI 팀 및 표준 개발팀을 주축으로 추진 조직 구성 |

Create
Read
Update
Delete

#### ② UI 표준 수립 시 고려 사항

- 사용자가 불편해하지 않아야 한다.
- 많은 업무 케이스를 포함해야 한다.
- 다양한 사용 상황에 대처할 수 있어야 한다.
- 표준 적용이 쉽도록 충분한 가이드와 활용 수단 제공이 필요하다.
- 변화하는 상황에 맞게 빠르게 변경할 수 있는 관리조직 수반이 필요하다.

## 04 UX(User eXperience, 사용자 경험)

### 1) UX의 개념

- 제품을 대상으로 직·간접적으로 사용하면서 느끼고 생각하게 되는 지각과 반응, 행동 등 모든 경험을 의미한다.
- UI는 사람과 시스템 간의 상호 작용을 의미하지만, UX는 제품과 서비스, 회사와 상호 작용을 통해서 전체적인 느낌이나 경험을 말한다.
- UX에 영향을 주는 요소 : 성능, 시간

### 2) 모바일 사용자 UX 설계 시 고려 사항(행정안전부 고시)

- 시스템을 사용하는 대상, 환경, 목적, 빈도 등을 고려한다.
- 사용자가 직관적으로 서비스 이용 방법을 파악할 수 있도록 한다.
- 입력의 최소화, 자동 완성 기능을 제공한다.
- 사용자의 입력 실수를 수정할 수 있도록 되돌림 기능을 제공한다.
- 모바일 서비스의 특성에 적합한 디자인을 제공한다.

---

**UI 개발을 위한 주요 기법**

- **3C 분석** : 고객(Customer), 자사(Company), 경쟁사(Competitor)를 비교하고 분석하여 자사를 어떻게 차별화해서 경쟁에서 이길 것인가를 분석하는 기법이다.
- **SWOT 분석** : 기업의 내/외부 환경을 분석하여 Strength(강점), Weakness(약점), Opportunity(기회), Threat(위협) 요인을 규정하고 이를 토대로 경영 전략을 수립하는 방법이다.
- **시나리오 플래닝** : 상황 변화를 사전에 예측하고 다양한 시나리오를 설계하여 불확실성을 제거하는 경영 전략 방법이다.
- **사용성 테스트** : 사용자가 직접 제품을 사용하면서 시나리오에 맞춰 과제를 수행한 후 질문에 응답하는 테스트 기법이다.
- **워크숍** : 특정 문제나 과제에 대한 새로운 지식, 기술, 아이디어, 방법들을 서로 교환하고 검토하는 세미나를 의미한다.

 개념 체크

1 워크숍은 제품을 사용하면서 시나리오에 맞춰 과제를 수행한 후 질문에 응답하는 테스트 기법이다. (O, X)

1 X

**01** UI 설계 원칙 중 누구나 쉽게 이해하고 사용할 수 있어야 한다는 원칙은?

① 희소성
② 유연성
③ 직관성
④ 멀티 운용성

---

직관성 : 누구나 쉽게 이해하고 사용할 수 있도록 한다.

**02** 소프트웨어의 사용자 인터페이스 개발 시스템(User Interface Development System)이 가져야 할 기능이 아닌 것은?

① 사용자 입력의 검증
② 에러 처리와 에러 메시지 처리
③ 도움과 프롬프트(Prompt) 제공
④ 소스 코드 분석 및 오류 복구

---

소스 코드 분석 및 오류 복구는 테스트 도구가 가져야 할 기능이다.

**03** 사용자 인터페이스(User Interface)에 대한 설명으로 틀린 것은?

① 사용자와 시스템이 정보를 주고받는 상호 작용이 잘 이루어지도록 하는 장치나 소프트웨어를 의미한다.
② 편리한 유지보수를 위해 개발자 중심으로 설계되어야 한다.
③ 배우기가 용이하고 쉽게 사용할 수 있도록 만들어져야 한다.
④ 사용자 요구사항이 UI에 반영될 수 있도록 구성해야 한다.

---

UI 설계는 사용자 중심으로 개발되어야 한다.

**04** User Interface 설계 시 오류 메시지나 경고에 관한 지침으로 가장 거리가 먼 것은?

① 메시지는 이해하기 쉬워야 한다.
② 오류로부터 회복을 위한 구체적인 설명이 제공되어야 한다.
③ 오류로 인해 발생될 수 있는 부정적인 내용을 적극적으로 사용자들에게 알려야 한다.
④ 소리나 색의 사용을 줄이고 텍스트로만 전달하도록 한다.

---

오류 메시지는 사용자가 쉽게 이해할 수 있도록, 소리, 색 등을 사용하여 전달한다.

**05** 다음 중 한국형 웹 콘텐츠 접근성 지침 4가지 원칙이 아닌 것은?

① 인식의 용이성
② 운용의 용이성
③ 이해의 용이성
④ 오류 발생의 해결성

---

**한국형 웹 콘텐츠 접근성 지침 4가지 원칙**
• 인식의 용이성 : 대체 텍스트, 멀티미디어 대체 수단, 명료성
• 운용의 용이성 : 입력 장치 접근성, 충분한 시간 제공, 광(光) 과민성 발작 예방, 쉬운 내비게이션
• 이해의 용이성 : 가독성, 예측 가능성, 콘텐츠의 논리성, 입력 도움
• 견고성 : 문법 준수, 웹 애플리케이션 접근성

정답 01 ③ 02 ④ 03 ② 04 ④ 05 ④

▶ 합격 강의

# 01 UI 설계

## 1) UI 설계 단계

### ① 문제 정의
시스템의 목적과 해결해야 할 문제를 정의한다.

### ② 사용자 모델 정의
사용자 특성을 결정하고, 소프트웨어 작업 지식 정도에 따라 초보자, 중급자, 숙련자로 구분한다.

### ③ 작업 분석
사용자의 특징을 세분화하고 수행되어야 할 작업을 정의한다.

### ④ 컴퓨터 오브젝트 및 기능 정의
작업 분석을 통하여 어떤 사용자 인터페이스에 표현할지를 정의한다.

### ⑤ 사용자 인터페이스 정의
모니터, 마우스, 키보드, 터치스크린 등과 같은 물리적 입 · 출력 장치 등의 상호 작용 오브젝트를 통하여 시스템 상태를 명확히 한다.

### ⑥ 디자인 평가
'사용자 능력, 지식에 적합한가?', '사용자가 사용하기 편리한가?' 등의 평가를 의미하며, 사용성 공학을 통하여 사용성 평가를 할 수 있다. 평가 방법론으로는 GOMS, Heuristics 등이 있다.

└─ 논리적 근거가 아닌 어림짐작을 통하여 답을 도출해 내는 방법

┌─ 인간이 어떤 행위를 할지 예측하여 그 문제를 해결하는 데 필요한 소요 시간, 학습 시간 등을 평가하기 위한 기법

> **기적의 TIP**
>
> 사용자 인터페이스 설계 과정을 학습합니다. 전체적인 설계 흐름과 출제된 내용만 간단히 정리하세요.

**UI(User Interface)에서 사용자 동작**
- 클릭(Click) : 마우스나 터치스크린을 사용하여 특정 버튼, 링크, 아이콘 등을 선택할 때 발생하는 동작
- 탭(Tap) : 터치스크린에서 손가락으로 화면을 가볍게 누르는 동작
- 더블 클릭/더블 탭(Double Click/Double Tap) : 짧은 시간 내에 동일한 위치를 두 번 클릭하거나 탭하는 동작
- 드래그(Drag) : 마우스 버튼을 누른 상태로 이동하거나, 터치스크린에서 손가락을 눌러 끌어 이동하는 동작
- 스와이프(Swipe) : 터치스크린에서 손가락을 빠르게 밀어 올리거나, 옆으로 이동시키는 동작
- 핀치(Pinch) : 두 손가락을 사용하여 화면을 확대하거나 축소하는 동작

## 2) UI 상세 설계

### ① UI 상세 설계 단계

| UI 메뉴 구조 설계 | • 요구사항과 UI 표준 및 지침에 따라 사용자의 편의성을 고려한다.<br>• 요구사항 최종 확인, UI 설계서 표지 및 개정 이력을 작성한다.<br>• UI 구조 설계, 사용자 기반 메뉴 구조 설계 및 화면을 설계한다. |
|---|---|
| 내/외부 화면과 폼 설계 | • UI 요구사항과 UI 표준 지침에 따라 하위 시스템 단위를 설계한다.<br>• 실행 차를 최소화하기 위해 'UI 설계 원리 → 행위 순서 → 행위 순서대로 실행'을 검토한다.<br>• 평가 차를 줄이기 위해 UI 설계 원리를 검토한다. |
| UI 검토 수행 | • UI 검토 보완을 위한 시뮬레이션 시연 구성원에는 컴퓨터 역할을 하기 위해 서류를 조작하는 사람, 전체적인 평가를 위한 평가 진행자, 관찰자가 있다. 이 평가 결과를 토대로 설계를 보완한다.<br>• UI 시연을 통한 사용성에 대한 검토 및 검증을 수행한다. |

② UI 상세 설계 – 시나리오 작성 원칙

- UI 전체적 기능, 작동 방식을 개발자가 쉽게 이해할 수 있도록 구체적으로 작성한다.
- 대표 화면 레이아웃 및 하위 기능을 정의하고 Tree 구조나 Flowchart 표기법을 이용한다.
- 공통 적용이 가능한 UI 요소와 상호 작용(Interaction)을 일반적인 규칙으로 정의한다.
- 상호 작용의 흐름 및 순서, 분기, 조건, 루프를 명시한다.
- 예외 상황에 관한 사례를 정의하고 UI 시나리오 규칙을 지정한다.
- 기능별 상세 기능 시나리오를 정의하되 UI 일반 규칙을 지킨다.
- 시나리오 문서의 작성 요건 : 완전성, 일관성, 이해성, 가독성, 수정 용이성, 추적 용이성

③ UI 흐름 설계서 구성

- UI 설계서 표지 : 프로젝트 이름, 시스템 이름을 포함하여 작성한다.
- UI 설계서 개정 이력 : 처음 작성 시 '초안 작성'을 포함한다. 초기 버전은 1.0으로 설정하고 완성 시 버전은 x.0으로 바꾸어 설정한다.

④ UI 요구사항 정의

- 시스템 구조 : UI 프로토타입 재확인 후 UI 시스템 구조를 설계한다.
- 사이트맵 : UI 시스템 구조를 사이트맵 구조로 설계한다.
- 프로세스 정의 : 사용자 관점에서의 요구 프로세스 순서를 정리한다.
- 화면 설계 : UI 프로세스/프로토타입을 고려하여 페이지별로 화면을 구성 및 설계한다.

### 3) UI의 종류 23.3, 21.8, 22.4

① CLI(Command Line Interface)

- 텍스트 기반 인터페이스로, 사용자가 텍스트 명령어를 입력하여 컴퓨터와 상호 작용하는 방식이다.
- 메모리와 시스템 리소스를 적게 사용하며, 배우기 쉽고 빠르게 작업을 수행할 수 있다. 하지만 명령어를 모두 외워야 하고, 시각적으로 사용자가 정보를 파악하기 어려운 단점이 있다.
- COPY A.txt B.txt★, DEL A.txt★ 형태의 명령을 사용한다.
- Windows 운영체제 이전 모델인 MS-DOS 시절에 사용했던 방식이다.

② GUI(Graphical User Interface)

- 그래픽 기반 인터페이스로, 사용자가 그래픽 요소를 클릭하거나 드래그 앤 드롭 등의 방식으로 컴퓨터와 상호 작용하는 방식이다.
- 시각적으로 사용자가 정보를 파악하기 쉽고, 사용자가 작업을 쉽게 수행할 수 있다. 하지만 CLI보다 시스템 리소스를 많이 사용하며, 배우기 어렵고 복잡한 단점이 있다.

★ COPY A.txt B.txt
A.txt 파일을 B.txt 파일명으로 복사하는 명령이다.

★ DEL A.txt
A.txt 파일을 삭제하는 명령이다.

**GUI 세 가지 분류**
- Desktop GUI : 일반적으로 개인용 컴퓨터에서 사용되는 GUI로, 윈도우, 맥 OS, 리눅스 등의 운영체제에서 사용된다.
- Mobile GUI : 모바일 기기에서 사용되는 GUI로, 안드로이드, iOS 등의 모바일 운영체제에서 사용된다.
- Web GUI : 웹 브라우저에서 사용되는 GUI로, 웹 애플리케이션에서 사용된다.

③ NUI(Natural User Interface) 24.5, 23.3, 22.4

- 사용자의 자연스러운 동작을 인식하여 컴퓨터와 상호 작용하는 방식을 의미한다.
- 사용자가 어떠한 기계적인 인터페이스나 명령어를 사용하지 않고도, 자기 몸의 움직임이나 목소리, 손가락 등을 사용하여 컴퓨터를 제어할 수 있도록 하는 것을 목표로 한다.
- 사용자가 자기 몸의 동작을 사용하여 컴퓨터를 제어할 수 있어서 더욱 자연스러운 인터페이스를 경험할 수 있다.
- 사용자와 컴퓨터 간의 상호 작용을 자연스럽게 만들어 주며, 사용자가 더욱 직관적으로 시스템을 제어할 수 있도록 한다.
- 사용자 경험을 개선하며, 사용자와 컴퓨터 간의 거리를 좁혀주는 데 이바지한다.
- CLI나 GUI와는 달리 사용자의 직관성과 창의성을 존중하며, 더욱 개인화된 사용자 경험을 제공할 수 있다.

④ OUI(Organic User Interface)

- 사용자가 느끼는 인터페이스의 물리적 형태를 고려하여 설계되므로, 사용자의 느낌이 자연스러워진다.
- 사용자와 인터페이스 간의 경계를 흐리게 하며, 사용자가 더욱 직관적으로 시스템을 제어할 수 있도록 한다.
- OUI는 인간의 느낌과 체험에 기반을 둔 디자인을 적용하여, 사용자가 더욱 편리하고 자연스러운 인터페이스를 경험할 수 있도록 한다.
- 최근 스마트홈, 스마트카, 가상 현실, 증강 현실 등의 분야에서 활발하게 연구되고 있으며, 사용자와 인터페이스 간의 상호 작용을 더욱 개선하고 편리하게 만드는 데 이바지할 것으로 기대된다.

⑤ TUI(Text UI, 텍스트 사용자 인터페이스)

- 텍스트 단어를 입력하여 상호 작용을 수행하는 방식이다.
- RUN, STOP, WAIT 형태의 명령을 사용한다.
- CLI(명령줄 인터페이스)가 등장하기 전에 사용했던 UI이다.

⑥ WUI(Webbase UI, 웹 기반 사용자 인터페이스)

- 웹 브라우저를 통해 상호 작용을 수행하는 방식이다.
- 인터넷 웹 페이지를 열람하고 조작하는 인터페이스이다.

⑦ Touch UI(터치 사용자 인터페이스)

- 음성, 온도, 촉감을 통해 상호 작용을 수행하는 방식이다.
- 스마트 TV, 스마트 폰, 노트북, 출입 관리 등에 응용하는 방식이다.

---

**NUI의 예**

스마트폰의 터치스크린, 음성인식 기술, 제스처 인식 기술 등은 모두 NUI의 대표적인 예이다.

**🅑 기적의 TIP**

OUI를 사용하여 자동차의 인포테인먼트 시스템을 제어할 경우, 사용자는 자동차의 운전대(스티어링 휠) 등과 같은 물리적 요소를 조작함으로써 시스템을 제어할 수 있습니다.

**UI의 종류 비교**

- CLI(Command Line Interface) : 명령과 출력이 테스트 형태로 이뤄지는 인터페이스이다.
- GUI(Graphical User Interface) : 아이콘이나 메뉴를 마우스로 선택하여 작업을 수행하는 그래픽 환경의 인터페이스이다.
- NUI(Natural User Interface) : 사용자의 자연스러운 움직임을 인식하여 서로 주고받는 정보를 제공하는 사용자 인터페이스이다.
- OUI(Organic User Interface) : 모든 사물과 사용자 간 상호 작용을 위한 인터페이스이다.

**✔ 개념 체크**

1  NUI는 기존의 CLI나 GUI와는 달리 사용자의 직관성과 창의성을 존중하며, 더욱 개인화된 사용자 경험을 제공할 수 있다. (O, X)

10

## ❷ UI 설계 도구

### 1) 와이어 프레임(Wire Frame)

- UI 중심의 화면 레이아웃은 선(Wire)을 이용하여 개략적으로 작성한다.
- 구성할 화면의 개략적인 레이아웃이나 UI 요소 등의 틀을 설계하는 단계로, 기획 단계 초기에 작성한다.
- 개발 관계자(디자이너, 개발자, 기획자) 사이의 레이아웃 협의, 현재 진행 상황 등을 공유할 때 사용한다.
- 툴 : 핸드라이팅, 파워포인트, 키노트, Sketch, Balsamiq, Mockup, Adobe Experience Design, 카카오 오븐

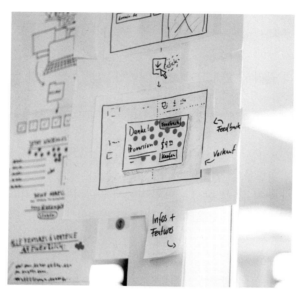

### 2) 목업(Mockup) 24.3, 22.7, 22.3

- 와이어 프레임보다 좀 더 실제 제품과 유사하게 만들어지는 실물 크기의 정적 모형으로 시각적으로만 구현된다.
- 툴 : 카카오 오븐, Balsamiq Mockup, Power Mockup

### 3) 스토리보드(Storyboard)

- UI/UX 구현에 수반되는 사용자와 작업, 인터페이스 간 상호 작용을 시각화한 것이다.
- 개발자/디자이너와의 의사소통을 돕는 도구이다.
- 완성해야 할 서비스와 예상되는 사용자 경험을 미리 보기 위한 방법론이다.
- 작성 목적 : 설계에 필요한 조각을 모아 순서대로 놓고 배치해 보고 쌓아서 조립하는 과정으로 설계 단계에서 발생할 수 있는 문제를 미리 발견하고 대처하기 위함이다.

- 작성 방법 : 상단/우측 → 제목, 작성자 기재, 좌측 → UI 화면, 우측 → Description
- 작성 단계 : 메뉴 구성도 만들기 → 스타일 확정하기 → 설계하기

④ **UI 요소의 종류** 24.7, 23.3
- 라디오 버튼 : 선택 영역에서 어느 하나를 선택할 때 사용하는 버튼이다. 항목 중 1개만 선택할 수 있다.
- 체크박스 : 라디오 버튼과 달리 동시에 여러 항목을 선택할 수 있다.
- 토글 버튼 : 항목을 on/off 할 때 사용된다.
- 드롭다운 리스트(목록상자) : 기본값이 보이는 디폴트 값을 가지고 있다가 드롭다운 버튼을 누르면 선택 항목이 표시된다.

## 03 UI 프로토타입(UI Prototype)

### 1) UI 프로토타입의 개념
- 도출된 요구사항을 토대로 프로토타입(시제품)을 제작하여 대상 시스템과 비교하면서 개발 중에 도출되는 추가 요구사항을 지속해서 재작성하는 과정이다.
- 와이어 프레임, 스토리보드에 Interaction을 적용한 것이다.
- 동적인 형태로 구현된 모형이다.
- 툴 : Axure, Invision Studio, 카카오 오븐, Flinto, 네이버 Proto Now
- 작성 방법에 따른 분류 : 디지털 프로토타입, 페이퍼 프로토타입

**프로토타입**
스토리보드 또는 와이어 프레임의 정적인 화면을 임시적으로 동작할 수 있도록 구현한 것이다.

### 2) UI 프로토타입의 장 · 단점

| 장점 | 단점 |
|---|---|
| • 사용자 설득과 이해가 쉽다.<br>• 개발 시간이 감소한다.<br>• 오류를 사전에 발견할 수 있다. | • 수정이 많아지면 작업 시간이 늘어날 수 있다.<br>• 필요 이상으로 자원을 많이 소모한다.<br>• 정확한 문서 작업이 생략되는 문제가 발생할 수 있다. |

✅ **개념 체크**

1 프로토타입을 이용하면 사용자 설득과 이해가 쉽고, 개발 시간이 감소하며, 오류를 사전에 발견할 수 있다.
(O, X)

1 O

### 3) 작성 도구 및 방법

| 구분 | 방법 | 비고 |
|---|---|---|
| 아날로그<br>(Analog) | • 포스트잇, 칠판, 종이, 펜 등을 이용한다.<br>• 소규모 개발, 제작 비용과 기간이 적을 때 이용한다.<br>• 빠른 업무 협의가 필요할 경우 이용한다. | 손, 펜 |
| | • 비용이 저렴하면서 즉시 변경이 가능하다.<br>• 회의 중 바로 작성할 수 있다.<br>• 상호 연관 관계가 복잡한 경우 표현이 어렵다.<br>• 공유가 어렵다. | – |
| 디지털<br>(Digital) | Power Point, Acrobat, Invision, Marvel, Adobe XD, Flinto, Priciple, Keynote, UX pin, HTML 등을 이용한다. | Digital Tool |
| | • 재사용성이 높지만, 툴을 다룰 줄 아는 전문가가 필요하다.<br>• 목표 제품과 비슷하게 테스트할 수 있으며 수정이 수월하다. | – |

### 4) 작성 시 고려 사항

프로토타입 계획 작성, 프로토타입 범위 확인, 프로토타입 목표 확인, 프로토타입 기간 및 비용 확인, 프로토타입 산출물 확인, 프로토타입 유의 사항 확인

### 5) 계획 시 고려 사항

프로토타입 목표 확인, 프로토타입 환경 확인, 프로토타입 일정 확인, 프로토타입 범위 확인, 프로토타입 인원 확인, 프로토타입 아키텍처 검증 확인, 프로토타입 이슈 및 해결, 프로토타입 가이드 확정, 프로토타입 개발 생산성 확인, 프로토타입 결과 시연

### 6) 제작 단계

사용자 요구 분석 → 프로토타입 작성 → 프로토타입 사용자 테스트 → 수정과 합의 단계

## 04 감성 공학(Sensibility Ergonomics)

### 1) 감성 공학

① 감성 공학의 개념

• 인간이 가지고 있는 소망으로서의 이미지나 감성을 구체적 제품 설계를 통하여 실현해 내는 공학적 접근 방법으로 인간과 컴퓨터 간의 상호 작용, 즉 HCI(Human Computer Interaction or Interface) 설계에 인간의 특성, 감성 등의 정량적 측정과 평가를 통하여 제품 환경 설계에 반영하는 인문 사회 과학, 공학, 의학 등 여러 분야의 학문이 융합된 기술이다.
• 감각 및 생체 계측, 센서, 인공 지능 등의 생체 제어 기술 등을 통해 과학적으로 접근한다.
• 최종 목표는 감성 공학을 통하여 인간이 쉽고 편리하고 쾌적하게 시스템과 어우러지는 것이다.
• 1988년 시드니 국제 학회에서 '감성 공학'으로 명명된다.

② 감성 공학 요소 기술

기초 기술, 구현 기술, 응용 기술

③ 감성 공학 관련 기술

생체 측정 기술, 인간 감성 특성 파악 기술, 감성 디자인 기술, 오감 센서 및 감성 처리 기술, 마이크로 기구 설계, 사용성 평가 기술, 가상 현실 기술

## 2) 감성 공학 접근 방법

- 1류(의미 미분법) : 인간의 감각, 감성을 표현하는 어휘(형용사)를 이용하여 제품에 대한 이미지를 조사 분석하고, 디자인 요소에 연계하는 접근 방법이다.
- 2류 : 1류와 기본 틀은 공유하고, 감성 어휘 수집의 전 단계에서 평가자들의 생활 양식을 추가한다. 제품에 대한 기호 및 수요를 분석 대상의 소속 지역, 생활 양식, 의식 문화를 분석하는 접근 방법이며 1류와 함께 감성의 심리적 특성을 강조한다.
- 3류 : 1류의 감성 어휘 대신 평가자가 특정 시제품을 사용하여 측정한 감각 척도로 감성을 표출하는 방법이다. 평가자의 생리적 감각 계측을 통해서 그 객관성이 보완되고 정량화된 값으로 산출된다. 대상 제품의 물리적인 특성에 대하여 객관적인 지표와의 연관 분석을 통하여 제품 설계에 응용된다. 인간 감각 계측과 이의 활용이 강조된 접근 방법으로 감성의 생리적 특성을 중요시한다.

## 3) HCI(Human Computer Interaction or Interface)

① HCI 개념

인간과 컴퓨터의 상호 작용을 연구하여 어떻게 하면 좋은 제품을 만들 수 있는지를 연구한다.

② HCI 목적

- 컴퓨터를 인간이 쉽게 사용할 수 있게 하여 상호 작용(UX)을 개선하는 것이다.
- 컴퓨터의 도구로서 잠재력을 극대화해 인간의 의지를 더 자유롭게 한다.
- 인간의 창의력, 인간 사이의 의사소통과 협력을 증진하는 데 있다.

**개념 체크**

1 감성 공학 요소 기술은 기초 기술, 구현 기술, (    ) 기술로 구성된다.

1 응용

**01** UI 설계 단계 중 디자인 평가 단계에서 사용되는 평가 방법론으로 인간이 어떤 행위를 할지 예측하여 그 문제를 해결하는 데 필요한 소요 시간, 학습 시간 등을 평가하기 위한 기법은?

① GOMS
② Heuristics
③ Gradle
④ SVC

GOMS : 인간이 어떤 행위를 할지 예측하여 그 문제를 해결하는 데 필요한 소요 시간, 학습 시간 등을 평가하기 위한 기법이다.

**02** UI의 종류로 멀티 터치, 동작 인식 등 사용자의 자연스러운 움직임을 인식하여 서로 주고받는 정보를 제공하는 사용자 인터페이스?

① GUI(Graphical User Interface)
② OUI(Organic User Interface)
③ NUI(Natural User Interface)
④ CLI(Command Line Interface)

NUI(Natural User Interface) : 인간의 신체를 통해 입력과 출력을 제어하며, 자연스러운 신체 움직임으로 직접적으로 시스템과 소통하는 방식이다.

**03** 다음 내용이 설명하는 UI 설계 도구는?

> – 디자인, 사용 방법 설명, 평가 등을 위해 실제 화면과 유사하게 만든 정적인 형태의 모형
> – 시각적으로 구성 요소를 배치하는 것으로 일반적으로 실제로 구현되지는 않음

① 스토리보드(Storyboard)
② 목업(Mockup)
③ 프로토타입(Prototype)
④ 유스케이스(Usecase)

목업(Mockup) : 실물과 흡사한 정적인 모형을 의미한다. 시각적으로 구성 요소를 배치하는 것으로 실제로 구현되지는 않는다.

**04** 다음 중 UI 프로토타입 작성 도구 중 Analog 도구의 특징이 아닌 것은?

① 비용이 저렴하면서 즉시 변경이 가능하다.
② 회의 중 바로 작성할 수 있다.
③ 상호 연관 관계가 복잡한 경우 표현이 어렵다.
④ 재사용성이 높지만, 툴을 다룰 줄 아는 전문가가 필요하다.

아날로그 도구는 재사용성이 떨어진다.

**05** 다음 중 UI(user Interface)에서 사용자 동작에 해당하지 않는 것은?

① Swipe
② Tap
③ Drag
④ Flux

**오답 피하기**
• 스와이프(Swipe) : 터치스크린에서 손가락을 빠르게 밀어 올리거나, 옆으로 이동시키는 동작
• 탭(Tap) : 터치스크린에서 손가락으로 화면을 가볍게 누르는 동작
• 드래그(Drag) : 마우스 버튼을 누른 상태로 이동하거나, 터치스크린에서 손가락을 눌러 끌어 이동하는 동작

정답 01 ① 02 ③ 03 ② 04 ④

# CHAPTER 04

# 소프트웨어 설계

**학습 방향**

소프트웨어 설계는 고객의 요구사항을 분석하고, UI 설계를 바탕으로 실제 기능 모듈을 모델링을 통해 배치하는 단계입니다. 출제 비중이 높으니 각 섹션의 빈출 태그를 바탕으로 정리하세요.

**출제빈도**

| | | |
|---|---|---|
| SECTION 01 | 하 | 5% |
| SECTION 02 | 상 | 20% |
| SECTION 03 | 상 | 30% |
| SECTION 04 | 하 | 10% |
| SECTION 05 | 중 | 15% |
| SECTION 06 | 하 | 10% |
| SECTION 07 | 하 | 10% |

# 소프트웨어 설계 모델링

▶합격 강의

**기적의 TIP**

소프트웨어 설계 단계를 흐름별로 학습한다는 생각으로 출제 내용 위주로 학습합니다.

## 01 소프트웨어의 설계(Design)

### 1) 소프트웨어 설계 모델링 24.3, 22.4
① 소프트웨어 설계 모델링의 개념 ┌─ 현실 세계에 존재하는 데이터를 추상화하여
　　　　　　　　　　　　　　　　　컴퓨터 세계로 옮기는 변환 과정
요구사항(기능, 성능)을 만족하는 소프트웨어의 내부 구조 및 동적 행위들을 모델링하여 표현하고 분석, 검증, 명세화하는 단계이다.

② 소프트웨어 설계 모델링의 목적
"무엇을(What)"으로부터 "어떻게(How)"로 관점을 전환하면서 최종 제작할 소프트웨어의 청사진을 만드는 것이다.

### 2) 소프트웨어 설계 모델링 시 주의사항 24.7, 22.3
① 요구사항 분석의 정확성
- 설계 모델링은 요구사항 분석의 결과물을 기반으로 수행되므로, 요구사항 분석 단계에서의 오류나 누락된 부분은 설계 모델링에 심각한 영향을 미칠 수 있다.
- 요구사항 분석 단계에서는 정확하고 완전한 요구사항을 수집하고, 이를 바탕으로 설계 모델링을 수행해야 한다.

**SW 개발 단계에서 프로그래밍 언어 선택 시 고려 사항**
- 개발 정보시스템의 특성
- 사용자의 요구사항
- 컴파일러의 가용성

② 모델링 표현의 명확성
- 설계 모델링은 복잡한 시스템을 간결하게 표현하는 것이 목적이다.
- 모델링 표현에 있어서는 명확하고 일관성 있는 규칙을 정하고, 이를 지켜야 한다.
- 표현 방법에 따른 모호성을 최소화하여 모델링의 이해도를 높이는 것이 중요하다.

③ 모듈화의 적절성
- 모듈화는 시스템의 구조를 명확하게 하고, 각 모듈을 독립적으로 개발할 수 있게 한다.
- 모듈화 단계에서는 모듈의 기능을 명확히 정의하고, 모듈 간의 관계를 최소화하여 시스템의 복잡도를 낮추어야 한다.

**개념 체크**

1 요구사항(기능, 성능)을 만족하는 소프트웨어의 내부 구조 및 동적 행위들을 모델링하여 표현하고, 분석, 검증, 명세화하는 과정이며 이 과정에서 만들어지는 산출물을 의미하는 것은?

1 소프트웨어 설계 모델링

④ 일관성 유지

- 설계 모델링은 다양한 모델링 기법을 사용하며, 이들 간에는 일관성을 유지해야 한다.
- 모델링 기법에서 사용되는 용어나 표기법 등은 일관성 있게 사용해야 하며, 이를 위해서는 모델링 표준을 정하여 이를 지키도록 노력해야 한다.

⑤ 변화에 대한 대응

- 소프트웨어 시스템은 시간이 지남에 따라 변화할 수 있다.
- 설계 모델링 단계에서는 시스템 변화에 대한 대응책을 고려해야 하며, 유연성을 고려하여 모델링을 수행해야 한다.

### 3) 소프트웨어 설계

#### ① 소프트웨어 설계의 개념

본격적인 프로그램의 구현에 들어가기 전에 소프트웨어를 구성하는 뼈대를 정의해 구현의 기반을 만드는 것을 의미하며 상위 설계(High Level Design)와 하위 설계 (Low Level Design)로 구분된다.

#### ② 설계의 기본 원리

분할과 정복, 추상화, 단계적 분해, 모듈화, 정보은닉

#### ③ 소프트웨어 설계 분류 24.7, 20.9

#### ④ 상위 설계(High-Level Design)

- 아키텍처 설계(Architecture Design)★, 예비 설계(Preliminary Design)라고 하며 전체 골조(뼈대)를 세우는 단계이다.
- 아키텍처(구조) 설계 : 시스템의 전체적인 구조
- 데이터 설계 : 시스템에 필요한 정보를 자료 구조/데이터베이스 설계에 반영
- 시스템 분할 : 전체 시스템을 여러 개의 서브 시스템으로 분리
- 인터페이스 설계 : 시스템의 구조와 서브 시스템들 사이의 관계
- 사용자 인터페이스 설계 : 사용자와 시스템의 관계

#### ⑤ 하위 설계(Low-Level Design)

- 모듈 설계(Module Design), 상세 설계(Detail Design)라고 하며, 시스템 각 구성 요소의 내부 구조, 동적 행위 등을 결정하여 각 구성 요소의 제어와 데이터 간의 연결에 대해 구체적인 정의를 하는 단계이다.
- 하위 설계 방법 : 절차 기반(Procedure-Oriented)★, 자료 위주(Data Oriented), 객체지향(Object-Oriented) 설계 방법

🅕 기적의 TIP

소프트웨어 설계 분류를 암기하기보다는 이해하는 방향으로 정리하세요.
- 상위 설계 : 아키텍처 설계, 데이터 설계, 시스템 분할, 인터페이스 설계, 사용자 인터페이스 설계
- 하위 설계 : 모듈 설계, 자료 구조 설계, 알고리즘 설계

★ 아키텍처 설계(Architecture Design)
소프트웨어 시스템의 구조와 구성 요소, 그리고 이들 간의 상호 작용을 정의하는 과정으로, 시스템의 성능, 품질, 유지보수성 등을 고려하여 설계한다. 이를 통해 재사용성과 확장성이 높은 안정적인 소프트웨어 시스템을 구축한다.

★ 절차 기반(Procedure-Oriented)
프로그램을 절차적으로 설계하고 구현하는 방법으로, 문제를 단계별로 분해하여 각 단계를 수행하는 함수나 프로시저를 만들어 처리한다. 이 방법은 대규모 프로그램에서도 유지보수가 용이하고, 프로그램의 실행 속도가 빠르다는 장점이 있다. 하지만 코드의 재사용성과 확장성이 낮다는 단점이 있다.

⑥ 상위 설계 vs 하위 설계

| 구분 | 상위 설계 | 하위 설계 |
|------|-----------|-----------|
| 정의 | 시스템의 아키텍처 및 기본적인 모듈 구성 | 모듈 내부의 동작 및 세부적인 구현 방법 정의 |
| 목표 | 시스템의 기능 및 특성 결정 | 모듈의 기능을 충족시키는 구현 방법 결정 |
| 관련 내용 | 기능적 요구사항, 비기능적 요구사항 등 고려 | 알고리즘, 데이터 구조, 변수 등 구체적인 구현 방법 고려 |
| 결과물 | 아키텍처 다이어그램, 인터페이스 명세서 등 | 클래스 다이어그램, 시퀀스 다이어그램, 코드 등 |
| 추상화 | 높은 수준의 추상화 | 낮은 수준의 추상화 |
| 구현 | 구현 단계에서는 구체화가 필요하지 않음 | 구현 단계에서 구체화가 필요함 |

**소프트웨어 공학에서의 모델링 (Modeling)**
· 모델(Model)과 ing의 결합으로 모델(모형)을 만드는 일을 의미한다.
· 일반적으로 설계를 모델(Model)이라 하므로 모델링은 설계하는 행위를 의미한다.

**구조적 설계**
· 특징 : 하향식 기법, 신뢰성 향상, 유연성 제공, 재사용 용이
· 기본 구조 : 순차(Sequence) 구조, 선택(Selection) 구조, 반복(Repetition) 구조

**구조적 분석**
· 자료(Data)의 흐름, 처리를 중심으로 한 요구 분석 방법이며 전체 시스템의 일관성 있는 이해를 돕는 분석 도구로, 모형화에 필요한 도구 제공 및 시스템을 나누어 분석할 수 있다.
· 정형화된 분석 절차에 따라 사용자 요구사항을 파악, 문서화하는 체계적 분석 방법으로 자료 흐름도, 자료 사전, 소단위 명세를 사용한다.
· 시스템 분할이 가능하며 하향식 분석 기법을 사용하고 분석자와 사용자 간의 의사소통을 돕는다.

## 02 소프트웨어의 설계 대상과 방법

### 1) 소프트웨어 설계 대상

| 구분 | 설명 |
|------|------|
| 구조 모델링 | · SW를 구성하는 컴포넌트의 유형, 인터페이스, 내부 설계 구조 등 상호 연결 구조를 모델링하는 것이다.<br>· 구성 요소에는 프로시저, 데이터 구조, 모듈, 파일 구조 등이 있다.<br>· 구성 요소들의 연결 구조, 포함 관계를 시스템 구조라 한다. |
| 행위 모델링 | · 소프트웨어의 구성 요소들 기능과 구성 요소들이 언제, 어떤 순서로 기능을 수행하고 상호 작용하는지를 모델링하는 것이다.<br>· 시스템 각 구성 요소의 기능적인 특성을 모델링하는 것이다.<br>· 입 · 출력 데이터, 데이터의 흐름과 변환, 데이터의 저장, 실행 경로, 상태 전이, 이벤트 발생 순서 등이 행위 모델링에 속한다. |

### 2) 소프트웨어 설계 방법

| 구분 | 설명 |
|------|------|
| 구조적 설계 | · 기능적 관점으로 소프트웨어에 요구된 기능이나 자료 처리 과정, 알고리즘 등을 중심으로 시스템을 나눠 설계하는 방식이다.<br>· 시스템의 각 모듈은 최상위 기능에서 하위 기능으로 하향적으로 세분화한다.<br>· Coad/Yourdon |
| 자료 중심 설계 | · 입 · 출력 자료의 구조를 파악하여 소프트웨어 자료 구조를 설계하는 방식이다.<br>· 객체지향 설계 방식과 다르게 데이터 중심적인 접근 방식으로, 소프트웨어 시스템의 구조를 명확하게 정의하고, 유지보수성과 재사용성을 높이는 효과적인 방법이다.<br>· 데이터베이스 설계와 밀접한 관련이 있으며, 데이터베이스를 이용하여 시스템의 데이터를 관리하는 경우 특히 유용하다.<br>· Jackson, Warnier-Orr |
| 객체지향 설계 | · 자료와 자료에 적용될 기능을 함께 묶어 추상화하는 개념이다.<br>· 시스템은 객체로 구성된다.<br>· Yourdon, Shlaer-Mellor, Rumbaugh, Booch |

✓ **개념 체크**

1  시스템의 아키텍처 및 기본적인 모듈을 구성하는 것을 상위 설계라 하고, 모듈 내부의 동작 및 세부적인 구현 방법을 정의하는 것을 하위 설계라고 한다. (O, X)

10

# 03 소프트웨어 구조도(Structure Chart) 23.6

## 1) 소프트웨어 구조도의 개념

- 구조적 설계 방법의 하나로, 시스템의 구조를 표현하는 방법의 하나이다.
- 모듈과 모듈 간의 관계를 나타내는 그래픽 다이어그램으로 각 모듈은 상자로 표시되며, 모듈 간의 관계는 선으로 연결된다.
- 각 모듈은 입력, 출력, 처리 등의 기능을 수행하고, 이러한 기능은 모듈의 상자 안에 표시되며, 각 모듈의 이름과 번호를 표시하여 모듈의 식별을 용이하게 한다.
- 모듈 단위로 시스템을 분할하여 설계하고, 각 모듈이 독립적으로 개발될 수 있도록 한다.
- 각 모듈 간의 의존성을 최소화하여 시스템 유지보수성을 향상시키고, 시스템의 복잡도를 낮춘다. 따라서 소프트웨어 구조도는 대규모 소프트웨어 시스템의 설계와 개발에 효과적으로 활용된다.

> **모듈(Module)이 되기 위한 주요 특징**
> - 다른 것들과 구별될 수 있는 독립적인 기능을 가진 단위(Unit)이다.
> - 독립적인 컴파일이 가능해야 하고, 유일한 이름을 가져야 한다.
> - 다른 모듈에서 접근할 수 있어야 한다.

## ② 프로그램 구조도에서 사용되는 용어

| | |
|---|---|
| Fan-in | 주어진 한 모듈을 제어하는 상위 모듈 수 |
| Fan-out | 주어진 한 모듈이 제어하는 하위 모듈 수 |
| Depth | 최상위 모듈에서 주어진 모듈까지의 깊이 |
| Width | 같은 등급(Level)의 모듈 수 |
| Super ordinate | 다른 모듈을 제어하는 모듈 |
| Subordinate | 어떤 모듈에 의해 제어되는 모듈 |

**예** 모듈 F에서의 Fan-in : 3, Fan-out : 2  24.3, 23.3, 21.3

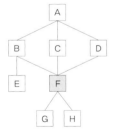

> 본문 문제에서 F를 기준으로 한다면 다음과 같이 구분할 수 있다
> - Fan-In : F를 제어하는 B, C, D
> - Fan-Out : F가 제어하는 G, H

- Fan-in/Fan-out을 분석하면 시스템 복잡도 파악이 가능하다.

| | |
|---|---|
| Fan-in이 높은 경우 | • 재사용 측면에서 잘 된 설계로 볼 수 있다.<br>• 시스템 구성 요소 중 일부가 동작하지 않으면 시스템이 중단되는 단일 장애 발생 가능성이 있다.<br>• 단일 장애 발생을 방지하기 위해 중점 관리가 필요하다. |
| Fan-out이 높은 경우 | • 불필요한 타 모듈의 호출 여부를 확인한다.<br>• Fan-out을 단순하게 설계할 수 있는지 검토한다. |

- 복잡도 최적화를 위한 조건 : Fan-in은 높이고 Fan-out은 낮추도록 설계한다.

 **개념 체크**

> 1 복잡도를 최적화하기 위해서는 (　　)은(는) 높이고, (　　)은(는) 낮추도록 설계해야 한다.
>
> 1 Fan-in, Fan-out

**01** 소프트웨어 모델링과 관련한 설명으로 <u>틀린</u> 것은?

① 모델링 작업의 결과물은 다른 모델링 작업에 영향을 줄 수 없다.

② 구조적 방법론에서는 DFD(Data Flow Dia-gram), DD(Data Dictionary) 등을 사용하여 요구사항의 결과를 표현한다.

③ 객체지향 방법론에서는 UML 표기법을 사용한다.

④ 소프트웨어 모델을 사용할 경우 개발될 소프트웨어에 대한 이해도 및 이해 당사자 간의 의사소통 향상에 도움이 된다.

모델링 : 현실 세계에 존재하는 데이터를 추상화하여 컴퓨터 세계로 옮기는 변환 과정이다.

**02** 소프트웨어의 상위 설계에 속하지 <u>않는</u> 것은?

① 아키텍처 설계
② 모듈 설계
③ 인터페이스 정의
④ 사용자 인터페이스 설계

상위 설계 과정 : 아키텍처 설계 → 데이터 설계 → 시스템 분할 → 인터페이스 설계 → 사용자 인터페이스 설계

**03** 다음 중 모듈(Module)이 되기 위한 주요 특징이 <u>아닌</u> 것은?

① 다른 것들과 구별될 수 있는 독립적인 기능을 가진 단위(Unit)이다.

② 독립적인 컴파일이 가능해야 한다.

③ 다른 모듈에서의 접근할 수 있어야 한다.

④ 다수 이름을 가질 수 있다.

모듈의 이름은 중복될 수 없다.

**04** 다음은 어떤 프로그램 구조를 나타낸다. 모듈 F에서의 Fan-In과 Fan-Out의 수는 얼마인가?

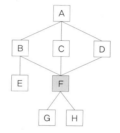

① Fan-In: 2, Fan-Out: 3
② Fan-In: 3, Fan-Out: 2
③ Fan-In: 1, Fan-Out: 2
④ Fan-In: 2, Fan-Out: 1

• Fan-In : 주어진 한 모듈을 제어하는 상위 모듈수 → 3
• Fan-Out : 주어진 한 모듈이 제어하는 하위 모듈수 → 2

정답 01 ① 02 ② 03 ④ 04 ②

# 구조적 분석 도구

▶ 합격 강의

빈출 태그 자료 흐름도 · 자료 사전

## 01 자료 흐름도(DFD : Data Flow Diagram) 24.7, 23.8, 23.3, 22.7, 22.3, 21.3, 20.9, 20.8

### 1) 자료 흐름도의 개념

- 시스템 내의 모든 자료 흐름을 4가지의 기본 기호(처리, 자료 흐름, 자료 저장소, 단말)로 기술하고 이런 자료 흐름을 중심으로 한 분석용 도구이다.
- DFD의 요소는 화살표, 원, 사각형, 직선(단선/이중선)으로 표시하고 구조적 분석 기법에 이용된다.
- 시스템이나 프로그램 간의 총체적인 데이터 흐름을 표시할 수 있으며, 기본적인 데이터 요소와 그들 사이의 데이터 흐름 형태로 기술된다.
- 다차원적이며 자료 흐름 그래프 또는 버블(Bubble) 차트라고도 한다.
- 그림 중심의 표현이고 하향식 분할 원리를 적용한다.
- 갱신하기 쉬워야 하며 이름의 중복을 제거하여 이름으로 정의를 쉽게 찾을 수 있도록 한다.
- 정의하는 방식이 명확해야 한다.

### 2) 자료 흐름도의 작성 원칙

- 출력 자료 흐름은 입력 자료 흐름을 이용해 생성해야 한다.
- 입력, 출력 자료 자체에 대해서만 인지하고 자료의 위치나 방향은 알 필요가 없다.
- 자료 흐름 변환의 형태에는 본질 변환, 합성의 변환, 관점의 변환, 구성의 변환 등이 있다.
- 자료 보존의 원칙 : 출력 자료 흐름은 반드시 입력 자료 흐름을 이용해 생성한다.
- 최소 자료 입력의 원칙 : 출력 자료를 산출하는 데 필요한 최소의 자료 흐름만 입력한다.
- 독립성의 원칙 : 프로세스는 오직 자신의 입력 자료와 출력 자료 자체에 대해서만 알면 된다.
- 지속성의 원칙 : 프로세스는 항상 수행하고 있어야 한다.
- 순차 처리의 원칙 : 입력 자료 흐름의 순서는 출력되는 자료 흐름에서도 지키도록 한다.
- 영구성의 원칙 : 자료 저장소의 자료는 입력으로 사용해도 삭제되지 않는다.

🅟 기적의 TIP

구조적 분석 도구인 자료 흐름도의 정의와 표기법, 자료 사전의 표기법이 자주 출제됩니다. 암기가 동반되어야 합니다. 출제 빈도가 높으니 정확히 정리하세요.

✔ 개념 체크

1 시스템 내의 모든 자료 흐름을 4가지의 기본 기호(처리, 자료 흐름, 자료 저장소, 단말로 기술하고 이러한 자료 흐름을 중심으로 하는 분석용 도구는?

1 자료 흐름도

데이터(자료) 흐름도(DFD : Data
Flow Diagram)
• 시스템 내의 모든 자료 흐름을 4
가지의 기본 기호(처리, 자료 흐
름, 자료 저장소, 단말)로 기술한
분석용 도구이다.
• DFD의 요소는 화살표, 원, 사각
형, 직선(단선/이중선)으로 표시
한다.

### 3) 자료 흐름도의 구성 요소 및 표기법 23.3, 22.3, 20.9, 20.3

| 구성 요소 | 의미 | 표기법 |
|---|---|---|
| 프로세스(Process) | 자료를 변환시키는 시스템의 한 부분을 나타낸다. | 프로세스 이름 |
| 자료 흐름(Data Flow) | 자료의 이동(흐름)을 나타낸다. | 자료 이름 → |
| 자료 저장소(Data Store) | 시스템에서의 자료 저장소(파일, 데이터베이스)를 나타낸다. | 자료 저장소 이름 |
| 단말(Terminator) | • 자료의 발생지와 종착지를 나타낸다.<br>• 시스템의 외부에 존재하는 사람이나 조직체이다. | 단말 이름 |

## 02 소단위 명세서(Mini-Specification)

### 1) 소단위 명세서의 개념

• 세분화된 자료 흐름도에서 최하위 단계 프로세스의 처리 절차를 설명한 것이다.
• 세분화된 자료 흐름도에서 최하위 단계 버블(프로세스)의 처리 절차를 기술한 것으로 프로세스 명세서라고도 한다. ┌─ Data Flow Diagram
• 분석가의 문서이며, 자료 흐름도(DFD)를 지원하기 위하여 작성한다.
• 서술 문장, 구조적 언어, 의사 결정 나무, 의사 결정표(판단표), 그래프 등을 이용하여 기술한다.
  – 구조적 언어 : 자연어 일부분으로 한정된 단어와 문형, 제한된 구조를 사용하여 명세서를 작성하는 데 이용하는 명세 언어이다.
  – 의사 결정 나무 : 현재 상황과 목표와의 상호 관련성을 나무의 가지를 이용해 표현한 것으로 불확실한 상황에서의 의사결정을 위한 분석 방법이다.
  – 의사 결정표(Decision Table) : 복잡한 의사결정 논리를 기술하는 데 사용하며, 주로 자료 처리 분야에서 이용된다.

### 2) 소단위 명세서에 사용되는 도구

구조적 언어, 선후 조건문, 의사결정표 등이 있다.

### 3) 소단위 명세서의 요구사항(역할)

• 소단위 명세서는 사용자나 시스템 분석가가 검증할 수 있는 형태로 표현되어야 한다.
• 소단위 명세서는 여러 계층의 사람들이 효과적으로 의사소통을 할 수 있는 형태로 표현되어야 한다.
• 소단위 명세서에서는 설계와 구현 사항에 대해 임의로 결정하지 말아야 한다.

✔ 개념 체크

1 자료 흐름도에서 자료의 이
동은 사각형으로 표현한다.
(O, X)

2 소단위 명세서(Mini-Spe-
cification)는 세분화된 자료
흐름도에서 최하위 단계 프
로세스의 처리 절차를 설명
한 것이다. (O, X)

1 X 2 O

## 03 자료 사전(DD : Data Dictionary) 20.9, 20.8, 20.6

### 1) 자료 사전의 정의

- 시스템과 관련된 모든 자료의 명세와 자료 속성을 파악할 수 있도록 조직화한 도구이다.
- 소프트웨어에서 사용하는 모든 자료 항목을 규칙에 맞게 정리한 집합이다.

자료 사전 = 데이터 사전

### 2) 자료 사전 표기법

| 기호 | 의미 | 설명 |
|---|---|---|
| = | 자료의 정의 | ~로 구성되어 있다(is compose of). |
| + | 자료의 연결 | 그리고(and, along with) |
| ( ) | 자료의 생략 | 생략할 수 있는 자료(optional) |
| [ ] | 자료의 선택 | • 다중 택일(selection), 또는(or)<br>• 항목 간 구분은 1로 한다. |
| { } | 자료의 반복(iteration of) | • $\{\ \}_n$ : 최소 n번 이상 반복<br>• $\{\ \}^n$ : 최대 n번 이하 반복<br>• $\{\ \}_m^n$ : m번 이상 n번 이하 반복 |
| ** | 자료의 설명 | 주석(comment) |

### 3) 자료 사전의 역할

- 자료 흐름도에 기술한 모든 자료의 정의를 기술한 문서이다.
- 구조적 시스템 방법론에서 자료 흐름도, 소단위 명세서와 더불어 중요한 분석 문서 중 하나이다.
- 자료 사전 이해도를 높이고자 할 때는 하향식 분할 원칙에 맞추어 구성 요소를 재정의한다.

### 4) 자료 사전 작성 시 고려 사항

#### ① 자료의 의미 기술

자료의 의미는 주석을 통해서 기술하고 중복되는 기술을 피해야 한다.

#### ② 자료 구성 항목의 기술

구성 항목을 그룹으로 묶고 각 그룹에 대해 의미 있는 이름을 부여, 이름이 붙여진 각 그룹을 다시 정의한다.

#### ③ 동의어(Alias)

- 자료 사전에 이미 정의된 자료 항목에 대한 또 다른 이름의 동의어가 많아지면 자료의 명칭에 혼동이 생길 우려가 있다.
- 동의어 중 하나는 자료의 구성 항목을 정의하고, 동의어 간에는 서로 참조가 되는 관계를 명시한다.

#### ④ 자료 정의의 중복 제거

자료 정의는 중복성을 제거하고 간단명료하게 하는 것이 좋다.

자료 사전에서 기술해야 할 자료
자료 흐름을 구성하는 자료 항목, 자료 저장소를 구성하는 자료 항목, 자료에 대한 의미, 자료 원소의 단위 및 값 등이 있다.

 개념 체크

1 자료 사전의 표기법 중 '+'는 자료의 연결을 의미한다.
(O, X)

10

## 이론을 확인하는 기출문제

**01** 정형화된 분석 절차에 따라 사용자 요구사항을 파악, 문서화하는 체계적 분석 방법으로 자료 흐름도, 자료 사전, 소단위 명세서의 특징을 갖는 것은?

① 구조적 개발 방법론
② 객체지향 개발 방법론
③ 정보 공학 방법론
④ CBD 방법론

구조적 분석 : 자료(Data)의 흐름, 처리를 중심으로 한 요구 분석 방법으로 전체 시스템의 일관성 있는 이해를 돕는 분석 도구로, 모형화에 필요한 도구 제공 및 시스템을 나누어 분석할 수 있다.

**02** 세분화된 자료 흐름도에서 최하위 단계 프로세스의 처리 절차를 설명한 것은?

① ERD
② Mini-Spec
③ DD
④ STD

소단위 명세서(Mini-Specification)
• 세분화된 자료 흐름도에서 최하위 단계 프로세스의 처리 절차를 설명한 것이다.
• 세분화된 자료 흐름도에서 최하위 단계 버블(프로세스)의 처리 절차를 기술한 것으로 프로세스 명세서라고도 한다.
• 분석가의 문서이며, 자료 흐름도(DFD)를 지원하기 위하여 작성한다.
• 서술 문장, 구조적 언어, 의사 결정 나무, 의사결정표(판단표), 그래프 등을 이용하여 기술한다.

**03** 자료 흐름도(DFD)의 각 요소별 표기 형태의 연결이 옳지 않은 것은?

① Process : 원
② Data Flow : 화살표
③ Data Store : 삼각형
④ Terminator : 사각형

Data Store : 자료 저장소

**04** DFD(Data Flow Diagram)에 대한 설명으로 틀린 것은?

① 자료 흐름 그래프 또는 버블(Bubble) 차트라고도 한다.
② 구조적 분석 기법에 이용된다.
③ 시간 흐름을 명확하게 표현할 수 있다.
④ DFD의 요소는 화살표, 원, 사각형, 직선(단선/이중선)으로 표시한다.

• DFD는 데이터 흐름을 표시한다.
• 시간 흐름을 명확하게 표현할 수 있는 것은 시퀀스 다이어그램이다.

**05** 다음 중 자료 사전(Data Dictionary)에서 선택의 의미를 나타내는 것은?

① [ ]
② ( )
③ +
④ =

선택 : [ ]

**06** 구조적 분석에서 자료 사전(Data Dictionary) 작성 시 고려한 사항으로 옳지 않은 것은?

① 갱신하기 쉬워야 한다.
② 이름이 중복되어야 한다.
③ 이름으로 정의를 쉽게 찾을 수 있어야 한다.
④ 정의하는 방식이 명확해야 한다.

자료 사전의 이름은 중복되면 안 된다.

# 03 모듈

▶ 합격 강의

출제빈도 **상** 중 하
반복학습 1 2 3

**빈출 태그** 모듈 · 결합도 · 응집도

## 01 모듈과 결합도, 응집도

### 1) 모듈 21.8

#### ① 모듈의 개념

- 전체 프로그램에서 어떠한 기능을 수행할 수 있는 실행 코드를 의미한다.
- 재사용이 가능하며 자체적으로 컴파일할 수 있다.
- 시스템 개발 시 기간과 노동력을 절감할 수 있다.
- 모듈의 독립성은 결합도와 응집도에 의해 측정된다.
- 변수의 선언을 효율적으로 할 수 있어 기억 장치를 유용하게 사용할 수 있다.
- 모듈마다 사용할 변수를 정의하지 않고 상속하여 사용할 수 있다.
- 각 모듈의 기능이 서로 다른 모듈과의 과도한 상호 작용을 회피함으로써 이루어지는 것을 기능적 독립성이라 한다.

#### ② 모듈화를 통하여 얻을 수 있는 것 23.3

- 유지보수 용이성
  - 모듈화된 소프트웨어는 각 모듈이 독립적으로 개발되기 때문에 수정 및 유지보수가 쉬워진다.
  - 모듈 단위로 수정할 수 있으므로 전체 소프트웨어를 수정하지 않아도 되므로 시간과 비용을 절약할 수 있다.
- 재사용성
  - 모듈화된 소프트웨어는 각 모듈이 재사용할 수 있는 독립적인 기능을 가지기 때문에 다른 프로젝트에서도 사용할 수 있다.
  - 모듈화는 코드의 재사용성을 높이고 개발 생산성을 향상시킬 수 있다.
- 테스트 용이성
  각 모듈이 독립적으로 개발되고 테스트 되기 때문에 모듈화된 소프트웨어는 전체 시스템을 테스트하는 것보다 쉽게 테스트할 수 있어서 버그를 더 빨리 찾아내고 수정할 수 있다.
- 확장성
  모듈화된 소프트웨어는 새로운 모듈을 추가하거나 기존 모듈을 제거하여 소프트웨어를 쉽게 확장할 수 있어 비즈니스 요구사항이 변경되더라도 더 쉽게 대응할 수 있다.
- 독립성
  각 모듈은 독립적으로 개발되기 때문에 다른 모듈에 영향을 주지 않아 모듈 간의 결합도를 낮출 수 있으며, 소프트웨어 전체의 안정성을 향상시킬 수 있다.

---

**B 기적의 TIP**

소프트웨어 기능 단위인 모듈에 관한 내용을 학습합니다. 모듈 설계에 있어 결합도와 응집도의 개념과 관계를 정리하고 결합도, 응집도의 종류별 정의를 정리하세요.

모듈 = 모듈화를 통해 분리된 시스템의 각 기능(서브 루틴 = 서브 시스템 = 작업 단위)

**모듈화의 목표**
- 모듈 간 결합도의 최소화(Loose Coupling)
- 모듈 내 요소 간의 응집도 최대화(Strong Cohesion)

---

**✓ 개념 체크**

1 재사용이 가능한 단위로, 자체적으로 컴파일이 가능하고 전체 프로그램에서 어떠한 기능을 수행할 수 있는 실행 코드를 의미하는 것은?

1 모듈

## 2) 결합도(Coupling) 23.6, 23.3, 22.7, 22.4, 21.3

### ① 결합도의 개념

- 서로 다른 두 모듈 간의 상호 의존도로서 두 모듈 간의 기능적인 연관 정도를 나타낸다.
- 모듈 간의 결합도를 약하게 하면 모듈 독립성이 향상되어 시스템을 구현하고 유지보수 작업이 쉬워진다.
- 자료 결합도가 설계 품질이 가장 좋다.

### ② 결합도의 종류

| 결합도 약함 ↑ | 자료 결합도 (Data Coupling) | • 모듈 간의 인터페이스가 자료 요소로만 구성된 경우로 다른 모듈에 영향을 주지 않는 가장 바람직한 결합도이다.<br>• 모듈 간의 내용을 전혀 알 필요가 없다. |
|---|---|---|
| | 스탬프 결합도 (Stamp Coupling) | • 두 모듈이 같은 자료 구조를 조회하는 경우의 결합도이며, 자료 구조의 어떠한 변화 즉, 포맷이나 구조의 변화는 그것을 조회하는 모든 모듈 및 변화되는 필드를 실제로 조회하지 않는 모듈까지도 영향을 미치게 된다.<br>• 배열, 레코드, 구조 등이 모듈 간 인터페이스로 전달되는 경우와 관계된다. |
| | 제어 결합도 (Control Coupling) | 어떤 모듈이 다른 모듈의 내부 논리 조작을 제어하기 위한 목적으로 제어 신호를 이용하여 통신하는 경우이며, 하위 모듈에서 상위 모듈로 제어 신호가 이동하여 상위 모듈에 처리 명령을 부여하는 권리 전도 현상이 발생하게 된다. |
| | 외부 결합도 (External Coupling) | 어떤 모듈에서 외부로 선언한 변수(데이터)를 다른 모듈에서 참조할 경우와 관계된다. |
| | 공통 결합도 (Common Coupling) | 여러 모듈이 공통 자료영역을 사용하는 경우로 공통 데이터 영역 내용을 수정하면 이 데이터를 사용하는 모든 모듈에 영향을 준다. |
| 결합도 강함 ↓ | 내용 결합도 22.4 (Content Coupling) | • 가장 강한 결합도를 가지고 있으며, 한 모듈이 다른 모듈의 내부 기능 및 그 내부 자료를 조회하도록 설계되었을 경우와 관계된다.<br>• 한 모듈에서 다른 모듈의 내부로 제어 또는 이동된다.<br>• 한 모듈이 다른 모듈 내부 자료의 조회 또는 변경할 수 있다.<br>• 두 모듈이 같은 문자(Literals)의 공유가 가능하다. |

## 3) 응집도(Cohesion) 22.4, 22.3

### ① 응집도의 개념

- 명령어, 명령어의 모임, 호출문, 특정 작업 수행 코드 등 모듈 안의 요소들이 서로 관련된 정도를 말한다.
- 구조적 설계에서 기능 수행 시 모듈 간 최소한의 상호 작용을 하여 하나의 기능만을 수행하는 정도를 표현한다.
- 모듈이 독립적인 기능으로 구성된 정도를 의미한다.
- 응집도가 높다는 것은 필요한 요소들로 구성됨을 의미한다.
- 응집도가 낮다는 것은 요소 간의 관련성이 적음을 의미한다.

② 응집도의 종류 <sup>23.8</sup>

| 응집도 강함 | 기능적 응집도<br>(Functional Cohesion) | 모듈 내부의 모든 기능 요소가 한 문제와 연관되어 수행되는 경우와 관계된다. |
|---|---|---|
| | 순차적 응집도<br>(Sequential Cohesion) | 한 모듈 내부의 한 기능 요소에 의한 출력 자료가 다음 기능 요소의 입력 자료로 제공되는 경우와 관계된다. |
| | 교환적 응집도<br>(Communicational Cohesion) | 같은 입력과 출력을 사용하는 소 작업이 모인 경우와 관계된다. |
| | 절차적 응집도<br>(Procedural Cohesion) | 모듈이 다수의 관련 기능을 가질 때 모듈 내부의 기능 요소들이 그 기능을 순차적으로 수행할 경우와 관계된다. |
| | 시간적 응집도<br>(Temporal Cohesion) | 특정 시간에 처리되는 여러 기능을 모아 한 개의 모듈로 작성할 경우와 관계된다. |
| | 논리적 응집도<br>(Logical Cohesion) | 유사한 성격을 갖거나 특정 형태로 분류되는 처리 요소들로 하나의 모듈이 형성되는 경우와 관계된다. |
| 응집도 약함 | 우연적 응집도 <sup>22.4</sup><br>(Coincidental Cohesion) | 모듈 내부의 각 기능 요소가 서로 관련이 없는 요소로만 구성된 경우와 관계된다. |

## 4) 모듈 설계 방법 <sup>24.7, 23.3, 22.3, 20.9</sup>

① 효과적인 모듈화 설계 방법
- 출입구를 하나씩 갖게 하여 복잡도와 중복성을 줄이고 일관성을 유지할 수 있도록 설계한다.
- 유지보수가 쉽도록 설계한다.
- 모듈 크기는 시스템의 전반적인 기능과 구조를 이해하기 쉬운 크기로 설계한다.
- 모듈 기능은 예측할 수 있어야 하며 지나치게 제한적이어서는 안 된다.
- 모듈 간의 효과적인 제어를 위해 설계에서 계층적 자료 조직이 제시되어야 한다.
- 적당한 모듈의 크기를 유지하고 모듈 간의 접속 관계를 분석하여 복잡도와 중복을 줄인다.

② 모듈 설계의 특징
- 모듈 독립성이 높다는 것은 단위 모듈을 변경하더라도 타 모듈에 영향이 적다는 의미이며, 오류 발견과 해결이 쉬워진다.
- 모듈 인터페이스 설계 시 인덱스 번호, 기능 코드 등 전반적인 논리 구조에 영향을 끼치지 않도록 한다.

✅ 개념 체크

1 모듈 사이의 응집도 중 가장 강한 것은 기능적 응집도이다. (O, X)
2 효과적인 모듈화 설계 방법이란 출입구를 하나씩 갖게 하여 복잡도와 중복성을 높이고 일관성을 유지할 수 있도록, 유지보수가 쉽도록 설계하는 것이다. (O, X)

1 O 2 X

## ⓞ2 모듈과 컴포넌트 <sup>22.4</sup>

### 1) 모듈
- 자신만으로 동작할 수 있는 명령의 집합이다.
- 실제로 가장 맨 앞에 위치하는 구현된 단위이며, 자료 구조, 알고리즘 등 이를 제공하는 인터페이스이다.
- 정의하지 않는 이상 바로 재활용을 할 수 없다.

### 2) 컴포넌트
- 소프트웨어 시스템에서 독립적인 업무 또는 기능을 수행하는 모듈로 교체가 가능한 부품이다.
- 모듈화로 생산성을 향상했으나 모듈의 소스 코드 레벨의 재활용으로 인한 한계성을 극복하기 위하여 등장하였다.
- 인터페이스를 통해서 연결된다.

**모듈과 컴포넌트의 비교**
- 모듈이란 실질적으로 구현이 된 단위를 의미한다.
- 컴포넌트는 실제로 동작하고 있는 엔티티로써 활동 중인 독립적인 단위이다.
- 자동차 엔진은 실제로 동작하는 컴포넌트가 되고 내부 부품인 인젝터는 연료를 주입하는 단위 기능인 모듈이 된다.

**모듈과 컴포넌트의 예**
1개 서버에 100개의 클라이언트가 서비스받고 있을 때, 모듈은 서버 1+서비스 구현된 모듈 1개로 총 모듈은 2개이다. 컴포넌트는 실제 동작하고 있는 서버 1+클라이언트 100개로 총 101이다.

### 3) 모듈 vs 컴포넌트

| 구분 | 모듈 | 컴포넌트 |
|---|---|---|
| 주요 목적 | 소프트웨어 복잡도 해소 | 소프트웨어 재사용성 향상 |
| 재사용 단위 | 소스 코드 | 실행 코드 |
| 독립성 | 구현 언어 종속적, 플랫폼에 종속적 | 구현 언어 종속적, 동일 플랫폼 기반 개별적 연계 |
| 응용 | 단일 애플리케이션 | 분산 애플리케이션 |
| 중심사상 | 모듈화, 추상화 | 객체지향, CBD |
| 호출 방법 | 함수 호출 | 구현 기술 인터페이스 |
| 서비스 특징 | 여러 모듈이 하나의 애플리케이션을 형성하는 계층 구조 | 다른 컴포넌트와 커뮤니케이션 네트워크를 이루면서 서비스 |

### 4) 모듈 분할의 특징
- 설계의 질을 측정할 수 있고 유지보수가 쉽고 재사용이 쉽다.
- 모듈 분할 시 영향을 주는 설계 형태
  - 추상화(Abstraction)
  - 모듈화(Modularity)
  - 정보은닉(Information Hiding)
  - 복잡도(Complexity)
  - 시스템 구조(System Structure)

✔ 개념 체크

1 컴포넌트는 자신만으로 동작할 수 있는 명령의 집합으로, 가장 맨 앞에 위치하는 구현된 단위이며 자료 구조, 알고리즘 등을 제공하는 인터페이스이다. (O, X)

1 X

**01** 다음 설명에 부합하는 용어로 옳은 것은?

> – 소프트웨어 구조를 이루며, 다른 것들과 구별될 수 있는 독립적인 기능을 갖는 단위이다.
> – 하나 또는 몇 개의 논리적인 기능을 수행하기 위한 명령어들의 집합이라고도 할 수 있다.
> – 서로 모여 하나의 완전한 프로그램으로 만들어질 수 있다.

① 통합 프로그램
② 저장소
③ 모듈
④ 데이터

단위 모듈 : 소프트웨어 구현에 필요한 다양한 동작 중 한 가지 동작을 수행하는 기능을 모듈로 구현한 것을 의미한다.

**02** 한 모듈이 다른 모듈의 내부 기능 및 그 내부 자료를 참조하는 경우의 결합도는?

① 내용 결합도(Content Coupling)
② 제어 결합도(Control Coupling)
③ 공통 결합도(Common Coupling)
④ 스탬프 결합도(Stamp Coupling)

내용 결합도(Content Coupling) : 한 모듈이 다른 모듈의 내부 기능 및 그 내부 자료를 조회하는 경우의 결합도이다.

**03** 다음 중 Myers가 구분한 응집도(Cohesion)의 정도에서 가장 낮은 응집도를 갖는 단계는?

① 순차적 응집도(Sequential Cohesion)
② 기능적 응집도(Functional Cohesion)
③ 시간적 응집도(Temporal Cohesion)
④ 우연적 응집도(Coincidental Cohesion)

응집도(강함 → 약함) : 기능적 응집도 〉 순차적 응집도 〉 교환적 응집도 〉 절차적 응집도 〉 시간적 응집도 〉 논리적 응집도 〉 우연적 응집도

**04** 모듈화(Modularity)와 관련한 설명으로 틀린 것은?

① 시스템을 모듈로 분할하면 각각의 모듈을 별개로 만들고 수정할 수 있기 때문에 좋은 구조가 된다.
② 응집도는 모듈과 모듈 사이의 상호의존 또는 연관 정도를 의미한다.
③ 모듈 간의 결합도가 약해야 독립적인 모듈이 될 수 있다.
④ 모듈 내 구성 요소들 간의 응집도가 강해야 좋은 모듈 설계이다.

응집도(Cohesion) : 한 모듈 내에 있는 처리 요소들 사이의 기능적인 연관 정도를 나타낸다.

**05** 좋은 소프트웨어 설계를 위한 소프트웨어의 모듈 간의 결합도(Coupling)와 모듈 내 요소 간 응집도(Cohesion)에 대한 설명으로 옳은 것은?

① 응집도는 낮게 결합도는 높게 설계한다.
② 응집도는 높게 결합도는 낮게 설계한다.
③ 양쪽 모두 낮게 설계한다.
④ 양쪽 모두 높게 설계한다.

바람직한 소프트웨어 설계는 응집도는 강하게, 결합도는 약하게 설계하여 모듈의 독립성을 확보할 수 있도록 한다.

**06** 명백한 역할을 가지고 독립적으로 존재할 수 있는 시스템의 부분으로 넓은 의미에서 재사용되는 모든 단위라고 볼 수 있으며 인터페이스를 통해서만 접근할 수 있는 것은?

① Model
② Sheet
③ Component
④ Cell

컴포넌트(Component)는 소프트웨어 시스템에서 독립적인 업무 또는 기능을 수행하는 모듈로 교체가 가능한 부품이다.

정답 01 ③ 02 ① 03 ④ 04 ② 05 ② 06 ③

▶ 합격 강의

빈출 태그 재사용 • 공통 모듈의 특징 • 모듈 명세화 도구 • N–S 차트

**소프트웨어 재사용의 이점**
• 개발 시간과 비용을 단축한다.
• 프로젝트 실패의 위험을 줄여준다.
• 개발 지식을 공유할 수 있다.
• 소프트웨어의 품질이 향상된다.
• 소프트웨어 개발의 생산성을 높인다.

**재사용 범위에 따른 분류**
• 라이브러리(Library) : 여러 프로젝트에서 공통으로 사용되는 함수나 클래스 등의 코드 집합이다. 라이브러리는 일반적으로 다른 소프트웨어와 결합하여 사용되며, 이를 통해 개발 생산성을 높일 수 있다.
• 프레임워크(Framework) : 특정한 애플리케이션 혹은 시스템을 개발하는 데 사용되는 구조와 규칙, 그리고 라이브러리들의 집합이다. 프레임워크는 특정한 도메인에 특화되어 있으며, 개발자는 프레임워크의 구조를 따라 코드를 작성하여 애플리케이션을 개발할 수 있다.
• 컴포넌트(Component) : 컴포넌트는 재사용할 수 있는 소프트웨어 조각으로, 일반적으로 독립적인 기능을 가지고 있다. 컴포넌트는 다른 소프트웨어에서 사용할 수 있으며, 컴포넌트 단위로 설계 및 개발할 수 있다.
• 마이크로서비스(Micro service) : 마이크로서비스는 독립적인 기능을 수행하는 작은 규모의 서비스이다. 마이크로서비스는 다른 서비스와 결합되어 애플리케이션을 구성하며, 이를 통해 애플리케이션의 확장성과 유지보수성을 향상시킬 수 있다.

## 01 재사용과 공통 모듈

### 1) 재사용 [22.3]

① 재사용의 개념
• 검증된 기능을 파악하여 재구성하는 것을 의미한다.
• 모듈을 최적화하여 타 시스템에 적용하면 개발 비용과 기간을 낮출 수 있다.
• 생산성 및 소프트웨어의 품질이 향상된다.
• 재사용 시 해당 모듈은 외부 모듈과의 응집도는 높고, 결합도는 낮아야 한다.
• 기존 소프트웨어에 재사용 소프트웨어를 추가하기 어려운 문제점이 발생할 수 있다.

② 재사용 규모에 따른 구분 [20.9]
• 함수와 객체 : 클래스, 메소드 단위로 소스 코드 등을 재사용한다.
• 애플리케이션 : 공통 업무를 처리할 수 있도록 구현된 애플리케이션을 공유하여 재사용한다.
• 컴포넌트 : 컴포넌트 자체 수정 없이 인터페이스를 통하여 컴포넌트 단위로 재사용한다.

### 2) 공통 모듈

① 공통 모듈의 개념
• 각 서브 시스템에서 공통으로 사용하는 기능(날짜 처리 등)을 묶어 하나의 공통된 모듈로 개발한다.
• 모듈 재사용성을 높이고 중복 개발로 인한 낭비를 없애기 위해 설계 단계에서 공통 모듈을 분리한다.
• 같은 기능을 재사용함으로 기능에 대한 정합성 유지 및 중복 개발을 방지할 수 있다.
• 유지보수 단계에서도 모듈 변경을 통하여 관련된 시스템을 일괄 변경할 수 있다.

② **공통 모듈 – 명세 기법** 20.6

| 정확성(Correctness) | 실제 구현 시 꼭 필요한 기능인지 확인할 수 있도록 정확히 작성한다. |
|---|---|
| 명확성(명료성, Clarity) | 해당 기능에 대해 일관되게 이해되고, 하나로 해석될 수 있도록 작성한다. |
| 완전성(Completeness) | 시스템 구현 시 필요한 것, 요구되는 것을 모두 작성한다. |
| 일관성(Consistency) | 공통 기능 간 서로 충돌이 발생하지 않도록 작성한다. |
| 추적성(Traceability) | 공통 기능에 대한 요구사항 출처, 관련 시스템이 유기적 관계 구분이 가능하도록 작성한다. |

③ 공통 모듈 테스트 종류
- 화이트박스 테스트 : 소스 코드를 보면서 테스트 케이스를 다양하게 만들어 테스트한다.
- 메소드 기반 테스트 : 공통 모듈의 외부에 공개된 메소드 기반 테스트이다.
- 화면 기반 테스트 : 화면 단위로 단위 모듈을 개발 후의 화면에 직접 데이터를 입력하여 테스트한다.

## 02 모듈 명세화 도구

### 1) 명세화 도구의 종류

흐름도(Flowchart), N-S 도표(Nassi-Schneiderman Chart), 의사 코드(Pseudo Code), 의사 결정표(Decision Table), 의사결정도(Decision Diagram), PDL(Program Design Language), 상태 전이도(State Transition Diagram), 행위도(Action Diagram)

**임의의 제어 이동**
GOTO 문과 같은 무조건 분기를 표현할 도표가 없다.

### 2) 대표적인 명세화 도구

① N-S 도표(Nassi-Schneiderman Chart) 24.3, 23.8, 23.6, 22.3, 20.9
- 구조적 프로그램의 순차, 선택, 반복의 구조를 사각형으로 도식화하여 알고리즘의 논리적 기술에 중점을 둔 도형식 표현 방법이다.
- 주로 박스 다이어그램을 사용하여 논리적인 제어 구조로 흐름을 표현한다.
- 임의의 제어 이동이 어렵다.
- 이해하기 쉽고 코드 변환이 용이하다.
- 조건이 복합된 곳의 처리를 시각적으로 명확히 식별하는 데 적합하다.
- 제어 구조 : 순차(Sequence, 연속), 선택 및 다중 선택(If~Then~Else, Case), 반복(Repeat~Until, While, For)

| 처리 1 |
|---|
| 처리 2 |
| 처리 3 |

| 조건 | |
|---|---|
| 참  　거짓 | |
| 참일 때 수행할 내용 기재 | 거짓일 때 수행할 내용 기재 |

| CASE | | | |
|---|---|---|---|
| 조건1 | 조건2 | ... | 조건n |
| 처리1 | 처리2 | ... | 처리n |

| WHILE 조건 |
|---|
| 처리 |

✔ **개념 체크**

1 구조적 프로그램의 순차, 선택, 반복의 구조를 박스 다이어그램을 사용하여 논리적인 제어 구조로 흐름을 표현한 것은?

1 N-S 도표

### ② 의사 코드(Pseudo Code)

- 프로그래밍 언어로 작성한 코드가 아니라, 사람이 이해하기 쉽도록 약속된 형식으로 작성한 코드이다.
- 프로그래밍 언어의 문법에 따르지 않으며, 컴퓨터가 실행할 수 없는 대신 프로그램의 알고리즘을 구체적으로 나타내기 위해 사용된다.
- 의사 코드는 일반적으로 프로그래밍 언어의 문법과 비슷한 형태를 가지며, 변수, 연산자, 조건문, 반복문 등의 요소들을 사용한다. 단, 특정한 언어의 문법과는 다를 수 있으며, 주석으로 표시할 수도 있다.
- 의사 코드는 컴파일되지 않으며, 실제로 실행되지 않기 때문에 문법이나 구조에 대한 엄격한 규칙이 없다. 따라서 프로그래머가 의사 코드를 작성할 때 자신이 이해하기 쉬운 방식으로 작성할 수 있다.

### ③ 의사 결정표(Decision Table)

- 모듈의 동작을 결정하는 조건과 결과를 표로 나타낸 문서이다.
- 결정표는 모듈의 동작을 명확하게 설명하고, 모듈의 이해도를 높인다.
- 모듈의 테스트를 계획하고, 모듈의 오류를 찾는 데 도움이 된다.
- 명세화 방법
  - 모듈의 동작을 분석한다. 모듈이 어떤 입력을 받고, 어떤 출력을 생성하는지 파악한다.
  - 모듈의 동작을 결정하는 조건과 결과를 식별한다.
  - 의사 결정표를 작성한다. 조건과 결과를 표로 나타낸다.
  - 의사 결정표를 검토한다. 명확하고 이해하기 쉬운지 확인한다.

**01** 공통 모듈에 대한 명세 기법 중 해당 기능에 대해 일관되게 이해되고 한 가지로 해석될 수 있도록 작성하는 원칙은?

① 상호 작용성
② 명확성
③ 독립성
④ 내용성

명확성 : 해당 기능에 대해 일관되게 이해되고, 하나로 해석될 수 있도록 작성한다.

**02** 소프트웨어를 재사용함으로써 얻을 수 있는 이점으로 가장 거리가 먼 것은?

① 생산성 증가
② 프로젝트 문서 공유
③ 소프트웨어 품질 향상
④ 새로운 개발 방법론 도입 용이

재사용은 기존 소프트웨어를 다시 사용하는 것이므로 새로운 개발 방법론 도입이 어렵다.

**03** 공통 모듈의 재사용 범위에 따른 분류가 아닌 것은?

① 컴포넌트 재사용
② 더미 코드 재사용
③ 함수와 객체 재사용
④ 애플리케이션 재사용

더미 코드(Dummy Code)는 임시로 작성된 코드이므로 재사용 가치가 없다.

**04** 프로그램 설계도의 하나인 N-S Chart에 대한 설명으로 가장 거리가 먼 것은?

① 논리의 기술에 중점을 두고 도형을 이용한 표현 방법이다.
② 이해하기 쉽고 코드 변환이 용이하다.
③ 화살표나 GOTO를 사용하여 이해하기 쉽다.
④ 연속, 선택, 반복 등의 제어 논리 구조를 표현한다.

③번은 흐름도에 대한 설명이다.

정답 01 ② 02 ④ 03 ② 04 ③

SECTION

# 05

출제빈도 상 中 하
반복학습 1 2 3

## 소프트웨어 아키텍처

▶ 합격 강의

빈출 태그 소프트웨어 아키텍처 • 소프트웨어 아키텍처 시스템 품질 속성 7 • 4+1 View • 아키텍처 프레임워크 •
소프트웨어 아키텍처 설계 과정

> **기적의 TIP**
>
> 소프트웨어의 전체적인 설계
> 도인 소프트웨어 아키텍처에
> 대해 학습합니다. 아키텍처
> 프레임워크의 개념과 시스템
> 품질 속성 등 출제된 내용을
> 중심으로 정리하세요.

## 01 소프트웨어 아키텍처(Software Architecture)

### 1) 소프트웨어 아키텍처

① 소프트웨어 아키텍처의 개념

- 요구사항을 기반으로 개발 대상 소프트웨어의 기본 틀(뼈대)을 만드는 것이다.
- 다수의 이해 관계자가 참여하는 복잡한 개발에서 상호 이해, 타협, 의사소통을 체계적으로 접근하기 위한 것이다.
- 전체 시스템의 전반적인 구조를 체계적으로 설계하는 것이다.
- 권형도(2004) : "소프트웨어를 구성하는 컴포넌트들의 상호 작용 및 관계, 각각의 특성을 기반으로 컴포넌트들이 상호 유기적으로 결합하는 소프트웨어의 여러 가지 원칙들의 집합"이다.
- 역할 : 설계 및 구현을 위한 구조적/비 구조적인 틀(Frame)을 제공한다.
- Structure Frame : 시스템 개발을 위하여 결정된 컴포넌트의 구조 모델이다.
- Non Structure Frame : 해당 구조 모델 이외 다른 아키텍처 설계의 결정들이다.

② **소프트웨어 아키텍처의 시스템 품질 속성** 22.7, 22.4, 21.5

- 가용성(Availability) : 인가된 사용자가 원하는 시간이나 장소에서 필요 정보에 접근할 수 있고, 사용할 수 있도록 보장하는 성질이다.
- 변경 용이성(Modifiability) : 개발자가 새로운 기능을 추가하거나 변경하더라도 부담 없이 변경할 수 있도록 해준다.
- 성능(Performance) : 처리량, 응답 시간, 사용 가능도 등을 측정한다.
- 보안성(Security) : 권한이 없는 사용자가 데이터나 프로그램을 사용할 수 없도록 하는 것이다.
- 사용 편의성(Usability) : 소프트웨어를 쉽게 사용할 수 있는가의 정도이다.
- 시험 용이성(Testability) : 소프트웨어를 쉽게 검사할 수 있는가의 정도이다.

③ 소프트웨어 아키텍처 특징

- 간략성 : 이해하고 추론할 수 있을 정도로 간결해야 한다.
- 추상화 : 시스템의 추상적인 표현을 사용한다.
- 가시성 : 시스템이 포함해야 하는 것들을 가시화해야 한다.
- 복잡도 관리 종류 : 과정 추상화, 데이터 추상화, 제어 추상화

④ 소프트웨어 아키텍처 평가 기준

- 시스템은 어떻게 모듈로 구성되는가?
- 시스템은 실행 시에 어떻게 행동하고, 연결되는가?
- 시스템은 어떻게 비 소프트웨어 구조(CPU, 파일 시스템, 네트워크, 개발팀 등)와 관계하고 있는가?

## 2) 아키텍처 프레임워크 구성 요소 <sup>22.4, 21.8</sup>

### ① 아키텍처 프레임워크(Framework) <sup>21.5</sup>

복잡한 소프트웨어 문제를 해결하거나 서술하는 데 필요한 기본 구조를 제공함으로써 재사용이 가능하게 해준다.

### ② 아키텍처 프레임워크의 구성 요소

| 요소 | 설명 |
|---|---|
| Architecture Description (AD) | • 아키텍처를 기록하기 위한 산출물이다.<br>• 하나의 AD는 하나 이상의 View로 구성한다. |
| 이해 관계자(Stakeholder) | 소프트웨어 시스템 개발에 관련된 모든 사람과 조직을 의미하며, 고객, 개발자, 프로젝트 관리자 등을 포함한다. |
| 관심사(Concerns) | 같은 시스템에 대해 서로 다른 이해 관계자의 의견이다.<br>예 사용자 입장 : 기본 기능 + 신뢰성/보안성 요구 |
| 관점(Viewpoint) | 서로 다른 역할이나 책임으로 시스템이나 산출물에 대한 서로 다른 관점이다. |
| 뷰(View) | 이해 관계자들과 이들이 가지는 생각이나 견해로부터 전체 시스템을 표현(4 + 1 View)한다. |

## 3) 소프트웨어 아키텍처 설계

### ① 소프트웨어 아키텍처 설계 원리

| 구분 | 설명 |
|---|---|
| 단순성 | 다양한 요소를 단순화하여 복잡성을 최소화한다. |
| 효율성 | 활용 자원의 적절성과 효율성을 높인다. |
| 분할, 계층화 | 다루기 쉬운 단위로 묶어서 계층화한다. |
| 추상화 | 부가적인 기능이 아닌 핵심 기능 위주로 컴포넌트를 정의한다. |
| 모듈화 | 내부 요소의 응집도를 높이고 각 모듈의 외부 결합도를 낮춘다. |

### ② 소프트웨어 아키텍처 설계 과정 <sup>22.7, 22.3</sup>

설계 목표 설정 → 시스템 타입 결정 → 스타일 적용 및 커스터마이즈 → 서브 시스템의 기능, 인터페이스 동작 작성 → 아키텍처 설계 검토

**프레임워크**
- 반제품 상태의 제품을 토대로 도메인별로 필요한 서비스 컴포넌트를 사용하여 재사용성 확대와 성능을 보장받을 수 있게 하는 개발 소프트웨어이다.
- 프레임워크가 일반적인 프로그램 흐름과 반대로 동작한다고 해서 IoC(Inversion of Control)라고 설명하기도 한다.

✓ **개념 체크**

1 복잡한 소프트웨어 문제를 해결하거나 서술하는 데 필요한 기본 구조를 제공함으로써 재사용이 가능하게 해주는 구조는?

1 아키텍처 프레임워크

## 4) 소프트웨어 아키텍처 평가 방법론

### ① 소프트웨어 아키텍처 평가 방법론 유형

| 구분 | 내용 | 평가 유형 |
|---|---|---|
| Scenario Based | • 품질 요소를 위해 미리 정의된 Profile에 의존하여 평가하는 방식이다.<br>• 시나리오의 정밀함에 따라 평가 결과도 정밀해질 수 있다.<br>　⑩ ATAM, SAAM | 예측 평가 |
| Simulation Based | BMT(BenchMarking Test) 시뮬레이션 기반으로 평가한다. | 실무 평가 |
| Experience Based | 정량적인 분석이 어려운 경우 적용하는 경험 기반으로 평가한다. | 사례 평가 |
| Mathematical Model Based | 기준 모델을 수치화하고 이를 기초로 평가하는 수학적 기반 모델이다. | 정량적 평가 |

**🕐 암기 TIP**

S-A-C-A-A
소프트웨어 아키텍처 평가 방법론의 종류 SAAM, ATAM, CBAM, ARID, ADR 중 앞 글자만 외우세요.

Software Architecture Analysis Method의 약어로 최초 정리된 평가 방법

Architecture Trade Off Analysis Method의 약어로 SAAM을 승계한 방법론

### ② 소프트웨어 아키텍처 평가 방법론의 종류

| 방법 | 설명 |
|---|---|
| SAAM | • 다양한 수정 가능성 관점에서 아키텍처를 평가하고 분석하는 방법이다.<br>• 수정/변경에 필요한 자원을 가정하고 이를 기반으로 평가한다.<br>• ATAM에 비하여 상세하지는 않지만 보다 많은 영역에 적용할 수 있다. |
| ATAM | • 아키텍처가 품질 속성을 만족하는지 판단하고, 어떻게 절충(TradeOff)하면서 상호 작용하는지 분석하는 평가 방법이다.<br>• 모든 품질 속성을 평가하고, 관심 있는 모든 관련 당사자가 참여한다.<br>• 정량적/정성적 분석/평가를 수행하며, 민감점(Sensitivity Point)과 절충점(Tradeoff Point)을 찾는 데 중점을 둔다. |
| CBAM | • 소프트웨어 아키텍처를 ROI 관점에서 평가하며, 시스템이 제공하는 품질에서 경제적 이득 측면을 고려한다.<br>• 비용, 이익을 기반으로 ROI를 계산하여 수익이 최대화되는 소프트웨어 아키텍처를 선정한다.<br>　※ Return On Investment(투자 수익률) |
| ARID | 전체 아키텍처가 아닌 한 부분에 대한 품질 요소에 집중하여 평가를 진행한다. |
| ADR | 아키텍처 구성 요소 간 응집도를 평가한다. |

Cost Benefit Analysis Method의 약어로 ATAM에서 경제적인 부분을 보완한 형태

Active Design Review

Active Review for Intermediate Design, ATAM과 ADR(Active Design Review)를 혼합한 형태

## 02 소프트웨어 아키텍처 4+1 View Model

### ① 4+1 View Model의 개념

- Kruchten에 의해 Object 표기법을 사용하다가 1995년 Booch의 UML이 정의되면서 Booch 표기법을 포함하여 4+1이 되었다.
- 다양하고 동시적인 View를 기반으로 소프트웨어 위주 시스템의 아키텍처를 묘사하는 View 모델이다.
- 복잡한 소프트웨어 아키텍처를 다양한 이해 관계자들이 바라보는 관점으로, 다양한 측면을 고려하기 위하여 다양한 관점을 바탕으로 정의한 모델이다.
- Logical View(분석 및 설계), Implementation View(프로그래머), Process View(시스템 통합자), Deployment View(시스템 엔지니어), Use Case View(사용자)의 5계층으로 분류한 모델이다.

### ② 소프트웨어 아키텍처 4+1뷰 구성 요소

| 구성 | 설명 | 도구/관점 |
|---|---|---|
| 유스케이스 뷰<br>(Usecase View) | • 아키텍처를 도출하고 설계하는 작업을 주도하는 뷰이다.<br>• 유스케이스 뷰는 시스템 검증 시에도 활용된다. | 유스케이스/활동 다이어그램 |
| | | 사용자 |
| 논리 뷰<br>(Logical View) | • 시스템의 기능적인 요구사항이 어떻게 제공되는지 설명해주는 뷰이다.<br>• 클래스나 컴포넌트의 종류와 관계를 설명하고 설계가 실제로 구현되는지 설명한다. | 클래스/시퀀스 다이어그램 |
| | | 설계자, 분석자 |
| 프로세스 뷰<br>(Process View) | • 시스템의 비기능적인 속성으로 자원의 효율적인 사용, 병행 실행, 비동기, 이벤트 처리 등을 표현한 뷰이다.<br>• 성능, 확장성, 효율성 관련 시스템 통합자의 관점이다. | 시퀀스/협력 다이어그램 |
| | | 개발자, 시스템 통합자 |
| 구현 뷰<br>(Implementation View) | • 개발 환경 안에서 정적인 소프트웨어 모듈의 구성을 보여주는 뷰이다.<br>• 컴포넌트 구조와 의존성을 보여주고 컴포넌트에 관한 부가적인 정보를 정의한다. | 컴포넌트 다이어그램 |
| | | 개발자 |
| 배포 뷰<br>(Deployment View) | 컴포넌트가 물리적 환경에서 배치 연결 작업이 어떻게 실행되는지를 매핑해서 보여주는 뷰이다. | 배치(배포) 다이어그램 |
| | | 개발자, 시스템 통합자 및 테스터 관점 |

✔ 개념 체크

1 Logical View(분석 및 설계), Implementation View(프로그래머), Process View(시스템 통합자), Deployment View(시스템 엔지니어), Use CaseView(사용자)의 5계층으로 분류한 모델은?

2 소프트웨어 아키텍처의 4+1 뷰 중 유스케이스 뷰는 컴포넌트가 물리적 환경에서 배치 연결 작업이 어떻게 실행되는지를 매핑해서 보여주는 뷰이다. (O, X)

1 4+1 View Model  2 X

### ③ 4+1뷰의 간단한 예(온라인 쇼핑몰)

| | |
|---|---|
| **유스케이스 뷰** | • 고객은 상품을 검색하고, 상품을 장바구니에 담고, 주문한다.<br>• 쇼핑몰은 고객의 검색 요청을 처리한다.<br>• 고객의 장바구니 정보를 관리하고, 고객의 주문을 처리한다. |
| **논리 뷰** | • 상품은 상품의 이름, 가격, 설명 등을 가진 객체이다.<br>• 장바구니는 고객이 구매한 상품들의 목록이다.<br>• 주문은 고객이 구매한 상품들의 정보와 배송 정보 등을 가진 객체이다. |
| **구현 뷰** | • 상품은 데이터베이스에 저장된다.<br>• 장바구니는 웹 애플리케이션에서 관리된다.<br>• 주문은 웹 애플리케이션에서 처리되고, 배송 시스템과 연동된다. |
| **프로세스 뷰** | • 고객은 웹 브라우저를 통해 쇼핑몰에 접속한다.<br>• 쇼핑몰은 고객의 브라우저에서 요청을 받는다.<br>• 쇼핑몰은 요청을 처리하고, 결과를 고객의 브라우저에 응답한다. |
| **배포 뷰** | • 상품 데이터베이스는 물리적인 서버에 설치된다.<br>• 웹 애플리케이션은 웹 서버에 설치된다.<br>• 배송 시스템은 별도의 시스템으로 구현된다. |

## 01 소프트웨어 아키텍처 설계에서 시스템 품질 속성이 아닌 것은?

① 가용성(Availability)
② 독립성(Isolation)
③ 변경 용이성(Modifiability)
④ 사용성(Usability)

Software Architecture 시스템 품질 속성 : 성능, 보안성, 시험 용이성, 가용성, 변경 용이성, 사용 편의성

## 02 다음 중 Software Architecture 특징이 아닌 것은?

① 간략성
② 추상화
③ 효율성
④ 복잡도 관리 종류

**소프트웨어 아키텍처 특징**
• 간략성 : 이해하고 추론할 수 있을 정도로 간결해야 한다.
• 추상화 : 시스템의 추상적인 표현을 사용한다.
• 가시성 : 시스템이 포함해야 하는 것들을 가시화해야 한다.
• 복잡도 관리 종류 : 과정 추상화, 데이터 추상화, 제어 추상화

## 03 소프트웨어 개발 프레임워크와 관련한 설명으로 가장 적절하지 않은 것은?

① 반제품 상태의 제품을 토대로 도메인별로 필요한 서비스 컴포넌트를 사용하여 재사용성 확대와 성능을 보장받을 수 있게 하는 개발 소프트웨어이다.
② 라이브러리와는 달리 사용자 코드에서 프레임워크를 호출해서 사용하고, 그에 대한 제어도 사용자 코드가 가지는 방식이다.
③ 설계 관점에 개발 방식을 패턴화시키기 위한 노력의 결과물인 소프트웨어 상태로 집적화시킨 것으로 볼 수 있다.
④ 프레임워크의 동작 원리를 그 제어 흐름의 일반적인 프로그램 흐름과 반대로 동작한다고 해서 IOC(Inversion of Control)라고 설명하기도 한다.

라이브러리와는 달리 사용자 코드에서 프레임워크를 호출해서 사용하고, 그에 대한 제어는 프레임워크가 가지는 방식이다.

## 04 아키텍처 설계 과정이 올바른 순서로 나열된 것은?

> ㉮ 설계 목표 설정
> ㉯ 시스템 타입 결정
> ㉰ 스타일 적용 및 커스터마이즈
> ㉱ 서브 시스템의 기능, 인터페이스 동작 작성
> ㉲ 아키텍처 설계 검토

① ㉮ → ㉯ → ㉰ → ㉱ → ㉲
② ㉲ → ㉮ → ㉯ → ㉱ → ㉰
③ ㉮ → ㉲ → ㉯ → ㉱ → ㉰
④ ㉮ → ㉯ → ㉰ → ㉲ → ㉱

아키텍처 설계 과정 : 설계 목표 설정 → 시스템 타입 결정 → 스타일 적용 및 커스터마이즈 → 서브 시스템의 기능, 인터페이스 동작 작성 → 아키텍처 설계 검토

## 05 다음 중 소프트웨어 아키텍처 평가 방법론의 종류가 아닌 것은?

① ATAM
② CBAM
③ SAAM
④ TAAM

소프트웨어 아키텍처 평가 방법론의 종류 : SAAM, ATAM, CBAM, ARID, ADR

# 소프트웨어 아키텍처 패턴

▶ 합격 강의

빈출 태그 MVC 패턴 · 파이프 필터 패턴

B 기적의 TIP

소프트웨어 아키텍처 패턴의
정의와 종류, 그리고 종류 중
MVC 패턴, 파이프 필터 패
턴이 종종 출제됩니다. 출제
표기의 내용과 문제를 같이
정리하세요.

## 01 아키텍처(Architecture) 패턴 [23.3]

### 1) 아키텍처 패턴의 개념

소프트웨어 아키텍처를 설계하는 데 발생하는 문제점을 해결하기 위한 재사용 가능
한 솔루션으로 이후의 디자인 패턴과 유사하나 더 큰 범위에 속한다.

### 2) 아키텍처 패턴의 종류

Layered, Client-Server, Mater-Slave, Pipe-Filter, Broker, Peer to
Peer, Event-Bus, MVC(Model View Controller), Blackboard, Interpreter

### 3) 아키텍처 장점

아키텍처 패턴 = 아키텍처 스타일
= 표준 아키텍처

개발 시간 단축, 고품질 소프트웨어, 안정적 개발 가능, 개발 단계 관계자 간 의사소
통이 간편하고, 시스템 구조 이해도가 높아 유지보수에 유리하다.

## 02 계층(Layered) 구조 패턴

### 1) 계층화 구조 패턴의 개념

- 소프트웨어를 계층 단위(Unit)로 나누며, N-tier 아키텍처 패턴이라고도 한다.
- 계층적으로 조직화할 수 있는 서비스로 구성된 애플리케이션에 적합하다.
- 전통적인 방법으로 층 내부의 응집도를 높이는 것이 중요하다.
- 모듈들의 응집된 집합 계층 간의 관계는 사용 가능의 관계로 표현한다.

### 2) 계층화 구조 패턴의 장 · 단점

- 장점 : 정보은닉의 원칙 적용, 높은 이식성을 가진다.
- 단점 : 추가적인 실행 시 오버헤드(너무 많은 계층으로 성능 감소 발생)가 발생한
다.

### 3) 계층화 패턴의 3계층 구조

- Presentation Layer(프리젠테이션 레이어)
- Application Layer(애플리케이션 레이어)
- Data Layer(데이터 레이어)

✓ 개념 체크

1 소프트웨어 구조에서 발생
하는 문제점을 해결하기 위
한 재사용 가능한 솔루션으
로 디자인 패턴과 유사하나
더 큰 범주에 속하는 패턴
은?

1 아키텍처(Architecture) 패턴

### 4) 계층화(Layered) 패턴의 4계층 구조

- Presentation Layer(프리젠테이션 레이어)
- Persistence Layer(퍼시스턴스 레이어)
- Business Layer(비즈니스 레이어)
- Data Layer(데이터 레이어)

**계층(Layered) 구조 패턴의 활용**
- 데스크톱 애플리케이션
- OSI 7 Layers
- TCP/IP 5 Layers

## 03 MVC(Model View Controller) 패턴 <sup>24.5, 23.8, 22.4</sup>

### 1) MVC 패턴의 개념

Model, View, Controller로 구성되며, UI와 비즈니스 로직을 분리하여 유지보수성과 재사용성을 향상시키는 패턴이다.

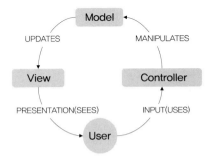

### 2) MVC 패턴의 구성

- Model : 데이터와 비즈니스 로직을 관리한다(사용자가 편집하길 원하는 모든 데이터를 가지고 있어야 한다.
- View : 레이아웃과 화면을 처리한다(모델이 가지고 있는 정보를 따로 저장해서는 안 된다).
- Controller : 명령을 모델과 뷰 부분으로 라우팅한다(모델이나 뷰에 대해서 알고 있어야 한다).

**MVC 패턴의 구성**
- Model : 핵심 기능 + 데이터
- View : 사용자에게 정보를 표시한다(다수 뷰가 정의될 수 있음).
- Controller : 사용자로부터 입력을 처리한다.

모델이나 뷰에 대해서 알고 있어야 함

### 3) MVC 모델의 장·단점

| | |
|---|---|
| 장점 | • 유지보수 용이성 : 비즈니스 로직과 UI를 분리하여 코드의 수정 및 유지보수를 용이하게 할 수 있다.<br>• 재사용성 : Model과 Controller는 다른 View와 함께 재사용할 수 있으므로, 코드의 재사용성을 높일 수 있다.<br>• 확장성 : 각 구성 요소를 독립적으로 개발하고, 이를 결합하여 시스템을 확장할 수 있다. |
| 단점 | • 구현 복잡성 : 구성 요소들 사이의 의존성이 높아 구현이 복잡할 수 있다.<br>• 성능 저하 : Model과 View 사이의 데이터 전달 과정에서 성능 저하가 발생할 수 있다.<br>• 학습 비용 : 개발자들이 MVC 패턴을 이해하고 사용하기 위해서는 학습 비용이 들 수 있다. |

**MVC 패턴의 활용**
- 웹 애플리케이션
- 동일 모델에 대한 다양한 뷰
- 대규모 소프트웨어 개발이 필요하거나 다양한 UI를 제공하고자 하는 경우

**✓ 개념 체크**

1 MVC 패턴의 구성 중 View는 데이터와 비즈니스 로직을 관리한다. (O, X)

1 X

## 04 클라이언트 서버(Client Server) 패턴

### 1) 클라이언트 서버 패턴의 개념

- 하나의 서버와 다수 클라이언트로 구성되며, 클라이언트가 서버에 서비스를 요청하면 커뮤니케이션이 이루어진다. 서버는 응답을 위해 항상 대기 중이어야 한다.
- 여러 컴포넌트에 걸쳐서 데이터와 데이터를 처리하는 애플리케이션에 적합하다.

### 2) 클라이언트 서버 패턴의 장·단점

| 장점 | 직접 데이터 분산, 위치 투명성을 제공한다. |
| --- | --- |
| 단점 | 서비스와 서버의 이름을 관리하는 레지스터가 없어 이용할 수 있는 서비스 시간에 불편함을 초래한다. |
| 활용 | 이메일, 문서 공유, 은행 등 온라인 애플리케이션 |

## 05 파이프 필터(Pipe-Filters) 패턴 24.5, 24.3, 23.6, 21.8, 21.5, 20.9

### 1) 파이프 필터 패턴의 개념 ── 데이터 송·수신이나 처리의 연속적 흐름

- 데이터 흐름(Data Stream)을 생성하고 처리하는 시스템을 위한 구조이다.
- 필터는 파이프를 통해 받은 데이터를 변경시키고 그 결과를 파이프로 전송한다.
- 각 처리 과정은 필터 컴포넌트에서 이루어지며, 처리되는 데이터는 파이프를 통해 흐른다. 이 파이프는 버퍼링 또는 동기화 목적으로 사용될 수 있다.
- 컴파일러, 연속한 필터들은 어휘 분석, 파싱, 의미 분석 그리고 코드 생성을 수행한다.

### 2) 파이프 필터 패턴의 장·단점

| 장점 | - 필터 교환과 재조합을 통해서 높은 유연성을 제공한다.<br>- 확장성 : 필터를 추가하거나 삭제함으로써 시스템을 확장할 수 있다.<br>- 사용성 : 각 단계의 필터를 독립적으로 개발하고, 이를 다른 시스템에서 재사용할 수 있다.<br>- 유연성 : 각 단계의 필터를 독립적으로 수정하거나 교체함으로써 시스템의 동작을 변경할 수 있다. |
| --- | --- |
| 단점 | - 상태 정보 공유를 위해 비용이 소요되며 데이터 변환에 과부하가 걸릴 수 있다.<br>- 성능 저하 : Pipe를 통해 데이터가 전달되므로 처리 속도가 느려질 수 있다.<br>- 복잡성 : 많은 필터가 필요한 경우, 시스템의 구조가 복잡해질 수 있다.<br>- 의존성 : 각 단계에서 필터가 잘 동작하려면, 이전 단계의 필터의 결과가 적절한 형태여야 한다. 따라서 각 단계의 필터를 설계할 때 이를 고려해야 한다. |
| 활용 | 컴파일러, 어휘분석, 구문 분석, 의미 분석, 코드 생성 |

## 06 Peer To Peer 패턴

분산 컴퓨팅 애플리케이션 구축 시 유연성을 제공

### 1) Peer To Peer 패턴의 개념

- 클라이언트–서버 스타일에 대칭적 특징을 추가한 형태이다.
- Peer가 하나의 컴포넌트로 대응되며 컴포넌트는 클라이언트, 서버 역할 모두 수행한다.

### 2) Peer To Peer 패턴의 장점

- 확장성 : 새로운 노드가 시스템에 추가될 때, 전체 시스템의 성능이 향상되고, 노드들이 적극적으로 데이터를 공유하기 때문에 데이터의 분산과 가용성이 높아진다.
- 탄력성 : 시스템 내의 한 노드가 다운되어도 다른 노드가 대체하여 작업을 수행할 수 있다. 이를 통해 시스템의 가용성이 높아진다.
- 보안성 : 중앙 집중식 서버가 없으므로, 시스템이 분산되어 있어서 공격 대상이 줄어든다.

### 3) Peer To Peer 패턴의 단점

- 품질 관리 : 시스템이 분산되어 있어서 각 노드가 데이터를 관리하므로 데이터의 일관성과 정합성을 관리하기 어렵다.
- 성능 제한 : 시스템이 분산되어 있어서 노드 간의 메시지 교환에 따른 성능 저하가 발생할 수 있다.
- 보안성 : P2P 패턴에서는 각 노드가 서로 신뢰할 수 있는지에 대한 문제가 발생할 수 있다. 따라서 데이터의 보안성을 확보하기 위한 추가적인 보안 조치가 필요하다.

## 07 브로커(Broker) 패턴

Apache ActiveMQ, Apache Kafka, RabbitMQ, JBoss Messaging과 같은 메시지 브로커 소프트웨어에 활용

### 1) Broker 패턴의 개념

- 컴포넌트가 컴퓨터와 사용자를 연결해 주는 역할을 하며 분산 시스템에 주로 사용된다.
- 요청에 응답하는 컴포넌트들이 여러 개 존재할 때 적합하다.
- 중앙 집중식 서버(Broker)가 존재하여, 시스템의 노드들이 Broker에게 메시지를 보내고, Broker는 해당 메시지를 적절한 대상 노드에 전달하는 역할을 한다.

### 2) Broker 패턴의 장점

- 품질 관리 : Broker를 통해 시스템의 일관성과 정합성을 관리하기 쉽다.
- 성능 향상 : Broker를 통해 노드 간의 직접적인 통신이 아닌, 간접적인 통신이 이루어지므로, 성능 저하를 줄일 수 있다.
- 확장성 : 시스템이 확장될 때, 새로운 노드를 추가하기 위한 작업이 줄어든다.

---

**주/종(Master/Slave) 처리기**

- 하나의 프로세서를 Master(주 프로세서)로 지정하고, 나머지 프로세서들을 Slave(종 프로세서)로 지정하는 구조이다.
- 주 프로세서가 고장나면 전체 시스템이 다운된다.
- 주 프로세서만 입출력을 수행하므로 비대칭 구조를 갖는다.
- 일반적으로 실시간 시스템에서 사용된다.
- 프로세서의 역

| 주 프로세서의 역 | • 연산, 통신, 조정을 책임진다.<br>• 운영체제를 수행한다.<br>• 종 프로세서들을 제어할 수 있다. |
| --- | --- |
| 종 프로세서의 역 | • 자료 수집, 연산만 담당한다.<br>• 입출력 발생 시 주 프로세서에게 서비스를 요청한다.<br>• 사용자 프로그램만 담당한다. |

**✓ 개념 체크**

1 브로커 패턴의 단점으로는 단일 장애 지점, 복잡성, 보안성 등이 있다. (O, X)

10

### 3) Broker 패턴의 단점

- 단일 장애 지점 : Broker가 시스템의 중심 역할을 해서, Broker가 다운되면 시스템 전체가 마비될 수 있다.
- 복잡성 : 시스템이 복잡해질수록, Broker의 역할과 동작 방식을 이해하고 관리하기 어려워진다.
- 보안성 : 중앙 집중식 서버인 Broker가 공격 대상이 될 가능성이 있다. 따라서 추가적인 보안 조치가 필요하다.

## 08 블랙보드(Blackboard) 패턴

### 1) 블랙보드 패턴의 개념

- 결정적 해결 전략이 존재하지 않는 문제 해결에 적합하며 음성 인식, 신호 해석 등에 활용된다.
- 블랙보드의 데이터를 컴포넌트에서 검색을 통하여 찾을 수 있다.
- Shared Data, Database와 같은 데이터 중심 패턴 중 하나이다.
- 명확히 정의된 문제 해법이 없을 때 문제를 풀어가는 하나의 방식을 정의한 패턴이다.
- 대략적으로 해법을 수립하기 위해 특수한 서비스 시스템의 지식을 조합하는 패턴이다.

### 2) 블랙보드 패턴의 장 · 단점

| 장점 | • 완벽한 해법을 찾기 어려운 경우에 사용할 수 있다.<br>• KS(Knowledge Source), Control, Blackboard가 독립적으로 동작하여 가변성이나 유지보수성이 좋다.<br>• 타 문제 도메인에 재사용될 수 있다. |
|---|---|
| 단점 | • 완벽한 해법을 제시하지 못하므로 얼마 동안 동작해야 하는지 알 수가 없다(성능 문제).<br>• 계산 결과가 항상 동일하지 않아 테스트가 어렵다.<br>• 많은 시간에 걸쳐 수정되어야 하므로 개발에 많은 노력이 필요하다. |

### 3) 블랙보드 패턴의 구성 요소

- Blackboard : 문제에 대한 정보와 해결 방법을 공유하는 공간으로, 중앙 집중식 서버나 공유 메모리 등으로 구성된다.
- Knowledge Source : 전문가 시스템의 각 전문가를 나타내며, 자신의 의견을 제시하고 Blackboard에서 문제를 해결하기 위한 정보를 수집한다.
- Controller : Blackboard에서 전문가들의 의견을 종합하여 최종적인 결론을 내리는 역할을 한다.

## 09 이벤트 버스(Event-Bus) 패턴

이벤트 버스 패턴의 주요 컴포넌트
• 이벤트 소스(Event Source) :
  처리 결과나 데이터
• 이벤트 리스너(Event Listener)
  : 특정 채널의 메시지를 구독
• 이벤트 채널(Event Channel) :
  서버, 클라이언트, 컴포넌트
• 이벤트 버스(Event Bus) : 메시
  지 경로

• 소스 이벤트가 메시지를 발행하면 해당 채널 구독자가 메시지 수신 후 해당 이벤트를 처리하는 방식으로 주로 이벤트를 처리하며 이벤트 소스, 이벤트 리스너, 채널, 이벤트 버스 등 4가지 주요 컴포넌트들을 갖는다.

• 소스는 이벤트 버스를 통해 특정 채널로 메시지를 발행하고, 리스너는 특정 채널에서 메시지를 구독한다. 리스너는 이전에 구독한 채널에 발행된 메시지에 대해 알림을 받는다.

## 10 인터프리터(Interpreter) 패턴

### 1) 인터프리터 패턴의 개념

• 특정 언어로 작성된 프로그램을 해석하는 컴포넌트를 설계할 때 사용된다.

• 주로 특정 언어로 작성된 문장 혹은 표현식이라고 하는 프로그램의 각 라인을 수행하는 방법을 지정한다. 기본 아이디어는 언어의 각 기호에 대해 클래스를 만드는 것이다.

• DB 쿼리 언어, 통신 프로토콜 정의 언어에 사용된다.

### 2) 인터프리터 패턴의 구성 요소

• Abstract Expression : 모든 문법 규칙 클래스들의 공통 인터페이스 역할을 한다.

• Terminal Expression : 단일 토큰을 나타내는 문법 규칙 클래스이다.

• Nonterminal Expression : 여러 개의 토큰을 조합한 복합 규칙을 나타내는 클래스이다.

• Context : 문장을 해석하는 데 필요한 정보를 저장하는 클래스이다.

### 3) 인터프리터 패턴의 장점

• 유연성 : 새로운 문법 규칙을 추가하거나 변경하기 쉽다.

• 확장성 : 문법 규칙과 해석 방법을 분리하여, 문법 규칙을 변경하더라도 해석 방법을 변경할 필요가 없다.

• 유지보수 용이성 : 해석 방법과 문법 규칙을 분리함으로써 코드를 이해하고 수정하기 쉽다.

### 4) 인터프리터 패턴의 단점

• 성능 저하 : 문장을 해석하려면 반복적인 작업이 필요하므로, 처리 속도가 느려질 수 있다.

• 복잡성 : 여러 개의 클래스를 조합하여 해석 방법을 구성해야 하므로, 구현이 복잡해질 수 있다.

• 제한된 범위 : 인터프리터 패턴은 특정한 문법 규칙을 처리하기 위한 패턴으로, 범용성이 떨어질 수 있다.

✔ 개념 체크

1 이벤트 버스 패턴은 Shared data, Database와 같은 데이터 중심 패턴 중 하나로, 명확히 정의된 문제 해법이 없을 때 문제를 풀어가는 하나의 방식을 정의한 패턴이다. (O, X)

2 인터프리터 패턴은 새로운 문법 규칙을 추가하거나 변경하기 쉽다는 (   )의 장점을 갖는다.

1 X  2 유연성

**01** 소프트웨어 아키텍처 모델 중 MVC(Model View-Controller)와 관련한 설명으로 **틀린** 것은?

① MVC 모델은 사용자 인터페이스를 담당하는 계층의 응집도를 높일 수 있고 여러 개의 다른 UI를 만들어 그 사이에 결합도를 낮출 수 있다.

② 모델(Model)은 뷰(View)와 제어(Controller) 사이에서 전달자 역할을 하며, 뷰마다 모델 서브 시스템이 각각 하나씩 연결된다.

③ 뷰(View)는 모델(Model)에 있는 데이터를 사용자 인터페이스에 보이는 역할을 담당한다.

④ 제어(Controller)는 모델(Model)에 명령을 보냄으로써 모델의 상태를 변경할 수 있다.

**MVC 모델**
- Model : 데이터와 비즈니스 로직을 관리한다(사용자가 편집하길 원하는 모든 데이터를 가지고 있어야 한다).
- View : 레이아웃과 화면을 처리한다(모델이 가지고 있는 정보를 따로 저장해서는 안 된다).
- Controller : 명령을 모델과 뷰 부분으로 라우팅한다(모델이나 뷰에 대해서 알고 있어야 한다).

**02** 소프트웨어 아키텍처와 관련한 설명으로 **틀린** 것은?

① 파이프 필터 아키텍처에서 데이터는 파이프를 통해 양방향으로 흐르며, 필터 이동 시 오버헤드가 발생하지 않는다.

② 외부에서 인식할 수 있는 특성이 담긴 소프트웨어의 골격이 되는 기본 구조로 볼 수 있다.

③ 데이터 중심 아키텍처는 공유 데이터 저장소를 통해 접근자 간의 통신이 이루어지므로 각 접근자의 수정과 확장이 용이하다.

④ 이해 관계자들의 품질 요구사항을 반영하여 품질 속성을 결정한다.

파이프 필터 : 데이터가 단방향으로 흐르고 상태 정보 공유를 위해 비용이 소요되며, 데이터 변환에 오버헤드가 발생할 수 있다.

**03** 서브 시스템이 입력 데이터를 받아 처리하고 결과를 다른 시스템에 보내는 작업이 반복되는 아키텍처 스타일은?

① 클라이언트 서버 구조

② 계층 구조

③ MVC 구조

④ 파이프 필터 구조

파이프 필터(Pipe-Filters) : 데이터 흐름(Data Stream)을 생성하고 처리하는 시스템을 위한 구조이다.

**04** MVC 패턴에서 Controller는 무엇을 처리하는 역할을 하는가?

① 사용자 입력을 처리하는 역할

② 데이터와 비즈니스 로직을 처리하는 역할

③ 사용자 인터페이스를 나타내는 역할

④ Model과 View 사이에서 상호 작용하는 역할

Controller : 명령을 모델과 뷰 부분으로 라우팅한다(모델이나 뷰에 대해서 알고 있어야 한다).

정답 01 ② 02 ① 03 ④ 04 ④

▶ 합격 강의

빈출 태그 코드의 3대 기능 • 순차 코드 • 표의 숫자 코드 • 코드 오류의 종류

## 01 코드 설계

### 1) 코드 설계의 목적 및 순서

#### ① 코드 설계의 개념

• 데이터의 사용 목적에 따라서 식별하고 분류, 배열하기 위하여 사용하는 숫자, 문자 혹은 기호를 코드라고 한다.
• 대량의 자료를 구별, 동질의 그룹으로 분류하고 순번으로 나열하며, 특정의 자료를 선별하거나 추출을 쉽게 하여 파일 시스템을 체계화한 것을 코드 설계라 한다.

#### ② 코드 설계 순서

❶ 코드 대상 선정
❷ 코드화 목적 명확화
❸ 코드 부여 대상 수 확인
❹ 사용 범위 결정
❺ 사용 기간 결정
❻ 코드화 대상의 특성 분석
❼ 코드 부여 방식 결정
❽ 코드의 문서화

#### ③ 코드 설계 목적 및 특성

| 목적 | 특성 |
| --- | --- |
| 고유성 | 코드는 그 뜻이 1:1로 확실히 대응해야 한다. |
| 분류 편리성 | 목적에 적합한 분류가 가능해야 한다. |
| 배열의 효율성 | 바람직한 배열을 얻을 수 있어야 한다. |
| 간결성 | 짧고 간결 명료해야 한다. |
| 유지보수 편리성 | 유지 관리가 쉬워야 한다. |
| 코드의 독립성 | 다른 코드 체계와 중복되지 않아야 한다. |
| 코드의 편의성 | 이해가 쉽고, 사용하는 데 편리해야 한다. |
| 추가 · 삭제 편리성 | 추가와 삭제가 편리해야 한다. |

> **기적의 TIP**
>
> 코드 설계는 코딩에 필요한 코드가 아닌 자료를 분류하기 위한 코드를 의미합니다. 코드 설계의 기능, 코드 기능에 따른 분류를 기출문제와 함께 정리하세요.

④ 코드 설계 순서

- Type 1

  코드 대상 선정 → 코드화 목적 명확화 → 코드 부여 대상 수 확인 → 사용 범위 결정 → 사용 기간 결정 → 코드화 대상의 특성 분석 → 코드 부여 방식 결정 → 코드의 문서화

- Type 2

  코드화 항목 선정 → 사용 범위와 사용 기간 결정 → 코드화 항목의 특성 분석 → 코드 설계와 체크 → 코드의 번역, 코드표 작성 → 코드 파일의 작성 → 코드 파일과 코드표 관리

⑤ 코드 설계 시 고려 사항

| 기계 처리의 적합성 | 컴퓨터의 처리에 적합하게 한다. |
|---|---|
| 사용의 편리성 | 취급하기 쉽게 한다. |
| 코드의 공통성 | 공통성이 있도록 한다. |
| 코드의 체계성 | 체계적이어야 한다. |
| 코드의 유연성 | 확장성이 있어야 한다. |

## 2) 코드의 기능

① 코드의 기능별 분류 [20.8]

| 코드의 기본적 기능 | 코드의 3대 기능 | 코드의 부가적 기능 |
|---|---|---|
| • 표준화 기능<br>• 간소화 기능 | • 분류 기능<br>• 식별 기능<br>• 배열 기능 | • 연상 기능<br>• 암호화 기능<br>• 오류 검출 기능 |

② 코드 설계의 3대 기능

- 식별 기능
  - 식별성은 데이터를 고유하게 식별하는 기능을 의미한다.
  - 데이터는 사용 목적에 따라 구분되며, 데이터의 구분을 위해서는 각각의 데이터에 고유한 식별자가 필요하다.
  - 코드 설계 시, 데이터베이스의 스키마 설계, 엔티티와 속성의 정의, 데이터 유형과 범위의 지정 등을 고려하여 데이터를 식별한다.
- 분류 기능
  - 코드 설계 시, 데이터의 구조와 특성을 고려하여 데이터를 목적에 맞게 분류하는 방법을 고려해야 한다.
  - 데이터는 사용 목적에 따라 다양한 형태로 분류될 수 있으며, 각각의 분류 기준에 따라 데이터의 구조와 특성을 정의한다.
- 배열 기능
  - 정보를 일정한 기준이나 순서로 나열하는 기능이다.
  - 배열 조건으로는 코드의 크기나 발생 순서가 많이 사용된다.

**분류 기능의 예**
온라인 쇼핑몰의 제품 데이터는 제품 카테고리, 브랜드, 가격대 등 다양한 기준에 따라 분류된다.

✔ 개념 체크

1 코드의 3대 기능에는 ( ) 기능, ( ) 기능, 배열 기능이 있다.
2 코드 설계 순서로 '코드화 항목 선정' → '코드화 목적 설정' → '코드화 대상 확인' → '코드화 범위 결정' → '코드 사용기간 결정' → '코드화 항목의 특성 분석' → '코드화 방식 결정' → '문서화'의 순서를 갖는 것은 Type 2 방식이다. (O, X)

1 분류, 식별 2 X

③ 코드의 부가적 기능

- 연상 기능
  - 코드를 보는 순간 그 코드의 대상을 연상(떠올리기)할 수 있도록 하는 기능이다.
  - 예 주민등록번호의 7번째 번호를 보고 성별을 알 수 있다.
- 암호화 기능
  - 정보의 내용을 감추어야 할 필요가 있을 때 암호를 코드로 사용한다.
  - 코드를 암호화하면 코드의 내부 구조를 모르면 이해하기 어렵다.
- 오류 검출 기능
  - 코드 자체로 오류를 확인하고 정정할 수 있도록 하는 기능이다.
  - 해밍코드나 체크디지트 같은 코드를 이용하면 자동으로 오류를 검출하고 수정할 수 있다.

## 02 코드의 분류

### 1) 코드의 목적에 따른 분류

① 식별 코드
- 코드와 코드가 나타내는 대상이 일대일 대응된 코드로, 코드의 식별이 목적이다.
- 식별 코드는 성별이나 생년월일 등과 같이 불변 속성을 가져야 한다.

② 분류 코드
분류 기준을 명확히 설정하여 체계적인 분류가 가능하게 한 코드이다.

### 2) 순차 코드(Sequence Code) [20.6]

- 코드화 대상 항목을 어떤 일정한 배열로 일련번호를 배당하는 코드로 확장성이 좋으며, 단순해서 이해하기 쉽고, 기억하기 쉽다.
- 항목 수가 적고, 변경이 적은 자료에 적합하며, 일정 순서대로 코드를 할당하므로 기억 공간 낭비가 적다.
- 누락된 번호를 삽입하기 어렵고 명확한 분류 기준이 없어 코드에 따라 분류가 어려워 융통성이 낮다.

### 3) 블록 코드(Block Code, 구분 코드)

- 코드화 대상 항목에 미리 공통의 특성에 따라서 임의의 크기를 블록으로 구분하여 각 블록 안에서 일련번호를 배정하는 코드이다.
- 기계 처리가 어렵고 블록마다 여유 코드를 두어 코드의 추가를 쉽게 할 수 있지만, 여유 코드는 코드 낭비 요인이 된다.

**순차 코드**
1, 2, 3, 4, 5 …

**블록 코드**
1001~1010 : 수학과
2001~2010 : 영문과

 개념 체크

1 어떤 일정한 배열로 코드화 대상 항목에 일련번호를 배당하는 코드로, 확장성이 우수하고 단순하므로 이해와 기억이 쉬운 코드 방식은?

1 순차 코드

### 4) 그룹 분류식 코드(Group Classification Code)

- 코드화 대상 항목을 소정의 기준에 따라 대분류, 중분류, 소분류로 구분하고 순서대로 번호를 부여하는 코드이다.
- 분류 기준이 명확한 경우 이용도가 높으며 기계 처리에 가장 적합하다.
- 여유 부분이 있어 자료 추가를 쉽게 처리할 수 있으나 자릿수가 길어질 수 있다.

### 5) 10진 분류 코드(Decimal Code)

- 좌측은 그룹 분류에 따르고 우측은 10진수의 원칙에 따라 세분화하는 코드이다.
- 무한하게 확대할 수 있어 대량의 자료에 대한 삽입 및 추가가 쉽다.
- 자릿수가 많아지고 기계 처리에 불편하지만, 배열이나 집계가 쉽다.
- 주로 도서 분류 코드에 사용된다.

| 코드 | 의미 |
|---|---|
| 100 | 국문학 |
| 200 | 철학 |
| 300 | 정보학 |

**표의 숫자 코드**
700(가로) × 600(세로) × 300(높이)의 책상 : 700 – 600 – 300

### 6) 표의 숫자 코드(Significant Digit Code, 유효 숫자 코드) 24.5, 20.9

- 코드화 대상 항목의 길이, 넓이, 부피, 무게 등을 나타내는 문자나 숫자, 기호를 그대로 사용하는 코드이다.
- 코드의 추가 및 삭제가 쉽다.
- 같은 코드를 반복 사용하므로 오류가 적다.

| 코드 | 의미 |
|---|---|
| 127–890–1245 | 두께 127mm, 폭 890mm, 길이 1,245mm의 강판 |

### 7) 연상 코드(Mnemonic Code, 기호 코드)

코드화 대상의 품목 명칭 일부를 약호 형태로 코드 속에 넣어 대상 항목을 쉽게 알 수 있는 코드이다.

| 코드 | 의미 |
|---|---|
| TV–39–C | TV 39인치 컬러 |

✔ **개념 체크**

1 10진 분류 코드는 코드화 대상 항목의 길이, 넓이, 부피, 무게 등을 나타내는 문자나 숫자, 기호를 그대로 사용하는 코드이다. (O, X)

1 X

## 8) 코드의 오류 종류 24.7, 21.5

| 구분 | 의미 | 예 |
|---|---|---|
| 필사 오류(Transcription Error) | 입력 시 한 자리를 잘못 기록하는 오류 | 1234 → 1237 |
| 전위 오류(Transposition Error) | 입력 시 좌우 자리를 바꾸어 발생하는 오류 | 1234 → 1243 |
| 이중 오류(Double Transposition Error) | 전위 오류가 두 개 이상 발생하는 오류 | 1234 → 2143 |
| 생략 오류(Missing Error) | 입력 시 한 자리를 빼고 기록하는 오류 | 1234 → 123 |
| 추가 오류(Addition Error) | 입력 시 한 자리를 추가해서 기록하는 오류 | 1234 → 12345 |
| 임의 오류(Random Error) | 두 가지 이상의 오류가 결합해서 발생하는 오류 | 1234 → 21345 |

✔ **개념 체크**

1 코드를 입력할 때, 한 자리를 잘못 기록하는 경우에 발생하는 오류는 (   ) 오류이다.

1 필사

**01** 코드의 기본 기능으로 거리가 <u>먼</u> 것은?

① 복잡성
② 표준화
③ 분류
④ 식별

**코드의 기능**
• 코드의 기본적 기능 : 표준화 기능, 간소화 기능
• 코드의 3대 기능 : 분류 기능, 식별 기능, 배열 기능

**02** 다음 중 코드 설계 시 고려 사항이 <u>아닌</u> 것은?

① 기계 처리의 적합성
② 사용의 무결성
③ 코드의 공통성
④ 코드의 체계성

코드 설계 시 고려 사항 : 기계 처리의 적합성, 사용의 편리성, 코드의 공통성, 코드의 체계성, 코드의 유연성

**03** 코드 설계에서 일정한 일련번호를 부여하는 방식의 코드는?

① 연상 코드
② 블록 코드
③ 순차 코드
④ 표의 숫자 코드

순차 코드 : 코드 설계에서 일정한 일련번호를 부여하는 방식이다.

**04** 코드화 대상 항목의 중량, 면적, 용량 등의 물리적 수치를 이용하여 만든 코드는?

① 순차 코드
② 10진 코드
③ 표의 숫자 코드
④ 블록 코드

표의 숫자 코드(Significant Digit Code, 유효 숫자 코드) : 코드화 대상 항목의 길이, 넓이, 부피, 무게 등을 나타내는 문자나 숫자, 기호를 그대로 코드로 사용하는 코드이다.

**05** 코드의 기입 과정에서 원래 '12536'으로 기입되어야 하는 데 '12936'으로 표기되었을 경우, 어떤 코드 오류에 해당하는가?

① Addition Error
② Omission Error
③ Sequence Error
④ Transcription Error

필사 오류(Transcription Error) : 입력 시 한 자리를 잘못 기록하는 오류(예 1234 → 1235)

정답 01 ① 02 ② 03 ③ 04 ③ 05 ④

# CHAPTER 05

# 객체지향 설계와
# 디자인 패턴

**학습 방향**

소프트웨어 설계 과목에서 출제 가장 비중이 높은 부분입니다. 객체지향의 요소와 특징 그리고 소프트웨어 설계에서 자주 발생하는 문제들에 대해 미리 정해진 해법인 디자인 패턴까지 하나도 버릴 것이 없습니다. 반복 출제되니 출제 빈도에 따라 반복 학습하세요.

**출제빈도**

| | | |
|---|---|---|
| SECTION 01 | 중 | 20% |
| SECTION 02 | 중 | 20% |
| SECTION 03 | 상 | 30% |
| SECTION 04 | 상 | 30% |

# 소프트웨어 설계 기법과 객체지향 프로그래밍

▶ 합격 강의

🅑 기적의 TIP

소프트웨어 설계 기법 중 객체지향 프로그래밍에 관한 내용입니다. 객체지향을 이해하고 객체지향의 구성 요소, 객체지향의 특징, 캡슐화, 정보은닉, 관계성 등은 자주 출제되는 내용이니 정확히 정리하세요.

## 01 소프트웨어 설계 기법의 종류

### 1) 구조적 프로그래밍(Structured Programming)

• 프로그램의 이해가 쉽고 디버깅 작업이 쉽다.
• 한 개의 입구(입력)와 한 개의 출구(출력) 구조를 갖도록 한다.
• GOTO(분기) 문은 사용하지 않는다.
• 구조적 프로그래밍의 기본 구조 : 순차(Sequence) 구조, 선택(Selection) 구조, 반복(Iteration) 구조

### 2) 절차적 프로그래밍(Procedural Programming)

• 순서대로 일련의 명령어를 나열하여 프로그래밍한다.
• Function 기반의 프로그래밍이며, 프로시저로써 Function 외에도 Subroutine 이 문법적으로 구현되어 있다.
• 절차형 언어의 경우 규모가 커지면 커질수록 함수가 기하급수적으로 늘어난다.
• 함수가 타 프로그램과 문제를 일으킬 수 있는 문제점을 가지고 있다.
• 프로그램과 별개로 데이터 취급이 되므로 완전하지 않고 현실 세계 문제를 프로그램으로 표현하는 데 제약이 있다.

### 3) 객체지향(Object Oriented) [21.8, 21.3]

• 현실 세계의 대상인 개체(Entity)를 속성(Attribute)과 메소드(Method)로 결합하여 객체(Object)로 표현(모델링)한다.
• 소프트웨어 개발 대상을 기능이 아닌 객체로 하며 객체 간의 상호관계를 모델링하는 방식이다.
• 구조적 소프트웨어 위기를 해결하기 위한 생산성, 재사용성, 확장성, 사용 편의성, 유지보수성 요구로 인하여 등장하였다.
• 현실 세계를 객체라는 모형으로 형상화하므로 사용자와 개발자의 상호 이해도가 높다.

✓ 개념 체크

1 소프트웨어 개발 대상을 기능이 아닌 객체를 대상으로 하며 객체 간의 상호관계를 모델링하는 방식의 SW 설계 기법은?

1 객체지향 분석

# 02 객체지향 프로그래밍

## 1) 객체지향 프로그래밍(Object Oriented Programming)

### ① 객체지향 프로그래밍의 개념

- 컴퓨터 소프트웨어를 구조적인 코드 단위로 보는 것이 아니라 객체(Object) 단위로 구분하고 객체 간의 모음으로 설계하는 것이다.
- 소프트웨어 내의 객체는 서로 메시지(Message)를 주고받는다.
- 처리 요구를 받은 객체가 자기 자신 안에 있는 내용을 가지고 처리하는 방식이다.
- 프로그램이 단순화되고 생산성, 신뢰성이 높아져 대규모 개발에 많이 사용된다.

### ② 객체지향 프로그래밍의 구성 요소 24.5, 23.8, 23.3, 22.4, 22.3, 21.5, 20.8, 20.6

| 구분 | 설명 |
|---|---|
| Class<br>틀 = Type | • 공통된 속성+행위를 갖는 유사한 집합을 정의한 것으로 일반적인 Type을 의미한다.<br>• 기본적인 사용자 정의 데이터형이며, 데이터를 추상화하는 단위이다.<br>• 구조적 기법에서의 단위 테스트(Unit Test)와 같은 개념이다.<br>• 상위 클래스(부모 클래스, Super Class), 하위 클래스(자식 클래스, Sub Class)로 나뉜다. |
| Object | • 데이터와 함수를 묶어 캡슐화하는 대상이다.<br>• Class에 속한 Instance를 Object라고 한다.<br>• 하나의 소프트웨어 모듈로서 목적, 대상을 표현한다.<br>• 같은 클래스에 속한 각각의 객체를 Instance라고 한다. |
| Attribute | Object가 가지고 있는 데이터 값이다. |
| Method | Object의 행위인 함수이다. |
| Message | Object 간에 서로 주고받는 통신을 의미한다. |

└ 사용자가 편집하길 원하는 모든 데이터를 가지고 있어야 함
실체 = 변수 = Instance

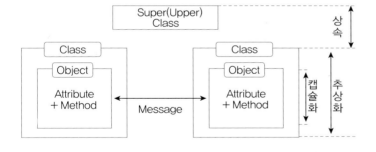

## 2) 객체지향의 특징 23.8, 22.7, 21.5, 21.3, 20.9, 20.8

### ① 캡슐화(Encapsulation) 24.7, 24.5, 22.4

- 서로 관련성이 높은 데이터(속성)와 그와 관련된 기능(메소드, 함수)를 묶는 기법이다.
- 결합도가 낮아져 소프트웨어 개발에 있어 재사용성이 높아진다.
- 정보은닉을 통하여 타 객체와 메시지 교환 시 인터페이스가 단순해진다.
- 변경 발생 시 오류의 파급 효과가 적다.

**구조적 분석 기법**
- 큰 문제를 작게 쪼개어 기능(모듈)으로 분리한다.
- 기능(모듈) 중심으로 시스템을 파악하며, 순차적인 처리가 중요시되는 하향식(Top-down) 방식이다.

**객체지향 분석 기법**
- 작은 문제들을 해결할 수 있는 객체들을 만든다.
- 객체들을 상호 작용하도록 조합해서 큰 객체를 만든다.

**객체지향의 구성 요소**
Class, Object, Message

**객체지향의 특징**
캡슐화, 정보은닉, 추상화, 상속성, 다형성

**캡슐화의 예**
은행 계좌에서 계좌의 정보(잔액, 계좌번호 등)는 private로 설정하여 외부에서 직접 접근할 수 없도록 하고, 계좌에서 제공하는 기능(입금, 출금, 잔액 조회 등)만 외부에 노출시켜 사용할 수 있다. 이를 통해 계좌의 정보를 안전하게 보호할 수 있다.

**정보은닉의 예**
자동차 객체 내부의 엔진 정보나 기어박스 정보는 외부에서 직접 접근할 수 없도록 private로 설정하고, 자동차 객체에서 제공하는 기능(주행, 브레이크 등)만 외부에서 사용할 수 있다. 이를 통해 자동차의 내부 구조와 구현 세부 사항을 보호할 수 있다.

**추상화의 예**
자동차의 공통적인 특성(주행, 브레이크, 가속 등)을 추출하여 자동차 객체의 공통 인터페이스를 정의하고, 자동차 객체를 상속받는 구체적인 하위 객체(승용차, 트럭, 버스 등)들이 동일한 인터페이스를 공유할 수 있으며, 코드의 재사용성과 유지보수성을 높일 수 있다.

**상속성의 예**
동물 클래스를 상속받는 고양이 클래스를 생성한다면, 동물 클래스에서 정의한 속성(입, 코, 귀, 다리, 먹이)과 메소드를 상속받아 사용할 수 있으며, 고양이에게 필요한 속성(털의 색상, 크기 등)과 메소드(야옹 하기, 캣타워에서 놀기 등)를 추가하여 사용할 수 있다.

**다형성의 예**
동물 클래스에서 makesound() 메소드를 정의하고, 이를 상속받은 개 클래스와 고양이 클래스에서 각각 다르게 구현한다면, 다형성을 구현할 수 있다. 개 클래스에서는 "멍멍" 소리를 내고, 고양이 클래스에서는 "야옹" 소리를 내는 것처럼 다르게 구현할 수 있다.

---

Java에서 정보은닉을 표기할 때 private는 외부에서 클래스 내부 정보에 접근하지 못하도록 하는 '접근금지' 의미가 있음

② **정보은닉(Information Hiding)** 22.4, 21.9

- 캡슐화의 결과물 중 하나로, 객체의 내부 구현 세부 사항을 외부로부터 숨기는 것을 의미한다.
- 객체의 사용자는 객체의 인터페이스(메서드와 속성)만 알고 있으면 되며, 내부적인 동작 방식을 알 필요가 없다.
- 객체를 더 모듈화하고 유지 보수를 쉽게 만들며, 코드 변경에 대한 영향을 최소화하는 데 도움이 된다.

③ **추상화(Abstraction)** 24.3, 23.3, 21.9

- 시스템 내의 공통 성질을 추출한 뒤 추상 클래스를 설정하는 기법이다.
- 현실 세계를 컴퓨터 시스템에 자연스럽게 표현할 수 있다.
- 종류 : 기능 추상화, 제어 추상화, 자료 추상화

④ **상속성(Inheritance)** 23.8, 22.3

- 상위 클래스의 모든 속성, 연산을 하위 클래스가 재정의 없이 물려받아 사용하는 것이다.
- 상위 클래스는 추상적 성질을, 자식 클래스는 구체적 성질을 가진다.
- 하위 클래스는 상속받은 속성과 연산에 새로운 속성과 연산을 추가하여 사용할 수 있다.
- 다중 상속 : 다수 상위 클래스에서 속성과 연산을 물려받는 것이다.

⑤ **다형성(Polymorphism)** 23.3, 22.4

- 객체가 다양한 모양을 가지는 성질을 뜻한다.
- 오퍼레이션이나 속성의 이름이 하나 이상의 클래스에서 정의되고 각 클래스에서 다른 형태로 구현될 수 있는 개념이다.
- 속성이나 변수가 서로 다른 클래스에 속하는 객체를 지칭할 수 있는 성질이다.
- 오버로딩(같은 이름 순서 재사용)과 오버라이딩(재정의)이 있다.

### 3) 객체지향 기법에서의 관계성 23.3, 20.6

| is member of | 연관성(Association) | 참조 및 이용 관계 |
| --- | --- | --- |
| is instance of | 분류화(Classification) | 동일한 형의 특성을 갖는 관계 |
| is part of | 집단화(Aggregation) | 객체 간의 구조적인 집약 관계 |
| is a | 일반화(Generalization), 특수화(Specialization) | 클래스 간의 개념적인 포함 관계 |

✔ **개념 체크**

1 객체지향 기법에서 일반화, 특수화와 관련된 관계성은?

1 is a

## 4) 오버로딩 vs 오버라이딩

### ① 오버로딩(Overloading) 23.6, 22.4

- 한 클래스 내에서 같은 이름의 메소드를 사용하는 것이다.
- 같은 이름의 메소드를 여러 개 정의(중복 정의)하면서 매개 변수의 유형과 개수가 달라지도록 하는 기술이다.

### ② 오버라이딩(Overriding)

- 상속 관계의 두 클래스의 상위 클래스에서 정의한 메소드를 하위 클래스에서 변경(재정의)하는 것이다.
- Java 언어에서는 static 메소드의 오버라이딩을 허용하지 않는다.
- 오버라이딩의 경우 하위 객체의 매개 변수 개수와 타입은 상위 객체와 같아야 한다.

### ③ 오버로딩 vs 오버라이딩

| 구분 | 오버로딩(Overloading) | 오버라이딩(Overriding) |
|---|---|---|
| 메소드 이름 | 한 클래스 내에서 같다. | 상속 관계의 두 클래스 간 같다. |
| 매개 변수 개수/<br>매개 변수 타입 | 매개 변수 타입 또는 개수가 달라야 한다. | 반드시 같아야 한다. |
| 접근 제한 | 무관하다. | 범위는 같거나 커야 한다. |
| 사용 | 같은 이름으로 메소드 중복 정의 | 자식 클래스에서 부모 클래스의 메소드 재정의 |

### ④ 오버로딩의 사용

- 같은 이름의 메소드를 다양한 상황에서 사용할 때
- 코드의 가독성과 유지보수성을 높일 때
- 메소드의 매개 변수를 유연하게 사용할 때

### ⑤ 오버로딩 사용 시 주의 사항

- 메소드의 이름은 같아야 한다.
- 매개 변수의 개수와 타입이 달라야 한다.
- 반환 타입은 같아도 되고 다르게도 할 수 있다.
- 메소드의 접근 제어자는 같아야 한다.
- 메소드의 예외는 같아야 한다.

**사전적 의미**
- 오버로딩 : 과적, 과부하
- 오버라이딩 : 가장 우선되는, 최우선으로 되는, 다른 것보다 우선인

**01** 객체지향 분석 기법과 관련한 설명으로 **틀린** 것은?

① 동적 모델링 기법이 사용될 수 있다.

② 기능 중심으로 시스템을 파악하며 순차적인 처리가 중요시되는 하향식(Top-down) 방식으로 볼 수 있다.

③ 데이터와 행위를 하나로 묶어 객체를 정의 내리고 추상화시키는 작업이라 할 수 있다.

④ 코드 재사용에 의한 프로그램 생산성 향상 및 요구에 따른 시스템의 쉬운 변경이 가능하다.

② 번은 구조적 분석 기법에 관한 설명이다.

**02** 객체에 대한 설명으로 **틀린** 것은?

① 객체는 상태, 동작, 고유 식별자를 가진 모든 것이라 할 수 있다.

② 객체는 공통 속성을 공유하는 클래스들의 집합이다.

③ 객체는 필요한 자료 구조와 이에 수행되는 함수들을 가진 하나의 독립된 존재이다.

④ 객체의 상태는 속성값에 의해 정의된다.

Class : 공통된 속성+행위를 갖는 유사한 집합을 정의한 것으로 일반적인 Type을 의미한다.

**03** 기존의 소프트웨어 공학 기법들과 차별화될 수 있는 객체지향 개념이 **아닌** 것은?

① 캡슐화

② 모듈화

③ 상속성

④ 다형성

객체지향의 5가지 특징 : 캡슐화, 정보은닉, 추상화, 상속성, 다형성

**04** 다음 중 객체지향의 연관성의 종류에 대한 설명으로 **옳지 않은** 것은?

① is member of : 2개 이상의 객체가 서로 관련되어 있음을 의미한다.

② is instance of : 다른 형식의 특성을 갖는 여러 객체를 모아 구성하는 것이다.

③ is part of : 공통적인 성질들로 추상화한 상위 객체를 구성하는 것이다.

④ is a : 상위 객체를 구체화하여 하위 객체를 구성하는 것이다.

is instance of : 동일한 형의 특성을 갖는 관계를 구성하는 것이다.

**05** 속성과 관련된 연산(Operation)을 클래스 안에 묶어서 하나로 취급하는 것을 의미하는 객체지향 개념은?

① Inheritance

② Class

③ Encapsulation

④ Association

캡슐화(Encapsulation) : 서로 관련성이 높은 데이터(속성)와 그와 관련된 기능(메소드, 함수)를 묶는 기법이다.

**06** 객체지향 개념 중 하나 이상의 유사한 객체들을 묶어 공통된 특성을 표현한 데이터 추상화를 의미하는 것은?

① Method   ② Class

③ Field    ④ Message

클래스(Class) : 공통된 속성+행위를 갖는 유사한 집합을 정의한 것으로 일반적인 Type을 의미한다.

정답 01 ② 02 ② 03 ② 04 ② 05 ③ 06 ②

# 객체지향 설계 원칙

**빈출 태그** 객체지향 설계 원칙 • Coad와 Yourdon

## 01 객체지향 설계 원칙(SOLID) 23.8, 22.3, 20.9, 20.8

### 1) 단일 책임의 원칙(SRP : Single Responsibility Principle)

- 객체가 단 하나의 책임만을 가져야 한다는 것을 의미한다.
- 객체는 단 하나의 기능만을 수행하고, 이 기능에 대한 변경 사항이 있을 경우 해당 객체만 수정되어야 한다.
- 객체의 응집성을 높이고 결합도를 낮추는 효과를 가져온다.
- 객체가 여러 가지 기능을 가지고 있으면, 이를 수정하거나 유지보수하기 어려워지며, 다른 객체와의 상호 의존성이 높아져 결합도가 높아지면 코드의 복잡도를 증가시키고 유지보수를 더욱 어렵게 만들어 버그 발생 확률을 높인다.

### 2) 개방-폐쇄의 원칙(OCP : Open Closed Principle)

- 소프트웨어 구성 요소는 확장에 대해서는 개방되어야 하나 수정에 대해서는 폐쇄적이어야 한다.
- 새로운 기능이 추가 되면 기존 코드를 수정하지 않고, 기존 코드를 확장하여 새로운 기능을 추가할 수 있도록 설계해야 한다는 것이다.
- 예를 들어, 상속을 사용하여 새로운 기능을 추가할 수 있도록 설계하는 것이 OCP를 따르는 방법이다.
- 부모 클래스를 수정하지 않고, 자식 클래스를 추가하여 새로운 기능을 구현할 수 있다.

### 3) 리스코프 치환 원칙(LSP : Liskov Substitution Principle) 22.7

- 부모 클래스가 들어갈 자리를 자식 클래스로 대체하여도 계획대로 작동해야 한다.
- 어떤 클래스가 상속 관계에 있을 때, 자식 클래스는 부모 클래스의 역할을 수행할 수 있어야 한다는 것이다.
- 코드의 재사용성과 유연성을 높일 수 있다.
- LSP를 준수하기 위해서는 자식 클래스는 부모 클래스의 속성과 기능을 모두 상속받아야 하며, 부모 클래스의 기능을 제대로 수행할 수 있어야 한다.
- 자식 클래스에서는 부모 클래스에서 정의된 메소드를 오버라이딩 하거나 삭제하지 않아야 한다.

---

**기적의 TIP**

앞 섹션과 이어지는 내용입니다. 객체지향의 원칙, 객체지향 개발 방법론의 종류 등 출제 빈도가 높은 부분을 중점적으로 학습합니다.

**암기 TIP**

SOLID
객체지향 설계 원칙은 시스템 변경이나 확장에 유연한 시스템을 설계하기 위해 지켜야 할 원칙으로, 다섯 가지 원칙의 앞 글자를 따 SOLID 라고도 합니다.

단일 책임의 원칙
- SRP를 지키기 위해서는 객체가 단 하나의 기능만을 수행하도록 설계해야 한다.
- 객체가 여러 가지 기능을 가질 경우, 이를 분리하여 각각의 객체가 담당하도록 해야 한다. 이를 통해 객체 간의 의존성을 낮추고 코드의 복잡도를 줄일 수 있다.

개방-폐쇄의 원칙의 장점
- 소프트웨어의 유연성과 확장성을 높일 수 있다.
- 소프트웨어의 유지보수성을 높이고, 코드 재사용성을 높일 수 있는 중요한 원칙 중 하나이다.

**개념 체크**

1 부모 클래스가 들어갈 자리를 자식 클래스로 대체하여도 계획대로 작동해야 한다는 객체지향 설계 원칙은?

1 리스코프 치환 원칙

**인터페이스 분리 원칙의 예**
하나의 인터페이스가 여러 개의 메소드를 가지고 있는 경우 클라이언트는 자신이 필요로 하는 메소드만 사용하지 않고, 다른 불필요한 메소드에도 의존성을 가질 수 있다. 따라서 인터페이스를 작게 분리하여 클라이언트가 필요로 하는 메소드만 포함하도록 하는 것이 좋다.

### 4) 인터페이스 분리 원칙(ISP : Interface Segregation Principle) [24.7]

- 클라이언트는 자신이 사용하지 않는 메소드와 의존 관계를 맺으면 안 된다.
- 클라이언트가 사용하지 않는 인터페이스 때문에 영향을 받아서는 안 된다.
- 인터페이스는 클라이언트의 요구에 따라 작게 분리되어야 하며, 클라이언트가 필요로 하는 기능만 제공해야 한다.
- 클라이언트가 불필요한 의존성을 가지지 않도록 하고, 코드의 유연성을 높일 수 있다.
- 인터페이스를 더욱 명확하고 유연하게 정의할 수 있으며, 코드의 가독성과 유지보수성을 높일 수 있다.

### 5) 의존 역전 원칙(DIP : Dependency Inversion Principle)

- 구체적인 구현이 아닌 추상화에 의존해야 하며, 상위 수준의 모듈은 하위 수준의 모듈에 의존하지 않아야 한다.
- 코드의 유연성과 재사용성을 높일 수 있다.
- DIP를 준수하기 위해서는 추상화된 인터페이스나 추상 클래스에 의존해야 하며, 구체적인 구현 클래스에는 의존해서는 안 된다. 또한, 의존성 주입(Dependency Injection)을 사용하여 런타임 시에 의존 관계를 설정할 수 있다.
- 코드의 결합도를 낮출 수 있으며, 유지보수성과 확장성을 높일 수 있다.

## 02 객체지향 개발 방법론의 종류

### 1) Booch

- 설계 부분만 존재하며 문서화를 강조하여 다이어그램 기반으로 개발되었다.
- 분석과 설계가 분리되지 않는다.
- 정적 모델과 동적 모델로 표현된다.

### 2) OOSE(Jacobson) — Object Oriented SW Engineering

- Use Case의 한 접근 방법이다. Use Case를 모든 모델의 근간으로 활용한다.
- 분석, 설계 및 구현으로 구성된다.
- 기능적 요구사항 중심이다.
- 시스템 변화에 유연하다.

### 3) OMT(Rumbaugh) — Object Modeling-Technology

- 객체지향 분석, 시스템 설계, Object 설계/구현 4단계로 구성된다.
- 객체 모델링 : 객체도를 이용하여 시스템의 정적 구조를 표현한다.
- 동적 모델링 : 상태도를 이용하여 객체의 제어 흐름/상호 반응을 표현한다.
- 기능 모델링 : 자료 흐름도를 이용하여 데이터값의 변화 과정을 표현한다.
- 복잡한 대형 개발 프로젝트에 유용하다.
- 기업 업무의 모델링에 있어 편리하고 사용자와 의사소통이 원활하다.
- CASE와 연동이 충실하다.

**✓ 개념 체크**

1 인터페이스 분리 원칙(ISP)은 클라이언트가 자신이 사용하지 않는 메소드와 의존 관계를 맺으면 안 된다는 규칙이다. (O, X)

1 O

### 4) Coad와 Yourdon 기법 [23.3, 21.3, 20.6]

- E-R 다이어그램을 사용하여 객체의 행위를 데이터 모델링하는 데 초점을 둔 방법이다.
- 객체 식별, 구조 식별, 주체 정의, 속성 및 관계 정의, 서비스 정의 등의 과정으로 구성된다.
- 객체지향 분석과 설계에 대한 이해도가 높은 분석가와 설계자에게 적합한 기법이지만 최근에는 UML(Unified Modeling Language)이 더 많이 사용되고 있다.

## 03 클래스 설계

### 1) 클래스 설계의 개념

- 분석 단계 중 아직 확정되지 않은 클래스 내부 부분 중 구현에 필요한 중요한 사항을 결정하는 작업을 의미한다.
- 클래스의 서비스 인터페이스에 대한 정확한 정의, 메소드 내부의 로직 등 객체의 상태 변화와 오퍼레이션의 관계를 상세히 설계해야 하며, 클래스가 가지는 속성값에 따라 오퍼레이션 구현이 달라진다.
- 객체의 상태 변화 모델링은 필수이다.

### 2) 클래스 인터페이스

- 관점에 따라 관심이 다르므로, 클래스 인터페이스가 중요하다.
- 클래스 구현 : 실제 설계로부터 클래스를 구현하려는 개발자
- 클래스 사용 : 구현된 클래스를 이용하여 다른 클래스를 개발하려는 개발자
- 클래스 확장 : 구현된 클래스를 확장하여 다른 클래스를 만들려는 개발자

### 3) 협약에 의한 설계(Design by Contract) 3가지 타입 [24.5, 20.8]

- 선행 조건(Pre Condition)
  - 오퍼레이션이 호출되기 전에 참이 되어야 할 조건이다.
  - 메소드의 입력 매개 변수는 null일 수 없다는 것이 사전 조건일 수 있다.
  - 사전 조건이 충족되지 않으면 메소드는 예외를 발생시킨다.
- 결과 조건(Post Condition)
  오퍼레이션이 수행된 후 만족해야 하는 조건이다.
- 불변 조건(Invariant Condition)
  클래스 내부가 실행되는 동안 항상 만족하여야 하는 조건이다.

**개념 체크**

1 E-R 다이어그램을 사용하여객체의 행위를 데이터 모델링하는 것에 초점을 둔 객체지향 개발 방법론은 OMT 기법이다. (O, X)

1 X

**01 클래스 설계 원칙에 대한 바른 설명은?**

① 단일 책임원칙 : 하나의 클래스만 변경 가능해야 한다.

② 개방-폐쇄의 원칙 : 클래스는 확장에 대해 열려 있어야 하며 변경에 대해 닫혀 있어야 한다.

③ 리스코프 교체의 원칙 : 여러 개의 책임을 가진 클래스는 하나의 책임을 가진 클래스로 대체되어야 한다.

④ 의존관계 역전의 원칙 : 클라이언트는 자신이 사용하는 메소드와 의존관계를 갖지 않도록 해야 한다.

········································································

개방-폐쇄의 원칙(OCP : Open Closed Principle) : 소프트웨어 구성 요소는 확장에 대해서는 개방되어야 하나 수정에 대해서는 폐쇄적이어야 한다.

**02 객체지향 분석 방법론 중 Coad-Yourdon 방법에 해당하는 것은?**

① E-R 다이어그램을 사용하여 객체의 행위를 데이터 모형화하는 데 초점을 둔 방법이다.

② 객체, 동적, 기능 모델로 나누어 수행하는 방법이다.

③ 미시적 개발 프로세스와 거시적 개발 프로세스를 모두 사용하는 방법이다.

④ Use Case를 강조하여 사용하는 방법이다.

········································································

Coad와 Yourdon 방법 : 객체지향 분석 방법론에서 E-R 다이어그램을 사용하여 객체의 행위를 모델링한다.

**03 객체지향 분석기법의 하나로 객체 모형, 동적 모형, 기능 모형의 3개 모형을 생성하는 방법은?**

① Wirfs-Block Method

② Rumbaugh Method

③ Booch Method

④ Jacobson Method

········································································

럼바우(Rumbaugh) 객체지향 분석 기법 : 소프트웨어 구성 요소를 그래픽으로 모형화하였다.

**04 다음 ( ) 안에 들어갈 내용으로 옳은 것은?**

> 컴포넌트 설계 시 "( )에 의한 설계"를 따를 경우, 해당 명세에서는
> (1) 컴포넌트의 오퍼레이션 사용 전에 참이 되어야 할 선행 조건
> (2) 사용 후 만족되어야 할 결과 조건
> (3) 오퍼레이션이 실행되는 동안 항상 만족되어야 할 불변 조건 등이 포함되어야 한다.

① 협약(Contract)

② 프로토콜(Protocol)

③ 패턴(Pattern)

④ 관계(Relation)

········································································

협약에 의한 설계(Design by Contract) : 클래스에 대한 여러 가정을 공유하도록 명세한 것이다.

**05 다음 내용이 설명하는 객체지향 설계 원칙은?**

> • 클라이언트는 자신이 사용하지 않는 메서드와 의존관계를 맺으면 안 된다.
> • 클라이언트가 사용하지 않는 인터페이스 때문에 영향을 받아서는 안 된다.

① 인터페이스 분리 원칙

② 단일 책임 원칙

③ 개방 폐쇄의 원칙

④ 리스코프 교체의 원칙

········································································

인터페이스 분리 원칙(ISP, Interface Segregation Principle) : 한 인터페이스는 자신이 사용하지 않는 인터페이스를 클라이언트에 특화되도록 분리해야 한다.

**오답 피하기**

• 단일 책임 원칙 : 객체가 단 하나의 책임만을 가져야 한다.
• 개방 폐쇄의 원칙 : 확장에 대해서는 개방적, 수정에 대해서는 폐쇄적이어야 한다.
• 리스코프 교체의 원칙 : 자식 클래스는 부모 클래스의 역할을 수행할 수 있어야 한다.

정답 01 ② 02 ① 03 ② 04 ① 05 ①

▶ 합격 강의

빈출 태그 Gof · 디자인 패턴 · Gof 패턴의 분류 · 행위 · 생성 · 구조

## 01 디자인 패턴(Design Pattern)

### 1) 디자인 패턴의 개념 23.3, 22.3

- 자주 사용하는 설계 형태를 정형화하여 유형별로 설계 템플릿을 만들어 두고 소프트웨어 개발 중 나타나는 과제를 해결하는 방법 중 한 가지이다.
- 다양한 응용 소프트웨어 시스템들을 개발할 때 서로 간에 공통되는 설계 문제가 존재하는 데, 각 해결책 사이에도 공통점이 있으며 이러한 유사점을 패턴이라 한다.
- 개발자 간 원활한 의사소통, 소프트웨어 구조 파악 용이, 설계 변경에 대한 유연한 대처, 개발의 효율성, 유지보수성, 운용성 등 소프트웨어 품질 향상에 도움을 준다.
- 객체지향 프로그래밍 설계 시 유사한 상황에서 구조적인 문제를 해결할 수 있도록 방안을 제공해준다.
- Gof(Gang of Four) 분류가 가장 많이 사용된다.

### 2) 디자인 패턴 사용 시 장 · 단점 24.7, 21.3, 20.9

① 디자인 패턴 사용 시 장점

- 이미 검증된 해결책을 제공하기 때문에 개발자들은 새로운 문제를 해결하는 데 드는 시간과 노력을 최소화할 수 있어서 생산성을 높이고, 시간과 비용을 절감하는 데 큰 도움이 된다.
- 개발자 간의 원활한 의사소통을 지원한다.
- 코드의 구조가 명확해지고, 객체 간의 관계가 명확해지므로, 코드의 이해와 수정이 쉬워진다.
- 소프트웨어 구조 파악이 쉽다.
- 패턴은 반복적으로 발생하는 문제에 대한 일반적인 해결책을 제공하므로, 같은 문제에 대해서는 패턴을 재사용할 수 있어서 코드의 양을 줄이고, 코드의 재사용성을 높이는 데 큰 도움이 된다.
- 설계 변경 요청에 유연한 대처를 할 수 있다.
- 객체지향 설계 및 구현의 생산성을 높이는 데 적합하다.

B 기적의 TIP

디자인 패턴의 정의와 패턴을 사용하는 이유 및 장단점을 정리하세요.

**디자인 패턴 vs 구조 패턴**
- 디자인 패턴 : 소프트웨어 설계에서 자주 발생하는 문제에 대한 일반적이고 반복적인 해결 방법이다.
- 구조 패턴 : 객체를 조직화하는 데 유용한 패턴이다.

✓ 개념 체크

1 디자인 패턴은 자주 사용하는 설계 형태를 정형화하여 유형별로 설계 템플릿을 만들어 두고 소프트웨어 개발 중 나타나는 과제를 해결하는 방법 중 한 가지이다.
(O, X)

1 O

② 디자인 패턴 사용 시 단점
- 객체지향 설계/구현 위주로 사용된다.
- 초기 투자 비용 부담이 된다.
- 디자인 패턴을 적용하기 위해서는 패턴에 대한 이해와 학습이 필요하다.
- 디자인 패턴이 무조건적인 것이 아니라, 상황에 따라 적용 여부가 달라진다.
- 잘못된 패턴 적용은 오히려 코드의 가독성과 유지보수성을 떨어뜨리는 결과를 초래할 수 있다.
- 디자인 패턴을 남용하는 경우, 코드의 복잡도가 증가할 수 있다. 디자인 패턴은 객체지향 설계의 핵심 개념 중 하나이지만, 적절하게 사용하지 않으면 오히려 코드의 복잡도를 증가시키고, 코드의 이해와 수정을 어렵게 할 수 있다.

## 02 디자인 패턴의 구성 요소 20.8

### 1) 필수 요소
- 문제 : 어떤 문제를 해결하기 위한 디자인 패턴인지 명확하게 정의해야 한다. 문제를 분석하고 이를 해결하기 위한 구체적인 목표를 설정해야 한다.
- 해결책 : 어떻게 문제를 해결할 것인지에 대한 디자인 패턴의 해결책이 제공되어야 한다. 패턴이 제공하는 구조와 동작을 이해하고, 이를 적용하여 문제를 해결하는 방법을 알아야 한다.
- 결과 : 디자인 패턴을 적용하여 얻을 수 있는 결과가 명확해야 한다. 패턴의 장·단점을 이해하고, 적용하는 환경과 문제에 따라 적절한 패턴을 선택해야 한다.
- 이름 : 디자인 패턴은 이름을 가지고 있어야 한다. 패턴을 이해하고 사용하는 데 쉬우며, 다른 사람들과 소통하는 데도 편리하다.
- 컨텍스트 : 디자인 패턴은 특정한 컨텍스트에서 적용되어야 한다. 패턴을 이해하고 적용하는 환경과 문제에 대해 이해해야 한다.
- 구성 요소 : 디자인 패턴은 일반적으로 구성 요소를 가지고 있다. 적용하기 위해서는 패턴의 구성 요소를 알아야 한다.
- 상호 작용 : 디자인 패턴은 객체, 클래스, 컴포넌트 등의 상호 작용을 설명하기 위한 용어를 제공한다. 따라서 객체 간의 상호 작용을 구성하는 데 필요한 지식을 확보해야 한다.
- 문서화 : 디자인 패턴은 문서화되어 있어야 한다. 이를 통해 패턴을 이해하고 적용하는 데 용이하며, 다른 사람들과 공유하기 쉽다.
- 유연성 : 디자인 패턴은 유연성을 제공해야 한다. 이를 통해 패턴을 적용하여 다양한 문제를 해결할 수 있으며, 소프트웨어의 유지보수성과 확장성을 높일 수 있다.
- 일반성 : 디자인 패턴은 일반적으로 적용될 수 있는 솔루션을 제공해야 한다. 이를 통해 패턴을 이해하고 적용하기 수월하며, 다양한 문제에 대한 적용 가능성을 높일 수 있다.

- 적용 예시 : 디자인 패턴은 실제 문제 해결에 적용할 수 있는 예시를 제공해야 한다. 이를 통해 패턴을 이해하고 실제 문제에 적용하는 방법을 배울 수 있다.
- 품질 향상 : 디자인 패턴은 소프트웨어의 품질을 향상시키는 데 이바지해야 한다. 소프트웨어의 유지보수성, 확장성, 재사용성 등을 향상시키는 방법을 이해해야 한다.
- 적용 가능성 : 디자인 패턴은 적용 가능성을 고려해야 한다. 패턴을 적용할 때의 장단점과 제약 사항을 이해하고, 적용 가능성을 고려하여 패턴을 선택해야 한다.
- 개발 방법론 : 디자인 패턴은 특정한 개발 방법론에 종속되지 않아야 한다. 패턴이 어떤 개발 방법론에도 적용될 수 있는 일반적인 원리를 제공해야 한다.
- 팀원 협업 : 디자인 패턴은 팀원 간의 협업을 촉진할 수 있어야 한다. 패턴을 이해하고 적용하는 방법을 공유하고, 팀원 간의 의사소통과 지식 공유를 촉진하는 방법을 찾아야 한다.

## 2) 추가 요소
- 알려진 사례 : 간단한 적용 사례
- 샘플 코드 : 패턴이 적용된 원시 코드
- 원리, 정당성, 근거

## 03 디자인 패턴의 활용과 고려 사항

### 1) 디자인 패턴의 활용
- 새로운 소프트웨어를 개발할 때
- 기존 소프트웨어를 재개발할 때
- 기존 소프트웨어에 새로운 기능을 추가할 때

### 2) 디자인 패턴 적용 시 고려 사항
- 상황에 맞게 적절한 패턴을 선택해야 한다. 상황에 맞지 않는 디자인 패턴을 적용하면 오히려 소프트웨어의 품질과 유지보수성을 저하시킬 수 있다. 디자인 패턴을 적용하면 코드가 복잡해질 수 있으므로, 코드의 가독성과 유지보수성을 고려하여 디자인 패턴을 적용해야 한다.
- 코드의 가독성과 유지보수성을 고려해야 한다. 디자인 패턴을 적용하면 성능과 효율성이 저하될 수 있으므로, 코드의 성능과 효율성을 고려하여 디자인 패턴을 적용해야 한다.
- 코드의 성능과 효율성을 고려해야 한다. 디자인 패턴은 모든 문제를 해결할 수 있는 만능 약이 아니므로, 디자인 패턴의 한계를 고려하여 디자인 패턴을 적용해야 한다.

✔ 개념 체크

1 디자인 패턴의 구성 요소 중 알려진 사례, 샘플 코드, 원리, 정당성, 근거는 필수 요소이다. (O, X)

1 X

**01** 소프트웨어 설계에서 자주 발생하는 문제에 대한 일반적이고 반복적인 해결 방법을 무엇이라고 하는가?

① 모듈 분해
② 디자인 패턴
③ 연관 관계
④ 클래스 도출

---

디자인 패턴 : 디자인 패턴은 자주 사용하는 설계 형태를 정형화하여 유형별로 설계 템플릿을 만들어 두고 소프트웨어 개발 중 나타나는 과제를 해결하기 위한 방법이다.

**02** 디자인 패턴을 이용한 소프트웨어 재사용으로 얻어지는 장점이 <u>아닌</u> 것은?

① 소프트웨어 코드의 품질을 향상시킬 수 있다.
② 개발 프로세스를 무시할 수 있다.
③ 개발자들 사이의 의사소통을 원활하게 할 수 있다.
④ 소프트웨어의 품질과 생산성을 향상시킬 수 있다.

---

디자인 패턴은 자주 사용하는 설계 형태를 정형화하여 유형별로 설계 템플릿을 만들어 두고 소프트웨어 개발 중 나타나는 과제를 해결하는 방법 중 한 가지이므로 개발 프로세스를 무시할 수 없다.

**03** 객체지향 소프트웨어 설계 시 디자인 패턴을 구성하는 요소로서 가장 거리가 <u>먼</u> 것은?

① 개발자 이름
② 문제 및 배경
③ 사례
④ 샘플 코드

---

**필수 요소**
• 필수 요소 : 문제, 해결책, 결과, 이름, 컨텍스트, 구성 요소, 상호 작용, 문서화, 유연성, 일반성, 적용 예시, 품질 향상, 적용 가능성, 개발 방법론
• 추가 요소 : 알려진 사례, 샘플 코드, 원리, 정당성, 근거

**04** 디자인 패턴 사용의 장 · 단점에 대한 설명으로 거리가 <u>먼</u> 것은?

① 소프트웨어 구조 파악이 용이하다.
② 객체지향 설계 및 구현의 생산성을 높이는 데 적합하다.
③ 재사용을 위한 개발 시간이 단축된다.
④ 절차형 언어와 함께 이용될 때 효율이 극대화된다.

---

객체지향형 언어와 함께 이용될 때 효율이 극대화된다.

▶ 합격 강의

출제빈도 (상) 중 하
반복학습 1 2 3

**빈출 태그** GoF 디자인 패턴 • 생성 • 구조 • 행위 패턴의 분류

## 01 GoF(Gangs of Four) 패턴 23.8, 23.3, 20.9, 20.8, 20.6

### 1) 개념

- 에릭 감마(Eric Gamma), 리처드 헬름(Richard Helm), 랄프 존슨(Ralph Johnson), 존 브리시데스(John Vlissides)가 제안하였다.
- 객체지향 설계 단계 중 재사용에 관한 유용한 설계를 디자인 패턴화하였다.
- Gof 디자인 패턴은 총 23가지 패턴으로 분류된다.

### 2) 종류 24.7

| 생성 패턴 | 팩토리 메소드 패턴(Factory Method Pattern), 추상 팩토리 패턴(Abstract Factory Pattern), 빌더 패턴(Builder Pattern), 프로토타입 패턴(prototype Pattern), 싱글턴 패턴(Singleton Pattern) 등 |
| --- | --- |
| 구조 패턴 | 어댑터 패턴(Adapter Pattern), 브리지 패턴(Bridge Pattern), 컴포지트 패턴(Composite Pattern), 데코레이터 패턴(Decorator Pattern), 퍼싸드 패턴(Facade Pattern), 플라이 웨이트 패턴(Fly wight Pattern), 프록시 패턴(Porxy Pattern) 등 |
| 행위 패턴 | 책임 연쇄 패턴(Chain of Responsibility Pattern), 명령 패턴(Command Pattern), 반복자 패턴(Iterator Pattern), 기록 패턴(Mememto Pattern), 상태 패턴(State Pattern), 전략 패턴(Strategy Pattern), 템플릿 메서드 패턴(Template Method Pattern), 해석자 패턴(Interpreter Pattern), 감시자 패턴(Observer Pattern), 방문자 패턴(Visitor Pattern), 중재자 패턴(Mediator Pattern) 등 |

## 02 생성 패턴(Creational Patterns) 23.3, 22.7, 22.3, 21.5, 20.8

### 1) 생성 패턴의 개념

- 객체를 생성하는 것과 관련된 패턴이다.
- 객체의 생성과 변경이 전체 시스템에 미치는 영향을 최소화하도록 만들어주어 유연성을 높일 수 있고 코드를 유지하기가 쉬운 편이다.
- 객체의 생성과 참조 과정을 추상화함으로써 시스템을 개발할 때 부담을 덜어준다.

### 2) 생성 패턴의 종류

① 팩토리 메소드(Factory Method)
- 상위 클래스에서 객체를 생성하는 인터페이스를 정의하고, 하위 클래스에서 인스턴스를 생성하도록 하는 방식이다.
- Virtual-Constructor 패턴이라고도 한다.

> **(B) 기적의 TIP**
>
> GoF 패턴의 정의와 생성, 구조, 행위 패턴을 구분하는 문제가 자주 출제됩니다. 생성, 구조, 행위 패턴을 이해하고 구분할 수 있도록 학습합니다.

**팩토리 메소드 패턴의 활용**
게임에서 캐릭터를 생성하는 작업은 복잡한 로직을 가지고 있는데, Factory Method 패턴을 사용하면 캐릭터 생성을 서브 클래스에서 처리하여 객체 생성의 유연성을 높일 수 있다. 새로운 캐릭터를 추가하거나 기존 캐릭터를 변경할 때도 유연하게 대처할 수 있으며, 객체 생성 코드의 중복을 피할 수 있다. 이러한 방식으로 Factory Method 패턴을 사용하면 객체 생성의 유연성을 높일 수 있으며, 유지보수 및 확장이 쉬운 시스템을 구현할 수 있다.

② 싱글턴(Singleton) [23.3]

- 전역 변수를 사용하지 않고 객체를 하나만 생성하도록 한다.
- 생성된 객체를 어디에서든지 참조할 수 있도록 하는 패턴이다.

③ 프로토타입(Prototype)

- prototype을 먼저 생성하고 인스턴스를 복제하여 사용하는 구조이다.
- 일반적인 방법으로 객체를 생성한다.
- 비용이 많이 소요되는 경우 주로 사용한다.

④ 빌더(Builder) [24.3]

- 복잡한 객체를 생성하기 위해 다양한 객체들을 조합하는 방식을 제공한다.
- 객체를 생성하는 방식을 분리함으로써, 객체 생성의 유연성과 확장성을 높일 수 있다.

⑤ 추상 팩토리(Abstraction Factory) [24.5, 23.3, 22.7]

- 구체적인 클래스에 의존하지 않고 서로 연관되거나 의존적인 객체들의 조합을 만들어 인터페이스를 제공하는 패턴이다.
- 관련된 서브 클래스를 그룹 지어 한 번에 교체할 수 있다.

**프로토타입 패턴의 활용**
데이터베이스 쿼리에서는 쿼리 결과를 처리하는 데 드는 비용이 높을 수 있다. 이때 Prototype 패턴을 사용하면 한 번 생성된 결과를 복제하여 새로운 객체를 만들 수 있으며, 데이터베이스에 다시 쿼리하는 비용을 줄일 수 있다.

**추상 팩토리 패턴의 활용**
데이터베이스 연결에는 여러 종류의 데이터베이스가 있을 수 있다. Abstraction Factory 패턴을 사용하면 인터페이스를 정의하고, 이를 구현하는 클래스들을 사용하여 데이터베이스 연결을 생성할 수 있다. 이렇게 하면 다양한 데이터베이스에 대한 연결을 일관된 방식으로 생성할 수 있다.

## 03 구조 패턴(Structural Patterns) [22.4]

### 1) 구조 패턴의 개념

- 클래스나 객체를 조합해 더 큰 구조를 만드는 패턴이다.
- 복잡한 형태의 구조를 갖는 시스템을 개발하기 쉽게 만들어 주는 패턴이다.
- 새로운 기능을 가진 복합 객체를 효과적으로 작성할 수 있다.
  예 서로 다른 인터페이스를 지닌 2개의 객체를 묶어 단일 인터페이스를 제공하거나 객체들을 서로 묶어 새로운 기능을 제공하는 패턴이다. 프로그램 내의 자료 구조나 인터페이스 구조 등을 설계하는 데 많이 활용된다.

### 2) 구조 패턴의 종류

① Adapter
클래스의 인터페이스를 다른 인터페이스로 변환하여 다른 클래스가 이용할 수 있도록 도와준다.

② Bridge
구현부에서 추상층을 분리하여 각자 독립적으로 확장할 수 있게 도와준다.

③ Composite
객체들의 관계를 트리 구조로 구성하여 복합 객체와 단일 객체를 구분 없이 다룬다.

④ Decorator
주어진 상황 및 용도에 따라 어떤 객체에 다른 객체를 덧붙이는 방식이다.

⑤ Facade(퍼사드)

서브 시스템에 있는 인터페이스 집합에 대해 하나의 통합된 인터페이스(Wrapper)를 제공한다.

⑥ Flyweight(플라이 웨이트)

크기가 작은 여러 개의 객체를 매번 생성하지 않고 가능한 한 공유할 수 있도록 하여 메모리를 절약한다.

⑦ Proxy(프록시)

접근이 어려운 객체에 접근할 수 있는 인터페이스의 역할을 수행한다.

## 04 행위 패턴(Behavioral Patterns) <sup>22.4, 21.8</sup>

### 1) 행위 패턴의 개념

- 반복적으로 사용되는 객체들의 상호 작용을 패턴화한 것으로, 클래스나 객체들이 상호 작용하는 방법과 책임을 분산하는 방법을 정의한다.
- 메시지 교환과 관련된 것으로, 객체 간의 행위나 알고리즘 등과 관련된 패턴을 말한다.

### 2) 행위 패턴의 종류

① Chain of Responsibility(책임 연쇄)

- 요청을 처리할 수 있는 객체가 둘 이상 존재하여 한 객체가 처리하지 못하면 다음 객체로 넘어가는 형태의 패턴이다.
- 각 객체가 고리(Chain)로 묶여 있어 요청이 해결될 때까지 고리를 따라 책임이 넘어간다.

② Iterator(반복자)

접근이 잦은 객체는 동일한 인터페이스를 사용하도록 하는 패턴이다.

③ Command(명령)

명령어를 캡슐화하여 재사용하거나 취소할 수 있도록 필요한 정보를 로그에 남기는 형태이다.

④ Interpreter(해석자)

언어에 문법 표현을 정의하는 패턴이다.

⑤ Memento(기록)

- 특정 시점에서의 객체 내부 상태를 객체화함으로써 이후 요청에 따라 객체를 해당 시점의 상태로 돌릴 수 있는 기능을 제공하는 패턴이다.
- Ctrl + Z 기능이 이 패턴의 대표적 기능이다.

⑥ Observer(감시자)

이벤트 발행과 구독, 상태 변화 전달. 한 객체의 상태가 변화하면 객체에 상속되어 있는 다른 객체들에 변화된 상태를 전달하는 패턴이다.

**퍼사드 패턴의 활용**

컴퓨터 시스템에서 파일을 읽거나 쓰는 작업은 복잡한 내부 구조를 가지고 있다. 이때 Facade 패턴을 사용하면 파일 시스템을 쉽게 사용할 수 있는 인터페이스를 제공하여 사용자가 쉽게 파일을 읽거나 쓸 수 있도록 도와줄 수 있다. 이러한 방식으로 복잡한 시스템을 단순한 인터페이스로 제공하면 사용자가 시스템을 쉽게 이해하고 사용할 수 있으며, 유지보수 및 확장이 쉬운 시스템을 구현할 수 있다.

**프록시 패턴의 활용**

파일을 열고 읽는 작업은 시스템 리소스를 많이 사용하는데, Proxy 패턴을 사용하면 파일을 열고 읽는 작업을 대리자 객체가 처리하고, 필요한 경우에만 원래 파일 객체에 접근하여 작업을 수행할 수 있다. 이러한 방식으로 원래 객체에 대한 접근을 제어하면서 시스템 리소스를 효율적으로 사용할 수 있으며, 유연하고 확장할 수 있는 시스템을 구현할 수 있다.

**Chain of Responsibility의 활용**

컴퓨터 시스템에서 로그인 요청을 처리하는데, 요청이 발생했을 때 여러 객체가 해당 요청을 처리할 수 있다. 이때 Chain of Responsibility 패턴을 사용하면 로그인 요청을 처리할 객체를 동적으로 결정할 수 있으며, 로그인 요청을 처리하는 다양한 객체를 쉽게 추가하거나 삭제할 수 있다. 이러한 방식으로 객체 간의 결합도를 낮추고, 유연성이 높은 시스템을 구현할 수 있다.

**Observer 패턴의 활용**

주식 시장에서는 주가가 변경될 때마다 다른 객체들에 이를 알리고 업데이트해야 할 때, Observer 패턴을 사용하면 주가 변경을 Subject로 등록하고, Observer로 등록된 다른 객체들에게 이를 자동으로 전달하여 업데이트할 수 있다. 이러한 방식으로 객체 간의 결합도를 낮출 수 있으며, 유연하고 확장할 수 있는 시스템을 구현할 수 있다.

⑦ State(상태)

이벤트를 객체 상태에 따라 다르게 처리해야 할 때 사용한다.

⑧ Strategy(전략)

동일 계열 알고리즘을 개별적으로 캡슐화하여 상호 교환 및 독립적으로 원하는 알고리즘을 사용한다.

⑨ Visitor(방문자)

처리 기능을 별도의 클래스로 구성하고, 분리된 처리 기능은 각 클래스를 방문(Visit)하여 수행한다.

⑩ Template Method

상위에서 인터페이스를 정의하고 하위에서 구체화한다.

⑪ Mediator(중재자)

상호 작용을 캡슐화하여 결합도를 낮추기 위해 사용한다.

**Template Method 패턴의 활용**
게임에서 캐릭터의 이동 알고리즘은 여러 캐릭터에서 공통으로 사용된다. 이때 Template Method 패턴을 사용하면 캐릭터의 이동 알고리즘의 뼈대를 상위 클래스에서 정의하고, 하위 클래스에서 이를 구체화하여 다양한 캐릭터의 이동 알고리즘을 구현할 수 있다. 이러한 방식으로 공통된 알고리즘을 재사용하면서도, 다양한 캐릭터의 이동 방식을 구현할 수 있다.

➕ **더 알기 TIP**

**아키텍처 패턴 vs 디자인 패턴**

• 아키텍처 패턴이 상위 설계에 이용된다.
• 아키텍처 패턴 : 시스템 전체 구조를 설계하기 위한 참조 모델이다.
• 디자인 패턴 : 서브 시스템 내 컴포넌트와 그들 간의 관계를 구성하기 위한 참조 모델이다.

---

## 이론을 확인하는 기출문제

**01** GoF(Gangs of Four) 디자인 패턴 분류에 해당하지 <u>않는</u> 것은?

① 생성 패턴
② 구조 패턴
③ 행위 패턴
④ 추상 패턴

GoF 디자인 패턴은 생성 패턴, 구조 패턴, 행위 패턴으로 분류한다.

**02** GoF(Gang of Four) 디자인 패턴을 생성, 구조, 행동 패턴의 세 그룹으로 분류할 때, 구조 패턴이 <u>아닌</u> 것은?

① Adapter 패턴
② Bridge 패턴
③ Builder 패턴
④ Proxy 패턴

Builder 패턴은 복잡한 인스턴스를 조립하여 만드는 구조의 생성 디자인 패턴이다.

정답 01 ④ 02 ③

# CHAPTER 06

# 시스템 인터페이스 설계

**학습 방향**

시스템 인터페이스 설계 단계에서는 시스템 간 연계를 위한 설계를 진행합니다. 시험에서는 시스템 인터페이스 요구사항 검증 기법과 미들웨어 솔루션에 관련된 내용이 주로 출제됩니다. 자주 출제되는 부분이 뚜렷한 만큼 확실히 이해하고 넘어가세요.

**출제빈도**

| | | |
|---|---|---|
| SECTION 01 | 상 | 50% |
| SECTION 02 | 하 | 10% |
| SECTION 03 | 상 | 40% |

# 시스템 인터페이스 요구사항 확인

▶ 합격 강의

**B 기적의 TIP**

시스템 인터페이스의 요구사항 중 기능적 요구사항과 비기능적 요구사항을 분류할 수 있도록 합니다. 시스템 인터페이스 요구사항 검증 방법 중 워크스루와 인스펙션의 개념을 정리하세요.

## 01 시스템 인터페이스 요구사항

### 1) 개념

**① 시스템 인터페이스 내/외부 요구사항**

개발 대상 조직 내/외부의 시스템 연동을 통하여 상호 작용을 하기 위한 접속 방법이나 규칙을 의미한다.

**② 시스템 인터페이스 요구사항 구성**

요구사항의 구성, 내/외부 인터페이스 이름, 연계 대상 시스템, 연계 범위 및 내용, 연계 방식, 송신 데이터, 인터페이스 주기, 기타 고려 사항

**③ 시스템 인터페이스 요구사항의 분류** 23.8, 22.4, 21.8

| 기능적 요구사항 | • 소프트웨어가 내/외부 시스템 간의 연계를 통하여 수행될 기능과 관련하여 가져야 하는 기능적 속성에 대한 요구사항이다.<br>• 시스템이 수행해야 하는 작업에 대한 요구사항으로, 시스템의 기능을 설명하는 데 사용된다.<br>• 시스템의 동작 방식, 입력 및 출력 요구사항, 데이터 처리 방식 등을 기술한다.<br>• 예를 들어, 사용자 인증, 데이터 검색, 주문 처리 등의 기능이 기능적 요구사항에 해당한다. |
|---|---|
| 비기능적 요구사항 | • 기능에 관련되지 않는 사항으로 기능 요구사항을 만족시키는 바탕에서 정상적으로 작동하기 위한 시스템 내/외부의 제약 조건을 의미한다.<br>• 시스템의 성능, 보안, 안정성, 사용성, 확장성, 호환성 등과 같이 시스템의 기능 이외의 요구사항을 기술한다.<br>• 시스템의 전체적인 품질에 영향을 미치며, 사용자 경험과 시스템 성능을 결정한다.<br>• 예를 들어, 시스템의 응답 시간, 처리량, 보안 요구사항, 사용자 인터페이스의 직관성 등이 비기능적 요구사항에 해당한다. |

**시스템 인터페이스 요구사항 품질평가 항목**

• 기능 완전성 : 도출된 기능요구사항 수/전체 사용자 기능 요구사항 수
• 품질 완전성 : 도출된 비기능 요구사항 수/전체 사용자 비기능 요구사항 수
• 기능 정확성 : 논리적으로 기술한 기능 요구사항 수/도출된 세부 기능 요구사항 수
• 품질 정확성 : 논리적으로 기술한 비기능 요구사항 수/도출된 세부 비기능 요구사항 수
• 요구사항 일관성 : 연관된 요구사항 간 충돌 건수/도출된 요구사항 내 연관 건수

**④ 시스템 인터페이스 요구사항 명세서 예**

| 요구사항 분류 | | 시스템 인터페이스 요구사항 |
|---|---|---|
| 요구사항 번호 | | SIR-DUMOK001 |
| 요구사항 명칭 | | 네아로 연동 —— 인터페이스 이름 |
| 요구사항 상세 설명 | 정의 | 네이버 아이디로 회원 연동 —— 연계 대상 시스템 ———— 연계 대상 범위 및 내용 |
| | 세부 내용 | • 네이버 아이디 서비스인 네아로 API를 이용하여 두목넷 회원가입에 활용할 수 있도록 한다.<br>• 두목넷 네아로 서비스 아이디가 네이버에 전달되고, API를 통하여 회원 정보를 가져온다.<br>• 예상 트랜잭션 : 2,000건/일 —— 송신 데이터 ———— 연계 방식<br>〈추가 정의 내용〉 —— 인터페이스 주기<br>• 네이버 회원 정보 중 이름, 닉네임, 이메일, 전화번호를 가져온다.<br>• 네아로 서비스를 통하여 회원 가입할 때 회원 아이디를 "NAVER_"로 시작하도록 하여 구분한다. —— 기타 고려 사항 |

| 산출 정보 | 네아로 API 적용 설명서와 두목넷 회원 DB 구조 |
|---|---|
| 요구사항 출처 | 고객지원팀 |
| 관련 요구사항 | SIR-DUMOK001 |

## 2) 시스템 인터페이스 요구사항의 분석 절차 [22.4]

요구사항 명세서에서 기능적인 요구사항과 비기능
적인 요구사항을 명세하고 분류한 뒤 구체화하여
이해 관계자와 공유하는 과정

- 소프트웨어 개발 요구사항 목록에서 시스템 인터페이스와 관련된 요구사항을 선별하여 시스템 인터페이스 요구사항 명세를 작성한다.
- 시스템 인터페이스와 관련된 요구사항, 아키텍처 정의서, 현행 시스템의 대내외 연계 시스템 현황 등 관련 자료를 준비한다.
- 시스템 인터페이스 요구사항 명세서를 파악하여 기능적/비기능적 요구사항을 구분한다.
- 시스템 인터페이스 요구명세서와 요구사항 목록, 기타 관련 자료를 비교 분석하여 내용을 추가, 수정하여 완성도를 높인다.
- 앞서 정리된 문서를 이해 관계자와 공유한다.

## 02 시스템 인터페이스 요구사항 검증

### ① 시스템 인터페이스 요구사항 검증 개념
- 인터페이스 설계 및 구현 전 사용자의 요구사항을 명세하고 그 명세가 완전한가를 검토하고 개발 범위를 설정하는 것이다.
- 인터페이스 요구 명세가 완전하지 않아 설계 및 구현 단계에서 추가 수정하면 비경제적이다.

### ② 시스템 인터페이스 요구사항 검증 절차
검토 계획 수립 → 검토 및 오류 수정 → 베이스라인 설정

| 검토 계획 수립 | • 프로젝트 규모, 참여 인력, 기간 등을 고려하여 검토 기준 및 방법을 결정하는 단계이다.<br>• 품질 관리자, 인터페이스 분석가, 아키텍트, 사용자, 테스터 등 참여자를 선임한다.<br>• 완전성, 명확성, 일관성 검토 점검표를 작성한다.<br>• 요구사항 명세서, 요구사항 목록, 시스템 구성도, 현행 표준 등 자료를 준비한다.<br>• 요구사항 검토 일정을 확정한다. |
|---|---|
| 검토 및 오류 수정 | • 검토 계획 수립 단계에서 수집, 작성된 문서를 검토한다.<br>• 검토 중 오류 발생 시 수정할 수 있도록 오류 목록, 시정 조치서를 작성한다.<br>• 검토 결과를 관련자에게 전달하여 오류 수정 및 요구사항 승인 절차를 진행한다.<br>• 시정 조치가 완료되면 검토 작업을 마무리한다. |
| 베이스라인 설정 | • 검토 및 수정 단계에서 검증된 요구사항을 프로젝트 관리자와 관련 결정자에게 승인받는다.<br>• 요구사항 명세서의 베이스라인을 설정한다. |

✅ 개념 체크

1 인터페이스 검증 절차는 검토 계획 수립→ 검토 및 오류 수정 →(    ) 설정이다.

1 베이스라인

### ③ 시스템 인터페이스 요구사항 검증 방법 20.8, 20.6

프로토타이핑, 테스트 설계, CASE 도구 활용, 요구사항 검토 등의 방법이 있다.

| 방법 | | 설명 |
|---|---|---|
| 프로토타이핑 | | 요구사항에 대한 이해를 위하여 기본적인 기능만 시제품으로 제공하여 사용자로부터 피드백을 받는 요구사항 분석 기법이다. |
| 테스트 설계 | | Test Case를 생성하고, 요구사항이 현실적으로 테스트 가능한지 검토한다. |
| CASE<br>(Computer Aid Software Engineering) | | • 소프트웨어를 개발하는 시점부터 요구 분석, 설계, 개발, 유지보수에 이르기까지 소프트웨어 생명주기의 전 단계를 연결한다.<br>• 요구사항 변경의 추적과 분석을 통하여 요구사항을 관리한다. |
| 요구사항 검토 | 동료 검토<br>(Peer Review) | 명세 작성자가 동료들에게 설명하고 동료들이 결함을 찾는 방법이다. |
| | 24.5, 23.3, 22.4<br>워크스루<br>(Walk Through) | • 검토 회의 전에 요구사항 명세서를 미리 배포하여 사전 검토한 후 짧은 검토 회의를 통해 오류를 조기에 검출하는 데 목적을 두는 요구사항 검토 방법이다.<br>• 검토 회의 전 명세서 배포 → 짧은 검토 회의 → 결함 발견<br>• 사용 사례를 확장하여 명세하거나 설계 다이어그램, 원시 코드, 테스트 케이스 등에 적용할 수 있다.<br>• 복잡한 알고리즘 또는 반복, 실시간 동작, 병행 처리와 같은 기능이나 동작을 이해하려고 할 때 유용하다.<br>• 단순한 테스트 케이스를 이용하여 프로덕트를 수작업으로 수행해 보는 것이다. |
| | 24.7, 23.3, 22.3, 22.4<br>인스펙션<br>(Inspection) | • 소프트웨어 요구, 설계, 원시 코드 등의 작성자 외의 다른 전문가 또는 팀이 검사하여 오류를 찾아내는 공식적 검토 방법이다.<br>• 코드 인스펙션 과정 : 계획 → 사전 교육 → 준비 →인스펙션 회의 → 재작업 → 추적 |

코드 품질 향상 기법의 하나로 정적 테스트 기법의 하나임

### ④ 동료 검토 vs 워크스루 vs 인스펙션

| 항목 | 동료 검토 | 워크스루 | 인스펙션 |
|---|---|---|---|
| 검토자 | 요구사항 작성자와 다른 개발자 | 요구사항 작성자와 다른 개발자, 테스트 엔지니어, 고객 | 요구사항 작성자와 다른 개발자, 테스트 엔지니어, 고객, 품질 보증 전문가 |
| 검토 방법 | 요구사항 작성자가 직접 설명하면서 검토 | 요구사항을 검토자가 직접 읽고 검토 | 요구사항을 검토자가 미리 준비하고 검토 |
| 검토 시간 | 짧음 | 비교적 긺 | |
| 검토 결과 | 요구사항 작성자가 개선 | | |
| 장점 | 빠르고 간편 | 요구사항을 여러 각도에서 검토 가능 | 가장 효과적인 검토 방법 |
| 단점 | 검토자의 전문성이 요구사항 작성자의 전문성보다 높아야 함 | 검토에 많은 시간과 노력이 필요함 | 검토에 많은 시간과 노력이 필요함 |

✓ 개념 체크

1 검토 회의 전에 요구사항 명세서를 미리 배포하여 사전 검토한 후 짧은 검토 회의를 통해 오류를 조기에 검출하는 데 목적을 두는 요구사항 검토 방법은?

1 워크스루

**01** 요구 분석(Requirement Analysis)에 대한 설명으로 틀린 것은?

① 요구 분석은 소프트웨어 개발의 실제적인 첫 단계로 사용자의 요구에 대해 이해하는 단계라 할 수 있다.

② 요구 추출(Requirement Elicitation)은 프로젝트 계획 단계에 정의한 문제의 범위 안에 있는 사용자의 요구를 찾는 단계이다.

③ 도메인 분석(Domain Analysis)은 요구에 대한 정보를 수집하고 배경을 분석하여 이를 토대로 모델링을 하게 된다.

④ 기능적(Functional) 요구에서 시스템 구축에 대한 성능, 보안, 품질, 안정 등에 대한 성능, 보안, 품질, 안정성 등에 대한 요구사항을 도출한다.

성능, 보안, 품질, 안정 등에 대한 성능, 보안, 품질, 안정 등에 대한 요구사항은 비기능적 요구사항에 해당한다.

**02** 소프트웨어 개발 영역을 결정하는 요소 중 다음 사항과 관계있는 것은?

> – 소프트웨어에 의해 간접적으로 제어되는 장치와 소프트웨어를 실행하는 하드웨어
> – 기존의 소프트웨어와 새로운 소프트웨어를 연결하는 소프트웨어
> – 순서적 연산에 의해 소프트웨어를 실행하는 절차

① 기능(Function)
② 성능(Performance)
③ 제약 조건(Constraint)
④ 인터페이스(Interface)

인터페이스 설계의 정의 : 시스템의 구조와 서브 시스템들 사이의 관계를 표현한다.

**03** 인터페이스 요구사항 검토 방법에 대한 설명이 옳은 것은?

① 리팩토링 : 작성자 이외의 전문 검토 그룹이 요구사항 명세서를 상세히 조사하여 결합, 표준 위배, 문제점 등을 파악

② 동료 검토 : 요구사항 명세서 작성자가 요구사항 명세서를 설명하고 이해 관계자들이 설명을 들으면서 결함을 발견

③ 인스펙션 : 자동화된 요구사항 관리 도구를 이용하여 요구사항 추적성과 일관성을 검토

④ CASE 도구 : 검토 자료를 회의 전에 배포해서 사전 검토한 후 짧은 시간 동안 검토 회의를 진행하면서 결함을 발견

명세 작성자가 동료들에게 설명하고 동료들이 결함을 찾는 방법이다.

**04** 검토 회의 전에 요구사항 명세서를 미리 배포하여 사전 검토한 후 짧은 검토 회의를 통해 오류를 조기에 검출하는 데 목적을 두는 요구사항 검토 방법은?

① 빌드 검증
② 동료 검토
③ 워크스루
④ 개발자 검토

Walk Through : 검토 회의 전 명세서 배포 → 짧은 검토 회의 → 결함 발견

정답 01 ④ 02 ④ 03 ② 04 ③

# 시스템 인터페이스 대상 식별

▶ 합격 강의

빈출 태그 인터페이스 시스템의 구성 • Socket

## 01 시스템 인터페이스 대상 식별
└─ 서로 다른 시스템 간의 연결

### 1) 시스템 아키텍처 요구사항

- 하드웨어, 소프트웨어를 모두 포함하는 전체 시스템에 대한 논리적 기능 체계 그리
  고 그것을 실현하기 위한 구성 방식, 시스템 전체의 최적화를 목표로 한다.
- 요구사항과 시스템의 전체 생명주기를 고려한다.
- 시스템의 구성, 동작 원리를 정확하게 표현해야 하며 각 컴포넌트에 대한 설계, 구
  현을 지원하는 수준으로 자세히 기술한다(IEEE 1474, TOGAF).
- 각 컴포넌트 사이의 상호 작용, 외부 환경과의 관계를 기술한다.

### 2) 시스템 인터페이스 식별

- 개발 대상 시스템과 연계 시스템 사이의 인터페이스를 식별하는 것이다.
- 시스템의 업무 정의서, 시스템 아키텍처 정의서, 유스케이스 정의서 등을 통하여
  송신, 수신, 중계 시스템을 식별한다.
- 인터페이스 요구명세서, 인터페이스 요구사항 목록을 기반으로 개발 대상 시스템
  과 연계된 내/외부 시스템 사이의 인터페이스 목록을 작성한다.

**인터페이스(Interface)**
- 소프트웨어에 의해 간접적으로
  제어되는 장치와 소프트웨어를
  실행하는 하드웨어이다.
- 기존의 소프트웨어와 새로운 소
  프트웨어를 연결하는 소프트웨
  어이다.
- 순서적 연산에 의해 소프트웨어
  를 실행하는 절차이다.

### 3) 시스템 인터페이스 구성  21.5

| 송신 시스템 | 연계할 데이터를 테이블, 파일 형태로 생성하고 전송하는 시스템 |
| --- | --- |
| 수신 시스템 | 송신된 데이터를 수신 시스템에서 관리하는 형식의 데이터를 변환하여 DB에 저장하거나 애플리케이션에 활용할 수 있도록 지원하는 시스템 |
| 중계 시스템 | 송 · 수신 시스템 사이에서 데이터 송 · 수신 상태를 모니터링하는 시스템 |

### 4) 시스템 인터페이스 데이터 표준

#### ① 시스템 인터페이스 데이터 표준 개념
- 시스템 사이에 상호 교환되는 데이터는 표준 형식을 정의하여 사용한다.
- 인터페이스 설계 단계에서 송 · 수신 시스템 사이의 전송 표준 항목, 업무 처리 데
  이터, 공통 코드 정보 등을 누락 없이 확인하여 명세서를 작성한다.
- 인터페이스는 데이터 공통부/개별부/종료부로 구성된다.

## ② 시스템 인터페이스 명세 예

| 공통부 | 인터페이스 표준 항목을 포함한다. |
|---|---|
| 개별부 | 송·수신 시스템에서 업무 처리에 필요한 데이터를 포함한다. |
| 종료부 | 전송 데이터의 끝을 표시하는 문자를 포함한다. |

| 전문 공통부<br>(고정 크기) | | 전문 개별부<br>(가변 크기) | 전문<br>종료부 |
|---|---|---|---|
| 전문 길이<br>8Byte | 시스템 공통<br>248Byte | 거래 공통<br>256Byte | 데이터<br>nByte | 전문 종료<br>2Byte |

**시스템 공통부 vs 거래 공통부**
- 시스템 공통부 : 시스템 간 연동 시 필요한 공통정보를 말하며, 인터페이스 ID와 전송 시스템 정보 그리고 서비스 코드 정보, 응답 결과 정보, 장애 정보 등으로 구성
- 거래 공통부 : 연동 처리 시 필요한 직원 정보, 승인자 정보, 기기 정보, 매체 정보, 테스트 정보 등으로 구성

## 02 시스템 인터페이스 상세 설계

### 1) 내/외부 송·수신 방식

#### ① 직접 연계와 간접 연계

- 직접 연계 방식 : 중계 서버 또는 솔루션 사용 없이 송·수신 시스템이 직접 인터페이스 하는 방식이다.
- 간접 연계 방식 : 연계 솔루션을 통하여 송·수신 엔진★과 어댑터를 이용하여 인터페이스 하는 방식이다.

#### ② 직접 연계 vs 간접 연계 방식의 장·단점

| 구분 | | 설명 |
|---|---|---|
| 직접<br>연계 | 장점 | • 연계 절차가 없어 처리 속도가 빠르다.<br>• 구현이 단순하며 개발 비용과 개발 기간에서 경제적이다. |
| | 단점 | • 송·수신 시스템 간 높은 결합도로 인하여 시스템 변경에 유연성이 떨어진다.<br>• 전사 시스템의 통합 환경을 구축하기 어렵다.<br>• 보안 처리와 업무 로직 구현을 인터페이스별로 작성해야 하는 불편함이 있다. |
| 간접<br>연계 | 장점 | • 연계 서버를 활용하여 송·수신 처리 및 현황을 모니터링하고 통제하는 방식이다.<br>• 네트워크/프로토콜 등 서로 다른 환경을 갖는 시스템을 연계 통합할 수 있다.<br>• 인터페이스 변경 시 대처가 수월하다. |
| | 단점 | • 연계 절차가 복잡하고 연계 서버 사용으로 인하여 성능 저하가 발생할 수 있다.<br>• 개발 및 테스트 기간이 많이 소요된다. |

### 2) 시스템 인터페이스 연계 기술

#### ① 시스템 인터페이스 연계 기술의 종류

| 구분 | 설명 |
|---|---|
| DB Link | • DB에서 제공하는 DB Link 객체를 이용하는 방식<br>• 수신 시스템의 DB에서 송신 시스템에 접근 가능한 DB Link를 생성한 뒤 송신 시스템에서 DB Link로 직접 참조하여 연계하는 방식 |
| DB Connection | 수신 시스템 WAS에서 송신 시스템으로 연결되는 DB Connection Pool을 생성하고 프로그램 소스에서 이를 사용하는 방식 |
| API/Open API | 송신 시스템의 DB에서 데이터를 읽어 제공하는 Application Programming Interface를 이용하는 방식 |

★ **엔진**
다른 프로그램을 위해 핵심적이고 본질적인 기능을 수행해 주는 프로그램이다.

**시스템 연계 기술**
- API(Application Program-ming Interface) : 프로그래밍을 통하여 프로그램을 작성하기 위한 일련의 부프로그램, 프로토콜 등을 정의하여 상호 작용을 하기 위한 인터페이스 사양을 말한다.
- WSDL(Web Services De-scription Language) : 관련된 서식, 프로토콜 등을 웹 서비스를 통해 표준적인 방법으로 기술하고 게시하기 위한 언어이다.
- UDDI(Universal Description, Discovery, and Integration) : 인터넷에서 전 세계 비즈니스 목록에 자신을 등재하기 위한 확장성 생성 언어(XML) 기반의 규격화된 레지스트리이다.
- SOAP(Simple Object Access Protocol) : 웹 서비스를 실제로 이용하기 위한 객체 간의 통신 규약이다.

✓ **개념 체크**

1 직접 연계 방식은 중계 서버 또는 솔루션 사용 없이 송·수신 시스템이 직접 연계하는 방식이다. (O, X)

1 O

| JDBC | 수신 시스템의 프로그램에서 JDBC 드라이버를 이용하여 송신 시스템 DB와 연결하여 사용하는 방식 |
|---|---|
| Hyper Link | 웹 애플리케이션에서 Hyper Link를 사용하는 방식 |
| Socket 24.5, 21.3 | 서버에서 통신을 위한 소켓(Socket)을 생성, 포트를 할당한 뒤 클라이언트의 통신 요청 시 클라이언트와 연결하는 방식 |
| Web Service | 웹 서비스에서 WSDL, UDDI, SOAP 프로토콜을 이용하는 방식 |
| 연계 솔루션 | 실제 송 · 수신 처리와 진행 상황을 모니터링 및 통제하는 EAI 서버, 송 · 수신 시스템에 설치되는 어댑터(Client)를 이용하는 방식 |

② 시스템 인터페이스 송 · 수신 통신 유형

| 구분 | | 설명 |
|---|---|---|
| 통신 유형 | 단방향 | 데이터를 요청한 뒤 그에 대한 피드백이 필요 없는 경우이다. |
| | 동기 | • 데이터를 요청한 뒤 그에 대한 피드백이 올 때까지 대기하는 방식이다.<br>• 거래량이 적고, 빠른 응답이 요구되는 경우에 사용한다. |
| | 비동기 | • 데이터를 요청한 뒤 그에 대한 피드백이 올 때까지 타 작업을 처리한 뒤 해당 요청을 처리하는 방식이다.<br>• 거래량이 많거나 데이터 전송 시스템의 처리가 늦는 경우 사용한다. |
| 처리 유형 | 지연 처리 | 단위 처리 비용이 과다하게 발생하는 경우에 사용한다. |
| | 배치 처리 | 대량의 데이터를 한 번에 처리해야 하는 경우에 사용한다. |
| | 실시간 처리 | 요청을 즉시 처리해야 하는 경우에 사용한다. |

③ 시스템 인터페이스 데이터 명세화

인터페이스 요구사항 분석 과정에서 식별한 연계 정보에 해당하는 개체 정의서, 테이블 정의서, 코드 정의서 등을 분석하여 그에 요구되는 데이터 명세를 작성한다.

| 개체 정의서 | 데이터베이스 개념 모델링 단계에서 도출한 개체 타입, 속성, 식별자 등 개체에 관한 정보를 명세화한 자료이다. |
|---|---|
| 테이블 정의서 | • 데이터베이스 논리/물리 모델링 단계에서 작성하는 설계 산출물이다.<br>• Table의 속성명, 자료형, 길이, Key, Default 값, Index, 업무 규칙 등을 명세화한 자료이다. |
| 코드 정의서 | Code는 전체 데이터베이스에 유일하게 정의되는 것으로 코드 정의서에서는 Code의 명명 규칙 확정 및 그에 따른 어떤 코드를 사용할지를 정한다. |

④ 송 · 수신 데이터 명세

• 송 · 수신 시스템의 테이블 정의서, 파일 레이아웃에서 연계하고자 하는 테이블이나 파일 단위로 명세를 작성한다.
• 송 · 수신 데이터 항목의 데이터 타입, 길이, 필수 입력 여부, 식별자 여부를 정의한다.
• 코드성 데이터 항목은 공통 코드 여부인지 확인하고 코드값 범위를 정의한다.
• 법률적 근거 및 사내 보안 규정을 참고하여 암호화 대상 칼럼을 선정하고, 해당 칼럼이 송 · 수신 데이터에 포함되었으면 암호화 적용 여부를 정의한다.

✔ 개념 체크

1 시스템 인터페이스 연계 기술의 종류 중 (    )은(는) 서버에서 통신을 위한 (    )을(를) 생성, 포트를 할당한 뒤 클라이언트의 통신 요청 시 클라이언트와 연결하는 방식이다.

1 소켓(Socket)

# 03 시스템 인터페이스 오류

## 1) 오류 식별 및 처리 방안 명세화

- 내/외부 인터페이스 목록에 존재하는 각 인터페이스에 대해 발생 가능한 오류를 식별하고 오류 처리 방안을 명세화하는 것을 의미한다.
- 시스템 및 전송 오류 시 연계 프로그램 등에서 정의한 예외 상황과 대/내외 시스템 연계 시 발생할 수 있는 다양한 오류 상황을 식별하여 구분한다.

## 2) 오류 발생 영역

송신 시스템(연계 프로그램)과 중계 시스템(연계 서비스) 사이, 중계 시스템(연계 서비스)과 수신 시스템(연계 프로그램) 사이에서 발생한다.

## 3) 시스템 인터페이스 오류 처리 유형

- 연계 서버 : 연계 서버의 실행 여부, 송 · 수신 전송 형식 변환 등 연계 서버의 기능과 관련된 장애와 오류이다.
- 연계 데이터 : 연계 데이터값이 유효하지 않아 발생하는 오류이다.
- 송신 시스템 연계 프로그램 : 송신 데이터 추출을 위한 데이터베이스 접근 권한 오류와 데이터 변환 처리 오류이다.
- 수신 시스템 연계 프로그램 : 수신 데이터를 응용 데이터베이스에 반영하는 중에 발생하는 오류와 데이터 변환 시 발생하는 오류이다.

## 4) 인터페이스 오류 처리 방법

- 연계 서버와 송 · 수신 시템의 로그 파일에 오류 코드와 발생한 에러의 상세 내용을 기록하도록 연계 프로그램을 작성한다.
- 오류가 발생하면 연계 서버와 송 · 수신 시스템에 기록된 로그 파일의 내용을 확인하여 원인을 분석하고 해결 방안을 수립한다.
- 연계 데이터 오류의 경우 데이터를 보정하고 재전송한다.
- 송 · 수신 시스템의 접속 오류였으면 담당자 또는 시스템 상태 확인을 통해 접속 오류를 해결한 후 재전송한다.

## 5) 인터페이스 오류 코드 및 내용

- 인터페이스 장애 및 오류 처리를 위해 발생할 수 있는 오류를 유형별로 구분하여 관리한다.
- 오류 코드는 오류를 식별하고 관리할 수 있는 고유 코드이며 발생지와 유형, 일련번호를 포함해 명명 규칙을 정의한다.
- 오류 발생 내용과 함께 데이터 에러, 네트워크 에러, 암호화/복호화 에러 등 오류 발생 원인을 포함하여 기술한다.

 **개념 체크**

1 시스템 인터페이스에서는 오류가 발생하면 연계 서버와 송 · 수신 시스템에 기록된 로그 파일의 내용을 확인하여 원인을 분석하고 해결 방안을 수립한다. (O, X)

1 O

### 6) 오류 처리 명세화 절차

- 대내외 시스템 연계에서 발생할 수 있는 시스템 장애, 전송 오류, 연계 프로그램에서 정의한 예외 상황 등의 오류 상황을 식별, 분류한다.
- 오류 상황에 대하여 발생 영역 분류, 오류 코드, 오류 메시지, 오류 설명, 대응 방법 등을 명시한다.

## 04 시스템 인터페이스 설계

### 1) 시스템 인터페이스 설계

#### ① 시스템 인터페이스 설계의 개념

- 시스템의 구조와 서브 시스템들 사이의 관계를 표현한다.
- 소프트웨어에 의해 간접적으로 제어되는 장치와 소프트웨어를 실행하는 하드웨어이다.
- 기존의 소프트웨어와 새로운 소프트웨어를 연결하는 소프트웨어이다.
- 순서적 연산에 의해 소프트웨어를 실행하는 절차이다.

#### ② 설계 단계

- 요구사항 분석
  인터페이스 요구사항을 분석하여 시스템이 수행해야 하는 작업과 외부 시스템 또는 사용자와의 상호 작용 방식을 이해한다.
- 인터페이스 디자인
  - 요구사항 분석을 기반으로 시스템 인터페이스의 디자인을 수행한다.
  - 인터페이스 요구사항을 충족시키기 위해 데이터 형식, 프로토콜, 인터페이스 유형 등을 결정한다.
- 인터페이스 구현
  - 인터페이스 디자인을 기반으로 인터페이스를 구현한다.
  - 인터페이스를 실제로 구현하고, 테스트를 수행하여 인터페이스의 정확성과 성능을 확인한다.
- 인터페이스 테스트
  - 구현된 인터페이스를 테스트하여 요구사항을 만족시키는지 검증한다.
  - 기능적 요구사항과 비기능적 요구사항 모두를 고려하여 테스트를 수행해야 한다.
- 인터페이스 유지보수
  - 인터페이스는 외부 시스템과 상호 작용하는 중요한 요소이므로, 유지보수가 중요하다.
  - 인터페이스 변경 상황이 발생할 경우, 이를 반영하여 인터페이스를 수정하고, 테스트를 수행해야 한다.

✔ **개념 체크**

1 시스템 인터페이스 설계 단계는 '요구사항 분석' → '인터페이스 디자인' → '인터페이스 구현' → '인터페이스 테스트' → '인터페이스 유지보수'의 순으로 진행된다.
(O, X)

1 O

## 2) 시스템 인터페이스 설계서

### ① 시스템 인터페이스 설계서의 개념

- 시스템 인터페이스 현황을 확인하기 위해서 시스템이 가지고 있는 인터페이스 목록과 상세 데이터 명세를 정의한 것이다.
- 인터페이스 목록과 인터페이스 정의서 작성을 통하여 구현된다.
- 내/외부의 모듈 간에 공통으로 제공되는 기능과 각 데이터의 인터페이스 확인에 활용된다.
- 송·수신 방법 및 송·수신 데이터 명세화 과정에서 작성된 산출물을 기반으로 작성한다.
- 초안 작성 후 인터페이스 시스템 정의서 내용과 비교하여 보완 및 수정을 진행한다.
- 인터페이스 목록은 연계 업무와 연계에 참여하는 송·수신 시스템의 정보나 연계 방식 그리고 통신 유형 등에 관한 정보를 포함해야 한다.

### ② 시스템 인터페이스 정의서 작성

- 데이터 송신 시스템, 데이터 수신 시스템 간의 데이터 저장소와 속성 등의 상세 내역을 포함한다.
- 인터페이스별로 시스템 간 연계를 유지하는 데 필요한 데이터 항목 및 구현 요건 등을 기술하는 것이다.

**인터페이스 목록 주요 항목**

인터페이스 ID, 인터페이스명, 시스템 및 대내외 구분, 연계 방식, 통신 유형, 처리 유형, 주기, 데이터 형식

**인터페이스 정의서 주요 항목**

인터페이스 ID, 요구 성능, 시스템 정보, 데이터 정보

✓ **개념 체크**

1 시스템 인터페이스 현황을 확인하기 위해서 시스템이 가지고 있는 인터페이스 목록과 상세 데이터 명세를 정의한 것은?

1 시스템 인터페이스 설계서

---

## 이론을 확인하는 기출문제

**01** 다음 설명에 해당하는 시스템으로 옳은 것은?

> 시스템 인터페이스를 구성하는 시스템으로, 연계할 데이터를 데이터베이스와 애플리케이션으로부터 연계 테이블 또는 파일 형태로 생성하여 송신하는 시스템이다.

① 연계 서버
② 중계 서버
③ 송신 시스템
④ 수신 시스템

송신 시스템 : 연계할 데이터를 테이블, 파일 형태로 생성하고 전송하는 시스템이다.

**02** 통신을 위한 프로그램을 생성하여 포트를 할당하고, 클라이언트의 통신 요청 시 클라이언트와 연결하는 내·외부 송·수신 연계 기술은?

① DB 링크 기술
② 소켓 기술
③ 스크럽 기술
④ 프로토타입 기술

Socket : 서버에서 통신을 위한 소켓(Socket)을 생성, 포트를 할당한 뒤 클라이언트의 통신 요청 시 클라이언트와 연결하는 방식이다.

정답 01 ③ 02 ②

▶ 합격 강의

## 01 미들웨어(Middleware)

### 1) 미들웨어 솔루션의 개념 22.4, 21.9, 21.3, 20.9

• 클라이언트와 서버 간의 통신을 담당하는 시스템 소프트웨어이다.
• 이기종 하드웨어, 소프트웨어, 네트워크, 프로토콜, PC 환경, 운영체제 환경 등에서 시스템 간의 표준화된 연결을 도와주는 소프트웨어이다.
• 표준화된 인터페이스를 통하여 시스템 간의 데이터 교환에 있어 일관성을 제공한다.
• 운영체제와 애플리케이션 사이에서 중간 매개 역할을 하는 다목적 소프트웨어이다.
• 애플리케이션에 운영체제가 제공하는 서비스를 추가 및 확장하여 제공하는 컴퓨터 소프트웨어이다.
• 표준화된 인터페이스를 제공하여 다양한 환경을 지원하기 때문에 체계가 다른 업무와 상호 연동이 가능하다.
• 분산된 업무를 동시에 처리할 수 있어서 자료의 일관성이 유지되어 부하의 분산이 가능하다.

### 2) 데이터베이스 미들웨어

• 데이터베이스 벤더에서 제공하는 소프트웨어로서 클라이언트에서 원격의 데이터베이스와 연결하기 위한 미들웨어이다.
• 광범위한 의미에서 미들웨어라고 하지만, 단순히 원격에 있는 데이터베이스에 접근할 수 있도록 중계해 주는 제품이라고 할 수 있다.

### 3) 미들웨어의 종류

메시징 미들웨어, 통합 미들웨어, 보안 미들웨어, 웹 미들웨어, 데이터베이스 미들웨어, 네트워크 미들웨어, 모니터링 미들웨어, 로깅 미들웨어가 있다.

## 02 미들웨어 솔루션 분류

### 1) DB 미들웨어(애플리케이션-TO-데이터 방식)

① DB 미들웨어의 개념
- 하나의 애플리케이션을 특정 DB로 연결해 주는 소프트웨어를 의미한다.
- 보통 클라이언트에게 공통의 SQL 호출 인터페이스를 제공함으로써 여러 종류의 DB에 쉽게 접근할 수 있도록 하는 역할을 한다.

② DB 미들웨어의 종류
- ODBC(Open Database Connectivity)
- JDBC(Java Database Connectivity)
- .NET Data Provider
- ADO(ActiveX Data Objects)
- DAO(Data Access Objects)
- IDAP(Intergranted Database Application Interface)
- DRDA(Distributed Relational Data Access)
- OLEDB(Object Linking and Embedding Database)

### 2) 통신 미들웨어(애플리케이션-TO-애플리케이션 방식)

① 통신 미들웨어의 개념
- 분산 시스템에서 서로 다른 애플리케이션 간의 통신을 가능하게 하는 소프트웨어이다.
- 애플리케이션과 애플리케이션 간의 직접적인 통신이 아니라, 중간에 미들웨어가 존재하여 데이터를 주고받는다.
- 클라이언트-서버 모델을 기반으로 동작하는 데, 클라이언트는 서버에 요청을 보내고, 서버는 요청을 처리한 후 결과를 클라이언트에게 반환한다. 이때, 미들웨어는 클라이언트와 서버 간의 인터페이스를 제공하여 애플리케이션 간의 통신을 원활하게 한다.

② 통신 미들웨어의 종류 21.3, 20.8, 20.6
- RPC(Remote Procedure Call)
  - 분산 처리 시스템을 구현하기 위해 응용 프로그램의 프로시저를 사용하여 원격 프로시저를 로컬 프로시저처럼 호출하는 방식이다.
  - 종류 : ONC, CORBA, gRPC
- MOM(Message Oriented Middleware) 23.3, 22.4
  - 메시지를 기반으로 하는 비동기식 메시지 전달 보장 방식 미들웨어로 이기종의 분산 데이터베이스 시스템에서 데이터 동기화에 주로 사용한다.
  - 종류 : Oracle의 Message Q, JCP의 JMS, MS의 MSMQ

- ONC : Object Management Group에서 개발
- CORBA : Sun Micro systems에서 개발
- gRPC : Google에서 개발

✔ 개념 체크

1 메시지를 기반으로 하는 비동기식 메시지 전달 보장 방식 미들웨어로, 이기종의 분산 데이터베이스 시스템에서 데이터 동기화에 주로 사용하는 통신 미들웨어는?

1 MOM

- ORB(Object Request Broker)
  - 객체지향 미들웨어로 코바(CORBA) 표준 스펙을 구현한 미들웨어이다.
  - 로컬 및 원격지에 있는 객체들 사이에 통신을 담당하는 핵심 기술이다.
  - 인터페이스는 인터페이스 정의 언어인 IDL을 사용한다.
  - 하나의 객체와 다른 객체 사이의 인터페이스를 정의하게 된다.
  - 최근에는 TP-Monitor의 장점인 트랜잭션 처리와 모니터링 등을 추가로 구현할 수 있다.
  - 종류 : Micro Focus의 Orbix, OMG의 CORBA
- TP-Monitor(Transaction Processing Monitor)
  - 비즈니스의 요구사항을 해결하기 위하여 여러 소프트웨어 상호 간 혼합된 환경의 온라인 업무에서 세션, 시스템, 데이터베이스 사이의 트랜잭션을 감시하는 미들웨어이다.
  - 분산 환경에서 분산 트랜잭션을 처리하며, 사용자 수가 증가해도 빠른 응답 속도를 보장해야 할 때 사용한다.
  - 통신 미들웨어 기능 외에 트랜잭션 협력 서비스, 안정적인 메시지 큐잉 시스템, 일의 흐름 관리와 개발의 통합적인 서비스들을 제공한다.
  - 종류 : tuxedo, WebSphere
- WAS(Web Application Server) [22.3]
  - 일반 웹 서버와 구별되며, 주로 DB 서버와 같이 동적 서버 콘텐츠를 수행하는 데 사용한다.
  - 동적인 웹 사이트, 웹 애플리케이션, 웹 서비스의 개발을 지원하기 위하여 설계된 미들웨어 소프트웨어이다.
  - 서버 단에서 애플리케이션을 동작할 수 있도록 지원한다.
  - 데이터 접근, 세션 관리, 트랜잭션 관리 등을 위한 라이브러리를 제공한다.
  - HTTP를 통한 사용자 컴퓨터나 장치에 Application을 수행해 주는 미들웨어이다.
  - 선정 시 고려 사항 : 가용성, 성능, 기술 지원, 구축 비용
  - 종류 : RedHat의 JBoss, Tmax의 JEUS, Oracle의 Weblogic, IBM의 Websphere, GlassFish, Jetty, Resin, Tomcat
- OTM(Object Transaction Monitor)
  - 전통적인 TP-Monitor의 기능과 ORB에 의해 제공되는 객체기반 프로그램 인터페이스를 제공한다.
  - 유연성 있는 통합적인 시스템 환경을 제공하는 새로운 형태의 미들웨어이다.

- tuxedo : Oracle에서 개발
- WebSphere : IBM에서 개발

**RESTful Web Services**
HTTP 프로토콜을 기반으로 하는 웹 서비스로, 클라이언트와 서버 간의 통신을 위해 사용된다. RESTful은 Representational State Transfer의 약자로, 자원을 표현하고 상태를 전송하기 위한 아키텍처 스타일이다.

**Apache Kafka**
분산 스트리밍 플랫폼으로, 대용량의 실시간 데이터 스트림을 처리하는 데 사용된다.

**ZeroMQ**
메시지 지향 미들웨어로, 다양한 프로그래밍 언어와 플랫폼에서 사용할 수 있으며, 고성능, 확장성, 안정성 등의 특징을 제공한다.

✓ 개념 체크

1 일반 웹 서버와 구별되며, 주로 DB 서버와 같이 동적 서버 콘텐츠를 수행하는 데 사용하는 미들웨어는 ORB 이다. (O, X)

1 X

**01** 분산 컴퓨팅 환경에서 서로 다른 기종 간의 하드웨어나 프로토콜, 통신환경 등을 연결하여 응용 프로그램과 운영 환경 간에 원만한 통신이 이루어질 수 있게 서비스를 제공하는 소프트웨어는?

① 미들웨어 ② 하드웨어
③ 오픈허브웨어 ④ 그레이웨어

미들웨어 솔루션의 정의 : 이기종 하드웨어, 소프트웨어, 네트워크, 프로토콜, PC 환경, 운영체제 환경 등에서 시스템 간의 표준화된 연결을 도와주는 소프트웨어이다.

**02** 분산 시스템에서의 미들웨어(Middleware)와 관련한 설명으로 **틀린** 것은?

① 분산 시스템에서 다양한 부분을 관리하고 통신하며 데이터를 교환하게 해주는 소프트웨어로 볼 수 있다.
② 위치 투명성(Location Transparency)을 제공한다.
③ 분산 시스템의 여러 컴포넌트가 요구하는 재사용 가능한 서비스의 구현을 제공한다.
④ 애플리케이션과 사용자 사이에서만 분산 서비스를 제공한다.

미들웨어 솔루션의 정의 : 클라이언트와 서버 간의 통신을 담당하는 시스템 소프트웨어이다.

**03** 미들웨어에 대한 설명으로 **틀린** 것은?

① 여러 운영체제에서 응용 프로그램들 사이에 위치한 소프트웨어이다.
② 미들웨어의 서비스 이용을 위해 사용자가 정보 교환 방법 등의 내부 동작을 쉽게 확인할 수 있어야 한다.
③ 소프트웨어 컴포넌트를 연결하기 위한 준비된 인프라 구조를 제공한다.
④ 여러 컴포넌트를 1대1, 1대다, 다대다 등 여러 가지 형태로 연결이 가능하다.

미들웨어 솔루션은 미들웨어의 서비스 이용을 위해 사용자가 정보 교환 방법 등의 내부 동작을 확인할 필요가 없다.

**04** 메시지 지향 미들웨어(Message-Oriented Middleware, MOM)에 대한 설명으로 **틀린** 것은?

① 느리고 안정적인 응답보다는 즉각적인 응답이 필요한 온라인 업무에 적합하다.
② 독립적인 애플리케이션을 하나의 통합된 시스템으로 묶기 위한 역할을 한다.
③ 송신측과 수신측의 연결 시 메시지 큐를 활용하는 방법이 있다.
④ 상이한 애플리케이션 간 통신을 비동기 방식으로 지원한다.

MOM(Message Oriented Middleware)
• 메시지 기반의 비동기식 메시지를 전달하는 방식의 미들웨어이다.
• 온라인 업무보다는 이기종 분산 데이터 시스템의 데이터 동기를 위해 많이 사용한다.

**05** WAS(Web Application Server)가 **아닌** 것은?

① JEUS
② JVM
③ Tomcat
④ WebSphere

WAS 종류 : RedHat의 JBoss, Tmax의 JEUS, Oracle의 Weblogic, IBM의 Web Sphere, GlassFish, Jetty, Resin, Tomcat

정답 01 ① 02 ④ 03 ② 04 ① 05 ②

# 소프트웨어 개발

소프트웨어 개발 과목은 1과목에서 설계한 소프트웨어를 실제 구현하는 과정을 학습합니다. 도출된 요구사항에 따라 모듈을 설계하고 통합하는 데 필요한 모듈 간 인터페이스를 구현하는 것부터 실제 고객에게 소프트웨어를 전달하기 위한 패키징, 소프트웨어 전달 전 테스트, 결함 관리 등을 종합적으로 살펴보게 됩니다.

# CHAPTER **01**

# 통합 구현

**학습 방향**

통합 구현 챕터는 출제 빈도가 높은 부분입니다. 통합 구현은 소프트웨어 설계도에 따라 모듈을 통합하는 과정이고, 형상 관리는 소프트웨어 개발 중 도출되는 모든 문서와 코드를 관리하는 부분입니다. 버전 관리는 형상 관리 중 발생하는 문서의 변화 과정을 버전으로 구분하여 관리하는 것을 의미합니다. 이런 흐름을 이해하고 각 섹션 빈출 태크와 기출 표기를 확인하고 내용과 기출문제를 병행하여 학습합니다.

**출제빈도**

| | | |
|---|---|---|
| SECTION 01 | 상 | 40% |
| SECTION 02 | 상 | 40% |
| SECTION 03 | 중 | 20% |

# 통합 구현

**빈출 태그** 모듈화의 원리 • IDE • 빌드 자동화 도구의 개념과 종류

---

🅑 **기적의 TIP**

통합 구현은 단위 모듈을 통합하는 과정에 사용되는 통합 개발 환경과 빌드 자동화 도구에 관한 내용을 학습합니다. 빈출 태그와 기출 표기를 통해 중요내용을 정리하세요.

**모듈화 원리**
분할과 지배, 정보 은폐, 자료 추상화, 모듈의 독립성

## 🔘 단위 모듈 구현

### 1) 단위 모듈

#### ① 단위 모듈의 개념

- 소프트웨어 구현에 필요한 다양한 동작 중 한 가지 동작을 수행하는 기능을 모듈로 구현한 것을 의미한다.
- 사용자 또는 다른 모듈로부터 값을 전달받아 시작되는 작은 프로그램이다.
- 독립적인 컴파일이 가능하며, 다른 모듈에 호출되거나 삽입될 수 있다.
- 두 개의 단위 모듈이 합쳐지면 두 개의 기능들을 같은 모듈로 구현할 수 있다.
- 단위 모듈의 구현을 위해 단위 기능 명세서를 작성한 후 입·출력 기능과 알고리즘을 구현해야 한다.
- 종류 : 화면, DB 접근, 인터페이스, 비즈니스 트랜잭션, 데이터 암호화 등

#### ② 단위 기능 명세서

큰 규모의 시스템을 분해하여 단위 기능별로 계층적으로 구조화, 단순화하여 추상화한 문서이다.

### 2) 모듈화의 원리 23.6, 22.4, 23.3

#### ① 모듈화의 개념

- 소프트웨어 개발에 있어 기능을 나누고 추상화하여 소프트웨어의 성능을 향상시키고 유지보수를 효과적으로 구현하기 위한 기법을 의미한다.
- 분할 정복법(Divide & Conquer), 정보은닉(Information Hiding), 자료 추상화(Data Abstraction), 모듈의 독립성(Module Independence)이 있다.

#### ② 분할 정복법(Divide & Conquer)

- 복잡한 문제를 분해, 모듈 단위로 문제를 해결한다.
- 소프트웨어를 모듈화하여 각 모듈을 분할과 지배 방식으로 개발하면, 각 모듈을 독립적으로 테스트하고 디버깅할 수 있으므로 전체 소프트웨어 개발 프로세스를 단순화하고 개발 시간을 단축할 수 있다.

✔️ **개념 체크**

1 소프트웨어를 모듈화하여 각 모듈을 (    ) 방식으로 개발하면, 각 모듈을 독립적으로 테스트하고 디버깅할 수 있으므로 전체 소프트웨어 개발 프로세스를 단순화하고 개발 시간을 단축할 수 있다.

1 분할과 지배(Divide & Conquer)

- 절차

| Divide<br>큰 문제를 작은 부분 문제로<br>나누는 단계 | • 문제를 나누는 기준을 설정한다.<br>• 문제를 나눌 때, 부분 문제들의 크기는 서로 균등하게 분배되도록 한다.<br>• 분할된 부분 문제들은 각각 독립적으로 해결된다. |
|---|---|
| Conquer<br>각각의 작은 부분 문제를<br>해결하는 단계 | • 분할된 부분 문제들은 각각 해결하는 방법을 찾는다.<br>• 해결 방법은 부분 문제의 크기와 성격에 따라 다르다.<br>• 해결 방법은 보통 재귀적인 방식으로 구현된다. |
| Combine<br>작은 부분 문제를 결합하여<br>전체 문제를 해결하는 단계 | • 해결된 작은 부분 문제들을 결합하여 전체 문제를 해결한다.<br>• 해결 방법은 문제의 성격과 해결 방법에 따라 다르다.<br>• Merge, Join 등의 방법을 사용하여 결합한다. |

③ **정보은닉(Information Hiding)**
- 어렵거나 변경 가능성이 있는 모듈을 타 모듈로부터 은폐시킨다.
- 소프트웨어 시스템의 유지보수와 확장성을 개선하는 데 도움이 된다.
- 모듈 간 인터페이스가 일관되게 유지되면, 새로운 모듈을 추가하거나 기존 모듈을 변경하더라도 시스템 전체에 영향을 미치지 않도록 할 수 있다.

추상화 종류 : 기능 추상화,
자료 추상화, 제어 추상화
④ **자료 추상화(Data Abstraction)** 24.5
- 함수 내에 자료 구조의 표현 명세를 은폐, 자료와 자료에 적용할 수 있는 오퍼레이션을 함께 정의한다.
- 데이터 추상화의 핵심은 사용자가 데이터를 다루는 데 필요한 최소한의 정보만을 드러내는 것이다.
- 사용자는 데이터를 쉽게 다룰 수 있으며, 데이터의 내부 구현에 대해 신경을 쓰지 않아도 된다. 따라서, 데이터 추상화는 소프트웨어의 유지보수 및 확장성을 높이는 데에 큰 도움이 된다.
- 절차
  - 추상화된 데이터 타입을 식별하고 정의한다.
  - 데이터 타입에 필요한 연산을 식별하고 정의한다.
  - 데이터 타입에 필요한 연산이 구현되어 있는지 검증한다.
  - 데이터 타입이 다른 모듈에서 사용될 경우, 인터페이스를 제공하여 구현의 세부 정보를 숨긴다.
  - 추상화된 데이터 타입을 사용하여 다른 모듈을 작성한다.

⑤ **모듈의 독립성(Module Independence)**
- 낮은 결합도, 높은 응집도를 갖도록 한다.
- 소프트웨어의 유지보수와 확장성을 개선하는 데에 큰 도움이 된다.
- 모듈이 다른 모듈에 의존하는 경우에는 하나의 모듈이 변경되면 다른 모듈도 영향을 받을 수 있으므로, 모듈 간 상호 작용을 최소화하는 것이 중요하다.

**추상화의 예**
은행 시스템에서 계좌(Account)라는 개념을 추상화한다고 가정할 때, 사용자는 계좌에 대한 정보를 입력하거나 조회할 수 있지만, 계좌의 내부 구현 방식에 대한 세부 정보는 숨김으로써 보호된다. 사용자는 계좌에 대한 추상적인 개념만 이해하면 되므로, 계좌에 대한 다양한 기능을 쉽게 사용할 수 있다.

🅱 **기적의 TIP**

모듈 독립성을 유지하기 위해서는 모듈의 역할과 책임이 명확하게 정의되어야 합니다. 각 모듈은 자신이 담당하는 기능과 데이터를 적절히 처리하도록 설계되어야 하며, 다른 모듈의 내부 동작에 대해 가정하거나 의존하지 않도록 해야 합니다.

⑥ 단위 모듈 테스트(Unit Test)

- 프로그램의 단위 기능을 구현하는 모듈이 정해진 기능을 정확히 수행하는지 검증하는 것이다.
- 모듈을 단독적으로 실행할 수 있는 환경과 테스트에 필요한 데이터가 모두 준비되어 있어야 한다.
- 화이트박스 테스트와 블랙박스 테스트 기법이 있다.

⑦ 구현 단계의 작업 절차 21.3

코딩 계획 ▶ 코딩 ▶ 컴파일 ▶ 코드 테스트

## 02 통합 개발 환경

### 1) IDE(Integrated Development Environment) 22.7, 22.4

① IDE의 개념

- C++, Java 등의 언어를 이용한 소프트웨어 개발 단계에서 패키지 인크루딩, 소스 코드 편집, 컴파일, 디버깅, 바이너리 배포 등 모든 작업을 통합 지원한다.
- 편집기, 컴파일러, 디버거 등의 다양한 도구를 하나의 인터페이스로 통합하여 제공한다.
- 오류 체크를 시각화하여 확인 및 수정을 쉽도록 지원한다.
- 컴파일에 필요한 외부 추가 기능을 연계하여 개발의 편의성을 높였다.

② IDE의 종류

- 이클립스(Eclipse)
  - Java 기반의 개발 도구로, 다양한 플러그인을 지원하여 다양한 언어와 프레임워크를 사용할 수 있다.
  - 자동 완성 기능이 뛰어나며, 디버깅, 테스트, 빌드 등의 기능을 지원한다. 또한, 오픈소스 기반으로 무료로 사용할 수 있다.
- 비주얼 스튜디오(Visual Studio)
  - 마이크로소프트에서 개발한 개발 도구로, C++, C#, .NET 등의 언어와 프레임워크를 지원한다.
  - 코드 작성 및 디버깅을 비롯하여 빌드, 테스트, 배포까지 다양한 기능을 제공한다.
  - 강력한 코드 편집기와 자동 완성 기능을 제공하며, IntelliSense라는 기능을 통해 코드 작성 시 적절한 선택지를 제안해주어 개발 생산성이 높다.
  - Azure Cloud★ 서비스와 연동하여 클라우드 개발 및 배포를 지원하며, Git을 포함한 다양한 소스 코드 버전 관리 도구와 연동하여 협업 개발에 적합하다.

★ Azure Cloud
- 마이크로소프트에서 제공하는 클라우드 컴퓨팅 플랫폼이다.
- 인프라, 플랫폼, 애플리케이션 서비스 및 데이터를 클라우드에서 실행하고 관리한다.
- 가상 머신, 데이터베이스, 스토리지, 인공지능, 분석 등 다양한 서비스를 제공하여 사용자가 필요로 하는 다양한 요구사항에 대응할 수 있다.
- 마이크로소프트 제품과 서비스와 연동이 잘 되어 있어 사용하기 편리하다.

- Xcode
  - 애플에서 개발한 개발 도구로, iOS 및 macOS 애플리케이션 개발에 사용된다.
  - Objective-C, Swift 등의 언어를 지원하며, 인터페이스 빌더(Interface Builder)를 통해 GUI 개발을 할 수 있다.
  - 시뮬레이터를 제공하여 디버깅 및 테스트를 할 수 있다.
  - 무료로 사용할 수 있다.
- 안드로이드 스튜디오(Android Studio)
  - 안드로이드 애플리케이션 개발에 특화된 개발 도구로, Java 및 Kotlin 언어를 지원한다.
  - 안드로이드 SDK 및 NDK를 지원하여 UI 디자인, 디버깅, 테스트, 빌드, 배포 등의 작업을 수행할 수 있다.
  - 안드로이드 에뮬레이터를 제공하여 디바이스 없이도 테스트할 수 있다.
  - 편리한 사용자 인터페이스를 제공한다.
- IntelliJ IDEA
  - Java 및 다양한 언어를 지원하는 개발 도구로, 안드로이드 스튜디오의 기반이 되었다.
  - 코드 작성, 디버깅, 테스트, 빌드, 배포 등의 작업을 지원하며, 다양한 플러그인을 지원하여 다양한 언어와 프레임워크를 사용할 수 있다.
  - Java, Kotlin, Scala 등의 JVM 기반 언어를 지원한다.
  - 안드로이드 애플리케이션 개발도 가능하다.
- PyCharm
  - Python 개발 도구로, 코드 작성, 디버깅, 테스트, 빌드 등의 작업을 지원한다.
  - 자동 완성, 코드 분석, 디버깅 기능이 뛰어나며, 가상 환경(Virtual Environment)을 지원한다.
- Atom
  - 오픈소스 기반의 텍스트 에디터로, 다양한 언어와 프레임워크를 지원한다.
  - 플러그인을 통해 기능을 확장할 수 있으며, Git과의 연동할 수 있다.

③ Xcode, Android Studio, PyCharm 비교

| 구분 | Xcode | Android Studio | PyCharm |
|---|---|---|---|
| 개발 언어 | Swift, Objective-C | Java, Kotlin | Python |
| 지원 플랫폼 | macOS, iOS, iPadOS | Android, Chrome OS | Windows, macOS, Linux |
| 디자인 | Interface Builder 사용 | Layout Editor 사용 | GUI Designer 사용 |
| 디버깅 | LLDB 디버거 | Android Studio Debugger | 디버거 사용 |
| 버전 관리 | Git, Subversion | Git, Mercurial, Subversion | Git, Mercurial, Subversion |
| 플러그인 | Xcode 확장 프로그램 사용 | 플러그인 사용 가능 | 다양한 플러그인 제공 |
| 기능 | 앱 개발, 웹 개발, 게임 개발, AR/VR 개발 등 | 앱 개발, 게임 개발, IoT 개발 등 | 웹 개발, 데이터 분석, 과학 계산 등 |
| 가격 | 무료 | 무료 | 커뮤니티 버전 무료, 전문가 버전 구매 가능 |

**IntelliJ IDEA 라이선스 종류**
- 무료 버전 : Community Edition
- 유료 버전 : Ultimate Edition
- 대규모 프로젝트 : Ultimate Edition

✓ 개념 체크

1 애플에서 개발한 통합 개발 도구로, iOS 및 macOS 애플리케이션 개발에 사용되는 것은?

1 Xcode

④ IDE 구성 요소 <sup>23.8</sup>

| | |
|---|---|
| 소스 코드 편집기 | 시각적 신호를 활용한 구문(Syntax) 강조와 같은 기능을 포함하여 소프트웨어 코드를 작성하도록 돕는 텍스트 편집기로서, 언어별 자동 완성 기능과 코드 작성 중 버그 검사를 제공한다. |
| 컴파일러(로컬 빌드 자동화) | 텍스트 편집기 내에서 생성된 고급 소스 코드를 디지털 컴퓨터의 중앙 처리 장치(CPU)가 이해할 수 있는 일련의 기계어 명령으로 변환한다. |
| 디버거 | 소스 코드에서 오류를 찾고 애플리케이션 성능 및 기능을 테스트하는 데 도움이 되도록 설계되었다. |

⑤ IDE 도구의 기능 <sup>24.3, 23.8</sup>

| 기능 | 설명 |
|---|---|
| 개발 환경 지원 | 프로그래밍 언어를 가지고 컴퓨터 프로그램을 작성할 수 있는 환경을 제공 |
| 컴파일 | 문법에 어긋나는지 확인하고 기계어로 변환하는 기능 제공 |
| 디버깅 | 프로그래밍 과정에 발생하는 오류 및 비정상적인 연산 제거 |
| 외부 연계 | 외부 형상, 배포 관리 기능과 연계되어 자동 배포 등이 가능 |
| DB 연동 | JDBC, ODBC 등을 통한 데이터베이스 연동 |
| Deployment | 소프트웨어를 최종 사용자에게 전달하기 위한 기능 |

## 2) 빌드 자동화 도구 <sup>22.3, 21.5</sup>

### ① 빌드 자동화 도구의 개념

- 소스 코드 컴파일 후 다수의 연관된 모듈을 묶어 실행 파일로 만든다.
- 소프트웨어 개발자가 반복 작업해야 하는 코딩을 잘 짜여진 프로세스를 통해 자동으로 실행하여, 신뢰성 있는 결과물을 생산해 낼 수 있는 작업 방식 및 방법이다.
- 소스 코드 컴파일, 테스트, 분석 등을 실시하여 실행할 수 있는 애플리케이션으로 자동 생성하는 프로그램이며, 지속해서 증가하는 라이브러리의 자동 추가 및 관리(전처리, Preprocessing)를 지원한다.
- 최근에는 오픈소스인 Gradle이 등장했으며, 구글이 안드로이드의 기본 빌드 시스템으로 Gradle을 선택하면서 사용자가 급증하였다.
- 기능 : 코드 컴파일, 컴포넌트 패키징, 파일 조작, 개발 테스트 실행, 버전 관리 도구 통합, 문서 생성, 배포 기능, 코드 품질 분석
- 프로세스 : 컴파일 → 패키징 → 단위 테스트 → 정적 분석 → 리포팅 →배포 → 최종 빌드

### ② 빌드 자동화 도구의 종류 <sup>23.8, 23.3, 22.3</sup>

- Ant ──── 아파치 재단에서 개발한 Java의 공식적인 빌드 도구
  - 아파치 소프트웨어 재단에서 개발. XML 기반 빌드 스크립트를 사용한다.
  - 정해진 규칙이 없고, 절차적이다(명확한 빌드 절차 정의가 필요).
  - 생명주기를 갖지 않아 각 Target에 대한 의존관계와 작업을 정의해 주어야 한다.
  - 유연성이 높으나 프로젝트가 복잡해지는 경우 Build 과정의 이해가 어려워진다.
  - XML, Remote Repository를 가져올 수 없고 스크립트의 재사용이 어렵다.

파일의 현재 버전과 변경 이력 정보를 저장하는 저장소

**JDBC(Java DataBase Connectivity)**
- Java 언어 안에서 데이터베이스를 연결해주는 프로그램이다.
- Java에서 SQL을 실행하기 위한 Java API(Application Programming Interface)이다.

**ODBC(Open DataBase Connectivity)**
- Microsoft에서 데이터베이스를 연결해주는 표준 프로그램이다.
- ODBC에서 정해준 순서로 사용하면 어떠한 데이터베이스 관리 시스템을 사용하더라도 연결할 수 있다.

컴파일 전 코드 내 주석을 제거하거나 외부 라이브러리를 탑재하는 등의 컴파일 준비 과정

✔ 개념 체크

1 빌드 자동화 도구는 소프트웨어 개발자가 반복 작업해야 하는 코딩을 잘짜여진 프로세스를 통해 자동으로 실행하여, 신뢰성 있는 결과물을 생산해 낼 수 있는 작업 방식 및 방법이다. (O, X)

10

- Maven
  - 프로젝트에 필요한 모든 종속성(Dependency)을 리스트의 형태로 Maven에 알려서 종속성을 관리한다. 사용성이 좋지만, 맞춤화된 로직 실행이 어렵다.
  - XML 기반의 프로젝트 관리 도구로, Convention over Configuration★의 철학을 따르며, 빌드, 배포, 문서화 등의 작업을 자동화할 수 있다. 중앙 저장소를 이용하여 의존성 관리를 효율적으로 할 수 있다.
  - 'Jar', 'Class Path'를 선언만 하면 직접 내려받을 필요가 없이 Repository에서 필요한 파일을 불러오므로 계층적인 데이터를 표현하기에는 좋지만, 흐름이나 조건부 상황을 표현하기 어렵다.
- Gradle
  - Maven처럼 Groovy를 기반으로 제작된 DSL(Domain Specicfic Language)을 스크립트 언어로 사용하는 오픈소스 형태의 자동화 도구이다.
    
    > Java를 기반으로 Python, 루비, 스몰토크 등의 특징을 더한 동적 객체지향 프로그래밍 언어
    
    > 웹 페이지에 사용되는 HTML과 같이 특정한 도메인에 특화된 언어
  - 안드로이드 앱 개발 환경에서 사용된다.
  - JVM 기반의 빌드 도구이며, Ant와 Maven의 단점을 보완한 오픈소스 기반의 Build 자동화 도구로 프로젝트 시작 시 설정에 드는 시간을 절약할 수 있다.
  - 한스 도커(Hans Dockter)를 중심으로 6인의 개발자가 공동 개발하였다.
  - Maven처럼 종속성을 활용하여 Groovy 기반 스크립트를 사용한다.
  - if, else, for 등의 로직 구현이 가능하고, XML을 사용하지 않아 간결하고 빠른 성능을 제공한다.
  - 유연성과 확장성을 제공하며 하나의 Repository 내에 멀티 프로젝트를 구성할 수 있다.
- Jenkins [20.9]
  - Java 기반의 오픈소스 형태의 빌드 자동화 도구로 쉽게 설치할 수 있다.
  - 서버 기반의 도구로서 클라이언트의 요청을 처리하기 위해 서버에서 실행되는 서블릿 실행과 생명주기를 관리하는 서블릿 컨테이너에서 실행된다.
  - Web UI를 지원하고, SVN, Git 등의 대부분 형상 관리 도구와 연동할 수 있다.
    
    > 작은 프로그램
- Makefile
  여러 파일을 한 번에 빌드하는 등 복잡한 빌드 과정을 자동화할 수 있는 강력한 도구로, 빠른 빌드와 일관성 있는 실행 파일 생성이 가능하며, Makefile의 유지보수도 쉽게 할 수 있다.
- Travis CI
  분산 빌드 서비스로, GitHub과 연동하여 빌드, 테스트, 배포 등을 자동화할 수 있다.
- TeamCity
  JetBrains에서 개발한 CI/CD 도구로, 다양한 플랫폼과 빌드 도구를 지원하며, 안정적인 빌드와 배포를 지원한다.

---

★ Convention over Configuration
- 소프트웨어 개발에서 일관된 규약과 관례를 따르는 것이 코드를 작성하는 데 있어서 중요하다는 철학이다.
- 개발자는 프레임워크나 라이브러리를 사용할 때 일관성 있는 규약과 관례를 지켜야 하며, 이를 따르지 않으면 생산성이 저하될 수 있다.

개발 환경 인프라 구성 방식
- 온프레미스(On-Premise) 방식 : 외부 인터넷망이 차단된 상태에서 인트라넷 망만을 활용하여 개발 환경을 구축하는 방식이다.
- 클라우드(Cloud) 방식 : 클라우드 공급 서비스를 제공하는 회사들(아마존, 구글, MS 등)의 서비스를 임대하여 개발 환경을 구축하는 방식이다.
- 하이브리드(Hybrid) 방식 : 온프레미스와 클라우드 방식을 혼용한 방식이다.

**01** 다음 중 모듈화의 원리가 <u>아닌</u> 것은?

① Divide Conquer
② Information Hiding
③ Data Compile
④ Module Independence

모듈화의 원리 : 분할 정복법(Divide & Conquer), 정보은닉(Information Hiding), 자료 추상화(Data Abstraction), 모듈의 독립성(Module Independence)

**02** 구현 단계에서의 작업 절차를 순서에 맞게 나열한 것은?

> ㉠ 코딩한다.
> ㉡ 코딩 작업을 계획한다.
> ㉢ 코드를 테스트한다.
> ㉣ 컴파일한다.

① ㉠-㉡-㉢-㉣
② ㉡-㉠-㉣-㉢
③ ㉢-㉠-㉡-㉣
④ ㉣-㉡-㉠-㉢

구현 단계의 작업 절차 : 코딩 계획 → 코딩 → 컴파일 → 테스트

**03** 다음 중 IDE(Integrated Development Environment) 도구의 종류가 <u>아닌</u> 것은?

① 이클립스
② 비주얼 스튜디오
③ 안드로이드 스튜디오
④ Gradle

Gradle은 빌드 자동화 도구이다.

**04** IDE 도구의 각 기능에 대한 설명으로 <u>틀린</u> 것은?

① Coding - 프로그래밍 언어를 가지고 컴퓨터 프로그램을 작성할 수 있는 환경을 제공
② Compile - 저급 언어의 프로그램을 고급 언어 프로그램으로 변환하는 기능
③ Debugging - 프로그램에서 발견되는 버그를 찾아 수정할 수 있는 기능
④ Deployment - 소프트웨어를 최종 사용자에게 전달하기 위한 기능

Compile은 문법에 어긋나는지 확인하고 기계어로 변환하는 기능을 제공한다.

**05** 빌드 자동화 도구에 대한 설명으로 <u>틀린</u> 것은?

① Gradle은 실행할 처리 명령들을 모아 태스크로 만든 후 태스크 단위로 실행한다.
② 빌드 자동화 도구는 지속적인 통합 개발 환경에서 유용하게 활용된다.
③ 빌드 자동화 도구에는 Ant, Gradle, Jenkin 등이 있다.
④ Jenkins는 Groovy 기반으로 한 오픈소스로 안드로이드 앱 개발 환경에서 사용된다.

Groovy 기반으로 안드로이드 앱 개발 환경에서 사용되는 오픈소스 도구는 Gradle이다.

**06** 개발 환경 구성을 위한 빌드(Build) 도구에 해당하지 <u>않는</u> 것은?

① Ant
② Kerberos
③ Maven
④ Gradle

커버로스(Kerberos)는 '티켓(ticket)'을 기반으로 동작하며 클라이언트/서버 사이의 인증을 제공하는 암호화 프로토콜이다.

정답 01 ③ 02 ② 03 ④ 04 ② 05 ④ 06 ②

빈출 태그 형상 관리 • 형상 관리 항목 • 형상 관리 도구 • 형상 관리 절차

## 01 형상 관리(Configuration Management)

### 1) 형상 관리 23.8, 22.7, 22.4, 21.3, 20.6

#### ① 형상 관리의 개념

- 개발 단계에 생성되는 모든 문서, 코드 등 소프트웨어의 변경 사항을 체계적으로 관리하기 위하여 추적하고 통제하는 것이다.
- 작업 산출물을 형상 항목(Configuration Item)이라는 형태로 선정하고, 형상 항목 간의 변경 사항 추적과 통제 정책을 수립하고 관리한다.
- 요구사항 변경 또는 오류로 지속해서 변화하는 자료이며, 이러한 변화의 이력을 관리하여 유지보수성을 향상할 수 있다.
- 소프트웨어는 눈으로 확인할 수 있는 가시성★이 없으므로 개발 과정의 진행 정도를 확인하는 도구로 사용된다.
- 단순 버전 관리 기반의 소프트웨어 운용을 좀 더 포괄적인 학술 분야의 형태로 넓히는 근간을 의미한다.

#### ② 형상 관리 항목(Configuration Item) 20.9

- 개발 프로세스에서 생산되거나 사용되는 작업 산출물, 작업 산출물들의 집합체를 의미한다.
- 대표적인 소프트웨어 형상 항목
  - 프로젝트 요구 분석서
  - 운영 및 설치 지침서
  - 요구사항 명세서
  - 설계/인터페이스 명세서
  - 테스트 설계서
  - 소프트웨어 품질보증
  - 형상 관리, V&V 계획서와 같은 계획서 ——— 확인 및 검증(Verification & Validation)
  - 코드 모듈(소스와 오브젝트 전체)
  - 소스 코드, 테스트 코드 등

---

**🅑 기적의 TIP**

형상 관리는 개발 단계에 생성되는 모든 문서와 코드 등 소프트웨어에 관한 자료의 관리를 의미합니다. 이런 자료의 체계적 관리는 결과적으로 좋은 소프트웨어의 근간이 됩니다. 형상 관리의 개념, 관리 항목, 도구, 절차 등 출제된 내용이 반복 출제되니 기출 표기와 문제를 같이 확인합니다.

**★ 가시성**
눈에 띄는 정도를 말하며, 가시성이 결핍되면 소프트웨어의 계획, 분석, 개발, 테스트 등의 전체적인 흐름을 파악할 수 없게 된다는 것이다.

**🅑 기적의 TIP**

- 변경 관리 : 소스 코드 변경 사항에 대한 관리
- 버전 관리 : 변경 사항을 '버전'이란 개념을 통해 관리
- 형상 관리 : 위의 개념을 포함해 프로젝트와 관련된 모든 변경 사항을 관리

**✓ 개념 체크**

1 형상 관리는 개발 단계에 생성되는 모든 문서, 코드 등 소프트웨어의 변경 사항을 체계적으로 관리하기 위하여 추적하고 통제하는 것이다. (O, X)

1 O

③ 형상 관리의 필요성

- 이미 수정된 오류가 갑자기 다시 나타나거나, 사용하던 문서나 코드가 갑자기 사라지거나 찾을 수 없는 경우가 발생할 수 있다.
- 원시 코드와 실행 코드의 버전이 일치하지 않는다.
- 요구사항이 자주 변경되고, 변경이 어떤 결과를 가져올지 예측할 수 없다.
- 무엇을 변경해야 할지 막연하고, 따라서 변경에 대한 노력을 예측할 수 없다.
- 분산된 지역에서 소프트웨어를 병렬적으로 개발하기 어렵다.
- 제품 납기일을 맞추기가 어렵고, 프로젝트가 계획대로 잘 진행되고 있는지 알 수 없다.

④ 형상 관리의 효과

| 관리적 효과 | • 표준 확립으로 전사적 IT 자원 관리가 편리해지므로, 기간별/팀별/업무별 산출물 현황 및 변경 이력 통계를 파악할 수 있다.<br>• 제품 개발 관련 산출물이 자동 생성되고 관리된다.<br>• 개발/유지보수 활동을 통합 관리할 수 있다.<br>• 변경 프로세스의 체계를 확립하고, 외주 개발 통제 및 현황 파악에 도움이 된다. |
|---|---|
| 품질 향상 효과 | • 산출물 버전 관리를 자동으로 생성 관리할 수 있어 결함 및 오류가 감소한다.<br>• 변경 프로그램의 이력 관리를 통하여 문제 파악 및 버그 수정이 쉬워지고, 변경 내용의 영향 분석이 쉬워진다. |

⑤ 형상 관리 도구 24.5, 20.8

- 소프트웨어 개발 생명주기 전반에 걸쳐 생성되는 소스 코드와 문서 등과 같은 산출물의 종합 및 변경 과정을 체계적으로 관리하고 유지하는 일련의 개발 관리 활동이다.
- 소프트웨어에 가시성과 추적 가능성을 부여하여 제품의 품질과 안전성을 높인다.
- 형상 식별, 형상 통제, 형상 상태 보고, 형상 감사를 통하여 변경 사항을 관리한다.
- 이전 리비전이나 버전에 대한 정보에 접근할 수 있어 배포본 관리에 유용하다.
- 불필요한 사용자의 소스 수정을 제한할 수 있다.
- 같은 프로젝트에 대해 여러 개발자가 동시 개발이 가능하다.

⑥ 형상 관리 담당자

- 프로젝트 팀원 중 프로젝트 전체 흐름을 볼 수 있는 중간 개발자 이상의 인원 중 선정한다.
- 규모가 작은 프로젝트에서는 겸직할 수 있다.
- 형상 관리 계획서에 따라 형상 관리 활동 수행하며, 형상 관리의 생성 및 유지하는 책임을 진다.
- 형상 관리 절차의 개발 및 문서화와 베이스라인의 확립 및 변화 관리를 한다.
- 수행 활동
  - Kick-off Meeting 참석
  - 형상 관리 계획서 작성에 참여
  - 형상 항목 식별 및 관리
  - 주기적인 형상 상태 보고

✓ 개념 체크

1 형상 관리 효과 중 변경 프로그램의 이력 관리를 통하여 문제 파악 및 버그 수정이 쉬워지고, 변경 내용의 영향 분석이 쉬워지는 것은 관리적 효과에 해당한다.

(O, X)

1 X

⑦ 형상 통제 위원회(CCB : Configuration Control Board)
- 책임
  - 형상 항목의 변경을 수락 또는 거절하는 책임을 진다.
  - 형상 항목이 통제를 거쳐 변경되도록 한다.
- 담당자는 형상 항목의 변경으로 영향을 받는 사람들로 구성한다(프로젝트 관리자, 형상 담당자, 품질 담당자, 기술 담당자 또는 고객 측 담당자 등이 참여한다).
- 변경 내용의 중요도에 따라 '1급 형상 통제 위원회'와 '2급 형상 통제 위원회'로 구성하기도 한다.
- 형상 통제 위원회의 역할
  - 형상 항목을 결정한다.
  - 베이스라인 수립 여부를 결정한다.
  - 승인된 변경에 대한 책임 및 보증한다.
  - 베이스라인의 변경 요청이 필요한 경우, 이에 대한 검토 및 승인한다.
  - 베이스라인 라이브러리에 산출물들의 완성을 승인한다.

⑧ 베이스라인(Baseline, 기준선)
- 소프트웨어 개발의 특정 시점에서 형상 항목이 소프트웨어 개발에 하나의 완전한 산출물로써 쓰여질 수 있는 상태의 집합을 의미한다.
- 책임이 동반된 관리하에 선정되고 추후 개발의 기초가 되며, 오직 공식적인 변경 통제 절차에 의해서만 변경될 수 있는 대상이다. [IEEE 1024]

## 2) 형상 관리 절차 24.3, 21.8, 21.3

① 형상 관리 절차의 개념
형상 관리는 최초 계획을 수립하고 형상 식별, 통제, 감사, 기록 및 보고와 같은 활동들과 같은 일련의 과정들을 거치게 된다.

② 형상 식별(Configuration Identification)
- 형상 관리의 가장 기본이 되는 활동으로 형상 관리 계획을 근거로 형상 관리의 대상이 무엇인지 식별하는 과정이다.
- 변경 추적성 부여와 대상 식별을 위해 ID와 관리번호를 할당한다.
- 형상 항목 대상 : 품질 관리 계획서, 품질 관리 매뉴얼, 요구사항 명세서, 설계/인터페이스 명세서, 테스트 설계서, 소스 코드
- 형상 식별자 선정

| Project. ID | Doc. ID | Version. ID | Draft. ID |
| --- | --- | --- | --- |

  - 형상 항목에 유일한 이름과 번호를 정하고 버전을 부여하는 식별 체계를 의미한다.
  - 지정된 식별자는 산출물의 파일명으로 쓰이며, 일정한 법칙을 가지고 유지된다.
  - 파일명으로 문서의 종류와 버전을 쉽게 알 수 있는 장점이 있다.

**형상 항목 선정 활동**
- 관리 방법이나 변경에 대한 통제 여부에 따라 산출물을 구분하고, 이 중 변경에 대한 통제가 필요한 산출물을 선정하는 활동을 의미한다.
- 제품 개발 초기 단계에서 프로젝트 관리자가 형상 담당자나 형상 관리 대상이 되는 형상 항목을 선정한다.

**형상 통제 절차**

- 변경 요청 검토 : 변경 요청이 들어왔을 때, 해당 변경이 적절한지 검토하여 승인 여부를 결정한다.
- 변경 사항 문서화 : 변경 사항이 승인되면, 변경 요청서를 작성하여 변경 사항을 문서화한다.
- 변경 사항 추적 : 변경 사항이 문서로 만들어진 후에는 추적 시스템을 이용하여 변경 사항의 이력을 관리한다.
- 변경 사항 테스트 : 변경 사항이 이루어진 후에는 변경 사항이 시스템에 영향을 미치지 않는지 테스트한다.
- 변경 사항 승인 : 변경 사항이 모든 검토 및 테스트를 거쳤을 때, 변경 사항을 승인하여 형상 관리 시스템에 반영한다.
- 변경 사항 문서화 및 배포 : 변경 사항이 승인되면, 변경 사항에 대한 문서화 작업과 배포 작업을 수행한다.

**형상 관리 자동화 및 원시 코드 관리를 지원하는 도구**

- Inter solve PVCS
- Source Safe
- Rational Clear Case

### ③ 형상 통제(Configuration Control)

- 형상 통제위원회 운영을 통하여 변경 통제가 이루어져야 한다.
- 요구사항 변경 요구를 관리하고, 변경 제어, 형상 관리 등의 통제를 지원하고 기준선에 대한 관리 및 형상 통제를 수행할 수 있다.
- 시스템에 대한 변경 사항을 체계적으로 관리하고, 이를 통해 시스템의 안정성과 유지보수성을 높이는 데에 중요한 역할을 한다.

### ④ 형상 기록/보고

- 소프트웨어 개발 상태에 대한 보고서를 제공하는 단계로 기준선에 대한 변경과 처리 과정에서의 변경을 상태 보고에 모두 기록한다.
- 형상 상태 기록
  - 무슨 일이 있었는가?
  - 누가 수행했는가?
  - 언제 일어났는가?
  - 다른 것에 어떤 영향을 미쳤는가?
- 형상 상태 보고서
  - 형상 관리 계획서에서 정한 주기대로(분기를 넘지 않도록) 작성 및 제출한다.
  - 형상 담당자가 작성하고 상위 관리자에게 보고한다.
  - 주요 내용 : 베이스라인의 상태, 변경 제어 상태, 형상 통제위원회 활동 내역, 변경 요청의 상태 등

### ⑤ 형상 감사

- 기준선의 무결성 평가 단계로서 개발자, 유지보수 담당자가 아닌 제3자의 객관적인 확인 및 검증 과정을 통해 새로운 형상의 무결성을 확보하는 활동이다.
- 형상 감사 시 고려 사항
  - 명시된 변경이 정확하게 수정되었는가?
  - 기술 검토를 수행하였는가?
  - 개발 프로세스를 준수하였는가?
  - 변경 발생 시, 형상 관리 절차를 준수하였는가?
  - 변경에 대한 정보(변경일, 변경인, 변경 사항)를 기록하였는가?
- 기록/보고 항목
  - 승인된 형상 목록
  - 계획된 변경 상태
  - 승인된 변경의 구현 상태

✓ **개념 체크**

1 형상 관리 절차 중 시스템에 대한 변경 사항을 체계적으로 관리하고, 이를 통해 시스템의 안정성과 유지보수성을 높이는 데에 중요한 역할을 하는 것은?

1 형상 통제

**01** 소프트웨어의 개발 과정에서 소프트웨어의 변경 사항을 관리하기 위해 개발된 일련의 활동을 뜻하는 것은?

① 복호화
② 형상 관리
③ 저작권
④ 크랙

**형상 관리(Version Control Revision Control)**
• 구성 관리(Software Configuration Management)라고도 한다.
• 소프트웨어의 변경 사항을 체계적으로 관리하기 위하여 추적하고 통제하는 것이다.

**02** 소프트웨어 형상 관리에서 관리 항목에 포함되지 않는 것은?

① 프로젝트 요구 분석서
② 소스 코드
③ 운영 및 설치 지침서
④ 프로젝트 개발 비용

대표적인 소프트웨어 형상 항목 : 프로젝트 요구 분석서, 운영 및 설치 지침서, 요구사항 명세서, 설계/인터페이스 명세서, 테스트 설계서, 소프트웨어 품질보증, 형상 관리, V&V 계획서와 같은 계획서, 코드 모듈(소스와 오브젝트 전체)

**03** 제품 소프트웨어의 형상 관리 역할로 틀린 것은?

① 형상 관리를 통해 이전 리비전이나 버전에 대한 정보에 접근 가능하여 배포본 관리에 유용
② 불필요한 사용자의 소스 수정 제한
③ 프로젝트 개발 비용을 효율적으로 관리
④ 동일한 프로젝트에 대해 여러 개발자 동시 개발 가능

형상 관리 도구 : 소프트웨어 개발 생명주기 전반에 걸쳐 생성되는 소스 코드와 문서 등과 같은 산출물의 종합 및 변경 과정을 체계적으로 관리하고 유지하는 일련의 개발 관리 활동이다.

**04** 형상 관리의 개념과 절차에 대한 설명으로 **틀린** 것은?

① 형상 식별은 형상 관리 계획을 근거로 형상 관리의 대상이 무엇인지 식별하는 과정이다.
② 형상 관리를 통해 가시성과 추적성을 보장함으로써 소프트웨어의 생산성과 품질을 높일 수 있다.
③ 형상 통제 과정에서는 형상 목록의 변경 요구를 즉시 수용 및 반영해야 한다.
④ 형상 감사는 형상 관리 계획대로 형상 관리가 진행되고 있는지, 형상 항목의 변경이 요구사항에 맞도록 제대로 이뤄졌는지 등을 살펴보는 활동이다.

형상 통제 과정에서 형상 목록의 변경 요구의 경우 형상 통제 위원회를 통하여 변경 통제가 이루어져야 한다.

**05** 소프트웨어 형상 관리(Configuration Management)에 관한 설명으로 **틀린** 것은?

① 소프트웨어에서 일어나는 수정이나 변경을 알아내고 제어하는 것을 의미한다.
② 소프트웨어 개발의 전체 비용을 줄이고, 개발 과정의 여러 방해 요인이 최소화되도록 보증하는 것을 목적으로 한다.
③ 형상 관리를 위하여 구성된 팀을 "chief programmer team"이라고 한다.
④ 형상 관리의 기능 중 하나는 버전 제어 기술이다.

형상 관리를 위해 구성된 팀은 형상통제위원회이다.

▶ 합격 강의

출제빈도 상 **중** 하
반복학습 1 2 3

**기적의 TIP**

본 섹션에서는 버전 관리 도구의 관리 방식에 따른 분류와 종류, 주요 명령어가 출제됩니다. 출제 내용뿐 아니라 각 방식의 구분 방법, 도구의 종류별 특징, 명령어 등을 폭넓게 학습합니다.

## 01 버전 관리

### 1) 버전 관리와 변경 관리

형상 관리는 버전 관리, 리비전 관리, 변경 관리, 빌드 관리, 이슈 관리 등을 모두 포함한다.

① 버전 관리
- 과거부터 현재에 이르기까지 요구사항 등의 변화에 따라 다양한 형상 항목에 버전을 부여함으로써 이력을 관리하는 것이다.
- 버전을 통해 시간적인 변경 사항과 해당 작업 담당자를 추적할 수 있다.

② 변경 관리
- 변경된 요구사항에 대하여, 비용 및 기간 등을 고려하고 타당성을 평가한다.
- 요구사항이 타당한 경우 제품 또는 산출물을 변경하고, 그렇지 않을 때 변경을 거부하는 활동이다.

③ 형상 관리, 버전 관리, 변경 관리
- 형상 관리 ⊇ 버전 관리 ⊇ 변경 관리

| 형상 관리<br>(Configuration Management) | 버전, 변경 관리 개념을 포함하고, 프로젝트 진행 상황, 빌드와 릴리즈 퍼블리싱까지 모두 관리할 수 있는 통합 시스템이라고 할 수 있다. |
|---|---|
| 버전 관리<br>(Version Management) | • 변경 이력을 추적 관리하는 가장 좋은 방법이 버전으로 구분하는 것이다.<br>• 사소한 체크인, 체크아웃부터 릴리즈, 퍼블리싱의 과정을 버전으로 관리한다. |
| 변경 관리<br>(Change Management) | • 소스 코드의 변경 상황을 관리한다.<br>• 문서의 변경 이력과 복원 등의 기능이 제공된다. |

✓ **개념 체크**

1 (　　　)은(는) 다양한 형상 항목에 과거부터 현재에 이르기까지 요구사항 등의 변화에 따라 버전을 부여함으로써 이력을 관리하는 것이다.

1 버전 관리

## 2) 버전 관리 도구 구분

### ① 공유 폴더 방식

- 담당자 한 명이 공유 폴더 내 자료를 자신의 PC로 복사한 후 컴파일하여 이상 유무를 확인하고, 파일의 오류가 확인되면, 해당 파일을 등록한 개발자에게 수정을 의뢰한다.
- 개발자들은 매일 완료된 파일을 공유 폴더에 복사하여 관리한다.
- 파일에 이상이 없다면 다음날 각 개발자가 동작 여부를 다시 확인한다.
- 파일의 변경 사항을 데이터베이스에 기록하여 관리한다.
- 종류 : SCCS, RCS, PVCS, QVCS

### ② 클라이언트/서버 방식

- 버전 관리 자료가 중앙 시스템(서버)에 저장되어 관리되는 방식이다.
- 서버의 자료를 개발자별로 자신의 PC(클라이언트)로 복사하여 작업 후 변경된 내용을 서버에 반영하고, 모든 버전 관리는 서버에서 수행하는 방식이다.
- 하나의 파일을 서로 다른 개발자가 작업할 경우 경고 메시지를 출력한다.
- 서버에 문제가 생기면, 서버가 복구되기 전까지 다른 개발자와의 협업 및 버전 관리 작업을 중단한다.
- 종류 : CVS, SVN(Subversion), CMVC, Perforce, CVSNT, Clear Case

### ③ 분산 저장소 방식 24.5, 21.5

- 버전 관리 자료가 원격 저장소와 지역 저장소에 함께 저장되어 관리된다.
- 지역 저장소에서 버전 관리가 가능하므로 원격 저장소에 문제가 생겨도 지역 저장소의 자료를 이용하여 작업할 수 있다.
- 개발자별로 원격 저장소의 자료를 각자의 지역 저장소로 복사하여 작업 후 변경 사항을 지역 저장소에서 우선 적용하여 지역 버전 관리가 가능하다.
- 개발 완료한 파일을 수정한 다음에 지역 저장소에 먼저 커밋(Commit)한 이후, 다시 원격 저장소에 반영(Push)하는 방식이다.
- 종류 : Git, Bazaar, Mercurial, TeamWare, Bitkeeper, Plastic SCM, GNU arch

---

- SCCS : Source Code Control System
- RCS : Revision Control System
- PVCS : Polytron Version Control System
- QVCS : Quma Version Control System

**Perforce(P4D)**
- 2014년 출시된 형상 관리 툴이며, 코드와 바이너리 파일의 변환을 추적하기 위해 제작되었다.
- Merge 속도가 빠르다.
- 히스토리 검색이 편리하다.
- 리비전 넘버링 인터페이스가 편리하다.
- 큰 리소스 관리에 좋다.
- 바이너리 파일 처리가 매우 빠르다.
- 파일명이 바뀌면 히스토리 추적이 곤란하다.
- CLI(Command Line Interface)가 상대적으로 약하다.

**기타 분산 저장소 방식의 형상 관리 도구**
- Mercurial : Git와 유사한 형상 관리 도구로, 사용하기 쉽고 안정적이다. 오픈소스이며, 다양한 기능을 제공한다.
- Bazaar : 가벼우면서도 다양한 기능을 제공하는 형상 관리 도구이다. 개발자들 간에 협업하기 쉽고, 다양한 플랫폼을 지원한다.
- Darcs : 분산형 소프트웨어 버전 관리 시스템으로, 특히 오프라인에서 작업할 때 유용하다. 쉽게 배울 수 있고, 개발자들 간의 협업이 쉽다.
- Fossil : 분산형 형상 관리 도구 중 가벼운 도구이다. 자체적인 웹 인터페이스를 제공하며, 이를 통해 다양한 기능을 제공한다.

## 02 주요 버전 관리 도구 [21.5]

### 1) CVS(Concurrent Versions System)

- 동시 버전 시스템이다.
- 소프트웨어 프로젝트를 진행할 때, 파일로 이뤄진 모든 작업과 모든 변화를 추적하고, 여러 개발자가 협력하여 작업할 수 있게 한다.
- 오픈소스 프로젝트에서 널리 사용되었다.
- 최근에는 CVS가 한계를 맞아, 이를 대체하는 Subversion이 개발되었다.

> 동시에 소스를 수정하는 것을 방지하며 다른 방향으로 진행된 개발 결과를 합치거나 변경 내용을 추적할 수 있는 소프트웨어 버전 관리 도구

### 2) RCS(Revision Control System) [24.3, 22.4]

- CVS와의 차이점은 소스 파일의 수정을 한 사람만으로 제한한다.
- 다수의 사용자가 동시에 파일 수정을 할 수 없도록 파일 잠금 방식으로 버전을 관리하는 도구이다.
- RCS vs CVS

| 구분 | RCS | CVS |
|---|---|---|
| 소개 | 개별 파일의 버전 관리를 위한 도구 | 다중 파일의 버전 관리를 위한 도구 |
| 저장소 유형 | 중앙 집중식 | 중앙 집중식 |
| 파일 동기화 | 수동으로 동기화 | 자동으로 동기화 |
| 브랜치 관리 | 미지원 | 지원 |
| 파일 락 | 지원 | 지원 |
| 파일 충돌 | 충돌 발생 시 수동으로 해결 | 충돌 발생 시 자동으로 해결 |
| 클라이언트 | 명령줄 인터페이스 | 명령줄 인터페이스 및 GUI 클라이언트 |
| 속도 | 느림 | 빠름 |
| 기능 | 단순한 버전 관리 기능 제공 | 브랜치, 태그, 머지 등 다양한 기능 제공 |

### 3) SVN(Subversion)

- CVS와 비교하여 속도 개선, 저장 공간 절약, 변경 관리 단위가 작업 모음 단위로 개선 등이 이루어졌다.
- 2000년부터 콜랩넷에서 개발되었다.
- CVS와 사용 방법이 유사해 CVS 사용자가 쉽게 도입해 사용할 수 있다.
- 아파치 최상위 프로젝트로서 전 세계 개발자 커뮤니티와 함께 개발되고 있다.
- 디렉터리, 파일을 자유롭게 이동해도 버전 관리가 가능하다.
- SVN은 다양한 보안 기능을 제공하며, Windows, Mac, Linux 등 다양한 플랫폼에서 사용할 수 있다.

---

**SSH(Secure Shell)**
- SSH의 기본 네트워크 포트는 22번을 사용한다.
- 전송되는 데이터는 암호화된다.
- 키를 통한 인증은 클라이언트의 공개키를 서버에 등록해야 한다.
- 서로 연결되어 있는 컴퓨터 간 원격 명령 실행이나 셸 서비스 등을 수행한다.

**✓ 개념 체크**

1 2000년부터 콜랩넷에서 개발된 버전 관리 도구로, Windows, Mac, Linux 등 다양한 플랫폼에서 사용할 수 있으며, CVS보다 속도 개선, 저장 공간 절약, 변경 관리 단위가 작업 모음단위로 개선 등이 이루어진 것은?

1 SVN

• 주요 용어

| repository | 프로젝트의 파일 및 변경 정보가 저장되는 장소이다. |
|---|---|
| trunk | 메인 개발 소스. 개발 소스를 commit 했을 때 개발 소스가 모이는 곳이다. |
| branch | trunk에서 분기된 개발 소스로 실험적인 기능을 추가하거나, 출시를 위한 안정화 버전 작업을 할 때 사용한다. |
| tag | 특정 시점에서 프로젝트의 스냅숏을 찍어두는 것을 의미한다. |
| check-in 24.5 | 체크아웃으로 가져온 파일을 수정 후 저장소(Repository)에 새로운 버전으로 갱신한다. |

• SVN vs CVS

| 기능/속성 | SVN(Subversion) | CVS(Concurrent Versions System) |
|---|---|---|
| 형상 관리 유형 | 중앙 집중식 버전 관리 시스템 | 중앙 집중식 버전 관리 시스템 |
| 브랜치 및 태그 | 브랜치 및 태그가 디렉터리 구조로 관리됨 | 브랜치 및 태그가 별도로 관리됨 |
| 병합 | 병합 작업이 상대적으로 간단함 | 주로 특정 브랜치 간 병합이 어려움 |
| 이진 파일 지원 | 이진 파일 관리가 강화됨 | 이진 파일 관리에 제한적 |
| 릴리즈 노트 지원 | 지원함 | 지원하지 않음 |
| 보안 및 권한 관리 | 서버 레벨 및 권한 관리 지원 | 간단한 접근 제어만 가능 |
| 네트워크 프로토콜 | 커스텀 프로토콜(svn://, http:// 등) | 표준 rsh, ssh 등 프로토콜 사용 |
| 저장소 포맷 | 더 최신의 저장소 포맷을 사용함 | 구식 포맷 사용 |
| 변경 세트 추적 | 변경된 파일 그룹을 한 번에 커밋 가능 | 개별 파일 기반으로 변경 내역을 커밋 |
| 검색 및 쿼리 | 파일 및 디렉터리 이력에 대한 쿼리 가능 | 기능이 제한적 |

## 4) Bit Keeper

• SVN과 비슷한 중앙 통제 방식으로 대규모 프로젝트에서 빠른 속도를 내도록 개발된 버전 관리 도구이다.
• Linux 커널 개발에서 사용되었다.

## 5) Git

리눅스 커널의 소스 코드 관리를 위해 사용하던 BitKeeper의 라이센스 문제로 인해 개발되었음

• 프로그램 등의 소스 코드 관리를 위한 분산 저장소 방식 시스템이다.
• 2005년 리누스 토르발스가 리눅스 커널 개발에 이용하려고 개발하였으며, 현재는 다른 곳에도 널리 사용되고 있다.
• 지역 저장소와 원격 저장소 2개의 저장소가 존재한다.

• 지역 저장소 : 개발자가 실제 작업하는 저장소
• 원격 저장소 : 다수 개발자가 협업을 위해 공동 관리하는 저장소

• 지역 저장소에서 버전 관리가 진행되어, 버전 관리가 빠르다.
• Git의 작업 폴더는 모두, 전체 기록과 각 기록을 추적할 수 있는 정보를 포함하고 있으며, 완전한 형태의 저장소이다.
• 네트워크에 접근하거나 중앙 서버에 의존하지 않는다.

**SVN**

파일 락을 이용하여 동시에 파일을 수정하는 것을 방지하는 방식이며, 파일 변경 이력을 통째로 저장하여 파일 크기가 커질 가능성이 있다.

**컴포넌트 저장소(Repository)**

• 인증받은 컴포넌트를 등록하는 저장소로 손쉽게 컴포넌트를 이용할 수 있다.
• 저장소는 컴포넌트의 최신 버전을 유지하고 있으며, 컴포넌트의 버전별 상태도 유지하고 관리함으로써 사용자가 컴포넌트 이용을 쉽게 한다.

• Git vs SVN

| 기능/속성 | Git | SVN(Subversion) |
|---|---|---|
| 분산형 관리 | 각 개발자가 로컬 저장소를 가짐 | 중앙 집중식 버전 관리 시스템 |
| 저장소 모델 | 브랜치와 마스터 브랜치 구조 | 브랜치 및 태그가 디렉터리 구조로 관리됨 |
| 브랜치 및 병합 | 브랜치와 병합이 간편함 | 복잡한 브랜치 및 병합 작업 가능 |
| 원격 저장소 | 다수의 원격 저장소와 연결 가능 | 하나의 중앙 원격 저장소만 사용 |
| 커밋 | 로컬에서 커밋 후 원격으로 푸시 | 로컬에서 커밋 후 중앙으로 커밋 |
| 변경 이력 추적 | 파일 단위가 아닌 줄 단위로 추적 | 파일 단위로 변경 이력 추적 |
| 이진 파일 지원 | 이진 파일도 관리 가능 | 이진 파일 관리 가능 |
| 경량 태그 | 태그는 브랜치와 비슷한 경량 개념 | 더 많은 메타데이터와 함께 태그 생성 |
| 보안 및 권한 관리 | 제한된 접근 제어 및 권한 설정 가능 | 서버 레벨에서 권한 관리 지원 |
| 커밋 ID | 해시값을 사용하여 고유한 커밋 ID 생성 | 일련번호를 사용한 커밋 ID 생성 |
| 네트워크 프로토콜 | HTTPS, SSH 등 다양한 프로토콜 지원 | 커스텀 프로토콜(svn://, http:// 등) |
| 개발자 경험 | 복잡한 명령어보다 간편한 명령어 사용 | 명령어가 상대적으로 복잡함 |

## 6) Clear Case

• 복수 서버, 복수 클라이언트 구조이다.
• 서버 확장 요구가 있을 때 필요한 서버를 하나씩 추가할 수 있다.

**기적의 TIP**

버전 관리 도구 명령어는 단어 의미를 보면 쉽게 이해할 수 있습니다. 단어 의미를 통해 정리합니다.

## 03 주요 명령어

### 1) Git 주요 명령어

| init | 새로운 로컬 git 생성하기 |
|---|---|
| add | 저장소(Staging Area)에 파일을 추가하기 |
| commit | 작업 내역 지역 저장소에 저장하기 |
| branch | 새로운 파생 저장소인 브랜치 생성하기 |
| check out | 선택한 브랜치로 이동하기 |
| merge | 현재 브랜치와 지정한 브랜치를 병합하기 |
| fetch | Git 서버에서 코드를 받아오기 |
| pull | Git 서버에서 최신 코드 받아와 병합하기 |
| remote | 원격 저장소 추가하기 |
| clone | 원격 저장소에 있는 프로젝트 복사하여 내려받기 |
| push | 원격 저장소에 업로드 |

**개념 체크**

1 (　　)은(는) 2005년 리누스 토르발스가 리눅스 커널 개발에 이용하려고 개발하였으며, 현재는 다른 곳에도 널리 사용되고 있다.

1 Git

## 2) Subversion(SVN) 주요 명령어 <sup>20.8</sup> 

| import | 아무것도 없는 서버의 저장소에 맨 처음 소스 파일을 저장한다. |
|---|---|
| check out | 타 개발자가 수정 작업을 위하여 저장소(Repository)에 저장된 파일을 자신의 작업 공간으로 인출한다. |
| commit | 체크인 시 이전 갱신 사항이 있는 경우, 충돌(Conflict)이 있으면 알림을 표시하고 diff(코드 비교) 도구를 이용하여 수정한 뒤 Commit(예치) 과정을 수행한다. |
| diff | 새로운 개발자가 추가된 파일의 수정 기록(Change Log)을 보면서 기존 개발자가 처음 추가한 파일과 이후 변경된 파일의 차이를 본다. |
| update | 저장소에 존재하는 최신 버전 자료와 자신의 작업 공간과 동기화(Update)한다. |
| branch | 주 저장소에서 파생된 프로젝트이다. |
| fork | 주 저장소에서 소프트웨어 소스 코드를 통째로 복사하여 독립적인 새로운 소프트웨어 개발을 허용하는 것으로 제시된 라이선스 기준을 지켜야 한다. |
| info | 지정된 파일에 대한 정보를 표시한다. |
| merge | 다른 디렉터리에서 작업 된 버전 관리 내역을 기본 개발 작업과 병합한다. |

 개념 체크

1 원격 저장소에 있는 프로젝트를 복사하여 내려받는 Git 명령어는?

1 clone

**01** git에서 원격 저장소(Remote Repository)를 복제하는 명령어는 무엇인가?

① git clone ② git push
③ git pull ④ git remote add

clone : 원격 저장소에 있는 프로젝트를 복사하여 내려받기

**02** 다음 설명의 소프트웨어 버전 관리 도구 방식은?

> – 버전 관리 자료가 원격 저장소와 로컬 저장소에 함께
>   저장되어 관리된다.
> – 로컬 저장소에서 버전 관리가 가능하므로 원격 저장
>   소에 문제가 생겨도 로컬 저장소의 자료를 이용하여
>   작업할 수 있다.
> – 대표적인 버전 관리 도구로 Git이 있다.

① 단일 저장소 방식
② 분산 저장소 방식
③ 공유 폴더 방식
④ 클라이언트 · 서버 방식

분산 저장소 방식
• 버전 관리 자료가 원격 저장소와 로컬 저장소에 함께 저장되어 관리된다.
• 로컬 저장소에서 버전 관리가 가능하므로 원격 저장소에 문제가 생겨도 로컬
  저장소의 자료를 이용하여 작업할 수 있다.
• 개발자별로 원격 저장소의 자료를 각자의 로컬 저장소로 복사하여 작업 후 변
  경 사항을 로컬 저장소에서 우선 적용하여 로컬 버전 관리가 가능하다.
• 개발 완료한 파일을 수정한 다음에 로컬 저장소에 먼저 커밋(Commit)한 이후,
  다시 원격 저장소에 반영(Push)하는 방식이다.
• 종류 : Git, Bazaar, Mercurial, TeamWare, Bitkeeper, Plastic SCM, GNU
  Arch

**03** 동시에 소스를 수정하는 것을 방지하며 다른 방향으로 진행된 개발 결과를 합치거나 변경 내용을 추적할 수 있는 소프트웨어 버전 관리 도구는?

① RCS(Revision Control System)
② RTS(Reliable Transfer Service)
③ RTC(Remote Procedure Call)
④ RVS(Relative Version System)

RCS(Revision Control System) : CVS와의 차이점은 소스 파일의 수정을 한
사람만으로 제한한다.

**04** 응용 프로그램의 프로시저를 사용하여 원격 프로시저를 로컬 프로시저처럼 호출하는 방식의 미들웨어는?

① WAS(Web Application Server)
② MOM(Message Oriented Middleware)
③ RPC(Remote Procedure Call)
④ ORB(Object Request Broker)

원격 프로시저 호출(RPC : Remote Procedure Call)
• 네트워크를 통해 다른 시스템 또는 프로세스에서 실행 중인 프로시저(함수 또
  는 메서드)를 호출하는 방법을 제공하는 프로그래밍 개념이다.
• 분산 컴퓨팅 환경에서 프로그램 간 통신을 간단하게 만드는 데 사용된다.

**05** 소프트웨어 형상 관리에 대한 설명으로 거리가 먼 것은?

① 소프트웨어에 가해지는 변경을 제어하고 관리한다.
② 프로젝트 계획, 분석서, 설계서, 프로그램, 테스트 케이스 모두 관리 대상이다.
③ 대표적인 형상 관리 도구로 Ant, Maven, Gradle 등이 있다.
④ 유지보수 단계뿐만 아니라 개발 단계에도 적용할 수 있다.

Ant, Maven, Gradle은 빌드 자동화 도구이다.

**06** 버전 관리 항목 중 저장소에 새로운 버전의 파일로 갱신하는 것을 의미하는 용어는?

① 형상 검사(Configuration Audit)
② 롤백(Rollback)
③ 단위 테스트(Unit Test)
④ 체크인(Check-In)

Check-in : 체크아웃으로 가져온 파일을 수정 후 저장소(Repository)에 새로운
버전으로 갱신한다.

정답 01 ① 02 ② 03 ① 04 ③ 05 ③ 06 ④

# 시스템 인터페이스 구현

학습 방향

시스템 인터페이스 구현 챕터에서는 모듈의 통합 과정에 각 모듈 및 시스템을 연결하는 방식에 관한 내용을 학습합니다. 모듈 연계 방식, 인터페이스 구현을 위한 연계 기술, 인터페이스 구현 도구, 인터페이스 보안 적용 등의 내용이 출제됩니다. 사용자 인터페이스와 구분하여 정리하세요.

**출제빈도**

| SECTION 01 | 중 | 25% |
| SECTION 02 | 상 | 50% |
| SECTION 03 | 중 | 25% |

# 모듈 연계

▶ 합격 강의

**빈출 태그** EAI · EAI 유형

**★ 정적, 동적 모형**
· 정적 모형 : 송신 시스템, 수신
시스템, 중계 시스템 자체를 설
계한 모형이다.
· 동적 모형 : 송·수신 시스템 사
이에서 데이터가 송·수신될 때
데이터의 흐름, 변환 형태를 모
형화한 것이다.

## 01 인터페이스 기능 확인

### 1) 인터페이스 설계서(정의서)

① 인터페이스 설계서의 개념
- 시스템의 인터페이스 현황을 한눈에 확인하기 위하여, 이기종의 시스템 간 데이터 교환과 처리를 위하여 사용되는 데이터뿐 아니라 업무, 그리고 송·수신 시스템 등에 관한 상세 내용을 기술한 문서이다.
- 정적, 동적 모형★을 통한 설계서, 일반적 형태의 설계서로 구분된다.
- 클래스는 분할 배치하고 적절한 주석을 통해 가독성을 높인다.

② 클래스 분할 배치
- 시각적인 다이어그램을 이용하여 정적, 동적 모형으로 각 시스템의 구성 요소를 표현한 문서이다.
- 각 인터페이스가 어느 부분에 속하는지 분석할 수 있다.
- 교환 트랜잭션 종류를 분석할 수 있다.

③ 적절한 주석
- 개별 인터페이스의 상세 데이터 명세, 시스템 인터페이스 목록, 각 기능의 세부 인터페이스 정보를 정의한 문서이다.
- 시스템 인터페이스 설계서 : 시스템 인터페이스 목록을 만들고 각 인터페이스 목록에 대한 상세 데이터 명세를 정의하는 것이다.
- 상세 기능별 인터페이스 명세서 : 각 기능의 세부 인터페이스 정보를 정의한 문서이다.

### 2) 인터페이스 기능 확인 순서
- 인터페이스 설계서의 외부 및 내부 모듈의 기능을 확인한다.
- 인터페이스 설계서의 외부 및 내부 모듈을 기반으로 공통으로 제공되는 기능과 각 데이터의 인터페이스를 확인한다.

## 02 모듈 연계

### 1) 데이터 표준 확인

- 내/외부 모듈 간 데이터를 교환 시 데이터 표준을 정의하고 이를 관리하여야 한다.
- 기존 데이터 중 공통 영역을 추출하여 정의하는 경우와 인터페이스를 위해 다른 한쪽의 데이터 형식을 변환하는 경우가 있다.
- JSON, DB, XML, YAML, AJAX, CSV, REST 등 다양한 표준으로 인터페이스 모듈을 표현할 수 있다.
- 절차 : 인터페이스 기능을 통해 인터페이스 데이터 표준을 확인 → 인터페이스 데이터 항목을 식별 → 데이터 표준을 최종 확인

### 2) 모듈 연계

- 시스템 인터페이스를 목적으로 내부 모듈-외부 모듈 또는 내부 모듈-내부 모듈 간 인터페이스를 위한 관계를 설정하는 것이다.
- EAI, ESB, Web Service, IPC 등의 방식이 있다.

### 3) EAI(Enterprise Application Integration) 23.8, 23.6, 23.3

① EAI의 개념

- 기업 내부에서 운영되는 각종 플랫폼 및 애플리케이션 간의 정보 전달, 연계, 통합을 가능하게 해주는 솔루션이다.
- 각 비즈니스 간 통합 및 연계성을 증대시켜 효율성을 높일 수 있다.
- 각 시스템 간의 확정성을 높여 줄 수 있다.
- 대상 시스템에 비표준 어댑터를 배포하여 통합하는 방식이다.

② EAI 유형 20.9, 20.6

| 유형 | | 기능 |
|---|---|---|
| Point-to-Point | | • 애플리케이션을 중간 미들웨어 없이 Point to Point로 연결하는 기본적인 통합 방식이다.<br>• 별도로 솔루션(미들웨어)을 구매하지 않고 구축할 수 있다.<br>• 상대적으로 저렴하게 구축할 수 있지만 변경 및 재사용이 어렵다. |
| Hub & Spoke | | • 단일 접점인 허브 시스템을 통해 데이터를 전송하는 중앙 집중형 방식으로 확장 및 유지보수가 수월하다.<br>• 중앙 허브에 장애가 생기면 시스템 전체에 영향을 준다. |
| Message Bus 21.5 | | • 애플리케이션 사이에 미들웨어를 배치하여 처리하는 방식으로 확장성이 뛰어나다.<br>• 대용량 데이터 처리에 유리하다. |
| Hybrid 23.3, 20.9 | | • Hub & Spoke와 Message Bus의 혼합 방식이다.<br>• 그룹 내 : Hub & Spoke, 그룹 간 : Message Bus<br>• 데이터 병목현상을 최소화할 수 있다.<br>• 필요한 경우 한 가지 방식으로 EAI 구현이 가능하다. |

✓ 개념 체크

1 SOA는 기업 내부에서 운영되는 각종 플랫폼 및 애플리케이션 간의 정보 전달, 연계, 통합을 가능하게 해주는 솔루션이다. (O, X)

1 X

③ EAI 구성 요소

- EAI 플랫폼
  - 이기종 시스템 간 애플리케이션을 상호 운영할 수 있도록 도와준다.
  - 데이터의 신뢰성 있는 전송을 위한 메시지 큐와 트랜잭션 미들웨어 기능을 수행한다.
  - 대규모 사용자 환경 지원을 위한 유연성과 확장성을 보장한다.
- 어댑터
  다양한 패키지 애플리케이션 및 기업에서 자체적으로 개발한 애플리케이션을 연결하는 EAI의 핵심 장치로 데이터 입출력 도구이다.
- 브로커
  시스템 상호 간 데이터가 전송될 때, 데이터 포맷과 코드를 변환하는 솔루션이다.
- 메시지 큐
  비동기 메시지를 사용하는 다른 응용 프로그램 사이에서 데이터를 송·수신하는 기술이다.
- 비즈니스 워크플로우
  미리 정의된 기업의 비즈니스 Workflow에 따라 업무를 처리하는 기능이다.

## 4) ESB(Enterprise Service Bus)

### ① ESB의 개념

- 애플리케이션 간의 데이터 변환 및 연계 지원 등을 제공하는 인터페이스 제공 솔루션이다.
- 애플리케이션 간의 통합 관점으로 EAI와 유사하다고 볼 수 있으나 애플리케이션보다는 서비스 중심으로 통합을 지향하는 아키텍처 또는 기술을 의미한다.
- 범용적으로 사용하기 위해서는 애플리케이션과의 결합도를 약하게 유지해야 한다.
- 웹 서비스(Web Service) 중심으로 표준화된 데이터와 버스를 통해 이기종 애플리케이션을 유연(Loosely-Coupled)하게 통합하는 핵심 플랫폼(기술)이다.
- 관리 및 보안이 쉽고 높은 수준의 품질 지원이 가능하다.

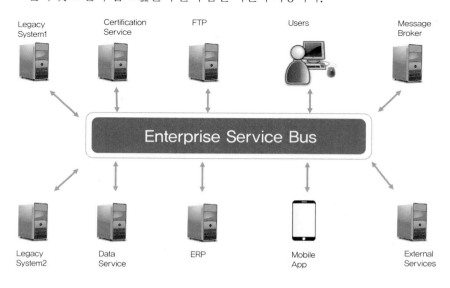

② EAI vs ESB

| 구분 | EAI | ESB |
|------|-----|-----|
| 개념 | 기업 애플리케이션 간의 통합을 위한 소프트웨어 아키텍처 | 서비스 지향 아키텍처를 기반으로 하는 통합 플랫폼 |
| 통합 방식 | Point-to-Point, Publish-Subscribe 등 다양한 방식 제공 | Enterprise Service Bus를 통해 표준화된 방식 제공 |
| 연결 방식 | 직접 연결(Ad-hoc) 방식 | 중앙 집중형(Broker) 방식 |
| 프로토콜 | 다양한 프로토콜 지원 | 다양한 프로토콜 지원 |
| 비즈니스 규칙 | EAI 서버에서 처리 | ESB에서 처리 |
| 트랜잭션 관리 | 각각의 애플리케이션에서 관리 | ESB에서 관리 |
| 확장성 | 확장성이 낮음 | 확장성이 높음 |
| 성능 | 성능이 떨어짐 | 성능이 우수함 |
| 유연성 | 제한된 유연성 | 높은 유연성 |

- EAI에서는 비즈니스 규칙 처리를 EAI 서버에서 처리하지만, ESB에서는 ESB에서 처리한다.
- 트랜잭션 관리도 ESB에서 처리하기 때문의 EAI에 비해 ESB의 확장성과 성능이 좋다.
- EAI는 제한된 유연성을 가지고 있지만, ESB는 높은 유연성을 가지고 있다.

## 5) Web Service

- 네트워크의 정보를 표준화된 서비스 형태로 만들어 공유하는 기술로, 서비스 지향 아키텍처(SOA) 개념을 실현하는 대표적인 기술이다.
- ESB vs Web Service

| 구분 | ESB | Web Service |
|------|-----|-------------|
| 개념 | 서비스 지향 아키텍처를 기반으로 하는 통합 플랫폼 | 네트워크상에서 서로 다른 플랫폼 간의 통신을 가능하게 하는 소프트웨어 시스템 |
| 기술 | SOAP, REST, JMS 등 다양한 기술을 이용하여 서비스 통합 | XML, SOAP, WSDL, UDDI 등 다양한 기술을 이용하여 개발 |
| 역할 | 서로 다른 애플리케이션 간의 통신을 위한 브로커 역할 및 비즈니스 프로세스 관리 | 네트워크상에서 데이터 교환을 위한 인터페이스 역할 |
| 컴포넌트 | 라우터, 변환기, 어댑터, 메시지 버퍼 등 다양한 컴포넌트 포함 | 서비스 인터페이스, 웹 서비스 클라이언트 등 컴포넌트 포함 |
| 데이터 포맷 | 다양한 데이터 포맷 지원 | 주로 XML 기반 데이터 포맷 사용 |
| 보안 | 보안 기능 제공 | 보안 기능을 제공하지 않음 |
| 확장성 | 확장성이 높음 | 확장성이 높음 |
| 비즈니스 규칙 | 비즈니스 규칙 처리 기능 제공 | 비즈니스 규칙 처리 기능 제공하지 않음 |

**웹 서비스의 구성(Web Service)**

- SOAP(Simple Object Access Protocol) : HTTP, HTTPS, SMTP 등을 활용하여 XML 기반의 메시지를 네트워크상에서 교환하는 프로토콜이다.
- UDDI(Universal Description, Discovery and Integration) : WSDL을 등록하여 서비스와 서비스 제공자를 검색하고 접근하는 방식으로 사용된다. 인터넷에서 전 세계의 비즈니스 업체 목록에 자신의 목록을 등록하기 위한 확장성 생성 언어 XML 기반의 규격이다.
- WSDL(Web Service Description Language) : 웹 서비스명, 서비스 제공 위치, 프로토콜 등 웹 서비스에 대한 상세 정보를 XML 형식으로 구현한다.

### 6) IPC 방식(Inter-Process Communication)

- 운영체제에서 프로세스 간 서로 데이터를 주고받기 위한 통신 기술이다.
- 프로세스 간 데이터를 주고받을 수 있으며, 이를 통해 서로 다른 프로세스 간에 데이터를 공유하거나 서비스를 제공할 수 있다.
- 프로세스 사이의 동기를 맞추는 기능을 제공한다.
- IPC의 주요 기술
  - 파이프(Pipe) : 단방향 통신을 지원하는 기술로, 한쪽에서 쓰고 다른 한쪽에서 읽는 방식으로 데이터를 전달한다.
  - 소켓(Socket) : 양방향 통신을 지원하는 기술로, 클라이언트와 서버 간의 네트워크 통신을 가능하게 한다.
  - 메시지 큐(Message Queue) : 데이터를 큐 형태로 저장하고 전달하는 기술로, 큐에 저장된 데이터는 여러 프로세스에서 동시에 접근할 수 있다.
  - 공유 메모리(Shared Memory) : 여러 프로세스에서 동시에 접근할 수 있는 메모리 영역을 생성하여 데이터를 공유하는 기술이다.

---

**✓ 개념 체크**

1 IPC 방식의 주요 기술 중 (   )은(는) 단방향 통신을 지원하는 기술로, 한쪽에서 쓰고 다른 한쪽에서 읽는 방식으로 데이터를 전달한다.

1 파이프(Pipe)

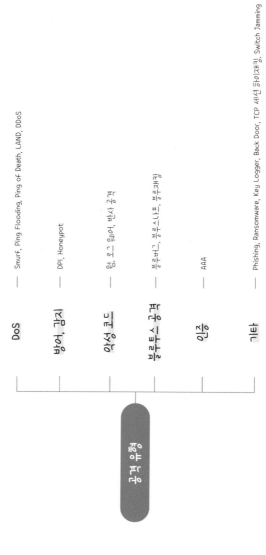

# 5과목 정보 시스템 구축 관리  공격 유형

**공격 유형**

- DoS —— Smurf, Ping Flooding, Ping of Death, LAND, DDoS
- 방어, 감지 —— DPI, Honeypot
- 악성 코드 —— 웜, 트로이 목마, 백신 공격
- 네트워크 공격 —— 스푸핑, 스니핑, 세션 하이재킹
- 인증 —— AAA
- 기타 —— Phishing, Ransomware, Key Logger, Back Door, TCP 세션 하이재킹, Switch Jamming

# 5과목 정보 시스템 구축 관리 인증 및 통제

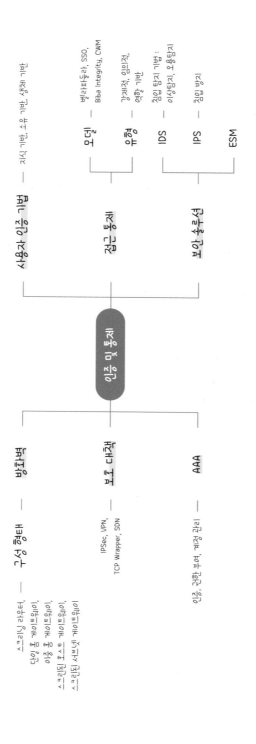

**인증 및 통제**

- 사용자 인증 기법 ── 지식 기반, 소유 기반, 생체 기반
- 접근 통제
  - 모델 ── 벨라파듈라, SSO, Biba Integrity, CWM
  - 유형 ── 강제적, 임의적, 역할 기반
  - IDS ── 침입 탐지 기법 : 이상탐지, 오용탐지
  - IPS ── 침입 방지
  - ESM ── 침입 방지

- 방화벽 ── 구성 형태
  - 스크리닝 라우터,
  - 단일 홈 게이트웨이,
  - 이중 홈 게이트웨이,
  - 스크린된 호스트 게이트웨이,
  - 스크린된 서브넷 게이트웨이

- 보안 대책 ── IPSec, VPN, TCP Wrapper, SDN

- AAA ── 인증, 권한 부여, 계정 관리

# 5과목 정보 시스템 구축 관리 개발 보안

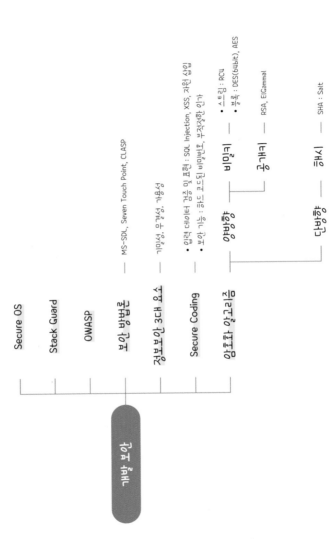

- Secure OS
- Stack Guard
- OWASP
- 보안 방법론 —— MS-SDL, Seven Touch Point, CLASP
- 정보보안 3대 요소 —— 기밀성, 무결성, 가용성
- Secure Coding
  - 입력 데이터 검증 및 표현 : SQL Injection, XSS, 자원 삽입
  - 보안 기능 : 중요 코드 노출 비밀번호, 부적절한 인가
- 암호화 알고리즘
  - 양방향
    - 비밀키 —— • 스트림 : RC4
      • 블록 : DES(64bit), AES
    - 공개키 —— RSA, ElGammal
  - 단방향 —— 해시 —— SHA : Salt

핵심 정리

# 5과목 정보 시스템 구축 관리 신기술

**신기술**

- 네트워크 —— RIP, OSPF, MQTT, Paas-TA, PICONET, Smart Grid, Mesh Network, WDM
- 소프트웨어 —— SDDC, Digital Twin, BaaS, Mashup
- 하드웨어 —— N-Screen, RAID, SAN, SDS
- 데이터베이스 —— 데이터 마이닝, HADOOP, Map Reduce

# 5과목 정보 시스템 구축 관리 개발 표준

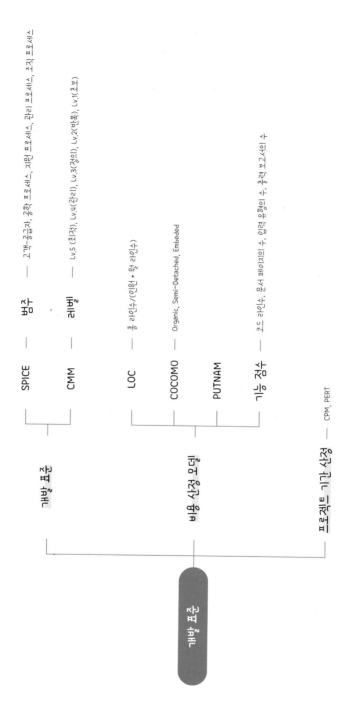

**개발 표준**

- SPICE — 범주 — 고객-공급자, 공학 프로세스, 지원 프로세스, 관리 프로세스, 조직 프로세스
- CMM — 레벨 — Lv.5 (최적화), Lv.4(관리), Lv.3(정의), Lv.2(반복), Lv.1(초기)

**비용 산정 모델**

- LOC — 총 라인수/(인원 * 월 라인수)
- COCOMO — Organic, Semi-Detached, Embeded
- PUTNAM
- 기능 점수 — 코드 라인수, 문서 페이지의 수, 입력 유형의 수, 출력 보고서의 수

**프로젝트 기간 산정** — CPM, PERT

**개발 표준**

# 5과목 정보 시스템 구축 관리 개발 방법론

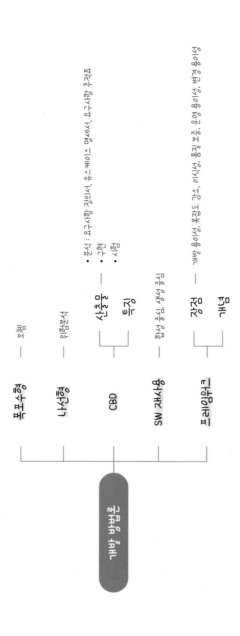

**개발 방법론**

- 표표수행 ── 보편
- 나선형 ── 위험분석
- CBD
  - 산출물 ── 분석 : 요구사항 정의서, 유스케이스 명세서, 요구사항 추적표
    - 구현
    - 시험
  - 특징 ── 컴포넌트 중심, 재사용 중심
- SW 재사용 ── 합성 중심, 생성 중심
- 프레임워크
  - 장점 ── 개발 용이성, 보장도 향상, 이식성, 품질 보증, 운영 용이성, 변경 용이성
  - 개념

# 4과목 프로그래밍 언어 활용 네트워크

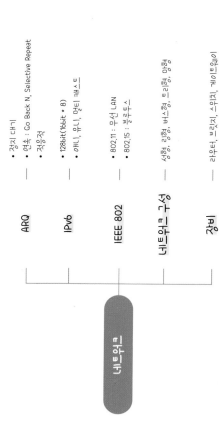

**네트워크**

- **ARQ**
  - 정지 대기
  - 연속 : Go Back N, Selective Repeat
  - 적응적

- **IPv6**
  - 128bit(16bit * 8)
  - 애니, 유니, 멀티 캐스트

- **IEEE 802**
  - 802.11 : 무선 LAN
  - 802.15 : 블루투스

- **네트워크 구성** — 성형, 링형, 버스형, 트리형, 망형

- **장비** — 라우터, 브리지, 스위치, 게이트웨이

# 4과목 프로그래밍 언어 활용 OSI, TCP/IP

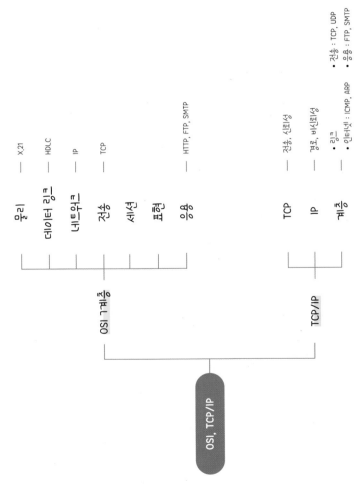

OSI 7계층
- 물리 —— X.21
- 데이터 링크 —— HDLC
- 네트워크 —— IP
- 전송 —— TCP
- 세션
- 표현
- 응용 —— HTTP, FTP, SMTP

TCP/IP
- TCP —— 전송, 신뢰성
- IP —— 경로, 비신뢰성
- 계층
  - 링크
  - 인터넷 : ICMP, ARP
  - 전송 : TCP, UDP
  - 응용 : FTP, SMTP

OSI, TCP/IP

# 4과목 프로그래밍 언어 활용 **기억 장치**

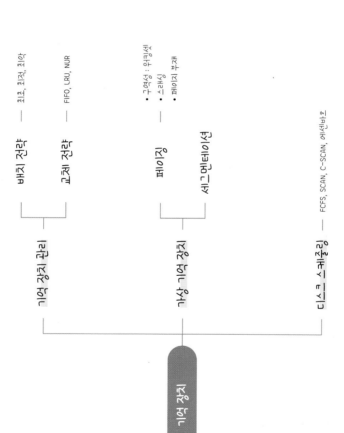

**기억 장치**

기억 장치 관리
- 배치 전략 ── 최초, 최적, 최악
- 교체 전략 ── FIFO, LRU, NUR

가상 기억 장치
- 페이징 ──
  - 구역성 : 워킹셋
  - 스래싱
  - 페이지 부재
- 세그멘테이션

디스크 스케줄링 ── FCFS, SCAN, C-SCAN, 에신바흐

# 4과목 프로그래밍 언어 활용 운영체제(OS)

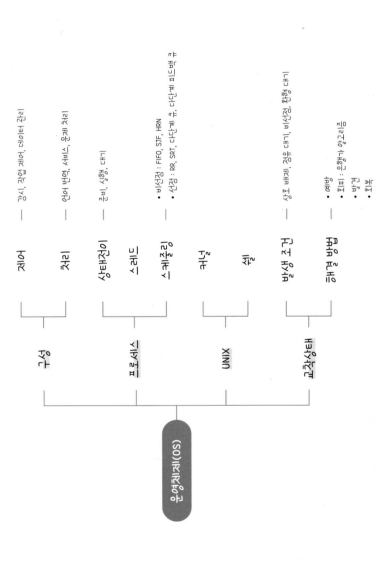

**운영체제(OS)**

- **구성**
  - 제어 — 감시, 작업 제어, 데이터 관리
  - 처리 — 언어 번역, 서비스, 문제 처리
- **프로세스**
  - 상태전이 — 준비, 실행, 대기
  - 스레드
  - 스케줄링
    - 비선점 : FIFO, STF, HRN
    - 선점 : RR, SRT, 다단계 큐, 다단계 피드백 큐
- **UNIX**
  - 커널
  - 셸
- **교착상태**
  - 발생 조건 — 상호 배제, 점유 대기, 비선점, 환형 대기
  - 해결 방법
    - 예방
    - 회피 : 은행가 알고리즘
    - 발견
    - 회복

# 4과목 프로그래밍 언어 활용 Java, 스크립트 언어

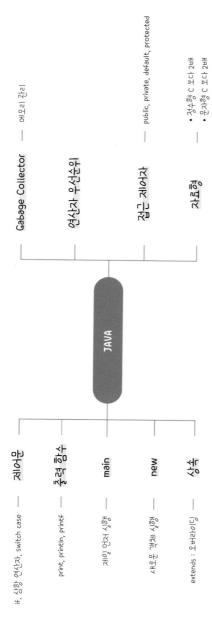

**JAVA**

제어문 — if, 상향 연산자, switch case

출력 함수 — print, println, printf

main — 제이 인자 시작점

new — 새로운 객체 시작점

상속 — extends : 오버라이딩

Gabage Collector — 메모리 관리

연산자 우선순위

접근 제어자 — public, private, default, protected

자료형
- 정수형 C 보다 2배
- 문자형 C 보다 2배

**스크립트 언어**

종류(서버측) — ASP, JSP, PHP, Python

Python
- 개요
- 문자열함수
- 조건문 : if ~ elif
- Scrapy
- 리스트
- 딕셔너리

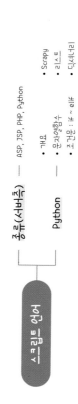

# 4과목 프로그래밍 언어 활용 C 언어

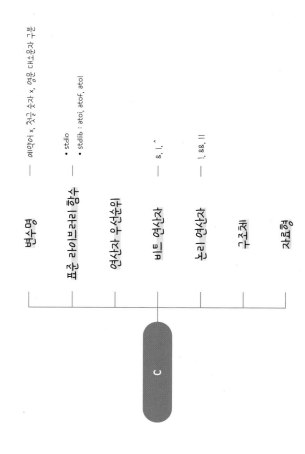

C

- 변수명 —— 예약어 x, 첫글 숫자 x, 영문 대소문자 구분
- 표준 라이브러리 함수 —— • stdio  • stdlib : atoi, atof, atol
- 연산자 우선순위
- 비트 연산자 —— &, |, ^
- 논리 연산자 —— !, &&, ||
- 구조체
- 자료형

# 3과목 데이터베이스 구축 트랜잭션, DB 보안, 분산 DB

**트랜잭션**
- 연산 — COMMIT, ROLLBACK, RECOVERY
- Trigger
- 상태 — 활동, 부분 완료, 완료, 실패, 철회
- 특성 — 원자성, 일관성, 격리성, 영속성
- 병행 제어 — 기법 : 타임스탬프, 로킹, 최적 병행 수행
- 분석 도구 — CRUD MATRIX

**DB 보안, 분산 DB**

- DB 보안
  - 비밀키 — 암호화키 = 복호화키 (대칭키) / DES, AES, ARIA, SEED, IDEA, RC4
  - 공개키 — 암호화키 ≠ 복호화키 (비대칭키)
- 분산 DB — 투명성 — 위치, 중복, 병행, 장애

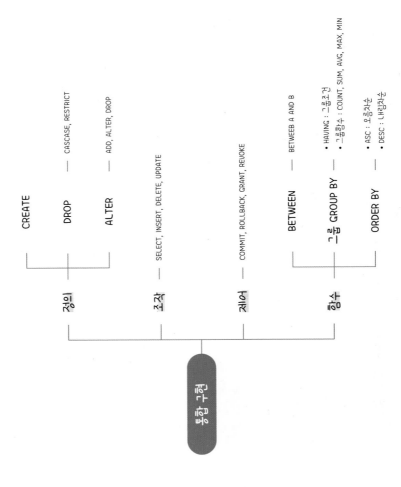

# 3과목 데이터베이스 구축 SQL

통합 구현

정의 ── CREATE
   ── DROP ── CASCASE, RESTRICT
   ── ALTER ── ADD, ALTER, DROP

조작 ── SELECT, INSERT, DELETE, UPDATE

제어 ── COMMIT, ROLLBACK, GRANT, REVOKE

함수 ── BETWEEN ── BETWEEB A AND B
   ── 그룹 GROUP BY ── • HAVING : 그룹조건
                      • 그룹함수 : COUNT, SUM, AVG, MAX, MIN
   ── ORDER BY ── • ASC : 오름차순
                   • DESC : 내림차순

# 3과목 데이터베이스 구축 DB 연산

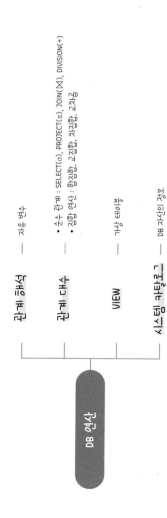

**DB 연산**

- 관계 해석 — 자유 변수

- 관계 대수
  - 순수 관계 : SELECT(σ), PROJECT(π), JOIN(⋈), DIVISION(÷)
  - 집합 연산 : 합집합, 교집합, 차집합, 교차곱

- VIEW — 가상 테이블

- 시스템 카탈로그 — DB 자신의 정보

# 3과목 데이터베이스 구축 설계/정규화

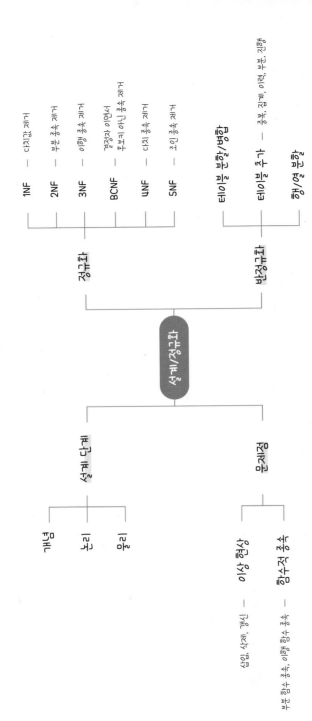

정보처리기사 필기

설계/정규화

- 설계 단계
  - 개념
  - 논리
  - 물리
- 문제점
  - 이상 현상 ─ 삽입, 삭제, 갱신
  - 함수적 종속 ─ 부분 함수 종속, 이행 함수 종속

- 정규화
  - 1NF ── 다치값 제거
  - 2NF ── 부분 종속 제거
  - 3NF ── 이행 종속 제거
  - BCNF ── 결정자 이면서 후보키 아닌 종속 제거
  - 4NF ── 다치 종속 제거
  - 5NF ── 조인 종속 제거
- 반정규화
  - 테이블 분할/병합
  - 테이블 추가 ── 중복, 집계, 이력, 부분, 진행
  - 행/열 분할

# 3과목 데이터베이스 구축 RDB

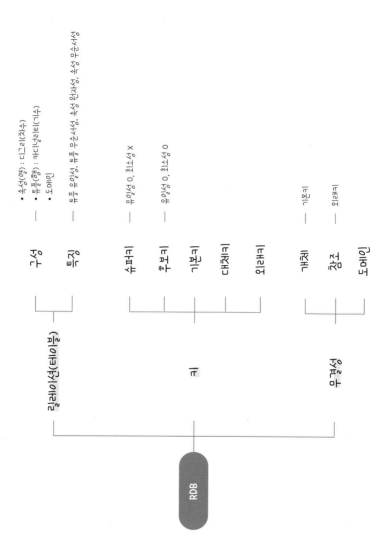

**RDB**

- 릴레이션(테이블)
  - 구성
    - 속성(열) : 디그리(차수)
    - 튜플(행) : 카디널리티(기수)
    - 도메인
  - 특징 — 튜플 유일성, 튜플 무순서성, 속성 원자성, 속성 무순서성, 속성 유일성
- 키
  - 슈퍼키 — 유일성 O, 최소성 X
  - 후보키 — 유일성 O, 최소성 O
  - 기본키
  - 대체키
  - 외래키
- 무결성
  - 개체 — 기본키
  - 참조 — 외래키
  - 도메인

# 3과목 데이터베이스 구축 DB

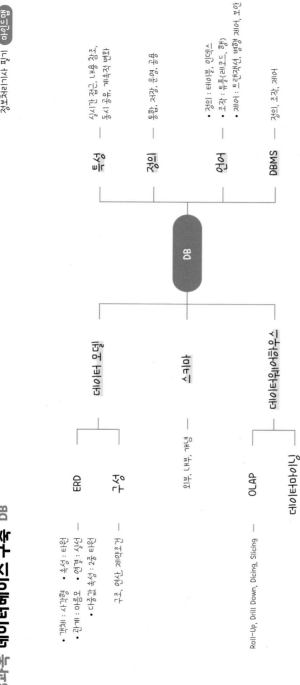

**DB**

- 데이터 모델링
  - ERD
    - 개체 : 사각형
    - 속성 : 타원
    - 관계 : 마름모
    - 연결 : 실선
    - 다중값 속성 : 2중 타원
  - 구성 ── 구조, 연산, 제약조건

- 스키마 ── 외부, 내부, 개념

- 데이터웨어하우스
  - OLAP ── Roll-Up, Drill Down, Dicing, Slicing
  - 데이터마이닝

- 특성 ── 실시간 접근, 내용 참조, 동시 공유, 계속적 변화
- 정의 ── 통합, 저장, 운영, 공용
- 언어
  - 정의 : 테이블, 인덱스
  - 조작 : 튜플(레코드, 행)
  - 제어 : 트랜잭션, 병행 제어, 보안
- DBMS ── 정의, 조작, 제어

# 2과목 **소프트웨어 개발** 자료 구조, 자료 구조의 활용

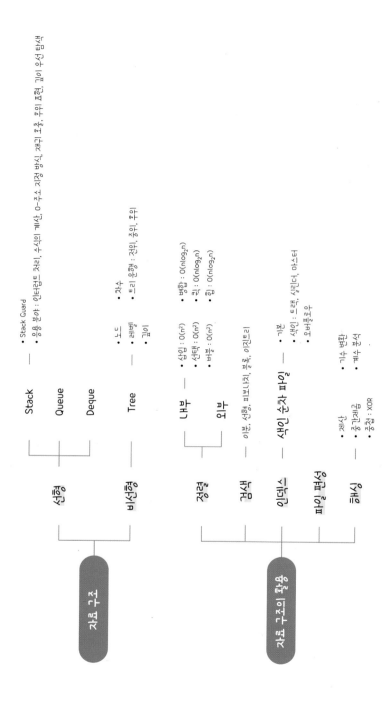

**자료 구조**
- 선형
  - Stack
    - Stack Guard
    - 응용 분야 : 인터럽트 처리, 수식의 계산, 수식의 괄호 검사, 0-주소 지정 방식, 재귀 호출, 서브루틴 호출, 큐의 표현, 깊이 우선 탐색
  - Queue
  - Deque
- 비선형
  - Tree
    - 노드
    - 레벨
    - 깊이
    - 차수
    - 트리 순회 : 전위, 중위, 후위

**자료 구조의 활용**
- 정렬
  - 내부
    - 삽입 : $O(n^2)$
    - 선택 : $O(n^2)$
    - 버블 : $O(n^2)$
    - 병합 : $O(nlog_2 n)$
    - 퀵 : $O(nlog_2 n)$
    - 힙 : $O(nlog_2 n)$
  - 외부
    - 이진, 선형, 피보나치, 블록, 이진트리
- 검색
  - 색인 순차 파일
    - 기본
    - 색인 : 트랙, 실린더, 마스터
    - 오버플로우
- 인덱스
- 파일 편성
  - 기수 변환
  - 계수 분석
- 해싱
  - 제산
  - 중가제곱
  - 중첩 : XOR

# 2과목 소프트웨어 개발 알고리즘, 인터페이스 구현

**알고리즘**

- 성능 분석 — 분할 정복법, 동적 계획법, 탐욕법, 퇴각 검색법, 분기 한정법, 근사 해법
- 시간 복잡도 — $O(n\log_2 n)$ : 퀵, 병합, 선택
- 순환 복잡도 — $V(G) = E - N + 2$
- 클린코드 — 가독성, 단순성, 의존성 배제, 중복성 최소화, 추상화
- 소스 코드 품질 분석 —
  - 의미인 코드
  - 정적 분석 도구 : pmd, cppcheck, SonarQube
  - 동적 분석 도구 : checkstyle, ccm, cobertura

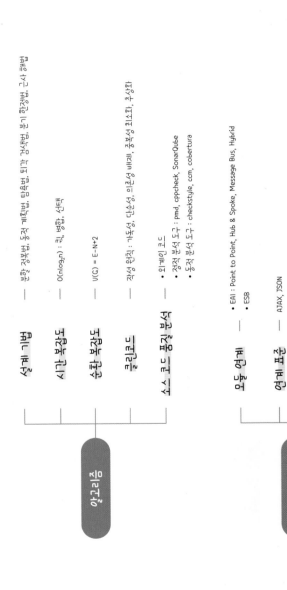

**인터페이스 구현**

- 요구 연계 — • EAI : Point to Point, Hub & Spoke, Message Bus, Hybrid
  - • ESB
- 연계 표준 — AJAX, JSON
- 검증 도구 — Watir, xUnit, FitNess, STAF, NTAF, Selenium
- 보안 — • TransportLayer : IPSec AH
  - • ApplicationLayer : SSL, S-HTTP

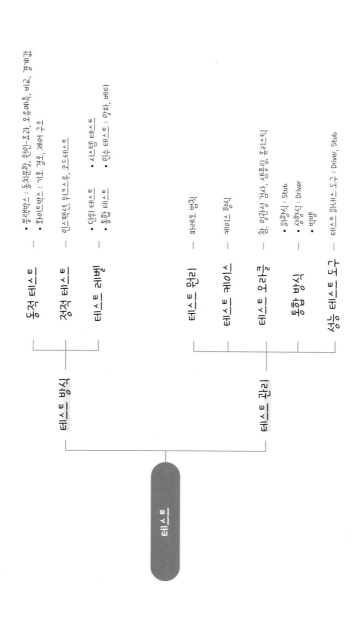

# 2과목 소프트웨어 개발 형상 관리

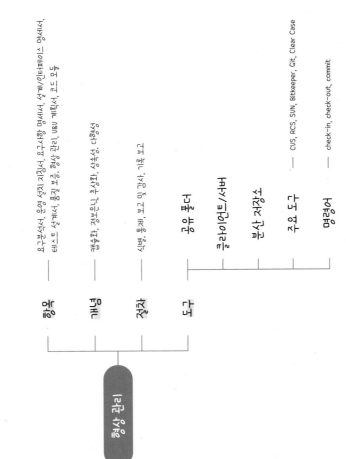

형상 관리

- **형상 관리**
  - **활용** —— 요구분석서, 운영 상치 지침서, 요구사항 기지서, 요구사항 명세서, 설계/인터페이스 명세서, 테스트 설계서, 패치 보고, 형상 관리, 형상성, 코드 모듈
  - **개념** —— 개발과, 정보안노, 추상화, 상속성, 다형성
  - **절차** —— 식별, 통제, 보고 및 감사, 기록 보고
  - **도구**
    - **공유 폴더**
    - **클라이언트/서버**
    - **분산 저장소**
    - **주요 도구** —— CVS, RCS, SUN, Bitkeeper, Git, Clear Case
    - **명령어** —— check-in, check-out, commit

# 2과목 소프트웨어 설계 SW 품질목표, 메뉴얼

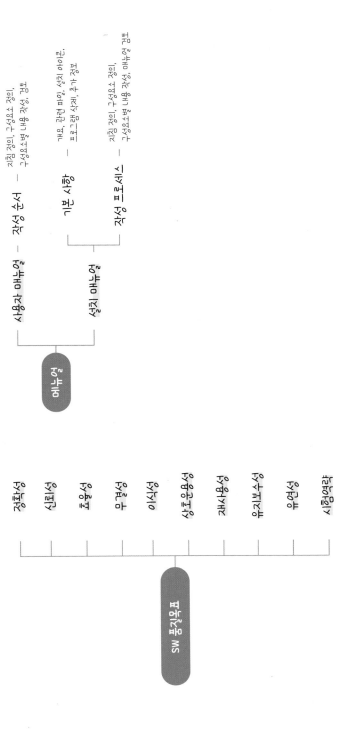

**메뉴얼**

사용자 매뉴얼 — 작성 순서 — 지침 정의, 구성요소 정의,
구성요소별 내용 작성, 검토

설치 매뉴얼

기본 사항 — 개요, 관련 파일, 설치 아이콘,
프로그램 삭제, 추가 정보

작성 프로세스 — 지침 정의, 구성요소 정의,
구성요소별 내용 작성, 매뉴얼 검토

**SW 품질목표**

- 정확성
- 신뢰성
- 효율성
- 무결성
- 이식성
- 상호운용성
- 재사용성
- 유지보수성
- 유연성
- 사용용이성

# 2과목 소프트웨어 개발 통합 구현, 패키징

**통합 구현**
- 단위 모듈 —— 모듈화 원리 : 분할과 지배, 정보은닉, 자료 추상화, 모듈이 독립성
- IDE
- 빌드 자동화 도구 —— Gradle, Jenkins, Makefile, Ant, Maven

**패키징**
- 고려사항
- 모니터링 도구 —— APM
- DRM 기술 요소 —— 암호화, 키 관리, 암호화 파일 생성, 식별 기술, 저작권 표현, 저작권 관리, 크랙 방지, 인증
- DRM 구성 —— 제공자, 분배자, 패키저, 보안 컨테이너, 컨트롤러, 클리어링하우스

# 1과목 소프트웨어 설계 인터페이스 시스템

```
인터페이스 시스템 ┬─ 시스템 구성 ─── 송신, 수신, 중계
                 ├─ 연계 기술 ─── Socket, DB Link
                 └─ 미들웨어 솔루션 ─── TP-monitor, ORB, RPC, 데이터베이스, MOM, WAS, OTM
```

# 1과목 소프트웨어 설계 객체지향 프로그래밍, 디자인 패턴

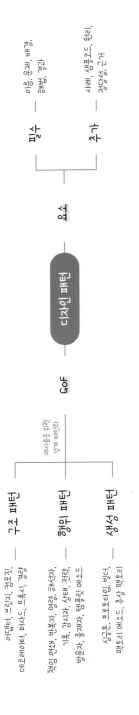

**객체지향 프로그래밍**

- 구성요소
  - Class
  - Object : Attribute, Method
  - Message
- 특징 — 캡슐화, 정보은닉, 추상화, 상속성, 다형성
- 관계성
  - Is Member of : 연관
  - Is Part of : 집단화
  - Is a : 일반화

- 오버로딩 — 한 클래스 내에서 같은 이름 메소스 사용
- 오버라이딩 — 상위 클래스 정의 → 하위 클래스 재정의
- 설계 원칙 — 단일 책임, 개방-폐쇄, 리스코프 치환, 인터페이스 분리, 의존 역전

**디자인 패턴**

GoF

재사용을 위한 설계 패턴(인)

- 구조 패턴 — 어댑터, 브리지, 컴포짓, 데코레이터, 퍼사드, 프록시, 플라이웨이트
- 행위 패턴 — 책임 연쇄, 반복자, 옵저버, 상태, 전략, 방문자, 중재자, 템플릿 메소드
- 생성 패턴 — 싱글톤, 프로토타입, 빌더, 팩토리 메소드, 추상 팩토리

- 요소 — 이름, 문제, 배경, 해법, 결과
- 추가 — 사례, 샘플코드, 인라, 장단점, 근거

# 1과목 소프트웨어 설계 모듈, SW 아키텍처

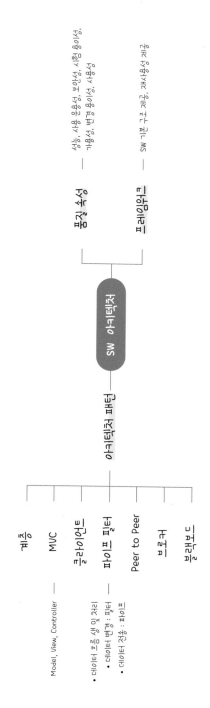

**모듈**

- **결합도(약~강)** — 자료, 스탬프, 제어, 외부, 공통, 내용
- **응집도(강~약)** — 기능적, 순차적, 교환적, 절차적, 시간적, 논리적, 우연적
- 설계 방법
  - 부장도 낮춤, 응집성 높임, 결합도 유지,
    결합도는 약하게, 응집도는 강하게
- 공통 모듈 명세
  - 정확성, 명확성, 완전성, 일관성, 추적성

**SW 아키텍처**

- **품질 속성** — 성능, 사용 운용성, 보안성, 시험 용이성,
  가용성, 변경 용이성, 사용성
- **프레임워크** — SW 기본 구조 제공, 재사용성 제공
- 아키텍처 패턴
  - 계층
  - MVC — Model, View, Controller
  - 클라이언트
  - 파이프 필터
    - 데이터 흐름 생성 및 처리
    - 데이터 변경 : 필터
    - 데이터 전송 : 파이프
  - Peer to Peer
  - 브로커
  - 블랙보드

# 1과목 소프트웨어 설계 코드 설계, 구조적 분석 도구

**코드 설계**

- 구조도 —— Fan-in, Fan-Out
- 코드 종류 —— 순차, 표의숫자, 블록, 그룹 분류식
- 코드 오류 —— 필사, 전위, 생략, 이중, 임의, 추가, 이중

**구조적 분석 도구**

- 자료 흐름도 ——
  - 프로세스 : 타원
  - 자료 흐름 : 화살표
  - 자료 저장소 : 수평선
  - 단말 : 사각형
- 자료 사전 ——
  - = : 정의
  - + : 연결
  - ( ) : 생략
  - [ | ] : 선택
  - { } : 반복
  - ** : 주석

# 1과목 소프트웨어 설계 요구사항 개발, UI

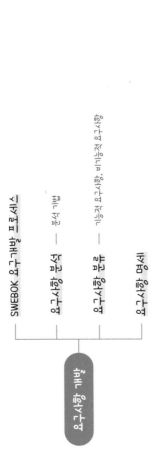

SWEBOK 요구개발 프로세스

요구사항 분석 — 분석 모델

요구사항 분류 — 기능적 요구사항, 비기능적 요구사항

요구사항 명세

**요구사항 개발**

설계 지침 — 사용자 중심, 일관성, 단순성, 가시성, 표준화, 접근성, 명확성, 결합성, 유효성, 오류 방생 해결

웹 컨텐츠 접근성 지침 — 인식의 용이성, 운용의 용이성, 이해의 용이성

설계 원칙 — 유효성, 직관성, 학습성, 유연성

**UI**

# 1과목 **소프트웨어 설계** UML

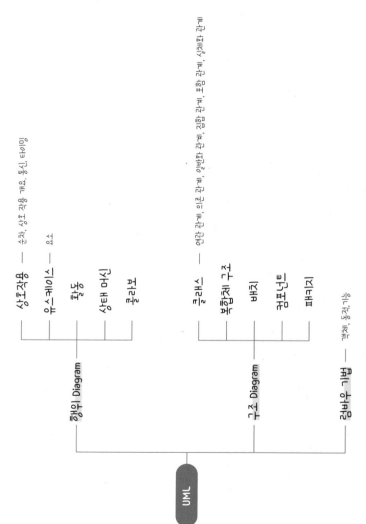

# 1과목 소프트웨어 설계 소프트웨어 공학

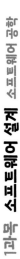
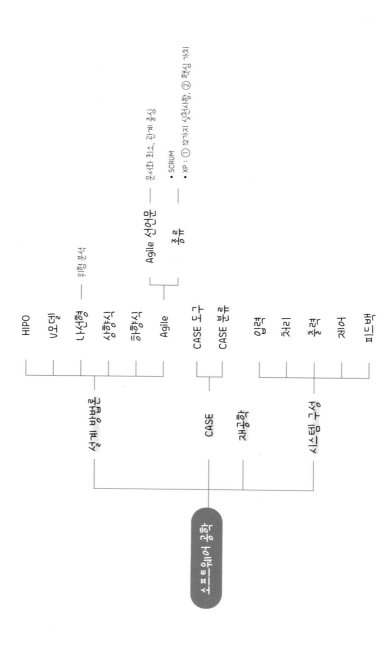

## 2) 공개키(Public Key, 비대칭키) 암호화 기법

키 개수 : 2N

다른 키 사용
(비대칭키, 공개키+개인키)

암호화 → 복호화

평문          암호문          평문

- 서로 다른 키로 암호화하고 복호화하는 기법
- 비대칭키 암호화 기법 또는 공중키 암호화 기법
- 암호화/복호화 속도가 느리며 알고리즘이 복잡함
- 키 분배가 비밀키 암호화 기법보다 쉬움 ☆*
- 종류 : RSA, ElGama 기법 등

단방향 암호화

## 3. 해시(Hash) 암호화 방식

- 임의 길이의 메시지를 입력으로 하여 고정된 길이의 출력값으로 변환하는 기법
- 디지털 서명에 이용되어 데이터 무결성을 제공하고, 블록체인에서 체인 형태로 사용되어 데이터의 신뢰성을 보장함
- 기법 : SHA, SHA1, SHA256, MD5, RMD160, HAS-160, HAVAL 등

TIP SHA(Secure Hash Algorithm)

- 1993년에 미국 NIST에 의해 개발되었고 가장 많이 사용되고 있는 방식
- SHA-1은 DSA에서 사용하게 되어 있으며 많은 인터넷 응용에서 Default 해시 알고리즘으로 사용
- SHA-256, SHA-384, SHA-512는 AES의 키 길이인 128, 192, 256bit에 대응하도록 출력 길이를 늘린 해시 알고리즘

# 24

# 암호화 알고리즘(Cryptographic Algorithm)

이기적 | 정보처리기사 필기 | 특별부록

## 1. 암호화 주요 용어

- 평문(Plaintext) : 해독 가능한 형태의 메시지(암호화 전 메시지)
- 암호문(Cipertext) : 해독 불가능한 형태의 메시지(암호화된 메시지)
- 암호화(Encryption) : 평문을 암호문으로 변환하는 과정
- 복호화(Decryption) ★ : 암호문을 평문으로 변환하는 과정
- 전자서명 : 송신자의 Private Key로 메시지를 서명하여 전달, 수신자측에서는 송신자의 Public Key를 이용하여 서명값을 검증
- 양방향 암호화 ★ : 암호화와 복호화 과정을 통해 송/수신 간 주고받는 메시지를 안전하게 암/복호화하는 과정
- 단방향 암호화 ★ : 해싱(Hashing)을 이용한 암호화 방식으로, 평문을 암호문으로 암호화는 가능하지만 암호문을 평문으로 복호화하는 것은 불가능

## 2. 양방향 암호화

┌─ 키 개수 : N(N-1)/2
1) 비밀키(Private Key, 대칭키) 암호화 기법

동일한 키 사용
(대칭키, 비밀키 방식)

암호화 → 복호화 →

평문    암호문    평문

- 동일한 키로 암호화하고 복호화하는 기법
- 대칭키 암호화 기법 또는 개인키 암호화 기법이라고도 함
- 암호화/복호화 속도가 빠르고 알고리즘이 단순함
- 키 분배가 공개키 암호화 기법보다 어려움 ★
- 종류 : 스트림 방식, 블록 방식

## 2. 네트워크 장비의 종류

### 1) 허브(Hub)

여러 대의 컴퓨터를 손쉽게 연결할 수 있도록 여러 개의 입력과 출력 포트를 가지고 있으며, 한 포트에서 수신된 신호를 다른 모든 포트로 재전송하는 장치

### 2) 브리지(Bridge) ✿*

데이터 링크 계층(Data Link Layer)에서 동작하며 같은 MAC 프로토콜(Protocol)을 사용하는 근거리 통신망 사이를 연결하는 통신 장치

### 3) 스위치(Switch)

브리지와 같이 두 개 이상의 LAN을 연결하여 하나의 네트워크로 만드는 장치

### 4) 라우터(Router) ✿*

네트워크 계층(Network Layer)에서 동작하며 동일 전송 프로토콜을 사용하는 분리된 2개 이상의 네트워크를 연결해주는 통신 장치

### 5) 게이트웨이(Gateway) ✿*

두 개의 서로 다른 형태의 네트워크를 상호 연결시켜 주는 관문 역할을 하는 장치

## 1. 망(Network)의 구성 형태 ★★

| | | |
|---|---|---|
| 성형<br>(Star Topology,<br>스타형,<br>중앙 집중형) | 중앙에 호스트 컴퓨터(Host Computer)가 있고 이를 중심으로 터미널(Terminal)들이 연결되는 중앙 집중식의 네트워크 구성 형태 | |
| 링형<br>(Ring Topology,<br>루프형) | 서로 이웃한 컴퓨터와 노드끼리 연결한 네트워크 구성 형태 | |
| 버스형<br>(Bus Topology) | 한 개의 통신 회선에 여러 개의 노드가 연결된 형태 | |
| 트리형<br>(Tree Topology,<br>계층형, 분산형) | 하나의 노드에 여러 개의 노드를 연결한 네트워크 구성 형태 | |
| 망형<br>(Mesh Topology,<br>그물형) | 모든 컴퓨터와 노드들이 서로 연결된 네트워크 구성 형태 | |

4) 전송 계층(Transport Layer)

· 상위 계층의 메시지를 하위 계층으로 전송하는 계층

· 통신 종단 간(End-to-End) 신뢰성 있고 효율적인 데이터를 전송하고, 에러 제어
및 흐름 제어를 담당

5) 세션 계층(Session Layer)

· 데이터 교환의 경계와 동기화를 제공하는 계층

· 프로세스 간에 대한 연결을 확립, 관리, 단절시키는 수단 제공

6) 표현 계층(Presentation Layer)

· 데이터의 암호화, 복호화와 같이 응용 계층에서 교환되는 데이터의 의미를
해석하는 계층

· 정보의 형식 설정, 암호화, 데이터 압축, 코드 변환, 문맥 관리 등의 기능을 수행

7) 응용 계층(Application Layer) ☆*

· 통신의 최종 목적지로, 응용 프로그램들이 통신으로 활용하는 계층

· 응용 프로세스와 직접 관계하여 일반적인 응용 서비스를 수행

TIP 자동 반복 요청(ARQ) ·········································

· 통신 경로에서 오류 발생 시 수신측은 오류의 발생을 송신측에 통보하고, 송신측은 오류가 발생한
프레임을 재전송하는 오류 제어 방식

· 종류 : 정지-대기 ARQ(Stop and Wait ARQ), 연속 ARQ(Continuous ARQ), 적응적 ARQ(Adaptive
ARQ)

## 1. OSI 7계층 ✮*

OSI 7계층

| | | | TCP/IP 4계층 |
|---|---|---|---|
| data | 응용 계층<br>(Application Layer) | HTTP · FTP | |
| data | 표현 계층<br>(Presentation Layer) | DNS · DHCP | 응용 계층<br>(Application Layer) · data |
| data | 세션 계층<br>(Session Layer) | | |
| data | 전송 계층<br>(Transport Layer) | TCP · UDP | 전송 계층<br>(Transport Layer) · data |
| data | 네트워크 계층<br>(Network Layer) | IP · ICMP | 인터넷 계층<br>(Internet Layer) · data |
| data | 데이터 링크 계층<br>(Data Link Layer) | Ethernet | 네트워크 엑세스 계층<br>(Network Access Layer) · data |
| data | 물리 계층<br>(Physical Layer) | ATM | |

### 1) 물리 계층(Physical Layer) ✮*

- 장치 간 전기적 신호를 전달하는 계층
- 물리적인 장치와 인터페이스가 전송을 위해 필요한 기계적, 전기적, 기능적, 절차적 기능을 정의

### 2) 데이터 링크 계층(Data Link Layer)

- 인접한 두 개의 통신 시스템 간에 신뢰성 있는 효율적인 데이터를 전송하는 계층
- 링크의 설정과 유지 및 종료를 담당하며 전송 데이터의 흐름 제어, 프레임 동기, 오류 제어 등을 수행

### 3) 네트워크 계층(Network Layer) ✮*

- 패킷을 한 호스트에서 다른 호스트로 라우팅하는 계층
- 경로 설정 및 네트워크 연결 관리를 수행하며, 과도한 패킷 유입에 대한 폭주 제어 기능을 수행

## 2. 비선점(Non-Preemptive) 스케줄링

한 프로세스가 일단 CPU를 할당받으면 다른 프로세스가 CPU를 강제로 빼앗을 수 없고, 사용이 끝날 때까지 기다리는 방식

| | |
|---|---|
| FIFO(First In First Out) | 준비 상태 큐에 도착한 순서대로 CPU를 할당하는 기법 |
| SJF(Shortest Job First) | 준비 상태 큐에서 기다리고 있는 프로세스들 중에서 실행시간이 가장 짧은 프로세스에게 먼저 CPU를 할당하는 기법 |
| HRN (Highest Responseratio Next) ☆* | 어떤 작업이 서비스받을 시간과 그 작업이 서비스를 기다린 시간으로 결정되는 우선순위에 따라 CPU를 할당하는 기법 |
| 우선순위(Priority) | 준비 상태 큐에서 대기하는 프로세스에게 부여된 우선순위가 가장 높은 프로세스에게 먼저 CPU를 할당하는 기법 |

TIP HRN 스케줄링 계산☆*

· 시스템 응답시간 = (대기시간+서비스(실행)시간)/서비스(실행)시간
· 시스템 응답시간이 커질수록 우선순위가 높아짐

## 1. 선점(Preemptive) 스케줄링

한 프로세스가 CPU를 할당받아 실행 중이라도 우선순위가 높은 다른 프로세스가 CPU를 강제적으로 빼앗을 수 있는 방식

| | |
|---|---|
| RR(Round Robin) ☆ | 작업이 도착한 순서대로 실행시키지만 정해진 시간 할당량(또는 시간 간격)에 의해 실행을 제한하는 기법 |
| SRT(Shortest Remaining Time) | 작업이 끝나기까지의 실행시간 추정치가 가장 작은 작업을 먼저 실행시키는 기법 |
| 다단계 큐(Multi-Level Queue) | 프로세스들을 우선순위에 따라 상위, 중위, 하위 단계의 단계별 준비 상태 큐를 배치하는 기법 |
| 다단계 피드백 큐 (Multi-Level Feedback Queue) | 각 준비 상태 큐마다 부여된 시간 할당량 안에 완료하지 못한 프로세스는 다음 단계의 준비 상태 큐로 이동하는 기법 |

## 2. 교착상태(Deadlock)

### 1) 발생 조건 ✿*

| | |
|---|---|
| **상호 배제**<br>(Mutual Exclusion) | 한 번에 한 프로세스만이 어떤 자원을 사용할 수 있음 |
| **점유 및 대기**<br>(Hold and Wait) | 프로세스는 다른 자원이 할당되기를 기다리는 동안 이미 확보한 자원을 계속 보유하고 있음 |
| **비선점**<br>(Non-preemption) | 자원을 보유하고 있는 프로세서로부터 다른 프로세스가 강제로 그 자원을 빼앗을 수 없음 |
| **환형 대기**<br>(Circular Wait) | 이미 자원을 가진 프로세스가 앞이나 뒤의 프로세스의 자원을 요구함 |

### 2) 해결 방법 ✿*

| | |
|---|---|
| **예방(Prevention)** | 교착상태가 발생하지 않도록 사전에 시스템을 제어하는 방법 |
| **회피(Avoidance)** | 교착상태 발생 가능성을 인정하고 교착상태가 발생하려고 할 때, 교착상태 가능성을 피해 가는 방법 |
| **발견(Detection)** | 교착상태가 발생했는지 검사하여 교착상태에 빠진 프로세스와 자원을 발견하는 방법 |
| **회복(Recovery)** | 교착상태에 빠진 프로세스를 종료하거나 해당 프로세스가 점유하고 있는 자원을 선점하여 다른 프로세스에게 할당하는 방법 |

# 프로세스(Process)

이기적 | 정보처리기사 필기 | 특별부록

## 1. 프로세스 상태 전이 ☆☆

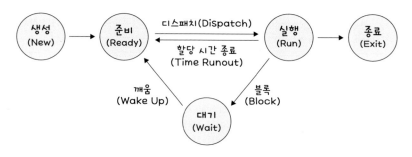

| | |
|---|---|
| **생성(New)** | 프로세스 최초 상태 |
| **준비(Ready)** | 프로세스가 CPU를 사용하여 실행 준비된 상태 |
| **실행(Run)** | 프로세스가 CPU를 차지하여 실행 중인 상태 |
| **대기(Wait)** | 사건 발생을 기다리는 상태 |
| **종료(Exit)** | 프로세스 실행이 완료되어 자원을 반납한 상태 |
| **디스패치(Dispatch)** | 프로세스 생성 상태에서 프로세서만 할당받으면 실행 상태로 전이 |
| **할당 시간 종료(Time Runout)** | 일정 시간이 지나면 스케줄러에 의해 PCB에 저장, 프로세서 반납 후 준비 상태로 전이 |
| **블록(Block)** | 자원 요청 후 즉시 할당받을 수 없어, 할당받을 때까지 기다리고 있는 상태로 전이 |
| **깨움(Wake up)** | 필요한 자원이 할당되면 프로세스는 준비 상태로 전이 |

# 4. 운영체제의 운영 방식

| | |
|---|---|
| 일괄 처리 시스템☆*<br>(Batch Processing System) | 일정량 또는 일정 기간 동안 데이터를 한꺼번에 모아서 처리하는 방식 |
| 다중 프로그래밍 시스템<br>(Multi-Programming System) | 2개 이상의 프로그램을 주기억 장치에 기억시키고 CPU를 번갈아 사용하면서 처리하는 방식 |
| 시분할 시스템☆*<br>(Time Sharing System) | CPU의 전체 사용 시간을 작은 작업 시간량(Time Slice)으로 나누어서 그 시간량 동안만 번갈아 가면서 CPU를 할당하여 각 작업을 처리하는 방식 |
| 다중 처리 시스템<br>(Multi-Processing System) | 동시에 프로그램을 수행할 수 있는 CPU를 두 개 이상 두고 각각 그 업무를 분담하여 처리할 수 있는 방식 |
| 실시간 처리 시스템☆*<br>(Real Time Processing System) | 데이터 발생 즉시 또는 데이터 처리 요구가 있는 즉시 처리하여 결과를 산출하는 방식 |
| 다중 모드 시스템<br>(Multi-Mode System) | 일괄 처리 + 시분할 + 다중 처리 + 실시간 처리 |
| 분산 처리 시스템<br>(Distributed Processing System) | 여러 대의 컴퓨터로 작업을 나누어 처리하여 그 내용이나 결과를 통신망을 이용하여 상호 교환되도록 연결하는 방식 |

## (TIP) 파일 접근 권한 관리☆*

| | 소유자 | | | 그룹 | | | 사용자 | | |
|---|---|---|---|---|---|---|---|---|---|
| - | r | w | x | r | w | x | r | w | x |
| | 4 | 2 | 1 | 4 | 2 | 1 | 4 | 2 | 1 |

- - (1번 필드) : 파일 또는 링크 등(-은 파일을 의미)
- rwx (2~4번 필드) : 소유자 권한
- rwx (5~7번 필드) : 그룹 권한
- rwx (8~10번 필드) : 사용자 권한

## 1. 운영체제(Operating System)

- 컴퓨터 사용자와 컴퓨터 하드웨어 간의 인터페이스로서 동작하는 시스템 소프트웨어
- 다른 응용 프로그램이 유용한 작업을 할 수 있도록 환경을 마련해 줌
- 종류 : MS-DOS, Windows 10, LINUX, UNIX, OS/2, 안드로이드, iOS 등

## 2. 운영체제의 목적

처리 능력 향상, 응답시간 단축, 신뢰도 향상, 사용 가능도 향상 등

## 3. 운영체제의 분류

1) 제어 프로그램(Control Program) : 시스템 전체의 작동 상태 감시, 작업의 순서 지정, 작업에 사용되는 데이터 관리 등의 역할

| 감시 프로그램(Supervisor Program) | 자원의 할당 및 시스템 전체의 작동 상태를 감시/감독 |
| --- | --- |
| 작업 제어 프로그램<br>(Job Control Program) | 어떤 업무를 처리하고 다른 업무로의 이행을 자동적으로 수행하기 위한 준비 및 그 처리 완료를 담당 |
| 데이터 관리 프로그램<br>(Data Management Program) | 시스템에서 취급하는 파일과 데이터를 표준적인 방법으로 처리할 수 있도록 관리 |

2) 처리 프로그램(Processing Program) : 제어 프로그램의 지시를 받아 사용자가 요구한 문제를 해결하는 역할

| 언어 번역 프로그램<br>(Language Translator Program) | 프로그래머가 작성한 원시 프로그램을 컴퓨터가 이해할 수 있는 형식으로 번역(어셈블러, 컴파일러, 인터프리터) |
| --- | --- |
| 서비스 프로그램(Service Program) | 효율성을 위해 사용 빈도가 높은 프로그램을 미리 작성하여 제공 |
| 문제 프로그램(Problem Program) | 특정 업무 해결을 위해 사용자가 작성한 프로그램 |

3) 제3정규형(3NF)

  — A → B, B → C이면 A → C 성립

- 1, 2정규형을 만족하고, 속성 간 이행적 함수 종속을 제거
- 주 식별자가 아닌 속성 중 종속 관계가 있는 속성을 제거하는 과정

4) 보이스/코드 정규형(BCNF) ✰*

- 1, 2, 3정규형을 만족하고, 결정자가 후보키가 아닌 함수 종속을 제거
- 결정자가 모두 후보키인 강한 제3정규형

5) 제4정규형(4NF)

  — A → B일 때 하나의 A 값에 여러 개의 B 값이 존재함(A ↠ B)

  1, 2, 3, BCNF 정규형을 만족하고, 다치(다가) 종속을 제거

6) 제5정규형(5NF)

  1, 2, 3, BCNF, 4정규형을 만족하고, 후보키를 통하지 않은 조인 종속을 제거

> **TIP** 반정규화(De-Normalization) ✰*
>
> - 역정규화 혹은 반정규화는 이미 정규화된 데이터베이스에서 성능을 개선하기 위해 사용되는 전략
> - 정규화를 통하여 정합성과 데이터 무결성이 보장되지만, 테이블의 개수가 증가함에 따라 테이블 간의 조인이 증가하여 조회 성능이 떨어질 수 있는데 이렇게 정규화된 엔티티, 속성, 관계에 대해 시스템의 성능 향상과 개발(Development) 및 운영(Maintenance)의 단순화를 위해 중복, 통합, 분리 등을 수행하는 데이터 모델링의 기법

# 18 정규화(Normalication)

## 1. 정규화의 과정

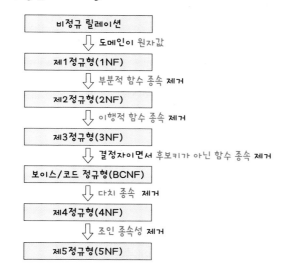

비정규 릴레이션
⇩ 도메인이 원자값
제1정규형(1NF)
⇩ 부분적 함수 종속 제거
제2정규형(2NF)
⇩ 이행적 함수 종속 제거
제3정규형(3NF)
⇩ 결정자이면서 후보키가 아닌 함수 종속 제거
보이스/코드 정규형(BCNF)
⇩ 다치 종속 제거
제4정규형(4NF)
⇩ 조인 종속성 제거
제5정규형(5NF)

## 2. 정규형의 종류

1) 제1정규형(1NF)

— 하나의 항목에는 중복된 값이 입력될 수 없음

- 어떤 릴레이션에 속한 모든 도메인이 원자값(Atomic Value)만으로 되어 있는 릴레이션
- 하나의 속성만 있어야 하고 반복되는 속성은 별도의 테이블로 분리

2) 제2정규형(2NF)

- 1정규형을 만족하고, 릴레이션에 내재된 부분 함수적 종속을 제거
- 부분 함수적 종속에 해당하는 속성을 별도의 테이블로 분리

## 3. 함수적 종속(Functional Dependency) ✿*

- 개체 내에 존재하는 속성 간의 관계를 종속적인 관계로 정리하는 방법
- 테이블의 한 필드값(X)이 다른 필드값(Y)을 결정하는 관계
- 기준값을 결정자(Determinant)라고 하고 종속되는 값을 종속자(Dependent)라고
  할 때, 속성 Y(종속자)는 속성 X(결정자)에 함수적 종속이라 하고, X→Y로 표현

## 4. 함수적 종속의 종류

### 1) 완전 함수 종속
종속자가 기본키에만 종속되며, 기본키가 여러 속성으로 구성되어 있을 경우 기본
키를 구성하는 모든 속성이 포함된 기본키의 부분집합에 종속된 경우

### 2) 부분 함수 종속
기본키가 복합키일 경우 기본키를 구성하는 속성 중 일부에게 종속된 경우

### 3) 이행 함수 종속
X, Y, Z라는 3개의 속성이 있을 때 X→Y, Y→Z라는 종속 관계가 성립하면 X→Z
가 성립하는 경우

TIP 완전 함수적 종속과 부분 함수적 종속 ·····························

완전 함수적 종속       부분 함수적 종속

이기적 | 정보처리기사 필기 | 특별부록

## 1. 이상 현상(Anomaly)

- 릴레이션 조작 시 데이터들이 불필요하게 중복되어 예기치 않게 발생하는 곤란한 현상
- 이러한 이상 현상을 예방하고 효과적인 연산을 하기 위해 데이터 정규화 (Data Normalication)를 진행

## 2. 이상 현상의 종류 ✿*

### 1) 삽입 이상(Insertion Anomaly)

자료를 삽입할 때 의도하지 않은 자료까지 삽입해야만 자료를 테이블에 추가가 가능한 현상

### 2) 갱신 이상(Update Anomaly)

중복된 데이터 중 일부만 수정되어 데이터 모순이 일어나는 현상

### 3) 삭제 이상(Deletion Anomaly)

어떤 정보를 삭제하면, 의도하지 않은 다른 정보까지 삭제되어버리는 현상

## 3. 키(Key)의 종류 ☆*

| | |
|---|---|
| 기본키(Primary Key) | · 후보키들 중에서 하나를 선택한 키<br>· NULL 값과 중복된 값을 가질 수 없음 |
| 후보키(Candidate Key) | · 테이블에서 각 행을 유일하게 식별할 수 있는 최소한의 속성들의 집합<br>· 기본키가 될 수 있는 후보들이며, 유일성과 최소성을 동시에 만족시켜야 함 |
| 슈퍼키(Super Key) | · 테이블에서 각 행을 유일하게 식별할 수 있는 하나 또는 그 이상의 속성들의 집합<br>· 유일성은 만족시키지만 최소성은 만족시키지 못함 |
| 대체키(Alternate Key) | · 후보키가 두 개 이상일 경우 그 중에서 어느 하나를 기본키로 지정하고 남은 후보키들<br>· 기본키로 선정되지 않은 후보키 |
| 외래키(Foreign Key) | · 테이블이 다른 테이블의 데이터를 참조하여 테이블 간의 관계를 연결하는 키<br>· 참조되는 테이블의 기본키와 동일한 키 속성을 가짐 |

## 4. 무결성(Integrity)

· 개체 무결성 : 기본키의 값은 널(Null) 값이나 중복 값을 가질 수 없다는 제약조건
· 참조 무결성 : 릴레이션의 외래키를 변경하려면 이를 참조하고 있는 기본키도 변경해야 하며, 이때 참조할 수 없는 외래키 값을 가질 수 없다는 제약조건
· 도메인 무결성 : 각 속성값은 해당 속성 도메인에 지정된 값이어야 한다는 제약조건

# 관계형 데이터베이스 모델

이기적 | 정보처리기사 필기 | 특별부록

## 1. 관계형 데이터베이스 모델의 구조

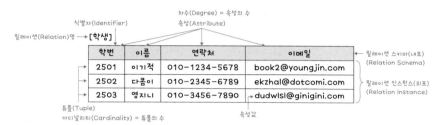

## 2. 릴레이션(Relation)의 특징

데이터들을 2차원 테이블의 구조로 저장한 것

- 튜플의 유일성 : 모든 튜플은 서로 다른 값을 가짐
- 튜플의 무순서성 : 하나의 릴레이션에서 튜플의 순서는 없음
- 속성의 원자성 : 속성값은 원자값을 가짐
- 속성의 무순서성 : 각 속성은 릴레이션 내에서 유일한 이름을 가지며, 속성의 순서는 큰 의미가 없음

TIP 관계형 데이터베이스의 주요 용어

- 속성(Attribute) : 릴레이션의 열(=Column), 개체를 구성하는 속성
- 튜플(Tuple) : 릴레이션의 행(=Row). 속성들의 집합(=레코드(Record))
- 차수(Degree) ☆ : 릴레이션을 구성하는 속성의 수
- 카디널리티(Cardinality) ☆ : 릴레이션에 입력된 튜플의 수
- 릴레이션 스키마(Relation Schema) : 릴레이션의 이름과 속성 이름의 집합(=릴레이션 내포)
- 릴레이션 인스턴스(Relation Instance) : 릴레이션의 어느 시점까지 입력된 튜플들의 집합
  (=릴레이션 외포)

## 3. 데이터 모델

1) 개념적 데이터 모델
- 속성들로 기술된 개체 타입과 이 개체 타입 간의 관계를 이용하여 현실 세계를 표현하는 방법
- E-R 모델(Entity-Relationship 모델, 개체-관계 모델) : 개체 타입과 이들 간의 관계 타입을 이용하여 현실 세계를 개념적으로 표현한 방법★*

2) 논리적 데이터 모델
- 필드로 기술된 데이터 타입과 이 데이터 타입 간의 관계를 이용하여 현실 세계를 표현하는 방법
- 개념 모델을 상세화하는 작업

 **TIP** 데이터베이스 모델의 분류

# 15 데이터베이스(Database)

이기적 | 정보처리기사 필기 | 특별부록

## 1. 스키마(Schema)

| | |
|---|---|
| 외부 스키마<br>(External Schema) | 사용자나 응용 프로그래머가 접근할 수 있는 정의를 기술 |
| 개념 스키마<br>(Conceptual Schema) | 데이터베이스 전체를 정의하여 기술 |
| 내부 스키마<br>(Internal Schema) | 데이터의 실제 저장 방법을 기술 |

## 2. 데이터베이스 언어(Database Language) ✿*

| | |
|---|---|
| 데이터 정의어(DDL) | • 스키마를 정의하고 변경하며 삭제할 수 있음<br>• 논리적 데이터 구조와 물리적 데이터 구조 간의 사상 정의<br>• 번역한 결과가 데이터 사전에 저장됨 |
| 데이터 조작어(DML) | • 사용자와 데이터베이스 관리 시스템 간의 인터페이스를 제공<br>• 데이터의 검색/삽입/삭제/변경 수행 ✿* |
| 데이터 제어어(DCL) | • 불법적인 사용자로부터 데이터를 보호함<br>• 무결성 유지 및 데이터 회복 및 병행 제어 수행 |

## 4. 병합(합병) 정렬(2-Way Merge Sort)

- 두 개의 키들을 한 쌍으로 하여 각 쌍에 대해 순서를 정함
- 순서대로 정렬된 각 쌍의 키들을 합병하여 하나의 정렬된 서브 리스트로 만듦

└── 분할 정복(Divide and Conquer)에 기반한 알고리즘

## 5. <u>퀵 정렬(Quick Sort)</u>

- 레코드의 많은 자료 이동을 없애고 하나의 파일을 부분적으로 나누어가면서 정렬
  하는 방법
- 키(Key)를 기준으로 작은 값은 왼쪽에 큰 값은 오른쪽에 모이도록 서로 교환시키는
  부분 교환 정렬법

## 6. 힙 정렬(Heap Sort) ✿*

- 완전 이진 트리(Complete Binary Tree)를 이용하여 정렬하는 방법
- 정렬할 입력 레코드들로 힙을 구성하고 가장 큰 키값을 갖는 루트 노드를
  제거하는 과정을 반복하여 정렬

# 14 정렬(Sort)

이기적 | 정보처리기사 필기 | 특별부록

## 1. 선택 정렬(Selection Sort) ✦*

앞에서부터 가장 작은 수(Smallest)를 찾아서 키(Key)의 값과 교체하는 방법

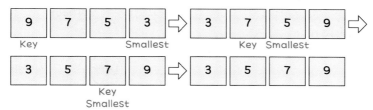

## 2. 삽입 정렬(Insertion Sort) ✦*

두 번째부터 비교를 시작하여, 앞의 값들과 비교하여 자신의 자리를 찾는 방법

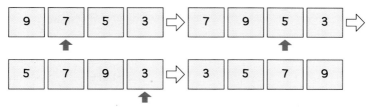

## 3. 버블 정렬(Bubble Sort) ✦*

오른쪽에 있는 값과 비교를 하여 왼쪽이 더 크면 교환하는 방법

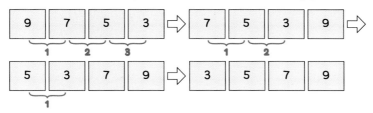

## 3. 이진 트리 운행법(Traversal) ✿*

| 전위 순회<br>(Pre-Order Traversal) | Root → Left → Right | |
| --- | --- | --- |
| 중위 순회<br>(In-Order Traversal) | Left → Root → Right | |
| 후위 순회<br>(Post-Order Traversal) | Left → Right → Root | |

# 비선형 자료 구조

## 1. 트리(Tree)

- 노드(Node)와 가지(Branch)를 이용하여 사이클을 이루지 않도록 구성한 자료 구조
- 연결된 노드 간의 관계를 표현할 수 있음

## 2. 그래프(Graph)

- 정점(Vertex)과 간선(Edge)의 집합으로 이루어지는 자료 구조
  - └ 최대 간선 개수 : n(n-1)   └ 최대 간선 개수 : n(n-1)/2
- 방향이 있는 그래프와 방향이 없는 그래프가 있음 ☆*
- 제어 흐름 그래프에서 순환 복잡도 : V(G) = E(화살표 수) - N(노드 수) + 2

TIP  트리와 그래프 비교 ·······································

| 구분 | 트리 | 그래프 |
|------|------|--------|
| 방향성 | 방향 | 방향, 무방향 |
| 사이클 | 비순환 | 순환, 비순환, 자기순환 |
| 루트 노드 | 1개의 루트 | 개념 없음 |
| 부모-자식 | 1개의 부모 노드 | 개념 없음 |
| 모델 | 계층 모델 | 네트워크 모델 |
| 간선 수 | n-1개 | 자유 |

## 3. 큐(Queue)

- 자료의 삽입 작업은 선형 리스트의 한쪽 끝에서, 삭제 작업은 다른 쪽 끝에서 수행되는 자료 구조
- 선입선출(FIFO, First In First Out) 방식

## 4. 데크(Deque)

- 자료의 삽입과 삭제가 리스트의 양쪽 끝에서 이루어지므로 두 개의 포인터를 사용하는 자료 구조
- 스택과 큐를 복합한 형태

 자료 구조의 분류

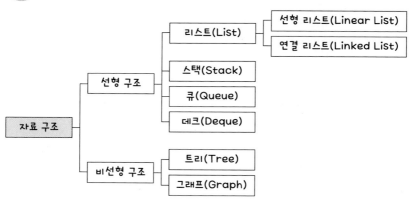

# 선형 자료 구조

이기적 | 정보처리기사 필기 | 특별부록

## 1. 리스트(List)

### 1) 선형 리스트(Linear List)

- 배열과 같이 연속되는 기억장소에 저장되는 리스트
- 노드의 삽입/삭제 시 자료의 이동이 필요하기 때문에 작업이 번거로움

### 2) 연결 리스트(Linked List)

- 노드(Node)의 포인터 부분을 서로 연결시킨 리스트
- 노드의 삽입/삭제가 용이하며 포인터를 위한 추가 공간이 필요하므로 기억 공간이 많이 소요됨

## 2. 스택(Stack)

- 리스트의 한쪽 끝에서만 자료의 삽입과 삭제가 이루어지는 자료 구조
- 후입선출(LIFO, Last In First Out) 방식

> TIP 스택 가드(Stack Guard) ✿ *
>
> 메모리상에서 프로그램의 복귀 주소와 변수 사이에 특정 값을 저장해 두었다가 그 값이 변경되었을 경우 오버플로우 상태로 가정하여 프로그램 실행을 중단하는 기술

## 3. 정적 분석과 동적 분석

### 1) 정적 분석 도구

— 소프트웨어가 실행되지 않는 환경 하에서, 소스 코드 의미를 분석, 결함을 찾아내는 분석 기법

- 잠재적인 실행 오류와 코딩 표준 위배 사항 등 보안 약점 검출
- 검출된 약점을 수정/보완하여 소프트웨어의 안전성을 강화하고 향후 발생하는 오류 수정 비용을 줄일 수 있음
- 소스 코드에서 코딩의 복잡도, 모델 의존성, 불일치성 등 분석
- 애플리케이션 개발 단계에서 사용

### 2) 동적 분석 도구

— 소프트웨어가 실행 중인 환경 하에서, 다양한 입/출력 데이터, 사용자 상호작용의 변화들을 점검

- SW 실행 과정에서의 다양한 입·출력 데이터의 변화 및 사용자 상호작용에 따른 변화를 점검하는 분석 기법
- 애플리케이션을 실제로 실행하여 평가
- 애플리케이션 개발 완료 단계에서 사용

## 1. 클린 코드(Clean Code)

- 깔끔하게 잘 정리된 코드
- 중복 코드 제거로 애플리케이션의 설계가 개선됨
- 가독성이 높아 애플리케이션의 기능에 대해 쉽게 이해할 수 있음
- 버그를 찾기 쉬워지며, 프로그래밍 속도가 빨라짐
- 클린 코드 최적화 원칙 : 가독성, 단순성, 의존성 배제, 중복성 최소화, 추상화

## 2. 나쁜 코드(Bad Code)

- 다른 개발자가 로직(Logic)을 이해하기 어렵게 작성된 코드
- 변수/메소드에 대한 명칭을 알 수 없는 코드
- 동일한 처리 로직이 중복되게 작성된 코드
- 스파게티 코드(Spaghetti Code)라고도 함
  └─ 처리 로직의 제어가 체계화되어 있지 않고 스파게티 면처럼 서로 얽혀 있는 코드

TIP 외계인 코드(Alien Code) ✿ *

오래되거나 참고문서 또는 개발자가 없어 유지보수 작업이 어려운 프로그램

2) 하향식 통합

- 주요 제어 모듈 기준으로 아래로 통합하며 진행
- 하위 컴포넌트 개발이 완료되지 않은 경우 스텁(Stub)을 사용하기도 함
- 하위 레벨 모듈들은 특정한 소프트웨어 부가 기능을 수행하는 클러스터들에 결합
- 우선 통합법, 깊이 우선 통합법, 너비 우선 통합법 등이 있음

3) 빅뱅(BigBang) 통합

- 시스템을 구성하는 모듈을 각각 따로 구현하고 전체 시스템을 한 번에 테스트
- 테스트를 위한 드라이브(Driver)와 스텁(Stub) 없이 실제 모듈들로 테스트

TIP 통합 방식 비교 ☆

| 구분 | 상향식 | 하향식 | 빅뱅 |
|---|---|---|---|
| 드라이버/스텁 | 드라이버 | 스텁 | 실제 모듈 |
| 수행 순서 | 하위→상위 | 상위→하위 | 동시 |
| 장점 | • 장애 위치 확인 용이<br>• 모든 모듈이 개발 준비 되어 있지 않아도 됨 | • 장애 위치 확인 용이<br>• 초기 프로토타입 가능 | • 소규모 시스템<br>• 단기간 테스트 가능 |
| 단점 | • 초기 프로토타입 불가<br>• 중요한 모듈들이 마지막에 테스트 될 가능성 | • 많은 스텁 필요<br>• 낮은 수준 모듈은 부적절한 테스트 가능성 | • 장애 위치 확인 어려움<br>• 모든 모듈이 개발 준비 되어 있어야 함 |

## 1. 단위 테스트(Unit Test)

- 하나의 모듈을 기준으로 독립적으로 진행되는 가장 작은 단위의 테스트
- 구현 단계에서 각 모듈의 개발을 완료한 후 개발자가 명세서의 내용대로 정확히 구현되었는지 테스트
- 구조적 테스트를 주로 시행

## 2. 통합 테스트(Integration Test)

- 모듈 간 인터페이스 혹은 통합된 컴포넌트 간 상호 작용 오류 및 결함을 찾아 해결하기 위한 테스트
- 종류

| 점진적 통합 방식★*<br>(상향식/하향식) | • 단계적으로 통합하며 테스트<br>• 인터페이스 관련 오류를 테스트할 수 있음<br>• 오류 수정이 쉬움 |
|---|---|
| 비점진적 통합 방식<br>(빅뱅 통합) | • 모든 모듈이 결합된 프로그램 전체를 대상으로 테스트<br>• 규모가 작은 소프트웨어에 적합<br>• 오류 발견/장애 위치 파악 또는 수정이 어려움 |

## 3. 통합 방식

1) 상향식 통합★*

- 프로그램 구조에서 최하위 레벨인 모듈을 구성하고 상위 모듈 방향으로 통합하며 검사
- 가장 하위 단계의 모듈부터 수행되므로 스텁(Stub)은 필요 없으나 하나의 주요 제어 모듈과 관련된 종속 모듈의 그룹인 클러스터가 필요함

# 3. 블랙박스 테스트(Black Box Test)

## 1) 개념

- 소프트웨어가 수행할 특정 기능을 알기 위해 각 기능이 완전히 작동되는 것을 입증하는 테스트(기능 테스트)
- 요구사항 명세를 보면서 테스트하며 주로 구현된 기능을 테스트
- 소프트웨어 인터페이스에서 실시됨

## 2) 종류

| | |
|---|---|
| **동치 분할 검사**<br>(Equivalence Partitioning) | 입력 자료에 초점을 맞춰 테스트 케이스를 만들고 검사 |
| **원인-효과 그래프 검사**☆*<br>(Cause and Effect Graphing) | 입력 데이터 간의 관계와 출력에 영향을 미치는 상황을 체계적으로 분석 |
| **오류 예측 검사**<br>(Error Forecast) | 과거의 경험이나 감각으로 테스트 |
| **비교 검사**<br>(Comparison Testing) | 동일한 테스트 자료를 여러 버전의 프로그램에 입력하고 동일한 결과가 출력되는지 테스트 |
| **경계값 분석**☆*<br>(Boundary Value Analysis) | 입력 조건 경계값에서 오류 발생 확률이 크다는 것을 활용하여 경계값을 테스트 케이스로 선정해 검사 |

## 1. 테스트 시나리오

- 테스트 케이스의 동작 순서를 기술한 문서이며, 테스트를 위한 절차를 정리한 문서
- 테스트 순서에 대한 구체적인 절차, 사전 조건, 입력 데이터 등을 기술

## 2. 화이트박스 테스트(White Box Test)

### 1) 개념

- 모듈의 원시 코드를 오픈시킨 상태에서 코드의 논리적 모든 경로를 테스트하는 방법
- Source Code의 모든 문장을 한 번 이상 수행
- 테스트 데이터를 이용해 실제 프로그램을 실행함으로써 오류를 찾는 동적 테스트 (Dynamic Test)

### 2) 종류

| 기초 경로 검사 ☆*<br>(Basic Path Testing) | · Tom McCabe가 제안한 대표적 화이트박스 테스트 기법<br>· 테스트 케이스 설계자가 절차적 설계의 논리적 복잡성을 측정하고, 측정 결과는 실행 경로의 기초를 정의하는 데 지침으로 사용 |
| --- | --- |
| 제어 구조 검사 | · 조건 검사 : 프로그램 모듈 내에 있는 논리적 조건을 테스트<br>· 루프 검사 : 프로그램의 반복 구조에 초점<br>· 데이터 흐름 검사 : 프로그램에서 변수의 정의와 변수 사용의 위치에 초점 |

## 2. 테스트 오라클(Test Oracle)

- 참(True) 오라클 : 모든 입력값에 대하여 적합한 결과를 생성하여, 발생한 오류를 모두 검출
- 일관성 검사(Consistent) 오라클 : 애플리케이션 변경이 있을 때, 수행 전과 후의 결과값이 동일한지 확인
- 샘플링(Sampling) 오라클 : 임의로 선정한 몇 개의 입력값에 대해서만 기대하는 결과를 제공
- 휴리스틱(Heuristic) 오라클 : 임의 입력값에 대해 올바른 결과를 제공하고, 나머지 값들에 대해서는 휴리스틱(추정)으로 처리

## 3. 테스트 레벨의 종류

| | |
|---|---|
| **단위 테스트** | 원시 코드를 대상으로 각각의 단위 자체에만 집중하여 테스트 |
| **통합 테스트** | 개발 소프트웨어/하드웨어 컴포넌트 간 인터페이스 및 연동 기능 등을 구조적으로 접근하여 테스트 |
| **시스템 테스트** | 시스템 성능과 관련된 요구사항이 완벽하게 수행되는지를 테스트 |
| **인수 테스트** | SW 제품에 대한 요구사항이 제대로 이행되었는지를 테스트 |

## 1. 소프트웨어 테스트의 원리 ⭐*

- 테스팅은 결함이 존재함을 밝히는 활동 : 소프트웨어의 잠재적인 결함을 줄일 수 있지만, 결함이 발견되지 않아도 결함이 없다고 증명할 수 없음
- 완벽한 테스팅은 불가능 : 무한 경로, 무한 입력값, 무한 시간이 소요되어 완벽하게 테스트할 수 없으므로 리스크 분석과 우선순위를 토대로 테스트에 집중
- 테스팅은 개발 초기에 시작 : 애플리케이션의 개발 단계에 테스트를 계획하고 각 단계에 맞춰 전략적으로 접근
- 결함 집중(Defect Clustering) : 애플리케이션 결함의 대부분은 소수의 특정한 모듈에 집중되어 존재(파레토 법칙 ⭐*)
- 살충제 패러독스(Pesticide Paradox) : 동일한 테스트 케이스로 반복 테스트 시 결함을 발견할 수 없음
- 테스팅은 정황(Context)에 의존 : 정황과 비즈니스 도메인에 따라 테스트를 다르게 수행
- 오류-부재의 궤변(Absence of Errors Fallacy) : 사용자의 요구사항을 만족하지 못하는 오류를 발견하고 그 오류를 제거하였다 해도, 해당 애플리케이션의 품질이 높다고 말할 수는 없음

TIP 파레토의 법칙(Law of Pareto) ∙∙∙∙∙∙∙∙∙∙∙∙∙∙∙∙∙∙∙∙∙∙∙∙∙∙∙∙∙∙

- '80대20 법칙' 또는 '2대8 법칙'
- 전체 결과의 80%가 전체 원인의 20%에서 일어나는 현상

## 3. 버전 관리 도구

| | |
|---|---|
| **공유 폴더 방식** | 담당자 한 명이 공유 폴더 내 자료를 자신의 PC로 복사한 후 컴파일하여 이상 유무를 확인하고, 파일의 오류가 확인되면 해당 파일을 등록한 개발자에게 수정을 의뢰하는 방식 |
| **클라이언트/서버 방식** | 서버의 자료를 개발자별로 자신의 PC(클라이언트)로 복사하여 작업 후 변경된 내용을 서버에 반영하고, 모든 버전 관리는 서버에서 수행하는 방식 |
| **분산 저장소 방식☆** | 개발자별로 원격 저장소의 자료를 각자의 로컬 저장소로 복사하여 작업 후 변경사항을 로컬 저장소에서 우선 적용하여 로컬 버전을 관리하는 방식 |

## 4. 컴포넌트 저장소(Repository)

· 인증받은 컴포넌트를 등록하는 저장소

· 저장소는 컴포넌트의 최신 버전을 유지하고 있으며, 컴포넌트의 버전별 상태도 유지하고 관리함으로써 사용자가 컴포넌트 이용을 쉽게 할 수 있게 도와줌

# 07 형상 관리(Configuration Management)

## 1. 형상 관리

- 개발 단계에 생성되는 모든 문서, 코드 등 소프트웨어의 변경사항을 체계적으로 관리하기 위하여 추적하고 통제하는 것
- 작업 산출물을 형상 항목(Configuration Item)이라는 형태로 선정하고, 형상 항목 간의 변경사항 추적과 통제 정책을 수립하고 관리함
- 요구사항 변경 또는 오류로 지속해서 변화하는 자료
- 개발 과정의 진행 정도를 확인하는 도구

## 2. 형상 관리 절차

- 형상 식별(Configuration Identification) ☆ : 형상 관리 계획을 근거로 형상 관리의 대상이 무엇인지 식별
- 형상 통제(Configuration Control) : 요구사항 변경 요구를 관리하고, 변경 제어, 형상 관리 등의 통제를 지원하고 기준선에 대한 관리 및 형상 통제 수행
- 형상 보고 및 감사 : 기준선의 무결성 평가
- 형상 기록/보고 : 소프트웨어 개발 상태에 대한 보고서 제공

> (TIP) 형상 관리 ⊒ 버전 관리 ⊒ 변경 관리 ·············
>
> 형상 관리는 버전 관리, 리비전 관리, 변경 관리, 빌드 관리, 이슈 관리 등을 모두 포함함

- Flyweight(플라이웨이트 패턴)

- Proxy(프록시 패턴)

3) 행위 패턴(Behavioral Pattern)
　　　　　　11개

- Observer(옵저버 패턴)

- Strategy(전략 패턴)

- Command(커맨드 패턴)

- State(상태 패턴)

- Chain of Responsibility(책임 연쇄 패턴)

- Visitor(방문자 패턴)

- Interpreter(인터프리터 패턴)

- Memento(메멘토 패턴)

- Mediator(중재자 패턴)

- Template Method(템플릿 메서드 패턴)

- Iterator(이터레이터 패턴)

---

**TIP** 디자인 패턴과 아키텍처 패턴 ·······························

- 디자인 패턴 : 서브 시스템 내 컴포넌트와 그들 간의 관계를 구성하기 위한 참조 모델

- 아키텍처 패턴 : 시스템 전체 구조를 설계하기 위한 참조 모델
　　　　　　　　상위 설계에 사용

# 디자인 패턴(Design Pattern)

이기적 | 정보처리기사 필기 | 특별부록

## 1. 디자인 패턴 ✿*

- 자주 사용하는 설계 형태를 정형화하여 유형별로 설계 템플릿을 만들어 두고 소프트웨어 개발 중 나타나는 과제를 해결하기 위한 방법 중 하나
- 개발자 간 원활한 의사소통, 소프트웨어 구조 파악 용이, 설계 변경에 대한 유연한 대처, 개발의 효율성, 유지보수성, 운용성 등 소프트웨어 품질 향상에 도움을 줌
- 객체지향 프로그래밍 설계 시 유사한 상황에서 구조적인 문제를 해결할 수 있도록 방안을 제공해 줌

## 2. GoF(Gangs of Four) 디자인 패턴 ✿*

총 23개

### 1) 생성 패턴(Creational Pattern)

5개

- Singleton(싱글톤 패턴)
- Factory Method(팩토리 메서드 패턴)
- Abstract Factory(추상 팩토리 패턴)
- Builder(빌더 패턴)
- Prototype(프로토타입 패턴)

### 2) 구조 패턴(Structural Pattern)

7개

- Adapter(어댑터 패턴)
- Bridge(브릿지 패턴)
- Composite(컴포지트 패턴)
- Decorator(데코레이터 패턴)
- Facade(퍼사드 패턴)

# 3. 객체지향 설계 원칙(SOLID) ✿*

| | |
|---|---|
| **단일 책임의 원칙(SRP)** | 모든 클래스는 단일 목적으로 생성되고, 하나의 책임만 가져야 한다. |
| **개방-폐쇄의 원칙(OCP)** | 소프트웨어 구성 요소는 확장에 대해서는 개방되어야 하나 수정에 대해서는 폐쇄적이어야 한다. |
| **리스코프 치환 원칙(LSP)** | 부모 클래스가 들어갈 자리에 자식 클래스를 대체하여도 계획대로 작동해야 한다. |
| **인터페이스 분리 원칙(ISP)** | 클라이언트는 자신이 사용하지 않는 메소드와 의존 관계를 맺으면 안 되며, 클라이언트가 사용하지 않는 인터페이스 때문에 영향을 받아서는 안 된다. |
| **의존 역전 원칙(DIP)** | 의존 관계를 맺으면 변하기 쉽고 변화 빈도가 높은 것보다 변하기 어렵고 변화 빈도가 낮은 것에 의존한다. |

TIP 오버로딩과 오버라이딩 ········································

· 오버로딩(Overloading) : 한 클래스 내에서 같은 이름의 메소드를 사용하는 것
· 오버라이딩(Overriding) : 상속 관계의 두 클래스의 상위 클래스에서 정의한 메소드를 하위 클래스에서 변경(재정의)하는 것

TIP 협약에 의한 설계(Design by Contract) ✿* ····················

· 선행 조건(Precondition) : 오퍼레이션이 호출되기 전에 참이 되어야 할 조건
· 결과 조건(Postcondition) : 오퍼레이션이 수행된 후 만족하여야 하는 조건
· 불변 조건(Invariant) : 클래스 내부가 실행되는 동안 항상 만족하여야 하는 조건

## 1. 객체지향 설계

1) 구조적 프로그래밍(Structured Programming)
- 한 개의 입구(입력)와 한 개의 출구(출력) 구조
- 프로그램의 이해가 쉽고 디버깅 작업이 쉬움

2) 절차적 프로그래밍(Procedural Programming)
- 순서대로 일련의 명령어를 나열하여 프로그래밍
- 함수(Function) 기반의 프로그래밍
- 규모가 커지면 커질수록 함수가 기하급수적으로 늘어남

3) 객체지향 프로그래밍(Object Oriented Programming) ✿ ✳
- 컴퓨터 소프트웨어를 Object 단위로 구분하고 설계하는 것
- 프로그램이 단순화되고 생산성과 신뢰성이 높음

## 2. 객체지향의 특징

| 캡슐화<br>(Encapsulation) | 서로 관련성이 높은 데이터(속성)와 그와 관련된 기능(메소드, 함수)을 묶는 기법 |
| --- | --- |
| 정보은닉<br>(Information Hiding) | 객체 내부의 속성과 메소드를 숨기고 공개된 인터페이스를 통해서만 메시지를 주고받을 수 있도록 하는 것 |
| 추상화(Abstraction) | 시스템 내의 공통 성질을 추출한 뒤 추상 클래스를 설정하는 기법 |
| 상속성(Inheritance) | 상위 클래스의 모든 속성, 연산을 하위 클래스가 재정의 없이 물려받아 사용하는 것 |
| 다형성(Polymorphism) | 속성이나 변수가 서로 다른 클래스에 속하는 객체를 지칭할 수 있는 성질 |

## 4. 모듈과 컴포넌트

| 구분 | 모듈 | 컴포넌트 |
|---|---|---|
| 주요 목적 | 소프트웨어 복잡도 해소 | 소프트웨어 재사용성 향상 |
| 재사용 단위 | 소스 코드 | 실행 코드 |
| 독립성 | 구현 언어 종속적, 플랫폼 종속적 | 구현 언어 종속적, 동일 플랫폼 기반 개별적 연계 |
| 응용 | 단일 애플리케이션 | 분산 애플리케이션 |
| 중심 사상 | 모듈화, 추상화 | 객체지향, CBD |
| 호출 방법 | 함수 호출 | 구현 기술 인터페이스 |
| 특징 | 여러 모듈이 하나의 애플리케이션을 형성하는 계층 구조 | 다른 컴포넌트와 커뮤니케이션 네트워크를 이루면서 서비스 |

예) 1개 서버에 100개의 클라이언트가 서비스를 받고 있을 때,

- 모듈 = 서버 1 + 서비스 구현된 모듈 1개 = 총 2개
- 컴포넌트 = 실제 동작하고 있는 서버 1 + 클라이언트 100개 = 총 101개

## 5. 소프트웨어 재사용

- 검증된 기능을 파악하여 재구성하는 것
- 개발 비용 절약과 기간 단축 가능
- 생산성 및 소프트웨어의 품질 향상

# 04  모듈(Module)

이기적 | 정보처리기사 필기 | 특별부록

## 1. 모듈

- 전체 프로그램에서 어떠한 기능을 수행할 수 있는 실행 코드 ✮*
- 재사용이 가능하며 자체적으로 컴파일할 수 있음
- 모듈의 독립성은 결합도와 응집도에 의해 측정됨

## 2. 결합도(Coupling)

- 서로 다른 두 모듈 간의 상호 의존도
- 두 모듈 간의 기능적인 연관 정도

## 3. 응집도(Cohesion)

- 모듈 안의 요소들이 서로 관련된 정도
- 모듈이 독립적인 기능으로 구성됨을 나타냄

TIP 효과적인 모듈 설계 방법 ✮*

결합도는 약하게!

응집도는 강하게!

## 2. UI 프로토타입

- 도출된 요구사항을 토대로 프로토타입(시제품)을 제작하여 대상 시스템과
  비교하면서 개발 중에 도출되는 추가 요구사항을 지속해서 재작성하는 과정
- 동적인 형태로 구현된 모형
- 장단점

| 장점 | · 사용자 설득과 이해가 쉽다.<br>· 개발 시간이 감소한다.<br>· 오류를 사전에 발견할 수 있다. |
|------|------|
| 단점 | · 수정이 많아지면 작업 시간이 늘어날 수 있다.<br>· 필요 이상으로 자원을 많이 소모한다.<br>· 정확한 문서 작업이 생략되는 문제가 발생할 수 있다. |

- 작성 도구

| 아날로그<br>프로토타입 | · 포스트잇, 칠판, 종이, 펜 등<br>· 빠른 업무 협의가 필요한 경우에 사용함 |
|------|------|
| 디지털<br>프로토타입☆ | · Power Point, Acrobat, Invision, Marvel, Adobe Xd, Flinto, Priciple,<br>Keynote, UX pin, HTML 등<br>· 재사용성이 높지만 툴을 다룰 줄 아는 전문가가 필요함 |

**TIP** 감성공학

- 인간의 소망으로 이미지나 감성을 구체적 제품 설계를 통하여 실현해 내는 공학적 접근 방법
- 감성 공학을 통하여 인간이 쉽고 편리하고 쾌적하게 시스템과 어우러지는 것이 목표임
- 감성 공학 관련 기술 : 생체 측정 기술, 인간 감성 특성 파악 기술, 감성 디자인 기술과 오감 센서
  및 감성 처리 기술, 마이크로 기구 설계, 사용성 평가 기술 및 가상현실 기술

## 1. UI 설계 단계

1) 순서

문제 정의 → 사용자 모델 정의 → 작업 분석 → 컴퓨터 오브젝트 및 기능 정의
→ 사용자 인터페이스 정의 → 디자인 평가

2) 시나리오 작성 원칙

- 개발자가 쉽게 이해할 수 있도록 구체적으로 작성
- 공통 적용이 가능한 UI 요소와 상호작용(Interaction)을 일반적인 규칙으로 정의
- 기능별 상세 기능 시나리오를 정의하되 UI 일반 규칙 준수
- 시나리오 문서의 작성 요건 ☆* : 완전성, 일관성, 이해성, 가독성, 수정 용이성, 추적 용이성

3) UI 설계 도구

- 와이어 프레임(Wire Frame) : UI 중심의 화면 레이아웃을 선(Wire)을 이용하여 개략적으로 작성
- 목업(Mockup) ☆* : 시각적으로 구성 요소를 배치하는 것으로 일반적으로 실제로 구현되지는 않음
- 프로토타입(Prototype) : Interaction(상호작용)이 결합하여 실제 작동하는 모형
- 스토리보드(Storyboard) : 정책, 프로세스, 와이어 프레임, 설명이 모두 포함된 설계 문서

· 의존 관계(Dependency Relation) : 연관 관계와 같지만 매우 짧은 시간만
  유지되는 관계

· 일반화 관계(Generalization Relation) : 객체지향에서 상속 관계

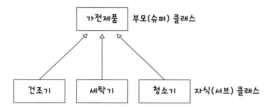

· 집합 관계(Aggregation Relation) :
  A 객체가 B 객체에 포함된 관계

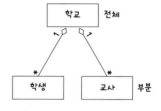

· 포함 관계(Composition Relation) :
  부분 객체가 전체 객체에 속하는
  강한 집합 연관의 관계

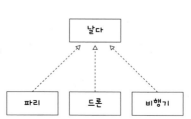

· 실체화 관계(Realization Relation) :
  한 객체가 다른 객체에게 오퍼레이션을
  수행하도록 지정하는 의미적 관계

## 1. 럼바우(Rumbaugh) 객체지향 분석 기법

- 객체 모델링 기법
- 소프트웨어 구성 요소를 그래픽으로 모형화함
- 순서 : 객체 모델링 → 동적 모델링 → 기능 모델링 ☆*

## 2. UML 다이어그램

| | |
|---|---|
| 구조<br>다이어그램 | • 정적이고, 구조적인 표현을 위한 다이어그램<br>• 종류 : 클래스 다이어그램(Class Diagram), 객체 다이어그램(Object Diagram),<br>　복합체 구조 다이어그램(Composite Structure Diagram), 배치 다이어그램<br>　(Deployment Diagram), 컴포넌트 다이어그램(Component Diagram),<br>　패키지 다이어그램(Package Diagram) |
| 행위<br>다이어그램 | • 동적이고, 순차적인 표현을 위한 다이어그램<br>• 종류 : 유스케이스 다이어그램(Use Case Diagram), 활동 다이어그램(Activity<br>　Diagram), 상태 머신 다이어그램(State Machine Diagram), 순서 다이어그램<br>　(Sequence Diagram), 상호작용 다이어그램(Interaction Diagram) |

## 3. UML 관계 ☆*

- 연관 관계(Association Relation) : 한 사물의 객체가 다른 사물의 객체와 연결된 관계

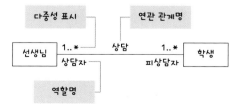

## 3. V-모델 ☆*

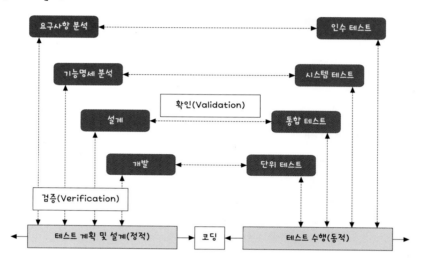

· 폭포수 모형에 시스템 검증과 테스트 작업을 강조한 모델
· 생명주기 초반부터 테스트 작업을 지원함
· 테스트 작업을 단계별로 구분하므로 책임이 명확해짐

(TIP) 애자일(Agile) 개발 방법론 ☆*  ·········································

· 특정 방법론이 아닌 소프트웨어를 빠르고 낭비 없이 제작하기 위해 고객과의 협업에 초점을 둔 것
· 절차와 도구보다 개인과 소통과 고객과의 피드백을 중요시함

# 소프트웨어 개발 방법론

## 1. 폭포수 모델(Waterfall Model)

- 선형 순차적 모델, 고전적 생명주기 모형
- 소프트웨어 개발 과정 각 단계가 순차적으로 진행됨

## 2. 나선형 모델(Spiral Model)

- 집중적 모델, 점증적 생명주기 모형
- 나선을 따라서 돌아가면서 각 개발 순서를 반복하여 수행하는 점진적 방식
- 유지보수 과정이 필요 없으며, 소프트웨어 개발 중 발생할 수 있는 위험을 관리하고 최소화하는 것이 목적임

# 정보처리기사
## 필기

이렇게
기막힌
적중률

합격노트+마인드맵

YoungJin.com **Y.**
영진닷컴

## 이론을 확인하는 기출문제

**01** EAI에서 "허브(Hub)"란 무엇인가?

① 메시지를 수신하고 처리하는 서버
② 시스템 간의 연결을 담당하는 하드웨어
③ 웹 서비스를 지원하는 라이브러리
④ 다수의 시스템을 연결하는 중심 역할을 수행하는 소프트웨어

**허브(Hub)**
• 허브는 여러 대의 컴퓨터를 연결하여 네트워크로 보내거나 하나의 네트워크로 수신된 정보를 여러 대의 컴퓨터로 송신하기 위한 장비이다.
• 다수의 오프라인, 온라인 접속 기기들을 로컬 네트워크(LAN)에 연결하기 위한 장비이다.

**02** SOA에서 "웹 서비스(Web Service)"란 무엇인가?

① 서비스를 제공하는 시스템과 클라이언트 간의 통신을 위한 기술
② 서비스를 발견하고 통신하는 역할을 수행하는 소프트웨어
③ 서비스를 구현하는 데 필요한 기술과 표준을 정의하는 단체
④ 서비스를 관리하고 모니터링하는 도구

웹 서비스 : 네트워크에 분산된 정보를 서비스 형태로 개방하여 표준화된 방식으로 SOA 개념을 실현하는 대표적인 기술이다.

**03** EAI(Enterprise Application Integration) 구축 유형에서 애플리케이션 사이에 미들웨어를 두어 처리하는 것은?

① Message Bus
② Point-to-point
③ Hub & Spoke
④ Hybrid

**Message Bus**
• 애플리케이션 사이에 미들웨어를 배치하여 처리하는 방식으로 확장성이 뛰어나다.
• 대용량 데이터 처리에 유리하다.

**04** EAI(Enterprise Application Integration) 구축 유형으로 옳지 <u>않은</u> 것은?

① Point-to-Point
② Hub & Spoke
③ Message Bus
④ Tree

Point-to-Point, Hub & Spoke, Message Bus(ESB 방식), Hybrid

**05** EAI(Enterprise Application Integration) 구축 유형 중 Hybrid에 대한 설명으로 <u>틀린</u> 것은?

① Hub & Spoke와 Message Bus의 혼합 방식이다.
② 필요한 경우 한 가지 방식으로 EAI 구현이 가능하다.
③ 데이터 병목현상을 최소화할 수 있다.
④ 중간에 미들웨어를 두지 않고 각 애플리케이션을 Point-to-Point로 연결한다.

④번은 Point-to-Point 방식에 관한 설명이다.

**06** 기업 내의 컴퓨터 애플리케이션들을 현대화하고, 통합하고, 조정하는 것을 목표로 세운 계획, 방법 및 도구 등을 일컫는 것은?

① e-business
② BPR
③ EAI
④ ERP

EAI는 기업 내부에서 운영되는 각종 플랫폼 및 애플리케이션 간의 정보 전달, 연계, 통합을 가능하게 해주는 솔루션이다.

정답 01 ④ 02 ① 03 ① 04 ④ 05 ④ 06 ③

# 인터페이스 구현

▶ 합격 강의

빈출 태그 AJAX • JSON • 인터페이스 검증 도구

**01 인터페이스 기능 정의**

### 1) 인터페이스 기능 정의

- 인터페이스를 실제로 구현하기 위해 인터페이스 기능에 대한 구현 방법을 기능별로 기술하는 과정이다.
- 정의 순서 : 컴포넌트 명세서 확인 → 인터페이스 명세서 확인 → 일관된 인터페이스 기능 구현 정의 → 정의된 인터페이스 기능 구현 정형화

### 2) 모듈 세부 설계서

모듈 구성 요소와 세부적 동작 등을 정의한 설계서이다.

| 컴포넌트 명세서 | • 내부 클래스 동작, 컴포넌트 개요, 인터페이스를 통해 외부와 통신하는 명세를 정의한다.<br>• 구성 : 컴포넌트 ID, 컴포넌트 명, 컴포넌트 개요, 내부 클래스(ID, 클래스명, 설명), 인터페이스 클래스(ID, 인터페이스명, 오퍼레이션명, 구분) |
|---|---|
| 인터페이스 명세서 | • 컴포넌트 명세서 항목 중 인터페이스 클래스의 세부 조건 및 기능 등을 정의한다.<br>• 구성 : 인터페이스 ID, 인터페이스명, 오퍼레이션명, 오퍼레이션 개요, 사전 조건, 사후 조건, 파라미터, 반환 값 |

**인터페이스 명세서 작성 항목**
인터페이스명, 설명, 메소드, 파라미터, 반환값, 예외 처리, 상태 정보, 예시 코드

### 3) 모듈 세부 설계서 확인

- 컴포넌트가 가지고 있는 주 기능인 컴포넌트 명세서(컴포넌트 개요, 내부 클래스의 클래스명, 설명 등)를 확인한다.
- 인터페이스에 필요한 기능을 각 모듈의 컴포넌트 명세서, 인터페이스 명세서를 통하여 분석한다.
- 인터페이스에 필요한 주 기능은 인터페이스 클래스를 통해 확인하고 인터페이스 명세서를 통해서 컴포넌트 명세서의 인터페이스 클래스에 작성된 인터페이스 세부 조건 및 기능을 확인한다.

## 02 인터페이스 구현 <sup>22.3</sup>

### 1) 인터페이스 구현

#### ① 인터페이스 구현의 개념

- 송·수신 시스템 간의 데이터 교환 및 처리를 실현해주는 작업이다.
- 사전에 정의된 기능 구현을 분석하고 인터페이스를 구현한다.
- 인터페이스 기능 구현을 기반으로 인터페이스 구현 방법을 분석하고, 분석된 인터페이스 구현 정의를 바탕으로 인터페이스를 구현한다.

#### ② 데이터 통신을 이용한 인터페이스 구현

애플리케이션 영역에서 인터페이스 형식에 맞춘 데이터 포맷을 인터페이스 대상으로 전송하고 이를 수신 측에서 구문 분석하여 해석하는 방식이다.

### 2) 인터페이스 구현을 위한 연계 기술

#### ① AJAX(Asynchronous JavaScript And XML) <sup>24.7, 20.8</sup>

- JavaScript를 사용한 비동기 통신 기술로 클라이언트와 서버 간에 XML 데이터를 주고받는 기술이다.
- 브라우저가 가지고 있는 XMLHttpRequest 객체를 이용해서 전체 페이지를 새로 고치지 않고도 페이지 일부만을 위한 데이터를 로드하는 기법이다.

#### ② JSON(JavaScript Object Notation) <sup>24.5, 24.3, 23.3, 22.4, 20.6</sup>

언어 독립형 데이터 포맷으로 다양한 프로그래밍 언어에서 사용되고 있음

- 데이터 통신을 이용한 인터페이스 구현 방법이다.
- 웹과 컴퓨터프로그램에서 용량이 적은 데이터를 교환하기 위해 데이터 객체를 속성·값의 쌍 형태로 표현하는 형식으로 자바스크립트(JavaScript)를 토대로 개발된 형식이다.
- 속성-값의 쌍(Attribute-Value Pairs)인 데이터 객체 전달을 위해 사람이 읽을 수 있는 텍스트를 사용하는 개방형 표준 포맷으로 비동기 처리에 쓰이는 AJAX에서 XML을 대체하는 주요 데이터 포맷이다.

#### ③ 인터페이스 엔티티를 이용한 인터페이스 구현

인터페이스가 필요한 시스템 사이에 별도의 중계 인터페이스 엔티티를 배치하여 상호 연계하는 방식이다.

---

**REST(Representational State Transfer, 대표 상태 이전)**
웹과 같은 분산 하이퍼미디어 환경에서 자원의 존재/상태 정보를 표준화된 HTTP 메소드로 주고받는 웹 아키텍처이다.

**REST 메소드**
- HTTP 메소드 중 CRUD 메소드만 사용한다.
- CRUD Operation

Create : 생성(POST)
Read : 조회(GET)
Update : 수정(PUT)
Delete : 삭제(DELETE)

---

✓ **개념 체크**

1 인터페이스 구현을 위한 연계 기술 중 속성-값의 쌍 (Attribute-Value Pairs)인 데이터 객체 전달을 위해 사람이 읽을 수 있는 텍스트를 사용하는 개방형 표준 포맷으로, 비동기 처리에 쓰이는 AJAX에서 XML을 대체하는 주요 데이터 포맷은?

1 JSON

## 03 인터페이스 구현 검증

### 1) 인터페이스 구현 검증

- 인터페이스 구현 및 감시 도구를 통해서 구현된 인터페이스의 동작 상태를 검증 및 감시(Monitoring)할 수 있다.
- 검증 순서 : 구현된 인터페이스 명세서를 참조하여 구현 검증에 필요한 감시 및 도구를 준비한 뒤 인터페이스 구현 검증을 위하여 외부 시스템과의 연계 모듈 상태를 확인한다.

### 2) 인터페이스 구현 검증 도구의 종류 24.3, 21.5, 20.9, 20.6

인터페이스 구현 검증을 위해서 단위 기능 및 시나리오에 기반한 통합 테스트가 필요하며, 테스트 자동화 도구를 이용하여 단위 및 통합 테스트의 효율성을 높일 수 있음

#### ① Watir
- Ruby 기반 웹 애플리케이션 테스트 프레임워크이다.
- 모든 언어 기반의 웹 애플리케이션 테스트와 브라우저 호환성을 테스트할 수 있다.

#### ② xUnit 22.4
- Java(Junit), C++(Cppunit), .Net(Nunit), JMockit, EMMA, PHPUnit, HttpUnit, DBUnit 등 다양한 언어를 지원하는 단위 테스트 프레임워크이다.
- 함수, 클래스 등 다른 구성단위들의 테스트를 도와준다.
- xUnit을 이용하여 테스트를 자동화하면, 개발자는 테스트 수행에 걸리는 시간을 줄일 수 있고, 테스트 결과를 쉽게 확인할 수 있다.
- xUnit의 주요 기능
  - Assertion : 테스트 결과를 검증하는 기능으로, 예상 결과와 실제 결과를 비교하여 검증할 수 있다.
  - Fixture : 테스트 실행 전/후에 수행해야 할 코드를 정의할 수 있는 기능으로, 테스트 환경을 설정하거나 정리하는 등의 역할을 수행할 수 있다.
  - Test Runner : 테스트 케이스를 실행하고 결과를 보고하는 기능으로, 테스트 결과를 쉽게 확인할 수 있다.

#### ③ FitNesse
- 웹 기반 테스트 케이스 설계/실행/결과 확인 등을 지원하는 테스트 프레임워크이다.
- 테스트 케이스 테이블 작성하면 자동으로 빠르고 쉽게 작성한 테스트를 수행할 수 있다.

STAF(Structured Test Automation Framework) : IBM에서 개발한 테스트 자동화 프레임워크

#### ④ STAF 24.5, 22.7, 20.6
- 서비스 호출, 컴포넌트 재사용 등 다양한 환경을 지원하는 테스트 프레임워크이다.
- 데몬을 사용하여 테스트 대상 분산 환경에서 대상 프로그램을 통한 테스트를 수행하고 통합하는 자동화 검증 도구이다.
- 다양한 기능을 제공하기 때문에 복잡한 테스트 시나리오에서도 효과적으로 사용할 수 있다.

**개념 체크**

1 STAF는 Ruby 기반 웹 애플리케이션 테스트 프레임워크이다. (O, X)

1 X

- STAF의 주요 기능
  - 테스트 자동화 : STAF를 이용하여 테스트 케이스를 자동으로 실행하고 결과를 분석할 수 있다.
  - 에러 검출 및 디버깅 : STAF를 이용하여 테스트 중에 발생한 오류를 검출하고 디버깅할 수 있다.
  - 테스트 결과 분석 : STAF를 이용하여 테스트 결과를 분석하여 문제점을 파악할 수 있다.
  - 테스트 리포팅 : STAF를 이용하여 테스트 결과를 리포팅할 수 있다.

⑤ NTAF Naver

테스트 자동화 프레임워크이며, STAF와 FitNesse를 통합한다.

⑥ Selenium

웹 애플리케이션의 인터페이스 구현 검증을 위한 도구로, 다양한 언어를 지원하며 크로스 브라우징을 지원한다.

⑦ Appium

모바일 애플리케이션의 인터페이스 구현 검증을 위한 도구로, 다양한 모바일 운영체제를 지원한다.

## 3) 인터페이스 구현 감시 도구
— Application Performance Management
- APM을 사용하여 동작 상태를 감시할 수 있다.
- 데이터베이스, 웹 애플리케이션의 트랜잭션과 변수값, 호출 함수, 로그 및 시스템 부하 등 종합적인 정보를 조회하고 분석할 수 있다.
- ⓐ 스카우터, 제니퍼 등
- APM 주요 기능
  - 애플리케이션 모니터링 : 애플리케이션의 성능을 실시간으로 모니터링하여 성능 문제를 발견하고 대응할 수 있다.
  - 성능 분석 : 애플리케이션의 성능 문제를 분석하여 원인을 파악하고 해결할 수 있다.
  - 성능 향상 : 애플리케이션의 성능을 향상시키는 조치를 제안하고, 이를 적용하여 애플리케이션의 성능을 최적화할 수 있다.

**인터페이스 구현 검증 시 필요한 설계 산출물**
- 데이터 전송 주기, 전송 포맷 등을 확인하여 송·수신 시스템에 데이터가 정확하게 전송되었는지 인터페이스 명세서를 중심으로 확인한다.
- 인터페이스 단위 테스트 케이스나 통합 테스트 케이스를 활용한다.
- 모듈 세부 설계서(컴포넌트 명세서, 인터페이스 명세서), 인터페이스 정의서, 동적/정적 모형 설계도, 식별된 인터페이스 기능 목록, 인터페이스 데이터 표준 정의서가 필요하다.

 개념 체크

1 APM 주요 기능에는 애플리케이션 모니터링, ( ), 성능 향상이 있다.

1 성능 분석

**01** 인터페이스 구현 시 사용하는 기술로 속성-값 쌍 (Attribute-Value Pairs)으로 이루어진 데이터 오브젝트를 전달하기 위해 사용하는 개방형 표준 포맷은?

① JSON
② HTML
③ AVPN
④ DOF

- - - - - - - - - - - - - - - - - - - - - - - - - - - - - -

JSON(JavaScript Object Notation) : 속성-값 쌍(Attribute-Value Pairs)으로 이루어진 데이터 오브젝트를 전달하기 위해 사용하는 개방형 표준 포맷이다.

**02** 인터페이스 구현 시 사용하는 기술 중 다음 내용이 설명하는 것은?

> JavaScript를 사용한 비동기 통신 기술로 클라이언트와 서버 간에 XML 데이터를 주고받는 기술

① Procedure
② Trigger
③ Greedy
④ AJAX

- - - - - - - - - - - - - - - - - - - - - - - - - - - - - -

AJAX(Asynchronous Javascript And Xml)
- JavaScript를 사용한 비동기 통신 기술로 클라이언트와 서버 간에 XML 데이터를 주고받는 기술이다.
- 브라우저가 가지고 있는 XMLHttpRequest 객체를 이용해서 전체 페이지를 새로 고치지 않고도 페이지 일부만을 위한 데이터를 로드하는 기법이다.

**03** 인터페이스 구현 검증 도구 중 아래에서 설명하는 것은?

> - 서비스 호출, 컴포넌트 재사용 등 다양한 환경을 지원하는 테스트 프레임워크
> - 각 테스트 대상 분산 환경에 데몬을 사용하여 테스트 대상 프로그램을 통해 테스트를 수행하고, 통합하여 자동화하는 검증 도구

① xUnit
② STAF
③ FitNesse
④ RubyNode

- - - - - - - - - - - - - - - - - - - - - - - - - - - - - -

**인터페이스 구현 검증 도구**
- xUnit : java(Junit), C++(Cppunit), .Net(Nunit) 등 다양한 언어를 지원하는 단위 테스트 프레임워크이다.
- STAF : 서비스 호출, 컴포넌트 재사용 등 다양한 환경을 지원하는 테스트 프레임워크이며, 각 테스트 대상 분산 환경에 데몬을 사용하여 테스트 대상 프로그램을 통해 테스트를 수행하고, 통합하여 자동화하는 검증 도구이다.
- FitNesse : 웹 기반 테스트 케이스 설계/실행/결과 확인 등을 지원하는 테스트 프레임워크이다.
- NTAF Naver : STAF와 FitNesse를 통합한 형태의 테스트 자동화 프레임워크이다.
- Selenium : 다양한 브라우저 지원 및 개발 언어를 지원하는 웹 애플리케이션 테스트 프레임워크이다.
- Watir : Ruby 기반 웹 애플리케이션 테스트 프레임워크이다.

**04** 인터페이스 구현 검증 도구가 <u>아닌</u> 것은?

① Foxbase
② STAF
③ Watir
④ xUnit

- - - - - - - - - - - - - - - - - - - - - - - - - - - - - -

Foxbase : DOS 운영체제에서 실행되는 관계형 데이터베이스 관리 시스템(RDBMS) 소프트웨어이다.

정답 01 ① 02 ④ 03 ② 04 ①

출제빈도 상 ⓒ 하
반복학습 1 2 3

빈출 태그 IPSec • AH • SSL • S-HTTP

## ① 인터페이스 보안

### 1) 인터페이스 보안

#### ① 정의
모듈 컴포넌트 간 데이터 교환 시 데이터 변조·탈취 및 인터페이스 모듈 자체의 보안 취약점이 존재할 수 있다.

#### ② 데이터 통신 시 데이터 탈취 위협 [23.3]
- **스니핑(Sniffing)** : 네트워크 주변을 지나다니는 패킷을 엿보면서 계정(ID)과 비밀번호를 알아내는 보안 위협이다.
- **스푸핑(Spoofing)** : 일반 사용자가 인터넷상에서 통신하는 정보를 크래커의 사이트를 통하도록 하여 비밀번호를 알아내는 보안 위협이다.

#### ③ 데이터베이스 암호화
- 데이터베이스의 기밀성을 유지하기 위해 중요 민감 데이터는 암호화한다.
- 대칭키, 해시, 비대칭키 알고리즘이 사용된다.

#### ④ 시큐어 코딩
- KISA(한국 인터넷 진흥원)에서는 OWASP(Open Web Application Security Project) Top 10을 참고하여 소프트웨어 보안 약점 가이드를 발표하였다.
- 소프트웨어 보안 약점 가이드에는 보안 취약점, 약점 및 대응 방안이 구체적으로 서술되어 있으며 이를 바탕으로 시큐어 코딩을 하도록 해야 한다.

### 2) 네트워크 보안 적용 [20.9, 20.8, 20.6]

#### ① 네트워크 보안 적용의 개념
- 인터페이스 송·수신 간 중간자에 의한 데이터 탈취 또는 위변조를 방지하기 위해서 네트워크 트래픽에 대한 암호화 적용이 요구된다.
- 네트워크 구간의 암호화를 위해서는 인터페이스 아키텍처에 따라서 다양한 방식으로 보안 기능을 적용해야 한다.

---

🅑 기적의 TIP

인터페이스 보안 기술 프로토콜이 반복해 출제되고 있습니다. 보안 프로토콜은 2과목뿐만 아니라 3과목, 5과목과 연계되니 정확하게 정리하고 넘어갑니다.

**Smurfing**
IP 또는 ICMP의 특성을 악용하여 특정 사이트에 집중적으로 데이터를 보내 네트워크 또는 시스템의 상태를 불능으로 만드는 공격 방법이다.

**Smishing**
IP와 인터넷 제어 메시지 프로토콜(ICMP)의 특성을 이용하여 고성능 컴퓨터를 통하여 대량의 접속 신호를 집중적으로 보냄으로써 상대 컴퓨터의 서버를 접속 불능 상태로 만들어 버리는 해킹 수법이다.

**Qshing**
QR 코드(Quick Response Code)를 통해 악성 앱을 내려받도록 유도하거나 악성 프로그램을 설치하게 하는 금융사기 기법 중 하나이다.

**네트워크 보안 적용**
IPSec, IKE, SSL, S-HTTP

---

✔ 개념 체크

1 ( )은(는) 네트워크 주변을 지나다니는 패킷을 엿보면서 계정(ID)과 비밀번호를 알아내는 보안 위협이다.

1 스니핑

② 네트워크 구간 보안 기능 적용 시 고려 사항

AH : 메시지 체크섬(Checksum)을 활용한 데이터 인증과 비연결형 결성을 보장해 주는 프로토콜

| 단계 | 고려 사항 | 보안 기능 적용 |
|---|---|---|
| Transport Layer Network 보안 | 상대방 인증을 적용한다. | IPSec★ AH(Authentication Header)와 IKE(Internet Key Exchange) 프로토콜을 적용한다. 24.7 |
| | 데이터 기밀성 보장이 필요하다. | IPSec ESP(Encapsulation Security Payload)를 적용한다. |
| | End-to-End 보안을 적용한다. | IPSec Transport Mode를 적용한다. |
| Application Layer Network 보안 | 서버만 공개키 인증서를 가지고 통신(위험 분산)한다. | SSL(Secure Socket Layer)의 서버 인증 상태를 운영한다. |
| | 연결 단위 외 메시지 단위로도 인증 및 암호화가 필요하다. | S-HTTP를 적용하여 메시지를 암호화한다(상호 인증 필요, 성능 일부 저하됨). |

★ IPSec(Internet Protocol Security)

- 인터넷 프로토콜(IP) 네트워크에서 보안 및 프라이버시를 제공하기 위한 프로토콜이다.
- 데이터를 암호화하고 인증하여 안전한 통신을 보장한다. 이를 위해 IPSec은 보안 연결을 설정하고 네트워크 레벨에서 보안 서비스를 제공한다.
- 데이터 무결성을 보장하기 위해 HMAC(Hash_based Message Authentication Code)을 사용한다.
- 대칭키 암호화를 사용한다.
- 네트워크 주소 변조와 같은 공격으로부터 보호하기 위해 패킷을 암호화하고 인증한다.
- 가상 사설 네트워크(VPN) 연결과 같이 원격 네트워크 간의 보안 통신을 지원하며, 인터넷에서 안전한 통신을 위해 많이 사용되는 프로토콜이다.

③ SSL과 S-HTTP

- SSL은 웹 브라우저와 서버 간의 통신에서 데이터를 암호화하고 인증하는 데 사용된다.
- S-HTTP는 웹 서버와 웹 클라이언트 간의 통신에서 전송 데이터의 일부 또는 전체를 암호화하는 데 사용된다.
- SSL vs S-HTTP

| 구분 | SSL(Secure Sockets Layer) | S-HTTP(Secure HTTP) |
|---|---|---|
| 기능 | 데이터 암호화 및 인증 | 전송 데이터의 일부 또는 전체 암호화 |
| 사용처 | 웹 브라우저와 서버 간의 통신 | 웹 서버와 웹 클라이언트 간의 통신 |
| 암호화 방식 | 대칭 및 공개키 암호화 | 대칭키 암호화 |
| 인증 방식 | 디지털 인증서 | 패스워드 또는 기타 인증 방식 |
| 통신 방식 | 연결 지향형 | 연결 지향형 또는 비연결 지향형 |
| 속도 | 상대적으로 느림 | 상대적으로 빠름 |
| 보안 수준 | 높음 | 낮음 |
| 포트 번호 | 443 | 80 또는 8080 |

## 3) 데이터베이스 보안 적용

① 데이터베이스 보안 적용의 개념

- 데이터베이스의 기밀성 유지를 위하여 중요하고 민감한 데이터는 암호화 기법을 활용하여 암호화하도록 한다.
- 데이터베이스의 접근 권한 및 SQL, 프로시저, 트리거 등 데이터베이스 동작 객체의 보안 취약점을 보완하도록 한다.
- 민감하고 중요한 데이터는 암호화와 익명화 등을 통하여 데이터 차제 보안 방법도 고려해야 한다.
- 영역 : 비인가자 접근 관리, 악의적 코드 삽입 금지, 민감 데이터 관리, 악의적 시도 시 에러 처리
- 데이터베이스 암호화 기법 : API, Filter(Plug-in), Hybrid

✔ 개념 체크

1 인터넷 프로토콜(IP) 네트워크에서 보안 및 프라이버시를 제공하기 위한 프로토콜은?

1 IPSec

### ② 데이터베이스 암호화 알고리즘

| 구분 | 종류 |
|---|---|
| 대칭키 알고리즘 | ARIA 128/129/256, SEED |
| 해시 알고리즘 | SHA-256/384/512, HAS-160 |
| 비대칭키 알고리즘 | RSA, ECDSA, ECC |

• DSA : 비대칭 암호화 방식으로 이산대수를 활용한 암호화 알고리즘
• RSA : 비대칭 암호화 방식으로 소인수분해를 활용한 암호화 알고리즘

### ③ 데이터베이스 암호화 기법

| 구분 | API 방식 | Filter(Plug-in) 방식 | Hybrid 방식 |
|---|---|---|---|
| 개념 | 애플리케이션 레벨에서 암호 모듈(API)을 적용하는 방식이다. | 데이터베이스 레벨의 확장성 프로시저 기능을 이용하여 DBMS에 Plugin 또는 Snap-in 모듈 형식으로 작성하는 방식이다. | API/Filter 방식을 결합하거나, Filter 방식에 추가로 SQL 문에 대한 최적화를 대행해 주는 어플라이언스를 제공하는 방식이다. |
| 암호화/보안 방식 | 별도의 API 개발/통합 | DB 내 설치/연동 | 어플라이언스/DB 내 설치 |
| 서버 성능 부하 | 애플리케이션 서버에서 암호화/복호화, 정책 관리, 키 관리를 하므로 부하가 발생한다. | DB 서버에 암호화, 복호화, 정책 관리 키 관리를 하므로 부하가 발생한다. | DB와 어플라이언스에서 부하가 분산된다. |
| 시스템 통합 용이성 | 애플리케이션 개발 및 통합 기간이 필요하다. | 애플리케이션 변경이 필요치 않아 통합 용이성이 높다. | |
| 관리 편의성 | 애플리케이션 변경 및 암호화 필드를 변경하는 유지보수가 필요하다. | 관리자용 GUI를 이용하여 DB 통합 관리가 가능하여 관리 편의성이 높다. | |

각종 기업용 소프트웨어를 서버와 스토리지 하드웨어에 최적화해 통합한 장비

• 중요도가 높거나 민감한 정보를 통신 채널을 통하여 전송 시에는 반드시 암·복호화 과정을 거치도록 한다.
• IPSec, SSL/TLS 등 보안 채널을 활용하여 전송한다.

통신 세션의 각 IP 패킷을 암호화하고 인증하는 안전한 인터넷 프로토콜(IP) 통신을 위한 프로토콜

국제 인터넷 표준화 기구에서 표준으로 지정한 공개키 기반의 프로토콜로 인터넷에서 정보를 암호화하여 수신하기 위한 용도로 사용

## 02 인터페이스 연계 테스트

### 1) 연계 테스트의 개념

• 송·수신 시스템 간 구성 요소가 정상적으로 동작하는지 테스트하는 활동이다.
• 진행 순서 : 연계 테스트 케이스 작성 → 연계 테스트 환경 구축 → 연계 테스트 수행 → 연계 테스트 수행 결과 검증

**연계 테스트 3단계**
• 1단계 – 단위 테스트 : 기능 동작 여부 및 결함 여부 확인
• 2단계 – 연계 테스트 : 데이터의 흐름 및 처리 절차, 기능의 정상적 동작 확인
• 3단계 – 통합 테스트 : 운용 애플리케이션 기능과의 통합 구조 흐름 확인

### 2) 연계 테스트의 분류

• 소프트웨어 연계 단위 테스트 : 연계 자체만을 테스트한다. 송신 시스템에서 연계 데이터를 추출 및 생성하고 이를 연계 테이블로 생성한다. 연계 서버 또는 중계 서버가 있는 경우 연계 테이블 간 송·수신을 한다.
• 소프트웨어 연계 테스트 구간 : 송신 시스템에서 연계 서버 또는 중계 서버를 거치고 수신 시스템까지 데이터가 전달되는가를 테스트한다.
• 소프트웨어 연계 통합 테스트 : 연계 테스트보다 큰 통합 기능 테스트의 일부로서 연계 통합 테스트를 수행한다.

✅ 개념 체크

1 RSA, ECDSA, ECC는 대칭키 암호화 알고리즘이다.
(O, X)

1 X

**01** 다음 중 네트워크 주변을 지나다니는 패킷을 엿보면서 계정(ID)과 비밀번호를 알아내는 보안 위협 행위는?

① 스니핑(Sniffing)
② 스푸핑(Spoofing)
③ 백도어(Back Door)
④ 키로거(Key Logger)

Sniffing(스니핑) : 네트워크의 중간에서 남의 패킷 정보를 도청하는 해킹 유형의 하나로 수동적 공격에 해당하며, 도청할 수 있도록 설치되는 도구를 스니퍼(Sniffer)라고 한다.

**02** 인터페이스 보안을 위해 네트워크 영역에 적용될 수 있는 것으로 거리가 먼 것은?

① IPSec
② SSL
③ SMTP
④ S-HTTP

SMTP(Simple Mail Transfer Protocol) : 사용자의 컴퓨터에서 작성한 메일을 다른 사람의 계정이 있는 곳으로 전송해 주는 역할을 하는 프로토콜이다.

**03** 다음 데이터베이스 암호화 알고리즘에서 비대칭키 알고리즘이 아닌 것은?

① RSA
② ECDSA
③ ECC
④ SHA-256

RSA, ECDSA, ECC는 모두 비대칭키 알고리즘으로, 공개키와 개인키를 사용하여 데이터를 암호화 및 복호화한다.

**04** 다음 중 데이터베이스 암호화 기법 종류가 아닌 것은?

① API 방식
② Filter(Plug-in) 방식
③ Hybrid 방식
④ Bigbang 방식

API 방식, Filter(Plug-in) 방식, Hybrid 방식은 모두 데이터베이스 암호화 기법의 종류이다.

**05** 다음 중 연계 테스트 분류가 아닌 것은?

① 소프트웨어 연계 테스트 구간
② 소프트웨어 연계 단위 테스트
③ 소프트웨어 연계 통합 테스트
④ 소프트웨어 연계 빅뱅 테스트

연계 테스트 분류 : 소프트웨어 연계 단위 테스트, 소프트웨어 연계 테스트 구간, 소프트웨어 연계 통합 테스트

**06** SSL/TLS에서 사용되는 인증서의 역할은 무엇인가?

① 서버의 공개키를 클라이언트에게 전달하는 역할
② 클라이언트의 공개키를 서버에게 전달하는 역할
③ 서버와 클라이언트 간의 대화를 기록하는 역할
④ 대규모 데이터 전송을 위한 역할

SSL/TLS에서 사용되는 인증서의 역할은 서버의 공개키를 클라이언트에게 전달하는 것이다.

정답 01 ① 02 ③ 03 ④ 04 ④ 05 ④ 06 ①

# CHAPTER 03

# 제품 소프트웨어 패키징

학습 방향

소프트웨어 패키징은 소프트웨어를 고객에게 전달하기 위한 준비 과정입니다. 이 과정에 수반된 내용의 흐름을 기억합니다. 출제 빈도가 높지만 난도는 높지 않은 챕터이므로 기출 표기와 관련 문제로 빠르게 정리하세요.

**출제빈도**

| SECTION 01 | 중 | 20% |
|---|---|---|
| SECTION 02 | 상 | 35% |
| SECTION 03 | 하 | 10% |
| SECTION 04 | 상 | 35% |

# 제품 소프트웨어 패키징

▶ 합격 강의

> **기적의 TIP**
>
> 실제 기출문제는 내용을 알지 못해도 풀 수 있을 정도로 쉽게 출제됩니다. 출제 표기와 기출문제를 병행해 학습합니다.

## 01 제품 소프트웨어 패키징

### 1) 제품 소프트웨어 패키징 24.3, 23.3, 22.3, 21.5

① 제품 소프트웨어 패키징 개념
- 개발이 완료된 소프트웨어를 고객에게 인도하기 위해 패키징하고, 설치 매뉴얼, 사용 매뉴얼 등을 작성하는 등 일련의 배포용 설치 파일을 만드는 작업을 의미한다.
- 사용자를 중심으로 진행하며, 사용자의 다양한 환경에서 설치할 수 있도록 패키징한다.
- 사용자의 편의성을 먼저 고려하여 불편함을 줄인다.

② 주의 사항
- 전체 내용을 포함한다.
- 사용자 중심으로 진행한다.
- 모듈화, 버전 관리 및 릴리즈 노트를 관리한다.

③ 패키징 시 고려 사항 24.5, 24.3

패키징은 사용자 중심으로 진행

- 운영체제와 호환성 : 타겟하는 운영체제와 버전에 대해 고려해야 한다. 또한 다양한 기기에서 애플리케이션이 잘 동작하도록 테스트하는 것이 중요하다.
- 애플리케이션 크기 : 다운로드 및 설치 시간, 저장 용량 등을 고려해야 한다. 특히 모바일 앱의 경우, 다운로드할 수 있는 용량에 제한이 있을 수 있다.
- 보안 : 중요한 정보가 저장될 수 있으므로 보안을 고려해야 한다. 암호화, 취약점 분석, 권한 관리 등을 통해 보안성을 강화할 수 있다.
- 앱 스토어 정책 : 각 앱 스토어는 자체적으로 정책을 시행하고 있으며, 이를 준수해야 한다. 애플리케이션 패키징 전에 앱 스토어의 정책을 확인하고 준수하는 것이 중요하다.
- UI/UX : 애플리케이션의 디자인과 사용성은 사용자 경험에 큰 영향을 미친다. 사용자가 앱을 쉽게 이용할 수 있도록 직관적이고 사용하기 쉬운 UI/UX를 고려해야 한다.
- 앱 업데이트 : 애플리케이션을 지속적으로 개선하고 업데이트해야 한다. 앱 버그 수정, 새로운 기능 추가 등을 통해 사용자 경험을 개선하고, 보안성을 유지할 수 있다.

> ✔ **개념 체크**
>
> 1  제품 소프트웨어 패키징은 개발자 중심으로 진행한다.
> (O, X)
>
> 1 X

- 애플리케이션 테스트 : 테스트를 진행하여 앱의 안정성과 성능을 확인해야 한다. 특히, 다양한 디바이스와 운영체제에서 테스트하는 것이 중요하다.
- 애플리케이션 문서화 : 애플리케이션의 기능, 사용 방법, 권한 등을 문서로 만들어 사용자가 쉽게 이해하고 사용할 수 있도록 해야 한다.
- 애플리케이션 배포 : 배포 방식에 따라 암호화, 이기종 연동, 편의성, 배포 주기, 앱 스토어 검수 과정 등을 고려해야 한다.
- 라이선스 : 사용된 라이브러리나 소스 코드에 대한 라이선스 관련 사항을 확인하고, 라이선스를 준수해야 한다.
- 앱 마케팅 : 앱 스토어에 등록하고 마케팅을 통해 사용자를 유치하는 것이 중요하다. 마케팅 전략을 계획하고, 앱의 특징을 강조하는 방법 등을 고려해야 한다.
- 유지보수 : 지속적인 유지보수가 필요하다. 앱 사용자의 피드백을 수집하고, 버그를 수정하고, 새로운 기능을 추가하는 등의 작업을 지속적으로 진행해야 한다.

## 2) 패키징 프로세스

| 기능 식별 | • 입 · 출력 데이터를 식별하고, 전체적인 기능 정의 및 데이터 흐름을 식별한다.<br>• 기능 단위 및 출력에 대하여 상세하게 정의한다. |
|---|---|
| 모듈화<br>└─ 기능 분리가 가능하여<br>인터페이스가 간단해짐 | • 모듈화를 위하여 모듈 간 결합도와 응집도를 분석한다.<br>• 분류할 수 있는 기능 단위 및 서비스 단위를 모듈별로 분류한다.<br>• 공유 가능한 기능과 재활용 기능을 분류한다. |
| 빌드 진행 | • 신규 개발 소스 및 컴파일 결과물을 준비한다.<br>• 정상적으로 빌드되는 기능 단위 및 서비스를 분류한다.<br>• 빌드 도구를 선별하여 선택하고, 해당 빌드 도구를 이용하여 빌드를 수행한다.<br>• 컴파일 외 에디터 등의 관련 도구 기능을 확인한다. |
| 사용자 환경 분석 | • 고객의 편의를 위하여 최소 사용자 환경 사전을 정의한다.<br>• 다양한 사용자 환경 테스트를 수행한다. |
| 패키지 적용 시험 | • 실 사용자 환경에서의 패키징 적용을 테스트한다.<br>• 사용자 관점에서 UI 및 시스템상의 편의성을 점검한다. |
| 패키징 변경 개선 | 사용자 관점에서 패키징 적용 시 개선점을 도출하여 이를 토대로 서비스할 수 있는 수준의 개선 후, 개선 버전을 다시 패키징한다. |

## 02 제품 소프트웨어의 패키징 도구

### 1) 패키징 도구

① 패키징 도구의 개념
- 소프트웨어 배포를 목적으로 패키징 시에 지식재산권을 보호하고, 관리하는 기능을 제공하는 도구이다.
- 소프트웨어의 안전한 유통 및 배포를 도와주는 솔루션이다.
- 패키징 도구는 불법 복제로부터 디지털 콘텐츠의 지식재산권을 보호해주는 사용 권한 제어 기술, 패키징 기술, 라이선스 관리, 권한 통제 기술 등을 포함한다.

기적의 TIP

패키징 도구 활용 시 고려 사항을 중심으로 암기하기보다는 내용을 이해하고자 한다면 쉽게 정리가 가능합니다.

**패키징(Packaging)**
패키징은 소프트웨어를 배포하기 위해 포장하는 단계이다. 이런 패키징을 쉽게 처리할 수 있도록 도와주는 것이 패키징 도구이다.

② 패키징 도구 활용 시 고려 사항 21.5, 20.9, 20.8, 20.6

- 사용자에게 배포되는 소프트웨어임을 고려하여 반드시 내부 콘텐츠에 대한 암호화 및 보안을 고려한다.
- 제품 소프트웨어에 적합한 암호화 알고리즘을 적용하여 범용성에 지장이 없도록 한다.
- 다양한 이기종 콘텐츠 및 단말기 간 DRM 연동을 고려한다.
- 사용자 편의성을 위한 복잡성 및 비효율성 문제를 고려한다.

## 2) 패키징 도구의 구성 요소 24.3

| 암호화(Encryption) | • 콘텐츠 및 라이선스를 암호화하고, 전자 서명을 할 수 있는 기술이다.<br>• ⓔ PKI, Symmetric/Asymmetric Encryption, Digital Signature |
| --- | --- |
| 키 관리<br>(Key Management) | • 콘텐츠를 암호화한 키에 대한 저장 및 배포 기술이다.<br>• 관리 방식 : 분산형, 중앙 집중형 |
| 암호화 파일 생성<br>(Packager) | • 콘텐츠를 암호화된 콘텐츠로 생성하기 위한 기술이다.<br>• ⓔ Pre-packaging, On-the-fly Packaging |
| 식별 기술<br>(Identification) | • 콘텐츠에 대해 식별하고 체계화하는 기술이다.<br>• ⓔ DOI, URI |
| 저작권 표현<br>(Right Expression) | • 저작권의 라이선스 내용을 표현하는 기술이다. ── 다양한 디지털 콘텐츠를 관리하고<br>• ⓔ XrML, MPEG-21, REL, ODRL          교환하기 위한 프레임워크 |
| 정책 관리<br>(Policy Management) | • 라이선스 발급 및 사용에 대한 정책 표현 및 관리 기술이다.<br>• ⓔ XML, Contents Management System |
| 크랙 방지<br>(Tamper Resistance) | • 크랙에 의한 콘텐츠 사용 방지 기술이다.<br>• ⓔ Code Obfuscation, Kernel Debugger Detection, Module Certification, Secure DB, Secure Time Management, Encryption |
| 인증<br>(Authentication) | • 라이선스 발급 및 사용의 기준이 되는 사용자 인증 기술이다.<br>• ⓔ User/Device Authentication, SSO, Digital Certificate |

## 3) 기술 요소의 예

① DOI(Digital Object Identifier)

- 디지털 콘텐츠를 고유하게 식별하는 번호이다. 학술지, 책, 논문 등의 학술적인 자료에 많이 사용된다.
- URL과는 달리, 콘텐츠의 위치와는 관계없이 콘텐츠의 내용을 기반으로 생성된다. 이를 통해 콘텐츠가 이동하더라도 DOI를 통해 해당 콘텐츠를 식별할 수 있다.

② URI(Uniform Resource Identifier)

- 인터넷에서 리소스를 식별하는 일반적인 방법을 제공하는 식별자이다.
- URL(Uniform Resource Locator)은 URI의 하위 개념으로, 인터넷에서 특정 웹 페이지의 위치를 가리키는 식별자이다.
- URI는 인터넷에서 다양한 리소스를 유일하게 식별하기 위해 사용된다.

③ REL(Rights Expression Language)

- XML 기반의 디지털 콘텐츠의 권한 관리를 위해 사용되는 언어이다.
- 권한을 정의하는 규칙을 작성하고 해석하는 데 사용된다.
- 권한 소유자는 권한을 세분화하고 콘텐츠에 대한 액세스를 제어할 수 있다.
- 디지털 권한 관리 시스템(DRM)에서 사용된다.

④ ODRL(Open Digital Rights Language)

- XML 기반의 언어로 디지털 콘텐츠의 저작권 관리를 위한 권한 표현 언어이다.
- 디지털 콘텐츠의 소유자가 콘텐츠를 어떻게 사용하고 공유할 수 있는지 제어하는 데 사용된다.
- 콘텐츠의 사용 권한을 명확하게 정의하고, 사용자가 콘텐츠를 사용하기 전에 권한을 승인하도록 요구할 수 있다.

⑤ SSO(Single Sign-On)

- 사용자가 여러 시스템이나 애플리케이션에 로그인할 때 발생하는 번거로움을 줄이기 위한 인증 방식이다.
- 사용자는 하나의 로그인을 통해 여러 시스템에 접근할 수 있다(네이버 로그인, 구글 로그인).

⑥ 디지털 인증서(Digital Certificate)

- 디지털 콘텐츠나 서비스의 보안을 강화하기 위한 인증 방식이다.
- Digital Certificate는 공인된 제 3자 인증 기관이 발행하는 전자 문서로, 디지털 서명과 함께 사용된다.


## 03 모니터링 도구와 협업 도구

### 1) 애플리케이션 모니터링 도구(APM : Application Performance Management)

① 애플리케이션 모니터링 도구의 개념

- 응용 소프트웨어의 성능과 서비스 이용성을 감시하고 관리하는 데 초점을 둔 도구이다.
- 애플리케이션의 안정적인 시스템 운영을 위한 도구로써 부하량, 접속자 파악, 장애 진단, 통계, 분석 등을 목적으로 하는 성능 모니터링 제품으로 정의할 수도 있다.

② 애플리케이션 모니터링 기능별 도구

| 기능 도구 | | 설명 |
|---|---|---|
| 변경 관리 | Change-Miner | 애플리케이션 변경 관리, 영향 분석, 품질 관리 등의 기능을 제공 |
| 성능 관리 | Jennifer | 애플리케이션 서버로 유입되는 트랜잭션 수량, 처리 시간, 응답 시간 등을 모니터링 |
| | JenniferNmon | 리눅스 서버 자원에 대한 모니터링 도구로 NmonAnalyser를 이용해 자원 사용량을 그래프로 표현 |
| 정적 분석 | PMD | Java로 작성된 소스 코드의 잠재적인 문제와 코딩 규칙 오류를 발견 |
| | Cppcheck | C/C++ 소스 코드에 대한 잠재적 문제 발견 |
| 동적 분석 | Valgrid | C/C++ 기반 프로그램에 대한 메모리 및 스레드 문제 발견 |
| | Avalanche | Valgrid 프레임워크와 STP를 기반으로 구현되었으며 심각한 소프트웨어 에러와 취약점을 발견 |

③ APM 제공 기능
- 애플리케이션 모니터링 : 애플리케이션의 성능을 모니터링하고, 장애나 성능 저하를 실시간으로 감지한다. CPU, 메모리, 네트워크, 데이터베이스 등의 다양한 지표를 모니터링하여 성능에 영향을 미치는 원인을 파악할 수 있다.
- 사용자 모니터링 : 사용자가 애플리케이션을 사용하는 동안 발생하는 문제를 실시간으로 감지한다. 사용자 로그를 분석하거나, 사용자가 발생시킨 이벤트를 추적하여 사용자 경험을 개선할 수 있다.
- 성능 최적화 : 애플리케이션의 성능을 개선하기 위한 최적화 작업을 수행한다. 예를 들어, 데이터베이스 쿼리 최적화, 코드 최적화 등의 작업을 수행하여 애플리케이션의 성능을 향상시킨다.
- 장애 대응 : 장애가 발생했을 때, 신속하게 대응하여 문제를 해결한다. 예를 들어, 로그 분석을 통해 문제의 원인을 파악하고, 이를 재현하여 문제를 해결하는 작업을 수행한다.

## 2) 협업 도구

① 협업 도구의 개념
- 소프트웨어 개발 과정에서 이해관계자 간의 지속적 이견 조율을 수행하기 위한 도구이다.
- 분류 : 문서 공유, 소스 공유, 아이디어 공유, 디자인 공유, 일정 관리, 프로젝트 관리, 마인드맵

② 대표적인 협업 도구
- 버전 관리 시스템
  버전 관리 시스템은 소스 코드의 변경 내용을 관리하고, 여러 개발자가 동시에 작업할 수 있도록 한다. 대표적으로 Git, SVN 등이 있다.
- 이슈 트래커
  이슈 트래커는 프로젝트의 이슈를 관리하고, 개발자들이 이슈에 대한 의견을 공유할 수 있도록 한다. 대표적으로 Jira, Trello 등이 있다.
- 채팅 도구
  채팅 도구는 개발자들이 쉽게 소통할 수 있도록 도와준다. 대표적으로 Slack, Microsoft Teams 등이 있다.
- 코드 리뷰 도구
  코드 리뷰 도구는 개발자들이 코드를 검토하고, 피드백을 주고받을 수 있도록 한다. 대표적으로 Gerrit, Crucible 등이 있다.
- CI/CD 도구
  CI/CD 도구는 코드를 빌드하고, 자동화된 테스트를 수행하여, 개발자들이 신속하게 피드백을 받을 수 있도록 한다. 대표적으로 Jenkins, CircleCI 등이 있다.

Continuous Integration(지속적 통합) / Continuous Deployment 또는 Continuous Delivery(지속적 배포)

✔ 개념 체크

1 (　　　)은(는) 프로젝트의 이슈를 관리하고, 개발자들이 이슈에 대한 의견을 공유할 수 있도록 하는 도구로 Jira, Trello 등이 있다.

1 이슈 트래커

**01** 소프트웨어 패키징에 대한 설명으로 틀린 것은?

① 패키징은 개발자 중심으로 진행한다.
② 신규 및 변경 개발 소스를 식별하고, 이를 모듈화하여 상용 제품으로 패키징한다.
③ 고객의 편의성을 위해 매뉴얼 및 버전 관리를 지속적으로 한다.
④ 범용 환경에서 사용이 가능하도록 일반적인 배포 형태로 패키징이 진행된다.

사용자를 중심으로 진행하며, 사용자의 다양한 환경에서 설치할 수 있도록 패키징한다.

**02** 다음 중 애플리케이션 패키징 시 고려 사항으로 잘못된 것은?

① 개발 시스템의 환경
② 호환성
③ 관리 서비스
④ 안정적 배포

관리 서비스는 애플리케이션 운영 및 유지보수 단계에서 고려할 사항이다.

**03** 소프트웨어 패키징 도구 활용 시 고려 사항으로 틀린 것은?

① 반드시 내부 콘텐츠에 대한 암호화 및 보안을 고려한다.
② 보안을 위하여 이기종 연동을 고려하지 않아도 된다.
③ 사용자 편의성을 위한 복잡성 및 비효율성 문제를 고려한다.
④ 제품 소프트웨어 종류에 적합한 암호화 알고리즘을 적용한다.

다양한 이기종 콘텐츠 및 단말기 간 DRM 연동을 고려한다.

**04** 다음 중 패키징 도구의 구성 요소 중 키 관리 도구의 관리 방식은?

① 분산형
② 버스형
③ 스타형
④ 트리형

패키징 도구의 구성 요소 중 키 관리 도구의 관리 방식은 분산형과 중앙 집중형이 있다.

**05** 애플리케이션 모니터링 도구의 로깅 기능에 대한 설명으로 옳지 않은 것은?

① 애플리케이션 실행 중에 발생하는 이벤트 정보를 수집하는 기능이다.
② 로그 정보를 기반으로 문제점을 식별하고, 디버깅에 활용할 수 있다.
③ 애플리케이션의 성능 분석을 위해 로그 정보를 수집하여 분석할 수 있다.
④ 로그 정보는 애플리케이션에 대한 실시간 모니터링 기능만 수행한다.

로그 정보는 애플리케이션 실행 중에 발생하는 이벤트 정보를 수집하고, 문제점을 식별하고, 성능 분석을 위해 수집하는 등 여러 가지 방법으로 수집한 뒤 분석할 수 있다.

**06** 소프트웨어 패키징 시 주의해야 할 사항 중 올바른 것은?

① 모든 파일을 하나의 큰 실행 파일로 결합한다.
② 라이선스와 관련된 정보를 고려하여 배포한다.
③ 의존성 패키지를 명시하지 않고 배포한다.
④ 사용자 매뉴얼 및 도움말 문서 작성을 생략한다.

패키징 시 라이선스 관련 정보를 고려하고 배포한다.

정답 01 ① 02 ③ 03 ② 04 ① 05 ④ 06 ②

# 제품 소프트웨어 저작권

▶합격 강의

빈출 태그 DRM • DRM 기술 요소

## 01 DRM(Digital Rights Management) 22.4

저작권 : 저작자의 권리를 보호하기
위한 제반 규정과 법률

### 1) DRM의 개념

• 디지털 콘텐츠의 생성에서부터 실제 사용자까지 모든 유통 과정에 걸쳐 콘텐츠를 안전하게 관리 및 보호하고 허가된 사용자만이 접근할 수 있도록 제한하는 기술이다.

• 컴퓨터 소프트웨어는 무한 복제가 가능하고 원본과 복사본이 동일하게 배포될 가능성이 커 이를 방지하기 위한 기술적인 방법을 통칭한다.

### 2) DRM의 기술적 요구사항 4가지

#### ① 지속적 보호(Persistent Protection)

가장 기본적이며 중요한 기능으로서 허가되지 않은 사용자의 접근 차단, 부여된 권한 내에서만의 이용 허용, 배포 과정에서의 무결성과 비밀성, 위/변조로부터의 보호, 각종 외부 공격으로부터의 강인성 등을 제공해야 한다.

#### ② 이용 편리성(Easy to Use)

• 보호라는 주된 목적을 달성하기 위해서 사용자에게 불편을 느끼게 해서는 안 된다.

• 사용자 PC에 설치되는 DRM 컨트롤러는 설치 프로그램 최소화 및 자동 설치 등을 통해 사용자의 불편을 최소화하도록 해야 한다.

#### ③ 유연성(Flexibility)

• 다양한 업무 환경, 비즈니스 모델, 다양한 응용 시스템과 연동될 수 있어야 한다.

• 권리표현의 유연성, 권한 관리의 통합성, 다양한 문서 형식 지원, 사용자 인증 방식의 유연성 등을 제공해야 한다.

#### ④ 통합의 용이성(Seamless)

그 자체가 완전히 독립적인 시스템으로 존재하는 것이 아니라 도메인별로 존재하는 KMS, EDMS, 그룹웨어 등의 애플리케이션 또는 시스템과의 연동이 필요하다.

### 3) DRM의 특성

• 거래 투명성 : 저작권자와 콘텐츠 유통업자 사이의 거래 구조 투명성 제공

• 사용 규칙 제공 : 사용 가능 횟수, 유효기간, 사용 환경 등을 정의 가능, 다양한 비즈니스 모델 구성 및 콘텐츠 소비 형태 통제 제공

- 자유로운 상거래 제공 : 이메일, 디지털 미디어, 네트워크 등을 통한 자유로운 상거래 제공, 허가받은 사용자는 별도의 비밀키를 이용하여 대상 콘텐츠를 복호화하고 허가된 권한으로 사용 가능

디지털 미디어의 생명주기 동안 발생하는 사용 권한 관리.
과금, 유통 단계를 관리하는 기술로도 볼 수 있음

## 02 DRM 기술 요소 24.7, 23.3, 21.3, 20.9, 20.8, 20.6

| 기술 요소 | 설명 | 방식 |
|---|---|---|
| 암호화<br>(Encryption) | 콘텐츠 및 라이선스를 암호화하고, 전자서명을 할 수 있는 기술 | PKI, Encryption, Digital Signature |
| 키 관리<br>(Key Management) | 콘텐츠를 암호화한 키에 대한 저장 및 배포 기술 | Centralized, Enveloping |
| 암호화 파일 생성<br>(Packager) | 콘텐츠를 암호화된 콘텐츠로 생성하기 위한 기술 | Pre-Packaging, On-the-fly Packaging |
| 식별 기술<br>(Identification) | 콘텐츠에 대한 식별 체계 표현 기술 | DOI, URI |
| 저작권 표현<br>(Right Expression) | 라이선스의 내용 표현 기술 | ODRL, XrML, MPEG-21, REL |
| 정책 관리<br>(Policy Management) | 라이선스 발급 및 사용에 대한 정책 표현 및 관리 기술 | XML, Contents Management System |
| 크랙 방지<br>(Tamper Resistance) | 크랙에 의한 콘텐츠 사용 방지 기술 | Secure DB, Secure Time Management, Encryption |
| 인증<br>(Authentication) | 라이선스 발급 및 사용의 기준이 되는 사용자 인증 기술 | SSO, ID/PW, 디지털 인증, 이메일 인증 |
| 인터페이스<br>(Interface) | • 다른 DRM 플랫폼 간의 상호호환성<br>• 인터페이스 및 인증 기술 | IPMP |
| 이벤트 보고<br>(Event Reporting) | 콘텐츠의 사용이 적절하게 이루어지고 있는지 모니터링 기술로 불법 유통이 탐지되었을 때 이동 경로를 추적에 활용 | |
| 사용 권한<br>(Permission) | 콘텐츠의 사용에 대한 권한을 관리하는 기술 요소 | 퍼미션(렌더, 트랜스포트, 데리버티브) |

## 03 DRM의 유통 과정과 구성 23.6, 21.5, 20.9

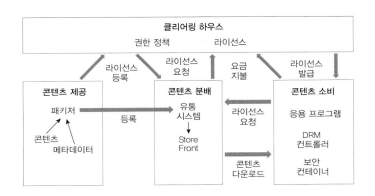

---

**DRM 기술 요소**
- 암호화(Encryption) : 암호화, 전자서명을 할 수 있는 기술
- 키 관리(Key Management) : 암호화된 키에 대한 저장, 분배
- 암호화 파일 생성(Packager) : 콘텐츠를 암호화하기 위해 생성된 기술
- 식별 기술(Identification) : 콘텐츠에 대한 식별 체계 표현 기술
- 저작권 표현(Right Expression) : 라이선스의 내용 표현 기술
- 정책 관리(Policy Management) : 라이선스 발급 및 사용에 대한 정책 표현, 관리 기술
- 크랙 방지(Tamper Resistance) : 크랙에 의한 콘텐츠 사용 방지 기술
- 인증(Authentication) : 라이선스 발급 및 사용의 기준이 되는 사용자 인증 기술

| 콘텐츠 제공자<br>(Contents Provider) | 콘텐츠를 제공하는 저작권자 |
|---|---|
| **24.7, 20.9**<br>**콘텐츠 분배자**<br>(Contents Distributor) | • 디지털 콘텐츠를 배포하는 기업이나 단체<br>• DRM 시스템을 구축하고, 암호화된 콘텐츠를 인증된 사용자에게 배포<br>• 콘텐츠의 무단 복제나 유통을 방지하기 위해 DRM 모듈을 구현<br>• 콘텐츠의 무결성을 검증하는 디지털 서명 등의 보안 기술을 적용<br>• DRM 시스템을 효율적으로 운영하면서, 사용자의 이용 편의성과 보안성의 균형<br>불법 복제와 유통을 방지하면서 안정적인 콘텐츠 배포를 보장 |
| 패키저(Packager) | 콘텐츠를 메타 데이터와 함께 배포할 수 있는 단위로 묶는 기능 |
| 보안 컨테이너<br>(Security Container) | 원본을 안전하게 유통하려는 전자적 보안 장치 |
| DRM Controller | 배포된 콘텐츠의 이용 권한을 통제 |
| 클리어링 하우스<br>(Clearing House★) | • 키 관리 및 라이선스 발급 관리<br>• 디지털 저작권의 이용 생태계를 관리 및 감독하기 위한 제3의 운영 주체로서 디<br>지털 저작물의 이용 내역을 근거로 신뢰할 수 있는 저작권료의 정산 및 분배가 이<br>루어지는 곳<br>• 콘텐츠 제작자와 배포자 간의 계약, 정산, 지급 등의 업무 수행<br>• 계약서 관리, 정산 시스템 구축, 지급 관리 등의 기능을 제공 |

★ Clearing House
콘텐츠의 통합 검색, 이용 통계 분석 등의 부가 기능을 제공한다. 이를 통해 사용자의 이용 편의성을 개선하고, Contents Provider와 Contents Distributor의 이해관계를 관리하는 데 이바지한다.

## 04 DRM의 정책

### 1) 디지털 콘텐츠의 사용 권한(Permission) 유형

| 유형 | 설명 |
|---|---|
| 렌더 퍼미션<br>(Render Permission) | • 사용자에게 콘텐츠가 표현되고 이용되는 권리 형태를 정의<br>• 예 문서(뷰, 프린트 권한 제어), 동영상(플레이 권한 제어) |
| 트랜스포트 퍼미션<br>(Transport Permission) | • 사용자들 간에 권리 교환이 이루어지는 권리 형태를 정의<br>• 예 카피(copy), 무브(move), 론(loan) |
| 데리버티브 퍼미션<br>(Derivative Permission) | • 콘텐츠의 추출 변형이 가능한 권한<br>• 예 익스트랙드(Extract), 임베드(Embed), 에디트(Edit) 등 |

사전적 의미 : 제공한다. ── 렌더 퍼미션

사전적 의미 : 파생물 ── 데리버티브 퍼미션

### 2) 사용 조건

다음과 같은 사용 조건(Condition)에 의해 사용이 통제될 수 있어야 한다.

| 조건 | 특성 |
|---|---|
| 피어리드(Period) | 문서의 사용 기간을 설정한다. |
| 카운트(Count) | 1, 2, 3…N 등의 문서 사용 횟수를 설정한다. |
| 도메인(Domain) | 특정한 사용자나 그룹 또는 특정 지역에서만 이용할 수 있도록 제한한다. |

### 3) 권한 통제

라이선스에 명시된 사용 권한 및 조건 범위 내에서 콘텐츠의 이용을 통제하는 기술은 콘텐츠의 지속적인 보호 및 관리를 위해 매우 중요한 임무를 수행한다.

✔ 개념 체크

1 콘텐츠의 통합 검색, 이용 통계 분석 등의 부가 기능을 제공하여 사용자의 이용 편의성을 개선하고, Contents Provider와 Contents Distributor의 이해관계를 관리하는 데 이바지하는 것은?

1 클리어링 하우스(Clearing House)

### 4) 변경 방지

- 일부 악의적인 사용자에 의해 소프트웨어의 구조 변경이나 기술적 보호 조치의 무력화 등 다양한 크래킹 위협에 노출돼 있어 암호화 기술의 견고성과 클라이언트 프로그램의 탬퍼링 방지 대책이 필요하다.
- 탬퍼링★의 대표적인 유형
  - 소프트웨어 크래킹 기술을 이용한 탬퍼링 시도
  - 시간 및 데이터의 조작을 통한 탬퍼링 시도
  - 위장 모듈을 이용한 탬퍼링 시도

### 5) 인증

- 콘텐츠에 대한 사용 권리를 사용자별로 지정하고 통제하기 위해서 사용자 인증(Authentication)을 할 필요가 있다.
- 인증 유형
  - ID/패스워드
  - 디지털 인증서
  - 이메일 인증
  - SSO(Single-Sign-On)★
  - 생체인식(지문, 홍채, DNA 인증 등)

★ **탬퍼링(Tampering)**
악의적인 공격자가 디지털 콘텐츠를 변조하는 것을 의미

★ **SSO(Single Sign-On)**
사용자가 여러 시스템이나 애플리케이션에 로그인할 때 발생하는 번거로움을 줄이기 위한 인증 방식으로 사용자는 하나의 로그인을 통해 여러 시스템에 접근할 수 있다(네이버 로그인, 구글 로그인).

**그 외 인증 기법**
- 특정한 컴퓨터 또는 디바이스에서만 사용 권한을 제어하기 위해 디바이스 인증 기술이 사용된다.
- 디바이스 인증 기술은 CPU 일련번호나 통신 카드의 맥 어드레스(MAC Address), 그리고 HDD 일련번호 등과 같이 컴퓨터 또는 단말기의 고유한 식별 정보를 바탕으로 사용자 정보와 결합해 사용된다.

---

## 이론을 확인하는 기출문제

**01** DRM(Digital Rights Management)과 관련한 설명으로 틀린 것은?

① 디지털 콘텐츠와 디바이스의 사용을 제한하기 위해 하드웨어 제조업자, 저작권자, 출판업자 등이 사용할 수 있는 접근 제어 기술을 의미한다.

② 디지털 미디어의 생명주기 동안 발생하는 사용 권한 관리, 과금, 유통 단계를 관리하는 기술로도 볼 수 있다.

③ 클리어링 하우스(Clearing House)는 사용자에게 콘텐츠 라이센스를 발급하고 권한을 부여해주는 시스템을 말한다.

④ 원본을 안전하게 유통하기 위한 전자적 보안은 고려하지 않기 때문에 불법 유통과 복제의 방지는 불가능하다.

---

DRM(Digital Rights Management) : 디지털 콘텐츠의 지식재산권 보호, 관리 기능 및 안전한 유통과 배포를 보장하는 솔루션이다.

**02** 디지털 저작권 관리(DRM)에 사용되는 기술 요소가 아닌 것은?

① 키 관리
② 방화벽
③ 암호화
④ 크랙 방지

---

DRM 요소 기술 : 암호화, 키 관리, 암호화 파일 생성, 식별 기술, 저작권 표현, 정책 관리, 크랙 방지, 인증, 인터페이스, 이벤트 보고, 사용 권한

정답 01 ④ 02 ②

**03** 저작권 관리 구성 요소에 대한 설명이 틀린 것은?

① 콘텐츠 제공자(Contents Provider) : 콘텐츠를 제공하는 저작권자
② 콘텐츠 분배자(Contents Distributor) : 콘텐츠를 메타 데이터와 함께 배포 가능한 단위로 묶는 기능
③ 클리어링 하우스(Clearing House) : 키 관리 및 라이선스 발급 관리
④ DRM 컨트롤러 : 배포된 콘텐츠의 이용 권한을 통제

콘텐츠를 메타 데이터와 함께 배포할 수 있는 단위로 묶는 기능을 하는 것은 패키저(Packager) 이다.

**04** 디지털 저작권 관리(DRM) 구성 요소가 <u>아닌</u> 것은?

① Data Warehouse
② DRM Controller
③ Packager
④ Contents Distributor

데이터웨어하우스는 데이터 분석을 위한 데이터 저장소로 디지털 저작권 관리와는 직접적인 관련이 없다. 따라서, 데이터웨어하우스는 디지털 저작권 관리(DRM)의 구성 요소가 아니다.

**05** 디지털 저작권 관리(DRM) 기술과 거리가 <u>먼</u> 것은?

① 콘텐츠 암호화 및 키 관리
② 콘텐츠 식별 체계 표현
③ 콘텐츠 오류 감지 및 복구
④ 라이선스 발급 및 관리

DRM 요소 기술 : 암호화, 키 관리, 암호화 파일 생성, 식별 기술, 저작권 표현, 정책 관리, 크랙 방지, 인증, 인터페이스, 이벤트 보고, 사용 권한

**06** Single Sign-On(SSO)의 개념으로 옳은 것은?

① 여러 개의 애플리케이션에 대해 각각 로그인을 수행하는 방식이다.
② 하나의 인증 시스템으로 여러 개의 애플리케이션에 대한 로그인을 수행하는 방식이다.
③ 애플리케이션에 대한 로그인 정보를 암호화하여 저장하는 방식이다.
④ 사용자 인증을 수행하는 애플리케이션을 별도로 구성하는 방식이다.

SSO는 여러 개의 애플리케이션에 대해 하나의 인증 시스템을 사용하여, 각각의 애플리케이션마다 로그인 절차를 수행할 필요 없이, 하나의 인증 절차로 여러 개의 애플리케이션에 대한 로그인을 수행하는 방식이다.

**07** DRM의 사용 권한 유형 중 Render 권한이란?

① 디지털 콘텐츠를 재생하는 권한
② 디지털 콘텐츠를 복제하는 권한
③ 디지털 콘텐츠를 수정하는 권한
④ 디지털 콘텐츠를 배포하는 권한

Render 권한은 디지털 콘텐츠를 재생하는 권한이다.

정답 03 ② 04 ① 05 ③ 06 ② 07 ①

SECTION

03

제품 소프트웨어 매뉴얼 작성

출제빈도 상 중 **하**
반복학습 1 2 3

▶ 합격 강의

**빈출 태그** 설치 매뉴얼 개념 • 설치 매뉴얼 작성 프로세스 • 사용자 매뉴얼 작성 프로세스

## 01 소프트웨어 매뉴얼

### 1) 소프트웨어 매뉴얼

- 제품 소프트웨어 개발 단계부터 적용한 기준이나 패키징 이후 설치와 사용자 측면의 주요 내용 등을 기록한 문서이다.
- 설치 매뉴얼과 사용자 매뉴얼로 구분된다.

### 2) 소프트웨어 설치 매뉴얼 20,9

① 소프트웨어 설치 매뉴얼의 개념

- 소프트웨어 실사용자가 제품을 최초 설치 시 참조하는 매뉴얼이며, 제품 소프트웨어 소개, 설치 파일, 설치 절차 등이 포함된다.
- 설치 과정에서 표시될 수 있는 예외 상황에 관련 내용을 별도로 구분하여 설명한다.
- 설치 시작부터 완료할 때까지의 전 과정을 빠짐없이 순서대로 설명한다.
- 설치 매뉴얼은 사용자 기준으로 작성한다.
- 설치 매뉴얼에는 목차, 개요, 기본 사항 등이 기본적으로 포함되어야 한다.

② 소프트웨어 설치 매뉴얼의 구성

| | |
|---|---|
| **목차 및 개요** | • 작성하는 매뉴얼 전체 내용을 순서대로 요약하여 작성한다.<br>• 설치 매뉴얼의 주요 특징, 구성과 설치 방법, 순서 등에 관해 기술한다. |
| **문서 이력 정보** | 매뉴얼 변경 이력에 대한 정보를 버전별, 시간순으로 작성한다. |
| **설치 매뉴얼 주석** | • 주의 사항 : 사용자가 제품 설치 시 반드시 숙지해야 하는 중요한 정보로, 주석에 안내를 작성한다.<br>• 참고 사항 : 설치 관련하여 영향을 미치는 특별한 사용자 환경 및 상황에 관한 내용으로, 주석에 안내를 작성한다. |
| **설치 도구의 구성** | • exe/dll/ini/chm 등 해당 설치 관련 파일에 대한 안내를 작성한다.<br>• 폴더 및 설치 프로그램 실행 파일에 대한 안내를 작성한다. |
| **설치 위치 지정** | 설치 폴더와 설치된 프로그램 실행 파일의 위치를 지정한다. |

🅕 **기적의 TIP**

출제 빈도는 낮은데다 문제도 지엽적으로 출제가 되었습니다. 기출문제를 통해 정리하세요.

**제품 소프트웨어 설치 매뉴얼의 기본 사항**
- 사용자가 제품 구매 후 최초 설치 시에 참조하는 매뉴얼이다.
- 설치 매뉴얼은 개발자가 아닌 사용자의 기준으로 작성한다.
- 설치 시작부터 완료할 때까지의 전 과정을 빠짐없이 순서대로 설명한다.
- 설치 매뉴얼에는 목차, 개요, 기본 사항 등이 기본적으로 포함되어야 한다.
- 제품 소프트웨어 소개, 설치 파일, 설치 절차 등이 포함되어야 한다.
- 각 단계별 메시지 및 해당 화면을 순서대로 전부 캡처하여 설명한다.
- 설치 과정에서 표시될 수 있는 예외 상황에 관련 내용을 별도로 구분하여 설명한다.

✅ **개념 체크**

1 ( )은(는) 소프트웨어 실사용자가 제품을 최초 설치 시 참조하는 매뉴얼이며, 제품 소프트웨어 소개, 설치 파일, 설치 절차 등을 포함한다.

1 소프트웨어 설치 매뉴얼

③ 소프트웨어 설치 매뉴얼 기본 사항 [21.3]

- 제품 소프트웨어 개요, 설치 관련 파일, 설치 아이콘, 프로그램 삭제, 관련 추가 정보 소프트웨어 설치 환경 체크 항목
- 사용자 환경, 설치 시 실행 중인 다른 프로그램 종료 확인, 업그레이드 버전 존재 여부 확인, 백업 폴더 확인

### 3) 소프트웨어 사용자 매뉴얼

① 소프트웨어 사용자 매뉴얼의 개념

- 소프트웨어 설치와 사용에 필요한 제반 절차 및 환경 등 전체 내용을 포함하는 매뉴얼을 작성하며, 제품 소프트웨어에 대한 패치 개발과 업그레이드를 위해 버전 관리를 수행한다.
- 소프트웨어 사용 방법을 기술하며 패키지의 기능, 패키지의 인터페이스, 포함하고 있는 메소드나 오퍼레이션과 메소드의 파라미터 등의 설명이 포함되어야 한다.

② 사용자 매뉴얼의 구성

| 사용자 화면 및 UI | • 주의 사항 : 사용자가 반드시 숙지해야 하는 중요정보를 작성한다.<br>• 참고 사항 : 특별한 사용자 환경 및 상황에 대한 예외 사항을 작성한다. |
|---|---|
| 주요 기능 분류 | • 설명할 기능을 포함할 화면을 스크린숏하여 작성한다.<br>• 동작하는 기능을 화면의 순서대로 차례로 분류하여 작성한다.<br>• 기능 동작 시 참고 사항, 주의 사항 등을 메모로 추가한다. |
| 응용 프로그램/설정 | • 제품 실행 시 영향을 받거나 주는 소프트웨어에 대하여 설명한다.<br>• 동작 시 사전에 실행해야 할 소프트웨어가 있다면 기술한다.<br>• 동작에 필요한 기본 설정(Settings)과 기본 설정값을 안내한다. |
| 장치 연동 | 제품 소프트웨어가 Embedded(장치 내에 내장) 관련된 제품일 경우에 해당 장치에 어떤 것이 있는지와 연동되는 장치에는 무엇이 있는지 설명한다. |
| Network 환경 | 제품 소프트웨어와 관련한 Network 정보를 표시(Status)하고, Network에 정상 연결되었는지, 이를 위한 관련 설정값은 무엇이 있는지 설명한다. |
| Profile 설명 | • 제품 소프트웨어 구동 시 체크하는 환경 파일이므로 환경 파일의 경로 변경, 이동을 금지하는 안내를 설명한다.<br>• 구동 시 필요한 필수 파일의 내용 간략히 설명한다. |
| 고객 지원 방법 | 설치 및 사용에 관련된 기술적 지원을 받을 수 있는 유선, 이메일, 홈페이지 등 정보를 기재한다. |
| 준수 정보 및 제한 보증 | • 시리얼 코드를 불법 등록 사용하지 못하도록 준수사항을 안내한다.<br>• 저작권자의 지식재산권, 허가권, 통신 규격, 개발 언어, 연동 프로그램, 문서 효력 등의 정보를 안내한다. |

③ 사용자 매뉴얼 작성 프로세스 [21.8]

- 작성 지침 정의
- 사용 설명서 구성 요소 정의
  - 매뉴얼의 구성 요소를 결정한다.
  - 예를 들어, 목차, 개요, 설치 방법, 사용 방법, 문제 해결 방법 등을 결정한다.
- 구성 요소별 내용 작성
  - 결정된 구성 요소에 따라 매뉴얼을 작성한다.
  - 사용자가 이해하기 쉽도록 명확하고 간결한 문장으로 작성한다.
  - 그림, 도표 등을 활용한다.
- 사용자 매뉴얼 검토
  - 작성된 매뉴얼을 검토한다.
  - 오타, 누락, 오류 등을 찾아 수정한다.
- 매뉴얼 배포
  - 작성된 매뉴얼을 사용자에게 배포한다.
  - 매뉴얼을 인쇄하여 제공하거나, 소프트웨어에 포함해 제공할 수 있다.

사용자 매뉴얼 준비 절차

## 02 릴리즈 노트(Release Note)

### 1) 릴리즈 노트의 개념

- 애플리케이션 최종 사용자인 고객에게 제공하는 잘 정리된 배포 정보 문서이다.
- 애플리케이션 릴리즈 노트에는 상세 서비스를 포함하여 수정/변경된 정보를 담고 있다.
- 사용자에게 최종 배포된 릴리즈 노트를 보면 테스트가 어떻게 진행됐는지, 개발팀의 제공 사양을 얼마나 준수했는지를 확인해 볼 수 있다.
- 전체적인 버전 관리 및 릴리즈 정보를 체계적으로 관리할 수 있다.
- 릴리즈 노트는 현재 시제로 개발팀에서 직접 작성하여야 하며, 명확하고 정확하며 완전한 정보를 제공해야 한다.
- 개발자와 테스터가 함께 협업해야 하고 최초 및 변경, 개선 항목까지 연결되어 다음 항목에 대한 정보들이 릴리즈 노트를 통해 작성되어야 한다.

### 2) 릴리즈 노트 작성 항목 [23.3]

| 헤더(Header) | 문서명, 제품명, 배포 버전 번호, 릴리즈 날짜, 참고 날짜, 문서(릴리즈 노트) 버전 등 |
| --- | --- |
| 개요 | 제품 및 변경에 대한 정보를 간략하게 작성한다. |
| 목적 | 제품의 버그 픽스(오류 수정)와 새로운 기능을 포함한 릴리즈의 새로운 사항의 나열과 더불어 릴리즈 노트의 목적에 대한 간략한 개요를 작성한다. |
| 이슈 요약 | 문제가 되는 버그의 간단한 설명과 개선사항 항목을 요약하여 작성한다. |
| 재현 항목 | 버그 발생을 재현하기 위한 절차이다. |
| 수정 및 개선 내용 | 수정 및 개선 내용을 간략하게 서술한다. |

✓ 개념 체크

1 사용자 매뉴얼 준비 절차는 '( ) → 사용 설명서 구성 요소 정의 → 구성 요소별 내용 작성 → 사용 설명서 검토'이다.

1 작성 지침 정의

| 최종 사용자 영향도 | 최종 사용자에게 필요한 조치로, 이 변경 사항으로 인해 다른 기능이 영향을 받는지 간략히 서술한다. |
|---|---|
| 노트 | 소프트웨어 및 하드웨어 설치 항목, 제품, 문서를 포함한 업그레이드 항목을 서술한다. |
| 면책 조항 | • 회사와 표준 제품과 관련된 메시지를 작성한다.<br>• 예 프리웨어, 불법 복제 금지 등 |
| 연락 정보 | 사용자 지원 및 문의 관련한 연락처 정보를 작성한다. |

## 3) 릴리즈 노트 작성 순서

**릴리즈 노트 작성 순서**
모듈 식별 → 릴리즈 정보 확인 →
릴리즈 노트 개요 작성 → 영향도
체크 →정식 릴리즈 노트 작성 →
추가 개선 항목 식별

| 모듈 식별 | • 모듈 및 빌드 수행 후 릴리즈 노트 기준의 항목을 순서대로 정리<br>• 소스를 통하여 처리되는 입·출력 데이터, 기능 및 데이터 흐름을 정리<br>• 메인 함수 이외의 호출 함수를 정의하고 이에 대한 출력값을 식별<br>• 예 I/O 데이터, Function Data Flow |
|---|---|
| 릴리즈 정보 확인 | • 릴리즈 노트 작성을 위해 문서명, 제품명의 릴리즈 기본 정보를 확인<br>• 최초 패키징 버전 작성을 위한 버전 번호, 릴리즈 날짜를 확인<br>• 패키징 시 진행 날짜와 릴리즈 노트의 갱신 버전을 확인<br>• 문서 이름(릴리즈 노트 이름), 제품 이름 정보를 확인<br>• 예 문서/제품명, Ver no, 릴리즈 날짜 |
| 릴리즈 노트 개요 작성 | • 빌드 내용에 따라 릴리즈 노트의 개요를 작성<br>• 빌드 이후에 제품 및 패키징에 대해 간략히 메모<br>• 빌드 이후의 패키징본에 대한 결과를 기록<br>• 버전 번호 내용, 버전 관리 사항 등을 릴리즈 노트에 기록<br>• 예 제품/변경 노트, Ver/Configure info |
| 영향도 체크 | • 이슈, 버그 및 추가 영향도를 점검하여 기술<br>• 발생한 버그의 설명, 개선한 릴리즈 항목을 기술<br>• 버그 발견을 위한 재현 테스트 및 재현 환경을 기술<br>• 이슈, 버그 발생에 따른 영향도를 상세하게 기술<br>• 예 트러블 이슈, 버그 발견 |
| 정식 릴리즈 노트 작성 | • 릴리즈 정보, 헤더(Header) 및 개요 등 기본 사항을 기술<br>• 정식 버전을 기준으로 릴리즈 노트의 개요를 기술<br>• 이슈, 버그 등 개선 내용을 상세하게 기술<br>• 예 릴리즈 정보, 헤더 및 개요 |
| 추가 개선 항목 식별 | • 추가 개선에 따른 추가 항목을 식별하여 릴리즈 노트를 작성<br>• 추가 개선에 대한 베타 버전을 이용 테스트 수행<br>• 테스트 중에 발생한 긴급 버그를 수정<br>• 추가 기능 향상을 위해 작은 기능을 수정<br>• 사용자 요청에 따른 추가 개선을 계획하고 수정<br>• 예 베타 버전, 긴급 버그, 사용자 요청 |

## 4) 릴리즈 노트 작성 시 주의 사항

### ① 명확한 제목
• 릴리즈 노트의 제목은 간결하면서도 명확하게 작성해야 한다.
• 어떤 기능이 추가되었는지, 어떤 버그가 수정되었는지 등을 요약하여 작성한다.

### ② 구체적인 내용
• 릴리즈 노트에는 변경된 내용이 구체적으로 작성한다.
• 변경된 기능이나 버그 수정 사항 등을 명확하게 작성한다.

✅ **개념 체크**

1 릴리즈 노트 작성 과정에서
모듈 및 빌드 수행 후 릴리
즈 노트 기준의 항목을 순서
대로 정리하고, 소스를 통하
여 처리되는 입·출력 데이
터의 형, 기능 정의, 데이터
흐름을 정리하는 단계는?

**1 모듈 식별**

③ 사용자 중심의 작성
- 릴리즈 노트는 사용자가 이해할 수 있도록 쉽고 간단한 언어로 작성한다.
- 사용자가 실제로 이용하는 기능이나 문제 해결 방법 등을 중심으로 작성한다.

④ 문제 해결 방법 제공
- 버그 수정 사항이 포함된 경우, 문제 해결 방법을 제공한다.
- 문제 해결 방법은 가능한 한 자세하게 작성하고, 그림이나 도표 등을 활용한다.

⑤ 버전 정보 포함
- 릴리즈 노트에는 버전 정보가 반드시 포함되어야 한다.
- 버전, 릴리즈 정보 등을 작성한다.

⑥ 참고 문서 제공
- 릴리즈 노트에서는 사용자가 더 자세한 정보를 얻을 수 있는 문서나 링크를 제공할 수 있다.
- 사용자 매뉴얼, 홈페이지 등을 참고할 수 있는 링크를 제공한다.

⑦ 재배포 가능 여부 명시
- 릴리즈 노트에서는 소프트웨어의 재배포 가능 여부를 명시해야 한다.
- 개인적인 용도로만 사용 가능한지, 상업적으로도 이용 가능한지 등을 작성한다.

⑧ 최신 정보 제공
- 릴리즈 노트는 최신 정보를 제공해야 한다.
- 업데이트가 있다면 해당 내용도 추가하여 최신 정보를 제공한다.

## 이론을 확인하는 기출문제

**01** 소프트웨어 설치 매뉴얼에 포함된 항목이 <u>아닌</u> 것은?

① 제품 소프트웨어 개요
② 설치 관련 파일
③ 프로그램 삭제
④ 소프트웨어 개발 기간

소프트웨어 설치 매뉴얼 기본 사항 : 제품 소프트웨어 개요, 설치 관련 파일, 설치 아이콘, 프로그램 삭제, 관련 추가 정보

**02** 소프트웨어 설치 매뉴얼에 대한 설명으로 <u>틀린</u> 것은?

① 설치 과정에서 표시될 수 있는 예외 상황에 관련 내용을 별도로 구분하여 설명한다.
② 설치 시작부터 완료할 때까지의 전 과정을 빠짐없이 순서대로 설명한다.
③ 설치 매뉴얼은 개발자 기준으로 작성한다.
④ 설치 매뉴얼에는 목차, 개요, 기본 사항 등이 기본적으로 포함되어야 한다.

설치 매뉴얼은 사용자 기준으로 작성한다.

정답 01 ④ 02 ③

**03** 다음 중 사용자 매뉴얼의 구성에 해당하지 <u>않는</u> 것은?

① 문서 이력 정보
② 사용자 화면 및 UI
③ 응용 프로그램/설정
④ 고객 지원 방법

사용자 매뉴얼의 구성 요소에는 주로 사용자 화면 및 UI, 응용 프로그램/설정, 고객 지원 방법 등이 포함된다.

**04** 제품 소프트웨어의 사용자 매뉴얼 작성 절차로 (가)~(다)와 [보기]의 기호를 바르게 연결한 것은?

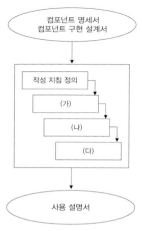

[보기]

> ㉠ 사용 설명서 검토
> ㉡ 구성 요소별 내용 작성
> ㉢ 사용 설명서 구성 요소 정의

① (가) — ㉠, (나) — ㉡, (다) — ㉢
② (가) — ㉢, (나) — ㉡, (다) — ㉠
③ (가) — ㉠, (나) — ㉢, (다) — ㉡
④ (가) — ㉢, (나) — ㉠, (다) — ㉡

사용자 매뉴얼 작성 프로세스 : 작성 지침 정의 → 사용 설명서 구성 요소 정의 → 구성 요소별 내용 작성 → 사용 설명서 검토

**05** 제품 소프트웨어의 릴리즈 노트 작성 순서를 바르게 나열한 것은?

> 가. 모듈 식별
> 나. 릴리즈 정보 확인
> 다. 릴리즈 노트 개요 작성
> 라. 영향도 체크
> 마. 정식 릴리즈 노트 작성
> 바. 추가 개선 항목 식별

① 가 — 다 — 라 — 마 — 나 — 바
② 가 — 나 — 다 — 라 — 마 — 바
③ 마 — 다 — 라 — 가 — 나 — 바
④ 라 — 마 — 다 — 가 — 나 — 바

릴리즈 노트 작성 순서 : 모듈 식별 → 릴리즈 정보 확인 → 릴리즈 노트 개요 작성 → 영향도 체크 → 정식 릴리즈 노트 작성 → 추가 개선 항목 식별

**06** 다음 중 릴리즈 노트 헤더 부분 작성 항목이 <u>아닌</u> 것은?

① 문서명
② 제품명
③ 지원 정보
④ 버전번호

헤더(Header) : 문서명, 제품명, 배포 버전 번호, 릴리즈 날짜, 참고 날짜, 문서(릴리즈 노트) 버전 등

**07** 소프트웨어 설치 매뉴얼 작성 절차 중 사용자가 직면할 수 있는 문제에 대한 대처 방법을 설명하는 항목은 무엇인가?

① 설치 준비
② 설치 절차
③ 추가 정보
④ 문제 해결 방법

소프트웨어 설치 매뉴얼 작성 절차 중 사용자가 직면할 수 있는 문제에 대한 대처 방법을 설명하는 항목은 문제 해결 방법이다.

SECTION

# 04 제품 소프트웨어 품질 관리

출제빈도 상 중 하
반복학습 [1] [2] [3]

▶ 합격 강의

빈출 태그 ISO/IEC 9126 · ISO/IEC 12119 · ISO/IEC 25000 · ISO/IEC 12207 · SPICE · 소프트웨어 품질 목표 · 관점별 품질 측정

## 01 소프트웨어 품질 관리

### 1) 소프트웨어 품질 관리

소프트웨어 개발 과정에서 발생할 수 있는 다양한 문제점을 사전에 파악하여 품질을 향상시키는 과정으로 다음과 같은 효과를 얻을 수 있다.

| 고객 만족도 향상 | 고객 만족도를 높여 제품의 경쟁력을 강화할 수 있다. |
|---|---|
| 개발 비용 절감 | 개발 과정에서 발생하는 문제를 미리 파악하여 대처할 수 있어 개발 비용을 줄일 수 있다. |
| 소프트웨어의 안정성 확보 | 사용자가 안정적인 소프트웨어를 사용할 수 있도록 품질을 보장한다. |
| 유지보수성 향상 | 소프트웨어 품질 관리를 통해 소프트웨어의 유지보수성을 높이고, 지속적인 업그레이드를 가능하게 한다. |

### 2) 소프트웨어 품질 관리 시 주의 사항

- 품질 요구사항 : 기능 요구사항과 함께 비기능 요구사항(신뢰성, 사용성, 효율성 등)을 명시하고, 이를 충족시키는 테스트 계획을 수립한다.
- 개발 프로세스 관리 : 소프트웨어 개발 전 단계부터 테스트 단계까지 프로세스를 체계적으로 관리하여 품질을 유지한다.
- 코드 검토 : 코드의 품질을 개선하고, 버그를 사전에 발견하여 품질을 향상시킨다.
- 테스트 계획 수립 : 테스트 목적, 대상, 시나리오, 검증 방법 등을 포함한다.
- 자동화된 테스트 : 반복적인 테스트를 효율적으로 수행하고, 인간의 실수를 줄여 소프트웨어 품질을 개선한다.

## 02 소프트웨어 품질 관련 국제 표준

### 1) ISO/IEC 9126 [20.5]

- 소프트웨어 품질 특성과 척도에 관한 지침이다.
- 고객 관점에서 소프트웨어에 관한 품질 특성과 품질 부 특성을 정의한다.

5과목의 소프트웨어 개발표준과 연계

### 2) ISO/IEC 12119 [20.8]

- ISO/IEC 9126의 품질 모델을 따르며 패키지 소프트웨어의 일반적인 제품 품질 요구사항 및 테스트를 위한 국제 표준이다.
- 제품 설명서, 사용자 문서 및 프로그램으로 구분하여 각각 품질 요구사항을 규정한다.

기적의 TIP

소프트웨어 품질 관리를 위한 소프트웨어 품질 목표가 자주 출제됩니다. 품질 관련 국제 표준은 문제를 통해 암기하며 정리하세요.

그 외 주의 사항
- 문서화 : 소프트웨어 개발 과정과 결과물을 투명하게 관리하고, 문제점을 파악하여 품질을 개선한다.
- 유지보수 계획 수립 : 버그 수정, 기능 추가 등을 통해 소프트웨어의 품질을 지속적으로 유지하도록 노력한다.

ISO/IEC 9126의 기능성 하위 특성
적절성, 정확성, 상호운용성, 보안성, 준수성

IOS/IEC
- ISO(International Organization for Standardization) : 국제 표준화 기구
- IEC(International Electronical Commission) : 국제 전기 전자 표준 위원회

➕ 더 알기 TIP

## ISO/IEC 9126 vs ISO/IEC 12119

| 항목 | ISO/IEC 9126 | ISO/IEC 12119 |
|---|---|---|
| 대상 | 소프트웨어 품질 | 소프트웨어 검증 및 검사 |
| 구성 요소 | 6가지 특성(기능성, 신뢰성, 사용성, 효율성, 유지보수성, 이식성) | 5가지 검증 활동(계획, 사양, 설계, 검사, 확인) |
| 목적 | 소프트웨어 품질 향상을 위한 평가 모델 제공 | 소프트웨어 검증 및 검사를 위한 표준 지침 제공 |
| 평가 방법 | 특성별 품질 요구사항 평가 | 검증 및 검사 활동에 대한 지침 제공 |
| 대상 평가자 | 개발자, 테스터, 사용자 | 검증 및 검사 담당자, 품질 보증 담당자 |

### 3) ISO/IEC 25000 24.5, 24.3, 23.3, 22.3

System and Software Quality Requirements and Evaluation 으로 줄여서 SQuaRE라고도 함

- 소프트웨어 품질 평가를 위한 소프트웨어 품질 평가 통합 모델 표준이다.
- 기존 소프트웨어 품질 평가 모델과 소프트웨어 평가 절차 모델인 ISO/IEC 9126 과 ISO/IEC 14598을 통합하였다.
- 2500n, 2501n, 2502n, 2503n, 2504n의 다섯 가지 분야로 나눌 수 있고, 확장 분야인 2505n이 있다.
  - 2501n(9126-2, 품질 모형) : 품질 모델 및 품질 사용
  - 2503n(9126-3, 품질 측정) : 매트릭을 통한 측정 방법 제시

### 4) ISO/IEC 12207 21.5

- 소프트웨어 개발 작업에 일관적이고 체계적인 프레임워크를 제공하기 위하여 1995년에 ISO/IEC에서 제정한 소프트웨어 생명주기 프로세스 국제 표준이다.
- 기본 생명주기 프로세스 구분 : 획득 프로세스(Acquisition process), 공급 프로세스(Supply process), 개발 프로세스(Development process), 운영 프로세스(Operation process), 유지보수(Maintenance)

➕ 더 알기 TIP

## ISO/IEC 25000 vs ISO/IEC 12207

| 항목 | ISO/IEC 25000 | ISO/IEC 12207 |
|---|---|---|
| 대상 | 소프트웨어 제품 품질 | 소프트웨어 개발 프로세스 |
| 구성 요소 | 5가지 모델(SQuaRE, SQuaRE-TM, SQuaRE-IT, SQuaRE-ME, SQuaRE-RM) | 소프트웨어 개발 생명주기 프로세스 |
| 목적 | 소프트웨어 제품 품질 평가를 위한 모델 제공 | 소프트웨어 개발 프로세스 표준화 및 개발 품질 향상 |
| 평가 방법 | 소프트웨어 품질 특성 평가 | 소프트웨어 개발 생명주기 모델 적용 |
| 대상 평가자 | 품질 평가자, 테스터, 검증 담당자, 사용자 | 소프트웨어 개발자, 관리자, 품질 보증 담당자 |

✔️ 개념 체크

1 ISO/IEC 9126의 품질 모델을 따르며 패키지 소프트웨어의 일반적인 제품 품질 요구사항 및 테스트를 위한 국제 표준은?

2 (    )은(는) 기존 소프트웨어 품질 평가 모델과 소프트웨어 평가 절차 모델인 ISO/IEC 9126과 ISO/IEC 14598을 통합하였다.

1 ISO/IEC 12119  2 ISO/IEC 25000

## 5) ISO/IEC 15504(SPICE) <small>24.7, 20.10, 20.9</small>

<small>Software Process Improvement and Capability dEtermination</small>

- 소프트웨어 품질 및 생산성 향상을 위해 소프트웨어 프로세스를 평가 및 개선하는 국제 표준이다.
- ISO/IEC 12207의 단점을 해결하기 위해 개발되었다.
- SPICE 모델의 레벨
  - 레벨 5 : 최적(Optimizing) 단계
  - 레벨 4 : 예측(Predictable) 단계
  - 레벨 3 : 확립(Established) 단계
  - 레벨 2 : 관리(Managed) 단계
  - 레벨 1 : 수행(Performed) 단계
  - 레벨 0 : 불완전(Incomplete) 단계

## 03 소프트웨어 품질 목표(Software Quality and Goals) <small>23.7, 23.6, 23.3, 22.7, 21.8</small>

### 1) 운영 특성

| | |
|---|---|
| 정확성(Correctness) | 사용자의 요구 기능을 충족시키는 정도 |
| 신뢰성(Reliability) | 주어진 시간 동안 주어진 기능을 오류 없이 수행하는 정도 |
| 사용 용이성(Usability) | • 사용에 필요한 노력을 최소화하고 쉽게 사용할 수 있는 정도<br>• 적절한 사용자 인터페이스와 문서를 가지고 있는 정도 |
| 효율성(Efficiency) | 명시된 조건에서 소프트웨어 제품의 일정한 성능과 자원 소요량의 관계에 관한 속성, 즉 요구되는 기능을 수행하는 데 필요한 자원의 소요 정도 |
| 무결성(Integrity) | 허용되지 않는 사용이나 자료의 변경을 제어하는 정도 |

### 2) 변경 수용 특성 <small>24.5</small>

| | |
|---|---|
| 이식성(Portability) | 다양한 하드웨어 환경에서도 운용할 수 있도록 쉽게 수정될 수 있는 정도 |
| 상호운용성(Interoperability) | 다른 소프트웨어와 정보를 교환할 수 있는 정도 |
| 재사용성(Reusability) | 전체나 일부 소프트웨어를 다른 목적으로 사용할 수 있는가 하는 정도 |
| 유지보수성(Maintainability) | 사용자의 기능 변경의 필요성을 만족하기 위하여 소프트웨어를 진화하는 것이 가능한 정도 |
| 유연성(Flexibility) | 소프트웨어를 얼마만큼 쉽게 수정할 수 있는가의 정도 |
| 시험 역량(Testability) | 의도된 기능을 수행하도록 보장하기 위해 프로그램을 시험할 수 있는 정도 |

### ➕ 더 알기 TIP

**품질 측정 시 관점별 분류** <small>20.6</small>

- 품질의 세부 속성들은 다음과 같이 관계자의 관점에 따라 다르다.

| | |
|---|---|
| 사용자 관점 | 제품의 신뢰성, 효율성, 사용 용이성, 간결성 등 |
| 개발자 관점 | 검증 가능성, 유지보수성, 이식성, 무결성, 사용성 등 |
| 프로젝트 관리자 관점 | 프로세스의 생산성과 제어 용이성 등 |

**01** 소프트웨어 품질 목표 중 하나 이상의 하드웨어 환경에서 운용되기 위해 쉽게 수정될 수 있는 시스템 능력을 의미하는 것은?

① Portability      ② Efficiency
③ Usability      ④ Correctness

---

이식성(Portability) : 다양한 하드웨어 환경에서도 운용할 수 있도록 쉽게 수정될 수 있는 정도

**02** 소프트웨어 품질 측정을 위해 개발자 관점에서 고려해야 할 항목으로 거리가 먼 것은?

① 정확성      ② 무결성
③ 사용성      ④ 간결성

---

사용자 관점 : 제품의 신뢰성, 효율성, 사용 용이성, 간결성 등

**03** 소프트웨어 품질 관련 국제 표준인 ISO/IEC 25000에 관한 설명으로 옳지 않은 것은?

① 소프트웨어 품질 평가를 위한 소프트웨어 품질 평가 통합 모델 표준이다.
② System and Software Quality Requirements and Evaluation으로 줄여서 SQuaRE 라고도 한다.
③ ISO/IEC 2501n에서는 소프트웨어의 내부 측정, 외부 측정, 사용 품질 측정, 품질 측정 요소 등을 다룬다.
④ 기존 소프트웨어 품질 평가 모델과 소프트웨어 평가 절차 모델인 ISO/IEC 9126과 ISO/IEC 14598을 통합하였다.

---

2501n(9126-2, 품질 모형) : 품질 모델 및 품질 사용

**04** ISO 12207 표준의 기본 생명주기의 주요 프로세스에 해당하지 <u>않는</u> 것은?

① 획득 프로세스
② 개발 프로세스
③ 성능 평가 프로세스
④ 유지보수 프로세스

---

기본 생명주기 프로세스 구분 : 획득 프로세스(Acquisition process), 공급 프로세스(Supply process), 개발 프로세스(Development process), 운영 프로세스(Operation process), 유지보수(Maintenance)

**05** 패키지 소프트웨어의 일반적인 제품 품질 요구사항 및 테스트를 위한 국제 표준은?

① ISO/IEC 2196
② IEEE 19554
③ ISO/IEC 12119
④ ISO/IEC 14959

---

**ISO/IEC 12119**
• ISO/IEC 9126의 품질 모델을 따르며 패키지 소프트웨어의 일반적인 제품 품질 요구사항 및 테스트를 위한 국제 표준이다.
• 제품 설명서, 사용자 문서 및 프로그램으로 구분하여 각각 품질 요구사항을 규정하고 있다.

**06** 소프트웨어의 일부분을 다른 시스템에서 사용할 수 있는 정도를 의미하는 것은?

① 신뢰성(Reliability)
② 유지보수성(Maintainability)
③ 가시성(Visibility)
④ 재사용성(Reusability)

---

재사용성(Reusability) : 전체나 일부 소프트웨어를 다른 목적으로 사용할 수 있는가 하는 정도

[정답] 01 ①   02 ④   03 ③   04 ③   05 ③   06 ④

CHAPTER **04**

# 애플리케이션 테스트

**학습 방향**

2과목 중 출제 비중이 가장 높은 챕터입니다. 테스트에 관련된 개념과, 테스트 관련 용어, 블랙박스/화이트박스 테스트, 알파 테스트/베타 테스트, 통합 테스트, 통합 테스트 방식 등 출제 표기된 내용을 중심으로 반복 출제되니 문제와 함께 정리하세요.

**출제빈도**

| | | |
|---|---|---|
| SECTION 01 | 중 | 10% |
| SECTION 02 | 중 | 10% |
| SECTION 03 | 상 | 25% |
| SECTION 04 | 상 | 25% |
| SECTION 05 | 하 | 5% |
| SECTION 06 | 상 | 25% |

▶합격 강의

빈출 태그 　테스트의 관점 • 테스트 원리(결함 집중 • 파레토 법칙 • 살충제 패러독스)

## 01 소프트웨어 테스트 　23.6, 22.4, 21.5

— 테스트는 오류를 찾는 작업이고,
　디버깅은 오류를 수정하는 작업

### 1) 소프트웨어 테스트의 개념

소프트웨어 개발 단계에서 사용자 요구사항에 서술된 동작과 성능, 사용성, 안정성 등을 만족하는지 확인하기 위하여 소프트웨어의 결함을 찾아내는 활동으로 품질 향상, 오류 발견, 오류 예방 관점에서 수행하는 행동이다.

- 품질 향상 관점 : 반복적인 테스트를 거쳐 제품의 신뢰도를 향상시키는 품질 보증 활동이다.
- 오류 발견 관점 : 잠재된 오류를 발견하고 이를 수정하여 올바른 프로그램을 개발하는 활동이다.
- 오류 예방 관점 : 코드 리뷰, 동료 검토, 인스펙션 등을 통해 오류를 사전에 발견하는 활동이다.

**테스트(Test)**
소프트웨어 테스트, 애플리케이션 테스트, 응용 프로그램 테스트, 응용 소프트웨어 테스트 모두를 같은 개념으로 이해하면 된다.

### 2) 테스트 프로세스(Test Process)

| 단계 | 활동 | 주요 산출물 |
|---|---|---|
| 계획 및 제어 | • 테스트 계획 수립<br>• 테스트 목적 및 범위 정의<br>• 테스트 일정 수립<br>• 테스트 리소스 관리<br>• 테스트 계획 검토 | 테스트 계획서 |
| 분석 및 설계 | • 소프트웨어 요구사항, 설계 문서, 시스템 아키텍처 분석<br>• 테스트 케이스, 테스트 시나리오 설계 | • 테스트 설계 문서<br>• 테스트 케이스, 테스트 시나리오 명세서 |
| 구현 및 실행 | • 테스트 케이스 작성<br>• 테스트 환경 설정<br>• 테스트 실행 및 결과 분석 | • 테스트 케이스<br>• 테스트 실행 결과 보고서 |
| 평가 및 보고 | • 테스트 결과 평가<br>• 결함 관리<br>• 테스트 보고서 작성<br>• 테스트 결과 검토 | • 테스트 결과 보고서<br>• 결함 보고서, 결함 추적 행렬 |

### 3) 목적에 따른 테스트 23.6

| 구분 | 설명 |
|---|---|
| 성능(Performance) | 소프트웨어의 응답 시간, 처리량 등을 테스트 |
| 회복(Recovery) | 소프트웨어에 고의로 부하를 가하도록 실패하도록 유도하고 올바르게 복구되는지 테스트 |
| 구조(Structured) | 소프트웨어 내부의 논리적인 경로, 소스 코드의 복잡도 등을 평가 |
| 회귀(Regression) | 소프트웨어의 변경 또는 수정된 코드에 새로운 결함이 없음을 확인 |
| 안전(Security) | 소프트웨어가 불법적인 침입으로부터 시스템을 보호할 수 있는지 확인 |
| 강도(Stress) | 소프트웨어에 과도하게 부하를 가하여도 소프트웨어가 정상적으로 실행되는지 확인 |
| 병행(Parallel) | 변경된 소프트웨어와 기존 소프트웨어에 동일한 데이터를 입력하여 두 결과 결과를 비교 확인 |

## 02 소프트웨어 테스트의 원리

### 1) 테스팅은 결함이 존재함을 밝히는 활동이다.

소프트웨어의 잠재적인 결함을 줄일 수 있지만, 결함이 발견되지 않아도 결함이 없다고 증명할 수는 없다.

### 2) 완벽한 테스팅은 불가능하다. 23.8

무한 경로, 무한 입력값, 무한 시간이 소요되어 완벽하게 테스트할 수 없으므로 리스크 분석과 우선순위를 토대로 테스트에 집중해야 한다.

### 3) 테스팅은 개발 초기에 시작해야 한다.

애플리케이션의 개발 단계에 테스트를 계획하고 SDLC(Software Development Life Cycle)의 각 단계에 맞춰 전략적으로 접근하는 것을 고려해야 한다.

### 4) 결함 집중(Defect Clustering) 21.5

- 애플리케이션 결함의 대부분은 파레토의 법칙에 따라 소수의 특정한 모듈에 집중되어 존재한다.
  - 파레토의 법칙(Law of Pareto) 24.7, 24.3, 20.6
  '80 대 20 법칙' 또는 '2 대 8 법칙'이라고도 한다. 전체 결과의 80%가 전체 원인의 20%에서 일어나는 현상을 가리킨다. 이를테면, 20%의 VIP 고객이 백화점 전체 매출의 80%에 해당하는 만큼 쇼핑하는 현상을 그 예시로 볼 수 있다.

### 5) 살충제 패러독스(Pesticide Paradox)

- 동일한 테스트 케이스로 반복 테스트 시 어느 시점부터 더 이상 결함을 발견할 수 없으므로 주기적으로 테스트 케이스를 리뷰하고 개선해야 한다.
- 탐색적 테스팅, JIT테스팅 등의 경험 기반 접근을 통한 테스트 케이스의 개선이 필요하다.
  └ Just-in-time

**브룩스(Brooks)의 법칙**
소프트웨어 개발 일정이 지연된다고 해서 말기에 새로운 인원을 투입하면 작업 적응 기간과 부작용으로 인해 일정은 더욱 지연된다는 법칙이다.

✓ **개념 체크**

1 애플리케이션 결함의 대부분은 소수의 특정한 모듈에 집중되어 존재한다는 테스트 원리는?
2 (      )의 법칙은 전체 결과의 80%가 전체 원인의 20%에서 일어나는 현상을 가리킨다.

1 결함 집중 2 파레토(Pareto)

**"테스팅은 정황(Context)에 의존한다."**
예를 들어, 테스트 수행 시 사용되는 하드웨어, 소프트웨어, 네트워크 환경 등이 달라서 같은 애플리케이션을 다른 테스트 환경에서 실행했을 때 다른 결과가 나올 수 있다. 따라서 테스트를 수행하기 전에 해당 애플리케이션이 실행되는 환경과 조건을 고려하여 테스트 계획을 수립하고 테스트를 수행해야 한다.

### 6) 테스팅은 정황(Context)에 의존한다.

정황과 비즈니스 도메인에 따라 테스트를 다르게 수행하여야 한다.

### 7) 오류-부재의 궤변(Absence of Errors Fallacy)

- 사용자의 요구사항을 만족하지 못하는 오류를 발견하고 그 오류를 제거하였다 해도, 해당 애플리케이션의 품질이 높다고 말할 수 없다.
- 결함 부재를 검증하는 것만으로 소프트웨어의 품질을 보장할 수 없다는 것을 강조한 것으로 테스트를 통해 결함을 발견하고, 품질 향상에 노력을 기울이는 것이 중요하다.

### 03 소프트웨어 테스트의 품질 척도

- 컴퓨터 프로그램이 얼마나 쉽게 테스트할 수 있는가에 대한 성질이다.
- 컴퓨터 엔지니어가 설계 단계에서부터 테스트 용이성을 염두에 두고 설계해야 한다.
- 구분 : 작동성(Operability), 관찰성(Observability), 조종성(Controllability), 분해성(Decomposability), 단순성(Simplicity), 안정성(Stability), 이해성(Understandability)

✓ **개념 체크**

1 사용자의 요구사항을 만족하지 못하는 오류를 발견하여 제거하였다고 해도, 해당 애플리케이션의 품질이 높다고 할 수 없다는 테스트 원리는?

1 오류-부재의 궤변

**01** 다음 설명의 소프트웨어 테스트의 기본 원칙은?

> – 파레토 법칙이 좌우한다.
> – 애플리케이션 결함의 대부분은 소수의 특정한 모듈에 집중되어 존재한다.
> – 결함은 발생한 모듈에서 계속 추가로 발생할 가능성이 높다.

① 살충제 패러독스
② 결함 집중
③ 오류 부재의 궤변
④ 완벽한 테스팅은 불가능

**소프트웨어 테스트의 원리**
- 테스팅은 결함이 존재함을 밝히는 활동이다 : 소프트웨어의 잠재적인 결함을 줄일 수 있지만, 결함이 발견되지 않아도 결함이 없다고 증명할 수는 없다.
- 완벽한 테스팅은 불가능하다 : 무한 경로, 무한 입력값, 무한 시간이 소요되어 완벽하게 테스트할 수 없으므로 리스크 분석과 우선순위를 토대로 테스트에 집중해야 한다.
- 테스팅은 개발 초기에 시작해야 한다 : 애플리케이션의 개발 단계에 테스트를 계획하고 SDLC(Software Development Life Cycle)의 각 단계에 맞춰 전략적으로 접근하는 것을 고려해야 한다.
- 결함 집중(Defect Clustering) : 애플리케이션 결함의 대부분은 파레토의 법칙에 따라 소수의 특정한 모듈에 집중되어 존재한다.
- 살충제 패러독스(Presticide Paradox) : 동일한 테스트 케이스로 반복 테스트 시 어느 시점부터 더 이상 결함을 발견할 수 없으므로 주기적으로 테스트 케이스를 리뷰하고 개선해야 한다.
- 테스팅은 정황(Context)에 의존한다 : 정황과 비즈니스 도메인에 따라 테스트를 다르게 수행하여야 한다.
- 오류–부재의 궤변(Absence of Errors Fallacy) : 사용자의 요구사항을 만족하지 못하는 오류를 발견하고 그 오류를 제거하였다고 해도, 해당 애플리케이션의 품질이 높다고 말할 수 없다.

**02** 소프트웨어 테스트에서 '오류의 80%는 전체 모듈의 20% 내에서 발견된다'는 법칙은?

① Brooks의 법칙
② Boehm의 법칙
③ Pareto의 법칙
④ Jackson의 법칙

Pareto의 법칙 : 상위 20%가 전체 생산의 80%를 해낸다는 법칙으로 소프트웨어 테스트에 적용할 수 있다.

**03** 테스트와 디버깅의 목적으로 옳은 것은?

① 테스트는 오류를 찾는 작업이고 디버깅은 오류를 수정하는 작업이다.
② 테스트는 오류를 수정하는 작업이고 디버깅은 오류를 찾는 작업이다.
③ 둘 다 소프트웨어의 오류를 찾는 작업으로 오류 수정은 하지 않는다.
④ 둘 다 소프트웨어 오류의 발견, 수정과 무관하다.

테스트는 오류를 찾는 작업이고 디버깅은 오류를 수정하는 작업이다.

**04** 특정 기능의 변경 사항에 대해 이전 버전과 비교하여 검증하는 테스트 방법은 무엇인가?

① 회귀 테스트
② 성능 테스트
③ 로드 테스트
④ 보안 테스트

특정 기능의 변경 사항에 대해 이전 버전과 비교하여 검증하는 테스트 방법은 회귀 테스트이다.

**05** S/W Project 일정이 지연된다고 해서 Project 말기에 새로운 인원을 추가 투입하면 Project는 더욱 지연되게 된다는 내용과 관련되는 법칙은?

① Putnam의 법칙
② Mayer의 법칙
③ Brooks의 법칙
④ Boehm의 법칙

브룩스(Brooks)의 법칙 : 소프트웨어 개발 일정이 지연된다고 해서 말기에 새로운 인원을 투입하면 작업 적응 기간과 부작용으로 인해 일정은 더욱 지연된다는 법칙이다.

정답 01 ② 02 ③ 03 ① 04 ① 05 ③

▶ 합격 강의

## 01 테스트 케이스 22.7

테스트 케이스 프로세스를 통해
정확성, 재사용성, 간결성을 보장

### 1) 테스트 케이스의 개념

- 구현된 소프트웨어가 사용자의 요구사항을 정확하게 준수했는지를 확인하기 위해 설계된 입력값, 실행 조건, 기대 결과 등으로 구성된 테스트 항목에 대한 명세서를 의미한다.
- 명세 기반 테스트의 설계 산출물이다.

테스트 수행의 증거로도 활용되며, 사용자의 요구사항에 대한 명세를 빠짐없이 테스트 케이스로 구현하고 있는지 확인

- 테스트 케이스를 설계 단계에 작성하면 테스트 시 오류를 방지하고, 테스트 수행에 있어 낭비를 줄일 수 있다.
- 표준 테스트 케이스 형식 21.3

| ID | 시나리오 | 테스트 단계 | 테스트 데이터 | 예상 결과 | 실제 결과 | 통과 실패 |
|---|---|---|---|---|---|---|
| | | | | | | |

### 2) 테스트 케이스 작성 절차

테스트 계획 검토 및 자료 확보 → 위험 평가 및 우선순위 결정 → 테스트 요구사항 정의 → 테스트 구조 설계 및 테스트 방법 결정 → 테스트 케이스 정의 → 테스트 케이스 타당성 확인 및 유지보수 → 테스트 수행

### 3) 테스트 케이스 자동 생성 21.8

자료 흐름도 → 테스트 경로 관리, 입력 도메인 분석 → 테스트 데이터 산출, 랜덤 테스트 → 무작위 값 입력, 신뢰성 검사

### 4) 테스트 케이스의 구성 요소(ISO/IEC/IEEE 29119-3)

소프트웨어 테스트의
전체 수명주기에 대한 표준

| 구성 요소 | 설명 |
|---|---|
| 식별자(Identifier) | 항목 식별자 |
| 테스트 항목(Test Item) | 테스트할 모듈 또는 기능 |
| 입력 명세(Input Specification) | 입력값 또는 조건 |
| 출력 명세(Output Specification) | 테스트 케이스 실행 시 기대 출력 결과 |
| 환경 설정(Environmental Needs) | 테스트 수행 시 필요한 H/W, S/W 환경 |
| 특수 절차 요구(Special Procedure Requirement) | 테스트 케이스 수행 시 요구 절차 |
| 의존성 기술(Interface Dependencies) | 테스트 케이스 간 의존성 |

## 5) 테스트 케이스 작성 시 주의 사항

- 목적을 명확하게 정의하기 : 각 테스트 케이스가 검증하려는 목적을 명확하게 정의한다.
- 입력 데이터와 예상 결과 정의하기 : 각 테스트 케이스에 대한 입력 데이터와 예상 결과를 명확하게 정의한다.
- 실행 조건을 고려하기 : 특정 테스트 케이스를 실행하기 위해서는 실행 조건이 필요할 수 있다. 이러한 실행 조건을 미리 고려하여 테스트 케이스를 작성해야 한다.
- 예외 상황 고려하기 : 예외 상황에 대한 테스트 케이스도 작성해야 한다. 예를 들어, 입력 데이터가 잘못된 경우나, 시스템이 과부하 상태인 경우 등의 예외 상황을 고려해야 한다.
- 테스트 결과 기록하기 : 테스트 케이스를 실행한 결과를 기록하면 실행한 테스트 케이스의 결과를 추적하고, 버그를 발견하면 해당 버그를 식별하고 추적할 수 있다.
- 재사용성을 고려하기 : 테스트 케이스를 작성할 때는 재사용이 가능하도록 테스트 케이스의 설계를 깔끔하게 하고, 필요한 경우 파라미터화 된 테스트 케이스를 사용해야 한다.
- 관리 및 유지보수 : 테스트 케이스의 수정이나 삭제 등이 필요한 경우를 대비하여 테스트 케이스를 구성하는 요소들을 명확하게 정의하고, 테스트 케이스의 변경 이력을 관리해야 한다.

## 02 테스트 오라클(Test Oracle)

### 1) 테스트 오라클의 개념 20.9

- 테스트의 결과가 참인지 거짓인지를 판단하기 위해서 사전에 정의된 참(True)값을 입력하여 비교하는 기법 및 활동을 말한다.
- 예상되는 출력물 또는 동작이 무엇인지에 대한 지식을 제공하며, 이를 통해 테스트가 정확하게 수행되었는지를 확인할 수 있다.
- 테스트 오라클을 작성하고 유지보수하는 것은 소프트웨어의 품질을 보장하는 데 중요한 역할을 한다.
- 참, 일관성 검사, 샘플링, 휴리스틱 오라클이 있다.

### 2) 테스트 오라클의 종류

#### ① 참(True) 오라클
모든 입력값에 적합한 결과를 생성하여, 발생한 오류를 모두 검출할 수 있는 오라클이다.

#### ② 일관성(Consistent) 검사 오라클
- 애플리케이션 변경이 있을 때, 수행 전과 후의 결과값이 동일한지 확인하는 오라클이다.
- 시스템이 올바르게 동작하는지를 판단하기 위해 시스템의 명세서를 사용하여 예상 결과를 계산한다. 이때, 시스템의 명세서와 예상 결과가 일치할 때만 해당 테스트 케이스가 성공한 것으로 판단한다.

**참(True) 오라클의 예**
계산기 소프트웨어의 테스트를 수행한다고 가정할 때 테스트 케이스는 다양한 숫자와 연산자를 입력하여 예상 결과를 생성하고, 이를 True Oracle과 비교하여 실제 결과와 일치하는지를 확인합니다.

③ 샘플링(Sampling) 오라클

· 대용량 데이터를 다루는 시스템에서 효과적이다. 대규모 데이터를 전부 테스트하는 것은 시간과 자원이 많이 소요되기 때문에 일부 데이터를 검증함으로써 검증 시간과 비용을 줄일 수 있다.
· 임의로 선정한 몇 개의 입력값에 대해서만 기대하는 결과를 제공한다.

④ 휴리스틱(Heuristic) 오라클

샘플링 오라클을 개선한 오라클로, 몇몇의 임의 입력값에 대해 올바른 결과를 제공하고, 나머지 값들에 대해서는 휴리스틱(추정)으로 처리한다.

## 이론을 확인하는 기출문제

**01** 테스트 케이스에 일반적으로 포함되는 항목이 <u>아닌</u> 것은?

① 테스트 조건
② 테스트 데이터
③ 테스트 비용
④ 예상 결과

표준 테스트 케이스 형식 : ID – 시나리오 – 테스트 단계 – 테스트 데이터 – 예상 결과 – 실제 결과 – 통과 실패

**02** 다음이 설명하는 테스트 용어는?

- 테스트의 결과가 참인지 거짓인지를 판단하기 위해서 사전에 정의된 참값을 입력하여 비교하는 기법 및 활동을 말한다.
- 종류에는 참, 샘플링, 휴리스틱, 일관성 검사가 존재한다.

① 테스트 케이스
② 테스트 시나리오
③ 테스트 오라클
④ 테스트 데이터

설명은 테스트 오라클에 관한 정의이다.

**03** 테스트 케이스와 관련한 설명으로 틀린 것은?

① 테스트의 목표 및 테스트 방법을 결정하기 전에 테스트 케이스를 작성해야 한다.
② 프로그램에 결함이 있더라도 입력에 대해 정상적인 결과를 낼 수 있기 때문에 결함을 검사할 수 있는 테스트 케이스를 찾는 것이 중요하다.
③ 개발된 서비스가 정의된 요구사항을 준수하는지 확인하기 위한 입력값과 실행 조건, 예상 결과의 집합으로 볼 수 있다.
④ 테스트 케이스 실행이 통과되었는지 실패하였는지 판단하기 위한 기준을 테스트 오라클(Test Oracle)이라고 한다.

테스트 케이스(Test Case) : 테스트의 목표 및 테스트 방법을 결정하고 테스트 케이스를 작성해야 한다.

**04** 다음 중 테스트 케이스 작성 시 반드시 포함해야 할 요소가 <u>아닌</u> 것은?

① 테스트 시나리오
② 테스트 목적
③ 테스트 데이터
④ 테스트 결과 분석

테스트 결과 분석은 테스트 종료 후에 이루어지는 작업이므로 반드시 포함되어야 하는 요소는 아니다.

정답 01 ③ 02 ③ 03 ① 04 ④

# 03 V-모델과 테스트 레벨

출제빈도 ⑤ 중 하
반복학습 ① ② ③

▶ 합격 강의

빈출 태그 시각에 따른 테스트 • 동적/정적 테스트 • 알파/베타 테스트 • 단위 테스트 • 인수 테스트

## 01 테스트의 분류

### 1) 시각에 따른 테스트 23.8, 21.8

#### ① 검증(Verification) 테스트
제품이 명세서대로 완성되었는지 검증하는 단계이다. 개발자의 시각에서 제품의 생산 과정을 테스트하는 것을 의미한다.

#### ② 확인(Validation) 테스트
사용자의 요구사항을 잘 수행하고 있는지 사용자의 시각에서 생산된 제품의 결과를 테스트하는 것을 의미한다.

#### ③ Verification vs Validation

| 구분 | 검증(Verification) | 확인(Validation) |
|---|---|---|
| 정의 | 제품이 요구사항 명세서에 따라 설계 및 구현되었는지 검증하는 과정 | 제품이 실제 사용 환경에서 사용자의 요구사항을 충족시키는지 평가하는 과정 |
| 목적 | 제품이 올바르게 설계 및 구현되었는지 확인하여 결함을 최소화하기 위함 | 사용자의 요구사항을 충족시키고, 실제 사용 환경에서 문제가 발생하지 않도록 보장하기 위함 |
| 수행 시점 | 개발 중 Verification, 개발 완료 후 Validation 수행 | 제품 출시 전에 완료되어야 함 |
| 검증 대상 | 문서, 코드, 디자인 등 제품 개발 과정의 산출물 | 제품 자체 및 제품이 사용되는 실제 환경 |
| 수행 방법 | 검토, 검사, 정적 분석, 테스트 등 | 통합 테스트, 시스템 테스트, 인수 테스트 등 |
| 결함 발견 | 빨리 발견 가능 | 출시 후 사용자로부터 발견되는 경우가 많음 |
| 수정 비용 | 낮은 비용 | 높은 비용 |
| 테스트 기간 | 짧은 기간 | 긴 기간 |
| 수행 단계 | 제품 개발 초기 단계 | 제품 개발 후 단계 |
| 결과 산출물 | 검증 보고서 | 검증 및 검사 보고서, 사용자의 피드백 등 |

**기적의 TIP**

2과목 중 가장 출제 밀도가 높은 부분입니다. 테스트에 관한 내용은 필기/실기 가리지 않는 빈출입니다. 본문의 전체 내용을 모두 꼼꼼히 학습합니다.

**개념 체크**

1 검증(Verification)은 사용자의 요구사항을 잘 수행하고 있는지 사용자의 시각에서 생산된 제품의 결과를 테스트하는 것을 의미한다. (O, X)

2 검증(Verification)의 결과 산출물은 검증 보고서이다. (O, X)

1 X 2 O

## 2) 테스트 기반(Test Bases)에 따른 테스트

### ① 구조 기반 테스트

- 소프트웨어 내부의 구조(논리 흐름)에 따라 테스트 케이스를 작성하고 확인하는 테스트 방식이다.
- 종류
  - 구문 기반(Statement Testing) : 프로그램 내의 모든 문장을 한 번 이상 수행하도록 테스트 케이스를 설계하는 기법이다.
  - 결정 기반(Decision Testing) : 프로그램 내의 각 분기들을 한 번 이상 수행하도록 테스트 케이스를 설계하는 기법이다.
  - 조건 기반(Condition Testing) : 프로그램 내의 각 조건을 보장하기 위해 조건들이 참이 되는 경우와 거짓이 되는 경우를 모두 수행하도록 테스트 케이스를 설계하는 기법이다.
  - 데이터 흐름(Data Flow Testing) : 프로그램 내에서 변수들이 값을 할당받은 지점이나 사용된 지점에 따라 프로그램의 테스트 경로들을 선택하는 방법이다.

### ② 명세 기반 테스트

- 사용자의 요구사항에 대한 명세를 기반으로 테스트 케이스를 작성하고 확인하는 테스트 방식이다.
- 종류 : 동등 분할, 경계값 분석, 분류 트리, 상태 전이, 결정 테이블, 원인-결과, 조합 테스트, 시나리오, 오류 추정

### ③ 경험 기반 테스트

- 테스터의 경험을 기반으로 수행하는 테스트 방식이다.
- 요구사항에 대한 명세가 미흡하거나 테스트 시간에 제약이 있는 경우 수행하면 효과적이다.
- 종류 : 에러 추정, 체크 리스트, 탐색적 테스팅

## 3) 정적 테스트와 동적 테스트

### ① 정적 테스트

- 애플리케이션을 직접 실행하지 않고 명세서나 소스 코드를 대상으로 분석하는 테스트 방식이다.
- 소프트웨어 개발 초기에 결함 발견이 가능하여, 개발 비용을 낮출 수 있다.
- 종류 : Inspection, Walk-Through, Code Test, Orthogonal Array Testing, Prior Defect History Testing, Risk-Based Testing, Run Chart, Statistical Profile Testing

## ② 동적 테스트

- 애플리케이션을 직접 실행하여 오류를 찾는 테스트 방식이다.
- 소프트웨어 개발의 모든 단계에서 테스트를 수행한다.
- 종류 : 블랙박스 테스트, 화이트박스 테스트

| | |
|---|---|
| 24.7, 21.3<br>**블랙박스 테스팅**<br>명세 기반 | Boundary Value Testing, Cause—Effect Graphing, Control Flow Testing, CRUD Testing, Decision Tables Testing, Equivalence Class Partitioning, Exception Testing, Finite State Testing, Free Form Testing, Positive and Negative Testing, Prototyping, Random Testing, Range Testing, Regression Testing, State Transition Testing, Thread Testing |
| **화이트박스 테스팅**<br>구조 기반 | Basis Path Testing, Branch Coverage Testing, Condition Coverage Testing, Data Flow Testing, Loop Testing, Mutation Testing, Sandwich Testing, Statement Coverage Testing |

## ③ 알파 테스트(Alpha Test)와 베타 테스트(Beta Test) 24.3, 21.3, 20.9, 20.6

| | |
|---|---|
| 알파 테스트 | • 개발자 관점에서 수행되며, 사용상의 문제를 반영되도록 하는 테스트이다.<br>• 개발자의 장소에서 사용자가 개발자 앞에서 수행하며, 오류와 사용상의 문제점을 사용자와 개발자가 함께 확인하면서 검사하는 기법이다. |
| 베타 테스트 | • 선정된 다수의 사용자가 자신들의 사용 환경에서 일정 기간 사용하면서 테스트한다.<br>• 문제점이나 개선사항 등을 기록하고 개발 조직에 통보하여 반영되도록 하는 테스트이다. |

🔵 **암기 TIP**

**알파는 개장 사테, 베타는 사장 사테**
- 알파 테스트 : 개발자 장소에서 사용자가 테스트
- 베타 테스트 : 사용자 장소에서 사용자가 테스트

## 4) 테스트 목적에 따른 분류

### ① 종류

| | |
|---|---|
| 회복 테스트<br>(Recovery Testing) | 시스템에 고의로 실패를 유도하고, 시스템의 정상적 복귀 여부를 테스트하는 기법이다. |
| 안전 테스트<br>(Security Testing) | 불법적인 소프트웨어가 접근하여 시스템을 파괴하지 못하도록 소스 코드 내의 보안적인 결함을 미리 점검하는 테스트 기법이다. |
| 성능 테스트<br>(Performance Testing) | 시스템이 응답하는 시간, 특정 시간 내에 처리하는 업무량, 사용자 요구에 시스템이 반응하는 속도 등을 측정하는 테스트 기법이다. |
| 구조 테스트<br>(Structure Testing) | 시스템의 내부 논리 경로, 소스 코드의 복잡도를 평가하는 테스트 기법이다. |
| 회귀 테스트<br>(Regression Testing) 23.3 | 시스템의 변경 또는 수정된 코드에 새로운 결함이 없음을 확인하는 테스트 기법이다. |
| 병행 테스트<br>(Parallel Testing) | 변경된 시스템과 기존 시스템에 동일한 데이터를 입력 후 결과를 비교하는 테스트 기법이다. |

### ② 성능 테스트의 상세 유형

| | |
|---|---|
| 부하 테스트<br>(Load Testing) | 시스템에 부하를 계속 증가시켜 시스템의 임계점을 찾는 테스트 기법이다. |
| 강도 테스트<br>(Stress Testing) | 임계점 이상의 부하를 가하여 비정상적인 상황에서의 처리 능력을 측정하는 테스트 기법이다. |
| 스파이크 테스트<br>(Spike Testing) | 짧은 시간에 사용자가 몰릴 때 시스템의 반응을 측정하는 테스트 기법이다. |
| 내구성 테스트<br>(Endurance Testing) | 오랜 시간 동안 시스템에 높은 부하를 가하여 시스템 반응을 확인하는 테스트 기법이다. |

✅ **개념 체크**

1 (　　) 테스트는 선정된 다수의 사용자가 자신들의 사용 환경에서 일정 기간 사용하면서 테스트하는 기법이다.

2 (　　) 테스트는 시스템의 변경 또는 수정된 코드에 새로운 결함이 없음을 확인하는 테스트 기법이다.

1 베타 2 회귀

## 02 테스트와 V−모델

### 1) 테스트와 V−모델

- 애플리케이션 개발 단계에 따라 단위 테스트, 통합 테스트, 시스템 테스트, 인수 테스트, 설치 테스트로 분류한다.
- 애플리케이션을 총체적으로 관리하기 위한 테스트 활동의 묶음이다.
- 각각의 테스트 레벨은 서로 독립적이며, 각각 다른 테스트 계획과 연결하는 전략이 필요하다.

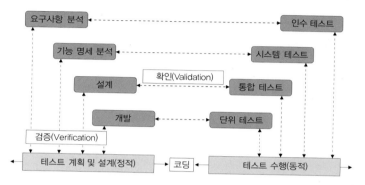

### 2) 테스트 레벨의 종류

#### ① 단위(Unit) 테스트 24.5, 23.3, 22.4, 21.8, 21.5

- 개발자가 원시 코드를 대상으로 각각의 단위를 다른 부분과 연계되는 부분은 고려하지 않고 단위 자체에만 집중하여 테스트한다.
- 객체지향에서 클래스 테스팅이 여기에 해당한다.

#### ② 통합 테스트

단위 테스트를 통과한 개발 소프트웨어/하드웨어 컴포넌트 간 인터페이스 및 연동 기능 등을 구조적으로 접근하여 테스트한다.

#### ③ 시스템 테스트

- 단위/통합 테스트가 가능한 완벽히 완료되어 기능상에 문제가 없는 상태에서 실제 환경과 가능한 유사한 환경에서 진행한다.
- 시스템 성능과 관련된 요구사항이 완벽하게 수행되는지를 테스트하기 때문에 사전 요구사항이 명확해야 한다.
- 개발 조직과는 독립된 테스트 조직에서 수행한다.

#### ④ 인수 테스트★ 22.7, 20.8

- 일반적인 테스트 레벨의 가장 마지막 상위 레벨로, 소프트웨어 제품에 대한 요구사항이 제대로 이행되었는지 확인하는 단계이다.
- 테스팅 환경을 실사용자 환경에서 진행하며 수행하는 주체가 사용자이다.
- 알파, 베타 테스트와 가장 밀접한 연관이 있다.

★ 인수 테스트(Acceptance Test)
- 사용자 인수 테스트 : 사용자가 시스템 사용의 적절성 여부를 확인한다.
- 운영상의 인수 테스트 : 시스템 관리자가 시스템 인수 시 수행하는 테스트 기법이다.
- 계약 인수 테스트 : 계약상의 인수/검수 조건을 준수하는지를 확인한다.
- 규정 인수 테스트 : 소프트웨어가 정부 지침, 법규, 규정 등에 맞게 개발되었는지 확인한다.
- 알파 테스트 : 개발자의 장소에서 사용자가 개발자와 함께 행하는 테스트 기법이다.
- 베타 테스트 : 실제 사용자에게 대상 소프트웨어를 사용하게 하고 피드백을 받는 테스트이다.

**01** 알파, 베타 테스트와 가장 밀접한 연관이 있는 테스트 단계는?

① 단위 테스트
② 인수 테스트
③ 통합 테스트
④ 시스템 테스트

---

인수 테스트 : 알파, 베타 테스트와 가장 밀접한 연관이 있다.

**02** 개별 모듈을 시험하는 것으로 모듈이 정확하게 구현되었는지, 예정한 기능이 제대로 수행되는지를 점검하는 것이 주요 목적인 테스트는?

① 통합 테스트(Integration Test)
② 단위 테스트(Unit Test)
③ 시스템 테스트(System Test)
④ 인수 테스트(Acceptance Test)

---

**단위(Unit) 테스트**
• 개발자가 원시 코드를 대상으로 각각의 단위를 다른 부분과 연계되는 부분은 고려하지 않고 단위 자체에만 집중하여 테스트한다.
• 객체지향에서 클래스 테스팅이 여기에 해당한다.

**03** 소프트웨어 테스트에서 검증(Verification)과 확인(Validation)에 대한 설명으로 **틀린** 것은?

① 소프트웨어 테스트에서 검증과 확인을 구별하면 찾고자 하는 결함 유형을 명확하게 하는 데 도움이 된다.
② 검증은 소프트웨어 개발 과정을 테스트하는 것이고, 확인은 소프트웨어 결과를 테스트하는 것이다.
③ 검증은 작업 제품이 요구 명세의 기능, 비기능 요구사항을 얼마나 잘 준수하는지 측정하는 작업이다.
④ 검증은 작업 제품이 사용자의 요구에 적합한지 측정하며, 확인은 작업 제품이 개발자의 기대를 충족시키는지를 측정한다.

---

검증(Verification) 테스트 : 제품이 명세서대로 완성되었는지 검증하는 단계이다. 개발자의 시각에서 제품의 생산 과정을 테스트하는 것을 의미한다.

**04** 필드 테스팅(Field Testing)이라고도 불리며 개발자 없이 고객의 사용 환경에 소프트웨어를 설치하여 검사를 수행하는 인수 검사 기법은?

① 베타 검사
② 알파 검사
③ 형상 검사
④ 복구 검사

---

베타 테스트 : 정식으로 프로그램을 공개하기 전에 한정된 집단 또는 일반인에게 공개하여 기능을 시험하는 검사이다.

**05** 확인(Validation) 검사 기법 중 개발자의 장소에서 사용자가 개발자 앞에서 행해지며, 오류와 사용상의 문제점을 사용자와 개발자가 함께 확인하면서 검사하는 기법은?

① 디버깅 검사
② 형상 검사
③ 자료 구조 검사
④ 알파 검사

---

알파테스트 : 베타 테스트 전에 프로그램 개발 시 내부에서 미리 평가하고 버그를 찾아 수정하기 위해 시험해 보는 검사이다.

**06** 소프트웨어 생명 주기 모델 중 V 모델과 관련한 설명으로 **틀린** 것은?

① 요구분석 및 설계 단계를 거치지 않으며 향상 통합 테스트를 중심으로 V 형태를 이룬다.
② Perry에 의해 제안되었으며 세부적인 테스트 과정으로 구성되어 신뢰도 높은 시스템을 개발하는 데 효과적이다.
③ 개발 작업과 검증 작업 사이의 관계를 명확히 들어내 놓은 폭포수 모델의 변형이라고 볼 수 있다.
④ 폭포수 모델이 산출물 중심이라면 V 모델은 작업과 결과의 검증에 초점을 둔다.

---

**V-모델**
• 폭포수 모델에 시스템 검증과 테스트 작업을 강조한 모델이다.
• 세부적인 프로세스로 구성되어 있어서 신뢰도 높은 시스템 개발에 효과적이다.
• 개발 단계의 작업을 확인하기 위해 테스트 작업을 수행한다.
• 생명 주기 초반부터 테스트 작업을 지원한다.

---

정답 01 ② 02 ② 03 ④ 04 ① 05 ④ 06 ①

# 테스트 시나리오와 테스트 기법

▶ 합격 강의

출제빈도 ⑤ 중 하
반복학습 ① ② ③

**빈출 태그** 화이트박스/블랙박스 테스트 · 경계값 분석

**테스트 케이스(Test Case)**
테스트하기 위한 테스트 시나리오이다. 사례별로 입력 데이터의 유형(정상적인 데이터, 잘못된 데이터 등)을 정의하고, 그에 따른 예상 결과를 기술한 것이다.

## ① 테스트 시나리오

### 1) 테스트 시나리오

#### ① 테스트 시나리오의 개념

- 테스트를 위한 여러 테스트 케이스의 집합으로 테스트 케이스의 동작 순서를 기술한 문서이다.
- 테스트 순서에 대한 구체적인 절차, 사전 조건, 입력 데이터 등을 정리하여 테스트 항목을 빠짐없이 수행할 수 있도록 한다.

#### ② 테스트 시나리오 작성 시 유의점

- 테스트 항목을 시스템별, 모듈별, 항목별 테스트 시나리오를 분리하여 작성한다.
- 고객의 요구사항과 설계 문서 등을 토대로 테스트 시나리오를 작성한다.
- 테스트 항목은 식별자 번호, 순서 번호, 테스트 데이터, 테스트 케이스, 예상 결과, 확인 등의 항목을 포함하여 작성한다.

### 2) 테스트 환경 구축

#### ① 테스트 환경 구축의 개념

개발된 응용 소프트웨어가 실제 운영 시스템에서 정상적으로 작동하는지 테스트할 수 있게 하기 위해 실제 운영 시스템과 동일 또는 유사한 사양의 하드웨어, 소프트웨어, 네트워크 등의 시설을 구축하는 활동이다.

#### ② 테스트 환경 구축의 유형

| 하드웨어 기반 | 서버 장비(WAS, DBMS), 클라이언트 장비, 네트워크 장비 등의 장비를 설치하는 작업이다. |
|---|---|
| 소프트웨어 기반 | 구축된 하드웨어 환경에 테스트할 응용 소프트웨어를 설치하고 필요한 데이터를 구축하는 작업이다. |
| 가상 시스템 기반 | 물리적으로 개발 환경 및 운영 환경과 별개로 독립된 테스트 환경을 구축하기 힘든 경우에는 가상 머신(Virtual Machine) 기반의 서버 또는 클라우드 환경을 이용하여 테스트 환경을 구축하고, 네트워크는 VLAN과 같은 기법을 이용하여 논리적 분할 환경을 구축할 수 있다. |

**✔ 개념 체크**

1 테스트 순서에 대한 구체적인 절차, 사전 조건, 입력 데이터 등을 정리하여 테스트 항목을 빠짐없이 수행할 수 있도록 짜인 문서는?

1 테스트 시나리오

# 02 화이트박스 테스트(White Box Test)

## 1) 화이트박스 테스트 22.4, 20.6

### ① 화이트박스 테스트의 개념

- 모듈의 원시 코드를 오픈시킨 상태에서 코드의 모든 논리적 경로를 테스트하는 방법이다.
- Source Code의 모든 문장을 한 번 이상 수행하여 모듈 안의 작동을 직접 관찰할 수 있다.
- 산출물의 기능별로 적절한 프로그램의 제어 구조에 따라 선택, 반복 등의 부분들을 수행함으로써 논리적 경로를 점검한다.
- 테스트 데이터를 선택하기 위하여 검증 기준(Test Coverage)을 정한다.
- 테스트 데이터를 이용해 실제 프로그램을 실행함으로써 오류를 찾는 동적 테스트(Dynamic Test)에 해당한다.
- 높은 테스트 정확성과 효율성, 코드 문제 해결 및 보안 취약점 발견 등의 장점이 있다.

### ② 화이트박스 테스트 사용 시 장점

- 테스트 케이스의 정확성과 효율성 향상
  시스템의 내부 동작 원리를 이해하기 때문에 더 정확하고 효율적인 테스트 케이스를 개발할 수 있어 문제점을 빠르게 발견하고 수정할 수 있다.
- 코드 문제 및 개선사항 파악 가능
  시스템의 코드와 구조를 분석하기 때문에 코드 문제를 발견하고 수정할 수 있고, 코드의 개선사항을 도출하여 소프트웨어의 효율성을 높일 수 있다.
- 코드 디버깅 용이성 증가
  시스템의 내부 동작 원리를 이해하게 되므로, 코드 디버깅이 더욱 쉬워져서 시스템의 문제점을 더욱 쉽게 파악하고 해결할 수 있다.
- 보안 취약점 발견 가능
  시스템의 내부 동작 원리를 이해하므로, 보안 취약점을 빠르게 발견하고 해결할 수 있어서 시스템의 보안성이 높다.

## 2) 화이트박스 테스트 종류 24.5, 22.3

### ① 기초 경로 검사(Basic Path Testing)

- Tom McCabe가 제안한 대표적 화이트박스 테스트 기법이다.
- 테스트 케이스 설계자가 절차적 설계의 논리적 복잡성을 측정할 수 있게 한다.
- 측정 결과는 실행 경로의 기초를 정의하는 데 지침으로 사용된다.
- 기초 경로(Basic Path)
  - 제어 흐름 그래프를 분석하여 선형 독립 실행 경로 집합을 찾는다.
  - McCabe의 순환 복잡도를 사용하여 선형 독립 경로 수를 결정한 다음 얻어진 각 경로에 대한 테스트 사례를 생성한다.

> **화이트박스 테스트를 통해 찾을 수 있는 오류**
> - 세부적 오류
> - 논리 구조상의 오류
> - 반복문 오류
> - 수행 경로 오류
> - 알고리즘 오류에 따른 원치 않는 결과
> - 탈출구가 없는 반복문의 사용
> - 틀린 계산 수식에 의한 잘못된 결과

✔ **개념 체크**

1 모듈의 원시 코드를 오픈시킨 상태에서 코드의 모든 논리적 경로를 테스트하는 방법은?

1 화이트박스 테스트

기초 경로 검사 예

다음과 같이 x와 y의 값에 따라 z의 값을 결정하는 코드가 있다고 가정할 때

| 1 | if (x > 0 && y > 0) { |
| --- | --- |
| 2 | z = x + y; |
| 3 | } else { |
| 4 | z = x − y; |
| 5 | } |

경로 1(2행) : 1 → 2

x와 y가 모두 양수인 경우, z는 x와 y의 합 계산

경로2(4행) : 1 → 4 → 5

x와 y 중 하나 이상이 음수인 경우, z는 x와 y의 차 계산

② 제어 구조 검사

- 조건 검사

  프로그램 모듈 내에 있는 논리적 조건을 테스트하는 테스트 케이스 설계 기법이다.
- 루프 검사

  프로그램의 반복 구조에 초점을 맞춰 실시하는 테스트 케이스 설계 기법이다.
- 데이터 흐름 검사

  프로그램에서 변수의 정의와 변수 사용의 위치에 초점을 맞춰 실시하는 테스트 케이스 설계 기법이다.

➕ 더 알기 TIP

데이터 흐름 검사 예

다음과 같은 변수 a와 b에 각각 10과 20의 값을 할당하고, 두 변수의 합인 c를 계산한 뒤, c의 값이 30보다 큰 경우 "Pass", 작거나 같은 경우 "Fail"을 반환하는 코드가 있다고 가정해 보자.

| 1 | int a = 10; |
| --- | --- |
| 2 | int b = 20; |
| 3 | int c = a + b; |
| 4 | if (c > 30) { |
| 5 | result = "Pass"; |
| 6 | } else { |
| 7 | result = "Fail"; |
| 8 | } |

✔️ 개념 체크

1 제어 구조 검사 중 (     )은
(는) 프로그램에서 변수의
정의와 변수 사용의 위치에
초점을 맞춰 실시하는 테스
트 케이스 설계 기법이다.

1 데이터 흐름 검사

변수 a와 b의 값을 10과 20으로 설정한 후, c의 값이 30인 경우

변수 a와 b의 값을 5와 25로 설정한 후, c의 값이 30인 경우

변수 a와 b의 값을 15와 15로 설정한 후, c의 값이 30인 경우

변수 a와 b의 값을 5와 10으로 설정한 후, c의 값이 15인 경우

## 3) 화이트박스 테스트 검증 기준

| 문장 검증 | 소스 코드의 모든 구문이 한 번 이상 수행된다. |
| --- | --- |
| 분기 검증 | 소스 코드의 모든 조건문이 한 번 이상 수행된다. |
| 조건 검증 | 소스 코드의 모든 조건문에 대해 조건이 True인 경우와 False인 경우가 한 번 이상 수행된다. |
| 분기/조건 | 소스 코드의 모든 조건문과 각 조건문에 포함된 개별 조건식의 결과가 True인 경우와 False인 경우 한 번 이상 수행된다. |

## 03 블랙박스 테스트(Black Box Test) 24.3, 23.3

### 1) 블랙박스 테스트

① 블랙박스 테스트의 개념
- 소프트웨어가 수행할 특정 기능을 알기 위해 각 기능이 완전히 작동되는 것을 입증하는 테스트로 기능 테스트라고도 한다.
- 요구사항 명세를 보면서 테스트하며, 주로 구현된 기능을 테스트한다.
- 소프트웨어 인터페이스에서 실시되는 테스트이다.

② 블랙박스 테스트의 장점
- 사용자 관점에서 테스트 가능
시스템을 외부에서 바라보기 때문에 사용자의 관점에서 테스트할 수 있다. 사용자는 시스템의 내부 동작 원리를 몰라도 시스템이 원하는 대로 동작하는지 확인할 수 있어서 사용자의 요구사항을 충족시키는지를 확인할 수 있다.
- 시간과 비용 절약
시스템의 내부 동작 원리를 알 필요가 없으므로 시스템의 구조나 코드를 이해하는 시간과 비용을 절약할 수 있고, 시스템의 변경 사항에 따른 재테스트 비용도 줄일 수 있다.
- 다양한 테스트 케이스 생성 가능
입력과 출력만으로 시스템을 테스트하기 때문에 다양한 입력값을 생성하여 테스트 케이스를 만들 수 있어서 시스템의 경계값이나 예외 상황 등을 테스트하는 데에 도움을 준다.
- 독립적인 테스트 수행 가능
시스템의 내부 동작 원리를 알 필요가 없으므로 테스트를 수행하는 팀과 시스템을 개발하는 팀이 독립적으로 작업할 수 있어서 테스트의 객관성을 유지할 수 있고, 테스트 결과의 신뢰성을 높일 수 있다.

개념 체크

1 소프트웨어가 수행할 특정 기능을 알기 위해 각 기능이 완전히 작동되는 것을 입증하는 테스트로, 기능 테스트라고도 하는 테스트 기법은?

1 블랙박스 테스트

## 2) 블랙박스 테스트 종류 <sup>23,3, 21,5, 20,9, 20,8</sup>

### ① 동치 분할 검사(Equivalence Partitioning) <sup>22,7</sup>

- 입력 자료에 초점을 맞춰 테스트 케이스를 만들고 검사하는 방법이다.
- 입력 조건에 타당한 입력 자료와 그렇지 않은 자료의 개수를 균등하게 나눠 테스트 케이스를 설정한다.

➕ **더 알기 TIP**

**동치 분할 검사 예**

예를 들어, 로그인 기능을 가진 웹 애플리케이션을 테스트할 때, 아이디와 비밀번호 입력값을 다음과 같이 정의한다고 가정하자.

| 아이디 | 5~15자 이내의 영문자와 숫자 조합 | 비밀번호 | 8~20자 이내의 영문자, 숫자, 특수문자 조합 |
|---|---|---|---|

이 경우, 입력값이 유효한 경우와 유효하지 않은 경우로 나누어 각각 대표적인 값을 선택하여 테스트 케이스를 만들 수 있다.

입력값에 대해 다음과 같은 테스트 케이스를 만들 수 있다.

| 유효한 경우 | "testuser1", "mynameis1234" | 잘못된 경우 | "", "testuser1!", "1234567890123456789" |
|---|---|---|---|

★ **원인-효과 검사**
- 효과 : 사용자는 쇼핑 카트에 새 제품을 추가할 수 있다.
- 원인
  - 사용자가 시스템에 로그인되어 있다.
  - 사용자가 제품을 선택했다.
  - 사용자가 제품에 대한 수량을 입력했다.
  - 사용자가 "카트에 추가" 단추를 클릭했다.

★ **오류 예측 검사**
- 고객 계정을 관리하기 위한 소프트웨어 시스템이 개발되어, 블랙박스 테스트를 사용하여 시스템을 테스트했지만, 일부에서 다음과 같은 오류가 발견되었다.
- 시스템을 사용하여 새 계정을 만들거나 기존 계정을 업데이트할 때 오류가 발생할 가능성이 더 높은 것으로 발견되었다.
- 오류 발생할 가능성이 있는 위치에 대한 정보는 테스트 작업의 우선순위를 정하는 데 사용된다.
- 테스터는 시스템의 다른 영역보다 계정 생성 및 업데이트를 테스트하는 데 중점을 둔다.

### ② 원인-효과 그래프 검사(Cause and Effect Graphing)★

- 입력 데이터 간의 관계와 출력에 영향을 미치는 상황을 체계적으로 분석한다.
- 효용성이 높은 테스트 케이스를 선정해 검사한다.

### ③ 오류 예측 검사(Error Forecast)★

- 과거의 경험이나 감각으로 테스트하는 기법이다.
- 다른 테스트 기법으로는 찾기 어려운 오류를 찾아내는 보충적 검사 기법이다.

### ④ 비교 검사(Comparison Testing)

동일한 테스트 자료를 여러 버전의 프로그램에 입력하고 동일한 결과가 출력되는지 테스트하는 기법이다.

➕ **더 알기 TIP**

**비교 검사 예**

> 웹 사이트의 쇼핑몰 기능을 개발하고 있는데, 결제 모듈을 업데이트하고자 한다고 가정할 때, 기존 결제 모듈과 새로운 결제 모듈의 결과를 비교하여 테스트할 수 있다.

- 기존 결제 모듈과 새로운 결제 모듈을 각각 사용하여 동일한 상품을 구매하는 테스트 케이스를 만든다.
- 구매 과정에서 발생할 수 있는 모든 예외 상황(결제 실패, 결제 취소 등)에 대한 테스트 케이스도 만든다.
- 각각의 테스트 케이스를 실행하여, 기존 결제 모듈과 새로운 결제 모듈의 결과를 비교한다.
- 비교 결과, 두 결제 모듈의 결과가 같다면 새로운 결제 모듈이 기존 결제 모듈과 호환성이 좋다고 판단할 수 있다. 그렇지 않다면 문제점을 파악하여 수정한다.

## ⑤ 경계값 분석(Boundary Value Analysis) 20.9, 20.8, 20.6 대표적인 명세 기반 기법 (Specification-based Technique)

- 입력 자료에만 치중한 동치 분할 기법을 보완한 기법이다.
- 분할의 경계 부분에 해당되는 입력값에서 결함이 발견될 확률이 경험적으로 높다는 점을 활용하여 결함을 방지하기 위해 경계값을 테스트 케이스에 포함하여 테스트하는 기법이다.

### ➕ 더 알기 TIP

**경계값 분석 예**

> 어떤 프로그램에서는 1부터 100까지의 수를 입력받아 처리하는 기능을 제공한다고 가정할 때, 다음과 같은 테스트 케이스를 만들 수 있다.
>
> 입력값이 최소 경계값(1)인 경우 : 1
> 입력값이 최대 경계값(100)인 경우 : 100
> 입력값이 최소 경계값보다 작은 경우 : 0, −1
> 입력값이 최대 경계값보다 큰 경우 : 101, 1000
> 입력값이 최소 경계값과 최대 경계값 사이에 있는 경우 : 50, 73 등

## 3) 화이트박스 vs 블랙박스 테스트

| 구분 | 화이트박스 테스트 기법 | 블랙박스 테스트 기법 |
|---|---|---|
| 테스트 대상 | 소프트웨어의 내부 동작, 코드, 구조 등 | 소프트웨어의 기능, 요구사항, 사용자 입장 등 |
| 목적 | 코드의 오류, 구조적 문제 등을 발견하여 개선 | 소프트웨어의 외부 요구사항을 만족하는지 확인 |
| 테스트 기법 | 구문 검사, 경로 검사, 데이터 흐름 검사 등 | 동치 분할, 경계값 분석, 워크플로우 등 |
| 테스트 케이스 | 내부 구조에 대한 이해와 분석에 기반한 케이스 | 요구사항과 사용자 관점에서 독립적으로 설계된 케이스 |
| 테스트 수행자 | 개발자, 테스터 등 | 테스터, 사용자 등 |
| 테스트 커버리지 | 문장, 분기, 경로 등을 테스트하여 커버리지를 측정 | 요구사항, 사용자 시나리오 등을 테스트하여 측정 |
| 장점 | • 정확한 테스트 케이스 개발 가능<br>• 코드 문제 해결이 쉽고 보안 취약점 검출이 가능<br>• 높은 테스트 정확성과 효율성을 보장 | • 요구사항에 대한 검증이 쉬움<br>• 사용자 입장에서의 문제점 발견 가능<br>• 사용자 요구에 따른 테스트 가능 |
| 단점 | • 코드나 구조 변경 시 테스트 케이스 수정이 필요<br>• 개발자나 전문가에게만 적용 가능한 경우가 있음<br>• 요구사항 미준수 문제 발견이 어려울 수 있음 | • 누락된 테스트 케이스가 있을 가능성이 있음<br>• 테스트 케이스 설계가 어려울 수 있음<br>• 오류 발견 후 수정이 어려울 수 있음 |

**블랙박스 테스트를 통해 찾을 수 있는 오류**

- 인터페이스 오류
- 자료 구조상의 오류
- 성능 오류
- 시작과 종결상의 오류
- 부정확하거나 빠진 오류
- 비정상적인 자료를 입력해도 오류 처리를 수행하지 않는 경우
- 정상적인 자료를 입력해도 요구된 기능이 제대로 수행되지 않는 경우
- 경계값을 입력할 경우 요구된 출력 결과가 나오지 않는 경우

### ✅ 개념 체크

1 기초 경로 검사는 블랙박스 테스트 기법이다. (O, X)

2 경계값 분석은 분할의 경계 부분에 해당하는 입력값에서 결함이 발견될 확률이 경험적으로 높다는 점을 활용하여 결함을 방지하기 위해 경계값을 포함하여 테스트하는 기법이다. (O, X)

1 X 2 O

**01** 소프트웨어 테스트와 관련한 설명으로 **틀린** 것은?

① 화이트 박스 테스트는 모듈의 논리적인 구조를 체계적으로 점검할 수 있다.
② 블랙박스 테스트는 프로그램의 구조를 고려하지 않는다.
③ 테스트 케이스에는 일반적으로 시험 조건, 테스트데이터, 예상 결과가 포함되어야 한다.
④ 화이트박스 테스트에서 기본 경로(Basic Path)란 흐름 그래프의 시작 노드에서 종료 노드까지의 서로 독립된 경로로 사이클을 허용하지 않는 경로를 말한다.

• 화이트박스 테스트에서 기본 경로(=기초 경로, Basic Path) 검사를 통해 제어 흐름 그래프를 분석하여 선형 독립 실행 경로 집합을 찾을 수 있다.
• McCabe의 순환 복잡도를 사용하여 선형 독립 경로 수를 결정한 다음 얻어진 각 경로에 대한 테스트 사례를 생성한다.

**02** 블랙박스 테스트를 이용하여 발견할 수 있는 오류가 **아닌** 것은?

① 비정상적인 자료를 입력해도 오류 처리를 수행하지 않는 경우
② 정상적인 자료를 입력해도 요구된 기능이 제대로 수행되지 않는 경우
③ 반복 조건을 만족하는 데도 루프 내의 문장이 수행되지 않는 경우
④ 경계값을 입력할 경우 요구된 출력 결과가 나오지 않는 경우

블랙박스 테스트는 소프트웨어가 수행할 특정 기능을 알기 위해 각 기능이 완전히 작동되는 것을 입증하는 테스트로 기능 테스트라고도 한다.

**03** 다음 중 블랙박스 검사 기법은?

① 경계값 분석          ② 조건 검사
③ 기초 경로 검사       ④ 루프 검사

블랙박스 테스트 종류 : 동치 분할 검사, 경계값 분석, 원인-효과 그래프 검사, 오류 예측 검사, 비교 검사 등

**04** 평가 점수에 따른 성적 부여는 다음 표와 같다. 이를 구현한 소프트웨어를 경계값 분석 기법으로 테스트하고자 할 때 다음 중 테스트 케이스의 입력값으로 옳지 **않은** 것은?

| 평가 점수 | 성적 |
|---|---|
| 80~100 | A |
| 60~79 | B |
| 0~59 | C |

① 59
② 80
③ 90
④ 101

• 90점은 경계값 주변의 값이 아니기 때문에 테스트 입력값이 아니다.
• 경계값 검사는 평가 점수의 범위 조건에서 경계값에 해당되는 80, 100, 60, 79, 0, 59점의 주변 값을 입력해 보면서 테스트한다.

**05** 화이트박스 테스트와 관련한 설명으로 **틀린** 것은?

① 화이트박스 테스트의 이해를 위해 논리 흐름도(Logic-Flow Diagram)를 이용할 수 있다.
② 테스트 데이터를 이용해 실제 프로그램을 실행함으로써 오류를 찾는 동적 테스트(Dynamic Test)에 해당한다.
③ 프로그램의 구조를 고려하지 않기 때문에 요구나 명세를 기초로 결정한다.
④ 테스트 데이터를 선택하기 위하여 검증 기준(Test Coverage)을 정한다.

화이트박스 테스트(White Box Test)는 프로그램의 구조를 고려한다.

정답 01 ④  02 ③  03 ①  04 ③  05 ③

# 테스트 커버리지

▶ 합격 강의

빈출 태그 테스트 커버리지의 종류

## 01 테스트 커버리지(Test Coverage)

### 1) 테스트 커버리지 23.8

- 주어진 테스트 케이스에 의해 수행되는 소프트웨어의 테스트 범위를 측정하는 테스트 품질 측정 기준이며, 테스트의 정확성과 신뢰성을 향상시키는 역할을 한다.
- 완전한 커버리지를 보장하는 것은 불가능하지만, 충분한 커버리지를 보장함으로써 소프트웨어의 품질을 향상시킬 수 있다.
- 테스트 커버리지★를 통해 테스트 케이스의 부족한 부분을 파악하고 추가적인 테스트 케이스를 개발할 수 있다.

### 2) 테스트 커버리지의 종류

① 기능 커버리지(Function Coverage)
- 테스트 대상 애플리케이션의 전체 기능을 모수로 설정하고, 실제 테스트가 수행된 기능의 수를 측정하는 방법이다.
- 기능 기반 테스트 커버리지는 100% 달성을 목표로 하며, 일반적으로 UI가 많은 시스템의 경우 화면 수를 모수로 사용할 수도 있다.

② 라인 커버리지(Line Coverage)
- 애플리케이션 전체 소스 코드의 Line 수를 모수로 테스트 시나리오가 수행한 소스 코드의 Line 수를 측정하는 방법이다.
- 단위 테스트에서는 이 라인 커버리지를 척도로 사용하기도 한다.

③ 코드 커버리지(Code Coverage)
소프트웨어 테스트 충분성 지표 중 하나로 소스 코드의 구문, 조건, 결정 등의 구조 코드 자체가 얼마나 테스트 되었는지를 측정하는 방법이다.

---

🏁 기적의 TIP

필기에서는 출제 빈도가 낮으나, 실기시험에서 출제된 적이 있습니다. 간단히 정리하세요.

★ 테스트 커버리지
기능 기반 커버리지, 라인 커버리지, 코드 커버리지로 구분된다.

라인 커버리지
테스트 시나리오가 수행한 소스 코드의 Line 수를 측정하는 방법이다.

✓ 개념 체크

1 주어진 테스트 케이스에 의해수행되는 소프트웨어의 테스트 범위를 측정하는 테스트 품질 측정 기준이며, 테스트의 정확성과 신뢰성을 향상시키는 역할을 하는 것은?

1 테스트 커버리지

## 3) 코드 커버리지의 종류

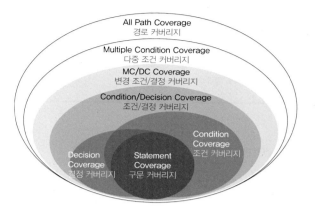

### ① 구문 커버리지(Statement Coverage)

코드 구조 내의 모든 구문에 대해 한 번 이상 수행하는 테스트 커버리지를 말한다.

➕ **더 알기 TIP**

**구문 커버리지 예**

아래 코드는 x의 값에 따라 y의 값을 결정한다.
- x가 양수인 경우에는 y가 x의 두 배가 되고,
- x가 음수인 경우에는 y는 x가 반으로 나누어진 값이 된다.

| 1 | if (x > 0) { |
|---|---|
| 2 | y = x * 2; |
| 3 | } else { |
| 4 | y = x / 2; |
| 5 | } |

**x의 값을 3으로 설정한 경우**

→ 1번 구문(if문)이 참이 되어 y의 값이 6이 되는 것을 확인할 수 있다.

**x의 값을 -2로 설정한 경우**

→ 1번 구문(if문)이 거짓이 되어 3번 구문(else문)이 실행되어 y의 값이 -1이 되는 것을 확인할 수 있다.

**x의 값을 0으로 설정한 경우**

→ 1번 구문(if문)이 거짓이 되어 3번 구문(else문)이 실행되어 y의 값이 0이 되는 것을 확인할 수 있다.

위와 같이 모든 구문을 한 번씩 실행하는 것이 구문 커버리지를 충족하는 것이다.

② 조건 커버리지(Condition Coverage)

결정 포인트 내의 모든 개별 조건식에 대해 수행하는 테스트 커버리지를 말한다.

③ 결정 커버리지(Decision Coverage)

결정 포인트 내의 모든 분기문에 대해 최소 한 번씩 수행하는 테스트 커버리지를 말한다.

➕ 더 알기 TIP

**결정 커버리지 예**

아래 코드는 x와 y의 값에 따라 z의 값을 결정된다.

- x와 y가 모두 양수인 경우에 z는 x와 y의 합이 되고,
- x와 y가 모두 음수인 경우에 z는 x와 y의 차가 되고,
- 그 외의 경우에는 z가 0이 된다.

| | |
|---|---|
| 1 | if (x > 0 && y > 0) {<br>z = x + y; |
| 2 | } else if (x < 0 && y < 0) {<br>z = x − y; |
| 3 | } else {<br>z = 0;<br>} |

**x의 값을 3, y의 값을 4로 설정한 경우**

→ 1번 조건문(if문)이 참이 되어 z의 값이 7이 되는 것을 확인할 수 있다.

**x의 값을 −3, y의 값을 −4로 설정한 경우**

→ 2번 조건문(else if문)이 참이 되어 z의 값이 1이 되는 것을 확인할 수 있다.

**x의 값을 0, y의 값을 5로 설정한 경우**

→ 3번 조건문(else문)이 실행되어 z의 값이 0이 되는 것을 확인할 수 있다.

**x의 값을 0, y의 값을 −5로 설정한 경우**

→ 3번 조건문(else문)이 실행되어 z의 값이 0이 되는 것을 확인할 수 있다.

위와 같이 모든 조건문의 각각의 경우를 한 번씩 실행하는 것이 결정 커버리지를 충족하는 것이다.

④ 조건/결정 커버리지(Condition/Decision Coverage)

- 전체 조건식의 결과가 참 한번, 거짓 한번을 갖도록 개별 조건식을 조합하는 데 이때 개별 조건식도 참 한번, 거짓 한번을 모두 갖도록 개별 조건식을 조합한다.
- 결정 커버리지와 조건 커버리지를 포함하는 커버리지이다.

✅ 개념 체크

1 조건과 결정을 복합적으로 고려한 측정 방법이며, 결정 포인트 내의 다른 개별적인 조건식 결과에 상관없이 독립적으로 전체 조건식의 결과에 영향을 주는 테스트 커버리지는?

1 변경 조건/결정 기반

⑤ 변경 조건/결정 커버리지(Modified Condition/Decision Coverage)
- 조건과 결정을 복합적으로 고려한 측정 방법이며, 결정 포인트 내의 다른 개별적인 조건식 결과에 상관없이 독립적으로 전체 조건식의 결과에 영향을 주는 테스트 커버리지를 말한다.

**➕ 더 알기 TIP**

**변경 조건/결정 커버리지 예**

아래 코드는 x와 y의 값에 따라 z의 값이 결정된다.
- x와 y가 모두 양수인 경우에는 z는 x와 y의 합
- x와 y가 모두 음수인 경우에는 z는 x와 y의 차
- 그 외의 경우에는 z가 0이 된다.

| 1 | if (x > 0 && y > 0) { |
| | z = x + y; |
| 2 | } else if (x < 0 && y < 0) { |
| | z = x − y; |
| 3 | } else { |
| | z = 0; |
| | } |

**첫 번째 if 문의 조건을 충족하는 경우**
→ x와 y를 양수 값으로 설정한다. ( x = 5, y = 3)
이 경우 첫 번째 if 문이 참이 되어 z = x + y로 설정된다.

**두 번째 if 문의 조건을 충족하는 경우**
→ x와 y를 음수 값으로 설정한다. (예 : x = −2, y = −4)
이 경우 두 번째 if 문이 참이 되어 z = x − y로 설정된다.

**어떤 if 문도 참이 아닌 경우**
→ x와 y를 서로 다른 부호의 값으로 설정한다. (예  x = 2, y = −3)
이 경우 어떤 if 문도 참이 아니므로 else 절이 실행되어 z = 0으로 설정된다.

**✓ 개념 체크**

1 가장 강력한, 논리적 수준 100% 커버리지를 보장하는 테스트 커버리지는 다중 조건 커버리지이다. (O, X)

1 O

⑥ 다중 조건 커버리지(Multiple Condition Coverage)

- 결정 포인트 내에 있는 모든 개별 조건식의 모든 가능한 논리적 조합을 고려한다.
- 가장 강력한, 논리적 수준의 100% 커버리지를 보장한다.

➕ 더 알기 TIP

**다중 조건 커버리지 예**

예를 들어, 사용자의 로그인을 검증하는 함수가 있다고 할 때,

- 사용자가 입력한 ID와 비밀번호가 일치하면 로그인이 성공하고,
- 그렇지 않으면 로그인이 실패한다.

이 함수에는 다음과 같은 세 가지 조건이 있다.

- 입력한 ID가 등록된 ID와 일치하는가?
- 입력한 비밀번호가 등록된 비밀번호와 일치하는가?
- 사용자의 계정이 활성화 상태인가?

이 함수를 테스트하기 위해서는 다음과 같은 테스트 케이스가 필요하다.

→ ID와 비밀번호가 모두 일치하고 계정이 활성화 상태인 경우
→ ID와 비밀번호가 모두 일치하지만, 계정이 비활성화 상태인 경우
→ ID와 비밀번호가 일치하지 않고 계정이 활성화 상태인 경우
→ ID와 비밀번호가 일치하지 않고 계정이 비활성화 상태인 경우

---

## 이론을 확인하는 기출문제

**01** 다음 중 코드 커버리지의 종류가 아닌 것은?

① 구문 커버리지　　② 함수 커버리지
③ 결정 커버리지　　④ 경로 커버리지

---

테스트 커버리지의 종류 : 구문, 조건, 결정, 변경, 다중, 경로

**02** 라인 커버리지가 100%라는 것은 무엇을 의미하는가?

① 테스트 중 모든 라인이 실행되었다는 것을 의미한다.
② 소스 코드에 버그가 없다는 것을 의미한다.
③ 소스 코드가 최적화되어 있다는 것을 의미한다.
④ 테스트 케이스가 모든 가능한 상황을 커버한다는 것을 의미한다.

---

라인 커버리지가 100%라는 것은 소스 코드의 모든 라인이 테스트 중에 실행되었다는 것을 의미한다.

**03** 소프트웨어 테스트 커버리지 중 "결정 커버리지"는 무엇을 의미하는가?

① 테스트 중 실행된 모든 결정점을 커버하는 것
② 테스트 중 실행되지 않은 모든 결정점을 커버하는 것
③ 테스트 대상에서 모든 결정점을 커버하는 것
④ 테스트 대상에서 일부 결정점만 커버하는 것

---

결정 커버리지는 소프트웨어 테스트 커버리지의 한 종류로, 테스트 중 실행된 모든 결정점을 커버하는 것을 의미한다.

정답 01 ② 02 ① 03 ①

▶합격 강의

출제빈도 ⑤ 중 하
반복학습 ①②③

**빈출 태그** 단위 테스트・단위 테스트 지원 도구・하향식/상향식 테스트・테스트 하네스 도구(스텁, 드라이버)・
성능 테스트 도구

**⑧ 기적의 TIP**

출제 빈도가 높은 섹션입니다. 단위 테스트부터 통합 테스트까지의 절차를 이해하고 상/하향식 통합의 차이 그리고 테스트 하네스 도구의 역할까지 정리하세요.

## 01 단위 테스트와 통합 테스트

### 1) 단위 테스트(Unit Test) 22.7, 21.8

① 단위 테스트의 개념

- 하나의 모듈을 기준으로 독립적으로 진행되는 가장 작은 단위의 테스트이다.
- 애플리케이션을 구성하는 하나의 기능이 올바르게 동작하는지를 독립적으로 테스트하는 것이다.
- 구현 단계에서 각 모듈의 개발을 완료한 후 개발자가 명세서의 내용대로 정확히 구현 되었는지 테스트한다.
- 모듈 내부의 구조를 구체적으로 볼 수 있는 구조적 테스트를 주로 시행한다.
- 소프트웨어 최소 기능 단위인 모듈, 컴포넌트를 테스트하는 것으로 사용자의 요구사항을 기반으로 한 기능 테스트를 제일 먼저 수행한다.
- 인터페이스, 자료 구조, 독립적 기초 경로, 오류 처리 경로, 결제 조건 등을 테스트한다.

**단위 테스트 지원 도구(xUnit)**

JUnit, NUnit, JMockit, EMMA, PHPUnit, HttpUnit, DBUnit, CppUnit

### ② 단위 테스트의 지원 도구 24.7, 23.3, 22.4

| 지원 도구 | 설명 |
| --- | --- |
| JUnit | Java 언어로 개발된 소프트웨어의 단위 테스트를 위한 도구로, 테스트 케이스 작성, 실행, 결과 확인 등을 지원한다. |
| NUnit | .NET Framework에서 사용되는 단위 테스트 도구로, JUnit에 영향을 받아 개발되었다. 테스트 케이스 작성, 실행, 결과 확인 등을 지원한다. |
| XCTest | 애플의 iOS, macOS, watchOS, tvOS 등에서 사용되는 단위 테스트 도구로, Swift 언어로 개발된 소프트웨어의 단위 테스트를 지원한다. |
| PyUnit | Python 언어로 개발된 소프트웨어의 단위 테스트를 위한 도구로, JUnit에 영향을 받아 개발되었다. 테스트 케이스 작성, 실행, 결과 확인 등을 지원한다. |
| Jasmine | 자바스크립트 언어로 개발된 소프트웨어의 단위 테스트를 위한 도구로, BDD(Behavior-Driven Development) 스타일의 테스트를 지원한다. |
| Mocha | Node.js에서 사용되는 자바스크립트 런타임 환경에서 동작하는 단위 테스트 도구로, 테스트 케이스 작성, 실행, 결과 확인 등을 지원한다. |
| PHPUnit | PHP 언어로 개발된 소프트웨어의 단위 테스트를 위한 도구로, JUnit에 영향을 받아 개발되었다. 테스트 케이스 작성, 실행, 결과 확인 등을 지원한다. |
| CppUnit | C++ 언어로 개발된 소프트웨어의 단위 테스트를 위한 도구로, JUnit에 영향을 받아 개발되었다. 테스트 케이스 작성, 실행, 결과 확인 등을 지원한다. |

**✓ 개념 체크**

1 JUnit, NUnit, JMockit, EMMA, JSON, PHPUnit, HttpUnit, DBUnit, CppUnit 중 단위 테스트 지원 도구가 아닌 것은?

1 JSON

| Google Test | C++ 언어로 개발된 소프트웨어의 단위 테스트를 위한 도구로, xUnit 스타일의 테스트, 테스트 케이스 작성, 실행, 결과 확인 등을 지원한다. |
|---|---|
| Mockito | 자바 언어로 개발된 소프트웨어의 단위 테스트에서 Mock 객체를 생성하고 관리하는 도구이다. |
| PowerMock | 자바 언어로 개발된 소프트웨어의 단위 테스트에서 Mock 객체 생성과 동시에 Static, Final 등의 제약 조건을 테스트할 수 있는 도구이다. |
| EasyMock | 자바 언어로 개발된 소프트웨어의 단위 테스트에서 Mock 객체를 생성하고 관리하는 도구이다. |
| Karma | 자바스크립트 언어로 개발된 소프트웨어의 단위 테스트를 위한 도구로, 다양한 브라우저에서 테스트를 수행이 가능하다. |
| Protractor | Angular JS 프레임워크를 사용하는 자바스크립트 언어로 개발된 소프트웨어의 단위 테스트를 위한 도구로, 브라우저상에서 실행되는 End-to-End 테스트를 지원한다. |
| Selenium | 다양한 언어와 브라우저에서 웹 애플리케이션의 테스트를 수행하는 오픈소스 도구로, 단위 테스트뿐만 아니라 End-to-End 테스트를 지원한다. |

## 2) 통합 테스트(Integration Test)

### ① 통합 테스트의 개념

- 각 모듈을 결합하여 시스템을 완성하는 과정에서 모듈 간 인터페이스 혹은 통합된 컴포넌트 간 상호 작용 오류 및 결함을 찾아 해결하기 위한 테스트 기법이다.
- 개별적으로 테스트한 모듈을 통합하여 시스템 전체의 동작을 검증하는 소프트웨어 테스트 단계이다.
- 개발된 모든 모듈이 통합되고, 상호 작용하는 방식이 검증되는 단계로서, 시스템의 완성도와 품질을 평가하는 데 중요한 역할을 한다.

### ② 통합 테스트의 종류

| 비 점진적 통합 방식(빅뱅 통합) | 점진적 통합 방식(상향식/하향식) |
|---|---|
| • 모든 모듈이 결합된 프로그램 전체를 대상으로 테스트한다.<br>• 작은 규모 소프트웨어에 적합하다.<br>• 오류 발견/장애 위치 파악 또는 수정이 어렵다. | • 단계적으로 통합하며 테스트한다.<br>• 오류 수정이 쉽다.<br>• 인터페이스 관련 오류를 테스트할 수 있다. |

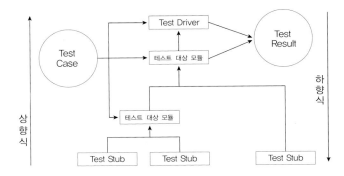

✔ 개념 체크

1 점진적 통합 방식은 모든 모듈이 결합된 프로그램 전체를 대상으로 테스트한다.
(O, X)

1 X

## ❷ 통합 테스트 방식 24.3, 23.6, 23.3, 22.4

### 1) 하향식 통합 테스트 20.8

> 모듈 간의 인터페이스와 시스템의 동작이 정상적으로 잘 되고 있는지를 빨리 파악하고자 할 때 상향식보다는 하향식 통합 테스트를 사용하는 것이 좋음

① 하향식 통합 테스트의 개념

- 상위 컴포넌트를 테스트하고 점증적으로 하위 컴포넌트를 검사한다.
- 주요 제어 모듈을 기준으로 아래로 통합하며 진행한다.
- 하위 컴포넌트 개발이 완료되지 않았을 때 스텁(Stub)을 사용하기도 한다.
- 우선 통합법, 깊이 우선 통합법, 너비 우선 통합법 등이 있다.
- 하위 레벨 모듈들은 특정한 소프트웨어 부가 기능을 수행하는 클러스터들에 결합한다.

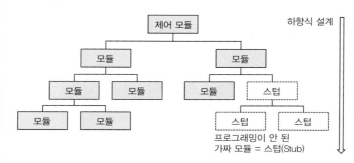

② 하향식 통합 테스트의 특징

- 시스템 테스트 가능 : 모든 하위 모듈이 완성된 후 테스트를 진행하기 때문에 시스템 전체를 테스트할 수 있어서 시스템이 기대한 대로 동작하는지 확인할 수 있다.
- 개발 일정 예측 가능 : 하위 모듈이 모두 완성된 후에 테스트를 진행하므로 개발 일정을 예측하기 쉽다.
- 통합 오류를 찾기 어려울 수 있음 : 하위 모듈에서 문제가 발생하지 않더라도 상위 모듈에서는 오류가 발생할 수 있는데, 이 상황에서는 각 하위 모듈에서 개별적으로 테스트를 수행해야 한다.
- 테스트 스텁 사용 가능 : 하위 모듈이 아직 개발되지 않은 경우, 테스트 스텁을 사용하여 상위 모듈을 테스트할 수 있다.
- 문제 발견이 늦어질 수 있음 : 하위 모듈이 모두 완성된 후에 테스트를 진행하므로, 문제가 발생한 경우 그 문제를 해결하기가 더욱 어려워질 수 있다.
- 개발자와 테스터 간 협력 필요 : 개발자와 테스터가 밀접하게 협력하여 수행해야 한다.

## 2) 상향식 통합 테스트 <sub></sub>24.3, 23.8, 23.6

### ① 상향식 통합 테스트의 개념

프로그램 구조에서 최하위 레벨인 모듈을 구성하고 상위 모듈 방향으로 통합하며 검사한다.

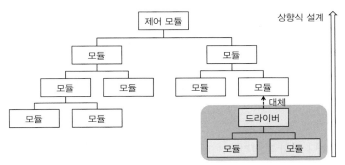

테스트할 하위 모듈의 집합인 클러스터

### ② 상향식 통합 테스트의 특징 24.5

- 하위 모듈에서 상위 모듈로 점진적으로 통합하기 때문에, 하위 모듈의 결함이 상위 모듈로 전파되는 것을 방지할 수 있다.
- 상위 모듈이 아직 개발되지 않은 경우, 더미 모듈인 드라이버(Driver)를 사용하여 테스트를 수행할 수 있다.
- 하위 모듈이 모두 개발 완료된 후 상위 모듈을 통합하는 하향식 통합 테스트에 비해, 개발 속도가 빠르다.
- 하위 모듈이 개발 중일 때 테스트를 수행하기 때문에, 결함을 조기에 발견하고 수정할 수 있다.

### ③ 상향식 통합 테스트 사용 대상

- 하위 모듈의 개발이 상위 모듈의 개발보다 먼저 완료되는 경우
- 하위 모듈의 결함이 상위 모듈로 전파되는 것을 방지하고 싶은 경우
- 개발 속도를 빠르게 하고 싶은 경우
- 모듈의 개발이 순차적으로 진행되는 경우
- 상위 모듈의 개발이 하위 모듈의 개발보다 더 오래 걸리는 경우
- 하위 모듈의 테스트가 쉽고 빠른 경우

### ④ 상향식 통합 테스트 유의 사항

- 하위 모듈은 독립적으로 테스트할 수 있어야 한다.
- 테스트 드라이버는 하위 모듈의 인터페이스를 정확하게 구현해야 한다.
- 테스트 케이스는 하위 모듈의 모든 기능을 테스트할 수 있도록 설계해야 한다.
- 하위 모듈의 테스트가 완료된 후, 상위 모듈로 통합할 때는 모듈의 의존성이 높아질 수 있으므로, 테스트 케이스를 신중하게 설계해야 한다.

 개념 체크

1 프로그램 구조에서 최하위 레벨인 모듈을 구성하고 상위 모듈 방향으로 통합하며 검사하는 것을 상향식 통합 테스트라고 한다. (O, X)

1 O

⑤ 상향식 통합 테스트 절차
- 하위 모듈을 클러스터로 결합한다.
- 상위 모듈에서 데이터 입출력을 확인하기 위해 더미 모듈인 드라이버를 작성한다.
- 통합된 클러스터 단위로 테스트를 수행한다.
- 테스트가 완료되면 클러스터는 프로그램 구조의 상위로 이동하여 결합하고 드라이버는 실제 모듈로 대체한다.

## 3) 빅뱅(BigBang) 통합 테스트

- 시스템을 구성하는 모듈을 각각 따로 구현하고, 전체 시스템을 한 번에 테스트한다.
- 테스트를 위한 드라이버(Driver)와 스텁(Stub) 없이 실제 모듈들로 테스트를 진행한다.
- 단시간 테스트를 수행하나 결함의 격리가 어려운 방식이다.

## 4) 샌드위치 통합 테스트

- 상향식과 하향식의 장점을 이용하는 방식(하향식+상향식)이다.
- 하위 프로젝트가 있는 대규모 프로젝트에 사용하는 방식이다.
- 병렬 테스트가 가능하고 시간 절약이 가능하다.
- 스텁(Stub)과 드라이버(Driver)의 필요성이 매우 높은 방식이며, 비용이 많이 들어간다.

➕ 더 알기 TIP

**통합 테스트 수행 방법 비교** 23.3

| 구분 | 하향식 | 상향식 | 빅뱅(BigBang) |
|---|---|---|---|
| 드라이버/스텁 | 스텁(Stub) | 드라이버(Driver) | 실제 모듈로 테스트 |
| 수행 | 상위 → 하위 | 하위 → 상위 | 동시 |
| 장점 | • 장애 위치 확인 용이<br>• 초기 프로토타입 가능 | • 장애 위치 확인 용이<br>• 모든 모듈이 개발 준비되어 있지 않아도 됨 | 소규모 시스템에 단기간 테스트 가능 |
| 단점 | • 많은 스텁 필요<br>• 낮은 수준 모듈은 부적절한 테스트 가능성 | • 초기 프로토타입 불가<br>• 중요한 모듈들이 마지막에 테스트 될 가능성이 있음 | • 장애 위치 확인 어려움<br>• 모든 모듈이 개발 준비되어 있어야 함 |

# 03 테스트 자동화

## 1) 테스트 자동화 도구

### ① 테스트 자동화 도구의 개념
- 애플리케이션 개발 중 반복되는 다양한 테스트 과정을 HW/SW적으로 자동화 도구를 사용하여 일관성 및 생산성을 향상시킬 수 있다.
- 테스트 관리, 소스 코드 리뷰 및 인스펙션, 테스트 설계 및 개발, 테스트 수행 등 테스트에 포함되는 다양한 과정을 자동으로 지원하는 도구이다.

### ② 테스트 자동화 수행 시 고려 사항
- 모든 과정이 아닌 그때그때 맞는 적절한 도구를 선택
- 자동화 도구를 고려하여 프로젝트 일정 계획
- 프로젝트 초기에 테스트 엔지니어 투입 시기 계획

### ③ 테스트 수행 단계별 테스트 자동화 도구
- 테스트 계획 단계 : 요구사항 관리 도구
- 테스트 분석 및 설계 단계 : 테스트 케이스 생성 도구
- 테스트 수행 단계 : 테스트 자동화/정적 분석/동적 분석/성능 테스트/모니터링 도구
- 테스트 관리 단계 : 커버리지 분석/형상 관리/결함 추적 및 관리 도구

## 2) 테스트 자동화 도구의 유형 23.3

### ① 정적 분석 도구
- 프로그램을 실행하지 않고 소스 코드 분석을 통해 결함을 발견하는 도구이다.
- 코딩 표준, 코딩 스타일, 코딩 복잡도, 남은 결함 등을 발견하기 위해 사용한다.

### ② 테스트 실행 도구
- 스크립트 언어를 사용하여 테스트를 실행하는 방법으로서 테스트 데이터와 수행 방법 등이 포함된 스크립트를 작성한 후 실행한다.
- 종류

| 데이터 주도 접근 방식 | • 테스트 데이터를 스프레드시트 문서에 저장하고 실행하는 방식으로 다양한 테스트 데이터를 동일한 테스트 케이스로 반복하여 실행하는 방식이다.<br>• 새로운 데이터의 경우 미리 작성된 스크립트에 테스트를 추가하여 테스트 진행할 수 있다. |
|---|---|
| 키워드 주도 접근 방식 | • 테스트를 수행할 동작을 나타내는 키워드와 테스트 데이터를 스프레드시트 문서에 저장하여 실행하는 방식이다.<br>• 키워드를 이용하여 테스트를 정의할 수 있다. |

**테스트 자동화 도구의 장점**
- 반복되는 테스트 데이터를 다시 입력할 때 자동화한다.
- 사용자 요구 기능의 일관성 있는 검증에 유리하다.
- 테스트 결과값에 대한 객관적인 평가 기준을 제공한다.
- UI가 없는 서비스의 경우에도 정밀한 테스트가 가능하다.
- 테스트 시간 단축과 인력 투입 비용을 최소화할 수 있다.

**테스트 자동화 도구의 단점**
- 도구 사용 방법에 대한 교육 및 학습이 필요하다.
- 프로세스 단계별로 적용하기 위한 시간, 노력이 필요하다.
- 도구 구매 비용, 유지 관리 비용이 많이 들어 추가적인 투자가 필요하다.

✓ **개념 체크**

1 애플리케이션 개발 중 반복되는 다양한 테스트 과정에 HW/SW 적으로 자동화 도구를 사용하여 일관성 및 생산성을 향상시키는 도구는?

1 테스트 자동화 도구

### ③ 성능 테스트 도구 [21.5]

애플리케이션의 처리량, 응답 시간, 경과 시간, 자원 사용률에 대해 가상의 사용자를 생성하고 테스트를 수행함으로써 성능 목표를 달성하였는지를 확인하는 테스트 자동화 도구이다.

### ④ 테스트 통제 도구

테스트 계획 및 관리, 수행, 결함 관리 등을 수행한다.

### ⑤ 테스트 하네스 도구

소프트웨어 컴포넌트를 테스트할 수 있게 하거나 프로그램의 입력을 받아들이거나 빠진 컴포넌트의 기능을 대신하거나 실행 결과와 예상 결과를 비교하기 위하여 동원된 소프트웨어 도구이다.

## 3) 테스트 하네스(Test Harness) 도구 구성 요소

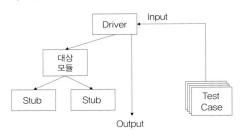

### ① 테스트 드라이버(Test Driver) [23.6, 23.3, 22.3, 21.8]
- 하위 → 상위 모듈로 통합하면서 테스트하는 상향식 테스트에서 사용한다.
- 테스트 대상을 제어하고 동작시키는데 사용되는 도구를 의미한다.
- 시스템 및 컴포넌트를 시험하는 환경 일부분으로 시험을 지원하는 목적하에 생성된 코드와 데이터이다.
- 모듈의 API를 호출하여 모듈의 동작을 시뮬레이션하고, 테스트 케이스에서 정의된 테스트 입력을 제공한다.

### ② 테스트 스텁(Test Stub) [22.4, 21.3, 20.6]
- 상위 → 하위 모듈 방향으로 통합 테스트를 진행하는 하향식 테스트에서 사용한다.
- 상위 모듈에서 하위 모듈로의 테스트를 진행하는 과정 중 하위 시스템 컴포넌트의 개발이 완료되지 않은 상황에서 시스템 테스트를 진행하기 위하여 임시로 생성된 가상의 더미 컴포넌트(Dummy Component)이다.

**테스트 드라이버 vs 테스트 스텁**

| 구분 | 테스트 드라이버(Test Driver) | 테스트 스텁(Test Stub) |
|------|------|------|
| 용도 | 하위 모듈을 구동 | 하위 모듈을 대체 |
| 특징 | • 구현이 비교적 어려움<br>• Bottom-Up 점증 통합<br>• 하위 모듈 중요도 높을 때 | • 구현이 쉬움<br>• Top-Down 점증 통합<br>• 상위 모듈 중요도 높을 때 |
| 문제점 | 초기에 구조 파악이 어려움 | 입출력이 대부분 하위에 위치하여 테스트가 어려움 |
| 차이 | • 이미 존재하는 하위 모듈과 존재하지 않는 상위 모듈의 인터페이스 역할 수행<br>• 개발 완료 시 본래 모듈로 대체함 | • 하위 모듈에서 상위 모듈을 호출할 때 완벽한 기능을 임시로 수행하는 더미 모듈<br>• 깊이 우선 스텁과 너비 우선 스텁 |
| 예 | 클라이언트 구축 시 서버가 아직 준비되어 있지 않을 때 서버를 가상으로 만들어 테스트한다고 가정하면, 가상의 서버가 Driver가 됨 | 서버는 준비되어 있고 클라이언트를 구축한다고 할 때 클라이언트를 가상으로 연결한다고 가정하면, 이때 클라이언트가 Stub이 됨 |

③ 테스트 슈트(Test Suites)
• 일정한 순서에 의하여 수행될 개별 테스트의 집합 또는 패키지이다.
• 슈트는 응용 분야나 우선순위, 내용에 연관된다.

④ 테스트 케이스(Test Case)
• 요구에 맞게 개발되었는지 확인하기 위하여 테스트할 입력과 예상 결과를 정의한 것이다.
• 테스트 자동화를 도입하면 테스트 케이스는 데이터 레코드로 저장될 수 있고 테스트 스크립트로 정의할 수 있다.

⑤ 테스트 스크립트(Test Script)
테스트 케이스를 수행하여 그 결과를 보고할 목적으로 명령어 또는 이벤트 중심의 스크립트 언어로 작성한 파일로 수행 경로에 영향을 미칠 논리 조건들을 포함하고 있다.

⑥ 목 오브젝트(Mock Object)
테스트를 위해 사용자 행위를 미리 조건부로 입력해 두고 그 상황에 맞는 행위를 수행하는 객체이다.

🅑 기적의 TIP

테스트 케이스는 테스트에 필요한 입력값, 실행 조건, 기대 결과 등으로 만들어진 테스트 항목 명세서이고, 테스트 시나리오는 테스트 케이스의 동작 순서를 기술한 문서입니다. 개념을 명확히 구분하세요.

✔ 개념 체크

1 테스트 케이스를 수행하여 그 결과를 보고할 목적으로 명령어 또는 이벤트 중심의 스크립트 언어로 작성한 파일로 수행 경로에 영향을 미칠 논리 조건들을 포함하고 있는 것은?

1 테스트 스크립트

**01** 단위 테스트(Unit Test)와 관련한 설명으로 틀린 것은?

① 구현 단계에서 각 모듈의 개발을 완료한 후 개발자가 명세서의 내용대로 정확히 구현되었는지 테스트한다.
② 모듈 내부의 구조를 구체적으로 볼 수 있는 구조적 테스트를 주로 시행한다.
③ 필요 테스트를 인자를 통해 넘겨주고, 테스트 완료 후 그 결과값을 받는 역할을 하는 가상의 모듈을 테스트 스텁(Stub)이라고 한다.
④ 테스트할 모듈을 호출하는 모듈도 있고, 테스트할 모듈이 호출하는 모듈도 있다.

필요 테스트를 인자를 통해 넘겨주고, 테스트 완료 후 그 결과값을 받는 역할을 하는 가상의 모듈을 Driver라고 한다.

**02** 다음 중 단위 테스트 도구로 사용할 수 없는 것은?

① CppUnit      ② JUnit
③ HttpUnit      ④ IgpUnit

IgpUnit란 개념은 존재하지 않는다.

**03** 통합 테스트(Integration Test)와 관련한 설명으로 틀린 것은?

① 시스템을 구성하는 모듈의 인터페이스와 결합을 테스트하는 것이다.
② 하향식 통합 테스트의 경우 넓이 우선(Breadth First) 방식으로 테스트할 모듈을 선택할 수 있다.
③ 상향식 통합 테스트의 경우 시스템 구조도의 최상위에 있는 모듈을 먼저 구현하고 테스트한다.
④ 모듈 간의 인터페이스와 시스템의 동작이 정상적으로 잘되고 있는지를 빨리 파악하고자 할 때 상향식보다는 하향식 통합 테스트를 사용하는 것이 좋다.

상향식 설계 : 가장 기본적인 컴포넌트를 먼저 설계한 다음 이것을 사용하는 상위 수준의 컴포넌트를 설계하는 방식이다.

**04** 애플리케이션의 처리량, 응답 시간, 경과 시간, 자원 사용률에 대해 가상의 사용자를 생성하고 테스트를 수행함으로써 성능 목표를 달성하였는지를 확인하는 테스트 자동화 도구는?

① 명세 기반 테스트 설계 도구
② 코드 기반 테스트 설계 도구
③ 기능 테스트 수행 도구
④ 성능 테스트 도구

성능 테스트 도구 : 애플리케이션의 처리량, 응답 시간, 경과 시간, 자원 사용률에 대해 가상의 사용자를 생성하고 테스트를 수행함으로써 성능 목표를 달성하였는지를 확인하는 테스트 자동화 도구이다.

**05** 단위 테스트에서 테스트의 대상이 되는 하위 모듈을 호출하고, 파라미터를 전달하는 가상의 모듈로 상향식 테스트에 필요한 것은?

① 테스트 스텁(Test Stub)
② 테스트 드라이버(Test Driver)
③ 테스트 슈트(Test Suites)
④ 테스트 케이스(Test Case)

테스트 드라이버 : 하위 → 상위 모듈로 통합하면서 테스트하는 상향식 테스트에서 사용한다.

**06** 하향식 통합 시험을 위해 일시적으로 필요한 조건만을 가지고 임시로 제공되는 시험용 모듈은?

① Stub
② Driver
③ Procedure
④ Function

테스트 스텁(Test Stub) : 상위 모듈에서 하위 모듈 방향으로 통합 테스트를 진행하는 하향식 테스트에서 사용한다.

정답 01 ③ 02 ④ 03 ③ 04 ④ 05 ② 06 ①

# CHAPTER 05

# 애플리케이션 성능 개선

### 학습 방향

애플리케이션 성능 개선 챕터에서는 소프트웨어의 결함을 확인하고 해결하는 부분과, 애플리케이션 성능을 확인하고 개선하는 방향을 학습합니다. 이런 결함과 성능 개선은 소스 코드를 최적화함으로써 해결할 수 있습니다. 출제 비중은 소스 코드 최적화 부분이 높습니다.

### 출제빈도

| | | |
|---|---|---|
| SECTION 01 | 하 | 10% |
| SECTION 02 | 상 | 45% |
| SECTION 03 | 상 | 45% |

# 결함 관리

빈출 태그 결함 • 에러 • 실패

## 01 결함 관리

### 1) 결함 관리

#### ① 결함의 개념

결함(Defect)의 원인이 되는 것으로,
소프트웨어 개발자, 분석가 등에 의해 유발된 실수

소프트웨어의 에러(Error), 결함(Defect), 결점(Fault), 버그(Bug), 실패(Failure)와 같은 용어가 사용되며, 이러한 결함으로 인하여 설계와 다르게 동작하거나 다른 결과가 발생하는 것을 의미한다.

#### ② 심각도별 분류

| 결함 등급 | 가중치 | 정의 | 예시 |
|---|---|---|---|
| 치명적(Critical) | 1.6 | 시스템의 기능 중단, 장애, 심각한 보안 취약점 등 심각한 문제를 발생시키는 결함 | 시스템 다운, 데이터 유실, 보안 문제 등 |
| 주요(Major) | 1.2 | 사용자 경험에 큰 영향을 미치거나, 기능 수행에 지장을 주는 결함 | 사용자 인터페이스 오류, 기능 수행 불가, 잘못된 출력 등 |
| 보통(Normal) | 1 | 영향력은 적지만, 사용자의 불만을 초래하거나 기능 수행에 미세한 영향을 미치는 결함 | 오타, 화면 레이아웃 문제, 다국어 지원 미비 등 |
| 경미한(Minor) | 0.8 | 주요한 문제를 초래하지는 않으며, 디자인, 레이아웃 등의 문제 | 오타, UI 디자인 문제, 미세한 기능 수행 오류 등 |
| 단순(Simple) | 0.4 | 기능 수행과 직접적인 연관이 없는 오류 | 오타, 문자열 정렬, 미세한 디자인 오류 등 |

➕ 더 알기 TIP

**심각도별 테스트 결과로 배포 여부 계산**

> 100개의 테스트 케이스를 수행했는데 결함이 Critical : 3개, Major : 2개가 발견되었다.
> 배포 기준 : Critical 이상 이슈가 없고, 최종 성공률이 95% 이상인 경우 배포한다.

품질률 공식 : 1−(결함 개수 / 전체 테스트 케이스) * 100
품질률 공식 : 1−(5/100) = 95%

**결함별 가중치 적용된 품질률**

1−(((3*1.6) + (2*1.2))/100) * 100
= 1−((4.8 + 2.4)/100) * 100
= 1−(7.2/100) * 100
= 1−(0.072) * 100 = 92.8%

예제의 결함은 기준(95%) 이하이므로 배포가 불가하다.

### ③ 결함 우선순위

결정적, 높음, 보통, 낮거나 즉시 해결, 주의 요망, 대기, 개선 권고 순으로 표시하며 결함의 심각도가 높다고 해서 반드시 우선순위가 높은 것은 아니다.

### ④ 결함 유입 별 분류

기획 시 유입되는 결함, 설계 시 유입되는 결함, 코딩 시 유입되는 결함, 테스트 부족으로 유입되는 결함 등으로 분류한다.

### ⑤ 결함 위치별 분류

- 시스템 결함 : 주로 애플리케이션이나 데이터베이스 처리에서 발생된 결함이다.
- 기능 결함 : 애플리케이션의 기획, 설계, 업무 시나리오 등의 단계에서 유입된 결함이다.
- GUI 결함 : 화면 설계에서 발생된 결함이다.
- 문서 결함 : 기획자, 사용자, 개발자 간 의사소통 및 기록이 원활하지 않아 발생된 결함이다.

### ⑥ 결함 내성(Fault Tolerance, 고장 허용성)

시스템을 구성하는 부품 일부에서 결함 또는 고장이 발생하여도 정상적 혹은 부분적으로 기능을 수행할 수 있는 내성을 의미한다.

## 2) 결함 관리 프로세스 24.5

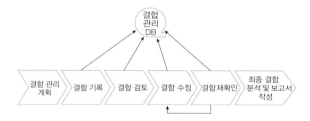

| 결함 관리 계획 | 전체 프로세스에 대한 결함 관리 일정, 인력, 업무 프로세스 등을 확보하여 계획을 수립 |
|---|---|
| 결함 기록 | 테스터는 발견된 결함을 결함 관리 DB에 등록 |
| 결함 검토 | 테스터, 프로그램 리더, 품질 관리 담당자 등은 등록된 결함을 검토하고 결함을 수정할 개발자에게 전달 |
| 결함 수정 | 개발자는 전달받은 결함을 수정 |
| 결함 재확인 | 테스터는 개발자가 수정한 내용을 확인하고 다시 테스트를 수행 |
| 결함 상태 추적 및 모니터링 활동 | 결함 관리 DB를 이용하여 프로젝트별 결함 유형, 발생률 등을 한눈에 볼 수 있는 대시보드 또는 게시판 형태의 서비스를 제공 |
| 최종 결함 분석 및 보고서 작성 | 발견된 결함에 대한 정보와 이해관계자들의 의견이 반영된 보고서를 작성하고 결함 관리를 종료 |

**기적의 TIP**

결함과 오류를 명확히 구분하세요.
- 결함(Defect) : 설계와 다르게 동작하거나 다른 결과가 발생하는 것이다.
- 오류(Fault, 결점) : 소프트웨어 개발 활동 중 시스템이 고장(Failure)을 일으키게 한다.

**암기 TIP**

**계기검수재추최**
관리 **계**획 → 결함 **기**록 →
결함 **검**토 → 결함 **수**정 →
결함 **재**확인 → 상태 **추**적 →
**최**종 결함 분석

**개념 체크**

1  시스템을 구성하는 부품 일부에서 결함이나 고장이 발생하여도 정상적 혹은 부분적으로 기능을 수행할 수 있는 내성을 의미하는 것은?

1 결함 내성

### 3) 결함 추적 프로세스 ── 애플리케이션 테스트에서 발견된 결함을 처리하는 과정

| 결함 등록 | 테스터는 발견된 결함에 대한 정보를 결함 관리 DB에 기록 |
|---|---|
| 결함 검토 | 등록된 결함을 테스터, 품질 관리 담당자, 프로그램 리더, 담당 모듈 개발자가 검토한 상태 |
| 결함 할당 | 결함을 수정하기 위해 개발자와 문제 해결 담당자에게 결함 할당 |
| 결함 수정 | 개발자는 할당된 결함 프로그램 수정을 완료한 상태 |
| 결함 조치 보류 | 결함의 수정이 불가능해서 연기된 상태 |
| 결함 재확인 | 테스터는 개발자가 수정한 내용을 확인하고 다시 테스트 수행 |
| 결함 종료 | 결함이 해결돼서 테스터와 품질 관리 담당자가 종료를 승인한 상태 |
| 결함 해제 | 종료 승인한 결함을 검토하여 결함이 아니라고 판명한 상태 |

## 02 결함 관리 도구 및 용어

### 1) 결함 관리 도구

#### ① 상용 도구

| 도구 | 특징 |
|---|---|
| HP ALM | 소프트웨어 개발 주기 전반에 걸쳐 품질 관리 기능 제공 |
| IBM Rational Quality Manager | 소프트웨어 개발 주기 전반에 걸쳐 품질 관리 기능 제공 |
| Microsoft TFS | 소프트웨어 개발 및 관리에 필요한 다양한 기능 제공 |
| Atlassian JIRA | 아틀래시안에서 제작한 PHP로 개발된 결함 상태 관리 도구 |
| Test Rail | 간단하고 직관적인 UI와 강력한 보고서 생성 기능 제공 |
| Zephyr | JIRA, Confluence, Bamboo 등과의 통합 기능 제공 |
| TestLink | 테스트 케이스 관리, 버그 추적, 테스트 계획 등 다양한 기능 제공 |
| QAComplete | 요구사항 추적, 테스트 계획 및 실행, 버그 추적 등 다양한 기능 제공 |
| QMetry | 테스트 케이스 관리, 버그 추적, 테스트 계획 등 다양한 기능 제공 |
| Test Collab | 테스트 케이스를 관리하기 위한 간단하고 쉬운 인터페이스를 제공하며 Jira, Redmine, Asana, Mantis 등과 같은 버그 추적 도구와의 완벽한 통합 지원 |

## ② 오픈소스 도구

| 도구 | 특징 |
| --- | --- |
| Bugzilla | • 결함을 지속적으로 관리하고 심각도와 우선순위를 지정할 수 있는 오픈소스 도구로 다양한 기능 제공 및 확장성이 뛰어남<br>• MySQL을 사용 |
| Mantis BT | 소프트웨어 설계 시 단위별 작업 내용을 기록할 수 있어 사용이 쉽고 결함 및 이슈 관리, 추적을 지원하는 간단한 인터페이스 제공 |
| Redmine | 프로젝트 관리, 버그 추적, 요구사항 관리 등 다양한 기능 제공 |
| Trac | 결함 추적 및 통합 관리를 지원하는 웹 기반 프로젝트 관리 및 버그 추적 도구 |
| Test Link | 강력한 테스트 케이스 관리 기능 제공 |
| Kiwi TCMS | 다양한 기능 제공 및 강력한 보고서 생성 기능 제공 |
| XQual | 다양한 플랫폼 지원 및 통합 기능 제공 |
| Test Disk | 데이터 복구를 위한 오픈소스 도구 |
| Apache JMeter | 성능 테스트 도구로, 다양한 프로토콜 지원 |

## 2) 결함 관련 용어

| | |
| --- | --- |
| 에러(Error) | • 소프트웨어 개발 또는 유지보수 수행 중에 발생한 부정확한 결과이다.<br>• 개발자의 실수로 발생한 오타<br>• 개발 명세서의 잘못된 이해<br>• 서브루틴의 기능 오해 |
| 오류(Fault) 21.8 | • 소프트웨어의 구현이나 설계상의 오류로 시스템이 고장(Failure)을 일으키게 하며, 오류(Error)가 있는 경우 프로그램 코드상에 존재하는 것으로 비정상적인 프로그램과 정상적인 프로그램 버전 간의 차이로 인하여 발생한다.<br>• 잘못된 연산자 사용<br>• 변수 선언 오류<br>• 데이터 유실 등 |
| 실패(Failure) | 정상적인 프로그램과 비정상적인 프로그램의 실행 결과의 차이를 의미하며, 프로그램 실행 중에 프로그램의 실제 실행 결과를 개발 명세서에 정의된 예상 결과와 비교함으로써 발견된다. |
| 결함(Defect) | 버그, 에러, 오류, 실패, 프로그램 실행에 대한 문제점, 프로그램 개선사항 등의 전체를 포괄하는 용어이다. |

✔ 개념 체크

1 오류(Error)가 있는 경우 프로그램 코드상에 존재하는 것으로 비정상적인 프로그램과 정상적인 프로그램 버전 간의 차이로 인하여 발생하며 소프트웨어의 구현이나 설계상의 오류로 시스템이 고장(Failure)을 일으키게 하는 것을 결함(Defect)이라고 한다. (O, X)

1 X

**01** 소프트웨어 개발 활동을 수행함에 있어서 시스템이 고장(Failure)을 일으키게 하며, 오류(Error)가 있는 경우 발생하는 것은?

① Fault
② Test Case
③ Mistake
④ Inspection

오류(Fault) : 소프트웨어 개발 활동을 수행함에 있어서 시스템이 고장(Failure)을 일으키게 하며, 오류(Error)가 있는 경우 발생하는 것이다.

**02** 소프트웨어 테스트에서, "에러"는 무엇을 의미하는가?

① 잘못된 코드 또는 입력
② 소프트웨어에서 발생하는 예기치 않은 동작
③ 소프트웨어의 결함 또는 오류
④ 소프트웨어가 예상한 대로 작동하지 않는 상황

소프트웨어 테스트에서 "에러"는 잘못된 코드 또는 입력을 의미한다. 에러는 소프트웨어 개발 또는 유지보수 수행 중 발생한 부정확한 결과이다.

**03** 소프트웨어 결함 관리 프로세스에서, 결함을 감지하고 보고서를 작성하는 과정은 무엇인가?

① 결함 추적
② 결함 분석
③ 결함 보고
④ 결함 수정

소프트웨어 결함 관리 프로세스에서, 결함을 감지하고 보고서를 작성하는 과정은 결함 보고이다.

**04** 소프트웨어 결함 관리에서 "치명적 결함"이란 무엇인가?

① 소프트웨어가 전혀 작동하지 않는 결함
② 소프트웨어의 기본 기능 중 하나가 제대로 작동하지 않는 결함
③ 사용자 인터페이스 오류
④ 소프트웨어의 정상 동작을 방해하는 결함

**결함 심각도 분류**
- 치명적(Critical) 결함 : 시스템의 기능 중단, 장애, 심각한 보안 취약점 등 심각한 문제를 발생시키는 결함
- 주요(Major) 결함 : 사용자 경험에 큰 영향을 미치거나, 기능 수행에 지장을 주는 결함
- 보통(Normal) 결함 : 영향력은 적지만, 사용자의 불만을 초래하거나 기능 수행에 미세한 영향을 미치는 결함
- 경미한(Minor) 결함 : 주요한 문제를 초래하지는 않으며, 디자인, 레이아웃 등의 문제
- 단순(Simple) 결함 : 기능 수행과 직접적인 연관이 없는 오류

**05** 소프트웨어 결함 관리 도구 중, 오픈소스 도구로 유명한 것은 무엇인가?

① Jira
② Test Rail
③ Bugzilla
④ HP Quality Center

오픈소스로 유명한 소프트웨어 결함 관리 도구는 Bugzilla다.

정답 01 ① 02 ④ 03 ③ 04 ① 05 ③

▶ 합격 강의

## 01 애플리케이션 성능 개선

### 1) 성능 측정 지표

- 처리량(Throughput) : 주어진 시간에 처리할 수 있는 프로세스 처리 수
- 응답 시간(Response Time) : 데이터 입력 완료 시부터 응답 출력이 개시될 때까지의 시간
- 경과 시간(Turnaround Time) : 입력한 시점부터 그 결과의 출력이 완료할 때까지 걸리는 시간
- 자원 사용률(Resource Usage) : 프로세스 처리 중 사용하는 CPU 사용량, 메모리 사용량, 네트워크 사용량
- 가용성(Availability) : 애플리케이션이 사용할 수 있는 시간의 비율
- 확장성(Scalability) : 애플리케이션이 더 많은 작업을 처리하기 위해 확장할 수 있는 능력
- 안정성(Reliability) : 애플리케이션이 일정 기간 잘 작동하는 정도

### 2) 유형별 성능 분석 도구

- 성능/부하/스트레스(Performance/Load/Stress) 점검 도구 : 측정 지표인 처리량, 응답시간, 경과 시간 등을 점검하기 위해 가상의 시스템 부하나 스트레스를 통해 성능을 분석하는 도구이다.
- 모니터링(Monitoring) 도구 : 성능 모니터링, 성능 저하 원인 분석, 시스템 부하량 분석, 장애 진단, 사용자 분석, 용량 산정 등의 기능을 통하여 애플리케이션 실행 시 자원 사용량을 확인하고 분석하는 도구이다.

### 3) 위험 감시(Risk Monitoring) 23.3, 22.4

① 위험 감시의 개념
위험 요소 징후들에 대하여 계속해서 인지하는 것이다.

② 위험 감시 절차
- 위험 식별(Risk Identification)
    - 프로젝트에서 발생할 수 있는 위험을 식별한다.
    - 현재 상황과 문제점을 파악하고, 과거 프로젝트의 경험을 바탕으로 가능한 위험을 모두 파악해야 한다.

> 🅑 기적의 TIP
>
> 본 섹션은 주로 알고리즘 설계 기법과 알고리즘 시간 복잡도의 출제 빈도가 높습니다. 특히 알고리즘 시간 복잡도의 Big-O 표기법은 다양한 형태와 다양한 분야의 객관식 지문으로 출제되니 꼭 정리하세요.

> ✓ 개념 체크
>
> 1 성능을 측정하기 위한 지표로 입력한 시점부터 그 결과의 출력이 완료할 때까지 걸리는 시간을 응답 시간이라고 한다. (O, X)
>
> 2 애플리케이션의 위험 요소 징후들을 계속해서 인지하기 위한 활동을 의미하는 용어는?
>
> 1 X 2 위험 감시

- 위험 평가(Risk Assessment)
  - 파악한 위험을 평가한다.
  - 발생 가능성과 영향도를 고려하여 위험의 우선순위를 결정한다.
- 위험 대응 계획 수립(Risk Response Planning)
  - 위험에 대응하기 위한 계획을 수립한다.
  - 위험을 방지하거나, 최소화하는 방법을 찾아내야 한다.
- 위험 모니터링(Risk Monitoring)
  - 수립한 계획을 실행하고, 위험 상황을 모니터링한다.
  - 위험이 발생하면 즉시 대응 계획을 실행하고, 그 결과를 기록한다.

위험 요소 징후들에 대하여 계속적으로 인지

## 02 애플리케이션 성능 저하 원인

### 1) 데이터베이스 연결 및 쿼리 실행 시 발생하는 성능 저하

**DB Lock 최소화 방안**
- 트랜잭션 수 줄이기 : 트랜잭션 수를 줄이면 Lock 충돌이 줄어들기 때문에 성능 저하를 최소화할 수 있다.
- Lock 범위 줄이기 : 배타적 Lock을 설정할 때 가능한 범위를 줄이면 Lock 충돌을 최소화할 수 있다.
- Lock 대기 시간 줄이기 : Lock 대기 시간이 길어질수록 성능이 저하될 수 있다. 이를 방지하기 위해 Lock 대기 시간을 최소화하는 방법을 고려할 수 있다.
- Deadlock 예방 : Deadlock을 방지하기 위해서는 트랜잭션 수행 순서를 조정하거나, Lock 대기 시간을 제한하는 방법을 고려할 수 있다.

| | |
|---|---|
| DB Lock | • 과도한 데이터 조회/업데이트/인덱스 생성 시 발생한다.<br>• Lock의 해제 시까지 대기하거나 처리되지 못하고 종료된다. |
| 불필요한 DB Fetch | • 필요한 데이터보다 많은 대량의 데이터 요청이 들어오면 발생한다.<br>• 결과 세트에서 마지막 위치로 커서를 옮기는 작업이 빈번한 경우 응답 시간 저하 현상이 발생한다. |
| 연결 누수(Connection Leak) | DB 연결과 관련한 JDBC 객체를 사용 후 종료하지 않을 경우 발생한다. |
| 부적절한 Connection Pool Size | 커넥션 풀 크기가 너무 작거나 크게 설정하였을 때 발생한다. |
| 기타 | 트랜잭션이 Commit되지 않고 커넥션 풀에 반환되거나, 잘못 작성된 코드로 인해 불필요한 Commit이 자주 발생하는 경우 발생한다. |

### 2) 내부 로직으로 인한 성능 저하

- 웹 애플리케이션의 인터넷 접속 불량이나 대량의 파일로 인해 부하가 발생하는 경우이다.
- 정상적으로 처리되지 않은 오류 처리로 인한 부하가 발생하거나 트랜잭션이 수행되는 동안 외부 트랜잭션(외부 호출)이 장시간 수행되거나, 타임아웃이 일어나는 경우이다.

### 3) 잘못된 환경 설정이나 네트워크 문제로 인한 성능 저하

- 환경 설정으로 인한 성능 저하 : Thread Pool, Heap Memory의 크기를 너무 작게 설정하면 Heap Memory Full 현상이 발생한다.
- 네트워크 장비로 인한 성능 저하 : 라우터, L4 스위치 등 네트워크 관련 장비 간 데이터 전송 실패 또는 전송 지연에 따른 데이터 손실이 발생한다.

✅ **개념 체크**

1 과도한 데이터 조회/업데이트/인덱스 생성 시 발생하는 (    )은(는) 데이터베이스 연결 및 쿼리 실행 시의 성능 저하 원인이 된다.

1 DB Lock

# ❸ 알고리즘 설계

## 1) 알고리즘

- 주어진 과제를 해결하는 방법과 절차를 의미한다.
- 알고리즘은 자연어, <u>의사코드(Pseudocode)</u>, 순서도, 프로그래밍 언어를 이용하여 표현 가능하다.

> 특정 프로그래밍 언어의 문법에 따라 쓰인 것이 아니라, 일반적인 언어로 코드를 흉내 내 알고리즘을 써놓은 코드

## 2) 알고리즘 설계 기법 23.6, 22.3, 20.8

### ① 분할 정복법(Divide & Conquer)

- 제시된 문제를 분할이 불가할 때까지 나누고, 각 과제를 해결하면서 다시 결합해 문제의 답을 얻는 Top-Down 방식이다.
- ⓓ 퀵 정렬 알고리즘, 병합(합병) 정렬 알고리즘
- 절차

> ① 분할(Divide) : 정복이 필요한 과제를 분할이 가능한 부분까지 분할하고,
> ② 정복(Conquer) : ①에서 분할된 하위 과제들을 모두 해결(정복)하고,
> ③ 결합(Combine) : ②에서 정복된 해답을 모두 취합(결합)한다.

- 장·단점

| | |
|---|---|
| 장점 | • 병렬 처리가 가능하다.<br>• 문제를 작은 단위로 분할하여 해결하므로, 문제의 크기가 커지더라도 해결이 가능하다.<br>• 각각 분할된 문제를 독립적으로 해결하므로, 구현이 쉽고 단순하다. |
| 단점 | • 분할 단계에서의 오버헤드가 발생할 수 있다.<br>• 분할된 문제를 해결한 후, 합병하는 과정이 필요하므로, 추가적인 연산 시간이 필요하다.<br>• 문제를 잘게 분할하다 보면, 문제 해결에 필요한 최소한의 크기보다 작아져서 오히려 문제 해결이 불가능해질 수 있다. |

### ② 동적 계획법(Dynamic Programming)

- 주어진 문제를 해결하기 위해 부분 문제에 대한 답을 계속적으로 활용해 나가는 Bottom-Up 방식이다.
- Optimal Substructure(최적 부분 구조) : 큰 문제를 작은 문제로 나누어 해결하며, 작은 문제의 최적 해결 방법을 결합하여 전체 문제의 최적 해결 방법을 얻을 수 있다.
- Overlapping Subproblems(중복 부분 문제) : 작은 문제들이 서로 중복되는 부분 문제를 포함하고 있다.
- ⓓ <u>플로이드 알고리즘, 피보나치수열 알고리즘</u>
- 절차

> 재귀 호출(동적 계획법)뿐만 아니라, 분할 정복법을 통해서도 구현 가능

> ① 부분 문제로 분리
> ② 가장 낮은 단계의 부분 문제 해답 계산
> ③ 이 부분 문제의 해답을 이용해 상위 부분 문제를 해결

- 이전 단계의 해답을 활용하기 위해 반드시 기억할 수 있는 저장소가 필요하므로 속도는 빠르지만, 공간 복잡도가 커지는 단점이 있다.

**알고리즘 설계 기법**
분할 정복법(Divide&Conquer), 동적 계획법(Dynamic Programming), 탐욕법(Greedy Method), 퇴각 검색법(Backtracking), 분기 한정법(Branch&Bound), 근사해법(Approximation Algoritm) 등

🅕 **기적의 TIP**

- 분할 정복법은 재귀 호출로 인해 과도한 오버헤드가 발생할 수 있으며, 이를 방지하기 위해서는 부분 문제 수를 제한하는 방법을 고려해야 한다.
- 부분 문제의 해결 방법이 명확하지 않을 수 있으며, 문제 분할 방법이 문제에 따라 다르게 결정될 수 있다.

**순서도의 구조**
구조, 순차, 선택, 반복, 입출력

✔ **개념 체크**

1 분할 정복법 알고리즘은 제시된 문제를 분할이 불가할 때까지 나누고, 각 과제를 풀면서 다시 병합해 문제의 답을 얻는 Bottom-Up 방식이다. (O, X)

1 X

• 장·단점

| | |
|---|---|
| 장점 | • 중복되는 부분 문제를 한 번만 해결하고 결과를 저장하여 다시 사용함으로써, 연산 시간을 단축한다.<br>• 복잡한 문제를 작은 문제로 쪼개어 해결하며, 작은 문제의 최적 해결 방법을 결합하여 전체 문제의 최적 해결 방법을 얻는다.<br>• 다양한 문제에 적용 가능하다. |
| 단점 | • 문제에 따라서는 메모리 사용량이 많아질 수 있다.<br>• 부분 문제 간의 의존성이 큰 경우, 문제를 나누기가 어려울 수 있다.<br>• 문제를 해결하기 위해 각 부분 문제의 결과를 저장하는 과정이 필요하기 때문에 구현이 복잡할 수 있다. |

③ 탐욕법(Greedy Method)

• 국소적인 관점에서 최적의 해결 방법을 구하는 기법으로 최적의 해결 방법을 구하지는 못하나 동적 계획법보다 효율적이라고 할 수 있다.

• 예 크루스칼 알고리즘, 다익스트라 알고리즘

• 절차

① 문제를 부분 문제로 분리
② 각 부분 문제에 대한 최적해를 구함
③ 각 부분 문제의 최적해를 결합하여 전체 문제의 최적해를 구함

• 장·단점

| | |
|---|---|
| 장점 | • 실행 속도가 매우 빠르다.<br>• 적은 메모리를 사용한다.<br>• 단순하고 구현하기 쉽다. |
| 단점 | • 항상 최적해를 보장하지는 않는다.<br>• 지역 최적해에 빠질 가능성이 있다.<br>• 문제에 따라 Greedy Method가 적용되지 않을 수 있다. |

④ 퇴각 검색법(Backtracking)

• 어떤 문제의 최적해를 구하기 위해 모든 가능성을 찾아가는 방법이다.

• N-Queen 문제 해결 시에 응용된다.

• 동적 계획법과 같이 기억할 저장소가 필요하다.

⑤ 분기 한정법(Branch & Bound)

• 정해진 범위(Bound)를 벗어나는 값들은 가지치기(Branch)해가며 결과값을 추적해 나가는 방식이다.

• 예 최적 우선 탐색(Best First Search) 알고리즘, A* 알고리즘★

⑥ 근사 해법(Approximation Algorithm)

• 복잡도가 매우 높은 문제에 대해 가장 근사치의 값을 구하는 기법이다.

• NP-Hard 문제를 해결하기 위해 주어진 시간에 최적해에 가장 가까운 답을 찾는 결정성 알고리즘을 구현하는 기법이다.

• 시간 복잡도, 공간 복잡도, 정밀도를 척도로 평가된다.

• 예 근사 알고리즘

## 3) 알고리즘 시간 복잡도

### ① 정의

알고리즘의 실행 시간, 즉 알고리즘을 수행하기 위해 프로세스가 수행하는 연산 횟수를 수치화한 것으로 시간이 아닌 명령어의 실행 횟수를 표기한 것이다.

| | |
|---|---|
| Big-$O$ Notation | • 알고리즘의 실행 시간이 최악일 때를 표기하는 방법이다.<br>• 실행 횟수는 어떠한 경우에도 표기 수치보다 많을 수 없다. |
| Big-$\theta$ Notation | • 알고리즘의 실행 시간이 평균일 때를 표기하는 방법이다.<br>• 실행 횟수는 평균적인 수치로 표기하기 까다롭다. |
| Big-$\Omega$ Notation | • 알고리즘의 실행 시간이 최상일 때를 표기하는 방법이다.<br>• 실행 횟수는 어떠한 경우에도 표기 수치보다 적을 수 없다.<br>• 신뢰성이 떨어진다. |

시간 복잡도의 함수 그래프

### ② 정렬 방식별 알고리즘 시간 복잡도 24.7

| 종류 | 최상 | 평균 | 최악 |
|---|---|---|---|
| 선택 정렬 | $O(n^2)$ | $O(n^2)$ | $O(n^2)$ |
| 버블 정렬 | $O(n^2)$ | $O(n^2)$ | $O(n^2)$ |
| 삽입 정렬 | $O(n)$ | $O(n^2)$ | $O(n^2)$ |
| 힙 정렬 | $O(n\log_2 n)$ | $O(n\log_2 n)$ | $O(n\log_2 n)$ |
| 병합 정렬 | $O(n\log_2 n)$ | $O(n\log_2 n)$ | $O(n\log_2 n)$ |
| 퀵 정렬 | $O(n\log_2 n)$ | $O(n\log_2 n)$ | $O(n^2)$ |

### ③ 시간 복잡도에 따른 알고리즘

• 시간 복잡도는 알고리즘이 문제를 해결하기 위한 시간(연산)의 횟수를 말한다.
• 시간 복잡도를 고려하는 것은 최적화를 위해 필요하다.
• 알고리즘의 소요 시간에 대한 정확한 평가는 어려워 자료의 수 n이 증가할 때 시간이(Time Complexity) 증가하는 대략적인 패턴을 의미한다.

### ④ 시간 복잡도 Big-$O$ 표기법 23.8

| $O(1)$ | 상수 시간의 복잡도를 의미하며 입력값 n이 주어졌을 때, 문제를 해결하는 데 오직 한 단계만 거친다(해시 함수). |
|---|---|
| $O(\log_2 n)$ | 로그 시간의 복잡도를 의미하며 입력값 n이 주어졌을 때, 문제를 해결하는 데 필요한 단계들이 연산마다 특정 요인에 의해 줄어든다(이진 탐색). |
| $O(n\log_2 n)$ 21.5, 20.6 | 선형 로그 시간의 복잡도를 의미하며 문제 해결을 위한 단계 수는 $n\log_2 n$번의 수행 시간을 갖는다(퀵 정렬, 힙(Heap) 정렬, 병합(합병) 정렬). |
| $O(n)$ | 선형 시간의 복잡도를 의미하며 문제를 해결하기 위한 단계의 수와 입력값 n이 1:1 관계이다(순차 탐색). 힙 정렬의 경우 최악 복잡도와 평균 복잡도가 동일 |
| $O(n^2)$ | 제곱 시간의 복잡도를 의미하며 문제를 해결하기 위한 단계의 수는 입력값 n의 제곱근이다(거품 정렬, 삽입 정렬, 선택 정렬). |
| $O(C^n)$ | 지수 시간의 복잡도를 의미하며 문제를 해결하기 위한 단계의 수는 주어진 상수값 C의 n 제곱이다. |

🅑 기적의 TIP

시간 복잡도의 개념과 특징, 표기법 등을 꼭 기억하세요.

**시간 복잡도 계산 공식**

$$T(n) = aT(n/b) + f(n)$$

• T(n) : 입력 크기가 n일 때 알고리즘의 시간 복잡도
• a : 문제를 나누는 데 사용되는 부분 문제의 개수
• n/b : 각 부분 문제의 크기
• f(n) : 분할된 문제를 해결하고 다시 합병하는 데 필요한 추가 작업의 수

✅ 개념 체크

1 선형 로그 시간의 시간 복잡도이며 퀵 정렬, 힙(Heap) 병합(합병) 정렬의 시간 복잡도를 Big-O로 나타내면?

1 $O(n\log_2 n)$

## **04** McCabe의 순환 복잡도(Cyclomatic) <sup>24.5, 23.8, 22.7, 20.8</sup>

### 🅑 기적의 TIP

순환 복잡도를 계산하는 문제는 'McCabe의 Cyclomatic 수를 계산하시오'라는 문제로 출제되었습니다.

### 1) 순환 복잡도의 개념

- 프로그램의 이해 난이도는 제어 흐름 그래프의 복잡도에 따라 결정되며, 복잡도를 싸이클로메틱 개수로 산정하는 방법이다.
- 싸이클로메틱의 개수와 원시 프로그램 오류의 개수는 밀접한 관계가 있다.
- 최대 10을 넘지 않도록 하며 넘으면 이를 분해하도록 한다.

### 2) 순환 복잡도 계산 방식

- 복잡도 = 화살표 수 − 노드 수 + 2(제어 흐름 그래프를 통해 파악)
- 복잡도 = 영역 수(폐 구간) + 1(제어 흐름 그래프를 통해 파악)
- 복잡도 = 의사 결정수 + 조건 수 + 1(프로그램 코드상에서 파악, 제어 흐름 그래프를 그리기 어려운 경우 활용한다.)

### ➕ 더 알기 TIP

제어 흐름 그래프가 다음과 같을 때 McCabe의 Cyclomatic 수는 얼마인가?

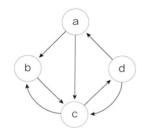

- 순환 복잡도 : V(G) = E − N + 2 = 7 − 4 + 2 = 5
- E은 화살표 수, N은 노드 수(점)

### ✅ 개념 체크

1  순환 복잡도의 계산 공식에서 다음 빈칸을 채우면?

복잡도
= 화살표 수 − 노드 수
  + (    )

12

**01** 위험 모니터링의 의미로 옳은 것은?

① 위험을 이해하는 것
② 첫 번째 조치로 위험을 피할 수 있는 것
③ 위험 발생 후 즉시 조치하는 것
④ 위험 요소 징후들에 대하여 계속적으로 인지하는 것

---

위험 감시(Risk Monitoring) : 위험 요소 징후들에 대하여 계속적으로 인지하는 것이다.

**02** 알고리즘 설계 기법으로 거리가 <u>먼</u> 것은?

① Divide and Conquer
② Greedy
③ Static Block
④ Backtracking

---

알고리즘 설계 기법 : 분할 정복법(Divide & Conquer), 동적 계획법(Dynamic Programming), 탐욕법(Greedy Method), 퇴각 검색법(Backtracking), 분기 한정법(Branch & Bound), 근사 해법(Approximation Algoritm)

**03** 정렬된 n개의 데이터를 처리하는 데 O(nlog₂n)의 시간이 소요되는 정렬 알고리즘은?

① 합병 정렬
② 버블 정렬
③ 선택 정렬
④ 삽입 정렬

---

*O(nlog₂n)* : 선형 로그 시간의 복잡도를 의미하며 문제 해결을 위한 단계 수는 nlog₂n 번의 수행 시간을 갖는다(퀵 정렬, 병합(합병) 정렬).

**04** 힙 정렬(Heap Sort)에 대한 설명으로 <u>틀린</u> 것은?

① 정렬할 입력 레코드들로 힙을 구성하고 가장 큰 키값을 갖는 루트 노드를 제거하는 과정을 반복하여 정렬하는 기법이다.
② 평균 수행 시간은 $O(nlog_2n)$이다.
③ 완전 이진 트리(Complete Binary Tree)로 입력 자료의 레코드를 구성한다.
④ 최악의 수행 시간은 $O(2n^4)$이다.

---

힙 정렬의 경우 최악 복잡도와 평균 복잡도가 동일하다.

**05** McCabe의 Cyclomatic 수란 무엇인가?

① 소프트웨어의 코드 라인 수
② 소프트웨어의 복잡성을 측정하는 지표
③ 소프트웨어의 실행 속도를 측정하는 지표
④ 소프트웨어의 결함 발생 가능성을 측정하는 지표

---

McCabe의 Cyclomatic 수는 소프트웨어의 복잡성을 측정하는 지표로, 소프트웨어 내부의 제어 흐름 구조의 복잡성을 나타내는 것이다.

**06** 제어 흐름 그래프가 다음과 같을 때 McCabe의 Cyclomatic 수는 얼마인가?

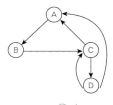

① 3　　　　　　　② 4
③ 5　　　　　　　④ 6

---

• 순환 복잡도 : V(G) = E−N+2 = 6−4+2 = 4
• E은 화살표 수, N은 노드 수(점)

# 소스 코드 최적화

▶ 합격 강의

빈출 태그 클린 코드 • 외계인 코드 • 소스 코드 품질 분석 도구의 종류별 특징

---

🅑 기적의 TIP

소스 코드 최적화에 필요한 용어인 클린 코드, 외계인 코드가 반복 출제됩니다. 소스 코드 분석 도구 중 정적 분석과 동적 분석의 차이를 알 수 있도록 합니다.

## 01 소스 코드 최적화

### 1) 소스 코드 최적화

#### ① 소스 코드 최적화의 개념
- 읽기 쉽고 변경 및 추가가 쉬운 클린 코드를 작성하는 것을 의미한다.
- 소스 코드 품질을 위해 기본적으로 지킬 원칙과 기준을 정의하고 있다.

#### ② 스파게티 코드(Spaghetti code)
- 처리 로직의 제어가 체계화되어 있지 않고 스파게티 면처럼 서로 얽혀있는 코드이다.
- 잦은 오류가 발생할 가능성이 있다.
- 소스 코드 이해 부족으로 인하여 코드를 계속 덧붙이기 할 경우 코드 복잡도가 증가한다.

### 2) 나쁜 코드 vs 클린 코드

| 나쁜 코드(Bad Code) | 클린 코드(Clean Code) 24.7, 22.3, 21.5, 20.8 |
|---|---|
| • 다른 개발자가 로직(Logic)을 이해하기 어렵게 작성된 코드<br>• 변수/메소드에 대한 명칭을 알 수 없는 코드<br>• 동일한 처리 로직이 중복되게 작성된 코드<br>• 스파게티 코드라고도 한다. | • 깔끔하게 잘 정리된 코드<br>• 중복 코드 제거로 애플리케이션의 설계가 개선된다.<br>• 가독성이 높아 애플리케이션의 기능에 대해 쉽게 이해할 수 있다.<br>• 버그를 찾기 쉬워지며, 프로그래밍 속도가 빨라진다.<br>• 클린 코드 작성 원칙 : 가독성, 단순성, 의존성 배제, 중복성 최소화, 추상화 |
| 유형 : 오염, 문서 부족, 의미 없는 이름, 높은 결합도, 아키텍처 침식 | 유형 : 보기 좋은 배치, 작은 함수, 분석 가능한 제어 흐름, 오류 처리, 간결한 주석, 의미 있는 이름 |

#### ① 코드의 간결성 유지 지침 20.9
- 공백을 이용하여 실행문 그룹과 주석을 명확히 구분하고, 복잡한 논리식과 산술식은 괄호와 들여쓰기(Indentation)를 통해 명확히 표현한다.
- 빈 줄을 사용하여 선언부와 구현부를 구별하고, 한 줄에 되도록 적은 문장을 코딩한다.

---

✔ 개념 체크

1 중복 코드 제거로 애플리케이션의 설계를 개선, 깔끔하게 정리한 소스 코드는?

1 클린 코드

## ② 클린 코드의 작성 원칙 22.3, 21.5, 20.8

**클린 코드(Clean Code) 작성 원칙**
가독성, 단순성, 의존성 배제, 중복
성 최소화, 추상화

| 가독성 | 이해하기 쉬운 용어를 사용하고 들여쓰기 등을 활용하여 코드를 쉽게 읽을 수 있도록 작성한다. |
| --- | --- |
| 단순성 | 클래스/메소드/함수는 최소 단위로 분리해 한 번에 한 가지 기능만 처리한다. |
| 의존성 배제 | 다른 모듈에 미치는 영향을 최소화하여 코드 변경 시 다른 부분에 영향이 없도록 작성한다. |
| 중복성 최소화 | 중복된 코드는 삭제하여 공통된 코드로 사용한다. |
| 추상화 | 상위 클래스/메소드/함수에서 간략하게 애플리케이션 특성을 나타내고, 상세 내용은 하위 클래스/메소드/함수에서 구현한다. |

## ③ 외계인 코드(Alien Code) 24.7, 24.5, 23.3, 22.3, 20.6, 20.3

오래되거나 참고 문서 또는 개발자가 없어 유지보수 작업이 어려운 프로그램을 의미한다.

└── 외계인이 코딩한 것과 같이 이해할 수 없는 코드

## ④ 소스 코드 최적화 유형

| 클래스 분할 배치 | • 하나의 클래스는 하나의 역할만 수행하도록 응집도를 높인다.<br>• 모듈 크기를 작게 작성한다. |
| --- | --- |
| 좋은 이름 사용 | 변수나 함수 이름은 Naming Rule을 정의하여 기억하기 좋고, 발음이 쉬운 것으로 사용한다. |
| 코딩 형식 준수 | • 개념적 유사성이 높은 종속 함수를 사용하여 논리적으로 코드를 라인별로 구분하여 가독성을 높인다.<br>• 호출하는 함수는 앞쪽에 배치, 호출되는 함수는 뒤쪽에 배치하고 지역변수는 각 함수 맨 처음에 선언한다. |
| 느슨한 결합<br>(Loosely Coupled) | 클래스 간 의존성을 느슨하게 하도록 인터페이스 클래스를 이용하여 추상화된 자료 구조와 메소드를 구현한다. |
| 적절한 주석 | 코드의 간단한 기능 안내 및 중요 코드를 표시할 때 적절히 사용한다. |

# 02 소스 코드 품질 분석

## 1) 소스 코드 품질 분석 도구 20.9, 20.6

- 소스 코드의 코딩 스타일, 코드에 설정된 코딩 표준, 코드의 복잡도, 코드에 존재하는 메모리 누수 현상, 스레드 결함 등을 발견하기 위해 사용하는 분석 도구이다.
- 정적 분석 도구와 동적 분석 도구로 구분된다.

## 2) 정적 분석 도구

## ① 정적 분석 도구의 개념 21.8

개발 초기의 결함을 찾을 때 사용하며, 개발 완료 시점에서는
개발된 소스 코드의 품질 검증을 위해 사용

- 잠재적인 실행 오류와 코딩 표준 위배 사항 등 보안 약점을 검출한다.
- 검출된 약점을 수정/보완하여 소프트웨어의 안전성을 강화하고 향후 발생하는 오류 수정 비용을 줄일 수 있다.
- 소스 코드에서 코딩의 복잡도, 모델 의존성, 불일치성 등을 분석할 수 있다.

**🅑 기적의 TIP**

'정적 분석 도구가 아닌 것은?'이라는 단순한 형식으로 많이 출제됩니다. 동적 분석 도구와 정적 분석 도구의 종류를 잘 구분하세요.

- 정적 분석 기법

| 소스 코드 검증 | 검증 가이드라인을 통한 보안 조치 |
|---|---|
| 코드 리뷰 | 개발자가 작성하고 다른 개발자가 정해진 방법을 통해 검토하는 방법(동료 검토, 제3자 검토라고도 함) |
| 리버스 엔지니어링 | 시스템의 기술적인 원리를 구조 분석을 통해 발견하는 방법 |

**정적 분석 도구의 종류**
pmd, cppcheck, checkstyle, FindBugs

**동적 분석 도구의 종류**
Avalanche, Valgrind, valMeter

② **정적 분석 도구의 종류** 24.7, 24.3, 20.9, 20.6

| 도구 | 특징 | 지원 언어 | 지원 환경 |
|---|---|---|---|
| PMD | • Java, Apex, XML 등 다양한 언어에서 사용 가능<br>• 코드 스타일 검사, 복잡도 분석, 보안 분석 등의 기능을 제공 | Java, Apex, XML 등 | Windows<br>macOS<br>Linux |
| CPPCheck | • C, C++ 언어에서 사용 가능<br>• 메모리 누수, 잘못된 포인터 사용, 배열 경계 검사 등의 기능을 제공 | C, C++ | |
| SonarQube | 코드 커버리지, 코드 스타일 검사, 보안 분석 등의 기능을 제공하며, 코드 품질 대시보드를 제공 | 다양한 언어 | |
| Checkstyle | • Java 언어에서 사용할 수 있는 코드 스타일 검사 도구<br>• 코드 스타일 규칙을 쉽게 수정하고 추가할 수 있으며, 자동화된 코드 리뷰를 제공 | Java | |
| CCM | • C, C++ 언어에서 사용할 수 있는 코드 복잡도 분석 도구<br>• 소스 코드의 복잡도를 측정하여 유지보수성을 향상시키는 데에 도움을 줌 | C, C++ | |
| Cobertura | • Java 언어에서 사용할 수 있는 코드 커버리지 분석 도구<br>• 코드 커버리지 보고서를 생성하고, 코드 커버리지를 측정하는 데에 도움을 줌 | Java | |

## 3) 동적 분석 도구

① 동적 분석 도구의 개념
- 소프트웨어 소스 코드보다는 실행 과정에서 다양한 입·출력 데이터의 변화 및 사용자 상호 작용에 따른 변화를 점검하는 분석 기법이다.
- 동적 분석 기법

| 디버깅 | 논리적인 오류(버그)를 찾아내는 테스트 과정 |
|---|---|
| 스트레스 테스트 | 결과 관찰을 위해 한계점에 이르는 테스트를 수반 |
| 모의 해킹 | 내부 또는 외부에서 실제 해커가 사용하는 해킹 도구와 기법 등을 이용하여 정보 시스템으로의 침투 가능성을 진단하는 선의의 해킹 기법 |
| 리버스 엔지니어링 | 동적 역공학 분석 툴을 이용하여 구조 분석 |

 **개념 체크**

1 PMD, Cppcheck, Checkstyle, FindBugs, Valgrind 중 동적 분석 도구는?

1 Valgrind

② 동적 분석 도구의 종류

| 도구 | 기능 | 지원되는 언어 | 지원 환경 |
|---|---|---|---|
| Valgrind | 메모리 오류 검사, 성능 분석, 프로파일링 등 | C, C++, Assembly 등 | Linux |
| GDB | 디버깅, 코드 실행 제어 등 | C, C++, Assembly 등 | Windows<br>macOS<br>Linux |
| JProfiler | 자바 애플리케이션의 성능 분석, 메모리 프로파일링 등 | Java | |
| VisualVM | JVM 기반의 자바 애플리케이션의 성능 분석, 메모리 프로파일링 등 | Java | |
| Apache JMeter | 웹 애플리케이션의 성능 테스트, 부하 테스트 등 | Java | |
| Fiddler | 웹 애플리케이션의 네트워크 트래픽 분석, 디버깅 등 | 다양한 언어, 프로토콜 | Windows |
| Avalanche | 네트워크 성능 테스트, 부하 테스트, 실시간 분석 등 | 다양한 언어, 프로토콜 | Windows, Linux |

➕ 더 알기 TIP

**정적 분석과 동적 분석 도구의 비교**

| 구분 | 정적 분석 도구 | 동적 분석 도구 |
|---|---|---|
| 작동 원리 | 코드를 실행하지 않고, 소스 코드 자체를 분석하여 오류나 취약점을 찾음 | 코드를 실행하여 동작 중에 발생하는 오류나 취약점을 찾음 |
| 검사 대상 | 소스 코드 | 실행 중인 코드 |
| 검사 시점 | 컴파일 이후, 빌드 이전에 수행 | 실행 중 또는 디버깅 중에 수행 |
| 오류 검출 | 코드 스타일, 복잡도, 보안 취약점 등 | 메모리 오류, 성능 문제, 보안 취약점 등 |
| 사용 예시 | 코드 품질 검사, 보안 검사, 버그 검사 등 | 메모리 누수 검사, 성능 분석, 디버깅 등 |
| 수행하는 단계 | 소스 코드 작성 및 컴파일 →<br>정적 분석 도구로 소스 코드 분석 →<br>결과 리포트 작성 | 소스 코드 작성 및 컴파일 →<br>동적 분석 도구로 실행 중인 코드 분석 →<br>결과 리포트 작성 |

✔ 개념 체크

1 동적 분석 도구의 검사 대상은 실행 중인 코드이다.
(O, X)

1 O

**01** 클린 코드(Clean Code)를 작성하기 위한 원칙으로 <u>틀린</u> 것은?

① 추상화 : 하위 클래스/메소드/함수를 통해 애플리케이션의 특성을 간략하게 나타내고, 상세 내용은 상위 클래스/메소드/함수에서 구현한다.
② 의존성 : 다른 모듈에 미치는 영향을 최소화하도록 작성한다.
③ 가독성 : 누구든지 읽기 쉽게 코드를 작성한다.
④ 중복성 : 중복을 최소화할 수 있는 코드를 작성한다.

클린 코드 최적화 원칙 : 가독성, 단순성, 의존성 배제, 중복성 최소화, 추상화

**02** 다음 중 클린 코드 작성 원칙으로 거리가 <u>먼</u> 것은?

① 누구든지 쉽게 이해하는 코드 작성
② 중복이 최대화된 코드 작성
③ 다른 모듈에 미치는 영향 최소화
④ 단순, 명료한 코드 작성

**클린 코드(Clean Code)**
• 깔끔하게 잘 정리된 코드이다.
• 중복 코드 제거로 애플리케이션의 설계가 개선된다.
• 가독성이 높아 애플리케이션의 기능에 대해 쉽게 이해할 수 있다.
• 버그를 찾기 쉬워지며, 프로그래밍 속도가 빨라진다.
• 클린 코드 최적화 원칙 : 가독성, 단순성, 의존성 배제, 중복성 최소화, 추상화

**03** 아주 오래되거나 참고 문서 또는 개발자가 없어 유지보수 작업이 아주 어려운 프로그램을 의미하는 것은?

① Title Code
② Source Code
③ Object Code
④ Alien Code

외계인 코드(Alien Code) : 아주 오래되거나 참고 문서 또는 개발자가 없어 유지보수 작업이 어려운 프로그램을 의미한다.

**04** 다음 중 소스 코드 최적화 유형이 <u>아닌</u> 것은?

① 클래스 분할 배치
② 좋은 이름 사용
③ 코딩 형식 준수
④ 강한 결합

클래스 분할 배치, 좋은 이름 사용, 코딩 형식 준수, 느슨한 결합, 적절한 주석 등이 소스 코드 최적화를 위한 일반적인 유형이다.

**05** 소스 코드 품질 분석 도구 중 정적 분석 도구가 <u>아닌</u> 것은?

① pmd
② checkstyle
③ valance
④ cppcheck

pmd, checkstyle, cppcheck은 모두 소스 코드 품질 분석 도구 중 정적 분석 도구에 해당하지만, valance는 정적 분석 도구가 아니라 시스템 로그 분석 도구이다.

**06** 소스 코드 품질 분석 도구 중 정적 분석 도구에 대한 설명으로 <u>잘못된</u> 것은?

① 잠재적인 실행 오류와 코딩 표준 위배 사항 등 보안 약점을 검출한다.
② 검출된 약점을 수정/보완하여 소프트웨어의 안전성을 강화하고 향후 발생하는 오류 수정 비용을 줄일 수 있다.
③ 개발 초기의 결함을 찾을 때 사용하며, 개발 완료 시점에서는 개발된 소스 코드의 품질 검증을 위해 사용한다.
④ 소프트웨어 소스 코드보다는 실행 과정에서의 다양한 입·출력 데이터의 변화 및 사용자 상호작용에 따른 변화를 점검하는 분석 기법이다.

소프트웨어 소스 코드보다는 실행 과정에서의 다양한 입·출력 데이터의 변화 및 사용자 상호 작용에 따른 변화를 점검하는 분석 기법이라는 설명은 동적 분석 도구에 해당하는 것으로 정적 분석 도구의 특징과는 맞지 않는다.

정답 01 ① 02 ② 03 ④ 04 ④ 05 ③ 06 ④

# CHAPTER 06

# 데이터 입출력 구현

학습 방향

데이터 입출력 구현은 소프트웨어 개발에 있어 가장 기본적인 내용입니다. 컴퓨터가 다루는 자료는 선형/비선형 형태로 구성되며, 이렇게 저장된 자료를 정렬, 검색하는 기법을 학습합니다.

출제빈도

| | | |
|---|---|---|
| SECTION 01 | 상 | 30% |
| SECTION 02 | 상 | 30% |
| SECTION 03 | 상 | 30% |
| SECTION 04 | 하 | 5% |
| SECTION 05 | 하 | 5% |

SECTION

01

선형 자료 구조

출제빈도 (상) 중 하
반복학습 1 2 3

빈출 태그 선형/비선형 구분 · 스택 · 큐 · 데큐 · 인덱스

▶ 합격 강의

## 01 자료 구조

### 1) 자료 구조의 분류 23.8, 22.3

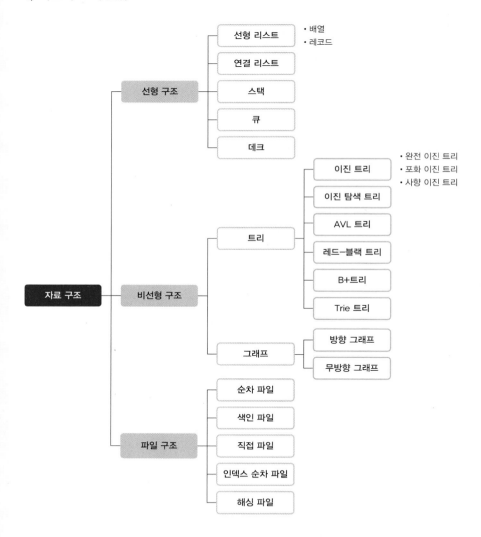

## 2) 자료 구조의 활용

### ① 정렬(Sort)

- 집합된 데이터 레코드를 일정을 기준으로 재배열하는 것을 말한다.
- 오름차순, 내림차순 정렬이 있다.
  └─────── 작은 값 → 큰 값 순으로 나열

### ② 검색(Search)

저장된 데이터 레코드 중 원하는 값을 빠르게 찾는 것을 말한다.

### ③ 인덱스(Index) 22.4, 21.8, 21.3

- 데이터베이스 성능에 많은 영향을 주는 DBMS의 구성 요소로 데이터베이스에 저장된 자료를 더욱 빠르게 조회하기 위하여 별도로 구성한 순서 데이터를 말한다.
- 테이블과 클러스터에 연관되어 독립적인 저장 공간을 보유한다.
- B-트리 인덱스는 분기를 목적으로 하는 Branch Block을 가지고 있다.
- BETWEEN 함수 등을 이용하여 범위(Range) 검색에 활용될 수 있다.
  - **예** 책의 맨 뒤에 수록된 빠르게 찾기(색인)에 해당한다.

### ④ 파일 편성

파일에서 레코드의 물리적인 배열 방법이다.

선처럼 일렬로 나열된 자료를 의미
└─┬─
# 02 선형 자료 구조

## 1) 선형 자료 구조의 개념

데이터를 일렬로 늘어놓은 자료 구조를 의미한다. 데이터를 순서대로 저장하고, 순차적으로 처리할 수 있는 특징을 가지고 있다.

## 2) 선형 자료 구조의 종류 24.7

| | |
|---|---|
| **배열(Array)** | 연속된 메모리 공간에 데이터를 저장하는 자료 구조이다. |
| **연결 리스트(Linked List)** | 데이터와 포인터(Pointer)로 이루어진 노드(Node)를 연결하여 구현하는 자료 구조이다. |
| **스택(Stack)** | 데이터를 일시적으로 저장하는 데 사용하는 자료 구조로, 맨 마지막에 추가된 데이터가 가장 먼저 삭제된다. |
| **큐(Queue)** | 먼저 들어온 데이터가 먼저 나가는(FIFO) 자료 구조이다. |
| **데크(Deque)** | 큐(Queue)와 유사한 구조이지만, 양쪽 끝에서 데이터를 추가하거나 삭제할 수 있는 자료 구조이다. |
| **리스트(List)** | 연결 리스트와 유사한 구조이지만, 데이터의 삽입, 삭제, 검색이 더 효율적으로 이루어질 수 있도록 구현된 자료 구조이다. |

**암기 TIP**

**오작큰, 내큰작**
오름차순은 작은 값에서 큰 값 순으로, 내림차순은 큰 값에서 작은 값 순으로

**기적의 TIP**

선형 자료 구조는 빈 공간 없이 자료가 배열되어 있다는 것을 기억하세요.

**개념 체크**

1 데이터베이스 성능에 많은 영향을 주는 DBMS의 구성 요소로 테이블과 클러스터에 연관되어 독립적인 저장 공간을 보유하며, 데이터베이스에 저장된 자료를 더욱 빠르게 조회하기 위하여 별도로 구성한 순서 데이터는?

1 인덱스

## 03 선형 자료 구조의 종류

### 1) 스택(Stack) <sup>23.3, 22.4, 22.5</sup>

23.3, 22.4, 22.5

#### ① 스택의 개념

- 데이터를 일시적으로 저장하는 데 사용되는 자료 구조로 데이터를 쌓아 올리는 형태를 가지고 있다.
- 후입선출(LIFO : Last In First Out) 구조로 되어 있으며, 가장 마지막에 추가된 데이터가 가장 먼저 삭제된다.

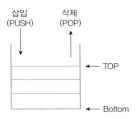

#### ② 스택의 삭제 알고리즘 <sup>21.8</sup>

21.8

```
if TOP = 0 then Underflow else
{ remove Stack(TOP)
TOP ← TOP - 1 }
```

#### ③ 스택의 삽입 알고리즘

```
TOP ← TOP + 1
if TOP 〉 n then Overflow
else Stack(TOP) ← item
```

#### ④ 대표적인 연산

| push() | 스택의 맨 위(TOP)에 데이터를 추가한다. |
| pop() | 스택의 맨 위(TOP)에서 데이터를 삭제하고 반환한다. |
| top() | 스택의 맨 위(TOP)에 있는 데이터를 반환한다. |
| isEmpty() | 스택이 비어있는지 여부를 반환한다. |
| is Full() | 스택이 가득 차있는지 여부를 반환한다. |

#### ⑤ 스택의 응용 분야

- 함수 호출 스택(Function Call Stack)
  - 스택에 현재 함수의 정보를 저장하고, 함수가 종료될 때 스택에서 해당 정보를 제거한다.
  - 함수 호출 순서를 기억하고, 함수 호출 중에 발생하는 에러를 디버깅할 수 있다.
- 후위 표기법 변환(Postfix Notation Conversion)
  중위 표기법(Infix Notation)으로 표현된 식을 후위 표기법(Postfix Notation)으로 변환할 때, 스택을 사용하여 연산자와 피연산자를 순서대로 처리한다.

✓ 개념 체크

1  스택 삭제 알고리즘에서
   (  ) 안에 알맞은 코드는?

   if TOP = 0 then Underflow
   else remove Stack(TOP)
   TOP ← (   )

   1 TOP - 1

- 컴파일러(Compiler)

  컴파일러는 소스 코드를 분석하여 중간 코드(Intermediate Code)를 생성하고, 이를 기계어로 번역한다. 스택은 중간 코드 생성 및 실행에 필요한 데이터를 저장하고 처리한다.
- 운영체제 인터럽트 처리(Operating System Interrupt Handling)

  인터럽트가 발생하면 인터럽트 서비스 루틴(ISR : Interrupt Service Routine)이 실행되며, 현재 실행 중인 프로세스의 정보를 저장하고 인터럽트 처리가 끝난 후 이전에 실행되던 프로세스를 재개하기 위해 스택을 사용한다.
- 기타

  스택은 자료를 쌓는 형태의 특성 때문에 문제 해결 방법을 기억하거나 검색 기록을 저장하는 등의 용도로도 사용된다. 또한, 운영체제의 시스템 호출(System Call)이나 함수 라이브러리 호출 등에서도 스택이 활용된다.

## 2) 큐(Queue) 21.3

### ① 큐의 개념

- 자료의 삽입 작업은 선형 리스트의 한쪽 끝에서, 삭제 작업은 다른 쪽 끝에서 수행되는 자료 구조이다.
- 데이터를 저장하는 컨테이너(Container)이다.
- 가장 먼저 삽입된 자료가 가장 먼저 삭제되는 선입선출(FIFO : First In First Out) 방식이다.
- 큐의 응용 분야 : 운영체제의 작업 스케줄링 등에서 응용된다.

| | Front | | | Rear | |
|---|---|---|---|---|---|
| 삭제 ← | | B | C | D | ← 삽입 |

### ② 대표적인 연산

| enqueue() | 큐의 맨 뒤(rear)에 데이터를 추가한다. |
|---|---|
| dequeue() | 큐의 맨 앞(front)에서 데이터를 삭제한다. |
| front() | 큐의 맨 앞(front)에 있는 데이터를 반환한다. |
| rear() | 큐의 맨 뒤(rear)에 있는 데이터를 반환한다. |
| isEmpty() | 큐가 비어있는지 여부를 반환한다. |
| isFull() | 큐가 가득 차있는지 여부를 반환한다. |

### ③ 큐의 응용 분야

- 작업 대기열(Task Queue)
  - 대기 중인 작업을 처리할 때, 먼저 들어온 작업을 먼저 처리해야 하는 경우에 사용한다.
  - 예 운영체제의 프로세스 스케줄링

개념 체크

1 큐의 응용 분야로 대표적으로 운영체제의 작업 스케줄링이 있다. (O, X)

1 O

- 데이터 버퍼(Data Buffer)
  - 데이터 전송 시 버퍼(Buffer)로 사용되며, 버퍼에 저장된 데이터는 FIFO 형태로 처리한다.
  - 📵 네트워크 패킷 전송에서 데이터 버퍼
- 멀티 스레딩(Multi-threading)
  멀티 스레딩 환경에서 스레드 간의 통신에 사용된다.
- 이벤트 처리(Event Handling)
  이벤트는 큐에 저장되며, 이벤트 처리기(Event Handler)는 큐에서 이벤트를 꺼내어 처리한다.
- 기타
  - 큐는 데이터의 처리 순서가 중요한 분야에서 널리 사용된다.
  - 📵 프린터 출력 대기열, 무한 스크롤 페이징, 메시지 큐(Message Queue)

### 3) 데크(Deque)

#### ① 데크의 개념

- 자료의 삽입과 삭제가 리스트의 양쪽 끝에서 이루어지므로 두 개의 포인터를 사용하는 자료 구조이다.
- 스택과 큐를 복합한 형태이다.
- 입력 제한 데크를 Scroll, 출력 제한 데크를 Shelf라고 한다.

```
           Front                            Rear
삽입 →  ┌─────┬─────┬─────┬─────┐   → 삭제
삭제 ←  │  B  │  C  │  D  │     │   ← 삽입
        └─────┴─────┴─────┴─────┘
```

#### ② 대표적인 연산

| push_front() | 맨 앞에 데이터를 추가한다. |
|---|---|
| push_back() | 맨 뒤에 데이터를 추가한다. |
| pop_front() | 맨 앞에서 데이터를 삭제하고 반환한다. |
| pop_back() | 맨 뒤에서 데이터를 삭제하고 반환한다. |
| front() | 맨 앞에 있는 데이터를 반환한다. |
| back() | 맨 뒤에 있는 데이터를 반환한다. |

#### ③ 데크의 응용 분야

- 문서 편집기(Document Editor)
  문서 편집기에서 Undo, Redo 기능을 구현하는 데 사용된다.
- 미로 찾기(Maze Solving)
  미로를 탐색하는 과정에서 데크에 좌표 정보를 저장하고, 탐색이 완료되면 데크에서 좌표 정보를 꺼내어 경로를 출력한다.

✔ 개념 체크

1 데크(Deque)의 응용 분야에는 문서 편집기, 미로 찾기, 캐시, 행렬 회전, 최단 경로 계산 등이 있다. (O, X)

1 O

- 캐시(Cache)
  - 캐시는 최근에 사용된 데이터를 미리 저장해 둠으로써, 데이터 접근 속도를 향상시키는데, 데크는 LRU(Least Recently Used) 알고리즘을 구현하는 데 사용된다.
  - 최근에 사용된 데이터는 데크의 맨 뒤에 추가되며, 캐시 크기를 초과하면 데크의 맨 앞에서 삭제된다.
- 기타
  - 데크는 큐와 스택의 특성을 모두 갖고 있어서 양방향으로 데이터를 처리해야 하는 분야에서 널리 사용된다.
  - 다익스트라 알고리즘(Dijkstra Algorithm)에서 최단 경로를 계산하는 데 사용된다.
  - 문자열 처리, 파일 입출력, 행렬 회전 등 다양한 분야에서 활용된다.

**➕ 더 알기 TIP**

**스택(Stack) vs 큐(Queue) vs 데크(Deque)**

| 구분 | 스택(Stack) | 큐(Queue) | 데크(Deque) |
|---|---|---|---|
| 구조 | LIFO(Last-In-First-Out) | FIFO(First-In-First-Out) | 양방향 큐 |
| 삽입 연산 | push() | enqueue() | push_front(), push_back() |
| 삭제 연산 | pop() | dequeue() | pop_front(), pop_back() |
| 접근 연산 | top() | front(), rear() | front(), rear() |
| 구현 | 배열(Array) 또는 연결 리스트(Linked List) | 배열(Array) 또는 연결 리스트(Linked List) | 배열(Array) 또는 연결 리스트(Linked List) |
| 활용 | 함수 호출 스택, 후위 표기법 변환, 컴파일러 등 | 작업 대기열, 흐름 제어, 컴퓨팅 등 | 데이터 삽입, 삭제, 검색 등 |
| 응용 분야 | 웹 브라우저의 뒤로 가기, 문자열 뒤집기, 괄호 검사 등 | 작업 대기열, 데이터 버퍼, 멀티 스레딩 등 | 문서 편집기의 Undo, Redo, 스크롤 이력, 미로 찾기 등 |

 개념 체크

1 스택의 삽입 연산은 (    )이다.

1 push( )

**01** 데이터베이스 성능에 많은 영향을 주는 DBMS의 구성 요소로 테이블과 클러스터에 연관되어 독립적인 저장 공간을 보유하며, 데이터베이스에 저장된 자료를 더욱 빠르게 조회하기 위하여 사용되는 것은?

① 인덱스(Index)
② 트랜잭션(Transaction)
③ 역정규화(Denormalization)
④ 트리거(Trigger)

> 인덱스(Index) : 데이터베이스 성능에 많은 영향을 주는 DBMS의 구성 요소로 테이블과 클러스터에 연관되어 독립적인 저장 공간을 보유하며, 데이터베이스에 저장된 자료를 더욱 빠르게 조회하기 위하여 별도로 구성한 순서 데이터를 말한다.

**02** 자료 구조의 분류 중 선형 구조가 <u>아닌</u> 것은?

① 트리
② 리스트
③ 스택
④ 데크

> • 선형 구조 : 큐, 스택, 데크, 리스트, 연결 리스트
> • 비선형 구조 : 그래프, 트리, 인접 행렬

**03** 순서가 있는 리스트에서 데이터의 삽입(Push), 삭제(Pop)가 한 쪽 끝에서 일어나며 LIFO(Last-In-First-Out)의 특징을 가지는 자료 구조는?

① Tree
② Graph
③ Stack
④ Queue

> **스택(Stack)**
> • 포인터를 TOP 한 개 두고 운용하는 방식이다.
> • 삽입 → PUSH, 삭제 → POP

**04** 다음 중 선형 구조로만 묶인 것은?

① 스택, 트리
② 큐, 데크
③ 큐, 그래프
④ 리스트, 그래프

> • 선형 구조 : 큐, 스택, 데크, 리스트, 연결 리스트
> • 비선형 구조 : 그래프, 트리, 인접 행렬

**05** 스택(Stack)에 대한 옳은 내용으로만 나열된 것은?

> ㉠ FIFO 방식으로 처리된다.
> ㉡ 순서 리스트의 뒤(Rear)에서 노드가 삽입되며, 앞(Front)에서 노드가 제거된다.
> ㉢ 삭제가 모두 가능한 자료 구조이다.
> ㉣ 인터럽트 처리, 서브루틴 호출 작업 등에 응용된다.

① ㉠, ㉡
② ㉡, ㉢
③ ㉣
④ ㉠, ㉡, ㉢, ㉣

> ㉠, ㉡은 큐에 관한 설명이다.

**06** 다음은 스택의 자료 삭제 알고리즘이다. ⓐ에 들어갈 내용으로 옳은 것은?
(단, Top : 스택 포인터, S : 스택의 이름)

```
If Top=0 Then ( ⓐ )
Else {
    remove S(Top)
    Top=Top-1
}
```

① Overflow
② Top=Top+1
③ Underflow
④ Top=Top

> **조건문 구조**
> • if 조건 then 조건 참 결과 else 조건 거짓 결과
> • TOP = 0이라는 것은 스택 포인터가 Bottom에 닿아있다는 것을 의미한다. 즉 스택에 아무 값도 없으면 UnderFlow가 발생하고 그렇지 않으면 스택 포인터를 1씩 감소하라는 명령이다.

**07** 자료 구조에 대한 설명으로 <u>틀린</u> 것은?

① 큐는 비선형 구조에 해당한다.
② 큐는 First In - First Out 처리를 수행한다.
③ 스택은 Last In - First Out 처리를 수행한다.
④ 스택은 서브루틴 호출, 인터럽트 처리, 수식 계산 및 수식 표기법에 응용된다.

> 큐는 대표적인 선형 구조에 해당한다.

[정답] 01 ① 02 ① 03 ③ 04 ② 05 ③ 06 ③ 07 ①

# 비선형 구조

출제빈도 (상) 중 하
반복학습 1 2 3

**빈출 태그** 트리·트리 용어·이진 트리 운행법·수식 표기법·그래프의 개념

## ① 비선형 구조

### 1) 비선형 구조의 개념

- 선형 구조와는 달리, 데이터를 한 줄로 연결하지 않고 더 복잡한 형태로 구성한다.
- 자료 간의 앞, 뒤 관계가 1:n, n:n의 형태로 표현된다.
- 계층적 구조를 표현하기 적합하다.

### 2) 비선형 구조의 종류

| 트리(Tree) | 정점(Node, 노드)과 선분(Branch, 가지)을 이용하여 사이클을 이루지 않도록 구성한 그래프의 특수한 형태 |
|---|---|
| 그래프(Graph) | 정점과 간선으로 구성된 자료 구조 |

> **🅱 기적의 TIP**
>
> - 대표적인 비선형 구조인 트리와 그래프에 대해 학습합니다. 트리의 개념, 용어, 운행법, 수식 표기법 등을 정리하세요.
> - 개정 전 시험부터 개정 후 시험까지 지속적으로 출제되고 있으며, 자료 구조의 기본이니 확실히 정리하세요.

**망 구조**
순환이 있는 비선형 구조이다.

## ② 비선형 구조의 종류

### 1) 트리(Tree) 22.3, 21.3

① 트리의 개념

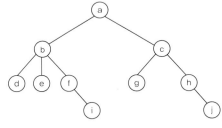

- 그래프(Graph)의 특수한 형태로써 노드(Node)와 가지(Branch)를 이용하여 사이클을 이루지 않도록 구성한 자료 구조이다.
- 트리 구조 : 정보를 지정하는 노드들이 가장 위쪽에 있는 뿌리 노드를 정점으로 부모·자식·자손 관계를 이루며 나뭇가지처럼 갈라져 있는 구조를 말한다. 이 구조에서는 뿌리 노드에서 트리 안의 어떤 노드로 가는 경로가 단 하나밖에 없다. 가지의 맨 끝에 있는 노드, 즉 자식 노드를 가지고 있지 않으며 뿌리 노드에서 가장 멀리 위치한 노드를 리프(Leaf, 단(端) 노드)라고 하며, 그 외의 것은 간(間) 노드라고 한다.

② 트리 관련 용어 <sup>24.5, 20.9, 20.6</sup>

**트리 전체 노드 수 계산**
루트 노드 수 + 간 노드의 자식 노드 수 + 단말 노드 수(자식이 없는 노드) + 트리의 차수(한 노드가 가질 수 있는 최대 자식 수)

| | |
|---|---|
| **노드(Node)** | 트리의 기본 구성 요소 |
| **근노드(Root Node)** | 가장 상위에 있는 노드 |
| **레벨(Level)** | 근노드를 기준으로 특정 노드까지의 경로 길이 |
| **조상 노드(Ancestors Node)** | 어떤 노드에서 근노드에 이르는 경로상의 모든 노드 |
| **부모 노드(Parent Node)** | 어떤 노드에 연결된 이전 레벨의 노드 |
| **자식 노드(Child Node)** | 어떤 노드에 연결된 다음 레벨의 노드 |
| **형제 노드(Brother Node)** | 같은 부모를 가진 노드 |
| **깊이(Depth)** | 트리의 최대 레벨 |
| **차수(Degree)** | 어떤 노드에 연결된 자식 노드의 수 |
| **단말 노드(Terminal Node)** | 트리의 제일 마지막에 있는 노드(차수=0) |
| **트리의 차수(Degree)** | 트리의 노드 중 가장 큰 차수 |

➕ **더 알기 TIP**

**다음 트리의 차수(Degree)는?**

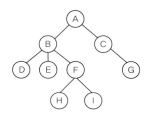

**정답 : 3**

트리의 차수는 하위 노드(가지)가 최대인 노드의 개수를 의미한다.

③ 트리의 응용 분야
- 디렉터리 구조 : 운영체제에서 파일과 디렉터리를 계층적으로 구성하는 데 사용된다.
- 데이터베이스 : 데이터베이스에서 인덱스(Index)를 구현하는 데 사용된다.
- 계층적 데이터 구조 : XML, JSON 등에서 데이터를 계층적으로 구성하는 데 사용된다.
- 알고리즘 : 다양한 알고리즘에서 사용된다.
- ⓔ 이진 검색 알고리즘(Binary Search Algorithm), 이진 탐색 트리(Binary Search Tree) 등

## 2) 이진 트리(Binary Tree)

① 이진 트리의 개념
- 차수(Degree)가 2 이하인 노드들로만 구성된 트리이다.
- 이진 트리의 레벨 K에서 최대 노드의 수 : $2^K - 1$
  ⓔ 깊이(레벨)가 5인 이진 트리의 최대 노드 수는 $2^5 - 1 = 32 - 1$이므로 31이다.

✔ **개념 체크**

1 이진 트리는 차수가 2 이하인 노드들로만 구성된 트리이다. (O, X)

1 O

② 이진 트리의 구조

| 정이진 트리<br>Full Binary Tree | 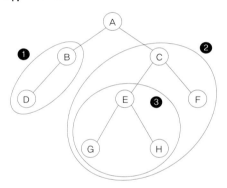 | 첫 번째 레벨부터 마지막 레벨까지 모두 2개씩 노드가 채워진 트리를 말한다. |
|---|---|---|
| 완전 이진 트리<br>Complete Binary Tree | | 정이진 트리의 마지막 레벨에서 왼쪽부터 단말 노드를 채우는 트리를 말한다. |
| 사향 이진 트리<br>Skewed Binary Tree | | 근노드로부터 한쪽으로만 기울어진 트리를 말한다. |

③ 이진 트리의 운행법(Traversal) 24.7, 24.3, 23.8, 23.3, 22.7, 21.8, 20.6

| 전위(Preorder) 운행 | Root → Left → Right |
|---|---|
| 중위(Inorder) 운행 | Left → Root → Right |
| 후위(Postorder) 운행 | Left → Right → Root |

➕ 더 알기 TIP

아래의 트리를 전위, 중위, 후위 방식으로 각각 운행한 경우 각 노드의 순서는 어떻게 되는가? 23.3, 22.4, 21.3

- 전위(Preorder) 운행 : Root → Left → Right

    ① A ❶ ❷
    ② A B D ❷
    ③ A B D C ❸ F
    ④ A B D C E G H F

- 중위(Inorder) 운행 : Left → Root → Right

    ① ❶ A ❸ ❷
    ② D B A ❸ ❷
    ③ D B A G E H C F

- 후위(Postorder) 운행 : Left → Right → Root

    ① ❶ ❸ ❷ A
    ② D B ❸ ❷ A
    ③ D B G H E ❷ A
    ④ D B G H E F C A

### ④ 수식의 표기법 24.5, 23.6, 22.7

| 전위(Prefix) 표기법 | 연산자 → 피연산자 → 피연산자 | + A B |
|---|---|---|
| 중위(Infix) 표기법 | 피연산자 → 연산자 → 피연산자 | A + B |
| 후위(Postfix) 표기법 21.5 | 피연산자 → 피연산자 → 연산자 | A B + |

**➕ 더 알기 TIP**

**예 (A\*B) + (C\*D) 수식을 전위, 후위 방식으로 표기하시오.**

| 전위 표기 : 연산자 우선순위대로 ( )로 묶어준다. | ① ((A\*B) + (C\*D)) : 괄호 앞으로 연산자를 이동한다. <br> ② +(\*(AB)\*(CD)) : 괄호를 제거해 준다. <br> ③ +\*AB\*CD |
|---|---|
| 후위 표기 : 연산자 우선순위대로 ( )로 묶어준다. | ① ((A\*B) + (C\*D)) : 괄호 뒤로 연산자를 이동한다. <br> ② ((AB)\*(CD)\*)+ : 괄호를 제거해 준다. <br> ③ AB\*CD\*+ |

## 3) 그래프(Graph) 24.3, 20.9

### ① 그래프의 개념

- 정점(Vertex)과 간선(Edge)의 집합으로 이루어지는 자료 구조이다.
- 표현 방법 : 인접 행렬(Adjacency Matrix)
- 신장 트리(Spanning Tree) : 간선들이 사이클을 이루지 않도록 정점들을 연결한 그래프이다.
- 종류 : 방향 그래프, 무방향 그래프, 완전 그래프, 부 그래프
- n개의 노드로 구성된 무방향 그래프의 최대 간선 수는 n(n−1)/2개다.

**🅑 기적의 TIP**

최대 간선 수를 구하는 문제가 자주 출제됩니다. 노드에 간선을 그어보면 금방 이해할 수 있으니 문제가 나오면 간선을 꼭 확인하세요.

### ② 제어 흐름 그래프에서 순환 복잡도 22.7

> V(G) = E(화살표 수) − N(노드 수) + 2

**순환 복잡도**

프로그램의 복잡도를 측정하기 위한 소프트웨어의 척도로 맥케이브 순환도(McCabe's Cyclomatic) 또는 맥케이브 복잡도 메트릭(McCabe's Complexity Metrics)이라고도 하며, 제어 흐름도 이론에 기초를 둔다.

### ③ 그래프(Graph)의 응용 분야

- 지도 정보 : 지도에서 도로, 교통량 등을 그래프로 표현하여 최단 경로를 계산하는 데 사용된다.
- 네트워크 : 네트워크에서 노드와 연결선을 그래프로 표현하여 네트워크 구성 및 최단 경로를 계산하는 데 사용된다.
- 소셜 네트워크 분석 : 소셜 네트워크에서 사용자와 관계를 그래프로 표현하여 소셜 네트워크 구성 및 분석에 사용된다.
- 알고리즘 : 다양한 알고리즘에서 사용된다.
- 예 최단 경로 알고리즘(Shortest Path Algorithm), 네트워크 플로우 알고리즘(Network Flow Algorithm) 등

④ 인접 행렬(Adjacency Matrix) [23.3]

- 방향 그래프에서 정점 $V_i$와 $V_j$의 관계를 나타내는 행렬의 원소를 $A_{ij}$라고 할 때, 정점 $V_i$에서 $V_j$로 향하는 방향 간선이 있으면 행렬의 $A_{ij} = 1$, 방향 간선이 없으면 행렬의 $A_{ij} = 0$으로 나타낸다.
- 무방향 그래프에서 정점 $V_i$와 $V_j$가 서로 인접하면 $A_{ij} = 1$, 서로 인접하지 않으면 $A_{ij} = 0$으로 나타낸다.

⑤ 인접 행렬을 이용한 그래프 표현 방법

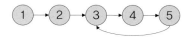

|   | 1 | 2 | 3 | 4 | 5 |
|---|---|---|---|---|---|
| 1 | 0 | 1 | 0 | 0 | 0 |
| 2 | 0 | 0 | 1 | 0 | 0 |
| 3 | 0 | 0 | 0 | 1 | 0 |
| 4 | 0 | 0 | 0 | 0 | 1 |
| 5 | 0 | 0 | 1 | 0 | 0 |

⑥ 그래프의 간선 수 공식

- 무방향 그래프의 최대 간선 수 : $n(n-1)/2$
- 방향 그래프의 최대 간선 수 : $n(n-1)$

1 정점과 간선의 집합으로 이루어지며, 인접 행렬로 표현하는 자료 구조는?

1 그래프

**01** 다음 트리의 차수(Degree)와 단말 노드(Terminal Node)의 수는?

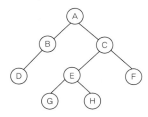

① 차수 : 4, 단말 노드 : 4
② 차수 : 2, 단말 노드 : 4
③ 차수 : 4, 단말 노드 : 8
④ 차수 : 2, 단말 노드 : 8

- 트리의 차수는 차수(자식 노드)가 가장 큰 값이다. A 노드의 차수 2, B 노드의 차수 1, C 노드의 차수 2, E 노드의 차수 2이다. 따라서 트리의 차수는 2이다.
- 단말 노드는 자식 노드가 없는 노드이다. 따라서 D, G, H, F이므로 4이다.

**02** 다음 Postfix로 표현된 연산식의 연산 결과로 옳은 것은?

```
3 4 * 5 6 * +
```

① 35          ② 42
③ 81          ④ 360

- Postfix(후위 표기법)를 Infix(중위 표기법)로 변환 후 계산한다.
- 3 4 * 5 6 * +
- ((3 4) * (5 6) *) + : 연산자 앞 피연산자 2개를 괄호( )로 묶는다.
- (3 * 4) + (5 * 6) : 연산자를 괄호( )안의 피연산자 사이로 이동한다.
- 12 + 30 = 42

**03** n개의 노드로 구성된 무방향 그래프의 최대 간선 수는?

① n−1          ② n/2
③ n(n−1)/2     ④ n(n+1)

무방향 그래프의 최대 간선 수 : n(n-1)/2

**04** 다음 트리에 대한 중위 순회 운행 결과는?

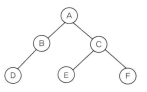

① A B D C E F          ② A B C D E F
③ D B E C F A          ④ D B A E C F

각 그룹을 운행한 뒤 그 결과를 합쳐 본다.

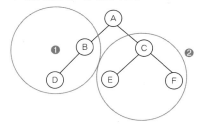

LEFT - ROOT - RIGHT
❶ A ❷
❶ : D B
❷ : E C F
결과 : D B A E C F

**05** 다음의 항을 이용하여 트리의 전체 노드 수를 구하는 공식은?

> a : 루트 노드의 수
> b : 간 노드의 수
> c : 단말 노드의 수
> d : 전체 노드 수
> e : 트리의 차수

① d = a + b + e
② d = e − a − b
③ d = a + c + e
④ d = a + b + c

전체 노드 수 = 루트 노드 수 + 간 노드의 자식 노드 수 + 단말 노드 수(자식이 없는 노드) + 트리의 차수(한 노드가 가질 수 있는 최대 자식 수)

정답  01 ②  02 ②  03 ③  04 ④  05 ④

# 정렬

출제빈도 ㉠ 중 하
반복학습 1 2 3

**빈출 태그** 선택/버블/삽입/병합 정렬 알고리즘 • 시간 복잡도

## 01 정렬(Sort)

### 1) 정렬의 개념

* 정렬 알고리즘 선택 시 고려 사항 : 데이터의 양, 초기 데이터의 배열 상태, 키값들의 분포 상태, 사용 컴퓨터 시스템의 특성
* 종류 : 내부 정렬, 외부 정렬

### 2) 내부 정렬 vs 외부 정렬

┌─ 주기억 장치에서 정렬이 이루어짐                              ┌─ 보조 기억 장치에서 정렬이 이루어짐

| 구분 | 내부 정렬(Internal Sorting) | 외부 정렬(External Sorting) |
|---|---|---|
| 정렬 기법 | 삽입 정렬, 셀 정렬, 선택 정렬, 버블 정렬, 퀵 정렬, 힙 정렬, 병합 정렬, 기수 정렬 | 2원 병합 정렬, m원 병합 정렬, 진동 병합 정렬, 캐스케이드 병합 정렬, 폴리파즈 병합 정렬, 균형 병합 정렬 |
| 대상 데이터 크기 | 작은 데이터 집합(메모리에 전부 저장 가능한 크기) | 대용량 데이터 집합(메모리에 전부 저장 불가능한 크기) |
| 사용되는 기억 장치 | 메인 메모리 | 보조 기억 장치 |
| 입·출력 단위 | 레코드 단위(Record-by-record), 블록 단위(Block-by-block) | 파일 단위(File-by-file) |
| 접근 방식 | 직접 접근(Direct Access), 순차 접근(Sequential Access) 등 | 순차 접근(Sequential Access) |
| 성능 | 메모리의 효율적인 사용으로 처리 속도가 빠르며, 안정적인 성능을 보장 | 입력 파일의 크기와 외부 기억 장치의 속도에 따라 처리 시간이 달라짐 |

## 02 내부 정렬

### 1) 삽입 정렬(Insertion Sort) 24.3, 23.8, 20.9

* 정렬된 파일에 새로운 하나의 레코드를 순서에 따라 삽입시켜 정렬하는 방법이다.
* 최상 시간 복잡도 : $O(n)$
* 최악, 평균 시간 복잡도 : $O(n^2)$

---

**🅕 기적의 TIP**

자료를 특정 기준에 따라 다시 나열하는 것을 정렬이라고 합니다. 가장 기본적인 정렬 기법을 학습합니다. 정렬은 추후 실기 시험의 프로그래밍 과목에서 코드로도 출제가 되니 절차와 알고리즘을 정확히 파악하도록 합니다.

**내부 정렬 – 메모리 이용**
* 삽입 방식 : 삽입 정렬, 쉘 정렬
* 교환 방식 : 선택 정렬, 버블 정렬, 퀵 정렬
* 선택 방식 : 힙 정렬
* 분배 방식 : 기수 정렬
* 병합 방식 : 이진 병합 정렬

**외부 정렬**
* 디스크 이용 : 2원 병합 정렬, m원 병합 정렬
* 테이프 이용 : 균형 병합 정렬, 다단계 병합 정렬, 계단식 병합 정렬, 교대식 병합 정렬

---

**✔ 개념 체크**

1 삽입 정렬의 최상 시간 복잡도는?

1 $O(n)$

**＋ 더 알기 TIP**

아래 배열의 값을 삽입 정렬을 이용하여 오름차순 정렬하시오.

| 6 | 5 | 7 | 2 | 8 | 9 |

① ⓐ 두 번째 배열 값을 키값으로 지정하고 ⓑ 키값과 키값의 앞 배열의 값을 비교하여 키값
보다 값이 크면 ⓒ 값을 한 칸 뒤로 밀어주고 뒤로 밀린 배열의 자리에 키값을 삽입한다.

➡ | 5 | 6 | 7 | 2 | 8 | 9 |

② 다음으로 3번째 배열 값을 키값으로 지정하고 앞의 단계를 반복한다. 이번 단계에서는 키
값 앞의 값이 키값보다 작으므로 이동이 발생하지 않는다.

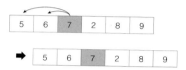

➡ | 5 | 6 | 7 | 2 | 8 | 9 |

③ 다음으로 4번째 배열 값을 키값으로 지정하고 앞의 단계를 반복한다.

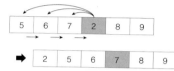

➡ | 2 | 5 | 6 | 7 | 8 | 9 |

④ 계속 5, 6번째 배열을 키값으로 지정하고 앞의 단계를 반복한다.

예제 코드(Python)

```
def insertion_sort(arr):
    for i in range(1, len(arr)):          -------------> 1
        key = arr[i]                      -------------> 2
        j = i - 1
        while j >= 0 and arr[j] < key:    -------------> 3
            arr[j + 1] = arr[j]
            j -= 1
        arr[j + 1] = key                  -------------> 4

arr = [6, 5, 7, 2, 8, 9]
insertion_sort(arr)
print(arr)
```

1. 두 번째 원소부터 시작하여 마지막 원소까지 순회한다.
2. 현재 원소를 key 변수에 저장한다.
3. 현재 원소의 왼쪽에 있는 모든 원소와 비교하면서, key보다 큰 원소를 오른쪽으로 한 칸
씩 이동한다.
4. 적절한 위치를 찾으면, key를 해당 위치에 삽입한다.

while 문은 j를 왼쪽으로 한 칸씩 이동하면서, key보다 큰 원소를 찾는 역할을 한다.
이후, arr[j + 1] = key 문장에서 key를 적절한 위치에 삽입한다.

## 2) 버블 정렬(Bubble Sort) <sup>22.4, 21.8, 21.5, 20.9</sup>

22.4, 21.8, 21.5, 20.9

- 인접한 데이터를 비교하면서 그 크기에 따라 데이터의 위치를 바꾸어 정렬하는 방법이다.
  └ 물방울처럼 묶어서 정렬
- 최상, 최악, 평균 시간 복잡도 : $O(n^2)$

**암기 TIP**

'인접한 두 개의 레코드'라는 단어가 나오면 **버블 정렬**이라는 것을 기억하세요.

**버블 정렬**
- 1번째를 2번째와 비교, 2번째를 3번째와 비교, 3번째를 4번째와 비교하면서 자료를 교환한다.
- 오름차순으로 정렬하였을 때 마지막 값이 가장 큰 값이 된다.
- 마지막 자료가 결정되면 마지막 자료를 제외한 자료들이 정렬 대상이다.

### 더 알기 TIP

**아래 배열의 값을 버블 정렬을 이용하여 오름차순 정렬하시오.**

① 인접한 1, 2번째 배열 값을 비교하여 작은 값이 앞으로 위치하도록 교환한다.

② 인접한 2, 3번 배열의 크기를 비교하여 작은 값이 앞으로 위치하도록 치환한다.

③ 인접한 3, 4번 배열의 크기를 비교하여 작은 값이 앞으로 위치하도록 치환한다.

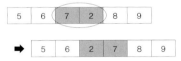

④ 배열 뒤쪽까지 앞의 방식으로 반복한다. 1회전 완료 시 가장 큰 값이 마지막에 배치된다.

예제 코드(C언어)

```c
#include <stdio.h>

void bubble_sort(int arr[], int n) {
    int i, j, temp;
    for(i = n - 1; i >= 0; i--) {          --------> 1
        for(j = 0; j < i; j++) {           --------> 2
            if(arr[j] > arr[j + 1]) {      --------> 3
                temp = arr[j];             --------> 4
                arr[j] = arr[j + 1];       --------> 5
                arr[j + 1] = temp;         --------> 6
            }
        }
    }
}
```

**개념 체크**

1 버블 정렬의 최상, 최악, 평균 시간 복잡도는?

1 $O(n^2)$

```
int main() {
    int arr[] = {6, 5, 7, 2, 8, 9};        --------> 7
    int n = sizeof(arr) / sizeof(int);     --------> 8

    bubble_sort(arr, n);                   --------> 9

    int i;
    for(i = 0; i < n; i++) {               --------> 10
        printf("%d ", arr[i]);             --------> 11
    }
    return 0;                              --------> 12
}
```

1. for 문을 이용하여, 배열의 끝에서부터 시작하여 정렬을 수행한다. i는 배열의 끝을 가리키며, i가 0보다 크거나 같을 동안 반복한다.
2. 인접한 두 원소의 대소 관계를 비교하면서, 정렬을 수행한다. j는 배열의 시작을 가리키며, j가 i보다 작을 동안 반복한다.
3. 현재 원소와 다음 원소를 비교하여, 현재 원소가 더 크다면 교환한다.
4. 현재 원소를 임시 변수에 저장한다.
5. 다음 원소를 현재 원소의 위치로 이동한다.
6. 임시 변수에 저장된 현재 원소를 다음 원소의 위치로 이동한다.
7. 정렬할 배열을 초기화한다.
8. 배열의 크기를 계산한다.
9. bubble_sort 함수를 호출하여, 배열을 정렬한다.
10. 정렬된 배열을 배열의 시작부터 하나씩 출력한다.
11. 출력 형식은 "%d "로, 각 원소를 공백으로 구분한다.
12. 프로그램을 종료한다.

## 3) 선택 정렬(Selection Sort) 24.5, 23.3, 21.3, 20.9, 20.8

- n개의 레코드 중에서 최솟값(또는 최댓값)을 찾아 배열의 첫 번째 위치에 놓고, 나머지 (n-1) 개의 레코드 중에서 최솟값(또는 최댓값)을 찾아 배열의 두 번째 위치에 놓는 방법을 반복하여 정렬하는 방법이다.
- 최상, 최악, 평균 시간 복잡도 : $O(n^2)$

**아래 배열의 값을 선택 정렬을 이용하여 오름차순 정렬하시오.** 23.6, 21.3

| 6 | 5 | 7 | 2 | 8 | 9 |

① 첫 번째 값을 기준값으로 선택하고 기준값 뒤의 값과 하나씩 비교하여 기준값보다 값이 작은 배열의 값과 교환한다.

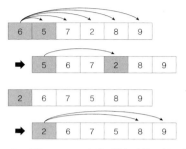

② 다음으로 두 번째 배열 값을 기준값으로 지정하여 앞의 단계를 반복한다.

③ 선택 정렬은 버블 정렬과 다르게 1회전 시 가장 작은 값이 가장 앞에 배치된다.

예제 코드(Java)

```
public class SelectionSort {                        --------> 1
    public static void selectionSort(int[] arr) {
        int n = arr.length;

        for (int i = 0; i < n - 1; i++) {           --------> 2
            int minIndex = i;

            for (int j = i + 1; j < n; j++) {       --------> 3
                if (arr[j] < arr[minIndex]) {
                    minIndex = j;
                }
            }

            if (minIndex != i) {                    --------> 4
                int temp = arr[i];
                arr[i] = arr[minIndex];
                arr[minIndex] = temp;
            }
        }
    }

    public static void main(String[] args) {        --------> 5
        int[] arr = {6, 5, 7, 2, 8, 9};
        selectionSort(arr);
```

```
        System.out.print("정렬된 배열: ");              --------> 6
        for (int num : arr) {
            System.out.print(num + " ");
        }
    }
}
```

1. SelectionSort 클래스를 선언한다.
   – 선택 정렬을 수행하여 배열을 정렬하는 역할의 SelectionSort 메소드를 정의한다.
   – 배열의 길이를 변수 n에 저장한다.
2. 외부 루프로서, 정렬되지 않은 부분의 첫 번째 원소를 선택하고 정렬을 진행한다.
   – i는 현재 정렬된 부분과 아직 정렬되지 않은 부분을 구분하는 인덱스이다.
   – 내부 루프에서 최솟값을 탐색하여 해당 원소의 인덱스를 저장할 변수 minIndex를 초기화한다.
3. 내부 루프로서, 최솟값을 탐색하기 위해 아직 정렬되지 않은 부분에서 인덱스 i+1부터 배열의 끝까지 반복한다.
   – 현재 원소가 minIndex에 저장된 인덱스의 원소보다 작다면, 해당 원소의 인덱스를 minIndex에 업데이트한다.
4. 내부 루프가 종료되었을 때, 최솟값을 찾았다면 아직 정렬되지 않은 부분의 첫 번째 원소와 최솟값을 교환한다.
   – 임시 변수 temp에 현재 정렬되지 않은 부분의 첫 번째 원소를 저장한다.
   – 현재 정렬되지 않은 부분의 첫 번째 원소에 최솟값을 대입한다.
   – 최솟값의 인덱스에 임시 변수의 값을 대입하여 원소를 교환한다.
5. main 메소드의 시작을 정의(프로그램의 진입점)한다.
   – 정렬할 정수 배열을 생성하고 초기화한다.
   – 메소드를 호출하여 배열을 선택 정렬로 정렬한다.
6. 배열의 정렬 결과를 출력한다.

### 4) 병합(합병) 정렬(2-Way Merge Sort) 21.5, 20.6

- 배열을 더 이상 나눌 수 없을 때까지 반씩 나눈 뒤, 나누어진 각각의 키 한 쌍을 순서를 정하여 병합한다.
- 정렬된 서브 리스트 두 개를 정렬하여 병합한 후 이를 반복한다.
- 최상, 최악, 평균 시간 복잡도 : $O(nlog_2n)$

### 5) 퀵 정렬(Quick Sort) 21.3
분할 정복(Divide and Conquer)에 기반한 알고리즘

- 레코드의 많은 자료 이동을 없애고 하나의 파일을 부분적으로 나누어 가면서 정렬하는 방법으로 키(피벗)를 기준으로 작은 값은 왼쪽에 큰 값은 오른쪽에 모이도록 서로 교환시키는 부분 교환 정렬 기법이다.
- 최상, 평균 시간 복잡도 : $O(nlog_2n)$
- 최악 시간 복잡도 : $O(n^2)$
- 잘못된 피벗을 선택한 최악의 경우 비교 횟수 : $\frac{n(n-1)}{2}$ 회

## 6) 힙 정렬(Heap Sort) [24.5]

- 1964년 J. W. J. 윌리엄스에 의해 발명되었으며, n개의 노드에 대한 완전 이진 트리를 루트 노드부터 부모 노드, 왼쪽 자식 노드, 오른쪽 자식 노드 순으로 구성하는 정렬 기법이다.
- 정렬한 입력 레코드들로 힙을 구성하고 가장 큰 키값을 갖는 루트 노드를 제거하는 과정을 반복하여 정렬하는 기법이다.
- 최상, 최악, 평균 시간 복잡도 : $O(nlog_2n)$

 더 알기 TIP

### 정렬 방식별 시간 복잡도

| 알고리즘 | 최상 | 평균 | 최악 | 공간 |
|---|---|---|---|---|
| 선택 정렬 | $O(n^2)$ | $O(n^2)$ | $O(n^2)$ | $O(1)$ |
| 버블 정렬 | $O(n^2)$ | $O(n^2)$ | $O(n^2)$ | $O(1)$ |
| 삽입 정렬 | $O(n)$ | $O(n^2)$ | $O(n^2)$ | $O(1)$ |
| 병합 정렬 | $O(nlog_2n)$ | $O(nlog_2n)$ | $O(nlog_2n)$ | $O(n)$ |
| 퀵 정렬 | $O(nlog_2n)$ | $O(nlog_2n)$ | $O(n^2)$ | $O(logn)$ |
| 힙 정렬 | $O(nlog_2n)$ | $O(nlog_2n)$ | $O(nlog_2n)$ | $O(1)$ |

🕐 암기 TIP

'완전 이진 트리'라는 단어가 나오면 힙 정렬이라는 것을 기억하세요.

정렬과 평균 시간 복잡도
- 삽입 정렬 – $O(n^2)$
- 버블 정렬 – $O(n^2)$
- 선택 정렬 – $O(n^2)$
- 병합 정렬 – $O(nlog_2n)$
- 퀵 정렬 – $O(nlog_2n)$
- 힙 정렬 – $O(nlog_2n)$

✔️ 개념 체크

1 힙 정렬은 정렬한 입력 레코드들로 힙을 구성하고 가장 큰 키값을 갖는 루트 노드를 제거하는 과정을 반복하여 정렬하는 기법이다. (O, X)

1 O

**01** 주기억 장치 안에서 정렬하는 방법에 해당하는 것은?

① Oscillating Sort
② Balanced Sort
③ Cascade Sort
④ Insertion Sort

Insertion Sort만 내부 정렬이다.

**02** 다음 초기 자료에 대하여 삽입 정렬(Insertion Sort)을 이용하여 오름차순 정렬한 경우 1회전 후의 결과는?

> 초기 자료 : 8, 3, 4, 9, 7

① 3, 4, 8, 7, 9
② 3, 4, 9, 7, 8
③ 7, 8, 3, 4, 9
④ 3, 8, 4, 9, 7

삽입 정렬(Insertion Sort) : 정렬된 파일에 2번째 값을 첫 번째 키값으로 설정하고 키값 앞쪽 배열과 비교해 정렬한다. 다른 정렬 종류로 문제가 출제되어도 각 pass 결과를 유추해 보면 선택 정렬은 1pass 때마다 가장 작은 값이 맨 앞으로 배치되고, 버블 정렬은 가장 큰 값이 맨 뒤에 배치되는 공식을 알고 있다면 쉽게 답을 찾을 수 있다.

**03** 버블 정렬을 이용하여 다음 자료를 오름차순으로 정렬할 경우 PASS 1의 결과는?

> 초기 : 9, 6, 7, 3, 5

① 6, 9, 7, 3, 5
② 3, 9, 6, 7, 5
③ 3, 6, 7, 9, 5
④ 6, 7, 3, 5, 9

• 버블 정렬의 오름차순 수행 시 매 회전(Pass)마다 마지막 값이 가장 큰 값이 된다.
• 초기 : 9, 6, 7, 3, 5
• 1Pass : 6, 7, 3, 5, 9
• 2Pass : 6, 3, 5, 7, 9
• 3Pass : 3, 5, 6, 7, 9
• 4Pass : 3, 5, 6, 7, 9

**04** 다음 자료에 대하여 "Selection Sort"를 사용하여 오름차순으로 정렬한 경우 PASS 3의 결과는?

> 초기 상태 : 8, 3, 4, 9, 7

① 3, 4, 7, 9, 8
② 3, 4, 8, 9, 7
③ 3, 8, 4, 9, 7
④ 3, 4, 7, 8, 9

오름차순 선택 정렬의 경우 1pass마다 가장 작은 값이 맨 앞으로 이동한다.
• 1pass : 8, 3, 4, 9, 7 → 3, 8, 4, 9, 7
• 2pass : 3, 8, 4, 9, 7 → 3, 4, 8, 9, 7
• 3pass : 3, 4, 8, 9, 7 → 3, 4, 7, 9, 8
• 4pass : 3, 4, 7, 9, 8 → 3, 4, 7, 8, 9

**05** 퀵 정렬에 관한 설명으로 옳은 것은?

① 레코드의 키값을 분석하여 같은 값끼리 그 순서에 맞는 버킷에 분배하였다가 버킷의 순서대로 레코드를 꺼내어 정렬한다.
② 주어진 파일에서 인접한 두 개의 레코드 키값을 비교하여 그 크기에 따라 레코드 위치를 서로 교환한다.
③ 레코드의 많은 자료 이동을 없애고 하나의 파일을 부분적으로 나누어 가면서 정렬한다.
④ 임의의 레코드 키와 매개 변수(h) 값만큼 떨어진 곳의 레코드 키를 비교하여 서로 교환해 가면서 정렬한다.

① 해시 정렬, ② 삽입 정렬, ④ 선택 정렬

**06** 분할 정복(Divide and Conquer)에 기반한 알고리즘으로 피벗(Pivot)을 사용하며 최악의 경우 $\frac{n(n-1)}{2}$ 회의 비교를 수행해야 하는 정렬(Sort)은?

① Selection Sort
② Bubble Sort
③ Insert Sort
④ Quick Sort

$\frac{n(n-1)}{2}$ 순환 복잡도를 갖는 정렬은 Quick Sort이다.

정답  01 ④  02 ④  03 ④  04 ①  05 ③  06 ④

▶ 합격 강의

## 01 검색(Search)

### 1) 검색의 개념
기억 공간 내 기억된 자료 중에서 주어진 조건을 만족하는 자료를 찾는 것이다.

### 2) 검색 방식 종류 21.3

① 이분 검색(Binary Search, 이진 검색)

- 특징
  - 시간 복잡도는 $O(log_2n)$으로 매우 빠르지만, 이진 탐색을 적용하기 위해서는 검색 대상의 데이터가 정렬되어 있어야 한다. ┌─── O(logn)으로도 표현 가능하다.
  - 탐색 효율이 높고 탐색 시간이 적게 소요된다.
  - 비교 횟수를 거듭할 때마다 검색 대상이 되는 데이터의 수가 절반으로 줄어든다.
- 절차
  - 배열의 가운데 인덱스값을 선택
  - 선택된 값과 찾으려는 값이 일치하면 검색을 종료
  - 선택된 값이 찾으려는 값보다 크면, 배열의 왼쪽 반(작은 값 쪽)을 대상으로 이진 탐색을 다시 수행
  - 선택된 값이 찾으려는 값보다 작으면, 배열의 오른쪽 반(큰 값 쪽)을 대상으로 이진 탐색을 다시 수행
  - 검색이 종료될 때까지 반복

➕ 더 알기 TIP

**다음과 같이 레코드가 구성되어 있을 때, 이진 검색 방법으로 'E'를 찾을 경우 비교되는 횟수는?**

| A, B, C, D, E, F, G, H, I, J, K, L, M, N, O |
| --- |

이분 검색 방법
① 대상 범위의 첫 번째 원소의 위치를 Low로, 마지막 원소의 위치를 High로 두고서 그 중간 원소의 위치인 Mid를 (Low + High)/2로 구한다.
② 찾고자 하는 Key와 중간값을 비교한다.

🔲 기적의 TIP

이분 검색의 기본 알고리즘, 해싱 함수의 종류. 그 중에서도 해싱 함수의 종류가 반복 출제되고 있습니다. 기출문제를 기준으로 학습하세요.

✅ 개념 체크

1 이분 검색의 시간 복잡도는 (    )(으)로 매우 빠르지만, 이진 탐색을 적용하기 위해서는 검색 대상의 데이터가 정렬되어 있어야 한다.

1 $O(log_2n)$

③ Key 〉중간값 : Low를 (Mid+1)로 두고서 계속 수행

Key 〈 중간값 : High를 (Mid−1)로

| 1 | 2 | 3 | 4 | 5 | 6 | 7 | 8 | 9 | 10 | 11 | 12 | 13 | 14 | 15 |
|---|---|---|---|---|---|---|---|---|----|----|----|----|----|----|
| A | B | C | D | E | F | G | H | I | J | K | L | M | N | O |

- 중간값 : (1+15)/2 = 8(H) ≠ 'E' 찾는 값이 아니므로 다음 단계 진행
- 중간값 : (1+7)/2 = 4(D) ≠ 'E' 찾는 값이 아니므로 다음 단계 진행
- 중간값 : (5+7)/2 = 6(F) ≠ 'E' 찾는 값이 아니므로 다음 단계 진행
- 중간값 : (5+5)/2 = 5(E) = 'E' 찾는 값 발견

- Python 예제 코드

```python
def binary_search(arr, target):            ------------> 1
    left = 0                               ------------> 2
    right = len(arr) - 1                   ------------> 3

    while left <= right:                   ------------> 4
        mid = (left + right) // 2          ------------> 5
        if arr[mid] == target:             ------------> 6
            return mid
        elif arr[mid] < target:            ------------> 7
            left = mid + 1
        else:                              ------------> 8
            right = mid - 1

    return -1                              ------------> 9

arr = [1, 3, 5, 7, 9, 11]                  ------------> 10
target = 7                                 ------------> 11
result = binary_search(arr, target)        ------------> 12
print(result)                              ------------> 13
```

1. binary_search 함수를 정의한다. 이 함수는 정렬된 리스트 arr에서 target 값을 이진 탐색하여 인덱스를 반환하거나, 해당 값이 없으면 −1을 반환한다.
2. 이진 탐색의 왼쪽 인덱스를 나타내는 변수 left를 0으로 초기화한다.
3. 이진 탐색의 오른쪽 인덱스를 나타내는 변수 right를 arr 리스트의 길이에서 1을 뺀 값으로 초기화한다.
4. left가 right보다 작거나 같을 때 반복한다. 탐색 범위가 남아있는 동안 계속 반복한다.
5. 현재 탐색 범위의 중간 인덱스를 계산한다.
6. 중간값이 target 값과 같으면 해당 인덱스인 mid를 반환한다.
7. 중간값이 target 값보다 작으면 target 값은 중간값의 오른쪽에 있으므로 left 값을 업데이트하여 범위를 좁힌다.
8. 중간값이 target 값보다 크면 target 값은 중간값의 왼쪽에 있으므로 right 값을 업데이트하여 범위를 좁힌다.
9. 반복이 종료되었을 때, target 값이 리스트에 없다면 −1을 반환한다.
10. 탐색을 진행할 정렬된 리스트 arr을 정의한다.
11. 찾고자 하는 target 값으로 7을 설정한다.
12. binary_search 함수를 호출하여 탐색 결과를 result 변수에 저장한다.
13. 탐색 결과를 출력한다. 만약 target 값이 존재하면 해당 인덱스를, 그렇지 않으면 −1을 출력한다.

✔ 개념 체크

1 선형 검색은 데이터를 특별히 조직화할 필요가 없고 다양한 상황에서도 사용될 수 있는 장점이 있지만, n개의 입력 자료에 대해서 평균적으로 (    )번의 비교를 해야 하므로 비효율적이다.

1 (n+1)/2

② 선형 검색(Linear Search) 22.7, 22.4

- 특징
  - 주어진 자료에서 원소를 첫 번째 레코드부터 순차적으로 비교하면서 해당키 값을 가진 레코드를 찾아내는 가장 간단한 검색 방법이다.
  - 데이터를 특별히 조직화할 필요가 없고 다양한 상황에서도 사용될 수 있는 장점이 있지만 n개의 입력 자료에 대해서 평균적으로 (n+1)/2번의 비교를 해야 하므로 비효율적이다.

- Python 예제 코드

```
def linear_search(arr, target):        --------------> 1
    for i in range(len(arr)):          --------------> 2
        if arr[i] == target:           --------------> 3
            return i                   --------------> 4
    return -1                          --------------> 5
```

1. 선형 탐색 함수를 정의한다. arr은 탐색할 배열을, target은 찾으려는 값을 정의한 것이다.
2. 배열의 원소를 처음부터 끝까지 하나씩 차례로 탐색. range(len(arr))는 0부터 len(arr) − 1까지의 인덱스를 생성한다.
3. 배열의 현재 인덱스 i의 원소와 target 값을 비교한다.
4. target 값이 발견되면 해당 인덱스 i를 반환한다.
5. 배열에 target 값이 없으면 −1을 반환한다.

③ 이진 트리 검색(Binary Tree Search)

레코드를 이진 트리로 구성하여 검색하는 방식으로 데이터를 입력하는 순서대로 첫 번째 값을 근노드로 지정하고 근노드보다 작으면 왼쪽, 크면 오른쪽에 연결하여 구성한다.

④ 블록 검색(Block Search)

전체 레코드를 일정한 블록으로 분리한 뒤 각 블록 내의 키값을 순서대로 비교하여 원하는 값을 찾는 기법이다.

⑤ 피보나치 검색(Fibonacci Search)

- 이진 검색과 비슷한 원리로, 비교 대상 기준을 피보나치수열로 결정한다.
- 피보나치수열 : 1, 2, 3, 5, 8, 11…로 앞의 두 수의 합이 다음번 값이 된다.

## ⑫ 해싱(Hashing)

### 1) 해싱의 개념

- 해싱 함수(Hashing Function)를 이용하여 레코드 키에 대한 해시 테이블(Hash Table) 내의 홈 주소(Home Address)를 계산하여 주어진 레코드에 접근하는 방식이다.
- 직접 접근(Direct Access Method) 파일을 구성할 때 사용된다.
- 속도는 가장 빠르지만, 충돌 현상 시 오버플로우 해결의 부담이 가중되며, 많은 기억 공간을 요구한다.

검색 종류 설명
- 선형 검색 : 처음부터 차례로 검색하는 방법이다.
- 제어 검색 : 이분 검색, 보간 검색 등이 있다.
- 블록 검색 : 검색 대상의 자료를 그룹별로 블록화시킨다.
- 이진 트리 : 검색 이진 트리 구조를 이용하여 검색한다.
- 해싱 검색 : 검색 대상의 자료를 키 변환 작업을 통해 검색한다.

**해싱 함수의 조건**
• 충돌이 적어야 한다.
• 계산이 복잡하지 않고 쉬워야 한다.

## 2) 해싱 함수 종류 24.3, 23.6, 21.5, 21.3, 20.9

### ① 제산 방법(Division Method)

해싱 함수 기법에서 키값을 양의 정수인 소수로 나누어 나머지를 홈 주소로 취하는 방법이다.

### ② 중간 제곱 방법(Mid-Square Method)

• 레코드 키값을 제곱하고 나서 그 중간 부분의 값을 주소로 계산하는 방법이다.
• 해시 테이블의 크기에 따라서 중간 부분의 적당한 자릿수를 선택할 수 있다.
• 비트 단위로 n 자릿수를 중간 위치 자릿수로 가정하면 해시 테이블의 크기는 $2^n$ 이다.

### ③ 중첩 방법(Folding Method) 24.7, 20.9

해싱 함수 중 주어진 키를 여러 부분으로 나누고, 각 부분의 값을 더하거나 배타적 논리합(XOR : Exclusive OR) 연산을 통하여 나온 결과로 주소를 취하는 방법이다.

### ④ 기수 변환 방법(Radix Conversion Method)

해싱 함수 기법 중 어떤 진법으로 표현된 주어진 레코드 키값을 다른 진법으로 간주하고 키값을 변환하여 홈 주소로 취하는 방식이다.

### ⑤ 계수 분석 방법(Digit Analysis Method)

주어진 모든 키값에서 그 키를 구성하는 자릿수들의 분포를 조사하여 비교적 고른 분포를 보이는 자릿수들을 필요한 만큼 택하는 방법을 취하는 해싱 함수 기법이다.

## 3) 해싱 오버플로우 해결 방법

### ① 선형 개방 주소법(Linear Open Addressing)

• 해싱에서 충돌이 일어난 자리에서 그다음 버킷들을 차례로 하나씩 검색하여 최초로 나오는 빈 버킷에 해당 데이터를 저장하는 방법으로 저장할 데이터가 적을 때 유리하다.
• 포인터와 추가적 저장 공간이 필요 없다. 삽입/삭제 시 오버헤드가 적다.

### ② 폐쇄 주소 방법(Closed Addressing)

• 버킷 내에 연결 리스트(Linked List)를 할당하여, 버킷에 데이터를 삽입하다가 해시 충돌이 발생하면 연결 리스트로 데이터들을 연결하는 방식이다.
• 해시 테이블이 채워질수록 Lookup 성능 저하가 발생할 수 있다.
• 많은 수의 충돌이 발생할 때 성능이 떨어지지 않고 해시 테이블의 크기가 상대적으로 작을 때 유용하다.

### ③ 재해싱(Rehashing)

충돌이 발생하면 새로운 해시 함수를 적용하여 새로운 홈 주소를 계산한다.

✅ **개념 체크**

1 해싱 함수 중 중첩 방법은 주어진 키를 여러 부분으로 나누고, 각 부분의 값을 더하거나 (    ) 연산을 통하여 나온 결과로 주소를 취하는 방법이다.

1 배타적 논리합

## 4) 해싱 관련 용어

### ① 동의어(Synonym)

- 해싱에서 동일한 홈 주소로 인하여 충돌이 일어난 레코드들의 집합을 의미한다.
- 📢 "automobile", "car", "vehicle"과 같은 단어들은 모두 차량을 의미하는 동의어이므로, 해싱을 이용하여 처리할 때 이들을 하나의 그룹으로 묶어서 처리하면 검색 속도를 높일 수 있고, 검색 결과가 더욱 정확해질 수 있다.

### ② 슬롯(Slot)

- 한 개의 레코드를 저장할 수 있는 공간으로 n개의 슬롯이 모여 하나의 버킷을 형성한다.
- 각각의 인덱스에 대응하여 하나씩 존재하며, 각 슬롯은 하나의 키값 쌍을 저장할 수 있다.
- 해시 테이블의 크기와 같게 설정하거나, 크기를 늘리거나 줄여서 적절히 조정할 수 있으므로 충돌을 최소화하고 검색 성능을 향상시킬 수 있다.

### ③ 충돌(Collision)

- 레코드를 삽입할 때 2개의 다른 레코드가 똑같은 버킷으로 해싱되는 것을 의미한다.
- 버킷(Bucket)이 여러 개의 슬롯(Slot)으로 구성될 때는 충돌이 발생하여도 오버플로우가 발생하지 않을 수 있다.

 개념 체크

1 해싱 함수의 버킷이 여러 개의 슬롯으로 구성될 때는 충돌이 발생하면 오버플로우가 발생한다. (O, X)

1 X

## 01 알고리즘과 관련한 설명으로 <u>틀린</u> 것은?

① 주어진 작업을 수행하는 컴퓨터 명령어를 순서대로 나열한 것으로 볼 수 있다.
② 검색(Searching)은 정렬이 되지 않은 데이터 혹은 정렬이 된 데이터 중에서 키값에 해당하는 데이터를 찾는 알고리즘이다.
③ 정렬(Sorting)은 흩어져 있는 데이터를 키값을 이용하여 순서대로 열거하는 알고리즘이다.
④ 선형 검색은 검색을 수행하기 전에 반드시 데이터의 집합이 정렬되어 있어야 한다.

---

**선형 검색(Linear Scanning)**
• 원하는 레코드를 찾을 때까지 처음부터 끝까지 차례로 하나씩 비교하면서 검색한다.
• 단순한 방식으로 정렬되지 않는 검색에 가장 유용하지만, 평균 검색 시간이 오래 걸린다.

## 02 이진 검색 알고리즘에 대한 설명으로 <u>틀린</u> 것은?

① 탐색 효율이 좋고 탐색 기간이 적게 소요된다.
② 검색할 데이터가 정렬되어 있어야 한다.
③ 피보나치수열에 따라 다음에 비교할 대상을 선정하여 검색한다.
④ 비교 횟수를 거듭할 때마다 검색 대상이 되는 데이터의 수가 절반으로 줄어든다.

---

피보나치수열에 따라 다음에 비교할 대상을 선정하여 검색하는 것은 피보나치 검색 방식이다.

## 03 해싱 함수 중 레코드 키를 여러 부분으로 나누고, 나눈 부분의 각 숫자를 더하거나 XOR한 값을 홈 주소로 사용하는 방식은?

① 제산법      ② 폴딩법
③ 기수 변환법      ④ 숫자 분석법

---

중첩 방법(폴딩, Folding Method) : 해싱 함수 중 레코드 키를 여러 부분으로 나누고, 나눈 부분의 각 숫자를 더하거나 XOR한 값을 홈 주소로 삼는 방식이다.

## 04 해싱 함수(Hashing Function)의 종류가 <u>아닌</u> 것은?

① 제곱법(Mid-square)
② 숫자 분석법(Digit Analysis)
③ 개방 주소법(Open Addressing)
④ 제산법(Division)

---

개방 주소 방법은 해싱 함수에 해당하지 않는다.

## 05 해싱에서 동일한 홈 주소로 인하여 충돌이 일어나는 경우를 무엇이라고 하는가?

① Synonym
② Collision
③ Bucket
④ Overflow

---

• 동의어(Synonym) : 해싱에서 동일한 홈 주소로 인하여 충돌이 일어난 레코드들의 집합을 의미한다.
• 충돌(Collision) : 레코드를 삽입할 때 2개의 다른 레코드가 똑같은 버킷으로 해싱되는 것을 의미한다.

## 06 해싱에서 동일한 홈 주소로 인하여 충돌이 일어난 레코드들의 집합을 의미하는 것은?

① Overflow
② Bucket
③ Synonym
④ Collision

---

동의어(Synonym) : 해싱에서 동일한 홈 주소로 인하여 충돌이 일어난 레코드들의 집합을 말한다. 다시 말해 해싱 함수의 값을 구한 결과 키 K1, K2가 같은 값을 가질 때, 이들 키 K1, K2의 집합을 동의어(Synonym)라고 한다.

---

정답   01 ④   02 ③   03 ②   04 ③   05 ②   06 ③

# 인덱스 구조와 파일 편성

▶ 합격 강의

빈출 태그 인덱스 구조 • 파일 편성

## 01 인덱스(Index)

### 1) 인덱스의 개념

- 인덱스를 통하여 레코드에 빠르게 접근할 수 있다.
- 데이터베이스의 물리적 구조와 밀접한 관계가 있다.
- 레코드의 삽입/삭제가 자주 발생 시 인덱스의 개수를 최소화하는 것이 효율적이다.

### 2) 인덱스 구성 방법

① B 트리(Balanced Tree)

- m차 B 트리는 근노드와 단말 노드를 제외한 모든 노드가 최소 m/2, 최대 m개의 서브 트리를 가지는 구조이다.
- 한 노드에 있는 키값은 오름차순을 유지한다.
- 근노드로부터 탐색, 추가, 삭제가 이루어진다.

② B+ 트리

- B 트리의 추가, 삭제 시 발생하는 노드의 분열과 합병 연산 과정을 줄일 수 있는 구조이다.
- 가장 널리 사용되는 인덱스 구조이고 레코드 삽입, 삭제 시에도 성능이 보장된다.
- B 트리의 추가, 삭제 시 발생하는 노드 분열, 합병 연산 과정을 줄일 수 있다.

③ 트라이(Trie) 색인

- 키 탐색을 위해 키값을 직접 표현하는 것이 아니라 키를 구성하는 문자나 숫자 자체의 순서로 키값을 구성하는 구조이다.
- 삽입, 삭제 시 노드의 분열, 병합이 발생하지 않는다.
- 문자의 함수로 트라이 차수의 키값을 표현한다.

---

B 기적의 TIP

인덱스의 특징과 파일 편성 기법에 대해 간단히 정리하세요.

**인덱스의 특징**

- 인덱스는 B-tree(Binary Search Tree)에 대한 원리를 기반으로 하고 있다.
- 인덱스는 DB의 성능 향상 수단으로 가장 일반적인 방법이다.
- 인덱스는 테이블이나 클러스터에서 쓰여지는 선택적인 객체로서, DB 테이블 내의 원하는 레코드를 빠르게 찾아갈 수 있도록 만들어진 데이터 구조이다.

---

✓ 개념 체크

1 B+ 트리는 B 트리의 추가, 삭제 시 발생하는 노드의 분열과 합병 연산 과정을 줄일 수 있는 구조이다. (O, X)

1 O

④ B tree, B- tree, B+ Tree 비교

| 특징 | B-트리 | B* 트리 | B+ 트리 |
|---|---|---|---|
| 노드의 키 수 | m-1개 | m개(m은 정의된 차수) | |
| 리프 노드의 연결 | 연결 리스트 형태가 아님 | 연결 리스트 형태 | |
| 탐색 시간 복잡도 | $O(log_2n)$ | | |
| 범위 검색 효율성 | 중간값을 찾는 데 효율적 | | 모든 리프 노드를 탐색해야 함 |
| 리프 노드에서 키 저장 | 가능 | | 필수 |
| 삽입 및 삭제 성능 | 다소 복잡함 | | 비교적 단순함 |
| 탐색 시 메모리 사용량 | 적은 메모리 사용 | | |
| 삽입 시 메모리 사용량 | 적은 메모리 사용 | | |
| 범위 탐색 효율성 | 중간값을 활용한 효율적 | | 뛰어난 범위 탐색 효율성 |
| 활용 분야 | 일반적인 데이터베이스 | 대용량 데이터 처리 | 범위 검색이 많은 데이터베이스 |

## 3) 정적 인덱싱과 동적 인덱싱

① 정적 인덱싱 – 색인 순차 파일 방식이 대표적
- 데이터 파일에 레코드가 삽입, 삭제되면 인덱스 내용은 변하지만 인덱스 구조는 정적으로 변하지 않는 구조를 말한다.
- 인덱스 부분과 데이터 부분을 별개의 파일로 구성한다.

② 동적 인덱싱 – 가상 기억 접근 방식이 대표적
- 데이터 파일에 레코드가 삽입되면서 삽입될 레코드를 위해 미리 빈 공간을 준비하는 방법을 말한다.
- 레코드가 블록에 가득 차면 동적으로 분열된다.
- 인덱스 부분과 데이터 부분을 별개의 파일로 구성한다.

## 02 파일 편성 기법 <sup>23.8</sup>

### 1) 순차 파일(Sequential File)

- 입력되는 데이터의 논리적 순서에 따라 물리적으로 연속된 위치에 순차적으로 기록하는 방식이다.
- 처리 속도가 빠르고, 연속적인 레코드의 저장에 의해 레코드 사이에 빈 공간이 존재하지 않으므로 기억 장치의 효율적인 이용이 가능하다.
- 검색 효율이 낮고 대화식 처리보다 일괄 처리에 적합한 구조이다.
- 어떤 형태의 입·출력 매체에서도 처리할 수 있다.

### 2) 색인 순차 파일(ISAM : Indexed Sequential Access Method) <sup>24.3, 23.3, 22.7</sup>

- 키값에 따라 순차적으로 정렬된 데이터를 저장하는 데이터 지역과 이 지역에 대한 포인터를 가진 색인 지역으로 구성된 파일이다.
- 순차 및 직접 접근 형태 모두 가능하도록 레코드들을 키값 순으로 정렬시켜 기록하고, 레코드의 키 항목만으로 모든 색인을 구성하는 방식이다.
- 레코드를 참조할 때 색인을 탐색한 후 색인이 가리키는 포인터를 사용하여 직접 참조할 수 있다.
- 레코드를 추가 및 삽입하는 경우, 파일 전체를 복사할 필요가 없다.
- 인덱스를 저장하기 위한 공간과 오버플로우 처리를 위한 별도의 공간이 필요하다.
- 색인 순차 파일의 구성

| 기본 영역 | | 데이터 레코드를 지정하는 부분이다. |
|---|---|---|
| 색인(Index) 영역 | | 기본 영역에 인덱스가 저장되는 부분이다. |
| | 구성 | 트랙 인덱스 |
| | | 실린더 인덱스 |
| | | 마스터 인덱스 |
| 오버플로우 영역 | | 한 블록 내에 레코드들이 모두 영역을 차지하여 추가적인 레코드 입력을 처리할 수 없을 때 블록을 할당받아 이를 연결시키는 부분이며 실린더 오버플로우 영역과 독립 오버플로우 영역으로 구성된다. |

### 3) VSAM 파일(Virtual Storage Access Method File)

- 동적 인덱스 방법을 이용한 색인 순차 파일이다.
- 기본 영역과 오버플로우 영역을 구분하지 않는다.
- 레코드를 삭제하면 그 공간을 재사용할 수 있다.
- 레코드 저장은 제어 구간에서 이루어진다.
- 제어 구간 단위별 그룹을 제어 영역이라 한다.
- 제어 영역에 대한 인덱스 저장은 순차 세트, 순차 세트의 상위 인덱스, 인덱스 세트 등이 있다.

**순차 파일의 장점**
- 기록 밀도가 높아 기억 공간을 효율적으로 사용할 수 있다.
- 매체 변환이 쉬워 어떠한 매체에도 적용할 수 있다.
- 레코드를 기록할 때 사용한 키 순서대로 레코드를 처리하는 경우, 다른 편성법보다 처리 속도가 빠르다.

**순차 파일의 단점**
- 파일에 새로운 레코드를 삽입·삭제하는 경우 파일 전체를 복사해야 하므로 시간이 많이 소요된다.
- 데이터 검색 시 처음부터 순차적으로 검색하기 때문에 검색 효율이 낮다.

✔ **개념 체크**

1 색인 순차 파일로 파일을 편성할 때, 인덱스를 저장하기 위한 공간과 오버플로우 처리를 위한 별도의 공간이 필요하지 않다. (O, X)

1 X

**직접 파일의 장점**
· 접근 시간이 빠르다.
· 레코드의 추가, 삭제의 경우 파일 전체의 복사가 필요 없다.

**직접 파일의 단점**
· 데이터 레코드와 그 보관 장소의 대응이 어렵다.
· 기억 공간 효율이 저하되고, 연속적·전체적인 검색이 거의 불가능하다.

## 4) 직접 파일(Direct File) 24.3

· 해싱 함수를 계산하여 물리적 주소에 직접 접근하는 방식으로 레코드를 임의 물리적 기억 공간에 기록한다.
· 특정 레코드에 접근하기 위해서 디스크의 물리적 주소로 변환할 수 있는 해싱 함수를 사용하는 방식이다.
· 속도가 빠르고, 랜덤 처리에 적합하다.
· 기억 공간 효율이 떨어진다.

## 5) 역파일(Inverted File)

· 특정 파일을 여러 개의 색인으로 만들고 항목별 특성에 맞게 작업하도록 구성한 구조이다.
· 파일 또는 데이터베이스에서 레코드를 빨리 검색하기 위해 별도 인덱스 파일을 만들어 두며, 인덱스 파일에는 키 필드의 값과 그 키값을 가지는 레코드에 대한 포인터들이 저장된다.
· 검색 속도가 빠르다.
· 데이터 파일에 접근하지 않아 질의응답 시간이 줄어들고, 처리가 비교적 쉽다.
· 질의를 만족하는 레코드 검색 시 한 번씩만 접근하면 된다.

 **개념 체크**

1  역파일은해싱 함수를 계산하여 물리적 주소에 직접 접근하는 방식으로 레코드를 임의 물리적기억 공간에 기록한다. (O, X)

1 X

**01** B+ 트리에서 데이터는 어디에 저장되는가?

① 루트 노드
② 리프 노드
③ 인덱스 노드
④ 자식 노드

b+ 트리에서 데이터는 리프 노드에 저장된다.

**02** 색인 순차 파일에 대한 설명으로 옳지 않은 것은?

① 레코드를 참조할 때 색인을 탐색한 후 색인이 가리키는 포인터를 사용하여 직접 참조할 수 있다.
② 레코드를 추가 및 삽입하는 경우, 파일 전체를 복사할 필요가 없다.
③ 인덱스를 저장하기 위한 공간과 오버플로우 처리를 위한 별도의 공간이 필요 없다.
④ 색인 구역은 트랙 색인 구역, 실린더 색인 구역, 마스터 색인 구역으로 구성된다.

색인 순차 파일(Indexed Sequential Access File)의 구성 : 기본 영역, 색인 영역, 오버플로우 영역

**03** 파일 구성 방식 중 ISAM(Indexed Sequential Access-Method)의 물리적인 색인(Index) 구성은 디스크의 물리적 특성에 따라 색인을 구성하는 데, 다음 중 3단계 색인에 해당되지 <u>않는</u> 것은?

① Cylinder Index
② Track Index
③ Master Index
④ Volume Index

• 색인 순차 파일(Indexed Sequential Access File)의 구성 : 기본 영역, 색인 영역, 오버플로우 영역
• 색인 영역(Index Area)의 구성 : 트랙(Track) 색인 영역, 실린더(Cylinder) 색인 영역, 마스터(Master) 색인 영역

**04** 해싱 등의 사상 함수를 사용하여 레코드 키(Record Key)에 의한 주소 계산을 통해 레코드에 접근할 수 있도록 구성한 파일은?

① 순차 파일
② 인덱스 파일
③ 직접 파일
④ 다중 링 파일

**직접 파일(Direct File)**
• 직접 접근할 수 있는 기억 장치의 물리적 주소를 통해 직접 레코드에 접근하는 파일 구조이다.
• 해싱 등의 사상 함수를 사용하여 레코드 키에 의한 주소 계산을 통해 레코드에 접근할 수 있도록 구성한다.

**05** 다음 중 VSAM 파일(Virtual Storage Access Method File)의 설명으로 틀린 것은?

① 동적 인덱스 방법을 이용한 색인 순차 파일이다.
② 기본 영역과 오버플로우 영역을 구분한다.
③ 레코드를 삭제하면 그 공간을 재사용할 수 있다.
④ 레코드 저장은 제어 구간에서 이루어진다.

기본 영역과 오버플로우 영역을 구분하지 않는다.

**06** 자료와 부가적인 정보를 조직하고 저장하는 방식의 파일 구조이다. 파일을 조직할 때 색인 또는 오버플로우를 위한 공간이 필요하고, 파일을 사용하던 중에 오버플로우 레코드가 많아지면 재편성해야 하는 것은?

① 직접 파일(Direct File)
② 다중 링 파일(Multi-Ring File)
③ 순차 파일(Sequence File)
④ 색인 순차 파일(Indexed Sequential File)

순차 및 직접 접근 형태 모두 가능하도록 레코드들을 키값 순으로 정렬시켜 기록하고, 레코드의 키 항목만으로 모든 색인을 구성하는 방식이다.

정답 01 ② 02 ③ 03 ④ 04 ③ 05 ② 06 ④

# 데이터베이스 구축

데이터베이스 구축 과목에서는 애플리케이션에서 발생하는 자료를 어떻게 관리할 것인가를 학습합니다. 데이터베이스의 기본 이론부터 설계, 보안 그리고 데이터베이스 언어인 SQL의 실제까지 포괄적으로 다루게 됩니다. 정보처리기사 필기/실기에서 모두 중요한 과목으로 개념적 흐름을 이해하고, SQL 명령어의 사용방법을 다양한 예제를 통해 학습합니다.

학습량은 방대하지만, 기출문제 반복률이 높아 출제된 내용을 중심으로 정리하세요.

# CHAPTER 01

# 데이터베이스의 개념

학습 방향

데이터베이스의 기본 이론, DBMS, 관계형 데이터 모델의 구성과 특징, 키의 종류와 무결성 등 시험에 자주 출제되는 데이터베이스의 개념을 학습하는 챕터입니다. 데이터베이스에 대해서 이해하고 기본 구조와 명칭을 정확히 암기하며 학습을 진행합니다.

출제빈도

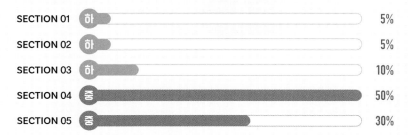

| | | |
|---|---|---|
| SECTION 01 | 하 | 5% |
| SECTION 02 | 하 | 5% |
| SECTION 03 | 하 | 10% |
| SECTION 04 | 중 | 50% |
| SECTION 05 | 중 | 30% |

# 데이터베이스의 개념

▶ 합격 강의

출제빈도 상 중 (하)
반복학습 1 2 3

**빈출 태그** 데이터베이스의 특성 • 데이터베이스 시스템

---

🅑 **기적의 TIP**

정보 시스템과 자료 처리 시
스템의 종류를 정리하고, 데
이터베이스의 기본 구분을
분류합니다.

## 01 데이터베이스의 개요

### 1) 자료와 정보

- 자료(Data) : 현실 세계로부터 단순한 관찰이나 측정을 통하여 수집된 사실이나 값이다.
- 정보(Information) : 자료를 처리하여 얻은 결과로, 의사 결정을 하기 위한 값이다.
- 지식(Knoweldge) : 지식은 경험 또는 학습, 또는 자기성찰을 통해 얻은 사실, 진리, 정보에 대한 자각과 이해이다.

| 자료 | 정보 | 비고 |
|---|---|---|
| 단순 데이터 | 의미가 있는 데이터 | 데이터가 가공되어 의미가 있음 |
| 무작위성 | 의미 있는 패턴 또는 규칙 | 자료의 관계를 분석하여 의미 도출 |
| 순수한 사실 | 가치 있는 인사이트 | 데이터의 의미를 이해하고 활용 |
| 수량, 문자 등 | 인지 가능한 판단 | 의사 결정을 위한 인식 가능성 |
| 원시적인 형태 | 가공 및 구조화된 형태 | 데이터의 정제 및 구조화 |
| 관찰, 측정 결과 | 해석, 예측, 추론 | 데이터를 기반으로 의미를 유추 |
| 단일 정보 요소 | 다양한 정보 요소 | 여러 가지 요소의 조합으로 구성 |

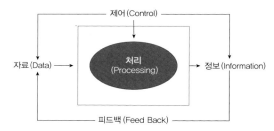

### 2) 정보 시스템

- 한 조직체의 데이터를 바탕으로 의사 결정에 필요한 정보를 추출하고 생성하는 시스템이다.
- 사용 목적에 따라 인사 정보 시스템, 행정 정보 시스템 등으로 구분된다.

---

✅ **개념 체크**

1 정보는 현실 세계로부터 단
순한 관찰이나 측정을 통하
여 수집된 사실이나 값이다.
(O, X)

1 X

## 02 자료 처리 시스템의 종류

정보 시스템이 사용하는 데이터를 처리하는 시스템
(정보 시스템의 서브 시스템)

### 1) 일괄 처리 시스템(Batch Processing System)

① 일괄 처리 시스템의 개념

- 일정 시간 동안 수집된 변동 자료를 컴퓨터의 입력 자료로 만들었다가 **필요한 시점**에 이 자료들을 입력하여 실행한 후 그 결과를 출력시켜 주는 방식의 시스템이다.
- 대량의 데이터를 처리할 때 효율적이다.
- 데이터를 처리하는 과정에서 중간 오류가 발생하면, 모든 데이터가 영향을 받을 수 있으므로 오류를 최소화하는 것이 중요하다.
- 일괄 처리 시스템을 설계할 때는 오류 처리와 회복 기능을 반드시 고려해야 한다.
- 예 급여 관리, 세무 관리

② 일괄 처리 시스템의 특징

- 그룹화
  - 배치 처리는 여러 개의 작업을 하나의 그룹으로 묶는다.
  - 작업은 일정한 순서 또는 우선순위에 따라 실행될 수 있다.
- 자동화
  - 배치 처리는 사전에 정의된 절차에 따라 작업을 자동으로 수행한다.
  - 인간의 개입이 필요 없이 지정된 작업을 자동으로 실행한다.
- 대량 처리
  - 배치 처리는 대량의 데이터를 한 번에 처리할 수 있다.
  - 대용량 데이터베이스에서 데이터 검증, 업데이트, 보고서 생성 등과 같은 작업을 효율적으로 수행할 수 있다.
- 비동기적 처리
  - 배치 처리는 일반적으로 실시간 처리와 달리 비동기적으로 수행된다.
  - 작업이 큐에 쌓여 순차적으로 처리되므로, 실시간 응답이 필요하지 않은 일괄적인 작업에 적합하다.

### 2) 온라인 실시간 처리 시스템(Online Real Time Processing System)

① 온라인 실시간 처리 시스템의 개념

- 자료 발생 즉시 해당 자료를 처리하여 결과를 출력시켜 주는 방식의 시스템이다.
- 대화식 처리 방식이라고도 한다.
- 사용자가 입력한 요청을 즉시 처리하여 결과를 화면에 출력한다.
- 실시간으로 처리되므로, 데이터의 정확성과 신뢰성이 매우 중요하다.
- 데이터의 일관성과 무결성을 보장하기 위해 트랜잭션 처리 기능이 필수적이다.
- 예 좌석 예약, 주식 거래

온라인 처리 시스템은 동시다발적인 사용자 요청을 처리할 수 있도록 시스템 자원을 효율적으로 관리해야 하므로 성능 최적화를 위한 캐싱, 인덱스, 파티셔닝 등의 기술이 적용되어야 한다.

✔ 개념 체크

1 일정 시간 동안 수집된 변동 자료를 컴퓨터의 입력 자료로 만들었다가 필요한 시점에 이 자료들을 입력하여 실행한 후 그 결과를 출력시켜 주는 방식의 시스템은?

1 일괄 처리 시스템

② 온라인 실시간 처리 시스템의 특징
- 실시간 응답 : 사용자가 작업을 요청하면, 데이터베이스는 즉시 해당 작업을 처리하고 결과를 반환한다.
- 상호 작용 : 사용자는 작업을 요청하고 결과를 확인한 후, 필요한 경우 추가적인 작업을 진행할 수 있다.
- 동시성 처리 : 데이터베이스 시스템은 다중 사용자 환경에서 동시에 발생하는 요청을 효율적으로 처리하고 충돌을 방지하기 위한 동시성 제어 기법을 사용한다.
- 실시간 데이터 업데이트 : 사용자가 데이터를 추가, 수정 또는 삭제하는 작업을 요청하면, 해당 변경 사항은 즉시 데이터베이스에 반영된다.
- 대화 형성 : 사용자와 데이터베이스 간의 대화를 통해 필요한 작업을 수행하고 결과를 확인하며, 필요한 경우 추가 작업을 진행할 수 있다.

## 3) 분산 처리 시스템(Distributed Processing System)

- 물리적으로 분리된 각각의 데이터베이스를 네트워크로 연결하여 사용자들이 각 시스템이 하나인 것처럼 사용할 수 있도록 지원해 주는 시스템이다.
- 각각의 컴퓨터는 독립적으로 작업을 수행한다.
- 대규모의 데이터를 처리할 때 유용하며, 데이터 처리 작업을 빠르고 효율적으로 수행할 수 있다.
- 데이터 처리 작업을 여러 대의 컴퓨터에서 병렬로 동시에 수행함으로써 빠른 처리 속도와 대규모 데이터 처리가 가능하다.
- 여러 대의 컴퓨터에 분산 저장되어 있어서 데이터의 안전성과 보안성을 보장하기 위해 데이터의 복제, 분산 트랜잭션 처리, 보안 관리 등의 기술이 필요하다.
- 예 대용량 데이터 처리, 클라우드 컴퓨팅

클라우드 기반 처리(Cloud-based Processing)
클라우드 컴퓨팅 기술을 이용하여 데이터 처리를 수행하는 방식으로, 대량의 데이터를 처리할 때 사용한다.

인터넷 기반 처리(Internet-based Processing)
인터넷 기술을 이용하여 데이터 처리를 수행하는 방식으로, 대표적으로 웹 서버에서 동적인 페이지를 생성하는 웹 애플리케이션에서 사용된다.

## 03 데이터베이스(Database)의 정의

### 1) 통합 데이터(Integrated Data) 22.3
- 각 사용자의 데이터를 한 곳에 모아 통합한 데이터이다.
- 데이터는 여러 응용 프로그램에 의해 생성되고 유지보수되기 때문에 각각의 데이터는 다른 형식과 구조로 되어 있어서 데이터베이스는 이러한 데이터를 일관된 형식과 구조로 통합하여 관리해야 한다.

### 2) 저장 데이터(Stored Data)
- 데이터베이스는 컴퓨터 하드웨어 저장 장치에 저장된 데이터이다.
- 컴퓨터의 보조 기억 장치인 하드 디스크, 테이프 등에 저장되며, 데이터베이스 시스템에 의해 효율적으로 관리된다.
- 데이터베이스의 중요한 요소로서, 데이터베이스 시스템을 통해 데이터의 효율적인 관리와 보안이 보장되어야 한다.

✓ 개념 체크

1 온라인 처리 시스템의 특징 중 사용자가 작업을 요청하면, 데이터베이스는 즉시 해당 작업을 처리하고 결과를 반환하는 특징은?

2 대용량 데이터 처리, 클라우드 컴퓨팅에 사용되는 시스템으로, 물리적으로 분리된 각각 데이터베이스를 네트워크로 연결하여 실사용자들이 각 시스템이 하나인 것처럼 사용할 수 있도록 지원해 주는 시스템은?

1 실시간 응답 2 분산 처리 시스템

### 3) 운영 데이터(Operational Data)

- 데이터베이스는 어떤 조직의 고유 기능을 수행하기 위해 꼭 필요한 데이터이다.
- 데이터베이스는 조직의 업무와 관련된 중요한 정보를 포함하고 있으므로, 데이터베이스 시스템을 통해 신속하고 정확한 데이터를 제공함으로써 조직의 의사 결정과 업무 수행을 지원한다.

### 4) 공용 데이터(Shared Data)

데이터베이스는 여러 사용자가 공동 소유 · 관리 · 활용하는 데이터이다.

## 04 데이터베이스의 특성 및 구성

### 1) 데이터베이스의 특성

#### ① 실시간 접근성(Real Time Accessibility)

- 사용자의 수시적이고 비정형적인 질의에 대하여 실시간 처리로 응답할 수 있어야 한다.
- 사용자가 데이터베이스에 접근하여 데이터를 검색하거나 수정하는 등의 작업을 실시간으로 처리할 수 있는 능력을 의미한다.
- 주요 특성
  - 실시간 응답 : 사용자가 데이터를 요청하면, 데이터베이스는 최신 정보를 검색하여 즉시 결과를 반환한다.
  - 실시간 업데이트 : 데이터베이스에 저장된 데이터가 변경되면, 해당 변경 사항이 실시간으로 반영되어 사용자에게 최신 정보를 제공한다.
  - 동시 접근 : 다수의 사용자가 동시에 데이터를 요청하고 처리할 수 있으며, 데이터베이스 시스템은 동시 접근을 조율하여 일관성과 무결성을 유지한다.
  - 신속한 처리 : 사용자가 데이터를 요청하면, 데이터베이스는 최소한의 지연 시간으로 데이터를 검색하고 처리하여 결과를 제공한다.
  - 실시간 분석 : 데이터의 변경이 발생하면, 실시간으로 해당 데이터의 분석을 수행하고 결과를 제공한다.

#### ② 내용에 의한 참조(Content Reference)

- 데이터베이스의 데이터는 그 주소나 위치에 의해 참조되는 것이 아니라 내용을 참조한다.
- 주요 특성
  - 의미적 연결성 : 데이터베이스에서는 한 데이터가 다른 데이터를 참조함으로써 데이터 간의 관계를 정의하고 의미를 부여할 수 있어서 데이터 간의 상호 연결성을 유지하고 의미 있는 정보를 생성할 수 있다.
  - 외래키 : 외래키는 다른 테이블이나 컬럼에서 데이터를 식별하는 역할을 하므로 외래키를 통해 데이터 간의 참조 관계를 구축할 수 있다.

- 실시간 접근성의 예 : 은행에서 고객의 계좌 정보를 조회하거나 이체 거래를 처리하는 경우 실시간으로 처리되어야 하며, 고객이 요청한 작업에 대한 즉각적인 결과를 제공해야 한다.
- 내용에 의한 참조의 예 : 검색 엔진은 검색어를 내용(Content) 기반으로 검색하여 해당 검색어와 관련된 정보를 찾아 제공한다.
- 동시 공유의 예 : 은행에서 여러 고객이 동시에 계좌를 조회하거나 거래를 처리할 때 다수의 사용자가 동시에 처리할 수 있어야 한다.
- 계속적 변화의 예 : 웹사이트의 게시글, 댓글 등의 데이터는 사용자의 활동에 따라 지속적으로 추가, 수정, 삭제되며, 이를 관리하기 위해 데이터베이스 시스템이 필요하다.

✓ 개념 체크

1 데이터베이스의 데이터는 그 주소나 위치에 의해 참조되는 것이 아니라 (　　)을 (를) 참조한다.

1 내용

– 데이터 무결성 유지 : 참조되는 데이터가 변경되거나 삭제되면, 이에 따라 참조하는 데이터에 대한 일관성을 유지하기 위해 적절한 제약 조건과 관계를 설정하여 데이터베이스에서 데이터의 일관성과 정확성을 유지할 수 있도록 한다.

– 관계형 데이터베이스 : 관계형 데이터베이스에서는 테이블 간의 관계를 정의하고 외래키를 사용하여 내용 참조(Content Reference)를 구현하여 데이터베이스에서 데이터 간의 관계를 명확하게 표현하고 관리할 수 있다.

③ 동시 공유(Concurrent Sharing)

• 같은 내용의 데이터를 여러 사람이 동시에 공유할 수 있다.

• 주요 특성

– 동시성 제어 : 여러 사용자가 동시에 데이터를 읽고 쓸 수 있으므로, 동시성 제어 메커니즘을 통해 충돌을 방지하고 데이터의 일관성을 유지해야 한다.

– 동시 접근 : 각 사용자는 독립적으로 데이터를 조작하며, 다른 사용자의 작업과 상호 작용할 수 있어야 한다.

– 효율성 : 여러 사용자가 동시에 작업을 수행하므로 대기 시간이 줄어들고, 시스템의 활용도가 높아진다.

④ 계속적 변화(Continuous Evolution)

• 데이터베이스는 데이터의 삽입, 삭제, 갱신으로 내용이 계속 변한다.

• 데이터베이스 시스템이 사용자의 요구사항에 맞게 데이터를 수정, 추가, 삭제하는 능력을 의미한다.

• 주요 특성

– 유연한 구조 : 데이터베이스는 변경되는 요구사항에 따라 새로운 속성, 테이블, 관계 등을 추가하거나 기존 구조를 수정하여 적용할 수 있다.

– 데이터 마이그레이션 : 데이터베이스의 구조가 변경될 때 기존 데이터를 새로운 구조에 맞게 조정하는 작업을 의미한다.

– 버전 관리 : 데이터베이스의 버전 관리를 통해 이전 버전과의 호환성을 유지하면서 새로운 버전을 도입할 수 있다.

– 확장성과 성능 개선 : 데이터베이스의 성능 향상을 위해 구조와 인덱스 등을 조정할 수 있어서 데이터베이스의 용량 증가, 사용량 변화, 쿼리 최적화 등에 따라 필요한 조치를 취하여 성능을 최적화할 수 있다.

– 지속적인 개선 : 사용자 요구사항의 변화나 기술의 진보에 따라 데이터베이스는 지속적으로 발전하고 개선된다.

✔ 개념 체크

1 동시 공유는 데이터베이스 시스템이 사용자의 요구사항에 맞게 데이터를 수정, 추가, 삭제하는 능력을 의미한다. (O, X)

1 X

## 2) 데이터베이스 시스템의 구성

데이터베이스, DBMS, 데이터베이스 사용자, 스키마, 데이터베이스 언어

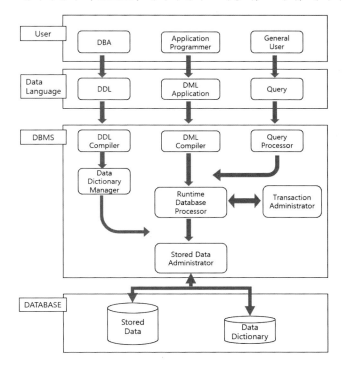

### ① 데이터베이스

- 자료와 정보를 저장하는 공간으로, 데이터베이스는 여러 개의 테이블로 구성되어 있다.
- 테이블은 행과 열의 형태로 구성되어 있다.
- 각 행은 레코드(Record), 각 열은 속성(Attribute)이라고 한다.

### ② 데이터베이스 관리 시스템(DBMS : Database Management System)

- 데이터베이스를 관리하고 제어하는 소프트웨어이다.
- DBMS는 데이터의 입력, 수정, 삭제 등을 처리하며, 데이터의 무결성, 일관성, 보안 등을 지원한다.
- Oracle, MySQL, PostgreSQL 등이 있다.

### ③ 데이터베이스 사용자

- 데이터베이스 관리자(DBA : Database Administrator)
  - 데이터베이스를 설계하고 구축하는 작업을 수행하기 위해 데이터 모델링, 테이블 생성, 인덱스 생성 등의 작업을 담당한다.
  - DBMS를 관리한다.
  - 사용자 요구 정보 결정 및 데이터를 효율적으로 관리한다.
  - 백업 및 회복 전략을 정의한다.

**개념 체크**

1 (　　)은(는) 데이터의 입력, 수정, 삭제 등을 처리하며, 데이터의 무결성, 일관성, 보안 등을 지원한다.

1 DBMS

- 행정적 책임을 가지고 있다.
- 시스템 감시 및 성능을 분석한다.
- 데이터 사전을 구성한다.
- 데이터 접근 권한과 회복 절차를 수립한다.
- 데이터베이스의 구성 요소 결정과 내장 저장 구조를 정의 및 수정한다.
- 데이터베이스의 성능을 최적화하는 작업 수행을 위해 SQL 튜닝, 인덱스 최적화, 파티셔닝 등의 작업을 담당한다.
- 응용 프로그래머
  - 데이터베이스를 기반으로 응용 프로그램을 개발하는 역할을 담당한다. 데이터베이스에 저장된 데이터를 조작하는 기능을 응용 프로그램에 구현한다.
  - COBOL, PASCAL, C, Java 등의 개발 언어를 사용한다.
  - 업무 : 요구사항 분석, 시스템 설계, 응용 프로그램 개발, 테스트 및 배포
- 일반 사용자
  - 데이터베이스를 사용해 업무를 수행하는 사용자이다.
  - 데이터베이스에 저장된 데이터를 검색하거나, 데이터를 입력하거나, 데이터를 수정하거나, 데이터를 삭제하는 등의 작업을 수행한다.

④ 데이터베이스 언어
- 데이터 정의 언어(DDL : Data Definition Language)
  - 데이터베이스의 구조와 스키마를 정의하는 데 사용한다.
  - CREATE, ALTER, DROP 등
- 데이터 조작 언어(DML : Data Manipulation Language)
  - 데이터베이스에 저장된 데이터를 검색, 삽입, 수정, 삭제하는 데 사용한다.
  - SELECT, INSERT, UPDATE, DELETE 등
- 데이터 제어 언어(DCL : Data Control Language)
  - 데이터베이스에 접근하고 사용자의 권한을 관리하는 데 사용한다.
  - GRANT, REVOKE, COMMIT, ROLLBACK 등

**개념 체크**

1 CREATE, ALTER, DROP
은 데이터베이스 정의어에
해당하는 명령어이다. (O, X)

10

**01** 데이터베이스 정의에 해당되는 내용을 모두 나열한 것은?

> ㉠ Shared Data
> ㉡ Distributed Data
> ㉢ Stored Data
> ㉣ Operational Data

① ㉠, ㉡

② ㉠, ㉡, ㉢

③ ㉠, ㉢, ㉣

④ ㉠, ㉡, ㉢, ㉣

----

데이터베이스의 정의
- 통합 데이터(Integrated Data)
- 저장 데이터(Stored Data)
- 운영 데이터(Operational Data)
- 공용 데이터(Shared Data)

**02** 데이터베이스의 특성으로 옳지 <u>않은</u> 것은?

① 실시간 접근성

② 동시 공용

③ 계속적인 변화

④ 주소에 의한 참조

----

데이터베이스의 특성
- 실시간 접근성(Real Time Accessibility)
- 내용에 의한 참조(Content Reference)
- 동시 공유(Concurrent Sharing)
- 계속적 변화(Continuous Evolution)

**03** 데이터베이스 관리자(DBA)의 임무로 거리가 <u>먼</u> 것은?

① 개념 스키마 및 내부 스키마를 정의한다.

② 데이터를 저장하고 저장된 데이터를 사용한다.

③ 장애에 대비한 예비 조치와 회복에 대한 전략을 수립한다.

④ 접근 권한을 부여한다.

----

데이터를 저장하고 저장된 데이터를 사용하는 것은 일반 사용자의 임무이다.

**04** SQL의 분류 중 DDL에 해당하지 <u>않는</u> 것은?

① UPDATE

② ALTER

③ DROP

④ CREATE

----

DDL의 종류 : CREATE, DROP, ALTER

정답 01 ③ 02 ④ 03 ② 04 ①

# 데이터베이스 관리 시스템

▶ 합격 강의

**빈출 태그** DBMS의 필수 기능(정의 · 조작 · 제어)

## 01 데이터베이스 관리 시스템(DBMS : Database Management System)

### 1) DBMS의 개념

- 데이터의 종속성과 중복성의 문제를 해결하기 위해 제안된 시스템이다.
- 응용 프로그램과 데이터의 중재자로서 모든 응용 프로그램들이 데이터베이스를 공유할 수 있도록 관리한다.
- 데이터베이스의 구성, 접근 방법, 관리 유지에 대한 모든 책임을 진다.

### 2) DBMS의 종류

| 구분 | 종류 | 특징 |
|---|---|---|
| 상용 | Oracle | 오라클이 개발한 상용 DBMS로, 대규모 엔터프라이즈 애플리케이션과 데이터웨어하우스에 널리 사용 |
| | MS SQL Server | 마이크로소프트가 개발한 DBMS로, 기업용 애플리케이션과 데이터 분석에 주로 사용 |
| | IBM DB2 | IBM이 개발한 DBMS로, 대규모 트랜잭션 처리와 엔터프라이즈 애플리케이션에 사용 |
| | SAP HANA | SAP가 개발한 DBMS로, 실시간 분석과 인메모리 데이터 처리에 특화 |
| | Teradata | 테라데이터사가 제공하는 DBMS로, 대용량 데이터웨어하우스와 분석 시스템에 사용 |
| | Informix | IBM이 개발한 DBMS로, 중소규모 애플리케이션과 IoT 환경에 사용 |
| 무료 | MySQL | Oracle Corporation에서 개발한 무료 DBMS로, 웹 애플리케이션과 중소규모 애플리케이션에 널리 사용 |
| | PostgreSQL | PostgreSQL Global Development Group에서 개발한 무료 DBMS로, 웹 애플리케이션과 기업용 애플리케이션에서 사용되는 데이터베이스 |
| | SQLite | D. Richard Hipp이 개발한 무료 DBMS로, 경량 데이터베이스로서 모바일 애플리케이션 등에 널리 사용 |
| | MariaDB | MariaDB Corporation AB에서 개발된 무료 DBMS로, MySQL의 포크로서 호환성과 성능 향상을 제공 |
| | Firebird | Firebird Project에서 개발한 무료 DBMS로, 경량 데이터베이스로서 중소규모 애플리케이션에 사용 |
| | Mong goDB | · NoSQL로 분류되는 크로스 플랫폼 도큐먼트 지향 데이터베이스 시스템<br>· MySQL처럼 전통적인 테이블-관계 기반의 RDBMS가 아니며 SQL을 사용하지 않음 |

### 3) DBMS 선정 시 유의 사항

| | |
|---|---|
| 요구사항 충족 | • 프로젝트 또는 애플리케이션의 요구사항을 충족해야 한다.<br>• 데이터의 양, 처리량, 성능, 보안, 가용성 등과 같은 요구사항을 고려하여 적합한 DBMS를 선정한다. |
| 확장성 | 필요한 경우 추가적인 하드웨어 리소스나 클라우드 기반의 확장을 지원해야 한다. |
| 성능 | • 성능은 애플리케이션의 효율성과 성능에 직접적인 영향을 미친다.<br>• 처리량, 응답 시간, 동시 접속자 수 등을 고려하여 적절한 성능을 제공해야 한다. |
| 보안 | • 데이터의 보안을 유지하고 악의적인 공격으로부터 보호할 수 있어야 한다.<br>• 데이터 암호화, 접근 제어, 감사 로깅 등의 보안 기능을 제공하는 DBMS를 선정해야 한다. |
| 유지보수 및 지원 | • 오류 수정, 버그 수정, 보안 패치 등의 유지보수를 지원해야 한다.<br>• 제조사 또는 개발자 커뮤니티에서 지원받을 수 있는지 확인해야 한다. |
| 비용 | • 라이선스 비용, 구매 및 유지보수 비용 등을 고려해야 한다.<br>• 상용 DBMS의 경우 라이선스 비용이 발생할 수 있으며, 오픈소스 DBMS는 무료로 사용할 수 있지만 추가적인 지원 비용이 발생할 수도 있다. |
| 생태계 | 개발자 커뮤니티의 활발한 지원과 다양한 생태계는 개발과 유지보수에 도움이 될 수 있다. |

## 02 DBMS의 필수 기능

### 1) 정의 기능(Data Definition Facility)

• 데이터베이스를 처음 설계할 때, 데이터베이스의 구조를 명확하게 정의해야 한다. 이때 데이터 정의 언어를 사용하여 데이터베이스의 스키마를 정의한다.
• 데이터의 논리적 구조와 물리적 구조 사이에 변환이 가능하도록 두 구조 사이의 사상(Mapping)을 명시한다.

> 테이블의 구조, 컬럼의 데이터 타입, 제약 조건 등을 정의하는 작업

• 데이터베이스의 스키마, 테이블, 뷰, 인덱스 등을 정의할 때 사용된다.

### 2) 조작 기능(Data Manipulation Facility)

데이터베이스에 접근하여 데이터의 검색(Select)/삽입(Insert)/삭제(Delete)/갱신(Update) 등의 연산 작업을 하기 위해 사용자와 데이터베이스 사이의 인터페이스 수단을 제공한다.

### 3) 제어 기능(Data Control Facility)

• 데이터베이스 사용자에게 적절한 권한을 부여하여, 데이터의 무단 접근을 방지하고, 데이터의 무단 변경을 막을 수 있는 기능을 제공한다.
• 데이터베이스에 접근하는 갱신, 삽입, 삭제 작업이 정확하게 수행되어 무결성이 유지되도록 제어해야 한다.
• 정당한 사용자가 허가된 데이터만 접근할 수 있도록 보안(Security)을 유지하고, 권한(Authority)을 검사할 수 있어야 한다.
• 여러 사용자가 데이터베이스를 동시에 접근하여 데이터를 처리할 때 처리 결과가 항상 정확성을 유지하도록 병행 제어를 한다.

---

**🕐 암기 TIP**

**DBMS의 필수 기능**
테이블의 구조를 (정의)하고, 테이블에 데이터를 (조작)하고, 그 데이터를 (제어)한다.

**데이터 정의 기능**
새로운 테이블이나 컬럼을 추가할 때, 데이터 정의 언어를 사용한다.
📝 새로운 학생 정보를 저장하기 위한 테이블이 필요하다면, 데이터 정의 언어를 사용하여 새로운 학생 테이블을 정의할 수 있다.

**데이터 조작 기능**
• 데이터의 검색/삽입/삭제/변경을 수행한다.
• '컴퓨터공학과' 학생들의 이름과 학번을 조회하는 SQL문
 – SELECT 이름, 학번 FROM 학생 WHERE 학과 = '컴퓨터공학과';

**데이터 제어 기능**
• 학생 정보를 저장하는 데이터베이스에서 사용자 권한을 설정할 수 있다.
• user1은 〈학생〉 테이블을 검색할 수 있고, user2는 〈학생〉 테이블을 수정하는 SQL문
 – GRANT SELECT ON 학생 TO user1;
 – GRANT UPDATE ON 학생 TO user2;

**✓ 개념 체크**

1 데이터베이스 사용자에게 적절한 권한을 부여하여, 데이터의 무단 접근을 방지하고, 데이터의 무단 변경을 막을 수 있는 기능을 제공하는 DBMS의 필수 기능은?

1 제어 기능

### **03** DBMS의 장·단점

**DBMS의 또 다른 장점들**
• 다양한 유형의 장애로부터 DB 복구 가능
• 시스템 개발 및 유지보수 비용 절감

### 1) DBMS 장점

• 데이터 중복 제거 : 데이터 중복 제거를 통해 데이터 중복 및 종속성을 최소화하고, 데이터 저장 공간을 절약할 수 있다.
• 데이터 일관성 유지 : 여러 개의 테이블로 구성되어 있으며, 이를 관리하면서 데이터 일관성을 유지할 수 있다. 이를 통해 데이터 정합성을 유지할 수 있다.
• 데이터 공유 가능 : 여러 사용자가 동시에 데이터를 공유할 수 있어 데이터의 활용도가 높아진다.
• 데이터 보안 유지 : 데이터를 체계적으로 보안을 적용 관리할 수 있어서 중요한 데이터의 유출을 방지할 수 있다.

### 2) DBMS 단점

• 데이터를 저장하고 관리하는 시스템이므로, 시스템 장애 등의 이유로 데이터가 손실될 수 있어 예비와 회복 기법이 어렵다.
• 데이터베이스 전문가가 부족하다.
• DBMS는 데이터 처리 속도가 느릴 수 있어서 튜닝 등의 작업이 필요하다.
• 서버 컴퓨터, 라이선스 비용, DBA 등을 고용해야 해서 도입 비용이 상당히 많이 든다.
• 데이터 관리를 위해 복잡한 구조로 되어 있어 이를 이해하고 다루기 어렵다.

 **개념 체크**

1 DBMS는 데이터 관리를 위한 복잡한 구조로 되어 있어 이를 이해하고 다루기 어렵다. (O, X)

10

**01** DBMS의 필수 기능 중 모든 응용 프로그램들이 요구하는 데이터 구조를 지원하기 위해 데이터베이스에 저장될 데이터 타입과 구조에 대한 정의, 이용 방식, 제약 조건 등을 명시하는 기능은?

① 정의 기능
② 조작 기능
③ 사상 기능
④ 제어 기능

정의 기능(Definition Facility)
• 데이터베이스 구조를 정의한다.
• 데이터의 논리적 구조와 물리적 구조 사이에 변환이 가능하도록 두 구조 사이의 사상(Mapping)을 명시한다.

**02** DBMS의 필수 기능 중 사용자와 데이터베이스 사이의 인터페이스 수단을 제공하는 기능은?

① Definition 기능
② Control 기능
③ Manipulation 기능
④ Strategy 기능

조작 기능(Manipulation Facility) : 데이터베이스에 접근하여 데이터의 검색/삽입/삭제/갱신 등의 연산 작업을 하기 위한 사용자와 데이터베이스 사이의 인터페이스 수단을 제공한다.

**03** DBMS의 필수 기능 중 데이터베이스에 접근하여 데이터의 검색, 삽입, 삭제, 갱신 등의 연산 작업을 위한 사용자와 데이터베이스 사이의 인터페이스 수단을 제공하는 기능은?

① 정의 기능
② 조작 기능
③ 제어 기능
④ 절차 기능

조작 기능(Manipulation Facility) : 데이터베이스에 접근하여 데이터의 검색/삽입/삭제/갱신 등의 연산 작업을 하기 위해 사용자와 데이터베이스 사이의 인터페이스 수단을 제공한다.

**04** DBMS(DataBase Management System)의 설명으로 옳지 않은 것은?

① 종속성과 중복성의 문제를 해결하기 위해서 제안된 시스템이다.
② 데이터 모델링을 수행하고 데이터베이스 스키마를 생성한다.
③ 응용 프로그램과 데이터의 중재자로서 모든 응용 프로그램들이 데이터베이스를 공유할 수 있도록 관리한다.
④ 데이터베이스의 구성, 접근 방법, 관리 유지에 대한 모든 책임을 지고 있다.

②번은 DBA의 역할이다.

정답 01 ① 02 ③ 03 ② 04 ②

▶ 합격 강의

---

**빅데이터(Big Data)**
데이터의 생성 양, 주기, 형식 등이 기존 데이터에 비해 매우 크기 때문에 종래의 방법으로는 수집, 저장, 검색, 분석이 어려운 방대한 데이터이다.

## 01 데이터웨어하우스(Data Warehouse)

### 1) 데이터웨어하우스의 개념

- 대량의 기업 정보 자산을 효율적으로 활용하기 위한 하나의 패러다임이다.
- 기업의 전략적 관점에서 효율적인 의사 결정을 지원하기 위해 데이터의 시계열적 축적과 통합을 목표로 하는 기술의 구조적, 통합적 환경이다.
- 의사 결정 지원을 위한 주제 지향적, 통합적, 시계열적(Historical), 비휘발적인 데이터의 집합이다.
- 저장된 데이터는 OLAP을 통해 다차원적으로 분석된다.

### 2) 데이터웨어하우스의 특징

① 주제 중심 데이터 저장

- 데이터웨어하우스는 비즈니스 분석을 위해 필요한 주제 중심 데이터를 중앙 집중화하여 저장한다.
- 기업 또는 조직의 의사 결정 및 분석에 필요한 데이터를 집중적으로 수집하고 저장한다.

② 시간 축적 데이터 저장

- 데이터웨어하우스는 시간 축적 데이터를 저장한다.
- 과거 데이터부터 최신 데이터까지의 변화를 파악하고 추세를 분석할 수 있다.

③ 분석에 최적화된 구조

- 데이터웨어하우스는 다차원적인 구조로 데이터를 저장한다.
- 다양한 차원에서 데이터를 분석할 수 있다.

④ 대규모 데이터 처리

- 데이터웨어하우스는 대규모 데이터를 처리할 수 있다.
- 데이터 마이닝, 비즈니스 통찰력, 추세 분석 등 다양한 분석 및 의사 결정 활동에 필수적이다.

### 3) 데이터웨어하우스의 기능

① 데이터 통합

- 데이터웨어하우스는 여러 시스템에서 추출된 데이터를 통합하여 저장한다.
- 중복을 제거하고 일관성 있는 형식으로 저장하여 신뢰할 수 있는 분석 및 의사 결정을 가능하게 한다.

② 데이터 정제

- 데이터웨어하우스는 데이터의 정합성과 일관성을 유지하기 위해 데이터를 정제한다.
- 데이터의 품질을 높일 수 있다.

③ 데이터 분석

- 데이터웨어하우스는 저장된 데이터를 다양한 방법으로 분석할 수 있다.
- 비즈니스 인텔리전스를 활용한 의사 결정을 지원할 수 있다.

④ 데이터 마이닝 ★ 23.6

- 데이터웨어하우스는 저장된 데이터를 마이닝하여 숨겨진 정보를 추출할 수 있다.
- 예측 모델링, 패턴 분석 등의 작업을 수행할 수 있다.

★ 데이터 마이닝(Data Mining)
데이터웨어하우징에서 수집되고 분석된 자료를 사용자에게 제공하기 위해 분류 및 가공하는 요소 기술이다.

## 02 데이터 마트(Data Mart)

### 1) 데이터 마트의 개념

- 기업이나 조직에서 사용하는 데이터베이스 중에서 특정 분야나 업무에 특화된 데이터를 모은 작은 규모의 데이터웨어하우스이다.
- 데이터 마트는 특정 부서나 업무 영역의 데이터만을 모은 것이기 때문에 전사적 데이터웨어하우스와 비교하여 작은 규모이며, 전사적 데이터웨어하우스의 하위 단계로 사용된다.
- 데이터웨어하우스보다 더 빠르게 데이터를 처리하고 분석할 수 있어서 실시간 의사 결정에 유용하다.

### 2) 데이터 마트의 특징

- ETL(Extract, Transform, Load) 과정을 거쳐 데이터를 추출, 변환, 적재한다.
- 특정 부서나 업무 영역에 특화된 자료만을 수집하므로, 전사적 데이터웨어하우스보다 구성이 간단하며, 비용도 적게 소요된다.

## 03 OLAP(On-Line Analytical Processing)

### 1) OLAP의 개념

- 데이터웨어하우스에서 사용자가 대용량 데이터를 쉽고 다양한 관점에서 추출 및 분석할 수 있도록 지원하는 기술이다.
- 다양한 형태의 데이터베이스 자원을 통합 및 가공하여 의사 결정을 지원하는 목적으로 특별히 설계한 주제 중심의 정보 저장소이다.
- 데이터웨어하우스나 데이터 마트에서 데이터를 분석하는 기술이다.

✔ 개념 체크

1 데이터웨어하우스에서 사용자가 대용량 데이터를 쉽고 다양한 관점에서 추출 및 분석할 수 있도록 지원하는 기술은?

1 OLAP

## 2) OLAP의 주요 기능

### ① 다차원 데이터 분석

- 다차원적인 데이터 모델을 사용하여 데이터를 분석한다.
- 데이터의 다양한 차원에서 분석할 수 있으며, 다양한 관점에서 데이터를 비교 분석한다.

### ② 데이터 집계

- 데이터를 집계하여 요약된 정보를 제공한다.
- 대량의 데이터를 쉽게 파악할 수 있으며, 다양한 수준에서의 데이터 집계를 제공한다.

dice : 깍둑썰기 하다.

### ③ 다양한 분석 기능 24.7

- 다양한 분석 기능을 제공한다.
- 롤업(Roll-up), 드릴다운(Drill down), 슬라이싱(Slicing), 다이싱(Dicing) 등의 기능을 제공한다.

### ④ 실시간 처리

- 데이터의 실시간 처리를 지원한다.
- 최신 정보를 빠르게 분석할 수 있다.

**OLTP(On-Line Transaction Processing)**

- 여러 이용자가 네트워크상에서 실시간으로 데이터베이스의 데이터를 조회/갱신하는 등의 단위 작업을 처리하는 방식을 말한다.
- 주로 신용카드 조회 업무나 자동 현금 지급 등 금융 전산 관련 부문에서 많이 발생하기 때문에 '온라인 거래처리'라고도 한다.

### ⑤ 데이터 마이닝

- 데이터 마이닝을 통해 숨겨진 정보를 추출할 수 있다.
- 예측 모델링, 패턴 분석 등의 작업을 수행할 수 있다.

## 3) OLAP 연산의 종류 및 기능 20.9

### ① 롤업(Roll-up) 연산

- 데이터를 상위 수준으로 집계하는 연산이다.
- 예 연도별 매출 데이터를 분석하는 경우, 롤업 연산을 통해 연도별 매출 합계를 구할 수 있다.

### ② 드릴다운(Drill-down) 연산

- 데이터를 하위 수준으로 분할 하는 연산이다.
- 예 연도별 매출 데이터를 분석하는 경우, 드릴다운 연산을 통해 월별 매출 데이터를 분석할 수 있다.

### ③ 슬라이싱(Slicing) 연산

- 데이터를 특정 조건에 따라 선택하는 연산이다.
- 예 지역별 매출 데이터를 분석하는 경우, 슬라이싱 연산을 통해 특정 지역의 매출 데이터만 선택하여 분석할 수 있다.

### ④ 다이싱(Dicing) 연산

깍둑썰기

- 다이싱 연산은 데이터를 다양한 차원에서 자를 수 있는 연산이다.
- 예 연도별 지역별 매출 데이터를 분석하는 경우, 다이싱 연산을 통해 특정 연도와 지역에 해당하는 매출 데이터만 선택하여 분석할 수 있다.

✔ **개념 체크**

1 OLAP 연산 종류 중 (    ) 연산은 데이터를 다양한 차원에서 자를 수 있는 연산이다.

1 다이싱

**01** 데이터웨어하우스(Data Warehouse)의 설명으로 가장 적절한 것은?

① 제품의 생산을 위한 프로세스를 전산화해서 부품 조달에서 생산계획, 납품, 재고관리 등을 효율적으로 처리할 수 있는 공급망 관리 솔루션

② 데이터 수집이나 보고를 위해 작성된 각종 양식, 보고서 관리, 문서 보관 등 여러 형태의 문서관리를 수행

③ 대량의 데이터로부터 각종 기법, 등을 이용하여 숨겨져 있는 데이터 간의 상호 관련성, 패턴, 경향 등의 유용한 정보를 추출하여 의사 결정에 적용

④ 기간 업무 시스템에서 추출되어 새로이 생성된 데이터베이스로서 의사결정자원 시스템을 지원하는 주체적, 통합적, 시간적 데이터의 집합체

데이터웨어하우스(Data Warehouse) : 기업의 전략적 관점에서 효율적인 의사결정을 지원하기 위해 데이터의 시계열적 축적과 통합을 목표로 하는 기술의 구조적, 통합적 환경이다.

**02** 데이터웨어하우스의 기본적인 OLAP(On-Line Analytical Processing) 연산이 아닌 것은?

① Translate
② Roll-Up
③ Dicing
④ Drill-Down

OLAP(On-Line Analytical Processing) 연산 종류 : Roll-up, Drill-down, Dicing, Slicing

정답 01 ④ 02 ①

# 빅데이터 관리

▶ 합격 강의

**빈출 태그** 데이터마이닝 • 하둡 • 맵리듀스

📚 기적의 TIP

대량의 데이터에서 의미 있는 자료를 도출해 내는 기술인 데이터 마이닝부터, 대량의 데이터를 분석 처리하는 도구인 하둡, 맵리듀스에 대해 문제와 함께 정리하세요.

## ① 빅데이터(Bigdata)

### 1) 빅데이터의 개념

- 데이터베이스에서 다루어지는 데이터의 크기와 관련하여, 기존 데이터베이스 시스템으로 처리하기 어려운 대규모 데이터를 의미한다.
- 새로운 기술과 방법을 통해 처리되며, 비즈니스와 과학 분야에서 중요한 역할을 한다.
- 다양한 소스에서 생성되어서 구조화되지 않은 비정형 데이터이다.
- 대규모 분산 시스템에서 수집, 저장, 처리, 분석된다.
- 분산 데이터베이스 시스템, NoSQL 데이터베이스, 클라우드 컴퓨팅 등의 기술이 사용된다.

### 2) 빅데이터 수집, 저장, 처리 기술

- 비정형/반정형 자료 수집 : 내/외부의 정제되지 않은 데이터를 확보하여 수집 및 전송하는 기술이다.
- 정형 데이터 수집 : 내/외부의 정제된 대용량 데이터의 수집 및 전송 기술이다.
- 분산 데이터 저장/처리 : 대용량 파일의 효과적인 분산 저장 및 분산 처리 기술이다.
- 분산 데이터베이스 : HDFS 컬럼 기반 데이터베이스로 실시간 무작위 조회 및 업데이트할 수 있다.
- HDFS(Hadoop Distributed File System) : 대용량 데이터의 집합을 처리하는 응용 프로그램에 적합하도록 설계된 하둡 분산 파일 시스템이다.

**데이터 마이닝 절차**
- 문제 정의 : 분석 대상의 범위와 분석 방법을 결정한다.
- 자료수집 : 데이터를 분석하기 쉬운 형태로 변환한다.
- 데이터 전처리 : 수집한 데이터를 전처리하여 분석에 적합한 형태로 하여 데이터의 잡음, 이상치 등을 제거하고, 데이터의 특성을 분석하기 쉬운 형태로 변환한다.
- 모델링 : 분석 대상에 적합한 데이터마이닝 모델을 선택하고, 모델을 학습시켜서 분석에 필요한 규칙, 패턴 등을 찾아낸다.
- 평가 : 학습된 모델을 검증하여 모델의 정확도를 평가하는 것으로, 모델의 성능을 향상시킬 수 있다.
- 적용 : 분석 결과를 활용하여 의사 결정을 내릴 수 있다.
- 유지보수 : 모델의 유효성을 지속적으로 유지하기 위해 데이터를 계속 모니터링하고, 모델을 업데이트한다.

## ② 데이터 마이닝(Data Mining)

### 1) 데이터 마이닝의 개념

- 대규모 데이터에서 패턴이나 규칙을 찾아내는 기술이다.
- 다양한 분야에서 활용되며, 예측 모델링, 패턴 분석, 비즈니스 인텔리전스 등에 활용된다.

### 2) 데이터 마이닝의 주요 기법  20.9

① 분류(Classification)
- 데이터를 여러 그룹으로 분류하는 기술이다.
- 새로운 데이터가 어느 그룹에 속하는지를 예측할 수 있다.

② 연관 규칙 분석(Association Rule Mining)
- 연관 규칙 분석은 데이터에서 특정 규칙을 찾아내는 기술이다.
- 제품 판매와 같은 패턴을 찾아낼 수 있다.

③ 연속(Sequential Pattern Mining)
- 시간적 순서나 일련번호 등의 순서 정보를 포함하는 데이터에서 순서에 대한 패턴을 찾아내는 기술이다.
- 다양한 분야에서 활용된다.

④ 군집화(Clustering)
- 데이터를 비슷한 특성을 가진 그룹으로 나누는 기술이다.
- 자료를 분석하고, 패턴을 찾아낼 수 있다.

⑤ 예측(Prediction)
- 과거 데이터를 분석하여 미래의 결과를 예측하는 기술이다.
- 새로운 데이터가 어떤 결과를 가져올지 예측할 수 있다.

⑥ 이상 탐지(Anomaly Detection)
- 데이터에서 비정상적인 패턴을 찾아내는 기술이다.
- 사기, 오류 등을 예방할 수 있다.

⑦ 회귀 분석(Regression Analysis)
- 데이터 간의 관계를 분석하는 기술이다.
- 어떤 변수가 다른 변수에 영향을 미치는지 예측할 수 있다.

⑧ 차원 축소(Dimensionality Reduction)
- 데이터의 차원을 줄여서 분석하는 기술이다.
  - 데이터를 더 쉽게 분석할 수 있다.


## 03 하둡(Hadoop)

### 1) 하둡의 개념 21.5, 20.6, 19.3

- 빅데이터 세트를 병렬로 처리할 수 있도록 데이터 분산 처리를 돕는 Java 기반 소프트웨어 오픈소스 프레임워크이다.
- 일반 PC 급 컴퓨터들로 가상화된 대형 스토리지를 형성한다.
- 여러 대의 컴퓨터로 데이터를 분석하고 저장하는 방식으로 분석에 필요한 큰 비용과 시간을 단축할 수 있다.
- 대용량 데이터를 적은 비용으로 더 빠르고 안정적으로 처리할 수 있는 분산 파일 시스템(HDFS★)과 분산 처리 시스템(MapReduce)으로 구성되어 있다.

★ HDFS
수십 테라바이트 또는 페타바이트 이상의 대용량 파일을 분산된 서버에 저장하고, 그 저장된 데이터를 빠르게 처리할 수 있게 하는 파일 시스템이다.

**HDFS(Hadoop Distributed File System)의 특징**
- 분산 저장 : 대용량 데이터를 여러 대의 컴퓨터에 분산하여 저장한다. 이를 통해 데이터의 안정성과 가용성을 높일 수 있다.
- 높은 처리 속도 : 대용량 데이터를 분산하여 처리하므로 처리 속도가 빠르다.
- 높은 안정성 : 데이터의 복제와 체크섬 기능을 제공하여 데이터의 안정성을 높인다.
- 확장성 : HDFS는 대규모 데이터 처리를 위해 설계되었기 때문에 노드를 추가하여 확장할 수 있다.

## 2) 하둡의 작동 방식

- 데이터 분할 : 대용량 데이터를 작은 조각으로 분할한다.
- 데이터 복제 : 분할된 데이터를 여러 대의 컴퓨터에 복제한다.
- 분산 처리 : 복제된 데이터를 분산 처리한다. 이때, MapReduce 프로그래밍 모델을 사용한다. Map 함수에서는 분산된 데이터를 처리하고, Reduce 함수에서는 처리된 결과를 모아서 최종 결과를 도출한다.
- 데이터 병합 : 분산 처리된 결과를 병합하여 최종 결과를 도출한다.
- 데이터 저장 : 최종 결과를 HDFS에 저장한다.

## 3) 맵리듀스(MapReduce) [20.10]

- 대용량 데이터를 분산 처리하기 위한 목적으로 개발된 프로그래밍 모델이다.
- Google에 의해 고안된 기술로써 대용량 데이터 처리를 위한 병렬 처리 기법을 제공하는 대표적인 모델이다.
- 임의의 순서로 정렬된 데이터를 분산 처리하고 이를 다시 합치는 과정을 거친다.
- 대용량 데이터를 분산 처리하면서 높은 처리 속도를 보장한다.
- 하둡에서 이용할 수 있는 유일한 실행 엔진이었으나, 이후에 Apache Tez, Apache Spark 등과 같은 다른 엔진 지원도 추가되었다.
- Map 함수, Reduce 함수 두 가지 기능으로 구성된다.
  - Map 함수 : 입력 데이터를 처리하고, 중간 결과를 출력한다. 입력 데이터는 키-값 쌍으로 이루어져 있으며, Map 함수는 이 키-값 쌍을 입력으로 받아 처리한다.
  - Reduce 함수 : Map 함수의 출력 결과를 입력으로 받아 최종 결과를 출력한다. 키-값 쌍을 입력으로 받아 키순으로 그룹화하여 처리한다.

## 4) 하둡의 활용 분야

- 빅데이터 분석 : 빅데이터를 처리하고 분석하기 위한 효율적인 분산 컴퓨팅 플랫폼으로, 빅데이터 분석에 많이 사용된다.
- 검색 엔진 : 검색 엔진에서 빅데이터를 처리하기 위한 플랫폼으로 사용된다.
- 게임 : 게임 분야에서 빅데이터를 처리하기 위한 효율적인 방법으로 사용된다.
- 금융 : 금융 분야에서 거래 관련 빅데이터를 처리하고 분석하기 위한 플랫폼으로 사용된다.
- 헬스케어 : 헬스케어 분야에서 의료 관련 빅데이터를 처리하고 분석하기 위한 플랫폼으로 사용된다.
- 제조업 : 제조업 분야에서 빅데이터를 처리하고 분석하기 위한 플랫폼으로 사용된다.

## 5) Sqoop [21.5]

- Hadoop 에코시스템에서 사용되는 오픈소스 도구로, RDBMS(Relational Database Management System)과 Hadoop 간의 데이터 전송을 지원하는 도구이다. ⌐━━ 관계형 데이터베이스 시스템
- RDBMS에서 데이터를 추출하여 Hadoop에 저장하거나, Hadoop에 저장된 데이터를 RDBMS로 내보내는 데 사용된다.

**YARN(Yet Another Resource Negotiator)**
클러스터 리소스 관리, 작업 계획, 그리고 하둡에서 실행되는 작업 예약에 사용되는 차세대 리소스 관리 기술이다.

**Hadoop Common**
다른 Hadoop 모듈을 지원하는 다양한 라이브러리와 유틸리티를 총망라한 일련의 서비스를 제공한다.

✓ 개념 체크

1 Google에 의해 고안된 기술로써 대용량 데이터 처리를 위한 병렬 처리 기법을 제공하는 대표적인 프로그래밍 모델은?

1 MapReduce

**01** 빅데이터 분석 기술 중 대량의 데이터를 분석하여 데이터 속에 내재되어 있는 변수 사이의 상호관계를 규명하여 일정한 패턴을 찾아내는 기법은?

① Data Mining
② Wm-Bus
③ Digital Twin
④ Zigbee

Data Mining : 대량의 Big data 가운데 숨겨져 있는 변수 사이의 상호관계를 규명하여 일정한 패턴을 찾아, 미래에 실행할 수 있는 정보를 도출하여 의사 결정에 이용하는 과정이다.

**02** 하둡(Hadoop)과 관계형 데이터베이스 간에 데이터를 전송할 수 있도록 설계된 도구는?

① Apnic
② Topology
③ Sqoop
④ SDB

스쿱(Sqoop) : 하둡(Hadoop)과 관계형 데이터베이스 간에 데이터를 전송할 수 있도록 설계된 도구이다.

**03** 다음 내용에 적합한 용어는?

- 대용량 데이터를 분산 처리하기 위한 목적으로 개발된 프로그래밍 모델이다.
- Google에 의해 고안된 기술로써 대표적인 대용량 데이터 처리를 위한 병렬 처리 기법을 제공한다.
- 임의의 순서로 정렬된 데이터를 분산 처리하고 이를 다시 합치는 과정을 거친다.

① MapReduce
② SQL
③ Hijacking
④ Logs

MapReduce : HADOOP의 핵심 구성 요소로서 대용량 데이터를 분산 처리하기 위한 목적으로 개발된 프로그래밍 모델이다.

**04** 다음이 설명하는 용어로 옳은 것은?

- 오픈소스를 기반으로 한 분산 컴퓨팅 플랫폼이다.
- 일반 PC급 컴퓨터들로 가상화된 대형 스토리지를 형성한다.
- 다양한 소스를 통해 생성된 빅데이터를 효율적으로 저장하고 처리한다.

① 하둡(Hadoop)
② 비컨(Beacon)
③ 포스퀘어(Foursquare)
④ 맴리스터(Memristor)

하둡(Hadoop) : 빅데이터 세트를 병렬로 처리할 수 있도록 데이터 분산 처리를 돕는 Java 기반 소프트웨어 오픈소스 프레임워크이다.

정답 01 ① 02 ③ 03 ① 04 ①

# SECTION 05

**데이터베이스 스키마와 언어**

출제빈도 상 중 하
반복학습 1 2 3

▶ 합격 강의

**빈출 태그** 스키마 3계층(외부, 내부, 개념) • 데이터베이스 언어별 명령어

---

**🅱 기적의 TIP**

데이터베이스의 구조를 결정하는 스키마와 데이터베이스를 사용하기 위한 언어에 대해서 학습합니다. 스키마 3계층을 구분할 수 있어야 합니다. 기출 위주로 학습하고, 데이터베이스 언어는 추후 SQL 챕터에서 자세히 다루게 되니 명령어의 기본 기능을 확실히 정리하세요.

**스키마 3계층**
내부(저장), 개념(구조), 외부(표현)

## 01 데이터베이스 스키마

### 1) 스키마(Schema)

- 데이터베이스의 구조(개체, 속성, 관계)에 대한 정의이다.
- 데이터베이스의 논리적 구조를 기술하며, 데이터베이스에 저장되는 데이터의 종류, 구성, 형식 등을 정의한다.
- 데이터의 일관성, 무결성 등을 보장하고, 데이터베이스의 구조를 유지보수하며, 쉬운 확장을 보장한다.

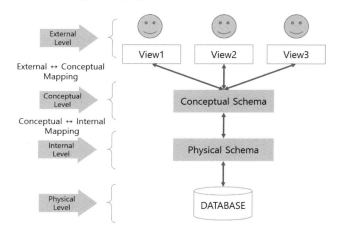

### 2) 스키마의 3계층
┌ 공용의 의미보다는 어느 개인이나 특정 응용에 한정된 논리적 데이터 구조이며,
└ 데이터베이스의 개별 사용자나 응용 프로그래머가 접근하는 데이터베이스를 정의

#### ① 외부 스키마(External Schema)

- 데이터베이스 사용자나 응용 프로그램의 관점에서 데이터베이스를 정의한다.
- 데이터베이스 시스템에서 여러 개 존재할 수 있다.
- **예** 임의의 회사 조직에서, 인사팀에서는 인사 정보만, 재무팀에서는 회계 정보만 볼 수 있도록 외부 스키마를 구성하여 각 부서 사용자는 필요한 데이터에만 접근할 수 있으며, 데이터의 일관성과 보안성을 유지할 수 있도록 도와준다.

② **개념 스키마(Conceptual Schema)** 23.6, 21.3, 20.6

- 데이터베이스 전체를 정의한 것으로 데이터 개체, 관계, 제약 조건, 접근 권한, 무결성 규칙 등을 명세한 것이다.
- 범기관적 입장에서 데이터베이스를 정의한다.
- 데이터베이스 시스템의 모든 사용자가 참조하는 공통된 구조이다.
- 데이터베이스 시스템 전체의 구조와 데이터의 관계를 파악할 수 있다.
- 개념 스키마를 수정하면 데이터베이스 시스템의 구조를 변경할 수 있다.
- 데이터베이스 시스템의 설계와 유지보수에 중요한 역할을 한다.

③ **내부 스키마(Internal Schema)** 20.9

- 내부의 물리적 저장 구조를 정의하여 데이터의 실제 저장 방법을 기술한다.
- 물리적 저장 장치의 측면에서 본 데이터베이스 구조로 실제로 데이터베이스에 저장될 레코드의 형식을 정의하고 저장 데이터 항목의 표현 방법, 내부 레코드의 물리적 순서 등을 나타낸다.
- 데이터베이스 시스템 내부의 저장 구조와 밀접하게 연관되어 있어서 내부 스키마를 변경하면 데이터베이스 시스템 전체의 물리적 구조가 변경된다.
- 데이터베이스 시스템의 물리적인 특성을 반영한다.
- 데이터베이스 내부에서는 레코드의 순서를 바꾸거나 레코드를 저장하는 위치를 변경할 때 이 변경 사항은 개념 스키마나 외부 스키마에는 전혀 영향을 주지 않는다.

④ **3단계 스키마 비교**

| 계층 | 설명 | 주요 특징 |
|------|------|-----------|
| 외부 스키마 | 사용자 관점 정의 | • 개별 사용자 또는 응용 프로그램에 제공될 데이터베이스 뷰<br>• 사용자가 필요로 하는 데이터에만 접근 가능<br>• 다양한 뷰를 가질 수 있고, 사용자에게 적합한 형태로 제공 |
| 개념 스키마 | 논리적 구조 정의 | • 모든 사용자에게 공통으로 제공되는 데이터베이스 구조<br>• 논리적인 데이터 구조와 관계, 제약 조건 등을 정의<br>• 외부 스키마와 내부 스키마 사이의 중간 계층 |
| 내부 스키마 | 물리적인 구조 정의 | • 데이터의 저장 형식, 인덱스, 접근 경로 등을 정의<br>• 저장 장치의 세부 사항에 대한 정의<br>• 실제 데이터가 저장되는 물리적인 형태를 나타냄 |

## 3) 스키마 간의 독립성

① **논리적 독립성(Logical Independence)**

- 개념 스키마와 외부 스키마 간의 독립성을 의미한다.
- 개념 스키마를 변경하더라도 외부 스키마에 영향을 주지 않으며, 외부 스키마를 변경하더라도 개념 스키마에 영향을 주지 않는다.

② **물리적 독립성(Physical Independence)**

- 개념 스키마와 내부 스키마 간의 독립성을 의미한다.
- 개념 스키마나 외부 스키마를 변경하더라도 내부 스키마에 영향을 주지 않으며, 내부 스키마를 변경하더라도 개념 스키마나 외부 스키마에 영향을 주지 않는다.

**데이터베이스 스키마의 독립성**
- 데이터베이스의 구조를 변경하더라도 그 구조와 관련된 응용 프로그램들에 영향을 미치지 않는 성질이다.
- 데이터베이스 시스템에서 스키마를 계층화하여 구성하고, 각 스키마를 독립적으로 관리하여 실현된다.

✓ **개념 체크**

1 내부 스키마는 물리적 저장 장치의 측면에서 본 데이터베이스 구조로 실제로 데이터베이스에 저장될 레코드의 형식을 정의하고 저장 데이터 항목의 표현 방법, 내부 레코드의 물리적 순서 등을 나타낸다. (O, X)

1 O

## ⑫ 데이터베이스 언어(Database Language) 22.4

### 1) 데이터 정의어(DDL : Data Definition Language)

- 데이터베이스의 객체들, 즉 테이블, 뷰, 인덱스 등에 대한 구조인 스키마를 정의하고 변경하며 삭제할 수 있는 기능을 제공한다.
- 논리적 데이터 구조와 물리적 데이터 구조 간의 사상 정의이다.
- 번역한 결과가 데이터 사전에 저장된다.
- 데이터베이스 스키마를 정의하면 데이터베이스 객체(테이블, 뷰, 인덱스 등)를 생성할 때 해당 객체가 어떻게 정의되어야 하는지 명확하게 지정할 수 있다.
- 데이터베이스의 구조와 제약 조건을 정확히 정의할 수 있으며, 데이터베이스의 일관성과 무결성을 유지할 수 있다.
- 데이터베이스 관리자나 데이터베이스 디자이너 등의 전문가들이 주로 사용한다.
- DDL 명령어 24.3, 21.8, 21.4

| | ┌── 스키마, 도메인, 테이블, 뷰 |
|---|---|
| CREATE | 데이터베이스나 데이터베이스 객체를 생성 |
| ALTER | 데이터베이스나 데이터베이스 객체를 수정 |
| DROP | 데이터베이스나 데이터베이스 객체를 삭제 |

### 2) 데이터 조작어(DML : Data Manipulation Language)

- 사용자와 데이터베이스 관리 시스템 간의 인터페이스를 제공한다.
- 데이터의 검색/삽입/삭제/변경을 수행한다.
- 데이터베이스 사용자나 응용 프로그램에서 데이터를 조작하는 데 주로 사용된다.
- 데이터의 조작에만 사용하기 때문에 데이터베이스 구조를 수정하려면 데이터 정의 언어(DDL)를 사용해야 한다.
- DML 명령어

| SELECT | 데이터베이스에서 데이터를 조회 |
|---|---|
| INSERT | 데이터베이스에 새로운 데이터를 추가 |
| UPDATE | 데이터베이스의 데이터를 수정 |
| DELETE | 데이터베이스에서 데이터를 삭제 |

**개념 체크**

1 데이터베이스나 데이터베이스 객체를 생성하는 DDL 명령어는?

1 CREATE

## 3) 데이터 제어어(DCL : Data Control Language)

- 불법적인 사용자로부터 데이터를 보호한다.
- 무결성을 유지한다.
- 데이터 회복 및 병행 제어를 수행한다.
- DCL 명령어

| | | |
|---|---|---|
| 무결성 | COMMIT | • 데이터베이스 트랜잭션을 성공적으로 완료하고, 트랜잭션의 모든 변경 사항을 영구적으로 데이터베이스에 적용하는 명령어이다.<br>• COMMIT이 실행되면 이전에 실행된 모든 DML(Data Manipulation Language) 작업이 데이터베이스에 반영된다. |
| | ROLLBACK | • 데이터베이스 트랜잭션을 취소하고, 트랜잭션이 실행되기 이전의 상태로 되돌리는 명령어이다.<br>• 트랜잭션 중 오류가 발생하거나, 트랜잭션을 취소해야 할 때 ROLLBACK을 사용하여 이전 상태로 되돌릴 수 있다. |
| 권한 | GRANT | • 데이터베이스 객체(테이블, 뷰, 프로시저 등)에 대한 권한을 부여하는 명령어이다.<br>• 특정 사용자나 사용자 그룹에, 객체에 대한 SELECT, INSERT, UPDATE, DELETE 등의 권한을 부여한다.<br><br>📖 테이블에 대한 SELECT 권한을 부여<br>GRANT SELECT ON 테이블명<br>　　TO 사용자명; |
| | REVOKE | • 데이터베이스 객체에 대한 권한을 취소하는 명령어이다.<br>• GRANT 명령어와 반대로 작용하며, 특정 사용자나 사용자 그룹에, 객체에 대한 권한을 해제한다.<br><br>📖 테이블에 대한 SELECT 권한 해제<br>REVOKE SELECT ON  테이블명<br>　　FROM 사용자명; |
| | CREATE USER | • 새로운 데이터베이스 사용자를 생성하는 명령어이다.<br>• CREATE USER 명령어는 사용자명과 비밀번호를 지정하여 새로운 사용자를 생성한다.<br><br>📖 새로운 사용자 생성<br>CREATE USER 사용자명<br>　　IDENTIFIED BY '비밀번호'; |
| | DROP USER | • 데이터베이스 사용자를 삭제하는 명령어이다.<br>• DROP USER 명령어를 사용하여 사용자명을 지정하면 해당 사용자가 삭제된다.<br><br>📖 사용자 삭제<br>DROP USER 사용자명; |

✅ 개념 체크

1 DCL 명령어 중 데이터베이스 객체(테이블, 뷰, 프로시저 등)에 대한 권한을 부여하는 명령어는 REVOKE이다. (O, X)

1 X

**01** 다음에서 설명하는 스키마(Schema)는?

> 데이터베이스 전체를 정의한 것으로 데이터 개체, 관계, 제약 조건, 접근 권한, 무결성 규칙 등을 명세한 것

① 개념 스키마
② 내부 스키마
③ 외부 스키마
④ 내용 스키마

개념 스키마(Conceptual Schema) : 모든 응용 시스템이나 사용자들이 필요로 하는 데이터를 통합한 조직 전체의 데이터베이스를 정의한다.

**02** 다음 설명에 해당하는 것은?

> "물리적 저장 장치의 측면에서 본 데이터베이스 구조로서 실제로 데이터베이스에 저장될 레코드의 형식을 정의하고 저장 데이터 항목의 표현 방법, 내부 레코드의 물리적 순서 등을 나타낸다."

① 외부 스키마
② 내부 스키마
③ 개념 스키마
④ 슈퍼 스키마

내부 스키마(Internal Schema) : 물리적 저장 장치의 측면에서 본 데이터베이스 구조로서 실제로 데이터베이스에 저장될 레코드의 형식을 정의하고 저장 데이터 항목의 표현 방법, 내부 레코드의 물리적 순서 등을 나타낸다.

**03** 다음 중 SQL에서의 DDL문이 <u>아닌</u> 것은?

① CREATE
② DELETE
③ ALTER
④ DROP

**DDL 종류**
• CREATE : 스키마, 도메인, 테이블, 뷰 정의
• ALTER : 테이블 정의 변경
• DROP : 스키마, 도메인, 테이블, 뷰 삭제

**04** DML에 해당하는 것으로만 나열된 것은?

| ⊙ SELECT | ⓒ UPDATE |
|---|---|
| ⓒ INSERT | ⓔ GRANT |

① ⊙,ⓒ,ⓒ
② ⊙,ⓒ,ⓔ
③ ⊙,ⓒ,ⓔ
④ ⊙,ⓒ,ⓒ,ⓔ

DML의 종류 : SELECT, INSERT, DELETE, UPDATE

CHAPTER **02**

# 데이터베이스 설계와
# 관계형 모델

데이터베이스를 설계 시 가장 많이 사용하고 있는 관계형 데이터베이스 모델을 학습하게 됩니다. 반복 출제되는 부분이 많습니다. 출제 표기를 보고 해당 부분만큼은 완벽히 정리하세요. 관계형 데이터베이스 모델의 특징과 표현 방법, 키의 종류 그리고 그에 따른 무결성 제약 조건은 필기/실기를 가리지 않고 자주 출제됩니다.

출제빈도

| SECTION 01 | 하 | 10% |
| SECTION 02 | 중 | 15% |
| SECTION 03 | 상 | 35% |
| SECTION 04 | 상 | 40% |

# 데이터베이스 설계

▶ 합격 강의

**빈출 태그** 개념적 설계 • 논리적 설계 • 물리적 설계

---

## 01 데이터베이스 설계 단계

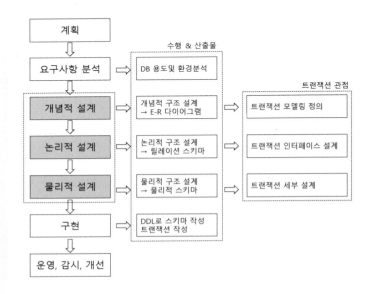

**데이터베이스 설계 단계에서의 트랜잭션 설계 단계**
• 개념 설계 : 트랜잭션 모델링
• 논리 설계 : 트랜잭션 인터페이스 설계
• 물리 설계 : 트랜잭션 세부 설계

## 02 데이터베이스 설계 단계별 특징

### 1) 요구사항 분석

- 사용자와의 인터뷰 : 데이터베이스를 사용할 사용자와 인터뷰하여 어떤 정보를 저장하고 검색해야 하는지를 파악한다.
- 요구사항 문서화 : 수집한 요구사항을 문서로 작성하여 추후 참고할 수 있도록 한다.
- 기존 시스템 분석 : 기존 시스템이 있는 경우, 해당 시스템의 기능과 제약 조건을 분석한다.
- 데이터 흐름 분석 : 데이터베이스에서 데이터가 어떻게 흐르는지를 파악하여 데이터베이스의 구조를 결정한다.
- 데이터 요구사항 분석 : 데이터베이스에서 어떤 종류의 데이터를 사용해야 하는지를 파악한다. 이를 위해 데이터 유형, 길이, 형식, 범위 등을 결정한다.
- 보안 요구사항 분석 : 데이터베이스에 저장되는 정보의 중요도에 따라 보안 요구사항을 결정한다.

- 성능 요구사항 분석 : 데이터베이스의 성능 요구사항을 파악하여 적절한 인덱스, 파티셔닝 등을 결정한다.
- 데이터베이스 용도 파악 및 환경 분석 : 사용자로부터 수집한 요구조건을 바탕으로 요구조건 명세서를 작성한다.

## 2) 개념적 설계 23.6, 22.4

- 목표 DBMS에 독립적인 개념 스키마를 설계한다.
- 개념 스키마 모델링(E-R 다이어그램 작성)과 트랜잭션 모델링을 병행 수행한다.
- 수행 절차 ── 개발 대상을 추상화하고 기호나 그림 등으로 시각적으로 표현

| 요구사항 분석 | 데이터베이스에 어떤 데이터가 저장되어야 하는지, 이 데이터가 어떻게 사용되는지에 대한 요구사항을 분석 |
|---|---|
| 엔티티 타입 정의 | 요구사항 분석을 통해 엔티티 타입을 정의하고, 엔티티 간의 관계를 파악 |
| 속성 정의 | 엔티티 타입의 속성을 정의하고, 속성 간의 관계를 파악 |
| 관계 타입 정의 | 엔티티 간의 관계를 정의하고, 관계 타입을 식별 |
| ER 모델 작성 | 위의 작업을 바탕으로 ER 모델을 작성 |
| ER 모델 검증 | 작성한 ER 모델을 검증하여 데이터베이스의 요구사항을 충족시키는지 확인 |

## 3) 논리적 설계 23.3, 22.3, 20.6

- 목표 DBMS에 종속적인 논리적 스키마를 설계한다.
- 스키마의 평가 및 정제를 한다.
- 논리적 데이터 모델로 변환 및 트랜잭션 인터페이스를 설계한다.
- 수행 절차

| 개념적 모델 변환 | • 개념적 모델을 바탕으로 논리적 모델을 만듦<br>• 엔티티, 속성, 관계 등의 개념을 테이블, 열, 키 등의 데이터베이스 요소로 변환 |
|---|---|
| 테이블 정의 | • 개념적 모델을 바탕으로 테이블을 정의<br>• 각 테이블의 열, 데이터 유형, 제약 조건 등을 정의 |
| 관계 정의 | 각 테이블 간의 관계를 정의하고, 이를 테이블 간의 외래키 제약 조건으로 표현 |
| 정규화 | 불필요한 중복 데이터를 제거하고, 테이블을 더욱 효율적으로 관리하기 위해 정규화를 수행 |
| 논리적 모델 검증 | 작성한 논리적 모델을 검증하여 데이터베이스의 요구사항을 충족시키는지 확인 |

## 4) 물리적 설계 24.7, 24.3, 23.6, 22.4, 22.3, 21.8, 21.5, 21.3, 20.9

- 목표 DBMS에 종속적인 물리적 구조를 설계한다.
- 저장 레코드★ 양식 설계와 레코드 집중(Record Clustering)의 분석/ 설계, 액세스 경로 인덱싱, 클러스터링, 해싱 등의 설계가 포함된다.
- 접근 경로 설계 및 트랜잭션 세부 설계를 한다.
- 데이터베이스 구조를 최적화하여 성능을 향상시키는 작업을 수행한다.
- 데이터베이스의 보안과 백업/복구에 대한 계획도 중요한 요소이다.

★ 저장 레코드(Stored Record)
- 물리적 데이터베이스 구조의 기본적인 데이터 단위이다.
- 물리적 데이터베이스 구조는 여러 가지 타입의 저장 레코드 집합이라는 면에서 단순한 파일과 다르다.

**저장 레코드의 양식 설계 시 고려 사항**
데이터 타입, 데이터 순서, 접근 경로, 데이터 값의 분포, 접근 빈도 등

**물리적 설계 옵션 선택 시 고려 사항**
반응 시간, 공간 활용도, 트랜잭션 처리량 등

① 물리적 설계 단계 고려 사항 22.4
- 인덱스의 구조와 레코드 크기
- 파일에 존재하는 레코드 개수
- 파일에 대한 트랜잭션의 갱신과 참조 성향
- 성능 향상을 위한 개념 스키마의 변경 여부 검토
- 빈번한 질의와 트랜잭션들의 수행 속도를 높이기 위한 고려
- 시스템 운용 시 파일 크기의 변화 가능성

② 수행 절차

| | |
|---|---|
| 테이블 및 인덱스 생성 | 논리적 모델을 바탕으로 테이블과 인덱스를 생성 |
| 저장 장치 및 파일 그룹 정의 | 데이터를 저장할 장치와 파일 그룹을 정의 |
| 데이터 유형 및 크기 지정 | 각 열의 데이터 유형과 크기를 지정 |
| 제약 조건 정의 | 각 열과 테이블에 대한 제약 조건을 정의 |
| 파티셔닝 | 대용량 데이터를 처리하기 위해 테이블을 파티션으로 분할 |
| 보안 설정 | 데이터베이스에 대한 보안 설정을 수행 |
| 성능 튜닝 | 데이터베이스의 성능을 향상시키기 위해 인덱스, 클러스터링, 쿼리 최적화 등의 작업을 수행 |
| 백업 및 복구 | 데이터베이스의 백업 및 복구를 수행 |

➕ 더 알기 TIP

**설계 단계별 비교**

| 구분 | 개념적(Conceptual) 설계 | 논리적(Logical) 설계 | 물리적(Physical) 설계 |
|---|---|---|---|
| 개념 | 데이터베이스 모델링을 수행하는 단계로 데이터베이스의 개념적 모델을 만드는 단계 | 개념적 모델을 바탕으로 데이터베이스의 논리적 모델을 만드는 단계 | 논리적 모델을 바탕으로 실제 데이터베이스를 구축하는 단계 |
| 주요 작업 내용 | • 요구사항 분석<br>• 엔티티 타입 정의<br>• 속성 정의<br>• 관계 타입 정의<br>• ER 모델 작성<br>• ER 모델 검증 | • 논리적 모델 생성<br>• 테이블 정의<br>• 관계 정의<br>• 정규화<br>• 논리적 모델 검증 | • 실제 데이터베이스를 구축<br>• 테이블 및 인덱스 생성<br>• 저장 장치와 파일 그룹 정의<br>• 데이터 유형 및 크기 지정<br>• 제약 조건 정의<br>• 파티셔닝, 보안 설정<br>• 성능 튜닝, 백업 및 복구 |
| 주요 목표 | 데이터베이스에서 사용될 개념을 정의 | 개념적 모델을 논리적 구조로 변환 | 논리적 모델을 실제 데이터베이스 구조로 변환 |
| 수행 방법 | 엔티티, 속성, 관계 등의 개념을 사용하여 개념적 모델을 작성 | 엔티티, 속성, 관계 등의 개념을 사용하여 논리적 모델을 작성 | 논리적 모델을 바탕으로 실제 데이터베이스를 구축 |
| 결과물 | ER 모델 | 논리적 데이터 모델 | 실제 데이터베이스 구조 |

✅ 개념 체크

1 접근 경로 설계 및 트랜잭션 세부 설계를 하는 데이터베이스 설계 단계로, 저장 레코드 양식 설계와 레코드 집중의 분석/ 설계, 액세스 경로 인덱싱, 클러스터링, 해싱의 설계를 포함하는 것은?

1 물리적 설계

## 6) 데이터베이스 구현

- 목표 DBMS의 DDL로 스키마를 작성한다.
- 데이터베이스에 등록 후 트랜잭션을 작성한다.

- 데이터베이스 생성 : 데이터베이스 관리 시스템(DBMS)을 사용하여 물리적 데이터베이스를 생성한다.
- 테이블 생성 : 물리적 설계 단계에서 작성한 테이블 구조를 바탕으로 테이블을 생성한다.
- 인덱스 생성 : 필요한 인덱스를 생성하여 데이터베이스의 성능을 향상시킨다.
- 데이터 삽입 : 새로운 데이터를 데이터베이스에 삽입한다.
- 데이터 수정 : 이미 존재하는 데이터를 수정한다.
- 데이터 삭제 : 더 이상 필요하지 않은 데이터를 삭제한다.
- 데이터베이스 보안 설정 : 사용자 인증 및 권한 부여 등의 보안 설정을 수행한다.
- 백업 및 복구 : 데이터베이스의 백업 및 복구를 수행한다.

## 이론을 확인하는 기출문제

**01** 데이터베이스에서 개념적 설계 단계에 대한 설명으로 틀린 것은?

① 산출물로 E-R Diagram을 만들 수 있다.
② DBMS에 독립적인 개념 스키마를 설계한다.
③ 트랜잭션 인터페이스를 설계 및 작성한다.
④ 논리적 설계 단계의 앞 단계에서 수행된다.

**데이터베이스 설계 단계에서의 트랜잭션 설계 단계**
- 개념 설계 : 트랜잭션 모델링
- 논리 설계 : 트랜잭션 인터페이스 설계
- 물리 설계 : 트랜잭션 세부 설계

**02** 물리적 데이터베이스 구조의 기본 데이터 단위인 저장 레코드의 양식을 설계할 때 고려 사항이 아닌 것은?

① 데이터 타입
② 데이터값의 분포
③ 트랜잭션 모델링
④ 접근 빈도

저장 레코드의 양식 설계 시 고려 사항 : 데이터 타입, 데이터 순서, 접근 경로, 데이터값의 분포, 접근 빈도 등

**03** 물리적 데이터베이스 설계에 대한 설명으로 거리가 먼 것은?

① 물리적 설계의 목적은 효율적인 방법으로 데이터를 저장하는 것이다.
② 트랜잭션 처리량과 응답 시간, 디스크 용량 등을 고려해야 한다.
③ 저장 레코드의 형식, 순서, 접근 경로와 같은 정보를 사용하여 설계한다.
④ 트랜잭션의 인터페이스를 설계하며, 데이터 타입 및 데이터 타입들 간의 관계로 표현한다.

**물리적 설계**
- 목표 DBMS에 종속적인 물리적 구조 설계
- 저장 레코드 양식 설계와 레코드 집중의 분석/설계, 엑세스 경로 인덱싱, 클러스터링, 해싱 등의 설계가 포함된다.

**04** 데이터베이스 설계 단계 중 저장 레코드 양식 설계, 레코드 집중의 분석 및 설계, 접근 경로 설계와 관계되는 것은?

① 논리적 설계
② 요구 조건 분석
③ 개념적 설계
④ 물리적 설계

물리적 설계 : 목표 DBMS에 종속적인 물리적 구조 설계

▶ 합격 강의

빈출 태그 데이터 모델의 구성 요소 · 개체–관계 모델 기호

## 01 데이터 모델(Data Model)

### 1) 데이터 모델의 개념

- 현실 세계를 데이터베이스에 표현하는 중간 과정, 즉 데이터베이스 설계 과정에서 데이터의 구조를 표현하기 위해 사용되는 도구이다.
- 데이터 모델은 데이터, 데이터의 관계, 데이터의 의미 및 일관성, 제약 조건 등을 기술하기 위한 개념적 도구들의 모임이다.
- 현실 세계를 데이터베이스에 표현하는 중간 과정, 즉 데이터베이스 설계 과정에서 데이터의 구조를 논리적으로 표현하기 위해 사용되는 도구이다.
- 데이터의 구조(Schema)를 논리적으로 묘사하기 위해 사용되는 지능적 도구이다.

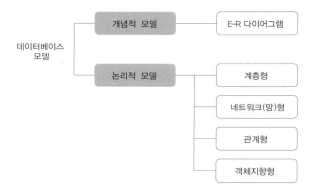

### 2) 데이터 모델의 구성 요소 [22.7, 22.4, 20.9]

- 데이터 구조(Structure) : 데이터 구조 및 정적 성질을 표현한다.
- 연산(Operations) : 데이터 구조에 따라 개념 세계나 컴퓨터 세계에서 실제로 표현된 값들을 처리하는 작업으로, 데이터의 인스턴스에 적용할 수 있는 연산 명세와 조작 기법을 표현한다.
- 제약 조건(Constraints) : 데이터의 논리적 제한 명시 및 조작의 규칙이다.

## ⑫ 데이터 모델의 종류

### 1) 개념 데이터 모델

① 개념 데이터 모델의 개념

• 속성들로 기술된 개체 타입과 이 개체 타입 간의 관계를 이용하여 현실 세계를 표현하는 방법을 개념 데이터 모델링이라 한다.
• 현실 세계에 있는 그대로 사람이 이해할 수 있는 형태의 정보 구조(Information Structure)로 만들어 가는 과정을 의미하기 때문에 정보 모델이라고도 한다.
• 대표적 개념적 데이터 모델로는 개체-관계(E-R) 모델이 있다.

② **개체-관계 모델(E-R 모델, Entity-Relationship 모델)** 24.7, 24.5, 22.4, 22.3, 21.5, 21.3, 20.9

• 대표적인 개념적 데이터 모델이다.
• 개체 타입과 이들 간의 관계 타입을 이용하여 현실 세계를 개념적으로 표현한 방법이다.
• E-R 다이어그램 : E-R 모델을 그래프 방식으로 표현하였다.

정보 공학 방법론에서 데이터베이스 설계의 표현으로 사용하는 모델링 언어로 P.Chen이 처음 제안

③ E-R 모델의 표현 방법

| 기호 | 기호 이름 | 의미 |
|---|---|---|
| ▭ | 사각형 | 개체(Entity) |
| ◇ | 마름모 | 관계(Relationship) |
| ◯ | 타원 | 속성(Attribute) |
| ⊖ | 타원 밑줄 | 기본키 속성 |
| —— | 실선 | 개체 타입과 속성을 연결 |
| ◎ | 2중 타원 | 다중값 속성 |
| ⬭ | 점선 타원 | 유도 속성 |

### 2) 논리 데이터 모델

• 필드로 기술된 데이터 타입과 이 데이터 타입 간의 관계 현실 세계를 표현하는 방법을 논리 데이터 모델링이라 한다.
• 개념적 데이터 모델링 과정에서 추출된 엔티티(Entity)와 속성(Attribute)들의 관계(Relation)를 구조적으로 정의하는 단계로서, 개념적 구조를 컴퓨터가 이해하고 처리할 수 있도록 변환하는 과정을 말한다.

**유도 속성(Derived Attribute)**
값이 별도로 저장되는 것이 아니라 기존의 다른 속성 값에서 유도되어 결정되는 속성이다.

✔ **개념 체크**

1 개체-관계 모델에서 사각형은 속성을 의미한다. (O, X)

2 개념적 데이터 모델링 과정에서 추출된 엔티티와 속성들의 관계를 구조적으로 정의하는 단계로서, 개념적 구조를 컴퓨터가 이해하고 처리할 수 있도록 변환하는 과정은?

1 X 2 논리 데이터 모델링

- 데이터베이스 개발 과정의 첫 단계로 전략 수립 및 분석 단계에서 실시하며, 이해 당사자들과 의사소통의 보조 자료로서 산출된 E-R 모델을 대상으로 하여 구축 대상 DBMS에 맞게 스키마를 설계한다.
- 데이터 구조에 대한 논리적 정의 단계로서 정확한 업무 분석을 통한 자료의 흐름을 분석하여 현재 사용 중인 양식, 문서, 장표를 중심으로 자료 항목을 추출하고, 필드로 기술된 데이터 타입과 이 데이터 타입 간의 관계를 이용하여 현실 세계를 표현한다.
- 성능 혹은 기타 제약 사항과는 독립적인 모델로서, 논리적 모델은 H/W나 S/W에 독립적이다.

### 3) 논리 데이터 모델의 종류 23.3

#### ① 계층형 데이터 모델(Hierarchical Data Model)

**계층형 데이터 모델의 장점**
- 데이터의 무결성을 보장하기 위한 제약 조건을 쉽게 설정할 수 있다.
- 데이터의 구조가 간단하며, 데이터 검색이 쉽다.
- 구현, 수정, 검색이 쉽고 데이터 독립성이 보장된다.

**계층형 데이터 모델의 단점**
- 다대다 관계를 표현할 수 없으며, 복잡한 구조의 데이터를 표현하기 어렵다.
- 계층 구조가 변경되면 데이터의 구조를 재구성해야 한다.
- 데이터 상호 간의 유연성이 부족하다.
- 검색 경로가 한정되어 있으며 삽입과 삭제 연산이 매우 복잡하다.

- 트리 구조를 이용해서 데이터 상호관계를 계층적으로 정의한 구조이다.
- 상위와 하위 레코드가 일대다(1:N)의 대응 관계로 이루어진 구조이다.
- 개체 간의 관계를 부모와 자식의 관계로 표현한다.
- 상위 개체를 삭제하면 연쇄 삭제가 발생한다.
- 개체 타입 간에는 사이클이 허용되지 않는다.
- 두 개체 간에는 하나의 관계만 허용된다.
- 개체(Entity) = 세그먼트(Segment)
  └ Tree를 구성하는 노드, 정보가 전달되는 단위

학과
| 학과코드 | 소속 |

학생
| 학번 | 학생명 | 학과코드 |

교수
| 소속 | 교수명 | 전공 |

수강
| 학번 | 수강과목 | 성적 |

#### ② 네트워크형 데이터 모델(Network Data Model) 23.3
┌ 이러한 연결 관계를 다중 연결(Multiple Relationships)이라고 한다.
- 상위와 하위 레코드가 다대다(N:M)의 대응 관계로 이루어진 구조이다.
- 데이터 모델은 각각의 엔티티가 자기 자식 엔티티와 연결될 수 있다.
- 다중 연결을 통해 복잡한 데이터 구조를 표현할 수 있다.
- 데이터베이스를 그래프(Graph) 구조로 표현(오너-멤버 관계)한다.
- CODASYL이 제안한 모델로, CODASYL 모델이라고도 한다.
- 대표적인 DBMS가 DBTG로, DBTG 모델이라고도 한다.
- 그래프를 이용해서 데이터 논리 구조를 표현할 수 있다.

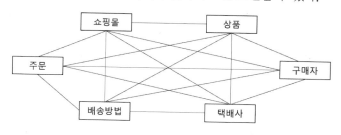

✔ 개념 체크

1 논리 데이터 모델의 종류 중 계층형 데이터 모델은 CO-DASYL이 제안하여 CO-DASYL 모델이라고도 한다.
(O, X)

1 X

- 장점

| 장점 | 설명 |
|---|---|
| 유연성 | 엔티티 간의 다양한 관계를 표현할 수 있으며, 다중 부모 관계와 다중 자식 관계를 지원한다. |
| 데이터 구조의 동적 변경 가능성 | 데이터 구조를 동적으로 변경할 수 있어 새로운 관계를 추가하거나 관계를 수정하기 쉽다. |
| 복잡한 데이터 관계 표현 가능성 | 다양한 형태의 복잡한 데이터 관계를 표현할 수 있어 데이터의 표현력이 뛰어나다. |
| 성능 최적화 기능 | 쿼리의 성능 최적화를 위해 다양한 인덱싱 기법을 활용한다. |
| 비구조적 데이터 처리 가능성 | 비구조적인 데이터(⑩ 문서, 그래프) 처리에 적합하다. |
| 데이터 중복 최소화 | 관계를 통해 데이터 중복을 최소화하고 일관성을 유지한다. |

- 단점

| 단점 | 설명 |
|---|---|
| 복잡성 | 관계를 나타내는 링크 구조로 데이터를 표현하기 때문에 구조가 복잡해질 수 있다. |
| 질의 언어의 한계 | 질의 언어가 구조화되어 있지 않아서 쿼리 작성이 어려울 수 있으며, 직관적이고 사용하기 쉬운 SQL과 비교하여 제약이 있을 수 있다. |
| 성능 저하 가능성 | 복잡한 데이터 관계와 다양한 조인 연산으로 인해 성능 저하가 발생할 수 있다. |
| 확장성 제한 | 수평적 확장이 어려울 수 있으며, 대규모 데이터 처리에 제한이 있을 수 있다. |
| 비용 | 구현 및 유지보수 비용이 높을 수 있다. |

③ 관계형 데이터 모델

- 계층 모델과 망 모델의 복잡한 구조를 단순화시킨 모델이다.
- 표(Table)를 이용해서 데이터 상호관계를 정의하는 DB 구조를 말하는데, 파일 구조처럼 구성한 테이블들을 하나의 DB로 묶어서 테이블 내에 있는 속성 간의 관계(Relationship)를 설정하거나 테이블 간의 관계를 설정해서 이용한다.
- 1:1, 1: N, N:M 관계를 자유롭게 표현할 수 있다.

| 학번 | 이름 | 전공 |
|---|---|---|
| 1001 | 홍길동 | 컴퓨터공학 |
| 1002 | 김영희 | 경영학 |
| 1003 | 이철수 | 전자공학 |
| 1004 | 박지민 | 의학 |
| 1005 | 정수진 | 화학공학 |

- 장점

| 장점 | 설명 |
|---|---|
| 일관성 | ACID 특성을 준수하여 데이터 일관성을 유지한다. |
| 데이터 무결성 유지 | 데이터 무결성 제약 조건을 설정하여 데이터의 일관성과 정확성을 보장한다. |
| 표준화 | SQL(Structured Query Language)을 사용하기 때문에 표준화된 데이터 조작 언어를 제공한다. |

✔ 개념 체크

1 관계형 데이터 모델은 파일 구조처럼 구성한 여러 개의 (　　)을(를) 하나의 DB로 묶어서 (　　) 내에 있는 속성 간의 관계를 설정하거나, (　　) 간의 관계를 설정해서 이용하는 구조이다.

1 테이블(Table, 표)

| 유연성 | 스키마를 변경하거나 데이터 구조를 수정하기 위해 ALTER문을 사용한다. |
|---|---|
| 쉬운 질의 언어 | SQL은 직관적이고 사용하기 쉬운 질의 언어이다. |
| 데이터 중복 최소화 | 정규화를 통해 데이터 중복을 최소화하고 일관성을 유지한다. |
| 대용량 데이터 처리 및 병렬 처리 가능성 | 대용량 데이터를 처리하거나 병렬 처리를 할 수 있는 기능을 제공한다. |
| 성능 최적화 및 쿼리 최적화 기능 | 쿼리 옵티마이저를 사용하여 쿼리의 실행 계획을 최적화하고 성능을 향상한다. |

• 단점

| 단점 | 설명 |
|---|---|
| 비구조적 데이터 처리의 어려움 | 구조화된 데이터를 다루기에 적합하며, 비구조적인 데이터(⑩ 문서, 그래프) 처리에 제약이 있다. |
| 성능 저하 가능성 | 테이블 간의 조인 연산이 많은 경우 성능 저하가 발생할 수 있으며, 적절한 인덱싱이 필요하다. |
| 고비용 | 상용 소프트웨어이기 때문에 라이선스 비용이 발생할 수 있으며, 운영 및 유지보수에 고비용이 소요된다. |
| 확장성 제한 | 수평적 확장(Horizontal Scaling)이 어려워 여러 대의 서버에 데이터를 분산시키는 것이 제한적이다. |
| 복잡한 데이터 모델링 | 복잡한 데이터 모델링이 필요하며, 정규화 및 관계 설정에 대한 이해와 관리가 필요하다. |
| 빠른 데이터 접근 속도 | 대량의 데이터를 실시간으로 처리해야 할 때는 다른 데이터 모델이 더 적합할 수 있다. |

④ 객체지향형 데이터 모델(Object Oriented Data Model)
• 객체 개념을 데이터베이스에 도입한 것으로, 공학 분야 또는 멀티미디어 데이터와 같이 복잡한 관계를 맺은 데이터들을 표현하는 데 효과적이다.
• 데이터를 객체로 표현하며, 객체 간의 상속, 다형성 등의 개념을 이용하여 데이터를 관리한다.
• 객체지향형 데이터베이스는 모든 것을 클래스(Class) 또는 객체(Object)로 표현한다.
• 장점

| 장점 | 설명 |
|---|---|
| 모델과 현실 세계의 유사성 | 현실 세계의 개념과 구조에 가깝게 데이터를 모델링할 수 있다. |
| 재사용성 | 객체의 상속 개념을 통해 코드 및 데이터의 재사용성이 높아진다. |
| 유연성 | 객체 간의 관계를 표현할 수 있어 유연한 데이터 구조를 설계할 수 있다. |
| 캡슐화 | 데이터와 해당 데이터를 처리하는 메소드를 캡슐화하여 객체의 내부를 숨기고 외부에서 접근할 수 있는 인터페이스를 제공한다. |
| 다형성 | 다형성 개념을 활용하여 객체의 다양한 동작을 처리할 수 있다. |
| 직관적인 모델링 | 현실 세계의 개념과 유사하여 직관적인 데이터 모델링이 가능하다. |
| 유지보수 및 확장성 | 객체 단위로 작성된 코드와 데이터 구조는 유지보수와 확장성이 용이하다. |
| 데이터 무결성 보장 | 객체의 캡슐화와 캡슐 내부에서의 데이터 조작을 통해 데이터 무결성을 보장할 수 있다. |

✔ 개념 체크

1 객체지향형 데이터베이스는 모든 것을 클래스 또는 (　)로 표현한다.

1 객체(Object)

- 단점

| 단점 | 설명 |
|---|---|
| 학습 및 이해의 어려움 | 객체지향 개념과 관련된 개념들을 이해하고 숙지해야 데이터 모델링 및 개발에 효과적으로 활용할 수 있다. |
| 비용 | 구현하기 위해 추가적인 개발 및 관리 비용이 발생할 수 있다. |
| 대규모 데이터 처리의 어려움 | 대량의 데이터를 처리하는 데에는 제한적일 수 있으며, 분산 처리에 제약이 있을 수 있다. |
| 데이터 중복성 문제 | 객체 간의 상속 관계와 객체 그래프 구조로 인해 데이터 중복성이 발생할 수 있으며, 일관성 유지에 주의가 필요하다. |
| 데이터 모델링 복잡성 | 복잡한 객체 간의 관계를 모델링하는 것은 어려울 수 있으며, 적절한 객체 설계와 관리가 필요하다. |
| 변경 관리의 어려움 | 데이터 구조의 변경이 자주 발생할 때 관련된 객체와 코드의 변경을 관리하기 어려울 수 있다. |

## 4) 논리 데이터 모델의 구성 요소

### ① 개체(Entity)

- 자료수집의 대상이 되는 정보 세계에 존재하는 사물이다. 유형, 무형의 정보로 서로 연관된 몇 개의 속성★으로 구성된다.
- 개념적 개체와 물리적 개체로 구분할 수 있다.
  - 개념적 개체 : 학과, 과목 등과 같은 눈에 보이지 않는 개체
  - 물리적 개체 : 책, 연필 등과 같이 눈에 보이는 개체, 즉 현실 세계에 존재하는 사물
- 아래 그림에서 학생 개체는 학번, 이름, 학과라는 3개의 속성으로 구성되어 있다. 이때 학번, 이름, 학과는 학생이라는 개체가 가지고 있는 특성을 나타낸다.
- 속성은 이름을 가진 데이터의 가장 작은 논리적 단위가 된다.
- 속성은 자체만으로 중요한 의미를 표현하지 못하기 때문에 단독으로 존재하지 못한다.
- 학번, 이름, 학과는 개별적으로 우리에게 정보를 제공하지 못하지만, 이것들이 모여 학생이라는 개체를 구성해서 표현할 때는 큰 의미를 제공한다.
- 속성의 값인 개체 인스턴스는 시간에 따라 변할 수도 있다.

**논리 데이터 모델의 구성 요소**
- 개체(Entity)
- 속성(Attribute)
- 관계(Relationship)

★ 속성
파일 구조에서는 속성을 항목 또는 필드(Field)라고 하기도 한다.

✓ 개념 체크

1 논리 데이터 모델의 구성요소에는 개체(Entity), 속성(Attribute), (　　)이(가) 있다.

1 관계(Relationship)

- 개체의 특징
  - 각 개체는 속성(Attribute)으로 알려진 특성들로 정의된다.
  - 구체적 또는 추상적인 사물로서, 서로 구분되는 특성에 따라 속성 집합으로 표현한다.
- 개체의 종류

**개체(Entity)의 종류**
- 독립 엔티티 : Kernel Entity, Master Entity
- 중심 엔티티 : Transaction Entity
- 종속 엔티티 : Dependent Entity
- 교차 엔티티 : Associative Entity, Relative Entity

| 구분 | 설명 |
| --- | --- |
| 독립 엔티티 | 사람, 물건, 장소, 개념처럼 원래부터 현실 세계에 존재하는 엔티티(예 사원, 고객, 영업부, 창고 업무) |
| 중심 엔티티 | 업무가 실행되면서 발생하는 엔티티(예 주문, 납품) |
| 종속 엔티티 | 주로 1차 정규화(1st Normalization)로 인하여 관련 중심 엔티티로부터 분리된 엔티티 |
| 교차 엔티티 | • 교차 관계라고도 하며 두 개 이상의 엔티티 간에 발생하는 트랜잭션에 의해 발생하는 엔티티<br>• 트랜잭션 빈도에 따라 데이터가 발생하고, 대부분 논리적 모델링에서 두 개 이상의 엔티티 관계가 N:M(다대다)일 때 발생하며 이러한 관계를 해소하려는 목적으로 인위적으로 만들어진 엔티티 |

② **속성(Attribute, Field)**

- 데이터베이스를 구성하는 가장 작은 논리적 단위로서, 파일 구조상의 데이터 필드(항목)에 해당한다.
- 다음은 {학생번호}, {이름}, {전공}, {대학}으로 구성된 학생 개체이다.

- 속성의 종류
  - 단일값 속성(Single-valued Attribute) : 주민등록번호 또는 학번과 같이 반드시 하나의 값만 존재한다.
  - 다중값 속성(Multi-valued Attribute) : 집 전화번호, 핸드폰 전화번호, 회사 전화번호 등과 같이 여러 개의 값을 가질 수 있다.
  - 단순 속성(Single Attribute) : 더 이상 작은 구성 요소로 분해할 수 없는 속성이다.
  - 복합 속성(Composite Attribute) : 이름 같이 독립적인 의미를 좀 더 기본적인 성, 이름 등의 속성들로 분해할 수 있는 속성이다.

✅ **개념 체크**

1 다중값 속성(Multi-valued Attribute)은 전화번호와 같이 집, 핸드폰, 회사 전화번호 등 여러 개의 값을 가질 수 있다. (O, X)

1 O

• 속성 표현의 예

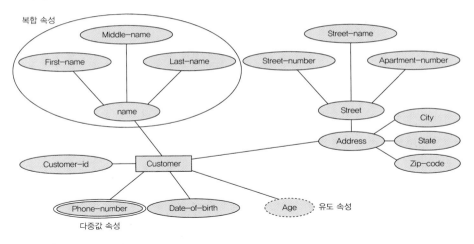

③ 관계(Relationship)

• 속성 관계(Attribute Relationship) : 개체를 구성하고 있는 속성과 속성 사이의
  관계
• 개체 관계(Entity Relationship) : 개체와 개체 사이의 관계
• 관계의 종류

| 일대일(1:1) | 일대다(1:N) | 다대다(N:M) |
|---|---|---|
| 개체 집합 X의 각 원소가 개체 집합 Y의 원소 한 개와 대응한다. | 개체 집합 X의 각 원소는 개체 집합 Y의 원소 여러 개와 대응하고, 개체 집합 Y의 각 원소는 개체 집합 X의 원소 한 개와 대응한다. | 개체 집합 X의 각 원소는 개체 집합 Y의 원소 여러 개와 대응하고, 개체 집합 Y의 각 원소도 개체 집합 X의 원소 여러 개와 대응한다. |

④ 논리, 물리 개체 관계도에서의 관계 표현
• 기수성(Cardinality)
  – 1:1, 1:M, N:M 관계
  – 해당 엔티티 1건에 대한 상대 엔티티의 기수성을 상대 엔티티 쪽에 표기
  – 표기 방법(James Martine 표기법)

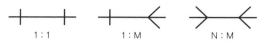

    1:1           1:M           N:M

• 선택성(Optionality)
  – 집합 의미(포함, 불포함)
  – 1:0(Optional), 1:1(Mandatory)
  – 해당 엔티티 한 건에 대한 상대 엔티티의 기수성을 상대 엔티티 쪽에 표기
  – 표기 방법(James Martine 표기법)

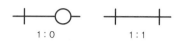

    1:0           1:1

## 이론을 확인하는 기출문제

**01** E-R 모델에서 다중값 속성의 표기 기호는?

① 다이아몬드      ② 사각형
③ 타원      ④ 선

다중값 속성은 속성(타원)이 다중인 2중 타원으로 표현한다.

**02** 논리적 데이터 모델 중 오너-멤버(Owner-Member) 관계를 가지며, CODASYL DBTG 모델이라고도 하는 것은?

① E-R 모델
② 관계 데이터 모델
③ 계층 데이터 모델
④ 네트워크 데이터 모델

네트워크 데이터 모델에 관련된 문제이다.

**03** 데이터 모델의 구성 요소 중 데이터 구조에 따라 개념 세계나 컴퓨터 세계에서 실제로 표현된 값들을 처리하는 작업을 의미하는 것은?

① Relation
② Data Structure
③ Constraint
④ Operation

연산(Operations) : 데이터의 인스턴스에 적용 가능한 연산 명세와 조작 기법이 표현된 값들이다.

정답 01 ③ 02 ④ 03 ④

# 관계형 데이터베이스 모델

▶ 합격 강의

**빈출 태그** 디그리 • 카디널리티 • 도메인 • 튜플 • 릴레이션의 특징 • CRUD 모델

## 01 관계형 데이터베이스 모델

### 1) 관계형 데이터베이스 모델의 개념

- 관계형 데이터베이스를 구성하는 개체나 관계를 릴레이션(Relation)이라는 테이블로 표현한다.
- 대표적인 논리 데이터 모델링 방식이다.
- 관계형 데이터베이스에서 테이블은 릴레이션이 된다.
- 릴레이션은 개체 릴레이션, 관계 릴레이션으로 구분할 수 있다.
- 다른 데이터베이스로의 변환이 쉬우며, 간결하고 보기 편리하다.
- 관계형 데이터베이스는 릴레이션 스키마와 릴레이션 인스턴스로 구성된다.

> **기적의 TIP**
>
> 출제 빈도가 높습니다. 빈출 태그를 통해 정리하세요. 어렵지 않지만 혼동할 수 있는 부분은 암기를 통해 정리하세요. 관계형 데이터베이스 모델의 구성과 각각의 명칭을 정리하세요.

### 2) 관계형 데이터베이스 모델의 구성 21.3, 20.8

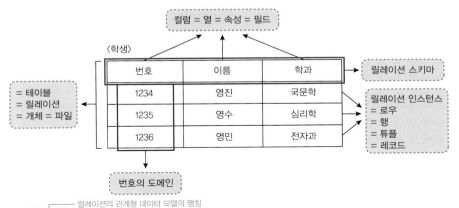

릴레이션의 관계형 데이터 모델의 명칭

### ① 릴레이션 스키마(Relation Schema)

- 개념 모델에서 도출된 개체를 컴퓨터로 처리할 수 있는 단위로 변환(Mapping)한 모델이다.
- 릴레이션의 구조(Framework, 틀)를 정의하는 스키마로, 릴레이션의 이름과 각 컬럼의 이름과 데이터 타입, 제약 조건 등을 정의한 것이다.
- 릴레이션 이름과 릴레이션 속성(Attribute)들의 집합이다.
- 하나 이상의 릴레이션 스키마들로 이루어진다(예 부서, 사원의 릴레이션 스키마 표현).

> **개념 체크**
>
> 1 개념 모델에서 도출된 개체를 컴퓨터로 처리할 수 있는 단위로 변환(Mapping)한 모델은?
>
> 1 릴레이션 스키마

부서(부서번호, 부서이름, 위치)
사원(직원번호, 직원이름, 직위, 부서번호)

〈부서〉

| 부서번호 | 부서이름 | 위치 |
|---|---|---|
| A-1 | 기획부 | 101호 |
| A-2 | 영업부 | 201호 |
| B-1 | 총무부 | 301호 |

〈사원〉

| 직원번호 | 직원이름 | 직위 | 부서번호 |
|---|---|---|---|
| 2303 | 영수 | 사원 | A-1 |
| 2304 | 영철 | 부장 | A-2 |
| 2305 | 영준 | 과장 | B-1 |

② 릴레이션 인스턴스(Relation Instance)
- 관계형 데이터베이스에서 릴레이션은 릴레이션 인스턴스들의 모임으로 구성된다.
- 릴레이션 스키마가 데이터의 구조를 정의하는 개념 스키마라면, 릴레이션 인스턴스는 이러한 스키마에 따라 저장된 튜플(Tuple)이다. ┌─ 튜플 = 행(Row) = 레코드(Record)
- 릴레이션 인스턴스는 테이블의 각 행(Row)을 튜플(Tuple)이라고 한다.
- 릴레이션 인스턴스에서는 데이터의 유효성을 검사하기 위해 제약 조건을 사용한다.
- 데이터베이스에서는 릴레이션 인스턴스를 이용하여 데이터를 검색, 수정, 삭제하는 등의 작업을 수행한다.

③ 속성(Attribute)
- 릴레이션의 열(Column)에 해당하며 파일 구조의 항목(Item), 필드(Field)와 같은 의미이다.
- 한 릴레이션의 속성은 원자값이며, 속성 간 순서가 없다.
- 데이터베이스를 구성하는 가장 작은 논리적 단위로 개체의 특성과 상태 등을 기술하며, 파일 구조의 데이터 필드(항목)로 표현된다.
- 〈부서〉 릴레이션에의 구성 요소에서 '부서번호', '부서이름', '위치' 등의 필드(개체)를 속성이라고 한다.

④ 디그리(Degree)  24.5, 22.4, 22.3, 21.5, 21.3, 20.9
- 속성(열)의 수를 디그리(Degree) 또는 차수라고 한다.
- 〈부서〉 릴레이션의 디그리(속성의 수)는 '부서번호', '부서이름', '위치' 3개의 속성이므로 3이 된다.
- 릴레이션이 가지는 속성의 개수를 나타내는 값으로, 이를 통해 릴레이션의 복잡도와 정규화 정도 등을 판단할 수 있다.
- 디그리 값이 클수록 릴레이션의 구조가 복잡해지므로, 일반적으로 정규화를 수행하여 디그리를 낮추는 것이 바람직하다.
- 디그리가 높을수록 데이터를 검색하거나 수정하는 등의 작업이 복잡해질 수 있으므로, 효율적인 데이터베이스 설계를 위해서는 적절한 디그리를 선택하는 것이 중요하다.

✓ 개념 체크

1 관계형 데이터베이스에서 릴레이션을 구성하는 것은?

2 속성(열)의 수를 디그리 또는 (  )라고 한다.

1 릴레이션 인스턴스 2 차수

⑤ 도메인(Domain) ^Attribute 21.3, 20.9

- 하나의 속성(열)이 가질 수 있는 원자값들의 집합이다.
- 데이터 타입(Data Type)과 관련하여 정의된다.
- 도메인의 정의를 통해 데이터의 무결성과 일관성을 유지할 수 있다.
- 데이터베이스 시스템에서 데이터의 유효성 검사를 수행하는 데에 사용된다.
- 올바른 도메인의 선택과 정의는 데이터의 일관성과 무결성을 유지하는 데에 중요한 역할을 하므로, 신중하게 선택되어야 한다.

⑥ 튜플(Tuple) 23.3, 22.4, 22.3, 20.9

- 릴레이션의 행(Row)에 해당하며 파일 구조의 레코드(Record)와 같은 의미이다.
- 카디널리티(Cardinality) : 튜플의 수(기수)
- 한 릴레이션의 튜플들의 값은 모두 다르며, 튜플 간 순서가 없다.

- 튜플(Tuple) : 릴레이션의 행 (Row)
- 카디널리티(Cardinality) : 튜플의 수(기수)
- 디그리(Degree) : 속성의 수(차수)

⑦ 차수와 기수 비교 24.3

| 항목 | Degree(차수) | Cardinality(기수) |
|---|---|---|
| 정의 | 릴레이션에서 하나의 행에 포함된 속성(열)의 개수를 나타냄 | 릴레이션에서 중복되지 않는 유일한 행의 개수. 즉 릴레이션에 포함된 행의 수를 나타냄 |
| 의미 | Degree는 릴레이션의 넓이를 설명함 | Cardinality는 릴레이션의 길이를 설명함 |
| 종류 | Unary(단항), Binary(이항), Ternary(삼항) 등 다양한 차수 존재 | 1:1, 1:N, N:1, N:M 등 다양한 관계의 기수 존재 |
| 예시 | 학생 릴레이션의 Degree는 3으로, 3개의 속성을 포함 | 학생 릴레이션에서 Cardinality는 5로 5개의 행을 포함 |

〈학생〉

| 학번 | 이름 | 전공 |
|---|---|---|
| 1001 | 홍길동 | 컴퓨터공학 |
| 1002 | 김영희 | 경영학 |
| 1003 | 이철수 | 전자공학 |
| 1004 | 박지민 | 의학 |
| 1005 | 정수진 | 화학공학 |

➕ 더 알기 TIP

A1, A2, A3 3개 속성을 갖는 한 릴레이션에서 A1의 도메인은 3개 값, A2의 도메인은 2개 값, A3의 도메인은 4개 값을 갖는다. 이 릴레이션에 존재할 수 있는 가능한 튜플(Tuple)의 최대 수는?

튜플은 서로 다른 유일한 값이어야 하므로 최대 튜플 수는 각 원자값의 유일한 조합의 최대이다. 유일한 원자값의 수는 도메인이므로 그 조합은 도메인의 곱이 된다.

정답 : 3 * 2 * 4 = 24

✔ 개념 체크

1 튜플은 하나의 속성(열)이 가질 수 있는 원자값들의 집합이다. (O, X)

2 카디널리티는 속성의 수이다. (O, X)

1 X 2 X

**후보키(Candidate Key)**

릴레이션을 구성하는 속성 중 튜플을 유일하게 식별하기 위해 사용하는 속성들의 부분 집합이다. 즉, 기본키로 사용할 수 있는 속성들을 말한다.

**원자성(Atomicity)**

- 릴레이션의 속성(Attribute)은 더 이상 분해될 수 없는 최소 단위의 데이터를 갖는 원자적인 데이터여야 한다.
- 릴레이션의 데이터를 일관성 있게 관리하고, 검색, 수정, 삭제하는 등의 작업에 도움을 준다.

**일관성(Consistency)**

릴레이션의 데이터는 항상 일관성을 유지해야 한다.

**격리성(Isolation) = 독립성**

- 릴레이션의 각 연산은 다른 연산에 영향을 미치지 않고 독립적으로 실행되어야 한다.
- 이를 위해 데이터베이스 시스템은 여러 사용자가 동시에 데이터에 접근할 때 이를 분리하는 기능을 제공한다.

**영속성(Durability) = 지속성 = 계속성**

- 릴레이션의 데이터는 영구적으로 보존되어야 하며, 시스템의 장애나 중단 등의 상황에서도 데이터의 무결성과 일관성을 보장해야 한다.
- 트랜잭션(Transaction)을 사용하고, 로그 파일 등의 메커니즘을 통해 데이터의 영구적인 보존을 보장한다.

✅ **개념 체크**

1 속성값은 원자값을 갖는다.
(O, X)

2 각 속성은 릴레이션 내에서 유일한 이름을 가지며, 반드시 정해진 순서를 따라야 한다. (O, X)

1 O  2 X

---

➕ **더 알기 TIP**

**한 릴레이션 스키마가 4개 속성, 2개 후보키 그리고 그 스키마의 대응 릴레이션 인스턴스가 7개 튜플을 갖는다면 그 릴레이션의 차수(Degree)는?**

릴레이션의 차수는 해당 릴레이션이 갖는 모든 속성의 수를 의미한다. 이 릴레이션의 전체 속성은 4개이며 그 중 2개가 후보키이다. 즉, 전체 속성의 수는 4개이다. 차수에서 튜플 수는 고려 사항이 아니다.

정답 : 4

---

## 02 릴레이션의 특징  24.7, 23.8, 22.7, 22.4, 21.5, 20.8

### 1) 튜플의 유일성

- 릴레이션에서 각 튜플은 고유한 식별자(Primary Key)를 갖는다.
- 모든 튜플은 서로 다른 값을 갖는다.
- 유일성은 데이터베이스의 무결성(Integrity)을 보장하기 위해 매우 중요하다.
- 데이터베이스 설계 시에는 튜플의 유일성을 보장하는 적절한 기본키를 선택하는 것이 중요하다.

### 2) 튜플의 무순서성

- 하나의 릴레이션에서 튜플의 순서는 없다.
- 데이터 검색과 연산에서 매우 유용하게 활용될 수 있다.
- 릴레이션의 데이터를 자유롭게 검색하고, 필요한 연산을 수행할 수 있도록 도와준다.
- 무순서성은 데이터를 입력할 때의 제약 사항을 줄여줄 수 있다.

### 3) 속성의 원자성

- 속성값은 원자값을 갖는다.
- 릴레이션의 각 속성이 더 이상 분해될 수 없는 최소 단위의 데이터를 갖는다는 것을 의미한다.
- 릴레이션의 데이터를 일관성 있게 관리하고, 검색, 수정, 삭제하는 등의 작업을 수행할 수 있도록 도와준다.
- 데이터베이스 설계 시에는 속성의 원자성을 보장하기 위해 적절한 데이터 타입(Data Type)과 크기를 선택하는 것이 중요하다.

### 4) 속성의 무순서성

- 각 속성은 릴레이션 내에서 유일한 이름을 가지며, 속성의 순서는 큰 의미가 없다.
- 데이터의 저장과 검색에서 유용하게 활용될 수 있는 특징이다.
- 각 속성은 순서에 따른 의미가 없으며, 어떤 순서로 출력하더라도 결과는 동일하다.

## 03 E-R 모델에서 관계형 모델로 전환(Mapping Rule)

- 데이터베이스 설계에서 개념적 모델인 E-R 모델을 논리적 모델인 관계형 모델로 전환하는 것을 의미한다.
- 아래의 예금 관계를 관계형 모델로 전환하는 방법을 맵핑룰이라고 한다.

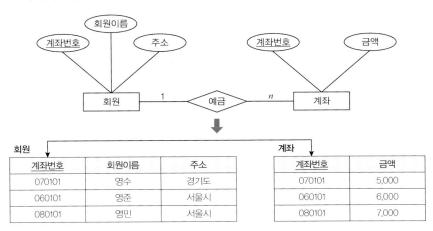

**회원**

| 계좌번호 | 회원이름 | 주소 |
|---|---|---|
| 070101 | 영수 | 경기도 |
| 060101 | 영준 | 서울시 |
| 080101 | 영민 | 서울시 |

**계좌**

| 계좌번호 | 금액 |
|---|---|
| 070101 | 5,000 |
| 060101 | 6,000 |
| 080101 | 7,000 |

## 04 상관 모델링

### 1) 상관 모형화 사용의 장점

- 데이터 모델과 프로세스 모델에 대한 품질을 향상시킬 수 있다.
- 업무 규칙에 좀 더 정확하고 상세하게 접근할 수 있다.
- 데이터 모델과 프로세스 모델에 동시에 접근하므로 데이터 모델링에서 분석된 엔티티 타입을 이용하지 않는 프로세스를 다시 도출하거나 프로세스를 이용하여 적절한 엔티티 타입이 도출되었는지, 관계나 속성은 모두 적절한지 검증할 수 있다.
- 분석 도구 : CRUD 매트릭스

### 2) CRUD 매트릭스 24.7, 20.9

- 데이터베이스에 영향을 주는 생성, 읽기, 갱신, 삭제 연산으로 프로세스와 테이블 간에 매트릭스를 만들어서 트랜잭션을 분석하는 것이다.
- 2차원 테이블에 가로와 세로에 각각의 집합 단위를 표현하여 비교하여 데이터의 상태를 비교 분석하는 기법이다.
- 엔티티 타입과 프로세스에 대한 비교뿐만 아니라 2차원 테이블로 비교할 수 있는 경우에 모두 적용되는 방법이다.
- 단위 프로세스가 엔티티 타입에 영향을 주는 방법으로 신규, 조회, 수정, 삭제의 네 가지에 반드시 포함되어 있다.
- CRUD는 CREATE의 "C", READ의 "R", UPDATE의 "U", DELETE의 "D"를 의미한다.
- 시스템의 분석부터 테스트까지 영향을 미치기 때문에 분석 단계 끝이나 설계 단계 끝에 CRUD 매트릭스를 이용한 상관 모델링 작업을 반드시 수행하도록 한다.

✓ 개념 체크

1 데이터베이스에 영향을 주는 생성, 읽기, 갱신, 삭제 연산으로 프로세스와 테이블 간에 매트릭스를 만들어서 트랜잭션을 분석하는 도구는?

1 CRUD 매트릭스

| 단위 프로세스 / 엔티티 타입 | 고객 | 주문 | 주문목록 | 제품 |
|---|---|---|---|---|
| 신규 고객을 등록한다. | C | | | |
| 주문을 신청한다. | R | C | C | R |
| 주문량을 변경한다. | | R | U | |
| 주문을 취소한다. | | D | D | |
| 제품을 등록한다. | | | | C |
| 고객정보를 조회한다. | R | | | |

단위 프로세스가 엔티티 타입에 어떠한 일을 하는지 기술한다.

➕ 더 알기 TIP

CRUD 점검 사항

- 모든 엔티티 타입에 CRUD가 한 번 이상 표기되었는가?
- 모든 엔티티 타입에 "C"가 한 번 이상 존재하는가?
- 모든 엔티티 타입에 "R"이 한 번 이상 존재하는가?
- 모든 단위 프로세스는 하나 이상의 엔티티 타입에 표기되었는가?
- 두 개 이상의 단위 프로세스가 하나의 엔티티 타입을 생성하는가?

## 이론을 확인하는 기출문제

**01** 하나의 애트리뷰트가 가질 수 있는 원자값들의 집합을 의미하는 것은?

① 도메인
② 튜플
③ 엔티티
④ 다형성

도메인(Domain) : 하나의 애트리뷰트가 가질 수 있는 원자값들의 집합이다.

**02** 관계 데이터베이스 모델에서 차수(Degree)의 의미는?

① 튜플의 수
② 테이블의 수
③ 데이터베이스의 수
④ 애트리뷰트의 수

- 디그리(Degree) : 속성의 수(차수)
- 카디널리티(Cardinality) : 튜플의 수(기수)

**03** 다음 릴레이션의 Degree와 Cardinality는?

| 학번 | 이름 | 학년 | 학과 |
|---|---|---|---|
| 13001 | 홍길동 | 3학년 | 전자 |
| 13002 | 이순신 | 4학년 | 기계 |
| 13003 | 강감찬 | 2학년 | 컴퓨터 |

① Degree : 4, Cardinality : 3
② Degree : 3, Cardinality : 4
③ Degree : 3, Cardinality : 12
④ Degree : 12, Cardinality : 3

- 디그리(Degree) : 속성(열)의 수(차수) – 4개
- 카디널리티(Cardinality) : 튜플(행)의 수(기수) – 3개

정답 01 ① 02 ④ 03 ①

**04** 데이터베이스에서 릴레이션에 대한 설명으로 <u>틀린</u> 것은?

① 모든 튜플은 서로 다른 값을 가지고 있다.

② 하나의 릴레이션에서 튜플은 특정한 순서를 가진다.

③ 각 속성은 릴레이션 내에서 유일한 이름을 가진다.

④ 모든 속성값은 원잣값(Atomic Value)을 가진다.

---

튜플의 무순서성 : 하나의 릴레이션에서 튜플의 순서는 없다.

**05** 관계 데이터 모델에서 릴레이션(Relation)에 포함되어 있는 튜플(Tuple)의 수를 무엇이라고 하는가?

① Degree

② Cardinality

③ Attribute

④ Cartesian product

---

• 디그리(Degree) : 속성의 수(차수)
• 카디널리티(Cardinality) : 튜플의 수(기수)

**06** 관계 데이터 모델에서 릴레이션(relation)에 관한 설명으로 옳은 것은?

① 릴레이션의 각 행을 스키마(Schema)라 하며, 예로 도서 릴레이션을 구성하는 스키마에는 도서 번호, 도서명, 저자, 가격 등이 있다.

② 릴레이션의 각 열을 튜플(Tuple)이라 하며, 하나의 튜플은 각 속성에서 정의된 값을 이용하여 구성된다.

③ 도메인(Domain)은 하나의 속성이 가질 수 있는 같은 타입의 모든 값의 집합으로 각 속성의 도메인은 원자값을 갖는다.

④ 속성(Attribute)은 한 개의 릴레이션의 논리적인 구조를 정의한 것으로 릴레이션의 이름과 릴레이션에 포함된 속성들의 집합을 의미한다.

---

① 릴레이션의 각 열을 속성(Attribute)라 하며, 예로 도서 릴레이션을 구성하는 속성에는 도서번호, 도서명, 저자, 가격 등이 있다.
② 릴레이션의 각 행을 튜플(Tuple)이라 하며, 하나의 튜플은 각 속성에서 정의된 값을 이용하여 구성된다.
④ 릴레이션 스키마는 한 개의 릴레이션의 논리적인 구조를 정의한 것으로 릴레이션의 이름과 각 컬럼의 이름과 데이터 타입, 제약조건 등을 정의한 것이다.

**07** 데이터베이스에 영향을 주는 생성, 읽기, 갱신, 삭제 연산으로 프로세스와 테이블 간에 매트릭스를 만들어서 트랜잭션을 분석하는 것은?

① CASE 분석

② 일치 분석

③ CRUD 분석

④ 연관성 분석

---

CRUD Matrix 분석 : 데이터베이스에 영향을 주는 생성, 읽기, 갱신, 삭제 연산으로 프로세스와 테이블 간에 매트릭스를 만들어서 트랜잭션을 분석하는 도구이다.

**08** A1, A2, A3 3개 속성을 갖는 한 릴레이션에서 A1의 도메인은 3개 값, A2의 도메인은 2개 값, A3의 도메인은 4개 값을 갖는다. 이 릴레이션에 존재할 수 있는 가능한 튜플(Tuple)의 최대 수는?

① 24

② 12

③ 8

④ 9

---

• 모든 속성의 도메인 값을 곱하면 최대 튜플 수가 계산된다.
• $3 \times 2 \times 4 = 24$

▶ 합격 강의

★ 혼합키
〈학생〉 테이블의 '학번' 필드뿐 아니라 '학번'+'이름'을 혼합한 때도 기본키로 설정할 수 있다.

## 01 키(Key)의 종류

〈학생〉

| 학번 | 주민번호 | 이름 | 나이 |
|---|---|---|---|
| 1 | 920212-1 | 면처리 | 20 |
| 2 | 930202-2 | 두목이 | 21 |
| 3 | 990203-1 | 광처리 | 27 |

〈수강〉

| 과목코드 | 학과 | 학년 | 학점 |
|---|---|---|---|
| C2401 | 운영체제 | 1 | A |
| C2402 | 소프트웨어공학 | 2 | B |
| C2403 | C언어 | 3 | C |

### 1) 슈퍼키(Super Key) 24.3, 22.7, 21.8, 20.9

- 릴레이션을 구성하는 속성 중에서 각 튜플을 유일하게 식별하기 위해 사용되는 하나 이상의 속성들의 집합이다.
- 두 개 이상의 속성으로 구성된 키 또는 혼합키★를 의미한다.
- 모든 튜플에 대해 유일성은 만족하지만, 최소성은 만족하지 않는다. ── 키를 구성하는 속성의 개수를 최소화하는 것
- 릴레이션의 모든 속성 중에서 선택할 수 있으며, 릴레이션의 기본키(Primary Key)를 결정하는 데에 사용된다. ── 튜플이 중복되지 않는 성질
- 〈학생〉 릴레이션에서 {학번}, {주민번호}, {학번, 이름}, {학번, 나이}, {학번, 주민번호}, {주민번호, 이름} 등 튜플을 식별할 수 있는 모든 경우의 속성 또는 속성 집합이 슈퍼키가 될 수 있다.

### 2) 후보키(Candidate Key) 24.5, 22.7, 22.4, 20.6

- 모든 튜플을 유일하게 식별할 수 있는 하나 또는 몇 개의 속성 집합이다.
- 모든 튜플에 대해 유일성과 최소성 모두 만족한다.
- 후보키를 활용하여 릴레이션의 데이터를 더욱 쉽게 검색하고 활용할 수 있다.
- 슈퍼키에서 구해진 속성, 속성 집합 중 가장 적은 속성의 집합(최소성)이 후보키가 된다(예 학번, 주민번호).

**슈퍼키 vs 후보키**

| 구분 | 슈퍼키(Super Key) | 후보키(Candidate Key) |
|------|-------------------|------------------------|
| 정의 | 튜플을 고유하게 식별할 수 있는 속성(열) 또는 속성(열)의 집합 | |
| 유일성 | ○ | ○ |
| 최소성 | X | |
| 예시 | {학번}, {학번, 이름}, {학번, 전화번호} 등 | {학번}, {주민등록번호}, {이메일} 등 |

## 3) 기본키(Primary Key) 22.4

- 후보키 중에서 대표로 선정된 키이다.
- 널 값(Null Value)을 가질 수 없다.
- 릴레이션에서 중복을 허용하지 않으며, 각 튜플을 고유하게 식별할 수 있는 최소한
  의 속성 집합이다. <sub>공백(Space)이나 0(Zero)과는 다른 의미이며, 아직 알려지지 않거나 모르는 값</sub>
- 릴레이션의 다른 속성과 구분되어 별도로 표시되며, 릴레이션의 데이터를 검색하
  고 관리하는 데에 매우 중요한 역할을 한다.
- 후보키 중 가장 적합한 속성 또는 속성 집합을 선택한다(예 학번, 주민번호 중 선택).

**슈퍼키 vs 후보키 vs 기본키 예**

| 구분 | 내용 | 예시 |
|------|------|------|
| 슈퍼키 | 릴레이션에서 튜플을 고유하게 식별하는 속성들의 집합 | {학번, 이름}, {학번, 주민번호} |
| 후보키 | 슈퍼키 중에서 기본키로 선택될 수 있는 속성들의 집합 | {학번}, {주민번호} |
| 기본키 | 릴레이션에서 튜플을 고유하게 식별하는 주요 속성 | {학번}, {주민번호} 중 선택 |

## 4) 대체키(Alternate Key) 23.8

- 릴레이션의 후보키 중에서 기본키로 선택되지 않은 나머지 속성을 의미한다.
- {학번}을 기본키로 선택하면 {주민번호}가 대체키가 된다.

## 5) 외래키(Foreign Key) 23.8, 23.3, 22.3, 20.6

- 참조키라고도 하며 관계형 데이터베이스 모델에서 릴레이션 간의 연결을 위한 속
  성이다.
- 다른 테이블의 기본키로 사용되는 속성이다.
- 릴레이션 간의 관계를 표현하고, 데이터의 일관성과 정확성을 유지하는 참조 무결
  성(Referential Integrity)을 유지하는 데에 매우 중요한 역할을 한다.
- 〈수강〉 릴레이션에서 〈학생〉 릴레이션을 참조할 때 〈학생〉 릴레이션의 {학번}은
  기본키, 〈수강〉 릴레이션의 {학번}이 외래키가 된다.

✓ 개념 체크

1 외래키는 관계형 데이터베
  이스 모델에서 릴레이션 간
  의 연결을 위한 속성이다.
  (O, X)

1 O

## 02 무결성(Integrity) 23.3, 22.4, 21.8, 21.5, 21.3, 20.8, 20.6

### 1) 무결성의 개념

- 릴레이션 무결성 규정(Relation Integrity Rules)은 릴레이션을 조작하는 과정에서의 의미적 관계(Semantic Relationship)를 명세한 것으로 정의 대상으로 도메인, 키, 종속성 등이 있다.
- 데이터의 정확성, 일관성, 유효성이 유지되도록 하는 것을 말한다.
- 데이터에 적용되는 연산에 제한을 두어 데이터의 무결성을 유지한다.

### 2) 무결성의 종류

〈학생〉

| 학번 | 주민번호 | 이름 | 나이 |
|---|---|---|---|
| 1 | 920212-1 | 면처리 | 20 |
| 2 | 930202-2 | 두목이 | 21 |
| 3 | 990203-1 | 광처리 | 27 |

〈수강〉

| 과목코드 | 학과 | 학년 | 학점 |
|---|---|---|---|
| C2401 | 운영체제 | 1 | A |
| C2402 | 소프트웨어공학 | 2 | B |
| C2403 | C언어 | 3 | C |

#### ① 개체 무결성(Entity Integrity) 24.5, 24.3

- 기본키 값은 널(Null) 값이나 중복 값을 가질 수 없다는 제약 조건이다.
- 예를 들어 〈학생〉 테이블에 기본키인 '{학번}'이 3으로 같은 레코드는 중복되어 입력될 수 없다.
- 특징

| 고유한 값 | 기본키로 지정된 속성(열)의 값이 고유하다는 것을 보장한다. 즉, 기본키로 지정된 속성의 값은 릴레이션 내에서 중복되지 않아야 한다. |
|---|---|
| 값의 존재 | 기본키로 지정된 속성의 값이 NULL이 아니어야 한다는 것을 의미한다. 즉, 기본키로 지정된 속성은 항상 유효한 값을 가져야 한다. |
| 기본키의 일관성 | 기본키로 지정된 속성이 변경되지 않도록 보장한다. 즉, 기본키 값은 릴레이션 내에서 변경되지 않아야 한다. |

#### ② 참조 무결성(Referential Integrity)

- 릴레이션 R1에 속성 조합인 외래키를 변경하려면 이를 참조하고 있는 릴레이션 R2의 기본키도 변경해야 한다. 이때 참조할 수 없는 외래키 값을 가질 수 없다는 제약 조건이다.
- 예를 들어 〈수강〉 테이블에서 {학번}을 외래키로 참조하고 있을 때 〈수강〉 테이블에는 〈학생〉 테이블에 존재하지 않는 4번의 수강 내역이 입력될 수 없다.

• 특징

| 참조 일관성 | 외래키로 참조하는 값은 참조된 릴레이션의 기본키 값과 일치해야 한다. |
|---|---|
| 참조 무결성 제약 조건 | 외래키에 대한 값의 일관성을 강제하며, 참조된 릴레이션의 행을 삭제하거나 수정할 때 무결성을 유지하는 역할을 한다. |
| 삭제 및 갱신 동작 제어 | • 외래키가 참조하는 행이 삭제되거나 수정될 때 어떻게 동작할지를 제어한다.<br>• 참조된 릴레이션의 행이 삭제되면, 해당 행을 참조하는 외래키가 NULL로 변경되거나 기본 값으로 설정되거나 삭제 작업이 거부된다.<br>• 참조된 릴레이션의 기본키 값이 수정되면, 해당 값을 참조하는 외래키도 같이 수정된다. |
| 관계 유지 | 외래키와 기본키 간의 관계를 통해 릴레이션들 사이의 상호 작용을 정의하고, 데이터의 정확성과 일관성을 보장한다. |

➕ 더 알기 TIP

**개체 무결성 vs 참조 무결성**

| 개체 무결성 | 참조 무결성 |
|---|---|
| 기본키 값은 NULL 값일 수 없고 중복된 값이 없어야 함 | 외래키 값은 참조하는 기본키 값이 존재해야 한다. |
| 테이블에 존재하는 모든 레코드는 기본키 값을 가져야 함 | 외래키 값은 참조하는 기본키 값과 동일한 데이터를 가지고 있어야 한다. |
| 기본키 값을 참조하는 외래키를 가지고 있을 수 있음 | 참조 무결성 제약 조건으로 존재하지 않는 기본키를 참조하지 않아야 한다. |
| 개체 무결성 규칙을 준수하는 데 중점을 둠 | 관계 무결성 규칙을 준수하는 데 중점을 둔다. |

**무결성 제약 조건**
• 데이터베이스는 일관성을 유지하고 중복을 제거하는 등 데이터의 신뢰도를 유지해야 한다. 따라서 데이터의 삽입, 삭제, 수정 시 여러 가지 제약 조건이 따른다.
• 무결성 제약 조건이란 데이터베이스에 저장된 데이터의 일관성과 정확성을 지키는 것, 즉 데이터 무결성을 말한다.

③ 도메인 무결성(Domain integrity)
• 각 속성값은 해당 속성 도메인에 지정된 값이어야 한다는 제약 조건이다.
• 예를 들어 〈학생〉 테이블 {나이} 속성을 정수형(0~100)으로 지정했다면 '400'이나 '김길동' 등의 값은 입력될 수 없다.

---

이론을 확인하는 **기출문제**

**01** 키의 종류 중 유일성과 최소성을 만족하는 속성 또는 속성들의 집합은?

① Atomic key
② Super key
③ Candidate key
④ Test key

---

**후보키(Candidate Key)**
• 모든 튜플을 유일하게 식별할 수 있는 하나 또는 몇 개의 속성 집합이다.
• 모든 튜플에 대해 유일성과 최소성을 모두 만족한다.
• 후보키를 활용하여 릴레이션의 데이터를 더욱 쉽게 검색하고 활용할 수 있다.

**02** 관계형 데이터베이스에서 다음 설명에 해당하는 키(Key)는?

> 한 릴레이션 내의 속성들의 집합으로 구성된 키로서, 릴레이션을 구성하는 모든 튜플에 대한 유일성은 만족시키지만, 최소성은 만족시키지 못한다.

① 후보키      ② 대체키
③ 슈퍼키      ④ 외래키

---

슈퍼키(Super Key) : 모든 튜플에 대해 유일성은 만족하지만, 최소성은 만족하지 않는다.

정답 01 ③ 02 ③

**03** 다음 설명의 (    )안에 들어갈 내용으로 적합한 것은?

> "후보키는 릴레이션에 있는 모든 튜플에 대해 유일성과 (    )을 모두 만족시켜야 한다."

① 중복성
② 최소성
③ 참조성
④ 동일성

**후보키(Candidate Key)**
• 모든 튜플을 유일하게 식별할 수 있는 하나 또는 몇 개의 속성 집합이다.
• 모든 튜플에 대해 유일성과 최소성을 모두 만족한다.
• 후보키를 활용하여 릴레이션의 데이터를 더욱 쉽게 검색하고 활용할 수 있다.

**04** 릴레이션 R1에 속한 애트리뷰트의 조합인 외래키를 변경하려면 이를 참조하고 있는 릴레이션 R2의 기본키도 변경해야 하는 데 이를 무엇이라 하는가?

① 정보 무결성
② 고유 무결성
③ 널 제약성
④ 참조 무결성

참조 무결성 : 참조할 수 없는 키를 외래키로 가질 수 없다는 제약 조건이다.

**05** 다음 중 기본키는 NULL 값을 가져서는 안되며, 릴레이션 내에 오직 하나의 값만 존재해야 한다는 조건을 무엇이라 하는가?

① 개체 무결성 제약 조건
② 참조 무결성 제약 조건
③ 도메인 무결성 제약 조건
④ 속성 무결성 제약 조건

개체 무결성 : 기본키 값은 널(Null) 값이나 중복 값을 가질 수 없다는 제약 조건이다.

**06** 테이블의 기본키로 지정된 속성에 관한 설명으로 가장 거리가 먼 것은?

① NOT NULL로 널 값을 가지지 않는다.
② 릴레이션에서 튜플을 구별할 수 있다.
③ 외래키로 참조될 수 있다.
④ 검색할 때 반드시 필요하다.

검색할 때 필요한 필드는 Index이다.

**07** 무결성 제약 조건 중 개체 무결성 제약 조건에 대한 설명으로 옳은 것은?

① 릴레이션 내의 튜플들이 각 속성의 도메인에 정해진 값만을 가져야 한다.
② 기본키는 NULL 값을 가져서는 안 되며 릴레이션 내에 오직 하나의 값만 존재해야 한다.
③ 자식 릴레이션의 외래키는 부모 릴레이션의 기본키와 도메인이 동일해야 한다.
④ 자식 릴레이션의 값이 변경될 때 부모 릴레이션의 제약을 받는다.

**기본키(Primary Key)**
• 테이블의 각 레코드를 고유하게 식별하는 필드나 필드의 집합이다.
• 기본키 필드는 중복값이나 Null 값을 가질 수 없다.

**08** 외래키에 대한 설명으로 옳지 않은 것은?

① 외래키는 현실 세계에 존재하는 개체 타입들 간의 관계를 표현하는데 중요한 역할을 수행한다.
② 외래키로 지정되면 참조 릴레이션의 기본 키에 없는 값은 입력할 수 없다.
③ 외래키를 포함하는 릴레이션이 참조 릴레이션이 되고, 대응되는 기본 키를 포함하는 릴레이션이 참조하는 릴레이션이 된다.
④ 참조 무결성 제약조건과 밀접한 관계를 가진다.

외래키를 포함하는 릴레이션이 참조하는 릴레이션이 되고, 대응되는 기본키를 포함하는 릴레이션이 참조 릴레이션이 된다.

정답 03 ② 04 ④ 05 ① 06 ④ 07 ② 08 ③

# CHAPTER 03

# 데이터베이스 정규화

**학습 방향**

데이터베이스 정규화는 개념적 설계에서 도출된 개체를 실제 컴퓨터에서 다룰 수 있도록 논리적으로 정리하는 절차입니다. 릴레이션에 발생하는 이상 현상과 종속성의 종류별 정규화 단계를 정리하고 정규화 단계의 빈출 태그를 중심으로 학습합니다. 최근에는 반정규화에 관한 문제도 종종 출제되고 있으니 내용이 어렵더라도 꼼꼼하게 학습하도록 합니다.

**출제빈도**

| | | |
|---|---|---|
| SECTION 01 | 상 | 45% |
| SECTION 02 | 상 | 45% |
| SECTION 03 | 하 | 10% |

# 이상 현상과 함수적 종속

▶ 합격 강의

빈출 태그 삽입 이상 • 삭제 이상 • 갱신 이상 • 완전 함수적 종속 • 부분 함수적 종속 • 이행 함수적 종속

## 01 이상(Anomaly) 현상 24.3, 23.3, 21.8, 21.5, 21.3, 20.8

- 릴레이션 조작 시 데이터들이 불필요하게 중복되어 예기치 않게 발생하는 곤란한 현상을 의미한다.
- 종류 : 삽입 이상, 삭제 이상, 갱신 이상

〈수강〉 ─ 필드명에 밑줄이 있으면 기본키

| 학번 | 과목코드 | 성적 | 학년 |
|---|---|---|---|
| 100 | C413 | A | 4 |
| 200 | C123 | B | 1 |
| 300 | C312 | B | 3 |
| 400 | C312 | C | 2 |
| 400 | C324 | A | 2 |
| 400 | E412 | C | 2 |

〈학생〉

| 학번 | 학년 |
|---|---|
| 100 | 4 |
| 200 | 1 |
| 300 | 3 |
| 400 | 2 |
| 500 | 1 |
| 600 | 3 |

단, 학번, 과목코드가 하나로 묶여 기본키가 되는 혼합 속성이다.
〈수강〉 릴레이션은 〈학생〉 릴레이션의 {학번} 필드를 참조하고(조인) 있다.

**삽입 이상**

〈수강〉 릴레이션의 기본키는 {학번}, {과목코드}이다. 학번 : 600, 학년 : 3의 경우 기본키인 {학번}, {과목코드} 중 {과목코드} 값이 존재하지 않으므로 기본키 값은 중복되거나 NULL일 수 없기 때문에 레코드는 삽입되지 않는다.

**삭제 이상**

{과목코드} C123을 삭제해야 하는데 {과목코드}는 기본키에 포함되어 있으므로 {과목코드}만 삭제하지 못하고 튜플 전체를 삭제해야 한다. 결과적으로 이 레코드가 삭제되면 해당 학생이 1학년이고 {성적}이 B라는 정보까지 덩달아서 함께 삭제되는데, 이 튜플이 해당 학생의 {학년} 정보를 가지고 있는 유일한 레코드이기 때문에 이상이 발생하게 된다.
{과목코드}가 C123인 레코드를 삭제하면 기본키인 {학번} '200'도 같이 삭제되어야 한다(개체 무결성 위반).

### 1) 삽입 이상(Insertion Anomaly)

- 데이터를 삽입할 때 불필요한 데이터가 함께 삽입되는 현상이다.
- 〈수강〉 릴레이션에 {학번}이 600이고, {학년}이 3인 학생 값을 새롭게 삽입하려 할 때, 이 학생이 어떤 과목을 등록해서 {과목코드}를 확보하지 않는 한 레코드를 삽입할 수 없다(개체 무결성 위반).
- 〈수강〉 릴레이션에 {학번}이 700, {과목코드}가 C413인 레코드를 삽입하고자 할 때, 상위 〈학생〉 테이블에 존재하지 않는 {학번}이 700인 레코드는 삽입할 수 없다(참조 무결성 위반).

### 2) 삭제 이상(Deletion Anomaly)

- 릴레이션의 한 튜플을 삭제함으로써 연쇄 삭제로 인해 정보의 손실을 발생시키는 현상이다.
- 〈수강〉 릴레이션에서 {학번}이 '200'인 학생이 {과목코드} 'C123'의 등록을 취소한다고 할 때, 이 학생의 {성적}과 {학년} 정보도 함께 삭제된다.

- 〈학생〉 릴레이션에서 학번이 400번인 학생이 자퇴하여 레코드를 삭제한다고 가정할 때, 〈수강〉 릴레이션에 있는 {학번}, {과목코드} 혼합 속성인 기본키로 인하여 레코드를 삭제할 수 없게 된다(개체 무결성, 참조 무결성 위반).

### 3) 갱신 이상(Update Anomaly)

- 튜플 중에서 일부 속성을 갱신함으로써 정보의 모순성이 발생하는 현상이다.
- 〈수강〉 릴레이션에 학번이 400인 학생의 학년을 2에서 3으로 갱신할 때, 이 테이블에 학번 400인 튜플 3개 모두 학년의 값을 갱신시켜야 한다. 만약 일부 튜플만 변경시키게 되면 학번 400인 학생의 학년이 2와 3, 즉 두 가지 값을 갖게 되어 일관성을 잃게 된다.

## 02 함수적 종속

- 개체 내에 존재하는 속성 간의 관계를 종속적인 관계로 정리하는 방법이다.
- 데이터 속성들의 의미와 속성 간의 상호관계로부터 도출되는 제약 조건이다.
- 기준값을 결정자(Determinant)라고 하고 종속되는 값을 종속자(Dependent)라고 한다.
- 속성 Y는 속성 X에 함수적 종속이라 하고 표현은 X → Y로 표현한다. 이때 X가 결정자, Y가 종속자이다.

**함수 종속일 때의 추론 규칙**
- 반사 규칙 : A ⊇ B이면 A → B 이다.
- 첨가 규칙 : A → B이면 AC → BC이다.
- 이행 규칙 : A → B이고 B → C 이면 A → C이다.
- 분해 규칙 : A → BC이면 A → B 또는 A → C이다.
- 결합 규칙 : A → B이고 A → C 이면 A → BC이다.

### 1) 완전 함수적 종속

〈고객주문〉

| 고객번호 | 제품번호 | 제품명 | 주문량 |
|---|---|---|---|
| A012 | S-321 | SD메모리 | 2 |
| A012 | M-789 | 메모리 | 1 |
| A023 | K-002 | 키보드 | 1 |
| A123 | K-012 | 헤드셋 | 2 |
| A134 | M-123 | 마우스 | 4 |
| A134 | S-321 | SD메모리 | 2 |
| A321 | K-012 | 헤드셋 | 1 |
| A567 | M-123 | 마우스 | 2 |
| A789 | M-123 | 마우스 | 3 |
| A789 | S-567 | 스캐너 | 1 |

- 릴레이션 R의 속성 C가 복합 속성 기본키 {A, B}에 함수적으로 종속되면서 기본키 {A, B}의 어떤 진부분집합에도 함수적으로 종속되지 않으면, 완전하게 함수적으로 종속되었다고 한다.
- 〈고객주문〉 테이블의 기본키는 {고객번호}와 {제품번호}가 결합된 {고객번호, 제품번호}이다.

✔ **개념 체크**

1 속성 Y는 속성 X에 함수적 종속이라 하고 표현은 X → Y로 표현한다. 이때 X는 결정자, Y는 (    )라고 한다.

1 종속자

- 〈고객주문〉 테이블에서 {주문량} 속성은 기본키인 {고객번호}와 {제품번호}를 모두 알아야 식별할 수 있다.
- 이런 경우 {주문량} 속성은 기본키에 완전 함수 종속되었다고 한다.

{고객번호, 제품번호} → {주문량}

### 2) 부분 함수적 종속 24.3, 21.8

- 혼합(복합) 속성 기본키 {A, B}에 대하여 A → C가 성립할 때를 의미한다.
- {주문량}은 기본키인 {고객번호, 제품번호}를 모두 알아야 값을 구분할 수 있지만, {제품명}은 기본키의 일부인 {제품번호}만 알아도 된다. 이때 {제품명}은 기본키에 부분 함수 종속되었다고 표현한다.
- 이를 정리하면 {주문량} 속성은 기본키인 {고객번호, 제품번호}에 의해 결정되는 완전 함수적 종속 상태이며, {제품명} 필드는 기본키의 일부 속성인 {제품번호}에만 종속되는 부분 함수적 종속 상태이다.

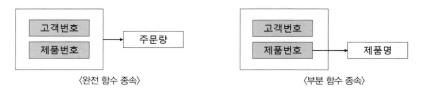

〈완전 함수 종속〉                 〈부분 함수 종속〉

{고객번호, 제품번호} → {주문량}
{제품번호} → {제품명}

〈주문〉

| 고객번호 | 제품번호 | 제품명 | 주문량 |
|---|---|---|---|
| A012 | S-321 | SD메모리 | 2 |
| A012 | M-789 | 메모리 | 1 |
| A023 | K-012 | 키보드 | 1 |
| A123 | K-012 | 키보드 | 2 |
| A134 | M-123 | 마우스 | 4 |

- 〈주문〉 테이블의 〈제품명〉 필드는 기본키 혼합 속성인 {고객번호, 제품번호} 중 〈제품번호〉필드에 의해 결정된다. → 부분 함수 종속
- 〈주문〉 테이블의 〈주문량〉 필드는 기본키 혼합 속성인 {고객번호, 제품번호}에 의해 결정된다. → 완전 함수 종속

## 3) 이행 함수적 종속 22.7, 20.9, 20.8, 20.6

- 속성 X, Y, Z가 주어졌을 때 X → Y, Y → Z하면 X → Z가 성립된다는 것이다.
- 즉, X를 알면 Z를 식별할 수 있을 때 이행 함수적 종속이라고 한다.

〈제품〉

| 제품번호 | 제품명 | 단가 |
|---|---|---|
| S-321 | SD메모리 | 25,000 |
| M-789 | 메모리 | 28,000 |
| K-002 | 키보드 | 5,000 |
| K-012 | 헤드셋 | 10,000 |
| M-123 | 마우스 | 6,000 |
| S-567 | 스캐너 | 100,000 |

- 〈제품〉 테이블에서 {제품번호}를 알면 {제품명}을 알 수 있고 {제품명}을 알면 {단가}를 알 수 있다. 결국 {제품번호}를 알면 {단가}를 알 수 있게 된다.

```
{제품번호} → {제품명}
{제품명} → {단가}
{제품번호} → {단가}
```

### ➕ 더 알기 TIP

#### 함수 종속 관계 정리

| 종속 관계 | 특징 | 예시 |
|---|---|---|
| 완전 함수 종속 | 기본키 전체에 종속되며, 기본키 중 어떤 속성 하나라도 제거하면 종속 관계가 끊어지는 종속 관계 | {고객번호, 제품번호} → {주문량} |
| 부분 함수 종속 | 기본키의 일부 속성에 종속되는 종속 관계로, 기본키 중 어떤 속성 하나를 제거해도 여전히 종속 관계가 유지되는 종속 관계 | {고객번호, 제품번호} → {주문량}<br>{제품번호} → {제품명} |
| 이행 함수 종속 | A → B, B → C일 때, A → C가 성립되는 종속 관계 | {제품번호} → {제품명}<br>{제품명} → {단가}<br>{제품번호} → {단가} |

✔ 개념 체크

1 이행 함수적 종속은 속성 X, Y, Z가 주어졌을 때 X → Y, Y → Z 하면 (    )이(가) 성립된다는 것이다.

1 X → Z

**01** 데이터의 중복으로 인하여 관계 연산을 처리할 때 예기치 못한 곤란한 현상이 발생하는 것을 무엇이라 하는가?

① 이상(Anomaly)
② 제한(Restriction)
③ 종속성(Dependency)
④ 변환(Translation)

• 이상(Anomaly) : 릴레이션 조작 시 데이터들이 불필요하게 중복되어 예기치 않게 발생하는 곤란한 현상을 의미한다.
• 종류 : 삽입 이상, 삭제 이상, 갱신 이상

**02** 데이터 속성 간의 종속성에 대한 엄밀한 고려 없이 잘못 설계된 데이터베이스에서는 데이터 처리 연산 수행 시 각종 이상 현상이 발생할 수 있는 데 이러한 이상 현상이 아닌 것은?

① 검색 이상
② 삽입 이상
③ 삭제 이상
④ 갱신 이상

이상 현상의 종류 : 삽입, 삭제, 갱신

**03** 어떤 릴레이션 R에서 X와 Y를 각각 R의 애트리뷰트 집합의 부분 집합이라고 할 경우 애트리뷰트 X의 값 각각에 대해 시간에 관계없이 항상 애트리뷰트 Y의 값이 오직 하나만 연관되어 있을 때 Y는 X에 함수 종속이라고 한다. 이 함수 종속의 표기는?

① $Y \rightarrow X$
② $Y \subset X$
③ $X \rightarrow Y$
④ $X \subset Y$

함수적 종속 : X가 결정자, Y가 종속자인 경우 $X \rightarrow Y$로 표현한다.

**04** 이행적 함수 종속 관계를 의미하는 것은?

① $A \rightarrow B$이고 $B \rightarrow C$일 때, $A \rightarrow C$를 만족하는 관계
② $A \rightarrow B$이고 $B \rightarrow C$일 때, $C \rightarrow A$를 만족하는 관계
③ $A \rightarrow B$이고 $B \rightarrow C$일 때, $B \rightarrow A$를 만족하는 관계
④ $A \rightarrow B$이고 $B \rightarrow C$일 때, $C \rightarrow B$를 만족하는 관계

이행 종속 규칙 : 릴레이션에서 속성 A가 B를 결정하고($A \rightarrow B$), 속성 B가 C를 결정하면($B \rightarrow C$) 속성 A가 C도 결정한다는($A \rightarrow C$) 종속 규칙이다.

정답 01 ① 02 ① 03 ③ 04 ①

SECTION

02

데이터베이스 정규화

▶ 합격 강의

출제빈도 (상) 중 하
반복학습 1 2 3

빈출 태그 정규화의 목적 • 정규화 과정 • 1~5정규형별 키워드

## 01 데이터베이스 정규화(Normalization) 23.3, 22.7, 21.8

### 1) 정규화의 개념

- 논리적 설계 단계에서 발생할 수 있는 종속으로 인한 이상(Anomaly) 현상의 문제점을 해결하기 위해 함수적 종속성 등 종속성 이론을 통해 속성 간의 종속 관계를 분석하여 여러 개의 테이블(릴레이션)로 분해하는 과정을 말한다.
- 정규화되는 과정을 정규형이라고 하며, 정규형의 종류로는 제1정규형, 제2정규형, 제3정규형, BCNF, 제4정규형, 제5정규형 등이 있다.
- 좋은 데이터베이스 스키마를 생성하고 불필요한 데이터의 중복을 방지하여 정보 검색을 쉽게 할 수 있도록 한다.

### 2) 정규화의 목적 24.7, 22.7, 21.8, 20.9, 20.8

- 데이터 구조의 안정성 최대화
- 중복 데이터의 최소화
- 수정 및 삭제 시 이상 현상 최소화
- 테이블 불일치 위험 간소화
- 효과적인 검색 알고리즘 생성 가능

### 3) 정규화의 필요성

- 데이터의 저장 공간을 최소화한다.
- 데이터의 불일치를 최소화한다.
- 데이터 구조를 안정시킨다.
- 데이터의 삽입, 삭제, 갱신 시 이상 현상을 방지한다.

### 4) 정규화의 장점

- 정규화 수준이 높으면 유연한 데이터 구축이 가능하다.
- 정규화 수준이 높으면 데이터의 정합성이 높아진다.

### 5) 정규화의 단점

- 정규화 수준이 높으면 물리적 접근이 복잡해진다.
- 정규화 수준이 높으면 길이가 짧은 데이터 생성으로 많은 조인이 발생한다.

> **기적의 TIP**
>
> 정규화는 컴퓨터에서 안전하게 데이터를 관리하기 위한 일련의 절차입니다. 1~5단계와 BCNF까지 총 6단계를 거치게 됩니다. 최근에는 7단계 정규화까지 진행하는 때도 있지만, 일반적으로는 1, 2, 3, BCNF, 4, 5단계까지 진행합니다. 정규화의 대상인 테이블(=릴레이션)의 이상 현상과 종속성을 어느 단계에서 어떤 문제를 해결하는지가 자주 출제되니 정규화 과정을 나타내는 다이어그램에 표기된 키워드 기준으로 학습합니다.
> 본 서에서는 좀 더 자세히 정규화 과정을 설명하고 있지만 실제 시험은 정규화 단계 다이어그램만 알면 대부분 문제를 풀 수 있을 것입니다.

**02 정규화 과정** 21.8

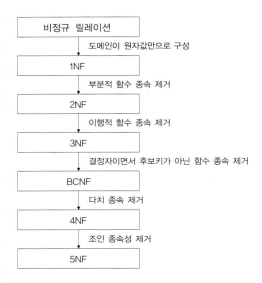

```
┌─────────────────────┐
│   비정규 릴레이션    │
└─────────────────────┘
         │ 도메인이 원자값만으로 구성
┌─────────────────────┐
│        1NF          │
└─────────────────────┘
         │ 부분적 함수 종속 제거
┌─────────────────────┐
│        2NF          │
└─────────────────────┘
         │ 이행적 함수 종속 제거
┌─────────────────────┐
│        3NF          │
└─────────────────────┘
         │ 결정자이면서 후보키가 아닌 함수 종속 제거
┌─────────────────────┐
│       BCNF          │
└─────────────────────┘
         │ 다치 종속 제거
┌─────────────────────┐
│        4NF          │
└─────────────────────┘
         │ 조인 종속성 제거
┌─────────────────────┐
│        5NF          │
└─────────────────────┘
```

### 1) 제1정규형 21.3, 20.8

어떤 테이블에 속한 모든 도메인이 <u>원자값(Atomic Value)</u>만으로 되어 있는 테이블이다.
— 하나의 항목에는 중복된 값이 입력될 수 없음

〈회원〉

| 회원번호 | 성명 | 연락처 | 수강과목 | 수강료 |
|---|---|---|---|---|
| 10010 | 박순신 | 123-4567 | POP<br>지점토 | 40,000<br>50,000 |
| 20020 | 이감찬 | 234-1122 | 펜글씨 | 30,000 |
| 20030 | 인재상 | 321-4321 | 지점토<br>기타연주 | 40,000<br>5,0000 |

– 〈회원〉 테이블에서 '박순신'과 '인재상' 회원은 한 명의 회원이 여러 과목을 수강하고 있다.
– '박순신' 회원과 '인재상' 회원에 대한 중복이 되는 속성값 '회원번호', '성명', '연락처'에 해당하는 튜플을 하나로 합쳐서 나타내고 있다.
– 데이터베이스에서는 검색, 삽입, 삭제 등 여러 가지 작업이 튜플 단위로 이루어지기 때문에 〈회원〉 테이블의 '박순신' 회원과 '인재상' 회원과 같이 튜플을 하나로 합쳐서 표현하면 데이터베이스 작업이 원활하게 수행되지 못한다.

〈회원〉

| 회원번호 | 성명 | 연락처 | 수강과목 | 수강료 |
|---|---|---|---|---|
| 10010 | 박순신 | 123-4567 | POP | 40,000 |
| 10010 | 박순신 | 123-4567 | 지점토 | 40,000 |
| 20020 | 이감찬 | 234-1122 | 펜글씨 | 30,000 |
| 20030 | 인재상 | 321-4321 | 지점토 | 40,000 |
| 20030 | 인재상 | 321-4321 | 기타연주 | 50,000 |

**〈회원1〉 테이블의 이상(Anomaly)**
예를 들어 박순신 회원의 연락처가 변경되어 수정할 경우 2개 행 모두 갱신하여야 한다(갱신 이상). 예를 들어 '이감찬' 회원이 회원 탈퇴를 한다면 수강과목 '펜글씨'에 대한 데이터도 같이 삭제된다(삭제 이상).

✅ **개념 체크**

1 제1정규형은 어떤 테이블에 속한 모든 도메인이 (   )만으로 되어 있는 테이블이다.

1 원자값(Atomic Value)

– 위와 같이 모든 도메인이 각각의 튜플로 구성되도록, 즉 원자값만으로 구성되도록 분해하는 과정을 제1정규형(1NF)이라고 한다.

## 2) 제2정규형 20.6

- 제1정규형을 만족하고, 테이블에 내재된 부분 함수적 종속을 제거하여 완전 함수적 종속이 되도록 테이블을 분해하는 단계이다.
- 기본키가 아닌 속성 모두 기본키에 완전 함수 종속이 되도록 부분 함수적 종속에 해당하는 속성을 별도의 테이블로 분리한다.

〈고객주문〉

| 고객번호 | 제품번호 | 제품명 | 주문량 |
|---|---|---|---|
| A012 | S-321 | SD메모리 | 2 |
| A012 | M-789 | 메모리 | 1 |
| A023 | K-002 | 키보드 | 1 |
| A123 | K-012 | 헤드셋 | 2 |
| A134 | M-123 | 마우스 | 4 |
| A134 | S-321 | SD메모리 | 2 |
| A321 | K-012 | 헤드셋 | 1 |
| A567 | M-123 | 마우스 | 2 |
| A789 | M-123 | 마우스 | 3 |
| A789 | S-567 | 스캐너 | 1 |

– 〈고객주문〉 테이블에서 {고객번호}와 {제품번호}가 조합된 합성키(복합키)가 기본키가 된다.
– 〈고객주문〉 테이블의 종속 관계를 살펴보면 {주문량} 속성값은 {고객번호}와 {제품번호} 모두 알아야 구분할 수 있으므로 기본키인 {고객번호, 제품번호}에 완전 함수 종속된다.

{고객번호, 제품번호} → {주문량}

– 반면, {제품명} 속성값은 기본키 {고객번호, 제품번호}의 일부인 {제품번호}만 알아도 구분할 수 있으므로 부분 함수 종속 관계에 있다.

{제품번호} → {제품명}

– 따라서 이처럼 부분 함수 종속 관계가 있는 테이블을 기본키에 완전 함수 종속이 되도록 분해하면 다음과 같이 분해할 수 있다.

주문량(고객번호, 제품번호, 주문량)
제품(제품번호, 제품명)

〈주문량〉

| 고객번호 | 제품번호 | 주문량 |
|---|---|---|
| A012 | S-321 | 2 |
| A012 | M-789 | 1 |
| A023 | K-002 | 1 |
| A123 | K-012 | 2 |
| A134 | M-123 | 4 |
| A134 | S-321 | 2 |
| A321 | K-012 | 1 |
| A567 | M-123 | 2 |
| A789 | M-123 | 3 |
| A789 | S-567 | 1 |

〈제품〉

| 제품번호 | 제품명 |
|---|---|
| S-321 | SD메모리 |
| M-789 | 메모리 |
| K-002 | 키보드 |
| K-012 | 헤드셋 |
| M-123 | 마우스 |
| S-567 | 스캐너 |

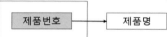

– 이처럼 〈고객주문〉 테이블을 〈주문량〉 테이블과 〈제품〉 테이블로 분해하면 〈주문량〉 테이블에서 {주문량}은 기본키인 {고객번호, 제품번호}에 완전 함수 종속이 되고, 〈제품〉 테이블에서 {제품명}은 기본키인 {제품번호}에 완전 함수 종속이 되어 제2정규형(2NF)을 만족하게 된다.

### 3) 제3정규형 24.3, 23.8, 22.3

A → B, B → C, A → C

- 제1, 2정규형을 만족하고, 속성 간 이행적 함수 종속을 제거한다.
- 기본키에 의존하지 않고 일반 열에 의존하는 열이 있다면 이를 제거해야 한다.

〈사원〉

| 사원번호 | 이름 | 입사일 | 전화번호 | 부서코드 | 부서이름 | 부서위치 |
|---|---|---|---|---|---|---|
| 1001 | 김철수 | 2022-01-05 | 010-1234-5678 | D001 | 영업부 | 1층 |
| 1002 | 박영희 | 2021-12-15 | 010-9876-5432 | D002 | 인사부 | 2층 |
| 1003 | 이민호 | 2022-02-20 | 010-5555-5555 | D001 | 영업부 | 1층 |
| 1004 | 신회장 | 2022-03-10 | 010-1111-2222 | D003 | 개발부 | 3층 |
| 1005 | 홍길동 | 2022-04-01 | 010-7777-8888 | D002 | 인사부 | 2층 |
| 1006 | 김지영 | 2022-05-12 | 010-4444-3333 | D003 | 개발부 | 3층 |
| 1007 | 박준호 | 2022-06-25 | 010-9999-0000 | D001 | 영업부 | 1층 |
| 1008 | 최민서 | 2022-07-18 | 010-2222-1111 | D003 | 개발부 | 3층 |
| 1009 | 이하은 | 2022-08-09 | 010-6666-9999 | D002 | 인사부 | 2층 |
| 1010 | 육석열 | 2022-09-30 | 010-3333-7777 | D003 | 개발부 | 3층 |

- 〈사원〉 테이블의 종속 관계를 분석해 보면 다음과 같다.
  - {사원번호}를 알면, {이름}, {입사일}, {전화번호}를 알 수 있다. 즉, {이름}, {입사일}, {전화번호}는 {사원번호}에 종속되어 있다.
  - {사원번호}를 알면 {부서코드}를 알 수 있다.
  - {부서코드}를 알면 {부서이름}을 알 수 있다.
  - 즉, {사원번호}를 알면 {부서이름}을 알 수 있는 이행 종속성을 가지고 있다.

```
{사원번호} → {부서코드}
{부서코드} → {부서이름}
{사원번호} → {부서이름}
```

- 따라서 이행적 함수 종속 관계가 있는 테이블을 분해하면 다음과 같이 분해할 수 있다.

```
사원(사원번호, 이름, 입사일, 전화번호, 부서코드)
부서(부서코드, 부서이름, 부서위치)
```

**결과**

〈사원〉

| 사원번호 | 이름 | 입사일 | 전화번호 | 부서코드 |
|---|---|---|---|---|
| 1001 | 김철수 | 2022-01-05 | 010-1234-5678 | D001 |
| 1002 | 박영희 | 2021-12-15 | 010-9876-5432 | D002 |
| 1003 | 이민호 | 2022-02-20 | 010-5555-5555 | D001 |
| 1004 | 신회장 | 2022-03-10 | 010-1111-2222 | D003 |
| 1005 | 홍길동 | 2022-04-01 | 010-7777-8888 | D002 |
| 1006 | 김지영 | 2022-05-12 | 010-4444-3333 | D003 |
| 1007 | 박준호 | 2022-06-25 | 010-9999-0000 | D001 |
| 1008 | 최민서 | 2022-07-18 | 010-2222-1111 | D003 |
| 1009 | 이하은 | 2022-08-09 | 010-6666-9999 | D002 |
| 1010 | 육석열 | 2022-09-30 | 010-3333-7777 | D003 |

〈부서〉

| 부서코드 | 부서이름 | 부서위치 |
|---|---|---|
| D001 | 영업부 | 1층 |
| D002 | 인사부 | 2층 |
| D003 | 개발부 | 3층 |

 **개념 체크**

1 제1, 2정규형을 만족하고, 속성 간 (     )을(를) 제거하는 단계를 제3정규형이라 한다.

1 이행적 함수 종속

## 4) BCNF(보이스–코드) 정규형 24.7, 24.5, 23.6, 23.3, 22.4, 22.3, 21.5, 21.3, 20.9

- 제1, 2, 3정규형을 만족하고, 결정자가 후보키가 아닌 함수 종속이 제거되면 보이스–코드 정규형에 속한다.
- 후보키를 여러 개 가지고 있는 테이블에서 발생할 수 있는 이상 현상을 해결하기 위해 제3정규형보다 좀 더 강력한 제약 조건을 적용한다.
- 보이스–코드 정규형에 속하는 모든 테이블은 제3정규형에 속하지만, 제3정규형에 속하는 모든 테이블이 보이스–코드 정규형에 속하지는 않는다.

〈등록〉

| 회원번호 | 수강과목 | 강사 |
|---|---|---|
| 10010 | POP글씨 | 최수지 |
| 10010 | 서예 | 김선수 |
| 20020 | 기타 | 이영춘 |
| 20030 | 네일아트 | 이태선 |
| 20030 | POP글씨 | 최수지 |
| 30010 | 서예 | 박길동 |
| 30010 | POP글씨 | 김정미 |

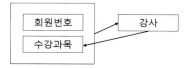

- 〈등록〉 테이블에서 한 명의 회원이 여러 과목을 수강할 수 있으므로 {회원번호} 하나의 속성으로는 후보키가 될 수 없다.
- 〈등록〉 테이블에서 후보키가 될 수 있는 것은 합성키(복합키)로 {회원번호, 수강과목} 또는 {회원번호, 강사}이다. {수강과목, 강사}는 후보키가 될 수 없다. 수강과목이 'POP글씨'이고, 강사가 '최수지'인 경우는 회원번호가 '10010'과 '20030' 두 가지로 서로 튜플을 식별할 수 없기 때문이다.
- 후보키 {회원번호, 수강과목}과 {회원번호, 강사} 중 기본키를 {회원번호, 수강과목}으로 지정하면 다음과 같은 종속 관계가 성립된다.

{회원번호, 수강과목} → {강사}

- 또한 〈등록〉 테이블에서는 한 과목을 여러 명의 강사가 강의할 수 있음을 알 수 있다. 'POP글씨'를 강사 '최수지'와 '김정미'가 강의하고 있고, '서예'는 '김선수'와 '박길동' 강사가 강의하고 있다. 따라서 {수강과목}과 {강사} 간의 종속 관계는 {강사}를 알면 {수강과목}을 알 수 있는 형태이다. {수강과목}과 {강사} 간에는 다음과 같은 종속 관계가 성립된다.

> {강사} → {수강과목}

- 이때 {강사} 속성은 후보키가 아니다. 후보키가 아님에도 수강과목을 결정하는 결정자 역할을 하는 것이다. 이처럼 결정자가 후보키가 아닌 경우에 테이블을 분해하는 과정을 BCNF라고 한다. 위 〈등록〉 테이블은 다음과 같이 분해할 수 있다.

> 회원등록(회원번호, 강사)
> 강사(강사, 수강과목)

- 〈회원등록〉 테이블의 {강사} 속성을 외래키로 지정하여 〈강사〉 테이블을 참조한다.

**BCNF(Boyce-Codd 정규형)의 조건**

- 모든 결정자에 대해 함수적 종속(X → Y)이 성립할 때 X는 후보키이어야 한다.
- 결정자는 어떤 속성의 값에 의해 다른 속성의 값을 결정하는 속성을 말한다.
- 후보키는 유일하게 레코드를 식별할 수 있는 최소한의 속성 집합이다.
- 함수적 종속은 한 속성의 값에 의해 다른 속성의 값을 유일하게 결정할 수 있는 관계를 의미한다.
- 함수적 종속성 X → Y는 X의 각 값에 대해 Y의 값이 유일하게 결정되는 것을 의미한다.
- 후보키가 아닌 속성이 결정자로 존재하면 BCNF를 위반하는 것이다.

〈회원등록〉

| 회원번호 | 강사 |
|---|---|
| 10010 | 최수지 |
| 10010 | 김선수 |
| 20020 | 이영춘 |
| 20030 | 이태선 |
| 20030 | 최수지 |
| 30010 | 박길동 |
| 30010 | 김정미 |

〈강사〉

| 강사 | 수강과목 |
|---|---|
| 최수지 | POP글씨 |
| 김선수 | 서예 |
| 이영춘 | 기타 |
| 이태선 | 네일아트 |
| 박길동 | 서예 |
| 김정미 | POP글씨 |

- 이처럼 〈등록〉 테이블을 〈회원등록〉 테이블과 〈강사〉 테이블로 분해하면 모든 결정자가 후보키가 되어 BCNF를 만족하게 된다.

## 5) 제4정규형

- 제1, 2, 3정규형을 만족하고, 다가(다치) 종속★을 제거한다.
- 다치 종속성(Multi Valued Dependency, MVD)은 다음 예와 같이 하나의 테이블에서 다치 종속이 두 개 이상 존재할 때 발생한다.

〈학생〉

| 이름 | 전공 | 동아리 |
|---|---|---|
| 강백호 | 컴퓨터공학 | 족구<br>뜨개질 |
| 인재상 | 컴퓨터공학<br>수학 | 족구<br>밴드 |
| 강철순 | 컴퓨터공학<br>영문학 | 밴드 |

"인재상"은 복수 전공으로 '컴퓨터 공학', '수학'을 전공하는 다치 종속성을 갖는다.
다치 종속의 종속성 표현은 다음과 같이 이중 화살표로 표현한다.

> 이름 →→ 전공
> 이름 →→ 동아리

- 위 〈학생〉 테이블은 제1정규형을 위반하므로 다음과 같이 테이블을 재구성한다.

〈학생〉

| 이름 | 전공 | 동아리 |
|---|---|---|
| 강백호 | 컴퓨터공학 | 족구 |
| 강백호 | 컴퓨터공학 | 뜨개질 |
| 인재상 | 컴퓨터공학 | 족구 |
| 인재상 | 컴퓨터공학 | 밴드 |
| 인재상 | 수학 | 족구 |
| 인재상 | 수학 | 족구 |
| 강철순 | 컴퓨터공학 | 밴드 |
| 강철순 | 영문학 | 밴드 |

제4, 5정규형은 BCNF를 만족하지 않아도 된다.
BCNF는 강한 제3정규형이므로 제3정규형을 만족하면 제4, 5정규형을 진행할 수 있다.

- 이름 →→ 전공, 이름 →→ 동아리 모두 1:N 관계이지만 둘 사이엔 관련이 없으므로 다음과 같이 테이블을 분해한다.

〈전공〉

| 이름 | 전공 |
|---|---|
| 강백호 | 컴퓨터공학 |
| 인재상 | 컴퓨터공학 |
| 인재상 | 수학 |
| 강철순 | 컴퓨터공학 |
| 강철순 | 영문학 |

〈동아리〉

| 이름 | 동아리 |
|---|---|
| 강백호 | 족구 |
| 강백호 | 뜨개질 |
| 인재상 | 족구 |
| 인재상 | 밴드 |
| 강철순 | 밴드 |

## 6) 제5정규형 <sup>22.3</sup>


- 제1, 2, 3, 4정규형을 만족하고, 후보키를 통하지 않은 조인 종속을 제거한다.
- 정규형의 최상위 단계이고, 이 이상은 테이블을 분해해도 의미가 없다.
- 조인 종속(Join Dependency)
  - 어떤 테이블을 분해한 다음에 조인해서 다시 원래의 테이블로 복원할 수 있는 성질을 의미한다.
  - 4NF 결과 테이블을 조인해보면 다음과 같이 원래의 테이블로 복원되는 것을 확인할 수 있다.

〈전공〉

| 이름 | 전공 |
| --- | --- |
| 강백호 | 컴퓨터공학 |
| 인재상 | 컴퓨터공학 |
| 인재상 | 수학 |
| 강철순 | 컴퓨터공학 |
| 강철순 | 영문학 |

〈동아리〉

| 이름 | 동아리 |
| --- | --- |
| 강백호 | 족구 |
| 강백호 | 뜨개질 |
| 인재상 | 족구 |
| 인재상 | 밴드 |
| 강철순 | 밴드 |

〈전공_동아리〉

| 이름 | 전공 | 동아리 |
| --- | --- | --- |
| 강백호 | 컴퓨터공학 | 족구 |
| 강백호 | 컴퓨터공학 | 뜨개질 |
| 인재상 | 컴퓨터공학 | 족구 |
| 인재상 | 컴퓨터공학 | 밴드 |
| 인재상 | 수학 | 족구 |
| 인재상 | 수학 | 밴드 |
| 강철순 | 컴퓨터공학 | 밴드 |
| 강철순 | 영문학 | 밴드 |

- 위 테이블의 조인 종속을 제거하여 분해하면 다음과 같다.

〈이름_전공〉

| 이름 | 전공 |
| --- | --- |
| 강백호 | 컴퓨터공학 |
| 인재상 | 컴퓨터공학 |
| 인재상 | 수학 |
| 강철순 | 컴퓨터공학 |
| 강철순 | 영문학 |

〈이름〉

| 전공 |
| --- |
| 강백호 |
| 인재상 |
| 강철순 |

〈이름_동아리〉

| 이름 | 동아리 |
| --- | --- |
| 강백호 | 족구 |
| 강백호 | 뜨개질 |
| 인재상 | 족구 |
| 인재상 | 밴드 |
| 강철순 | 밴드 |

**암기 TIP**

**정규화 단계별 암기**
1-원자, 2-부분, 3-이행, B-결정, 4-다치, 5-조인

**무손실 조인과 비부가적 조인**
- 무손실 조인(Lossless Join) : 하나의 테이블을 여러 개로 분해한 뒤 공통 식별자 속성으로 조인하여 데이터 손실 없이 원래의 테이블로 복원할 수 있는 경우
- 비부가적 조인(Non Additive join) : 조인 결과에 원래 테이블에 없는 데이터(가짜 튜플)가 존재하지 않는 경우

**개념 체크**

1 제1, 2, 3, 4정규형을 만족하고, 후보키를 통하지 않은 (　　　)을 제거하는 단계를 제5정규형이라 한다.

1 조인 종속

**01** 다음 정의에서 말하는 기본 정규형은?

> 어떤 릴레이션 R에 속한 모든 도메인이 원자값(Atomic Value)만으로 되어 있다.

① 제1정규형(1NF)
② 제2정규형(2NF)
③ 제3정규형(3NF)
④ 보이스-코드 정규형(BCNF)

**제1정규형(1NF)**
• 어떤 릴레이션에 속한 모든 도메인이 원자값(Atomic Value)만으로 되어 있는 릴레이션이다.
• 하나의 속성만 있어야 하고 반복되는 속성은 별도 테이블로 분리한다.

**02** 정규화 과정 중 1NF에서 2NF가 되기 위한 조건은?

① 1NF를 만족하고 모든 도메인이 원자값이어야 한다.
② 1NF를 만족하고 키가 아닌 모든 애트리뷰트들이 기본키에 이행적으로 함수 종속되지 않아야 한다.
③ 1NF를 만족하고 다치 종속이 제거되어야 한다.
④ 1NF를 만족하고 키가 아닌 모든 속성이 기본키에 대하여 완전 함수적 종속 관계를 만족해야 한다.

1NF에서 부분 함수 종속을 제거하여 완전 함수적 종속 관계를 만족하면 2NF가 된다.

**03** 정규화 과정에서 함수 종속이 A → B이고 B → C일 때 A → C인 관계를 제거하는 단계는?

① 1NF → 2NF
② 2NF → 3NF
③ 3NF → BCNF
④ BCNF → 4NF

이행 종속 규칙 : 릴레이션에서 속성 A가 B를 결정하고(A → B), 속성 B가 C를 결정하면(B → C) 속성 A가 C도 결정한다는(A → C) 종속 규칙이다. 또한 정규화 과정에서 이행 종속을 해소하는 단계를 '제3정규형'이라고 한다.

**04** 어떤 릴레이션 R의 모든 조인 종속성의 만족이 R의 후보키를 통해서만 만족될 때, 이 릴레이션 R이 해당하는 정규형은?

① 제5정규형
② 제4정규형
③ 제3정규형
④ 제1정규형

4NF → 5NF : 조인 종속성 제거

**05** 정규화의 필요성으로 거리가 먼 것은?

① 데이터 구조의 안정성 최대화
② 중복 데이터의 활성화
③ 수정, 삭제 시 이상 현상의 최소화
④ 테이블 불일치 위험의 최소화

**정규화의 목적**
• 데이터 구조의 안정성 최대화
• 중복 데이터의 최소화
• 수정 및 삭제 시 이상 현상 최소화
• 테이블 불일치 위험 간소화

**06** 제3정규형에서 보이스코드 정규형(BCNF)으로 정규화하기 위한 작업은?

① 원자값이 아닌 도메인을 분해
② 부분 함수 종속 제거
③ 이행 함수 종속 제거
④ 결정자가 후보키가 아닌 함수 종속 제거

**BCNF 정규형**
• 1, 2, 3정규형을 만족하고, 결정자가 후보키가 아닌 함수적 종속을 제거한다.
• 강력한 3정규형이라고도 한다.

정답 01 ① 02 ④ 03 ② 04 ① 05 ② 06 ④

출제빈도 상 중 (하)
반복학습 ① ② ③

▶ 합격 강의

빈출 태그 반정규화의 개념 • 테이블 추가 기법 • 분할 키 기준 파티셔닝 유형

## 01 반정규화(Denormalization) 24.3, 20.9

### 1) 반정규화의 개념

- 정규화를 통하면 정합성과 데이터 무결성이 보장되지만, 테이블의 개수가 증가함에 따라 테이블 간의 조인이 증가하여 조회 성능이 떨어질 수 있다. 이렇게 정규화된 엔티티, 속성, 관계에 대해 시스템의 성능 향상과 개발(Development) 및 운영(Maintenance)의 단순화를 위해 중복, 통합, 분리 등을 수행하는 데이터 모델링의 기법을 의미한다.
- 반정규화 기법 : 테이블 반정규화, 컬럼 반정규화, 관계 반정규화

### 2) 반정규화 절차

| 반정규화 대상 조사 | 다른 방법 유도 검토 | 반정규화 적용 |
|---|---|---|
| • 범위 처리 빈도수 조사<br>• 대량의 범위 처리 조사<br>• 통계성 프로세스 조사<br>• 테이블 조인 개수 | • 뷰 테이블<br>• 클러스터링 적용<br>• 인덱스의 조정<br>• 응용 애플리케이션 | • 테이블 반정규화<br>• 속성 반정규화<br>• 관계 반정규화 |

## 02 반정규화 기법

### 1) 테이블 반정규화

① 테이블 병합

| 일대일 관계<br>(1:1) | • 두 테이블의 레코드를 결합하여 하나의 테이블로 만든다.<br>• 효과 : 데이터 중복 제거, 성능 향상 |
|---|---|
| 일대다 관계<br>(1:N) | • 일대다의 관계를 맺는 두 테이블을 결합할 때, 보통 일대다 관계에서 '일'인 테이블에 속한 레코드를 중심으로 다른 테이블과 조인하여 새로운 테이블을 만든다.<br>• 효과 : 성능 향상 |
| 다대다 관계<br>(N:M) | • 일반적으로 링크 테이블(Link Table)을 생성하여 두 개의 다른 테이블을 중심으로 데이터를 결합한다.<br>• 효과 : 성능 향상 |

### 🅑 기적의 TIP

정규화로 분해된 테이블(=릴레이션)은 조회 성능이 떨어질 수 있습니다. 반정규화는 이렇게 분해된 테이블을 다시 합쳐 성능을 확보하기 위한 단계입니다. 출제 표기를 보고 문제와 함께 간단히 정리하세요.
지금까지 출제된 문제가 내용상 난이도가 높습니다. 이해하기 어렵다면 문제와 답을 기준으로 정리하세요.

**반정규화 사용 시기**
- 정규화에 충실하였으나 수행 속도에 문제가 있는 경우
- 다량의 범위를 자주 처리해야하는 경우
- 특정 범위의 데이터만 자주 처리하는 경우
- 처리 범위를 줄이지 않고는 수행 속도를 개선할 수 없는 경우
- 요약 자료만 주로 요구되는 경우

### ✅ 개념 체크

1 반정규화 기법에는 컬럼 반정규화, 관계 반정규화, (     ) 반정규화 등이 있다.

1 테이블

## ② 테이블 분할

★ 수직 분할(Vertical Partition-ing)의 예

사용자 정보를 저장하는 테이블에서 사용자 ID, 사용자 이름, 전화번호는 자주 사용되는 정보이므로 이를 하나의 테이블로 분리하고, 나머지 정보는 다른 테이블로 분리할 수 있다.

| 수직 분할★ | • 열(Column)을 기준으로 테이블을 분할하는 방법이다.<br>• 테이블의 컬럼 중 자주 사용하는 컬럼과 그렇지 않은 컬럼으로 분리하여, 자주 사용하는 컬럼이 포함된 테이블과 그렇지 않은 컬럼이 포함된 테이블로 분할한다.<br>• 자주 사용하는 데이터에 대한 접근 시간을 단축한다. |
| --- | --- |
| 수평 분할 | • 행(Row)을 기준으로 테이블을 분할하는 방법이다.<br>• 테이블의 행을 분할하여, 분할된 테이블들을 병렬 처리하여 성능 향상을 도모한다.<br>• 분할 기준은 범위나 해싱 기반으로 이루어진다. |

## ③ 테이블 추가 20.6

| 중복 테이블 추가 | 업무가 다르거나 서버가 분리되었을 때 같은 테이블을 중복으로 추가하여 원격 조인을 제거하는 방법을 통하여 성능을 향상시킨다. |
| --- | --- |
| 집계 테이블 추가 | 합계, 평균 등 통계 계산을 미리 수행하여 계산해 두어 조회 시 성능을 향상한다. |
| 이력 테이블 추가 | 이력 테이블에 레코드를 중복으로 저장하여 성능을 향상시킨다. |
| 부분 테이블 추가 | 하나의 테이블의 전체 컬럼 중 자주 이용하는 집중된 컬럼이 있으면, 디스크 I/O를 줄이기 위해 해당 컬럼들을 모아놓은 별도의 반정규화된 테이블을 생성한다. |
| 진행 테이블 추가 | 검색 조건이 여러 테이블에 걸쳐 다양하게 사용되어 복잡하고 처리량이 많은 경우 사용한다. |

## 2) 컬럼 반정규화

| 중복 컬럼 추가 | 조인 시 성능 저하를 예방하기 위해, 중복된 컬럼을 추가하여 조인 횟수를 감소시킨다. |
| --- | --- |
| 파생 컬럼 추가 | 트랜잭션이 처리되는 시점에 계산 때문에 발생하는 성능 저하를 예방하기 위해 미리 계산된 값을 저장하는 파생 컬럼을 추가한다. |
| 이력 테이블 컬럼 추가 | 대량의 이력 데이터를 처리할 때 임의의 날짜 조회나 최근 값을 조회할 때 발생하는 성능 저하를 예방하기 위해 최근값 여부, 시작일, 종료일 등의 기능성 컬럼을 추가한다. |
| PK에 의한 컬럼 추가 | 복합 의미가 있는 기본키를 단일 속성으로 구성했을 때 성능 저하가 발생한 경우 PK 안에 데이터가 존재하지만, 성능 향상을 위해 일반 컬럼으로 추가한다. |
| 응용 시스템 오작동을 위한 컬럼 추가 | 업무적으로는 의미가 없으나, 데이터 처리할 때 오류로 인해 원래값으로 복구하길 원하는 경우 이전 데이터를 임시로 중복으로 보관하는 컬럼을 추가한다. |

기본키, Primary Key ─┐

## 3) 관계 반정규화

| 중복 관계 추가 | 데이터 처리 시 여러 경로를 거쳐 조인할 수 있지만, 이때 발생할 수 있는 성능 저하를 방지하기 위해 추가적인 관계 설정을 통하여 성능을 향상시킬 수 있다. |
| --- | --- |

## 03 데이터베이스 분할(Partitioning, 파티셔닝) 23.3

### 1) 데이터베이스 분할의 목적

✔ 개념 체크

1 업무가 다르거나 서버가 분리되었을 때 같은 테이블을 중복으로 추가하여 원격 조인을 제거하는 방법을 통하여 성능을 향상시키는 반정규화 방식은?

1 중복 테이블 추가

• 데이터가 비대해지면서 조회하는 시간이 길어질 때 또는 관리 용이성, 성능, 가용성 등의 향상을 위해 테이블을 여러 부분으로 분할하는 것을 의미한다.
• 가장 일반적인 형태는 분산 데이터베이스 분할로, 각 파티션은 여러 노드로 분산 배치되어 사용자가 각 노드에서 로컬 트랜잭션을 수행할 수 있도록 하는 기법이다.
• 파티션 각각이 작은 데이터베이스가 되도록 분할하는 방법과 하나의 테이블만 같이 선택된 요소로 분리하는 방법이 있다.

## 2) 데이터베이스 분할의 장점

- 전체 데이터를 손실할 가능성이 줄어들어 데이터 가용성이 향상된다.
- 파티션별로 백업 및 복구를 할 수 있다.
- 파티션 단위로 I/O 분산이 가능하여 갱신 성능을 향상시킨다.
- 데이터 전체 검색 시 필요한 부분만 탐색해 성능이 증가한다.
- 필요한 데이터만 빠르게 조회할 수 있어서 쿼리 자체가 가볍다.
- 관리적 측면 : 파티션 단위 백업, 추가, 삭제, 변경
- 성능적 측면 : 파티션 단위 조회 및 DML 수행

## 3) 데이터베이스 분할의 단점

- 테이블 간 조인에 대한 비용이 증가한다.
- 테이블과 인덱스를 별도로 파티셔닝 할 수 없다.
- 테이블과 인덱스를 같이 파티셔닝 해야 한다.

## 4) 분할 키 기준 분할 유형 24.3, 23.3, 21.4, 20.8

| 범위 분할 | • 지정한 값을 기준으로 행을 일정 범위로 분할하여 파티션에 할당하는 방법이다.<br>• 예 나이가 20대, 30대, 40대 등으로 분류된 경우, 해당 연령대를 기준으로 파티션을 만들어 데이터를 분산하여 저장 |
|---|---|
| 목록 분할 | • 값 목록에 파티션의 할당 분할 키값을 그 목록에 비추어 파티션을 선택한다.<br>• 예 상품 테이블에서 카테고리가 "의류", "가전제품", "식품" 등으로 구분된 경우, 각 카테고리를 파티션 키로 사용하여 해당 카테고리에 속한 상품 정보를 저장 |
| 해시 분할 | • 해시 함수의 값에 따라 파티션에 포함할지를 결정한다.<br>• 예 사용자 테이블에서 사용자 ID를 파티션 키로 사용하여 해시 분할을 적용할 경우, 해시 함수를 적용하여 사용자 ID에 대한 해시값을 계산하여 해당 해시값에 대응하는 파티션에 데이터를 저장 |
| 합성 분할 | • 범위, 목록, 해시 분할을 결합하여 사용한다.<br>• 예 가령 먼저 범위 분할을 하고, 다음에 해시 분할을 하는 방법 등을 사용할 수 있다. |
| 라운드로빈 분할 | • 파티션에 행의 고른 분포를 원할 때 사용한다.<br>• 기본키가 필수가 아니며, 해시 분할과 다르게 분할 컬럼을 명시하지 않아도 된다.<br>• 라운드로빈 방식으로 데이터를 분배하면서 새로운 행이 파티션에 할당된다. |

## 04 데이터베이스 클러스터링(Clustering)

### 1) 데이터베이스 클러스터링의 개념

- 두 대 이상의 서버를 하나의 서버처럼 운영하는 기술로, 서버 이중화 및 공유 스토리지를 사용하여 서버의 가용성을 높이는 기술이다.
- 병렬 처리 클러스터링 : 처리율을 높이기 위한 목적으로 단위 작업을 여러 서버에서 분산 처리한다.
- 고가용성 클러스터링 : 하나의 서버에게 장애가 생기면 다른 서버가 작업을 이어받아 처리하여 서비스 중단을 방지한다.
- Active-Active 방식과 Active-Stand By 방식이 있다.

🅑 기적의 TIP

파티셔닝 유형의 종류가 시험문제에 출제됩니다. 유형 설명보다는 유형의 종류를 기준으로 학습하세요.

데이터베이스 분할의 종류
- 범위 분할(Range Partition) : 연속적인 값을 기준으로 분할하는 방법이다. 예를 들어, 날짜를 기준으로 분할 할 수 있다.
- 리스트 분할(List Partition) : 이산적인 값을 기준으로 분할 하는 방법이다. 예를 들어, 국가를 기준으로 분할 할 수 있다.
- 해시 분할(Hash Partition) : 해시 함수를 사용하여 분할 하는 방법이다. 예를 들어, 고객 ID를 기준으로 분할 할 수 있다.
- 조합 분할(Composite Partition) : 두 가지 이상의 분할 방법을 결합하여 사용하는 방법이다. 예를 들어, 날짜를 기준으로 Range Partition하고, 국가를 기준으로 List Partition 할 수 있다.

✓ 개념 체크

1 지정한 값을 기준으로 행을 일정 범위로 분할하여 파티션에 할당하는 분할 키 기준 파티셔닝 방법은?

1 범위 분할

**2) 클러스터링의 단점**

- 여러 대의 서버가 데이터베이스를 공유하므로 병목 현상이 발생해 더 큰 비용이 발생할 수 있다.
- Active-Active 방식은 모든 서버가 활성화된 상태이므로 병목 현상이 더 심하게 발생할 수 있다.
- Active-Stand By 방식은 하나의 서버만 활성화하고 다른 하나는 유휴상태로 대기하는 방식이다. 구현이 쉽고 비용이 적게 들며 병목 현상이 적게 발생하지만 가용성이 떨어지고 서버 장애 발생 시 Stand By 서버가 가동하는 데 시간이 필요하다.

## 이론을 확인하는 **기출문제**

**01** 정규화된 엔티티, 속성, 관계를 시스템의 성능 향상과 개발 운영의 단순화를 위해 중복, 통합, 분리 등을 수행하는 데이터 모델링 기법은?

① 인덱스 정규화
② 반정규화
③ 집단화
④ 머징

> 반정규화 : 정규화된 엔티티, 속성, 관계에 대해 시스템의 성능 향상과 개발(Development)과 운영(Maintenance)의 단순화를 위해 중복, 통합, 분리 등을 수행하는 데이터 모델링의 기법을 의미한다.

**02** 물리 데이터 저장소의 파티션 설계에서 파티션 유형으로 옳지 <u>않은</u> 것은?

① 범위 분할(Range Partitioning)
② 해시 분할(Hash Partitioning)
③ 조합 분할(Composite Partitioning)
④ 유닛 분할(Unit Partitioning)

> 파티셔닝 유형 : 범위 분할(Range Partitioning), 목록 분할(List Partitioning), 합성 분할(Composite Partitioning), 해시 분할(Hash Partitioning)

**03** 반정규화(Denormalization) 유형 중 중복 테이블을 추가하는 방법에 해당하지 <u>않는</u> 것은?

① 빌드 테이블의 추가
② 집계 테이블의 추가
③ 진행 테이블의 추가
④ 특정 부분만을 포함하는 테이블 추가

> 테이블 추가 : 중복 테이블 추가, 집계 테이블 추가, 이력 테이블 추가, 부분 테이블 추가, 진행 테이블 추가

**04** 반정규화(Denormalization) 유형 중 컬럼 반정규화 방법에 해당하지 <u>않는</u> 것은?

① 중복 컬럼 추가
② 파생 컬럼 추가
③ 이력 테이블 추가
④ 목록 테이블 추가

> 컬럼 반정규화 방법 : 중복 컬럼 추가, 파생 컬럼 추가, 이력 테이블 컬럼 추가, PK에 의한 컬럼 추가, 응용 시스템 오작동을 위한 컬럼 추가

# CHAPTER 04

# SQL

학습 방향

SQL의 이론적 바탕이 되는 관계 연산부터 데이터베이스를 정의하는 DDL, 데이터베이스의 무결성과 보안성을 정의하는 DCL, 데이터베이스의 행(튜플, 레코드)을 관리하는 DML까지 방대한 내용을 학습하게 됩니다.
SQL은 실기시험에도 꼭 1~2문제가 출제되는 중요 챕터이니 다양한 명령어를 정확하게 이해하고 사용할 수 있도록 학습합니다.

출제빈도

| SECTION 01 | 상 | 20% |
| SECTION 02 | 중 | 15% |
| SECTION 03 | 상 | 35% |
| SECTION 04 | 중 | 15% |
| SECTION 05 | 중 | 15% |

# 관계 대수와 연산자

▶ 합격 강의

출제빈도 (상) 중 하
반복학습 1 2 3

**빈출 태그** 관계 대수 • 순수 관계 연산자 • 집합 연산자

## 01 관계 대수와 관계 해석

### 1) 관계 대수(Relational Algebra) 24.7, 23.3, 22.3, 21.8, 20.9

- 원하는 정보와 그 정보를 어떻게(How) 유도하는가를 기술하는 절차적인 방법이다.
- 주어진 릴레이션 조작을 위한 연산의 집합이다.
- 일반 집합 연산과 순수 관계 연산으로 구분된다.
- 질의에 대한 해를 구하기 위해 수행해야 할 연산의 순서를 명시한다.
- 튜플(Tuple)과 관계(Relation)의 집합을 다루며, 관계형 데이터베이스의 질의와 연산을 수행하는 데 사용된다.
- 튜플과 릴레이션 간의 연산을 통해 원하는 데이터를 추출하고, 다양한 집합 연산자를 사용하여 데이터를 결합하고 정렬하는 등의 연산을 수행할 수 있다.

### 2) 관계 해석(Relational Calculus) 23.8

① 관계 해석의 개념
- 원하는 정보가 무엇(What)이라는 것만 정의하는 비절차적인 방법이다.
- 도메인 관계 해석과 튜플 관계 해석이 있다.

② 관계 해석의 자유 변수 23.8, 22.3
- ∀ : For All(모든 것에 대하여), 전칭 정량자(Universal Quantifier)
- ∃ : "There exists", "For Some", 존재 정량자(Existential Quantifier)

## 02 순수 관계 연산자 21.8, 21.5, 21.3, 20.9, 20.6

| Select | σ | 튜플 집합을 검색한다. |
|--------|---|------------------|
| Project | π | 속성 집합을 검색한다. |
| Join | ⋈ | 두 릴레이션의 공통 속성을 연결한다. |
| Division | ÷ | 두 릴레이션에서 특정 속성을 제외한 속성만 검색한다. |

### 1) Select(σ, 선택)

- 릴레이션의 행에 해당하는 튜플을 선택하는 것이므로 수평적 연산이라고도 한다.
- 연산자의 기호는 시그마(σ)를 사용한다.

$$\sigma_{필드명 = '조건'} (릴레이션명)$$

$\sigma$학과='전자과' (학생) : 학생 릴레이션에서 학과가 전자과인 학생의 튜플을 검색하시오.

〈학생〉

| 학번 | 이름 | 학과 | 졸업년도 |
|------|------|------|----------|
| b101 | 박수준 | 국문과 | 2025 |
| c101 | 강희봉 | 전자과 | 2026 |
| c103 | 두목이 | 전자과 | 2027 |
| d101 | 면처리 | 영문과 | 2028 |

↓

[결과]

| 학번 | 학과 | 이름 | 졸업년도 |
|------|------|------|----------|
| c101 | 강희봉 | 전자과 | 2026 |
| c103 | 두목이 | 전자과 | 2027 |

## 2) Project($\pi$, 추출) [23.3]

- Project(추출)는 릴레이션의 열에 해당하는 속성을 추출하는 것이므로 수직적 연산이라고도 한다.
- 연산자의 기호는 파이($\pi$)를 사용한다.

$$\pi_{필드명1, 필드명2} (릴레이션명)$$

$\pi$학번, 이름 (학생) : 학생 릴레이션에서 {학번}, {이름} 필드를 추출하시오.

〈학생〉

| 학번 | 이름 | 학과 | 졸업년도 |
|------|------|------|----------|
| b101 | 박수준 | 국문과 | 2025 |
| c101 | 강희봉 | 전자과 | 2026 |
| c103 | 두목이 | 전자과 | 2027 |
| d101 | 면처리 | 영문과 | 2028 |

↓

[결과]

| 학번 | 이름 |
|------|------|
| b101 | 박수준 |
| c101 | 강희봉 |
| c103 | 두목이 |
| d101 | 면처리 |

✔ 개념 체크

1 Project의 연산자 기호는 ( )이다.

1 파이($\pi$)

### 3) Join(⋈, 결합)

- 공통 속성을 기준으로 두 릴레이션을 합하여 새로운 릴레이션을 만드는 연산이다.
- 연산자의 기호는 ⋈를 사용한다.

> R⋈ (JOIN 조건) S

**➕ 더 알기 TIP**

학생⋈성적 : 학생 릴레이션과 성적 릴레이션의 중복 속성을 제거하여 결합하시오.

〈학생〉

| 학번 | 이름 |
| --- | --- |
| b101 | 박수준 |
| c101 | 강희봉 |
| c103 | 두목이 |
| d101 | 면처리 |

〈성적〉

| 학번 | 과목 | 성적 |
| --- | --- | --- |
| b101 | 영어 | 80 |
| c101 | 영어 | 90 |
| c103 | 국어 | 10 |
| d101 | 국어 | 50 |

↓

[결과]

| 학번 | 이름 | 과목 | 성적 |
| --- | --- | --- | --- |
| b101 | 박수준 | 영어 | 80 |
| c101 | 강희봉 | 영어 | 90 |
| c103 | 두목이 | 국어 | 10 |
| d101 | 면처리 | 국어 | 50 |

### 4) Division(÷, 나누기) 20.8

- 두 개의 관계에서 공통 속성이 있을 때, 두 관계의 공통 속성의 값이 서로 다를 때 사용한다.
- Division에서 나누어지는 릴레이션(학생 릴레이션)은 나누는 릴레이션(조건 릴레이션)의 모든 속성을 전부 포함하고 있다.
- 연산자의 기호는 ÷를 사용한다.

> R ÷ S

**개념 체크**

1 Division의 연산자 기호는 (　　)이다.

1 ÷

학생÷조건 : 학생 릴레이션을 조건 릴레이션으로 나누시오.

〈학생〉

| 학번 | 이름 | 과목 | 성적 |
|---|---|---|---|
| b101 | 박수준 | 영어 | 80 |
| c101 | 강희봉 | 영어 | 90 |
| c103 | 두목이 | 국어 | 10 |
| d101 | 면처리 | 국어 | 50 |

〈조건〉

| 과목 |
|---|
| 영어 |

↓

[결과]

| 학번 | 이름 | 성적 |
|---|---|---|
| b101 | 박수준 | 80 |
| c101 | 강희봉 | 90 |

## 03 집합 연산자

| 합집합 | ∪ | 두 릴레이션의 튜플의 합집합을 구하는 연산이다. |
|---|---|---|
| 교집합 | ∩ | 두 릴레이션의 튜플의 교집합을 구하는 연산이다. |
| 차집합 | − | 두 릴레이션의 튜플의 차집합을 구하는 연산이다. |
| 교차곱 | × | 두 릴레이션의 튜플의 교차곱(순서쌍)을 구하는 연산이다. |

### 1) Union(합집합, ∪) ²⁴·⁵, ²³·³, ²²·³

- Union(합집합)은 두 개의 릴레이션을 합쳐 하나의 릴레이션을 생성한다.
- 연산자의 기호는 ∪를 사용한다.

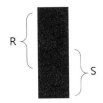

**합집합 이용**
합집합은 서로 다른 릴레이션에서 동일한 데이터를 사용한 경우, 두 릴레이션을 합칠 때 사용된다.

**교집합 이용**
교집합은 서로 다른 릴레이션을 사용하지만 동일한 데이터가 있는 경우, 두 릴레이션에서 동일한 데이터를 추출할 때 사용된다.

✓ **개념 체크**

1 (     )은(는) 두 개의 릴레이션을 합쳐 하나의 릴레이션을 생성하는 집합이다.

1 Union(합집합)

〈학생〉

| 학번 | 이름 |
|------|------|
| b101 | 박수준 |
| c101 | 강희봉 |
| c103 | 두목이 |
| d101 | 면처리 |

〈전학생〉

| 학번 | 이름 |
|------|------|
| b101 | 박수준 |
| c104 | 이기봉 |
| c105 | 세뇨르 |

↓

| 학생 ∪ 전학생 |
|:---:|

[결과]

| 학번 | 이름 |
|------|------|
| b101 | 박수준 |
| c101 | 강희봉 |
| c103 | 두목이 |
| c104 | 이기봉 |
| c105 | 세뇨르 |
| d101 | 면처리 |

## 2) Intersection(교집합, ∩) 24.7, 24.5, 21.5

- Intersection(교집합)은 연관성이 있는 두 개의 릴레이션에서 중복되는 레코드를 선택하여 릴레이션을 생성한다.
- 연산자의 기호는 ∩를 사용한다.

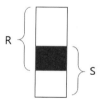

〈학생〉

| 학번 | 이름 |
|------|------|
| b101 | 박수준 |
| c101 | 강희봉 |
| c103 | 두목이 |
| d101 | 면처리 |

〈전학생〉

| 학번 | 이름 |
|------|------|
| b101 | 박수준 |
| c104 | 이기봉 |
| c105 | 세뇨르 |

✔ 개념 체크

1 Intersection의 연산자 기호는?

1 ∩

$\downarrow$

| 학생 ∩ 전학생 |
|---|

[결과]

| 학번 | 이름 |
|---|---|
| b101 | 박수준 |

## 3) Difference(차집합, −) ²⁴.⁵, ²³.⁶

- Difference(차집합)는 연관성이 있는 두 개의 릴레이션에서 중복되는 레코드를 제거하여 릴레이션을 생성한다.
- R−S는 릴레이션 R에는 존재하지만, 릴레이션 S에는 존재하지 않는 튜플을 조회한다.
- 연산자의 기호는 − 를 사용한다.

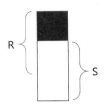

➕ 더 알기 TIP

〈학생〉

| 학번 | 이름 |
|---|---|
| b101 | 박수준 |
| c101 | 강희봉 |
| c103 | 두목이 |
| d101 | 면처리 |

〈전학생〉

| 학번 | 이름 |
|---|---|
| b101 | 박수준 |
| c104 | 이기봉 |
| c105 | 세뇨르 |

$\downarrow$

| 학생 − 전학생 |
|---|

[결과]

| 학번 | 이름 |
|---|---|
| c101 | 강희봉 |
| c103 | 두목이 |
| d101 | 면처리 |

✅ 개념 체크

1 Difference 연산 R−S는 릴레이션 R에는 존재하지만, 릴레이션 S에는 존재하지 않는 튜플을 조회한다. (O, X)

1 O

④ Cartesian Product(교차곱, X) 24.7, 24.5, 21.8, 21.5

- 두 릴레이션의 튜플을 곱하여 발생하는 모든 경우의 수를 생성한다.
- 연산자의 기호는 ×를 사용한다.

➕ 더 알기 TIP

〈학생〉

| 학번 | 이름 |
|------|------|
| b101 | 박수준 |
| c103 | 두목이 |
| d101 | 면처리 |

〈성적〉

| 학번 | 성적 |
|------|------|
| b101 | 80 |
| c101 | 90 |

↓

| 학생 × 성적 | | | |
|---|---|---|---|

| 학생.학번 | 학생.이름 | 성적.학번 | 성적.성적 |
|----------|----------|----------|----------|
| b101 | 박수준 | b101 | 80 |
| b101 | 박수준 | c101 | 90 |
| c103 | 두목이 | b101 | 80 |
| c103 | 두목이 | c101 | 90 |
| d101 | 면처리 | b101 | 80 |
| d101 | 면처리 | c101 | 90 |

➕ 더 알기 TIP

**릴레이션 R의 차수가 4이고 카디널리티가 5이며, 릴레이션 S의 차수가 6이고 카디널리티가 7일때, 두 개의 릴레이션을 카티션 프로덕트한 결과의 새로운 릴레이션의 차수와 카디널리티는 얼마인가?**

Cartesian Product의 결과로 생성된 릴레이션의 차수는 기존 차수의 합이, 기수(카디널리티)는 기존 기수의 곱이 된다.
릴레이션 R – 차수 4, 카디널리티 5
릴레이션 S – 차수 6, 카디널리티 7

**정답 : 차수 10, 카디널리티 35**

✔️ 개념 체크

1 두 릴레이션의 튜플을 곱하여 발생하는 모든 경우의 수를 생성하는 연산은?

1 Cartesian Product(교차곱)

**01** 조건을 만족하는 릴레이션의 수평적 부분 집합으로 구성하며, 연산자의 기호는 그리스 문자 시그마(σ)를 사용하는 관계 대수 연산은?

① Select
② Project
③ Join
④ Division

Select(σ) : 튜플 집합을 검색한다.

**02** 관계 대수에 대한 설명으로 틀린 것은?

① 원하는 릴레이션을 정의하는 방법을 제공하며 비절차적 언어이다.
② 릴레이션 조작을 위한 연산의 집합으로 피연산자와 결과가 모두 릴레이션이다.
③ 일반 집합 연산과 순수 관계 연산으로 구분된다.
④ 질의에 대한 해를 구하기 위해 수행해야 할 연산의 순서를 명시한다.

원하는 정보와 그 정보를 어떻게 유도하는가를 기술하는 절차적인 방법이다.

**03** 다음 관계 대수 중 순수 관계 연산자가 <u>아닌</u> 것은?

① 차집합(Difference)
② 프로젝트(Project)
③ 조인(Join)
④ 디비전(Division)

**순수관계 연산자의 종류**
• Select(σ) : 튜플 집합을 검색한다.
• Project(π) : 속성 집합을 검색한다.
• Join(⋈) : 두 릴레이션의 공통 속성을 연결한다.
• Division(÷) : 두 릴레이션에서 특정 속성을 제외한 속성만 검색한다.

**04** 다음 R과 S 두 릴레이션에 대한 Division 연산의 수행 결과는?

〈R〉

| D1 | D2 | D3 |
|----|----|----|
| a | 1 | A |
| b | 1 | A |
| a | 2 | A |
| c | 2 | B |

〈S〉

| D2 | D3 |
|----|----|
| 1 | A |

| ① D3 | ② D2 |
|------|------|
| A | 2 |
| B | 2 |

| ③ D3 | ④ D1 |
|------|------|
| A | a |
|  | b |

나눌(제수) S 테이블이 포함된 레코드를 대상 R 테이블에서 검색하여 결과 중 나눌 테이블 필드를 제외한 필드만 출력한다.

**05** 릴레이션 R의 차수가 4이고 카디널리티가 5이며, 릴레이션 S의 차수가 6이고 카디널리티가 7일 때, 두 개의 릴레이션을 카티션 프로덕트한 결과의 새로운 릴레이션의 차수와 카디널리티는 얼마인가?

① 24, 35
② 24, 12
③ 10, 35
④ 10, 12

Cartesian Product(교차곱)의 결과 릴레이션은 두 릴레이션의 속성의 개수는 더하고 각 튜플의 개수는 곱한 크기의 결과 릴레이션이 생성된다.

| 구분 | 차수 | 카디널리티 |
|------|------|-----------|
| 릴레이션 R | 4 | 5 |
| 릴레이션 S | 6 | 7 |
| 결과 릴레이션 | 10 | 35 |

정답 01 ① 02 ① 03 ① 04 ④ 05 ③

출제빈도 상 (중) 하
반복학습 [1] [2] [3]

[빈출 태그] SQL의 종류 • DDL의 종류 • ALTER • CREATE • DROP

---

**⒝ 기적의 TIP**

출제되었던 문제가 반복 출제됩니다. 기출 표시를 보고 해당 키워드와 문제를 같이 정리하세요.

---

**DDL 대상**

• 도메인(Domain) : 하나의 속성이 가질 수 있는 원자값들의 집합
• 스키마(Schema) : 데이터베이스의 구조, 제약 조건 등의 정보를 담고 있는 기본적인 구조(외부 스키마, 개념 스키마, 내부 스키마)
• 테이블(Table) : 데이터 저장 공간
• 뷰(View) : 하나 이상의 물리 테이블에서 유도되는 가상의 테이블
• 인덱스(Index) : 검색을 빠르게 하기 위한 데이터 구조

---

**✔ 개념 체크**

1 DDL의 종류에는 CREATE, ALTER, DELETE가 있다.
(O, X)

1 X

---

## 01 SQL, DDL

### 1) SQL(Structured Query Language) 21.8

• 의미 : 관계형 데이터베이스의 표준 질의어이다.
• 종류 : DDL, DML, DCL

### 2) DDL(Data Definition Language, 데이터 정의어) 21.3

① DDL의 개념

• 데이터베이스의 정의/변경/삭제에 사용되는 언어이다.
• 논리적 데이터 구조와 물리적 데이터 구조 간의 사상을 정의한다.
• 번역한 결과가 데이터 사전에 저장된다.    Mapping

② DDL의 종류 23.6, 21.5

• CREATE : 스키마, 도메인, 테이블, 뷰 정의
• ALTER : 테이블 정의 변경(필드 추가, 삭제, 갱신)
• DROP : 스키마, 도메인, 테이블, 뷰 삭제

## 02 DDL의 문법 구조

### 1) CREATE문 문법 구조 23.3

① CREATE TABLE —— 속성의 타입 변경은 ALTER문을 사용

• 테이블을 생성하는 명령문이다.
• 기본 구조

```
CREATE TABLE 기본테이블_이름
  ( {열이름 데이터_타입 [NOT NULL] [DEFAULT 값], }
    {[PRIMARY KEY(열이름_리스트)] },
    {[UNIQUE(열이름_리스트,…)] },
    {[FOREIGN KEY(열이름_리스트)]
    REFERENCES 기본테이블[(기본키_열이름)]
    [ON DELETE 옵션][ON UPDATE 옵션] }
    [CHECK(조건식)] );
```

- '{ }'는 반복, '[ ]'는 생략 가능, ' | '는 선택을 의미한다.
- NOT NULL : 특정 열에 대해 널(Null) 값을 허용하지 않을 때 기술한다.
- PRIMARY KEY : 기본키를 구성하는 속성을 지정할 때 사용된다.
- FOREIGN KEY : 외래키로 어떤 릴레이션의 기본키를 참조하는지를 기술한다.
- UNIQUE(속성_이름) : 테이블 생성 시 특정 속성의 값에 중복된 값이 들어갈 수 없도록 하여 고유한 값을 가지도록 지정할 때 사용한다.
- CONSTRAINT 제약 조건_이름 CHECK(속성_이름=범위 값) : 테이블을 생성할 때 특정 속성에 대해 속성값의 범위를 지정할 때 사용된다.

② 스키마 정의

- 시스템 관리자가 일반 사용자에게 스키마에 대한 권한을 준 스키마를 만드는 데 사용된다.
- 스키마는 CREATE SCHEMA문에 의해 생성되며, 다음과 같은 구문에 따라 만들어진다.
- 기본 구조

CREATE SCHEMA 스키마_이름 AUTHORIZATION 사용자;

**➕ 더 알기 TIP**

스키마 이름이 'JUNGBO'이고, 허가권자가 '이영진'인 스키마를 정의하시오.

[결과]

CREATE SCHEMA JUNGBO AUTHORIZATION 이영진;

[풀이]
데이터베이스 구축에 필요한 스키마를 정의하고 사용자 '이영진'에게 스키마를 사용할 수 있는 권한을 부여하여 'JUNGBO'라는 이름으로 스키마를 만든 것이다.

③ 도메인 정의

- 한 속성값의 범위를 지정하기 위한 도메인은 CREATE DOMAIN문에 의해 생성되며, 다음과 같은 구문에 따라 만들어진다.
- 기본 구조

CREATE DOMAIN 도메인_이름 데이터_타입
[DEFAULT 기본값]
[CONSTRAINT 제약 조건_이름 CHECK(VALUE IN(범위 값))];

**✓ 개념 체크**

1 스키마 이름이 'STUDENT'이고, 허가권자가 '홍영진'인 스키마를 정의하시오.
CREATE SCHEMA (    )
AUTHORIZATION (    );

1 STUDENT, 홍영진

속성값으로 'T'와 'F'로만 구성되는 'success'라는 이름의 도메인을 정의하시오(단, 속성값이 입력되지 않을 때 기본값은 'T'로 한다).

[결과]

```
CREATE DOMAIN success CHAR(1)
DEFAULT 'T'
CONSTRAINT success CHECK(VALUE IN('T', 'F'));
```

④ 인덱스 정의

- 데이터베이스 내의 자료를 더욱 효율적으로 검색하기 위해 인덱스를 만들며, 시스템에 의해 자동 관리된다.
- 인덱스는 CREATE INDEX문에 의해 생성되며, 다음과 같은 구문에 따라 만들어진다.
- 기본 구조

```
CREATE [UNIQUE] INDEX 인덱스_이름
ON 테이블_이름(속성_이름 [ASC|DESC])
[CLUSTER];
```

- UNIQUE : 중복을 허용하지 않도록 인덱스를 생성할 때 사용되며, 생략 시 중복이 허용된다.
- ON 테이블_이름(속성_이름) : 지정된 테이블의 속성으로 인덱스를 만든다.
- [ASC|DESC] : 인덱스로 사용될 속성값의 정렬 방법을 나타내며 ASC는 오름차순, DESC는 내림차순을 의미한다.
- CLUSTER : 인접된 튜플들을 물리적인 그룹으로 묶어 저장하도록 할 때 사용된다.

➕ 더 알기 TIP

〈학생〉 테이블의 학과 속성값을 오름차순 정렬하여, 중복을 허용하지 않도록 'stud_idx'라는 이름의 인덱스를 정의하시오.

[결과]

```
CREATE UNIQUE INDEX stud_idx
ON 학생(학과 ASC);
```

✔ 개념 체크

1 인덱스 정의 시 중복을 허용하지 않도록 인덱스를 생성할 때 사용하는 구문으로, 생략 시에는 중복이 허용되는 옵션은?

1 UNIQUE

## 2) ALTER문 문법 구조 21.3, 20.9

ALTER TABLE : 테이블 구조(필드 추가, 삭제, 변경) 변경문이다.

> ALTER TABLE 테이블_이름 ADD 열_이름 데이터_타입 DEFAULT 값;
> ALTER TABLE 테이블_이름 ALTER 열_이름 SET DEFAULT 값;
> ALTER TABLE 테이블_이름 DROP 열_이름 CASCADE;

| | |
|---|---|
| ADD | 새로운 열(속성)을 추가할 때 사용 |
| ALTER | 특정 열(속성)의 디폴트 값을 변경할 때 사용 |
| DROP | 특정 열(속성)을 제거할 때 사용 |

➕ 더 알기 TIP

1. 아래 〈학생〉 테이블에 '주소' 속성을 추가하시오(단, 주소 항목은 가변 길이 문자형으로 30자까지 입력될 수 있다).

〈학생〉

| 학번 | 성명 | 학과 | 학년 | 학점 |
|---|---|---|---|---|
| 2071025 | 이영진 | 전기통신 | 3 | A |
| 2081517 | 홍길동 | 산업공학 | 2 | B |
| 2081520 | 이공기 | 컴퓨터공학 | 4 | A |

> ALTER TABLE 학생 ADD 주소 VARCHAR(30);

[결과]
새로운 '주소' 속성이 추가된다.

〈학생〉

| 학번 | 성명 | 학과 | 학년 | 학점 | 주소 |
|---|---|---|---|---|---|
| 2071025 | 이영진 | 전기통신 | 3 | A | |
| 2081517 | 홍길동 | 산업공학 | 2 | B | |
| 2081520 | 이공기 | 컴퓨터공학 | 4 | A | |

2. 아래 〈학적〉 테이블에서 '학년' 속성을 제거하시오.

〈학적〉

| 학번 | 성명 | 연락처 | 전공 | 학년 |
|---|---|---|---|---|
| 2072233 | 박봉달 | 010-1234-5678 | 컴퓨터 | 3 |
| 2084466 | 김태수 | 010-2345-6789 | 국문 | 3 |
| 2090522 | 최우수 | 010-4321-1357 | 영문 | 2 |
| 2053322 | 이영진 | 010-2468-3579 | 법학 | 4 |

> ALTER TABLE 학적 DROP 학년 CASCADE;

✔ 개념 체크

1 ALTER 문에서 새로운 열(속성)을 추가하고자 할 때는 DROP을 사용한다. (O, X)

1 X

[결과]

〈학적〉 테이블에서 '학년' 속성이 제거된다.

〈학적〉

| 학번 | 성명 | 연락처 | 전공 |
|---|---|---|---|
| 2072233 | 박봉달 | 010-1234-5678 | 컴퓨터 |
| 2084466 | 김태수 | 010-2345-6789 | 국문 |
| 2090522 | 최우수 | 010-4321-1357 | 영문 |
| 2053322 | 이영진 | 010-2468-3579 | 법학 |

## 3) DROP문 문법 구조

DROP : 테이블 삭제문이다. <sup>24.5, 24.3, 23.3</sup>

```
DROP SCHEMA 스키마_이름 [CASCADE | RESTRICT];
DROP DOMAIN 도메인_이름 [CASCADE | RESTRICT];
DROP TABLE 테이블_이름 [CASCADE | RESTRICT];
DROP INDEX 인덱스_이름;
```

**RESTRICT와 CASCADE의 차이점**
· RESTRICT : 삭제할 요소가 사용(참조) 중이면 삭제가 이루어지지 않는다.
· CASCADE : 삭제할 요소가 사용(참조) 중이더라도 삭제가 이루어지며, 삭제할 테이블을 참조 중인 다른 테이블도 연쇄적으로 같이 삭제된다. 예를 들어 A 테이블을 B 테이블에서 외래키를 이용해 참조하는 경우 A 테이블을 삭제하면 B 테이블도 같이 모두 삭제된다.

| CASCADE | 옵션을 사용하면 삭제할 요소가 다른 개체에서 참조 중이라도 삭제가 수행된다. |
|---|---|
| RESTRICT | 옵션을 사용하면 삭제할 요소가 다른 개체에서 참조 중이라면 삭제가 수행되지 않는다. |

➕ 더 알기 TIP

아래 〈학적〉 테이블을 제거하시오.

〈학적〉

| 학번 | 성명 | 주민등록번호 | 전공 | 학년 |
|---|---|---|---|---|
| 2083577 | 강희봉 | 850502-1234567 | 컴퓨터 | 3 |
| 2093505 | 김정미 | 840127-2345678 | 컴퓨터 | 2 |
| 2072719 | 홍길동 | 811022-1345678 | 토목 | 4 |
| 2100325 | 이영진 | 890628-1456789 | 법학 | 1 |

```
DROP TABLE 학적 CASCADE;
```

✅ 개념 체크

1  DROP 문에서 (     ) 옵션을 사용하면 삭제할 요소가 다른 개체에서 참조 중이라도 삭제가 수행된다.

1 CASCADE

**01** SQL에서 스키마(Schema), 도메인(Domain), 테이블(Table), 뷰(View), 인덱스(Index)를 정의하거나 변경 또는 삭제할 때 사용하는 언어는?

① DML(Data Manipulation Language)
② DDL(Data Definition Language)
③ DCL(Data Control Language)
④ IDL(Interactive Data Language)

........................................................

DDL(Data Definition Language, 데이터 정의어) : 데이터베이스 개체(테이블, 도메인, 인덱스, 뷰)의 정의/변경/삭제에 사용되는 언어이다.

**02** DDL(Data Define Language)의 명령어 중 스키마, 도메인, 인덱스 등을 정의할 때 사용하는 SQL문은?

① ALTER
② SELECT
③ CREATE
④ INSERT

........................................................

**DDL 종류**
• CREATE : 스키마, 도메인, 테이블, 뷰 정의
• ALTER : 테이블 정의 변경
• DROP : 스키마, 도메인, 테이블, 뷰 삭제

**03** 「회원」 테이블 생성 후 「주소」 필드(컬럼)가 누락되어 이를 추가하려고 한다. 이에 적합한 SQL 명령어는?

① DELETE
② RESTORE
③ ALTER
④ ACCESS

........................................................

**ALTER문 문법 구조**
• ALTER TABLE : 테이블 구조(필드 추가, 삭제, 변경) 변경문이다.
• ALTER TABLE 테이블_이름 ADD 열_이름 데이터_타입 DEFAULT 값;
• ALTER TABLE 테이블_이름 ALTER 열_이름 SET DEFAULT 값;
• ALTER TABLE 테이블_이름 DROP 열_이름 CASCADE;

**04** 테이블 두 개를 조인하여 뷰 V_1을 정의하고, V_1을 이용하여 뷰 V_2를 정의하였다. 다음 명령 수행 후 결과로 옳은 것은?

> DROP VIEW V_1 CASCADE;

① V_1만 삭제된다.
② V_2만 삭제된다.
③ V_1과 V_2 모두 삭제된다.
④ V_1과 V_2 모두 삭제되지 않는다.

........................................................

**CASCADE vs RESTRICT**
• DROP View : View_이름 [CASCADE | RESTRICT];
• CASCADE : 삭제할 요소가 다른 개체에서 참조 중이라도 삭제가 수행된다.
• 즉, V_1 하위에 연결된 V_2 도 같이 삭제된다.

**05** 다음 SQL 명령문에 대한 설명으로 가장 옳지 <u>않은</u> 것은?

> ALTER TABLE 학생 DROP COLUMN 지도교수 CASCADE;

① 학생 테이블의 지도교수 컬럼의 제약조건을 삭제한다.
② 학생 테이블의 지도교수 컬럼을 삭제하며 참조되는 다른 테이블의 지도교수 컬럼까지 연쇄 삭제한다.
③ 학생 테이블의 지도교수 컬럼을 수정한다.
④ 학생 테이블의 지도교수 컬럼을 제한적으로 삭제한다.

........................................................

학생 테이블의 지도교수 컬럼을 삭제하고 연결된 테이블에서도 지도교수 컬럼을 같이 삭제한다.

정답 01 ② 02 ③ 03 ③ 04 ③ 05 ③

# DCL, 뷰, 시스템 카탈로그

▶ 합격 강의

출제빈도 ⓐ 중 하
반복학습 ① ② ③

빈출 태그 DCL의 종류 • 기본 문법 • 뷰(View) • 시스템 카탈로그 • 인덱스

## 01 DCL(Data Control Language, 데이터 제어어)

### 1) DCL의 개념 22.4, 20.6

① 기능
• 데이터 제어 정의 및 기술에 사용되는 언어이다.
• 불법적인 사용자로부터 데이터를 보호한다.
• 무결성을 유지하고 데이터 복구 및 병행 제어를 한다.
• 종류

| 복구, 병행 제어 | COMMIT |
| --- | --- |
| | ROLLBACK |
| 보안 | GRANT |
| | REVOKE |

### 2) DCL의 종류 22.3, 20.8

① COMMIT
명령어로 수행된 결과를 실제 물리적 디스크로 저장하고, 명령어로 수행을 성공적으로 완료하였음을 선언한다.

② ROLLBACK 21.5
명령어로 수행에 실패하였음을 알리고, 수행된 결과를 원상 복귀시킨다.

➕ 더 알기 TIP

〈학생〉

| 학번 | 성명 | 학년 | 수강과목 | 점수 | 연락처 |
| --- | --- | --- | --- | --- | --- |
| 2090111 | 김철수 | 1 | 정보통신 | 85 | 234-4567 |
| 2090223 | 박태인 | 1 | 데이터베이스 | 88 | 245-2151 |
| 2072020 | 인재상 | 3 | 운영체제 | 92 | 321-432 |
| 2081010 | 이철준 | 2 | 컴퓨터 | 80 | 432-1234 |
| 2081533 | 이영진 | 2 | 산업공학 | 90 | 242-4461 |
| 2061017 | 최길동 | 4 | 컴퓨터 | 75 | 625-7588 |

## 더 알기 TIP

**1. 〈학생〉 테이블에서 박태민 학생의 연락처를 '232-0077'로 갱신하시오.**

```
UPDATE 학생 SET 연락처 = '232-0077' WHERE 성명 = '박태민';
COMMIT;
```

[풀이]
UPDATE 명령에 따라 수행한 연산 결과를 정상적으로 종료하고, 그대로 유지하겠다는 의미가 된다.

**2. 〈학생〉 테이블에서 최길동 학생의 자료를 삭제한 후 해당 연산 결과를 취소하시오.**

```
DELETE FROM 학생 WHERE 성명 = '최길동';
ROLLBACK;
```

[풀이]
〈학생〉 테이블에서 최길동 학생의 자료를 삭제했지만, ROLLBACK 명령에 따른 연산이 취소되어 삭제된 자료가 원상 복구된다.

---

### ③ GRANT 23.8, 22.4

사용자 시스템 권한
CREATE SESSION
CREATE TABLE
CREATE SEQUENCE
CREATE VIEW
CREATE PROCEDURE

- GRANT 명령어는 관리자(DBA)가 사용자에게 데이터베이스에 대한 권한을 부여하기 위한 명령어이다.
- 기본 구조

```
GRANT 권한 내용 ON 테이블_이름 TO 사용자 [WITH GRANT OPTION];
```

- GRANT 권한 내용 ON 테이블_이름 TO 사용자 : 관리자가 사용자에게 테이블에 대한 권한을 부여한다.
- WITH GRANT OPTION : 사용자가 관리자로부터 부여받은 권한을 다른 사용자에게 부여할 수 있는 권한 부여권까지 부여하고자 할 때 사용하는 옵션이다.

## 더 알기 TIP

**관리자가 사용자 'OTH'에게 〈학생〉 테이블에 대해 UPDATE 할 수 있는 권한과 그 권한을 필요시 다른 사용자에게 부여할 수 있는 권한을 부여하시오.**

```
GRANT UPDATE ON 학생 TO OTH WITH GRANT OPTION;
```

[풀이]
사용자 'OTH'은 〈학생〉 테이블에 대해 UPDATE 할 수 있으며, 자신이 가지고 있는 권한을 다른 사용자에게 부여할 수 있다.

✔ 개념 체크

1 (    )은(는) 데이터베이스 관리자가 사용자에게 데이터베이스에 대한 권한을 부여하기 위한 명령어이다.

1 GRANT

### ④ REVOKE 22.3

- 관리자(DBA)가 사용자에게 **부여했던 권한을 취소**하기 위해 사용하는 명령어이다.
- 기본 구조

REVOKE 권한 내용 ON 테이블_이름 FROM 사용자 [CASCADE];

- REVOKE 권한 내용 ON 테이블_이름 FROM 사용자 : 관리자가 사용자에게 부여했던 테이블에 대한 권한을 취소한다.
- CASCADE : 사용자가 다른 사용자에게 권한을 부여했을 경우 CASCADE 옵션을 이용해 사용자의 권한을 취소하면 사용자가 부여했던 다른 사용자들의 권한도 연쇄적으로 취소된다.

➕ **더 알기 TIP**

**사용자 'OTH'에 부여했던 〈학생〉 테이블에 대한 UPDATE 권한을 취소하시오.**

REVOKE UPDATE ON 학생 FROM OTH CASCADE;

[풀이]
사용자 'OTH'에 부여되었던 〈학생〉 테이블에 대한 UPDATE 권한과 권한 부여권이 취소된다. 만약 사용자 OTH가 다른 사용자에게 권한을 부여했다면, 부여했던 모든 권한이 연쇄적으로 취소된다.


### 02 View와 System Catalog

#### 1) 뷰(View) ── DBA는 보안성 측면에서 뷰를 활용할 수 있음

① 뷰의 개념

- 사용자에게 접근이 허용된 자료만을 제한적으로 보여주기 위해 기본 테이블에서 유도되는 가상 테이블이다.
- 실제 데이터를 저장하거나 변경하지 않으며, 기존의 데이터를 다양한 형태로 가공하여 제공할 수 있다.

② **뷰의 특징** 24.3, 23.8, 23.3, 22.7, 22.4, 22.3, 21.5, 20.9, 20.8, 20.6

- 뷰의 생성 시 CREATE문, 검색 시 SELECT문을 사용한다.
- 뷰의 정의 변경 시 **ALTER문을 사용할 수 없고 DROP문을 이용**한다.
- 뷰를 이용한 또 다른 뷰의 생성이 가능하다.
- 하나의 뷰 제거 시 그 뷰를 기초로 정의된 다른 뷰도 함께 삭제된다.
- 뷰에 대한 조작에서 **삽입, 갱신, 삭제 연산은 제약**이 따른다.
- 뷰가 정의된 기본 테이블이 제거되면 뷰도 자동으로 제거된다.

✓ **개념 체크**

1 뷰(View)는 사용자에게 접근이 허용된 자료만을 제한적으로 보여주기 위해 기본 테이블에서 유도되는 (    )이다.

1 가상 테이블

③ 뷰(View)의 장 · 단점

| 장점 | • 논리적 데이터 독립성 제공, 사용자 데이터 관리 편의성을 제공함<br>• 데이터의 보안성 : View를 사용하여 원본 데이터를 노출하지 않고 필요한 정보만 공개<br>• 데이터의 일관성 : View를 사용하여 데이터를 일관성 있게 표현하거나, 중복되는 데이터를 통합하여 관리<br>• 데이터의 편의성 : 복잡한 SQL 쿼리를 간단하게 표현하고, 자주 사용되는 데이터를 미리 정리하여 편리하게 사용 |
|---|---|
| 단점 | • ALTER VIEW문으로 뷰의 정의 변경이 불가능함<br>• 삽입, 갱신, 삭제 연산에 제약이 있음 |

④ 뷰(View)의 정의

• 〈학생〉 테이블에서 {이름}, {학번} 필드만 조회하여 뷰 〈학생_이름_학번〉으로 정의한다.

• 기본 구조

```
CREATE VIEW 학생_이름_학번 AS
SELECT 이름, 학번
FROM 학생;
```

## 2) 시스템 카탈로그(System Catalog) 24.5, 24.3, 23.8, 23.3, 22.4, 21.5, 21.3

① 시스템 카탈로그의 개념

• 시스템 자신이 필요로 하는 여러 가지 객체(기본 테이블, 뷰, 인덱스, 데이터베이스, 패키지, 접근 권한 등)에 관한 정보를 포함하고 있는 시스템 데이터베이스이다.

• 데이터 사전(Data Dictionary)이라고도 한다.

• 시스템 카탈로그 자체도 시스템 테이블로 구성되어 있어 SQL문을 이용하여 내용 검색이 가능하다.

• 사용자가 시스템 카탈로그를 직접 갱신할 수는 없으나 SQL문으로 여러 가지 객체에 변화를 주면 시스템이 자동으로 갱신된다.

• 시스템 카탈로그에 저장되는 내용을 메타 데이터(Meta Data)라고 한다.
  └── 데이터에 대한 정보, 즉 데이터베이스에 저장된 자료들의 정보를 담고 있는 데이터

② 시스템 카탈로그의 기능

• 테이블 정보 조회
  - 데이터베이스에 저장된 테이블의 정보를 조회할 수 있다.
  - 예 특정 테이블의 이름, 속성 정보, 제약 조건 등을 System Catalog에서 확인할 수 있다.

• 뷰 정보 조회
  - 데이터베이스에 저장된 뷰의 정보를 조회할 수 있다.
  - 예 뷰의 이름, 정의된 쿼리, 참조하는 원본 테이블 등의 정보를 확인할 수 있다.

• 인덱스 정보 조회
  - 데이터베이스에 저장된 인덱스의 정보를 조회할 수 있다.
  - 예 인덱스의 이름, 인덱스된 열의 정보, 인덱스 종류 등을 확인할 수 있다.

시스템 카탈로그(System Catalog) = 데이터 사전
사용자가 시스템 카탈로그를 직접 갱신할 수는 없으나 SQL문으로 여러 가지 객체에 변화를 주면 시스템이 자동으로 갱신된다.

✓ 개념 체크

1 시스템 자신이 필요로 하는 여러 가지 객체에 관한 정보를 포함하고 있는 시스템 데이터베이스는?

1 시스템 카탈로그

- 사용자 계정 정보 조회
  - 데이터베이스에 등록된 사용자 계정 정보를 조회할 수 있다.
  - 예 사용자 계정의 이름, 비밀번호, 권한 등을 시스템 카탈로그(System Catalog)에서 확인할 수 있다.

## 03 인덱스

### 1) 인덱스(Index)

① 인덱스의 개념 22.4, 21.3

- 인덱스는 수많은 데이터 중에서 원하는 자료를 빠르고 효율적으로 검색하기 위해서 사용하는 방법을 말한다.
- 데이터베이스 성능에 많은 영향을 주는 DBMS의 구성 요소로 테이블과 클러스터에 연관되어 독립적인 저장 공간을 보유한다.
- 인덱스는 기본적으로 데이터의 위치(주소)를 관리 · 기억하는 인덱스 파일(Index File)과 실제 데이터를 기억하는 데이터 파일(Data File)로 구성된다.
- 데이터를 검색할 때는 먼저 인덱스 파일에서 데이터의 주소를 찾는다. 이어서 데이터 파일에서 인덱스 파일에서 찾은 주소의 데이터를 검색하게 된다.
- 인덱스 파일은 [키값, 주소]의 두 가지 정보로 구성된다.
- 인덱스의 추가, 삭제 명령어는 각각 CREATE, DROP이다. 24.3
- 인덱스의 기본 목적은 검색 성능을 최적화하는 것으로 볼 수 있다.
- B-트리 인덱스는 분기를 목적으로 하는 Branch Block을 가지고 있다.
- BETWEEN 등 범위(Range) 검색에 활용될 수 있다.

② 인덱스 작성

〈학생〉

| 학번 | 성명 | 학년 | 수강과목 | 점수 |
|---------|------|------|----------|------|
| 2090111 | 김철수 | 1 | 정보통신 | 85 |
| 2081010 | 이철준 | 2 | 컴퓨터 | 80 |
| 2090223 | 박태인 | 1 | 데이터베이스 | 88 |
| 2072020 | 김길동 | 3 | 운영체제 | 92 |
| 2081533 | 이영진 | 2 | 산업공학 | 90 |
| 2061017 | 최길동 | 4 | 컴퓨터 | 75 |

- 〈학생〉 테이블에서 검색을 빠르고 효율적으로 하기 위해 CREATE문을 이용해 INDEX를 만든다.

```
CREATE UNIQUE INDEX Stud_idx
ON 학생(학번 ASC);
```

- 다음은 〈학생〉 테이블의 '학번' 속성값을 오름차순 정렬하여, 'Stud_idx'라는 이름의 인덱스를 만든 것이다.

**키값과 주소**
- 키값 : 인덱스를 만들 때 사용된 속성의 값
- 주소 : 실제로 자료가 저장된 위치

✓ 개념 체크

1 데이터베이스의 (    )은(는) 수많은 데이터 중에서 원하는 자료를 빠르고 효율적으로 검색하기 위해서 사용하는 방법을 말한다.

1 인덱스

〈Stud_idx〉

| 학번 | 주소 |
|---|---|
| 2061017 | 600 |
| 2072020 | 400 |
| 2081010 | 200 |
| 2081533 | 500 |
| 2090111 | 100 |
| 2090223 | 300 |

▲ 인덱스 테이블

〈학생〉

| 주소 | 학번 | 성명 | 학년 | 수강과목 | 점수 |
|---|---|---|---|---|---|
| 100 | 2090111 | 김철수 | 1 | 정보통신 | 85 |
| 200 | 2081010 | 이철준 | 2 | 컴퓨터 | 80 |
| 300 | 2090223 | 박태인 | 1 | 데이터베이스 | 88 |
| 400 | 2072020 | 김길동 | 3 | 운영체제 | 92 |
| 500 | 2081533 | 이영진 | 2 | 산업공학 | 90 |
| 600 | 2061017 | 최길동 | 4 | 컴퓨터 | 75 |

▲ 데이터 테이블

• 예를 들어 학번 '2081533' 학생의 데이터를 찾고자 하는 경우, 먼저 인덱스 파일에서 '2081533' 학번의 주소 값 '500'을 찾는다. 이어서 데이터 파일에서 주소 '500'에 해당하는 자료가 찾고자 하는 데이터가 되는 것이다.

③ 인덱스의 장ㆍ단점

| 장점 | • 데이터 검색 속도의 향상<br>• 시스템 부하 감소<br>• 시스템 전체의 성능 향상 |
|---|---|
| 단점 | • 추가 DB 공간의 필요<br>• 인덱스 생성 시간 소요<br>• 잦은 변경 작업(Insert, Update, Delete)으로 인한 성능 저하 |

## 2) 클러스터드 인덱스(Clustered Index)

### ① 클러스터드 인덱스의 개념

• 테이블에서 하나의 속성을 기준으로 정렬시킨 후, 테이블을 재구성하여 인덱스를 만드는 방법을 말한다.
• 테이블의 물리적 순서(실제 순서)와 인덱스 순서가 동일하다.
• 하나의 테이블에는 하나의 인덱스만 만들 수 있다.

### ② 클러스터드 인덱스 작성 예제

• 〈학생〉 테이블의 '학번'을 기준으로 오름차순 하여 테이블을 재구성한다.

〈학생〉

| 학번 | 이름 | 점수 |
|---|---|---|
| 500 | 김길동 | 80 |
| 300 | 이철수 | 85 |
| 700 | 박태인 | 90 |
| 400 | 최태희 | 65 |
| 200 | 김정미 | 92 |
| 100 | 이영진 | 87 |
| 600 | 이찬성 | 80 |
| 900 | 강희봉 | 92 |
| 800 | 김정애 | 85 |

➡

〈학생〉

| 학번 | 이름 | 점수 |
|---|---|---|
| 100 | 이영진 | 87 |
| 200 | 김정미 | 92 |
| 300 | 이철수 | 85 |
| 400 | 최태희 | 65 |
| 500 | 김길동 | 80 |
| 600 | 이찬성 | 80 |
| 700 | 박태인 | 90 |
| 800 | 김정애 | 85 |
| 900 | 강희봉 | 92 |

✔ 개념 체크

1 클러스터드 인덱스는 하나의 속성을 기준으로 테이블을 정렬시켜 재구성하여 인덱스를 만드는 방법을 말한다. (O, X)

1 O

★ data page
- 페이지 단위로 나누어진 데이터가 저장·관리되는 곳이다.
- page 대푯값은 각 data page의 첫 번째 키값으로 인덱스에서 하나의 대푯값은 다음 대푯값 이전까지의 범위를 나타낸다.
- 예를 들어 학번이 600번인 학생의 정보를 검색한다면, 먼저 인덱스 테이블에서 600번에 해당하는 page 번호를 찾는다. 600번은 대푯값이 400인 상황에 해당한다. 대푯값이 400인 경우 page 번호는 2이므로 data page 2에서 600번 학생을 찾으면 된다.

- 재구성한 테이블을 일정한 크기로 나눠 Page 단위로 구성하고, 각 data page★의 첫 번째 키값(대푯값)과 page 번호로 인덱스를 만든다.

〈Index〉

| page 대푯값 | page 번호 |
|---|---|
| 100 | 1 |
| 400 | 2 |
| 700 | 3 |

〈data page 1〉

| 학번 | 이름 | 점수 |
|---|---|---|
| 100 | 이영진 | 87 |
| 200 | 김정미 | 92 |
| 300 | 이철수 | 85 |

〈data page 2〉

| 학번 | 이름 | 점수 |
|---|---|---|
| 400 | 최태희 | 65 |
| 500 | 김길동 | 80 |
| 600 | 이찬성 | 80 |

〈data page 3〉

| 학번 | 이름 | 점수 |
|---|---|---|
| 700 | 박태인 | 90 |
| 800 | 김정애 | 85 |
| 900 | 강희봉 | 92 |

### 3) 넌 클러스터드 인덱스(Non Clustered Index)

클러스터드 인덱스
- 클러스터드 인덱스는 실제 데이터의 순서와 인덱스의 순서가 일치하기 때문에 일정한 범위를 가지고 찾는 경우 속도 향상에 도움이 된다.
- 클러스터드 인덱스는 삽입, 수정의 경우 변경된 내용을 인덱스에 반영하고 재정렬해야 하므로 넌 클러스터드 인덱스보다 불리하다.

① 넌 클러스터드 인덱스의 개념
- 넌 클러스터드 인덱스는 테이블을 재구성하지 않고, 데이터 주소로 인덱스를 만들어 주소값을 이용하여 검색하는 방법이다.
- 넌 클러스터드 인덱스는 하나의 테이블에 여러 개의 인덱스를 만들 수 있다.
- 한 개의 특정 값을 찾거나, 많은 양의 데이터 중에서 작은 범위를 찾을 때 유용하다.
- 인덱스 구조보다 다소 복잡해질 수 있다.

② 넌 클러스터드 인덱스 작성 예제
- '학번', '이름', '점수' 속성으로 구성된 〈학생〉 테이블로 넌 클러스터드 인덱스를 만든 것이다.
- 〈학생〉 테이블을 일정한 크기의 페이지로 나눈다.

〈data page 1〉

| 학번 | 이름 | 점수 |
|---|---|---|
| 500 | 김길동 | 80 |
| 300 | 이철수 | 85 |
| 700 | 박태인 | 90 |

〈data page 2〉

| 학번 | 이름 | 점수 |
|---|---|---|
| 400 | 최태희 | 65 |
| 200 | 김정미 | 92 |
| 100 | 이영진 | 87 |

〈data page 3〉

| 학번 | 이름 | 점수 |
|---|---|---|
| 600 | 이찬성 | 80 |
| 900 | 강희봉 | 92 |
| 800 | 김정애 | 85 |

- 키값과 데이터의 위치를 나타내는 ROW id로 구성된 인덱스 페이지를 만든다.
- ROW id는 (page 그룹, data page 번호, 행 위치)로 구성된다(page 그룹은 파일이 여러 종류일 때 사용되며 여기에서는 생략한다).

✓ 개념 체크

1 (   )은(는) 실제 데이터의 순서와 인덱스의 순서가 일치하기 때문에 대상을 일정한 범위 안에서 찾는 경우 속도 향상에 도움이 된다.

1 클러스터드 인덱스

| ⟨index page 01⟩ | | ⟨index page 02⟩ | |
|---|---|---|---|
| 키값(학번) | Row_id | 키값(학번) | Row_id |
| 100 | 2–3 | 600 | 3–1 |
| 200 | 2–2 | 700 | 1–3 |
| 300 | 1–2 | 800 | 3–3 |
| 400 | 2–1 | 900 | 3–2 |
| 500 | 1–1 | | |

- 인덱스 대푯값과 인덱스 page 번호로 구성된 ROOT 인덱스를 만든다.

⟨ROOT 인덱스⟩

| index_대푯값 | index_page_번호 |
|---|---|
| 100 | 01 |
| 600 | 02 |

- 예를 들어 학번이 900인 학생의 정보를 검색한다면, ROOT 인덱스에서 학번 900에 해당하는 인덱스를 찾는다. 900은 인덱스 대푯값 600에 해당하므로 인덱스 page 번호 02번으로 이동한다.
- 인덱스 page 번호 02에서 900을 찾는다. ROW id가 '3–2'이므로 data page 3번의 두 번째 행을 검색하면 된다.

⟨ROOT 인덱스⟩

| index 대푯값 | index page 번호 |
|---|---|
| 100 | 01 |
| 600 | 02 |

| ⟨index page 01⟩ | | ⟨index page 02⟩ | |
|---|---|---|---|
| 키값(학번) | Row id | 키값(학번) | Row id |
| 100 | 2–3 | 600 | 3–1 |
| 200 | 2–2 | 700 | 1–3 |
| 300 | 1–2 | 800 | 3–3 |
| 400 | 2–1 | 900 | 3–2 |
| 500 | 1–1 | | |

| ⟨data page 1⟩ | | | ⟨data page 2⟩ | | | ⟨data page 3⟩ | | |
|---|---|---|---|---|---|---|---|---|
| 학번 | 이름 | 점수 | 학번 | 이름 | 점수 | 학번 | 이름 | 점수 |
| 500 | 김길동 | 80 | 400 | 최태희 | 65 | 600 | 이찬성 | 80 |
| 300 | 이철수 | 85 | 200 | 김정미 | 92 | 900 | 강희영 | 92 |
| 700 | 박태인 | 90 | 100 | 이영진 | 87 | 800 | 김정애 | 85 |

**01** SQL의 기능에 따른 분류 중에서 REVOKE문과 같이 데이터의 사용 권한을 관리하는 데 사용하는 언어는?

① DDL(Data Definition Language)
② DML(Data Manipulation Language)
③ DCL(Data Control Language)
④ DUL(Data User Language)

DCL 종류 : COMMIT, ROLLBACK, GRANT, REVOKE

**02** 데이터베이스에서의 뷰(View)에 대한 설명으로 틀린 것은?

① 뷰는 다른 뷰를 기반으로 새로운 뷰를 만들 수 있다.
② 뷰는 일종의 가상 테이블이며, Update에는 제약이 따른다.
③ 뷰는 기본 테이블을 만드는 것처럼 Create View를 사용하여 만들 수 있다.
④ 뷰는 논리적으로 존재하는 기본 테이블과 다르게 물리적으로만 존재하며 카탈로그에 저장된다.

저장 장치 내에 물리적으로 존재하지 않고 테이블에서 유도되는 가상의 테이블이며 기본 테이블에 의해 유도되므로 기본 테이블을 삭제하면 뷰도 삭제된다.

**03** 데이터 사전에 대한 설명으로 틀린 것은?

① 시스템 카탈로그 또는 시스템 데이터베이스라고도 한다.
② 데이터 사전 역시 데이터베이스의 일종이므로 일반 사용자가 생성, 유지 및 수정할 수 있다.
③ 데이터베이스에 대한 데이터인 메타데이터(Metadata)를 저장하고 있다.
④ 데이터 사전에 있는 데이터에 실제로 접근하는 데 필요한 위치 정보는 데이터 디렉터리(Data Directory)라는 곳에서 관리한다.

데이터 사전(Data Dictionary) : 시스템 자신이 필요로 하는 여러 가지 객체(기본 테이블, 뷰, 인덱스, 데이터베이스, 패키지, 접근 권한 등)에 관한 정보를 포함하고 있는 시스템 데이터베이스로 사용자가 직접 갱신할 수 없다.

**04** 시스템 카탈로그에 대한 설명으로 옳지 않은 것은?

① 사용자가 직접 시스템 카탈로그의 내용을 갱신하여 데이터베이스 무결성을 유지한다.
② 시스템 자신이 필요로 하는 스키마 및 여러 가지 객체에 관한 정보를 포함하고 있는 시스템 데이터베이스이다.
③ 시스템 카탈로그에 저장되는 내용을 메타 데이터라고도 한다.
④ 시스템 카탈로그는 DBMS가 스스로 생성하고 유지한다.

DBMS가 시스템 카탈로그의 내용을 갱신하여 데이터베이스 무결성을 유지한다.

**05** 데이터베이스 성능에 많은 영향을 주는 DBMS의 구성 요소로 테이블과 클러스터에 연관되어 독립적인 저장 공간을 보유하며, 데이터베이스에 저장된 자료를 더욱 빠르게 조회하기 위하여 사용되는 것은?

① 인덱스
② 트랜잭션
③ 역정규화
④ 트리거

인덱스(Index) : 데이터베이스 성능에 많은 영향을 주는 DBMS의 구성 요소로 테이블과 클러스터에 연관되어 독립적인 저장 공간을 보유하며, 데이터베이스에 저장된 자료를 더욱 빠르게 조회하기 위하여 별도로 구성한 순서 데이터를 말한다.

**06** 데이터베이스의 인덱스와 관련한 설명으로 틀린 것은?

① 문헌의 색인, 사전과 같이 데이터를 쉽고 빠르게 찾을 수 있도록 만든 데이터 구조이다.
② 테이블에 붙여진 색인으로 데이터 검색 시 처리 속도 향상에 도움이 된다.
③ 인덱스의 추가, 삭제 명령어는 각각 ADD, DELETE이다.
④ 대부분의 데이터베이스에서 테이블을 삭제하면 인덱스도 같이 삭제된다.

인덱스는 수정이 불가능하다.
• 인덱스 생성 : CREATE
• 인덱스 삭제 : DROP

정답 01 ③ 02 ④ 03 ② 04 ① 05 ① 06 ③

▶ 합격 강의

## 01 DML(Data Manipulation Language, 데이터 조작어)

### 1) DML의 개념 23.8, 22.7, 22.4, 21.8, 20.9, 20.8, 20.6

- 데이터의 검색/삽입/삭제/변경에 사용되는 언어이다.
- 사용자와 DBMS 간의 인터페이스를 제공한다.
- 종류

중복 값을 제거할 때 사용

| SELECT | 튜플 검색 명령어 | SELECT 속성명[ALL \| DISTINCT]<br>FROM 릴레이션명 [WHERE 조건];<br>[GROUP BY 속성명1, 속성명2,…]<br>[HAVING 조건]<br>[ORDER BY 속성명 [ASC \| DESC]];<br>• ALL : 모든 튜플을 검색(생략 가능)<br>• DISTINCT : 중복된 튜플 생략 |
|---|---|---|
| INSERT | 튜플 삽입 명령어 | INSERT INTO 테이블명(속성명1, 속성명2, …)<br>VALUES(데이터1, 데이터2 …); |
| DELETE | 튜플 삭제 명령어 | DELETE<br>FROM 테이블명<br>[WHERE 조건]; |
| UPDATE | 튜플의 내용 변경 명령어 | UPDATE 테이블명<br>SET 속성명 = 데이터<br>[WHERE 조건]; |

Ascending(오름차순)
Descending(내림차순)

### 2) SELECT문 24.7, 24.5, 24.3, 23.8, 22.3

#### ① SELECT

- 기본 구조

```
SELECT 속성명[ALL | DISTINCT]
FROM 릴레이션명 WHERE 조건;
[GROUP BY 속성명1, 속성명2,…]
[HAVING 조건]
[ORDER BY 속성명 [ASC | DESC]];
    • ALL : 모든 튜플을 검색(생략 가능)
    • DISTINCT : 중복된 튜플 생략
```

🄑 기적의 TIP

정보처리기사 필기/실기 시험의 SQL 중 출제율이 가장 높은 부분입니다.
명령어별 기본 문법 구조를 이해하고, DML에서 사용할 수 있는 함수, 그룹 함수, 그리고 외부 테이블의 레코드 값을 이용한 조건절인 하위 질의에 대해서 본서에 제시된 예제를 통해 정리하세요.

**SELECT 명령어 옵션**

- DISTINCT : 중복되는 튜플(레코드, 행)을 제거하여 조회
- * : 모든 필드를 조회
- 필드명 : 필드명1, 필드명2,… 으로 여러 개를 지정
- 연산 : 사칙연산, SUM( ), AVG( ) 등의 함수를 사용
- WHERE 조건 : 조건을 만족하는 튜플들만 조회
- GROUP BY 필드명 : 그룹별로 묶을 필드명을 지정
- HAVING : 그룹별로 조건을 만족하는 튜플들만 조회
- ORDER BY : 정렬 옵션으로 ASC(오름차순, 생략 가능), DESC(내림차순), 1차 키 정렬 필드, 2차 정렬 필드를 지정

**1. 다음 R1과 R2의 테이블에서 아래의 실행 결과를 얻기 위한 SQL문은?**

〈R1〉

| 학번 | 이름 | 학년 | 학과 | 주소 |
|------|------|------|------|------|
| 1000 | 홍길동 | 1 | 컴퓨터공학 | 서울 |
| 2000 | 김철수 | 1 | 전기공학 | 경기 |
| 3000 | 강남길 | 2 | 전자공학 | 경기 |
| 4000 | 오말자 | 2 | 컴퓨터공학 | 경기 |
| 5000 | 장미화 | 3 | 전자공학 | 서울 |

〈R2〉

| 학번 | 과목번호 | 과목이름 | 학점 | 점수 |
|------|----------|----------|------|------|
| 1000 | C100 | 컴퓨터 구조 | A | 91 |
| 2000 | C200 | 데이터베이스 | A+ | 99 |
| 3000 | C100 | 컴퓨터 구조 | B+ | 89 |
| 3000 | C200 | 데이터베이스 | B | 85 |
| 4000 | C200 | 데이터베이스 | A | 93 |
| 4000 | C300 | 운영체제 | B+ | 88 |
| 5000 | C300 | 운영체제 | B | 82 |

[결과]

| 과목번호 | 과목이름 |
|----------|----------|
| C100 | 컴퓨터 구조 |
| C200 | 데이터베이스 |

```
SELECT 과목번호, 과목이름
  FROM R1, R2
  WHERE R1.학번 = R2.학번 AND R1.학과 = '전자공학' AND R1.이름 = '강남길';
```
└─ 두 조건식이 모두 만족하면 AND,
   두 조건식 중 하나만 만족해도 되면 OR

[풀이]

R1, R2 테이블에서 학번이 같으면서, R1의 학과가 '전자공학'이면서 '강남길'인 항목의 과목번호, 과목이름을 출력하는 SQL문이다.

R1, R2 테이블을 학번으로 조인하고, R1 테이블에서 '전자공학'이면서 '강남길'인 레코드를 R2에서 검색하면 된다.

**2. R1 테이블에서 성이 '홍'인 학생의 레코드를 검색하시오.**

```
SELECT *
  FROM R1
  WHERE 이름 LIKE '홍%';
```
└─ 부분 일치 문자열에는 =(equal)이라는
   개념이 없어 LIKE를 사용

[결과]

| 학번 | 이름 | 학년 | 학과 | 주소 |
|------|------|------|------|------|
| 1000 | 홍길동 | 1 | 컴퓨터공학 | 서울 |

✔️ 개념 체크

1 SELECT 문에서 속성의 정렬을 수행하는 명령어는 ORDER BY 절이다. (O, X)

2 SELECT 문에서 그룹 내 조건을 적용하는 명령어는 GROUP BY 절이다. (O, X)

1 O 2 X

② BETWEEN ~ AND ~ 24.7, 22.3

- **구간 값 조건식**이다.
- BETWEEN 170 AND 180은 170 이상에서 180 이하까지의 범위를 의미한다.
- WHERE 점수 >= 90 AND 점수 <= 95로 표현할 수 있다.

BETWEEN
날짜, 숫자, 문자 범위 검색 사용하므로 반드시 AND만 사용할 수 있다. OR는 사용할 수 없다.

🔂 **더 알기 TIP**

R2 테이블에서 점수가 80점에서 85점까지인 학번, 점수 필드의 레코드를 검색하시오.

```
SELECT 학번, 점수
  FROM R2
  WHERE 점수 BETWEEN 80 AND 85;
```

[결과]

| 학번 | 점수 |
|------|------|
| 3000 | 85 |
| 5000 | 82 |

## 02 그룹 함수

### 1) 그룹 함수의 종류(집계 함수) 23.8, 21.8, 20.8

| 종류 | 표현식 | 설명 |
|------|--------|------|
| COUNT | COUNT(*) | 테이블의 행의 수를 계산할 때 |
| SUM | SUM(열 이름) | 하나 또는 여러 개의 열 합계를 구할 때 |
| AVG | AVG(열 이름) | 하나 또는 여러 개의 열 평균을 구할 때 |
| MAX | MAX(열 이름) | 해당 열의 최댓값을 구할 때 |
| MIN | MIN(열 이름) | 해당 열의 최솟값을 구할 때 |

🔂 **더 알기 TIP**

R2 테이블에서 과목번호별 점수의 평균을 구하시오.

```
SELECT 과목번호, AVG(점수) AS 평균
  FROM R2
  GROUP BY 과목번호;
```
└─ 테이블의 구조, 컬럼의 데이터 타입, 제약 조건 등을 정의하는 작업(검색 결과 필드명의 별칭)

[결과]

| 과목번호 | 평균 |
|----------|------|
| C100 | 90 |
| C200 | 92.3 |
| C300 | 85 |

 **개념 체크**

1 SQL 조건절에서 구간 값을 지정하는 명령어는?

1 BETWEEN

## 2) HAVING 절을 사용한 조회 검색 <sup>23.3, 21.8</sup>

GROUP BY 절에 의해 선택된 그룹의 탐색 조건을 지정할 수 있으며 SUM, AVG, COUNT, MAX, MIN 등의 그룹 함수와 함께 사용할 수 있다.

➕ **더 알기 TIP**

R2 테이블에서 점수가 90점 이상인 학생이 1명 이상인 과목이름별 90점 이상의 학생수를 검색하시오.

```
SELECT 과목이름, COUNT(*) AS 학생수
  FROM R2 ───── 모든 행
  WHERE 점수 >= 90
  GROUP BY 과목이름 ───── 그룹의 기준인 필드명은 반드시
  HAVING COUNT(*) >= 1;          SELECT 절에 작성해야 함
```

[결과]

| 과목이름 | 학생수 |
|---|---|
| 컴퓨터 구조 | 1 |
| 데이터베이스 | 2 |

**GROUP BY ~ HAVING**

- GROUP BY는 NULL 값을 가지는 튜플은 제외한 후 산출한다.
- HAVING은 그룹 지정 명령에 대한 WHERE라고 생각하면 된다.
- 자주 사용하지 않지만, GROUP BY와 WHERE가 동시에 사용하게 될 때 GROUP BY는 WHERE구문 안에 포함되지 않는다.
- WHERE 구문은 GROUP BY보다 먼저 실행된다.

## 3) ORDER BY 절을 이용한 정렬 검색 <sup>23.6, 22.4</sup>

특정 항목을 기준으로 검색 테이블의 행들을 오름차순(ASC) 또는 내림차순(DESC)으로 정렬할 때 사용한다. 생략하면 ASC가 디폴트 값이 되어 오름차순으로 정렬된다.

➕ **더 알기 TIP**

R2 테이블에서 점수를 기준으로 내림차순 정렬하시오.

```
SELECT *
  FROM R2
  ORDER BY 점수 DESC;
```

[결과]

| 학번 | 과목번호 | 과목이름 | 학점 | 점수 |
|---|---|---|---|---|
| 2000 | C200 | 데이터베이스 | A+ | 99 |
| 4000 | C200 | 데이터베이스 | A | 93 |
| 1000 | C100 | 컴퓨터 구조 | A | 91 |
| 3000 | C100 | 컴퓨터 구조 | B+ | 89 |
| 4000 | C300 | 운영체제 | B+ | 88 |
| 3000 | C200 | 데이터베이스 | B | 85 |
| 5000 | C300 | 운영체제 | B | 82 |

✔️ **개념 체크**

1 GROUP BY 절에 의해 선택된 그룹의 탐색 조건을 지정할 수 있으며 SUM, AVG, COUNT, MAX, MIN 등의 그룹 함수와 함께 사용하는 구문은?

1 HAVING

## 4) 하위 질의(Sub Query) 24.7, 22.4, 21.3, 20.9

하위 질의를 1차 수행한 다음, 반환 값을 상위 릴레이션의 WHERE 절에 포함해 사용하는 것이다.

➕ 더 알기 TIP

**1. 다음 SQL문을 분석하시오.**

```
SELECT 이름 FROM R1 WHERE 학번 IN
    (SELECT 학번 FROM R2 WHERE 과목번호 = 'C100');
```

(SELECT 학번 FROM R2 WHERE 과목번호 = 'C100');
- R2 테이블에서 과목번호가 'C100'인 튜플의 학번 필드를 조회한다.
- 조회된 값을 상위 질의에 대치한다(예를 들어 조회된 값이 1000, 3000이라고 가정).
  SELECT 이름 FROM R1 WHERE 학번 IN (1000, 3000);

**2. 다음 [조건]에 부합하는 SQL문을 작성하고자 할 때, SQL문의 빈칸에 들어갈 내용으로 옳은 것은? (단, '팀코드' 및 '이름'은 속성이며, '직원'은 테이블이다.)**

[조건]

이름이 '홍길동'인 팀원이 소속된 팀코드를 이용하여 해당 팀에 소속된 팀원들의 이름을 출력하는 SQL문 작성

[SQL문]

```
SELECT 이름
    FROM 직원
    WHERE 팀코드 = (                    );
```

SELECT 팀코드 FROM 직원 WHERE 이름 = '홍길동'
- 하위 질의문은 하위 질의를 먼저 처리하고 검색된 결과는 상위 질의에 적용되어 검색된다.
- 직원 테이블에서 "홍길동" 팀원의 팀코드를 검색하여 상위 질의에 반환한다.

**01** 학적 테이블에서 전화번호가 Null 값이 <u>아닌</u> 학생명을 모두 검색할 때, SQL 구문의 빈칸에 알맞은 명령어는?

① SELECT 학생명 FROM 학적 WHERE 전화번호 DON'T NULL;
② SELECT 학생명 FROM 학적 WHERE 전화번호 !=NOT NULL;
③ SELECT 학생명 FROM 학적 WHERE 전화번호 IS NOT NULL;
④ SELECT 학생명 FROM 학적 WHERE 전화번호 IS NULL;

WHERE 전화번호 IS NOT NULL; → 전화번호가 Null 값이 아니면
WHERE 전화번호 IS NULL; → 전화번호가 Null 값이면

**02** SQL의 명령을 사용 용도에 따라 DDL, DML, DCL로 구분할 경우 그 성격이 나머지 셋과 <u>다른</u> 것은?

① SELECT             ② UPDATE
③ INSERT             ④ GRANT

DCL 종류 : COMMIT, ROLLBACK, GRANT, REVOKE

**03** SQL문에서 SELECT에 대한 설명으로 옳지 <u>않은</u> 것은?

① FROM 절에는 질의에 의해 검색될 데이터들을 포함하는 테이블명을 기술한다.
② 검색 결과에 중복되는 레코드를 없애기 위해서는 WHERE 절에 'DISTINCT' 키워드를 사용한다.
③ HAVING 절은 GROUP BY 절과 함께 사용되며, 그룹에 대한 조건을 지정한다.
④ ORDER BY 절은 특정 속성을 기준으로 정렬하여 검색할 때 사용한다.

검색 결과에 중복되는 레코드를 없애기 위해서는 SELECT 절에 'DISTINCT' 키워드를 사용한다.

**04** 다음 SQL문에서 사용된 BETWEEN 연산의 의미와 동일한 것은?

```
SELECT *
FROM 성적
WHERE (점수 BETWEEN 90 AND 95)
        AND 학과 = '컴퓨터공학과';
```

① 점수 >= 90 AND 점수 <= 95
② 점수 > 90 AND 점수 < 95
③ 점수 > 90 AND 점수 <= 95
④ 점수 >= 90 AND 점수 < 95

**BETWEEN**
• 구간값 조건식이다.
• BETWEEN 90 AND 95 은 90~95 까지의 범위를 의미한다.
• WHERE 점수 >= 90 AND 점수 <= 95로 표현할 수 있다.

**05** 다음 중 SQL의 집계 함수(Aggregation Function)가 <u>아닌</u> 것은?

① AVG
② COUNT
③ SUM
④ CREATE

집계 함수 : COUNT, SUM, AVG, MAX, MIN

**06** SQL문에서 HAVING을 사용할 수 있는 절은?

① LIKE 절
② WHERE 절
③ GROUP BY 절
④ ORDER BY 절

HAVING절을 사용한 조회 검색 : GROUP BY절에 의해 선택된 그룹의 탐색 조건을 지정할 수 있으며 SUM, AVG, COUNT, MAX, MIN 등의 그룹 함수와 함께 사용할 수 있다.

정답 01 ③  02 ④  03 ②  04 ①  05 ④  06 ③

**07** 다음 테이블을 보고 강남지점의 판매량이 많은 제품부터 출력되도록 할 때 다음 중 가장 적절한 SQL 구문은? (단, 출력은 제품명과 판매량이 출력되도록 한다.)

〈푸드〉

| 지점명 | 제품명 | 판매량 |
|---|---|---|
| 강남지점 | 비빔밥 | 500 |
| 강북지점 | 도시락 | 300 |
| 강남지점 | 도시락 | 200 |
| 강남지점 | 미역국 | 550 |
| 수원지점 | 비빔밥 | 600 |
| 인천지점 | 비빔밥 | 800 |
| 강남지점 | 잡채밥 | 250 |

① SELECT 제품명, 판매량 FROM 푸드 ORDER BY 판매량 ASC;
② SELECT 제품명, 판매량 FROM 푸드 ORDER BY 판매량 DESC;
③ SELECT 제품명, 판매량 FROM 푸드 WHERE 지점명 = '강남지점' ORDER BY 판매량 ASC;
④ SELECT 제품명, 판매량 FROM 푸드 WHERE 지점명 = '강남지점' ORDER BY 판매량 DESC;

판매량이 많은 제품부터 출력되도록 하려면 내림차순 정렬을 적용해야 한다. SQL에서 정렬은 ORDER BY을 사용하며 내림차순은 DESC를 사용한다. 오름차순의 경우 생략하거나 ASC를 사용한다.

**08** 다음 [조건]에 부합하는 SQL문을 작성하고자 할 때, [SQL문]의 빈칸에 들어갈 내용은? (단, '팀코드' 및 '이름'은 속성이며, '직원'은 테이블이다.)

[조건]
이름이 '정도일'인 팀원이 소속된 팀코드를 이용하여 해당 팀에 소속된 팀원들의 이름을 출력하는 SQL문 작성

[SQL문]
SELECT 이름
FROM 직원
WHERE 팀코드 = (                    );

① WHERE 이름 = '정도일'
② SELECT 팀코드 FROM 이름 WHERE 직원 = '정도일'
③ WHERE 직원 = '정도일'
④ SELECT 팀코드 FROM 직원 WHERE 이름 = '정도일'

• 하위 질의문은 하위 질의를 먼저 처리하고 검색된 결과는 상위 질의에 적용되어 검색된다.
• 직원 테이블에서 "정도일" 팀원의 팀 코드를 검색하여 상위 질의에 반환한다.

**09** 다음 표와 같은 판매실적 테이블에 대하여 서울지역에 한하여 판매액 내림차순으로 지점명과 판매액을 출력하고자 한다. 가장 적정한 SQL 구문은?

〈판매실적〉

| 도시 | 지점명 | 판매액 |
|---|---|---|
| 서울 | 강남지점 | 330 |
| 서울 | 강북지점 | 168 |
| 광주 | 광주지점 | 197 |
| 서울 | 강서지점 | 158 |
| 서울 | 강동지점 | 197 |
| 대전 | 대전지점 | 165 |

① SELECT 지점명, 판매액 FROM 판매실적 WHERE 도시="서울" ORDER BY 판매액 DESC;
② SELECT 지점명, 판매액 FROM 판매실적 ORDER BY 판매액 DESC;
③ SELECT 지점명, 판매액 FROM 판매실적 WHERE 도시="서울" ASC;
④ SELECT * FROM 판매실적 WHEN 도시="서울" ORDER BY 판매액 DESC;

SELECT 속성명1, 속성명2 FROM 테이블명 WHERE 조건식 ORDER BY 정렬기준 속성명 [ASC|DESC];

# DML(2)

▶ 합격 강의

빈출 태그 Update • Delete • Insert • NoSQL • 트리거

---

**속성 이름의 생략**

• 모든 속성의 값을 가진 자료를
 삽입할 때는 속성 이름을 생략
 해도 된다.
• 〈R2〉 테이블에 학번 : '7000',
 과목번호 : 'C300', 과목이름 :
 '운영체제', 학점 : B+, 점수 :
 '89'인 학생을 삽입하시오.

INSERT INTO R2
VALUES('7000', 'C300', '운
영체제', 'B+', '89');

## 01 INSERT, UPDATE, DELETE

### 1) INSERT문 - 삽입문

INSERT INTO 테이블(열_이름1, 열_이름2, … )
  VALUES(열_값1, 열_값2 … );

• INSERT INTO 테이블_이름[(속성_이름...)] : 자료가 삽입될 테이블 이름과 테이
 블에서 자료가 삽입될 속성 이름들을 기재한다. 삽입될 자료가 테이블의 모든 속성
 값을 가지고 있는 경우는 속성 이름을 생략해도 되지만 그렇지 않으면 속성 이름을
 반드시 기재한다.
• VALUES(속성값...) : 각 속성에 삽입될 실제 속성값들을 기재한다.

➕ 더 알기 TIP

〈R1〉

| 학번 | 이름 | 학년 | 학과 | 주소 |
|------|------|------|------|------|
| 1000 | 홍길동 | 1 | 컴퓨터공학 | 서울 |
| 2000 | 김철수 | 1 | 전기공학 | 경기 |
| 3000 | 강남길 | 2 | 전자공학 | 경기 |
| 4000 | 오말자 | 2 | 컴퓨터공학 | 경기 |
| 5000 | 장미화 | 3 | 전자공학 | 서울 |

〈R2〉

| 학번 | 과목번호 | 과목이름 | 학점 | 점수 |
|------|----------|----------|------|------|
| 1000 | C100 | 컴퓨터 구조 | A | 91 |
| 2000 | C200 | 데이터베이스 | A+ | 99 |
| 3000 | C100 | 컴퓨터 구조 | B+ | 89 |
| 3000 | C200 | 데이터베이스 | B | 85 |
| 4000 | C200 | 데이터베이스 | A | 93 |
| 4000 | C300 | 운영체제 | B+ | 88 |
| 5000 | C300 | 운영체제 | B | 82 |

R2 테이블에 (학번 : 6000, 과목번호 : C100)인 레코드를 삽입하시오.

```
INSERT INTO R2(학번, 과목번호)
  VALUES(6000, C100);
```

[결과]

| 학번 | 과목번호 | 과목이름 | 학점 | 점수 |
|------|----------|----------|------|------|
| 1000 | C100 | 컴퓨터 구조 | A | 91 |
| 2000 | C200 | 데이터베이스 | A+ | 99 |
| 3000 | C100 | 컴퓨터 구조 | B+ | 89 |
| 3000 | C200 | 데이터베이스 | B | 85 |
| 4000 | C200 | 데이터베이스 | A | 93 |
| 4000 | C300 | 운영체제 | B+ | 88 |
| 5000 | C300 | 운영체제 | B | 82 |
| 6000 | C100 | NULL | NULL | NULL |

## 2) UPDATE문 – 갱신문 24.3, 23.8

```
UPDATE 테이블
  SET 열_이름 = 산술식 {열_이름 = 산술식}
  WHERE 조건;
```

- UPDATE 테이블_이름 : 변경할 테이블 이름을 기재한다.
- SET 속성_이름 = 변경 내용 : 변경할 자료의 값을 기재한다.

### ➕ 더 알기 TIP

R1 테이블 '홍길동'의 학년을 '2학년'으로 갱신하시오.

```
UPDATE R1
  SET 학년 = 2
  WHERE 이름 = '홍길동';
```

| 학번 | 이름 | 학년 | 학과 | 주소 |
|------|------|------|------|------|
| 1000 | 홍길동 | 2 | 컴퓨터공학 | 서울 |
| 2000 | 김철수 | 1 | 전기공학 | 경기 |
| 3000 | 강남길 | 2 | 전자공학 | 경기 |
| 4000 | 오말자 | 2 | 컴퓨터공학 | 경기 |
| 5000 | 장미화 | 3 | 전자공학 | 서울 |

✔ 개념 체크

1  UPDATE 테이블
     (    ) 열_이름 = 산술식
   {열_이름 = 산술식}
     WHERE 조건;

1 SET

명령어에 맞는 전치사도 같이 정
리한다.
· Insert Into
· Delete From
· Update Set

**DELETE vs TRUNCATE**

· TRUNCATE문을 실행한 후에
는 롤백을 통해 이전 상태로 돌
아갈 수 없다.
· TRUNCATE와 DELETE는
DROP과는 다르게 테이블의 데
이터만 삭제한다.
· DELETE는 테이블의 데이터만
삭제하며 삭제된 디스크 공간의
용량은 줄어들지 않는다.
· TRUNCATE는 테이블의 데이
터 삭제 시 WHERE 조건절은
사용할 수 없지만, DELETE보다
처리 속도가 빠르다.

## 3) DELETE문 - 삭제문 <sup>24.5, 22.3</sup>

```
DELETE          ─── WHERE 조건절이 없는 DELETE 명령을 수행하면
  FROM 테이블         모든 레코드가 삭제(테이블은 삭제되지 않음)
  WHERE 조건;
```

· DELETE문은 테이블의 자료(행)를 삭제할 때 사용하는 명령문이다.
· WHERE 절의 조건에 맞는 행만 삭제되며, WHERE 절이 생략되면 모든 행이 삭
제되어 빈 테이블이 된다.

### ➕ 더 알기 TIP

**R1 테이블에서 '장미화 레코드'를 삭제하시오.**

```
DELETE
  FROM R1
  WHERE 이름 = '장미화';
```

[결과]

| 학번 | 이름 | 학년 | 학과 | 주소 |
|---|---|---|---|---|
| 1000 | 홍길동 | 1 | 컴퓨터공학 | 서울 |
| 2000 | 김철수 | 1 | 전기공학 | 경기 |
| 3000 | 강남길 | 2 | 전자공학 | 경기 |
| 4000 | 오말자 | 2 | 컴퓨터공학 | 경기 |
| | | | | |

## ② NoSQL, 절차형 SQL

### 1) NoSQL <sup>18.3</sup>

· SQL(Structured Query Language)을 사용하지 않고, 스키마가 고정되어 있지
않은 비관계형 데이터 모델을 사용하여 데이터를 저장하고 검색하는 데이터베이스
관리 시스템(DBMS)을 지칭하며, 다양한 유형의 데이터베이스를 사용하는 것을
의미한다.
· 데이터를 저장하는 데 SQL 외에도 다른 방법도 있다는 개념하에 비정형 데이터의
저장을 위해 유연한 데이터 모델을 지원한다.
· 전통적인 관계형 데이터베이스 관리 시스템과는 다른 비관계형(Non Relational)
DBMS이다.
· 대규모 데이터 처리에 적합하며, 수평적 확장성이 높아서 분산 시스템에서 효율적
으로 작동할 수 있다.
· MongoDB, Cassandra, Redis, Couchbase 등이 있다.

★ 문서 업데이트 예제(Python,
MongoDB)

```
query = { "address":
"Highway 7" }
new_value = { "$set": {
"address": "Park Lane 38" } }

collection.update_one(query,
new_value)
```

✓ **개념 체크**

1  DELETE
    (    ) 테이블 이름
    WHERE 조건;

1 FROM

## 2) 절차형 SQL

### ① 절차형 SQL의 개념

- SQL문의 연속적인 실행이나 조건에 따른 반복, 분기 등의 제어를 하며 저장 모듈을 생성하고 이를 활용할 수 있다.
- 필수적 구성 요소로는 DECLARE(대상이 되는 프로시저, 사용자 정의 함수 등을 정의), BEGIN(프로시저, 사용자 정의 함수가 실행되는 시작점), END(프로시저, 사용자 정의 함수의 실행 종료점)가 있다.
- 블록 구조로 되어 있어 각 기능별로 모듈화가 가능하다.
- 블록의 DECLARE에 선언되는 절차형 SQL과 CREATE[OR REPLACE]와 DROP에 의해 DB에 저장(내장) 및 제거되는 절차형 SQL인 저장 프로시저가 있다.
- 종류 : 프로시저, 사용자 정의 함수, 트리거

### ② PL/SQL(Procedural Language extension to SQL)

- SQL을 확장한 절차적 언어(Procedural Language)이다.
- 관계형 데이터베이스에서 사용되는 오라클(Oracle)의 표준 데이터 액세스 언어로, 프로시저 생성자를 SQL과 완벽하게 통합한다.
- 사용자 프로세스가 PL/SQL 블록을 보내면, 서버 프로세서는 PL/SQL Engine에서 해당 블록을 받고 SQL과 Procedural을 나눠서 SQL은 SQL Statement Executer로 보낸다.
- PL/SQL 프로그램의 종류는 크게 프로시저(Procedure), 함수(Function), 트리거(Trigger)이다.
- 블록 단위의 실행을 제공한다(BEGIN ~ END; /).
- 오라클(Oracle)에서 지원하는 프로그래밍 언어의 특성을 수용하여 SQL에서는 사용할 수 없는 절차적 프로그래밍 기능을 가지고 SQL의 단점을 보완하였다.
- 변수와 상수 선언이 가능하며, 조건문과 반복문과 같은 제어문 구현과 예외 처리가 가능하다.
- PL/SQL은 선언부, 실행부, 예외 처리부, 실행문 종료의 영역으로 기본 구조를 갖는다.

| DECLARE | • 선언부로 선택 절이다.<br>• 블록에서 사용하는 모든 변수와 상수를 선언한다. |
| --- | --- |
| BEGIN | • 실행부로 필수적이다. 블록에서 실행할 명령문들을 절차적으로 작성한다.<br>• 실행 시 오류가 발생하면 정상 종료를 하며 오류가 발생하면 예외 처리부로 이동한다. |
| EXCEPTION | • 예외 처리부로 선택 절이다.<br>• 예외 처리 명령문을 기술하며 정상적으로 종료된다. |
| END; | 실행문 종료 예약어로 필수이며, 블록의 마지막 라인에 /를 입력하여 실행한다. |

### ③ 저장 프로시저(Stored Procedure)

- 저장 프로시저는 사용자가 자주 사용하는 명령문을 작성하여 데이터베이스에 저장한 PL/SQL 명령문들을 말한다.
- 프로시저는 오라클의 PL/SQL로 자주 사용하는 복잡한 SQL DML 명령문들을 서브 프로그램으로 만들고 필요할 때마다 호출하여 사용한다. 호출된 함수는 서브 프로그램을 수행한 후 결과값을 반환하지만, 프로시저는 결과값을 반환하지 않는다.

**개념 체크**

1 절차형 SQL의 종류에는 프로시저, 사용자 정의 함수, (     )이(가) 있다.

1 트리거

- CREATE PROCEDURE로 생성된 저장 프로시저는 DECLARE로 선언된 프로시저와는 다르게 여러 번 반복해서 호출해서 사용할 수 있다는 장점이 있다.
- 저장 프로시저를 사용하면 성능도 향상되고, 호환성 문제도 해결된다.
- 저장 프로시저 생성 구문

```
CREATE [OR REPLACE] PROCEDURE 프로시저_이름
(
매개변수_이름1 [모드] 자료형,
매개변수_이름2 [모드] 자료형, ……
)
IS
지역변수 선언문;
BEGIN
명령문1;
명령문2;
……
END;
/
```

- OR REPLACE 옵션은 기존에 같은 이름으로 저장 프로시저를 생성하면 기존 프로시저는 제거하고 지금 새롭게 기술한 내용으로 재생성하도록 하는 옵션이다.
- 매개 변수(Argument)는 프로시저가 전달받은 값을 저장하는 변수이다. 프로시저는 매개 변수의 값에 따라 서로 다른 결과물을 구하게 된다. 프로시저에 전달할 값이 없는 경우 매개 변수는 선언하지 않아도 된다.
- 모드(MODE)는 IN과 OUT, INOUT 중 하나를 기술한다. IN은 데이터를 전달받을 때 사용하고, OUT은 수행된 결과를 받아 갈 때 사용하며, INOUT은 두 가지 목적에 모두 사용한다.
- IN 모드로 데이터를 전달받는 경우, 생략이 가능하다.
- IS로 PL/SQL의 블록을 시작하며, 지역변수는 IS와 BEGIN 사이에 선언한다.

### ④ 사용자 정의 함수 생성 구문

- 사용자 정의 함수는 결과를 되돌려 받기 위해서 함수가 되돌려 받게 되는 반환 자료형과 되돌려 받을 값을 기술해야 한다.
- 사용자 정의 함수 호출 후 호출 결과가 반환되므로 프로시저 호출과는 차이가 있다.
- RETURN문에 의해 사용자 정의 함수 처리 결과를 단일 값을 가지고 호출한 지점으로 반환된다.
- 사용자 정의 함수 생성 구문

```
CREATE [OR REPLACE] FUNCTION 사용자_정의함수_이름
(
매개변수_이름1 [모드] 자료형,
매개변수_이름2 [모드] 자료형, ……
)
RETURN 반환형
IS [AS]
지역변수 선언문;
BEGIN
명령문1;
명령문2;
```

```
......
RETURN [반환 값];
END;
/
```

- OR REPLACE 옵션은 기존에 같은 이름으로 사용자 정의 함수를 생성하면 기존 사용자 정의 함수는 제거하고 지금 새롭게 기술한 내용으로 재생성하도록 하는 옵션이다.
- 모드는 IN 매개 변수만 사용할 수 있으며 RETURN 반환형을 반드시 선언해야만 한다.
- BEGIN과 END 사이의 PL/SQL 블록 내에 있는 RETURN 명령문은 생략 불가능하다.

## 03 트리거(Trigger) 23.3, 20.6

- 데이터베이스에 특정한 사건(이벤트, EVENT)이 발생할 때마다 자동으로 수행되는 저장 프로시저이다.
- DML 명령문에 의해 수행되는 '데이터 조작어 기반 트리거'와 DDL 명령문에 의해 수행되는 '데이터 정의어 기반 트리거'가 있다.
- PL/SQL의 트리거는 DML 명령문 중 INSERT, UPDATE, DELETE가 데이터베이스의 테이블을 대상으로 실행될 때 자동으로 수행되는 프로시저이다.
- 트리거는 테이블과는 별도로 데이터베이스에 저장된다.
- 트리거는 BEGIN ~ END 블록에서 COMMIT과 ROLLBACK 등의 DCL 명령문을 사용할 수 없다.
- 이벤트가 발생해야 생성된 트리거가 실행된다.
- 트리거는 제어의 대상에 따라 '행 트리거'와 '문장 트리거'가 있다.
- 트리거 생성 구문

```
CREATE [OR REPLACE] TRIGGER 트리거_이름
{BEFORE | AFTER}
트리거_이벤트[OR 트리거_이벤트] ON 테이블명
[FOR EACH ROW]
[WHEN (조건식)]
[DECLARE
지역변수명 자료형;]
BEGIN
명령문1;
명령문2:
......
END;
/
```

- BEFORE : 트리거_이벤트(트랜잭션)가 실행되기 전 트리거가 수행된다.
- AFTER : 트리거_이벤트(트랜잭션)가 실행된 후 트리거가 수행된다.
- 트리거_이벤트 : 하나의 테이블을 대상으로 하는 INSERT, UPDATE, DELETE 중 하나 이상의 이벤트를 적어준다. 여러 개의 이벤트를 적어 줄 때 'OR'로 연결한다.
- FOR EACH ROW : 해당 옵션이 존재하면 행 트리거로 수행된다.

✅ 개념 체크

1 데이터베이스에 특정한 사건(이벤트)이 발생할 때마다 자동으로 수행되는 저장 프로시저는?

2 트리거 생성 구문을 작성할 때, 트리거 이벤트가 실행되기 전에 트리거가 수행되도록 하려면 어떤 구문을 사용해야 하는가?

1 트리거 2 BEFORE

**01** 다음 SQL문에서 ( )의 내용은?

```
UPDATE 인사급여
(    ) 호봉 = 15
WHERE 성명 = '홍길동';
```

① SET
② FROM
③ INTO
④ IN

• UPDATE : 튜플의 내용을 변경(갱신)하는 명령어이다.
• 기본 구조
UPDATE 테이블명
SET 속성명=값
WHERE 조건;

**02** SQL에서 명령어 짝의 연결이 부적절한 것은?

① UPDATE…/ SET…
② INSERT…/ INTO…
③ DELETE…/ FROM…
④ CREATE VIEW…/ TO…

CREATE VIEW…/ AS… : 뷰 생성하기

**03** DELETE 명령에 대한 설명으로 틀린 것은?

① 테이블의 행을 삭제할 때 사용한다.
② WHERE 조건절이 없는 DELETE 명령을 수행하면 DROP TABLE 명령을 수행했을 때와 동일한 효과를 얻을 수 있다.
③ SQL을 사용 용도에 따라 분류할 경우 DML에 해당한다.
④ 기본 사용 형식은 "DELETE FROM 테이블 [WHERE 조건];" 이다.

DELETE는 데이터베이스 조작어로 튜플을 삭제할 때 사용한다. WHERE 조건절을 쓰지 않고 레코드를 모두 삭제한다고 해서 테이블이 삭제되지는 않는다. 테이블을 삭제하려면 데이터베이스 정의어인 DROP문을 사용해야 한다.

**04** NoSQL의 설명으로 틀린 것은?

① Not Only SQL의 약자이다.
② 비정형 데이터의 저장을 위해 유연한 데이터 모델을 지원한다.
③ 전통적인 관계형 데이터베이스 관리 시스템과는 다른 비관계형(Non-Relational) DBMS이다.
④ 정규화를 전제로 하고 있어 갱신 시에 저장 공간이 적게 든다.

NoSQL는 쿼리의 효율성을 위하여 데이터를 의도적으로 중복시키는 비정규화를 사용한다.

**05** 데이터베이스 시스템에서 삽입, 갱신, 삭제 등의 이벤트가 발생할 때마다 관련 작업이 자동으로 수행되는 절차형 SQL은?

① 트리거(Trigger)
② 무결성(Integrity)
③ 잠금(Lock)
④ 복귀(Rollback)

트리거(Trigger) : 일정 작업을 수행할 때 부수적으로 자동 수행되는 프로시저이다.

**06** 절차형 SQL에 대한 설명으로 옳지 않은 것은?

① 절차형 SQL의 종류에는 프로시저, 트리거, 사용자 정의 함수가 있다.
② 프로시저는 특정 기능을 수행하는 트랜잭션 언어로 처리 결과를 단일값으로 반환한다.
③ 블록 구조로 되어 있어 각 기능별 모듈화가 가능하다.
④ 사용자 정의 함수는 프로시저와 유사하며, 예약어 RETURN을 사용하는 것이 특징이다.

프로시저는 처리 결과를 반환하지 않거나 한 개 이상의 값을 반환한다.

정답 01 ① 02 ④ 03 ② 04 ④ 05 ① 06 ②

CHAPTER

# 데이터베이스
# 병행 제어와 보안

**학습 방향**

이번 챕터에서는 데이터베이스 병행 제어와 관련된 내용을 학습합니다. 트랜잭션, 병행 제어 기법 중 로킹 기법, 데이터베이스 보안, 분산 데이터베이스에 관련된 기출 표시를 확인하고 출제되었던 내용 위주로 학습하도록 합니다.

**출제빈도**

| | | |
|---|---|---|
| SECTION 01 | 상 | 40% |
| SECTION 02 | 하 | 15% |
| SECTION 03 | 중 | 20% |
| SECTION 04 | 상 | 25% |

▶ 합격 강의

출제빈도 (상) 중 하
반복학습 ① ② ③

**빈출 태그** 트랜잭션 특성(원자성, 일관성, 격리성, 영속성) • 트랜잭션 상태 • 트랜잭션 연산

---

**⑭ 기적의 TIP**

출제 빈도가 매우 높습니다. 트랜잭션의 네 가지 특성이 시험문제에 자주 출제됩니다. 반복 출제율이 높으므로 출제 표시를 기준으로 살펴보세요.

---

**🕐 암기 TIP**

**ACID**
트랜잭션의 특징인 원자성(Atomicity), 일관성(Consistency), 격리성(Isolation), 영속성(Durability)은 앞 글자로만 기억하세요.

---

## ⓐ 트랜잭션(Transaction)

### 1) 트랜잭션의 개념 21.8

- 하나의 **논리적 기능을 수행하기 위한 작업 단위**이다.
- 데이터베이스에서 일어나는 **연산의 집합**이다.

### 2) 트랜잭션의 특성 23.3, 22.4, 20.9, 20.8, 20.6

① **원자성(Atomicity)** 22.4

- **완전하게 수행이 완료되지 않으면 전혀 수행되지 않아야 한다.**
- 연산은 Commit, Rollback을 이용하여 적용 또는 취소로 한꺼번에 완료되어야 한다.
- 중간에 하나의 오류가 발생하더라도 취소가 되어야 한다.

> 이체 작업은 출금과 입금 두 개의 작업으로 구성되는데, 만약 이체 작업 중 출금은 성공했지만, 입금은 실패하면, 출금 작업도 취소되어야 한다.

- Atomicity 특성을 갖는 트랜잭션의 예제

```
BEGIN TRANSACTION;

UPDATE accounts SET balance = balance − 1000 WHERE id = 123;
UPDATE accounts SET balance = balance + 1000 WHERE id = 456;

COMMIT;
```

두 개의 계정 간에 1,000원을 이체하는 트랜잭션이다.
BEGIN TRANSACTION으로 시작하여 COMMIT으로 끝난다.
중간에 어떠한 오류도 발생하지 않으면 COMMIT이 실행되어 트랜잭션이 완료된다.
만약 중간에 오류가 발생하면 ROLLBACK으로 모든 작업이 취소된다.

② **일관성(Consistency)** 23.6, 21.3

- 트랜잭션이 실행되기 전과 실행된 후의 데이터베이스 상태가 일관성을 유지해야 함을 의미한다.
- 트랜잭션의 무결성을 보장하는 중요한 특성 중 하나이다.

> 은행에서 A 계좌에서 B 계좌로 100원을 이체하는 트랜잭션을 수행한다고 가정할 때, 이 트랜잭션이 성공적으로 완료되면 A 계좌의 잔액은 100원 감소하고, B 계좌의 잔액은 100원 증가해야 한다.
>
> 만약 A 계좌의 잔액이 감소하지 않거나 B 계좌의 잔액이 증가하지 않는다면, 트랜잭션은 일관성 있는 상태를 유지하지 못했다고 할 수 있다.

③ **격리성(Isolation, 고립성)** 21.8

트랜잭션 실행 시 다른 트랜잭션의 간섭을 받지 않아야 한다.

> 동일한 회사의 적립카드를 이용하는 사용자 A와 사용자 B가 동시에 적립카드에 적립하더라도 사용자 A에게 적립하는 처리 과정과 B에게 적립하는 처리 과정은 서로 구별되어 각각 정확하게 처리되어야 한다.

④ **영속성(Durability, 지속성)**

- 트랜잭션의 완료 결과가 데이터베이스에 영구히 기억된다.
- 시스템 장애나 다른 문제로 인해 데이터베이스가 중단되더라도, 작업이 성공적으로 완료된 결과는 영구적으로 유지되어야 한다.
- 영속성을 보장하기 위해 데이터베이스는 일반적으로 로그 파일을 사용한다.

> 사용자가 적립카드에 100점까지 적립했다면 그 결과는 이후 적립이 이루어지기 전까지 계속 유지되어야 한다.

**격리성이 보장되지 않을 때 문제점**
- Dirty Read : 다른 트랜잭션이 아직 Commit 되지 않은 데이터를 읽는 경우
- Non-repeatable Read : 동일한 쿼리를 실행했을 때 결과가 다른 경우
- Phantom Read : 한 트랜잭션이 조회한 결과와 다른 결과가 나오는 경우

**격리 수준(Isolation Level)**
- 가장 높은 Level : Serializable Level
- 가장 낮은 Level : Read Uncommitted Level

## 02 트랜잭션 연산

트랜잭션 연산에는 COMMIT와 ROLLBACK이 있으며 하나의 트랜잭션은 COMMIT이나 ROLLBACK이 되어야 한다.

### 1) COMMIT

- 트랜잭션이 성공적으로 종료된 후 수정된 내용을 지속적으로 유지하기 위한 연산이다.
- 적립카드에 20점의 점수를 적립하는 트랜잭션을 수행해서 정상적으로 종료되는 경우는 다음과 같다.

| 트랜잭션 | 절차 |
| --- | --- |
| read(card) | 카드 인식 |
| A = A + 20 | 포인트 입력 |
| recognition | 승인 |
| write(A) | 포인트 적립 |
| COMMIT | 정상 종료 |

 **개념 체크**

1 완전하게 수행이 완료되지 않으면 전혀 수행되지 않아야 한다는 트랜잭션의 특성은 일관성이다. (O, X)

1 X

## 2) ROLLBACK

- 트랜잭션이 비정상적으로 수행되었거나 오류가 발생했을 때 **수행 작업을 취소하고 이전 상태로 되돌리기 위한 연산**이다.
- 적립카드에 20점의 점수를 적립하는 트랜잭션을 수행하는 도중 오류가 발생하는 경우는 다음과 같다.

| 트랜잭션 | 절차 |
|---|---|
| read(card) | 카드 인식 |
| A = A + 20 | 포인트 입력 |
| 오류 | |
| ROLLBACK | |

작업 취소

## 03 트랜잭션 상태 23.8, 23.6, 23.3, 22.4

트랜잭션이 수행되는 과정은 다음과 같은 상태로 구분할 수 있다.

| 활동(Active) | 현재 트랜잭션이 실행 중인 상태이다. |
|---|---|
| 부분 완료 23.3<br>(Partially Committed) | • 실행을 모두 마치고, 데이터베이스에 결과를 저장하기 직전의 상태이다.<br>• 부분 완료가 되었다 하더라도 실패로 이어질 수 있다. |
| 완료(Committed) | 트랜잭션의 연산을 정상적으로 마치고, 연산 결과를 데이터베이스에 저장한 상태이다. |
| 실패(Failed) | 트랜잭션 실행 중 오류로 인해 정상적인 처리가 되지 않아 원자성과 일관성에 문제가 발생하여 더 이상 처리가 불가능한 상태이다. |
| 철회(Aborted) | 트랜잭션 실행이 실패해서 다시 원 상태로 복귀되는 상태이다. |

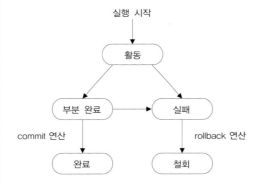

## 03 Recovery 연산 22.7, 21.3

- 트랜잭션을 수행하는 도중 장애로 인해 손상된 데이터베이스를 손상되기 이전의 정상적인 상태로 복구시키는 작업이다.
- Redo 작업 : 트랜잭션이 정상적으로 수행되었을 경우, 데이터베이스에 반영된 변경 사항을 다시 반영하는 작업이다.
- Undo 작업 : 트랜잭션이 실패했을 경우, 데이터베이스에 반영된 변경 사항을 취소하는 작업이다.

### 기적의 TIP

트랜잭션이 비정상적으로 수행되거나 오류가 발생하면 ROLLBACK 연산 때문에 취소됩니다. 이처럼 하나의 트랜잭션은 반드시 COMMIT이나 ROLLBACK되어야 한다는 것을 기억하세요.

**트랜잭션 완료**
문서를 다 작성했더라도 저장하지 않으면 작성한 문서가 손실될 수도 있듯이 트랜잭션이 정상적으로 완료되었다 하더라도 COMMIT 연산을 수행하지 않으면 수행된 결과가 유지될 수 없다.

**Redo(Re+Do, 다시 실행)**
• 갱신이 완료된 데이터를 로그 파일을 이용하여 복원한다.
• 이미 진행 중이었던 작업을 다시 한다.

**Undo(Un+Do, 실행 취소)**
• 변경되었던 데이터를 취소하여 원래의 내용으로 복원한다.
• 처음에 있던 옛 데이터를 이용하여 데이터를 복원한다.
• 했던 작업을 다시 하지 않고 원 상태로 되돌린다.

### 개념 체크

1 실행을 모두 마치고, 데이터베이스에 결과를 저장하기 직전의 트랜잭션 상태는?

1 부분 완료

## 06 즉각 갱신법 24.7, 20.8

- 데이터를 갱신하면 트랜잭션이 완료되기 전에 실제 데이터베이스에 반영하는 방법이다.
- 회복 작업을 위해서 갱신 내용을 별도 Log로 기록해야 한다.
- Redo, Undo 모두 사용할 수 있다.

---

## 이론을 확인하는 기출문제

**01** 데이터베이스에서 하나의 논리적 기능을 수행하기 위한 작업의 단위 또는 한꺼번에 모두 수행되어야 할 일련의 연산들을 의미하는 것은?

① 트랜잭션
② 뷰
③ 튜플
④ 카디널리티

트랜잭션의 정의 : 데이터베이스에서 하나의 논리적 기능을 수행하기 위한 작업의 단위 또는 한꺼번에 모두 수행되어야 할 일련의 연산들을 의미한다.

**02** 데이터베이스의 트랜잭션 성질 중에서 다음 설명에 해당하는 것은?

> 트랜잭션의 모든 연산들이 정상적으로 수행 완료되거나 아니면 전혀 어떠한 연산도 수행되지 않은 원래 상태가 되도록 해야 한다.

① Atomicity
② Consistency
③ Isolation
④ Durability

**트랜잭션의 특성**
- 원자성(Atomicity) : 완전하게 수행 완료되지 않으면 전혀 수행되지 않아야 한다.
- 일관성(Consistency) : 시스템의 고정 요소는 트랜잭션 수행 전후에 같아야 한다.
- 격리성(Isolation, 고립성) : 트랜잭션 실행 시 다른 트랜잭션의 간섭을 받지 않아야 한다.
- 영속성(Durability, 지속성) : 트랜잭션의 완료 결과가 데이터베이스에 영구히 기억된다.

**03** 트랜잭션의 주요 특성 중 하나로 둘 이상의 트랜잭션이 동시에 병행 실행되는 경우 어느 하나의 트랜잭션 실행 중에 다른 트랜잭션의 연산이 끼어들 수 없음을 의미하는 것은?

① Log
② Consistency
③ Isolation
④ Durability

격리성(Isolation 고립성) : 트랜잭션의 주요 특성 중 하나로 둘 이상의 트랜잭션이 동시에 병행 실행되는 경우 어느 하나의 트랜잭션 실행 중에 다른 트랜잭션의 연산이 끼어들 수 없음을 의미한다.

**04** 트랜잭션을 수행하는 도중 장애로 인해 손상된 데이터베이스를 손상되기 이전의 정상적인 상태로 복구시키는 작업은?

① Recovery
② Commit
③ Abort
④ Restart

Recovery 연산 : 트랜잭션을 수행하는 도중 장애로 인해 손상된 데이터베이스를 손상되기 이전의 정상적인 상태로 복구시키는 작업이다.

SECTION

02

병행 제어

출제빈도 상 중 (하)
반복학습 ① ② ③

빈출 태그 병행 제어 기법의 종류 • 로킹의 특징 • 타임스탬프 기법 • 회복 기법

▶ 합격 강의

## 01 병행 제어(Concurrency Control)

### 1) 병행 제어

#### ① 병행 제어의 개념 23.8

- 동시에 수행되는 트랜잭션들을 일관성 있게 처리하기 위해 제어하는 것이다.
- 병행 실행 시 트랜잭션 간의 격리성을 유지하여 트랜잭션 수행에 문제가 발생하지 않도록 제어하는 것을 병행 제어라고 한다.
- 대표적인 병행 제어의 방법으로 로킹(Locking) 기법이 있다.

#### ② 병행 제어의 목적 22.3

- 데이터베이스의 공유를 최대화한다.
- 데이터베이스의 일관성을 최대화한다.
- 시스템 활용도를 최대화한다.
- 사용자에 대한 응답 시간을 최소화한다.

#### ③ 병행 수행의 문제점

- 갱신 분실(Lost Update) : 같은 데이터에 대해 둘 이상의 트랜잭션이 동시에 갱신할 때, 갱신 결과의 일부가 없어지는 현상이다.
- 비완료 의존성(Uncommitted Dependency) : 하나의 트랜잭션 수행이 실패한 후 회복하기 전에 다른 트랜잭션이 실패한 갱신 결과를 참조하는 현상이다.
- 모순성(Inconsistency) : 하나의 트랜잭션이 여러 데이터 갱신 연산을 수행할 때, 일관성 없는 상태의 데이터베이스에서 데이터를 가져옴으로써 데이터의 불일치가 발생하는 것을 의미한다.
- 연쇄 복귀(Cascading Rollback) : 수행되던 둘 이상의 트랜잭션 중 어느 한 트랜잭션에 오류가 발생하여 Rollback 하는 경우 다른 트랜잭션들도 함께 Rollback 되는 현상이다.

#### ④ 병행 제어의 종류 21.5, 18.9, 16.9

로킹, 타임스탬프, 최적 병행 수행, 다중 버전 기법

---

B 기적의 TIP

다수의 트랜잭션을 무결성을 해치지 않고 수행하기 위한 기법인 병행 제어를 학습합니다. 특히 병행 제어 기법 중 로킹(Locking)의 특징이 자주 출제되니 정확히 정리하세요.

---

✓ 개념 체크

1 병행 실행 시 트랜잭션 간의 격리성을 유지하여 트랜잭션 수행에 문제가 발생하지 않도록 제어하는 것을 ( )라고 한다.

1 병행 제어

## 2) 로킹(Locking)

### ① 로킹의 특징 24.7, 24.3, 23.8, 23.3, 21.8, 21.3, 20.9, 20.8, 20.6

- 하나의 트랜잭션이 데이터를 액세스하는 동안 다른 트랜잭션이 그 데이터 항목을 액세스할 수 없도록 하는 병행 제어 기법이다.
- 로킹 단위가 커지면 로크의 수가 적어 관리가 쉬워지지만 병행성 수준은 낮아진다. ──── 로킹 단위별로 나누어진 각각의 구획
- 로킹 단위가 작으면 로크의 수가 많아 관리가 어려워지지만 병행성 수준은 높아진다.
- 로킹의 대상이 되는 객체(파일, 테이블, 필드, 레코드)의 크기를 로킹 단위라고 한다.
- 하나의 트랜잭션이 실행될 때는 'LOCK'을 설정해 다른 트랜잭션이 데이터에 접근하지 못하도록 잠근 후 실행하고, 실행이 완료되면 'UNLOCK'을 통해 해제한다.

---

**로킹 예제**

'학번', '이름', '국어', '영어' 속성으로 구성된 〈학생〉 테이블이 있다.

〈학생〉

| 학번 | 이름 | 국어 | 영어 |
|--------|--------|------|------|
| 071113 | 김길동 | 75 | 80 |
| 082134 | 이영진 | 82 | 85 |
| 072235 | 김정애 | 90 | 72 |
| 091156 | 박태인 | 85 | 80 |

- 위 〈학생〉 테이블을 사용자 A와 사용자 B가 거의 동시에 접근해서 사용자 A는 학생들의 '국어' 점수를 검색하는 트랜잭션을 수행하려고 하고, 사용자 B는 '김정애' 학생의 정보를 삭제하는 트랜잭션을 수행하려고 한다.
- 만약 사용자 A가 검색하는 도중 일부 값이 사용자 B에 의해 삭제된다면 검색 결과를 신뢰할 수 없을 것이다.
- 따라서 사용자 A는 〈학생〉 테이블을 사용하기 전 〈학생〉 테이블에 다른 트랜잭션이 접근하지 못하도록 'LOCK'을 설정한다.
- 그리고 사용자 A가 원하는 트랜잭션을 수행하고, 완료 후 'UNLOCK'을 통해 해제한다. 〈학생〉 테이블에 대해 LOCK이 해제되면 사용자 B가 접근하여 이용할 수 있다. 만약 LOCK이 해제되지 않았다면 다른 트랜잭션이 접근할 수 없게 된다.

**LOCK 다이어그램**

| 사용자_A | 사용자_B |
|--------|--------|
| LOCK(학생)<br>read 학생<br>검색<br>UNLOCK(학생) | |
| | LOCK(학생)<br>read 학생<br>삭제<br>UNLOCK(학생) |

---

**로킹 단위**

운영체제에서 임계구역과 유사한 개념이다. 운영체제에서는 모든 공유 자원이 임계구역이지만 데이터베이스의 로킹 단위는 분할된 트랜잭션의 크기, 영역을 말하는 것이다.

**✓ 개념 체크**

1 하나의 트랜잭션이 데이터를 액세스하는 동안 다른 트랜잭션이 그 데이터 항목을 액세스할 수 없도록 하는 병행 제어 기법은?

1 로킹(Locking)

트랜잭션을 순서대로 처리하는 것 ─

② **2단계 로킹(2-Phase Locking)** 22.7

• 직렬성은 보장하지만, 교착상태 예방은 불가능하다.
• 트랜잭션의 로크 요청과 해제 요청을 2 단계로 실시한다.
• 확장 단계와 축소 단계의 두 단계(Phase)가 있다.

| 확장 단계<br>(Growing Phase) | • 트랜잭션이 데이터베이스에서 데이터를 읽거나 쓰기 시작하면서 필요한 모든 잠금을 확보하는 단계이다.<br>• 모든 필요한 잠금을 획득하고, 다른 트랜잭션이 해당 데이터에 대한 접근을 막는다.<br>• 잠금을 놓치면 다시 얻을 수 없다. |
|---|---|
| 축소 단계<br>(Shrinking Phase) | • 트랜잭션이 모든 작업을 완료하고 커밋 또는 롤백을 실행할 때 잠금을 해제하는 단계이다.<br>• 모든 데이터 작업이 완료되고 커밋 또는 롤백이 실행되기 전에 모든 잠금을 유지한다.<br>• 커밋을 실행하면 트랜잭션은 모든 잠금을 해제하고 롤백을 실행하면 모든 잠금을 롤백한다. |

③ **잠금의 상태 2가지**

| 공유 잠금<br>(S Lock) | • 다른 트랜잭션이 읽기만 가능한 상태이다.<br>• 다른 트랜잭션이 동시에 공유 잠금을 요청할 수 있다. |
|---|---|
| 배타적 잠금<br>(X Lock) | • 다른 트랜잭션이 읽기 및 쓰기가 불가능한 상태이다.<br>• 다른 트랜잭션이 동시에 배타적 잠금을 요청할 수 없다. |

### 3) 타임스탬프(Timestamp) 24.3, 21.8

• 트랜잭션이 DBMS로부터 유일한 타임스탬프(시간 허가 인증 도장)를 부여받는다.
• 동시성 제어를 위한 직렬화 기법으로 트랜잭션 간의 순서를 미리 정하는 방법이다.

### 4) 최적 병행 수행(OCC : Optimistic Concurrency Control)

• 각 트랜잭션이 데이터를 변경하기 전에 충돌을 감지하여 제어하는 방식으로, 데이터베이스 시스템의 성능을 향상시킬 수 있는 장점이 있다.
• 데이터의 변경이 적은 경우에 효과적이다.
• 데이터의 변경이 빈번하게 일어날 때는 다른 병행 제어 기법보다 효과적이지 않을 수 있다.
• 트랜잭션은 해당 데이터의 버전 정보와 자신이 읽은 버전 정보를 비교하여 충돌을 감지하고, 충돌이 발생하면 롤백하거나 재시도한다.
• 데이터베이스 시스템의 성능과 확장성을 향상시킬 수 있다.

### 5) 다중 버전 기법(MVCC : Multi-Version Concurrency Control)

• 각 트랜잭션이 실행될 때, 트랜잭션의 시작 시점에 해당하는 데이터의 버전을 할당하여 다른 트랜잭션이 해당 데이터를 수정하는 것을 방지한다.
• 다수의 트랜잭션이 동시의 데이터베이스에 접근할 때, 데이터의 일관성을 유지하면서 병행성을 보장할 수 있는 기법이다.
• 각 트랜잭션은 자신만의 버전을 갖게 되며, 데이터의 변경은 새로운 버전을 생성하여 해당 트랜잭션이 사용하도록 한다.
• 각 데이터는 버전별로 저장되며, 트랜잭션은 시작 시점에 해당하는 버전을 선택하여 작업을 수행한다. 만약 다른 트랜잭션이 해당 데이터를 변경하면, 새로운 버전이 생성되고, 이전 버전은 유지된다.

## 02 회복(Recovery)

### 1) 회복의 개념

- 데이터의 손실이나 손상이 발생했을 때 이를 복구하는 과정이다.
- 데이터베이스는 여러 가지 이유로 데이터가 손실되거나 손상될 수 있으며, 이는 하드웨어 오류, 소프트웨어 오류, 시스템 고장, 인간의 실수 등 다양한 원인으로 발생할 수 있다.
- 회복 작업은 데이터베이스 시스템이 데이터의 무결성과 일관성을 유지하며, 손상된 데이터를 이전의 정상 상태로 복구하는 것을 목표로 한다.
- 회복 기법

| 로그 기반 복구 | • 트랜잭션 실행 중에 발생한 모든 변경 사항을 로그에 기록한다.<br>• 로그는 장애 발생 시 데이터베이스를 이전 상태로 회복시키는 데 사용된다.<br>• 트랜잭션의 원자성을 보장하고, 장애로 인한 데이터 손실을 최소화한다. |
|---|---|
| 체크포인트 기반 복구 | • 정기적으로 체크포인트를 설정하여 데이터베이스의 일관성을 유지한다.<br>• 체크포인트는 데이터베이스의 상태를 지속적으로 기록하고, 장애 발생 시 체크포인트 이후의 로그를 사용하여 데이터를 복구한다. |

### 2) 회복 기법 24.5, 20.9

#### ① 즉시 갱신 기법(Immediate Update)

- 트랜잭션에서 데이터 변경 연산(INSERT, UPDATE, DELETE)을 수행할 때, 해당 연산을 즉시 디스크에 반영하는 기법이다.
- 트랜잭션이 Commit되면, 변경된 데이터가 디스크에 반영되어 영구적인 저장이 이루어진다.
- 변경된 데이터가 즉시 확정되므로 데이터 무결성을 유지하고, 회복 시 복구 작업이 필요하지 않아 간단하고 빠른 처리가 가능하다.
- 장애가 발생하면 변경된 데이터가 디스크에 반영되었기 때문에 복구 작업을 수행해야 할 수도 있다.

#### ② 지연 갱신 기법(Deferred Update)

- 트랜잭션에서 데이터 변경 연산을 수행해도, 실제 데이터베이스에 반영하지 않고 로그에만 변경 내용을 기록하는 방법이다.
- 트랜잭션이 Commit되면, 변경 내용이 로그에 있는 상태로 남아 있게 된다.
- Commit 이후에 회복 작업이 필요한 경우에만 로그를 기반으로 변경 내용을 디스크에 반영하여 데이터를 복구한다.
- 트랜잭션 간의 일관성을 유지하면서 변경 내용을 모아서 처리하기 때문에 성능을 향상시킬 수 있다.

 **개념 체크**

1 트랜잭션에서 데이터 변경 연산(INSERT, UPDATE, DELETE)을 수행할 때, 해당 연산을 즉시 디스크에 반영하는 기법은?

1 즉각 갱신법

### ③ 검사 시점 기법(Checkpoint)

• 주기적으로 체크포인트(Checkpoint)를 설정하여 데이터베이스의 일관성을 유지하는 회복 기법이다.
• 데이터베이스 상태를 지속적으로 기록하고, 장애 발생 시 체크포인트 이후의 로그를 사용하여 데이터를 복구한다.
• 일정한 시간 간격이나 특정 이벤트(트랜잭션 수, 로그 크기 등)마다 체크포인트를 설정하여 데이터의 일관성과 회복 시간을 최적화할 수 있다.
• 로그 기반 복구와 함께 사용되며, 장애 발생 시 롤백 대상 로그의 양을 줄이고 복구 시간을 단축하는 장점이 있다.

### ④ 그림자 페이징 기법(Shadow Paging)

• 데이터베이스의 일관성을 유지하기 위해 그림자 페이지(Shadow Page)를 사용하는 회복 기법이다.
• 데이터베이스 상태를 체크포인트 시점의 그림자 페이지로 저장하여 장애 발생 시 해당 그림자 페이지로 복구한다.
• 실제 데이터 페이지의 사본으로, 트랜잭션이 수행되는 동안에만 변경되며, Commit 되지 않은 트랜잭션은 그림자 페이지에만 반영된다.
• 장애 발생 시 그림자 페이지를 복구하면 데이터 일관성을 유지할 수 있다.
• 로그를 사용하지 않기 때문에 로그 오버헤드가 없고 성능이 우수하다는 장점이 있다.

## 3) REDO(재수행)와 UNDO(취소, 되돌리기)

### ① REDO(재수행)

• 회복 작업 중에 사용되는 기법으로, 트랜잭션의 변경 사항을 로그에 기록한 후, 장애 발생 시 로그를 기반으로 데이터를 재수행하여 회복하는 기법이다.
• 장애로 인해 데이터가 손실되었을 때, 로그에 저장된 변경 사항을 순차적으로 재수행하여 데이터를 복구하는 역할을 한다.
• 트랜잭션의 변경 사항은 로그에 기록된 후에 Commit되기 때문에 Commit 된 변경 사항은 장애 발생 시에도 반영된다.
• 데이터의 일관성을 유지하면서 데이터베이스의 회복을 보장하는 중요한 기법의 하나이다.

### ② UNDO(취소, 되돌리기)

• 회복 작업 중에 사용되는 기법으로, 롤백을 통해 트랜잭션의 변경 사항을 이전 상태로 되돌리는 기법이다.
• 트랜잭션이 롤백 되면 해당 트랜잭션에서 발생한 변경 사항을 취소하고, 데이터베이스를 이전 상태로 복구한다.
• 트랜잭션의 변경 사항은 로그에 기록된 후에 Commit되기 때문에 롤백 작업 시 로그를 사용하여 변경 사항을 식별하고 복구한다.
• 트랜잭션의 원자성을 보장하고, 장애로 인한 데이터 손실을 최소화하는 데 중요한 역할을 한다.

✅ **개념 체크**

1 회복 작업 중에 사용되는 기법으로, 트랜잭션의 변경 사항을 로그에 기록한 후, 장애 발생 시 로그를 기반으로 데이터를 재수행하여 회복하는 기법은?

1 REDO

**01** 동시성 제어를 위한 직렬화 기법으로 트랜잭션 간의 처리 순서를 미리 정하는 방법은?

① 로킹 기법
② 타임스탬프 기법
③ 검증 기법
④ 배타 로크 기법

**타임스탬프**
• 트랜잭션이 DBMS로부터 유일한 타임스탬프(시간 허가 인증 도장)를 부여받는다.
• 동시성 제어를 위한 직렬화 기법으로 트랜잭션 간의 순서를 미리 정하는 방법이다.

**02** 병행 제어 기법의 종류가 <u>아닌</u> 것은?

① 로킹 기법
② 시분할 기법
③ 타임스탬프 기법
④ 다중 버전 기법

병행 제어 기법의 종류 : 로킹, 최적 병행 수행, 타임스탬프, 다중 버전 기법

**03** 로킹 단위(Locking Granularity)에 대한 설명으로 옳은 것은?

① 로킹 단위가 크면 병행성 수준이 낮아진다.
② 로킹 단위가 크면 병행 제어 기법이 복잡해진다.
③ 로킹 단위가 작으면 로크(Lock)의 수가 적어진다.
④ 로킹은 파일 단위로 이루어지며, 레코드와 필드는 로킹 단위가 될 수 없다.

로킹 단위가 커지면 로크의 수가 적어 관리가 쉬워지지만, 병행성 수준이 낮아지고, 로킹 단위가 작으면 로크의 수가 많아 관리가 어려워지지만, 병행성 수준이 높아진다.

**04** 로킹 기법에서 2단계 로킹 규약에 대한 설명으로 옳은 것은?

① 트랜잭션은 lock만 수행할 수 있고, unlock은 수행할 수 없는 확장 단계가 있다.
② 트랜잭션이 unlock과 lock을 동시에 수행할 수 있는 단계를 병렬 전환 단계라 한다.
③ 한 트랜잭션이 unlock 후 다른 데이터 아이템을 lock 할 수 있다.
④ 교착상태를 일으키지 않는다.

**2PL(2 Phase Locking, 2단계 로킹 기법)**
• 확장 단계와 축소 단계 2단계로 구성된다.
• 트랜잭션은 lock만 수행할 수 있고, unlock은 수행할 수 없는 확장 단계가 있다.

**05** 다음 기법과 가장 관계되는 것은?

• deferred modification
• immediate update
• shadow paging
• check point

① Locking
② Integrity
③ Recovery
④ Security

**Recovery(복구)**
• Deferred Modification : 변경된 데이터를 실제로 디스크에 반영하는 것을 지연시키는 방식이다. 이는 데이터의 논리적인 수정 작업을 기록하고, 나중에 특정 시점에 변경 사항을 일괄적으로 디스크에 반영하는 복구 기법과 관련이 있다.
• Immediate Update : 데이터의 변경 사항을 즉시 디스크에 반영하는 방식이다.
• Shadow Paging : 복구를 위해 일부 페이지를 원래의 페이지와 별도의 그림자 페이지로 유지하는 방식이다.

정답 01 ② 02 ② 03 ① 04 ① 05 ③

# 데이터베이스 보안과 권한 설정

▶ 합격 강의

빈출 태그 암호화 • 비밀키 • 공개키 • GRANT • REVOKE

## 01 데이터베이스 보안

권한이 없는 사용자로부터 데이터베이스를 보호하는 것

### 1) 암호화(Encryption) 21.3

• 네트워크를 통하거나 컴퓨터 내부에 자료를 저장할 때 권한을 가진 사람 외에는 데이터를 보지 못하도록 하는 것이다.
• 일반 평문을 다양한 방식의 암호화 기법으로 가공하여 저장하고, 권한이 있는 사용자에 의해 복호화되어 사용된다.

### 2) 암호화 기법 22.4

#### ① 비밀키(Private Key, 대칭키) 암호화 기법

• 비밀키 암호화 기법은 동일한 키로 데이터를 암호화하고 복호화한다.
• 암호화, 복호화 키가 같아서 키를 공개하면 타인이 알게 된다.
• 암호화와 복호화 속도가 빠르다.
• 대칭 암호 알고리즘은 처음 통신시에 비밀키를 전달해야 하므로, 키 교환 중 키가 노출될 수 있다.

• 종류 : DES, AES, ARIA, SEED, IDEA, RC4

#### ② 공개키(Public Key, 비대칭 키) 암호화 기법

• 공개키 암호화 기법은 각기 다른 키로 데이터를 암호화하고 복호화한다.
• 암호화, 복호화 키가 다르므로 두 개의 키(공개키, 개인키) 중 하나의 키(공개키)는 공개되어도 된다.
• 암호화 및 복호화 속도가 느리다.

## 3) 데이터베이스 보안을 적용할 때 주의사항

### ① 접근 제어

- 각 사용자에게 최소한의 권한만 부여하여 필요한 작업만 수행할 수 있도록 설정해야 한다.
- 비인가자가 접근을 시도하는 것을 방지하기 위해 암호화된 인증 체계를 사용하고, 민감한 데이터에 대한 접근 로그를 관찰해야 한다.

### ② 데이터 암호화

- 민감한 데이터는 암호화하여 저장해야 한다.
- 데이터베이스 내의 저장된 데이터를 외부의 불법적인 접근으로부터 보호해야 하므로 암호화 알고리즘과 키 관리를 신중하게 처리하여 데이터의 기밀성을 유지해야 한다.

### ③ 취약점 관리 23.3, 22.3

- 데이터베이스 소프트웨어와 관련된 취약점을 주기적으로 감시하고, 응용 프로그램의 보안 설정 및 패치/업데이트를 적용해야 한다.
- 악의적인 공격으로부터 데이터베이스를 보호하기 위해 취약점을 최소화하는 것이 중요하다.
- 활성 프로세스 및 활성 포트 위주로 확인한다.
- 불필요한 서비스 및 악성 프로그램의 확인 및 제거 작업을 한다.

### ④ 백업과 복원 22.3

- 정기적으로 데이터베이스의 백업을 수행하고, 백업 데이터를 안전한 장소에 보관해야 한다.
- 데이터 손실이나 장애 발생 시에도 데이터를 복원할 수 있도록 체계적인 백업 및 복원 프로세스를 수립해야 한다.

### ⑤ 감사와 모니터링

데이터베이스의 접근 기록을 감사하고, 이를 모니터링하여 의심스러운 활동이나 보안 위협을 식별해서 보안 상태를 지속적으로 추적하고 개선해야 한다.

### ⑥ 보안 정책 및 교육

- 적절한 보안 정책을 수립하고, 직원들에게 보안 교육을 제공해야 한다.
- 직원들이 보안 정책을 인식하고 이행할 수 있도록 지속적으로 교육하고 강화해야 한다.

## ⑫ 권한 부여를 위한 SQL

### 1) GRANT 22.4, 20.9

- 데이터베이스 사용자에게 사용 권한을 부여한다.
- 기본 구조(1)

> GRANT 권한 ON 데이터 객체 TO 사용자 [WITH GRANT OPTION];

- 부여할 수 있는 권한 : UPDATE, DELETE, INSERT, SELECT
- WITH GRANT OPTION : 사용자가 부여받은 권한을 다른 사용자에게 다시 부여할 수 있는 권한을 부여한다.
- 기본 구조(2)

> GRANT 시스템 권한 TO 사용자;

- 주요 시스템 권한 : CREATE SESSION, CREATE TABLE, CREATE SEQUENCE, CREATE VIEW, CREATE PROCEDURE

### 2) REVOKE 24.7, 22.4, 20.9

- 데이터베이스 사용자로부터 사용 권한을 취소한다.
- 기본 구조

> REVOKE [GRANT OPTION FOR] 권한 ON 데이터 객체 FROM 사용자 [CASCADE];

- GRANT OPTION FOR : 다른 사용자에게 권한을 부여할 수 있는 권한을 취소한다.
- CASCADE : 권한을 부여받았던 사용자가 다른 사용자에게 부여한 권한도 연쇄 취소한다. 23.3, 22.7, 20.6
- 취소할 수 있는 권한 : UPDATE, DELETE, INSERT, SELECT

**01** 정보보호를 위한 암호화에 대한 설명으로 **틀린** 것은?

① 평문 – 암호화되기 전의 원본 메시지
② 암호문 – 암호화가 적용된 메시지
③ 복호화 – 평문을 암호문으로 바꾸는 작업
④ 키(Key) – 적절한 암호화를 위하여 사용하는 값

---

평문을 암호문으로 바꾸는 과정을 암호화(Encryption)라고 하고, 암호문을 다시 평문으로 바꾸는 과정을 복호화(decryption)라고 한다.

**02** 사용자 'PARK'에게 테이블을 생성할 수 있는 권한을 부여하기 위한 SQL문의 구성으로 빈칸에 적합한 내용은?

```
〈SQL문〉
GRANT (            ) PARK;
```

① CREATE TABLE TO
② CREATE TO
③ CREATE FROM
④ CREATE TABLE FROM

---

• GRANT 시스템 권한 TO 사용자
• 주요 시스템 권한 : CREATE SESSION, CREATE TABLE, CREATE SEQUENCE, CREATE VIEW, CREATE PROCEDURE

**03** 사용자 X1에게 department 테이블에 대한 검색 연산 권한을 회수하는 명령은?

① delete select on department to X1;
② remove select on department from X1;
③ revoke select on department from X1;
④ grant select on department from X1;

---

• REVOKE [GRANT OPTION FOR] 권한 ON 데이터 객체 FROM 사용자 [CASCADE];
• GRANT OPTION FOR : 다른 사용자에게 권한을 부여할 수 있는 권한을 취소한다.
• CASCADE : 권한을 부여받았던 사용자가 다른 사용자에게 부여한 권한도 연쇄 취소한다.
• 부여 가능한 권한 : UPDATE, DELETE, INSERT, SELECT

**04** 분산 데이터베이스의 불법적인 접근을 차단하기 위하여 데이터 암호화가 필요하다. DES 알고리즘에서는 평문을 ( ① )비트로 블록화를 하고, 실제 키의 길이는 ( ② )비트를 이용한다. 괄호의 내용은?

① ① 64, ② 56
② ① 64, ② 32
③ ① 32, ② 16
④ ① 32, ② 8

---

DES 알고리즘에서는 평문을 64비트로 블록화를 하고, 실제 키의 길이는 56비트를 이용한다.

**05** 취약점 관리를 위해 일반적으로 수행하는 작업이 아닌 것은?

① 무결성 검사
② 응용 프로그램의 보안 설정 및 패치(Patch) 적용
③ 중단 프로세스 및 닫힌 포트 위주로 확인
④ 불필요한 서비스 및 악성 프로그램의 확인과 제거

---

취약점은 주로 실행 중인 서비스, 열려 있는 포트, 사용 중인 프로토콜 등 활성화된 부분에서 발생할 가능성이 높다.

# 분산 데이터베이스

▶ 합격 강의

## 01 분산 데이터베이스

### 1) 분산 데이터베이스의 개념

- 네트워크를 통하여 연결된 여러 개의 컴퓨터에 데이터가 분산된 데이터베이스이다.
- 데이터 처리와 비용이 큰 곳에 별도의 데이터베이스 서버를 확충하는 것을 의미한다.

### 2) 분산 데이터베이스의 목표

#### ① 데이터의 분산

데이터베이스를 여러 대의 컴퓨터에 분산하여 저장하고 관리함으로써 데이터에 대한 접근성을 높이고 데이터의 안정성을 보장한다.

#### ② 처리의 분산

데이터 처리 작업을 여러 대의 컴퓨터에 분산하여 처리함으로써 처리 속도를 향상시키고, 시스템의 확장성을 높인다.

**Transparency(투명성)**
- 사용자가 분산 데이터베이스를 하나의 단일 시스템으로 인식할 수 있도록 하는 것이다.
- 사용자가 분산 데이터베이스 시스템에서 데이터에 접근하는 방법이나 데이터 처리 방법을 명시적으로 지정할 필요 없이, 사용자가 일반적으로 데이터베이스에 접근하는 방식으로 접근할 수 있도록 한다.

#### ③ 투명성의 보장 24.7

사용자는 분산 데이터베이스 시스템을 하나의 단일 시스템으로 인식하며, 분산된 데이터에 대한 접근성 및 처리 방법을 명시적으로 지정할 필요가 없도록 투명성을 보장한다.

#### ④ 분산 트랜잭션의 지원

- 여러 대의 컴퓨터에 분산된 데이터에 대한 트랜잭션 처리가 필요하다.
- 분산 트랜잭션을 지원하여 여러 대의 컴퓨터에서 수행된 작업을 원자적으로 처리한다.

#### ⑤ 분산 데이터베이스의 일관성 유지

- 여러 대의 컴퓨터에서 데이터를 처리하므로 일관성 유지가 매우 중요하다.
- 데이터의 일관성을 보장하기 위한 메커니즘을 제공한다.

#### ⑥ 분산 데이터베이스의 보안

- 분산 데이터베이스는 여러 대의 컴퓨터에 저장되어 있으므로 데이터의 보안 문제가 발생할 수 있다.
- 보안을 유지하고 데이터의 안전성을 보장하기 위한 메커니즘을 제공한다.

## 3) 분산 데이터베이스의 투명성 <sup></sup> 23.3, 22.4, 22.3, 20.8, 20.6

### ① 위치 투명성(Location Transparency)

- 하드웨어와 소프트웨어의 물리적 위치를 사용자가 알 필요가 없다.
- **예** 사용자가 고객 정보를 조회하는 경우, 사용자는 일반적인 SQL 쿼리를 사용하여 고객 정보를 조회할 수 있다. 분산 데이터베이스 시스템은 사용자의 쿼리를 해석하여 해당 데이터가 저장된 컴퓨터를 자동으로 찾아내고, 사용자에게 해당 데이터를 제공한다.

### ② 중복(복제) 투명성(Replication Transparency)

- 사용자에게 통지할 필요 없이 시스템 안에 파일들과 자원들의 부가적인 복사를 자유롭게 할 수 있다.
- **예** 사용자가 주문 정보를 조회하는 경우, 주문 정보가 여러 대의 컴퓨터에 복제되어 저장될 수 있다. 분산 데이터베이스 시스템은 사용자의 쿼리를 해석하여 주문 정보가 저장된 여러 대의 컴퓨터 중 어느 하나에서 데이터를 읽어올지를 자동으로 결정하고, 사용자에게 데이터를 제공한다. 이 과정에서 사용자는 복제된 데이터가 여러 대의 컴퓨터에 저장되어 있음을 인식하지 않아도 된다.

### ③ 병행 투명성(Concurrency Transparency)

- 다중 사용자들이 자원들을 자동으로 공유할 수 있다.
- **예** 사용자가 분산 데이터베이스 시스템에서 주문 정보를 수정하는 경우, 다른 사용자가 동시에 해당 주문 정보를 수정하려는 시도가 있을 수 있는데, 분산 데이터베이스 시스템은 이러한 충돌을 감지하고, 충돌을 처리하기 위해 하나의 트랜잭션만이 해당 데이터를 수정할 수 있도록 제어한다.

### ④ 장애 투명성(Failure Transparency)

- 사용자들은 어느 위치의 시스템에 장애가 발생했는지 알 필요가 없다.
- **예** 사용자가 분산 데이터베이스 시스템에서 주문 정보를 처리하는 경우, 해당 데이터가 저장된 컴퓨터 중 하나가 장애가 발생하더라도 다른 컴퓨터에 저장된 데이터를 사용하여 처리를 계속할 수 있어야 한다. 분산 데이터베이스 시스템은 여러 대의 컴퓨터에 데이터를 복제하여 저장하고, 하나 이상의 컴퓨터에 장애가 발생할 때도 다른 컴퓨터에서 해당 데이터를 사용하여 처리를 계속할 수 있도록 한다.

## 4) 분산 데이터베이스 시스템의 구성 요소

- 분산 처리기 : 지리적으로 분산된 시스템을 통합하여 각각의 트랜잭션을 처리한다.
- 분산 데이터베이스 : 각 지역에 설치되는 데이터베이스 시스템이다.
- 통신 네트워크 : 지역적으로 분산된 데이터베이스 시스템을 통신 회선으로 연결한다.

**분산 데이터베이스의 투명성**
- 위치 투명성(Location Transparency)
- 중복(복제) 투명성(Replication Transparency)
- 병행 투명성(Concurrency Transparency)
- 장애 투명성(Failure Transparency)

 **개념 체크**

1 분산 데이터베이스에서 사용자가 하드웨어와 소프트웨어의 물리적 위치를 알 필요가 없다는 투명성 원칙은?

1 위치 투명성

지역 자치성과 병렬 처리
• 지역 자치성 : 데이터베이스 중
앙 관리자 외에 각 지역에 담당
관리자를 두는 것을 말한다.
• 병렬 처리 : 하나 이상의 처리를
분산된 데이터베이스에 분산 처
리하여 처리 속도를 높이는 것
을 말한다.

## 5) 분산 데이터베이스의 장 · 단점

| 장점 | • 질의 처리 시간의 단축<br>• 데이터 공유성, 신뢰성, 가용성 향상<br>• 점진적 시스템 용량 확장이 용이<br>• 지역 자치성 향상으로 지역 상황에 맞는 시스템 구축이 용이 |
|---|---|
| 단점 | • 소프트웨어 개발 비용 증가<br>• 오류 발생 가능성 증가<br>• 통신망 성능에 따라 전체적인 시스템 성능 저하<br>• 하드웨어 구매 비용 증가 |

## 02 분산 데이터베이스의 연결 모델

### 1) 클라이언트/서버(Client/Server) 모델

• 가장 일반적이고 기본적인 분산 데이터베이스 연결 방식이다.
• 클라이언트는 사용자 또는 애플리케이션이며, 서버는 데이터베이스에 접근하여 데
이터를 저장하고 처리하는 역할을 한다.
• 클라이언트는 서버에 쿼리를 보내거나 데이터를 요청하고, 서버는 해당 요청에 대
해 응답한다.
• 클라이언트/서버 모델은 중앙 집중식 데이터베이스와 유사한 방식으로 동작하며,
데이터베이스의 관리 및 보안이 중앙 집중화될 수 있다.

### 2) 피어 투 피어(Peer-to-Peer) 모델

• 중앙 집중식 구조가 아닌, 분산된 피어(Peer) 간에 데이터를 공유하는 방식이다.
• 각 피어(Peer)는 동등한 지위로 데이터를 저장하고 처리한다. 각 피어는 클라이언
트와 서버 역할을 동시에 수행할 수 있다.
• 확장성과 내결함성 측면에서 유리한 방식이나, 관리와 보안 측면에서 어려움이 있
을 수 있다.

### 3) 클러스터(Cluster) 모델

• 여러 개의 노드가 물리적으로 가까이에 위치하여 데이터를 공유하고 처리하는 방
식이다.
• 클러스터는 공유된 저장소에 데이터를 저장하며, 데이터베이스 클러스터는 여러
노드 간에 작업을 분산하여 처리한다.
• 클러스터 모델은 데이터의 가용성과 성능을 향상시킬 수 있으며, 장애 발생 시에도
데이터의 일관성과 회복을 유지할 수 있다.

✔ 개념 체크

1 중앙 집중식 구조를 갖지 않
고 분산된 피어 간에 데이터
를 공유하는 분산 데이터베
이스 연결 모델은?

1 피어 투 피어 모델

**01** 분산 데이터베이스 목표 중 "데이터베이스의 분산된 물리적 환경에서 특정 지역의 컴퓨터 시스템이나 네트워크에 장애가 발생해도 데이터 무결성이 보장된다"는 것과 관계있는 것은?

① 장애 투명성
② 병행 투명성
③ 위치 투명성
④ 중복 투명성

장애 투명성(Failure Transparency) : 사용자들은 어느 위치의 시스템에 장애가 발생했는지 알 필요가 없다.

**02** 분산 데이터베이스 시스템과 관련한 설명으로 틀린 것은?

① 물리적으로 분산된 데이터베이스 시스템을 논리적으로 하나의 데이터베이스 시스템처럼 사용할 수 있도록 한 것이다.
② 물리적으로 분산되어 지역별로 필요한 데이터를 처리할 수 있는 지역 컴퓨터(Local Computer)를 분산 처리기(Distributed Processor)라고 한다.
③ 분산 데이터베이스 시스템을 위한 통신 네트워크 구조가 데이터 통신에 영향을 주므로 효율적으로 설계해야 한다.
④ 데이터베이스가 분산되어 있음을 사용자가 인식할 수 있도록 분산 투명성(Distribution Transparency)을 배제해야 한다.

투명성은 사용자가 데이터베이스가 분산되어 있지 않고 단일 데이터베이스라고 인식할 수 있도록 한다.

**03** 분산 데이터베이스에 대한 설명으로 거리가 먼 것은?

① 분산 제어가 용이하다.
② 지역 자치성이 높다.
③ 효용성과 융통성이 높다.
④ 점진적 시스템 확장이 어렵다.

분산 데이터베이스는 점진적 시스템 확장이 쉽다.

**04** 분산 운영체제에서 사용자가 원하는 파일이나 데이터베이스, 프린터 등의 자원들이 지역 컴퓨터 또는 네트워크 내의 다른 원격지 컴퓨터에 존재하더라도 위치에 관계없이 그 외 사용을 보장하는 개념은?

① 위치 투명성         ② 접근 투명성
③ 복사 투명성         ④ 접근 독립성

위치 투명성 : 사용자가 원하는 파일이나 데이터베이스, 프린터 등의 자원들이 지역 컴퓨터 또는 네트워크 내의 다른 원격지 컴퓨터에 존재하더라도 위치에 관계없이 사용을 보장하는 개념이다.

**05** 분산 데이터베이스 시스템과 관련한 설명으로 틀린 것은?

① 물리적으로 분산된 데이터베이스 시스템을 논리적으로 하나의 데이터베이스 시스템처럼 사용할 수 있도록 한 것이다.
② 물리적으로 분산되어 지역별로 필요한 데이터를 처리할 수 있는 지역 컴퓨터(Local Computer)를 분산 처리기(Distributed Processor)라고 한다.
③ 분산 데이터베이스 시스템을 위한 통신 네트워크 구조가 데이터 통신에 영향을 주므로 효율적으로 설계해야 한다.
④ 데이터베이스가 분산되어 있음을 사용자가 인식할 수 있도록 분산 투명성(Distribution Transparency)을 배제해야 한다.

사용자가 분산 시스템이란 것을 인지 하지 못하도록 투명성을 지원해야 한다.

정답 01 ① 02 ④ 03 ④ 04 ① 05 ④

# INDEX

MEMO

# MEMO

이렇게
기막힌
적중률

# 정보처리기사
## 필기 기본서

### 2권 · 이론서

---

**"이" 한 권으로 합격의 "기적"을 경험하세요!**

YoungJin.com **Y.**
영진닷컴

# 차례

출제빈도에 따라 분류하였습니다.

**상** : 반드시 보고 가야 하는 이론
**중** : 보편적으로 다루어지는 이론
**하** : 알고 가면 좋은 이론

▶ 표시된 부분은 동영상 강의가 제공됩니다.
이기적 홈페이지(license.youngjin.com)에 접속하여 시청하세요.

▶ 제공하는 동영상과 PDF 자료는 1판 1쇄 기준 2년간 유효합니다.
단, 출제기준안에 따라 동영상 내용은 변경될 수 있습니다.

## PART 04 프로그래밍 언어 활용

# 정보 시스템 구축 관리

# PART

# 04

# 프로그래밍 언어 활용

**파트 소개**

프로그래밍 언어 활용 과목에서는 C언어, Java, Python 언어와 운영체제, 데이터 통신 관련 내용을 학습합니다.
필기/실기 모두 출제 비중이 높은 부분이므로 필기 학습이 곧 실기 학습이라는 생각으로 정확히 이해하고 넘어가세요.

# CHAPTER 01

# C언어

**학습 방향**

C언어는 수험생분들이 가장 어려워하는 내용이면서 출제 빈도가 가장 높은 부분입니다. C언어의 기초에서 기본 구조까지의 내용을 위주로 정리되어 있으며, 이해를 돕기 위한 다양한 예제와 기출문제 코드를 수록하였습니다. 정보처리기사 시험은 문제은행 방식으로 같은 코드가 반복 출제되는 경향이 뚜렷하므로 제시된 기출문제 코드는 완벽히 이해하고 넘어가세요.

**출제빈도**

| | | |
|---|---|---|
| SECTION 01 | 중 | 10% |
| SECTION 02 | 하 | 5% |
| SECTION 03 | 상 | 30% |
| SECTION 04 | 중 | 20% |
| SECTION 05 | 상 | 25% |
| SECTION 06 | 중 | 10% |

# C언어의 개요

▶ 합격 강의

빈출 태그 기본 자료형의 크기 • 변수명 작성 규칙 • 형 변환 문자

## 01 C언어의 기초

### 1) C언어

① C언어의 개념

- 1972년 미국 벨 연구소의 데니스 리치에 의해 개발되었다.
- 컴파일러 방식의 언어이다.
- 시스템 프로그래밍에 가장 적합한 언어이다.
- 포인터에 의한 번지 연산 등 다양한 연산 기능을 가진다.
- 이식성이 뛰어나 컴퓨터 기종과 관계없이 프로그램을 작성할 수 있다.
- UNIX 운영체제를 구성한다.

② 기본 구조

- main 함수를 반드시 포함해야 하며, main 함수부터 실행이 시작된다.
- 영문 대 · 소문자를 엄격하게 구별한다.
- 문장을 끝마칠 때는 세미콜론(;)을 사용한다.
- 여러 개의 문장을 묶어 하나의 블록으로 구성할 때 중괄호({ })를 사용한다.
- 한 줄 주석문은 //로 표기하고 범위 주석문은 /* ~ */로 표기한다.

③ 기본 자료형 20,8

| 자료형 | 예약어 | 크기 |
|---|---|---|
| 정수형 | short | 2Byte |
| | int | 2Byte 또는 4Byte |
| | long | 4Byte |
| 실수형 | float | 4Byte |
| | double | 8Byte |
| 문자형 | char | 1Byte |

## 2) C언어 기억 클래스

### ① 자동 변수(Automatic Variables)
- 자동 변수는 함수 내에서 선언되는 변수로, 해당 함수가 호출될 때 생성되고 함수가 종료될 때 소멸한다.
- 기본적으로 자동 변수는 초기화되지 않으며, 쓰레기값(Garbage Value)을 가지고 있다.
- auto 키워드를 사용하여 선언하거나, 특정 기억 클래스를 명시적으로 지정하지 않으면 자동 변수로 간주한다.

### ② 정적 변수(Static Variables)
- 정적 변수는 함수 내부에서도 함수 외부에서도 접근할 수 있는 변수이다.
- 프로그램이 실행될 때 생성되며, 프로그램이 종료될 때까지 유지된다.
- static 키워드를 사용하여 선언한다.
- 초기화되지 않을 경우, 정적 변수는 0으로 자동 초기화된다.

### ③ 외부 변수(External Variables)
- 외부 변수는 여러 파일에서 공유할 수 있는 변수이다.
- 여러 파일에서 동일한 외부 변수를 사용하려면 변수를 하나의 파일에 선언하고, 다른 파일에서 extern 키워드를 사용하여 선언해야 한다.
- 초기화되지 않을 경우, 외부 변수는 0으로 자동 초기화된다.

### ④ 레지스터 변수(Register Variables)
- 레지스터 변수는 자주 사용되는 변수를 CPU 레지스터에 저장하여 접근 속도를 높이는 기능을 제공한다.
- 레지스터 변수는 register 키워드를 사용하여 선언한다.
- 변수가 실제로 레지스터에 저장될지는 컴파일러에 의해 결정되며, 레지스터에 저장되지 않을 수도 있다.

## 3) C언어 변수명 작성 규칙 23.6, 23.3, 22.7, 21.8, 21.3, 20.6
- 영문 대소문자(A~Z, a~z), 숫자(0~9), '_'를 혼용하여 사용할 수 있으며, 영문자는 대소문자를 구분한다.
- 첫 글자는 숫자로 시작할 수 없고, 영문자나 '_'로 시작해야 한다.
- 공백을 포함할 수 없다.
- auto, beak, case, char, const, continue, default, do, double, else, enum, extern, float, for, goto, if, int, long, register, return, short, signed, sizeof, static, struct, switch, typedef, union, unsigend, void, volatile, while 등의 32개 예약어(Reserved Word)를 사용할 수 없다.

---

**기억 클래스**
- C언어에서 변수로 사용할 기억 장소 위치를 프로그래머가 직접 지정할 수 있다.
- 기억 장소의 특성에 맞게 변수를 선언함으로써 기억 장소를 절약할 수 있다.
- 개발할 프로그램의 특성에 맞게 기억 장소를 사용함으로써 실행 속도를 높일 수 있으며, 에러를 감소시킬 수 있다.

**헝가리안 표기법(Hungarian Notation)**
변수명 작성 시, 변수의 자료형을 알 수 있도록 자료형을 의미하는 문자를 포함하여 작성하는 방법이다(예 stdName, iMax(접두어 i, int형)).

✔ **개념 체크**

1 함수 내에서 선언되는 변수로, 해당 함수가 호출될 때 생성되고 함수가 종료될 때 소멸하는 변수는?
2 C언어의 변수명에는 공백을 포함할 수 있다. (O, X)

1 자동 변수 2 X

## 02 형 변환 문자와 이스케이프 시퀀스

### 1) 형 변환 문자(출력 형식 지정 문자) 24.3

| | |
|---|---|
| %d | 10진 정수 |
| %o | 8진 정수 |
| %x | 16진 정수 |
| %f | 10진 실수(소수 이하 6자리까지) |
| %e | 지수 |
| %c | 문자 |
| %s | 문자열 |
| %p | 포인터의 주소 값 출력 |

**결과**

10진수: 10
8진수: 12
10진수: 20
16진수: 14
실수: 3.140000
실수를 정수로 출력: 3

• C형 변환 문자 예제

| | |
|---|---|
| `#include <stdio.h>`<br>`int main() {` | • 표준 입출력 라이브러리 포함<br>• main() 함수 시작 |
| `    int num1 = 10;`<br>`    int num2 = 20;`<br>`    float num3 = 3.14;` | 정수형 변수 num1, num2와 실수형 변수 num3을 선언하고 초깃값 할당 |
| `    printf("10진수: %d\n", num1);`<br>`    printf("8진수: %o\n", num1);` | %d와 %o를 사용하여 정수를 10진수와 8진수로 출력 |
| `    printf("10진수: %d\n", num2);`<br>`    printf("16진수: %x\n", num2);` | %d와 %x를 사용하여 정수를 10진수와 16진수로 출력 |
| `    printf("실수: %f\n", num3);` | %f를 사용하여 실수를 출력 |
| `    printf("실수를 정수로 출력: %d\n", (int)`<br>`num3);` | %d와 %f를 사용하여 실수를 정수로 출력 |
| `    return 0;`<br>`}` | main() 함수 종료 |

## 2) 이스케이프 시퀀스(Escape Sequence)

| 문자 | 의미 | 기능 |
|---|---|---|
| \n | new line | 커서를 다음 줄 처음으로 이동한다. |
| \r | carriage return | 커서를 현재 줄 처음으로 이동한다. |
| \t | tab | 커서를 일정 간격만큼 띄운다. |
| \b | backspace | 커서를 뒤로 한 칸 이동한다. |
| \f | form feed | 한 페이지를 넘긴다. |
| \0 | null character | 널 문자를 출력한다. |
| \' | single quote | 작은따옴표를 출력한다. |
| \" | double quote | 큰따옴표를 출력한다. |
| \\₩ | backslash | 역슬래시를 출력한다. |
| \a | alert | 벨소리를 발생한다. |

**역슬래시**

역슬래시는 환경에 따라 '\' 외에 '₩'로 출력되기도 한다. 한글 서체에서 사용 빈도가 낮은 \를 사용 빈도가 높은 '₩'로 대체했기 때문이다. 따라서 다르게 생겼어도 같은 문자로 취급된다.

• 이스케이프 시퀀스 예제

| | |
|---|---|
| ```<br>#include <stdio.h><br>int main() {<br>``` | • 표준 입출력 라이브러리 포함<br>• main() 함수 시작 |
| ```<br>    printf("Hello, World!\n");<br>    printf("안녕하세요!\n");<br>    printf("\"저는 신회장\"입니다.\n");<br>    printf("\\n은 줄 바꿈을 의미합니다.\n");<br>    printf("\t탭\t테스트\n");<br>    printf("역슬래시 : \\, 따옴표: \", 탭:<br>    \t\n");<br>``` | • \n : 줄 바꿈<br>• \n : 줄 바꿈<br>• \" : 따옴표 출력<br>• \\ : 역슬래시 출력<br>• \t : 탭 문자 출력<br>• 다중 이스케이프 시퀀스 |
| ```<br>    return 0;<br>}<br>``` | main() 함수 종료 |

**결과**

Hello, World!
안녕하세요!
"저는 신회장"입니다.
\n은 줄 바꿈을 의미합니다.
　　　탭　　테스트
역슬래시 : \, 따옴표: ", 탭:

✓ **개념 체크**

1 C언어의 이스케이프 시퀀스 중 커서를 다음 줄 처음으로 이동하는 문자는?

1 ₩n 또는 \n

**01** C언어에서 정수 자료형으로 옳은 것은?

① int
② float
③ char
④ double

C언어의 정수 자료형은 int이다.

**02** C언어의 기억 클래스에 해당하지 않는 것은?

① 내부 변수(Internal Variable)
② 자동 변수(Automatic Variable)
③ 레지스터 변수(Register Variable)
④ 정적 변수(Static Variable)

**C언어의 기억 클래스**
• 자동 변수(Automatic Variable)
• 레지스터 변수(Register Variable)
• 정적 변수(Static Variable)
• 외부 변수(External Variable)

**03** C언어에서 사용하는 이스케이프 시퀀스에 대한 의미가 옳지 않은 것은?

① ₩n : new page
② ₩r : carriage return
③ ₩b : backspace
④ ₩t : tab

₩n : new line(개행)

**04** C언어에서의 변수 선언으로 틀린 것은?

① int else;
② int Test2;
③ int pc;
④ int True;

auto, beak, case, char, const, continue, default, do, double, else, enum, extern, float, for, goto, if, int, long, register, return, short, signed, sizeof, static, struct, switch, typedef, union, unsigend, void, volatile, while 32개 예약어(reserved word)는 변수명으로 사용할 수 없다.

**05** C언어에서 변수의 기억 클래스 중 자동 변수(Automatic Variable)란?

① 프로그램 실행 중에 동적으로 할당되며, 블록 범위 내에서만 존재하는 변수이다.
② 프로그램이 시작될 때 할당되며, 프로그램 종료 시 반환되는 변수이다.
③ 특정 값을 지니는 변수로, 프로그램 실행 중에 변경되지 않는 변수이다.
④ 프로그램이 시작될 때 한 번만 초기화되고, 프로그램이 종료될 때까지 메모리에 남아 있다.

자동 변수는 프로그램 실행 중에 동적으로 할당되며, 블록 범위 내에서만 존재하는 변수이다.

**06** 다음 C언어 프로그램이 실행되었을 때의 결과는?

```c
#include <stdio.h>

int main() {

    float b = 10.0f;
    float c = (float)10;
    printf("형변환: %f, %f\n", b, c);

    return 0;
}
```

① 10.000000, 10.000000
② 0.0000001, 10.000000
③ 10.0, 10.000
④ 10, 10

• 변수 b는 10.0으로 초기화하고, 변수 c는 명시적으로 float로 형 변환하여 초기화하고 출력한다.
• C언어에서 printf 함수를 사용하여 부동 소수점 값을 출력할 때 기본적으로 소수점 아래 6자리까지 출력된다.

정답 01 ① 02 ① 03 ① 04 ① 05 ① 06 ①

# C 라이브러리

▶ 합격 강의

빈출 태그 라이브러리의 개념 • 표준 라이브러리 • string.h • stdlib.h

## ⓞⓡ C 라이브러리

### 1) 라이브러리의 개념과 구성 23.6, 23.3, 21.3

- 라이브러리란 필요할 때 찾아서 쓸 수 있도록 모듈화되어 제공되는 프로그램을 말한다.
- 프로그래밍 언어에 따라 일반적으로 도움말, 설치 파일, 샘플 코드 등을 제공한다.
- 라이브러리는 모듈과 패키지를 총칭하며, 모듈이 개별 파일이라면 패키지는 파일들을 모아 놓은 폴더라고 볼 수 있다.
- 표준 라이브러리는 프로그래밍 언어가 기본적으로 가지고 있는 라이브러리를 의미하며, 외부 라이브러리는 별도의 파일 설치를 해야 하는 라이브러리를 의미한다.

### 2) 라이브러리 사용 시 장점

- 코드를 재사용하기 쉽다.
- 코드의 내용을 숨겨 기술 유출을 방지할 수 있다.
- 이미 구현된 기능들을 가져다 쓸 수 있어 개발 시간을 단축할 수 있다.
- 컴파일 시간을 단축할 수 있다.

### 3) 헤더 파일(.h)이 필요한 이유 23.8

라이브러리를 사용하기 위해서는 #include 지시문을 통해 라이브러리 헤더 파일을 삽입하는 과정이 필요하다.

### 4) 라이브러리 종류

라이브러리는 정적 링킹 방식과 동적 링킹 방식에 따라 정적 라이브러리(SLL)와 동적 라이브러리(DLL)로 나눌 수 있다.

| 정적 라이브러리<br>(Static Link Library) | • 정적 링킹(Static Linking) 과정에서 링커가 프로그램에 필요로 하는 부분을 라이브러리에서 찾아 실행 파일에 복사하는 방식의 라이브러리이다.<br>• 확장자 : 윈도우−*.lib, 리눅스−*.a |
|---|---|
| 동적 라이브러리<br>(Dynamic Link Library) | • 동적 링킹(Dynamic Linking) 과정에서 링커가 라이브러리 내용을 복사하지 않고 해당 내용의 주소만 가지고 있다가 런타임에 실행 파일과 라이브러리가 메모리에 위치할 때 해당 주소로 가서 필요한 내용을 가져오는 방식의 라이브러리이다.<br>• 공유 라이브러리(Shared Library)라고도 한다.<br>• 확장자 : 윈도우−*.dll, 리눅스−*.so |

---

📝 **기적의 TIP**

C언어는 다양한 라이브러리를 제공합니다. 작성하는 프로그램의 특성에 따라 라이브러리를 추가하여 프로그램을 쉽게 작성할 수 있습니다. 라이브러리의 기본 개념과 C언어의 표준 라이브러리의 종류와 기능을 정리하세요. 내용이 많으므로 기출문제를 기준으로 학습하세요.

**헤더 파일**

- 함수 및 데이터 타입의 선언을 통해 컴파일러에게 어떤 함수와 데이터 타입을 사용할 수 있도록 한다.
- 상수와 매크로 정의, 프로토타입 선언, 오류 코드 및 메시지, 타사 라이브러리와의 상호 작용 등의 기능을 수행한다.

✔️ **개념 체크**

1 ( )은(는) 모듈과 패키지를 모아 놓은 것을 총칭한다.

1 라이브러리

## 02 C 표준 라이브러리 [23.3, 21.5, 21.3]

### 1) string.h [22.4]

C언어의 표준 문자열 처리에 사용되는 기능들을 제공한다.

| 함수 | 설명 |
|---|---|
| strlen(문자열) | 문자열의 길이를 구함 |
| strcmp(문자열1, 문자열2) | 문자열1과 문자열2를 비교 |
| strcpy(대상 문자열, 원본 문자열) | 문자열 복사 |
| strcat(최종 문자열, 붙일 문자열) | 문자열 붙이기 |
| strchr(문자열, 검색할 문자) | 문자열의 앞부터 문자 검색 |
| strrchr(문자열, 검색할 문자) | 문자열의 뒤부터 문자 검색 |
| strstr(대상 문자열, 검색할 문자열) | 문자열 안에서 문자열 검색 |
| strtok(대상 문자열, 기준 문자) | 문자를 기준으로 문자열을 자름 |

해당 문자의 포인터 반환

- **string.h 예제**

문자열을 찾으면 해당 문자열부터 NULL 바로 앞까지의 문자열이 나옴(해당 문자열의 포인터 반환)

자른 문자열을 한 번에 얻을 수 없으므로 while로 계속 반복 사용

| | |
|---|---|
| ```c
#include <stdio.h>
#include <string.h>
int main() {
``` | • 표준 입출력 라이브러리 추가<br>• 표준 문자열 라이브러리 추가<br>• main() 함수 시작 |
| ```c
    char str1[20] = "Hello";
    char str2[20] = "World";
``` | • str1[20] 변수 초기화 및 "Hello" 입력<br>• str2[20] 변수 초기화 및 "World" 입력 |
| ```c
    strcpy(str1, "Hello, ");
    printf("strcpy: %s\n", str1);
``` | • strcpy() 함수 |
| ```c
    strcat(str1, str2);
    printf("strcat: %s\n", str1);
``` | • strcat() 함수 |
| ```c
    int length = strlen(str1);
    printf("strlen: %d\n", length);
``` | • strlen() 함수 |
| ```c
    int result = strcmp(str1, str2);
    if (result == 0) {
        printf("strcmp: 두 문자열은 같습니
        다.\n");
    } else if (result < 0) {
        printf("strcmp: str1이 str2보다
        작습니다.\n");
    } else {
        printf("strcmp: str1이 str2보다
        큽니다.\n");
    }
``` | • strcmp() 함수<br>• str1이 "Hello, World"이고, str2가 "World"이므로, result < 0 선택이 됨 |

---

- math.h : 수학 함수들을 제공한다. 주요 함수(sqrt, pow, abs)
- time.h : 시간 처리에 사용되는 기능을 제공한다. 주요 함수(time, clock)
- stdbool.h : 논리적인 값을 다루기 위한 불 자료형과 관련된 매크로 정의를 제공한다.

**결과**

strcpy: Hello,
strcat: Hello, World
strlen: 12
strcmp: str1이 str2보다 작습니다.
strchr: 'W'를 찾았습니다.

✓ **개념 체크**

1 C언어에서 문자열 처리에 사용되는 기능들을 제공하는 표준 헤더 파일은?

1 string.h

| | |
|---|---|
| ```c<br>char* ptr = strchr(str1, 'W');<br>    if (ptr != NULL) {<br>        printf("strchr: 'W'를 찾았습니다.<br>        \n");<br>    } else {<br>        printf("strchr: 'W'를 찾지 못했습<br>        니다.\n");<br>    }<br>``` | • strchr() 함수<br>• ptr은 str1에서 처음으로 발견된 문자 'W'의 포인터를 가리킴<br>• str1에서 문자 W를 찾음 |
| ```c<br>    return 0;<br>}<br>``` | main() 함수 종료 |

## 2) stdio.h

C언어의 표준 입 · 출력 라이브러리(Standard Input and Output Library)이다.

| 함수 | 설명 |
|---|---|
| printf("문자열 %형식 문자", 값) | 기본 문법 |
| printf("문자열 %d", 값); | 값을 10진 정수로 출력 |
| printf("문자열 %f", 값) | 값을 10진 실수로 출력 |
| printf("문자열 %c", 값) | 값을 문자로 출력 |
| scanf("문자열 %형식 문자", &변수명) | 기본 문법 |
| scanf("문자열 %d", &정수 변수명) | 10진 정수를 변수에 입력 |

• %d : 10진수
• %x : 16진수 소문자
• %X : 16진수 대문자

➕ 더 알기 TIP

### 그 외 stdio.h 함수

| getchar() | 한 문자씩 입력 받기 위해 사용 |
|---|---|
| putchar() | 한 문자씩 출력하기 위해 사용 |
| fgets() | 한 줄씩 문자열을 읽기 위해 사용 |
| fputs() | 문자열을 표준 출력이나 파일에 출력하기 위해 사용 |
| fopen() | 파일을 열기 위해 사용 |
| fclose() | 열린 파일을 닫기 위해 사용 |

✓ 개념 체크

1 C언어의 stdio.h 라이브러리에서 한 문자씩 입력받기 위해 사용하는 함수는?

1 getchar()

**결과**

Hello, World!
정수를 입력하세요: 10 `Enter`
입력한 정수는 10입니다.
문자를 입력하세요: A `Enter`
입력한 문자는 'A'입니다.
문자 출력: A

**스택(Stack)**

- 함수 호출 시 자동으로 할당되고, 함수 종료 시 자동으로 해제되는 메모리 영역이다.
- LIFO(Last In First Out) 방식으로 작동한다.
- 변수의 크기가 미리 알려져 있어야 한다.

**힙(Heap)**

- 프로그램에서 직접적으로 할당하고 해제해야 하는 메모리 영역이다.
- malloc( ) 함수를 사용하여 할당하고, free( ) 함수를 사용하여 해제한다.
- 동적 메모리 할당에 사용된다.

**버퍼(Buffer)**

- 데이터를 일시적으로 저장하는 메모리 영역이다.
- 입출력 작업에 주로 사용된다.
- 프로그램 종료 시 자동으로 해제된다.

**스풀(Spool)**

- 프린터와 같은 입출력 장치와 데이터를 주고받는 데 사용되는 메모리 영역이다.
- 데이터를 일시적으로 저장하여 입출력 작업을 효율적으로 처리한다.
- 프로그램 종료 시 자동으로 해제된다.

✅ **개념 체크**

1  문자형 변환 함수, 수치를 문자형으로 변환 함수, 동적 할당 관련 함수, 난수 생성 함수, 정수의 연산 함수, 검색 및 정렬 함수 등을 갖는 표준 라이브러리는?

1 stdlib.h

- **stdio.h 예제**

|  |  |
|---|---|
| `#include <stdio.h>`<br>`int main() {` | • 표준 입출력 라이브러리 추가<br>• main() 함수 시작 |
| `    printf("Hello, World!\n");` | printf() 함수 |
| `    int num;`<br>`    printf("정수를 입력하세요: ");`<br>`    scanf("%d", &num);`<br>`    printf("입력한 정수는 %d입니다.\n",`<br>`num);` | • scanf() 함수<br>• 표준 입력에서 정수를 입력받아 변수에 저장 |
| `    char ch;`<br>`    printf("문자를 입력하세요: ");`<br>`    ch = getchar();`<br>`    printf("입력한 문자는 '%c'입니다.\n",`<br>`ch);` | • getchar() 함수<br>• 표준 입력에서 한 문자를 입력받아 반환 |
| `    char output = 'A';`<br>`    printf("문자 출력: ");`<br>`    putchar(output);`<br>`    printf("\n");` | • putchar() 함수<br>• 표준 출력에 한 문자를 출력 |
| `    return 0;`<br>`}` | main() 함수 종료 |

### 3) stdlib.h [21.3]

- C 표준 유틸리티 함수를 모아놓은 헤더 파일이다.
- C 표준 유틸리티 함수는 문자형 변환 함수, 수치를 문자형으로 변환 함수, 동적 할당 관련 함수, 난수 생성 함수, 정수의 연산 함수, 검색 및 정렬 함수 등이다.

| 함수 | 설명 |
|---|---|
| atoi(문자열) | 문자열을 정수(int)로 반환 |
| atof(문자열) | 문자열을 실수(float)로 반환 |
| atol(문자열) | 문자열을 실수(long)로 반환 |
| atoll(문자열) | 문자열을 실수(long long)로 반환 |
| strtol(문자열, 끝 포인터, 진법) | 특정 진법으로 표기된 문자열을 정수로 변환 |

### 그 외 stdlib.h 함수 [23.3]

| malloc() | 동적 메모리 할당 |
|---|---|
| free() | 동적으로 할당된 메모리를 해제 |
| calloc() | 초기화된 동적 메모리 할당 |
| realloc() | 동적으로 할당된 메모리의 크기를 조정 |
| exit() | 프로그램을 즉시 종료 |
| rand() | 난수 생성 |
| abs() | 절댓값을 계산 |

**malloc()**
- malloc() 함수는 실행 시간에 힙 메모리를 할당받는다.
- malloc() 함수를 실행하여 메모리를 할당받지 못하면 널(null) 값이 반환된다.
- malloc() 함수로 할당받은 메모리는 free() 함수를 통해 해제시킨다.

- ### stdlib.h 예제

**결과**
atoi: 123
atof: 3.140000
atol: 9876543210
atoll: 9223372036854775807
strtol: 변환 중 에러가 발생했습니다.

|  |  |
|---|---|
| ```c<br>#include <stdio.h><br>#include <stdlib.h><br>int main() {<br>``` | • 표준 입출력 라이브러리 추가<br>• 표준 문자열 라이브러리 추가<br>• main() 함수 시작 |
| ```c<br>    char str1[] = "123";<br>    char str2[] = "3.14";<br>    char str3[] = "9876543210";<br>    char str4[] =<br>    "12345678901234567890";<br>``` | 문자열 배열변수 선언 및 초깃값 입력 |
| ```c<br>    int num1 = atoi(str1);<br>    printf("atoi: %d\n", num1);<br>``` | atoi(): 문자열을 정수로 변환 |
| ```c<br>    float num2 = atof(str2);<br>    printf("atof: %f\n", num2);<br>``` | atof(): 문자열을 실수로 변환 |
| ```c<br>    long num3 = atol(str3);<br>    printf("atol: %ld\n", num3);<br>``` | atol(): 문자열을 long 정수로 변환 |
| ```c<br>    long long num4 = atoll(str4);<br>    printf("atoll: %lld\n", num4);<br>``` | atoll(): 문자열을 long long 정수로 변환 |
| ```c<br>    char str5[] = "1000xyz";<br>    char* endptr;<br>    long num5 = strtol(str5, &endptr,<br>    10);<br>    if (*endptr != '\0') {<br>        printf("strtol: 변환 중 에러<br>        가 발생했습니다.\n");<br>    } else {<br>        printf("strtol: %ld\n", num5);<br>    }<br>``` | • strtol(): 문자열을 long 정수로 변환(범위와 에러 처리 가능)<br>• endptr 포인터 변수는 strtol() 함수가 변환을 중단한 위치를 가리킴<br>• strtol() 함수가 변환을 성공적으로 완료한 경우, endptr은 str5의 끝을 가리킴. 그렇지 않은 경우, endptr은 변환을 중단한 위치를 가리킴<br>• str5의 끝은 "xyz"이므로, endptr은 "xyz"의 주소를 가리킨다. *endptr이 '₩0'이 아니므로, '변환 중 에러가 발생했습니다.'를 출력 |
| ```c<br>    return 0;<br>}<br>``` | main() 함수 종료 |

### 4) ctype.h

C언어에서 표준 문자(character)를 검사하고 조작하는 함수들을 제공한다.

| 함수 | 설명 |
|---|---|
| toupper() | 영문자를 대문자로 변환 |
| tolower() | 영문자를 소문자로 변환 |
| isalnum() | 알파벳 또는 숫자인지를 판별 |
| isalpha() | 알파벳인지를 판별 |
| isdigit() | 숫자인지를 판별 |
| islower() | 소문자인지를 판별 |
| isupper() | 대문자인지를 판별 |
| isspace() | 공백 문자인지를 판별 |

- ctype.h 예제

**결과**

알파벳 또는 숫자인지 확인합니다.
문자를 입력하세요: A [Enter]
A는 알파벳 또는 숫자입니다.

알파벳인지 확인합니다.
문자를 입력하세요: a [Enter]
a는 알파벳입니다.

숫자인지 확인합니다.
문자를 입력하세요: 1 [Enter]
1는 숫자입니다.

소문자를 대문자로 변환합니다.
문자를 입력하세요: a [Enter]
a를 대문자로 변환하면 A입니다.

대문자를 소문자로 변환합니다.
문자를 입력하세요: A [Enter]
A를 소문자로 변환하면 a입니다.

|  |  |
|---|---|
| ```#include <stdio.h> #include <ctype.h> int main() {``` | • 표준 입출력 라이브러리 추가<br>• 표준 문자열 조작 라이브러리 추가<br>• main() 함수 시작 |
| ```    char ch;     printf("알파벳 또는 숫자인지 확인합니다. \n");     printf("문자를 입력하세요: ");     scanf("%c", &ch);     if (isalnum(ch)) {       printf("%c는 알파벳 또는 숫자입니다. \n", ch);     } else {       printf("%c는 알파벳 또는 숫자가 아닙니다.\n", ch);     }``` | • ch 문자열 변수 선언<br>• isalnum() 함수<br>• scanf(" %c", &ch); 앞에 공백을 넣어 이전 입력 버퍼를 비움 |
| ```    printf("알파벳인지 확인합니다.\n");     printf("문자를 입력하세요: ");     scanf(" %c", &ch);     if (isalpha(ch)) {       printf("%c는 알파벳입니다.\n", ch);     } else {     printf("%c는 알파벳이 아닙니다.\n", ch); }``` | isalpha() 함수 |

| | |
|---|---|
| ```
printf("숫자인지 확인합니다.\n");
printf("문자를 입력하세요: ");
scanf(" %c", &ch);
if (isdigit(ch)) {
  printf("%c는 숫자입니다.\n", ch);
 } else {
  printf("%c는 숫자가 아닙니다.\n", ch);
}
``` | isdigit() 함수 |
| ```
printf("소문자를 대문자로 변환합니다.\n");
printf("문자를 입력하세요: ");
scanf(" %c", &ch);
char upper = toupper(ch);
printf("%c를 대문자로 변환하면 %c입니다.\n", ch, upper);
``` | toupper() 함수 |
| ```
printf("대문자를 소문자로 변환합니다.\n");
printf("문자를 입력하세요: ");
scanf(" %c", &ch);
char lower = tolower(ch);
printf("%c를 소문자로 변환하면 %c입니다.\n", ch, lower);
``` | tolower() 함수 |
| ```
return 0;
}
``` | main() 함수 종료 |

**01** 라이브러리의 개념과 구성에 대한 설명 중 **틀린** 것은?

① 라이브러리란 필요할 때 찾아서 쓸 수 있도록 모듈화되어 제공되는 프로그램을 말한다.
② 프로그래밍 언어에 따라 일반적으로 도움말, 설치 파일, 샘플 코드 등을 제공한다.
③ 외부 라이브러리는 프로그래밍 언어가 기본적으로 가지고 있는 라이브러리를 의미하며, 표준 라이브러리는 별도의 파일 설치가 있어야하는 라이브러리를 의미한다.
④ 라이브러리는 모듈과 패키지를 총칭하며, 모듈이 개별 파일이라면 패키지는 파일들을 모아놓은 폴더라고 볼 수 있다.

---

표준 라이브러리는 프로그래밍 언어가 기본적으로 가지고 있는 라이브러리를 의미하며, 외부 라이브러리는 별도의 파일을 설치해야 하는 라이브러리를 의미한다.

**02** C언어에서 문자열을 정수형으로 변환하는 라이브러리 함수는?

① atoi()
② atof()
③ itoa()
④ ceil()

---

atoi() : 문자열을 정수형으로 변환한다.

**03** C언어 라이브러리 중 stdlib.h에 대한 설명으로 옳은 것은?

① 문자열을 수치 데이터로 바꾸는 문자 변환 함수와 수치를 문자열로 바꿔주는 변환 함수 등이 있다.
② 문자열 처리 함수로 strlen()이 포함되어 있다.
③ 표준 입출력 라이브러리이다.
④ 삼각 함수, 제곱근, 지수 등 수학적인 함수를 내장하고 있다.

---

• stdio.h : C언어 표준 입출력 라이브러리(Standard Input and Output Library) 이다.
• stdlib.h : C 표준 유틸리티 함수를 모아놓은 헤더파일이다. 문자형 변환 함수, 수치를 문자열로 변환 함수, 동적 할당 관련 함수, 난수 생성 함수, 정수의 연산 함수, 검색 및 정렬 함수 등을 포함한다.

**04** C언어에서 문자열 처리 함수의 서식과 그 기능의 연결로 **틀린** 것은?

① strlen(s) – s의 길이를 구한다.
② strcpy(s1, s2) – s2를 s1으로 복사한다.
③ strcmp(s1, s2) – s1과 s2를 연결한다.
④ strrev(s) – s를 거꾸로 변환한다.

---

• strcmp(s1, s2) : s1과 s2를 비교한다.
• strcat(s1, s2) : s1과 s2를 연결한다.

**05** C언어의 malloc( ) 함수와 free( ) 함수를 통하여 해제하는 메모리 영역은?

① 스택(Stack)
② 힙(Heap)
③ 버퍼(Buffer)
④ 스풀(Spool)

---

**힙(Heap)**
• 프로그램에서 직접적으로 할당하고 해제해야 하는 메모리 영역이다.
• malloc( ) 함수를 사용하여 할당하고, free( ) 함수를 사용하여 해제한다.
• 동적 메모리 할당에 사용된다.

정답 01 ③  02 ①  03 ①  04 ③  05 ②

# C언어의 연산자

▶ 합격 강의

빈출 태그 연산자 우선순위 · 산술 · 관계 · 비트 · 논리. 할당 연산자

## 01 연산자의 종류 및 우선순위 23.3, 21.5

| 연산자 | 종류 | 결합 방향 | 우선순위 |
|---|---|---|---|
| 단항 연산자 | +, − !, ~, ++, −−, &, *, sizeof | ← | 높음 |
| 산술 연산자 | *, /, % | | |
| | +, − | → | |
| 시프트 연산자 | 《, 》 | | |
| 관계 연산자 | 〈, 〈=, 〉, 〉= | | |
| | ==, != | | |
| 비트 연산자 | &, |, ^ | | |
| 논리 연산자 | &&, || | | |
| 조건 연산자 | ? : | ← | |
| 할당 연산자 21.3 | =, +=, −=, *=, /=, %=, 《=, 》= | ← | |
| 콤마 연산자 | , | → | 낮음 |

## 02 연산자의 종류

### 1) 단항 연산자

| 연산자 | 기능 |
|---|---|
| ! | 부정(NOT) |
| ~ | 1의 보수(0 → 1, 1 → 0)를 구함 |
| ++ | 1씩 증가를 의미함 |
| −− | 1씩 감소를 의미함 |
| & | 변수의 주소를 의미함 |
| * | 변수의 내용을 의미함 |
| sizeof | 변수, 변수형, 배열의 저장 장소의 크기를 Byte 단위로 변환 |

🅑 기적의 TIP

C언어의 연산자는 모든 C코드 문제의 기본이 됩니다. 기출 표기가 없다고 하여 출제가 안되는 것이 아니라 기본적으로 알고 있어야 다음 섹션을 이해할 수 있습니다. 선수 학습이란 생각으로 예제를 통해 정리하세요.

- [ ] : 배열을 선언하거나 배열의 원소를 값으로 처리할 때 사용한다.
- → : 다이렉트 연산자라고 하며, 구조체 포인트에서 특정 필드를 가리킬 때 사용한다.

**C언어의 연산자 우선순위(높음 → 낮음)**
괄호( ) → 산술 연산자 → 비트 이동(시프트) 연산자 → 관계 연산자 → 비트 논리 연산자 → 논리 연산자

🅑 기적의 TIP

C언어는 기본 문법 문제와 코드 문제가 고르게 출제됩니다. 최소한 기초적인 내용은 정확히 정리하세요.

✔ 개념 체크

1 C언어 단항 연산자 중 1씩 증가를 의미하는 연산자는?

1 ++

## • 단항 연산자 예제 코드

**결과**
증가 연산자: 11
감소 연산자: 9
부호 반전 연산자: −10
비트 반전 연산자: −11
논리 반전 연산자: 1

|  |  |
|---|---|
| ```c\n#include <stdio.h>\nint main() {\n``` | • 표준 입출력 라이브러리 추가<br>• main() 함수 시작 |
| ```c\n    int x = 10;\n    int result;\n``` | 정수형 변수 x 초기화, result, 변수 선언 |
| ```c\n    result = ++x;\n    printf("증가 연산자: %d\\n", result);\n``` | • 증가 연산자 (++)<br>• x를 1 증가시킨 후 result에 할당 |
| ```c\n    x = 10; --\n    result = --x;\n    printf("감소 연산자: %d\\n", result);\n``` | • 감소 연산자 (−−)<br>• x를 1 감소시킨 후 result에 할당 |
| ```c\n    x = 10; --\n    result = -x;\n    printf("부호 반전 연산자: %d\\n", result);\n``` | • 부호 반전 연산자 (−)<br>• x의 부호를 반전하여 result에 할당 |
| ```c\n    x = 10; --\n    result = ~x;\n    printf("비트 반전 연산자: %d\\n", result);\n``` | • 비트 보수 연산자 (~)<br>• x의 비트를 반전하여 result에 할당 |
| ```c\n    int flag = 0;\n    result = !flag;\n    printf("논리 반전 연산자: %d\\n", result);\n``` | • 논리 반전 연산자 (!)<br>• flag의 논리 반전 값을 result에 할당 |
| ```c\n    return 0;\n}\n``` | main() 함수 종료 |

## • 단항 sizeof 예제 코드 24.3

**결과**
변수 x의 크기: 4 바이트
자료형 double의 크기: 8 바이트
변수 ch의 크기: 1 바이트

**sizeof(x)**
• int 형 변수 x의 크기를 계산하여 반환
• int는 4바이트 크기를 가지므로 결과는 4

**sizeof(double)**
• double 자료형의 크기를 계산하여 반환
• double은 8바이트 크기를 가지므로 결과는 8

**sizeof(ch)**
• char 형 변수 ch의 크기를 계산하여 반환
• char는 1바이트 크기를 가지므로 결과는 1

|  |  |
|---|---|
| ```c\n#include <stdio.h>\nint main() {\n``` | • 표준 입출력 라이브러리 추가<br>• main() 함수 시작 |
| ```c\n    int x = 10;\n    double y = 3.14;\n    char ch = 'A';\n``` | x는 정수형, y는 실수형, ch는 문자형 변수를 선언하고 초기화 |
| ```c\n    int size1 = sizeof(x);\n    int size2 = sizeof(double);\n    int size3 = sizeof(ch);\n    printf("변수 x의 크기: %d 바이트\\n", size1);\n    printf("자료형 double의 크기: %d 바이트\\n", size2);\n    printf("변수 ch의 크기: %d 바이트\\n", size3);\n``` | • 변수 x의 크기 계산<br>• 자료형 double의 크기 계산<br>• 변수 ch의 크기 계산 |
| ```c\n    return 0;\n}\n``` | main() 함수 종료 |

## 2) 산술 연산자

- 정수 산술 연산은 정수의 결과값을, 실수 산술 연산은 실수의 결과값을 갖는다.
- 부호를 나타내는 단항 연산자 +, −는 이항 산술 연산자보다 우선순위가 높다.
- 이항 연산자 +, −는 *, /, %보다 우선순위가 낮다.

| 연산자 | 기능 |
|---|---|
| + (덧셈) | 두 개의 값을 더함 |
| − (뺄셈) | 첫 번째 값에서 두 번째 값을 뺌 |
| * (곱셈) | 두 개의 값을 곱함 |
| / (나눗셈) | 첫 번째 값을 두 번째 값으로 나누어 몫을 구함 |
| % (나머지) | 첫 번째 값을 두 번째 값으로 나누어 나머지를 구함 |

- 산술 연산자 예제 코드

|  |  |
|---|---|
| `#include <stdio.h>`<br>`int main() {` | • 표준 입출력 라이브러리 추가<br>• main() 함수 시작 |
| `    int num1 = 10;`<br>`    int num2 = 5;` | num1과 num2라는 정수형 변수를 선언 및 초기화 |
| `    int addition = num1 + num2;`<br>`    int subtraction = num1 - num2;`<br>`    int multiplication = num1 * num2;`<br>`    int division = num1 / num2;`<br>`    int modulus = num1 % num2;`<br>`    float division_float = (float)num1`<br>`/ num2;` | • 덧셈 연산<br>• 뺄셈 연산<br>• 곱셈 연산<br>• 나눗셈 연산<br>• 나머지 연산<br>• 정수 나눗셈 결과를 실수로 변환 |
| `    printf("덧셈: %d\n", addition);`<br>`    printf("뺄셈: %d\n", subtraction);`<br>`    printf("곱셈: %d\n", mulTIPlica-`<br>`tion);`<br>`    printf("나눗셈(정수): %d\n", divi-`<br>`sion);`<br>`    printf("나머지: %d\n", modulus);`<br>`    printf("나눗셈(실수): %f\n", divi-`<br>`sion_float);` | 각 변수 출력 |
| `    return 0;`<br>`}` | main() 함수 종료 |

**결과**
덧셈: 15
뺄셈: 5
곱셈: 50
나눗셈(정수): 2
나머지: 0
나눗셈(실수): 2.000000

## 3) 시프트(Shift, 비트 이동) 연산자

- 〈〈는 비트를 왼쪽으로 이동시킨다.
- 〉〉는 비트를 오른쪽으로 이동시킨다.
- 시프트(Shift) 연산자 예제 코드

|  |  |
|---|---|
| `#include <stdio.h>`<br>`int main() {` | • 표준 입출력 라이브러리 추가<br>• main() 함수 시작 |
| `    int num = 10;` | 10진수 10을 2진수로 표현하면 1010 |

> **기적의 TIP**
>
> left shift : 1칸 시프트 시 →
> 2배
> right shift : 1칸 시프트 시 →
> 1/2배

**결과**
num: 10
left_shift: 40
right_shift: 5

> **개념 체크**
>
> 1 C언어에서 어떤 값을 다른
> 값으로 나눈 나머지를 구하
> 는 산술 연산자는?
>
> 1 %

| | |
|---|---|
| ```int left_shift = num << 2;```<br>```int right_shift = num >> 1;``` | • 비트를 왼쪽으로 2칸 시프트<br>• 비트를 오른쪽으로 1칸 시프트 |
| ```printf("num: %d\n", num);```<br>```printf("left_shift: %d\n", left_```<br>```shift);```<br>```printf("right_shift: %d\n", right_```<br>```shift);``` | 각 변수 출력 |
| ```    return 0;```<br>```}``` | main() 함수 종료 |

**관계 연산자의 결과값**
• C언어는 참 또는 거짓
• Java 언어는 true 또는 false

## 4) 관계 연산자

관계 연산은 두 피연산자(연산의 대상)의 관계를 비교하여 관계가 성립하면 참(true)을, 성립하지 않으면 거짓(false)을 연산의 결과값으로 생성한다.

| 〈 | 미만 | <= | 이하 |
|---|---|---|---|
| 〉 | 초과 | >= | 이상 |
| == | 같음 | != | 다름 |

• 관계 연산자 예제

**결과**
num1 〉 num2: 1
num1 〈 num2: 0
num1 == num2: 0
num1 != num2: 1
num1 〉= num2: 1
num1 〈= num2: 0

| | |
|---|---|
| ```#include <stdio.h>```<br>```int main() {``` | • 표준 입출력 라이브러리 추가<br>• main() 함수 시작 |
| ```    int num1 = 10;```<br>```    int num2 = 5;``` | num1과 num2라는 정수형 변수를 선언 및 초기화 |
| ```    int greater = num1 > num2;```<br>```    int lesser = num1 < num2;```<br>```    int equal = num1 == num2;```<br>```    int not_equal = num1 != num2;```<br>```    int greater_equal = num1 >= num2;```<br>```    int lesser_equal = num1 <= num2;``` | • num1이 num2보다 큰지 확인<br>• num1이 num2보다 작은지 확인<br>• num1과 num2가 같은지 확인<br>• num1과 num2가 다른지 확인<br>• num1이 num2보다 크거나 같은지 확인<br>• num1이 num2보다 작거나 같은지 확인 |
| ```    printf("num1 > num2: %d\n", greater);```<br>```    printf("num1 < num2: %d\n", lesser);```<br>```    printf("num1 == num2: %d\n", equal);```<br>```    printf("num1 != num2: %d\n", not_equal);```<br>```    printf("num1 >= num2: %d\n", greater_equal);```<br>```    printf("num1 <= num2: %d\n", lesser_equal);``` | 각 변수 출력 |
| ```    return 0;```<br>```}``` | main() 함수 종료 |

✔ **개념 체크**

1 C언어에서 두 피연산자가 '다르다'는 의미의 관계 연산자는?

1 !=

## 5) 비트(비트 논리) 연산자 24.5, 23.3, 22.4, 21.5

| 연산자 | 기능 |
|---|---|
| & | 비트 논리곱(AND) |
| \|\| | 비트 논리합(OR) |
| ^ | 비트 배타적 논리합(XOR) |
| ~ | 비트 논리부정(NOT) |

### • 비트 연산자 예제

| | |
|---|---|
| `#include <stdio.h>`<br>`int main() {` | • 표준 입출력 라이브러리 추가<br>• main() 함수 시작 |
| `  unsigned int num1 = 10;`<br>`  unsigned int num2 = 5;` | • 2진수로 표현하면 1010<br>• 2진수로 표현하면 0101 |
| `  unsigned int bitwise_and = num1 & num2;`<br>`  unsigned int bitwise_or = num1 | num2;`<br>`  unsigned int bitwise_xor = num1 ^ num2;`<br>`  unsigned int bitwise_not = ~num1;` | • 비트 AND 연산<br>• 비트 OR 연산<br>• 비트 XOR 연산<br>• 비트 NOT 연산 |
| `  printf("비트 AND: %u\n", bitwise_and);`<br>`  printf("비트 OR: %u\n", bitwise_or);`<br>`  printf("비트 XOR: %u\n", bitwise_xor);`<br>`  printf("비트 NOT: %u\n", bitwise_not);` | 각 변수 출력 |
| `  return 0;`<br>`}` | main() 함수 종료 |

**결과**

비트 AND: 0
각 자리를 논리곱(두 수 중 0이 있으면 0) 한 결과를 출력한다.
```
  1010(10진수 : 10)
× 0101(10진수 : 5)
  0000(10진수 : 0)
```

비트 OR: 15
각 자리를 논리 합(두 수 중 1이 있으면 1)한 결과를 출력한다.
```
  1010(10진수 : 10)
+ 0101(10진수 : 5)
  1111(10진수 : 15)
```

비트 XOR: 15
각 자리를 배타적 논리 합(두 값이 다르면 1)한 결과를 출력한다.
```
  1010(10진수 : 10)
∧ 0101(10진수 : 5)
  1111(10진수 : 15)
```

비트 NOT: 4294967285
각 자리를 논리 부정한 결과를 출력한다.
C언어에서 정수 데이터 형식은 4바이트(32bit) 이다.
```
~ 0000000000000000000000000001010
  11111111111111111111111111110101
```

### • 비트 연산자 기출 예제

| | |
|---|---|
| `#include <stdio.h>`<br>`int main(int argc, char *argv[]) {` | • 표준 입출력 라이브러리 추가<br>• main() 함수 시작 |
| `  int a = 4;`<br>`  int b = 7;` | 정수형 변수 a, b 선언 및 초기화 |
| `  int c = a | b;` | OR 비트 연산 |
| `  printf("%d", c);` | 변수 출력 |
| `  return 0;`<br>`}` | main() 함수 종료 |

**결과**

• 변수 a와 b의 4, 7을 (2진수) 비트 연산자 |(OR)로 연산한다.
• 비트 연산자는 2진수로 변환 후 계산한다.
• OR 연산자는 두 비트 중 1개라도 1이면 1이 출력된다.
```
         0100(10진수 : 4)
비트 OR)  0111(10진수 : 7)
         0111(10진수 : 7)
```
• 111을 "%d" 출력 형식 지정 문자에 의해 10진수로 변환하면 7이 출력된다.

## 논리 상수값

Java 언어의 경우는 명확하게 논리 상수값이 true, false로 존재하나 C언어의 경우는 논리 상수값이 존재하지 않는다.

## 6) 논리 연산자 23.8, 23.3, 22.3

- 논리 연산자의 우선순위는 'NOT → AND → OR'이며, NOT 연산자는 단항 연산자이다.
- AND 연산자로 &&, OR 연산자로 ||, NOT 연산자로 !를 사용한다.
- 주어진 값(거짓 또는 참)에 대하여 AND(논리곱) 연산은 모두 참일 경우에만 참, OR(논리합) 연산은 하나라도 참이면 결과는 참, NOT(부정) 연산은 참일 경우는 거짓, 거짓일 경우는 참을 결과값으로 생성한다.

| 연산자 | 기능 | 의미 |
|---|---|---|
| ! | 논리부정(NOT) | true(1) → false(0), false(0) → true(1) |
| && | 논리곱(AND) | 두 논리값이 모두 참일 때만 참 |
| \|\| | 논리합(OR) | 두 논리값 모두 거짓 아니면 참 |

- 논리 연산

| 변수 A | 변수 B | A && B | A \|\| B | !A |
|---|---|---|---|---|
| 거짓 | 거짓 | 거짓 | 거짓 | 참 |
| 거짓 | 참 | 거짓 | 참 | 참 |
| 참 | 거짓 | 거짓 | 참 | 거짓 |
| 참 | 참 | 참 | 참 | 거짓 |

- 논리 연산자 예제

**결과**

(num1 > 0) && (num2 < 10): 1
　참　　&&　　참　　:1

(num1 > 0) || (num2 > 10): 1
　1　　&&　　참　　:1

!(num1 == num2): 1
　　거짓　　　:1

| | |
|---|---|
| ```#include <stdio.h>```<br>```int main() {``` | - 표준 입출력 라이브러리 추가<br>- main( ) 함수 시작 |
| ```    int num1 = 10;```<br>```    int num2 = 5;``` | 정수형 변수 num1, num2 선언 및 초기화 |
| ```    int logical_and = (num1 > 0) && (num2```<br>```< 10);```<br>```    int logical_or = (num1 > 0) || (num2```<br>```> 10);```<br>```    int logical_not = !(num1 == num2);``` | - 논리 AND 연산<br>- 논리 OR 연산<br>- 논리 NOT 연산 |
| ```    printf("(num1 > 0) && (num2 < 10):```<br>```%d\n", logical_and);```<br>```    printf("(num1 > 0) || (num2 > 10):```<br>```%d\n", logical_or);```<br>```    printf("!(num1 == num2): %d\n",```<br>```logical_not);``` | 각 변수 출력 |
| ```    printf("결과를 10진수로 표현: %d, %d,```<br>```%d\n", (int)logical_and, (int)```<br>```logical_or, (int)logical_not);```<br>```    printf("결과를 문자로 표현: %c, %c,```<br>```%c\n", (char)logical_and, (char)```<br>```logical_or, (char)logical_not);``` | 각 변수 출력 |
| ```    return 0;```<br>```}``` | main( ) 함수 종료 |

✅ **개념 체크**

1 C언어의 논리 연산자는 (　　) → (　　) → (　　) 순으로 처리된다.

2 C언어에서 논리합을 구하는 비트 연산자는?

1 ! → && → || 2 ||

## 7) 조건 연산자 24.3

- C언어에서 유일하게 3개의 피연산자를 갖는 삼항 연산자이다.
- 조건식 ? 참일 때 값 : 거짓일 때 값
  - **예** big = a > b ? a : b; → a와 b 중에서 큰 수가 big에 저장된다.
- 조건 연산자 예제

|  |  |
|---|---|
| `#include <stdio.h>`<br>`int main() {` | • 표준 입출력 라이브러리 추가<br>• main() 함수 시작 |
| `int num1 = 10;`<br>`int num2 = 5;` | 정수형 변수 num1, num2 선언 및 초기화 |
| `int max = (num1 > num2) ? num1 : num2;` | 조건 연산자로 최댓값 구하기 |
| `printf("두 수 중 최댓값: %d\n", max);`<br>`printf("최댓값을 실수로 표현: %f\n",`<br>`(float)max);` | 각 변수 출력 |
| `return 0;`<br>`}` | main() 함수 종료 |

**결과**
두 수 중 **최댓값**: 10
**최댓값을 실수로 표현**: 10.000000

## 8) 할당(대입) 연산자 24.3, 23.3

대입 연산자는 C, Java가 동일하다.

- 할당 연산자는 변수에 어떤 값을 저장할 때 사용한다.
- 연산 대상과 대입 대상이 되는 변수가 같을 경우는 복합 연산자를 이용하여 축약하여 표현할 수 있다.
- 할당 연산자의 결합 방향은 우측에서 좌측으로 연산이 수행된다.

| = | a=b → b를 a에 할당 | += | a+=b → a=a+b |
|---|---|---|---|
| -= | a-=b → a=a-b | *= | a*=b → a=a*b |
| /= | a/=b → a=a/b | %= | a%=b → a=a%b |
| <<= | a<<=b → a=a<<b | >>= | a>>=b → a=a>>b |

- 할당 연산자 예제

|  |  |
|---|---|
| `#include <stdio.h>`<br>`int main() {` | • 표준 입출력 라이브러리 추가<br>• main() 함수 시작 |
| `int num1 = 10;`<br>`int num2 = 5;` | 정수형 변수 num1, num2 선언 및 초기화 |
| `num1 += num2;`<br>`printf("+= 연산자: %d\n", num1);`<br>`num1 -= num2;`<br>`printf("-= 연산자: %d\n", num1);` | • += 대입 연산 처리 및 출력<br><br>• -= 대입 연산 처리 및 출력 |

결과
+= 연산자: 15
−= 연산자: 10
*= 연산자: 50
/= 연산자: 10
%= 연산자: 0
《= 연산자: 0
》= 연산자: 0

| | |
|---|---|
| ```c
num1 *= num2;
printf("*= 연산자: %d\n", num1);
num1 /= num2;
printf("/= 연산자: %d\n", num1);
``` | • *= 대입 연산 처리 및 출력<br><br>• /= 대입 연산 처리 및 출력 |
| ```c
num1 %= num2;
printf("%%= 연산자: %d\n", num1);
num1 <<= 2;
printf("<<= 연산자: %d\n", num1);
num1 >>= 1;
printf(">>= 연산자: %d\n", num1);
``` | • %= 대입 연산 처리 및 출력<br><br>• <<= 2 대입 연산 처리 및 출력<br><br>• >>= 1 대입 연산 처리 및 출력 |
| ```c
  return 0;
}
``` | main() 함수 종료 |

## 9) 콤마(나열) 연산자

여러 개의 표현식을 나열할 때 사용된다.

• 콤마(나열) 연산자 예제

| | |
|---|---|
| ```c
#include <stdio.h>
int main() {
``` | • 표준 입출력 라이브러리 추가<br>• main() 함수 시작 |
| ```c
  int x = 1, y = 2, z = 3;
``` | 정수형 변수 x, y, z선언 및 초기화 |
| ```c
  int result = (x += 1, y += 2, z += 3);
``` | 여러 개의 표현식을 연결한 후 결과를 할당 |
| ```c
  printf("x: %d, y: %d, z: %d\n", x, y, z);
  printf("result: %d\n", result);
``` | 각 변수 출력 |
| ```c
  return 0;
}
``` | main() 함수 종료 |

## 10) 증가/감소 연산자

• 변수의 값을 1씩 증가시키거나 1씩 감소시킬 때 사용한다.
• ++는 1씩 증가를 의미한다. 예 a++; → a = a + 1;
• −−는 1씩 감소를 의미한다. 예 a−−; → a = a − 1;

★ 전위 증가 연산자(++num)
• 변수의 값을 1 증가시킨 후에 증가된 값을 반환한다.
• 변수의 값을 먼저 증가시킨 후에 사용한다.

★ 후위 증가 연산자(num++)
• 변수의 값을 반환한 후에 변수의 값을 1 증가시킨다.
• 변수의 값을 먼저 반환한 후에 증가시킨다.

예제
int num = 5;
int result1 = ++num;
int num = 5;
int result2 = num++;

결과
result1: 6
result2: 5

| | | |
|---|---|---|
| ++ | ++A; | • 전위 증가 연산자★<br>• 변수 A에 저장된 값을 1만큼 증가시킨다. (A = A + 1;) |
| | A++; | • 후위 증가 연산자★<br>• 변수 A에 저장된 값을 1만큼 증가시킨다. (A = A + 1;) |
| −− | −−A; | • 전위 감소 연산자<br>• 변수 A에 저장된 값을 1만큼 감소시킨다. (A = A − 1;) |
| | A−−; | • 후위 감소 연산자<br>• 변수 A에 저장된 값을 1만큼 감소시킨다. (A = A − 1;) |

• 증가/감소 연산자 예제

| | | |
|---|---|---|
| `#include <stdio.h>`<br>`int main() {` | • 표준 입출력 라이브러리 추가<br>• main( ) 함수 시작 | |
| `  int i = 5;` | 정수 변수 i를 5로 초기화 | |
| `  int a = ++i;`<br>`  printf("a의 값은 %d입니다.\n", a);` | 변수의 값을 1 증가시킨 다음 결과를 반환 | |
| `  int j = 5;`<br>`  int b = j++;`<br>`  printf("b의 값은 %d입니다.\n", b);` | 변수의 값을 반환한 다음 1 증가 | |
| `  int k = 5;`<br>`  int c = k--;`<br>`  printf("c의 값은 %d입니다.\n", c);` | 변수의 값을 반환한 다음 1 감소 | |
| `  int m = 5;`<br>`  int d = --m;`<br>`  printf("d의 값은 %d입니다.\n", d);` | 변수의 값을 1 감소시킨 다음 결과를 반환 | |
| `  return 0;`<br>`}` | main( ) 함수 종료 | |

**결과**
a의 값은 6입니다.
b의 값은 5입니다.
c의 값은 5입니다.
d의 값은 4입니다.

## 이론을 확인하는 기출문제

**01** C언어에서 연산자 우선순위가 높은 것에서 낮은 것으로 바르게 나열된 것은?

| | |
|---|---|
| ㉠ ( ) | ㉡ == ㉢ < |
| ㉣ << | ㉤ \|\| ㉥ / |

① ㉠, ㉥, ㉣, ㉢, ㉡, ㉤
② ㉠, ㉣, ㉥, ㉢, ㉡, ㉤
③ ㉠, ㉣, ㉥, ㉢, ㉤, ㉡
④ ㉠, ㉥, ㉣, ㉤, ㉡, ㉢

**C언어의 연산자 우선순위**
• (높음) 괄호 ( ) → 산술 연산자 → 비트 이동 연산자 → 관계 연산자 → 비트 논리 연산자 → 논리 연산자 (낮음)
• 산술 연산자 : *, /, %, +, −
• 비트 이동 연산자 : <<, >>
• 관계 연산자 : <, <=, >, >=, ==, !=
• 비트 논리 연산자 : &, ^, |
• 논리 연산자 : &&, ||, !

**02** 다음 C언어 프로그램이 실행되었을 때, 실행 결과는?

```
#include <stdio.h>
int main(int argc, char *argv[]) {
        int a = 5, b = 3, c = 12;
        int t1, t2, t3;
        t1 = a && b;
        t2 = a || b;
        t3 = !c;
        printf("%d", t1 + t2 + t3);
        return 0;
}
```

① 0
② 2
③ 5
④ 14

**C언어의 논리 연산자**
• 논리부정(!) 연산자 : '참'을 '거짓'으로 '거짓'을 '참'으로 부정
• 논리곱(&&) 연산자 : 좌측과 우측 피연산자가 모두 '참'이어야 '참'의 결과
• 논리합(||) 연산자 : 좌측과 우측 피연산자 중 좌측 연산자가 '참'이면 '참'의 결과
• 논리 연산의 피연산자가 0이면 거짓(0), 0이 아니면 참(1)로 논리 연산을 수행한다.
• printf("%d", t1 + t2 + t3); 명령문은 1 + 1 + 0을 수행한 결과 2를 출력한다.

# C언어의 배열

▶ 합격 강의

---

**🅕 기적의 TIP**

배열 또한 C언어 코드의 기본 바탕이 되는 내용입니다. 예제와 기출문제를 통해 정리하세요.

## 01 배열(Array) 22.7, 22.4, 20.6

### 1) 배열 변수

- C언어의 사용자 정의 자료형 : 배열, 구조체, 공용체
- 한 번의 선언으로 여러 개의 메모리 공간을 관리할 수 있다.
- 같은 자료형의 값을 메모리 공간에 순서에 따라 하나의 이름(배열명)으로 모아 놓은 것이다.
- 배열 변수 선언문

| | |
|---|---|
| 자료형 배열명[배열 요소의 개수]; | // 1차원 배열 |
| 자료형 배열명[행의 개수][열의 개수]; | // 2차원 배열 |

**정적(Static)**

배열의 초기화에서 할당된 배열에 값이 입력되지 않으면 기본값은 0이다.

### 2) 배열의 초기화

- 배열 요소의 범위 : 배열명[0] ~ 배열명[배열 요소의 개수 −1]
- 배열의 첨자(index) : 0부터 시작하여 배열 요소의 개수 −1까지이다.
- 배열 선언과 동시에 초기화 시 요소의 개수는 생략할 수 있다.
- 배열 초기화의 예

```
int a[3] = {1, 2, 3};
int b[] = {10, 20, 30};
static int c[5] = {11, 12};
```

## 02 1차원 문자 배열과 문자열

- 문자열 상수를 1차원의 문자 배열을 통해 메모리에 저장하면 주소가 반환된다.
- 문자 배열은 문자열과 1byte의 널문자('₩0')를 포함하고 있다.
- 문자 상수의 경우는 1byte의 char 자료형으로 문자형 변수에 저장된다. 이때 문자 상수는 ASCII코드로 표현된다.

**C언어의 문자 상수 ASCII 코드 값**

- char 자료형은 한 개의 문자 상수를 1byte의 공간에 ASCII 코드 값으로 저장한다.
- 대문자 'A'의 ASCII 코드 값은 01000001으로 10진수 65이다.

└─ 대문자 'A'의 ASCII 코드 값은 65이며, 소문자 'a'의 ASCII 코드 값은 97

**✔ 개념 체크**

1 C언어에서 배열의 인덱스는 1부터 시작한다. (O, X)

1 X

• 예제

| #include <stdio.h> | 표준 입출력 헤더 선언 |
|---|---|
| int main(int argc, char *argv[])<br>{ | 명령행 인수를 처리하기 위한 argc와 argv 매개 변수를 갖는 main() 함수 시작 |
| int i;  ┌─ 배열에 'H', 'R', 'D', 'K'라는<br>│   문자들이 저장<br>char ch[4] = {'H', 'R', 'D', 'K'};<br>char str[5] = "hrdk";<br>└─ 배열에 "hrdk"라는 문자열이 저장.<br>'h', 'r', 'd', 'k', '₩0' | • 정수형 변수 i를 선언<br>• 크기 4인 문자형 배열 ch를 선언하고 초깃값 설정<br>• 크기가 5인 문자형 배열 str을 선언하고 초깃값을 설정 |
| for(i = 0; i < 4; i++)<br>  printf("%c", ch[i]);<br>printf("\n");  ──%c : 문자 형식 지정자<br>printf("%s\n", str); | • i를 0부터 3까지 반복<br>• ch 배열의 i번째 요소인 문자를 출력<br>• 개행 문자 출력<br>• str 배열에 저장된 문자열 출력 |
| return 0;<br>} | • main 함수의 종료<br>• 프로그램을 성공적으로 종료 |

**결과**
HRDK
hrdk

ch[4] 변수

| H | R | D | K |
|---|---|---|---|

str[5] 변수

| h | r | d | k | ₩0 |
|---|---|---|---|---|

## 03 2차원 배열

• 2차원 배열의 선언 형식 : 자료형 배열명[행 개수][열 개수];
• 2차원 배열 변수의 원소에 초깃값을 배정하면 행 우선(Row-Major) 원칙을 적용하여 행 인덱스를 고정한 상태에서 열 인덱스를 먼저 증가시키면서 초깃값을 배정한다.
• 2차원 배열 인덱스의 시작 값은 행 인덱스와 열 인덱스 모두 0이다.
• 예제 1

| #include <stdio.h> | 표준 입출력 헤더 선언 |
|---|---|
| int main(int argc, char *argv[])<br>{ | 명령행 인수를 처리하기 위한 argc와 argv 매개 변수를 갖는 main() 함수 시작 |
| int i, j, sub_total;<br>int s[3][2] = {{10, 20}, {30, 40},<br>{50, 60}}; | • 정수형 변수 i, j, sub_total을 선언<br>• 2차원 정수형 배열 s를 선언하고 초깃값을 설정 |
| ┌─ 학생을 나타내는 행에<br>│   접근하기 위한 반복문<br>for (i = 0; i < 3; i++) {<br>  sub_total = 0;<br>  for (j = 0; j < 2; j++)<br>  ┌─ sub_total += s[i][j];<br>  └─ 과목을 나타내는 열에<br>     접근하기 위한 반복문 | • 외부 반복문을 시작한다. i를 0부터 2까지 반복<br>• 학생의 총점을 저장하는 sub_total 변수를 초기화<br>• 내부 반복문을 시작한다. j를 0부터 1까지 반복<br>• s 배열의 i번째 행과 j번째 열에 해당하는 요소를 더하여 sub_total에 누적 |
| printf("%d번 학생 총점 : %d\n",<br>i + 1, sub_total);<br>  } | • i번째 학생의 총점을 출력<br>• i변수의 값을 +1씩 증가시킴 |
| return 0;<br>} | • main() 함수 종료<br>• 프로그램을 성공적으로 종료 |

**결과**
1번 학생 총점 : 30
2번 학생 총점 : 70
3번 학생 총점 : 110

s[3][2] 배열

| 행/열 | 0 | 1 | 결과 |
|---|---|---|---|
| 0 | 10 | 20 | 30 |
| 1 | 30 | 40 | 70 |
| 2 | 50 | 60 | 110 |

✓ **개념 체크**

1 2차원 배열 인덱스의 시작 값은 행 인덱스와 열 인덱스 모두 0 이다. (O, X)

1 O

• 예제 2

결과

1차원 배열의 학생 성적 합계: 432
2차원 배열의 학생 성적 합계:
1305

| | |
|---|---|
| `#include <stdio.h>` | 표준 입출력 헤더 선언 |
| `int main() {` | main 함수 정의 |
| `    int scores1[5] = {85, 92, 78, 90, 87};`<br>`    int sum1 = 0;` | • 크기가 5인 1차원 배열 scores1을 선언<br>• 학생 성적의 합을 저장하는 sum1 변수를 초기화 |
| `    for (int i = 0; i < 5; i++) {`<br>`        sum1 += scores1[i];`<br>`    }`<br>`    printf("1차원 배열의 학생 성적 합계: %d\n", sum1);` | • 반복문을 시작한다. i를 0부터 4까지 반복<br>• 배열의 i번째 요소를 sum1에 더하여 합을 계산<br>• 1차원 배열 scores1의 학생 성적 합계를 출력 |
| `    int scores2[5][3] = {`<br>`        {85, 90, 80},`<br>`        {92, 88, 95},`<br>`        {78, 85, 80},`<br>`        {90, 92, 88},`<br>`        {87, 85, 90}`<br>`    };` | 5개의 행과 3개의 열을 갖는 2차원 배열 scores2를 선언하고 초깃값을 설정 |
| `    int sum2 = 0;`<br>`    for (int i = 0; i < 5; i++) {` | • 학생 성적의 합을 저장하는 sum2 변수를 초기화<br>• 외부 반복문을 시작한다. i를 0부터 4까지 반복 |
| `        for (int j = 0; j < 3; j++) {`<br>`            sum2 += scores2[i][j];`<br>`        }`<br>`    }` | • 내부 반복문을 시작한다. j를 0부터 2까지 반복<br>• 배열의 i번째 행과 j번째 열에 해당하는 요소를 더하여 sum2에 누적 |
| `    printf("2차원 배열의 학생 성적 합계: %d\n", sum2);`<br>`    return 0;`<br>`}` | • 2차원 배열 scores2의 학생 성적 합계를 출력<br>• main() 함수 종료 |

**01** C언어에서 배열 b[5]의 값은?

```
static int b[9] = {1, 2, 3};
```

① 0(영)

② 1

③ 2

④ 3

**배열 초기화**
- 배열 선언 시 초기화를 할 경우 static으로 선언해야 한다.
- 정수형(int) 배열의 개수가 초깃값보다 많으면 0으로 채워진다.
- 문자형(char) 배열의 개수가 초깃값보다 많으면 '\0'으로 채워진다.

**02** a[0]의 주소값이 10일 경우 다음 C언어 프로그램이 실행되었을 때의 결과는? (단, int 형의 크기는 4Byte로 가정한다.)

```
#include <stdio.h>
int main(intargc, char *argv[]) {
        int a[] = {14, 22, 30, 38};
        printf("%u, ", &a[2]);
        printf("%u", a);
        return 0;
}
```

① 14, 10        ② 14, 14
③ 18, 10        ④ 18, 14

**C언어의 주소 연산자(&)와 1차원 배열**
- 주소 연산자(&)는 단항 연산자로 메모리 영역의 시작 주소를 반환한다.
- 문제에서 배열 a의 시작 주소를 10으로 int 형 각 요소는 4byte로 가정하였다.
- int a[] = {14, 22, 30, 38};

| 10번지<br>&a[0] | 14번지<br>&a[1] | 18번지<br>&a[2] | 22번지<br>&a[3] |
|---|---|---|---|
| 14 | 22 | 30 | 38 |
| a[0] | a[1] | a[2] | a[3] |

- printf("%u, ", &a[2]); 명령문은 배열 a의 2+1번째 요소의 주소 18를 출력한다.
- printf("%u", a); 명령문은 배열명의 주소 10을 출력한다. 배열의 이름은 배열의 첫 요소의 주소를 의미한다.

**03** 다음 C언어 프로그램이 실행되었을 때의 결과는?

```
#include <stdio.h>
int main(int argc, char *argv[]) {
    char a;
    a = 'A' + 1;
    printf("%d", a);
    return 0;
}
```

① 1

② 11

③ 66

④ 98

**C언어의 문자 상수 ASCII 코드 값**
- char 자료형은 한 개의 문자 상수를 1byte의 공간에 ASCII 코드 값으로 저장한다.
- 대문자 'A'의 ASCII 코드 값은 01000001으로 10진수 65이다.
- a = 'A' + 1;
- 대문자 'A'의 ASCII 코드 값(65)과 1을 덧셈한 결과 66을 char형 변수 a에 대문자 'B'의 ASCII 코드 값으로 저장한다.
- 출력 결과는 "%d"의 출력 형식 지정 문자에 의해 10진 정수로 변환되어 콘솔에 66이 출력된다.

▶ 합격 강의

**포인터 지원 언어의 종류**
PL/I, ALGOL, PASCAL, C, C++

**01 포인터** 22.7, 22.4, 22.3

### 1) 포인터의 개념
• 포인터(Pointer)는 객체에 대한 참조(Reference)를 하는 다른 객체를 가리키는 자료형이다.
• 고급 언어에서 사용되는 기법이다.
• C언어에서는 포인터 연산자를 통해 명시적으로 참조 상황을 표현할 수 있다.

### 2) 포인터 특징
• 객체를 참조하기 위해 주소를 값으로 하는 자료형이다.
• 커다란 배열에 원소를 효율적으로 저장할 때 이용된다.
• 하나의 자료에 동시에 많은 리스트의 연결이 가능하다.
• C/C++에서 포인터 변수를 선언할 때는 포인터 연산자(*)를 이용하여 선언한다.
• null 값을 갖는 포인터 변수는 아무런 객체도 가리키고 있지 않다는 의미이다.

### 3) 포인터 사용 시 문제점
한 객체를 여러 포인터 변수가 가리키는 경우, 어느 하나의 변수가 가리키고 있는 객체의 값을 바꾸면 나머지 포인터 변수가 의사와 상관없이 변경된 값을 참조하게 되어 혼란을 초래한다.

### 4) 포인터 변수의 선언과 대입
• 포인터 변수는 변수값으로 메모리의 주소값을 갖는다.
• 포인터 변수의 선언문
예) int* p; 또는 int *p;

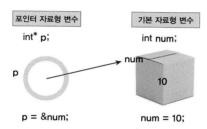

포인터 자료형 변수
int* p;

기본 자료형 변수
int num;

num
10

p

p = &num;

num = 10;

## ⑫ 포인터의 활용

### 1) 동적 메모리 할당
포인터를 사용하여 동적으로 메모리를 할당하고 사용할 수 있다.

### 2) 배열과 문자열 처리
- 배열은 포인터의 연속적인 블록으로 간주하며, 포인터를 사용하여 배열 요소에 접근하고 조작할 수 있다.
- C에서 문자열은 포인터를 사용하여 표현되며, 포인터를 통해 문자열을 조작하고 처리할 수 있다.

### 3) 함수 호출과 반환
함수의 매개 변수로 포인터를 사용하여 함수 내에서 해당 변수를 직접 조작할 수 있으며, 포인터를 반환하여 함수 외부에서 해당 값을 사용할 수 있다.

### 4) 구조체와 연결 리스트
┌ 서로 다른 데이터 타입을 묶어
  처리할 수 있음
- 포인터를 사용하여 구조체 간의 연결 리스트를 구현할 수 있다.
- 구조체 내에서 포인터를 사용하여 다른 구조체를 참조하고 연결할 수 있다.

### 5) 하드웨어 리소스 접근
포인터를 사용하여 메모리 맵 레지스터(Memory-mapped Register) 등에 값을 읽고 쓸 수 있어서 하드웨어를 제어할 수 있는 프로그램을 작성할 수 있다.

동적 메모리 할당 함수
- 종류 : malloc, calloc, realloc
- 활용 : 위 함수를 사용하여 메모리를 할당하고 포인터를 통해 해당 메모리를 조작할 수 있다.

## ⑬ 포인터 변수와 관련 연산자 22.7, 22.4, 22.3, 21.8, 21.5, 21.3, 20.10

- &(주소 연산자) : 모든 변수에 대한 주소값을 구하는 연산자
- *(포인터 연산자, 간접 연산자) : 포인터 변수의 자료(내용)를 구하는 연산자
- 예제 1

| | |
|---|---|
| `#include <stdio.h>` | stdio.h 표준 입출력 헤더 선언 |
| `int main() {` | main() 함수 시작 |
| `    int num = 10;`<br>`    int *ptr;`<br>`    ptr = &num;`   & 연산자를 사용하여<br>num 변수의 주소를 얻는다. | • 정수형 변수 num 선언 및 초기화<br>• 포인터 변수 선언<br>• ptr에 num 변수의 주소를 할당 |
| `    printf("변수의 값: %d\n", num);`<br>`    printf("변수의 주소: %p\n", &num);`<br>`    printf("포인터가 가리키는 값: %d\n",`<br>`    *ptr);`   %p : 주소값 형식 지정자 | • num 변수의 값을 출력한다.<br>• num 변수의 주소를 출력한다.<br>• 포인터 ptr이 가리키는 변수의 값을 출력 |
| `    return 0;`<br>`}` | • main() 함수 종료<br>• 프로그램 종료 |

결과
변수의 값: 10
변수의 주소: 0x7ffd77fae95c
포인터가 가리키는 값: 10

## • 예제 2

**결과**

일반변수 접근: 100
포인터 변수 접근: 100

|  |  |
|---|---|
| `#include <stdio.h>` | stdio.h 표준 입출력 헤더 선언 |
| `int main() {` | main() 함수 시작 |
| `    int num;`<br>`    int* p1;`<br>`    num = 100;`<br>`    p1 = &num;` | • int 타입의 num 변수를 선언<br>• int 포인터 변수 p1을 선언<br>• num 변수에 100이라는 값을 할당<br>• p1 포인터 변수에 num 변수의 주소를 할당 |
| `    printf("일반변수 접근: %d\n", num);`<br>`    printf("포인터 변수 접근: %d\n", *p1);` | • num 변수의 값을 출력<br>• p1 포인터 변수가 가리키는 변수의 값을 출력 |
| `    return 0;`   연산자를 사용하여 포인터가<br>`}`   가리키는 값을 가져옴 | • main() 함수 종료<br>• 프로그램 종료 |

## • 예제 3

**결과**

10  20  30  40  50

|  |  |
|---|---|
| `#include <stdio.h>` | stdio.h 표준 입출력 헤더 선언 |
| `int main() {` | main() 함수 시작 |
| `    int i;`<br>`    int A[ ] = {10, 20, 30, 40, 50};`<br>`    int* p;`<br>`    p = A; // p = &A[0];` | • int 타입의 변수 i를 선언<br>• int 타입의 배열 A를 선언하고 초깃값으로 {10, 20, 30, 40, 50}을 할당<br>• int 포인터 변수 p를 선언<br>• p에 배열 A의 첫 번째 요소인 A[0]의 주소를 할당 |
| `    for(i = 0; i < 5; i++)`<br>`    {`<br>`        printf("%5d", *(p+i));`<br>`    }`   ── printf("%5d", A[i]); 표현도 가능 | • i가 0부터 4까지 증가하는 동안 반복<br>• 포인터 p를 사용하여 A[i]의 값을 출력. *(p+i)는 p가 가리키는 메모리 주소에 i를 더한 위치의 값을 가져옴<br>• %5d : 5자리 정수 형식으로 출력 |
| `    return 0;`<br>`}` | • main() 함수 종료<br>• 프로그램 종료 |

## • 예제 4

**결과**

99
100
0x7ffd91343d30

|  |  |
|---|---|
| `#include <stdio.h>` | stdio.h 표준 입출력 헤더 선언 |
| `int main() {` | main() 함수 시작 |
| `    int num = 98;`<br>`    int* ptr;`  ── & 연산자를 사용하여<br>   num 변수의 주소를 가져옴<br>`    ptr = &num;`<br>`    num = num + 1;` | • 정수형 변수 num을 선언하고 98로 초기화<br>• int 포인터 변수 ptr을 선언<br>• ptr에 num 변수의 주소를 할당<br>• num 변수의 값을 1 증가 |
| `    printf("%d\n", num);`<br>`    *ptr = *ptr + 1;`<br>`    printf("%d\n", *ptr);`   연산자를 사용하여<br>`    printf("%p\n", &ptr);`   포인터가 가리키는<br>   값을 가져옴 | • num 변수의 값을 출력<br>• 포인터 ptr이 가리키는 변수의 값을 1 증가시킴<br>• ptr 포인터 변수가 가리키는 변수의 값을 출력<br>• ptr의 주소값이 출력 |
| `    return 0;`<br>`}` | • main() 함수 종료<br>• 프로그램 종료 |

• 예제 5

| #include <stdio.h> | stdio.h 표준 입출력 헤더 선언 |
|---|---|
| int main(int argc, char *argv[]) { | main() 함수 시작 |
| ```<br>    int a[2][2] = {{11, 22}, {44, 55}};<br>    int i, sum = 0;<br>    int *p;<br>    p = a[0];<br>``` | • 2x2 크기의 2차원 배열 a를 선언하고 초기화<br>• a 배열의 요소는 {11, 22}와 {44, 55}로 초기화<br>• 정수형 포인터 p를 선언<br>• p 포인터를 a 배열의 첫 번째 행의 시작 주소로 설정한다. 배열 이름 a는 첫 번째 요소의 주소를 나타냄 |
| ┌── 배열의 두 번째 행에 해당하는<br>│      요소에 접근하는 데 사용<br>```<br>    for (i = 1; i < 4; i++)<br>        sum += *(p + i);<br>    printf("%d", sum);<br>``` | • 반복문을 사용하여 p 포인터 배열요소에 접근<br>• i는 1부터 3까지 증가하며, 배열의 첫 번째 행 두 번째 열부터 차례대로 조건에 해당하는 요소에 접근하는 데 사용<br>• p 포인터를 사용하여 i 번째 열에 해당하는 요소를 간접 참조하여 값을 가져와 sum 변수에 더함<br>• sum 변수의 값을 출력 |
| ```<br>    return 0;<br>}<br>``` | • main() 함수 종료<br>• 프로그램 종료 |

**01** 다음 C언어 프로그램이 실행되었을 때의 결과는?

```
#include <stdio.h>
#include <string.h>
    int main(void) {
    char str[50] = "nation";
    char *p2 = "alter";
    strcat(str, p2);
    printf("%s", str);
    return 0;
}
```

① nation

② nationalter

③ alter

④ alternation

---

**C언어의 문자열 결합 함수 strcat()**

• strcat() 함수는 'string.h' 헤더 파일에서 제공하는 대표적인 문자열 처리 함수로, 하나의 문자열에 다른 문자열을 연결한다. 첫 번째 문자열을 기준으로 두 번째 문자열이 복사되어 추가된다.

• strcat(str, p2); 실행 후의 str 배열은 다음과 같다.

• printf("%s", str); 명령문은 최종 str 배열 내의 '\0' 이전까지의 문자열 "nationalter"이 콘솔에 출력된다.

**02** 다음 C언어 프로그램이 실행되었을 때의 결과는?

```
#include <stdio.h>
int main(void) {
    int n = 4;
    int* pt = NULL;
    pt = &n;

    printf("%d", &n+*pt-*&pt+n);
    return 0;
}
```

① 0                     ② 4

③ 8                     ④ 12

---

**C언어 주소 연산자(&)와 포인터 연산자(*)**

• C언어의 단항 연산자 중 주소 연산자(&)와 포인터 연산자(*)를 통해 정수형 변수를 참조한 값을 출력하는 프로그램이다.

• 주소 연산자 &는 할당된 메모리의 시작 주소를 의미는 연산자이다.

• 포인터 연산자 *는 주소(번지)의 내용을 참조하는 연산자이다.

• 정수형 변수 n은 정수 상수 4로 초기화되어 있고 정수형 포인터 변수 pt는 널 포인터(NULL)로 초기화되어 있다.

• pt = &n; 명령문에 의해 포인터 변수 pt가 변수 n을 참조하게 된다.

• 임의로 pt의 주소를 1000, n의 주소를 100이라 하면 다음과 같다.

• printf("%d", &n+*pt-*&pt+n); 명령문의 출력 결과는 4개의 항을 다음과 같이 차례로 계산한 결과이다.

| &n | 변수 n의 주소 | | 100번지 |
|----|------------|---|--------|
| *pt | 포인터 변수의 참조 내용 | | 4 |
| *&pt | ① *(&pt)로 포인터 변수 pt의 주소를 먼저 연산 후, | | *(1000번지) |
| | ② 해당 주소의 참조 내용 | | 100번지 |
| n | 변수 n의 내용 | | 4 |

• printf("%d", 100번지+4-100번지+4); 가 되어 8이 출력된다.

## 03 다음 C언어 프로그램이 실행되었을 때의 결과는?

```c
#include <stdio.h>
int main (int argc, char *argv[]) {
    int a[2][2] = {{11, 22}, {44, 55}};
    int i, sum = 0;
    int *p;
    p = a[0];
    for(i = 1; i < 4; i++)
        sum += *(p + i);
    printf("%d", sum);
    return 0;
}
```

① 55

② 77

③ 121

④ 132

- int형 2차원 배열 a의 0행의 시작 주소를 포인터 변수에 저장한다. (예를 들어 int형 2차원 배열 a의 시작 주소를 1000번지라고 가정한다.)
- int형 변수는 4byte 크기이므로 2차원 배열 a에 16(4byte*2*2)byte 크기의 연속된 메모리 공간이 할당된다.

| | | | |
|---|---|---|---|
| p+0 → 1000번지 | a[0][0] | 11 | ← *(p+0) |
| p+1 → 1004번지 | a[0][1] | 22 | ← *(p+1) |
| p+2 → 1008번지 | a[1][0] | 44 | ← *(p+2) |
| p+3 → 1012번지 | a[1][1] | 55 | ← *(p+3) |

- for 반복 명령을 통해 포인터 변수 p로 2차원 배열 a의 요소의 값에 접근하여 변수 sum에 누적 합계를 구한다.

| i | p + i | *(p + i) | sum |
|---|---|---|---|
| 1 | 1000 + (4byte*1) = 1004번지 | 22 | 22 |
| 2 | 1000 + (4byte*2) = 1008번지 | 44 | 66 |
| 3 | 1000 + (4byte*3) = 1012번지 | 55 | 121 |

- 포인터 연산자 *는 주소(번지)의 내용을 참조하는 연산자이다.

## 04 다음 C언어 프로그램이 실행되었을 때, 실행 결과는?

```c
#include <stdio.h>
#include <stdlib.h>
int main(int argc, char *argv[]) {
    int arr[2][3] = {1, 2, 3, 4, 5, 6};
    int (*p)[3] = NULL;
    p = arr;
    printf("%d, ", (p[0]+1) + *(p[1]+2));
    printf("%d", *(*(p+1)+0) + *(*(p+1)+1));
    return 0;
}
```

① 7, 5

② 8, 5

③ 8, 9

④ 7, 9

**C언어의 2차원 배열과 배열 포인터**

- C언어의 배열 포인터는 2차원 배열을 참조하기 위해 사용된다.
- int (*p)[3] = NULL; 명령문은 3개의 열 단위로 2차원 배열을 참조할 수 있는 배열 포인터 변수 p를 선언하였다.
- p = arr; 명령문으로 2차원 배열 arr을 p를 통해 참조한다.

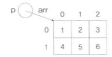

- p[0]과 *(p+0) : 2차원 배열 arr의 0행을 의미한다.
- p[1]과 *(p+1) : 2차원 배열 arr의 1행을 의미한다.

| 항 | 표현 | 의미 | 요소 값 |
|---|---|---|---|
| ① | *(p[0]+1) | arr[0][1]을 의미 | 2 |
| ② | *(p[1]+2) | arr[1][2]를 의미 | 6 |
| ③ | *(*(p+1)+0) | arr[1][0]을 의미 | 4 |
| ④ | *(*(p+1)+1) | arr[1][1]을 의미 | 5 |

- ①+②는 8이고 ③+④는 9이므로 출력 8, 9가 출력된다.

정답 03 ③ 04 ③

# C언어의 구조체

▶ 합격 강의

빈출 태그 구조체

## 01 C언어 구조체(Structure) 24.3, 23.8, 22.4

- 구조체는 서로 연관된 데이터들을 모아놓은 것이다.
- 서로 다른 자료형의 값을 메모리 공간에 순서대로 하나의 단위로 참조할 수 있도록 구성해 놓은 것이다.
- 구조체는 'struct'라는 예약어를 이용하여 선언한다.
- 구조체는 "① **구조체 선언 → ② 구조체 변수 선언 → ③ 구조체 멤버의 참조**" 순으로 사용한다.

## 02 구조체 사용 순서

### 1) 구조체 선언

- 구조체 선언은 일반적으로 함수의 외부에 선언한다.
- 기본 구조

```
struct 구조체명
{
    데이터형1 멤버명1;
    데이터형2 멤버명2;
    ...
};
```

### 2) 구조체 변수 선언

- 선언된 구조체형을 가지는 구조체 변수를 선언한다.
- 기본 구조

```
struct 구조체명 구조체변수명;
```

## 3) 구조체 멤버의 참조

- 구조체 멤버 참조 연산자(.)를 사용하여 멤버를 참조한다.
- 기본 구조

```
구조체변수명.멤버명 = 값;
printf("%d", 구조체변수명.멤버명);
```

| | |
|---|---|
| 코드 | ```c
#include <stdio.h>

// 학생 구조체 정의
struct Student {
    char name[50];
    int age;
    int studentID;
};

int main() {
    // 학생 정보 입력
    struct Student student1;
    printf("학생 이름: ");
    scanf("%s", student1.name);
    printf("학생 나이: ");
    scanf("%d", &student1.age);
    printf("학생 학번: ");
    scanf("%d", &student1.studentID);

    // 학생 정보 출력
    printf("\n입력된 학생 정보:\n");
    printf("이름: %s\n", student1.name);
    printf("나이: %d\n", student1.age);
    printf("학번: %d\n", student1.studentID);

    return 0;
}
``` |

| | 데이터형 | 멤버 |
|---|---|---|
| **구조** | char | name |
| | int | age |
| | int | studentID |
```

**01** 다음 C언어 프로그램이 실행되었을 때, 실행 결과는?

```
#include <stdio.h>
struct st {
        int a;
        int c[10];
};

int main(int argc, char *argv[]) {
        int i = 0;
        struct st ob1;
        struct st ob2;
        ob1.a = 0;
        ob2.a = 0;

        for(i = 0; i < 10; i++) {
                ob1.c[i] = i;
                ob2.c[i] = ob1.c[i] + i;
        }

        for(i = 0; i < 10; i = i+2) {
                ob1.a = ob1.a + ob1.
                c[i];
                ob2.a = ob2.a + ob2.
                c[i];
        }

        printf("%d", ob1.a + ob2.a);
        return 0;
}
```

① 30　　　　　　② 60
③ 80　　　　　　④ 120

**C언어의 구조체 사용 순서**
① 구조체 선언 → ② 구조체 변수 선언 → ③ 구조체 멤버 사용
① 구조체 선언

```
struct st {
        int a;              // 정수 a멤버
        int c[10];          // 1차원 정수 배열 c멤버
};
```

② 구조체 변수 선언

```
struct st ob1;
struct st ob2;
```

| | a | c[0] | c[1] | c[2] | c[3] | c[4] | c[5] | c[6] | c[7] | c[8] | c[9] |
|---|---|---|---|---|---|---|---|---|---|---|---|
| ob1 | | | | | | | | | | | |

| | a | c[0] | c[1] | c[2] | c[3] | c[4] | c[5] | c[6] | c[7] | c[8] | c[9] |
|---|---|---|---|---|---|---|---|---|---|---|---|
| ob2 | | | | | | | | | | | |

③ 구조체 멤버 사용
첫 번째 for문에서는 ob1.c[i]와 ob2.c[i]의 전체 요소 값이 대입된다.

| | a | c[0] | c[1] | c[2] | c[3] | c[4] | c[5] | c[6] | c[7] | c[8] | c[9] |
|---|---|---|---|---|---|---|---|---|---|---|---|---|
| ob1 | 0 | 0 | 1 | 2 | 3 | 4 | 5 | 6 | 7 | 8 | 9 |
| ob2 | 0 | 0 | 2 | 4 | 6 | 8 | 10 | 12 | 14 | 16 | 18 |

• 두 번째 for문에서는 짝수 번째 배열 c의 요소값이 멤버 a에 누적된다.

| | a | c[0] | c[1] | c[2] | c[3] | c[4] | c[5] | c[6] | c[7] | c[8] | c[9] |
|---|---|---|---|---|---|---|---|---|---|---|---|---|
| ob1 | 20 | 0 | 1 | 2 | 3 | 4 | 5 | 6 | 7 | 8 | 9 |
| ob2 | 40 | 0 | 2 | 4 | 6 | 8 | 10 | 12 | 14 | 16 | 18 |

printf("%d", ob1.a + ob2.a); 명령문에서 20 + 40은 60이 출력된다.

**02** C언어에서 구조체를 사용하여 데이터를 처리할 때 사용하는 것은?
① for
② scanf
③ struct
④ abstract

• C언어에서 서로 다른 데이터 타입을 묶은 자료형을 구조체(structure)라고 한다.
• 구조체를 사용하여 데이터를 처리하려면 키워드 struct를 사용해야 한다.

정답 01 ② 02 ③

# CHAPTER 02

# Java 언어

학습 방향

C언어와 같이 사용되는 예약어들이 많으므로 C언어를 먼저 학습하고, Java 언어를 이어 학습하도록 하세요. C, Java에 공용으로 사용되는 예약어는 별도 챕터를 구성하였습니다. 본서에 준비된 내용을 순서대로 학습하되 본문에 제시된 예제와 기출문제를 함께 보면서 정리하세요.

출제빈도

| SECTION 01 | 상 | 30% |
| SECTION 02 | 하 | 10% |
| SECTION 03 | 상 | 30% |
| SECTION 04 | 중 | 20% |
| SECTION 05 | 하 | 10% |

▶ 합격 강의

**🅕 기적의 TIP**

반복 출제 빈도가 높은 편입니다. 자주 출제되는 내용 위주로 학습하세요. Java의 연산자는 C언어와 기본 문법이 유사하므로 차이를 확인하면서 정리하세요.

**🅕 기적의 TIP**

Java는 대표적인 객체지향 프로그래밍 언어입니다. 1과목에서 학습한 객체지향 프로그래밍을 간단히 복습하고 Java 언어를 학습합니다. 1과목 객체지향 프로그래밍 내용과 동일한 내용입니다.

틀 = Type ─┐

사용자가 편집하길 원하는 ─┐
모든 데이터를 가지고 있어야 함
실체 = 변수 = Instance

## 01 객체지향 프로그래밍(Object Oriented Programming)

### 1) 객체지향 프로그래밍

① 객체지향 프로그래밍의 개념

• 컴퓨터 소프트웨어를 구조적인 코드 단위로 보는 것이 아니라 객체 단위로 구분하고 객체 간의 모음으로 설계하는 것이다.
• 소프트웨어 내의 객체는 서로 Message를 주고받는다.
• 처리 요구받은 객체가 자기 자신 안에 있는 내용을 가지고 처리하는 방식이다.
• 프로그램이 단순화되고 생산성, 신뢰성이 높아져 대규모 개발에 많이 사용된다.

② **객체지향 구성 요소** 22.4, 22.3, 21.5, 20.8, 20.6

| 구분 | 설명 |
|---|---|
| Class | • 공통된 속성과 연산(행위)을 갖는 객체의 집합을 정의한 것으로 일반적인 Type을 의미한다.<br>• 기본적인 사용자 정의 데이터형이며, 데이터를 추상화하는 단위이다.<br>• 구조적 기법에서의 단위 테스트(Unit Test)와 같은 개념이다.<br>• 상위 클래스(부모 클래스, Super Class), 하위 클래스(자식 클래스, Sub Class)로 나뉜다. |
| Object | • 데이터와 함수를 묶어 캡슐화하는 대상이 된다.<br>• Class에 속한 Instance를 Object라고 한다.<br>• 하나의 소프트웨어 모듈로서 목적, 대상을 표현한다.<br>• 같은 클래스에 속한 각각의 객체를 Instance라고 한다. |
| Attribute | 객체가 가지고 있는 데이터 값이다. |
| Method | 객체의 행위인 함수이다. |
| Message | 객체 간에 서로 주고받는 통신을 의미한다. |

### 2) 객체지향의 특징 21.5, 21.3, 20.9, 20.8

① **캡슐화(Encapsulation)** 22.4

• 서로 관련성이 높은 데이터(속성)와 그와 관련된 기능(메소드, 함수)을 묶는 기법이다.
• 결합도가 낮아져 소프트웨어 개발에 있어 재사용성이 높아진다.
• 정보은닉을 통하여 타 객체와 메시지 교환 시 인터페이스가 단순해진다.
• 변경 발생 시 오류의 파급 효과가 적다.

**✓ 개념 체크**

1 객체지향 구성 요소 중 공통된 속성을 갖는 객체를 정의한 것으로 일반적인 type을 의미하는 것은?

1 Class

② **정보은닉(Information Hiding)** <sup>22.4, 21.9</sup> — Java에서 정보은닉을 표기할 때 private는 외부에서 클래스 내부 정보에 접근하지 못하도록 하는 '접근금지' 의미를 가짐

- 객체 내부의 속성과 메소드를 숨기고 공개된 인터페이스를 통해서만 메시지를 주고받을 수 있도록 하는 것을 의미한다.
- 객체의 내부 정보를 보호하여 코드의 유지보수성과 안정성을 높이는 데 이바지한다.
- 예기치 못한 부작용(Side Effect)을 줄이기 위해서 사용한다.

③ **추상화(Abstraction)** <sup>21.9</sup>

- 시스템 내의 공통 성질을 추출한 뒤 추상 클래스를 설정하는 기법이다.
- 현실 세계를 컴퓨터 시스템에 자연스럽게 표현할 수 있다.
- 종류 : 기능 추상화, 제어 추상화, 자료 추상화

④ **상속성(Inheritance)**

- 상위 클래스의 모든 속성, 연산을 하위 클래스가 재정의 없이 물려받아 사용하는 것이다.
- 상위 클래스는 추상적 성질을, 자식 클래스는 구체적 성질을 가진다.
- 하위 클래스는 상속받은 속성과 연산에 새로운 속성과 연산을 추가하여 사용할 수 있다.
- 다중 상속 : 다수 상위 클래스에서 속성과 연산을 물려받는 것이다.

⑤ **다형성(Polymorphism)** <sup>24.3</sup> — 현재 코드를 변경하지 않고 새로운 클래스를 쉽게 추가할 수 있음

- 객체가 다양한 모양을 가지는 성질을 뜻한다.
- 오퍼레이션이나 속성의 이름이 하나 이상의 클래스에서 정의되고 각 클래스에서 다른 형태로 구현될 수 있는 개념이다.
- 속성이나 변수가 서로 다른 클래스에 속하는 객체를 지칭할 수 있는 성질이다.
- 오버 로딩(같은 이름 순서 재사용)과 오버라이딩(재정의)이 있다.

**객체(Object)**
- 상태, 동작, 고유 식별자를 가진 모든 것이라 할 수 있다.
- 필요한 자료 구조와 이에 수행되는 함수들을 가진 하나의 독립된 존재이다.
- 객체의 상태는 속성값에 의해 정의된다.

## 02 Java 언어의 기초

### 1) Java 언어

① 개념

- 객체지향 프로그래밍 언어이다.
- 추상화, 상속화, 다형성과 같은 특징을 가진다.
- 네트워크 환경에서 분산 작업이 가능하도록 설계되었다.
- 특정 컴퓨터 구조와 무관한 가상 바이트 머신 코드를 사용하므로 플랫폼이 독립적이다.

② **Garbage Collector** <sup>21.8</sup> — 쓰레기 수집기

- S/W 개발 중 유효하지 않은 쓰레기(Garbage) 메모리가 발생한다. Java에서는 C언어와 달리 JVM 쓰레기 컬렉터가 불필요 메모리를 알아서 정리해 준다.
— Java Virtual Machine

✔ **개념 체크**

1  추상화의 종류에는 기능 추상화, 제어 추상화, ( ) 추상화가 있다.

1 자료

### ③ Java 언어의 기본 자료형 <sub>24.7, 21.3, 20.9, 20.6</sub>

24.7, 21.3, 20.9, 20.6

**Java 정수형 데이터 타입 크기**
• byte : 1Byte
• short : 2Byte
• int : 4Byte
• long : 8Byte

| 분류 | 예약어 | 바이트 수 | 비고 |
|---|---|---|---|
| 정수형 | byte | 1byte | −127 ~ +128 |
| | short | 2byte | −32,768 ~ +32,767 |
| | int | 4byte | −2,147,483,648 ~ +2,147,483,64 |
| | long | 8byte | −9,223,372,036,854,775,808 ~ +9,223,372,036,854,775,807 |
| 실수형 | float | 4byte | 단정도 실수형 (유효 자리는 7정도임) |
| | double | 8byte | 배정도 실수형 (유효 자리는 15정도) |
| 문자형 | char | 2byte | 유니코드 문자열 1자 |
| 논리형 | boolean | 1byte | true, false |

**Java 문자형 데이터 타입 크기**
char : 2byte, 문자 1자

### ④ 이스케이프 시퀀스(Escape Sequence)

| 문자 | 의미 | 기능 |
|---|---|---|
| \n | new line | 커서를 다음 줄 처음으로 이동한다. |
| \r | carriage return | 커서를 현재 줄 처음으로 이동한다. |
| \t | tab | 커서를 일정 간격만큼 띄운다. |
| \b | backspace | 커서를 뒤로 한 칸 이동한다. |
| \f | form feed | 한 페이지를 넘긴다. |
| \' | single quote | 작은따옴표를 출력한다. |
| \" | double quote | 큰따옴표를 출력한다. |
| \₩ | backslash | 역슬래시를 출력한다. |

### ⑤ Java 접근 제한자(접근 제어자, 접근 지정자) <sub>24.5</sub>

- public : 모든 접근을 허용한다.
- private : 같은 패키지에 있는 객체와 상속 관계의 객체들만 허용한다.
- default : 같은 패키지에 있는 객체들만 허용한다.
- protected : 현재 객체 내에서만 허용한다.

### ⑥ Java의 출력 메소드 <sub>24.3, 21.3</sub>

- System.out.print() : 괄호 안을 출력하고 줄 바꿈을 안 한다.
- System.out.println() : 괄호 안을 출력하고 줄 바꿈을 한다.
- System.out.printf() : 변환 문자를 사용하여 출력한다.
- 형 변환 문자

| %d | 10진 정수 | %e | 지수형 |
|---|---|---|---|
| %o | 8진 정수 | %c | 문자 |
| %x | 16진 정수 | %s | 문자열 |
| %f | 실수형 | | |

✅ **개념 체크**

1 Java 언어의 기본 자료형 중 int형의 크기는 8byte이다. (O, X)

1 X

⑦ Java 언어 변수명 작성 규칙 [23.3]

- 영문 대소문자(A~Z, a~z), 숫자(0~9), '_', '$'를 혼용하여 사용할 수 있으며, 첫 글자는 영문자나 '_', '$'로 시작해야 한다.
- 영문자는 대소문자를 구분한다.
- 공백을 포함할 수 없다.
- 예약어(Reserved Word)를 사용할 수 없다.

## 2) Java 표준 라이브러리

| 패키지 | 기능 |
|---|---|
| java.lang | • Java에 기본적으로 필요한 인터페이스, 자료형, 예외 처리 등에 관한 기능을 제공하며 import 문 없이 사용할 수 있다.<br>• String, System, Process, Runtime, Math, Error |
| java.util | • 날짜 처리, 난수 발생, 복잡한 문자열 처리 등에 관련된 기능을 제공한다.<br>• Date, Calendar, Random, StingTokenizer |
| java.io | • 파일 입출력과 관련된 기능 및 프로토콜을 제공한다.<br>• InputStream, OutputStream, Reader, Writer |
| java.net | • 네트워크와 관련된 기능을 제공한다.<br>• Socket, URL, InetAddress |
| java.awt | • 사용자 인터페이스와 관련된 기능을 제공한다.<br>• Frame, Panel, Dialog, Button, CheckBox |

## 3) 연산자의 종류 및 우선순위 [23.8, 22.7, 21.8]

### ① 연산자 우선순위

| 연산자 | 종류 | 결합 방향 | 우선순위 |
|---|---|---|---|
| 단항 연산자 | +, −, !, ~, ++, −− | ← | 높음 |
| 산술 연산자 | *, /, % | | |
| | +, − | | |
| 비트 이동 연산자 | ⟨⟨, ⟩⟩, ⟩⟩⟩ | | |
| 관계(비교) 연산자 | ⟨, ⟨=, ⟩, ⟩=, instanceof | → | |
| | ==, != | | |
| 비트 논리 연산자 | & | | |
| | ^ | | |
| | | | | |
| 논리 연산자 | && | | |
| | \|\| | | |
| 조건 연산자 | ? : | ← | |
| 할당 연산자 | =, +=, −=, *=, /=, %=, ⟨⟨=, ⟩⟩= | ← | 낮음 |

**Java의 대표적인 표준 라이브러리**

- Java는 라이브러리를 패키지에 포함하여 제공한다.
- Java에서 패키지를 사용하려면 'import java.util'과 같이 import 문을 이용해 선언한 후 사용한다.
- import로 선언된 패키지 안에 있는 클래스의 메소드를 사용할 때 클래스와 메소드를 마침표(.)로 구분하여 사용한다(예 Math.abs()).

 개념 체크

1 Java 언어의 연산자 우선순위 첫 번째는 단항 연산자 '+'이다. (O, X)

1 O

② C언어 연산자 vs Java 연산자 비교

| 연산자 종류 | C언어 | Java 언어 |
|---|---|---|
| 산술 연산자 | + - * / % | |
| 할당 연산자 | = += -= *= /= %= | |
| 비교 연산자 | == != < <= > >= | |
| 논리 연산자 | && \|\| ! | |
| 비트 연산자 | & \| ^ ~ | |
| 증감 연산자 | ++ -- | |
| 조건 연산자 | ? : | |
| 비트 이동 연산자 | << >> | << >> >>> |
| 멤버 접근 연산자 | . (Dot) | |
| 배열 접근 연산자 | [ ] C는 구조체, 공용체에서 멤버 접근에 사용 | |
| 형 변환 연산자 | (type) | |
| instanceof 연산자 | 지원 안 됨 | instanceof ★ |
| sizeof 연산자 | sizeof | 지원 안 됨 |
| 포인터 연산자 | * & | 지원 안 됨 |

★ instanceof 연산자
참조 변수가 참조하고 있는 인스턴스의 실제 타입을 반환

## 이론을 확인하는 기출문제

**01** Java에서 힙(Heap)에 남아있으나 변수가 가지고 있던 참조값을 잃거나 변수 자체가 없어짐으로써 더 이상 사용되지 않는 객체를 제거해주는 역할을 하는 모듈은?

① Heap Collector
② Garbage Collector
③ Memory Collector
④ Variable Collector

Garbage Collector : S/W 개발 중 유효하지 않은 가비지 메모리가 발생한다. Java에서는 C와 달리 JVM가비지 컬렉터가 불필요 메모리를 알아서 정리해준다.

**02** 다음 Java 코드 출력문의 결과는?

```
..생략..
System.out.println("5 + 2 = " + 3 + 4);
System.out.println("5 + 2 = " + (3 + 4));
..생략..
```

① 5 + 2 = 34
　5 + 2 = 34
② 5 + 2 + 3 + 4
　5 + 2 = 7
③ 7 = 7
　7 + 7
④ 5 + 2 = 34
　5 + 2 = 7

**Java의 System.out.println 메소드**
- System.out.println메소드는 콘솔에 문자열 결과를 출력 후, 행을 변경한다.
- "5 + 2 = "의 문자열 이후의 + 연산의 경우 문자열 간 연결 기능을 수행한다.
- 따라서, "5 + 2 = " 이후 + 3을 수행하면 3이 "3"문자열로 형 변환 후 "5 + 2 = 3"으로 문자열 연결되며 + 4 역시 4가 "4"문자열로 형 변환 후 "5 + 2 = 34"로 문자열 연결된 후 출력된다.
- "5 + 2 = " + (3 + 4)의 경우 괄호에 의해 (3 + 4)가 먼저 덧셈 수행하여 7로 산술 연산이 되어 "5 + 2 = "와 "7"이 문자열 연결되어 "5 + 2 = 7"이 출력된다.

정답 01 ② 02 ④

**03** Java에서 사용하는 접근 제어자의 종류가 <u>아닌</u> 것은?

① internal
② private
③ default
④ public

---

**Java 접근 제한자(접근 제어자)**
- public : 모든 접근을 허용한다.
- private : 같은 패키지에 있는 객체와 상속 관계의 객체들만 허용한다.
- default : 같은 패키지에 있는 객체들만 허용한다.
- protected : 현재 객체 내에서만 허용한다.

**04** 다음 중 Java에서 우선순위가 가장 낮은 연산자는?

① ━ ━　　　　　② %
③ &　　　　　　④ =

---

**연산자의 종류 및 우선순위**

| 연산자 | 종류 | 결합 | 순위 |
|---|---|---|---|
| 단항 | +, -, !, ~, ++, -- | ← | 높음 |
| 산술 | *, /, % | | |
| | +, - | | |
| | ≪, ≫, ≫≫ | | |
| 관계 | ⟨, ⟨=, ⟩, ⟩=, instanceof | → | |
| | ==, != | | |
| | & | | |
| | ^ | | |
| 논리 | \| | | |
| | && | | |
| | \|\| | | |
| 조건 | ? : | → | |
| 할당 | =, +=, -=, *=, /=, %=, ≪=, ≫= | ← | 낮음 |

**05** 속성과 관련된 연산(Operation)을 클래스 안에 묶어서 하나로 취급하는 것을 의미하는 객체지향 개념은?

① Inheritance
② Class
③ Encapsulation
④ Association

---

**캡슐화(Encapsulation)**
- 속성과 관련된 연산(Operation)을 클래스 안에 묶어서 하나로 취급하는 것을 의미한다.
- 결합도가 낮아져 소프트웨어 개발에 있어 재사용성이 높아진다.

**06** 객체지향 개념을 활용한 소프트웨어 구현과 관련한 설명 중 <u>틀린</u> 것은?

① 객체(Object)란 필요한 자료 구조와 수행되는 함수들을 가진 하나의 독립된 존재이다.
② Java에서 정보은닉(Information Hiding)을 표기할 때 private의 의미는 '공개'이다.
③ 상속(Inheritance)은 개별 클래스를 상속 관계로 묶음으로써 클래스 간의 체계화된 전체 구조를 파악하기 쉽다는 장점이 있다.
④ 같은 클래스에 속하는 개개의 객체이자 하나의 클래스에서 생성된 객체를 인스턴스(Instance)라고 한다.

---

Java에서 정보은닉(Information Hiding)을 표기할 때 private의 의미는 외부에서 클래스 내부 정보에 접근하지 못하도록 하는 '접근금지(비공개)'이다.

**07** 소프트웨어 설계에서 사용되는 대표적인 추상화(Abstraction) 기법이 <u>아닌</u> 것은?

① 자료 추상화　　② 제어 추상화
③ 과정 추상화　　④ 강도 추상화

---

**추상화(Abstraction)**
- 시스템 내의 공통 성질을 추출한 뒤 추상 클래스를 설정하는 기법이다.
- 현실 세계를 컴퓨터 시스템에 자연스럽게 표현할 수 있다.
- 기능 추상화, 제어 추상화, 자료 추상화

▶ 합격 강의

## 01 Java 언어의 자료형

### 1) Java 자료형 – 기본형 [21.3]

- 프리미티브(Primitive) 타입이라고도 불리며, 변수에 값을 직접 저장한다.
- 논리형, 문자형, 정수형, 실수형으로 나뉘며, 각각 다양한 크기와 범위를 가진다.
- 기본형은 메모리를 적게 사용하고 연산이 빠르다.

➕ 더 알기 TIP

**기본형 vs 참조형**

| 자료형 | 기본형(Primitive Type) | 참조형(Reference Type) |
|---|---|---|
| 논리형 | boolean | |
| 문자형 | char | |
| 정수형 | byte, short, int, long | |
| 실수형 | float, double | |
| 문자열 | | String |
| 배열 | | Array |
| 클래스 | | User-defined Class |
| 인터페이스 | | Interface |
| 열거형 | | Enum |
| 기타 자료형 | | 등 |

① 논리형(boolean)

- 논리형은 true 또는 false 값을 가진다.
- 예제

```
boolean isRaining = true;
System.out.println("비가 오는 중인가요? " + isRaining);
```

② 문자형(char)

- 문자형은 16비트 유니코드 문자를 저장한다.
- 작은따옴표(')로 감싼 문자를 사용한다.
- 예제

```
char grade = 'A';
System.out.println("학점: " + grade);
```

③ 정수형

- 정수형은 정수 값을 저장하며, 다양한 크기와 범위를 가진다.
- 가장 일반적으로 사용되는 세 가지 정수형 : byte, short, int
- 예제

```
byte age = 20;
short year = 2024;
int population = 1000000;
System.out.println("나이: " + age);
System.out.println("년도: " + year);
System.out.println("인구 수: " + population);
```

④ 실수형

- 실수형은 부동 소수점 수를 저장한다.
- float과 double 두 가지 유형이 있다.
- float은 32비트, double은 64비트로 더 정밀한 수를 표현할 수 있다.
- 예제

```
float weight = 68.5f;
double pi = 3.141592;
System.out.println("몸무게: " + weight);
System.out.println("원주율: " + pi);
```

## 2) Java 자료형 – 참조형

- 객체(Object)를 다룰 때 사용되며, 객체의 주소(참조)를 저장한다.
- 클래스, 인터페이스, 배열 등을 포함한다.
- 객체는 힙(Heap) 메모리에 동적으로 할당되며, 그 주소가 참조형 변수에 저장된다.

① 클래스(Class)

- 클래스는 객체의 설계도이다. 객체를 생성하기 위한 템플릿 역할을 한다.
- 클래스 기반으로 객체를 생성하고, 해당 객체의 주소를 참조형 변수에 저장한다.

 개념 체크

1 Java 언어에서 가장 일반적으로 사용되는 세 가지 정수형은 byte, short, (　　)(이)다.

1 int

• 예제

**결과**

이름: 홍길동
나이: 25

| | |
|---|---|
| ```java
class Person {
  String name;
  int age;
}
``` | • Person 클래스 선언<br>• 문자열 name 멤버 변수<br>• 정수형 age 멤버 변수 설정 |
| ```java
public class Main {
  public static void main(String[]
args) {
    Person person = new Person();
    person.name = "홍길동";
    person.age = 25;
    System.out.println("이름: " + per-
son.name);
    System.out.println("나이: " + per-
son.age);
  }
}
``` | • Main 클래스 선언<br>• Person 클래스의 인스턴스를 생성하고, 이를 "person" 변수에 할당<br>• "person" 객체의 "name" 멤버 변수에 "홍길동" 문자열을 저장<br>• "person" 객체의 "age" 멤버 변수에 25라는 정수를 저장<br>• "System.out.println"을 사용하여 "person" 객체의 이름과 나이를 화면에 출력 |

## ② 인터페이스(Interface)

• 인터페이스는 메소드의 집합으로, 객체의 행동 규약을 정의한다.
• 클래스에서 인터페이스를 구현(Implement)하여 해당 규약에 따라 행동한다.
• 예제

**결과**

원을 그립니다.

| | |
|---|---|
| ```java
interface Drawable {
  void draw();
}
``` | • "Drawable"은 인터페이스로, 그림을 그릴 수 있는 객체를 나타내기 위해 정의됨<br>• "void draw();" 메소드가 선언되어 있으며, 그림을 그리는 데 사용됨 |
| ```java
class Circle implements Drawable {
  public void draw() {
    System.out.println("원을 그립니다.");
  }
}
``` | • "Circle" 클래스는 "Drawable" 인터페이스를 구현한 클래스<br>• "Drawable" 인터페이스의 메소드인 "draw()"를 오버라이딩<br>• "public void draw()" 메소드는 원을 그리는 동작을 구현<br>• "System.out.println"을 사용하여 "원을 그립니다."라는 메시지를 출력 |
| ```java
public class Main {
  public static void main(String[]
args) {
    Circle circle = new Circle();
    circle.draw();
  }
}
``` | • Main 클래스 선언<br>• Main 클래스는 main() 메소드를 가지고 있음(시작점)<br>• main() 메소드의 내부에서는 Circle 클래스의 circle 인스턴스를 생성<br>• circle의 draw() 메소드를 호출 |

"Circle" 클래스는 그림을 그릴 수 있는 원을 표현하는 클래스이다.

✔ 개념 체크

1 Java의 자료형 중 (　　)은(는) 관련된 상수 값을 그룹으로 묶어 사용하며, 각 상수는 고유한 이름을 가지고 있다.

1 열거형

## ③ 열거형(Enum)

• 열거형은 사전에 정의된 상수들의 집합을 나타낸다.
• 열거형은 관련된 상수 값을 그룹으로 묶어 사용하며, 각 상수는 고유한 이름을 가지고 있다.
```

• 예제

| | | |
|---|---|---|
| ```enum Day {   SUNDAY, MONDAY, TUESDAY, WEDNES-DAY,   THURSDAY, FRIDAY, SATURDAY }``` | 열거 상수 Day클래스 "SUNDAY", "MONDAY", "TUESDAY", "WEDNESDAY", "THURSDAY", "FRIDAY", "SATURDAY"로 나타냄 | |
| ```public class Main {   public static void main(String[] args) {     Day today = Day.SUNDAY;     System.out.println("오늘은 " + to- day + "입니다.");   } }``` | • Main 클래스 선언(시작점)<br><br>• "Day today = Day.SUNDAY;" 코드는 "Day" 열거형(enum)에서 "SUNDAY" 열거 상수를 선택하고, "today" 변수에 할당<br>• 선택된 요일을 문자열로 출력 | |

**결과**
오늘은 SUNDAY입니다.

"Day" 열거형(enum)은 일주일의 요일을 나타내는 열거 상수를 정의한다.

## ④ 문자열(String)

• 문자열은 문자들의 시퀀스로, Java에서는 java.lang.String 클래스를 사용하여 문자열을 표현한다.
• 문자열은 큰따옴표(" ")로 묶어 표기한다.
• 예제

| | |
|---|---|
| ```public class Main {   public static void main(String[] args) {``` | • Main 클래스 선언<br>• main() 메소드 정의 |
| ```    String message = "안녕하세요!";     System.out.println(message);   } }``` | • message 문자열 변수를 선언하고 "안녕하세요!"라는 문자열로 초기화<br>• message 변수의 값을 표준 출력에 출력 |

**결과**
안녕하세요!

## ⑤ 배열(Array)

• 배열은 동일한 유형의 데이터를 여러 개 저장하는 자료 구조이다.
• 배열은 고정된 크기를 가지며, 각 요소는 인덱스를 통해 접근한다.
• 예제

| | |
|---|---|
| ```public class Main {   public static void main(String[] args) {``` | • Main 선언 클래스 정의<br>• main() 메소드 정의 |
| ```    int[] numbers =   {1, 2, 3, 4, 5} ;     System.out.println("첫 번째 숫자: "  + numbers[0]);     System.out.println("배열 길이: "  +  numbers.length);   } }``` | • numbers인 정수 배열을 선언하고 초기화<br>• numbers 배열의 첫 번째 요소(인덱스 0)를 문자열 결합하여 출력<br>• numbers 배열의 길이를 출력 |

**결과**
첫 번째 숫자: 1
배열 길이: 5

✓ **개념 체크**

1 Java 언어에서는 다차원 배열을 (    )차원까지 선언할 수 있다.

1 255

## ⑫ Java 언어의 배열과 문자열

### 1) 배열 24.3

#### ① C언어 배열과 Java 언어 배열

- C언어에서의 배열은 int, char 형과 같은 기본형 상수들을 배열 변수의 인덱스를 통해 참조한다.
- Java 언어에서의 배열은 참조형 변수를 통해 배열 객체를 참조한다.

#### ② Java 배열의 선언 규칙

- 배열은 선언한 뒤 초기화나 배열 객체 생성 후, 사용할 수 있다.
- 배열의 크기를 지정할 수 없다.
- 다차원 배열을 255차원까지 선언 가능하다.
- 기본 구조

```
int a[ ] = { 1, 2, 3 };
int[ ] a = { 1, 2, 3 };
int[ ] a = new int[3];
```

#### ③ Java 배열의 크기

- '배열 이름.length'를 통해 배열의 크기인 요소의 개수를 알 수 있다.
- 예제 1

| | |
|---|---|
| public class ArrayEx001 { | ArrayEx001 클래스 선언 |
|     public static void main(String[] args) { | main() 메소드 정의 |
|         int[] intArr = { 1, 2, 3 };<br>└ 배열에 1, 2, 3 저장 | 1차원 배열 초기화 |
|         for (int i = 0; i < intArr.<br>length; i++) {  intArr의 길이 계산<br>           System.out.print(intArr[i]<br>           + " ");<br>        }<br>        System.out.println();<br>    }<br>} | • 0부터 intArr 배열 크기만큼 순회하면서 배열에 입력된 1, 2, 3 순서대로 출력하고 공백을 추가<br>• 개행 출력하여 행 바꿈<br>• 프로그램 종료 |

- 예제 2

**결과**
1 2 3

| | |
|---|---|
| public class ArrayEx002 { | ArrayEx002 클래스 선언 |
|     public static void main(String[] args) { | main() 메소드 정의 |
|         int[] intArr = new int[3]; | 1차원 배열 intArr을 생성하고 크기를 3으로 설정 |

└ 배열요소는 모두 0으로 초기화됨

| | |
|---|---|
| ```
    for (int i = 0; i < intArr.
length; i++)
        intArr[i] = i + 1;
    for (int i : intArr) {
        System.out.print(i + " ");
    }
    System.out.println();
  }
}
``` | • 배열 인덱스 i를 0부터 배열 크기만큼 반복<br>• intArr 배열에 순서대로 수열 1, 2, 3 저장<br>• intArr 배열에 저장된 1, 2, 3을 뒤에 공백을 추가하면서 순서대로 출력<br>• 개행 출력하여 행 바꿈<br>• 프로그램 종료 |

• 예제 3

| | |
|---|---|
| `public class ArrayEx003 {` | ArrayEx003 클래스 선언 |
| `    public static void main(String[] args) {` | main() 메소드를 선언 |
| `    int[] score = { 100, 90, 80, 70, 60 };` | • 1차원 배열 score를 선언하고, 값을 초기화<br>• 배열에는 100, 90, 80, 70, 60이 저장 |
| `    for (int i : score) {`<br>`        System.out.print(i + " ");`<br>`    }`<br>`    System.out.println();`<br>`  }`<br>`}` | • 확장 for 반복문을 사용하여 배열 score를 순회<br>• score의 각 요소를 i에 순차적으로 출력하고, 공백을 추가<br>• 개행 출력하여 행 바꿈<br>• 프로그램 종료 |

**결과**
100 90 80 70 60

**each-for 문(향상된 for 문)**
• 객체 내의(여러 개의) 대상을 차례로 접근할 때 유용하다.
• 형식 : for(타입 변수 선언 : 배열 객체명) { 실행문; }

## 2) Java 언어의 문자열

• Java 언어에서는 문자열 상수를 String 클래스를 통해 참조한다.
• 기본 구조

```
// 1. 문자열형의 생성(대입형)
String strArr1 = "Java";

// 2. String 클래스의 생성자를 이용하여 초기화
String strArr2 = new String("Java");
```

### ① String 클래스
• java.lang 패키지의 주요 클래스 중의 하나인 String 클래스이다.
• String 클래스는 주로 문자열을 출력하거나 결합하는 데 사용한다.
• Java 언어는 String 클래스를 통해 편리하게 문자열을 사용할 수 있다.
• String 클래스를 이용하면 "문자열" 간 결합이 용이하다.

예 String str = new String("정보 처리 한방 합격!");
예 System.out.println(name + "님 합격을 축하합니다!" );

### ② String 클래스의 주요 메소드

| | |
|---|---|
| char charAt(int index) | 인덱스 위치의 문자 하나 리턴 |
| boolean equals(Object obj) | 다른 문자열 객체와 비교 |
| String replace(char oldChar, char newChar) | 특정 문자를 새로운 문자로 치환 |
| static String valueOf() | 숫자값을 문자형으로 처리 |
| int length() | 문자열의 길이(널 문자 제외) |
```

• 예제 1

| public class ArrayEx004 { | ArrayEx004 클래스 선언 |
|---|---|
|     public static void main(String[] args) { | main() 메소드 정의 |
|         String str = "SSAP";<br>        int length = str.length(); | • 문자열 변수 str을 선언하고, "SSAP"이라는 값 할당<br>• 문자열 str의 길이를 구하여 length 변수에 할당 |
|         for (int i = length - 1; i >= 0; i--)<br>            System.out.printf("%c", str.charAt(i)); └ %c : 문자 형식 지정자<br>        System.out.println();<br>    }<br>} | • for을 사용하여 i를 length − 1부터 0까지 감소시킴<br>• str 문자열의 i번째 문자를 형식화된 출력으로 출력<br>• 개행 출력하여 행 바꿈<br>• 프로그램 종료 |

## 3) Java 언어의 문자열과 + 연산자

• 문자열형 변수나 리터럴에 대하여 연결(문자열 연결)한다.
• + 연산자를 사용할 경우, 기본형이나 참조형 데이터를 문자열로 자동 형 변환시켜 준다.
• 예제 1

| public class ArrayEx005 { | ArrayEx005 클래스 선언 |
|---|---|
|     public static void main(String[] args) { | main() 메소드 정의 |
|         String strS1 = "Gisa";<br>        String strS2 = "One Pass!";<br>        String strS3 = strS1 + strS2; | • 문자열 변수 strS1을 선언하고, "Gisa"라는 값을 할당<br>• 문자열 변수 strS2을 선언하고, "One Pass!"라는 값을 할당<br>• strS1과 strS2를 연결하여 새로운 문자열 strS3을 생성 |
|         System.out.println(strS3);<br>        System.out.println(100 + "점 합격~!");<br>    }<br>} | • strS3 문자열을 출력<br>• 100과 "점 합격~!"을 연결하여 출력 |

결과
선택: 1
=== 덧셈(1) 뺄셈(2) 선택: 1 Enter
10 + 20 = 30

선택: 2
=== 덧셈(1) 뺄셈(2) 선택: 2 Enter
10 − 20 = −10

• 예제 2

| import java.util.Scanner; | Scanner 클래스를 사용하기 위해 java.util 패키지를 임포트 |
|---|---|
| public class ArrayEx006 { | ArrayEx006 클래스 선언 |
|     public static void main(String[] args) { | main() 메소드 정의 |

| | |
|---|---|
| `Scanner input = new Scanner (System.in);` ┌키보드 입력 객체 `System.out.print("=== 덧셈(1)` 뺄셈(2) 선택 : "); `String sel = input.next();` └콘솔 출력 객체 | • 입력을 받기 위해 Scanner 객체를 생성<br>• 사용자에게 메시지를 출력하여 연산 선택을 요청<br>• 사용자로부터 문자열을 입력받아 sel 변수에 저장 |
| `if (sel.equals("1"))`<br>`    System.out.println("10 +`<br>`    20 = " + (10 + 20));`<br>`if (sel.equals("2"))`<br>`    System.out.println("10 -`<br>`    20 = " + (10 - 20));` | • sel 변수의 값이 "1"과 같은지 확인<br>• 만약 sel 변수의 값이 "1"과 같다면, "10 + 20 = 30"을 출력<br>• sel 변수의 값이 "2"와 같은지 확인<br>• 만약 sel 변수의 값이 "2"와 같다면, "10 - 20 = -10"을 출력 |
| `    }`<br>`}` | • main 메소드의 종료<br>• ArrayEx006 클래스의 종료 |

## 03 main() 메소드

- Java 프로그램의 실행 시 가장 먼저 main() 메소드의 명령문을 순서대로 실행한다. 즉, 실행의 시작이자 실행의 종료인 메소드이다.
- main() 메소드를 포함하는 클래스의 접근 지정자는 public이다.
- 기본 구조

```
public static void main(String[] args) {
  ...
}
```

- 예제

**결과**
100

### Number 클래스 정의

| | |
|---|---|
| ```class Number {    private int x;    void setX(int i) {        x = i;    }    int getX() {        return x;    } }``` | • Number 클래스 정의<br>• x라는 정수형 멤버 변수를 가지고 있음<br>• setX() 메소드는 x 변수에 값을 설정하는 역할(i라는 매개 변수를 받아 x 변수에 할당)<br>• getX() 메소드는 x 변수의 값을 반환하는 역할 |

### Test 클래스를 정의

| | |
|---|---|
| ```public class Test {    public static void main(String[] args) {        Number obj = new Number();        obj.setX(100);        System.out.println(obj.getX());    } }``` | • Test 클래스에 main 메소드가 포함<br>• main. 메소드는 프로그램의 진입점으로, 프로그램이 실행되면 처음으로 호출<br>• Number 클래스의 객체 obj를 생성<br>• obj.setX(100)을 호출하여 obj 객체의 x값을 100으로 설정<br>• System.out.println(obj.getX())을 호출하여 obj 객체의 x값을 출력 |

✓ **개념 체크**

1 Java 프로그램을 실행할 시 가장 먼저 ( ) 메소드의 명령문을 순서대로 실행한다.

1 main( )

**01** Java에서 변수와 자료형에 대한 설명으로 <u>틀린</u> 것은?

① 변수는 어떤 값을 주기억 장치에 기억하기 위해서 사용하는 공간이다.

② 변수의 자료형에 따라 저장할 수 있는 값의 종류와 범위가 달라진다.

③ char 자료형은 나열된 여러 개의 문자를 저장하고자 할 때 사용한다.

④ Boolean 자료형은 조건이 참인지 거짓인지 판단하고자 할 때 사용한다.

char 자료형은 한 개의 문자를 저장하고자 할 때 사용한다.

**02** 다음 Java 프로그램이 실행되었을 때의 결과를 쓰시오.

```java
public class ArrayEx005 {
    public static void main(String[]
    args) {
        String strS1 = "Gisa";
        String strS2 = "One Pass!";
        String strS3 = strS1 + strS2;
        System.out.println(strS3);
        System.out.println(100 + "점
        합격~!");
    }
}
```

① GisaOne Pass!

② 100점

③ GisaOne Pass!
   100점 합격~!

④ 100점 합격~!

| public class ArrayEx005 { | ArrayEx005 클래스 선언 |
|---|---|
| public static void main(String[] args) { | main() 메소드 정의 |
| String strS1 = "Gisa"; String strS2 = "One Pass!"; String strS3 = strS1 + strS2; | • 문자열 변수 strS1을 선언하고, "Gisa"라는 값을 할당 • 문자열 변수 strS2을 선언하고, "One Pass!"라는 값을 할당 • strS1과 strS2를 연결하여 새로운 문자열 strS3을 생성 |
| System.out. println(strS3); System.out. println(100 + "점 합격~!"); } } | • strS3 문자열을 출력 • 100과 "점 합격~!"을 연결하여 출력 |

정답 01 ③ 02 ③

# 03 Java 언어의 클래스

▶ 합격 강의

출제빈도 상 중 하
반복학습 1 2 3

빈출 태그 클래스 · 접근 제어자

## 01 Java 클래스 23.8, 22.4, 22.3

### 1) 클래스의 개념

- 자바에서 클래스(Class)란 객체를 정의하는 틀 또는 설계도와 같은 의미로 사용된다.
- 객체지향 기법에서 하나 이상의 유사한 객체들을 묶어서 하나의 공통된 특성을 표현한 것으로 자료 추상화의 개념이다.
- 객체(Object)를 생성하기 위한 설계 또는 틀로, 클래스의 구성 요소로는 필드(멤버 변수)와 메소드(멤버 함수)가 있다.
- 필드는 객체의 상태 값을 저장하는 목적의 멤버 변수이며, 메소드는 객체의 행위를 구현하는 멤버 함수이다.
- Java 언어에서는 필드, 메소드, 생성자로 클래스가 구성된다. 모든 클래스에는 생성자가 반드시 존재하고, 하나 이상의 생성자를 가질 수 있다. 생성자를 생략하면 컴파일 시 자동으로 기본 생성자를 바이트 코드 파일에 추가한다.

### 2) 클래스의 특징

- 클래스를 선언한 후 new 연산자를 사용하여 객체를 생성하고 객체에 대한 레퍼런스 변수(참조 변수)를 선언하여 객체를 활용한다.
- Java의 클래스 선언 시 클래스명은 하나 이상의 문자로 이루어져야 한다. 반드시 대문자로 시작하며 영문 대소문자와 숫자, 특수문자로 클래스명을 작성한다.
- 클래스명은 예약어(키워드)를 사용할 수 없으며 '$'와 '_' 이외의 특수문자는 사용할 수 없다.
- Java 소스 파일(.java)에는 여러 개의 class 작성이 가능하지만, public class는 한 개만 작성할 수 있다. public class가 있을 경우에는 반드시 클래스명을 파일명으로 지정한다.
- main method는 실행의 시작을 위해 반드시 필요하며 실행을 시작하는 public class 내에 작성하고 main method가 있는 class 명으로 파일명을 지정해야만 실행할 수 있다.
- 기본 구조

```
접근 제한자 class 클래스명 {
    필드
    메소드
    생성자
}
```

🅱 기적의 TIP

앞 섹션과 같이 Java 코드를 분석하기 위한 기본이 되는 부분입니다. 본서에 제시된 예제 코드를 통해서 Java의 표현을 익히도록 합니다.

**Java 접근 제한자(접근 제어자, 접근 지정자)**
- public : 모든 접근을 허용한다.
- private : 같은 패키지에 있는 객체와 상속 관계의 객체들만 허용한다.
- default : 같은 패키지에 있는 객체들만 허용한다.
- protected : 현재 객체 내에서만 허용한다.

• 예제 1 : Person 클래스 내에 name, age 멤버 변수를 사용

**결과**

저는 Shin입니다. 35살입니다.

**Person 클래스는 name, age로 구성된다.**

• String : 문자열 데이터를 저장하는 데 사용되는 Java의 내장 클래스
• int : 정수 데이터를 저장하는 데 사용되는 Java의 내장 자료형
• System.out.println : 콘솔에 텍스트를 출력하는 데 사용되는 Java의 내장 메소드

### Person 클래스 정의

| class Person { | Person 클래스 선언 |
|---|---|
|     private String name;<br>    private int age;<br>└ 클래스 내에서만 접근할 수 있도록 제한하는 접근 제어자 | • 문자열 멤버 변수 name 선언<br>• 정수형 멤버 변수 age 선언 |
| ─ 생성자가 외부에서 접근 가능<br>    public Person(String name, int age)<br>    {<br>        this.name = name;<br>        this.age = age;<br>    }<br>└ 메소드가 반환하는 값의 유형이 없음을 나타냄 | • 클래스의 생성자를 정의 부분<br>• Person은 생성자의 이름으로, 클래스와 동일한 이름을 사용한다. 괄호 안의 매개 변수(String name, int age)는 생성자에 전달되는 데이터를 나타냄<br>• this.name = name과 this.age = age는 생성자에 전달된 값을 클래스의 변수에 할당하는 역할<br>• this는 현재 인스턴스를 나타냄<br>• this.name은 클래스의 name 변수를 의미 |
|     public void sayHello() {<br>        System.out.println("저는 " +<br>name + "입니다. " + age + "살입니다.");<br>    }<br>} | • 클래스 내에 정의된 메소드를 나타내는 부분<br>• sayHello : 메소드의 이름<br>• "저는 Shin입니다. 35살입니다." 출력 |

전달

• public : 클래스가 다른 클래스에서 접근할 수 있다.
• class : 클래스를 정의이다.
• Main : 클래스의 이름이다.
• 중괄호({}) : 클래스의 시작과 끝을 나타낸다.
• void : main 메소드가 반환하는 값의 유형이 없음을 나타낸다.
• main : Java 프로그램의 진입점(entry point)으로, 프로그램이 실행될 때 첫 번째로 호출되는 메소드이다.
• String[] args : 명령줄 인수를 전달받기 위한 문자열 배열 매개 변수이다. 명령줄에서 프로그램 실행 시 추가적인 정보를 전달할 수 있다.

### Main 클래스 정의 | sayHello() 메소드 호출

| public class Main { | Main 클래스 선언 |
|---|---|
|     public static void main(String[]<br>args) {<br>└ main 메소드를 클래스 수준으로 정의하고 인스턴스를 생성하지 않고도 직접 호출할 수 있게 함 | • 프로그램의 실행 흐름을 시작<br>• main() 메소드 정의 |
|     Person person = new Person("Shin",<br>35);<br>└ 새로운 Person 객체 생성 | • Person 클래스의 객체를 생성하고, person이라는 변수에 할당<br>• 괄호 안의 "Shin"과 35는 Person 클래스의 생성자에 전달되는 값 |
|     person.sayHello();<br>    }<br>} | person 객체의 sayHello() 메소드를 호출 |

**📙 기적의 TIP**

강아지라는 클래스가 있다면
• 강아지 : 클래스
• 진돗개, 시츄, 치와와 : 객체
• 발이 4개 : 속성
• 짖는다 : 메소드

- 예제 2 : 사각형의 넓이와 둘레 계산

**Rectangle 클래스 정의**

```
class Rectangle {
    int width;
    int height;
    public int getArea() {
        return width * height;
    }
    public int getRound() {
        return 2 * (width + height);
    }
}
```

- Rectangle 클래스는 width와 height라는 두 개의 정수형 멤버 변수를 가짐
- getArea() 메소드는 사각형의 넓이를 계산하여 반환
- getRound() 메소드는 사각형의 둘레를 계산하여 반환

**ClassEx001 클래스 정의**

```
public class ClassEx001 {
    public static void main(String[ ]
    args) {
        Rectangle aaa = new Rectan-
        gle();
        aaa.width = 10;
        aaa.height = 20;
        System.out.println("사각형의 넓이
: " + aaa.getArea());
        System.out.println("사각형의 둘레
: " + aaa.getRound());
    }
}
```

- ClassEx001 클래스는 main() 메소드를 포함
- main() 메소드는 프로그램의 진입점(entry point)이며, 프로그램이 실행되면 처음으로 호출
- Rectangle 클래스의 객체 aaa를 생성
- aaa 객체의 width와 height 멤버 변수에 각각 10과 20의 값을 할당
- aaa.getArea() 메소드를 호출하여 사각형의 넓이를 계산하고 출력
- aaa.getRound() 메소드를 호출하여 사각형의 둘레를 계산하고 출력

**결과**
사각형의 넓이: 200
사각형의 둘레: 60

### 3) Java 클래스의 종류

- Wrapper : Java 언어에서 기본 데이터형을 객체 데이터형으로 바꾸어 주는 클래스이다.
- Abstract : Java 언어에서 추상 메소드를 한 개 이상 포함한 클래스로, 상속 시에 추상 메소드를 반드시 재정의해야 한다.
- Super : 상속 관계에서 상위 클래스이다.
- Sub : 상속 관계에서 하위 클래스이다.
- Final : 마지막으로 구현한다는 의미로 클래스를 제한할 때 사용한다.

## 02 추상 클래스(Abstract Class)

### 1) 추상 클래스의 개념

- 추상 메소드를 하나 이상 포함하는 클래스를 말하며, 실행 코드가 없는 추상 메소드를 포함하기 때문에 객체 변수의 생성자로 사용할 수 없다.
- 추상 메소드를 포함할 수 있지만, 반드시 포함해야 하는 것은 아니다.
- 완전한 구현된 메소드와 추상 메소드를 모두 가질 수 있다.

> ✔ **개념 체크**
>
> 1 Java 클래스 중 (  )은(는) 상속 관계에서 상위 클래스이다.
>
> 1 super

## 2) 추상 메소드(Abstract Method)

- 자식 클래스에서 재정의해야만 사용할 수 있는 메소드를 의미한다.
- 선언만 있고 내부에 실행 코드가 없다.
- 객체를 직접 생성할 수 없으며, 다른 클래스에서 상속받아 사용해야 한다.
- 다중 상속을 지원하지 않는다. Java에서는 단일 상속만을 지원한다.

## 3) 추상 메소드의 재정의

- 추상 메소드의 상속 관계에서 부모 클래스가 자식 클래스에게 주는 구현 의무를 말한다.
- 부모 클래스와 상속 관계에 있다면 반드시 부모 클래스의 추상 메소드를 재정의해야 프로그램에 오류가 발생하지 않는다.

## 4) 클래스의 형 변환(다형성)

재정의한 메소드를 부모 클래스의 객체 변수를 통해 사용하려면 부모 클래스의 객체 변수를 선언할 때 자식 클래스의 생성자를 이용하는 것을 의미한다.

---

# 이론을 확인하는 기출문제

## 01 객체에 대한 설명으로 틀린 것은?

① 객체는 상태, 동작, 고유 식별자를 가진 모든 것이라 할 수 있다.
② 객체는 공통 속성을 공유하는 클래스들의 집합이다.
③ 객체는 필요한 자료 구조와 이에 수행되는 함수들을 가진 하나의 독립된 존재이다.
④ 객체의 상태는 속성값에 의해 정의된다.

**클래스(Class)**
- 공통된 속성과 연산(행위)을 갖는 객체의 집합을 정의한 것으로 일반적인 Type을 의미한다.
- 기본적인 사용자 정의 데이터형이며, 데이터를 추상화하는 단위이다.
- 구조적 기법에서의 단위 테스트(Unit Test)와 같은 개념이다.

## 02 추상 클래스와 추상 메소드에 대한 설명으로 옳은 것은?

① 추상 클래스는 객체를 직접 생성할 수 있는 클래스이다.
② 추상 클래스는 다중 상속을 지원한다.
③ 추상 클래스는 반드시 추상 메소드를 포함해야 한다.
④ 추상 클래스는 완전한 구현된 메소드와 추상 메소드를 모두 가질 수 있다.

추상 클래스는 추상 메소드를 포함할 수 있지만, 반드시 포함해야 하는 것은 아니다.

# Java 언어의 상속

▶ 합격 강의

## 01 상속(Inheritance) 23.3, 22.7, 22.3

• 클래스 상속이란 자식(Sub) class가 부모(Super) class의 속성(멤버 변수, 필드,
Field)과 메소드를 상속받는 것이다.
• 자식 class는 부모 class의 생성자와 private 요소를 제외한 모든 멤버를 상속받
는다.
• Java 언어에서 상속 시 사용하는 예약어는 'extends'이다.
• 부모 class의 메소드와 속성을 별도의 선언 없이 블록 안에 있는 것처럼 접근하여
사용한다.
• Java 언어에서는 단일 상속만 가능하다. 자식 class는 단 하나의 부모 class를 상
속받을 수 있다.
• Java 언어의 모든 class는 Object class를 상속받는다.
• 기본 구조

```
class 부모클래스명 {
    필드
    메소드
}
class 자식클래스명 extends 부모클래스명 {
}
```

• 예제

| 부모 Vehicle 클래스 정의(자동차의 공통적인 기능을 정의) | |
| --- | --- |
| ```class Vehicle {     protected String brand;     public Vehicle(String brand) {         this.brand = brand;     }     public void start() {         System.out.println(brand + "가 출발");     }     public void stop() {         System.out.println(brand + "가 정지");     } }``` | • Vehicle 클래스는 자동차를 나타내는 부모 클래스 • brand 멤버 변수는 자동차의 브랜드 • Vehicle 클래스의 생성자는 brand 값을 매개 변수로 받아 초기화 • start() 메소드는 자동차 출발 메시지 출력 • stop() 메소드는 자동차 정지 메시지 출력 |

**🅑 기적의 TIP**

객체지향 개발 도구에서 상
속을 학습합니다. Java에서
사용되는 상속, 오버로딩, 오
버라이딩 등의 개념과 표현
방법을 예제를 통해 이해하
도록 하세요. 본 섹션은 필기
뿐 아니라 실기에도 종종 출
제되는 부분이니 꼭 정리하
세요.

**부모 class**
= 상위 class
= 슈퍼 class
= 기본 class

**자식 class**
= 하위 class
= 서브 class
= 파생 class

**결과**
BMW가 출발
BMW 자율주행 ON
BMW가 정지

**✅ 개념 체크**

1 Java 언어에서 상속 시 사
용하는 예약어는 ( )(이)
다.

1 extends

### 자식 Car 클래스 정의(자동차의 공통 기능을 상속받고 자동차의 개별 기능을 정의)

| | |
|---|---|
| ```java<br>class Car extends Vehicle { // Vehicle 클래스를 상속받는 자식 클래스<br>    private int numOfSeats;<br>    public Car(String brand, int nu-<br>    mOfSeats) {<br>        super(brand);<br>        this.numOfSeats = numOfSeats;<br>    }<br>    public void autodr() {<br>        System.out.println(brand + "<br>자율주행 ON");<br>    }<br>}<br>``` | • numOfSeats 멤버 변수는 자동차의 좌석 수를 저장<br>• Car 클래스의 생성자는 brand와 numOfSeats 값을 매개 변수로 받아 초기화<br>• autodr() 메소드는 자동차가 자율주행 기능을 하고 있을 때 출력되는 메시지를 출력 |

### 클래스 선언 정의(실행 클래스)

| | |
|---|---|
| ```java<br>public class InheritanceExample {<br>    public static void main(String[]<br>args) { // 메인 클래스로, 프로그램의 실행 진입점<br>        Car car = new Car("BMW", 5);<br>        car.start();<br>        car.autodr();<br>        car.stop();<br>    }<br>}<br>``` | • main() 메소드에서 Car 클래스의 자식 객체 car를 생성<br>• 브랜드는 "BMW"이고 좌석 수는 5로 초기화<br>• car.start()를 호출하여 자동차가 출발할 때 출력되는 메시지 출력<br>• car.autodr()를 호출하여 자동차가 자율주행할 수 있을 때 출력되는 메시지 출력<br>• car.stop()을 호출하여 자동차가 정지할 때 출력되는 메시지 출력 |

## 02 메소드 오버라이딩(Overriding, 재정의) 24.5, 22.4, 22.7

- 메소드 오버라이딩은 클래스 상속 상황에서 부모 class의 멤버를 자식 class에서 상속받았지만, 자식 class에서 해당 멤버의 내용을 수정하여 자식 class 객체에 적용하는 것을 의미한다.
- 메소드 오버라이딩은 부모 class의 정의에는 영향을 주지 않는다. 부모 class로부터 상속받은 자식 class의 메소드 멤버를 재정의하는 다형성을 오버라이딩이라고 한다.
- 예제

- 메소드 오버로딩(Overloading) : 메소드를 과적한다는 의미이다.
- 메소드 오버라이딩(Overriding) : 상속 관계에서 사용되며 상위 선언 메소드를 하위 클래스에서 무시한다는 의미이다.

**결과**
홍길동, Good Night

✅ **개념 체크**

1 메소드 (    )은(는) 클래스 상속 상황에서 부모 class의 멤버를 자식 class에서 상속받았지만, 자식 class에서 해당 멤버의 내용을 재정의하여 사용하는 것을 말한다.

1 오버라이딩

### 부모 Person 클래스 정의

| | |
|---|---|
| ```java<br>class Person {<br>    String name = "홍길동";<br>    void sleep() {<br>        System.out.println("SLEEP");<br>    }<br>}<br>``` | • Person 클래스는 name이라는 문자열 멤버 변수와 sleep() 메소드를 가지고 있음<br>• name 멤버 변수 "홍길동"으로 초기화<br>• sleep() 메소드는 "SLEEP"이라는 메시지를 출력 |

| 자식 Student 클래스 정의 | |
|---|---|
| ```<br>class Student extends Person {<br>  void sleep() {  └─ Person 클래스를 상속받는<br>            자식 클래스<br>    System.out.println("Good Night");<br>  }<br>}<br>``` | • sleep() 메소드를 오버라이딩 하여 부모 클래스의 sleep() 메소드를 재정의<br>• sleep() 메소드는 "Good Night"이라는 메시지를 출력 |

| Text 클래스 정의(실행 클래스) | |
|---|---|
| ```<br>public class Text {<br>  public static void main(String[ ] args) {<br>    Student std = new Student();<br>    System.out.print(std.name + ",");<br>    std.sleep();<br>  }<br>}<br>``` | • 프로그램의 실행 진입점<br>• main() 메소드에서 Student 클래스의 객체 std를 생성<br>• std.name을 출력. std 객체는 Student 클래스의 멤버 변수 name을 상속받았으므로 "홍길동"이 출력<br>• std.sleep()을 호출하여 Student 클래스에서 오버라이딩 된 sleep() 메소드가 실행. "Good Night"이 출력 |

## 03 오버로딩(Overloading, 중복 정의)
└─ 과적, 과부하

### 1) 오버로딩의 개념

- 한 클래스 내에서 같은 이름의 메소드를 사용하는 것이다.
- 같은 이름의 메소드를 여러 개 정의하면서 매개 변수의 유형과 개수가 달라지도록 하는 기술이다.
- 메소드의 이름을 일관성 있게 유지하면서 다양한 매개 변수를 처리하는 데 사용된다.
- 코드의 가독성과 편의성을 높일 수 있으며, 다양한 입력을 처리하는 유연성을 제공한다.

### 2) 오버로딩 활용

#### ① 다양한 입력을 처리

- 메소드 이름은 동일하게 유지하면서 다양한 매개 변수를 처리하기 위해 사용된다.
- 예를 들어, add() 메소드로 정수, 실수, 문자열 등 다양한 타입의 데이터를 더할 수 있다.

#### ② 코드 가독성과 편의성

비슷한 기능을 수행하는 메소드들을 동일한 이름으로 그룹화하면 코드의 가독성을 높이고, 메소드 사용의 편의성을 제공한다.

#### ③ 메소드 이름 일관성

연관된 작업을 수행하는 메소드들이 동일한 이름을 가지면서도 서로 다른 매개 변수를 사용하여 메소드 이름을 일관성 있게 유지할 수 있다.

 개념 체크

1 오버라이딩은 한 클래스 내에서 같은 이름의 메소드를 사용하는 것이다. (O, X)

1 X

## 3) 오버로딩 vs 오버라이딩

| 구분 | 오버로딩(Overloading) | 오버라이딩(Overriding) |
|---|---|---|
| 정의 | 한 클래스에서 같은 이름의 메소드를 여러 개 정의 | 부모 클래스의 메소드를 자식 클래스에서 재정의 |
| 매개 변수 | 매개 변수의 개수, 타입, 순서가 다름 | 매개 변수의 개수, 타입, 순서가 부모와 동일 |
| 반환 타입 | 반환 타입은 오버로딩에 영향을 주지 않음 | 반환 타입은 오버라이딩에 영향을 주지 않음 |
| 상속 관계 | 상속 관계에 있는 클래스 간에도 오버로딩 가능 | 상속 관계에 있는 부모–자식 클래스 간에만 오버라이딩 가능 |
| 컴파일 시간 | 컴파일러가 메소드 호출을 구별하여 적절한 메소드 선택 | 컴파일러가 부모 클래스의 메소드를 무시하고 자식 클래스의 메소드를 선택 |
| 런타임 시간 | 컴파일 시에 정적 바인딩으로 처리되며, 오버로딩된 메소드는 컴파일 시에 결정됨 | 실행 시에 런타임 다형성으로 처리되며, 오버라이딩된 메소드는 객체의 실제 타입에 따라 결정됨 |

• 예제

### Calculator 클래스 정의

```java
public class Calculator {
    public int add(int num1, int num2) {
        return num1 + num2;
    }
```
• add 메소드를 정의
• 두 개의 정수 매개 변수를 받아서 덧셈 연산을 수행

```java
    public double add(double num1, double num2) {
        return num1 + num2;
    }
```
• add 메소드를 재정의 ── OverLoading
• 두 개의 실수 매개 변수를 받아서 덧셈 연산을 수행하고, 그 결과를 반환

```java
    public String add(String str1, String str2) {
        return str1 + str2;
    }
```
• add 메소드를 한 번 더 재정의
• 두 개의 문자열 매개 변수를 받아서 연결(concatenate) 연산을 수행하고, 그 결과를 반환

### main 메소드 정의

```java
    public static void main(String[] args) {
        Calculator calculator = new Calculator();
```
• 프로그램의 시작점
• Calculator 클래스의 인스턴스를 생성

```java
        int sum1 = calculator.add(2, 3);
        System.out.println("정수 덧셈 결과: " + sum1);
```
calculator 객체의 add 메소드를 호출하여 두 개의 정수를 더 하고, 그 결과를 sum1 변수에 저장하고, 그 결과를 출력

```java
        double sum2 = calculator.add(2.5, 3.5);
        System.out.println("실수 덧셈 결과: " + sum2);
```
calculator 객체의 add 메소드를 호출하여 두 개의 실수를 더 하고, 결과를 sum2 변수에 저장하고, 그 결과를 출력

| | |
|---|---|
| ```    String concatenatedString = cal-culator.add("Hello", " World!");     System.out.println("문자열 연결 결과: " + concatenatedString);``` | calculator 객체의 add 메소드를 호출하여 두 개의 문자열을 연결하고, 결과를 concatenatedString 변수에 저장하고, 결과를 출력 |
| ```    } }``` | main() 메소드의 끝을 표시하고, Calculator 클래스의 정의를 마침 |

## 이론을 확인하는 기출문제

**01** Java에서 하위 클래스에서 상위 클래스를 참조하기 위해 사용하는 명령어는?

① extends
② static
③ super
④ method

**Java 클래스 종류**
• Wrapper : Java 언어에서 기본 데이터형을 객체 데이터형으로 바꾸어 주는 클래스이다.
• Abstract : Java 언어에서 추상 메소드를 한 개 이상 포함한 클래스로, 상속 시에 추상 메소드를 반드시 재정의해야 한다.
• Super : 상속 관계에서 상위 클래스이다.
• Sub : 상속 관계에서 하위 클래스이다.
• Final : 마지막으로 구현한다는 의미로 클래스를 제한할 때 사용한다.

**02** Java 언어에서 상속 시 사용하는 예약어는?

① abstraction
② polymorphism
③ encapsulation
④ extends

상속 예약어는 extends이다.

**03** 객체지향 기법에서 상위 클래스의 메소드와 속성을 하위 클래스가 물려받는 것을 의미하는 것은?

① Abstraction
② Polymorphism
③ Encapsulation
④ Inheritance

상속성(Inheritance) : 상위 클래스의 모든 속성, 연산을 하위 클래스가 재정의 없이 물려받아 사용하는 것이다.

**04** 객체지향 개념에서 다형성과 관련한 설명으로 <u>틀린</u> 것은?

① 다형성은 현재 코드를 변경하지 않고 새로운 클래스를 쉽게 추가할 수 있게 한다.
② 다형성이란 여러 가지 형태를 가지고 있다는 의미로 여러 형태를 받아들일 수 있는 특징을 말한다.
③ 메소드 오버라이딩(Overriding)은 상위 클래스에서 정의한 일반 메소드의 구현을 하위 클래스에서 무시하고 재정의할 수 있다.
④ 메소드 오버로딩(Overloading)의 경우 매개 변수 타입은 동일하지만 메소드명을 다르게 함으로써 구현, 구분할 수 있다.

메소드 오버로딩의 경우 메소드명은 동일하지만 매개 변수 타입을 다르게 함으로써 구현, 구분할 수 있다.

# Java 예외 처리와 형 변환

▶ 합격 강의

🅑 기적의 TIP

Java에서 예외 처리를 위한 표현 방법을 예제를 통해 정리하세요.

## 01 예외 처리 23.3, 22.7, 22.3

### 1) 예외 처리의 개념

- 오동작이나 실행 시간 동안 발생하여 결과에 악영향을 미칠 수 있는 오류이다.
- 배열의 인덱스가 그 범위를 넘어서는 경우 발생하는 오류이다.
- 존재하지 않는 파일을 읽으려고 할 때 발생하는 오류이다.

### 2) 예외 처리 상황 24.5, 22.3

- 예외 상황에 대응하고 프로그램의 안정성과 신뢰성을 향상시키는 데 사용된다.
- 프로그램의 안정성과 예외 상황에 대한 명확한 처리를 지원한다.
- 개발자는 예외를 적절하게 처리하여 예외 상황에 대응하고, 코드의 가독성과 유지 보수성을 향상시킬 수 있다.
- 예제

결과
0으로 나눌 수 없습니다.
예외 처리 완료

|  |  |
|---|---|
| ```java
public class TryCatchFinallyExample {
    public static void main(String[]
args) {
``` | • TryCatchFinallyExample 클래스 선언<br>• main() 메소드 정의 |
| ```java
        try {
            int result = divide(10, 0);
                System.out.println("나눈
결과: " + result);
```<br>이때, 0으로 나누기 예외(ArithmeticException)가 발생 | 예외가 발생할 수 있는 코드<br>• try 블록 시작<br>• divide(10, 0) 메소드를 호출하여 10을 0으로 나누는 연산을 수행<br>• result 변수에 저장된 값을 출력<br>• 실행되지 않고, catch 블록으로 이동될 수 있음 |
| ```java
        } catch(ArithmeticException e)
{
            System.out.println("0으로 나눌
수 없습니다.");
``` | • catch 블록을 시작<br>• ArithmeticException 예외를 잡아서 처리<br>• "0으로 나눌 수 없습니다."라는 메시지를 출력 |
| ```java
        } finally {
            System.out.println("예외 처리
            완료");
        }
    }
``` | • finally 블록을 시작<br>• 예외 발생 여부와 상관없이 항상 실행되는 코드를 포함함<br>• "예외 처리 완료"라는 메시지 출력<br>• finally 블록을 종료 |
| ```java
    public static int divide(int div-
idend, int divisor) {
        return dividend / divisor;
    }
}
``` | • divide() 메소드를 선언<br>• dividend를 divisor로 나누기 수행<br>• dividend를 divisor로 나눈 결과를 반환<br>  (이때, 0으로 나누기 예외가 발생할 수 있음)<br>• divide() 메소드 종료 |
```

## 3) 예외 처리의 특징 <sup>22.7</sup>

### ① 예외 클래스 계층 구조
- 예외를 클래스로 표현하며, 모든 예외 클래스는 Throwable 클래스를 상속받는다.
- 예외 클래스들은 계층 구조를 형성하고, 다양한 예외 종류를 나타낼 수 있다.
- 예외 클래스는 Java 런타임 시스템 또는 사용자가 직접 정의할 수 있다.

### ② Checked 예외와 Unchecked 예외
- 예외를 두 가지 범주로 나눌 수 있다.
- Checked 예외는 Exception 클래스를 상속받는 예외로, 컴파일러가 예외 처리를 요구한다.
- Unchecked 예외는 RuntimeException 클래스를 상속받는 예외로, 컴파일러가 예외 처리를 강제하지 않는다.

### ③ try-catch-finally 블록
- try-catch-finally 구문을 사용하여 예외 처리를 수행한다.
- try 블록은 예외가 발생할 수 있는 코드를 포함한다.
- catch 블록은 예외를 처리하는 코드를 작성한다.
- finally 블록은 예외 발생 여부와 상관없이 항상 실행되는 코드를 포함한다.

### ④ 다중 catch 블록
- 다중 catch 블록을 사용하여 여러 예외를 처리할 수 있다.
- 각각 다른 종류의 예외에 대해 별도의 처리 로직을 제공하여 다양한 예외 상황에 대응할 수 있다.

### ⑤ throws 선언과 throw 문
- Java에서는 메소드 정의에 throws 절을 추가하여 해당 메소드에서 발생할 수 있는 예외를 명시할 수 있다.
- 또한, throw 문을 사용하여 예외를 직접 발생시킬 수 있다.

### ⑥ custom exception
   사용자가 직접 정의한 예외 클래스를 사용하여 예외를 발생시킬 수 있다.

### ⑦ 예외 처리의 계층적인 전파
- 예외가 발생하면 Java는 호출 스택을 따라 예외를 전파한다.
- 이전 호출자에서 예외를 처리하지 않으면, 예외는 상위 호출자로 전파되어 처리될 때까지 계속 전파된다.

---

**✓ 개념 체크**

1 Java에서는 예외를 (    ) 을(를) 통해 표현하고 관리 한다.

2 Java에서 다중 (    ) 블록 을 사용하여 여러 예외를 처 리할 수 있다.

1 클래스(class) 2 catch

## 02 형 변환(Casting)

- 부모 클래스의 구조를 가지면서 자식 클래스의 속성이나 메소드로 재정의하고 싶을 때 사용하는 기법이다.
- 만약 부모 클래스의 구조를 가져야 할 이유가 없다면, 부모 클래스를 상속받아 재정의하고 있는 자식 클래스의 구조로 객체 변수를 만들어 사용하면 된다.
  - 예 Super Chicken a = new Sub Chicken();
- 예제 1 : 형 변환의 예

**결과**

num1: 10
num2: 10.0
num3: 3.14
num4: 3
num5: 1000
num6: −24

| public class CastingExample { | CastingExample 클래스 선언 |
|---|---|
| public static void main(String[] args) { | main() 메소드 정의 |
| // 암시적 형 변환(자동 캐스팅)<br>int num1 = 10;<br>double num2 = num1;<br>System.out.println("num1: " + num1);<br>System.out.println("num2: " + num2); | • int 타입 변수 num1을 선언하고 10으로 초기화<br>• num1을 double 타입인 num2에 할당(암시적 형 변환)<br>• num1 출력<br>• num2 출력 |
| // 명시적 형 변환(강제 캐스팅)<br>double num3 = 3.14;<br>int num4 = (int) num3;<br>System.out.println("num3: " + num3);<br>System.out.println("num4: " + num4); | • double 타입 변수 num3를 선언하고 3.14로 초기화<br>• num3를 int 타입인 num4에 할당(명시적 형 변환)<br>• num3 출력<br>• num4 출력 |
| // 바람직하지 않은 형 변환<br>int num5 = 1000;<br>byte num6 = (byte) num5;<br>System.out.println("num5: " + num5);<br>System.out.println("num6: " + num6);<br>    }<br>} | • int 타입 변수 num5를 선언하고 1000으로 초기화<br>• num5를 byte 타입인 num6에 할당(명시적 형 변환, 값의 손실 발생)<br>• num5 출력<br>• num6 출력 |

• 예제 2 : 상속에서의 형 변환의 예

<table>
<tr>
<td>

```
class Animal {
    public void sound() {
        System.out.println("동물이 소리
를 내고 있습니다.");
    }
}
```

</td>
<td>

• Animal 클래스 정의
• 반환 값이 없는 sound() 메소드 정의
• "동물이 소리를 내고 있습니다."를 출력하는 기능 정의

</td>
</tr>
<tr>
<td>

```
class Cat extends Animal {
    public void sound() {
        System.out.println("고양이가 야
옹 소리를 내고 있습니다.");
    }
    public void scratch() {
        System.out.println("고양이가 발
톱을 갈고 있습니다.");
    }
}
```
                        Animal 클래스의 기본 생성자를 호출하여
                        animal1 객체를 초기화

</td>
<td>

• Cat 클래스는 Animal 클래스를 상속
• sound 메소드 정의
• "고양이가 야옹 소리를 내고 있습니다."를 출력하는 기능 정의
• scratch() 메소드 정의
• Cat 클래스의 인스턴스에서 sound() 메소드를 호출하면 "고양이가 야옹 소리를 내고 있습니다."라는 문장이 출력
• scratch() 메소드를 호출하면 "고양이가 발톱을 갈고 있습니다."라는 문장이 출력

</td>
</tr>
<tr>
<td>

```
public class CastingExample {
    public static void main(String[]
args) {
        Animal animal1 = new Animal();
        Cat cat1 = new Cat();
```

</td>
<td>

• Animal 클래스의 인스턴스인 animal1 생성
• Cat 클래스의 인스턴스인 cat1 생성

</td>
</tr>
<tr>
<td>

        Cat 클래스의 기본 생성자를 호출하여
        cat1 객체를 초기화
```
        animal1.sound();
        cat1.sound();
```

</td>
<td>

• animal1 객체의 sound() 메소드를 호출하여 "동물이 소리를 내고 있습니다." 출력
• cat1 객체의 sound() 메소드를 호출하여 "고양이가 야옹 소리를 내고 있습니다." 출력

</td>
</tr>
<tr>
<td>

```
        Animal animal2 = cat1;
        animal2.sound();
        animal2.scratch();
```

</td>
<td>

• cat1 객체를 Animal 타입인 animal2 변수에 할당(암시적 형 변환이 발생)
• animal2는 Animal 클래스의 인스턴스지만, 실제로는 Cat 클래스의 인스턴스를 참조하고 있음
• animal2는 Animal 타입으로 선언되었기 때문에 scratch() 메소드에 접근할 수 없음(이 부분은 컴파일 오류가 발생함)

</td>
</tr>
<tr>
<td>

```
        Cat cat2 = (Cat) animal2;
        cat2.sound();
        cat2.scratch();
    }
}
```

</td>
<td>

• animal2 객체를 Cat 타입으로 명시적으로 형 변환하여 cat2 변수에 할당
• cat2.sound();: cat2 객체의 sound() 메소드를 호출하여 "고양이가 야옹 소리를 내고 있습니다."를 출력
• cat2.scratch();: cat2 객체의 scratch() 메소드를 호출하여 "고양이가 발톱을 갈고 있습니다."를 출력

</td>
</tr>
</table>

**결과**
동물이 소리를 내고 있습니다.
고양이가 야옹 소리를 내고 있습니다.
고양이가 야옹 소리를 내고 있습니다.
고양이가 야옹 소리를 내고 있습니다.
고양이가 발톱을 갈고 있습니다.

① **animal2.sound();**
animal2 객체의 sound() 메소드를 호출하여 "고양이가 야옹 소리를 내고 있습니다."를 출력한다. 암시적 형 변환으로 인해 animal2는 Cat 클래스의 인스턴스를 참조하므로, Cat 클래스의 sound() 메소드가 호출된다.

② **Cat cat2 = (Cat) animal2;**
명시적 형 변환을 통해 animal2 객체를 Cat 타입으로 변환한다.
③ **cat2.scratch();**
cat2는 Cat 클래스의 인스턴스이므로 Cat 클래스에서 정의된 모든 메소드에 접근할 수 있다.

**01** 다음 중 Java의 예외 처리 구문의 예약어가 <u>아닌</u> 것은?

① try
② catch
③ finally
④ extends

extends : Java에서 클래스 간의 상속 관계를 정의하는 데 사용된다.

**02** Java의 예외(exception)와 관련한 설명으로 틀린 것은?

① 문법 오류로 인해 발생한 것
② 오동작이나 결과에 악영향을 미칠 수 있는 실행 시간 동안에 발생한 오류
③ 배열의 인덱스가 그 범위를 넘어서는 경우 발생하는 오류
④ 존재하지 않는 파일을 읽으려고 하는 경우에 발생하는 오류

문법 오류는 컴파일 과정 중에 에러가 발생하여 프로그램의 정상적인 실행이 불가능하므로 실행 과정 중 발행하는 Java의 예외 조건에 부합하지 않는다.

**03** Java에서 예외 처리를 위해 사용되는 try, catch, finally 블록은 어떤 목적으로 사용되는가?

① 프로그램의 실행 흐름을 조작하기 위해 사용된다.
② 예외 발생 시 프로그램을 강제 종료시키기 위해 사용된다.
③ 예외 발생 시 발생한 예외를 캐치하고 처리하기 위해 사용된다.
④ 프로그램의 성능을 향상시키기 위해 사용된다.

Java에서 try, catch, finally 블록은 예외 발생 시 발생한 예외를 캐치하고 처리하기 위해 사용된다.

**04** Java에서 캐스팅(Casting)이란?

① 객체의 내용을 복제하여 새로운 객체를 생성하는 작업이다.
② 메모리 내에서 객체의 위치를 변경하는 작업이다.
③ 데이터 형식을 다른 형식으로 변환하는 작업이다.
④ 객체의 크기를 변경하여 메모리 절약을 위한 작업이다.

캐스팅(Casting)이란 데이터 형식을 다른 형식으로 변환하는 작업이다.

정답 01 ④ 02 ① 03 ③ 04 ③

# CHAPTER 03

# Python 언어

Python은 어렵지 않은 프로그래밍 언어입니다. 앞서 학습한 C, Java보다 간결한 코딩이 가능합니다. 하지만 이런 차이가 수험생 입장에서는 더 학습해야 하는 부담으로 다가올 수 있다. 본서에 소개된 기본적인 Python의 표현 방법을 예제를 통해 학습하고, 기출문제를 통해 다지기를 하도록 하세요.

출제빈도

| SECTION 01 | 중 | 20% |
| SECTION 02 | 중 | 20% |
| SECTION 03 | 상 | 40% |
| SECTION 04 | 중 | 20% |

# 스크립트 언어

▶ 합격 강의

빈출 태그  스크립트 언어 종류 • PHP 연산자 • Python의 개요 • scrapy

---

**⑤ 기적의 TIP**

스크립트 언어와 Python의 기본 개념을 정리하세요.

---

PHP는 C언어를 기반으로 만들어진 언어이므로 연산자는 유사하다. 단, PHP는 다음과 같은 연산자를 추가로 사용한다.

• = = = → ! = =는 값만 같으면 참이지만 = = =는 데이터 타입까지 같아야만 참이 된다.
• != → !=는 값이 다르면 참이지만 != =는 데이터 타입까지 달라야 참이 된다.
• 〈 〉→ !=과 같은 연산자이다.
• and → &&와 같은 연산자이다.
• xor → XOR(^) 연산자이다.
• or → ||와 같은 연산자이다.
• @ → 오류 제어 연산자로 명령어가 정상이면 수행, 오류가 발생하면 수행하지 않게 하는 연산자이다.

---

**① 스크립트 언어(Script Language)**

## 1) 스크립트 언어의 개념

• 소스 코드를 컴파일 과정을 거치지 않고 실행할 수 있는 프로그래밍 언어이다.
• 스크립트 언어에 내장된 번역기로 번역되어 실행된다.
• 실행 단계에서 구문을 분석한다.

## 2) 스크립트 언어의 종류 <sup>20.6</sup>

### ① 서버 측 스크립트 언어

| ASP (Active Server Page) | 서버 측에서 동적으로 수행되는 페이지를 만들기 위한 언어로 Windows 계열의 운영체제에서 실행할 수 있다. | | |
|---|---|---|---|
| JSP (Java Server Page) | Java를 기반으로 하고 서버 측에서 동적으로 수행하는 페이지를 만드는 언어이다. | | |
| PHP (Professional Hypertext Preprocessor) | • 소스 코드가 HTML 파일에 포함되는 언어이다.<br>• 데이터베이스와의 연동이 매우 용이하다.<br>• Linux, UNIX, Windows 등의 다양한 운영체제에서 사용할 수 있다.<br>• PHP 연산자 20.9 | | |
| | 산술 연산자 | +, −, *, /, %, ** | |
| | 할당 연산자 | =, +=, −=, *=, /*, %= | |
| | 증가/감소 연산자 | ++, −− | |
| | 관계 연산자 | ==, ===, !=, 〈〉, !==, 〉, 〈, 〉=, 〈= | |
| | 논리 연산자 | and, or, xor, &&, ||, ! | |
| 파이썬 (Python) | • 인터프리터 방식의 객체지향 언어이다.<br>• 실행 시점에 데이터 타입을 결정하는 동적 타이핑 기능을 갖는다. | | |

### ② 클라이언트 측 스크립트 언어

| JavaScript | • HTML 문서에서 HTML이나 CSS로 표현하기 어렵거나 불가능한 작업을 수행하기 위해 개발되었다.<br>• 소스 코드가 HTML 문서에 포함되어 있다.<br>• 클래스가 존재하지 않으며 변수 선언도 필요 없다(ES5 버전부터 지원).<br>• 사용자의 웹 브라우저에서 직접 번역되고 실행된다. |
|---|---|
| VBScript | • 마이크로소프트가 개발한 액티브 스크립트 언어이다.<br>• VBScript의 구문은 비주얼 베이식(Visual Basic) 프로그래밍 언어를 일부 반영한다. |

---

**✓ 개념 체크**

1  ASP는 리눅스 계열의 운영체제에서 작동하는 스크립트 언어이다. (O, X)

1 X

---

## 02 Python의 개요

### 1) Python

#### ① Python의 개념 22.7, 21.8

- 1991년 귀도 반 로섬(Guido van Rossum)이 개발한 고급 프로그래밍 언어이다.
- 플랫폼에 독립적이고 인터프리터식, 객체지향적, 동적 타이핑(Dynamically Typed) 대화형 언어이다.
- 코드가 간결하고 알아보기 쉽고, 매우 쉬운 문법 구조로 초보자들도 쉽게 배울 수 있다.

#### ② Python 변수명 작성 규칙 23.8

- 영문 대소문자(A~Z, a~z), 숫자(0~9), '_'를 혼용하여 사용할 수 있다.
- 첫 글자는 영문자나 '_'로 시작해야 한다.
- 영문자는 대소문자를 구분한다.
- 공백을 포함할 수 없다.
- 예약어(Reserved Word)를 사용할 수 없다.

#### ③ Scrapy 22.3

- Python 기반의 웹크롤러 프레임워크이다.
- 가볍고 빠르고 확장성이 좋다.

### 2) Python 표준 라이브러리

- 라이브러리를 사용하려면 'import random'과 같이 선언하고, 사용할 때는 마침표(.)로 구분하여 'random.choice()'와 같이 사용한다.
- Java는 표준 라이브러리에 여러 패키지가 포함되어 있으나, Python의 표준 라이브러리는 하나의 패키지만 존재한다.
- 라이브러리를 사용할 때 패키지가 아닌 각 클래스를 호출하여 사용한다.

| 클래스 | 기능 |
| --- | --- |
| os | • 운영체제와 상호 작용하기 위한 기능 제공<br>• getcwd(), chdir(), system() |
| re | • 고급 문자열 처리를 위한 기능 제공<br>• findall(), sub() |
| datetime | • 날짜, 시간 조작을 위한 기능 제공<br>• today(), date(), strftime() |
| math | • 복잡한 수학 연산을 위한 기능 제공<br>• cos(), log() |
| random | • 무작위 선택을 위한 기능 제공<br>• choice(), sample(), random(), randrange() |
| statistics | • 통계값 산출을 위한 기능 제공<br>• mean(), median(), variance() |
| 내장 함수 | • Python에 기본적인 인터페이스로 import 문이나 클래스명 없이도 사용 가능<br>• abs(), slice(), pow(), print() |
| sys | Python 인터프리터와 관련된 기능 제공 |

**그 외 Python 라이브러리**
- json : JSON 데이터의 인코딩과 디코딩을 위한 함수 제공
- urllib : URL을 통한 웹 요청을 처리하는 함수와 클래스 제공
- csv : CSV 파일 형식으로 데이터를 읽고 쓰기 위한 기능 제공
- sqlite3: SQLite 데이터베이스를 사용하기 위한 함수와 클래스 제공
- socket : 네트워크 통신을 위한 소켓 프로그래밍 기능 제공
- multiprocessing : 병렬 처리를 위한 프로세스 기반의 기능 제공
- threading : 스레드 기반의 병렬 처리를 위한 기능 제공
- email : 이메일 관련 작업을 위한 클래스와 함수 제공
- logging : 로깅을 위한 유연하고 확장 가능한 기능 제공

**✓ 개념 체크**

1 1991년 귀도 반 로섬이 개발한 고급 프로그래밍 언어로, 플랫폼에 독립적이고 인터프리터식, 객체지향적, 동적 타이핑의 특성을 갖는 대화형 언어는?

1 Python

**01** PHP에서 사용 가능한 연산자가 <u>아닌</u> 것은?

① @

② #

③ 〈 〉

④ ===

---

**PHP 연산자**
- 산술 연산자 : +, −, *, /, %, **
- 할당 연산자 : =, +=, −=, *=, /=, %=
- 증가/감소 연산자 : ++, − −
- 관계 연산자 : ==, ===, !=, 〈〉, !==, 〉, 〉=, 〈=, 〈=〉
- 논리 연산자 : and, or, xor, &&, ||, !
- 오류 제어 연산자 : @

**02** 스크립트 언어가 <u>아닌</u> 것은?

① PHP

② Cobol

③ Basic

④ Python

---

- 서버 측 스크립트 언어 : JSP, ASP, PHP, Python
- 클라이언트 측 스크립트 언어 : JavaScript, VBScript

**03** 귀도 반 로섬(Guido van Rossum)이 발표한 언어로 인터프리터 방식이자 객체지향적이며, 배우기 쉽고 이식성이 좋은 것이 특징인 스크립트 언어는?

① C++

② Java

③ C#

④ Python

---

**파이썬의 개요**
- 1991년 귀도 반 로섬(Guido van Rossum)이 개발한 고급 프로그래밍 언어이다.
- 플랫폼에 독립적이고 인터프리터식, 객체지향적, 동적 타이핑 대화형 언어이다. 매우 쉬운 문법 구조로 초보자들도 쉽게 배울 수 있다.

**04** Python 기반의 웹 크롤링(Web Crawling) 프레임워크로 옳은 것은?

① Li−fi

② Scrapy

③ CrawlCat

④ SBAS

---

Scrapy는 Python 기반의 웹크롤러 프레임워크로, 가볍고 빠르고 확장성이 좋다.

**05** Python 프로그래밍 언어의 주요 특징 중 어떤 특징이 "가독성을 강조한다"는 내용을 포함하고 있는가?

① 동적 타이핑(Dynamic Typing)을 지원한다.

② 고성능 라이브러리를 제공한다.

③ GIL(Global Interpreter Lock)을 가지고 있다.

④ "인간다운 언어"로 코드 작성이 용이하다.

---

파이썬은 사람이 생각하는 방식을 그대로 표현할 수 있는 언어이므로, 파이썬을 모르더라도 직관적으로 그 뜻을 파악할 수 있다.

빈출 태그 리스트 · 튜플 · 딕셔너리

## 01 Python의 자료형 22.4

### 1) 숫자형(Numeric Types)

| 정수형(int) | • 정수 값을 나타내는 자료형이다.<br>• 예 1, 100, −100 등 |
|---|---|
| 실수형(float) | • 실수 값을 나타내는 자료형이다.<br>• 소수점을 가지는 숫자를 표현할 수 있다.<br>• 예 3.14, 2.5, −0.32 등 |
| 복소수형(complex) | • 복소수 값을 나타내는 자료형이다.<br>• 실수부와 허수부로 구성되며, "실수부 + 허수부j" 형태로 표현된다.<br>• 예 2 + 4j, −1.5 + 2j 등 |

### 2) 시퀀스형(Sequence Types)

| 문자열(str) | • 문자의 시퀀스로 이루어진 자료형이다.<br>• 작은따옴표(')나 큰따옴표("")로 감싸서 표현한다.<br>• 예 "Hello", 'World', "1234" 등 |
|---|---|
| 리스트(list) | • 여러 요소의 순서가 있는 변경 가능한 시퀀스이다.<br>• 대괄호([ ])로 표현하며, 요소들은 쉼표로 구분된다.<br>• 예 [1, 2, 3], ['apple', 'banana', 'orange'] 등 |
| 튜플(tuple) | • 여러 요소의 순서가 있는 변경 불가능한 시퀀스이다.<br>• 괄호(( )) 또는 괄호 없이 표현할 수 있다.<br>• 요소들은 쉼표로 구분된다.<br>• 예 (1, 2, 3), 'a', 'b', 'c' 등 |

### 3) 매핑형(Mapping Types)

| 딕셔너리(dict) | • 키−값(key−value) 쌍으로 구성된 자료형으로 중괄호({})를 사용한다.<br>• 각 쌍은 콜론(:)으로 구분된다.<br>• 사전형 데이터를 의미하며, Key와 Value를 1대 1로 대응시킨 형태로 하나의 Key에는 하나의 Value만이 대응된다.<br>• 리스트나 튜플처럼 순차적으로(Sequential) 해당 요솟값을 구하지 않고 Key를 통해 Value를 얻는다.<br>• 키값에 List, Set이 올 수 없고 키값은 중복될 수 없다.<br>• 예 {'name': 'John', 'age': 25} 등 |
|---|---|

### 🅱 기적의 TIP

Python의 기본 자료형과 표현 방식을 정리하세요.

**파이썬의 리스트 컴프리헨션(List Comprehension)**

[표현식 for 요소 in 반복 가능한 객체 if 조건]

• 표현식(Expression) : 각 요소에 대해 실행될 코드로서. 이 표현식의 결과가 새로운 리스트에 추가된다.
• 요소(Element) : 반복 가능한 객체(iterable)의 각 항목을 의미한다.
• 조건(Optional) : 선택적으로 요소를 필터링할 수 있는 조건이다. 이 조건이 참일 때만 해당 요소가 리스트에 포함된다.

### ✔ 개념 체크

1 Python의 자료형 중 여러 요소의 순서가 있고 변경이 불가능한 시퀀스는?

1 튜플

## 4) 집합형(Set Types)

| 집합(set) | • 고유한 요소들로 구성된 자료형이다. 중괄호({})를 사용하여 표현한다.<br>• 각 요소는 쉼표로 구분된다.<br>• 예 {1, 2, 3}, {'apple', 'banana', 'orange'} 등 |
|---|---|

## 5) 부울형(Boolean Type)

| 불리언(bool) | • 참(True) 또는 거짓(False) 값을 나타내는 자료형이다. 조건문이나 논리 연산에서 주로 사용된다.<br>• 예 True, False |
|---|---|

## 6) None형(None Type)

| None | • 값이 존재하지 않음을 나타내는 자료형이다.<br>• 주로 변수에 초깃값을 할당하지 않거나 함수에서 반환 값이 없을 때 사용된다. |
|---|---|

## 02 Python의 주요 자료형의 예

### 1) 딕셔너리(Dictionary) [22.3]

- 키-값 쌍(Pair)으로 이루어진 데이터 구조이다.
- 변경할 수 있는(Mutable) 데이터 구조이다.
  - 내부 요소를 추가, 수정, 삭제할 수 있다.
  - 데이터를 동적으로 관리하기에 적합하다.
- 유니크한 키(Key)와 값(Value)의 쌍으로 구성되어 있다.
  - 키는 유일해야 하며, 값은 키와 연결되어 있다.
  - 키를 사용하여 값을 검색하고 수정할 수 있다.
- 순서가 유지되지 않는다.
  - 내부 요소의 순서가 보장되지 않는다.
  - 인덱스를 사용하여 요소에 접근할 수 없다.
  - 슬라이싱도 지원하지 않는다.
- 다양한 데이터 유형을 지원한다.
  - 다양한 데이터 유형을 값으로 가질 수 있다.
  - 문자열, 숫자, 리스트, 튜플, 딕셔너리 등을 값으로 사용할 수 있다.
- 메모리 사용량이 많다.
  - 내부적으로 해시 테이블을 사용하며, 큰 데이터 세트에서 메모리 사용량이 매우 증가할 수 있다.
- 검색 및 수정 속도가 빠르다.
  - 해시 테이블을 사용하여 키를 기반으로 값을 빠르게 검색하고 수정할 수 있다.
  - 따라서 많은 양의 데이터를 효율적으로 처리하는 데 적합하다.

• 기본 구조

```
{Key1:Value1, Key2:Value2, Key3:Value3, ... }
```

• 예제

```
>>> dic = {'name':'park', 'phone':'01055554444', 'birth':'19861201' }
```

**dic 정보**

| Key | Value |
|-----|-------|
| name | park |
| phone | 01055554444 |
| birth | 19861201 |

## 2) 리스트(List) [24.7]

• **요소들의 순서가 있는 변경 가능한(Mutable) 데이터 구조이다.**
• 데이터를 저장하고 관리하는 데 유연성을 제공한다. 리스트는 데이터의 순서가 중요하거나, 데이터를 동적으로 변경해야 할 때 자주 활용된다.
• 순서가 있는 데이터 구조이다.
  - 리스트는 요소들을 순서대로 저장하며, 각 요소는 0부터 시작하는 인덱스를 가진다.
  - 이 순서는 리스트에 추가되는 순서를 유지한다.
• 변경할 수 있는(Mutable) 데이터 구조이다.
  - 리스트는 내부 요소를 추가, 수정, 삭제할 수 있다.
  - 데이터를 동적으로 관리하기에 적합하다.
• 다양한 데이터 유형을 지원한다.
  - 리스트는 다양한 데이터 유형을 요소로 가질 수 있다.
  - 숫자, 문자열, 또는 다른 리스트와 같은 다른 데이터 구조를 포함할 수 있다.
• 인덱스를 통한 접근과 슬라이싱이 가능하다.
  - 리스트는 각 요소에 대한 인덱스를 사용하여 접근할 수 있다.
  - 슬라이싱을 통해 리스트의 일부분을 추출할 수 있다.
• 메모리 사용량이 많지 않다.
  - 리스트는 요소들을 연속적으로 저장하므로, 메모리 사용량이 많지 않다.
  - 큰 데이터 세트에서 메모리 사용량이 리스트의 크기에 비례하여 증가할 수 있다.
• 다양한 내장 함수와 메소드 제공한다.
  - Python은 리스트를 다루기 위한 다양한 내장 함수와 메소드를 제공한다.
  - 이를 통해 리스트의 요소를 검색, 정렬, 수정, 추가, 삭제 등 다양한 작업을 수행할 수 있다.

✔ **개념 체크**

1 Python의 자료형 중 리스트는 요소들을 연속적으로 저장하므로, 메모리 사용량이 많다. (O, X)

1 X

- 기본 구조

```
[Value1, Value2, Value3....]
```

- 예제

리스트 요소의 번호는 0부터 시작한다.

| | |
|---|---|
| `animals = ['고양이', '개', '토끼', '코끼리']` | 리스트 생성 |

**출력**
고양이
토끼

| | |
|---|---|
| `print(animals[0])`<br>`print(animals[2])` | • 리스트 요소에 접근<br>• 리스트 요소 출력 |

**출력**
['고양이', '호랑이', '토끼', '코끼리']

| | |
|---|---|
| `animals[1] = '호랑이'`<br>`print(animals)` | 2번째 리스트 요소 수정 |

**출력**
4

| | |
|---|---|
| `print(len(animals))` | 리스트 길이 출력 |

**출력**
['고양이', '호랑이', '토끼', '코끼리', '사자']

| | |
|---|---|
| `animals.append('사자')`<br>`print(animals)` | • 리스트에 요소 추가<br>• 리스트 출력 |

**출력**
['고양이', '호랑이', '코끼리', '사자']

| | |
|---|---|
| `animals.remove('토끼')`<br>`print(animals)` | • 리스트에서 요소 제거<br>• 리스트 출력 |

**출력**
고양이
호랑이
코끼리
사자

| | |
|---|---|
| `for animal in animals:`<br>`    print(animal)` | • 리스트 순회(iteration)<br>• 리스트 출력 |

## 3) 집합(set)

- 고유한 요소들의 모음으로, 중복을 허용하지 않는 데이터 구조이다.
- 중복된 값을 제거하거나 고유한 값들을 관리해야 할 때 유용하게 사용된다.
- 집합 연산을 활용하여 데이터의 교집합, 합집합, 차집합 등을 계산할 수 있다.
- 고유한 요소들의 모음이다.
  - 집합은 중복된 값을 허용하지 않는다.
  - 집합에는 각 요소가 한 번씩만 포함된다.
- 변경할 수 있는(Mutable) 데이터 구조이다.
  - 집합은 내부 요소를 추가, 삭제할 수 있다.
  - 데이터를 동적으로 관리하기에 적합하다.
- 순서가 없는 데이터 구조이다.
  - 집합은 요소들의 순서를 보장하지 않는다.
  - 인덱스를 사용하여 요소에 접근할 수 없다.
  - 슬라이싱을 지원하지 않는다.
- 다양한 데이터 유형을 지원한다.
  - 집합은 다양한 데이터 유형을 요소로 가질 수 있다.
  - 숫자, 문자열, 튜플 등을 요소로 사용할 수 있다.

✔ **개념 체크**

1  Python의 자료형 중 집합은 고유한 요소들의 모음으로, 중복을 허용하지 않는 데이터 구조이다. (O, X)

10

- 집합 연산을 지원한다.
  - 집합은 수학적인 집합 연산을 지원한다.
  - 교집합, 합집합, 차집합 등의 연산을 쉽게 수행할 수 있다.
- 메모리 사용량이 많다.
  - 집합은 내부적으로 해시 테이블을 사용한다.
  - 큰 데이터 세트에서 메모리 사용량이 매우 증가할 수 있다.
- 기본 구조

```
{Value1, Value2, Value3....}
```

- 예제

| | |
|---|---|
| `names = {'John', 'Emily', 'Michael'}` | names 집합 생성 |

| | |
|---|---|
| `names.add('Jessica')`<br>`print(names)` | 집합에 요소 추가 |

**결과**
{John, Emily, Michael, Jessica}

| | |
|---|---|
| `names.remove('Emily')`<br>`print(names)` | 집합에서 요소 제거 |

**결과**
{John, Michael, Jessica}

| | |
|---|---|
| `names2 = {'Michael', 'Daniel', 'Sarah'}` | names2 집합 생성 |

| | |
|---|---|
| `intersection = names.intersection`<br>`(names2)`<br>`print(intersection)` | 교집합 |

**결과**
{Michael}

| | |
|---|---|
| `union = names.union(names2)`<br>`print(union)` | 합집합 |

**결과**
{John, Michael, Daniel, Jessica, Sarah}

| | |
|---|---|
| `difference = names.difference(names2)`<br>`print(difference)` | 차집합 |

**결과**
{John, Jessica}

## 4) 튜플(Tuple) [22.4]

- 시퀀스(Sequence) 데이터 타입에 해당하며 다양한 데이터 타입들을 주어진 순서에 따라 저장할 수 있으나 저장된 내용을 변경할 수 없다.
- '( )' 괄호로 묶어 표현한다.
- 값을 그룹화하는 데 사용할 수 있다.
- 튜플은 요소를 변경할 수 없는(Immutable) 데이터 구조이므로, 한 번 생성된 튜플의 요소를 변경하거나 추가할 수 없다.
- 튜플은 인덱스를 통해 요소에 접근하거나, 슬라이싱을 사용하여 튜플 일부분을 추출할 수 있다.

개념 체크

1 Python의 자료형 중 튜플은
( )(으)로 묶어 표현한다.

1 괄호 ( )

- 기본 구조

```
(Value1, Value2, Value3....)
```

- 예제

**결과**
(1, 2, 3, 4, 5)

```
numbers = (1, 2, 3, 4, 5)
print(numbers)
```
숫자로 이루어진 튜플

**결과**
('사과', '바나나', '딸기')

```
fruits = ('사과', '바나나', '딸기')
print(fruits)
```
문자열로 이루어진 튜플

**결과**
('홍길동', 30, '서울')

```
person = ('홍길동', 30, '서울')
print(person)
```
혼합 데이터 유형으로 이루어진 튜플

- 슬라이싱 예제

```
my_tuple = (1, 2, 3, 4, 5, 6, 7, 8, 9,
10)
```
my_tuple 튜플 생성

**결과**
(3, 4, 5, 6)

```
part_tuple = my_tuple[2:6]
print(part_tuple)
```
인덱스 2부터 5까지의 부분 튜플 추출

**결과**
(2, 3, 4, 5, 6, 7, 8, 9, 10)

```
part_tuple = my_tuple[1:]
print(part_tuple)
```
인덱스 1부터 끝까지의 부분 튜플 추출

**결과**
(1, 3, 5, 7, 9)

```
part_tuple = my_tuple[0:9:2]
print(part_tuple)
```
인덱스 0부터 8까지 2의 간격으로 요소를 추출하는 부분 튜플

➕ **더 알기 TIP**

### 튜플, 딕셔너리, 리스트, 집합 비교

| 특성 | 튜플(Tuple) | 딕셔너리(Dictionary) | 리스트(List) | 집합(Set) |
|------|-------------|----------------------|--------------|-----------|
| 데이터 | 변경 불가능 (Immutable) | 키-값 쌍 (Pair) | 변경 가능 (Mutable) | 변경 가능 (Mutable) |
| 예시 | (1, 2, 3) | {'이름': '홍길동', '나이': 30, '도시': '서울'} | [1, 2, 3] | {1, 2, 3} |
| 순서 | 있음 | 있음 | 있음 | 없음 |
| 수정 | 불가 | 가능 | 가능 | 가능 |
| 중복 허용 | 허용 | 허용 | 허용 | 허용되지 않음 |
| 인덱싱/슬라이싱 | 가능 | 불가능 | 가능 | 불가능 |
| 변환 | tuple() 함수 | dict() 함수 | list() 함수 | set() 함수 |
| 활용 | 값의 그룹화, 함수의 인수 | 키와 값의 그룹화, 데이터 조회 | 값의 그룹화, 목록, 함수의 인수 | 중복 제거, 고유한 값의 그룹화 |

 **개념 체크**

1 Python 자료형 중 집합은 순서가 있다. (O, X)

1 X

**01** Python 데이터 타입 중 시퀀스(Sequence) 데이터 타입에 해당하며 다양한 데이터 타입들을 주어진 순서에 따라 저장할 수 있으나 저장된 내용을 변경할 수 없는 것은?

① 복소수(Complex) 타입
② 리스트(List) 타입
③ 사전(Dict) 타입
④ 튜플(Tuple) 타입

........................

튜플(Tuple) : ( ) 소괄호로 표현한다. 리스트와 유사하지만 수정, 삭제, 추가를 할 수 없다.

**02** 다음 Python 프로그램이 실행되었을 때, 실행 결과는?

```
a = 100
list_data = ['a', 'b', 'c']
dict_data = {'a' : 90, 'b' : 95}
print(list_data[0])
print(dict_data['a'])
```

① a
  90
② 100
  90
③ 100
  100
④ a
  a

........................

**Python의 리스트와 딕셔너리**
• 리스트 객체 : [요소1, 요소2, … ]
• 딕셔너리 객체 : { 'key1' : 'value1', 'key2' : 'value2', … }
• print(list_data[0]) : list_data[0]의 슬라이싱 연산을 통해 리스트 객체의 0번째 요소를 추출하여 출력한다. → a
• print(dict_data['a']) : dict_data['a']는 딕셔너리의 키 'a'에 대응하는 값을 추출하여 출력한다. → 90

**03** Python의 리스트(List)와 튜플(Tuple)의 차이점은?

① 리스트는 변경 가능(Mutable)하며, 튜플은 변경 불가능(Immutable)하다.
② 리스트는 요소의 순서가 보장되지만, 튜플은 순서가 보장되지 않는다.
③ 리스트는 중복된 요소를 포함할 수 없지만, 튜플은 중복된 요소를 포함할 수 있다.
④ 리스트는 메모리 사용량이 튜플보다 적지만, 튜플은 더 빠른 연산이 가능하다.

........................

리스트는 변경 가능(Mutable)하며, 튜플은 변경 불가능(Immutable)하다.

**04** 다음 파이썬으로 구현되는 프로그램 실행 결과로 옳은 것은?

```
a = [1, 2, 3, 4, 5, 6, 7, 8, 9, 10,
11, 12, 13, 14, 15]
a[3:7:2] = 'd', 'f'
print(a[:8])
```

① [3, 'd', 4, 'f', 5, 6, 7]
② [3, 'd', 'f', 6, 7, 8]
③ [1, 2, 3, 'd', 5, 'f', 7, 8]
④ [1, 2, 3, 'd', 'f', 7, 8, 9]

........................

• a[3:7:2]는 리스트 a의 3번째 인덱스부터 7번째 인덱스(미포함)까지 2칸씩 건너뛸 때 값을 추출하는 슬라이싱 연산이다.
• = 연산자를 사용하여 추출된 값을 문자열 'd'와 'f'로 대체한다.
• print(a[:8])은 리스트 a의 0번째 인덱스부터 8번째 인덱스(미포함)까지 값을 출력한다.

정답 01 ④ 02 ① 03 ① 04 ③

# Python의 연산

▶ 합격 강의

**빈출 태그** 인덱싱 · 메소드 · 클래스 메소드 호출

**기적의 TIP**

앞 섹션과 이어 학습하도록
합니다. 출제 빈도는 낮지만,
실기시험과도 연결되니 기출
기준으로 본서에 제시된 예
제를 통해 Python 표현을 익
히도록 합니다.

## 01 문자열 처리

• 예제

```
string = 'Python Good'
```

| 시퀀스 | string | | | | | | | | | | |
|---|---|---|---|---|---|---|---|---|---|---|---|
| 인덱스 | 0 | 1 | 2 | 3 | 4 | 5 | 6 | 7 | 8 | 9 | 10 |
| 문자열 | P | y | t | h | o | n | | G | o | o | d |

### 1) 인덱싱 [22.3]

• 문자열의 각 문자에는 인덱스가 할당되며, 첫 번째 문자의 인덱스는 0이다.
• 문자열의 특정 위치에 있는 문자를 추출하기 위해 대괄호([])와 인덱스를 사용한다.

| 하나의 문자를 추출하려면 추출하려는 문자의 인덱스(0부터 시작)를 지정한다. | |
|---|---|
| s = string[1]<br>print(s)<br><br>결과 : y | s = string[10]<br>print(s)<br><br>결과 : d |
| **역순으로 맨 오른쪽의 인덱스는 −1이다.** | |
| s = string[-1]<br>print(s)<br><br>결과 : d | s = string[-6]<br>print(s)<br><br>결과 : n |

**개념 체크**

1  Python에서 문자열의 각 문
   자에는 인덱스가 할당되며,
   첫 번째 문자의 인덱스는 0
   이다. (O, X)

1 O

## 2) 슬라이싱

- 문자열의 부분 문자열을 추출하기 위해 슬라이싱을 사용한다.
- 슬라이싱은 인덱스 범위를 지정하여 추출한다.
- 시작 인덱스는 포함되고, 종료 인덱스는 포함되지 않는 범위를 지정한다.

| [:] 처음부터 끝까지 추출한다. | |
| --- | --- |
| ```s = string[:]<br>print(s)```<br><br>결과 : Python Good | |

| [x:] 인덱스 x부터 끝까지 추출한다. | |
| --- | --- |
| ```s = string[7:]<br>print(s)```<br><br>결과 : Good | ```s = string[-3:]<br>print(s)```<br><br>결과 : ood |

| [:y] 처음부터 인덱스 (y-1)까지 추출한다. | |
| --- | --- |
| ```s = string[:3]<br>print(s)```<br><br>결과 : Pyt | ```s = string[:-7]<br>print(s)```<br><br>결과 : Pyth |

| [x:y] 인덱스 x부터 (y-1)까지 추출한다. | |
| --- | --- |
| ```s = string[1:3]<br>print(s)```<br><br>결과 : yt | ```s = string[-1:-4]<br>print(s)```<br><br>결과 : " " |

| [x:y:z] 인덱스 x부터 (y-1)까지 z만큼 건너뛰면서 추출한다. | |
| --- | --- |
| ```s = string[1:8:2]<br>print(s)```<br><br>결과 : yhnG | ```s = string[:5:2]<br>print(s)```<br><br>결과 : Pto |

## 02 메소드(Method)

### 1) 개요

- 객체(Object)에 속한 함수(Function)이다.
- 객체의 타입에 따라 다양한 메소드★가 제공된다.
- 해당 객체의 특성과 기능을 나타낸다.
- 객체는 데이터와 해당 데이터를 처리하는 메소드로 구성된 개체이다.
- 객체는 메소드를 호출하는 대상 객체이다.
- 기본 구조

```
객체.메소드(인자)
```

★ 메소드
- 메소드는 객체에 대해 특정한 동작을 수행하거나 속성을 조작하는 함수이다.
- 메소드는 객체의 상태를 변경하거나, 객체에 대한 동작을 수행하며, 객체에 대한 정보를 반환할 수도 있다.

## 2) List 객체의 메소드

---

**append(): 리스트에 요소 추가**

```
fruits = ['사과', '바나나']
fruits.append('딸기')
print(fruits)
```

결과 : ['사과', '바나나', '딸기']

---

**extend(): 리스트에 다른 리스트의 모든 요소 추가**

```
fruits = ['사과', '바나나']
additional_fruits = ['딸기', '오렌지']
fruits.extend(additional_fruits)
print(fruits)
```

결과 : ['사과', '바나나', '딸기', '오렌지']

---

**insert(): 리스트의 특정 인덱스에 요소를 삽입**

```
fruits = ['사과', '바나나']
fruits.insert(1, '딸기')
print(fruits)
```

결과 : ['사과', '딸기', '바나나']

---

**remove(): 리스트에서 첫 번째로 나오는 특정 요소를 제거**

```
fruits = ['사과', '바나나', '딸기']
fruits.remove('바나나')
print(fruits)
```

결과 : ['사과', '딸기']

---

**pop(): 리스트에서 특정 인덱스의 요소를 제거하고 반환**

```
fruits = ['사과', '바나나', '딸기']
removed_fruit = fruits.pop(1)
print(removed_fruit)
print(fruits)
```

결과 : '바나나'
　　　['사과', '딸기']

---

**index(): 리스트에서 특정 요소의 첫 번째 인덱스를 반환**

```
fruits = ['사과', '바나나', '딸기']
index = fruits.index('바나나')
print(index)
```

결과 : 1

---

 **개념 체크**

1 Python의 리스트 객체에서
　( )은(는) 리스트에서 첫
　번째로 나오는 특정 요소를
　제거하는 메소드이다.

1 remove()

**sort(): 리스트의 요소를 오름차순으로 정렬**

```python
numbers = [5, 2, 7, 1]
numbers.sort()
print(numbers)
```

결과 : [1, 2, 5, 7]

**reverse(): 리스트의 순서를 역으로 뒤집기**

```python
fruits = ['사과', '바나나', '딸기']
fruits.reverse()
print(fruits)
```

결과 : ['딸기', '바나나', '사과']

## 3) Dictionary 객체의 메소드

**keys(): 딕셔너리의 모든 키(key)를 반환**

```python
person = {'name': 'John', 'age': 30, 'city': 'Seoul'}
keys = person.keys()
print(keys)
```

결과 : dict_keys(['name', 'age', 'city'])

**values(): 딕셔너리의 모든 값(value)을 반환**

```python
person = {'name': 'John', 'age': 30, 'city': 'Seoul'}
values = person.values()
print(values)
```

결과 : dict_values(['John', 30, 'Seoul'])

**items(): 딕셔너리의 모든 키-값 쌍을 반환**

```python
person = {'name': 'John', 'age': 30, 'city': 'Seoul'}
items = person.items()
print(items)
```

결과 : # dict_items([('name', 'John'), ('age', 30), ('city', 'Seoul')])

**get(): 지정된 키에 해당하는 값을 반환** ── 키가 존재하지 않는 경우 기본값(N/A)을 반환할 수도 있다.

```python
person = {'name': 'John', 'age': 30, 'city': 'Seoul'}
name = person.get('name')
print(name)
occupation = person.get('occupation', 'N/A')
print(occupation)
```

결과 : John
　　　 N/A

> **✓ 개념 체크**
>
> 1 Python의 리스트 객체에서
> (　　)은(는) 리스트의 요소
> 를 오름차순으로 정렬하는
> 메소드이다.
>
> 1 sort()

| pop(): 지정된 키에 해당하는 값을 제거하고 반환 |
| --- |

```
person = {'name': 'John', 'age': 30, 'city': 'Seoul'}
age = person.pop('age')
print(age)
print(person)
```

결과 : 30
      {'name': 'John', 'city': 'Seoul'}

| update(): 다른 딕셔너리나 키-값 쌍들로 현재 딕셔너리를 업데이트 |
| --- |

```
person = {'name': 'John', 'age': 30, 'city': 'Seoul'}
additional_info = {'occupation': 'Engineer', 'country': 'USA'}
person.update(additional_info)
print(person)
```

결과 : {'name': 'John', 'age': 30, 'city': 'Seoul', 'occupation': 'Engineer', 'country': 'USA'}

## 03 클래스 메소드 21.5

### 1) 클래스 메소드

- 클래스 메소드는 클래스에 속한 메소드로서, @classmethod 데코레이터를 사용하여 정의된다.
- 클래스 메소드는 첫 번째 매개 변수로 cls를 가지며, 해당 클래스의 인스턴스를 나타낸다.

### 2) 데코레이터

- 함수나 클래스를 수정하거나 감싸는 역할을 한다.
- 함수의 기능을 확장하거나 수정하는 데 사용되며, 코드의 재사용성과 가독성을 향상시키는 데 도움을 준다.
- 함수나 클래스 위에 @데코레이터명 형식으로 작성된다.
- 데코레이터 함수는 데코레이팅할 대상 함수나 클래스를 인자로 받아 수정하고 반환하는 역할을 한다.
- 데코레이터의 기능

| 함수 기능 확장 | • 사용하여 함수의 기능을 추가하거나 수정할 수 있다.<br>• 예 인자 유효성 검사, 로깅, 성능 측정 등의 작업을 함수에 적용할 수 있다. |
| --- | --- |
| 코드 재사용성 | • 공통적인 기능을 가진 코드를 여러 함수에 적용할 수 있다.<br>• 이를 통해 중복 코드를 피하고, 코드의 가독성과 유지보수성을 향상시킬 수 있다. |
| 인증과 권한 부여 | • 인증과 권한 부여를 구현할 수 있다.<br>• 함수나 클래스에 적용된 데코레이터는 사용자의 인증 여부를 확인하고, 필요한 권한을 확인하여 해당 기능을 실행하거나 거부할 수 있다. |
| 코드 간결성 | • 코드를 간결하고 읽기 쉽게 만들 수 있다.<br>• 함수의 기능을 외부에서 쉽게 파악할 수 있으며, 필요한 기능을 직접 호출하는 것보다 코드가 간결해진다. |

✔ 개념 체크

1 ( )은(는) 클래스에 속한 메소드로서, @class-method 데코레이터를 사용하여 정의된다.

1 클래스 메소드

## 3) 클래스 메소드 호출

- 클래스 메소드는 클래스 이름을 사용하여 호출할 수 있다.
- 인스턴스를 생성하지 않고도 호출할 수 있다.
- 클래스 이름 뒤에 점(.)을 붙이고 메소드 이름을 사용하여 호출한다.
- 클래스 메소드 내에서는 cls를 사용하여 클래스 자체에 접근할 수 있다.

## 4) 클래스 메소드의 사용 이유

- 클래스 메소드는 클래스 자체와 관련된 작업을 수행하고, 클래스 변수에 접근하여 조작할 수 있다.
- 인스턴스의 생성과 상관없이 클래스 자체에 대한 작업을 수행해야 할 때 유용하다.
- 클래스 메소드는 클래스 레벨에서 공유되므로, 클래스의 상태를 변경하거나 클래스의 특정 동작을 수행하는 데 사용될 수 있다.
- 예제

**결과**
클래스 메소드 호출

|  |  |
|---|---|
| `class MyClass:`<br>`    count = 0  # 클래스 변수` | • MyClass 클래스 정의<br>• count 클래스 변수 선언 ┌ 해당 클래스의 모든 인스턴스가<br>└ 공유하는 변수 |
| `    @classmethod`<br>`    def class_method(cls):`<br>`        cls.count += 1`<br>`        print("클래스 메소드 호출")` | • @classmethod 데코레이터를 사용하여 class_method()라는 클래스 메소드 정의<br>• 클래스 메소드는 첫 번째 매개 변수로 cls를 사용하며, 해당 클래스에 대한 접근 제공<br>• class_method() 내부에서는 cls.count += 1을 통해 클래스 변수인 count의 값을 1 증가시킴<br>• "클래스 메소드 호출"이라는 메시지 출력 |
| `MyClass.class_method()` | • MyClass.class_method()을 통해 클래스 메소드를 호출<br>• count 변수의 값이 1 증가하고 "클래스 메소드 호출"이 출력 |

## 04 인스턴스 메소드(Instance Method)

- 객체의 속성에서 접근하거나 수정하고, 객체의 상태를 변경하는 데 사용한다.
- 다른 객체에 영향이 없고 메소드를 호출한 해당 객체에만 영향을 준다.
- 메소드의 첫 번째 파라미터로 객체 자신을 의미하는 self를 사용한다.
- 호출 방법
  - 해당 클래스 안 : self.메소드명
  - 클래스 밖 : 객체.메소드명

**개념 체크**

1 클래스 메소드는 인스턴스를 꼭 생성해야 호출할 수 있다. (O, X)

1 X

## 05 정적 메소드(Static Method)

- 객체와 독립적이지만, 로직상 클래스 내에 포함되는 메소드이다.
- 클래스 내부에 정의되었지만 일반 함수와 다를 바 없다.
- 클래스와 연관성을 내포할 수 있다.
- @staticmethod 데코레이터를 사용한다.
- self 파라미터를 가지고 있지 않아서, 인스턴스 변수에 액세스가 불가능하다.
- 호출 방법
  - 클래스명.정적메소드명
  - 객체명.정적메소드명

## 이론을 확인하는 기출문제

**01** 다음 파이썬(Python) 프로그램이 실행되었을 때의 결과는?

```
class FourCal:
    def setdata(self, fir, sec):
        self.fir = fir
        self.sec = sec

    def add(self):
        result = self.fir + self.sec
        return result

a = FourCal()
a.setdata(4, 2)
print(a.add())
```

① 0(영)  　　　　　② 2
③ 4  　　　　　　　④ 6

---

**파이썬의 인스턴스 메소드 호출**
- 클래스 FourCal에 setdata() 메소드와 add() 메소드가 정의되어 있다.
- setdata(sel, fir, sec) 메소드 : 두 개의 매개 변수를 전달받아 객체 변수 fir와 sec에 각각 저장된다.
- add(sel) 메소드 : 객체 변수들의 덧셈을 수행 후 결과값을 반환한다.
- a = FourCal() 명령문을 통해 FourCal 클래스 형의 객체 a를 생성한다.
- 객체명.메소드 형태로 호출을 수행한다.
- a.setdata(4, 2)
  - 메소드 호출 시, 객체명을 통해 호출할 때는 self를 반드시 생략해서 호출한다. 4와 2의 값을 매개 변수로 전달하여 객체 a의 객체 변수를 fir를 4로 sec을 2로 저장한다.
- a.add()
  - add() 메소드 호출 후, 두 객체 변수를 덧셈한 결과 6을 반환받아 온다. print() 함수를 통해 콘솔에 출력한다.

**02** 다음은 사용자로부터 입력받은 문자열에서 처음과 끝의 3글자를 추출한 후 합쳐서 출력하는 파이썬 코드에서 ㉠에 들어갈 내용은?

```
string = input("7문자 이상 문자열을 입력하
시오:")
m = (      ㉠      )
print(m)
```

입력값 : Hello World
최종 출력 : Helrld

① string[1:3] + string[-3:]
② string[:3] + string[-3:-1]
③ string[0:3] + string[-3:]
④ string[0:] + string[:-1]

---

- 인덱스는 0부터 시작한다.
- 역순으로 맨 오른쪽의 인덱스는 -1, 그 앞은 -2, 그 앞은 -3이다.
- [x:y] : 인덱스 x부터 (y-1) 까지, 추출하므로 string[0:3]은 인덱스 0부터 2까지 'Hel'이 출력된다.
- [x:] : 인덱스 x부터 끝까지 추출하므로 string[-3:]은 인덱스 -3부터 끝까지 'rld'가 출력된다.
  - string[0:3] + string[-3:] : Helrld

# Python의 함수

**빈출 태그** 함수 정의 • range • elif • 함수 호출

---

## 01 Python의 함수와 매개 변수 전달

### 1) 함수(Function) 24.7, 23.8, 22.7, 21.5

- 재사용할 수 있는 코드 블록이다.
- 특정 작업을 수행하고 값을 반환할 수 있으며, 프로그램 내에서 코드의 구조화와 모듈화를 도와준다.
- 기본 구조

> **B 기적의 TIP**
>
> 본문에 소개된 함수 정의 방법과 함수 호출을 문제와 예제를 통해 학습하세요.

```
def 함수명(매개 변수):

    수행문장 1
    수행문장 2
    수행문장 3
         ⋮
    return 결과값
```

- 예제 1

| | |
|---|---|
| ```def greet(name):    greeting = "안녕하세요, " + name + "님!"    return greeting``` | • name 매개 변수를 갖는 greet 함수를 정의<br>• "안녕하세요, "와 name 변수의 값을 조합한 후 "님!" 문자열을 더하여 생성<br>• greeting 변수에 저장된 값 반환 |
| ```user_name = input("이름을 입력하세요: ")message = greet(user_name)print(message)```<br>사용자에게 "이름을 입력하세요: "라는 프롬프트가 표시된다. | • 사용자로부터 입력을 받아 user_name 변수에 저장<br>• greet 함수 호출하고, 사용자가 입력한 user_name 값을 인자로 전달하고 반환된 인사말을 message 변수에 저장<br>• message 변수에 저장된 인사말 출력 |

**결과**
이름을 입력하세요: Shin `Enter`
안녕하세요, Shin님!

- 예제 2

| | |
|---|---|
| ```def calculate_average(scores):    total = sum(scores)    average = total / len(scores)    return average``` | • scores 매개 변수를 갖는 calculate_average 함수 정의<br>• scores 리스트의 모든 요소 합하여 total 변수에 저장<br>• scores 리스트의 요소 수로 나누어 평균을 계산하여 average 변수에 저장<br>• 평균값 반환 |

**결과**
학생1 평균 성적: 86.6
학생1 학점: B
학생2 평균 성적: 76.6
학생2 학점: C

| | |
|---|---|
| ```<br>def determine_grade(score):<br>    if score >= 90:<br>        return 'A'<br>    elif score >= 80:<br>        return 'B'<br>    elif score >= 70:<br>        return 'C'<br>    elif score >= 60:<br>        return 'D'<br>    else:<br>        return 'F'<br>``` | • score라는 매개 변수를 갖는 determine_grade는 함수를 정의<br>• if ~ elif 함수를 이용하여 점수별 분기를 처리 |
| ```<br>student1_scores = [85, 92, 78, 90, 88]<br>student2_scores = [76, 80, 65, 92, 70]<br>``` | student1, student2의 점수 리스트 정의 |

**student1 계산 및 출력**

| | |
|---|---|
| ```<br>student1_average = calculate_average<br>(student1_scores)<br>student1_grade = determine_<br>grade(student1_average)<br>print("학생1 평균 성적:", student1_aver-<br>age)<br>print("학생1 학점:", student1_grade)<br>``` | • calculate_average 함수를 호출하여 학생1의 성적 리스트 student1_scores의 평균 성적을 계산하고, 그 값을 student1_average 변수에 저장<br>• determine_grade 함수를 호출하여 학생1의 평균 성적 student1_average에 대한 학점을 결정하고, 그 값을 student1_grade 변수에 저장<br>• "학생1 평균 성적:"과 student1_average 변수의 값을 출력<br>• "학생1 학점:"과 student1_grade 변수의 값을 출력 |

**student2 계산 및 출력**

| | |
|---|---|
| ```<br>student2_average = calculate_average<br>(student2_scores)<br>student2_grade = determine_<br>grade(student2_average)<br>print("학생2 평균 성적:", student2_aver-<br>age)<br>print("학생2 학점:", student2_grade)<br>``` | • calculate_average 함수를 호출하여 학생2의 성적 리스트 student2_scores의 평균 성적을 계산하고, 그 값을 student2_average 변수에 저장<br>• determine_grade 함수를 호출하여 학생2의 평균 성적 student2_average에 대한 학점을 결정하고, 그 값을 student2_grade 변수에 저장<br>• "학생2 평균 성적:"과 student2_average 변수의 값을 출력<br>• "학생2 학점:"과 student2_grade 변수의 값을 출력 |

• 예제 3

**결과**
10
20
10
40

| | |
|---|---|
| ```<br>a = 0<br>b = 0<br>``` | 전역 변수 a와 b를 선언하고 0으로 초기화 |
| ```<br>def func1():<br>    a = 10<br>    b = a<br>    return b<br>``` | • func1 함수 선언<br>• 함수 내에 지역변수 a를 10으로 초기화<br>• 함수 내에 지역변수 b에 a의 값 할당<br>• 함수의 반환 값으로 b 값을 반환 |
| ```<br>def func2():<br>    global a<br>    b = a<br>    return b<br>``` | • func2 함수 정의<br>• 전역 변수 a를 사용하기 위해 선언<br>• 지역 변수 b에 전역 변수 a의 값 할당<br>• 함수의 반환 값으로 b 값 반환 |

| | |
|---|---|
| ```
a = 20
b = 20
print(func1())
print(func2())
``` | • 전역 변수 a에 20할당<br>• 전역 변수 b에 20할당<br>• func1 함수를 호출하고 반환된 값 출력<br>• func2 함수를 호출하고 반환된 값 출력 |
| ```
a = a + 20
b = b + 20
print(func1())
print(func2())
``` | • 전역 변수 a(20)에 20을 더한 값 할당<br>• 전역 변수 b(20)에 20을 더한 값 할당<br>• func1 함수를 호출하고 반환된 값 출력<br>• func2 함수를 호출하고 반환된 값 출력 |

## 2) range() 함수 24.5, 24.3, 23.3, 21.8

for 반복문과 함께 많이 사용되는 함수로, 0부터 주어진 인수까지 인수를 포함하지 않는 연속된 정수를 리스트 객체로 반환하는 함수이다.

• 예제 1

결과<br>0<br>1<br>2<br>3<br>4

| | |
|---|---|
| ```
for i in range(5):
    print(i)
``` | range(5) : 0~4까지의 숫자를 생성<br>└── 주의 : 5미만 까지 |

• 예제 2

결과<br>1부터 10까지의 짝수 개수: 5

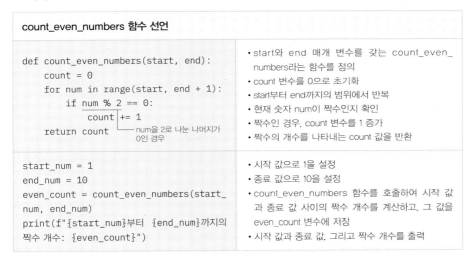

| count_even_numbers 함수 선언 | |
|---|---|
| ```
def count_even_numbers(start, end):
    count = 0
    for num in range(start, end + 1):
        if num % 2 == 0:
            count += 1
    return count
``` | • start와 end 매개 변수를 갖는 count_even_numbers라는 함수를 정의<br>• count 변수를 0으로 초기화<br>• start부터 end까지의 범위에서 반복<br>• 현재 숫자 num이 짝수인지 확인<br>• 짝수인 경우, count 변수를 1 증가<br>• 짝수의 개수를 나타내는 count 값을 반환 |
| ```
start_num = 1
end_num = 10
even_count = count_even_numbers(start_num, end_num)
print(f"{start_num}부터 {end_num}까지의 짝수 개수: {even_count}")
``` | • 시작 값으로 1을 설정<br>• 종료 값으로 10을 설정<br>• count_even_numbers 함수를 호출하여 시작 값과 종료 값 사이의 짝수 개수를 계산하고, 그 값을 even_count 변수에 저장<br>• 시작 값과 종료 값, 그리고 짝수 개수를 출력 |

## 3) Python의 if ~ elif ~ else 조건문 22.4

• 기본 구조

```
if 조건1:
    조건1이 True일 경우 실행문
elif 조건2:
    조건1일 False이고 조건2가 True일 경우 실행문
else
    조건1과 조건2가 모두 False일 경우 실행문
```

🅱 **기적의 TIP**

Chapter 4 – Section 2에서 분기문에 대해 자세히 다루게 됩니다.

✅ **개념 체크**

1 for 반복문과 함께 많이 사용되는 Python 함수로, 0부터 주어진 인수까지 인수를 포함하지 않는 연속된 정수를 리스트 객체로 반환하는 함수는?

1 range()
```

### 4) map, split 함수 <sup>24.7, 23.3</sup>

#### ① map 함수
- 주어진 함수를 순회 가능한(iterable) 객체의 모든 요소에 적용하여 새로운 이터레이터(iterator)를 반환하는 함수이다.
- 기본 구조

```
map(function, iterable)
```

- function : 적용할 함수. 순회할 수 있는 객체의 각 요소를 받아 처리한다.
- iterable : 순회할 수 있는 객체로 list, tuple, set, dict 등과 같은 여러 형태의 컬렉션을 포함한다.

#### ② split 함수
- 구분자(string을 delimiter)를 기준으로 분리한 후 분리된 각 부분을 원소로 가지는 리스트를 반환한다.
- 기본 구조

```
string.split(delimiter, maxsplit)
```

- 예제 : 사용자가 '12a34'를 입력했다고 가정한다.

```
a, b = map(int, input('문자열 입력 : ').split('a'))
print(a, b)
```

① input('문자열 입력 : ') : 사용자로부터 문자열을 입력받는 내장 함수이다. 입력 프롬프트로 "문자열 입력 : "을 출력하고, 사용자는 여기에 '12a34'를 입력한다.

② 입력받은 문자열 '12a34'을 split('a')를 사용하여 공백을 기준으로 분리한다. split() 함수는 문자열을 지정한 구분자를 기준으로 나누어 리스트로 반환한다. 'a'를 구분자로 사용하여 문자열을 분리한다. → 12   34

③ map(int, ...)는 분리된 문자열 리스트의 각 요소를 int() 함수를 통해 정수로 변환하는 내장 함수이다. map() 함수는 지정된 함수를 시퀀스(리스트, 튜플 등)의 모든 요소에 적용하고, 그 결과를 새로운 이터레이터로 반환한다. → 12   34

④ a, b = ...는 unpacking을 통해 map() 함수의 결과를 a와 b 변수에 각각 할당한다. 입력된 문자열을 정수로 변환한 값들이 순서대로 a와 b에 할당된다. → a = 12, b = 34

⑤ print(a, b)를 사용하여 a와 b 변수의 값을 출력한다. → 12   34

---

### 02 Python의 함수 호출과 매개 변수 전달

#### 1) Python의 함수 호출과 매개 변수 전달
- 다음 Python 예제에서 선언된 cs() 함수는 정수를 전달받아 0부터 정수까지의 합을 누적하여 반환하도록 정의되어 있다.
- 예제

```
def cs(n) :
  s=0
  for num in range(n+1) :
```

- print(cs(11)) 명령문을 통해 정수 11을 cs() 함수에 전달한 후 반환되는 값을 출력한다.

**개념 체크**

1 Python에서 string을 delimiter를 기준으로 분리한 후, 분리된 각 부분을 원소로 가지는 리스트를 반환하는 함수는?

1 split

```
    s+=num
  return s

print(cs(11))
```

- cs() 함수에 정수 11이 매개 변수 n에 전달된 후, for ~in 반복문을 통해 0부터 11까지의 num의 값을 s에 누적한다.
- s의 최종 결과 66은 반환되며 print() 함수를 통해 콘솔에 출력한다.

## 2) 변수의 범위 지정

### ① 개념

- Python에서는 전역 변수와 지역 변수를 사용할 수 있다.
- 전역 변수와 지역 변수의 이름 충돌을 피하기 위해 변수의 범위를 명확하게 지정하는 것이 중요하다.
- 전역 변수를 사용할 때는 함수 내에서 해당 변수를 global 키워드를 사용하여 명시적으로 선언해야 한다.
- 지역 변수는 함수 내에서 선언될 때 해당 함수의 범위에 한정되므로, 추가적인 선언 없이 사용할 수 있다.

### ② 전역 변수(Global Variables)

- 함수 외부에서 정의된 변수로서, 프로그램 전체에서 접근할 수 있는 변수이다.
- 함수 내에서 값을 변경할 수 있으며, 함수 외부에서도 변경된 값을 유지한다.
- 함수 내에서 선언하지 않고, 함수 외부에서 선언되거나 전역 영역에서 선언된다.
- 프로그램의 여러 부분에서 공유되므로, 사용에 주의해야 한다.
- 함수 내에서 global 키워드를 사용하여 전역 변수임을 명시해야 한다.
- global 변수명과 같은 형식으로 전역 변수를 참조하고 값을 변경할 수 있다.
- 함수 외부에서는 추가적인 선언 없이 전역 변수에 접근하고 사용할 수 있다.

### ③ 지역 변수(Local Variables) <sup>23.8</sup> ── 함수 내에서 선언하여 사용

- 함수 내부에서 정의된 변수로서, 함수 내부에서만 접근할 수 있는 변수이다.
- 함수가 호출될 때 생성되고, 함수가 종료될 때 소멸한다.
- 함수 내에서 선언되고, 해당 함수 내에서만 사용할 수 있다.
- 지역 변수와 동일한 이름의 전역 변수가 있다면, 함수 내에서 지역 변수가 먼저 사용된다.
- 함수 내에서 변수를 선언하면 해당 함수 내에서만 유효한 지역 변수가 된다.
- 함수 외부에서는 해당 함수의 지역 변수에 직접 접근할 수 없다.
- 예제

| | |
|---|---|
| `x = 10` | 전역 변수 선언 및 초기화 |
| ```def func():\n    y = 20\n      print("전역 변수  x:", globals()\n['x'])\n    print("지역 변수 y:", locals()['y'])\nfunc()``` | • func() 함수 선언<br>• 지역 변수 y 선언 및 초기화<br>• 전역 변수 x 출력<br>• 지역 변수 y 출력 |

✅ 개념 체크

1 Python에서는 전역 변수만 사용할 수 있다. (O, X)

2 전역 변수는 함수 내부에서 정의된 변수로서, 함수 내부에서만 접근할 수 있는 변수이다. (O, X)

1 X 2 X

**01** 다음 Python 프로그램이 실행되었을 때, 실행 결과는?

```
a = 0              a = 20
b = 0              b = 20
                   print(func1())
def func1():       print(func2())
    a = 10
    b = a          a = a + 20
    return b       b = b + 20
def func2():       print(func1())
    global a       print(func2())
    b = a
    return b
```

① 
```
10
20
10
40
```

② 
```
10
20
10
20
```

③ 
```
20
20
10
40
```

④ 
```
20
20
40
40
```

| a = 0<br>b = 0 | 전역 변수 a와 b를 선언하고 0으로 초기화 |
|---|---|
| def func1():<br>　a = 10<br>　b = a<br>　return b | • func1 함수 선언<br>• 함수 내에 지역 변수 a를 10으로 초기화<br>• 함수 내에 지역 변수 b에 a의 값 할당<br>• 함수의 반환값으로 b 값을 반환 |
| def func2():<br>　global a<br>　b = a<br>　return b | • func2 함수 정의<br>• a 변수를 전역 변수로 사용하기 위해 선언<br>• 지역 변수 b에 전역 변수 a의 값을 할당<br>• 함수의 반환 값으로 b 값을 반환 |
| a = 20<br>b = 20<br>print(func1())<br>print(func2()) | • 전역 변수 a에 20할당<br>• 전역 변수 b에 20할당<br>• func1 함수를 호출하고 반환된 값 10을 출력<br>• func2 함수를 호출하고 반환된 값 20을 출력 |
| a = a + 20<br>b = b + 20<br>print(func1())<br>print(func2()) | • 전역 변수 a(20)에 20을 더한 값을 할당<br>• 전역 변수 b(20)에 20을 더한 값을 할당<br>• func1 함수를 호출하고 반환된 값을 출력<br>• func2 함수를 호출하고 반환된 값을 출력 |

**02** 다음 Python 프로그램의 실행 결과가 [실행 결과]와 같을 때, 빈칸에 적합한 것은?

```
x = 20

if x == 10:
        print('10')
(        ) x == 20:
        print('20')
else:
        print('other')
```

[실행 결과]

```
20
```

① either　　　　② elif

③ else if　　　　④ else

**Python의 if~elif~else 조건문**

```
if 조건1:
    조건1이 True일 경우 실행문
elif 조건2:
    조건1일 False이고 조건2가 True일 경우 실행문
else
    조건1과 조건2가 모두 False일 경우 실행문
```

x는 20이므로 x == 2의 조건 판별 결과 True이므로 20이 출력된다.

**03** 다음 파이썬(Python) 프로그램이 실행되었을 때의 결과는?

```
def cs(n):
  s = 0
  for num in range(n+1):
    s += = num
  return s

print(cs(11))
```

① 45　　　② 55　　　③ 66　　　④ 78

**Python의 함수 호출과 매개 변수 전달**
• Python의 cs() 함수는 정수를 전달받아 0부터 정수까지의 합을 누적하여 반환하도록 정의되어 있다.
• print(cs(11)) 명령문을 통해 정수 11을 cs() 함수에 전달한 후 반환되는 값을 출력한다.
• cs() 함수에 정수 11이 매개 변수 n에 전달된 후, for ~in 반복문을 통해 0부터 11까지의 num의 값을 s에 누적한다.
• s의 최종 결과 66은 반환되며 print() 함수를 통해 콘솔에 출력한다.

CHAPTER

# 제어문과 반복문

**학습 방향**

C, Java, Python 함수에서 사용되는 제어문과 반복문을 모아 정리하였습니다. 각 언어 간 문법과 구조화 표현법을 정리하세요.

**출제빈도**

| | | |
|---|---|---|
| SECTION 01 | 상 | 50% |
| SECTION 02 | 상 | 50% |

▶ 합격 강의

빈출 태그 조건문 · 삼항 연산자

**01 조건문(C, Java, Python)** 22.9, 22.4, 22.3, 21.9, 22.4

### 1) if문의 기본 구조

```
if(조건식)
    조건식의 결과가 참일 때 실행하는 명령문;
```

### 2) if / else문의 기본 구조

```
if(조건식)
    조건식의 결과가 참일 때 실행하는 명령문;
else
    조건식의 결과가 거짓일 때 실행하는 명령문;
```

| C코드 | |
|---|---|
| #include <stdio.h> | 입력과 출력을 다루는 함수들을 포함 |
| int main() { | • C 프로그램의 시작을 알리는 main 함수<br>• int : 정수형 값 반환<br>• main 함수 : 인자를 받지 않으므로 ( ) 안은 비어있다. |
| int score; | 정수형 변수 score를 선언 |
| printf("학생의 성적을 입력하세요: "); | 화면에 "학생의 성적을 입력하세요: "를 출력 |
| scanf("%d", &score);<br>└─ 정수형 값을 입력받기 위한<br>형식 지정자 | • 사용자로부터 정수형 값을 입력받아 score 변수에 저장<br>• & : 변수의 주소를 나타내는 연산자<br>• &score : score 변수의 주소 |
| if (score >= 60) { | • if 문을 사용하여 조건을 판별<br>• score >= 60 : score가 60 이상인지를 판별 |
| printf("합격입니다.\n"); | score가 60 이상일 때, "합격입니다."를 출력 |
| } else { | else 키워드 : if 문의 조건이 거짓인 경우를 처리하는 블록의 시작을 알림 |
| printf("불합격입니다.\n"); | score가 60 미만인 경우, "불합격입니다."를 출력 |

| | |
|---|---|
| `    }` | 'else' 블록의 끝 |
| `    return 0;` | • 프로그램의 종료<br>• 0은 프로그램이 성공적으로 종료되었다는 것을 의미 |
| `}` | main() 함수의 끝 |

## Java 코드

| | | |
|---|---|---|
| `import java.util.Scanner;` | java.util.Scanner를 import하여 사용자의 입력을 받기 위한 Scanner 클래스를 가져옴 | **public static void main(String[] args)**<br>• Java 프로그램의 진입점(entry point)인 main() 메소드를 정의하는 부분이다.<br>• Java 프로그램이 실행될 때 처음으로 실행되는 메소드이다.<br><br>• public : main() 메소드가 다른 클래스에서 접근 가능하도록 공개된 접근 제한자이다.<br>• static : main() 메소드가 객체 생성 없이 직접 호출할 수 있는 정적(static) 메소드임을 나타낸다.<br>• void : main() 메소드가 반환하는 값의 타입이 없음을 나타낸다. 즉, main() 메소드는 반환 값이 없다.<br>• main : 메소드의 이름으로, 프로그램이 시작되는 지점을 나타낸다.<br>• String[] args : main() 메소드의 매개 변수로, 명령행 인수 (command-line arguments)를 전달할 수 있다. args는 String 배열로 선언되어 있으며, 프로그램 실행 시 전달된 인수들이 배열의 요소로 저장된다. |
| `public class Main {` | Main 클래스 선언 | |
| `    public static void main(String[] args) {`<br>Java 프로그램은 main() 메소드에서 시작되므로, main() 메소드가 있어야 함. | Main() 메소드 정의 | |
| `        Scanner scanner = new Scanner(System.in);`<br>System.in : 표준 입력 (커맨드 라인)을 나타냄 | Scanner 객체를 생성하여 사용자의 입력을 받기 위한 준비 | |
| `        System.out.print("학생의 성적을 입력하세요: ");` | "학생의 성적을 입력하세요: "를 출력 | |
| `        int score = scanner.nextInt();`<br>scanner.nextInt() : 사용자의 입력을 받아 정수로 변환하는 메소드 | 사용자로부터 정수형 성적을 입력받아 score 변수에 저장 | |
| `        if (score >= 60) {` | | |
| `            System.out.println("합격입니다.");`<br>System.out.println() : 화면에 텍스트를 출력하는 메소드 | | |
| `        } else {` | • score 변수가 60 이상인지를 판별<br>• score가 60 이상인 경우 "합격입니다."를 출력<br>• score가 60 미만인 경우 "불합격입니다."를 출력<br>• 프로그램 종료 | |
| `            System.out.println("불합격입니다.");`<br>`        }`<br>`    }`<br>`}` | | |

## Python 코드

| | |
|---|---|
| `score = int(input("학생의 성적을 입력하세요: "))` | • input() 함수를 이용하여 사용자가 입력한 값을 문자열로 반환<br>• int() 함수를 사용하여 입력받은 값을 정수형으로 변환<br>• 변환된 정수값은 score 변수에 저장 |
| `if score >= 60:` | |
| `    print("합격입니다.")` | • score가 60 이상인 경우 "합격입니다."를 출력<br>• score가 60 미만인 경우 "불합격입니다."를 출력 |
| `else:`<br>print() 함수 : 화면에 텍스트를 출력하는 함수 | |
| `    print("불합격입니다.")` | |

## 3) if / else if / else문의 기본 구조 22.4

### C, Java 코드

```
if(조건식1)
    조건식1의 결과가 참일 때  실행하는 명령문;
else if(조건식2)
    조건식1이 거짓이고 조건식2의 결과가 참일 때  실행하는 명령문;
else
    조건식1과 조건식2의 결과가 거짓일 때  실행하는 명령문;
```

### Python 코드

```
if 조건식1:
    조건식1이 참일 경우 실행문
elif 조건식2:
    조건식1이 거짓이고 조건식2가 참일 경우 실행문
else
    조건식1과 조건식2가 모두 거짓일 경우 실행문
```

### C 코드

| | |
|---|---|
| `#include <stdio.h>`<br>`int main() {`<br>`    int score;` | • 〈stdio.h〉 헤더 파일을 포함<br>• C 프로그램의 시작을 알리는 main() 함수<br>  정수형 변수 score를 선언 |
| `    printf("학생의 성적을 입력하세요: ");`<br>`    scanf("%d", &score);` | • "학생의 성적을 입력하세요: "라는 메시지를 출력<br>• 사용자로부터 정수형 값을 입력받아 score 변수에<br>  저장 |
| `    if (score >= 90) {`<br>`        printf("A\n");`<br>`    } else if (score >= 80) {`<br>`        printf("B\n");`<br>`    } else if (score >= 60) {`<br>`        printf("C\n");`<br>`    } else {`<br>`        printf("F\n");`<br>`    }` | • score가 90 이상인지를 검사한다. 조건이 참인 경<br>  우 "A"를 출력<br>• else if 문은 첫 번째 조건이 거짓이고 score가 80<br>  이상인지를 검사한다. 조건이 참인 경우 "B"를 출력<br>• 다음 else if 문은 두 번째 조건이 거짓이고 score가<br>  60 이상인지를 검사한다. 조건이 참인 경우 "C"를<br>  출력<br>• 모든 조건이 거짓인 경우 else 블록이 실행되어 "F"<br>  를 출력 |
| `    return 0;`     프로그램이 성공적으로<br>`}`      종료되었다는 것을 의미 | return 0; : 프로그램의 종료 |

## Java 코드

| | |
|---|---|
| ```java<br>import java.util.Scanner;<br>public class Main {<br>    public static void main(String[]<br>args) {<br>        Scanner scanner = new Scanner<br>        (System.in);<br>```<br>       —— 표준 입력(커맨드 라인)을 나타냄 | • java.util.Scanner를 import하여 사용자의 입력을 받기 위한 Scanner 클래스를 가져옴<br>• Main 클래스를 선언<br>• Java 프로그램은 main() 메소드에서 시작되므로, main() 메소드가 있어야 함<br>• Scanner 객체를 생성하여 사용자의 입력을 받기 위한 준비를 함 |
| ```java<br>    System.out.print("학생의 성적을 입력하세<br>요: ");<br>        int score = scanner.nextInt();<br>``` | • "학생의 성적을 입력하세요: "를 출력<br>• 사용자로부터 정수형 성적을 입력받아 score 변수에 저장 |
| ```java<br>        if (score >= 90) {<br>            System.out.println("A");<br>        } else if (score >= 80) {<br>            System.out.println("B");<br>        } else if (score >= 60) {<br>            System.out.println("C");<br>        } else {<br>            System.out.println("F");<br>        }<br>    }<br>}<br>```<br>  —— 사용자의 입력을 받아<br>정수로 변환하는 메소드 | • score가 90 이상인지를 검사한다. 조건이 참인 경우 "A"를 출력<br>• else if 문은 첫 번째 조건이 거짓이고 score가 80 이상인지를 검사. 조건이 참인 경우 "B"를 출력<br>• 다음 else if 문은 두 번째 조건이 거짓이고 score가 60 이상인지를 검사. 조건이 참인 경우 "C"를 출력<br>• 모든 조건이 거짓인 경우 else 블록이 실행되어 "F"를 출력 |

## Python 코드

| | |
|---|---|
| ```python<br>score = int(input("학생의 성적을 입력하세요:<br>"))<br>```<br>  —— 사용자로부터 입력을 받음 | • 사용자가 입력한 값을 문자열로 반환<br>• int() 함수를 사용하여 입력받은 값을 정수형으로 변환<br>• 변환된 정수값은 score 변수에 저장 |
| ```python<br>if score >= 90:<br>    print("A")<br>elif score >= 80:<br>    print("B")<br>elif score >= 60:<br>    print("C")<br>else:<br>    print("F")<br>``` | • if–elif–else문을 사용하여 성적에 따라 등급을 판별<br>• score가 90 이상인지를 검사하고, 조건이 참인 경우 "A"를 출력<br>• elif문은 이전 조건이 거짓이고, score가 80 이상인지를 검사하고, 조건이 참인 경우 "B"를 출력<br>• score가 60 이상인지를 검사하고, 조건이 참인 경우 "C"를 출력<br>• 모든 조건이 거짓인 경우 else 블록이 실행되어 "F"를 출력 |

Python에는 삼항 연산자가 존재하지 않는다.
if ~ else 구조가 3항으로 구성되어 있어 같이 수록하였다.

**삼항 연산자에 의한 조건문**

> 조건식 ? 참일 때 명령문 : 거짓일 때 명령문

Python은 삼항 연자로 표현하지 않고 삼항 구조라고 표현함

## 4) 삼항 연산자에 의한 조건문 24.5, 22.4, 20.10

| C | 조건식 ? 참일 때 명령문 : 거짓일 때 명령문 |
|---|---|
| Java | |
| Python | [참일 때 값] if [조건식] else [거짓일 때 값] |

**예** big = a > b ? a : b; → a와 b 중에서 큰 수가 big에 저장된다.

### C 코드

| | |
|---|---|
| ```#include <stdio.h>```<br>```int main() {``` | • 입출력 헤더 선언(stdio.h)<br>• main() 함수 선언 |
| ```    int score;```<br>```    char* result;``` | • 정수형 변수 score, 문자열 포인터 변수 result를 선언<br>• score는 학생의 성적을 저장할 변수이고, result는 결과 문자열을 가리킬 변수 |
| ```    printf("학생의 성적을 입력하세요: ");```<br>```    scanf("%d", &score);``` | • "학생의 성적을 입력하세요: "를 출력<br>• scanf() 함수를 사용하여 사용자로부터 정수형 값을 입력받아 score 변수에 저장 |
| ```    result = (score >= 60) ? "합격" : "불합격";``` | • score가 60 이상인지를 확인<br>• 조건이 참인 경우, result에 "합격" 문자열의 주소 할당<br>• 조건이 거짓인 경우, result에 "불합격" 문자열의 주소 할당 |
| ```    printf("%s\n", result);```<br>```    return 0;```<br>```}``` | • result 변수에 저장된 문자열 출력<br>• 프로그램 종료 |

★ java.util.Scanner
• Java 프로그램에서 사용자로부터 입력받기 위한 클래스이다.
• java.util 패키지에 속해 있으며, Java 표준 라이브러리에서 제공하는 기능이다.
• Scanner 클래스는 다양한 형식의 입력을 처리할 수 있으며, 주로 키보드나 파일과 같은 입력 소스로부터 데이터를 읽어올 때 사용된다.
• Scanner 클래스는 nextInt(), nextLine(), nextDouble() 등 다양한 메소드를 제공하여 다양한 형식의 입력을 처리할 수 있다.
• 프로그램에서 사용자의 입력을 받거나 파일에서 데이터를 읽어올 때 Scanner 클래스를 활용할 수 있다.

### Java 코드

| | |
|---|---|
| ```import java.util.Scanner;``` ★ Java 프로그램에서 사용자로부터 입력받기 위한 클래스 | java.util.Scanner를 import하여 사용자의 입력을 받기 위한 Scanner 클래스를 가져옴 |
| ```public class Main {```<br>```    public static void main(String[] args) {``` | • Main 클래스 선언<br>• main() 메소드 정의 |
| ```        Scanner scanner = new Scanner(System.in);``` 표준 입력(커맨드 라인) | Scanner 객체를 생성하여 사용자의 입력을 받기 위한 준비를 함 |
| ```        System.out.print("학생의 성적을 입력하세요: ");``` | "학생의 성적을 입력하세요: "를 출력 |
| 사용자의 입력을 받아 정수로 변환하는 메소드<br>```        int score = scanner.nextInt();``` | 사용자로부터 정수형 성적을 입력받아 score 변수에 저장 |
| ```        String result = (score >= 60) ? "합격" : "불합격";``` | • 조건이 참인 경우, "합격" 문자열을 result에 할당<br>• 조건이 거짓인 경우, "불합격" 문자열을 result에 할당 |
| ```        System.out.println(result);```<br>```    }```<br>```}``` 문자열을 출력하는 메소드 | result 변수에 저장된 문자열을 출력 |

✓ 개념 체크

1 C언어의 삼항 연산 표현은 [조건식] (    ) [참일 때 명령문] : [거짓일 때 명령문] 으로 한다.

1 ?

**Python 코드**

| score = int(input("학생의 성적을 입력하세요: ")) | input() 함수를 사용하여 학생 성적 입력 |
|---|---|
| result = "합격" if score >= 60 else "불합격" | • 조건이 참인 경우, "합격" 문자열을 result 변수에 할당<br>• 조건이 거짓인 경우, "불합격" 문자열을 result 변수에 할당 |
| print(result) | result 변수에 저장된 문자열을 출력 |

## 05 switch~case문 23.6, 23.3

Python에서는 switch~case 문을 지원하지 않는다.

- C, Java에서 사용할 수 있다.
- case 값1, case 값2, ..., case 값n: case 레이블들은 식의 결과(값)와 비교된다. 일치하는 경우 해당하는 case 레이블의 처리가 실행된다.
- break: 해당 case의 처리를 마친 후 switch 문을 빠져나가기 위해 사용된다. break 문이 없으면 해당 case의 처리가 실행된 후 다음 case의 처리로 계속 진행된다. 24.7
- default: 위의 어떤 case에도 해당하지 않는 경우를 다루는 옵션이다. default 레이블 아래에 있는 처리는 위의 어떤 case에도 해당하지 않을 때 실행된다.

```
switch(조건값)
{
  case 값1:
    조건값이 1일 때 실행하는 명령문;
    break;
  case 값2:
    조건값이 2일 때 실행하는 명령문;
    break;
  ...
  default:
    조건값이 모든 case에 해당하지 않을 때 실행하는 명령문;
    break;
}
```

**C 코드**

| #include <stdio.h><br>int main() {<br>    char region;<br>    printf("지역을 입력하세요(S: 서울, B: 부산, K: 경기, D: 대구): ");<br>    scanf("%c", &region); | • char region; : 지역을 저장할 변수 region을 문자형으로 선언<br>• printf("지역을 입력하세요(S: 서울, B: 부산, K: 경기, D: 대구): "); : 사용자에게 지역을 입력하라는 메시지를 출력<br>• scanf("%c", &region); : 사용자로부터 입력된 지역을 변수 region에 저장 |

 개념 체크

1 switch~case 문은 C, Java, Python에서 사용할 수 있다. (O, X)

1 X

<table>
<tr><td>

```
char code;
  switch (region) {
      case 'S':
          code = 'S';
          break;  ┌ switch 문을 빠져나가고
      case 'B':   └ 다음 문장으로 이동
          code = 'B';
          break;
      case 'K':
          code = 'K';
          break;
      case 'D':
          code = 'D';
          break;
      default:
          code = 'X'; // 해당되지 않는
          경우 'X'로 처리
          break;
  }
```

</td><td>

- char code; : 지역 코드를 저장할 변수 code를 문자형으로 선언
- switch (region) { : region 변수의 값을 기준으로 switch 문을 시작
- 패턴 반복

  ```
  case 'S':
  code = 'S';
  break;: switch 문을 빠져나가고 다음 문장으로 이동
  ```

default: : 위의 어떤 case에도 해당하지 않는 경우
code = 'X';
break;

</td></tr>
<tr><td>

```
  printf("지역 코드: %c\n", code);
  return 0;
}
```

</td><td>

- 처리된 지역 코드를 출력
- %c : code 변수에 저장된 지역 코드를 문자형으로 출력
- return 0;: 프로그램 종료

</td></tr>
</table>

**Java 코드** ┌ Scanner 클래스를 사용하기 위해
          └ java.util 패키지를 가져옴

<table>
<tr><td>

```
import java.util.Scanner;
public class Main {  ─ Main 클래스 정의
    public static void main(String[]
args) {        ┌ 프로그램의 시작점을 나타내는
               └ main 메소드를 정의
        Scanner scanner = new Scanner
(System.in);   ┌ 사용자의 입력을 받기 위해
               └ Scanner 객체를 생성
        System.out.print("지역을 입력하세
        요(S: 서울, B: 부산, K: 경기, D:
        대구): ");
        String region = scanner.next-
Line();
```

</td><td>

- System.out.print("지역을 입력하세요(S: 서울, B: 부산, K: 경기, D: 대구): ");: 사용자에게 지역을 입력하라는 메시지를 출력
- String region = scanner.nextLine();: 사용자로부터 입력된 지역을 문자열로 읽어옴

</td></tr>
<tr><td>

```
        String code;
        switch (region) {
            case "S":
                code = "S";
                break;
            case "B":
                code = "B";
                break;
            case "K":
                code = "K";
                break;
            case "D":
                code = "D";
                break;
            default:
```

</td><td>

- String code;: 지역 코드를 저장할 변수 code를 문자열로 선언
- 패턴 반복

  ```
  switch (region) {: region 변수의 값을 기준으로 switch 문을 시작
  case "S":: region 값이 "S"와 일치하는 경우에
  code = "S";: code 변수에 "S" 코드를 할당
  break;: switch 문을 빠져나가고 다음 문장으로 이동
  ```

default: : 위의 어떤 case에도 해당하지 않는 경우
code = "X"; : code 변수에 "X" 코드를 할당
break; : switch 문을 종료

</td></tr>
</table>

```
                code = "X";  // 해당되지
                             않는 경우 'X'로 처리
                break;
        }
```

```
        System.out.println("지역 코드:
" + code);
        }
}
```

- 처리된 지역 코드를 출력
- 문자열 결합 연산자인 "+"를 사용하여 "지역 코드: "
  와 code 변수의 값을 함께 출력

## 이론을 확인하는 기출문제

**01** 다음 Java 프로그램이 실행되었을 때의 결과는?

```java
public class ovr {
    public static void main(String[]
args) {
    int a = 1, b = 2, c = 3, d = 4;
    int mx, mn;
    mx = a < b ? b : a;
    if(mx == 1) {
        mn = a > mx ? b : a;
    }
    else {
        mn = b < mx ? d : c;
    }
    System.out.println(mn);
    }
}
```

① 1        ② 2
③ 3        ④ 4

**Java의 if~else와 삼항 연산자(조건 연산자)**
- 삼항 연산자의 문법 → 조건식 ? 참값 : 거짓값
- 변수 mx의 값을 구한 후 if~else문을 실행하여 변수 mn의 값을 구하여 출력하는 프로그램이다.

| | |
|---|---|
| mx = a ⟨ b ? b : a; | 조건식 1 ⟨ 2의 결과는 '참'이므로 변수 mx에는 변수 b 값인 2가 대입된다. |
| if(mx == 1) { | 2 == 1의 결과는 '거짓'이므로 if 블록은 실행되지 않는다. |
|   mn = a ⟩ mx ? b : a; | |
| } | |
| else { | '거짓'인 경우 else 블록을 실행한다. 조건식 2 ⟨ 2의 결과는 '거짓'이므로 변수 mn에는 변수 c 값인 3이 대입된다. |
|   mn = b ⟨ mx ? d : c; | |
| } | |

**02** 다음 Python 프로그램의 실행 결과가 [실행 결과]와 같을 때, 빈칸에 적합한 것은?

```python
x = 20

if x == 10:
    print('10')
(     )  x == 20:
    print('20')
else:
    print('other')
```

[실행 결과]

```
20
```

① either
② elif
③ else if
④ else

**Python의 if~elif~else 조건문**

```
if 조건1:
    조건1이 참일 경우 실행문
elif 조건2:
    조건1이 거짓이고 조건2가 참일 경우 실행문
else
    조건1과 조건2가 모두 거짓일 경우 실행문
```

x는 20 이므로 x == 2의 조건 판별 결과 참이므로 20 이 출력된다.

출제빈도 <u>상</u> 중 하
반복학습 ① ② ③

빈출 태그 for · while

▶ 합격 강의

for(int i = 0; i < a.length; i++)
변수 i가 a.length보다 작을 동안 1씩 증가시킨다.

**결과**
25
(= 1+3+5+7+9)

## 01 for문 22.7, 22.4, 22.3, 21.8, 21.5, 21.3

반복 변수를 초기화하는 초기식은 한 번만 수행되고 조건식을 만족하면 하위 명령문을 수행한 후 증감식을 수행하고 조건식을 검사하면서 반복한다.

• 기본 구조

```
for(초기식; 조건식; 증감식)
{
    명령문 1;
    ...
    명령문 n;
}
```

**C 코드 | (1~10까지 수 중에 홀수의 합계)**

| | |
|---|---|
| ```c<br>#include <stdio.h><br>int main()<br>{<br>    int i, t = 0;``` | 정수형 변수 i와 t를 선언하고, t 변수를 0으로 초기화 |
| ```c<br>    for(i = 1; i <= 10; i += 2)``` | i를 1로 초기화하고, i가 10 이하인 동안 반복문을 실행하며, 매 반복마다 i 값을 2씩 증가시킴 |
| ```c<br>    {<br>        t += i;<br>    }``` | t 변수에 i 값을 더하여 누적 |
| ```c<br>    printf("%d", t);``` | t 변수의 값을 정수형 값으로 출력 |
| ```c<br>    return 0;<br>}``` | main 함수의 반환 값으로 0을 반환하여 프로그램의 종료 |

✓ **개념 체크**

1 C와 Java에서 ( ) 문의 반복 변수를 초기화하는 초기식은 한 번만 수행하고, 이후 조건식을 만족하면 하위 명령문을 수행한 후 증감식을 수행하며, 매회 조건식을 검사하면서 조건식을 만족하지 않을 때까지 반복한다.

1 for

**Java 코드 | (1~10까지 수중에 홀수의 합계)**

| | |
|---|---|
| ```java\npublic class Main {\n    public static void main(String[]\nargs) {\n        int i, t = 0;\n``` | 정수형 변수 i와 t를 선언하고, t 변수를 0으로 초기화 |
| ```java\n        for(i = 1; i <= 10; i += 2) {\n            t += i;\n        }\n``` | • i를 1로 초기화하고, i가 10 이하인 동안 반복문을 실행하며, 매 반복마다 i 값을 2씩 증가시킴<br>• t 변수에 i 값을 더하여 누적한다. |
| ```java\n        System.out.println(t);\n    }\n}\n``` | t 변수의 값을 출력 |

**Python 코드 | (1~10까지 수중에 짝수의 합계)**

| | |
|---|---|
| ```python\nt = 0\n``` | print("짝수의 합계는:", t) |
| ```python\nfor i in range(1, 11):\n``` | 변수 i는 1부터 10까지 반복 |
| ```python\n    if i % 2 == 0:\n        t += i\n``` | 숫자가 짝수인 경우에만 합계 계산 |
| ```python\nprint("짝수의 합계는:", t)\n``` | 짝수의 합계 t를 출력 |

## 02 while문  24.7, 23.8, 22.3, 21.8, 21.5, 21.3, 20.10

- 조건식의 결과가 참이면 while문 내의 명령을 실행하고 다시 조건식을 검사한다.
- 조건의 초깃값이 거짓이면 while문 내의 명령문은 한 번도 실행되지 않는다.
- 조건식이 '항상 참'으로 결과를 생성하거나 1(참)로 명시되어 있으면 무조건 반복에 해당하여 '무한 반복'이 이루어진다. 이러한 무한 반복을 끝내려면 반복할 명령문 중에 break; 문을 사용한다. break; 문은 반복 블록을 벗어날 때 사용하며, 중첩된 반복 블록에서는 자신에게 가장 가까운 반복 블록(중괄호, { }) 1개를 벗어나게 된다.
- 조건식이 참일 경우만 블록 영역(중괄호, { })으로 진입하여 반복할 명령문을 수행후 while문의 헤더의 조건식 판별을 반복하게 된다.
- 블록 영역 내의 수행 문장이 단일 문장일 경우는 블록 기호를 생략할 수 있다.
- 처음부터 조건식이 '참'이 아닐 경우, 반복할 명령은 한 번도 수행되지 않는다.
- 기본 구조

```
while(조건식)
{
  명령문 1;
  ...
  명령문 n;
}
```

✔ 개념 체크

1 조건의 초깃값이 거짓이면 while 문 내의 명령문은 한 번 실행된다. (O, X)

1 X

**결과**
정보처리 합격
정보처리 합격
정보처리 합격
정보처리 합격

• 예제 1

### C 코드 | "정보처리 합격"을 4번 반복 출력

| | |
|---|---|
| ```c<br>#include <stdio.h><br>int main() {<br>``` | • 표준 입출력 헤더 파일 포함<br>• main() 함수 시작 |
| ```c<br>    int count = 0;          0, 1, 2, 3<br>    while (count < 4) {<br>        printf("정보처리 합격\n");<br>        count++;<br>    }<br>``` | • 정수형 count 변수 0으로 초기화<br>• count 변수 값이 4보다 작을 동안 반복하면서 "정보처리 합격" 출력<br>• count 변수를 +1 씩 증가시킴 |
| ```c<br>    return 0;<br>}<br>``` | 프로그램 종료 |

### Java 코드 | "정보처리 합격"을 4번 반복 출력

| | |
|---|---|
| ```java<br>public class Main {<br>    public static void main(String[] args) {<br>``` | • Main 클래스 선언<br>• main() 메소드 정의 |
| ```java<br>        int count = 0;<br>        while (count < 4) {<br>            System.out.println("정보처리 합격");<br>            count++;<br>        }<br>    }<br>}<br>``` | • 정수형 count 변수 0으로 초기화<br>• count 변수 값이 4보다 작을 동안 반복하면서 "정보처리 합격" 출력<br>• count 변수를 +1씩 증가시킴 |

### Python 코드 | "정보처리 합격"을 4번 반복 출력

| | |
|---|---|
| ```python<br>count = 0<br><br>while count < 4:<br>    print("정보처리 합격")<br>    count += 1<br>``` | • 정수형 count 변수 0으로 초기화<br>• count 변수 값이 4보다 작을 동안 반복하면서 "정보처리 합격" 출력<br>• count 변수 +1씩 증가 |

• 예제 2

### C 코드 | 0~12까지의 3의 배수의 합 출력

| | |
|---|---|
| ```c<br>#include <stdio.h><br>int main() {<br>``` | • 표준 입출력 헤더 파일 포함<br>• main() 함수 시작 |
| ```c<br>    int number = 0;<br>    int sum = 0;        ┌── 판단 후 계산<br>    while (number <= 12) {<br>        if (number % 3 == 0) {<br>            sum += number;<br>        }<br>        number++;<br>    }<br>``` | • 정수형 변수 number, sum을 0으로 초기화<br>• number 변수 0~12까지 반복 판단<br>• number 변수를 3으로 나누고 나머지가 0이면 sum 함수에 해당 수열 누적 합계(0 + 3 + 6 + 9 + 12)<br>• number 변수를 +1 씩 증가시킴 |
| ```c<br>    printf("0부터 12까지의 3의 배수의 합:<br>%d\n", sum);<br>    return 0;<br>}<br>``` | • sum 변수 출력<br>• 프로그램 종료 |

### Java 코드 | 0~12 까지의 3의 배수의 합 출력

| | |
|---|---|
| ```java<br>public class Main {<br>public static void main(String[]<br>args) {<br>``` | • Main 클래스 선언<br>• main() 메소드 정의 |
| ```java<br>    int number = 0;<br>    int sum = 0;<br>    while (number <= 12) {<br>        if (number % 3 == 0) {<br>            sum += number;<br>        }<br>        number++;<br>    }<br>``` | • 정수형 변수 number, sum을 0으로 초기화<br>• number 변수 0~12까지 반복 판단<br>• number 변수를 3으로 나누고 나머지가 0이면 sum 함수에 해당 수열 누적 합계<br>• number 변수를 +1 씩 증가시킴 |
| ```java<br>    System.out.println("0부터 12까<br>지의 3의 배수의 합: " + sum);<br>    }<br>}<br>``` | • sum 변수 출력<br>• 프로그램 종료 |

### Python 코드 | 0~12까지 3의 배수 수열의 합 출력

| | |
|---|---|
| ```python<br>number = 0<br>sum = 0<br>while number <= 12:<br>    if number % 3 == 0:<br>        sum += number<br>    number += 1<br>``` | • 정수형 변수 number, sum을 0으로 초기화<br>• number 변수 0~12까지 반복 판단<br>• number 변수를 3으로 나누고 나머지가 0이면 sum 함수에 해당 수열 누적 합계<br>• number 변수를 +1씩 증가시킴 |
| ```python<br>print("0부터 12까지의 3의 배수의 합:", sum)<br>``` | sum 변수 출력 |

## 03 do∼while문

- 명령문을 일단 실행하고 나서 조건식을 검사하여 반복 실행 여부를 결정한다.
- 명령문이 적어도 한 번은 실행된다.
- 기본 구조

```
do
{
    명령문 1;
    ...
    명령문 n;
} while(조건식);
```

### C코드 | 0∼12까지 3의 배수의 합 출력

| | |
|---|---|
| ```#include <stdio.h>```<br>```int main() {``` | • 표준 입출력 헤더 파일 포함<br>• main() 함수 시작 |
| ```    int number = 0;```<br>```    int sum = 0;```<br>```    do {```<br>```        if (number % 3 == 0) {```<br>```            sum += number;```<br>```        }```<br>```        number++;        ─── 계산 후 판단```<br>```    } while (number <= 12);``` | • 정수형 변수 number, sum을 0으로 초기화<br>• number 변수를 3으로 나누고 나머지가 0이면 sum 함수에 해당 수열 누적 합계<br>• number 변수를 +1씩 증가시킴<br>• number 변수 0∼12까지 반복 판단 |
| ```    printf("0부터 12까지의 3의 배수의 합:```<br>```%d\n", sum);```<br>```    return 0;```<br>```}``` | • sum 변수 출력<br>• 프로그램 종료 |

### Java 코드 | 0∼12까지 3의 배수의 합 출력

| | |
|---|---|
| ```    public class Main {```<br>```     public static void main(String[]```<br>```args) {``` | • Main 클래스 선언<br>• main() 메소드 정의 |
| ```        int number = 0;```<br>```        int sum = 0;```<br>```        do {```<br>```            if (number % 3 == 0) {```<br>```                sum += number;```<br>```            }```<br>```            number++;```<br>```        } while (number <= 12);``` | • 정수형 변수 number, sum을 0으로 초기화<br>• number 변수를 3으로 나누고 나머지가 0이면 sum 함수에 해당 수열 누적 합계<br>• number 변수를 +1씩 증가시킴<br>• number 변수 0∼12까지 반복 판단 |
| ```        System.out.println("0부터 12까```<br>```지의 3의 배수의 합: " + sum);```<br>```    }```<br>```}``` | • sum 변수 출력<br>• 프로그램 종료 |

✔ 개념 체크

1 (      )은(는) 명령문을 일단 실행하고 나서 조건식을 검사하여 반복 실행 여부를 결정한다.

1 do∼while 문

**01** 다음 Java 프로그램이 실행되었을 때, 실행 결과는?

```java
public class Ape {
  public static void rs(char a[]) {
      for(int i = 0; i < a.length; i++)
              if(a[i] == 'B')
                          a[i] = 'C';
              else if(i == a.length - 1)
                          a[i] = [i-1];
              else a[i] = a[i+1];
      }
      static void pca(char a[]) {
      for(int i = 0; i < a.length; i++)
              System.out.print(a[i]);
      System.out.println();
      }
      public static void
main(String[] args) {
          char c[] = {'A', 'B', 'D', 'D',
          'A', 'B', 'C' };
          rs(c);
          pca(c);
          }
}
```

① B C D A B C A
② B C D A B C C
③ C D D A C C C
④ C D D A C C A

**Java의 배열객체.length**
- 배열객체.length : 배열 객체의 크기(요소의 개수)
- 실행의 순서 : main() → rs(c) → pca(c)
- c.length : 1차원 문자 배열 객체의 크기(7)

| static void rs(char a[]) { | 객체 c를 a로 전달 |
|---|---|
| for(int i = 0; i ⟨ a.length; i++) | i는 0에서 6까지 반복 |
| if(a[i] == 'B') | a[i]가 'B'이면 |
| a[i] = 'C'; | 'C'로 변경 |
| else if(i == a.length - 1) | i가 6이면 마지막 요소는 이전 요소값으 |
| a[i] = a[i-1]; | 로 변경 |
| else a[i] = a[i+1]; | 이외의 경우 수행 |
| } | |

- rs(char a[]) 메소드의 else a[i] = a[i+1]; 은 배열 객체 a의 요소 값이 'B'가 아니거나 마지막(6번째) 요소가 아닌 경우에는 바로 뒤에 위치한 요소 값이 바로 앞 요소의 값으로 저장된다.

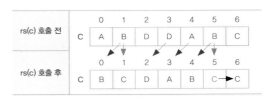

**02** 다음 Python 프로그램이 실행되었을 때, 실행 결과는?

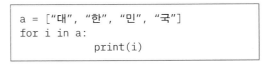

```python
a = ["대", "한", "민", "국"]
for i in a:
        print(i)
```

| ① | 대한민국 | ② | 대<br>한<br>민<br>국 |
|---|---|---|---|
| ③ | 대 | ④ | 대대대대 |

**Python의 반복문 for 변수 in 시퀀스 객체(문자열, 튜플, 리스트)**
- for 반복문은 in 키워드 뒷부분에 있는 객체(문자열, 튜플, 리스트)의 요소의 모든 요소를 꺼내 와서 변수를 통해 사용할 수 있다.
- for i in a: 은 for i in ["대", "한", "민", "국"] 로 리스트 객체 내의 각각의 요소 "대", "한", "민", "국"을 차례로 변수 i에 꺼내 와서 print(i)에 의해 출력을 반복한다.

정답 01 ② 02 ②

## 03 다음 Java 프로그램이 실행되었을 때의 결과는?

```java
public class array1 {
    public static void main(String[]
args) {
        int cnt = 0;
        do {
            cnt++;
        } while (cnt < 0);
        if(cnt==1)
            cnt++;
        else
            cnt = cnt + 3;
        System.out.printf("%d", cnt);
    }
}
```

① 2
② 3
③ 4
④ 5

---

**do~while 명령문과 if~else 명령문**
• 변수 cnt를 초기화 후, 반복문(do~while)과 조건문(if~else)을 실행 후 변수 cnt의 값을 출력하는 프로그램이다.
• 변수 cnt의 초깃값은 0이며, do~while 명령문에 의해 무조건 반복문 내부로 진입하여 cnt++;를 수행하여 변수 cnt는 1이 된다. 조건식 cnt < 0이 결과 거짓이므로 다음 if~else 명령문을 수행하게 된다.
• 변수 cnt는 1이므로 조건식 cnt==1은 참이며, cnt++;를 수행하여 변수 cnt는 2이 된다.
• 출력문에 의해 변수 cnt는 2가 출력된다.

## 04 다음 C언어 프로그램이 실행되었을 때, 실행 결과는?

```c
#include <stdio.h>
#include <stdlib.h>
int main(int argc, char *argv[]) {
    int i = 0;
    while(1) {
        if(i == 4) {
            break;
        }
        ++i;
    }
    printf("i = %d", i);
    return 0;
}
```

① i = 0          ② i = 1
③ i = 3          ④ i = 4

---

**C언어의 무한 반복과 탈출 조건식**
while 반복문의 조건식이 1일 경우 '참'으로 판별되어 무한 반복을 실행한다. break; 명령문은 조건식 내에서 탈출한다.

| | |
|---|---|
| int i = 0; | 변수 i를 1로 초기화 |
| while(1) { | 조건식이 항상 참인 경우, 무한 반복 |
| if(i == 4) {<br>  break;<br>} | 만약 i가 4이면 무한 반복을 종료 |
| ++i; | i가 4가 아니라면 i를 1씩 증가 |
| } | 즉, i는 0 ~ 4까지 반복한 뒤 탈출 |
| printf("i = %d", i); | i는 4이므로 "i = 4"를 출력 |

## 05 다음 Java 코드를 실행한 결과는?

```java
int x=1, y=6;
    while (y--) {
    x++;
    }
System.out.println("x=" x+"y=" y);
```

① x=7 y=0
② x=6 y=−1
③ x=7 y=−1
④ Unresolved compilation problem 오류 발생

---

• while문의 조건식 부분에 입력된 'y− −'는 참이나 거짓을 판단하는 조건식이 아니기 때문에 오류가 발생한다.
• 예를 들어 다음과 같이 코드를 수정하여 실행하면 'x=7 y=0'이 출력된다.

```
int x=1, y=6;
while (y>0) {
  x++;
  y—;
}
```

# CHAPTER 05

# 운영체제 개론

학습 방향

운영체제 개론 챕터의 경우 정보처리기사 시험이 개정되기 전 한 과목을 담당할 만큼 출제 빈도 및 분량이 많습니다. 본서의 내용을 순서대로 정리하고 기출문제와 함께 정리하세요.

출제빈도

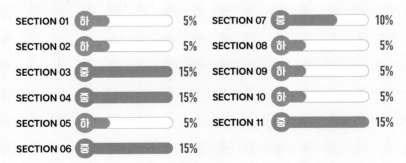

| | | |
|---|---|---|
| SECTION 01 | 하 | 5% |
| SECTION 02 | 하 | 5% |
| SECTION 03 | 중 | 15% |
| SECTION 04 | 중 | 15% |
| SECTION 05 | 하 | 5% |
| SECTION 06 | 중 | 15% |
| SECTION 07 | 중 | 10% |
| SECTION 08 | 하 | 5% |
| SECTION 09 | 하 | 5% |
| SECTION 10 | 하 | 5% |
| SECTION 11 | 중 | 15% |

# 운영체제의 개요

▶ 합격 강의

빈출 태그 운영체제 성능 평가 기준

★ **시스템 소프트웨어**
시스템 전체를 작동시키는 프로그램으로 대표적으로 OS가 있으며 그 외에는 언어 번역 프로그램, 매크로 프로세서, 라이브러리, 로더 등이 있다.

**운영체제의 목표**
• 컴퓨터 시스템의 처리량, 신뢰성을 최대화한다.
• 컴퓨터 시스템의 반환 시간, 응답 시간, 처리 시간, 대기 시간, 경과 시간을 최소화한다(운영체제에서는 무슨 시간이든 무조건 최소화해야 한다).
• 컴퓨터를 구성하고 있는 자원을 효율적으로 운영하고 제어한다.
• 사용자에게 편리한 인터페이스를 제공한다.
• 제한된 자원을 효율적으로 공유하기 위하여 스케줄링한다.

## 01 운영체제의 개요

### 1) 시스템 소프트웨어(System Software)★

• 컴퓨터의 전반적인 운영에 필요한 가장 기본적인 프로그램으로서 프로그램을 주기억 장치에 적재하거나 인터럽트 관리 등의 기능을 담당한다.
• 시스템을 효율적으로 이용하거나 사용자들이 시스템을 쉽게 사용할 수 있도록 지원하는 소프트웨어로 대표적으로 운영체제(OS)가 있다.

### 2) 운영체제(OS : Operating System)

① 운영체제의 개념
• 운영체제는 컴퓨터 사용자와 컴퓨터 하드웨어 간의 인터페이스로서 동작하는 시스템 소프트웨어이다.
• 운영체제는 컴퓨터를 편리하게 사용하고 컴퓨터 하드웨어를 효율적으로 사용할 수 있도록 한다.
• 운영체제는 스스로 어떤 유용한 기능도 수행하지 않고 다른 응용 프로그램이 유용한 작업을 할 수 있도록 환경을 마련하여 준다.
• 운영체제의 종류로는 MS-DOS, Windows, Linux, UNIX, OS/2, Android, iOS 등이 있다.

② 운영체제의 기능
• 사용자와 시스템 간의 편리한 인터페이스를 제공한다.
• 컴퓨터 시스템의 성능을 최적화시킨다.
• 자원의 효과적인 경영을 위해 스케줄링 기능을 제공한다.
• 자원 보호 기능을 제공한다.
• 시스템에서 발생하는 오류로부터 시스템을 보호한다.
• 사용자들 간에 데이터를 공유할 수 있도록 한다.

## 02 운영체제의 성능 평가 기준

### 1) 처리 능력(Throughput) 향상

- 처리 능력은 일정 시간 내에 시스템이 처리하는 일의 양이다.
- 시간당 처리되는 작업 수, 초당 처리되는 메모리 바이트 수 또는 초당 처리되는 CPU 사이클 수와 같이 측정된다.
- 처리량이 많을수록 운영체제는 더 많은 작업을 더 짧은 시간에 처리할 수 있다.
- 처리량 결정 요소
  - 자원 관리를 최적화 : 리소스를 적절하게 할당하고 중복을 피함으로써 운영체제는 더 많은 작업을 처리할 수 있다.
  - 스케줄링 알고리즘 개선 : 운영체제는 프로세스를 효율적으로 스케줄링해야 한다.
  - 하드웨어를 최적화 : 하드웨어를 최적화함으로써 운영체제는 더 많은 작업을 처리할 수 있다.
  - 병렬 처리 : 다중 프로세서, 다중 스레드 또는 분산 시스템과 같은 기술을 사용하여 작업을 동시에 처리함으로써 처리 능력을 향상시킨다.

### 2) 응답 시간(Turnaround Time) 단축

- 사용자가 명령을 입력하거나 요청을 보낸 후에 시스템이 첫 번째 반응을 표시하는 데 걸리는 시간이다.
- 반환 시간이 감소 될수록 처리 속도가 빨라진다.
- 응답 시간은 사용자가 시스템의 상태를 인지하고 상호 작용을 유지하는 데 중요한 역할을 한다.
- 응답 시간의 길이는 사용자 경험과 성능의 질에 직접적인 영향을 준다.
- 짧은 응답 시간은 빠른 시스템 반응성과 실시간 상호 작용을 제공하여 사용자가 작업을 원활하게 수행할 수 있도록 한다.

### 3) 신뢰도(Reliability) 향상

- 신뢰도는 시스템이 주어진 문제를 정확하게 해결하는 정도이다.
- 신뢰도가 높을수록 일을 정확하게 처리한다.
- 신뢰도를 높이는 방법
  - 디버깅 : 시스템에서 오류를 찾고 수정
  - 테스트 : 시스템을 테스트하고 오류가 없는지 확인
  - 백업 : 시스템의 데이터를 백업하여 손실되는 것을 방지
  - 복구 : 시스템이 충돌하면 복구할 방법 준비

---

**처리 능력의 예**
웹 서버의 처리량은 초당 처리할 수 있는 요청 수이다. 처리량이 많을수록 웹 서버는 더 많은 사용자를 처리할 수 있다.

**응답 시간의 예**
웹 페이지를 클릭하고 나면, 브라우저는 서버에 페이지를 요청하고 서버는 요청을 처리하여 사용자 디스플레이에 반환한다. 이 과정에서 응답 시간은 클릭 시간부터 사용자가 페이지를 볼 수 있는 시간까지 걸리는 시간을 의미한다.

**응답 시간을 결정하는 요소**
- 처리 능력 : 시스템의 처리 능력이 높을수록 작업을 더 빠르게 처리할 수 있다.
- 대역폭 : 시스템의 대역폭이 높을수록 데이터를 더 빠르게 전송할 수 있다.
- 지연 시간 : 시스템의 지연 시간은 시스템의 다양한 부분 간의 거리로 인해 발생한다. 지연 시간이 길수록 데이터가 한 지점에서 다른 지점으로 이동하는 데 걸리는 시간이 길어진다.

**신뢰도의 예**
- 병원의 의료 장비. 병원의 의료 장비는 항상 올바르게 작동해야 하며 오작동할 가능성이 없어야 한다.
- 은행의 컴퓨터 시스템 또한 항상 올바르게 작동해야 하며 오작동할 가능성이 없어야 한다.

**신뢰도의 특징**
- 안정성 : 안정성은 시스템이 지속적으로 작동하고 중단되지 않는 것이다.
- 오류 처리 : 신뢰도는 운영체제가 오류를 탐지하고 처리할 수 있는 능력이다.
- 오류 허용 : 오류가 발생해도 시스템이 중단되지 않고 작동할 수 있는 능력이다.

## 4) 사용 가능도(Availability) 향상

┌= 가용성

• 사용 가능도는 한정된 자원을 여러 사용자가 요구할 때, 어느 정도 신속하고 충분히 지원해 줄 수 있는지의 정도이다.
• 사용 가능도가 높을수록 반환 시간이 감소한다.
• 사용 가능도의 특징
  – 가동 시간 : 높은 사용 가능도를 갖는 시스템은 오랜 시간 동안 작동하고 중단되지 않으며, 사용자에게 연속적으로 서비스를 제공한다.
  – 유지 보수 및 장애 복구 : 운영체제는 계획된 유지 보수 작업과 예기치 않은 장애 상황에서도 최소한의 중단 시간으로 시스템을 유지할 수 있어야 한다. 이를 위해 백업 시스템, 장애 복구 메커니즘 등을 활용한다.
  – 가용성 계획 : 시스템이 사용자에게 항상 접근 가능하고 사용 가능하도록 보장하는 데 필요한 조치와 절차를 정의한다.

## 이론을 확인하는 기출문제

**01** 다음 중 시스템 소프트웨어에 대한 설명으로 옳지 않은 것은?

① 컴퓨터와 사용자 사이에서 중계자 역할을 하는 소프트웨어이다.
② 운영체제의 도움을 받아 컴퓨터를 사용할 수 있게 하는 소프트웨어이다.
③ 컴퓨터 시스템을 효율적으로 운영해 주는 소프트웨어이다.
④ 시스템 소프트웨어는 제어 프로그램과 처리 프로그램으로 구분된다.

시스템 소프트웨어의 종류 중 운영체제에 대한 설명이다.

**02** 운영체제의 기능으로 가장 거리가 먼 것은?

① 사용자의 편리한 환경 제공
② 처리능력 및 신뢰도 향상
③ 컴퓨터 시스템의 성능 최적화
④ 언어 번역 기능을 통한 실행 가능한 프로그램 생성

• 운영체제는 언어 번역 기능을 제공하지 않는다.
• 언어 번역은 언어 번역기가 수행한다.

**03** 운영체제의 성능 평가 항목 중 컴퓨터 센터에 작업을 지시하고 나서부터 결과를 받을 때까지의 경과 시간을 무엇이라고 하는가?

① Throughput
② Availability
③ Turnaround Time
④ Reliability

반환 시간(Turnaround Time) : 명령 지시 후 결과를 반환받는 시간. 짧을수록 좋다.

**04** 운영체제의 목적으로 적합하지 않은 것은?

① Throughput 향상
② Turn Around Time 단축
③ Availability 감소
④ Reliability 향상

사용 가능도(Availability) : 컴퓨터로 처리한 결과가 얼마나 믿을 만한가의 정도를 의미한다. 사용 가능도는 높을수록 좋다.

▶ 합격 강의

## 🕐 운영체제의 운영 방식

### 1) 일괄 처리 시스템(Batch Processing System)

• 사용자의 개입 없이 일정량 또는 일정 동안 데이터를 모아서 한 번에 처리하는 방식이다.
• 운영체제 운용 방식 중 시대적으로 가장 먼저 생겨났다.
• 배치 처리 시스템은 컴퓨터 자원을 효율적으로 사용하는 방법이었으며, 많은 양의 데이터를 처리하는 데 사용할 수 있다.
• 특징
  – 일련의 작업 처리 : 작업은 일련의 명령이나 프로그램으로 구성될 수 있으며, 시스템은 이러한 작업을 자동으로 수행한다.
  – 사용자 개입 없음 : 시스템은 작업을 일정한 순서로 실행하며 결과를 생성한다. 사용자는 작업의 진행 상황을 실시간으로 확인할 수 없다.
  – 자동화된 처리 : 시스템은 작업을 큐에 저장하고, 자원을 할당하며, 작업을 실행하고, 결과를 출력한다. 자동화된 처리는 인력과 시간을 절약하고, 작업 처리의 일관성과 효율성을 향상시킨다.

### 2) 다중 프로그래밍 시스템(Multi-Programming System)

• 컴퓨터 시스템 자원 활용률을 극대화하기 위해 2개 이상의 프로그램을 주기억 장치에 기억시키고 CPU를 번갈아 사용하면서 처리하는 방식이다.
• 여러 개의 작업을 메모리에 동시에 적재하여 처리하는 방식이다.
• CPU의 활용도를 최대화하고, 작업 간의 대기 시간을 최소화하여 작업 처리 효율을 높일 수 있다.
• 특징
  – 멀티태스킹 : 사용자는 여러 프로그램을 동시에 실행할 수 있다.
  – 가상 메모리 : 운영체제는 메모리에 있는 것보다 더 많은 프로그램을 실행할 수 있다. 사용자가 컴퓨터에 더 많은 프로그램을 설치하고 동시에 실행할 수 있다.
  – 효율성 향상 : CPU 리소스 사용을 효율화하여 시스템 성능을 향상시킬 수 있다.

---

> **B 기적의 TIP**
>
> 최근 CBT 시험에 출제되고 있는 내용입니다. 빈출 태그를 기준으로 학습합니다.
>
> **데이터 백업**
> 데이터가 손실되거나 손상되는 것을 방지할 수 있도록 배치 처리 시스템을 사용하여 데이터를 백업한다.
>
> **웹 크롤링**
> 웹 사이트의 데이터를 정기적으로 수집하고 분석하기 위해 웹 사이트에서 정보를 크롤링할 수 있다.

> **✔ 개념 체크**
>
> 1 컴퓨터 시스템 자원 활용률을 극대화하기 위해 2개 이상의 프로그램을 주기억 장치에 기억시키고 CPU를 번갈아 사용하면서 처리하는 방식은?
>
> 1 다중 프로그래밍 시스템

## 3) 실시간 처리 시스템(Real Time Processing System)

- 데이터 발생 즉시, 또는 데이터 처리 요구가 있는 즉시 처리하여 결과를 산출하는 방식이다.
- 정해진 시간에 반드시 수행되어야 하는 작업들을 처리할 때 가장 적합하다.
- 실시간 응용 프로그램이나 제어 시스템 등에서 사용되며, 정확하고 예측 가능한 응답 시간을 보장해야 한다.
- 특징
  - 실시간성 요구 : 시스템은 작업의 발생부터 처리까지의 응답 시간을 예측할 수 있고 일정하게 유지해야 한다. 이를 위해 작업의 우선순위와 시간 제약이 엄격하게 관리된다.
  - 신뢰성 : 예측할 수 있는 응답 시간을 유지하기 위해 시스템은 안정적으로 동작하고, 오류나 장애에 대비한 복구 기능을 갖추어야 한다.
  - 작업 우선순위 관리 : 다른 운영체제와는 달리 실시간 처리 시스템은 작업의 우선순위를 엄격하게 관리해야 한다.

## 4) 시분할 시스템(Time Sharing System) [23.3]

- CPU의 전체 사용 시간을 작은 작업 시간량(Time Slice)으로 나누어서 그 시간량 동안만 번갈아 가면서 CPU를 할당하여 각 작업을 처리하는 방식이다.
- 실제로 많은 사용자가 하나의 컴퓨터를 공유하고 있지만, 마치 자신만이 컴퓨터 시스템을 독점하여 사용하고 있는 것처럼 느끼게 된다.
- 특징
  - 다중 사용자 지원 : 여러 사용자가 동시에 시스템을 사용할 수 있는 환경을 제공한다. 각 사용자는 자신의 터미널을 통해 시스템에 접속하고, 독립적으로 작업을 실행할 수 있다.
  - 시분할 방식 : CPU 사용 시간을 작은 시간 단위로 분할하여 각 사용자에게 균등한 실행 시간을 할당한다. 사용자는 자신의 작업이 독점적으로 실행되는 것처럼 느끼지만, 실제로는 작업이 번갈아 가며 실행된다.
  - 대화식 환경 : 타임 쉐어링 시스템은 사용자와의 상호 작용이 중요하다. 사용자는 터미널을 통해 명령을 입력하고 결과를 받아볼 수 있으며, 실시간으로 작업의 진행 상황을 확인할 수 있다.

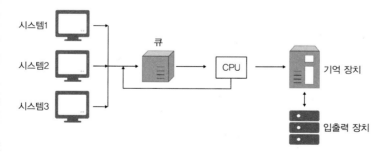

## 5) 다중 처리 시스템(Multi-Processing System)

- 동시에 프로그램을 수행할 수 있는 CPU를 두 개 이상 두고 각각 그 업무를 분담하여 처리할 수 있는 방식이다.
- 작업을 병렬로 실행하여 처리 능력을 크게 향상시키고, 대규모 계산이나 고성능 요구 사항을 가진 응용 프로그램에 적합하다.
- 특징
  - **병렬 처리** : 작업 처리 속도를 향상시키고, 시스템의 처리 능력을 크게 향상시킨다.
  - **자원 분산** : 각 프로세서는 독립적으로 작업을 실행하며, 자원을 효율적으로 활용할 수 있다.
  - 확장성 : 프로세서를 추가하거나 교체하여 시스템의 확장성을 높일 수 있다.

**사용 사례**

과학 및 공학 분야의 대규모 계산, 데이터베이스 관리 시스템, 웹 서버 등

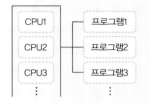

## 6) 다중 모드 시스템(Multi-Mode System)

- 다양한 모드에서 작동할 수 있는 시스템을 의미한다.
- 다른 운영 모드에서 작업을 처리하기 위해 시스템이 전환되는 기능을 갖추고 있다.
- 각 모드는 특정 작업이나 환경에 적합하도록 설계되어 있다.
- 여러 유형의 작업을 동시에 처리할 수 있기 때문에 효율성이 높다.
- 일괄 처리 + 시분할 + 다중 처리 + 실시간 처리
- 특징
  - 모드 전환 : 여러 운영 모드 간의 전환이 가능하다. 각 모드는 고유한 목적과 기능을 가지며, 시스템은 필요에 따라 모드를 전환하여 작업을 처리한다.
  - 보안 및 안전성 : 각 모드에 대해 보안 및 안전성을 유지하기 위한 메커니즘을 갖추고 있다. 모드 간의 권한 및 접근 제어가 설정되어 있어, 비 인가된 모드에서의 시스템 접근을 방지한다.
  - 다양한 작업 처리 : 예를 들어, 사용자 모드에서는 응용 프로그램 실행이 가능하고, 커널 모드에서는 시스템 리소스에 대한 접근과 관리를 할 수 있다.

**사용 사례**

- 운영체제의 커널 모드와 사용자 모드가 있다.
- 커널 모드 : 시스템의 핵심 기능을 수행하고, 하드웨어나 시스템 리소스에 직접 접근할 수 있는 모드이다.
- 사용자 모드 : 응용 프로그램이나 사용자 작업을 처리하는 모드이다.

## 7) 분산 처리 시스템(Distributed Processing System)

여러 대의 컴퓨터로 작업을 나누어 처리하여 그 내용이나 결과를 통신망을 이용하여 상호 교환되도록 연결하는 방식이다.

**운영체제의 발달 과정**

일괄 처리 시스템 → 다중 프로그래밍, 시분할 다중 처리, 실시간 시스템 → 다중 모드 시스템 → 분산 처리 시스템

## 8) 가상화 시스템

- 하나의 물리적 시스템에서 여러 개의 가상 시스템을 구동하는 방식이다.
- 가상화를 통하여 하나의 물리적 시스템에서 여러 개의 가상 시스템을 동시에 실행할 수 있다.
- 리소스의 효율적인 사용과 시스템 관리의 용이성을 제공하며, 서버 가상화, 네트워크 가상화 등 다양한 형태로 활용된다.

✔ **개념 체크**

1 동시에 프로그램을 수행할 수 있는 CPU를 두 개 이상 두고 각각 업무를 분담하여 처리할 수 있는 방식은?

1 다중 처리 시스템

## 9) 클라우드 컴퓨팅 시스템

인터넷을 통해 자원을 공유하고 서비스를 제공하는 형태의 컴퓨팅 환경이다. 클라우드 컴퓨팅은 사용자에게 필요한 컴퓨팅 자원을 유연하게 제공하며, 스케일링과 자원 확장성을 지원한다. 이를 통해 사용자는 필요한 만큼의 컴퓨팅 자원을 사용할 수 있고, 인프라 관리와 유지 보수에 대한 부담을 줄일 수 있다.

**➕ 더 알기 TIP**

**다중 프로그래밍 vs 시분할 시스템 vs 다중 프로세싱**

| 구분 | 다중 프로그래밍 | 시분할 시스템 | 다중 프로세싱 |
|---|---|---|---|
| 프로세서 수 | 1개 | 1개 | 여러 개 |
| 응답 시간 | 느림 | 빠름 | 빠름 |
| 성능 | 보통 | 좋음 | 최고 |
| 비용 | 저렴 | 중간 | 높음 |
| 사용 사례 | 데스크톱 컴퓨터, 서버 | 워크스테이션, 서버 | 슈퍼컴퓨터, 서버 |
| 작업 처리 방식 | 여러 작업을 동시에 실행 | 작은 단위로 작업을 교대로 실행 | 여러 프로세서로 작업을 분산 실행 |
| CPU 활용 | CPU를 최대한 활용 | CPU 시간을 작은 단위로 분할 | 여러 프로세서를 동시에 사용 |
| 작업 처리 시간 | 작업을 일괄적으로 처리 | 작은 시간 동안 작업을 교대로 처리 | 동시에 여러 작업을 병렬로 처리 |
| 작업 우선순위 | 우선순위를 고려하지 않음 | 우선순위에 따라 작업을 스케줄링 | 우선순위에 따라 작업을 스케줄링 |
| 사용자 응답 시간 | 상대적으로 긴 응답 시간 | 짧은 응답 시간 | 상대적으로 짧은 응답 시간 |
| 메모리 관리 | 단일 메모리 공간을 공유 | 단일 메모리 공간을 공유 | 각의 프로세서에 메모리 할당 |
| 사용 시스템 | 배치 처리 시스템 | 대화식 시스템 | 멀티미디어 처리, 고성능 요구 시스템 |

## 02 운영체제의 프로그램 구성

| 구분 | 구성 |
|---|---|
| 제어 프로그램 | 감시 프로그램(Supervisor Program) |
| | 작업 제어 프로그램(Job Control Program) |
| | 데이터 관리 프로그램(Data Management Program) |
| 처리 프로그램 | 언어 번역 프로그램(Language Translate Program) |
| | 서비스 프로그램(Service Program) |
| | 문제 프로그램(Problem Program) |

**✓ 개념 체크**

1 인터넷을 통해 자원을 공유하고 서비스를 제공하는 형태의 컴퓨팅 환경은?

1 클라우드 컴퓨팅 시스템

## 1) 제어 프로그램(Control Program)

### ① 제어 프로그램의 개념

- 운영체제의 핵심 부분으로, 컴퓨터 시스템의 하드웨어와 소프트웨어를 제어하는 역할을 함께 수행한다.
- CPU, 메모리, 디스크, 입출력 장치와 같은 하드웨어와 운영체제의 다른 부분과 같은 소프트웨어를 관리한다.
- 프로세스 스케줄링, 메모리 관리, 입출력 관리, 장치 관리, 에러 처리, 보안 등과 같은 다양한 기능을 수행한다.
- 운영체제의 다른 구성 요소와 상호 작용하며 시스템 전반의 동작을 조율한다.
- 시스템의 안정성, 효율성, 보안성을 유지하면서 사용자의 요구를 충족시키는 역할을 한다.

### ② 제어 프로그램의 주요 기능

- 프로세스 관리 ┌ 컴퓨터에서 실행 중인 프로그램

  제어 프로그램은 프로세스가 생성, 실행, 종료되도록 관리한다.
- 메모리 관리

  제어 프로그램은 메모리가 효율적으로 사용되도록 관리한다.
- 입출력 관리

  제어 프로그램은 입출력이 효율적이고 안정적으로 이루어지도록 관리한다.
- 장치 관리 ┌ 컴퓨터에 연결된 하드 디스크 드라이브, 디스플레이 및 기타 장치

  제어 프로그램은 장치가 효율적이고 안정적으로 작동하도록 관리한다.
- 자원 관리

  CPU, 메모리, 입출력 장치, 파일 시스템 등의 자원을 할당하고, 사용자 프로그램이 이를 안전하게 활용할 수 있도록 관리한다.
- 보안 관리
  - 시스템의 보안을 유지하고 사용자 및 프로세스 간의 보호를 제공한다.
  - 권한 관리, 접근 제어, 데이터 보호 등의 기능을 수행하여 시스템의 안전성을 보장한다.

## 2) 제어 프로그램(Control Program)의 종류 21.3

### ① 감시 프로그램(Supervisor Program)

- 자원의 할당 및 시스템 전체의 작동 상태를 감시·감독하는 프로그램이다.
- 제어 프로그램에서 가장 핵심이 된다.
  - 주요 기능으로는 시스템 상태의 모니터링, 에러와 예외 상황의 탐지, 시스템 자원의 사용량 관리 등이 있다.
  - 감시 프로그램은 시스템의 안정성과 신뢰성을 유지하고, 문제 발생 시 조치를 취하여 시스템의 정상 동작을 유지한다.

---

🕐 **암기 TIP**

**감작데제어**
제어 프로그램의 종류 : 감시
→ 작업 제어 → 데이터 관리
(감) 딸 때는 (작)(데)기를 잘
(제어)해야 돼!

✓ **개념 체크**

1 운영체제의 처리 프로그램은 운영체제의 핵심 부분으로, 컴퓨터 시스템의 하드웨어와 소프트웨어 양측을 제어하는 역할을 함께 수행한다. (O, X)

1 X

② 작업 제어 프로그램(Job Control Program)
- 사용자 작업의 실행과 관리를 담당한다.
- 어떤 업무를 처리하고 다른 업무로의 이행을 자동으로 수행하기 위한 준비 및 그 처리 완료를 담당하는 기능을 수행한다.
- 작업의 연속 처리를 위한 스케줄 및 시스템 자원 할당 등을 담당한다.
- 작업의 스케줄링, 우선순위 설정, 작업 상태 추적 등의 작업 관리 기능을 수행한다.

③ 데이터 관리 프로그램(Data Management Program)
- 주기억 장치와 보조 기억 장치 사이의 자료 전송, 파일의 조작 및 처리 등 시스템 내의 데이터 관리와 조작을 담당한다.
- 입·출력 자료와 프로그램 간의 논리적 연결 등 시스템에서 취급하는 파일과 데이터를 표준적인 방법으로 처리할 수 있도록 관리한다.
- 데이터베이스 관리 시스템(DBMS)이나 파일 시스템 등의 형태로 구현될 수 있다.
- 데이터의 생성, 읽기, 쓰기, 갱신, 삭제 등을 처리하여 데이터의 일관성, 무결성, 보안 등을 관리한다.

## 3) 처리 프로그램(Processing Program)

처리 프로그램 사용 사례
워드 프로세싱 프로그램, 그래픽 디자인 소프트웨어, 데이터베이스 관리 시스템 등

① 처리 프로그램의 개념
- 사용자의 응용 프로그램이나 작업을 실행하는 역할을 수행한다.
- 처리 프로그램은 사용자 요청에 따라 작업을 처리하고, 시스템 리소스를 활용하여 원하는 결과를 얻을 수 있도록 도와준다.

② 처리 프로그램 역할
- 응용 프로그램 실행
  사용자는 응용 프로그램을 통해 처리 프로그램을 실행하여 원하는 작업을 수행하고, 처리 프로그램은 시스템의 자원을 효율적으로 활용하여 사용자에게 필요한 결과를 제공한다.
- 작업 처리
  - 데이터 처리, 계산, 네트워크 통신, 파일 조작 등 다양한 작업을 포함할 수 있다.
  - 사용자의 명령을 이해하고, 필요한 시스템 리소스를 활용하여 작업을 수행한다.
- 자원 관리
  - 메모리, 입출력 장치, 네트워크 연결 등 시스템 리소스를 할당하고 사용하여 작업을 처리한다.
  - 자원 관리는 시스템의 성능과 안정성을 유지하는 데 중요한 역할을 한다.
- 결과 제공
  - 화면에 정보를 출력하거나 파일에 결과를 저장하는 등 다양한 형태로 이루어질 수 있다.
  - 결과 제공을 통해 사용자는 작업의 진행 상황을 확인하고 필요한 결과를 얻을 수 있다.

**개념 체크**

1 제어 프로그램의 종류로는 감시 프로그램, 작업 제어 프로그램, 언어 번역 프로그램이 있다. (O, X)

1 X

③ 처리 프로그램 기능

- 파일 관리 : 파일 생성, 파일 삭제, 파일 이름 바꾸기, 파일 복사, 파일 이동, 파일 열기, 파일 닫기와 같은 작업을 수행한다.
- 메모리 관리 : 메모리 할당, 메모리 해제, 메모리 보호, 메모리 압축과 같은 작업을 수행한다.
- 디스크 관리 : 디스크 파티션 생성, 디스크 파티션 삭제, 디스크 파티션 크기 조정, 디스크 포맷, 디스크 복사와 같은 작업을 수행한다.
- 네트워크 관리 : 네트워크 연결 설정, 네트워크 파일 공유, 네트워크 프린터 공유와 같은 작업을 수행한다.
- 사용자 인터페이스 : 화면 출력, 프린터 출력, 오디오 출력과 같은 작업을 수행한다.

## 4) 처리 프로그램(Processing Program)의 종류 [21.3]

① 언어 번역 프로그램(Language Translate Program)

- 프로그래머가 작성한 원시 프로그램을 컴퓨터가 이해할 수 있는 형식으로 번역한다.
- 고급 언어로 작성된 응용 프로그램을 기계어로 변환하는 역할을 수행한다.
- 주로 컴파일러(Compiler)와 인터프리터(Interpreter)★로 구성되며, 소스 코드를 분석하고 기계어로 변환하는 작업을 수행한다.
- 종류 : 어셈블러, 컴파일러, 인터프리터

★ 컴파일러와 인터프리터
컴파일러는 전체 소스 코드를 한 번에 번역하여 목적 코드를 생성하는 번역 프로그램이다. 반면, 인터프리터는 소스 코드를 한 줄씩 해석하며 실행한다.

➕ 더 알기 TIP

### 어셈블러 vs 컴파일러 vs 인터프리터

| 구분 | 어셈블러 | 컴파일러 | 인터프리터 |
|---|---|---|---|
| 번역 시간 | 짧음(코드 라인 단위) | 중간(전체 코드) | 거의 없음(실시간) |
| 실행 시간 | 빠름(원시 기계 코드) | 빠름(일괄 처리 후) | 느림(실시간 해석) |
| 번역 방식 | 어셈블리어로 변환 | 기계어로 변환 | 중간 언어로 해석 |
| 장점 | • 번역된 코드가 효율적임<br>• 하드웨어와 밀접함<br>• 메모리 사용 효율적임 | • 실행 속도가 빠름<br>• 코드 최적화 가능<br>• 타입 검사 및 오류 미리 확인 | • 플랫폼 독립성 높음<br>• 즉시 실행 가능<br>• 동적인 기능 추가 가능 |
| 단점 | • 이식성이 낮음<br>• 오류 수정이 어려움<br>• 직독 직해 해석이 필요 | • 번역 시간이 오래 걸림<br>• 컴파일 단계 필요<br>• 실행 파일 생성 필요 | • 실행 속도가 느림<br>• 번역 오류 미리 확인 어려움<br>• 일괄 처리 어려움 |

② 서비스 프로그램(Service Program)

- 사용자의 편의를 위해 사용 빈도가 높은 프로그램을 시스템 제공자가 미리 작성하여 사용자에게 제공해 주는 프로그램이다.
- 시스템의 다양한 서비스와 기능을 제공하는 역할을 수행한다.
- 파일 시스템 관리, 네트워크 통신, 사용자 인터페이스(UI), 보안 관리, 장치 드라이버 등이 있다.
- 사용자에게 다양한 기능을 제공하며, 응용 프로그램과 하드웨어 간의 인터페이스 역할을 수행한다.
- 종류 : 연계 편집, 유틸리티, 정렬, 병합 등

③ 문제 프로그램(Problem Program)
• 특정 업무를 처리하기 위해 사용자가 작성한 프로그램이다.
• 사용자의 요구에 따라 특정 문제나 작업을 수행하는 역할을 수행한다.
• 사용자는 문제 프로그램을 실행하여 원하는 작업을 수행하고, 시스템 리소스와 서비스 프로그램의 기능을 활용하여 결과를 얻는다.
• 종류 : 워드프로세서, 스프레드시트 프로그램, 데이터베이스 관리 시스템 등

# 이론을 확인하는 기출문제

**01** 운영체제의 운영 방식 중 데이터 발생 즉시, 또는 데이터 처리 요구가 있는 즉시 처리하여 결과를 산출하는 방식으로, 항공기 예약 업무, 은행 창구 업무, 조회 및 질의 업무 등에 사용되는 시스템을 무엇이라고 하는가?
① 실시간 처리 시스템
② 분산 처리 시스템
③ 일괄 처리 시스템
④ 시분할 시스템

실시간 처리 시스템은 정해진 시간에 반드시 처리되어야 하는 작업에 적합하다.

**02** 2개 이상의 프로그램을 주기억 장치에 기억시키고 CPU를 번갈아 사용하면서 처리하여 컴퓨터 시스템 자원 활용률을 극대화하기 위한 프로그래밍 기법은?
① 분산 처리 프로그래밍
② 일괄 처리 프로그래밍
③ 멀티 프로그래밍
④ 리얼타임 프로그래밍

**다중 프로그래밍 시스템(Multi-Programming System)**
• 하나의 컴퓨터 시스템에서 여러 프로그램이 같이 컴퓨터 시스템에 입력되어 주기억 장치에 적재되고, 이들이 중앙 처리 장치를 번갈아 사용하며 실행하도록 하는 시스템이다.
• 처리량을 극대화한다.

**03** 운영체제를 기능에 따라 분류할 경우 제어 프로그램이 아닌 것은?
① 데이터 관리 프로그램
② 서비스 프로그램
③ 작업 제어 프로그램
④ 감시 프로그램

**제어 프로그램(Control Program)**
• 감시 프로그램(Supervisor Program)
• 작업 제어 프로그램(Job Control Program)
• 자료 관리 프로그램(Data Management Program)

**04** 시스템 소프트웨어의 구성에서 처리 프로그램과 가장 관계가 없는 것은?
① Job Scheduler
② Language Translate Program
③ Service Program
④ Problem Program

**처리 프로그램(Processing Program)**
• 언어 번역 프로그램(Language Translator Program)
• 서비스 프로그램(Service Program)
• 문제 프로그램(Problem Program)

정답 01 ① 02 ③ 03 ② 04 ①

# 프로세스 관리

빈출태그 프로세스 상태 전이 • 스레드

---

## 01 프로세스(Process)

### 1) 프로세스

① 프로세스의 개념

- 실행 중인 프로그램이다.
- 실행할 수 있는 PCB를 가진 프로그램이다.
- 프로세서가 할당되는 실체이다.
- 프로시저가 활동 중인 것이다.
- 비동기적 행위를 일으키는 주체이다.

② 프로세스 제어 블록(PCB : Process Control Block)

- 운영체제가 프로세스를 관리하기 위해 프로세스에 대한 중요한 정보를 저장해 놓은 곳이다.
- 프로세스가 생성될 때마다 고유의 PCB가 생성되며, 프로세스가 소멸하면 PCB도 소멸된다.
- PCB에 저장된 정보 : 프로세스의 현재 상태, 프로세스의 우선순위, 프로세스에 할당된 자원에 대한 정보, CPU 레지스터 정보

### 2) 프로세스 상태 전이 21.8, 20.6

- 프로세스가 다양한 상태를 거치면서 실행되는 과정을 말한다.
- 프로세스는 운영체제의 스케줄러에 의해 관리되며, 다음과 같은 상태 전이를 거쳐 실행된다.

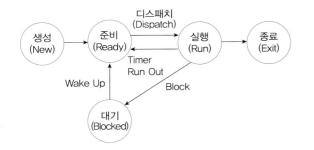

> **기적의 TIP**
>
> 프로세스와 스레드의 개념을 출제된 기출을 통해 정리하세요.

**프로세스 상태 전이**

- 디스패치(Dispatch) : 준비 상태에서 대기하고 있는 프로세스 중 하나가 CPU를 할당받아 실행 상태로 변하는 시점이다.
- Time Run Out(할당 시간 종료) : 자신에 할당된 시간만큼 CPU를 사용하고 준비 상태로 변하는 시점이다.
- I/O 요구 : 프로세스가 CPU를 사용 중에 I/O 행위가 필요하여 보류 상태로 이동하는 시점이다.
- Wake Up : I/O 작업이 완료되어 준비 상태로 이동하는 시점이다.
- Suspend : 보류 상태에서 운영체제에 의해 일시적으로 벗어나는 상태이다.

### 3) 프로세스 상태 전이 절차

#### ① 생성(Created)

프로세스가 생성되었지만, 아직 실행되기 전인 상태이다. 프로세스 제어 블록(Process Control Block, PCB)이 생성되고 초기화된다.

#### ② 준비 상태(Ready State)

프로세스가 CPU를 할당받기 위해 준비하고 있는 상태이다.

#### ③ 실행 상태(Running State)

- 준비 상태의 프로세스가 CPU를 할당받아 실행 중인 상태이다.
- 디스패치(Dispatch) : 우선순위가 가장 높은 프로세스가 준비 상태에서 실행 상태로 전환되는 것이다.
- 할당 시간 종료(Time Run Out) : 실행 상태의 프로세스가 할당 시간(타이머)이 종료되어 준비 상태로 전환되는 것이다.

#### ④ 대기 상태(Blocked State)

- 실행 상태의 프로세스가 종료되기 전에 입 · 출력 등의 다른 작업이 필요할 경우 CPU를 반납하고 작업의 완료를 기다리는 상태이다.
- 블록(Block) : 실행 상태에서 대기 상태로 전환되는 것이다.
- 웨이크 업(Wake Up) : 대기 상태의 프로세스가 웨이크 업(조건 만족)되면 준비 상태로 전환된다.

#### ⑤ 종료(Terminated)

프로세스가 실행을 마치고 종료되는 상태이다. 프로세스가 더 이상 필요하지 않을 때 발생하며, PCB 등의 자원이 해제된다.

## 02 스레드(Thread) 23.3, 22.4, 21.8

### 1) 개요

- 프로세스 내에서의 작업 단위로서 시스템의 여러 자원을 할당받아 실행하는 프로그램의 단위를 의미한다.
- 스레드를 이용하면 하드웨어, 운영체제의 성능과 응용 프로그램의 처리율을 향상시킬 수 있다.
- 한 개의 프로세스는 여러 개의 스레드를 가질 수 있다.
- 스레드의 구분 : 커널 스레드, 사용자 스레드
  커널 수준 스레드는 커널 ┘
  레벨에서 생성되는 스레드
  ┌ 라이브러리에 의해 구현된
  일반적인 스레드

### 2) 사용자 수준 스레드의 장점

- 높은 이식성 : 기본 커널을 변경할 필요가 없으므로 모든 운영체제에 적용할 수 있어 이식성이 높다.
- 오버헤드 감소 : 커널의 도움 없이 스레드 교환이 가능해서, 사용자와 커널 전환에 따른 오버헤드가 줄어든다.

**다중 스레드의 메모리 영역**
- 코드(Code) 영역 : 프로그램 명령 코드 자체를 저장하는 메모리 영역으로 Hex 파일이나 BIN 파일이 저장되는 영역이다.
- 데이터(Data) 영역 : 전역 변수, 정적 변수, 배열, 구조체 등이 저장되는 영역이다.
- 스택(Stack) 영역 : 지역 변수, 매개 변수, 리턴 값 등 잠시 사용되었다가 사라지는 임시 데이터를 저장하는 영역이다. 함수 호출 시 생성되고, 함수가 끝나면 시스템에 반환된다.
- 힙(Heap) 영역 : malloc(), free()와 같은 동적인 메모리를 할당하고자 할 때 사용하는 메모리 영역이다.

✔ **개념 체크**

1 프로세스 내에서의 작업 단위로서 시스템의 여러 자원을 할당받아 실행하는 프로그램의 단위를 의미하는 것은?

1 스레드

## 03 병행 프로세스(Concurrent Process)

### 1) 병행 프로세스

- 두 개 이상의 프로세스들이 동시에 실행 상태에 있는 것이다.
- 병행 프로그래밍 기법 하에서 발생할 수 있는 오류에 대한 오류 방지 방법에는 임계구역, 상호배제, 동기화 기법이 있다.

### 2) 병행 프로세스 오류 방지 방법

① **임계 영역(Critical Section)** 23.3, 22.3

- 어느 한 시점에서 하나의 프로세스가 자원 또는 데이터를 사용하도록 지정된 공유 영역이다.
- 임계 영역에서의 작업은 신속하게 이루어져야 한다.
- 임계 영역 내의 프로그램에서는 교착상태가 발생하지 않도록 해야 한다.
- 임계 영역 내의 프로그램에서는 무한 반복이 발생하지 않도록 해야 한다.

② **상호배제(Mutual Exclusion)** 22.7

- 공유 변수에 접근하고 있는 하나의 프로세스 외에는 다른 모든 프로세스가 공유 변수를 접근하지 못하도록 제어하는 기법이다.
- 상호배제 구현 기법 : 데커 알고리즘, 피터슨 알고리즘, Lamport의 빵집 알고리즘, Test and set 명령어 기법, Swap 명령어 기법

③ **동기화 기법(Synchronization)** 22.3
　　　　　　　　　　　　　　　　공유 데이터와 이 데이터를 처리하는
　　　　　　　　　　　　　　　　프로시저를 포함하는 병행성 구조

- 세마포어(Semaphore) : Dijkstra가 제안한 방법으로, 연산 P와 V를 통해서 프로세스 사이의 동기를 유지하고 상호배제의 원리를 보장한다.
- 모니터(Monitor) : 모니터의 경계에서 상호배제가 시행되며, 모니터 외부에서는 모니터 내부의 데이터를 직접 액세스할 수 없다.

**컨텍스트 스위칭**
**(Context Switching)**
다중 프로그래밍 시스템에서 운영 체제에 의하여 CPU가 할당되는 프로세스를 변경하기 위하여 현재 CPU를 사용하여 실행되고 있는 프로세서의 상태 정보를 저장하고, 앞으로 실행될 프로세스의 상태 정보를 설정한 다음에 중앙 처리 장치를 할당하여 실행이 되도록 하는 작업이다.

✔ **개념 체크**

1 병행 프로세스의 오류를 방지하기 위해서 임계 영역 내의 프로그램에서는 교착상태를 발생시켜야 한다. (O, X)

1 X

**01** PCB(Process Control Block)가 갖고 있는 정보가 **아닌** 것은?

① 할당되지 않은 주변 장치의 상태 정보
② 프로세스의 현재 상태
③ 프로세스 고유 식별자
④ 스케줄링 및 프로세스의 우선순위

**PCB에 저장된 정보**
• 프로세스의 현재 상태
• 프로세스의 우선순위
• CPU 레지스터 정보
• 할당된 자원에 대한 정보

**02** 프로세스 상태의 종류가 **아닌** 것은?

① Ready
② Running
③ Request
④ Exit

프로세스 상태 : New(생성), Ready(준비), Running(실행), Blocked(대기), Exit(종료)

**03** 프로세스와 관련한 설명으로 **틀린** 것은?

① 프로세스가 준비 상태에서 프로세서가 배당되어 실행 상태로 변화하는 것을 디스패치(Dispatch)라고 한다.
② 프로세스 제어 블록(PCB : Process Control Block)은 프로세스 식별자, 프로세스 상태 등의 정보로 구성된다.
③ 이전 프로세스의 상태 레지스터 내용을 보관하고 다른 프로세스의 레지스터를 적재하는 과정을 문맥 교환(Context Switching)이라고 한다.
④ 프로세스는 스레드(Thread) 내에서 실행되는 흐름의 단위이며, 스레드와 달리 주소 공간에 실행 스택(Stack)이 없다.

**스레드(Thread)**
• 프로세스 내에서의 작업 단위로서 시스템의 여러 자원을 할당받아 실행하는 프로그램의 단위를 의미한다.
• 하드웨어, 운영체제의 성능과 응용 프로그램의 처리율을 향상시킬 수 있다.
• 한 개의 프로세스는 여러 개의 스레드를 가질 수 있다.

**04** 사용자 수준에서 지원되는 스레드(Thread)가 커널에서 지원되는 스레드에 비해 가지는 장점으로 옳은 것은?

① 한 프로세스가 운영체제를 호출할 때 전체 프로세스가 대기할 필요가 없으므로 시스템 성능을 높일 수 있다.
② 동시에 여러 스레드가 커널에 접근할 수 있으므로 여러 스레드가 시스템 호출을 동시에 사용할 수 있다.
③ 각 스레드를 개별적으로 관리할 수 있으므로 스레드의 독립적인 스케줄링이 가능하다.
④ 커널 모드로의 전환 없이 스레드 교환이 가능하므로 오버헤드가 줄어든다.

**사용자 수준 스레드의 장점**
• 높은 이식성 : 기본 커널을 변경할 필요가 없으므로 모든 운영체제에 적용할 수 있어 이식성이 높다.
• 오버헤드 감소 : 스레드 관리를 위한 모든 데이터 구조가 프로세스의 사용자 주소 공간에 있어 커널의 도움 없이 스레드 교환이 가능하다. 따라서 사용자와 커널 전환에 따른 오버헤드가 줄어든다.

**05** 다중 프로그래밍 시스템에서 OS에 의해 CPU가 할당되는 프로세스를 변경하기 위한 목적으로 현재 CPU를 사용하여 실행되고 있는 프로세스의 상태 정보를 저장하고 제어 권한을 ISR에게 넘기는 작업을 무엇이라 하는가?

① Context Switching
② Monitor
③ Mutual Exclusion
④ Semaphore

Context Switching : CPU가 할당되는 프로세스를 변경하기 위하여 현재 CPU를 사용하여 실행되고 있는 프로세서의 상태 정보를 저장하고, 앞으로 실행될 프로세스의 상태 정보를 설정한 다음에 중앙 처리 장치를 할당하여 실행이 되도록 하는 작업이다.

정답 01 ① 02 ③ 03 ④ 04 ④ 05 ①

SECTION

04

교착상태

출제빈도 상 中 하
반복학습 1 2 3

빈출 태그 교착상태 · 교착상태 발생 조건 · 은행원 알고리즘

▶ 합격 강의

## 01 교착상태(Deadlock) 23.8, 21.3, 20.6

### 1) 교착상태의 개념

둘 이상의 프로세스들이 서로 다른 프로세스가 차지하고 있는 자원을 요구하며 무한정 기다리게 되어 해당 프로세스들의 진행이 중단되는 현상이다.

### 2) 교착상태의 발생 조건

#### ① 상호배제(Mutual Exclusion)

- 한 번에 한 프로세스만이 어떤 자원을 사용할 수 있다.
- 운영체제에서 자원을 보호하는 데 필수적이다.
- 상호배제가 없다면 두 프로세스가 서로 다른 리소스를 기다리면서 무기한 대기할 수 있다.

#### ② 점유 및 대기(Hold and Wait) 22.7

- 프로세스는 다른 자원이 할당되기를 기다리는 동안 이미 확보한 자원을 계속 보유하고 있다.
- 프로세스나 스레드는 자원을 점유한 상태에서 추가적인 자원을 얻기 위해 대기해야 한다.
- 한 프로세스나 스레드가 자원을 점유한 상태에서 다른 프로세스나 스레드가 요청한 자원을 사용할 수 없게 되면서 교착상태 상황이 발생하는 데 모든 프로세스나 스레드가 자원을 점유하고 대기하며, 작업의 진행이 멈추는 상황이 발생할 수 있다.
- 이를 방지하기 위해 운영체제는 프로세스가 모든 필요한 자원을 한 번에 요청하도록 강제할 수 있다.
- 자원을 독립적으로 할당하는 대신, 자원을 모두 요청한 이후에 한꺼번에 할당하는 방식도 있다.

#### ③ 비선점(Non-preemption)

- 자원을 보유하고 있는 프로세서로부터 다른 프로세스가 강제로 그 자원을 빼앗을 수 없다.
- 해결하기 위해 운영체제는 일부 자원은 선점 가능한(Preemptable) 자원으로 설정하여, 우선순위가 더 높은 프로세스나 스레드가 해당 자원을 점유할 수 있도록 한다.

---

**기적의 TIP**

기출 표기가 된 내용은 반복 출제되는 내용이므로 기출 표기를 기준으로 기출문제와 함께 내용을 정리하세요.

**상호배제의 예**

- 프린터 자원을 사용할 때 여러 프로세스나 스레드가 프린터를 사용하려고 할 때, 프린터는 한 번에 하나의 작업만을 처리할 수 있다.
- 한 프로세스나 스레드가 프린터를 점유하고 작업을 수행하는 동안, 다른 프로세스나 스레드는 프린터를 사용할 수 없고, 대기해야 한다.
- 상호배제 조건이 충족되지 않으면 여러 프로세스나 스레드가 동시에 프린터를 사용하려고 하여 충돌이 발생하게 된다.
- 프로세스 A와 프로세스 B가 각각 프린터와 스캐너를 사용하고자 할 때, 프로세스 A는 프린터를 점유한 상태에서 스캐너를 요청하고 대기하고 있으며, 프로세스 B는 스캐너를 점유한 상태에서 프린터를 요청하고 대기하고 있다고 가정한다.
- 이때 프린터와 스캐너는 각각 다른 프로세스에 의해 점유되고 있으므로, 두 프로세스 모두 대기 상태에 머무르게 된다.
- 이러한 상황에서는 프로세스 A와 B가 서로 원하는 자원을 가지고 있으며, 둘 중 어느 하나라도 양보하지 않는다면 교착상태가 발생한다.

**환형 대기의 예**
- 예를 들어, 프로세스 A와 프로세스 B가 각각 계좌 A와 계좌 B에 접근하여 자금을 이체하려고 할 때 프로세스 A는 계좌 A를 점유하고 계좌 B에 접근해야 하며, 프로세스 B는 계좌 B를 점유하고 계좌 A에 접근해야 한다. 이러한 상황에서는 프로세스 A와 B가 서로가 점유한 자원을 요구하고 대기하며, 요구가 순환적으로 반복되어 순환 대기 상태가 형성된다.
- 해결을 위해서는 은행에서는 자원에 대한 접근을 일정한 순서로 제한함으로써 순환 대기 조건을 방지한다.

**무한정 대기**
- 가능성이 없는 기다림을 무한정 지속하므로 프로그램은 더 이상 진행하지 못하고 중단된 상태이다.
- 무한 대기 : 가능성이 있는 상태를 무한정 기다린다.
- 교착상태 : 가능성이 없는 상태를 무한정 기다린다.

**예방 해결의 예**
예를 들어, 계좌에 접근하기 위해서는 계좌 번호에 따라 순서를 부여하고, 프로세스나 스레드는 오름차순으로 계좌에 접근하도록 하여 순환 대기 조건을 방지하고, 은행에서의 교착상태를 예방할 수 있다.

- 예를 들어, 프로세스 A와 프로세스 B가 동시에 공유 데이터를 읽고 쓰는 상황을 가정할 때. 프로세스 A가 공유 데이터를 점유하고 쓰는 도중에 프로세스 B가 해당 데이터를 읽고자 할 경우, 비선점(Non-preemption) 조건이 적용된 경우, 프로세스 A가 자원을 빼앗아 가지고 올 수 없으므로 프로세스 B는 계속해서 접근을 기다려야 한다.

### ④ 환형 대기(Circular Wait)

- 이미 자원을 가진 프로세스가 앞이나 뒤의 프로세스 자원을 요구한다.
- 각 프로세스나 스레드는 다음 프로세스나 스레드가 점유한 자원을 요구하며, 이러한 요구가 순환적으로 반복되는 경우이다.
- 한 프로세스가 다음 프로세스에 의해 요구되는 자원을 가지고 있으며, 동시에 다음 프로세스가 이전에 점유한 자원을 요구하게 되어 순환적인 대기 상태가 형성된다.
- 운영체제는 자원에 순서를 부여하거나, 자원 할당을 중앙 집중화하여 프로세스나 스레드 간의 순환 대기를 방지한다.

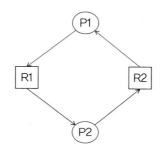

✔ **개념 체크**

1. 사전에 시스템을 제어하여 교착상태가 발생하지 않도록 하는 교착상태 해결 방법은?

1 예방

### ⑫ 교착상태의 해결 방법 22.7, 21.5, 21.3

#### 1) 예방(Prevention)
자원의 낭비가 가장 심한 것으로 알려진 기법

- 교착상태가 발생하지 않도록 사전에 시스템을 제어하는 방법이다.
- 해결 방법
  - 상호배제 조건 제거 : 공유할 수 있는 자원을 사용하거나 상호배제 대상 자원의 개수를 증가시킴으로써 여러 개의 프로세스나 스레드가 동시에 자원을 사용할 수 있도록 한다.
  - 점유와 대기 조건 제거 : 프로세스나 스레드가 필요한 모든 자원을 한 번에 요청하도록 강제할 수 있다. 즉, 모든 자원을 얻은 후에야 작업을 시작할 수 있도록 한다.
  - 비선점 조건 제거 : 프로세스나 스레드가 다른 프로세스나 스레드가 점유한 자원을 강제로 빼앗아 사용할 수 있도록 한다.
  - 순환 대기 조건 제거 : 자원에 번호를 할당하거나 우선순위를 부여하여 순환 대기 상태를 방지한다. 이를 통해 프로세스나 스레드 간에 자원 할당의 순서를 조정한다.

## 2) 회피(Avoidance) 24.7, 24.5, 22.4, 20.6

주로 은행가(은행원) 알고리즘
(Banker's Algorithm)을 사용

- 교착상태 발생 가능성을 인정하고 교착상태가 발생하려고 할 때, 교착상태 가능성을 피해 가는 방법이다.
- 시스템 상태를 모니터링하고 자원 할당의 안전성을 사전에 분석하여 교착상태가 발생할 가능성이 있는 상황을 회피한다.
- 은행원 알고리즘의 단계
  - 시스템 초기화 : 시스템은 사용할 수 있는 자원의 수와 각 프로세스의 최대 자원 요구량을 파악한다.
  - 자원 요청 : 프로세스가 자원을 요청하고 시스템이 해당 자원의 가용 여부 분석을 시작한다.
  - 안전성 검사 : 시스템은 자원 요청에 의해 시스템 상태가 안정 상태를 유지할 수 있는지를 평가한다. 안정 상태가 되면 자원을 할당하고, 그렇지 않으면 프로세스는 대기 상태에 머무르게 된다.

## 3) 발견(Detection, 탐지)

- 교착상태가 발생했는지 검사하여 교착상태에 빠진 프로세스와 자원을 발견하는 방법이다.
- 시스템 내에서 교착상태가 발생한 것을 감지하고, 이를 처리하는 방법이다.
- 교착상태가 발생할 때까지 대기하지 않고 주기적으로 시스템 상태를 모니터링하여 교착상태를 탐지하는 것이 특징이다.
- 자원 할당 그래프(Resource Allocation Graph)를 이용하여 관리한다.
- 자원 할당 그래프를 이용하여 프로세스와 자원 간의 관계를 표현하는 그래프로, 프로세스와 자원을 노드로 나타내고 할당 관계를 간선으로 표현한다.
- 자원 할당 그래프를 이용한 교착상태 탐지 절차
  - 자원 할당 그래프 생성 : 시스템의 현재 상태를 기반으로 자원 할당 그래프를 생성한다.
  - 사이클 탐지 : 자원 할당 그래프에서 순환 구조(사이클)가 존재하는지 탐지한다. 순환 구조가 존재한다는 것은 교착상태가 발생했음을 의미한다.
  - 교착상태 처리 : 교착상태가 탐지되면 해당 교착상태를 해결하기 위한 조치를 취한다. 일반적으로는 교착상태에 관여한 프로세스 중 하나를 강제로 중지시키거나, 자원을 선점하여 교착상태를 해제한다.

## 4) 회복(Recovery)

- 교착상태에 빠진 프로세스를 종료하거나 해당 프로세스가 점유하고 있는 자원을 선점하여 다른 프로세스에게 할당하는 기법이다.
- 교착상태가 이미 발생한 후에 대응하는 방법이므로, 교착상태 해결까지 일시적인 시스템 중단이 발생할 수 있다. 따라서 회복을 수행하기 전에 다른 프로세스나 사용자들에게 영향을 주는지 주의해야 한다.
- 주로 교착상태가 발생한 프로세스를 중지하거나, 교착상태에 관련된 자원을 선점하여 교착상태를 해제한다.

---

**은행원 알고리즘의 예**
- 은행에는 100장의 수표와 1,000달러의 현금이 있다.
- 고객 A는 50장의 수표와 500달러의 현금이 필요하다.
- 고객 B는 25장의 수표와 250달러의 현금이 필요하다.
- 은행가 알고리즘은 고객 A와 B가 모두 필요한 자원을 안전하게 할당할 수 있음을 확인이 필요하다. 은행은 100장의 수표와 1,000달러의 현금이 있으므로 고객 A와 B 모두에게 필요한 자원을 할당할 수 있다.

**회피의 예**
자동차 공장은 각 작업 스테이션에 조립 작업을 위해 필요한 부품과 장비, 정비사 등의 자원을 할당한다. 특정 작업 스테이션에 자원을 할당하고자 할 때, 시스템은 해당 자원을 할당한 후에도 작업 스테이션들이 부품, 장비, 정비사가 준비되어있는 상태인지 사전에 검사한다.

**회복의 예**
은행에서의 계좌 이체 상황에서 교착상태가 발생한 경우를 가정한다. 교착상태에 관여한 프로세스 중 하나를 선택하여 중지시키고, 해당 프로세스가 점유한 자원을 반납한다. 그리고 교착상태에 관련된 자원 중 하나를 다른 프로세스에게 할당하여 자원을 활용할 수 있는 상태로 복구한다.

- 회복 절차
  - 교착상태 탐지 : 자원 할당 그래프나 다른 탐지 알고리즘을 활용한다.
  - 교착상태 상황 분석 : 탐지된 교착상태 상황을 분석하여 어떤 프로세스와 자원이 교착상태에 관여하고 있는지 파악한다.
  - 프로세스 중지 : 교착상태에 관여한 프로세스 중 하나를 선택하여 중지한다.
  - 자원 선점 : 교착상태에 관련된 자원 중 하나를 선점하여 다른 프로세스에게 할당한다.

## 03 인터럽트(Interrupt)

### 1) 인터럽트의 개념
어떤 특수한 상태 발생 시 현재 실행 중인 프로그램이 일시 중단되고, 그 특수한 상태를 처리하는 프로그램으로 분기 및 처리한 후 다시 원래의 프로그램을 처리한다.

### 2) 인터럽트 처리를 위한 작업 순서
① 인터럽트가 발생하면 운영체제가 제어권을 받는다.
② 운영체제는 인터럽트가 걸린 현재의 프로세스 상태를 저장한다.
③ 운영체제는 인터럽트의 발생 원인을 찾아 지정되어있는 루틴으로 제어권을 넘겨준다.
④ 인터럽트 처리 루틴이 인터럽트를 처리한다.
⑤ 인터럽트가 걸렸던 이전 프로세스의 상태로 복구된다.
⑥ 인터럽트가 걸렸던 시점 이후부터 프로세스가 실행된다.

### 3) 인터럽트의 종류

| | |
|---|---|
| 주로 기계의 외부 오류에 의해 발생 ─ **외부 인터럽트**<br>(External Interrupt) | • 전원 이상(Power Fail Interrupt)<br>• 기계 검사(Machine Check Interrupt)<br>• 외부 신호(External Signal Interrupt)<br>• 입 · 출력(I/O Interrupt) |
| **내부 인터럽트**<br>(Internal Interrupt) | 트랩(Trap) 발생 조건<br>• Overflow 또는 Underflow가 발생한 경우<br>• 0에 의한 나눗셈 ── 잘못된 명령이나 데이터를 사용할 때 발생<br>• 불법적인 명령<br>• 보호 영역 내의 메모리 어드레스를 Access 하는 경우 |
| **소프트웨어 인터럽트**<br>(Software Interrupt) | • 명령어 수행에 의해 발생하는 인터럽트<br>• SVC 인터럽트(SuperVisor Call Interrupt) |

└─ 입출력 수행, 기억 장치 할당 및 오퍼레이터와 대화 등을 하기 위해 발생하는 인터럽트

✔ **개념 체크**

1 전원 이상, 기계 검사 등의 형태로 나타나는 인터럽트는?

1 외부 인터럽트

**01** 교착상태의 해결 방법 중 은행원 알고리즘(Banker's Algorithm)이 해당되는 기법은?

① Detection
② Avoidance
③ Recovery
④ Prevention

---

**회피(Avoidance)**
· 교착상태 발생 가능성을 인정하고 교착상태가 발생하려고 할 때, 교착상태 가능성을 피해 가는 방법이다.
· 주로 은행가 알고리즘(Banker's Algorithm)을 사용한다.

**02** 교착상태가 발생할 수 있는 조건이 <u>아닌</u> 것은?

① Mutual Exclusion
② Hold and Wait
③ Non-preemption
④ Linear Wait

---

**교착상태의 발생 조건**
· 상호배제(Mutual Exclusion) : 한 번에 한 개의 프로세스만이 공유 자원을 사용할 수 있어야 한다.
· 점유와 대기(Hold and Wait) : 이미 자원을 가진 프로세스가 다른 자원의 할당을 요구하는 경우
· 비선점(Non-preemption) : 프로세스에 할당된 자원은 사용이 끝날 때까지 강제로 빼앗을 수 없다.
· 환형 대기(Circular Wait) : 이미 자원을 가진 프로세스가 앞이나 뒤의 프로세스의 자원을 요구한다.

**03** 다음은 교착상태 발생 조건 중 어떤 조건을 제거하기 위한 것인가?

> – 프로세스가 수행되기 전에 필요한 모든 자원을 할당시켜 준다.
> – 자원이 점유되지 않은 상태에서만 자원을 요구하도록 한다.

① Mutual Exclusion
② Hold and Wait
③ Non-preemption
④ Circular Wait

---

점유와 대기(Hold and Wait) : 이미 자원을 가진 프로세스가 다른 자원의 할당을 요구하는 경우이다.

# 프로세스 스케줄링

▶ 합격 강의

빈출 태그 선점 · 비선점 · SJF · HRN · FIFO

## 🅱 기적의 TIP

프로세스 스케줄링 기법 중 선점/비선점 형을 구분할 수 있도록 하고 HRN 스케줄링 기법의 공식과 특징을 확실히 정리하세요.

## 01 프로세스 스케줄링

### 1) 개념

- 프로세스의 생성 및 실행에 필요한 시스템의 자원을 해당 프로세스에 할당하는 작업이다.
- 다중 프로그래밍 운영체제에서 자원의 성능을 향상시키고 효율적인 프로세서의 관리를 위해 작업 순서를 결정하는 것이다.

### 2) 프로세스 스케줄링의 목적

모든 작업들에 대한 공평성 유지, 단위 시간당 처리량 최대화, 응답 시간 및 반환 시간 최소화, 운영체제의 오버헤드 최소화를 목적으로 한다.

### 3) 바람직한 스케줄링 정책

CPU 이용률 최대화, 응답 시간 및 반환 시간 최소화, 대기 시간 최소화 등의 정책을 기조로 한다.

### 4) 스케줄링 관점(Scheduling Criteria)

스케줄링의 효율을 분석하는 기준

| 시스템 관점 | • CPU 이용률(CPU Utilization) : 전체 시간 중 CPU가 쉬지 않고 일한 시간<br>• 처리량(Throughput) : 단위 시간당 수행 완료한 프로세스의 수 |
|---|---|
| 프로그램 관점 | • 소요 시간(Turnaround Time) : 프로세스가 Ready Queue에서 대기한 시간부터 작업을 완료하는 데 걸리는 시간<br>• 대기 시간(Waiting Time) : 프로세스가 Ready Queue에서 대기한 시간<br>• 응답 시간(Response Time) : 프로세스가 처음으로 CPU를 할당받기까지 걸린 시간 |

## 02 프로세스 스케줄링 기법

### 1) 비선점(Non-Preemptive) 스케줄링

① 비선점 스케줄링의 개념

- 비선점형 방식 : FIFO, SJF, HRN, 우선순위, 기한부 스케줄링
- 선점형 방식 : RR(라운드 로빈), SRT, MLQ, MFQ

- 한 프로세스가 일단 CPU를 할당받으면 다른 프로세스가 CPU를 강제로 빼앗을 수 없고, 사용이 끝날 때까지 기다리는 기법이다.
- 모든 프로세스에 대한 요구를 공정히 처리하여 응답 시간의 예측이 용이하다.
- CPU의 사용 시간이 짧은 프로세스들이 사용 시간이 긴 프로세스들로 인하여 오래 기다리는 경우가 발생할 수 있다.

② FIFO(First In First Out) <sup>24.5, 23.6, 23.3, 21.3</sup>

- 준비 상태 큐에 도착한 순서대로 CPU를 할당하는 기법이다.
- FCFS(First Come First Service)라고도 한다.

### ➕ 더 알기 TIP

FIFO 스케줄링에서 다음과 같은 3개의 작업에 대하여 모든 작업의 평균대기 시간 및 평균 반환 시간은?

| 작업 | 도착 시간 | 실행 시간 |
|------|-----------|-----------|
| P1 | 0 | 13 |
| P2 | 3 | 35 |
| P3 | 8 | 10 |

- 실행 순서 : P1 → P2 → P3
- 대기 시간 : P1(0), P2(10), P3(40)
- 평균 대기 시간 : (0+10+40) / 3 = 16.66
- 반환 시간 : P1(13), P2(45), P3(50)
- 평균 반환 시간 : (13+45+50) / 3 = 36

③ SJF(Shortest Job First) <sup>24.7, 20.9</sup>

- 준비 상태 큐에서 기다리고 있는 프로세스 중에서 실행 시간이 가장 짧은 프로세스에게 먼저 CPU를 할당하는 스케줄링 기법이다.
- 평균 대기 시간을 최소화한다.

### ➕ 더 알기 TIP

SJF 스케줄링에서 다음과 같이 4개의 작업이 준비 상태 큐에 있을 때 모든 작업의 평균 대기 시간 및 평균 반환 시간은?

| 작업 | 실행 시간 |
|------|-----------|
| P1 | 6 |
| P2 | 3 |
| P3 | 8 |
| P4 | 7 |

- 실행 순서 : P2 → P1 → P4 → P3
- 대기 시간 : P2(0), P1(3) P4(9), P3(16)
- 평균 대기 시간 : (0+3+9+16) / 4 = 7
- 반환 시간 : P2(3), P1(9) P4(16), P3(24)
- 평균 반환 시간 : (3+9+16+24) / 4 = 13

④ HRN(Highest Response-ratio Next) <sup>24.5, 23.8, 23.6, 23.3, 22.7, 22.4, 20.9, 20.6</sup>

- 어떤 작업이 서비스를 받을 시간과 그 작업이 서비스를 기다린 시간으로 결정되는 우선순위에 따라 CPU를 할당하는 기법이다.
- 우선순위 계산식 = (대기 시간 + 서비스를 받을 시간) / 서비스를 받을 시간

**우선순위(Priority)**
- 준비 상태 큐에서 대기하는 프로세스에게 부여된 우선순위가 가장 높은 프로세스에게 먼저 CPU를 할당하는 기법이다.
- 우선순위가 낮은 프로세스는 무한 정지(Indefinite Blocking)가 발생할 수 있으며, 에이징(Aging) 기법으로 이를 해결할 수 있다.

**기한부(Deadline) 스케줄링**
- 제한된 시간 안에 반드시 작업이 완료되도록 스케줄링하는 기법이다.
- 작업이 제한된 시간에 처리되지 않으면 해당 작업은 다시는 CPU를 할당받을 수 없다.

➕ 더 알기 TIP

HRN 방식으로 스케줄링할 경우, 입력된 작업이 다음과 같을 때 처리되는 작업 순서는?

| 작업 | 도착 시간 | 실행 시간 |
|---|---|---|
| P1 | 5 | 20 |
| P2 | 40 | 20 |
| P3 | 15 | 45 |
| P4 | 20 | 20 |

| A | (5 + 20) / 20 = 1.25 | C | (15 + 45) / 45 = 1.33 |
|---|---|---|---|
| B | (40 + 20) / 20 = 3 | D | (20 + 20) / 20 = 2 |

## 2) 선점(Preemptive) 스케줄링

### ① 선점 스케줄링의 개념

- 한 프로세스가 CPU를 할당받아 실행 중이라도 우선순위가 높은 다른 프로세스가 CPU를 강제적으로 빼앗을 수 있는 기법이다.
- 긴급하고 높은 우선순위의 프로세스들이 빠르게 처리될 수 있다.
- 선점을 위한 시간 배당에 대한 인터럽트용 타이머 클록(Clock)이 필요하다.
- 온라인 응용에 적합한 스케줄링이다.

### ② RR(Round Robin)

- 주어진 시간 할당량(Time Slice) 안에 작업을 마치지 않으면 준비 상태 큐의 가장 뒤로 배치되는 기법이다.
- 시분할 시스템(Time-sharing System)을 위해 고안된 방식이다.
- 시간 할당량이 커지면 FCFS 스케줄링과 같은 효과를 얻을 수 있다.
- 시간 할당이 작아지면 프로세스 문맥 교환이 자주 일어난다.

MLQ(Multi Level Queue, MQ)
- 혼합형

- 선점형, 비선점형 방식이다.
- 우선순위가 가장 높은 큐에서는 비선점형으로 사용된다.
- 우선순위가 낮은 큐에서는 선점형으로 사용된다.
- 상위 큐가 우선순위가 가장 높은 큐로 신속한 처리를 필요로 하는 시스템 프로세스가 입력된다.
- 중위는 대화형 프로세스, 하위는 일괄 처리 프로세스가 입력된다.
- 대기 리스트 간 프로세스의 이동은 되지 않는다.

SJF vs SRT

- SJF : 짧은 작업 우선 처리, 비선점형(강제로 실행을 멈출 수 없음)
- SRT : 남아있는 짧은 작업 우선 처리, 선점형(강제로 실행을 멈출 수 있음)

### ③ SRT(Shortest Remaining Time)

- 작업이 끝나기까지의 남아있는 실행 시간 추정치가 가장 작은 작업을 먼저 실행시키는 기법이다.
- FIFO 기법보다 평균 대기 시간이 감소한다.
- 작업 시간이 큰 경우 오랫동안 대기하여야 한다.

### ④ 다단계 큐(Multi-Level Queue)

프로세스들을 우선순위에 따라 상위, 중위, 하위 단계의 단계별 준비 상태 큐를 배치하는 기법이다.

### ⑤ 다단계 피드백 큐(Multi-Level Feedback Queue)

각 준비 상태 큐마다 부여된 시간 할당량 안에 완료하지 못한 프로세스는 다음 단계의 준비 상태 큐로 이동하는 기법이다.

## 03 병렬 컴퓨팅

### 1) Multiple-Processor Scheduling

① Multiple-Processor Scheduling의 개념
- 다수의 프로세서가 비동기적으로 프로그램을 실행하는 시스템이다.
- 다중 처리기 시스템이나 병렬 컴퓨팅 환경에서 사용된다.
- 여러 개의 프로세서를 활용하면 작업들을 동시에 처리할 수 있어 시스템의 처리량과 성능을 향상시킬 수 있다.

② Multiple-Processor Scheduling의 목표
- Load Balancing(부하 균형) : 모든 프로세서가 고르게 작업을 처리하여 시스템 전체의 성능을 최적화할 수 있다.
- Throughput Optimization(처리량 최적화) : 여러 개의 프로세서를 활용하여 동시에 여러 작업을 처리함으로써 시간을 절약하고 더 많은 작업을 처리할 수 있다.
- Minimizing Response Time(응답 시간 최소화) : 여러 개의 프로세서를 사용하여 작업을 분산시키면 작업이 동시에 처리되므로 각 작업의 응답 시간을 단축할 수 있다.
- Resource Utilization(자원 활용) : 여러 개의 프로세서를 사용하면 프로세서 자원을 최대한 활용하여 작업을 병렬로 실행할 수 있다.

③ Multiple-Processor Scheduling의 종류

| 비대칭 방식<br>(Asymmetric Multiprocessing) | 오직 한 프로세서가 시스템 데이터에 대한 접근과 공유를 책임지고, 나머지 프로세서는 해당 CPU를 따르는 방식 |
| --- | --- |
| 대칭 방식<br>(Symmetric Multiprocessing) | 각 프로세서가 각자 알아서 스케줄링하는 방식 |

### 2) 병렬 컴퓨터 분류

| SISD<br>(Single Instruction stream<br>Single Data stream) | 하나의 명령이 하나의 데이터 처리 |
| --- | --- |
| SIMD<br>(Single Instruction stream<br>Multiple Data stream) | 하나의 명령이 다수의 데이터 처리(벡터 컴퓨터, 배열 처리기에 사용됨) |
| MISD<br>(Multiple Instruction stream<br>Single Data stream) | 다수의 명령이 하나의 데이터 처리(현실적으로 사용하지 않음) |
| MIMD<br>(Multiple Instruction stream<br>Multiple Data stream) | 다수의 명령이 다수의 데이터 처리(멀티프로세서에 사용) |

> **개념 체크**
>
> 1 병렬 컴퓨팅의 목표 중 ( )은(는) 모든 프로세서가 고르게 작업을 처리하여 시스템 전체의 성능을 최적화하는 것이다.
>
> 1 부하 균형(Load Balancing)

**01** 스케줄링의 목적으로 가장 거리가 먼 것은?

① 모든 작업들에 대해 공평성을 유지하기 위하여
② 단위 시간당 처리량을 최대화하기 위하여
③ 응답 시간을 빠르게 하기 위하여
④ 운영체제의 오버헤드를 최대화하기 위하여

프로세스 스케줄링의 목적
• 모든 작업들에 대한 공평성 유지
• 단위 시간당 처리량 최대화
• 응답 시간 및 오버헤드 최소화

**02** 다음과 같은 프로세스가 차례로 큐에 도착하였을 때, SJF(Shortest Job First) 정책을 사용할 경우 가장 먼저 처리되는 작업은?

| 프로세스 번호 | 실행 시간 |
|---|---|
| P1 | 6 |
| P2 | 8 |
| P3 | 4 |
| P4 | 3 |

① P1 ② P2
③ P3 ④ P4

SJF(Shortest Job First)
• 비선점 스케줄링 기법의 일종이다.
• 준비 상태 큐에서 기다리고 있는 프로세스 중에서 실행 시간이 가장 짧은 프로세스에게 먼저 CPU를 할당하는 스케줄링 기법이다. 실행 시간이 가장 짧은 P4가 가장 먼저 처리된다.

**03** 다음에서 설명하는 프로세스 스케줄링은?

> 최소 작업 우선(SJF) 기법의 약점을 보완한 비선점 스케줄링 기법으로 다음과 같은 식을 이용해 우선순위를 판별한다.
> $$우선순위 = \frac{대기한\ 시간 + 서비스를\ 받을\ 시간}{서비스를\ 받을\ 시간}$$

① FIFO 스케줄링 ② RR 스케줄링
③ HRN 스케줄링 ④ MQ 스케줄링

HRN(Highest Response-ratio Next)
$$우선순위\ 계산식 = \frac{(대기한\ 시간 + 서비스를\ 받을\ 시간)}{서비스를\ 받을\ 시간}$$

**04** 스케줄링 기법 중 SJF 기법과 SRT 기법에 관한 설명으로 가장 옳지 않은 것은?

① SJF는 비선점(Non-Preemptive) 기법이다.
② SJF는 작업이 끝나기까지의 실행 시간 추정치가 가장 작은 작업을 먼저 실행시킨다.
③ SRT는 실행 시간을 추적해야 하므로 오버헤드가 증가한다.
④ SRT에서는 이미 할당된 CPU를 다른 프로세스가 강제로 빼앗아 사용할 수 없다.

SRT는 선점형 스케줄링 기법이므로, 이미 할당된 CPU를 다른 프로세스가 강제로 빼앗아 사용할 수 있다.

**05** Preemptive Scheduling 방식에 해당하는 것은?

① FIFO ② FCFS
③ HRN ④ RR

선점 스케줄링 방식의 종류
• SRT(Shortest Remaining Time)
• RR(Round Robin)
• 다단계 큐(MQ, Multi-level Queue)
• 다단계 피드백 큐(MFQ, Multi-level Feedback Queue)

정답 01 ④ 02 ④ 03 ③ 04 ④ 05 ④

▶ 합격 강의

빈출태그 기억 장치 배치 전략 · First-Fit · Best-Fit · Worst-Fit · 단편화

## 01 반입 전략

### 1) 반입 전략의 개념

보조 기억 장치에 보관 중인 프로그램이나 데이터를 주기억 장치로 언제 가져올 것인지 결정하는 전략으로 요구 반입, 예상 반입이 있다.

### 2) 요구 반입(Demand Paging)

- 프로세스가 실제로 필요로 할 때만 해당 페이지를 메인 메모리로 반입하는 전략이다.
- 메모리 사용량이 적고, 초기 부팅 시간을 단축시킬 수 있다는 장점이 있다.
- 프로세스 실행 도중 페이지 부재(Page Fault)가 발생하면 필요한 페이지만을 메인 메모리로 적재한다.
- 초기에는 프로세스의 실행에 필요한 페이지만을 적재하여 메모리 사용량을 최소화하고, 필요한 페이지가 발생할 때마다 반입하여 필요한 데이터와 명령어를 제공한다.

### 3) 예상 반입(Anticipatory Paging)

- 프로세스의 실행 특성과 예측을 기반으로 페이지를 미리 메인 메모리로 반입하는 전략이다.
- 미리 반입하여 페이지 부재가 발생하지 않게 함으로써 응답 시간을 줄이고, 성능을 향상시킬 수 있다.
- 프로세스가 실행될 때 미리 필요한 페이지들을 메인 메모리로 반입하여 페이지 부재를 최소화하고, 실행 시간을 단축시킨다.
- 프로세스의 실행 흐름, 지역성(Locality) 등을 분석하여 어떤 페이지들이 필요로 할지 예측하여 반입한다.

## 02 기억 장치 배치 전략

- 보조 기억 장치에 보관 중인 프로그램이나 데이터를 주기억 장치 내의 어디로 가져올 것인지 결정하는 전략이다.
- 종류 : 최초 적합(First-Fit), 최적 적합(Best-Fit), 최악 적합(Worst-Fit)

🅱 기적의 TIP

기억 장치 배치 전략은 관심을 가지고 살펴보면 어렵지 않은 내용입니다. 제시된 그림을 통해 정리하세요.

✅ 개념 체크

1 기억 장치 반입 전략으로 대상 페이지를 프로세스가 실제로 필요로 할 때만 메인 메모리로 반입하는 전략은?

1 요구 반입

## 1) 최초 적합(First-Fit) [21.3]

· 주기억 장치 내에 적재할 수 있는 공간 중에서 첫 번째 분할 영역에 배치한다.
· 디스크에 대기 중인 자료의 크기가 20, 30, 50이고 순서대로 입력된다고 가정할 때 첫 번째 20을 입력할 수 있는 공간 중 첫 번째 공간인 30 위치에 입력된다. 30 공간 중 20만 사용했으므로 남은 10은 내부 단편화 공간으로 낭비된다.

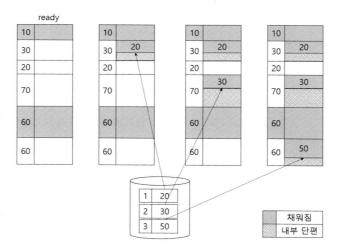

## 2) 최적 적합(Best-Fit) [22.3]

· 적재할 수 있는 공간 중에서 가장 작은 공백이 남는 부분에 배치한다. 즉, 배치 후 내부 단편화가 가장 적은 공간에 배치된다.
· 입력할 데이터 20, 30, 50과 입력 가능 공간 중 크기가 가장 비슷한 공간에 배치된다. 첫 번째 20의 경우 First Fit이라면 30에 입력되겠지만 20공간에 적재된다.
· 메모리를 보다 효율적으로 사용할 수 있으나, 탐색 시간이 상대적으로 더 오래 걸릴 수 있다.

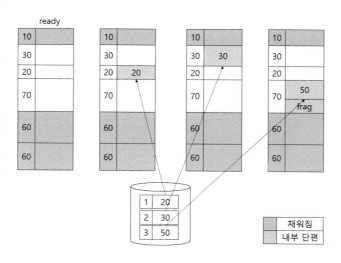

### 3) 최악 적합(Worst-Fit) 24.3, 22.7, 20.9

- 적재할 수 있는 공간 중에서 **가장 큰 공백(내부 단편)이 남는 부분에 배치**한다.
- 가장 큰 공간에 프로세스를 할당하여 메모리 내의 작은 빈 공간들을 유지하는 방식이다.

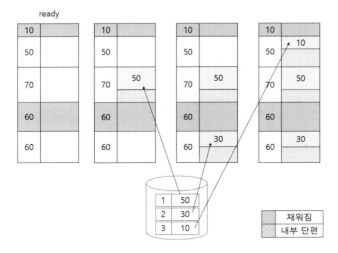

### 03 단편화(Fragmentation) 21.3

- 주기억 장치상에서 빈번하게 기억 장소가 할당되고 반납됨에 따라 기억 장소들이 조각들로 나누어지는 현상이다.
- 종류 : 내부 단편화★, 외부 단편화★

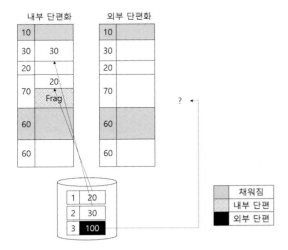

★ **내부 단편화**
그림에서 적재될 대상 메모리 공간에 할당되고 남은 공간(70-20 = 50)을 의미한다.

★ **외부 단편화**
그림에서 적재될 대상 메모리 공간에 할당되지 못하고 보조 기억 장치에 남은 데이터의 크기(100)를 의미한다.

### 1) 내부 단편화(Internal Fragmentation)

- 프로세스가 필요한 크기보다 메모리가 더 커서 메모리 공간이 낭비되는 현상이다.
- 프로세스가 할당된 메모리 영역보다 작은 크기의 공간을 사용할 때 발생한다.

**내부 단편화 예**
메모리에 10KB 크기의 프로세스를 할당했을 때, 실제로 프로세스가 사용하는 공간은 8KB이지만 2KB가 낭비되는 경우 내부 단편화가 발생한다.

프로세스 A가 해제된 후, 그 사이에 작은 조각들이 생성되고 프로세스 B가 할당되는 경우, 이 작은 조각들은 유용한 공간이지만 크기가 작아서 이용되지 못하고 남아 있는 상태이다.

## 2) 외부 단편화(External Fragmentation)

- 메모리 할당 및 해제가 반복적으로 일어나면서 중간중간 남은 메모리를 사용하지 못해 메모리 공간이 낭비되는 현상이다.
- 프로세스들이 메모리에 할당되고 해제되는 과정에서 발생하며, 주로 가변 크기 메모리 할당 방식에서 발생한다.
- 외부 단편화는 메모리 공간의 낭비를 야기하고, 프로세스의 할당 요청을 만족시키기 위해 메모리를 재배치하는 추가적인 작업이 필요할 수 있다.

# 이론을 확인하는 기출문제

**01** 다음 표는 고정 분할에서의 기억 장치 단편화 (Fragmentation) 현상을 보이고 있다. 외부 단편화 (External Fragmentation)의 크기는 총 얼마인가? (단, 페이지 크기의 단위는 K를 사용한다.)

|  | 분할의 크기 | 작업의 크기 |
|---|---|---|
| A | 20K | ←10K |
| B | 50K | ←60K |
| C | 120K | ←160K |
| D | 200K | ←100K |
| E | 300K | ←150K |

① 480K  　　② 430K
③ 260K  　　④ 170K

외부 단편화 합계는 170 이다.

**02** 기억 공간이 15K, 23K, 22K, 21K 순으로 빈 공간이 있을 때 기억 장치 배치 전략으로 "First Fit"을 사용하여 17K의 프로그램을 적재할 경우 내부 단편화의 크기는 얼마인가?

① 5K  　　② 6K
③ 7K  　　④ 8K

최초 적합(First Fit) : 적재 가능한 공간 중 첫 영역에 할당한다.

**03** 메모리 관리 기법 중 Worst fit 방법을 사용하면 10K 크기의 프로그램 실행을 위해서는 어느 부분에 할당되는가?

| 영역 번호 | 메모리 크기 | 사용 여부 |
|---|---|---|
| NO.1 | 8K | FREE |
| NO.2 | 12K | FREE |
| NO.3 | 10K | IN USE |
| NO.4 | 20K | IN USE |
| NO.5 | 16K | FREE |

① NO.2
② NO.3
③ NO.4
④ NO.5

- 10K 크기의 프로그램이 할당되려면 사용하지 않는 메모리인 NO.1, NO.2, NO.5 중에서 메모리 크기가 10K 이상인 NO.2, NO.5에 할당될 수 있다.
- NO.2에 할당되면 내부 단편화가 2K 발생하고, NO.5에 할당되면 내부 단편화가 6K 발생한다.
- 최악 적합(Worst-Fit)은 적재할 수 있는 공간 중에서 가장 큰 공백이 남는 부분에 배치하는 기법으로, NO.5에 할당된다.

# 가상 기억 장치

출제빈도 상 (중) 하
반복학습 ① ② ③

▶ 합격 강의

**빈출 태그** 세그먼테이션 · 페이징 · 페이지 부재 · 워킹 셋 · 스래싱 · LRU

## 01 가상 기억 장치(Virtual Memory) 21.3

- 주기억 장치(RAM★)의 부족한 용량을 해결하기 위해 보조 기억 장치를 주기억 장치처럼 사용하는 기법이다.
- 가상 기억 장치의 일반적인 구현 방법에는 세그먼테이션 기법과 페이징 기법이 있다.

### 1) 세그먼테이션(Segmentation) 기법 24.3

- 가상 기억 장치에 보관된 프로그램을 다양한 크기로 나눈 후, 나눠진 프로그램을 주기억 장치에 적재시켜 실행하는 기법이다.
- 프로그램을 보다 작은 논리적 크기로 나눈 단위로, 주기억 장치에 읽어들일 수 있는 크기의 프로그램 최소 단위를 세그먼트(Segment)라고 한다.

### 2) 페이징(Paging) 기법 21.5, 21.3

- 가상 기억 장치에 보관된 프로그램과 주기억 장치의 영역을 동일한 크기로 나눈 것을 페이지(Page)라고 하며, 나눠진 프로그램을 동일하게 나눠진 주기억 장치의 영역에 적재시켜 실행하는 기법이다.
- 가상 기억 장치에서 주기억 장치로 주소를 조정(매핑)하기 위해 페이지의 위치 정보를 가진 페이지 맵 테이블이 필요하다.
- 페이지의 크기가 클수록 페이지 맵 테이블의 크기가 작아지고, 단편화가 증가하고, 디스크 접근 횟수가 감소하며, 전체 입·출력 시간이 감소한다.
- 페이지의 크기가 작을수록 페이지 맵 테이블의 크기가 커지고, 단편화가 감소하고, 디스크 접근 횟수가 증가하며, 전체 입·출력 시간이 증가한다.

### ➕ 더 알기 TIP

#### 세그먼테이션 vs 페이징

| 구분 | 세그먼테이션 | 페이징 |
|------|-------------|--------|
| 할당 | 가변적으로 할당됨 | 고정적으로 할당됨 |
| 적재 | 프로그램 전체 | 프로그램 일부 |
| 장점 | • 내부 단편화 최소<br>• 코드, 데이터 공유가 쉬움 | • 외부 단편화 없음<br>• 교체 시간이 짧음 |
| 단점 | • 외부 단편화<br>• 메인 메모리 용량이 커야 함<br>• 교체 시간이 김 | • 스래싱<br>• 내부 단편화<br>• 코드, 데이터 공유 문제 |

---

### 🅑 기적의 TIP

출제 기준 개정 전부터 출제 빈도가 높은 내용입니다. 기출 표기를 보고 기출문제와 함께 정리하세요.

### ★ RAM

- 컴퓨터의 주기억 장치 중 하나로, 프로그램과 데이터를 일시적으로 저장하는 역할을 한다.
- 컴퓨터가 실행 중인 프로그램에 필요한 데이터를 빠르게 읽고 쓸 수 있는 메모리이다.
- 읽기와 쓰기 모두를 랜덤하게 수행할 수 있는 메모리로, 주소를 통해 데이터에 접근할 수 있다.

### 페이지의 크기

일반적으로 페이지의 크기는 1~4KB이다.

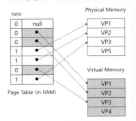

### ✅ 개념 체크

1 가상 기억 장치에 보관된 프로그램과 주기억 장치의 영역을 동일한 크기로 나누고, 나눠진 프로그램을 동일한 크기로 나눠진 주기억 장치의 영역에 적재시켜 실행하는 기법을 세그먼테이션 기법이라고 한다. (O, X)

1 X

### 02 페이지 부재(Page Fault) <sup>22.4, 22.3, 20.6</sup>

**1) 페이지 부재의 개념**

- 참조할 페이지가 주기억 장치에 없는(존재하지 않는) 현상이다.
- 가상 메모리 기법의 핵심 개념 중 하나로, 주기억 장치의 한계를 극복하고 다중 프로세스 간 메모리를 효율적으로 공유하기 위해 사용된다.
- 페이지 부재 처리는 운영체제의 담당이며, 효율적인 페이지 교체 알고리즘을 통해 페이지 부재를 최소화하고 시스템 성능을 향상시키도록 한다.

**2) 페이지 부재 발생 상황**

- 요청된 페이지가 주기억 장치에 없는 경우 : 프로세스가 접근하려는 페이지가 현재 주기억 장치에 로드되어 있지 않으면 페이지 부재가 발생한다. 이 경우 운영체제는 페이지 부재 처리 과정을 거쳐 해당 페이지를 주기억 장치로 가져와야 한다.
- 페이지 테이블 엔트리가 잘못된 경우 : 페이지 테이블은 논리 주소를 물리 주소로 매핑하는 역할을 한다. 페이지 테이블 엔트리가 잘못되어 올바른 물리 주소를 찾지 못하면 페이지 부재가 발생한다.
- 접근 권한 오류 : 프로세스가 접근하려는 페이지에 대한 필요한 권한이 부족한 경우 페이지 부재가 발생한다. 예를 들어, 읽기 전용 페이지에 쓰기 작업을 시도하면 페이지 부재가 발생할 수 있다.

**3) 페이지 부재 시 처리 과정** <sup>24.7, 23.3</sup>

- 페이지 부재 예외 처리 : 페이지 부재가 발생한 것을 감지하고 해당 예외를 운영체제에 알린다.
- 디스크에서 페이지 가져오기 : 부재한 페이지를 디스크로부터 주기억 장치로 가져온다. 이를 페이지 스와핑(Swapping)이라고도 한다.
- 페이지 테이블 갱신 : 페이지 테이블을 업데이트하여 부재한 페이지의 물리 주소를 매핑한다.
- 프로세스 재시작 : 페이지 부재 예외가 발생한 명령부터 다시 실행한다.

> - 스래싱(Thrashing) : 프로세스 간의 메모리 경쟁으로 인하여 지나치게 페이지 폴트가 발생하여 전체 시스템의 성능이 저하되는 현상이다.
> - 페이지 부재(Page Fault) : 각 메모리 슬롯에 찾고자 하는 값이 없는 경우 부재가 발생한다.

**➕ 더 알기 TIP**

3개의 페이지를 수용할 수 있는 주기억 장치가 있으며, 초기에는 모두 비어 있다고 가정한다. 다음의 순서로 페이지 참조가 발생할 때, FIFO 페이지 교체 알고리즘을 사용할 경우 몇 번의 페이지 부재가 발생하는가?

페이지 참조 순서 : 1, 2, 3, 1, 2, 4, 1, 2, 5

| 참조 페이지 | 1 | 2 | 3 | 1 | 2 | 4 | 1 | 2 | 5 |
|---|---|---|---|---|---|---|---|---|---|
| 프레임 1 | 1 | 1 | 1 | 1 | 1 | 4 | 4 | 4 | 5 |
| 프레임 2 |   | 2 | 2 | 2 | 2 | 2 | 1 | 1 | 1 |
| 프레임 3 |   |   | 3 | 3 | 3 | 3 | 3 | 2 | 2 |
| 페이지 부재 | ● | ● | ● |   |   | ● | ● | ● | ● |

총 7번의 페이지 부재가 발생한다.

> **✔ 개념 체크**
>
> 1 페이지 부재는 참조할 페이지가 주기억 장치에 존재하지 않는 현상이다. (O, X)
>
> 1 O

## ⑱ 가상 기억 장치 관련 용어

### 1) 구역성(Locality)

- 프로세스가 실행되는 동안 일부 페이지만 집중적으로 참조되는 경향을 의미한다.
- 시간 구역성(Temporal Locality) : 순환(Looping), 스택(Stack), 부프로그램(Subprogram), 집계(Totaling) 등에 사용되는 변수 등이 있다.
- 공간 구역성(Spatial Locality) : 프로세스가 어떤 페이지를 참조했다면 이후 가상 주소 공간상 그 페이지와 인접한 페이지들을 참조할 가능성이 큼을 의미한다. 배열 순례(Array Traversal), 프로그램의 순차적 수행 등이 있다.

### 2) 시간 구역성 vs 공간 구역성

| 구분 | 시간 구역성 | 공간 구역성 |
| --- | --- | --- |
| 개념 | 시간상으로 가까운 시점에서 접근한 데이터에는 재사용의 가능성이 크다는 개념 | 공간적으로 인접한 주소에 접근한 데이터에는 재사용의 가능성이 크다는 개념 |
| 설명 | 한 번 접근한 데이터는 가까운 시간 내에 다시 접근될 가능성이 큼 | 한 번 접근한 데이터의 인접한 주소들도 접근될 가능성이 큼 |
| 예시 | 반복문에서 반복되는 변수 접근 또는 함수 호출 시 지역 변수의 재사용 등 | 배열의 순차적인 접근 또는 반복문에서 연속적인 데이터 접근 등 |
| 목적 | 캐시 메모리의 효율적인 사용을 위해 데이터의 재사용성을 높임 | 페이지 부재를 최소화하고 메모리 액세스 속도를 향상시킴 |
| 메모리 액세스 패턴 | 시간상으로 가까운 데이터에 접근하는 패턴이 반복 | 주소 공간에서 공간적으로 인접한 데이터에 접근하는 패턴이 반복 |
| 데이터 접근 특성 | 최근에 접근한 데이터에 대한 재사용성이 높음 | 인접한 주소에 접근한 데이터에 대한 재사용성이 높음 |

### 3) 워킹 셋(Working Set) 21.8, 21.3

- 가상 기억 장치 관리에서 프로세스가 일정 시간 동안 자주 참조하는 페이지들의 집합이다.
- 일반적으로 최근에 사용된 페이지들로 구성된다.
- 프로세스가 실행될 때 필요한 페이지를 사전에 메모리에 유지하고, 적절한 크기로 유지하여 페이지 부재(Page Fault)를 최소화하여 성능을 향상시키는 것을 목표로 한다.

### 4) 스래싱(Thrashing) 22.7, 21.5

- 하나의 프로세스가 작업 수행 과정에 수행하는 기억 장치 접근에서 지나치게 페이지 부재가 발생하여 프로세스 수행에 걸리는 시간보다 페이지 이동에 걸리는 시간이 더 커지는 현상이다.
- 주로 메모리 부족 상황에서 발생하는 데, 프로세스가 동시에 필요한 페이지를 메모리에 유지하지 못하고 지속적인 페이지 부재가 발생하는 상황에서 나타난다.

**개념 체크**

1 공간 구역성은 순환, 스택, 부프로그램, 집계 등에 사용되는 변수에서 나타나는 구역성이다. (O, X)

1 X

## 04 기억 장치 교체 전략 23.8, 22.4, 21.8

- 주기억 장치의 모든 페이지 프레임이 사용 중일 때 어떤 페이지 프레임을 교체할 것인지 결정하는 전략이다.
- 기억 장치 교체 전략

| OPT (OPTimal Replacement) | • 이후에 가장 오랫동안 사용되지 않을 페이지를 먼저 교체하는 기법이다.<br>• 실현 가능성이 희박하다. |
|---|---|
| FIFO (First In First Out) | • 가장 먼저 적재된 페이지를 먼저 교체하는 기법이다.<br>• 구현이 간단하다. |
| LRU (Least Recently Used) 22.4 | 페이지마다 계수기나 스택을 두어 현시점에서 가장 오랫동안 사용하지 않은 페이지를 교체하는 기법이다. |
| LFU (Least Frequently Used) | 참조된 횟수가 가장 적은 페이지를 먼저 교체하는 기법이다. |
| NUR (Not Used Recently) 24.3 | 각 페이지당 두 개의 하드웨어 비트를 두어서 가장 최근에 사용하지 않은 페이지를 교체하는 기법이다. |
| SCR (Second Chance Replacement) | FIFO의 단점을 보완하는 기법으로, 가장 오랫동안 주기억 장치에 상주했던 페이지 중에서 자주 참조되는 페이지의 교체를 예방한다. |

### ➕ 더 알기 TIP

#### LRU vs LFU vs NUR

| 구분 | LRU | LFU | NUR |
|---|---|---|---|
| 동작 원리 | 가장 오래전에 참조된 페이지를 교체 | 가장 적게 참조된 페이지를 교체 | 최근에 참조되지 않은 페이지를 우선적으로 교체 |
| 페이지 추적 방법 | 스택 또는 링크드 리스트를 사용하여 페이지 참조 순서를 추적 | 페이지별로 참조 횟수를 카운팅하여 최솟값을 추적 | 페이지를 클래스로 나누고, 참조 또는 변경 여부를 플래그로 추적 |
| 교체 대상 선택 | 오래된 순서대로 페이지를 교체함 | 가장 적게 참조된 페이지를 교체 | 참조 또는 변경이 없는 페이지를 우선적으로 교체 |
| 주요 특징 | 최근에 사용하지 않은 페이지를 교체하므로 캐시 히트율을 향상시킴 | 자주 사용되는 페이지를 유지하여 캐시 히트율을 높임 | 최근에 사용되지 않거나 변경되지 않은 페이지를 교체함 |
| 구현 복잡도 | 페이지 참조 순서를 추적하는 자료 구조가 필요하므로 구현이 복잡 | 페이지별 참조 횟수를 추적하는 카운터가 필요하므로 구현이 복잡 | 페이지 클래스와 플래그를 사용하여 간단하게 구현 |
| 주로 사용되는 경우 | 캐시 메모리와 같은 메모리 자원의 교체에 사용 | 가상 메모리와 같이 페이지 교체에 사용 | 주로 하드 디스크와 같은 대용량 메모리의 교체에 사용 |

**01** 다음 중 페이지 교체(Page Replacement) 알고리즘이 아닌 것은?

① FIFO(First-In-First-Out)
② LUF(Least Used First)
③ Optimal
④ LRU(Least Recently Used)

---

LUF(Least Used First) 알고리즘은 존재하지 않는다.

**02** 다음 설명의 ⊙과 ⓒ에 들어갈 내용은?

> 가상 기억 장치의 일반적인 구현 방법에는 프로그램을 고정된 크기의 일정한 블록으로 나누는 ( ⊙ ) 기법과 가변적인 크기의 블록으로 나누는 ( ⓒ ) 기법이 있다.

① ⊙ : Paging, ⓒ : Segmentation
② ⊙ : Segmentation, ⓒ : Allocation
③ ⊙ : Segmentation, ⓒ : Compaction
④ ⊙ : Paging, ⓒ : Linking

---

**가상 기억 장치(Virtual Memory)**
• 주기억 장치의 부족한 용량을 해결하기 위해 보조 기억 장치를 주기억 장치처럼 사용하는 기법이다.
• 가상 기억 장치의 일반적인 구현 방법에는 프로그램을 고정된 크기의 일정한 블록(페이지)으로 나누는 페이징 기법과 가변적인 크기의 블록(세그먼트)으로 나누는 세그먼테이션 기법이 있다.

**03** 운영체제의 가상 기억 장치 관리에서 프로세스가 일정 시간 동안 자주 참조하는 페이지들의 집합을 의미하는 것은?

① Locality
② Deadlock
③ Thrashing
④ Working Set

---

워킹 셋(Working Set) : 운영체제의 가상 기억 장치 관리에서 프로세스가 일정 시간 동안 자주 참조하는 페이지들의 집합이다.

**04** 페이징 기법에서 페이지 크기가 작아질수록 발생하는 현상이 아닌 것은?

① 기억 장소 이용 효율이 증가한다.
② 입·출력 시간이 늘어난다.
③ 내부 단편화가 감소한다.
④ 페이지 맵 테이블의 크기가 감소한다.

---

**페이징(Paging) 기법**
• 가상 기억 장치에 보관된 프로그램과 주기억 장치의 영역을 동일한 크기로 나눈 후, 나눠진 프로그램을 동일하게 나눠진 주기억 장치의 영역에 적재시켜 실행하는 기법이다.
• 가상 기억 장치에서 주기억 장치로 주소를 조정하기 위해 페이지의 위치 정보를 가진 페이지 맵 테이블이 필요하다.
• 페이지의 크기가 클수록 페이지 맵 테이블의 크기가 작아지고, 단편화가 증가하고, 디스크 접근 횟수가 감소하며, 전체 입출력 시간이 감소한다.

**05** 3개의 페이지 프레임을 갖는 시스템에서 페이지 참조 순서가 1, 2, 1, 0, 4, 1, 3일 경우 FIFO 알고리즘에 의한 페이지 교체의 경우 프레임의 최종 상태는?

① 1, 2, 0  ② 2, 4, 3
③ 1, 4, 2  ④ 4, 1, 3

---

FIFO(First In First Out)는 가장 먼저 적재된 페이지를 먼저 교체하는 기법이다.

| 요청 페이지 | 1 | 2 | 1 | 0 | 4 | 1 | 3 |
|---|---|---|---|---|---|---|---|
| 페이지 프레임 | 1 | 1 | 1 | 1 | 4 | 4 | 4 |
| | | 2 | 2 | 2 | 2 | 1 | 1 |
| | | | | 0 | 0 | 0 | 3 |
| 페이지 부재 | O | O | | | O | O | O | O |

# 디스크 스케줄링

▶ 합격 강의

빈출 태그 SSTF · C-SCAN

## 01 디스크 스케줄링(Disk Scheduling)

사용할 데이터가 디스크의 여러 곳에 저장되어 있을 때 데이터를 액세스하기 위해 디스크 헤드의 이동 경로를 결정하는 기법이다.

## 02 디스크 스케줄링의 종류

### 1) FCFS(First Come First Service)★

- 디스크 대기 큐에 먼저 들어온 트랙에 대한 요청을 먼저 서비스하는 기법이다.
- FIFO(First In First Out) 방식이라고도 한다.
- 구현은 쉽지만, 부하가 크면 응답 지연이 발생한다.

★ FCFS
- 먼저 입력된 것이 먼저 처리된다는 것으로 대기 큐에 있는 순서대로 처리하게 된다.
- 53 – 90 – 183 – 37 – 122 – 14 – 128 – 65 – 67의 순서대로 이동하며 큰 수에서 작은 수를 빼면 두 간격 사이의 거리값이 나온다.

➕ 더 알기 TIP

사용자가 요청한 디스크 입·출력 내용이 다음의 작업 대기 큐(90, 183, 37, 122, 14, 128, 65, 67)와 같다. FCFS 스케줄링 알고리즘을 사용했을 때, 헤드의 이동 순서는? (단, 현재 디스크 헤드 위치는 53이고, 가장 안쪽이 1번, 가장 바깥쪽이 200번 트랙이라고 가정한다.)

FCFS 이동 순서 : 53 → 90 → 183 → 37 → 122 → 14 → 128 → 65 → 67

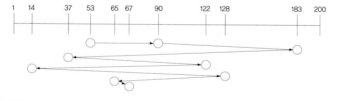

### 2) SSTF(Shortest Seek Time First)★ 21.8

- 탐색 거리가 가장 짧은 트랙에 대한 요청을 먼저 서비스하는 기법이다.
- 안쪽이나 바깥쪽 트랙이 가운데 트랙보다 서비스를 적게 받아 탐색 패턴이 편중된다.
- 응답 시간 편차로 인해 대화형에는 부적합하다.

현재 헤드 위치가 53에 있고 트랙 1번 방향으로 이동 중이다. 요청 대기 큐에는 다음과 같은 순서의 액세스 요청이 대기 중일 때 SSTF 스케줄링 알고리즘을 사용한다면 헤드의 총이동 거리는 얼마인가? (단, 현재 디스크 헤드 위치는 53이고, 가장 안쪽이 1번 가장 바깥쪽이 203번 트랙이라고 가정한다.)

– 요청 대기 큐 : 98, 203, 37, 122, 14, 124, 65, 67
– 현재 위치 53 → 65 → 67 → 37 → 14 → 98 → 122 → 124 → 203
$$12 + 2 + 30 + 23 + 84 + 24 + 2 + 79 = 256$$

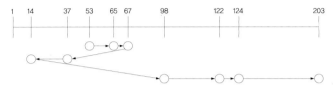

## 3) SCAN

- 현재 헤드의 위치에서 진행 방향의 모든 요청을 서비스하면서 끝까지 이동한 후 반대 방향의 요청을 서비스하는 기법이다.
- 바깥쪽 트랙이 안쪽 트랙보다 서비스를 적게 받게 된다.

사용자가 요청한 디스크 입·출력 내용이 다음의 작업 대기 큐(90, 183, 37, 122, 14, 128, 65, 67)와 같다. SCAN 스케줄링 알고리즘을 사용했을 때, 헤드의 이동 순서는? (단, 현재 디스크 헤드 위치는 53이고, 가장 안쪽이 1번, 가장 바깥쪽이 200번 트랙이라고 가정한다.)

SCAN 이동 순서 : 53 → 37 → 14 → 1 → 200 → 183 → 128 → 122 → 90 → 67 → 65

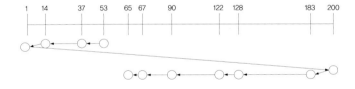

## 4) C–SCAN(Circular SCAN)

헤드가 항상 바깥쪽에서 안쪽으로 움직이며 모든 요청을 서비스하면서 끝까지 이동한 후 다시 바깥쪽에서 안쪽으로 이동하면서 요청을 서비스하는 기법이다.

## 5) N–step SCAN

어떤 방향의 진행이 시작될 당시에 대기 중이던 요청들만 서비스하고, 진행 도중 도착한 요청들은 한데 모아서 다음의 반대 방향 진행 때 최적으로 서비스하는 기법이다.

✔ 개념 체크

1 SCAN 기법은 헤드가 항상 바깥쪽에서 안쪽으로 진행하며 진행 방향의 모든 요청을 서비스하면서 끝까지 이동한 후, 다시 바깥쪽에서 안쪽으로 이동하면서 요청을 서비스하는 기법이다. (O, X)

1 X

### 6) 에센바흐(Eschenbach)

헤드가 진행하는 과정에서 각 실린더에 대해 한 번의 디스크팩 회전 시간 동안만 입·출력 요구를 처리하는 기법이다. 즉, 한 회전 동안 서비스받지 못하는 요구들에 대한 처리는 다음으로 미루는 기법이다.

### 7) LOOK

입출력 헤드가 디스크의 양쪽 끝을 왕복하면서 동작하지만, SCAN과 달리 움직이고 있는 방향 쪽으로 더 이상의 트랙 요청이 있는가를 검사하여 그 방향으로 더 이상의 트랙 요청이 없으면, 그쪽 끝까지 가지 않고 그 자리에서 방향을 바꾸어 다른 한쪽으로 움직여 나가게 되는 기법이다.

---

## 이론을 확인하는 기출문제

**01** 사용자가 요청한 디스크 입·출력 내용이 다음과 같은 순서로 큐에 들어 있을 때 SSTF 스케줄링을 사용한 경우의 처리 순서는? (단, 현재 헤드 위치는 53 이고, 제일 안쪽이 1번, 바깥쪽이 200번 트랙이다.)

> 큐의 내용 : 98 183 37 122 14 124 65 67

① 53−65−67−37−14−98−122−124−183
② 53−98−183−37−122−14−124−65−67
③ 53−37−14−65−67−98−122−124−183
④ 53−67−65−124−14−122−37−183−98

SSTF는 가까운 곳을 탐색하는 스케줄링 기법이다.
이동 순서 : 53 − 65 − 67 − 37 − 14 − 98 − 122 − 124 − 183
총이동 거리 : 12 + 2 + 30 + 23 + 84 + 24 + 2 + 59 = 236

**02** 디스크 입·출력 요청 대기 큐에 다음과 같은 순서로 기억되어 있다. 현재 헤드가 53에 있을 때, 이들 모두를 처리하기 위한 총이동 거리는 얼마인가? (단, FCFS 방식을 사용한다.)

> 대기큐 : 98, 183, 37, 122, 14, 124 65, 67

① 320              ② 640
③ 710              ④ 763

• FCFS란 먼저 입력된 것이 먼저 처리된다는 것으로 대기 큐에 있는 순서대로 처리하게 된다.
• 53 − 98 − 183 − 37 − 122 − 14 − 124 − 65 − 67의 순서대로 이동하며 큰 수에서 작은 수를 빼면 두 간격 사이의 거릿값이 나온다.

**03** 현재 헤드의 위치가 50에 있고, 요청 대기열의 순서가 다음과 같을 경우, C-SCAN 스케줄링 알고리즘에 의한 헤드의 총 이동 거리는 얼마인가? (단, 현재 헤드의 이동 방향은 안쪽이며, 안쪽의 위치는 0으로 가정한다.)

> 요청 대기열의 순서 : 100, 180, 40, 120, 0, 130, 70, 80, 150, 200

① 790              ② 380
③ 370              ④ 250

**C−SCAN(Circular SCAN)**
• 헤드가 항상 바깥쪽에서 안쪽으로 움직이며 모든 요청을 서비스하면서 끝까지 이동한 후 다시 바깥쪽에서 안쪽으로 이동하면서 요청을 서비스하는 기법
• 이동 순서 : 50 → 40 → 0 → 200 → 180 → 150 → 130 → 120 → 100 → 80 → 70
• 이동 거리 : 10 + 40 + 200 + 20 + 30 + 20 + 10 + 20 + 20 + 10 = 380

**04** 다음 디스크 스케줄링과 관계된 방법 중 그 성격이 다른 하나는?

① C−SCAN          ② FCFS
③ SLTF            ④ SSTF

**SLTF(Shortest Latency Time First, Sector Queuing)**
• 회전 시간의 최적화를 위해 구현된 디스크 스케줄링 기법이다.
• 탐구 시간을 필요로 하지 않는 고정 헤드 디스크 시스템이나, 각 트랙마다 헤드를 갖는 드럼 등의 보조 기억 장치에서 사용된다.

정답 01 ① 02 ② 03 ② 04 ③

▶ 합격 강의

## 01 파일 시스템(File System)

### 1) 파일 시스템

#### ① 파일 시스템의 개념

- 파일(File)은 연관된 데이터들의 집합이다.
- 파일은 각각의 고유한 이름을 갖고 있다.
- 파일은 주로 보조 기억 장치에 저장하여 사용한다.
- 파일 시스템은 보조 기억 장치와 그 안에 저장된 파일을 관리하는 시스템이다.

#### ② 파일 시스템의 기능

- 사용자가 파일을 생성, 수정, 제거할 수 있도록 해준다.
- 파일에 대한 여러 가지 접근 제어 방법을 제공한다.
- 사용자와 보조 기억 장치 사이에서 인터페이스를 제공한다.
- 정보의 백업(Backup) 및 복구(Recovery) 기능을 제공한다.
- 정보의 암호화(Encryption) 및 해독(Decryption) 기능을 제공한다.
- 적절한 제어 방식을 통해 타인의 파일을 공동으로 사용할 수 있도록 해준다.

### 2) 파일 디스크립터(File Descriptor)

#### ① 파일 디스크립터의 개념 21.8

- 파일을 관리하는 데 필요한 파일에 대한 정보를 가진 제어 블록이다.
- **파일 제어 블록(FCB : File Control Block)**이라고도 한다.
- 파일마다 독립적으로 존재하며, 시스템에 따라 다른 구조를 가질 수 있다.
- 대개 보조 기억 장치에 저장되어 있다가 해당 파일이 열릴(Open) 때 주기억 장치로 옮겨진다.
- 파일 시스템이 관리하므로 사용자가 직접 참조할 수 없다.

**파일 디스크립터의 특징**
- 파일 디스크립터는 사용자가 참조할 수 없다.
- 파일 디스크립터의 정보에 파일 작성자는 포함되지 않는다.

#### ② 파일 디스크립터의 내용

- 파일 구조
- 파일 유형
- 파일 크기
- 파일 이름
- 파일 생성 시간, 수정 시간
- 파일에 대한 접근 횟수
- 보조 기억 장치 정보, 접근 제어 정보

## 02 파일 구조

### 1) 파일 구조의 형태

① 순차 파일(Sequential File)

- 레코드들이 논리적인 순서에 따라 물리적인 연속 공간에 순차적으로 저장되는 파일 구조이다.
- 주기적으로 처리할 때 시간상으로 속도가 빠르며, 처리 비용이 절감된다.
- 순차적으로 실제 데이터만 저장되므로 기억 공간의 활용률이 높다.
- 특정 레코드를 검색할 때, 순차적 검색하므로 검색 효율이 낮다.

② 색인 순차 파일(Indexed Sequential File)

- 키값에 따라 순차적으로 정렬된 데이터를 저장하는 데이터 구역(Data Area)과 이 구역에 대한 포인터를 가진 색인 구역(Index Area)으로 구성된 파일 구조이다.
- 순차 처리와 직접 처리가 모두 가능하다.
- 레코드의 삽입, 삭제, 갱신이 용이하다.
- 인덱스를 이용하여 해당 데이터 레코드에 접근하기 때문에 처리 속도가 랜덤 편성 파일보다 느리다.
- 인덱스를 저장하기 위한 공간과 오버플로우 처리를 위한 별도의 공간이 필요하다.
- 구성

| 기본 구역<br>(Prime Area) | 레코드가 기록되는 영역이다. |
|---|---|
| 색인 구역<br>(Index Area) | • 기본 구역의 레코드의 위치를 찾는 색인이 기록된 영역이다.<br>• 색인 구역의 구성 : 트랙 색인 구역(Track Index Area), 실린더 색인 구역(Cylinder Index Area), 마스터 색인 구역(Master Index Area) |
| 오버플로우 구역<br>(Overflow Area) | 기본 구역에 레코드를 삽입하지 못하는 오버플로우 처리를 위한 별도의 영역이다. |

③ 직접 파일(Direct File)

- 키에 일정한 함수를 적용하여 상대 레코드 주소를 얻고, 그 주소를 레코드에 저장하는 파일 구조이다.
- 해싱 등의 사상 함수를 사용하여 레코드 키(Record Key)에 의한 주소 계산을 통해 레코드에 접근할 수 있도록 구성된다.

### 2) 디렉터리 구조

| 1단계<br>디렉터리 구조 | • 같은 디렉터리에 시스템에 보관된 모든 파일 정보를 포함하는 구조이다.<br>• 모든 파일들이 유일한 이름을 가진다. |
|---|---|
| 2단계<br>디렉터리 구조 | • 각각의 사용자에 대한 MFD와 각 사용자별로 만들어지는 UFD로 구성된다.<br>• MFD는 각 사용자의 이름이나 계정번호 및 UFD를 가리키는 포인터를 갖고 있으며, UFD는 오직 한 사용자가 가진 파일들에 대한 파일 정보만 갖고 있다. |
| 트리<br>디렉터리 구조 | • UNIX에서 사용하는 디렉터리 구조이다.<br>• 각 디렉터리는 서브 디렉터리나 파일을 가질 수 있다.<br>• 디렉터리의 생성과 파괴가 비교적 용이하다.<br>• 디렉터리의 탐색은 포인터를 사용하며, 절대 경로명과 상대 경로명을 사용한다. |

**트리 디렉터리 구조**
하나의 루트 디렉터리와 여러 개의 서브 디렉터리로 구성되어 있다.

| 비순환 그래프<br>디렉터리 구조 | • 부디렉터리의 공동 사용이 가능하여, 디스크 공간을 절약할 수 있다.<br>• 하나의 파일이나 디렉터리가 여러 개의 경로 이름을 가질 수 있다.<br>• 공유하고 있는 파일 제거 시 떨어진 포인터(Dangling Pointer) 문제가 발생할 수 있다. |
|---|---|
| 일반적인 그래프<br>디렉터리 구조 | 사이클이 허용되고, 불필요한 파일 제거를 위해 참조 카운터가 필요한 디렉터리 구조이다. |

## 이론을 확인하는 기출문제

**01** 파일 디스크립터(File Descriptor)의 정보에 포함되지 <u>않는</u> 것은?

① 파일 구조
② 파일 유형
③ 파일 작성자
④ 파일 크기

파일 디스크립터의 내용 : 파일 구조, 파일 유형, 파일 크기, 파일 이름, 파일 생성 시간, 수정 시간, 파일에 대한 접근 횟수, 보조 기억 장치 정보, 접근 제어 정보

**02** 파일 디스크립터(File Descriptor)에 대한 설명으로 <u>틀린</u> 것은?

① 파일 관리를 위해 시스템이 필요로 하는 정보를 가지고 있다.
② 보조 기억 장치에 저장되어 있다가 파일이 개방(Open)되면 주기억 장치로 이동된다.
③ 사용자가 파일 디스크립터를 직접 참조할 수 있다.
④ 파일 제어 블록(File Control Block)이라고도 한다.

파일 디스크립터는 파일 관리를 위한 블록이므로 보조 기억 장치의 유형, 파일의 구조, 접근 제어 정보 등 중요 제어 정보들을 포함하며, 시스템에 의해 관리된다. 사용자가 직접 참조할 수 없다.

**03** 다음 설명에 해당하는 디렉터리 구조는?

– UNIX에서 사용하는 디렉터리 구조이다.
– 각 디렉터리는 서브 디렉터리나 파일을 가질 수 있다.
– 디렉터리의 생성과 파괴가 비교적 용이하다.
– 디렉터리의 탐색은 포인터를 사용하며, 경로명은 절대와 상대 경로명을 사용한다.

① 1단계 디렉터리 구조
② 2단계 디렉터리 구조
③ 비순환 그래프 디렉터리 구조
④ 트리 디렉터리 구조

트리 디렉터리 구조 : 하나의 루트 디렉터리와 여러 개의 서브 디렉터리로 구성되어 있으며, 각 디렉터리의 생성 및 삭제가 쉽다. MS-DOS, UNIX, MS-Windows 운영체제에서 사용하고 있는 디렉터리 구조이다.

**04** 색인 순차 파일에 대한 설명으로 옳지 <u>않은</u> 것은?

① 레코드를 참조할 때 색인을 탐색한 후 색인이 가리키는 포인터를 사용하여 직접 참조할 수 있다.
② 레코드를 추가 및 삽입하는 경우, 파일 전체를 복사할 필요가 없다.
③ 인덱스를 저장하기 위한 공간과 오버플로우 처리를 위한 별도의 공간이 필요 없다.
④ 색인 구역은 트랙 색인 구역, 실린더 색인 구역, 마스터 색인 구역으로 구성된다.

색인 순차 파일(Indexed Sequential Access File)의 구성 : 기본 영역, 색인 영역, 오버플로우 영역

정답 01 ③ 02 ③ 03 ④ 04 ③

SECTION

10

분산 운영체제

출제빈도 상 중 (하)
반복학습 1 2 3

빈출 태그 분산 운영체제의 투명성

▶ 합격 강의

## 01 다중 처리기(Multi-processor)

### 1) 다중 처리기의 개념

- 하나의 시스템에 2개 이상의 프로세서를 가지고 동시에 여러 개의 작업을 처리하는 장치이다.
- 프로세서 중 하나가 고장 나도 다른 프로세서들에 의해 고장이 난 프로세서의 작업을 대신 수행하는 장애 극복이 가능하다.
- 프로세서 간의 통신은 공유 기억 장치를 통하여 입·출력 채널, 주변 장치들을 공유한다.
- 대칭적 다중 처리 방식과 비대칭적 다중 처리 방식이 있다.
- 성능 개선 목표 : 유연성, 신뢰성, 수행 속도

### 2) 다중 처리기의 상호 연결 방법

| | |
|---|---|
| 시분할 공유 버스<br>(Time Sharing Shared Bus) | • 프로세서, 기억 장치, 입·출력 장치 간에 하나의 버스 통신로만을 제공하는 구조이다.<br>• 어느 한 시점에 단지 하나의 전송만이 가능하다.<br>• 버스에 이상이 생기면 전체 시스템에 장애가 발생한다. |
| 크로스바 교환 행렬<br>(Crossbar Switch Matrix) | • 공유 버스 시스템에서 버스의 수를 기억 장치의 수만큼 증가시킨 구조이다.<br>• 두 개의 서로 다른 저장 장치를 동시에 참조할 수 있다.<br>• 하드웨어가 복잡해지는 단점이 있다. |
| 하이퍼 큐브<br>(Hyper Cube) | • 10개 이상의 프로세서를 병렬로 동작시키는 구조이다.<br>• 하나의 프로세서에 연결되는 다른 프로세서의 수(연결점)가 n개일 경우 총 $2^n$개의 프로세서가 필요하다. |
| 다중 포트 메모리<br>(Multiport Memory) | 하나의 프로세서에 하나의 버스가 할당되어 버스를 이용하려는 프로세서 간 경쟁이 적은 구조이다. |

### 3) 다중 처리기 운영체제의 구조

| | |
|---|---|
| 대칭적(Symmetric)<br>처리기 | • 모든 프로세서가 하나의 운영체제를 공유해서 수행한다.<br>• 가장 복잡하지만 가장 강력한 구조이다.<br>• 여러 개의 프로세서가 동시에 수행될 수 있다. |
| 주/종(Master/Slave)<br>처리기 —— 비대칭 구조를 가짐 | • 하나의 주 프로세서와 나머지 종 프로세서로 구성된다.<br>• 주 프로세서만이 운영체제를 수행한다.<br>• 주 프로세서는 입·출력과 연산을 수행한다.<br>• 종 프로세서는 입·출력 발생 시 주 프로세서에 서비스를 요청한다. |

✔ 개념 체크

1 하나의 프로세서에 연결되는 다른 프로세서의 수(연결점)가 n개일 경우 총 $2^n$개의 프로세서가 필요한 다중 처리기 상호 연결 방법은?

1 하이퍼 큐브

| 분리 수행<br>(Separate-Execution)<br>처리기 | • 주/종 처리기의 비대칭성을 보완하여 각 프로세서가 별도의 운영체제를 가진다.<br>• 프로세서별 자신만의 파일 및 입·출력 장치를 제어한다.<br>• 프로세서별 인터럽트는 독립적으로 수행된다.<br>• 한 프로세서의 장애는 전 시스템에 영향을 미치지 않는다. |
| --- | --- |

## 4) 다중 처리기의 구조

| ┌─ 분산 처리 시스템이라고 함<br>**약결합 시스템**<br>(Loosely-Coupled System) | • 둘 이상의 시스템을 통신 링크를 이용하여 연결한 시스템이다.<br>• 각 시스템마다 별도의 운영체제를 가진다.<br>• 각 프로세서마다 독립된 메모리를 가진다.<br>• 프로세스 간의 통신은 메시지 전달이나 원격 프로시저 호출을 통하여 이루어진다. |
| --- | --- |
| **강결합 시스템**<br>(Tightly-Coupled System) | • 하나의 운영체제가 모든 처리기와 시스템 하드웨어를 제어한다.<br>• 프로세서 간 통신은 공유 메모리를 통하여 이루어진다.<br>• 메모리에 대한 프로세서 간의 경쟁 최소화가 고려되어야 한다. |

## 02 분산 처리 시스템(Distributed Processing System)

### 1) 분산 처리 시스템 23.8, 23.3, 22.7, 22.4, 22.3

- 여러 대의 컴퓨터들에 의해 작업한 결과를 통신망을 이용하여 상호 교환할 수 있도록 연결된 시스템으로 시스템의 점진적 확장이 용이하다.
- 단일 시스템에 비해 처리 용량, 연산 속도, 신뢰성, 사용 가능도가 향상된다.
- 중앙 집중형 시스템에 비해 시스템 설계가 복잡하고 소프트웨어 개발이 어렵다.

### 2) 투명성(Transparency) 23.6, 22.4

#### ① 개요

- 분산 처리 운영체제에서 구체적인 시스템 환경을 사용자가 알 수 없도록 하며, 또한 사용자들에게 이에 대한 정보가 없어도 원하는 작업을 수행할 수 있도록 지원하는 개념이다.

#### ② <u>투명성(Transparency)의 종류</u>

- 위치(Location) 투명성 : 하드웨어와 소프트웨어의 물리적 위치를 사용자가 알 필요가 없다.
- 이주(Migration) 투명성 : 사용자나 응용 프로그램의 동작에 영향을 받지 않고 자원들을 한 곳에서 다른 곳으로 이동할 수 있다.
- 복제(Replication) 투명성 : 사용자에게 통지할 필요 없이 시스템 안에 파일들과 자원들의 부가적인 복사를 자유로이 할 수 있다.
- 병행(Concurrency) 투명성 : 다중 사용자들이 자원들을 자동으로 공유할 수 있다.
- 접근(Access) 투명성 : 사용자가 분산 시스템에서 자원에 접근할 때 해당 자원의 위치, 데이터 이동 경로 등을 알 필요 없이 접근할 수 있는 능력을 의미한다.

🅑 기적의 TIP

분산 DB의 투명성과 분산 운영체제의 투명성은 일맥상통합니다. 복습하는 느낌으로 정리하세요.

**분산 운영체제의 장점**
- CPU의 처리 능력 한계를 극복할 수 있다.
- CPU를 여러 개 사용하여 작업 능력 및 경제성을 향상시킬 수 있다.
- 값비싼 자원의 공유 및 확장성이 좋다.
- 부하를 균등하게 배분할 수 있다.

**분산 운영체제의 단점**
- 여러 개의 컴퓨터로 연결된 구조이므로 보안이 취약하다.
- 여러 개의 컴퓨터를 하나의 컴퓨터처럼 운영되도록 하는 소프트웨어로 개발 자체가 어렵다.

✓ 개념 체크

1 분산 처리 시스템에서 사용자나 응용 프로그램의 동작에 영향을 받지 않고 자원들을 한 곳에서 다른 곳으로 이동할 수 있는 특성은?

1 이주 투명성

### ③ 분산 운영체제 구조

| 성형(Star) | • 모든 사이트는 하나의 호스트에 직접 연결된 구조이다.<br>• 중앙 컴퓨터 장애 시 모든 사이트 간 통신이 불가능하다.<br>• 통신 시 최대 두 개의 링크만 필요하고 통신 비용이 저렴하다. |
|---|---|
| 링형(Ring) | • 각 사이트는 정확히 다른 두 사이트와 물리적으로 연결된 구조이다.<br>• 정보 전달 방향은 단방향 또는 양방향일 수 있다.<br>• 기본 비용은 사이트의 수에 비례한다.<br>• 메시지가 링을 순환할 경우 통신 비용은 증가한다. |
| 다중 접근 버스<br>(Multi Access Bus) | • 모든 사이트는 공유 버스에 연결된 구조이다.<br>• 기본 비용은 사이트 수에 비례한다.<br>• 사이트의 고장은 다른 사이트 간의 통신에 영향을 주지 않지만, 링크의 고장은 전체 시스템에 영향을 준다.<br>• 사이트의 추가와 삭제가 용이하다. |
| 계층 연결<br>(Hierarchy Connection) | • 각 사이트가 트리(Tree) 형태로 연결된 구조이다.<br>• 상위 사이트 장애 시 하위 사이트들은 통신할 수 없다. |
| 완전 연결<br>(Fully Connection) | • 모든 사이트는 다른 모든 사이트와 직접 연결된 구조이다.<br>• 사이트 간의 연결은 여러 회선이 존재하므로 신뢰성이 높다.<br>• 사이트 간의 메시지 전달이 매우 빠르다.<br>• 하나의 링크가 고장 나더라도 통신이 단절되지 않는다.<br>• 사이트 설치 시 소요되는 기본 비용은 많이 든다. |

## 3) 분산 처리 시스템의 구성 요소

- 클라이언트(Client) : 서버에 데이터를 요청하거나 서비스를 요청하는 역할을 한다.
- 서버(Server) : 클라이언트로부터의 요청을 수신하고 처리하는 역할을 한다.
- 통신 네트워크(Communication Network) : 클라이언트와 서버 간의 통신을 지원하는 인프라이다.
- 분산 데이터베이스(Distributed Database) : 분산 처리 시스템에서 사용되는 데이터는 여러 서버에 분산 저장될 수 있다.
- 분산 파일 시스템(Distributed File System) : 파일 저장 및 관리를 위한 분산 파일 시스템은 여러 서버에 파일을 분산 저장하고, 사용자나 응용 프로그램이 파일에 접근할 수 있도록 한다.
- 분산 알고리즘(Distributed Algorithms) : 분산 처리 시스템에서는 여러 서버 간의 협력이 필요할 때 분산 알고리즘을 사용한다.
- 분산 보안 및 인증(Distributed Security and Authentication) : 분산 처리 시스템에서는 데이터의 보안과 사용자 인증이 중요하다.
- 분산 로깅 및 모니터링(Distributed Logging and Monitoring) : 시스템 작동 상황을 추적하고 장애나 성능 문제를 식별할 수 있다.
- 분산 처리 시스템 관리 도구(Distributed System Management Tools) : 분산 시스템을 효율적으로 운영하기 위한 중요한 역할을 한다.

**01** 프로세서의 상호 연결 구조 중 하이퍼 큐브 구조에서 각 CPU가 3개의 연결점을 가질 경우 총 CPU의 개수는?

① 2
② 3
③ 4
④ 8

- 하이퍼 큐브 : CPU의 수 → $2^{(CPU 연결점 수)}$
- $2^3 = 8$

**02** 다중 처리기를 사용하여 성능개선을 하고자 하는 것 중 주된 목표가 아닌 것은?

① 유연성
② 신뢰성
③ 대중성
④ 수행 속도

다중 처리기(Multiple Process) : 다중 처리기는 프로그램의 수행 속도를 포함한 성능의 개선이 주된 목표이지만 신뢰성(reliability), 유연성(flexibility), 그리고 가용성(availability) 등을 개선하는 것도 그 목표에 포함된다.

**03** 분산 운영체제의 개념 중 강결합(TightlyCoupled) 시스템의 설명으로 옳지 않은 것은?

① 프로세서 간의 통신은 공유 메모리를 이용한다.
② 여러 처리기들 간에 하나의 저장 장치를 공유한다.
③ 메모리에 대한 프로세서 간의 경쟁 최소화가 고려되어야 한다.
④ 각 사이트는 자신만의 독립된 운영체제와 주기억 장치를 갖는다.

강결합(Tightly-Coupled) 시스템 : 여러 개의 프로세서가 하나의 메모리를 공유하며, 프로세서 간 통신은 공유 메모리로 이루어진다.

**04** 분산 시스템의 위상에 따른 분류 중 성형(Star) 구조에 대한 설명으로 옳지 않은 것은?

① 집중 제어로 보수와 관리가 용이하다.
② 중앙 컴퓨터 고장 시 전체 네트워크가 정지된다.
③ 중앙 노드를 제외한 노드의 고장 시에도 다른 노드에 영향을 준다.
④ 데이터 전송이 없는 터미널이 접속된 통신 회선은 휴지 상태가 된다.

중앙 노드를 제외한 노드의 고장이 나면 다른 노드에 영향을 주지 않는다. 단, 중앙 컴퓨터 고장이 나면 전체 네트워크가 정지된다.

정답 01 ④ 02 ③ 03 ④ 04 ③

SECTION

11

UNIX, Linux

출제빈도 상 ⓒ 하
반복학습 ① ② ③

▶ 합격 강의

빈출 태그 UNIX의 특징 • fork • cat • shell • Linux • umask • 로그파일

### 🅕 기적의 TIP

출제 표기를 기준으로 정리
및 암기하세요.

- 다중(멀티) 프로그래밍(Multi-programming) : 하나의 주기억 장치와 CPU로 구성된 컴퓨터 시스템에서 주기억 장치에 여러 개의 프로그램을 적재하여 처리하는 방식으로 단위 시간 내에 처리량을 최대로 한다.
- 다중(멀티) 프로세싱(Multi-processing) : 하나의 주기억 장치와 여러 개의 CPU로 구성된 컴퓨터 시스템에서 주기억 장치에 하나 또는 여러 개의 프로그램을 적재하여 처리하는 방식으로 보통 병렬 시스템을 말한다.
- 다중(멀티) 컴퓨터(Multi-computer) : 여러 개의 독립적인 컴퓨터 시스템에서 하나의 작업을 공동으로 처리할 수 있는 시스템으로 보통 분산 컴퓨터 시스템이라고 한다.
- 다중(멀티) 태스킹(Multi-tasking) : 하나의 주기억 장치와 CPU로 구성된 컴퓨터 시스템에서 여러 개의 프로그램을 동시에 처리할 수 있는 방식으로 사용자 관점에서의 다중 프로그래밍을 말한다.

### ✅ 개념 체크

1 사용자가 지정한 명령들을 해석하여 커널로 전달하는 UNIX의 명령어 해석기는?

1 쉘

## 🅛 UNIX의 개요

### 1) UNIX의 특징 22.4

- 시분할(Time-sharing) 시스템을 위해 설계된 대화식 운영체제이다.
- 소스가 공개된 개방형 시스템(Open System)이다.
- 트리 구조의 파일 시스템을 갖는다.
- 멀티 유저(Multi-user), 멀티 태스킹(Multi-tasking)을 지원한다.
- 하나 이상의 작업에 대하여 백그라운드에서 수행할 수 있다.
- 90% 이상이 고급 언어인 C로 구성되어 있어서 이식성이 높다.

### 2) UNIX 시스템의 구성

#### ① 커널(Kernel)

- UNIX 시스템의 가장 핵심적인 부분이다.
- 프로세스 관리, 메모리 관리, 파일 관리, 입 · 출력 관리 등의 기능을 수행한다.

#### ② 쉘(Shell) 22.3, 20.6

- 사용자가 지정한 명령들을 해석하여 커널로 전달하는 명령어 해석기이다.
- 시스템과 사용자 간의 인터페이스를 담당한다.
- 반복적인 명령을 프로그램으로 만드는 프로그래밍 기능을 제공한다.
- 초기화 파일을 이용해 사용자 환경을 설정하는 기능을 제공한다.
- 종류

| Bourne 쉘 | • 유닉스에서 가장 오래되고 인기 있는 쉘이다.<br>• 간단하고 사용하기 쉽도록 설계되었다. |
|---|---|
| C 쉘 | • Bourne 쉘을 기반으로 한 쉘이다.<br>• C 프로그래밍 언어와 유사한 구문을 사용한다. |
| Korn 쉘 | • Bourne 쉘과 C 쉘을 기반으로 한 쉘이다.<br>• Bourne 쉘의 기능과 C 쉘의 기능을 모두 갖추고 있다. |
| bash 쉘 | • Bourne Again SHell의 약자로, Korn 쉘을 기반으로 한 쉘이다.<br>• 유닉스와 리눅스에서 가장 인기 있는 쉘이다. |
| zsh 쉘 | • Z SHell의 약자로, bash 쉘을 기반으로 한 쉘이다.<br>• 강력하고 사용자 정의가 용이한 쉘로 설계되었다. |

#### ③ 유틸리티(Utility)

- 사용자의 편의를 위한 프로그램이다.
- 종류 : 편집기, 컴파일러, 인터프리터 등

### 3) UNIX 파일 시스템의 구조

| | |
|---|---|
| 부트 블록(Boot Block) | 부팅에 필요한 코드를 저장하고 있는 블록이다. |
| 슈퍼 블록(Super Block) | 전체 파일 시스템에 대한 정보를 저장하고 있는 블록이다. |
| I-node 블록<br>(Index Node Block) | • 각 파일에 대한 정보를 저장하고 있는 블록이다.<br>• 파일 소유자의 식별번호, 파일 크기, 파일의 최종 수정 시간, 파일 링크 수 등의 내용을 가지고 있다. |
| 데이터 블록<br>(Data Block) | 실제 데이터를 저장하고 있는 블록이다. |

## 02 UNIX 명령어

### 1) 시스템 관련 명령어 [24.3]

- login : UNIX 시스템에 접속한다.
- logout : UNIX 시스템 접속을 종료한다.
- finger : 시스템에 등록된 사용자의 정보를 표시한다.
- who : 현재 로그인 중인 각 사용자에 관한 정보를 표시한다.
- ping : 네트워크상의 문제를 진단한다.
- fsck : 파일 시스템의 무결성을 검사한다.
- mount : 기존 파일 시스템에 새로운 파일 시스템을 서브 디렉터리에 연결한다.
- uname [21.3] : 현 시스템 정보를 확인하는 명령어이다(옵션 -a : 시스템 모든 정보 출력).

### 2) 프로세스 관련 명령어

- fork [20.9] : 새로운 프로세스를 생성한다.
- exec : 새로운 프로세스를 수행한다.
- exit : 프로세스 수행을 종료한다.
- wait : 자식 프로세스 중 하나가 종료될 때까지 부모 프로세스를 임시로 중지시킨다.
- kill : 현재 실행 중인 프로세스를 종료하거나 한 줄 전체를 지운다.
- ps : 현재 실행 중인 프로세스의 상태를 표시한다.
- getpid : 자신의 프로세스 아이디를 구한다.
- getppid : 부모 프로세스 아이디를 구한다.

**exec()**
주어진 명령어를 실행하기 위해 기존 프로세스의 메모리 공간을 교체하는 명령어로 새로운 프로세스를 생성하지 않고, 쉘 프로세스를 대체한다.

 개념 체크

1 현 시스템 정보를 확인하는 UNIX 명령어는?

1 uname

### 3) 디렉터리 관련 명령어

- pwd : 현재 작업 중인 디렉터리의 경로를 표시한다.
- ls : 현재 디렉터리 내의 모든 파일을 표시한다.
- mkdir : 디렉터리를 생성한다.
- rd : 파일 디렉터리를 삭제한다.
- cd : 디렉터리의 위치를 변경한다.

### 4) 파일 관련 명령어

- creat : 파일을 생성한다.
- open : 파일을 사용할 수 있는 상태로 준비시킨다.
- cp : 파일을 복사한다.
- rm : 파일을 삭제한다.
- mv : 파일의 이름을 바꾼다.
- cat : 파일의 내용을 화면에 표시한다(cat/etc/*release* : 리눅스 릴리즈 정보 확인). [21.3]
- chmod : 파일의 사용 권한을 지정한다. [24.7]
- chown : 파일의 소유자를 변경한다.

**기적의 TIP**

자주 출제되는 내용은 아니니 간단히 정리하세요.

## 03 UNIX 환경 변수

### 1) 환경 변수(Environment Variables)의 개념

- 쉘(Shell)이 프로그램들 사이에서 값을 전달해 주는 역할을 하는 변수이다.
- 프로세스가 컴퓨터에 동작하는 방식에 영향을 미치는 값들의 집합이다.
- 기본적으로 환경 변수는 대문자를 사용한다.

### 2) 환경 변수 관련 명령어 [20.9]

- env : 전역 환경 변수를 설정하거나 출력한다.
- set : 사용자 환경 변수를 설정한다.
- printenv : 현재 설정된 환경 변수의 값을 모두 출력한다.
- echo : 특정 환경 변수의 값을 출력한다.
- setenv : 환경 변수의 값을 설정한다.

### 3) bash Shell

- Linux, MAC OS X 등 다양한 운영체제에서 사용되며 Linux 표준 쉘이다.
- Linux에서 환경 변수를 설정하는 명령어에는 env, set, export가 있다.

**개념 체크**

1 UNIX에서 현재 설정된 환경 변수의 값을 모두 출력하는 명령어는 env이다. (O, X)

1 X

| env | 전역 변수 설정, 조회, 삭제 |
| --- | --- |
| set | 사용자 환경 변수 설정 및 조회 |
| export | 사용자 환경 변수 전역 변수로 설정 |
| declare | 변수 타입을 설정 |

### 4) 리눅스 bash 쉘에서의 export 명령 [21.5]

- export 명령은 리눅스에서 사용자 환경 변수를 전역 변수로 설정할 때 사용한다.
- export가 매개 변수 없이 쓰일 때 현재 설정된 환경 변수들이 출력된다.
- 사용자가 생성하는 변수는 export 명령어로 표시하지 않는 한 현재 쉘(세션)에 국한된다.
- 변수를 export 시키면 전역(Global)변수처럼 되어 끝까지 기억된다.
- 사용법 : export [변수명]=[데이터값]
- 변수를 출력하고자 할 때는 echo를 사용해야 한다.
- 사용법 : echo $[변수명]

### 5) UNIX 쉘 스크립트(Shell Script) 제어문 [20.8]

- 조건문 : if, case
- 반복문 : for, while
- 기타 : select, continue, until

bash(Bourne-again shell)는 UNIX 쉘이다.

### 04 Linux

#### 1) 개요 및 특징

- 1990년대 초반에 핀란드의 컴퓨터공학과 학생이던 리누스 토발스(Linus Torvalds)가 만든 오픈소스 컴퓨터 운영체제로 UNIX와의 호환이 완벽하다.
- 멀티태스킹(Multi-tasking)과 멀티유저(Multi-user)를 지원한다.
- 대소문자를 구분한다.
- UNIX와 유사한 명령줄 인터페이스를 사용한다.
- UNIX와 유사한 많은 프로그램을 사용할 수 있다.
- 그래픽 사용자 인터페이스(GUI)를 사용할 수 있다.
- 컴퓨터, 서버, 슈퍼컴퓨터, 임베디드 시스템을 포함한 다양한 플랫폼에서 사용된다.
- 리눅스는 안정적이고 보안에 있어 안전하며 확장 가능한 운영체제다.
- 종류 : RHEL, CentOS, Fedora, Ubuntu, Raspbian, Kali

#### 2) 기능

- 안정성 : 오류를 수정하고 장애로부터 스스로를 보호할 수 있는 여러 메커니즘을 갖추고 있다.
- 보안 : 사용자를 공격으로부터 보호할 수 있는 여러 메커니즘을 갖추고 있다.
- 확장성 : 다양한 하드웨어 플랫폼에서 실행할 수 있으며 다양한 수의 사용자를 지원할 수 있다.
- 유연성 : 사용자의 요구에 맞게 사용자 정의할 수 있으며 다양한 애플리케이션을 실행할 수 있다.

 **개념 체크**

1 리눅스의 bash 쉘에서 ( ) 명령은 리눅스에서 사용자 환경 변수를 전역 변수로 설정할 때 사용한다.

1 export

## 3) umask <sup>24.7, 22.3</sup>

기본 파일 권한을 변경할 때 사용하는 값

- 파일이나 디렉터리 생성 시 초기 접근 권한을 설정할 때 사용한다.
- 초기 파일의 권한은 666이고 디렉터리는 777이며, 여기에 umask 값을 빼서 초기 파일 권한을 설정할 수 있다.

| 소유자 | | | 그룹 | | | 사용자 | | |
|---|---|---|---|---|---|---|---|---|
| r | w | x | r | w | x | r | w | x |
| 4 | 2 | 1 | 4 | 2 | 1 | 4 | 2 | 1 |

- rwx(7)은 모든 권한을 갖는다. (4+2+1=7)
- ---(0)은 모든 권한이 해제된 상태이다.
- 파일 권한 644는 소유자(읽기+쓰기), 그룹(읽기), 사용자(읽기) 권한이 부여된 상태이며 파일 권한 테이블에 표시하면 다음과 같다.

| 소유자 | | | 그룹 | | | 사용자 | | |
|---|---|---|---|---|---|---|---|---|
| r | w | x | r | w | x | r | w | x |
| 4 | 2 | 1 | 4 | 2 | 1 | 4 | 2 | 1 |

### ➕ 더 알기 TIP

**리눅스에서 생성된 파일 권한이 644일 경우 umask 값은?**

- 파일 초기권한 666 − umask = 644
- 666 − 644 = 022
- 답 : umask 값은 022가 된다.
- 위 문제를 권한 테이블에 표시하면 다음과 같다.

| 소유자 | | | 그룹 | | | 사용자 | | |
|---|---|---|---|---|---|---|---|---|
| r | w | x | r | w | x | r | w | x |
| 4 | 2 | 1 | 4 | 2 | 1 | 4 | 2 | 1 |

−

| 소유자 | | | 그룹 | | | 사용자 | | |
|---|---|---|---|---|---|---|---|---|
| r | w | x | r | w | x | r | w | x |
| 4 | 2 | 1 | 4 | 2 | 1 | 4 | 2 | 1 |

=

| 소유자 | | | 그룹 | | | 사용자 | | |
|---|---|---|---|---|---|---|---|---|
| r | w | x | r | w | x | r | w | x |
| 4 | 2 | 1 | 4 | 2 | 1 | 4 | 2 | 1 |

### 🅑 기적의 TIP

- r : 읽기 권한(read)
- w : 쓰기 권한(write)
- x : 실행 권한(excute)

### ✅ 개념 체크

1 UNIX umask 초기 파일의 권한은 666이고 디렉터리는 ( )이며, 여기에 umask 값을 빼서 초기 권한을 설정할 수 있다

1 777

## 4) 리눅스 로그파일 [22.3]

### ① utmp

- 현재 로그인한 사용자 상태 정보를 담고 있는 로그파일이다.
- 사용자의 로그인 세션 정보, 로그인 시간, 로그아웃 시간 등을 포함할 수 있다.
- 주로 시스템 관리와 감사 목적으로 사용된다.

### ② wtmp

- 성공한 로그인/로그아웃 정보와 시스템 boot/shutdown의 히스토리를 담고 있는 로그파일이다.
- 로그인 및 로그아웃 시간, 사용자 이름, 로그인 유형(터미널 또는 원격 접속) 등의 정보를 포함한다.
- 시스템 보안 감사, 사용자 활동 추적, 리소스 사용 분석 등에 사용된다.

### ③ btmp

- 잘못된 로그인 시도, 엄호 공격, 무단 액세스 등의 보안 위반 시도에 대한 정보를 기록한다.
- 주로 시스템 보안 분석, 침입 탐지 시스템, 계정 보호를 위한 조치 등에 사용된다.

**01** UNIX 운영체제에 관한 특징으로 **틀린** 것은?

① 하나 이상의 작업에 대하여 백그라운드에서 수행이 가능하다.
② Multi-User는 지원하지만 Multi-Tasking은 지원하지 않는다.
③ 트리 구조의 파일 시스템을 갖는다.
④ 이식성이 높으며 장치 간의 호환성이 높다.

UNIX는 Multi-User 및 Multi-Tasking을 지원한다.

**02** UNIX 시스템의 쉘(Shell)의 주요 기능에 대한 설명이 **아닌** 것은?

① 사용자 명령을 해석하고 커널로 전달하는 기능을 제공한다.
② 반복적인 명령을 프로그램으로 만드는 프로그래밍 기능을 제공한다.
③ 쉘 프로그램 실행을 위해 프로세스와 메모리를 관리한다.
④ 초기화 파일을 이용해 사용자 환경을 설정하는 기능을 제공한다.

③번은 커널(Kernel)의 기능이다.

**03** 운영체제 분석을 위해 리눅스에서 버전을 확인하고자 할 때 사용되는 명령어는?

① ls                  ② sudo
③ pwd                 ④ uname

uname -a : 현재 설치된 리눅스 커널 정보를 모두 표시한다.

**04** UNIX에서 새로운 프로세스를 생성하는 명령어는?

① ls                  ② cat
③ fork                ④ chmod

• ls : 현재 디렉터리 내의 모든 파일을 표시한다.
• cat : 파일의 내용을 화면에 표시한다.
• fork : 새로운 프로세스를 생성한다.
• chmod : 파일의 사용 권한을 지정한다.

**05** 다음 중 bash 쉘 스크립트에서 사용할 수 있는 제어문이 **아닌** 것은?

① if                  ② for
③ repeat_do           ④ while

**UNIX 쉘 스크립트(Shell Script) 제어문**
• 조건문 : if, case
• 반복문 : for, while
• 기타 : select, continue, until
※ bash(Bourne-again shell)는 UNIX 쉘이다.

**06** 리눅스에서 생성된 파일 권한이 644일 경우 umask 값은?

① 022                 ② 666
③ 777                 ④ 755

• 파일 초기권한 666 - umask = 644
• 666 - 644 = 022
• 답 : umask 값은 022가 된다.
• 위 문제를 권한 테이블에 표시하면 다음과 같다.

| 소유자 | | | 그룹 | | | 사용자 | | |
|---|---|---|---|---|---|---|---|---|
| r | w | x | r | w | x | r | w | x |
| 4 | 2 | 1 | 4 | 2 | 1 | 4 | 2 | 1 |

−

| 소유자 | | | 그룹 | | | 사용자 | | |
|---|---|---|---|---|---|---|---|---|
| r | w | x | r | w | x | r | w | x |
| 4 | 2 | 1 | 4 | 2 | 1 | 4 | 2 | 1 |

=

| 소유자 | | | 그룹 | | | 사용자 | | |
|---|---|---|---|---|---|---|---|---|
| r | w | x | r | w | x | r | w | x |
| 4 | 2 | 1 | 4 | 2 | 1 | 4 | 2 | 1 |

정답  01 ②  02 ③  03 ④  04 ③  05 ③  06 ①

# CHAPTER 06

# 네트워크 개론

## 학습 방향

네트워크 개론은 운영체제와 함께 개정 전 한 과목을 차지하던 부분입니다. 출제 빈도가 높고 내용도 방대하지만, 출제된 문제를 기반으로 본문을 작성하였습니다. 암기와 이해가 동반되어야 하며, 기출 반복 빈도가 높으므로 출제 표기를 보면서 정리하세요.

## 출제빈도

| | | |
|---|---|---|
| SECTION 01 | 하 | 15% |
| SECTION 02 | 상 | 30% |
| SECTION 03 | 상 | 35% |
| SECTION 04 | 중 | 20% |

SECTION

# 01 데이터 통신의 개요

출제빈도 상 중 (하)
반복학습 [1] [2] [3]

▶ 합격 강의

빈출태그 리피터 • 라우터 • IEEE 802 규격

## 🅞🅵 데이터 통신 시스템

### 1) 데이터 통신 시스템의 구성

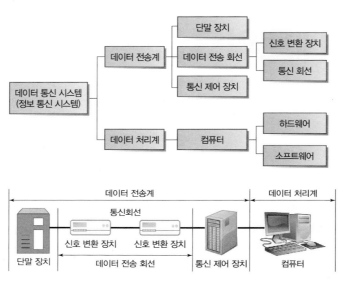

### 2) 데이터 전송계

① 단말 장치(DTE : Data Terminal Equipment)
- 데이터 통신 시스템과 사용자의 접점에 위치하여 데이터의 입·출력을 처리하는 장치이다.
- 기능 : 입·출력 기능, 전송 제어 기능, 기억 기능

➕ 더 알기 TIP

**단말 장치의 분류**

| 입력 전용 단말 장치 | • 데이터 입력만 가능<br>• 키보드, 판독기(OMR/OCR/MICR) 등 |
| --- | --- |
| 출력 전용 단말 장치 | • 데이터 출력만 가능<br>• 모니터, 프린터 등 |

| 입·출력 공용 단말 장치 | • 입력과 출력 모두 가능<br>• 대부분의 단말 장치 |
|---|---|
| 스마트(Smart) 단말 장치 | • 작업 처리 가능<br>• 지능형(Intelligent) 단말 장치라고도 함 |
| 더미(Dummy) 단말 장치 | • 작업 처리 불가<br>• 비 지능형(Non-intelligent) 단말 장치라고도 함 |

② 신호 변환 장치(DCE : Data Circuit Equipment)
• 단말 장치나 컴퓨터의 데이터와 통신 회선의 신호 간의 변환을 수행하는 장치이다.
• 데이터 회선 종단 장치(DCE : Data Circuit-terminal Equipment)라고도 한다.

⊕ 더 알기 TIP

**신호 변환 장치의 종류**

| 전화(Phone) | 아날로그 신호 → 아날로그 회선 |
|---|---|
| 모뎀(MODEM, MOdulator/DEModulator) | 디지털 신호 → 아날로그 회선 |
| 코덱(CODEC, COder/DECoder) | 아날로그 신호 → 디지털 회선 |
| DSU(Digital Service Unit) | 디지털 신호 → 디지털 회선 |

③ 통신 제어 장치(CCU : Communication Control Unit)
• 전송 회선과 컴퓨터 사이에 위치하여 컴퓨터를 대신해 전송 관련 제어 기능을 수행하는 장치이다.
• 회선 속도와 중앙 처리 장치 사이의 속도 차이를 조정한다.
• 통신 회선을 전기적으로 연결하고 송·수신이나 전송을 제어한다.
• 통신의 시작과 종료 제어, 전송 문자의 조립, 분해, 송신권 제어, 동기 제어, 오류 제어, 응답 제어 등을 한다.
• 제어 정보를 식별하고 통신 방식이나 다중 접속을 제어한다.
• 기밀 보호 기능을 제공한다.
• 기능 : 전송 제어, 동기 제어, 오류 제어 등

## 3) 데이터 처리계
• 하드웨어 : 중앙 처리 장치, 주변 장치
• 소프트웨어 : 운영체제, 통신 소프트웨어

✓ 개념 체크

1 단말 장치나 컴퓨터의 데이터와 통신 회선의 신호 간의 변환을 수행하는 장치는?

1 신호 변환 장치(DCE)

### 4) DTE, DCE 접속 규격

#### ① 개념
서로 다른 하드웨어인 단말 장치(DTE)와 데이터 회선 종단 장치(DCE) 간의 접속을 정확하게 수행하기 위한 기계적, 전기적, 기능적, 절차적 특성을 사전에 정의해 놓은 규격을 말한다.

#### ② 접속 규격 표준안
- ITU-T(International Telecommunication Union-Telecommunication, Standardization Seator)

| V 시리즈 | • DTE와 아날로그 통신 회선 간에 접속할 때의 규정을 정의한다.<br>• 공중 전화 교환망(PSTN)을 통한 DTE/DCE 접속 규격이다.<br>• V.24 : 데이터 터미널과 데이터 통신기기의 접속 규격으로 기능적, 절차적 조건에 관한 규정이다. |
|---|---|
| X 시리즈 | • DTE와 디지털 교환망 간에 접속할 때의 규정을 정의한다.<br>• 공중 데이터 교환망(PSDN)을 통한 DTE/DCE 접속 규격이다.<br>• X.25 : 패킷 전송을 위한 DTE/DCE 접속 규격이다.<br>• X.400 : 전자메시지 처리 시스템(MHS; Message Handling Service)의 시스템과 서비스를 규정하는 권고안이다. |

- EIA(Electronic Industries Association)

| RS-232C | • DTE와 DCE 간의 물리적 연결과 신호 수준을 정의한다.<br>• 공중 전화 교환망(PSTN)을 통한 DTE/DCE 접속 규격이다.<br>• ISO2110, V.24, V.28을 사용하는 접속 규격이 있다. |
|---|---|

- ISO(International Standards Organization)

| ISO 2110 | • 공중 전화 교환망(PSTN)을 통한 DTE/DCE 접속 규격이다.<br>• 주로 기계적 조건에 관한 규정이다. |
|---|---|

## 02 데이터 전송 기술

### 1) 아날로그 전송
- 아날로그(Analog) 신호는 시간상으로 연속인 전압, 전류 또는 그 밖의 형태 신호이다.
- 신호의 감쇠 현상이 심해 장거리 전송 시 증폭기(Amplifier)에 의해 신호 증폭 후 전송해야 한다.

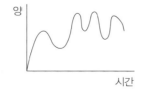

✓ 개념 체크

1 DTE와 아날로그 통신 회선 간에 접속할 때의 규정을 정의한 ITU-T 접속 규격 표준안은?

1 V 시리즈

## 2) 디지털 전송

- 디지털(Digital) 신호는 전기적인 2가지 상태(0 또는 1)로만 표현되는 신호이다.
- 장거리 전송 시 데이터의 감쇠 및 왜곡 현상을 방지하기 위해서 리피터(Repeater)를 사용한다.
- 전송 용량을 다중화하여 효율성이 높다.
- 암호화 작업이 가능하므로 안정성이 높다.
- 신호의 잡음을 제거할 수 있고 오류 검출이 쉽다.
- 신호가 0 또는 1의 값만 가지고 있어 신호 재전송이 용이하다.
- 아날로그에 비해 비용이 적게 들고 정보의 암호화가 쉽다.
- 전송량을 다중화할 수 있어 효율이 높고 전송 장비의 소형화가 가능하다.
- 아날로그 신호보다 많은 대역폭이 필요하다.

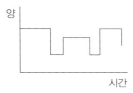

## 3) 통신 방식의 종류

① 단방향(Simplex) 통신

한쪽으로만 전송이 가능한 방식이다(⑩ TV, 라디오).

② 반이중(Half-duplex) 통신

양쪽 방향으로 전송할 수 있지만 동시에 양쪽에서 전송할 수 없는 방식이다(⑩ 무전기).

③ 전이중(Full-duplex) 통신

동시에 양쪽 방향에서 전송이 가능한 방식이다(⑩ 전화).

## 4) 직렬 전송과 병렬 전송

① 직렬 전송

- 비트들의 열이 하나의 전송 선로를 통해 순서에 따라 전송되는 방식이다.
- 모든 비트가 동일한 전송선을 사용하기 때문에 전송선이 비트별로 대응되는 병렬 전송 방식보다 오류 발생 가능성이 줄어든다.
- 원거리 전송에 적합하다.

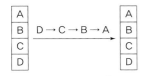

**개념 체크**

1  무전기와 같이 양쪽 방향으로 전송할 수는 있지만, 양쪽에서 동시에 전송할 수 없는 방식을 단방향 통신이라고 한다. (O, X)

1 X

② 병렬 전송

- 각 비트가 각자의 전송 선로를 통해 한꺼번에 전송되는 방식이다.
- 단위 시간에 다량의 데이터를 전송할 수 있지만 전송 거리가 멀어지면 전송선별로 비트가 도착하는 시간이 다를 수 있어 원래의 비트 블록을 복원하기 어렵고 비용도 많이 든다.
- 전송 선로가 직렬 전송에 비해 많으므로 전송 속도가 빠르다.
- 컴퓨터의 CPU와 주변 장치 사이의 전송에 이용된다.

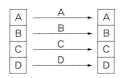

## 5) 비동기식 전송과 동기식 전송

### ① 비동기식(Asynchronous) 전송

- Byte와 Byte를 구분하기 위해 문자의 앞뒤에 각각 Start Bit와 Stop Bit를 가진다.
- 동기식보다 주로 저속도의 전송에 이용된다.
- 비트열이 전송되지 않을 때는 휴지 상태(Idle Time)가 된다.
- 12,000bps 이하의 저속 단거리 통신에 사용된다.
- 송신측에서 유휴 상태 비트를 전송하다 전송 데이터가 발생하면 시작 비트 0을 전송한 뒤 데이터를 전송하는 방식이다.

### ② 동기식(Synchronous) 전송

- 문자 또는 비트들이 데이터 블록을 송·수신한다.
- 전송 속도가 빠르고, 효율이 높으며, 주로 원거리 전송에 사용한다.
- 프레임(Frame)은 동기 문자와 제어 정보, 데이터 블록으로 구성된다.
- 제어 정보의 앞부분을 프리앰블, 뒷부분을 포스트앰블이라고 한다.
- 정보 프레임 구성에 따라 문자 동기 방식, 비트 동기 방식, 프레임 동기 방식으로 구분한다.


## 03 컴퓨터 네트워크

### 1) 컴퓨터 네트워크

#### ① 컴퓨터 네트워크의 개념

- 네트워크(통신망, Network)란, 원하는 정보를 원하는 수신자 또는 기기에 정확하게 전송하기 위한 기반 인프라를 말한다.
- 컴퓨터 네트워크는 일반적으로 네트워크라고 불리며, 유·무선 매체를 이용하여 통신 설비를 갖춘 장치를 연결하는 통신망이다.

② 거리(규모)에 따른 네트워크 분류

**PAN(Personal Area Network)**
가장 작은 규모의 네트워크이다.

| LAN<br>(Local Area Network) | • 근거리 네트워크이다.<br>• 회사, 학교 등 한정된 지역에서 컴퓨터, 프린터, 스캐너 등의 장치들을 연결하여 구축한 네트워크이다. |
|---|---|
| MAN<br>(Metropolitan Area Network) | • 도시권 네트워크이다.<br>• LAN의 확장형으로, 하나의 도시와 같이 LAN보다 더 큰 규모의 네트워크이다. |
| WAN<br>(Wide Area Network) | • 광대역 네트워크이다.<br>• MAN보다 더 넓은 범위와 규모의 네트워크이며, 멀리 떨어진 지역을 네트워크로 구성한다. |

## 2) LAN(Local Area Network)

### ① LAN의 개념

동일 빌딩 내 또는 수백 m~수 Km 이내의 한정된 지역 내 등 비교적 좁은 지역에 분산 배치된 컴퓨터와 프린터 등의 단말기를 통신 회선으로 연결하여 각종 정보를 교환할 수 있는 통신 네트워크이다.

### ② LAN의 특징

- 단일 기관의 소유 및 제한된 지역 내의 네트워크이다.
- 어떤 종류의 통신 시스템 기기와도 연결할 수 있다.
- 광대역 전송 매체의 사용으로 고속 통신이 가능하다.
- 오류 발생률이 낮으며, 전송 지연을 최소화할 수 있다.
- 공유 매체 사용으로 경로 선택 없이 매체에 연결된 모든 장치로 데이터 전송이 가능하다.
- 통신기기의 재배치와 확장성이 좋다.
- 스마트폰, 태블릿, PC 등을 연결하는 Wi-Fi 기술을 이용한 무선 LAN(Wireless Local Area Network)의 비중이 높아지고 있다.

**네트워크 사용 시 장점**
- 네트워크를 구축하여 서버를 통해 구성원들 간에 데이터 공유를 편리하게 할 수 있다.
- 주변 장치를 공유하여 공간 및 비용을 절약할 수 있다.
- 저장 서버를 지정하면 중복 백업을 방지하여 백업이 용이하다.
- 거리와 공간의 제약을 극복함으로써 다양한 응용 프로그램과 서비스 지원이 용이하다.
- 사용자에게 편리성과 효율성을 제공할 수 있다.

### ③ LAN의 기본 형태(위상, 토폴로지, Topology)

| 성형<br>(Star, 스타형) | | • 중앙에 호스트 컴퓨터(Host Computer)가 있고 이를 중심으로 터미널(Terminal)들이 연결되는 중앙 집중식의 네트워크 구성 형태이다.<br>• 중앙 컴퓨터와 직접 연결되어 응답이 빠르고 통신 비용이 적게 소요되지만, 중앙 컴퓨터에 장애가 발생하면 전체 시스템이 마비된다. |
|---|---|---|
| 링형<br>(Ring) | | • 데이터는 한쪽 방향으로만 흐르고 병목 현상이 드물지만, 두 노드 사이의 채널이 고장이 나면 전체 네트워크가 손상될 수 있다.<br>• 한 노드가 절단되어도 우회로를 구성하여 통신이 가능하다. |
| 버스형<br>(Bus) | | • 한 개의 통신 회선에 여러 개의 사이트가 연결된 형태이다.<br>• 한 사이트의 고장은 나머지 사이트 간 통신에 아무런 영향을 주지 않는다. |
| 계층형<br>(Tree) | | • 트리(Tree) 형태이다.<br>• 분산 처리 시스템을 구성하는 방식이다. |
| 망형<br>(Mesh,<br>2분형) | | • 각 사이트는 시스템 내의 모든 사이트와 직접 연결된 형태이다.<br>• 통신 회선의 총 경로가 다른 네트워크 형태에 비해 가장 길게 소요된다.<br>• 많은 단말기로부터 많은 양의 통신이 필요할 때 유리하다.<br>• n개의 구간을 망형으로 연결하면 $n(n-1)/2$개의 회선이 필요하다. |

✓ 개념 체크

1 LAN의 기본 토폴로지 중 중앙에 호스트 컴퓨터가 있고 이를 중심으로 터미널들이 연결되는 중앙 집중식의 네트워크 구성 형태는?

1 성형

★ 다중화
• 여러 개의 채널이 하나의 통신 회선을 통하여 결합된 신호의 형태로 전송되고 수신 측에서 다시 이를 여러 개의 채널 신호로 분리하는 것이다.
• 통신 회선을 다중화하면 선로의 공동 이용이 가능해 전송 효율을 높일 수 있다.

④ LAN의 전송 방식에 의한 분류

• 베이스밴드(Baseband) 방식
  – 신호 변조 없이 고유 주파수 영역을 사용하는 방식이다.
  – 시분할 다중화★ 방식(TDM)을 사용하고 통신 방식이 쉽고 경제적이다.
• 광대역(Broadband) 방식
  – 디지털 신호를 아날로그 신호로 광대역 변조하는 방식이다.
  – 주파수 분할 다중화 방식(FDM)을 사용한다.

⑤ 전송 매체 접근 제어(MAC : Media Access Control)

• 하나의 통신 회선에 여러 대의 컴퓨터를 연결하여, 통신이 가능하게 한다.
• 연결된 컴퓨터들이 일정한 규칙 없이 데이터를 전송할 경우 통신 회선을 공유하기 때문에 데이터가 충돌하게 된다.
• MAC의 방식으로는 CSMA(Carrier Sense Multiple Access), CSMA/CD (Carrier Sense Multiple Access/Collision Detection), 토큰 버스(Token Bus), 토큰 링(Token Ring), 토큰 패싱(Token Passing)이 있다.

⑥ LAN의 표준안 동향

• 이더넷(Ethernet)
  – 이더넷(Ethernet)은 가장 많이 사용하는 LAN 구축 방식으로 제록스사에서 개발한 후 DEC와 인텔사가 연합하여 확장한 LAN의 표준안이다.
  – 1985년 IEEE에 의해 802.3이 표준안으로 채택된 후 대부분 버스형에 많이 사용된다.
  – CSMA/CD를 MAC 프로토콜로 사용하는 LAN의 종류이다.
• 고속 이더넷(Fast Ethernet) : 100 BASE T라고도 불리는 이더넷의 고속 버전으로서, 100Mbps의 전송 속도를 지원하는 CSMA/CD 방식 기반의 LAN의 표준안이다.
• 기가비트 이더넷(Gigabit Ethernet) : 1Gbps의 속도를 제공하며, 기존 이더넷 방식을 그대로 채택하고 있으므로 호환성이 높아 효율적이다.
• FDDI(Fiber Distributed Data Interface)
  – LAN 간의 트래픽 폭증 문제를 해결할 수 있는 고속 LAN으로 대표적인 표준이다.
  – 미국 표준협회(ANSI)와 ITU-T에 의해 표준화되었다.
  – 100Mbps의 속도를 갖는 두 개의 링으로 구성되어 있다.

### 3) 네트워크 관련 장비

① 리피터(Repeater) <sup>22.7</sup>

• 리피터는 디지털 신호를 증폭시켜 주는 역할을 하여 신호가 약해지지 않고 컴퓨터로 수신되도록 한다.
• OSI 7 참조 모델★의 1계층에서 동작한다.

★ OSI 7 참조 모델
1계층 : 물리 계층
2계층 : 데이터 링크 계층
3계층 : 네트워크 계층
4계층 : 전송 계층
5계층 : 세션 계층
6계층 : 표현 계층
7계층 : 응용 계층

② 허브(Hub)

- 네트워크에 연결된 각 회선이 모이는 접선 장치이다.
- 각 회선을 통합적으로 관리하는 장비이다.
- 네트워크 장치로, 여러 대의 컴퓨터나 기타 네트워크 장치를 연결하는 역할을 한다.
- 송신된 데이터를 연결된 모든 포트로 브로드캐스팅하여 전송한다.
- 데이터 충돌이 발생할 수 있으며, 충돌을 감지하지 못하고 전송된다.
- 논리적인 분리를 제공하지 않기 때문에 데이터가 한 포트로 들어오면 다른 모든 포트로 전송된다.
- 네트워크의 성능과 대역폭을 저하시킬 수 있다.
- 주로 작은 규모의 네트워크에서 사용되며, 저렴하고 간단한 연결을 위해 사용된다.

③ 스위치(Switch)

- 네트워크 장치로, 여러 대의 컴퓨터나 기타 네트워크 장치를 연결하는 역할을 한다.
- 데이터 충돌 없이 송신된 데이터를 특정 포트로 전송한다.
- 각각의 포트를 개별적으로 관리하여 데이터 전송 경로를 결정한다.
- 네트워크 성능을 개선하고 대역폭을 효율적으로 사용할 수 있다.
- 논리적인 분리를 제공하여 각 포트 간의 독립적인 통신이 가능하다.
- 대규모 네트워크에서 사용되며, 성능과 보안이 중요한 환경에서 사용된다.
- 스위치의 종류 23.3

| 유형 | 기능 | 대상 | OSI 7계층 |
|---|---|---|---|
| L1 | 전기 신호 변환 및 중계 | 전기 신호 | 물리 계층 |
| L2 | 스위칭, 맥 주소 필터링 | 프레임 | 데이터 링크 계층 |
| L3 | 패킷 라우팅, IP 주소 할당 | 패킷 | 네트워크 계층 |
| L4★ | • 전송 제어, 포트 매핑<br>• 로드 밸런싱 | 세그먼트 | 전송 계층 |
| L5 | 세션 관리, 동기화 | 흐름 | 세션 계층 |

➕ 더 알기 TIP

Hub vs Switch

| 특징 | 허브(Hub) | 스위치(Switch) |
|---|---|---|
| 데이터 전송 | 브로드캐스트 전송 | 지정된 포트 전송 |
| 충돌 감지 | 감지하지 않음 | 감지함 |
| 성능 및 대역폭 | 성능 저하 및 저 대역폭 | 성능 향상 및 대역폭 효율적 사용 |
| 논리적 분리 | 제공하지 않음 | 제공함(2계층) |
| OSI 계층 | 물리 계층(1계층) | 데이터 링크 계층(2계층) |
| 사용 환경 | 소규모 네트워크 | 대규모 네트워크 |

★ L4 스위치
서버나 장비, 네트워크 부하를 분산(Load Balancing)하고, 고가용성 시스템을 구축해 신뢰성과 확장성을 향상시킬 수 있으며, 장비 간 효과적인 결합을 통해 네트워크 시스템의 속도를 개선한다.

**로드 밸런싱**
네트워크 트래픽을 여러 대의 서버 또는 리소스로 분산시켜 부하를 균등하게 분담하는 기술로서 단일 서버에 집중된 트래픽이 분산되어 성능을 향상시키고 가용성을 개선할 수 있다.

④ **브리지(Bridge)** [24.5]
- 네트워크에서 데이터 링크 계층(OSI 7 참조 모델의 2계층)에서 동작하는 장치로, 두 개의 네트워크 세그먼트를 연결하는 역할을 한다.
- 전송된 데이터 프레임을 수신하고 목적지 맥(MAC) 주소를 확인하여 수신 인터페이스로 전달한다.
- 브리지의 주요 기능 : 네트워크 분리, 맥 주소 필터링, 충돌 도메인 분리, 확장성

⑤ **라우터(Router)** [21.5]
- 여러 개의 네트워크 인터페이스를 가지고 있어 서로 다른 네트워크 간의 통신을 가능하게 도와주는 장치이다.
- 적절한 전송 경로를 선택하고 이 경로로 데이터를 전달한다.
- 패킷을 수신하고 목적지 주소를 확인하여 최적의 경로를 결정하여 전달한다.
- 라우터는 네트워크 트래픽을 분산하여 효율적인 통신을 제공한다.
- 라우터는 네트워크의 보안을 강화하고 서로 다른 네트워크 간의 분리를 유지한다.
- OSI 7 참조 모델의 3계층에서 동작한다.

⑥ **게이트웨이(Gateway)** [23.8]
- 서로 다른 프로토콜을 사용하는 네트워크 간의 통신을 가능하게 하는 장치이다.
- 호스트나 네트워크를 다른 호스트나 네트워크와 연결하여 중개 기능을 수행한다.
- 데이터형식, 프로토콜, 통신 방법 등을 변환하여 상호 간의 통신을 원활하게 한다.
- 서로 다른 네트워크 간의 데이터 전달을 처리하며, 프로토콜 변환, 보안 및 인증 등의 역할을 수행한다.
- OSI 7 참조 모델의 3, 4계층에서 동작한다.

## 04 데이터 회선망

### 1) 전용 회선 및 교환 회선

① 전용 회선(Leased Line)
- 회선이 단말기 상호 간에 항상 고정된 방식이다.
- 전송 속도가 빠르며, 오류가 적다.

② 교환 회선(Switched Line)
- 교환기에 의해 단말기 상호 간에 연결되는 방식이다.
- 전용 회선에 비해 속도가 느리다.

### 2) 회선 구성 방식

① 점-대-점(Point-to-Point) 방식
- 중앙 컴퓨터와 단말기를 일 대 일로 연결하는 방식이다.
- 통신망을 성(Star)형으로 구성 시 사용한다.

② 다중 점(Multi-Point) 방식

- 한 개의 통신 회선에 여러 개의 단말기를 연결하는 방식이다.
- 멀티 드롭(Multi-Drop) 방식이라고도 한다.
- 통신망을 버스형(Bus)으로 구성 시 사용한다.

③ 회선 다중(Line Multiplexing) 방식

여러 개의 단말기를 다중화기를 이용하여 중앙 컴퓨터와 연결하는 방식이다.

## 3) 회선 교환 방식(Circuit Switching)

- 음성 전화망과 같이 메시지가 전송되기 전에 발생지에서 목적지까지의 물리적 통신 회선 연결이 선행되어야 하는 교환 방식이다.
- 일단 통신 경로가 설정되면 데이터의 형태, 부호, 전송 제어 절차 등에 의한 제약을 받지 않는다.
- 고정된 대역폭 전송 방식으로 일정한 데이터 전송률을 제공하므로 두 가입자가 동일한 전송 속도로 운영된다.
- 송 · 수신자 간의 실시간 데이터 전송에 적합하다.
- 전송된 데이터에서 에러 제어나 흐름 제어는 사용자에 의해 수행되어야 한다.
- 회선이 접속되더라도 수신 측이 준비 상태가 아니면 데이터 전송이 불가능하다.

## 4) 축적 교환 방식

① 메시지 교환 방식(Message Switching)

- 하나의 메시지 단위로 저장-전달(Store-and-Forward) 방식에 의해 데이터를 교환하는 방식이다.
- 각 메시지마다 수신 주소를 붙여서 전송하므로 메시지마다 전송 경로가 다르다.
- 네트워크에서 속도나 코드 변환이 가능하다.
- 특정 단말기가 메시지를 수신하면 다음 단말기가 메시지를 받을 준비가 될 때까지 기억 장치에 메시지를 저장했다가 다음 단말기에 메시지를 전송한다.
- 메시지 번호, 전송 날짜, 시간 등의 정보를 메시지에 포함해 전송할 수 있다.

② 패킷 교환 방식(Packet Switching)

- 메시지를 일정한 길이의 전송 단위인 패킷으로 나누어 전송하는 방식이다.
- 일정한 데이터 블록에 송 · 수신 측 정보를 담은 것을 패킷이라고 한다.
- 다수의 사용자 간에 비대칭적 데이터 전송을 원활하게 하므로 모든 사용자 간에 빠른 응답 시간 제공이 가능하다.
- 전송에 실패한 패킷의 경우 재전송이 가능하며, 패킷 단위로 헤더를 추가하므로 패킷별 오버헤드가 발생할 수 있다.

 개념 체크

1 패킷 교환 방식은 다수의 사용자 간의 비대칭적 데이터 전송을 원활하게 하여 모든 사용자 간에 빠른 응답 시간 제공이 가능하다. (O, X)

1 O

## 05 패킷 교환 방식(Packet Switching)

### 1) 가상 회선(Virtual Circuit) 방식
- 단말기 간의 논리적인 가상 회선을 미리 설정하여 송신측과 수신측 사이의 연결을 확립한 후에 설정된 경로로 패킷들을 발생 순서대로 전송하는 연결 지향형 방식이다.
- 모든 패킷은 같은 경로로 전송되므로 경로 설정이 필요 없다.
- 연결 설정 시에 경로가 미리 결정되기 때문에 각 노드에서 데이터 패킷의 처리 속도가 비교적 빠르다.
- 패킷 전송을 완료하면 접속 종료 Clear Request 패킷을 전송한다.
- 호(Call) 설정 → 전송 → 호 단절 순으로 처리된다.

### 2) 데이터그램(Datagram) 방식
- 데이터를 패킷 단위로 나누어 특정 경로의 설정 없이 전송되는 방식이다.
- 패킷마다 전송 경로가 다르다.
- 네트워크의 상황에 따라 적절한 경로로 전송이 되므로 융통성이 좋다.
- 데이터 통신 시 연결 설정 및 연결 해제의 단계가 없이 각 패킷마다 수신처 주소를 기반으로 네트워크 내에서 라우팅되는 패킷 교환 방식이다.
- 속도 및 코드 변환이 가능하고, 각 패킷은 오버헤드 비트가 필요하다.
- 송신지는 같지만 전송 회선이 다양해 수신되는 패킷의 순서가 달라 재조립 과정이 필요하다.

 개념 체크

1 가상 회선 방식은 데이터 통신 시 연결 설정 및 연결 해제의 단계 없이 각 패킷이 수신처 주소를 기반으로 네트워크 내에서 라우팅되는 패킷 교환 방식이다. (O, X)

1 X

**01** X.25 프로토콜에 대한 설명 중 옳지 않은 것은?

① 비연결형 네트워크 프로토콜이다.
② 사용자 장치(DTE)와 패킷 네트워크 노드 (DCE) 간의 데이터 교환 절차를 정의한다.
③ 물리 계층, 링크 계층, 패킷 계층으로 구성된다.
④ 흐름 및 오류 제어 기능을 제공한다.

X.25는 연결형 프로토콜이다.

**02** 중앙에 호스트 컴퓨터가 있고 이를 중심으로 터미널들이 연결되는 네트워크 구성 형태(Topology)는?

① 버스형(Bus)
② 링형(Ring)
③ 성형(Star)
④ 그물형(Mesh)

**성(Star)형**
• 모든 사이트가 하나의 중앙 노드에 직접 연결된다.
• 집중 제어로 보수 및 관리가 용이하다.
• 통신 비용이 저렴하다.
• 중앙 노드 과부하 시 현저한 성능이 감소하고, 고장 시 모든 통신이 단절된다.

**03** 직류 신호를 변조하지 않고 디지털 형태 그대로 전송하는 방식으로 근거리 통신망에 사용되는 전송 방식은?

① 펄스 코드 변조
② 디지털 변조
③ 브로드 밴드
④ 베이스 밴드

**베이스 밴드(Baseband) 방식**
• 신호 변조 없이 고유 주파수 영역을 사용하는 방식이다.
• 시분할 다중화 방식(TDM)을 사용하고 통신 방식이 쉽고 경제적이다.

**04** OSI 7계층 중 물리 계층에서만 사용하는 장비로써 근거리 통신망(LAN)의 전송 매체상에 흐르는 신호를 정형, 증폭, 중계하는 장치는?

① Repeater
② Router
③ Bridge
④ Gateway

리피터(Repeater) : 디지털 방식의 통신 선로에서 전송 신호를 증폭하거나 재생하고 전달하는 중계 장치이다.

**05** 서로 다른 네트워크 대역에 있는 호스트들 상호 간에 통신할 수 있도록 해주는 네트워크 장비는?

① L2 스위치
② HIPO
③ 라우터
④ RAD

라우터 : 네트워크 계층(Network Layer)에서 동작하며 동일 전송 프로토콜을 사용하는 분리된 2개 이상의 네트워크를 연결해 주는 통신 장치이다.

**06** 데이터 전송 방식 중 패킷 교환 방식에 대한 설명으로 틀린 것은?

① 패킷 교환은 저장-전달 방식을 사용한다.
② 패킷 교환은 데이터그램 방식과 가상 회선 방식으로 구분된다.
③ 데이터그램은 연결형 서비스 방식으로 패킷을 전송하기 전에 미리 경로를 설정해야 한다.
④ 가상 회선은 패킷이 전송되기 전에 논리적인 연결 설정이 이루어져야 한다.

패킷을 전송하기 전에 미리 경로를 설정해야 하는 것은 가상 회선 방식이다.

정답 01 ① 02 ③ 03 ④ 04 ① 05 ③ 06 ③

▶합격 강의

## 01 OSI(Open Systems Interconnection) 참조 모델

### 1) OSI 참조 모델의 개념

- 국제표준화기구(ISO)에서 개발한 모델이다.
- 컴퓨터 네트워크에서 여러 시스템이 데이터를 주고받고 서로 연동할 수 있는 표준화된 인터페이스를 제공하기 위해 프로토콜을 기능별로 나눈 것이다.
- 시스템 연결을 위한 표준 개발을 위하여 공통적인 기법을 제공한다.
- 시스템 간의 정보 교환을 위한 표준 설정을 가질 수 있도록 한다.
- 각 계층에 대해 서로 표준을 생산적으로 발전시킬 수 있도록 개념적, 기능적인 골격을 제공하는 역할을 한다.
- 일반적으로 OSI 7계층이라고 한다.

### 2) OSI 참조 모델에서 계층을 나누는 목적

- 시스템 간의 통신을 위한 표준을 제공한다.
- 시스템 간의 정보 교환을 하기 위한 상호 접속점을 정의한다.
- 관련 규격의 적합성을 조성하기 위한 공통적인 기반을 조성한다.

### 3) DPI(Deep Packet Inspection) 22.3

- OSI 7계층까지 전 계층의 프로토콜과 패킷 내부의 콘텐츠를 파악하여 침입 시도, 해킹 등을 탐지하고 트래픽을 조정하기 위한 패킷 분석 기술이다.
- 유해 정보 차단, 해킹 차단, 다양한 탐지/분석 모델이다.
- 네트워크 보안, 관리, 콘텐츠 관리 등의 목적을 갖는다.

# 02 OSI 7계층

## 1) OSI 7계층 구조와 PDU 24.3

| Layer 7 | 응용 계층 | Data |
|---------|-----------|---------|
| Layer 6 | 표현 계층 | Data |
| Layer 5 | 세션 계층 | Message |
| Layer 4 | 전송 계층 | Segment |
| Layer 3 | 네트워크 계층 | Packet |
| Layer 2 | 데이터 링크 계층 | Frame |
| Layer 1 | 물리 계층 | Bit |

**기적의 TIP**

데이터 링크, 네트워크, 전송, 응용 계층이 자주 출제됩니다. 계층별 기능과 프로토콜을 정리하세요.

**PDU(Protocol Data Unit)**
데이터 통신의 각 계층에서 사용되는 데이터의 단위이다.

### ① 물리 계층(Physical Layer)
- 물리적인 장치와 인터페이스가 전송을 위해 필요한 기계적, 전기적, 기능적, 절차적 기능을 정의하는 계층이다.
- 장치와 전송 매체 간의 인터페이스 특성 규정, 전송 매체의 유형 규정, 전송로의 연결, 유지 및 해제를 담당한다.
- 프로토콜 종류 : RS-232C, V.24, X.21

### ② 데이터 링크 계층(Data Link Layer) 23.3, 22.3
- 인접한 두 개의 통신 시스템 간에 신뢰성 있는 효율적인 데이터를 전송하는 계층이다.
- 링크의 설정과 유지 및 종료를 담당한다.
- 전송 데이터의 흐름 제어, 프레임 동기, 오류 제어 등을 수행한다.
- 링크의 효율성을 향상시킨다.
- 프로토콜 종류 : HDLC, PPP, LLC, LAPB, LAPD, ADCCP

### ③ 네트워크 계층(Network Layer) 24.5, 22.9, 22.4, 21.5
- 통신망을 통하여 패킷을 목적지까지 전달하는 계층이다.
- 패킷에 발신지와 목적지의 논리 주소를 추가한다.
- 라우터 또는 교환기는 패킷 전달을 위해 경로를 지정하거나 교환 기능을 제공한다.
- 경로 설정 및 네트워크 연결 관리를 수행한다.
- 과도한 패킷 유입에 대한 폭주 제어 기능을 한다.
- 프로토콜 종류 : X.25, IP, ICMP, IGMP

### ④ 전송 계층(Transport Layer) 24.3
- 통신 종단 간(End-to-End) 신뢰성 있고 효율적인 데이터를 전송하는 계층이다.
- 투명한 데이터 전송을 제공한다.
- 에러 제어 및 흐름 제어를 담당한다.
- 프로토콜 종류 : TCP, UDP

**개념 체크**

1 데이터 링크 계층에서는 인접한 두 개의 통신 시스템 간에 신뢰성 있는 효율적인 데이터를 전송한다. (O, X)

1 O

⑤ 세션 계층(Session Layer) [23.6, 23.3]
- 프로세스 간에 대한 연결을 확립, 관리, 단절시키는 수단을 제공한다.
- 논리적 동기 제어, 긴급 데이터 전송, 통신 시스템 간의 회화 기능 등을 제공한다.
- 긴 파일 전송 중에 통신 상태가 불량하여 트랜스포트 연결이 끊어지는 경우 처음부터 다시 전송하지 않고 어디까지 전송이 진행되었는지를 나타내는 동기점을 이용하여 오류를 복구한다.

⑥ 표현 계층(Presentation Layer)
- 응용 간의 대화 제어(Dialogue Control)를 담당한다.
- 응용 계층과 세션 계층 사이에서 데이터 변환을 담당한다.
- 정보의 형식 설정, 암호화, 데이터 압축, 코드 변환, 문맥 관리 등의 기능을 수행한다.

⑦ 응용 계층(Application Layer)
- 사용자에게 서비스를 제공한다.
- 응용 프로세스와 직접 관계하여 일반적인 응용 서비스를 수행한다.
- 프로토콜 종류 [22.3] : HTTP, FTP, SMTP, Telnet, DNS

## 2) OSI 7계층 구조별 프로토콜과 장비

### ① 계층별 사용 지원 프로토콜

| 계층 | 지원 프로토콜 |
| --- | --- |
| 응용 계층 | HTTP, SMTP, FTP, DNS, SNMP, Telnet |
| 표현 계층 | JPEG, GIF, MPEG, SSL, MIME |
| 세션 계층 | NetBIOS, SIP, RTSP, NFS |
| 전송 계층 | TCP, UDP, SCTP, SPX |
| 네트워크 계층 | IP, ICMP, ARP, RARP, X.25, IGMP |
| 데이터 링크 계층 | HDLC, PPP, LLC, LAPB, LAPD, ADCCP |
| 물리 계층 | RS-232, Ethernet, Wi-Fi, Bluetooth, V.24, X.21 |

### ② 계층별 사용 담당 장비

| 계층 | 담당 장비 및 구성 요소 |
| --- | --- |
| 응용 계층 | 웹 서버, 이메일 서버, DNS 서버, 프록시 서버 |
| 표현 계층 | 암호화 장비, 압축 장비 |
| 세션 계층 | 게이트웨이, 로드 밸런서 |
| 전송 계층 | 방화벽, 로드 밸런서, 게이트웨이 |
| 네트워크 계층 | 라우터, IP 스위치, 게이트웨이 |
| 데이터 링크 계층 | 스위치, 브리지, 네트워크 인터페이스 카드(NIC) |
| 물리 계층 | 리피터, 허브, 케이블 |

 개념 체크

1 응용 계층의 프로토콜 종류에는 HTTP, FTP, SMTP, HDLC 등이 있다. (O, X)

1 X

## 03 오류 제어 방식

### 1) 자동 반복 요청(ARQ : Automatic Repeat reQuest) [24.5, 21.8]

① ARQ의 개요
- 통신 경로에서 오류 발생 시 수신측은 오류의 발생을 송신측에 통보하고, 송신측은 오류가 발생한 프레임을 재전송하는 오류 제어 방식이다.
- 데이터 통신에서 신뢰성과 정확성을 보장하기 위한 중요한 오류 제어 기술이다. 이를 통해 데이터의 안정적인 전송과 오류 복구를 실현할 수 있다.
- 종류 : 정지-대기 ARQ(Stop-and-Wait ARQ), 연속 ARQ(Continuous ARQ), 적응적 ARQ(Adaptive ARQ)

② 정지-대기 ARQ(Stop-and-Wait ARQ)
- 송신측이 한 블록 전송 후 수신측에서 오류의 발생을 점검 후 에러 발생 유무 신호(ACK/NAK 신호)를 보내올 때까지 기다리는 방식이다.
- 수신측에서 에러 점검 후 제어 신호를 보내올 때까지 대기가 길어 오버헤드가 가장 부담이 크다.

③ 연속 ARQ(Continuous ARQ)
- Go-Back-N ARQ
  수신측으로부터 NAK 수신 시 오류 발생 이후의 모든 블록을 재전송하는 방식이다.
- 선택적 재전송 ARQ(Selective-Repeat ARQ)
  수신측으로부터 NAK 수신 시 오류가 발생한 블록만 재전송하는 방식이다.
- Go-Back-N ARQ vs Selective-Repeat ARQ

| 구분 | Go-Back-N ARQ | Selective-Repeat ARQ |
|---|---|---|
| 재전송 범위 | 윈도우 내 모든 프레임 | 오류가 발생한 프레임만 |
| 수신 확인 방식 | 윈도우 내 순서대로 | 개별적으로 |
| 재전송 동작 | 오류 발생 시 윈도우 내 모든 프레임 재전송 | 오류 발생 시 해당 프레임만 재전송 |
| 수신 확인 응답 | ACK 사용 | ACK 사용 |
| 송신자 동작 | ACK를 받을 때까지 전송 | ACK를 받은 프레임만 전송 |

④ 적응적 ARQ(Adaptive ARQ)
채널 효율을 최대로 하기 위해 데이터 블록의 길이를 채널의 상태에 따라 동적으로 변경하는 방식이다.

---

**전송 제어 문자**
- STX(Start of TeXt) : 본문(TEXT)의 시작, 머리말의 종료
- ETX(End of TeXt) : 본문(TEXT)의 종료
- ACK(ACKnowledge) : 정상적 응답
- NAK(Not AcKnowledge) : 부정적인 응답, 재전송 요구
- ENQ(ENQuiry character) : 상대국의 식별, 수신 또는 송신 상태 등의 문의

ACKnowledgement ┐

┌ Negative ACKnowledgement

**Go-Back-N ARQ**
- 송신자가 일련의 프레임을 연속적으로 전송하고, 수신자는 정확한 순서로 수신된 프레임을 확인한다.
- 송신자는 일정한 윈도우 크기 안에서 프레임을 전송하고, 수신자는 정확한 순서로 프레임을 수신하면서 확인 응답(ACK)을 전송한다.
- 송신자는 ACK를 받지 못하거나 NACK(음수 확인 응답)를 받으면 윈도우 안의 모든 프레임을 다시 전송한다.
- 연속적인 프레임의 전송과 정확한 순서로의 수신을 가정하기 때문에 오류가 발생하면 재전송 범위가 윈도우 안의 모든 프레임으로 확장된다.

**Selective-Repeat ARQ**
- 송신자는 일정한 윈도우 크기 안에서 프레임을 전송하고, 수신자는 개별적인 ACK를 전송하여 정확한 프레임을 수신한 것을 알린다.
- 송신자는 ACK를 받지 못하거나 NACK를 받은 프레임만 다시 전송하며, 나머지는 전송하지 않는다.
- 개별적인 프레임의 전송과 수신을 가정하기 때문에 오류가 발생하였을 때 재전송 범위는 오류가 발생한 프레임만을 대상으로 한다.

## 2) ARQ의 기능

### ① 오류 감지

대표적인 기법으로는 패리티 비트, 체크섬, 순환 중복 검사(Cyclic Redundancy Check, CRC) 등이 있다. 이러한 기법을 통해 송신자는 데이터 손상을 감지할 수 있다.

### ② 재전송 요청

송신자는 수신자로부터 재전송 요청을 받으면 해당 데이터를 다시 전송하여 데이터의 손실을 복구한다.

### ③ 순서 제어

데이터는 일련번호(Sequence Number)와 함께 전송되며, 수신자는 데이터의 순서를 확인하여 정확한 순서로 재조립한다.

### ④ 흐름 제어

수신자의 처리 능력을 초과하지 않도록 데이터를 조절하고, 네트워크 혼잡을 방지한다.

## 04 전송 오류 검출 방식

### 1) 패리티 검사(Parity Check)

① 패리티 검사의 개념
- 데이터 블록에 1비트의 패리티 비트(Parity Bit)를 추가하여 오류를 검출하는 방식이다.
- 홀수 패리티에서는 데이터의 비트 수가 홀수로 유지되도록 패리티 비트를 설정하고, 짝수 패리티에서는 데이터의 비트 수가 짝수로 유지되도록 패리티 비트를 설정한다.
- 패리티 체크는 단일 비트 오류를 감지할 수 있지만, 여러 비트 오류에 대해서는 감지하지 못하는 한계가 있어서 더 신뢰성 있는 오류 감지를 위해서는 보다 강력한 오류 제어 기술인 순환 중복 검사(CRC) 등을 사용하는 것이 좋다.

② 패리티 검사 종류
- 홀수 패리티(Odd Parity)
  - 송신자는 전송할 데이터의 비트를 모두 더하고, 그 결과가 홀수가 되도록 패리티 비트를 설정한다.
  - 수신자는 전송된 데이터와 패리티 비트를 모두 더하여 결과가 홀수가 되면 오류가 없는 것으로 판단한다.
- 짝수 패리티(Even Parity)
  - 송신자는 전송할 데이터의 비트를 모두 더하고, 그 결과가 짝수가 되도록 패리티 비트를 설정한다.
  - 수신자는 전송된 데이터와 패리티 비트를 모두 더하여 결과가 짝수가 되면 오류가 없는 것으로 판단한다.

- 짝수 패리티(Even Parity) 예제

> - 전송할 데이터 : 1011010
> - Parity 방식 : 짝수 패리티
>
> | 1 | 0 | 1 | 1 | 0 | 1 | 0 | p |
> |---|---|---|---|---|---|---|---|
>
> - 데이터 비트 계산 : 1011010
>   - 1의 개수 확인 : 데이터에는 1이 4개 있다.
>   - 짝수 패리티 비트 계산 : 1의 개수에 따라 짝수 패리티 비트를 설정한다. 4개의 1이 있으므로, 짝수 패리티 비트는 0이 된다.
>
> | 1 | 0 | 1 | 1 | 0 | 1 | 0 | 0 |
> |---|---|---|---|---|---|---|---|
>
> - 수신된 데이터 : 10110101
>
> | 1 | 0 | 1 | 1 | 0 | 1 | 0 | 1 |
> |---|---|---|---|---|---|---|---|
>
> - 데이터 비트 계산 : 10110101
>   - 1의 개수 확인 : 데이터에는 1이 5개 있다.
>   - 짝수 패리티는 1의 개수가 짝수가 되도록 전송하였으므로, 수신된 데이터에는 오류가 존재함을 확인한다.

## 2) 순환 중복 검사(CRC : Cyclic Redundancy Check)

- 집단 오류에 대한 신뢰성 있는 오류 검출을 위해 다항식 코드를 사용하여 에러를 검사한다.
- 동기 전송 방식에서 주로 사용되는 오류 검출 방식으로, 프레임 단위로 오류 검출을 위한 코드를 계산하여 프레임 끝에 FCS를 부착한다.

## 3) 해밍 코드(Hamming Code) 방식

- 자기 정정 부호로서 오류를 검출하여 1비트의 오류를 수정하는 방식이다.
- 1, 2, 4, 8, 16 … 비트 위치에 패리티 비트를 삽입해 에러 검출 및 수정을 수행한다.
- 정보 비트 외에 추가되어야 할 패리티 비트가 많이 필요하다.
- 해밍 거리(Hamming Distance)
  - 송신 데이터와 수신 데이터의 각 대응 비트가 서로 다른 비트의 수이다.
  - 두 데이터상 같은 위치에 있는 비트 중 일치하지 않는 비트의 수를 센다.

✔ 개념 체크

1 집단 오류에 대한 신뢰성 있는 오류 검출을 위해 다항식 코드를 사용하여 에러를 검사하는 전송 오류 검출 방식은?

1 순환 중복 검사

**01** OSI 7Layer 전 계층의 프로토콜과 패킷 내부의 콘텐츠를 파악하여 침입 시도, 해킹 등을 탐지하고 트래픽을 조정하기 위한 패킷 분석 기술은?

① PLCP(Packet Level Control Processor)
② Traffic Distributor
③ Packet Tree
④ DPI(Deep Packet Inspection)

**DPI(Deep Packet Inspection)**
• OSI 7계층까지 전 계층의 프로토콜과 패킷 내부의 콘텐츠를 파악하여 침입 시도, 해킹 등을 탐지하고 트래픽을 조정하기 위한 패킷 분석 기술이다.
• 유해 정보 차단, 해킹 차단, 다양한 탐지/분석 모델이다.
• 네트워크 보안, 관리, 콘텐츠 관리 등의 목적을 갖는다.

**02** OSI 7계층에서 물리적 연결을 이용해 신뢰성 있는 정보를 전송하려고 동기화, 오류 제어, 흐름 제어 등의 전송 에러를 제어하는 계층은?

① 데이터 링크 계층
② 물리 계층
③ 응용 계층
④ 표현 계층

**데이터 링크 계층(Data Link Layer)**
• 인접한 두 개의 통신 시스템 간에 신뢰성 있는 효율적인 데이터를 전송하는 계층이다.
• 링크의 설정과 유지 및 종료를 담당한다.

**03** 한 개의 프레임을 전송하고, 수신측으로부터 ACK 및 NAK 신호를 수신할 때까지 정보 전송을 중지하고 기다리는 ARQ(Automatic Repeat reQuest) 방식은?

① CRC 방식
② Go-back-N 방식
③ Stop-and-Wait 방식
④ Selective Repeat 방식

정지-대기 ARQ(Stop-and-Wait ARQ) : 송신측이 한 블록 전송 후 수신측에서 오류의 발생을 점검 후 에러 발생 유무 신호(ACK/NAK 신호)를 보내올 때까지 기다리는 방식이다.

**04** OSI 7계층 중 데이터 링크 계층에 해당되는 프로토콜이 **아닌** 것은?

① HTTP
② HDLC
③ PPP
④ LLC

HTTP는 응용 계층 프로토콜이다.

**05** 오류 제어에 사용되는 자동 반복 요청 방식(ARQ)이 **아닌** 것은?

① Stop-and-wait ARQ
② Go-back-N ARO
③ Selective-Repeat ARQ
④ Non-Acknowledge ARQ

**자동 반복 요청(ARQ, Automatic Repeat reQuest)**
• 통신 경로에서 오류 발생 시 수신측은 오류의 발생을 송신측에 통보하고, 송신측은 오류가 발생한 프레임을 재전송하는 오류 제어 방식
• 종류 : 정지-대기 ARQ(Stop-and-Wait ARQ), 연속 ARQ(Continuous ARQ), 적응적 ARQ(Adaptive ARQ)

**06** OSI 7계층 중 네트워크 계층에 대한 설명으로 **틀린** 것은?

① 패킷을 발신지로부터 최종 목적지까지 전달하는 책임을 진다.
② 한 노드로부터 다른 노드로 프레임을 전송하는 책임을 진다.
③ 패킷에 발신지와 목적지의 논리 주소를 추가한다.
④ 라우터 또는 교환기는 패킷 전달을 위해 경로를 지정하거나 교환 기능을 제공한다.

②는 데이터 링크 계층에 대한 설명이다.

# TCP/IP 프로토콜, 패킷 교환

빈출 태그 TCP/IP • TCP • UDP • IP • ICMP • ARP

## 01 TCP/IP 프로토콜 20.8

### 1) TCP/IP의 개념 21.3

- Transmission Control Protocol/Internet Protocol의 약어이다.
- 인터넷에 연결된 서로 다른 기종의 컴퓨터 간에 데이터 송·수신이 가능하도록 도와주는 표준 프로토콜이다.
- TCP 프로토콜과 IP 프로토콜의 결합적 의미로서 TCP가 IP보다 상위층에 존재한다.
- 접속형 서비스, 전이중 전송 서비스, 신뢰성 서비스를 제공한다.
- 네트워크 환경에 따라 여러 개의 프로토콜을 허용한다.
- TCP 프로토콜의 기본 헤더 크기는 20byte이고 60byte까지 확장할 수 있다.
- OSI 표준 프로토콜과 가까운 네트워크 구조를 가진다.

**P 기적의 TIP**

출제 빈도가 높은 섹션입니다. 기출 표기가 있는 내용은 기출문제와 함께 완벽히 정리하세요.

- TCP 프로토콜의 기본 헤더 크기는 20Byte이고 60Byte까지 확장 가능하다.
- Total Packet Length(16bit) : 전체 패킷의 길이를 바이트 단위로 표시한다.

| Layer 7 | 응용 계층 | |
|---------|-----------|-----------|
| Layer 6 | 표현 계층 | 응용 계층 |
| Layer 5 | 세션 계층 | |
| Layer 4 | 전송 계층 | 전송 계층 |
| Layer 3 | 네트워크 계층 | 인터넷 계층 |
| Layer 2 | 데이터 링크 계층 | 링크 계층 |
| Layer 1 | 물리 계층 | |
| | OSI 7계층 | TCP/IP 계층 |

### 2) TCP(Transmission Control Protocol) 24.5, 23.8

- OSI 7계층의 전송 계층 역할을 수행한다.
- 서비스 처리를 위해 Multiplexing과 De−Multiplexing을 이용한다.
- 전이중 서비스와 스트림 데이터 서비스를 제공한다.

### 3) IP(Internet Protocol)

- OSI 7계층의 네트워크 계층에 해당하며 비신뢰성 서비스를 제공한다.
- 신뢰성이 부족한 비연결형 서비스를 제공하기 때문에 상위 프로토콜에서 이러한 단점을 보완해야 한다.

**✓ 개념 체크**

1 인터넷에 연결된 서로 다른 기종의 컴퓨터 간에 데이터 송·수신이 가능하도록 도와주는 표준 프로토콜은?

1 TCP/IP

### 4) IP 프로토콜에서 사용하는 필드 <sub></sub> 22.4, 21.3

- Header Length(4bit) : IP 헤더 뒷부분에 옵션 필드가 여러개 붙을 수 있어 길이는 가변적이다.
- Total Packet Length(16bit) : 전체 패킷의 길이를 바이트 단위로 표시한다. 길이는 헤더와 데이터(페이로드)를 더한 것이다. IP 헤더 및 데이터를 포함한 IP 패킷 전체의 길이를 바이트 단위로 길이를 표시한다. 최댓값은 65535($2^{16}-1$)이다.
- Time To Live(8bit) : 패킷을 전달할 수 있는 횟수 제한을 나타낸다.

## 02 TCP/IP의 구조

### 1) 링크 계층(Link Layer)

① 기능
- 프레임을 송·수신한다.
- 네트워크 인터페이스 계층이라고도 한다.

② 프로토콜 종류
Ethernet, IEEE 802, HDLC, X.25, RS-232C 등

### 2) 인터넷 계층(Internet Layer)

① 기능
- 주소 지정, 경로 설정을 제공한다.
- 네트워크 계층이라고도 한다.

② 프로토콜 종류
IP, ICMP, IGMP, STP, ARP, RARP 등

③ IP(Internet Protocol) 22.4 데이터 체크섬은 제공하지 않고, 헤더 체크섬만 제공
- 비연결형 및 비신뢰성 전송 서비스를 제공한다.
- 라우팅과 단편화 기능을 수행한다.
- 데이터그램(Datagram)이라는 데이터 전송 형식을 가진다.
- 각 데이터그램이 독립적으로 처리되고 목적지까지 다른 경로를 통해 전송될 수 있어 데이터그램은 전송 순서와 도착 순서가 다를 수 있다.
- 비 연결성이기 때문에 송신지가 여러 개인 데이터그램을 보내면서 순서가 뒤바뀌어 도달할 수 있으며 IP 프로토콜의 헤더 크기는 최소 20~60byte이다.

**포트 번호의 구분**
- 0번 ~ 1023번 : 잘 알려진 포트(Well Known Port)
- 1024번 ~ 49151번 : 등록된 포트(Registered Port)
- 49152번 ~ 65535번 : 동적 포트(Dynamic Port)

**대표적인 Well Known Port**

| 포트 번호 | 애플리케이션 |
| --- | --- |
| 20 | FTP 데이터 |
| 21 | FTP 컨트롤 |
| 22 | SSH 24.7 |
| 23 | TELNET 24.5 |
| 25 | SMTP |
| 53 | DNS |
| 67 | DHCP 서버 |
| 68 | DHCP 클라이언트 |
| 69 | TFTP |
| 80 | HTTP |
| 110 | POP3 |
| 161 | SNMP 요청 |
| 162 | SNMP 트랩 |
| 443 | HTTPS |
| 520 | RIP |

✓ **개념 체크**

1 IP 프로토콜에서 사용하는 Header 길이의 필드 크기는?

1 4bit

- IP 패킷의 필드 구조

| 버전(Version) | 4비트 필드로, 현재 주로 사용되는 IPv4의 경우 값은 40이다. |
|---|---|
| 헤더 길이(Header Length) | 4비트 필드로, IP 헤더의 길이를 32비트 단위로 표시한다. |
| 서비스 유형(Type of Service) | 8비트 필드로, IP 패킷의 우선순위와 서비스 품질을 나타낸다. |
| 패킷 전체 길이(Total Length) | 16비트 필드로, IP 패킷 전체의 길이를 바이트 단위로 표시한다. |
| 식별자(Identification) | 16비트 필드로, IP 패킷을 식별하기 위한 값을 가지고 있다. |
| 플래그(Flags) | 3비트 필드로, 패킷의 조각(fragmentation) 상태를 나타낸다. |
| 조각 오프셋 (Fragment Offset) | 13비트 필드로, 조각된 패킷의 위치를 표시한다. |
| 생존 시간 (TTL : Time To Live) | 8비트 필드로, 패킷의 유효 기간을 나타낸다. 라우팅에서 사용되며, 라우터를 통과할 때마다 값을 감소시킨다. |
| 프로토콜(Protocol) | 8비트 필드로, IP 패킷의 상위 계층 프로토콜을 나타낸다. 예를 들어, ICMP, TCP, UDP 등이 될 수 있다. |
| 헤더 체크섬(Header Checksum) | 16비트 필드로, 헤더의 오류 검사를 위한 값이다. |
| 출발지 주소(Source Address)와 목적지 주소(Destination Address) | 각각 32비트 필드로, 패킷의 출발지 IP 주소와 목적지 IP 주소를 나타낸다. |
| 옵션(Options) | 필요에 따라 IP 헤더에 추가적인 옵션 정보를 포함할 수 있는 부가적인 필드이다. |

④ ICMP(Internet Control Message Protocol) 22.8, 22.3

- IP 프로토콜에서는 오류 보고와 수정을 위한 메커니즘이 없어서 이를 보완하기 위해 설계된 프로토콜이다.
- 메시지는 크게 오류 보고(Error-Reporting) 메시지와 질의(Query) 메시지로 나눌 수 있다.
- 메시지 형식은 8바이트의 헤더와 가변 길이의 데이터 영역으로 분리된다.
- 에코 메시지는 호스트가 정상적으로 동작하는지를 결정하는 데 사용할 수 있다.

⑤ IGMP(Internet Group Management Protocol)

- 시작지 호스트에서 여러 목적지 호스트로 데이터를 전송할 때 사용되는 프로토콜이다.
- 멀티캐스트 그룹에 가입한 네트워크 내의 호스트를 관리한다.

⑥ STP(Spanning Tree Protocol)

- 네트워크 루프를 방지하기 위한 프로토콜이다.
- 네트워크에 연결된 스위치 중에서 하나를 루트 브리지로 선택하고, 루트 브리지에서 멀리 떨어진 스위치들로 가는 경로를 차단하여 네트워크 루프를 방지한다.

⑦ ARP(Address Resolution Protocol) 23.8, 20.9, 20.6

- 논리 주소(IP 주소)를 물리 주소(MAC 주소)로 변환하는 프로토콜이다.
- 네트워크에서 두 호스트가 성공적으로 통신하기 위하여 각 하드웨어의 물리적인 주소 문제를 해결해 줄 수 있다.

**ICMP 프로토콜의 종류**

- Echo Request/Reply : ping 명령에서 사용되는 대표적인 ICMP 메시지
- Destination Unreachable : 목적지에 도달할 수 없을 때 발생하는 메시지
- Time Exceeded : 패킷이 TTL(Time To Live) 값을 초과했을 때 발생하는 메시지
- Parameter Problem : 패킷이 헤더에 문제가 있을 때 발생하는 메시지

✔ 개념 체크

1 ARP는 호스트의 물리 주소를 논리 주소로 변환시켜주는 프로토콜이다. (O, X)

1 X

⑧ RARP(Reverse Address Resolution Protocol)

- 호스트의 물리 주소(MAC 주소)를 이용하여 논리 주소(IP 주소)로 변환시켜주는 프로토콜이다.
- IP 호스트가 자신의 물리 네트워크 주소(MAC)는 알지만 IP 주소를 모르는 경우, 서버에게 IP 주소를 요청하기 위해 사용한다.

⑨ ARP vs RARP

| 특징 | ARP | RARP |
|---|---|---|
| 목적 | IP 주소를 MAC 주소로 매핑한다. | MAC 주소를 IP 주소로 매핑한다. |
| 기능 | IP 주소를 기반으로 MAC 주소를 찾는다. | MAC 주소를 기반으로 IP 주소를 찾는다. |
| 동작 | 송신자는 목적지 IP 주소에 해당하는 MAC 주소를 요청하고, 네트워크상의 다른 시스템에서 응답받는다. | 송신자는 자신의 MAC 주소와 요청한 IP 주소를 전송하여 네트워크상의 RARP 서버에서 응답받는다. |
| 프로토콜 | 네트워크 계층(IP)과 링크 계층(MAC) 사이에서 작동한다. | 링크 계층(MAC)과 네트워크 계층(IP) 사이에서 작동한다. |
| 예시 | 송신자가 목적지 IP 주소에 해당하는 MAC 주소를 알아내기 위해 사용된다. | 네트워크 부팅 과정에서 MAC 주소를 통해 시스템에 IP 주소를 할당하기 위해 사용된다. |

## 3) 전송 계층(Transport Layer)

① 기능
호스트 간 신뢰성 있는 통신을 제공한다.

② 프로토콜 종류 [21.3]

- TCP(Transmission Control Protocol) [20.8, 20.6]
  - 신뢰성 있는 연결 지향형 전달 서비스를 제공한다.
  - 순서 제어, 에러 제어, 흐름 제어 기능을 제공한다.
  - 전이중 서비스와 스트림 데이터 서비스를 제공한다.
  - 메시지를 캡슐화(Encapsulation)와 역캡슐화(Decapsulation)한다.
  - 서비스 처리를 위해 다중화(Multiplexing)와 역다중화(Demultiplexing)를 이용한다.

### ➕ 더 알기 TIP

TCP 헤더의 구조

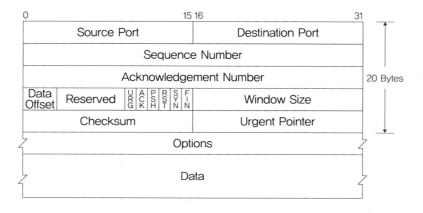

#### ✔ 개념 체크

1 TCP는 비연결형 및 비신뢰성 전송 서비스를 제공한다.
(O, X)

1 X

**기적의 TIP**

- ARP : IP(논리 주소) → MAC(물리 주소)
- RARP : MAC → IP

**MAC 주소와 IP 주소의 차이점**
- MAC 주소 : 물리적인 네트워크 인터페이스(랜 카드 등)에 부여되는 고유한 주소이다.
- IP 주소 : 논리적인 네트워크 주소로, 네트워크 상에서 기기를 식별하기 위해 사용된다.
- MAC 주소는 고정적이지만, IP 주소는 동적으로 변경될 수 있다.

| Source Port(송신 포트) | 데이터를 보낸 측의 프로세스를 식별하는 포트 번호 |
|---|---|
| Destination Port(수신 포트) | 데이터를 받는 측의 프로세스를 식별하는 포트 번호 |
| Sequence Number(순서 번호) | 전송되는 데이터의 순서를 나타내는 번호 |
| Acknowledgement Number(응답 번호) | 상대방으로부터 받은 데이터까지 정상적으로 수신했음을 알리는 번호 |
| Header Length(헤더 길이) | TCP 헤더의 길이 |
| Flags(플래그) | 다양한 제어 정보를 담고 있는 플래그 비트 |
| Window Size(윈도우 크기) | 수신 측에서 수용할 수 있는 데이터의 크기 |
| Checksum(체크섬) | 데이터의 무결성(오류 체크)을 검증하기 위한 체크섬 값 |
| Urgent Pointer(긴급 포인터) | 긴급한 데이터의 위치를 가리키는 포인터 |
| Options(옵션) | 추가적인 옵션 정보를 담고 있는 필드 |

- **UDP(User Datagram Protocol)** 24.7, 23.3, 22.4, 20.9
  - 비연결형 및 비신뢰성 전송 서비스를 제공한다.
  - 흐름 제어나 순서 제어가 없어 전송 속도가 빠르다.
  - 수신된 데이터의 순서 재조정 기능을 지원하지 않는다.
  - 복구 기능을 제공하지 않는다.

③ TCP vs UDP

| 특징 | TCP | UDP |
|---|---|---|
| 연결성 | 연결 지향 | 비연결성 |
| 신뢰성 | 신뢰성 있는 전송 | 비신뢰성 전송 |
| 순서 | 순차적인 데이터 전송 | 비순차적인 데이터 전송 |
| 오류 제어 | 오류 검출 및 복구 | 기본적인 오류 검출 |
| 흐름 제어 | 흐름 제어 및 혼잡 제어 | 흐름 제어 없음 |
| 대역폭 | 대역폭 소모량 많음 | 대역폭 소모량 적음 |
| 예시 | 파일 전송, 이메일 등 | DNS 조회, 스트리밍 등 |

- TCP : 신뢰성
- UDP : 비신뢰성
- IP : 경로 설정

## 4) 응용 계층(Application Layer)

① 기능

응용 프로그램 간의 데이터 송 · 수신을 제공한다.

② 프로토콜 종류

| 종류 | 설명 | 주요 용도 |
|---|---|---|
| FTP | 파일 전송 프로토콜로, 네트워크를 통해 파일을 전송하는 데 사용 | 파일 공유, 원격 파일 액세스, 웹 서버 파일 업로드 등 |
| SMTP | 전자 메일을 보내기 위해 사용되는 프로토콜로, 이메일을 보내는 서버와 클라이언트 간 통신을 처리 | 이메일 전송, 이메일 수신 서버 간 통신 |
| SNMP | 네트워크 관리 프로토콜로, 네트워크 장비의 상태 모니터링, 구성 관리, 경고 등에 사용 | 네트워크 장비 관리, 장비 상태 모니터링, 경고 및 알림 등 |
| Telnet | 원격 로그인 서비스로, 클라이언트가 원격 호스트에 로그인하고 명령을 실행할 수 있음 | 원격 접속, 원격 호스트 제어, 원격 명령 실행 |

**SNMP(Simple Network Management Protocol)**
- 네트워크 장비 및 시스템을 관리하기 위해 사용되는 프로토콜이다.
- 네트워크 장비의 상태 모니터링, 구성 관리, 경고 및 알림 등 다양한 관리 작업을 수행하는 데 사용된다.
- 클라이언트-서버 모델을 기반으로 하며, 주로 관리자가 네트워크 장비를 모니터링하고 관리하는 데 사용된다.

**01** TCP 프로토콜에 대한 설명으로 거리가 먼 것은?

① 신뢰성 있는 연결 지향형 전달 서비스이다.

② 기본 헤더 크기는 100byte이고 160byte까지 확장 가능하다.

③ 스트림 전송 기능을 제공한다.

④ 순서 제어, 오류 제어, 흐름 제어 기능을 제공한다.

TCP 프로토콜의 기본 헤더 크기는 20byte이고, 60byte까지 확장 가능하다.

**02** IP 프로토콜에서 사용하는 필드와 해당 필드에 대한 설명으로 틀린 것은?

① Header Length는 IP 프로토콜의 헤더 길이를 32비트 워드 단위로 표시한다.

② Packet Length는 IP 헤더를 제외한 패킷 전체의 길이를 나타내며 최대 크기는 $2^{32}-1$비트이다.

③ Time To Live는 송신 호스트가 패킷을 전송하기 전 네트워크에서 생존할 수 있는 시간을 지정한 것이다.

④ Version Number는 IP 프로토콜의 버전 번호를 나타낸다.

Packet Length는 IP 헤더를 제외한 패킷 전체의 길이를 나타내며 최대 크기는 $2^{16}$비트이다.

**03** TCP/IP 계층 구조에서 IP의 동작 과정에서의 전송 오류가 발생하는 경우에 대비해 오류 정보를 전송하는 목적으로 사용하는 프로토콜은?

① ECP(Error Checking Protocol)

② ARP(Address Resolution Protocol)

③ ICMP(Internet Control Message Protocol)

④ PPP(Point-to-Point Protocol)

ICMP(Internet Control Message protocol, 인터넷 제어 메시지 프로토콜) : IP 의 동작 과정에서의 전송 오류가 발생하는 경우에 대비해 오류 정보를 전송하는 목적으로 사용하는 프로토콜이다.

**04** TCP/IP에서 사용되는 논리 주소를 물리 주소로 변환시켜 주는 프로토콜은?

① RARP ② NAR

③ PVC ④ ARP

ARP(Address Resolution Protocol) : IP Address를 물리적 하드웨어 주소 (MAC Address)로 변환하는 프로토콜이다.

**05** 물리 네트워크를 이용하여 논리 주소로 변환시켜 주는 프로토콜은?

① SMTP ② RARP

③ ICMP ④ DNS

RARP(Reverse Address Resolution Protocol) : 호스트의 물리 주소를 통하여 논리 주소인 IP 주소를 할당받기 위해 사용되는 프로토콜이다.

**06** UDP 프로토콜의 특징이 **아닌** 것은?

① 비연결형 서비스를 제공한다.

② 단순한 헤더 구조로 오버헤드가 적다.

③ 주로 주소를 지정하고, 경로를 설정하는 기능을 한다.

④ TCP와 같이 트랜스포트 계층에 존재한다.

③번은 IP Protocol에 관한 설명이다.

**07** TCP/IP 프로토콜 중 전송 계층 프로토콜은?

① HTTP ② SMTP

③ FTP ④ TCP

TCP/IP 프로토콜 중 전송 계층 프로토콜은 TCP, UDP이다.

정답 01 ② 02 ② 03 ③ 04 ④ 05 ② 06 ③ 07 ④

▶ 합격 강의

## 01 IPv4(Internet Protocol version 4) 21.8, 21.5

### 1) IPv4

#### ① IPv4의 개념

- 32비트 길이의 IP 주소이다.
- 주소의 각 부분을 8비트씩 4개로 나눠서 10진수로 표현한다.
- IP 주소 = 네트워크 주소(NetID) + 호스트 주소(HostID)

#### ② IPv4 특징

- IPv4의 가장 큰 문제는 주소의 고갈이다.
- 32비트 주소 공간은 약 42억 개의 주소를 표현할 수 있으며, 이는 현재 인터넷에 연결된 기기 수를 충분히 지원하지 못한다.
- IPv4는 초기에는 클래스 기반 주소 할당 방식을 사용했다.
- A, B, C, D, E 클래스로 주소를 구분하고, 각 클래스에는 주소 범위와 할당 가능한 호스트 수에 대한 규칙을 가지고 있다. 이러한 주소 할당 방식은 주소 공간의 낭비와 유연성 부족으로 인해 문제가 발생하는 원인이 되었다.
- IPv4에서 서브넷팅(Subnetting)과 CIDR(Classless Inter-Domain Routing)가 도입되어 주소 공간을 효율적으로 사용할 수 있게 되었다.
- 서브넷팅은 주소 공간을 더 작은 네트워크로 분할하여 관리하고 식별할 수 있게 해주며, CIDR은 서브넷 마스크를 사용하여 IP 주소를 더 세밀하게 할당하는 방법이다.
- 인터넷 프로토콜 스위트의 핵심인 네트워크 계층 프로토콜로 사용된다.
- 이 계층에서 패킷의 경로 선택과 라우팅을 담당하며, 데이터를 패킷으로 분할하여 목적지로 전송한다.

> 📭 기적의 TIP
>
> 기출 표기된 내용을 문제와 함께 정리하세요. 자주 출제 되는 내용이니 놓치지 마세 요.

> ✅ 개념 체크
>
> 1 ( )은(는) IPv4에서 서브 넷 마스크를 사용하여 IP 주 소를 더 세밀하게 할당하는 방법이다.
>
> 1 CIDR

| 클래스 A | • 0.0.0.0 ~ 127.255.255.255<br>• 기본 서브넷 마스크 : 255.0.0.0<br>• 국가나 대형 통신망에서 사용한다. |
|---|---|
| 클래스 B | • 128.0.0.0 ~ 191.255.255.255<br>• 기본 서브넷 마스크 : 255.255.0.0<br>• 중대형 통신망에서 사용한다. |
| 클래스 C | • 192.0.0.0 ~ 223.255.255.255<br>• 기본 서브넷 마스크 : 255.255.255.0<br>• 소규모 통신망에서 사용한다. |
| 클래스 D | • 224.0.0.0 ~ 239.255.255.255<br>• 멀티캐스트용으로 사용한다. |
| 클래스 E | • 240.0.0.0 ~ 255.255.255.255<br>• 실험용으로 사용한다. |

## 2) 서브넷 마스크(Subnet Mask) 24.7, 24.5, 24.3, 23.8, 23.3, 22.7, 22.4, 21.9, 21.4

- 네트워크를 작은 내부 네트워크로 분리하여 효율적으로 네트워크를 관리하기 위한 수단이다.
- 서브넷 마스크는 32bit의 값으로 IP 주소를 네트워크와 호스트 IP 주소로 구분하는 역할을 한다.
- 이진 형태로 표현되며, 주소의 네트워크 부분은 1로, 호스트 부분은 0으로 구성된다. 이를 통해 서브넷 마스크는 IP 주소의 네트워크와 호스트를 구분하여 목적지 주소로의 패킷 전달을 위한 라우팅 결정에 사용된다.
- CIDR 표기 형식 : 10진수의 IP/네트워크 ID의 1비트의 개수

### ➕ 더 알기 TIP

CIDR(Classless Inter-Domain Routing) 표기로 203.241.132.82/27과 같이 사용되었다면, 해당 주소의 서브넷 마스크(Subnet Mask)는?

- 203.241.132.82/27
- 끝의 '/27'은 32bit의 2진수 IP 주소 중 27bit가 네트워크 ID인 1비트의 개수이고 나머지 5(32 − 27)bit가 호스트 ID인 0비트의 개수라는 의미이다.
- 서브넷 마스크 : 11111111.11111111.11111111.11100000
- 10진수 표기법 : 255.255.255.224

### ➕ 더 알기 TIP

192.168.1.0/24 네트워크를 FLSM 방식을 이용하여 4개의 Subnet으로 나누고 IP Subnet-zero를 적용했다. 이때 Subnetting 된 네트워크 중 4번째 네트워크의 4번째 사용할 수 있는 IP 주소는?

- 192.168.1.0/24에서 '/24'는 네트워크 ID 1비트가 24개라는 의미이다.
- 서브넷 마스크 : 11111111.11111111.11111111.00000000
- 255.255.255.0은 C클래스를 서브넷으로 사용하는 것을 의미한다.

- FLSM 방식으로 4개의 서브넷을 나누라고 지시했으나 2의 승수 단위로만 나눌 수 있으므로 $2^2 = 4$ 즉 4개로 Subnetting 하여야 한다.
- 256/4=64이므로 각 subnet에 할당되는 IP는 대역별로 64개가 된다.

| No | 대역 |
|----|------|
| 1 | 192.168.1.0~63 |
| 2 | 192.168.1.64~127 |
| 3 | 192.168.1.128~191 |
| 4 | 192.168.1.192~256 |

- 각 대역의 첫 번째 IP(4번째 네트워크의 경우 192.168.1.192)는 네트워크 ID, 마지막 IP는 브로드캐스트 주소로 할당된다.
- 따라서 사용 가능한 IP는 193.168.1.193부터이다.

4번째 : 193, 194, 195, 196 로 196번이다.

---

**➕ 더 알기 TIP**

192.168.1.222/28라는 IP가 소속되어 있는 네트워크 주소와 브로드캐스트 주소는?

- 192.168.1.0/28란 첫 28비트가 1로 설정되고, 나머지 4비트가 0으로 설정됨을 의미한다.
- 서브넷 마스크 : 11111111.11111111.11111111.11110000
- 255.255.255.240은 C클래스를 서브넷으로 사용하는 것을 의미한다.
- 마지막 옥텟 11110000에서 뒤 "0" 4개가 이 네트워크에서 사용할 수 있는 subnet IP 개수가 된다. $2^4 = 16$
- IP 대역이 16개이므로 16의 배수 구간 중 222를 포함하는 것을 찾는다.
  - 네트워크 ID : 192.168.1.208
  - 서브넷 범위 : 192.168.1.208 – 192.168.1.223
  - 호스트 범위 : 192.168.1.209 – 192.168.1.222(네트워크 ID와 브로드캐스트 주소를 제외한 범위)
- 따라서, 주어진 IP 주소 192.168.1.222/28는 네트워크 주소가 192.168.1.208이고, 브로드캐스트 주소는 192.168.1.223이다.

---

**➕ 더 알기 TIP**

200.1.1.0/24 네트워크를 FLSM(Fixed-Length Subnet Mask) 방식을 이용하여 10개의 subnet으로 나누고 ip subnet –zero를 적용했다. 이때 서브네팅된 네트워크 중 10번째 네트워크의 broadcast IP 주소는?

- 200.1.1.0/24의 '/24'는 1의 개수가 24개라는 의미이다.
- 서브넷 마스크 : 11111111.11111111.11111111.00000000
- 255.255.255.0은 C클래스를 서브넷으로 사용하는 것을 의미한다.
- FLSM 방식으로 10개의 서브넷을 나누라고 지시했으나 2의 승수 단위로만 나눌 수 있으므로 $2^3 < 10 \leq 2^4 = 16$ 즉, 16개로 subneting 하여야 한다.
- 256/16=32이므로 각 subnet에 할당되는 IP는 16개가 된다.
- 각 대역의 첫 번째 IP는 네트워크 ID, 마지막 IP는 브로드캐스트 주소로 할당된다. 10번째 대역의 마지막 200.1.1.159가 브로드캐스트 IP가 된다.

## 02 IPv6(Internet Protocol version 6)

### 1) IPv6

#### ① IPv6의 개념 24.3, 23.6, 23.3, 22.7, 22.3

• IPv4의 주소 부족 문제를 해결하기 위하여 개발되었다.
• 128비트 길이의 IP 주소이다.
• 16비트씩 8개의 필드로 분리 표기된다.
• 패킷 헤더는 40바이트의 고정된 길이를 가진다.

#### ② IPv6의 장점 22.3, 21.3

• 인증 및 보안 기능을 포함하고 있어 IPv4보다 보안성이 강화되었다.
• IPv6 확장 헤더를 통해 네트워크 기능 확장이 용이하다.
• 임의 크기의 패킷을 주고받을 수 있도록 패킷 크기 제한이 없다.
• 멀티미디어의 실시간 처리가 가능하다.
• 자동으로 네트워크 환경 구성이 가능하다.
• 주소 체계는 유니캐스트(Unicast), 애니캐스트(Anycast), 멀티캐스트(Multicast)로 나뉜다.

#### ③ IPv6 통신 방식 20.6

| 유니캐스트<br>(Unicast) | 하나의 호스트에서 다른 하나의 호스트에게 전달하는 1:1 통신 방식이다. |
|---|---|
| 애니캐스트<br>(Anycast) | 하나의 호스트에서 그룹 내의 가장 가까운 곳에 있는 수신자에게 전달하는 '가장 가까운 1:1' 통신 방식이다. |
| 멀티캐스트<br>(Multicast) | 하나의 호스트에서 네트워크상의 특정 그룹 호스트들에게 전달하는 1:N 통신 방식이다. |

#### ④ IPv4에서 IPv6로의 천이 전략

| Dual Stack<br>(듀얼 스택) | 호스트가 IPv4와 IPv6를 모두 처리할 수 있도록 2개의 스택을 구성하는 전략이다. |
|---|---|
| Tunneling<br>(터널링) | • IPv6를 사용하는 두 컴퓨터가 서로 통신하기 위해 IPv4를 사용하는 네트워크 영역을 통과해야 할 때 사용되는 전략이다.<br>• Tunneling을 통과하기 위해 패킷은 IPv4 주소를 가져야만 한다.<br>• IPv6 패킷은 그 영역에 들어갈 때 IPv4 패킷 내에 캡슐화되고, Tunneling을 나올 때 역 캡슐화된다. |
| Header Translation<br>(헤더 변환) | IPv4 패킷 헤더를 IPv6 패킷 헤더로 변환하거나 그 반대의 동작을 수행하는 전략이다. |

## 2) 통신 규격

### ① IEEE 802의 표준 규격 [21.3]

• IEEE 802.3 – CSMA/CD
• 802.11e – QoS 강화를 위해 MAC 지원 기능 제공

| 802.3 | CSMA/CD |
|---|---|
| 802.4 | 토큰 버스(Token Bus) |
| 802.5 | 토큰 링(Token Ring) |
| 802.11 | 무선 LAN |
| 802.11g | 2.4GHz 대역에서 최대 54Mbps의 속도를 제공한다. |
| 802.11n | 2.4GHz와 5GHz 대역에서 최대 600Mbps의 속도를 제공 MIMO 안테나 기술을 사용한다. |
| 802.11e | 보안 기능 및 QoS(Quality of Service) 강화를 위해 MAC 지원 기능을 제공한다. |

### ② CSMA/CA(Carrier Sense Multiple Access with Collision Avoidance) [24.7, 23.8, 21.3]

• 무선 네트워크에서 데이터 전송 시, 매체가 비어있음을 확인한 뒤 충돌을 회피하기 위해 임의 시간을 기다린 후 데이터를 전송하는 방법이다.
• 네트워크에 데이터의 전송이 없는 경우라도 동시 전송에 의한 충돌에 대비하여 확인 신호를 전송한다.
• 전송 절차

| 캐리어 감지<br>(Carrier Sense) | 전송하려는 노드가 데이터를 전송하기 전에 채널을 모니터링하여 다른 노드가 이미 데이터를 전송 중인지 확인하고 채널이 사용 중인 경우, 전송을 지연시킨다. | | |
|---|---|---|---|
| 충돌 회피<br>(Collision Avoidance) | 캐리어 감지 후 채널이 사용 중이지 않은 것으로 판단된 경우에도, 다른 노드가 동시에 데이터를 전송할 가능성이 있으므로 충돌을 피하기 위한 추가적인 절차를 수행한다. | | |
| | RTS<br>(Request to Send) | 전송하려는 노드는 대상 노드에게 데이터 전송을 요청하는 RTS 프레임을 전송한다. | |
| | CTS<br>(Clear to Send) | 대상 노드는 RTS를 받으면 채널이 사용 가능하다는 응답으로 CTS 프레임을 전송한다. | |
| | NAV<br>(Network Allocation Vector) | CTS 프레임을 받은 노드는 일정 시간 동안 채널을 점유하여 다른 노드가 데이터를 전송하지 못하도록 한다. | |
| 데이터 전송 | • 충돌 회피 절차가 완료되면, 데이터를 전송한다.<br>• 데이터 전송 중에도 캐리어 감지를 계속하여 채널이 사용 중인지 확인한다.<br>• 채널이 사용 중이면 데이터 전송을 중지하고 충돌을 피한다. | | |

### ③ CSMA/CD(Carrier Sense Multiple Access with Collision Detection) [23.3]

• 전송 중에 충돌이 감지되면 패킷의 전송을 즉시 중단하고 충돌이 발생한 사실을 모든 스테이션이 알 수 있도록 간단한 통보 신호를 송신한다.
• 스테이션의 수가 많아지면 충돌이 많아져서 효율이 떨어진다.
• 어느 한 기기에 고장이 발생하여도 다른 기기의 통신에 영향을 전혀 미치지 않는다.

✓ 개념 체크

1 (    )은(는) QoS 강화를 위해 MAC 지원 기능을 제공하는 IEEE 802의 표준 규격이다.

1 802.11e

- CSMA/CA : 무선 랜에서 데이터 전송 시, 매체가 비어있음을 확인한 뒤 충돌을 회피하기 위해 임의 시간을 기다린 후 데이터를 전송하는 방법이다.
- CSMA/CD : 자유 경쟁으로 채널 사용권을 확보하는 방법으로 노드 간의 충돌을 허용하는 네트워크 접근 방법이다.

• 전송 절차

| 캐리어 감지<br>(Carrier Sense) | 전송하려는 노드가 데이터를 전송하기 전에 채널을 모니터링하여 다른 노드가 이미 데이터를 전송 중인지 확인하고 채널이 사용 중인 경우, 전송을 지연시킨다. |
|---|---|
| 충돌 감지<br>(Collision Detection) | 데이터를 전송하는 동안 노드는 채널을 계속 감지하면서 자신의 전송이 다른 노드와 충돌하는지 확인하고, 충돌이 감지되면 데이터 전송을 중지하고, 임의의 시간 동안 대기한 후에 다시 전송을 시도한다. |
| 지수 백오프<br>(Exponential Backoff) | • 충돌이 발생한 경우, 노드는 지수 백오프 알고리즘을 사용하여 재전송을 지연시킨다.<br>• 재전송 시간은 충돌 횟수에 따라 점점 증가하며, 임의의 시간 동안 대기한 후에 재전송을 시도한다. |
| 데이터 전송 | • 충돌이 발생하지 않고 채널이 사용할 수 있는 경우, 노드는 데이터를 전송한다.<br>• 데이터 전송 중에도 캐리어 감지와 충돌 감지를 지속적으로 수행하여 충돌이 발생하는지 감지하고, 충돌이 발생하면 전송을 중지하고 충돌을 해결한다. |

## 03 경로 제어 및 트래픽 제어

### 1) 경로 제어(Routing)

#### ① 경로 제어의 개념
각 메시지에서 목적지까지 갈 수 있는 여러 경로 중 한 가지 경로를 설정해 주는 과정이다.

#### ② 경로 설정 프로토콜 22.7

**경로 설정 방식**
- Fixed Routing(고정 경로 제어)
- Adaptive Routing(적응 경로 제어)
- Flooding(범람 경로 제어)
- Random Routing(임의 경로 제어)

| 구분 | IGP<br>(Interior Gateway Protocol) | EGP<br>(Exterior Gateway Protocol) | BGP<br>(Border Gateway Protocol) |
|---|---|---|---|
| 정의 | 단일 자율 시스템(AS) 내부에서 경로 설정을 위해 사용하는 프로토콜 | 여러 자율 시스템(AS) 간에 경로 설정을 위해 사용하는 프로토콜 | 인터넷에서 경계 게이트웨이 간에 사용되는 경로 설정 프로토콜 |
| 사용 환경 | AS 내부 네트워크<br>└ 자율 시스템(Automatic System) | AS 간 또는 인터넷 외부 네트워크 | 인터넷 게이트웨이 간의 경로 설정 및 라우팅 정보 교환 |
| 경로 선택 방식 | 거리 벡터, 링크 상태 알고리즘 등 다양한 방식 사용 | AS 경계에 따라 정책 기반으로 경로 선택 | AS 경계에 따라 정책 기반으로 경로 선택 |
| 주요 프로토콜 | RIP, OSPF, EIGRP 등 | EGP | BGP |
| 주요 특징 | 내부 네트워크에 사용되며 AS 내부에서 경로 정보 교환 및 최적 경로 선택 | AS 간 경로 설정을 위해 사용되며 인터넷 외부 네트워크에 적용되지 않음 | 인터넷 게이트웨이 간 경로 설정과 인터넷 전체의 라우팅 테이블 관리 |
| 주소 체계 | AS 내부 IP 주소 체계<br>(예 192.168.x.x) | AS 내부 IP 주소 체계<br>(예 192.168.x.x) | 인터넷 공인 IP 주소 체계<br>(예 203.0.113.x) |

✅ 개념 체크

1 단일 자율 시스템(AS) 내부에서 경로 설정을 위해 사용하는 프로토콜은?

1 IGP

③ IGP(Interior Gateway Protocol, 내부 게이트웨이 프로토콜)

| RIP<br>(Routing information<br>Protocol) 22.4, 20.6 | • 거리 벡터 알고리즘을 기반으로 동작한다.<br>• 네트워크 간에 경로 정보를 교환하고, 경로의 거리(호핑 수)를 기준으로 최적 경로를 선택한다.<br>• RIP는 가장 간단한 형태의 IGP 프로토콜이다.<br>• 최적의 경로를 산출하기 위한 정보로서 홉(거리 값)만을 고려하므로, RIP을 선택한 경로가 최적의 경로가 아닌 경우가 많이 발생할 수 있다.<br>• 소규모 네트워크 환경에 적합하다.<br>• 최대 홉 카운트를 15홉 이하로 한정하고 있다. |
|---|---|
| OSPF<br>(Open Shortest Path<br>First) 24.5, 21.5 | • 링크 상태 알고리즘을 기반으로 동작한다.<br>• 네트워크 간에 링크 상태 정보를 교환하고, 각 링크의 상태에 따라 가장 짧은 경로를 선택하여 경로 설정을 수행한다.<br>• 대규모 네트워크에서 확장성과 안정성을 갖는 프로토콜로 널리 사용한다. |
| IS-IS<br>(Intermediate System to<br>Intermediate System) | • OSPF와 유사한 링크 상태 알고리즘을 기반으로 동작하는 IGP 프로토콜이다.<br>• 네트워크 간에 링크 상태 정보를 교환하고, 네트워크 상태에 따라 최적 경로를 선택하여 경로를 설정한다.<br>• 주로 중간 시스템 간의 경로 설정을 위해 사용되며, 대규모 네트워크에서 확장성과 안정성을 갖는 프로토콜이다. |
| EIGRP<br>(Enhanced Interior Gateway<br>Routing Protocol) | • Cisco의 프로토콜로, 거리 벡터와 링크 상태 알고리즘을 결정한다.<br>• 네트워크 간에 경로 정보를 교환하고, 최적 경로를 계산하여 경로 설정을 수행한다.<br>• 자동적인 경로 복구와 네트워크 변화에 대한 빠른 수용력을 갖고 있다. |

## 2) 트래픽 제어(Traffic Control)

① 트래픽 제어의 개념

- 네트워크의 보호, 성능 유지, 네트워크 자원의 효율적 이용을 위해 전송되는 패킷의 흐름 또는 그 양을 조절하는 기능이다.
- 흐름 제어, 혼잡 제어, 교착상태 방지 기법이 있다.

② 흐름 제어(Flow Control)

- 네트워크의 원활한 흐름을 위해 송신측과 수신측의 전송 패킷의 양이나 속도를 조절한다.
- 종류

| 정지-대기<br>(Stop-and-Wait) | • 수신측으로부터 ACK를 받은 후 다음 패킷을 전송하는 방식이다.<br>• 한 번에 하나의 패킷만 전송 가능하다. |
|---|---|
| 슬라이딩 윈도우<br>(Sliding Window) | • 한 번에 여러 개의 프레임을 나누어 전송할 경우 효율적인 방식이다.<br>• 수신측으로부터 이전에 송신한 프레임에 대한 ACK를 받으면 송신 윈도우가 증가하고, NAK를 받으면 송신 윈도우의 크기가 감소한다. |

③ 혼잡 제어(Congestion Control)

네트워크 측면에서 패킷의 흐름을 제어하여 오버플로우(Overflow)를 방지한다.

④ 교착상태 방지(Deadlock Avoidance)

교환기 내의 기억공간에 패킷들이 꽉 차서 다음 패킷이 들어오지 못하는 현상(Deadlock)을 방지한다.

✔ 개념 체크

1 링크 상태 알고리즘을 기반으로 동작하며, 네트워크 간에 링크 상태 정보를 교환하고 각 링크의 상태에 따라 가장 짧은 경로를 선택하여 경로 설정을 수행하는 프로토콜은?

1 OSPF

**01** C Class에 속하는 IP Address는?

① 200.168.30.1

② 10.3.2.1

③ 225.2.4.1

④ 172.16.98.3

---

**C Class**
• 192.0.0.0 ~ 223.255.255.255
• 기본 서브넷 마스크 : 255.255.255.0
• 소규모 통신망에서 사용한다.

**02** 192.168.1.0/24 네트워크를 FLSM 방식을 이용하여 4개의 Subnet으로 나누고 IP Subnet-zero를 적용했다. 이때 Subnetting된 네트워크 중 4번째 네트워크의 4번째 사용 가능한 IP는 무엇인가?

① 192.168.1.192

② 192.168.1.195

③ 192.168.1.196

④ 192.168.1.198

---

• 192.168.1.0/24의 '/24'는 서브넷팅(Subnetting) 서브넷 마스크의 1의 개수가 24개임을 의미한다.
• 서브넷 마스크 : 11111111. 11111111. 11111111. 00000000
• 255.255.255.0은 C클래스를 서브넷으로 사용하는 것을 의미한다.
• FLSM 방식으로 4개의 서브넷을 나누라고 지시했으나 2의 승수 단위로만 나눌 수 있으므로 $2^2$ = 4 즉 4개로 Subneting하여야 한다.
• 256 / 4 = 64이므로 각 서브넷에 할당되는 IP는 대역별로 64개가 된다.

| No | 대역 |
|---|---|
| 1 | 192.168.1.0 ~ 192.168.1.63 |
| 2 | 192.168.1.64 ~ 192.168.1.127 |
| 3 | 192.168.1.128 ~ 192.168.1.191 |
| 4 | 192.168.1.192 ~ 192.168.1.255 |

• 각 대역의 첫 번째 IP(192.168.1.192)는 네트워크 ID, 마지막 IP는 브로드캐스트 주소로 할당된다.
• 사용 가능한 IP는 192.168.1.193부터이다.
• 사용 가능한 4번째 : 192.168.1.196이다.

**03** CIDR(Classless Inter-Domain Routing) 표기로 203.241.132.82/27과 같이 사용되었다면, 해당 주소의 서브넷 마스크(Subnet Mask)는?

① 255.255.255.0

② 255.255.255.224

③ 255.255.255.240

④ 255.255.255.248

---

**서브넷 마스크(Subnet Mask)**
• 네트워크를 작은 내부 네트워크로 분리하여 효율적으로 네트워크를 관리하기 위한 수단이다.
• 서브넷 마스크는 32bit의 값으로 IP 주소를 네트워크와 호스트 IP 주소를 구분하는 역할을 한다.
• 네트워크 ID에 해당하는 모든 비트를 1로 설정하며 호스트 ID에 해당하는 모든 bit을 0으로 설정한다.
• CIDR 표기 형식 : 10진수의 IP/네트워크 ID의 1bit의 개수이다.
• 203.241.132.82/27
• 127이므로 32bit의 2진수 IP 주소 중 27bit가 네트워크 ID인 1의 개수이고, 나머지 5(32-27)bit가 호스트 ID인 0의 개수이다.
• 서브넷 마스크 : 11111111.11111111.11111111.11100000
• 10진수 표기법 : 255.255.255.224

**04** IP 주소 체계와 관련한 설명으로 **틀린** 것은?

① IPv6의 패킷 헤더는 32octet의 고정된 길이를 가진다.

② IPv6는 주소 자동 설정(Auto Configuration) 기능을 통해 손쉽게 이용자의 단말을 네트워크에 접속시킬 수 있다.

③ IPv4는 호스트 주소를 자동으로 설정하며 유니캐스트(Unicast)를 지원한다.

④ IPv4는 클래스별로 네트워크와 호스트 주소의 길이가 다르다.

---

IPv6의 패킷 헤더는 40octet(320비트)도 구성되며, 이는 고정된 길이이다. IPv6는 패킷 헤더의 크기를 효율적으로 관리하는 데 필요한 필드만 포함하고 있다.

정답 01 ① 02 ③ 03 ② 04 ①

**05** IEEE 802.11 워킹그룹의 무선 LAN 표준화 현황 중 QoS 강화를 위해 MAC 지원 기능을 채택한 것은?

① 802.11a
② 802.11b
③ 802.11g
④ 802.11e

IEEE 802.11e : 보안 기능 및 QoS(Quality of Service) 강화를 위해 MAC 지원 기능 채택하였다.

**06** 다음 설명에 해당하는 방식은?

> – 무선 랜에서 데이터 전송 시, 매체가 비어있음을 확인 한 뒤 충돌을 회피하기 위해 임의 시간을 기다린 후 데이터를 전송하는 방법이다.
> – 네트워크에 데이터의 전송이 없는 경우라도 동시 전송에 의한 충돌에 대비하여 확인 신호를 전송한다.

① STA
② Collision Domain
③ CSMA/CA
④ CSMA/CD

CSMA/CA는 충돌을 회피한다.

**07** 다음 중 자유 경쟁으로 채널 사용권을 확보하는 방법으로 노드 간의 충돌을 허용하는 네트워크 접근 방법은?

① Slotted Ring
② Token Passing
③ CSMA/CD
④ Polling

CSMA/CD(Carrier Sensing Multiple Access/Collision Detection)
· 전송 중에 충돌이 감지되면 패킷의 전송을 즉시 중단하고 충돌이 발생한 사실을 모든 스테이션이 알 수 있도록 간단한 통보 신호를 송신한다.
· 스테이션의 수가 많아지면 충돌이 많아져서 효율이 떨어진다.
· 어느 한 기기에 고장이 발생하여도 다른 기기의 통신에 영향을 전혀 미치지 않는다.

**08** 다음 중 IP의 라우팅 프로토콜이 아닌 것은?

① IGP
② RIP
③ EGP
④ HDLC

HDLC(High-level Data Link Control)
· 플래그 – 주소부 – 제어부 – 정보부 – FCS – 플래그
· 비트(Bit) 위주의 프로토콜이며 점–대–점 링크뿐만 아니라 멀티 포인트 링크를 위하여 ISO에서 개발한 국제 표준이다.

**09** RIP 라우팅 프로토콜에 대한 설명으로 틀린 것은?

① 경로 선택 매트릭은 홉 카운트(Hop Count)이다.
② 라우팅 프로토콜을 IGP와 EGP로 분류했을 때 EGP에 해당한다.
③ 최단 경로 탐색에 Bellman-Ford 알고리즘을 사용한다.
④ 각 라우터는 이웃 라우터들로부터 수신한 정보를 이용하여 라우팅 표를 갱신한다.

라우팅 프로토콜을 IGP와 EGP로 분류했을 때 IGP에 해당한다.

**10** 라우팅 프로토콜인 OSPF(Open Shortest Path First)에 대한 설명으로 옳지 않은 것은?

① 네트워크 변화에 신속하게 대처할 수 있다.
② 거리 벡터 라우팅 프로토콜이라고 한다.
③ 멀티캐스팅을 지원한다.
④ 최단 경로 탐색에 Dijkstra 알고리즘을 사용한다.

· 거리 벡터 라우팅 프로토콜을 사용하는 방식은 RIP이다.
· OSPF는 링크 상태 방식을 사용한다.

# 정보 시스템 구축 관리

**파트 소개**

정보 시스템 구축 관리 과목에서는 소프트웨어 개발 방법론, 네트워크/컴퓨터/
DB 관련 신기술, 정보보안, 서버인증 등의 내용을 학습합니다. 범위가 넓고 반복
출제 빈도가 낮아서 점수를 얻기 어려운 과목입니다.
필기뿐만 아니라 실기에서도 보안 관련 용어는 출제되니 꼼꼼하게 학습하세요.

# CHAPTER 01

# 소프트웨어 개발 생명주기

**학습 방향**

소프트웨어 개발 생명주기에서는 1과목 소프트웨어 개발과 연계되어 소프트웨어를 개발하는 개발 모델, 프로젝트 관리 도구, 소프트웨어 개발 방법론, 비용 산정 모델, 소프트웨어 개발 표준, 테일러링과 프레임워크 등을 학습합니다. 기출 빈도와 1과목 연계도가 높으므로 앞에서 학습한 1과목 내용과 기출문제를 함께 학습하세요.

**출제빈도**

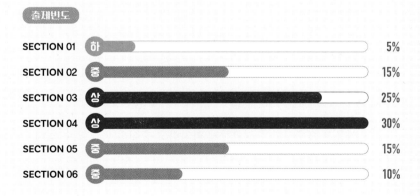

| | | |
|---|---|---|
| SECTION 01 | 하 | 5% |
| SECTION 02 | 중 | 15% |
| SECTION 03 | 상 | 25% |
| SECTION 04 | 상 | 30% |
| SECTION 05 | 중 | 15% |
| SECTION 06 | 중 | 10% |

# 소프트웨어 개발 모델

▶ 합격 강의

빈출 태그 폭포수형 모델 · 나선형 모델

🅑 기적의 TIP

1과목과 중복되는 내용입니다. 복습한다는 마음으로 정리하세요.

## 01 소프트웨어 개발 생명주기 모형

### 1) 소프트웨어 개발 생명주기(SDLC : Software Development Life Cycle)의 개념

- 소프트웨어 시스템의 개발, 가동, 운용, 유지보수, 폐기의 전 공정을 체계화한 개념이다.
- 소프트웨어 시스템의 개발부터 생애를 마치기까지의 과정에 대한 작업 프로세스를 모델화한 것이다.
- 단계별 주요 활동과 산출물을 표현함으로써 프로젝트의 관리를 쉽게 해준다.
- 프로젝트의 비용 산정과 개발 계획을 수립할 수 있는 기본 골격이 된다.
- 용어를 표준화시키고 문서화가 충실한 프로젝트 관리를 가능하게 한다.

② 소프트웨어 개발 생명주기 모형의 종류
소프트웨어 생명주기 모형에는 구축 및 수정 모형, 폭포수 모형, 프로토타입 모형, 나선형 모형, 애자일 모형 등이 있다.

## 02 프로토타입 모형(Prototyping Model)

### 1) 프로토타입 모형의 개념

- 실제 개발될 소프트웨어에 대한 시제품(Prototype)을 만들어 최종 결과물을 예측하는 모형이다.
- 요구 수집, 빠른 설계, 프로토타입 구축, 고객 평가, 프로토타입 조정, 구현의 단계를 통해 소프트웨어를 개발하는 모형이다.
- 사용자(의뢰자)나 개발자 모두에게 공동의 참조 모델을 제공한다.
- 구축하고자 하는 시스템의 요구사항이 불명확한 경우 가장 적절하게 적용될 수 있다.
- 사용자 요구사항을 정확하게 파악하고 충실히 반영할 수 있다.
- 개발 단계 안에서 유지보수가 이루어지는 것으로 볼 수 있다.

## 2) 프로토타입 모형 장점

- 초기 요구사항 수집 및 분석에 대한 시간과 비용을 줄일 수 있다.
- 고객의 요구사항에 대한 이해도를 높일 수 있다.
- 개발 초기에 문제점을 파악하여 수정할 수 있어 뒤늦게 발견되는 문제를 줄일 수 있다.
- 빠르게 프로토타입을 제작하고 고객과 빠르게 피드백을 주고받을 수 있어 개발 기간을 단축시킬 수 있다.

## 3) 프로토타입 모형 단점

- 프로토타입 모형이 완성된 후 실제 개발을 시작하기 위해서는 추가적인 개발 비용이 필요하다.
- 프로토타입 모형으로 개발한 시스템이 예상한 대로 동작하지 않을 경우, 개발 기간과 비용이 증가할 수 있다.
- 프로토타입 모형으로 개발한 시스템이 완성되어도, 모든 요구사항을 충족시키지 못할 수 있다.

가장 오래된 모형으로 모형의
적용 경험과 성공 사례가 많음

## 03 폭포수 모형(Waterfall Model) 24.7, 22.7, 21.8, 21.3, 20.9, 20.8, 20.6

### 1) 폭포수 모형의 개념

- 보헴(Boehm)이 제안한 고전적 생명주기 모형으로, 선형 순차적 모형이라도 한다.
- 타당성 검토, 계획, 요구사항 분석, 구현, 테스트, 유지보수의 단계를 통해 소프트웨어를 개발하는 모형이다.
- 순차적인 접근 방법을 이용하며, 단계적 정의와 산출물이 명확하다.
- 각 단계의 결과가 확인되어야지만 다음 단계로 넘어간다.
- 개발 중에 발생한 요구사항은 반영하기 어렵다.

### 2) 개발 단계

- 요구 분석 단계(Requirement Analysis) : 시스템의 요구사항을 수집하고 분석하여 요구사항 명세서를 작성한다.
- 설계 단계(Design) : 요구사항 명세서를 기반으로 시스템의 구조를 설계한다.
- 구현 단계(Implementation) : 설계 단계에서 작성한 설계 문서를 기반으로 소프트웨어를 개발한다.
- 테스트 단계(Testing) : 소프트웨어가 요구사항을 충족하는지 확인하기 위해 테스트를 수행한다.
- 유지보수 단계(Maintenance) : 소프트웨어가 고객의 요구사항에 계속해서 부합하도록 유지보수를 수행한다.

**페르소나(Persona)**

- 특징
  - 가상의 사용자 유형 : 실제 사용자를 기반으로 하지만, 특정 사용자 그룹을 대표하는 가상의 인물
  - 상세한 정보 포함 : 인구 통계, 성격, 목표, 습관, 공통점 등 사용자에 대한 상세 정보 포함
  - 사용자 중심 설계 : 사용자 중심의 제품 및 서비스 설계를 위한 도구
  - 공감 형성 : 개발팀 내 사용자에 대한 공감 형성 및 이해 증진
- 활용 분야
  - 마케팅 : 타깃 고객층 설정 및 마케팅 전략 수립
  - 디자인 : 사용자 요구에 맞는 제품 및 서비스 디자인
  - 판매 : 고객과의 효과적인 커뮤니케이션 및 영업 전략 수립
  - 개발 : 사용자 중심의 기능 개발 및 UI/UX 디자인

✓ **개념 체크**

1 프로토타입 모형은 실제 개발될 소프트웨어에 대한 (　　)을(를) 만들어 최종 결과물을 예측하는 모형이다.

1 시제품(=프로토타입, Prototype)

**나선형 모형**

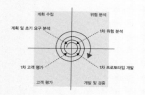

소프트웨어 개발 프로세스를 위험 관리
(Risk Management) 측면에서 본 모델

## 04 나선형 모형(Spiral Model) 23.8, 22.7, 22.3, 21.8, 20.9, 20.8

### 1) 나선형 모형의 개념

- 보험(Boehm)이 제시하였으며, 반복적인 작업을 수행하는 모형으로 점증적 모형, 집중적 모형이라고도 한다. 완성도 높은 소프트웨어를 만들 수 있다.
- 프로토타입을 지속적으로 발전시켜 최종 소프트웨어 개발까지 이르는 개발 방법으로 위험 관리가 중심인 소프트웨어 생명주기 모형이다.
- 여러 번의 개발 과정을 거쳐 완벽한 최종 소프트웨어를 개발하는 점진적 모형이다.
- 위험 분석 단계에서 기술과 관리의 위험 요소들을 하나씩 제거해 나감으로써 위험성 평가에 크게 의존하기 때문에 이를 발견하지 않으면 문제가 발생할 수 있다.
- 대규모 시스템의 소프트웨어 개발에 적합하다.

### 2) 나선형 모형 개발 절차 24.7, 24.3, 21.3

#### ① 계획 수립(Planning)

- 위험 요소와 타당성을 분석하여 프로젝트의 추진 여부를 결정한다.
- 프로젝트의 목표와 요구사항을 정의하고, 프로젝트 일정, 비용, 위험 요소 등을 평가하는 계획 단계이다.
- 프로젝트의 범위, 목표, 리소스 및 일정을 설정하고 위험 요소를 식별하여 관리 계획을 수립한다.

#### ② 위험 분석(Risk Analysis) 22.3

- 개발 목적과 기능 선택, 제약 조건 등을 결정하고 분석한다.
- 프로젝트에서 발생할 수 있는 위험을 식별하고 분석한다.
- 위험 요소를 최소화하고 프로젝트의 성공 가능성을 높이기 위한 전략을 개발한다.
- 프로토타입을 사용하여 시스템의 핵심 요소를 검증하고 검토하는 단계를 포함할 수 있다.

#### ③ 개발 및 검증(Development & Verification)

- 선택된 기능을 수행하는 프로토타입을 개발한다.
- 소프트웨어의 설계, 구현 및 테스트가 이루어진다.
- 프로토타입을 구축하고 피드백을 수집하여 요구사항을 충족시키는 솔루션을 개발한다.
- 이후 검증을 통해 시스템의 기능, 성능 및 품질을 확인한다.

#### ④ 고객 평가(Evaluation)

- 개발된 프로토타입을 사용자가 확인하고 추가 및 수정될 요구사항이 있으면 이를 반영한 개선 프로토타입을 만든다.
- 개발된 솔루션을 고객에게 제공하고 피드백을 수집한다.
- 고객의 요구사항과 기대에 부합하는지 확인하고, 필요한 수정 사항을 식별하여 다음 반복 주기로 반영한다.
- 이러한 반복 주기는 필요에 따라 여러 번 반복될 수 있다.

✓ **개념 체크**

1 나선형 모형의 개발 절차 중 개발 목적과 기능 선택, 제약 조건 등을 결정하고 분석하는 단계는?

1 위험 분석

**01** 소프트웨어 생명주기 모형에서 프로토타입 모형의 장점이 **아닌** 것은?

① 단기간 제작 목적으로 인하여 비효율적인 언어나 알고리즘을 사용할 수 있다.
② 개발 과정에서 사용자의 요구를 충분히 반영한다.
③ 최종 결과물이 만들어지기 전에 의뢰자가 최종 결과물의 일부 혹은 모형을 볼 수 있다.
④ 의뢰자나 개발자 모두에게 공동의 참조 모델을 제공한다.

프로토타입 모형은 사용자의 요구를 파악하고 반영하기 위해 사용되는 소프트웨어 생명주기 모형으로, 프로토타입 모형을 사용한다고 해서 비효율적인 언어나 알고리즘을 사용할 필요는 없다.

**02** 다음 내용이 설명하는 소프트웨어 개발 모형은?

> 소프트웨어 생명주기 모형 중 Boehm이 제시한 고전적 생명주기 모형으로서 선형 순차적 모델이라고도 하며, 타당성 검토, 계획, 요구사항 분석, 설계, 구현, 테스트, 유지보수의 단계를 통해 소프트웨어를 개발하는 모형

① 프로토타입 모형
② 나선형 모형
③ 폭포수 모형
④ RAD 모형

**폭포수 모형(Waterfall Model)**
• 각 단계가 끝나는 시점에서 확인, 검증, 검사를 거쳐 다음 단계로 넘어가거나 이전 단계로 환원하면서 구현 및 운영 단계에 이르는 하향식 생명주기 모형이다.
• 개발 단계 : 계획 → 요구사항 정의 → 개략 설계 → 상세 설계 → 구현 → 통합 시험 → 시스템 실행 → 유지보수

**03** 프로토타입을 지속적으로 발전시켜 최종 소프트웨어 개발까지 이르는 개발 방법으로 위험 관리가 중심인 소프트웨어 생명주기 모형은?

① 나선형 모형
② 델파이 모형
③ 폭포수 모형
④ 기능 점수 모형

**나선형 모형(Spiral Model)**
• 프로토타입을 지속적으로 발전시켜 최종 소프트웨어 개발까지 이르는 개발방법으로 위험 관리가 중심인 소프트웨어 생명주기 모형이다.
• 점증적 모형, 집중적 모형이라고도 한다.
• 개발 단계 : 계획 수립(Planning) → 위험 분석(Risk Analysis) → 공학적 개발(Engineering) → 고객 평가(Customer Evaluation)

**04** 나선형(Spiral) 모형의 주요 태스크에 해당하지 **않는** 것은?

① 버전 관리
② 위험 분석
③ 개발
④ 평가

개발 단계 : 계획 수립(Planning) → 위험 분석(Risk Analysis) → 공학적 개발(Engineering) → 고객 평가(Customer Evaluation)

정답 01 ① 02 ③ 03 ① 04 ①

# 프로젝트 관리 도구

▶ 합격 강의

빈출 태그 CPM • 간트 차트 • WBS

## 01 CPM(Critical Path Method, 임계 경로법) 24.7, 23.8, 23.3, 22.7, 22.3, 20.8

### 1) CPM의 개념

- 프로젝트 완성에 필요한 작업을 나열하고 작업에 필요한 소요 기간을 예측하는 기법이다.
- 노드와 간선으로 구성되며, 노드는 작업을 표시하고 간선은 작업 사이의 전후 의존 관계를 나타낸다.
- 박스 노드는 프로젝트의 중간 점검을 뜻하는 이정표로, 이 노드 위에 예상 완료 시간이 표시된다.
- 한 이정표에서 다른 이정표에 도달하기 전의 작업이 모두 완료되어야만 다음 작업을 진행할 수 있다.

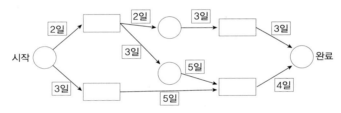

- 모든 작업을 거치려면 2일 + 2일 + 3일 + 3일 = 10일, 2일 + 3일 + 5일 + 4일 = 14일, 3일 + 5일 + 4일 = 12일의 세 가지 작업 방법이 있으며, 짧은 작업보다 긴 작업을 선택해서 계산해야 그 시간 안에 모든 일을 처리할 수 있게 된다. 따라서 임계경로의 소요 기일은 14일이다.

### 2) CPM 장점

- 프로젝트 계획과 일정 관리에 유용하다.
- 프로젝트의 진행 상황과 예상 일정을 쉽게 파악할 수 있다.
- 프로젝트 일정의 최적화가 가능하다.
- 각 작업이 어떤 작업에 영향을 주는지 파악하여 프로젝트 일정을 관리할 수 있다.

## 3) CPM 단점

- 각 작업의 기간을 정확히 예측하기 어렵다면, 전체 프로젝트 일정도 부정확해질 수 있다.
- 프로젝트 일정이 지연되는 경우, 전체 프로젝트 일정도 따라서 지연될 가능성이 있다.
- 복잡한 프로젝트의 경우 작업 간의 관계를 파악하기 어려울 수 있다.
- 일정 계획을 수립하는 과정에서 정확한 정보 수집이 어려울 수 있다.

## 02 간트 차트(Gantt Chart) 23.8, 23.6, 22.3

### 1) 간트 차트의 개념

- 각 작업들의 일정을 막대로 표시하는 기법이다.
- 이정표, 작업 기간, 작업 일정 등을 나타낸다.
- 시간선(Time-Line) 차트라고도 한다.
- 막대로 표시하며, 수평 막대의 길이는 각 태스크의 기간을 나타낸다.

| Task Name | Q1_2026 | | | Q2_2026 | | | Q3_2026 | |
|---|---|---|---|---|---|---|---|---|
| | Jan | Feb | Mar | Apr | Jun | Jul | Aug | Sep |
| Planning | ███ | ███ | ███ | | | | | |
| Research | | ███ | ███ | | | | | |
| Design | | | | ███ | ███ | | | |
| Implementation | | | | | ███ | ███ | | |
| Follow Up | | | | | | | ███ | |

### 2) 간트 차트 장점

- 직관적이고 이해하기 쉽다.
- 프로젝트 일정을 시각적으로 파악할 수 있다.
- 간단한 형식으로 작성할 수 있어, 비교적 빠르게 일정 계획을 수립할 수 있다.

### 3) 간트 차트 단점

- 작업의 세부 내용을 표현하기 어렵다.
- 각 작업이 얼마나 오래 걸리는지 예측하기 어렵다.
- 여러 작업이 동시에 진행되는 경우 처리하기 어렵다.

**소프트웨어 프로젝트 관리 목표**
주어진 기간 내에 최소의 비용으로 사용자를 만족시키는 시스템을 개발하는 것이다.

**PERT(Program Evaluation and Review Technique)**
- 소요 시간 예측이 어려운 경우 최단 시간 내에 완성할 수 있게 하는 프로젝트 방법이다.
- 계획 공정(Network)을 작성하여 분석하므로 간트 도표에 비해 작업 계획을 수립하기 쉽다.
- 계획 공정의 문제점을 명확히 종합적으로 파악할 수 있다.
- 관계자 전원이 참가하게 되므로 의사소통이나 정보 교환이 용이하다.

 개념 체크

1 PERT 기법은 각 작업들의 일정을 막대로 표시하는 기법이다. (O, X)

1 X

### 03 작업 분해(WBS : Work Breakdown Structure) [19.5]

#### 1) WBS의 개념
- 프로젝트의 작업을 계층적으로 분해하고 구조화한 것을 의미한다.
- 프로젝트 관리자는 작업의 세부 항목을 파악하고, 프로젝트 일정과 예산을 관리할 수 있다.

#### 2) WBS 장점
- 프로젝트의 전체적인 범위를 파악하기 쉽다.
- 작업을 더욱 상세하게 파악하고 관리할 수 있다.
- 일정과 예산의 통제가 가능하다.
- 프로젝트 팀원들의 역할과 책임을 명확히 할 수 있다.

#### 3) WBS 단점
- 작업 분해 과정에서 작업이 중복될 가능성이 있다.
- 분해된 작업이 모두 균등한 크기로 나누어지지 않을 수 있다.
- 프로젝트의 진행 중에 새로운 작업이 필요해질 경우 기존의 WBS 구조를 수정해야 하는 불편함이 있다.

### 04 비용 일정 통합 관리(EVM : Earned Value Management)

#### 1) EVM의 개념
- 프로젝트의 현재 상태와 진척도를 파악, 예측하는 데 사용되는 프로젝트 관리 기법이다.
- 예산, 스케줄, 범위와 성과 지표를 통합적으로 적용하여 프로젝트 성과를 평가한다.

#### 2) EVM 장점
- 프로젝트 진척 상황을 실시간으로 파악하여 예산, 일정, 범위를 관리할 수 있다.
- 예측치와 실제 성과를 비교하여 프로젝트 성과를 정확하게 평가할 수 있다.
- 프로젝트의 문제점을 빠르게 파악하고 대처할 수 있다.

#### 3) EVM 단점
- 적용하기에 복잡하고 어려울 수 있다.
- 대규모 프로젝트에서 사용하기 어려울 수 있다.
- EVM의 사용이 많아질수록 데이터 분석과 평가가 복잡해질 수 있다.

**01** 간트 차트(Gantt Chart)에 대한 설명으로 **틀린** 것은?

① 프로젝트를 이루는 소작업 별로 언제 시작되고 언제 끝나야 하는지를 한눈에 볼 수 있도록 도와준다.

② 자원 배치 계획에 유용하게 사용된다.

③ CPM 네트워크로부터 만드는 것이 가능하다.

④ 수평 막대의 길이는 각 작업(Task)에 필요한 인원수를 나타낸다.

......................................................

수평 막대의 길이는 각 태스크의 기간을 나타낸다.

**02** 일정 계획과 가장 관계가 **없는** 것은?

① 프로그램 명세서

② 작업 분해

③ CPM 네트워크

④ 간트 차트(Gantt Chart)

......................................................

프로그램 명세서는 소프트웨어 시스템의 기능, 성능, 인터페이스, 테스트 계획 등과 같은 기술적 사양을 기술한 문서이므로 일정 계획과는 직접적인 관련이 없다.

**03** 프로젝트 일정 관리 시 사용하는 PERT 차트에 대한 설명에 해당하는 것은?

① 각 작업들이 언제 시작하고 언제 종료되는지에 대한 일정을 막대를 이용하여 표시한다.

② 시간선(Time-Line) 차트라고도 한다.

③ 수평 막대의 길이는 각 작업의 기간을 나타낸다.

④ 작업들 간의 상호 관련성, 결정 경로, 경계 시간, 자원 할당 등을 제시한다.

......................................................

④번을 제외한 나머지 보기는 간트 차트에 관한 내용이다.

**04** 프로젝트 일정 관리 시 사용하는 Gantt Chart에 대한 설명으로 **옳지 않은** 것은?

① 막대로 표시하며, 수평 막대의 길이는 각 태스크의 기간을 나타낸다.

② 작업들 간의 상호 관련성, 결정경로를 표시한다.

③ 이정표, 기간, 작업, 프로젝트 일정을 나타낸다.

④ 시간선(Time-Line) 차트라고도 한다.

......................................................

②번은 PERT에 관한 내용이다.

**05** 작업을 작은 단위의 작업으로 세분화하여 쉽게 관리하고 접근하기 쉽도록 하기 위한 생산성 향상 도구이다. 이러한 작업 분류를 상세화하기 위한 도구는?

① Critical Path Method

② Risk Analysis

③ Work Breakdown Structure

④ Waterfall Model

......................................................

**업무 분류 체계(WBS, Work Breakdown Structure)**

• 프로젝트를 시각적으로 분류하는 체계이다.

• 업무 범위에서부터 결과물을 만들어 내는 프로젝트 과정을 보여준다.

• 시각적으로 표시되므로 워크플로 관리 소프트웨어와 프로젝트 관리 프레임워크를 조합하여 만들 수 있다.

# 소프트웨어 개발 방법론

빈출 태그 구조적 방법론 • 정보 공학 방법론 • CBD 개발 방법론 • 소프트웨어 재사용 • 합성 중심과 생성 중심

---

**기적의 TIP**

소프트웨어 개발 방법론의 종류별 특징을 기출문제와 함께 정리하세요. 소프트웨어 재사용의 장점을 살펴보도록 하세요.

## 01 소프트웨어 개발 방법론

- 소프트웨어 개발 생명주기에 소프트웨어 공학 원리를 적용한 것으로 소프트웨어 개발 전 과정에 지속적으로 적용할 수 있는 방법, 절차, 기법 등을 의미하며, 시스템 개발 주기라고도 한다.
- 소프트웨어 개발 과정을 정리하고 표준화하여 프로그래머 개인이 개발 과정에서의 일관성을 유지하고 프로그래머들 간의 효과적인 협업이 이루어질 수 있게 한다.
- 소프트웨어 개발 방법론의 목적 : 소프트웨어 개발 생산성 향상, 소프트웨어 품질 향상, 효과적인 프로젝트 관리, 의사소통 수단 제공

## 02 소프트웨어 개발 방법론의 종류

**구조적 개발 방법론**
- 데이터베이스 설계의 표현으로 Entity-Relationship Diagram 언어를 사용한다.
- 정형화된 분석 절차에 따라 사용자 요구사항을 파악, 문서화하는 체계적 분석 방법이다.

### 1) 구조적 방법론(Structured Development Methodology) 21.3

- 정형화된 분석 절차에 따라 사용자 요구사항을 파악하여 문서화하는 체계적인 방법론이다.
- 요구사항 분석, 구조적 분석, 구조적 설계, 구조적 프로그래밍 단계로 구성된다.
- 쉽게 이해할 수 있고 검증할 수 있는 프로그램의 부호를 생성하는 것이 목적이다.
- 1970년대까지 가장 많이 적용된 방법론이다.
- 시스템 분석을 위해 데이터 흐름 다이어그램(Data Flow Diagram)이 주로 사용된다.
- 시스템 설계를 위해 구조도(Structured Chart)가 주로 사용된다.

### 2) 정보 공학 방법론(Information Engineering Methodology) 23.3, 22.4

- 정보 시스템 개발에 필요한 관리 절차와 작업 기법을 체계화한 방법론이다.
- 정보 시스템에 공학적 기법을 적용하여 시스템을 계획, 분석, 설계, 구축하는 데이터 중심의 방법론이다.
- 구조적 방법론의 거시적 관점 부재에서 등장하였다.
- 자료에 중점을 두어 자료와 프로세스를 별개의 작업으로 병행 진행한 후 서로 간의 오류를 상관 분석하여 검증한다.
- 정보 전략 계획(ISP), 업무 영역 분석(BAA), 업무 시스템 설계(BSD), 시스템 구축(SC) 단계로 구성된다.
- 데이터베이스 설계의 표현으로 Entity-Relationship Diagram 언어를 사용한다.

---

**개념 체크**

1 구조적 방법론은 시스템 설계를 위해 주로 (  )이(가) 사용된다.

1 구조도(Structured Chart)

## 3) 객체지향 방법론(Object Oriented Engineering Methodology)

- 분석, 설계, 개발 단계에 객체지향 기법을 활용하는 방법론이다.
- 구조적 프로그래밍 기법의 한계와 소프트웨어 개발의 위기에서 등장하였다.
- 요구 분석, 설계, 구현, 테스트 및 검증 단계로 구성된다.
- 객체지향의 구성 요소는 객체(Object), 클래스(Class), 메시지(Message)이다.
- 객체지향의 기본 원칙은 캡슐화(Encapsulation), 정보은닉(Information Hiding), 추상화(Abstraction), 상속(Inheritance), 다형성(Polymorphism)이다.
- 시스템 분석을 위해 유스케이스 다이어그램(Use case Diagram)이 주로 사용된다.
- 시스템 설계를 위해 시퀀스 다이어그램(Sequence Diagram)이 주로 사용된다.

> 넓은 의미에서 재사용되는 모든 단위라고 볼 수 있으며, 인터페이스를 통해서만 접근할 수 있음

## 4) 컴포넌트 기반 개발 방법론(CBD : Component Based Development) 23.6, 21.3

### ① CBD 방법론의 개념

- **재사용이 가능한 컴포넌트의 개발 또는 상용 컴포넌트들을 조합**하여 애플리케이션 개발 생산성과 품질을 높이고, 시스템 유지보수 비용을 최소화할 수 있는 개발 방법 프로세스이다.
- 컴포넌트 단위의 개발 및 조립을 통하여 정보 시스템의 신속한 구축, 변경, 확장의 용이성과 타 시스템과의 호환성을 달성하고자 하는 소프트웨어 공학 프로세스, 방법론 및 기술의 총체적 개념이다.

### ② CBD 소프트웨어 개발 표준 산출물 21.5

- 분석 : 사용자 요구사항 정의서, 유스케이스 명세서, 요구사항 추적 표
- 설계 : 클래스 명세서, 사용자 인터페이스 설계서, 아키텍처 설계서, 총괄 시험 계획서, 시스템 시험 시나리오, 엔티티 관계 모형 설계서, 데이터베이스 설계서, 통합 시험 시나리오, 단위 시험 케이스, 데이터 전환 및 초기 데이터 설계서
- 구현(Implementation) : 프로그램 코드, 단위 시험 결과서, 데이터베이스 테이블
- 시험 : 통합 시험 결과서, 시스템 시험 결과서, 사용자 지침서, 운영자 지침서, 시스템 설치 결과서, 인수 시험 시나리오, 인수 시험 결과서

> 프로그래밍 또는 코딩이라고 불리며 설계 명세서가 컴퓨터가 알 수 있는 모습으로 변환되는 과정을 의미

### ③ CBD 방법론의 특징 20.9

- 개발 준비, 분석, 설계, 구현, 테스트, 전개, 인도 순으로 반복 점진적 개발 프로세스를 제공하고, 시스템 설계를 위해 컴포넌트 설계서가 주로 사용된다.
- 컴포넌트는 데이터베이스와 소프트웨어의 모듈 단위로, 재사용이 가능하다.
- 시스템 분석을 위해 유스케이스 다이어그램이 주로 사용된다.
- 개발 기간 단축으로 인한 생산성이 향상되며 새로운 기능 추가가 쉬워 확장성이 높다.

### ④ CBD 방법론의 장점

| | |
|---|---|
| 생산성 향상 | 컴포넌트 조립 통한 시간 단축, 재사용 통한 개발 기간 단축, 검증된 컴포넌트 사용으로 개발자 생산성 향상 |
| 고품질 | 품질 검증된 컴포넌트 사용 |
| 기술 집약성 | 기술 숙련에 대한 집중 |
| 변경 용이성 | 요구사항 변화/수용에 안정적, 신속한 변경 가능 |
| 관리 용이성 | 독립적인 컴포넌트 단위 관리로 복잡성이 낮음 |

**컴포넌트 설계 시 포함 조건**
- 컴포넌트의 오퍼레이션 사용 전에 참이 되어야 할 선행 조건이다.
- 사용 후 만족하여야 할 결과 조건
- 오퍼레이션이 실행되는 동안 항상 만족되어야 할 불변 조건이다.

✔ **개념 체크**

1 CBD는 재사용이 가능한 (    )을(를) 개발하거나 상용 (    )을(를) 조합하여 애플리케이션의 개발 생산성과 품질을 높이고, 시스템 유지보수 비용을 최소화할 수 있는 개발 방법 프로세스이다.

1 컴포넌트

➕ 더 알기 TIP

## OOD vs CBD

| 구분 | OOD | CBD |
|---|---|---|
| 개발 중점 | 신규 개발(객체 독립성 중점) | 검색 및 조립 |
| 필요 기술 | 높은 설계 및 개발 수준 필요 | 업무 지식 바탕으로 명세 통한 연동 |
| 상호운용성 | 상대적으로 낮음 | 상대적으로 높음 |
| 시스템 복잡성 | 높음 | 낮음 |
| 확장 방법 | 상속 또는 동적 바인딩 | 인터페이스 |
| 확장 레벨 | 언어 재사용(Source Level) | 실행 파일(Binary Level) |
| 조립 방법 | 재컴파일 후 수행 | 조립 통한 수행 |
| 재사용성 | 하나의 시스템, 동일 언어에서만 사용 가능 | 재사용 및 범용성 |

## 03 소프트웨어 재사용(Software Reuse) [21.3]

### 1) 소프트웨어 재사용의 개념

- 소프트웨어 개발의 품질과 생산성을 높이는 방법으로, 이미 개발되어 안정화된 소프트웨어의 전체 혹은 일부분을 다른 소프트웨어 개발이나 유지에 사용하는 것이다.
- 기존에 개발된 소프트웨어와 경험, 지식 등을 새로운 소프트웨어에 적용한다.
- 클래스, 객체 등의 소프트웨어 요소는 소프트웨어 재사용성을 크게 향상했다.
- 소프트웨어 부품(모듈)의 크기가 작고 일반적인 설계일수록 재사용률이 높다.

### 2) 접근 방법

① 합성 중심(Composition—Based) [20.9]

- 전자칩과 같은 소프트웨어 부품, 즉 재사용할 수 있는 블록(모듈)을 만든 뒤, 그 모듈을 조립하여 소프트웨어를 완성하는 방법으로, 블록 구성 방법이라고도 한다.
- 재사용할 수 있는 모듈이나 컴포넌트를 식별하고, 이들을 조합하여 큰 규모의 시스템을 구축하는 것을 강조한다.
- 기존의 구성 요소들을 조합하여 필요한 기능을 충족시키고, 개발 비용과 시간을 절약할 수 있다.

✔️ 개념 체크

1 소프트웨어 개발의 품질과 생산성을 높이는 방법으로, 이미 개발되어 안정화된 소프트웨어의 전체 혹은 일부분을 다른 소프트웨어 개발이나 유지에 사용하는 것은?

1 소프트웨어 재사용

## ② 생성 중심(Generation-Based)

- 일련의 템플릿이나 프레임워크를 사용하여 새로운 소프트웨어를 생성하는 접근 방식을 의미한다.
- 추상화 형태로 쓰인 명세를 구체화하여 프로그램을 만드는 방법으로, 패턴 구성 방법이라고도 한다.
- 이 방식은 재사용할 수 있는 구성 요소 대신에 자동화된 코드 생성, 템플릿 기반의 개발 방법 등을 사용하여 새로운 소프트웨어를 생성한다.
- 특정 도메인이나 문제에 대한 공통 요구사항을 추상화하고, 이를 기반으로 소프트웨어를 자동으로 생성한다.

## 3) 소프트웨어 재사용 주의사항

### ① 적합성 평가

- 재사용하려는 소프트웨어 구성 요소가 현재 프로젝트에 적합한지 평가해야 한다.
- 구성 요소의 기능, 성능, 품질, 보안 등을 고려하여 재사용 가능성을 평가해야 한다.

### ② 문서화

구성 요소의 기능, 인터페이스, 제약 조건 등을 잘 정리하고 문서로 만들어 향후 재사용 시에 이해하기 쉽게 해야 한다.

### ③ 수정과 변경

- 재사용된 구성 요소가 필요한 기능을 충족하지 않으면 수정 또는 변경이 필요할 수 있다.
- 재사용된 구성 요소의 수정이 다른 프로젝트에 영향을 미치지 않는지 확인해야 한다.

### ④ 지속적인 유지보수

- 재사용된 구성 요소는 원래 개발한 팀이 아닌 다른 팀에서 사용할 수 있으므로 구성 요소의 지속적인 유지보수와 업데이트가 필요하다.
- 버그 수정, 보안 패치 등을 지속적으로 제공하여 구성 요소의 신뢰성을 유지해야 한다.

### ⑤ 저작권 및 라이선스

구성 요소의 사용이 라이선스와 저작권법에 위반되지 않는지 확인하고, 필요한 경우에는 라이선스 조건을 준수해야 한다.

### ⑥ 품질 관리

구성 요소의 품질을 평가하고 테스트하여 문제를 사전에 파악하고 수정해야 한다.

### ⑦ 문제 추적

문제의 원인을 파악하고 수정하여 향후 재사용 시에 동일한 문제가 반복되지 않도록 해야 한다.

- 재사용이 가능한 정보 : 프로그램 전체, 모듈, 명령어, 소스 코드, 컴포넌트
- 재공학 : 일부분을 수정, 보완
- 재개발 : 전체를 다시 개발

**01** 정형화된 분석 절차에 따라 사용자 요구사항을 파악, 문서화하는 체계적 분석 방법으로 자료 흐름도, 자료 사전, 소단위 명세서의 특징을 갖는 것은?

① 구조적 개발 방법론
② 객체지향 개발 방법론
③ 정보 공학 방법론
④ CBD 방법론

구조적 분석 : 정형화된 분석 절차에 따라 사용자 요구사항을 파악, 문서화하는 체계적 분석 방법으로 자료 흐름도, 자료 사전, 소단위 명세를 사용한다.

**02** 정보 공학 방법론에서 데이터베이스 설계의 표현으로 사용하는 모델링 언어는?

① Package Diagram
② State Transition Diagram
③ Deploymant Diagram
④ Entity−Relationship Diagram

개체 관계도(ERD, Entity−Relationship Diagram) : 데이터베이스 설계 단계에서 데이터 구조들과 그들 간의 관계를 표현하는 방법이다.

**03** CBD(Component Based Development) 소프트웨어 개발 표준 산출물 중 분석 단계에 해당하는 것은?

① 클래스 설계서
② 통합 시험 결과서
③ 프로그램 코드
④ 사용자 요구사항 정의서

CBD(Component Based Development) SW 개발 표준 산출물 분석 과정 : 사용자 요구사항 정의서, 유스케이스 명세서, 요구사항 추적표

**04** 소프트웨어 개발 방법론 중 CBD(Component Based Development)에 대한 설명으로 틀린 것은?

① 생산성과 품질을 높이고, 유지보수 비용을 최소화할 수 있다.
② 컴포넌트 제작 기법을 통해 재사용성을 향상시킨다.
③ 모듈의 분할과 정복에 의한 하향식 설계 방식이다.
④ 독립적인 컴포넌트 단위의 관리로 복잡성을 최소화할 수 있다.

CBD는 모듈의 분할과 정복에 의한 하향식 설계 방식이 아니라, 독립적인 컴포넌트 단위의 조립에 의한 상향식 설계 방식이다.

**05** 전자칩과 같은 소프트웨어 부품, 즉 블록(모듈)을 만들어서 끼워 맞추는 방법으로 소프트웨어를 완성시키는 재사용 방법은?

① 합성 중심
② 생성 중심
③ 분리 중심
④ 구조 중심

합성 중심(Composition−Based) : 전자 칩과 같은 소프트웨어 부품, 즉 블록(모듈)을 만들어서 끼워 맞추는 방법으로 소프트웨어를 완성시키는 재사용 방법론이다(블록 구성 방법).

**06** 소프트웨어를 재사용함으로써 얻을 수 있는 이점으로 가장 거리가 먼 것은?

① 생산성 증가
② 프로젝트 문서 공유
③ 소프트웨어 품질 향상
④ 새로운 개발 방법론 도입 용이

소프트웨어 재사용은 기존 방법론의 유지보수로 볼 수 있으므로 새로운 개발 방법론 도입과는 거리가 멀다.

정답 01 ① 02 ④ 03 ④ 04 ③ 05 ① 06 ④

# 비용 산정 모델

▶ 합격 강의

**빈출 태그** 비용 산정모델 종류 • COCOMO • LOC • Putnam • 기능 점수

## 01 비용 산정 모델

### 1) 비용 산정 모델의 개념 23.8, 21.5, 20.9

- 소프트웨어 개발 비용을 산정하는 데 사용되며, 프로젝트의 특성과 요구사항을 고려하여 적합한 모델을 선택하고 적용해야 한다.
- 비용 산정 모델은 예측과 추정에 의존하기 때문에 정확성을 보장하기 위해 경험과 도메인 지식을 결합하여 사용하는 것이 좋다.
- 종류 : 전문가 감정 기법, 델파이(Delphi) 기법, LOC(Line Of Code) 기법, COCOMO(COnstructive COst MOdel) 모델, COCOMO II 모델, Putnam 모델, 기능 점수(FP: Functional Point)

> **기적의 TIP**
>
> 전통적으로 자주 출제되는 내용입니다. 기출 표시된 내용과 기출문제를 통합하여 같이 학습하세요. 계산 문제의 경우 어려운 식이나 개념이 아니므로 꼭 정리하세요.

### 2) 비용 산정 모델의 분류

## 02 비용 산정 모델 선정 시 주의사항

### 1) 프로젝트 특성 고려

프로젝트의 규모, 복잡성, 기술적 요구사항 등에 맞는 모델을 선택해야 정확한 비용 산정이 가능하다.

### 2) 데이터의 신뢰성

- 비용 산정 모델은 이전 프로젝트의 데이터나 통계를 기반으로 하므로, 사용하는 데이터의 신뢰성과 신뢰도를 확인해야 한다.
- 모델에 사용되는 데이터의 출처와 정확성을 검증하고, 가능한 한 신뢰할 수 있는 데이터를 사용해야 한다.

> **개념 체크**
>
> 1 상향식 비용 산정 모델에는 전문가 측정, 델파이식 측정이 있다. (O, X)
>
> 1 X

### 3) 개발자의 경험과 전문성

경험이 부족한 개발자가 정확한 비용 산정을 위해 복잡한 모델을 사용하는 것보다는 간단하고 직관적인 모델을 선택하는 것이 현실적일 수 있다.

### 4) 모델의 적용 범위

- 비용 산정 모델은 특정한 개발 환경이나 프로젝트 유형에 적합한 경우가 있을 수 있다.
- 모델의 적용 범위를 고려하여 프로젝트에 적합한 모델을 선택해야 한다.
- 예를 들어, 특정 도메인이나 산업에 특화된 모델이 필요한 경우에는 해당 모델을 선택하는 것이 좋다.

### 5) 유연성과 조정 가능성

- 비용 산정 모델은 예측과 추정에 의존하므로 완벽한 정확성을 기대하기는 어렵다.
- 모델을 선택할 때는 유연성과 조정 가능성을 고려하여 프로젝트 진행 중에 비용 산정을 조정하고 수정할 수 있는 여지를 가지는 모델을 선택하는 것이 중요하다.

## 03 비용 산정 모델의 종류 [22.8]

### 1) 전문가 감정 기법

- 개발 조직 내에 경험이 많은 2인 이상의 전문가에게 비용 산정을 의뢰하는 기법이다.
- 의뢰자의 신뢰도가 높고 편리하게 비용을 산정할 수 있다.
- 과거 프로젝트와의 유사성이 낮을 수 있다.
- 전문가에 따라 감정의 편차가 클 수 있다.

### 2) 델파이(Delphi) 기법 [22.7]

- 산정 요원과 조정자에 의해 산정하는 기법이다.
- 전문가가 독자적으로 감정할 때 발생할 수 있는 편차를 줄이기 위해 단계별로 전문가들의 견해를 조정자가 조정하여 최종 견적을 결정한다.
- 유사한 프로젝트 경험을 가진 전문가 집단을 구성하여 규모, 공수, 비용의 산정 의견을 구한다.
- 의견 일치가 이루어지지 않으면 의견의 근거를 익명으로 집단 내에 배포하고 자신들의 산정을 수정할 수 있도록 한다.

### 3) LOC(Line Of Code) 기법 [22.4, 22.3, 21.3, 20.6]

- 소프트웨어 각 기능 구현 시 작성될 원시 코드 라인 수의 비관치, 낙관치, 기대치를 측정하여 예측치를 구하고 이를 이용하여 비용을 산정하는 기법이다.
- 예측치 = $\dfrac{a + (4 \times c) + b}{6}$

  (단, a는 낙관치, b는 비관치, c는 기대치)

**✔ 개념 체크**

1 소프트웨어의 각 기능 구현 시 작성될 원시 코드 라인 수의 비관치, 낙관치, 기대치를 측정하여 예측치를 구하고 이를 이용하여 비용을 산정하는 기법은?

1 LOC(Line of Code)

**➕ 더 알기 TIP**

규모 추정이 다음과 같은 프로젝트의 LOC는?

| 낙관치 | 기대치 | 비관치 |
|---|---|---|
| 60 | 100 | 200 |

$$LOC = \frac{낙관치 + (4 \times 기대치) + 비관치}{6}$$
$$= (60 + (4 \times 100) + 200) / 6$$
$$= 660 / 6 = 110$$

**➕ 더 알기 TIP**

LOC 기법에 의하여 예측된 총 라인 수가 36,000라인, 개발에 참여할 프로그래머가 6명, 프로그래머들의 평균 생산성이 월간 300라인일 때 개발에 소요되는 기간은?

개발 기간 = 예측된 LOC / (개발자 수 × 1인당 월평균 생산 LOC)
= 36,000 / (6 × 300)
= 36,000 / 1,800
= 20[개월]

## 4) COCOMO(COnstructive COst MOdel) 모델 [23.8, 22.4, 21.8, 21.5]

- 보헴(Boehm)이 제안한 소스 코드의 규모에 의한 비용 예측 모델이다.
- 같은 규모의 소프트웨어라도 그 유형에 따라 비용이 다르게 산정된다.
- 소프트웨어 프로젝트 유형에 따라 다르게 책정되는 비용 산정 수식(Equation)을 이용한다.
- 산정 결과는 프로젝트를 완성하는 데 필요한 MM(Man-Month)으로 나타난다.
- 프로젝트 특성을 15개로 나누고 각각에 대한 승수 값을 제시한다.
- 개발 노력 승수(Development Effort Multipliers)를 결정한다.
- 비용 견적의 강도 분석 및 비용 견적의 유연성이 높아 소프트웨어 개발비 견적에 널리 통용되고 있다.
- COCOMO 모형 종류 [23.6, 23.3]

| Basic COCOMO | • 프로젝트의 크기에 따라 비용 산정<br>• 프로젝트의 크기를 단순히 코드 라인 수로 측정하여 비용을 산정하는 모델 |
|---|---|
| Intermediate COCOMO | • Basic COCOMO에서 추가 요인을 고려하여 비용 산정<br>• 개발자의 경험 수준, 소프트웨어 신뢰성 요구사항 등을 고려하여 보정 계수를 적용하여 비용을 조정 |
| Detailed COCOMO | • Intermediate COCOMO에서 더 상세한 요인을 고려하여 비용 산정<br>• 개발에 영향을 미치는 다양한 요인을 고려하여 모델에 추가된 다양한 보정 계수를 사용하여 비용을 더 정확하게 산정<br>• 더욱 상세한 프로젝트 정보와 요구사항 분석이 필요 |

**COCOMO II 모델**
기존 COCOMO가 당시 최신 소프트웨어 개발 프로세스를 지원하지 않고 소프트웨어 개발 환경이 변함에 따라 기존 COCOMO를 수정하고 ADA COCOMO를 통합한 모델이다.

**✓ 개념 체크**

1 개발자의 경험 수준, 소프트웨어 신뢰성 요구사항 등을 고려하여 보정 계수를 적용하여 비용을 조정하는 COCOMO 모형은?

1 Intermediate COCOMO

• COCOMO 개발 유형 24.3, 23.6, 23.3, 22.4, 21.3, 20.8, 20.6

| Organic Mode (단순형) | • 5만 라인 이하의 소프트웨어를 개발하는 유형<br>• 기관 내부에서 개발된 중소 규모의 소프트웨어로 일괄 자료 처리나 과학 기술 계산용, 비즈니스 자료처리 등<br>• 노력(MM) = 2.4 × (KDSI★)$^{1.05}$ |
|---|---|
| Semi-detached Mode (중간형) | • 30만 라인 이하의 소프트웨어를 개발하는 유형<br>• 트랜잭션 처리 시스템이나 운영체제, 데이터베이스 관리 시스템 등<br>• 노력(MM) = 3.0 × (KDSI)$^{1.12}$ |
| Embedded Mode (임베디드형) | • 30만 라인 이상의 소프트웨어를 개발하는 유형<br>• 초대형 규모의 트랜잭션 처리시스템이나 운영체제 등<br>• 노력(MM) = 3.6 × (KDSI)$^{1.20}$ |

## 5) Putnam 모델 20.8, 20.6

• Rayleigh-Norden 곡선의 노력 분포도를 이용한 프로젝트 비용 산정 기법이다.
• 1978년 Edward Putnam이 개발한 Putnam 모델을 기반으로 한다.
• 소프트웨어 개발 생명주기의 전 과정 동안에 사용될 노력의 분포를 예측한다.
• 주요 고려 요소

| 크기 | • 소프트웨어 프로젝트의 규모를 정량화한다.<br>• 크기는 코드 라인 수, 함수 점수 등으로 측정될 수 있다. |
|---|---|
| 생산성 | • 개발자의 생산성을 고려하여 개발에 걸리는 시간과 인력을 산정한다.<br>• 개발자의 생산성은 과거 프로젝트에서 얻은 데이터나 통계에 기반하여 계산된다. |
| 기술적인 요소 | • 기술적인 요소는 소프트웨어 개발에 영향을 미치는 다양한 요인을 고려한다.<br>• 개발 환경, 사용되는 기술, 도구의 성능 등이 여기에 해당한다. |

## 6) 기능 점수(FP : Functional Point)

• 시스템을 구현한 기술에 의존적이고 개발자에 의해 식별되는 기능에 기반하여 시스템의 크기를 측정하는 척도이다.
• 기능 점수는 소프트웨어 시스템이 가지는 기능을 정량화한 것이다.
• 입력, 출력, 질의, 파일, 인터페이스의 개수로 소프트웨어의 규모를 표현한다.
• 경험을 바탕으로 단순, 보통, 복잡한 정도에 따라 가중치를 부여한다.
• 프로젝트의 영향도와 가중치의 합을 이용하여 실질 기능 점수를 계산한다.
• 기능 점수의 산출 시 적용되는 가중치는 시스템의 특성에 따라 달라질 수 있다.
• 기능별 가중치

| 소프트웨어 기능 중대 요인 | 가중치 | | |
|---|---|---|---|
| | 단순 | 보통 | 복잡 |
| 입력(입력 양식) | 3 | 4 | 6 |
| 출력(출력 보고서) | 4 | 5 | 7 |
| 명령어(사용자 질의 수) | 3 | 4 | 5 |
| 데이터 파일 | 7 | 10 | 15 |
| 인터페이스 | 5 | 7 | 10 |

**01** LOC기법에 의하여 예측된 총 라인수가 36,000라인, 개발에 참여할 프로그래머가 6명, 프로그래머들의 평균 생산성이 월간 300라인일 때 개발에 소요되는 기간을 계산한 결과로 가장 옳은 것은?

① 5개월
② 10개월
③ 15개월
④ 20개월

개발 기간 = 예측된 LOC / (개발자 수 × 1인당 월평균 생산 LOC)
　　　　　 = 36000/ (6 × 300)
　　　　　 = 36000/ 1800
　　　　　 = 20

**02** 소프트웨어 비용 추정 모형(Estimation Models)이 아닌 것은?

① COCOMO
② Putnam
③ Function-Point
④ PERT

PERT(Program Evaluation and Review Technique) : 최단 시간 내에 완성할 방법을 찾는 기법으로 프로그램 진행 상황을 추적하는 매우 유용한 관리 도구이다.

**03** 상향식 비용 산정 기법 중 LOC(원시 코드 라인 수) 기법에서 예측치를 구하기 위해 사용하는 항목이 아닌 것은?

① 낙관치
② 기대치
③ 비관치
④ 모형치

**LOC(Line Of Code) 기법**
• 소프트웨어 각 기능의 원시 코드 라인 수의 비관치, 낙관치, 기대치를 측정하여 예측치를 구하고 이를 이용하여 비용을 산정하는 기법이다.
• 예측치 = (a + 4m + b) / 6 (단, a는 낙관치, b는 비관치, c는 기대치)

**04** Rayleigh-Norden 곡선의 노력 분포도를 이용한 프로젝트 비용 산정기법은?

① Putnam 모형
② 델파이 모형
③ COCOMO 모형
④ 기능 점수 모형

Putnam 모형 : Rayleigh-Norden 곡선의 노력 분포도를 이용하여 소프트웨어 생명주기의 각 과정에 사용될 노력의 분포를 가정해 주는 모형이다.

**05** COCOMO(Constructive Cost Model) 모형의 특징이 아닌 것은?

① 프로젝트를 완성하는 데 필요한 man-month로 산정 결과를 나타낼 수 있다.
② 보헴(Boehm)이 제안한 것으로 원시 코드 라인 수에 의한 비용 산정 기법이다.
③ 비교적 작은 규모의 프로젝트 기록을 통계 분석하여 얻은 결과를 반영한 모델이며 중소 규모 소프트웨어 프로젝트 비용 추정에 적합하다.
④ 프로젝트 개발 유형에 따라 Object, Dynamic, Function의 3가지 모드로 구분한다.

COCOMO 개발 유형 : 프로젝트 개발 유형에 따라 organic, semi-detached, embedded 3가지 모드로 구분된다.

**06** 기능 점수(Functional Point) 모형에서 비용 산정에 이용되는 요소가 아닌 것은?

① 클래스 인터페이스
② 명령어(사용자 질의 수)
③ 데이터 파일
④ 출력 보고서

기능 점수 비용 산정 요소 : 코드 라인 수, 데이터 파일 수, 문서 페이지 수, 입력 유형의 수, 출력 보고서의 수, 외부 루틴과의 인터페이스 수, 명령어(사용자 질의 수)

정답 01 ④ 02 ④ 03 ④ 04 ① 05 ④ 06 ①

# 소프트웨어 개발 표준

▶합격 강의

## 01 소프트웨어 개발 표준의 필요성

### 1) 일관성 확보

• 개발자들이 동일한 방식으로 작업하고 일관된 접근 방식과 구조를 따르도록 돕는다.
• 개발 과정에서 일관성을 유지할 수 있으며, 코드의 가독성과 유지 보수성을 향상시킨다.

### 2) 생산성 향상

• 표준화된 개발 절차와 가이드라인은 개발자들에게 일관된 방법을 제공하여 개발 시간과 비용을 절감할 수 있다.
• 개발자들은 반복적인 작업을 최소화하고 효율적인 개발 방법을 따를 수 있으며, 이는 생산성 향상에 이바지한다.

### 3) 품질 향상

• 소프트웨어 개발 표준은 품질 관리를 위한 기준을 제공한다.
• 표준화된 개발 절차, 검증 및 테스트 방법은 결함을 최소화하고 소프트웨어의 신뢰성과 안정성을 향상해 고객 만족도를 높이고 소프트웨어의 신뢰성을 향상시킨다.

### 4) 유지보수 용이성

• 소프트웨어 개발 표준은 코드의 일관성과 가독성을 높여 유지보수를 쉽게 만든다.
• 표준을 준수하는 개발 방법과 문서화는 새로운 개발자나 유지보수 담당자가 소프트웨어를 이해하고 변경 사항을 적용하는 데 도움을 준다.

### 5) 규정 준수

• 일부 업계나 규제 기관에서는 특정한 소프트웨어 개발 표준을 준수하도록 요구할 수 있다.
• 규정을 준수함으로써 법적인 요구사항을 충족하고 시장 진입을 쉽게 할 수 있다.

## ② 소프트웨어 개발 표준의 종류

### 1) ISO/IEC 12119

- 패키지 소프트웨어의 일반적인 품질 요구사항 및 테스트를 위한 국제 표준이다.
- ISO/IEC 25051로 대체되었다.

### 2) ISO/IEC 25000 [23.8, 23.6, 23.3, 22.3]

- 기존 소프트웨어 품질 평가 모델과 소프트웨어 평가 절차 모델인 ISO/IEC 9126과 ISO/ IEC 14598을 통합하였다.
- 2500n, 2501n, 2502n, 2503n, 2504n의 다섯 가지 분야로 나눌 수 있고, 확장 분야인 2505n이 있다.
- 2501n(9126-2, 품질 모형) : 품질 모델 및 품질 사용
- 2503n(9126-3, 품질 측정) : 매트릭을 통한 측정 방법 제시

### 3) ISO/IEC 12207

- 소프트웨어 개발 작업에 일관적이고 체계적인 프레임워크를 제공하기 위하여 1995년에 ISO/IEC에서 제정한 소프트웨어 생명주기 프로세스 국제 표준이다.
- 기본 생명주기 프로세스 구분 [21.5]
  - 획득 프로세스(Acquisition Process)
  - 공급 프로세스(Supply Process)
  - 개발 프로세스(Development Process)
  - 운영 프로세스(Operation Process)
  - 유지보수(Maintenance)

### 4) SPICE(Software Process Improvement and Capability dEtermination) [20.9, 20.8]

- 소프트웨어 품질 및 생산성 향상을 위해 소프트웨어 프로세스를 평가 및 개선하는 국제 표준이다.
- 공식 명칭은 ISO/IEC 15504이다.
- ISO/IEC 12207의 단점을 해결하기 위해 개발되었다.
- SPICE 모델의 범주

| 고객 – 공급자 프로세스 | • 소프트웨어를 개발하여 고객에게 전달하는 것을 지원하고, 소프트웨어를 정확하게 운용하고 사용하도록 하기 위한 프로세스로 구성된다.<br>• 10개의 프로세스로 구성된다. |
| --- | --- |
| 공학 프로세스 | • 시스템과 소프트웨어 제품을 직접 명세화, 구현, 유지보수하는 프로세스로 구성된다.<br>• 9개의 프로세스로 구성된다. |
| 지원 프로세스 | • 소프트웨어 생명주기에서 다른 프로세스에 의해 이용되는 프로세스로 구성된다.<br>• 4개의 프로세스로 구성된다. |
| 관리 프로세스 | • 소프트웨어 생명주기에서 프로젝트 관리자에 의해 사용되는 프로세스로 구성된다.<br>• 4개의 프로세스로 구성된다. |
| 조직 프로세스 | • 조직의 업무 목적을 수립하고, 조직이 업무 목표를 달성하는 데 도움을 주는 프로세스로 구성된다.<br>• 9개의 프로세스로 구성된다. |

ISO(International Organization for Standardization, 국제 표준화 기구)
- 과학, 기술, 경제 활동 분야에서 세계 상호 간의 협력을 위해 설립한 국제기구이다.
- 공업 상품이나 서비스의 국제 교류를 원활히 하기 위해 이들의 표준화를 도모하는 세계적인 기구이다.

IEC(International Electronical Commission)
전기 기술에 관한 표준의 국제적 통일과 조정을 목적으로 설립된 국제전기표준회의이다.

✓ 개념 체크

1 정식 명칭 ISO/IEC 15504로, 소프트웨어 품질 및 생산성 향상을 위해 소프트웨어 프로세스를 평가 및 개선하는 국제 표준은?

1 SPICE

- SPICE 모델의 레벨 [21.5]

| 레벨 5<br>최적(Optimizing) 단계 | 정의된 프로세스와 표준 프로세스가 지속적으로 개선되는 단계이다. |
| --- | --- |
| 레벨 4<br>예측(Predictable) 단계 | 표준 프로세스 능력에 대하여 정량적인 이해와 성능이 예측되는 단계이다. |
| 레벨 3<br>확립(Established) 단계 | 표준 프로세스를 사용하여 계획되고 관리되는 단계이다. |
| 레벨 2<br>관리(Managed) 단계 | 프로세스가 정해진 절차에 따라 이루어져 산출물을 내며, 모든 작업이 계획되고 추적되는 단계이다. |
| 레벨 1<br>수행(Performed) 단계 | 해당 프로세스의 목적은 달성하지만, 계획되거나 추적되지 않은 단계이다. |
| 레벨 0<br>불완전(Incomplete) 단계 | 프로세스가 구현되지 않거나 프로세스 목적을 달성하지 못한 단계이다. |

## 5) CMM(Capability Maturity Model, 능력 성숙도 모델) [23.6]

이후 CMM은 CMMI로 발전

- 조직의 업무 능력 평가 기준을 세우기 위한 평가 표준이다.
- 1991년 카네기멜런대학이 미국 국방성의 의뢰를 받아 개발한 평가 모델이다.
- 소프트웨어 개발 능력 측정 기준과 소프트웨어 개발 조직의 성숙도 수준을 평가한다.
- CMM 모델의 레벨 및 핵심 프로세스 [24.7, 24.3, 20.9, 20.6]

| 레벨 5<br>최적(Optimizing) 단계 | • 프로세스 변경 관리<br>• 기술 변경 관리<br>• 결함 방지 |
| --- | --- |
| 레벨 4<br>관리(Managed) 단계 | • 소프트웨어 품질 관리<br>• 정량적 프로세스 관리 |
| 레벨 3<br>정의(Defined) 단계 | • 조직 프로세스 집중<br>• 조직 프로세스 정의<br>• 동료 검토<br>• 교육 프로그램<br>• 교육 간 협력<br>• 소프트웨어 프로덕트 엔지니어링<br>• 통합 소프트웨어 관리 |
| 레벨 2<br>반복(Repeatable) 단계 | • 소프트웨어 프로젝트 계획<br>• 소프트웨어 프로젝트 추적 및 감독<br>• 소프트웨어 하청 관리<br>• 소프트웨어 품질 보증<br>• 소프트웨어 형상 관리<br>• 요구 관리 |
| 레벨 1<br>초보(Initial) 단계 | • 소프트웨어 개발 관리 부재<br>• 프로세스의 성과를 예측할 수 없는 상태 |

**CMMI 5단계(소프트웨어 프로세스 성숙도)**

초기(Initial), 관리(Managed), 정의(Defined), 정량적 관리(Quantitatively managed), 최적화(Optimizing)

✅ 개념 체크

1 CMM에서 소프트웨어 품질과 정량적 프로세스의 관리를 수행하는 단계는?

1 레벨 4 관리 단계

## 6) CMMI(Capability Maturity Model Integration, 능력 성숙도 통합 모델)

- 조직의 개발 프로세스 역량 성숙도를 평가하는 표준이다.
- CMM은 소프트웨어 개발 프로세스의 성숙도를 다루고, CMMI는 소프트웨어, 시스템, 프로덕트를 포함하는 세 분야를 통합 평가하는 모델이다.
- 24개 프로세스 영역을 4개 범주로 분할한다.

**01** 소프트웨어 개발 표준 중 소프트웨어 품질 및 생산성 향상을 위해 소프트웨어 프로세스를 평가 및 개선하는 국제 표준은?

① ISO 14001
② IEEE 802.5
③ IEEE 488
④ SPICE

SPICE(Software Process Improvement and Capability dEtermination) : 소프트웨어 품질 및 생산성 향상을 위해 소프트웨어 프로세스를 평가 및 개선하는 국제 표준이다.

**02** ISO 12207 표준의 기본 생명주기의 주요 프로세스에 해당하지 <u>않는</u> 것은?

① 획득 프로세스
② 개발 프로세스
③ 성능 평가 프로세스
④ 유지보수 프로세스

ISO/IEC 12207 기본 생명주기 프로세스 구분 : 획득 프로세스(Acquisition Process), 공급 프로세스(Supply Process), 개발 프로세스(Development Process), 운영 프로세스(Operation Process), 유지보수(Maintenance)

**03** CMM(Capability Maturity Model) 모델의 레벨로 옳지 <u>않은</u> 것은?

① 최적 단계
② 관리 단계
③ 계획 단계
④ 정의 단계

**CMM 5단계(소프트웨어 프로세스 성숙도)**
1. 초기(Initial), 2. 반복(Repeatable), 3. 정의(Defined), 4. 관리(Managed), 5. 최적화(Optimizing)

**04** SPICE 모델의 프로세스 수행 능력 수준의 단계별 설명이 <u>틀린</u> 것은?

① 수준 7 – 미완성 단계
② 수준 5 – 최적화 단계
③ 수준 4 – 예측 단계
④ 수준 3 – 확립 단계

SPICE 모델 수준은 1~5까지이다.

**05** 소프트웨어 품질 관련 국제 표준인 ISO/IEC 25000에 관한 설명으로 옳지 <u>않은</u> 것은?

① 소프트웨어 품질 평가를 위한 소프트웨어 품질 평가 통합모델 표준이다.
② System and Software Quality Requirements and Evaluation으로 줄여서 SQuaRE라고도 한다.
③ ISO/IEC 2501n에서는 소프트웨어의 내부 측정, 외부 측정, 사용품질 측정, 품질 측정 요소 등을 다룬다.
④ 기존 소프트웨어 품질 평가 모델과 소프트웨어 평가 절차 모델인 ISO/IEC 9126과 ISO/IEC 14598을 통합하였다.

**ISO/IEC 25000**
• 기존 소프트웨어 품질 평가 모델과 소프트웨어 평가 절차 모델인 ISO/IEC 9126과 ISO/IEC 14598을 통합하였다.
• 2500n, 2501n, 2502n, 2503n, 2504n의 다섯 가지 분야로 나눌 수 있고, 확장 분야인 2505n이 있다.
 – 2501n(9126–2, 품질 모형) : 품질 모델 및 품질 사용
 – 2503n(9126–3, 품질 측정) : 매트릭을 통한 측정 방법 제시

정답 01 ④ 02 ③ 03 ③ 04 ① 05 ③

# 테일러링과 프레임워크

▶합격 강의

**빈출 태그** 테일러링 · 소프트웨어 개발 프레임워크 · 스프링 프레임워크

## 🔢 테일러링(Tailoring)

### 1) 소프트웨어 개발 방법론 테일러링 23.3, 22.3

① 테일러링의 개념 ── 테일러는 양복을 다듬는 재단사를 의미하며,
소프트웨어의 매무새를 재단하는 것이 테일러링임

- 기존 개발 방법론의 절차, 기법, 산출물 등을 프로젝트 상황에 맞게 수정하는 작업이다.
- 프로젝트의 특정 요구사항과 조건에 맞게 소프트웨어 개발 방법론을 조정하는 과정이다.
- 프로젝트의 크기, 복잡도, 일정, 리소스 등에 따라 개발 방법론을 최적화하여 프로젝트의 성공 확률을 높이는 목적으로 수행된다.
- 프로젝트의 요구사항과 목표를 고려하여 소프트웨어 개발 방법론에서 필요한 부분을 선택하거나 수정함으로써 개발 프로세스를 최적화한다.

② 수행 절차 ── 테일러링은 프로젝트 수행 시 예상되는
변화를 고려하여 정밀하게 진행

프로젝트 특징 정의 → 표준 프로세스 선정/검증 → 상위 레벨 커스터마이징 → 세부 커스터마이징 → 테일러링 문서화

③ 테일러링 기법

- 프로젝트 규모와 복잡도에 따른 테일러링
- 프로젝트 구성원에 따른 테일러링
- 팀 내 방법론 지원에 따른 테일러링
- 자동화에 따른 테일러링

### 2) 테일러링 고려 사항 22.3, 20.6

① 내부적 요건(내부 기준)

- 납기/비용 : 개발 소프트웨어의 납기일과 개발 비용
- 구성원 능력 : 개발에 참여하는 구성원 개개인의 능력
- 목표 환경 : 시스템의 개발 환경 및 유형이 서로 다른 경우
- 고객 요구사항 : 프로젝트의 생명주기 활동 측면에서 개발, 운영, 유지보수 등 프로젝트에서 우선적으로 고려할 요구사항이 서로 다른 경우
- 프로젝트 규모 : 사업비, 참여 인력, 개발 기간 등 프로젝트의 규모가 서로 다른 경우
- 보유 기술 : 프로세스, 방법론, 산출물, 인력의 숙련도 등이 다른 경우

② 외부적 요건(외부 기준)

- 법적 제약사항 : 프로젝트별로 적용될 IT Compliance가 서로 다른 경우
- 표준 품질 기준 : 금융, 제조, 의료 업종별 표준 품질 기준이 상이한 경우

## 02 소프트웨어 프레임워크(Framework)와 라이브러리(Library)

### 1) 소프트웨어 프레임워크

#### ① 소프트웨어 프레임워크의 개념 23.3, 22.4

- 비슷한 유형의 응용 프로그램들을 위해 재사용이 가능한 아키텍처와 협업하는 소프트웨어 산출물(클래스, 객체, 컴포넌트)의 통합된 집합이다.
- 특정 클래스의 재사용뿐만 아니라 응용 프로그램을 위한 핵심 아키텍처를 제공하여 설계의 재사용을 지원한다.

#### ② 라이브러리의 개념

- 단순 활용할 수 있는 도구들의 집합을 의미한다.
- 프로그래머가 어떠한 기능을 수행하기 위해서 도움을 주는 또는 필요한 것을 제공해주는 역할을 한다.

    틀 ——————— ——— 도서관의 책

#### ③ 프레임워크와 라이브러리의 차이점 23.3

프레임워크는 전체적인 흐름을 자체적으로 가지고 있어 프로그래머는 그 안에서 필요한 코드를 작성하는 반면에 라이브러리는 프로그래머가 전체적인 흐름을 가지고 있어 라이브러리를 자신이 원하는 기능을 구현하고 싶을 때 가져다 사용할 수 있다.

| 구분 | 소프트웨어 프레임워크 | 라이브러리 |
|---|---|---|
| 정의 | 소프트웨어 개발에 사용되는 기반 구조 | 재사용할 수 있는 코드 및 기능의 모음 |
| 제어 흐름 | 개발자가 프레임워크에 의해 제어됨 | 개발자가 라이브러리를 호출하여 사용함 |
| 종속성 | 일반적으로 더 큰 규모의 의존성을 가짐 | 상대적으로 작은 규모의 의존성을 가짐 |
| 확장성 | 주로 확장성이 높음 | 개발자가 필요한 기능을 선택적으로 사용함 |
| 기능 제공 | 완성된 솔루션을 제공하며, 개발자에게 제한적인 제어 권한을 주는 경우가 많음 | 개별적인 기능을 제공하여 개발자에게 유연한 사용법을 제공함 |
| 예시 | Ruby on Rails, Django, Spring 등 | NumPy, Pandas, TensorFlow 등 |
| 역할 | 개발자의 개발 프로세스를 지원하고 제어함 | 개발자의 개발 작업을 보조함 |

🅑 기적의 TIP

소프트웨어 개발에서 라이브러리는 망치, 드라이버 등의 도구라면 프레임워크는 이런 도구를 이용해 제작하는 소프트웨어의 뼈대라고 생각하면 됩니다.

✅ 개념 체크

1 반제품 상태의 제품을 토대로 도메인별로 필요한 서비스 컴포넌트를 사용하여 재사용성 확대와 성능을 보장받을 수 있게 하는 소프트웨어는?

1 소프트웨어 프레임워크

## 2) 소프트웨어 개발 프레임워크 24.7, 24.5, 23.3, 22.4

### ① 소프트웨어 개발 프레임워크의 개념
- 소프트웨어 개발을 도와주는 재사용이 가능한 클래스와 패턴의 집합이다.
- 소프트웨어 개발의 효율성을 높이고 소프트웨어 품질을 높이기 위한 반제품 성격의 소프트웨어이다.
- 소프트웨어의 틀과 구조를 결정하고, 이를 바탕으로 개발된 개발자의 코드를 제어한다.

### ② 소프트웨어 프레임워크 vs 소프트웨어 개발 프레임워크

| 구분 | 소프트웨어 프레임워크 | 소프트웨어 개발 프레임워크 |
|------|----------------------|---------------------------|
| 정의 | 소프트웨어 개발에 사용되는 기반 구조 | 소프트웨어 개발 프로세스의 절차와 방법 |
| 목적 | 개발자에게 재사용할 수 있는 코드와 도구 제공 | 개발 프로세스의 일관성과 효율성 향상 |
| 기능 | 기본적인 기능 및 도구 제공 | 프로젝트 계획, 설계, 구축, 테스트 및 유지보수 지원 |
| 예시 | Ruby on Rails, Django, Spring 등 | Agile, Scrum, Waterfall 등 |
| 주요 장점 | 개발 시간과 비용 절감, 코드 재사용성 향상 | 일관된 개발 프로세스, 생산성 및 품질 향상 |
| 주요 역할 | 개발자의 코드 작성을 지원 | 프로젝트 관리 및 개발자들의 작업 지원 |

### ③ 소프트웨어 개발 프레임워크 적용 시 장점 20.9, 20.8, 20.6

| 개발 용이성 | • 공통 기능은 프레임워크가 제공한다.<br>• 패턴 기반 개발과 비즈니스 로직에만 집중한 개발이 가능하다. |
|------|------|
| 시스템 복잡도 감소 | • 시스템의 복잡한 기술은 프레임워크에 의해 숨겨진다.<br>• 미리 잘 정의된 기술 셋을 적용할 수 있다. |
| 이식성 | • 플랫폼 연동을 프레임워크가 제공한다.<br>• 플랫폼의 독립적인 개발이 가능하다. |
| 품질 보증 | • 검증된 개발 기술과 패턴에 따른 개발이 가능하다.<br>• 개발자의 경험과 능력 차이를 줄여준다. |
| 운영 용이성 | • 소프트웨어 변경이 용이하다.<br>• 비즈니스 로직 및 아키텍처 파악이 용이하다. |
| 개발 코드 최소화 | • 공통 컴포넌트와 서비스를 활용한다.<br>• 반복적인 코드 개발을 최소화한다. |
| 변경 용이성 | • 잘 구조화된 아키텍처를 적용한다.<br>• 플랫폼에 독립적이다. |
| 설계 및 코드의 재사용성 | • 프레임워크의 서비스와 패턴을 재사용한다.<br>• 이미 개발된 컴포넌트를 재사용한다. |

## 3) 소프트웨어 프레임워크의 종류

### ① 스프링 프레임워크(Spring Framework) 22.5
- Java 플랫폼을 위한 오픈소스 애플리케이션 프레임워크이다.
- 동적인 웹 사이트 개발을 위해 여러 가지 서비스를 제공하고 있다.
- 전자정부 표준 프레임워크의 기반 기술로 사용된다.

- 스프링 프레임워크의 주요 모듈
  - 제어 반전 컨테이너
  - 관점 지향 프로그래밍 프레임워크
  - 데이터 액세스 프레임워크
  - 트랜잭션 관리 프레임워크
  - 모델–뷰–컨트롤러(MVC) 패턴
  - 배치 프레임워크

② 전자정부 표준 프레임워크
- 공공부문 정보화 사업 시 플랫폼별 표준화된 개발 프레임워크를 말한다.
- 공공기관의 웹 서비스 개발 시 사용을 권장하고 있다.
- 전자정보 표준 프레임워크 적용 시 기대 효과
  - 전자정부 서비스 품질 향상
  - 정보화 투자 효율성 향상
  - 국가 정보화 투자 효율성 제고
  - 중소 SI 업체 경쟁력 확보
  - 선진 국가 정보화 추진 기반 환경 제고

③ 닷넷 프레임워크(.NET Framework)
- Microsoft 사에서 개발한 윈도우 프로그램 개발 및 실행 환경이다.
- 네트워크 작업, 인터페이스 등의 많은 작업을 캡슐화하였고, 공통 언어 런타임 (CLR : Common Language Runtime) 가상 머신 위에서 작동한다.
- 오픈소스 버전으로 닷넷 코어가 있다.

④ STRUTS Framework
- Java 기반의 JSP만을 위한 프레임워크로 다양한 운영체제에서 활용할 수 있다.
- 오픈소스로 개발에 필요한 부분을 수정하여 사용할 수 있다.
- 웹 개발은 보통 프론트엔드 영역과 백엔드 영역으로 나뉜다.

⑤ AngularJS
- 자바스크립트 기반의 프레임워크이다.
- MVC 모델을 지원한다.
- 자바스크립트 또는 JQuery로 만든 코드의 길이를 더욱 단순화할 수 있다.
- 작성해야 하는 자바스크립트의 코드량을 줄여준다.

⑥ 장고 프레임워크(Django Framework)
- 파이썬으로 작성된 오픈소스 웹 애플리케이션 프레임워크이다.
- 쉽고 빠르게 웹 사이트를 개발할 수 있도록 돕는 구성 요소로 이루어져 있다.
- 수반되는 강력한 라이브러리들을 그대로 사용할 수 있다는 점이 가장 큰 장점이다.
- ORM(Object-Relational Mapping) 기능을 지원한다.

 개념 체크

1 장고 프레임워크는 자바스 크립트 기반의 프레임워크 이다. (O, X)

1 X

**01** 소프트웨어 개발 방법론의 테일러링(Tailoring)과 관련한 설명으로 틀린 것은?

① 프로젝트 수행 시 예상되는 변화를 배제하고 신속히 진행하여야 한다.
② 프로젝트에 최적화된 개발 방법론을 적용하기 위해 절차, 산물출 등을 적절히 변경하는 활동이다.
③ 관리 측면에서의 목적 중 하나는 최단기간에 안정적인 프로젝트 진행을 위한 사전 위험을 식별하고 제거하는 것이다.
④ 기술적 측면에서의 목적 중 하나는 프로젝트에 최적화된 기술 요소를 도입하여 프로젝트 특성에 맞는 최적의 기법과 도구를 사용하는 것이다.

프로젝트 수행 시 예상되는 변화를 고려하여 정밀하게 진행한다.

**02** 테일러링(Tailoring) 개발 방법론의 내부 기준에 해당하지 않는 것은?

① 납기/비용
② 기술 환경
③ 구성원 능력
④ 국제 표준 품질 기준

테일러링(Tailoring) 개발 방법론의 내부적 요건 : 목표 환경, 요구사항, 프로젝트 규모, 보유 기술

**03** 다음 설명에 해당되는 소프트웨어는?

> – 개발해야 할 애플리케이션의 일부분이 이미 내장된 클래스 라이브러리로 구현이 되어있다.
> – 따라서, 그 기반이 되는 이미 존재하는 부분을 확장 및 이용하는 것으로 볼 수 있다.
> – Java 기반의 대표적인 소프트웨어로는 스프링 (Spring)이 있다.

① 전역 함수 라이브러리
② 소프트웨어 개발 프레임워크
③ 컨테이너 아키텍처
④ 어휘 분석기

소프트웨어 개발 프레임워크(Framework) : 소프트웨어 개발에 공통으로 사용되는 구성 요소와 아키텍처를 일반화하여 손쉽게 구현할 수 있도록 여러 가지 기능들을 제공해 주는 반제품 형태의 소프트웨어 시스템이다.

**04** 소프트웨어 개발 프레임워크와 관련한 설명으로 가장 적절하지 않은 것은?

① 반제품 상태의 제품을 토대로 도메인별로 필요한 서비스 컴포넌트를 사용하여 재사용성 확대와 성능을 보장받을 수 있게 하는 개발 소프트웨어이다.
② 라이브러리와는 달리 사용자 코드에서 프레임워크를 호출해서 사용하고, 그에 대한 제어도 사용자 코드가 가지는 방식이다.
③ 설계 관점에 개발 방식을 패턴화시키기 위한 노력의 결과물인 소프트웨어 상태로 집적화시킨 것으로 볼 수 있다.
④ 프레임워크의 동작 원리를 그 제어 흐름의 일반적인 프로그램 흐름과 반대로 동작한다고 해서 IoC(Inversion of Control)이라고 설명하기도 한다.

라이브러리와는 달리 프레임워크에서 사용자 코드를 호출해서 사용하고, 그에 대한 제어도 프레임워크가 가지는 방식이다.

**05** 다음 내용이 설명하는 것은?

> – 네트워크 작업, 인터페이스 등의 많은 작업을 캡슐화하였고, 공통 언어 런타임(CLR : Common Language Runtime) 가상 머신 위에서 작동한다.
> – 오픈소스 버전으로 닷넷 코어가 있다.

① .NET Framework
② AngularJS
③ Django Framework
④ STRUTS Framework

**닷넷 프레임워크(.NET Framework)**
• Microsoft 사에서 개발한 윈도우 프로그램 개발 및 실행 환경이다.
• 네트워크 작업, 인터페이스 등의 많은 작업을 캡슐화하였고, 공통 언어 런타임 (CLR : Common Language Runtime) 가상 머신 위에서 작동한다.

정답 01 ① 02 ④ 03 ② 04 ② 05 ①

CHAPTER

# 신기술 용어

**학습 방향**

정보처리기사에서 가장 어려운 부분이라고 할 수 있습니다. 워낙 다양한 용어들이 출제되므로 새로운 용어를 학습하기보다는 기존에 출제된 용어를 정리하는 방향으로 학습하도록 하세요. 반복 출제되는 빈출 태그들을 우선적으로 정리하세요.

**출제빈도**

| | | |
|---|---|---|
| SECTION 01 | 상 | 40% |
| SECTION 02 | 상 | 40% |
| SECTION 03 | 중 | 20% |

# 네트워크 관련 신기술

▶ 합격 강의

빈출 태그 RIP • OSPF • MQTT • 스마트 그리드 • IBN • Mesh Network • PICONET

## 01 프로토콜 기술 용어

라우팅 프로토콜을 IGP와 EGP로
분류했을 때 IGP에 해당

① RIP(Routing Information Protocol) 22.4, 20.8, 20.6

- 최단 경로 탐색에 Bellman-Ford 알고리즘을 사용하는 거리 벡터 라우팅 프로토 콜이다.
- 최적의 경로를 산출하기 위한 정보로서 홉(거릿값)만을 고려하므로, RIP를 선택한 경로가 최적의 경로가 아닌 경우가 많이 발생할 수 있다.
- 최대 홉 카운트를 15홉 이하로 한정한다.
- 소규모 네트워크 환경에 적합하다.

② OSPF(Open Shortest Path First Protocol) 21.5

대표적인 링크 상태(Link State) 라우팅 프로토콜로 IP 패킷에서 89번 프로토콜을 사용하여 라우팅 정보를 전송하며 안정되고 다양한 기능으로 가장 많이 사용되는 것 은 IGP(Interior Gateway Protocol)이다.

③ MQTT(Message Queuing Telemetry Transport) 23.6, 21.8, 21.3

- IBM이 주도하여 개발한 기술로 사물 인터넷과 같이 대역폭이 제한된 통신 환경에 최적화하여 개발된 푸시 기술 기반의 경량 메시지 전송 프로토콜이다.
- TCP/IP 기반 네트워크에서 동작하는 발행-구독 기반의 메시징 프로토콜로 최근 IoT 환경에서 자주 사용되고 있는 프로토콜이다.

④ XDMCP(X Display Manager Control Protocol) 21.8

Linux의 X 서버가 실행하는 호스트와 X 클라이언트가 XDM과 통신하기 위해 X 단 말기에서 이용하는 프로토콜을 말한다.

⑤ SIP(Session Initiation Protocol) 23.8

인터넷상에서 통신하고자 하는 지능형 단말들이 서로를 식별하여 그 위치를 찾고, 그 들 상호 간에 멀티미디어 통신 세션을 생성하거나 삭제 또는 변경하기 위한 절차를 명시한 시그널링 프로토콜이다.

## 02 통신 관련 용어

### ① 사물 인터넷(IoT : Internet of Things) [22.7]

- 인터넷에 연결된 기기가 사람의 개입 없이 상호 간에 알아서 정보를 주고받아 처리한다.
- 사물은 물론이고 현실과 가상 세계의 모든 정보와 상호 작용하는 개념이다.

### ② USN(Ubiquitous Sensor Network)

- 다양한 환경과 장소에서 센서들을 활용하여 정보를 수집하고 공유하는 네트워크 시스템이다. 이는 무선 통신 기술을 기반으로 하며, 센서 노드들은 주변 환경의 데이터를 수집하고 이를 네트워크를 통해 전송하는 기술이다.
- 활용 분야
  - 환경 감시 : 온도, 습도, 미세먼지 등 환경 정보를 수집하여 환경 변화를 감시한다.
  - 재난 감시 : 지진, 홍수, 화재 등 재난 발생 시 정보를 수집하여 재난을 예방하고 피해를 최소화한다.
  - 스마트 시티 : 도시 내의 교통, 환경, 에너지 사용량 등을 모니터링하여 도시 운영을 최적화하는 데 활용된다.

### ③ WSN(Wireless Sensor Network)

- 무선 통신을 통해 주변 환경 정보를 수집하고 전송하는 센서 네트워크이다.
- WSN은 다양한 분야에서 활용될 수 있으며, 특히 다음과 같은 분야에서 활용도가 높다.
- 다양한 센서들로 구성되며, 이들은 온도, 습도, 압력, 빛 등 다양한 환경 파라미터를 측정하거나 감지할 수 있다.
- 데이터는 중앙 데이터  집 장치 또는 게이트웨이를 통해 수집되고, 필요에 따라 분석 및 처리된다.

### ④ 그리드 컴퓨팅(Grid Computing)

인터넷상에서 사용하지 않는 시간대의 연결된 수많은 컴퓨터를 하나의 고성능 컴퓨터처럼 활용할 수 있는 기술이다.

### ⑤ 스마트 그리드(Smart Grid) [21.3]

- 전기 및 정보통신 기술을 활용하여 전력망을 지능화, 고도화함으로써 고품질의 전력 서비스를 제공하고 에너지 이용 효율을 극대화하는 전력망 시스템이다.
- 기존의 전력망에 정보 기술을 접목하여 전력 공급자와 소비자가 쌍방향으로 실시간 정보를 교환함으로써 에너지 효율을 최적화하고 새로운 부가가치를 창출한다.

### ⑥ WDM(Wavelength Division Multiplexing, 파장 분할 다중화) [24.7, 20.9]

- 레이저 빛의 다른 파장(다른 색)을 사용하여 여러 반송파 신호를 단일 광섬유에 적용하는 기술이다.
- 파장이 서로 다른 복수의 광신호를 동시에 이용하는 것으로 광섬유를 다중화하는 방식이다.
- 빛의 파장 축과 파장이 다른 광선은 서로 간섭을 일으키지 않는 성질을 이용한다.

✓ 개념 체크

1 전기 및 정보통신 기술을 활용하여 전력망을 지능화, 고도화함으로써 고품질의 전력 서비스를 제공하고 에너지 이용 효율을 극대화하는 전력망 시스템은?

1 스마트 그리드

**메타버스(Metaverse, 가상 융합 세계)**
· 그리스어로 '초월'이나 '가공'을 뜻하는 '메타(Meta)'와 현실 세계' 또는 '우주'를 뜻하는 '유니버스(Universe)'의 합성어이다.
· 미국의 작가 닐 스티븐슨(Neal Stephenson)이 1992년에 발표한 사이버펑크 소설 '스노우 크래쉬'에 처음 소개된 개념이다.
· ICT 기술이 현실같이 구현한 가상 세계를 의미한다.
· 가상 현실을 넘어선 개념으로, 3차원 가상 세계에서 사람들이 현실 세계처럼 상호작용하고 생활할 수 있는 디지털 공간을 의미한다.

⑦ 개방형 링크드 데이터(LOD : Linked Open Data)

RDF : Resource Description Framework

· 웹에서 누구나 사용할 수 있도록 무료로 공개되는 연계 데이터이다.
· HTTP, RDF, URI 등의 웹 표준 기술을 이용하여 시맨틱웹을 구축하고, 출처가 다르지만 인터넷 식별자(URI)를 통해 데이터를 서로 연결한다.

URI : Uniform Resource Identifier

⑧ VLAN(Virtual Local Area Network) [22.7]

물리적 배치와 상관없이 논리적으로 LAN을 구성하여 Broadcast Domain을 구분할 수 있게 해주는 기술로 접속된 장비들의 성능 향상 및 보안성 증대 효과를 목표로 한다.

⑨ IBN(Intent-Based Networking) [23.6]

· 네트워크 관리를 더 효율적이고 자동화된 방식으로 수행하기 위해 인공 지능과 머신 러닝을 활용하는 개념이다.
· 네트워크 운영자가 의도(Intention)를 기반으로 네트워크 동작을 설정하고 제어할 수 있는 방식을 제공한다.
· 네트워크의 상태를 실시간으로 모니터링하고 예측하여 문제를 사전에 감지하고 조치할 수 있다.
· 네트워크 구성을 최적화하고 필요한 변경을 자동으로 제안하며, 네트워크 운영을 간소화하고 자동화할 수 있다.

## 03 모바일 통신 기술

**모바일 에지 컴퓨팅(MEC : Mobile Edge Computing)**
이동 통신 서비스를 이용하려는 사용자와 가까운 곳에 서버를 위치시켜 데이터가 수집되는 현장에서 바로 데이터를 처리하여 초저지연성을 제공하고 초대용량 데이터 처리와 저장을 효율적으로 처리하는 컴퓨팅 방식이다.

① Zing [24.3, 22.4]

기기를 키오스크에 갖다 대면 원하는 데이터를 바로 가져올 수 있는 기술로 10cm 이내 근접 거리에서 기가급 속도로 데이터 전송이 가능한 초고속 근접 무선 통신(NFC : Near Field Communication) 기술이다.

② NFC(Near Field Communication)

· RFID 기술 중 하나로, 10cm 정도로 가까운 거리에서 장치 간에 양방향 무선 통신을 가능하게 해주는 기술이다. 13.56MHz의 주파수 대역을 사용하는 비접촉식 통신 기술이다.
· 데이터 읽기와 쓰기 기능을 모두 사용할 수 있다.

③ Mesh Network [24.3, 22.4, 20.8]

· 기존 무선 랜의 한계 극복을 위해 등장하였다.
· 대규모 디바이스의 네트워크 생성에 최적화되어 차세대 이동 통신, 홈 네트워킹, 공공 안전 등의 특수 목적을 위한 새로운 방식의 네트워크 기술이다.

④ 비컨(Beacon) [24.5]

· 블루투스 4.0(BLE) 프로토콜 기반의 근거리 무선 통신 장치로 최대 70m 이내의 장치들과 교신할 수 있는 차세대 스마트폰 근거리 통신 기술이다.
· 저전력으로 모바일 결제 등을 가능하게 해주는 스마트폰 근거리 통신 기술이다.
· NFC보다 가용거리가 길고 5~10cm 단위 구별이 가능해 정확성이 높다.

⑤ 포스퀘어(Foursquare)
- 스마트폰에 탑재된 GPS를 활용해 위치 정보를 수집한다.
- 쇼핑 관광 등에 활용하는 위치 기반 소셜 네트워크 서비스이다.

⑥ RFID(Radio Frequency IDentification)
전자 태그가 부착된 IC칩과 무선 통신 기술을 이용하여 다양한 개체들의 정보를 관리할 수 있는 센서 기술이다.

⑦ WPAN(Wireless Personal Area Network) [23.8]
- 사용자를 중심으로 작은 지역에서 주로 블루투스 헤드셋, 스마트 워치 등과 같은 개인화 장치들을 연결시키는 무선 통신 규격이다.
- IEEE 802.15 규격의 범주에 속한다.

⑧ 저전력 블루투스(BLE)
- 약 10m 반경을 가진 2.4 GHz 주파수 대역의 저전력 저용량 데이터 송·수신이 가능한 블루투스 기술이다.
- 슬립 모드(Sleep Mode)로 전력 소모가 매우 적다.
- 배터리 교환 없이 1년 이상 사용할 수 있기 때문에 전력 공급이 제한되는 극소형 사물 인터넷(IoT)에 적합하다.
- 시계나 장난감, 비컨(Beacon) 그리고 착용 컴퓨터(웨어러블 기기) 등에 많이 사용된다.
- 2006년 노키아(Nokia)가 와이브리(Wibree)라는 이름으로 개발하여 2010년 블루투스 4.0 규격으로 채택되었다.

⑨ PICONET(피코넷) [20.6]
여러 개의 독립된 통신 장치가 UWB(Ultra Wide Band)★ 기술 또는 블루투스 기술을 사용하여 통신망을 형성하는 무선 네트워크 기술이다.

⑩ BcN(Broadband convergence Network) [23.8]
음성·데이터, 유·무선 등 통신·방송·인터넷이 융합된 품질 보장형 광대역 멀티미디어 서비스를 언제 어디서나 끊김없이(Seamless) 안전하게 이용할 수 있는 차세대 통합 네트워크이다.

⑪ Wi-SUN
- IEEE 802.15.4g 표준을 기반으로 한 근거리 무선 통신 기술로, 넓은 커버리지와 더불어 빠른 속도를 지원한다.
- 스마트그리드 등 HAN/NAN 활용에 적합한 기술이다.

**기가파이(Giga Fi)**
60GHz 대역을 이용해 데이터를 기가급으로 전송할 수 있는 기술이다. 전 세계적으로 비허가 대역으로 지정된 57~64GHz 범위의 주파수를 이용하여 넓은 대역폭의 높은 데이터 전송률(3Gbps)을 얻을 수 있다.

**AllJoyn**
호환되는 장치와 애플리케이션이 제품 카테고리, 플랫폼, 브랜드 및 연결 유형의 경계를 넘어 서로를 찾고 통신하고 협업할 수 있도록 하는 오픈 소스 소프트웨어 프레임워크이다.

**★ UWB(Ultra Wide Band)**
Wifi가 30~50Mbps 속도를 보장하는 반면, 전송 주파수대역 GHz 이상을 사용하여 100Mbps~1Gbps급 속도를 보장한다.

✔ **개념 체크**

1 PICONET은 여러 개의 독립된 통신 장치가 (　) 기술 또는 블루투스 기술을 사용하여 통신망을 형성하는 무선 네트워크 기술이다.

1 UWB

## 04 클라우드 관련 용어

### ① 클라우드 컴퓨팅(Cloud Computing) 24.3

- 사용자가 인터넷 등을 통해 하드웨어, 소프트웨어 등의 컴퓨팅 자원을 원격으로 필요한 만큼 빌려서 사용하는 방식의 서비스 기술로서 서비스 모델은 IaaS, PaaS, SaaS로 구분한다. *(Infrastructure as a Service / Platform as a Service)*
- 가상화 기술, 서비스 프로비저닝(Provisioning) 기술, 과금 체계 등을 필요로 한다. *(Software as a Service)*

### ② IaaS

- 인프라스트럭처를 서비스로 제공하는 모델이다.
- 이 모델에서는 가상화된 컴퓨팅 리소스(가상 서버, 스토리지, 네트워크 등)를 인터넷을 통해 사용자에게 제공한다.
- 사용자는 이 인프라를 필요에 따라 스케일링하거나 관리할 수 있다.
- 하드웨어 관리에 대한 책임을 서비스 제공자가 맡고, 사용자는 운영체제, 미들웨어, 애플리케이션 등을 설치하고 관리하는 자유도를 가진다.

### ③ PaaS

- 플랫폼을 서비스로 제공하는 모델이다.
- 이 모델에서는 애플리케이션 개발 및 배포에 필요한 플랫폼(운영체제, 미들웨어, 개발 도구, 데이터베이스 등)을 인터넷을 통해 제공한다.
- 개발자가 애플리케이션 로직에 집중할 수 있도록 인프라와 운영체제 관리를 서비스 제공자가 담당한다.
- 개발자는 애플리케이션을 구축하고 실행하기 위한 플랫폼을 사용하여 개발 생산성을 향상시킬 수 있다.

### ④ SaaS

- 소프트웨어를 서비스로 제공하는 모델이다.
- 이 모델에서는 클라우드상에서 실행되는 애플리케이션을 인터넷을 통해 사용자에게 제공한다.
- 사용자는 웹 브라우저 또는 클라이언트 애플리케이션을 통해 소프트웨어에 접근하고 사용할 수 있다.
- 사용자에게 소프트웨어에 대한 모든 측면을 제공하며, 인프라, 플랫폼, 애플리케이션의 설치, 관리, 업데이트는 서비스 제공자가 처리한다.

### ⑤ PaaS-TA 21.8

국내 IT 서비스 경쟁력 강화를 목표로 개발, 인프라 제어 및 관리 환경, 실행 환경, 개발 환경, 서비스 환경, 운영 환경으로 구성된 개방형 클라우드 컴퓨팅 플랫폼이다.

### ⑥ BaaS(Blockchain as a Service) 21.3

- 블록체인(Blockchain) 개발 환경을 클라우드로 서비스하는 개념으로 블록체인 네트워크에 노드의 추가 및 제거가 용이하다.
- 블록체인의 기본 인프라를 추상화하여 블록체인 응용 프로그램을 만들 수 있는 클라우드 컴퓨팅 플랫폼이다.

<aside>

**클라우드 컴퓨팅 유형**

- 인프라형 서비스(IaaS : Infrastructure as a Service) : 서버, 스토리지 같은 시스템 자원을 클라우드로 제공하는 서비스이다.
- 플랫폼형 서비스(Paas : Platform as a Service) : 애플리케이션을 개발, 실행, 관리할 수 있게 하는 플랫폼을 제공하는 서비스이다.
- 소프트웨어형 서비스(SaaS : Software를 as a Service) : 클라이언트를 통해 접속하여 소프트웨어 서비스 형태로 이용하는 서비스이다.

</aside>

⑦ 클라우드 기반 HSM(Hardware Security Module) [22,4]
- 클라우드(데이터 센터) 기반 암호화 키 생성, 처리, 저장 등을 하는 보안 기기이다.
- 국내에서는 공인인증제의 폐지와 전자서명법 개정을 추진하면서 클라우드 HSM 용어가 자주 등장하였다.
- 클라우드에 인증서를 저장하므로 기존 HSM 기기나 휴대폰에 인증서를 저장해 다닐 필요가 없다.

⑧ 인터클라우드(컴퓨팅), Inter-Cloud(Computing)
- 다수의 클라우드 서비스 제공자 간의 클라우드 서비스 또는 자원을 연결·연계하여 사용자의 요구에 따른 클라우드 서비스의 연동 및 컴퓨팅 자원의 동적 할당을 가능하게 한다.
- 형태

| 대등 접속(Peering) | 두 클라우드 서비스 제공자 간의 직접 연계 |
| --- | --- |
| 연합(Federation) | 사용자의 클라우드 사용 요구량에 따라 동적 자원 할당을 지원하여 논리적인 하나의 서비스 제공 |
| 중개(Intermediary) | 서비스 제공자 간의 직·간접적 자원 연계 및 단일 서비스 제공자를 통한 중개 서비스 제공 |

**01** 국내 IT 서비스 경쟁력 강화를 목표로 개발되었으며 인프라 제어 및 관리 환경, 실행 환경, 개발 환경, 서비스 환경, 운영 환경으로 구성되어 있는 개방형 클라우드 컴퓨팅 플랫폼은?

① N20S          ② PaaS-TA
③ KAWS          ④ Metaverse

---

PaaS-TA : 국내 IT 서비스 경쟁력 강화를 목표로 개발, 인프라 제어 및 관리 환경, 실행 환경, 개발 환경, 서비스 환경, 운영 환경으로 구성된 개방형 클라우드 컴퓨팅 플랫폼이다.

**02** 최대 홉수를 15로 제한한 라우팅 프로토콜은?

① RIP          ② OSPF
③ Static       ④ EIGRP

---

RIP(Routing Information Protocol) : 소규모 네트워크 환경에 적합하며, 최대 홉 카운트를 15홉 이하로 한정하고 있다.

**03** 라우팅 프로토콜인 OSPF(Open Shortest Path First)에 대한 설명으로 옳지 않은 것은?

① 네트워크 변화에 신속하게 대처할 수 있다.
② 거리 벡터 라우팅 프로토콜이라고 한다.
③ 멀티캐스팅을 지원한다.
④ 최단 경로 탐색에 Dijkstra 알고리즘을 사용한다.

---

• 거리 벡터 라우팅 프로토콜을 사용하는 방식은 RIP이다.
• OSPF는 링크 상태 방식을 사용한다.

**04** 여러 개의 독립된 통신 장치가 UWB(Ultra Wide-band) 기술 또는 블루투스 기술을 사용하여 통신망을 형성하는 무선 네트워크 기술은?

① PICONET       ② SCRUM
③ NFC           ④ WI-SUN

---

PICONET : 다수의 독립된 통신 장치가 블루투스나 UWB 기술을 사용하여 통신망을 형성하는 무선 네트워크 기술이다.

**05** 전기 및 정보 통신 기술을 활용하여 전력망을 지능화, 고도화함으로써 고품질의 전력 서비스를 제공하고 에너지 이용 효율을 극대화하는 전력망은?

① 사물 인터넷
② 스마트 그리드
③ 디지털 아카이빙
④ 미디어 빅뱅

---

스마트 그리드(Smart Grid) : 전기 및 정보 통신 기술을 활용하여 전력망을 지능화, 고도화함으로써 고품질의 전력 서비스를 제공하고 에너지 이용 효율을 극대화하는 전력망 시스템이다.

**06** 기기를 키오스크에 갖다 대면 원하는 데이터를 바로 가져올 수 있는 기술로 10cm 이내 근접 거리에서 기가급 속도로 데이터 전송이 가능한 초고속 근접 무선 통신(NFC : Near Field Communication) 기술은?

① BcN(Broadband Convergence Network)
② Zing
③ Marine Navi
④ C-V2X(Cellular Vehicle To Everything)

---

Zing : 기기를 키오스크에 갖다 대면 원하는 데이터를 바로 가져올 수 있는 기술로 10cm 이내 근접 거리에서 기가급 속도로 데이터 전송이 가능한 초고속 근접 무선 통신(NFC : Near Field Communication) 기술이다.

**07** 기존 무선 랜의 한계 극복을 위해 등장하였으며, 대규모 디바이스의 네트워크 생성에 최적화되어 차세대 이동 통신, 홈네트워킹, 공공 안전 등의 특수 목적을 위한 새로운 방식의 네트워크 기술을 의미하는 것은?

① Virtual Local Area Network
② Simple Station Network
③ Mesh Network
④ Modem Network

---

Mesh Network : 기존 무선 랜의 한계 극복을 위해 등장하였으며, 대규모 디바이스의 네트워크 생성에 최적화되어 차세대 이동 통신, 홈 네트워킹, 공공 안전 등의 특수 목적을 위한 새로운 방식의 네트워크 기술이다.

정답 01 ② 02 ① 03 ② 04 ① 05 ② 06 ② 07 ③

# 소프트웨어/하드웨어 관련 신기술

▶ 합격 강의

빈출 태그 텐서플로 • 매시업 • 디지털 트윈 • N–Screen • HACCP • SAN • DAS • SSD

## 01 소프트웨어 관련 용어

### ① 소프트웨어 정의 데이터 센터(SDDC : Software Defined Data Center) 24.7, 20.9

- 가상 데이터 센터(Virtual Data Center, VDC)라고도 하며, 추상화, 풀링(Pooling), 자동화 등을 통해 인프라를 가상화하는 데이터 센터를 의미한다.
- 컴퓨팅, 네트워킹, 스토리지, 관리 등을 모두 소프트웨어로 정의한다.
- 인력 개입 없이 소프트웨어 조작만으로 자동 제어 관리한다.
- 데이터 센터 내 모든 자원을 가상화하여 서비스한다.

### ② 텐서플로(TensorFlow) 21.8

- 구글에서 개발해서 공개한 인공 지능 응용 프로그램 개발용 오픈소스 프레임워크이다.
- 텐서플로를 사용할 때 인공 지능 소프트웨어가 이미지 및 음성을 인식하기 위해서는 신경망의 합성곱 신경망 모델을 주로 사용한다.

### ③ 매시업(Mash–up) 20.8

- 웹에서 제공하는 정보 및 서비스를 이용하여 새로운 소프트웨어나 서비스, 데이터 베이스 등을 만드는 기술이다.
- 다수의 정보원이 제공하는 콘텐츠를 조합하여 하나의 서비스로 제공한다.
- 구글 지도에 부동산 매물 정보를 결합한 구글의 하우징맵스(Housing Maps)가 대표적이다.

### ④ 머신 러닝(Machine Learning)

- 컴퓨터 프로그램이 데이터와 처리 경험을 이용한 학습을 통해 정보 처리 능력을 향상시키는 기술로 컴퓨터에게 많은 데이터를 주고, 거기에서 일반적인 패턴을 찾아내게 한다.
- 자율 주행 자동차, 필기체 문자 인식 등과 같이 알고리즘 개발이 어려운 문제의 해결에 유용하다.

### ⑤ 딥 러닝(Deep Learning)

- 일반적인 머신 러닝 모델보다 더 깊은 신경망 계층 구조를 이용하는 기계 학습이다.
- 주로 여러 개의 은닉 계층(Hidden Layer)으로 구성된 인공 신경망을 활용한다.

기적의 TIP

반복 출제율이 낮으므로 출제되었던 키워드를 빠르게 정리하도록 합니다.

딥페이크(Deepfake)
- 딥 러닝(Deep Learning)과 페이크(Fake)의 합성어다.
- 적대관계 생성신경망(GAN : Generative Adversarial Network)이라는 머신 러닝 기술을 사용하여, 기존 사진이나 영상을 원본에 겹쳐서 만들어 낸다.

⑥ 디지털 트윈(Digital Twin) [20.8]
- 물리적인 사물과 컴퓨터에 동일하게 표현되는 가상 모델이다.
- 실제 물리적인 자산 대신 소프트웨어로 가상화한 자산의 디지털 트윈을 만들어 시뮬레이션함으로써 실제 자산의 특성에 대한 정확한 정보를 얻을 수 있다.

⑦ 증강 현실(AR : Augmented Reality) [23.3]
- 현실을 기반으로 가상 정보를 실시간으로 결합하여 보여주는 기술이다.
- 예를 들어 스마트폰 카메라로 주변을 비추면 인근에 있는 상점의 위치, 전화번호 등의 정보가 입체 영상으로 표시된다.

⑧ HMD(Head Mounted Display)
머리에 착용하는 형태의 디스플레이로 HMD 장치를 머리에 쓰면 양쪽 눈에 근접한 위치에 소형 디스플레이가 있어 시차를 이용한 3D 영상이 투영된다.

⑨ 블록체인(Blockchain)
- 공공 거래 장부로, 가상 화폐로 거래할 때 발생할 수 있는 해킹을 막는 기술이다.
- 하나의 블록은 트랜잭션의 집합과 헤더(Header)로 이루어져 있고 앞의 블록에 대한 정보가 포함되어 있어, 앞 블록의 내용을 변경하면 뒤에 이어지는 블록도 변경해야 한다.

⑩ 분산 원장 기술(Distributed Ledger Technology)
- 분산 네트워크 참여자가 암호화 기술을 사용하여 거래 정보를 검증하고 합의한 원장(Ledger)을 공동으로 분산·관리하는 기술이다.
- 수많은 사적 거래 정보를 개별적 데이터 블록으로 만들고, 이를 체인처럼 연결하는 블록체인 기술이다.

## 02 하드웨어 관련 신기술

① 양자 컴퓨터(Quantum Computer)
- 양자 역학적 현상을 이용하여 연산을 수행하는 컴퓨터이다.
- 양자 정보의 최소 단위인 큐비트(Qubit)의 상태를 제어하여 연산과 양자 알고리즘을 수행한다.

② N-Screen [21.5]
동일한 콘텐츠를 PC, 스마트TV, 스마트폰, 태블릿 PC 등 다양한 디지털 정보기기에서 자유롭게 이용할 수 있는 서비스이다.

③ 고가용성 솔루션(HACMP : High Availability Cluster Multi Processing) [23.6, 22.7, 22.3]
- 각 시스템 간에 공유 디스크를 중심으로 클러스터링으로 엮여 다수의 시스템을 동시에 연결할 수 있다.
- 조직, 기업의 기간 업무 서버 등의 안정성을 높이기 위해 사용될 수 있다.
- 여러 가지 방식으로 구현되며 2개의 서버를 연결하는 것으로 2개의 시스템이 각각 업무를 수행하도록 구현하는 방식이 널리 사용된다.

---

**대체 불가능 토큰(NFT : Non-Fungible Token)**
- 상호 대체가 불가능한 고유의 가치(value)를 가져 디지털 자산의 소유권을 증명할 수 있는 토큰을 의미한다.
- 주로 쿠폰, 티켓, 부동산, 소유권, 게임 등에 대한 특정 서비스 플랫폼에서 사용되며, 디지털 자산의 소유권 문제를 해결할 수 있다.

**양자 암호(Quantum Cryptography)**
- 양자 역학의 특성을 이용하여 안전하게 정보를 보호하기 위한 알고리즘 또는 정보 이론적/수학적 방법론이다.
- 양자 컴퓨터가 등장하면서 기존의 대칭키 암호 기법과 비대칭키 암호기법은 안전성을 보장할 수 없게 되었다.
- 대표적인 양자 암호 기법은 양자 암호키 분배(QKD : Quantum Key Distribution) 기법이다.

④ 멤스(MEMS : Micro-Electro Mechanical Systems)

기계 구조를 다양한 기술로 미세 가공하여 전기기계적 동작을 할 수 있도록 한 초미세 장치이다.

⑤ 트러스트존 기술(TrustZone Technology)

일반 구역과 보안이 필요한 애플리케이션을 처리하는 보안 구역으로 분할하여 관리하는 하드웨어 기반 보안 기술이다.

⑥ 엠디스크(M-DISC)

- 한 번의 기록만으로 자료를 영구 보관할 수 있는 광 저장 장치로 디스크 표면의 무기물층에 레이저를 이용해 자료를 조각해서 기록한다.
- 빛, 열, 습기 등의 외부 요인에 영향이 없다.

⑦ 멤리스터(Memristor)

- 메모리와 레지스터의 합성어로 전류의 방향과 양 등 기존의 경험을 모두 기억하는 특별한 소자이다.
- 레지스터, 커패시터, 인덕터에 이어 네 번째 전자회로 구성 요소라 불린다.

⑧ SAN(Storage Area Network) 21.5

네트워크상에 광 채널 스위치의 이점인 고속 전송과 장거리 연결 및 멀티 프로토콜 기능을 활용하여 각기 다른 운영체제를 가진 여러 기종이 네트워크상에서 동일 저장 장치의 데이터를 공유하게 함으로써, 여러 개의 저장 장치나 백업 장비를 단일화시킨 시스템이다.

⑨ 직접 연결 저장 장치(DAS : Direct Attached Storage) 23.6, 22.3, 20.10

- 하드 디스크와 같은 데이터 저장 장치를 호스트 버스 어댑터에 직접 연결하는 방식이다.
- 저장 장치와 호스트 기기 사이에 네트워크 디바이스없이 직접 연결한다.

⑩ NAS(Network Attached Storage)

- 컴퓨터에 직접 연결하지 않고 네트워크를 통해 데이터를 주고받는 저장 장치다.
- 구조적으로는 스토리지 서버를 단순화, 소형화한 것이다.

⑪ SDS(Software Defined Storage) 21.8

- 가상화를 적용하여 필요한 공간만큼 나눠 사용할 수 있도록 하며 서버 가상화와 유사하다.
- 컴퓨팅 소프트웨어로 규정하는 데이터 스토리지 체계이며, 일정 조직 내 여러 스토리지를 하나처럼 관리하고 운용하는 컴퓨터 이용 환경으로 스토리지 자원을 효율적으로 나누어 쓰는 방법이다.

NTFS(New Technology File System)
- FAT32에서 최대 파일 크기는 4GB이지만, NTFS에서 파일의 크기는 볼륨 크기에 의해서만 제한된다.
- 이론적으로 최대 볼륨의 크기는 256TB이다.
- NTFS는 FAT에 비하여 보안성이 높다.

 개념 체크

1 NAS는 하드 디스크와 같은 데이터 저장 장치를 호스트 버스 어댑터에 직접 연결하는 방식이다. (O, X)

1 X

⑫ RAID(Redundant Array of Inexpensive Disk)

- 여러 대의 하드 디스크가 있을 때 동일한 데이터를 다른 위치에 중복해서 저장하는 방법으로 디스크의 고장에 대비하여 데이터의 안정성을 높이는 기술이다.
- RAID 0 : 2개 이상의 하드 디스크를 병렬로 연결해서 하나의 디스크처럼 사용하는 방식이다. 디스크 드라이브가 동시에 액세스가 일어나서 디스크의 개수가 늘어날수록 성능이 향상되며 연결된 디스크 중 가장 작은 용량 기준으로 디스크가 묶인다.
  └─ 데이터가 분산 저장되어 한 개의 하드 디스크에 장애가 발생하면 전체 데이터가 소실됨
- RAID 1 : 동일한 용량의 2개 이상의 하드 디스크를 병렬로 연결하여, 동일한 데이터를 동시에 각 디스크에 저장되어 신뢰성이 높다. ── 미러(Mirror) 지원으로 1개 디스크 고장에도 데이터 복구 가능
- RAID 2 : 비트 수준에서 데이터를 분할하여 여러 디스크에 저장하고, 해밍 코드를 사용하여 오류 검출 및 복구 기능을 제공하는 방식이다.
- RAID 3 : 데이터를 다수의 디스크에 스트라이핑하여 저장하며, 하나의 드라이브에 패리티를 저장한다. 패리티 드라이브를 사용한다. ── Parity 체크용 디스크를 1개 별도로 사용
- RAID 4 : 각 디스크에 데이터를 블록 단위로 분산 저장하고 하나의 패리티 검사 디스크를 사용한다(블록 인터리브 된 패리티(Block-Interleaved Striping with Parity)). ── Block 단위 Stripe
- RAID 5 : 별도의 패리티 디스크 대신 모든 디스크에 패리티 정보를 나누어 기록하는 방식으로 3개 이상의 디스크를 요구하며 쓰기 작업이 많지 않은 다중 시스템에 적합하다. ── Parity 정보를 매번 다른 디스크에 저장하여 데이터 복구가 가능
- RAID 1+0 : RAID 1 방식으로 데이터 미러링하고, 이를 다시 RAID 0 방식으로 스트라이핑하는 방식이다. ── RAID 1 구성에서 쓰기 성능을 높일 수 있음
- RAID 0+1 : RAID 0 방식으로 스트라이핑한 디스크 2개를 서로 RAID 1 방식으로 미러링한다. ── 여러 디스크를 연결하여 하나의 큰 용량의 디스크로 인식(Spanning)
- JBOD(Just a Bunch of Disks) : 두 개 이상의 하드 디스크 드라이브가 하나의 큰 하드 드라이브로 OS X에서 Mac에 나타날 수 있도록 한다.

⑬ 웨어러블 컴퓨팅(Wearable Computing)

- 컴퓨터를 옷이나 안경처럼 착용할 수 있게 해주는 기술이다.
- 소형화, 경량화를 비롯해 음성과 동작 인식 등 다양한 기술이 적용되어 장소에 구애받지 않고 컴퓨터를 활용할 수 있다.

개념 체크

1  RAID 1은 동일 용량의 하드
   디스크를 병렬로 연결, 동일
   한 데이터를 각 디스크에 동
   시에 저장하는 신뢰성 높은
   방식으로 (      )이라고도 부
   른다.

   1 미러링(Mirroring)

**01** 구글의 구글 브레인 팀이 제작하여 공개한 기계학습(Machine Learning)을 위한 오픈소스 소프트웨어 라이브러리는?

① 타조(Tajo)
② 원 세그(One Seg)
③ 포스퀘어(Foursquare)
④ 텐서플로(TensorFlow)

텐서플로우(TensorFlow) : 구글에서 개발하여 공개한 오픈소스 머신 러닝 프레임워크로 인공 지능의 개발에 이용되며, 합성곱 신경망 모델을 주로 사용한다.

**02** 소프트웨어 정의 데이터 센터(SDDC : Software Defined Data Center)에 대한 설명으로 틀린 것은?

① 컴퓨팅, 네트워킹, 스토리지, 관리 등을 모두 소프트웨어로 정의한다.
② 인력 개입 없이 소프트웨어 조작만으로 자동 제어 관리한다.
③ 데이터 센터 내 모든 자원을 가상화하여 서비스한다.
④ 특정 하드웨어에 종속되어 특화된 업무를 서비스하기에 적합하다.

• 소프트웨어 정의 데이터 센터(SDDC : Software Defined Data Center) : 가상 데이터 센터(VDC : Virtual Data Center)라고도 하며, 추상화, 풀링(Pooling), 자동화 등을 통해 인프라를 가상화하는 데이터 센터를 의미한다.
• 컴퓨팅, 네트워킹, 스토리지, 관리 등을 모두 소프트웨어로 정의한다.

**03** 다음 빈칸에 알맞은 기술은?

( )(은)는 웹에서 제공하는 정보 및 서비스를 이용하여 새로운 소프트웨어나 서비스, 데이터베이스 등을 만드는 기술이다.

① Quantum Key Distribution
② Digital Rights Management
③ Grayware
④ Mashup

매시업(Mashup) : 웹상의 정보와 콘텐츠를 조합하여 하나의 서비스로 제공한다.

**04** PC, TV, 휴대폰에서 원하는 콘텐츠를 끊김없이 자유롭게 이용할 수 있는 서비스는?

① Memristor
② MEMS
③ SNMP
④ N-Screen

N-Screen : 동일한 콘텐츠를 PC, 스마트TV, 스마트폰, 태블릿 PC 등 다양한 디지털 정보기기에서 자유롭게 이용할 수 있는 서비스이다.

**05** 정보 시스템과 관련한 다음 내용이 설명하는 것은?

- 각 시스템 간에 공유 디스크를 중심으로 클러스터링으로 엮여 다수의 시스템을 동시에 연결할 수 있다.
- 조직, 기업의 기간 업무 서버 등의 안정성을 높이기 위해 사용될 수 있다.
- 여러 가지 방식으로 구현되며 2개의 서버를 연결하는 것으로 2개의 시스템이 각각 업무를 수행하도록 구현하는 방식이 널리 사용된다.

① 고가용성 솔루션(HACMP)
② 점대점 연결 방식(Point-to-Point Mode)
③ 스턱스넷(Stuxnet)
④ 루팅(Rooting)

고가용성 솔루션(HACMP : High Availability Cluster Multi Processing) : AIX(AIXadvanced interactive executive, IBM 운영체제)를 기반으로 Solution, Resource의 중복 또는 공유를 통해 Application을 보호할 수 있게 해준다.

**06** 다음 내용이 설명하는 것은?

- 네트워크상에 광채널 스위치의 이점인 고속 전송과 장거리 연결 및 멀티 프로토콜 기능을 활용
- 각기 다른 운영체제를 가진 여러 기종이 네트워크상에서 동일 저장 장치의 데이터를 공유하게 함으로써, 여러 개의 저장 장치나 백업 장비를 단일화시킨 시스템

① SAN
② MBR
③ NAC
④ NIC

SAN(Storage Area Network) : 네트워크상에 광채널 스위치의 이점인 고속 전송과 장거리 연결 및 멀티 프로토콜 기능을 활용하여 각기 다른 운영체제를 가진 여러 기종이 네트워크상에서 동일 저장 장치의 데이터를 공유하게 함으로써, 여러 개의 저장 장치나 백업 장비를 단일화시킨 시스템이다.

정답 01 ④ 02 ④ 03 ④ 04 ④ 05 ① 06 ①

# 데이터베이스 관련 용어

▶ 합격 강의

**빈출 태그** 데이터 마이닝 • sqoop • HADOOP • 맵리듀스

---

## 01 데이터베이스 관련 용어

### ① 빅데이터(Big Data)

- 많은 양의 정형 또는 비정형 데이터들로부터 가치를 추출하고 결과를 분석하는 기술이다.
- 빅데이터의 특성은 Volume(규모), Velocity(속도), Variety(다양성)이다.
- 구글 및 페이스북, 아마존의 경우 이용자의 성향과 검색 패턴, 구매 패턴을 분석해 맞춤형 광고를 제공하는 등 빅데이터의 활용을 증대시키고 있다.

### ② 디지털 아카이빙(Digital Archiving)

- 디지털 정보 자원을 장기적으로 보존하기 위한 작업이다.
- 아날로그 콘텐츠는 디지털로 변환해 압축해서 저장하고, 디지털 콘텐츠도 체계적으로 분류하고 메타 데이터를 만들어 DB화하는 작업이다.

### ③ 데이터웨어하우스(Data Warehouse)

- 기간 업무 시스템에서 추출되어 새로이 생성된 데이터베이스로서 의사결정 지원 시스템을 지원하는 주제적, 통합적, 시간적 데이터의 집합체이다.
- 통합된 데이터에 대한 OLAP(On-Line Analytical Processing) 연산을 효율적으로 지원할 수 있다.

### ④ 데이터 마이닝(Data Mining) 23.6, 20.8, 20.6

- 대량의 데이터를 분석하여 데이터 속에 있는 변수 사이의 상호관계를 규명하여 일정한 패턴을 찾아내는 기법이다.
- 데이터웨어하우징에서 수집되고 분석된 자료를 사용자에게 제공하기 위해 분류 및 가공되는 요소 기술이다.

### ⑤ 하둡(Hadoop) 23.6, 20.8, 20.6

- 오픈소스를 기반으로 한 분산 컴퓨팅 플랫폼으로 일반 PC급 컴퓨터들로 가상화된 대형 스토리지를 형성하고, 그 안에 보관된 거대한 데이터 세트를 병렬로 처리할 수 있도록 빅데이터 분산 처리를 돕는 Java 소프트웨어 오픈소스 프레임워크이다.
- 다양한 소스를 통해 생성된 빅데이터를 효율적으로 저장하고 처리한다.
- 하둡의 필수 핵심 구성 요소는 맵리듀스와 하둡 분산 파일 시스템이다.
- Sqoop : 하둡과 관계형 데이터베이스 간에 데이터를 전송할 수 있도록 설계된 도구이다. 24.3, 21.5

⑥ **맵리듀스(MapReduce)** 22.3, 20.9

- HADOOP의 핵심 구성 요소로서 대용량 데이터를 분산 처리하기 위한 목적으로 개발된 프로그래밍 모델이다.
- Google에 의해 고안된 기술로써 대표적인 대용량 데이터 처리를 위한 병렬 처리 기법을 제공한다.
- 임의의 순서로 정렬된 데이터를 분산 처리하고 이를 다시 합치는 과정을 거친다.

⑦ **NewSQL**

- 관계형 데이터베이스 시스템의 확장성과 성능을 개선하기 위한 접근 방식을 의미한다.
- 고성능, 분산 처리, 확장성, ACID(원자성, 일관성, 고립성, 지속성) 준수 등을 결합하여 관계형 데이터베이스의 한계를 극복하려는 목표를 가지고 있다.

⑧ **데이터 레이크(Data Lake)**

- 원시 형태로 다양한 유형과 형식의 데이터를 저장하는 중앙 집중식 데이터 저장소이다.
- 데이터를 수집하고 저장하여 나중에 필요한 형식으로 가공하고 분석하는 데 사용된다.
- 장점
  - 다양한 소스에서 수집된 다양한 형식의 데이터를 저장할 수 있다.
  - 데이터를 분석하고 인사이트를 도출하는 데 도움이 된다.
  - 데이터를 쉽게 공유하고 협업할 수 있다.
  - 데이터를 안전하게 저장할 수 있다.

⑨ **그래프 데이터베이스**

- 데이터를 노드와 간선의 그래프 형태로 표현하고 저장하는 데이터베이스이다.
- 그래프 데이터베이스는 복잡한 관계와 연결성을 다루는 데 특화되어 있으며, 소셜 네트워크 분석, 추천 시스템 등에 사용된다.

⑩ **타임 시리즈 데이터베이스**

- 시간과 관련된 데이터를 처리하고 저장하는 데 특화된 데이터베이스이다.
- 센서 데이터, 로그 데이터, 주식 가격 등과 같은 시간적인 변화를 기록하고 분석하는 데 유용하다.

⑪ **인메모리 데이터베이스**

- 주 메모리(RAM)에 데이터를 저장하고 처리하는 데이터베이스 시스템이다.
- 빠른 데이터 액세스와 처리 속도를 제공하여 응용 프로그램의 성능을 향상시킨다.

⑫ **그림 데이터베이스**

- 그림, 이미지, 비디오 등의 멀티미디어 데이터를 저장하고 관리하는 데이터베이스 시스템이다.
- 멀티미디어 콘텐츠의 검색, 관리, 배포를 지원한다.

**컨테이너화된 데이터베이스**
- 컨테이너 기술(예 Docker)을 사용하여 데이터베이스를 가상화하고 운영하는 방식이다.
- 데이터베이스의 배포, 관리, 확장이 더욱 유연하고 효율적으로 이루어질 수 있다.

**도커(Docker)**
- 컨테이너 응용 프로그램의 배포를 자동화하는 오픈소스 엔진이다.
- 소프트웨어 컨테이너 안에 응용 프로그램들을 배치시키는 일을 자동화해 주는 오픈소스 프로젝트이자 소프트웨어이다.

**서버 리스 데이터베이스**
- 애플리케이션 개발자가 데이터베이스 인스턴스를 직접 관리할 필요 없이 서버리스 컴퓨팅 환경에서 데이터베이스 서비스를 활용할 수 있는 모델이다.
- 관리의 간소화와 확장성을 제공한다.

**데이터베이스 샤딩**
대규모 데이터베이스를 여러 작은 조각인 샤드로 나누는 작업을 의미한다. 이를 통해 데이터베이스의 부하 분산과 확장성을 향상시킬 수 있다.

**멀티모델 데이터베이스**
멀티모델 데이터베이스는 다양한 데이터 모델(관계형, 그래프, 문서 등)을 지원하는 데이터베이스 시스템이다.

⑬ 데이터 레플리케이션

- 데이터베이스의 복제본 간에 데이터를 동기화하는 프로세스이다.
- 데이터의 가용성과 확장성을 향상시키며, 고가용성 및 장애 복구를 지원한다.

⑭ 컬럼 스토어 데이터베이스

- 데이터를 컬럼 단위로 저장하는 데이터베이스 시스템이다.
- 대량의 데이터를 효율적으로 처리하고 분석하는 데 적합하다.

⑮ 데이터베이스 캐시

- 데이터베이스에서 자주 액세스 되는 데이터를 메모리에 캐싱하여 액세스 속도를 향상시키는 메커니즘이다.
- 캐시를 통해 데이터베이스의 성능을 최적화할 수 있다.

⑯ CAP 이론

- 분산 시스템에서 일관성(Consistency), 가용성(Availability), 분할 내성(Partition tolerance) 세 가지 속성 중에서 두 가지만 보장할 수 있다는 이론이다.
- 분산 데이터베이스 시스템의 설계와 트레이드오프를 이해하는 데 도움을 준다.

⑰ 데이터 마스킹

- 데이터 마스킹은 개인 식별 정보(PII)와 같은 민감한 데이터를 보호하기 위해 데이터를 변형하거나 가려서 가명화 하는 기술이다.
- 개인 정보 보호 및 데이터 보안에 중요한 역할을 한다.

1 데이터 레플리케이션은 그림, 이미지, 비디오 등의 멀티미디어 데이터를 저장하고 관리하는 데이터베이스 시스템이다. (O, X)

1 X

**01** 다음 내용이 설명하는 것은?

> 메모리와 레지스터의 합성어로, 전류의 방향과 크기 등 기존의 상태를 모두 기억하는 소자이다.

① 하둡(Hadoop)
② 비컨(Beacon)
③ 포스퀘어(Foursquare)
④ 맴리스터(Memristor)

맴리스터(Memristor) : 메모리(Memory)+레지스터(Resistor)의 합성어이다.

**02** RAID-5는 RAID-4의 어떤 문제점을 보완하기 위하여 개발되었는가?

① 병렬 액세스의 불가능
② 긴 쓰기 동작 시간
③ 패리티 디스크의 액세스 집중
④ 많은 수의 검사 디스크 사용

RAID-5는 RAID-4의 패리티 디스크 액세스 집중의 단점을 개선하기 위해 설계되었다.

**03** 빅데이터 분석 기술 중 대량의 데이터는 분석하여 데이터 속에 내재되어 있는 변수 사이의 상호관계를 규명하여 일정한 패턴을 찾아내는 기법은?

① Data Mining
② Wm-Bus
③ Digital Twin
④ Zigbee

Data Mining : 대량의 Big Data 가운데 숨겨져 있는 변수 사이의 상호관례를 규명하여 일정한 패턴을 찾아, 미래에 실행할 수 있는 정보를 도출하여 의사결정에 이용하는 과정이다.

**04** 하둡(Hadoop)과 관계형 데이터베이스 간에 데이터를 전송할 수 있도록 설계된 도구는?

① Apnic
② Topology
③ Sqoop
④ SDB

Sqoop : 하둡(Hadoop)과 관계형 데이터베이스 간에 데이터를 전송할 수 있도록 설계된 도구이다.

**05** 다음 내용에 적합한 용어는?

> - 대용량 데이터를 분산 처리하기 위한 목적으로 개발된 프로그래밍 모델이다.
> - Google에 의해 고안된 기술로써 대표적인 대용량 데이터 처리를 위한 병렬 처리 기법을 제공한다.
> - 임의의 순서로 정렬된 데이터를 분산 처리하고 이를 다시 합치는 과정을 거친다.

① Apache
② Hadoop
③ Honeypot
④ MapReduce

MapReduce : HADOOP의 핵심 구성 요소로서 대용량 데이터를 분산 처리하기 위한 목적으로 개발된 프로그래밍 모델이다.

정답 01 ④ 02 ③ 03 ① 04 ③ 05 ④

**06** 다음이 설명하는 용어로 옳은 것은?

> – 오픈소스를 기반으로 한 분산 컴퓨팅 플랫폼이다.
> – 일반 PC급 컴퓨터들로 가상화된 대형 스토리지를 형성한다.
> – 다양한 소스를 통해 생성된 빅데이터를 효율적으로 저장하고 처리한다.

① 하둡(Hadoop)
② 비컨(Beacon)
③ 포스퀘어(Foursquare)
④ 멤리스터(Memristor)

---

오픈소스 기반 분산 컴퓨팅 플랫폼의 지문이 나오면 하둡에 대한 설명이다.

**07** 다음이 설명하는 용어로 옳은 것은?

> – 데이터베이스의 복제본 간에 데이터를 동기화하는 프로세스이다.
> – 데이터의 가용성과 확장성을 향상시킨다.

① 데이터 레플리케이션
② 데이터베이스 캐시
③ 데이터 마스킹
④ 데이터 레이크

---

• 데이터베이스 캐시 : 데이터베이스에서 자주 액세스 되는 데이터를 메모리에 캐싱하여 액세스 속도를 향상시키는 메커니즘이다.
• 데이터 마스킹 : 데이터 마스킹은 개인 식별 정보(PII)와 같은 민감한 데이터를 보호하기 위해 데이터를 변형하거나 가려서 가명화 하는 기술이다.
• 데이터 레이크 : 원시 형태로 다양한 유형과 형식의 데이터를 저장하는 중앙 집중식 데이터 저장소이다.

# CHAPTER **03**

# 소프트웨어 개발 보안

학습 방향

소프트웨어 개발 보안 챕터에서는 개발한 소프트웨어의 외부 공격에 대한 방어를 위한 내용을 학습합니다. 이런 개발 보안을 위한 개발 보안 구축 방법론과 시큐어 코딩 가이드 그리고 정보관리에 있어 필수인 암호화 알고리즘을 학습합니다. 내용이 방대한 면이 있으므로, 기출문제를 기준으로 잡고 학습을 진행하도록 하세요.

**출제빈도**

| | | |
|---|---|---|
| SECTION 01 | 하 | 10% |
| SECTION 02 | 상 | 30% |
| SECTION 03 | 중 | 15% |
| SECTION 04 | 중 | 15% |
| SECTION 05 | 상 | 30% |

# 소프트웨어 개발 보안

▶ 합격 강의

**빈출 태그** Secure OS • 스택 가드

**기적의 TIP**

소프트웨어 개발 보안의 기본적인 개념과 출제되었던 빈출 태그의 용어 정도만 정리하세요.

## 01 소프트웨어 개발 보안

### 1) 소프트웨어 개발 보안의 개념

- 소프트웨어 개발 보안은 소프트웨어 개발 과정에서 발생할 수 있는 보안 취약점이나 보안 약점들을 최소화하여 사이버 보안 위협에 대응할 수 있는 안전한 소프트웨어를 개발하기 위한 보안 활동이다.
- 소프트웨어 개발 생명주기(SDLC : Software Development Life Cycle)의 단계별로 요구되는 보안 활동을 수행하여 안전한 소프트웨어를 개발한다.

### 2) 소프트웨어 개발 보안을 고려해야 하는 이유

① 보안 취약점의 예방
- 소프트웨어는 사용자의 개인정보, 비즈니스 기밀 및 기타 중요한 데이터를 처리하고 저장할 수 있다.
- 보안 취약점이 존재하면 악의적인 공격자가 시스템에 접근하여 데이터를 탈취하거나 손상시킬 수 있다.

② 데이터 무결성의 보장
- 데이터 무결성은 데이터의 정확성과 무결성을 유지하는 것을 의미한다.
- 소프트웨어가 데이터를 수정, 삭제 또는 훼손하지 않도록 보호해야 한다.
- 소프트웨어 개발 보안을 적용하면 데이터가 정확하고 무결한 상태로 유지될 수 있다.

③ 서비스의 가용성 보장
- 악의적인 공격자는 서비스를 끊어버리거나 시스템을 마비시키기 위해 다양한 공격을 시도할 수 있다.
- 소프트웨어 개발 보안을 적용하여 이러한 공격으로부터 서비스의 가용성을 보장할 수 있다.

- Vaporware : 출시가 지연되거나 취소될 가능성이 높은 제품
- Hypeware : 과도한 홍보로 인해 소비자의 기대감을 부풀리는 제품
- Wishware : 개발되기를 바라는 제품이지만 현실성이 낮은 제품
- Unicorn : 혁신적이지만 실현 가능성이 낮은 제품
- Blue Sky : 미래 지향적인 아이디어나 기술

④ 법적 준수

- 많은 국가에서는 개인정보 보호 및 데이터 보안과 관련된 법률과 규정이 있다.
- 이러한 법적 요구사항을 준수하기 위해 소프트웨어 개발 보안을 적용해야 한다.

⑤ 신뢰성 확보

- 소프트웨어의 신뢰성은 사용자들에게 큰 영향을 미친다.
- 보안 취약점이 많은 소프트웨어는 사용자들에게 신뢰할 수 없는 이미지를 심어줄 수 있다.
- 반면에 보안이 강화된 소프트웨어는 사용자들에게 신뢰감을 제공하고 긍정적인 사용자 경험을 제공할 수 있다.

## 3) 소프트웨어 보안 취약점 발생 원인

취약점 관리를 위한 수행 작업 시 실행 프로세스와 열린 포트 위주로 확인

- 보안 요구사항이 정의되지 않거나 논리적인 오류를 가지는 설계를 수행하였다.
- 기술 취약점을 가지는 코딩 규칙을 적용하거나 소프트웨어 배치가 적절하지 않았다.
- 발견된 취약점에 대해 적절한 관리 또는 패치를 하지 않았다.

## 4) 소프트웨어 개발 보안 체계

- 소프트웨어 개발 보안 관련 활동 주체는 행정안전부, 발주기관(행정기관 등), 한국인터넷진흥원, 사업자, 감리법인(진단원) 등으로 구분할 수 있다.
- 개발 보안 주체별로 잘 정의된 개발 보안 활동과 주체 간의 유기적인 협력이 필요하다.
- 활동 주체별 개발 보안 활동

| 행정안전부 | • 지침 고시, 가이드 배포, 진단원 자격 여부 등<br>• 발주기관에 개발 보안 지침–가이드 제공<br>• 한국인터넷진흥원에 정책 지원 |
| --- | --- |
| 발주기관 | 개발 보안 지침 준수, 사업자에 개발 요청, 감리법인에 확인 요청 |
| 한국인터넷진흥원 | • 정책–기술 지원, 가이드 개발, 교육과정 문의, 발주기관에 기술 지원<br>• 사업자 및 감리법인에 교육 제공 가이드 안내 |
| 사업자 | 교육 이수, 시큐어 코딩 적용, 보안 약점 제거 등 |
| 감리법인 | 보안 약점 진단, 사업자에 개발 보안 적용 확인 |

**보호 나라**
KISA(Korea Internet and Security Agency)에서 운영하는 정보 보호 포털 사이트. 해킹이나 바이러스 정보를 제공하며 개인정보 침해 사고, 불법 스팸 따위를 신고할 수 있다.

## 02 프로젝트 참여 역할별 보안 활동

### 1) 프로젝트 관리자(Project Manager)

- 팀 구성원에게 응용 프로그램의 보안 전략을 알려야 한다.
- 보안 위험과 비즈니스에 응용 프로그램 보안의 영향을 이해시킨다.
- 조직의 상태를 관찰한다.

✓ 개념 체크

1 팀 구성원에게 응용 프로그램의 보안 전략을 알려야 하며, 보안 위험과 비즈니스에 응용 프로그램 보안의 영향을 이해시키는 프로젝트 내 역할은?

1 프로젝트 관리자

## 2) 요구사항 분석가(Requirement Specifier)

- 아키텍트가 고려해야 할 여러 가지 보안 관련 비즈니스 요구사항들을 설명할 수 있어야 한다.
- 프로젝트팀이 고려해야 할 구조를 정의한 뒤, 해당 구조에 존재하는 자원에 대한 보안 요구사항이 무엇인지 결정한다.
- 보안 수준을 추상화할 때 다른 프로젝트에 적용되었던 보안 요구사항을 재사용하여 시간을 절약할 수 있어야 한다.

## 3) 아키텍트(Architect)

- 명백한 보안 오류를 도입하지 않도록 충분히 보안 기술의 문제를 이해할 수 있어야 한다.
- 시스템에 사용되는 모든 리소스를 가능한 한 자세하게 정의한다.
- 시스템에서 각각 리소스의 역할에 적절한 보안 요구사항이 적용되도록 한다.
- 각 리소스가 시스템 라이프 사이클을 통한 서로 간의 상호 작용을 이해할 수 있게 해야 한다.

## 4) 설계자(Designer)

- 특정 기술이 설계 보안 항목을 만족하는지 확인하고 제대로 그 기술이 사용될 수 있는 방법을 파악해야 한다.
- 일반적으로 결과를 평가하고 최선의 문제 해결 방법을 결정해야 한다.
- 설계자는 모든 기존 개발 역할의 보안 관련 작업을 수행할 수 있어야 한다.

## 5) 구현 개발자(Implementer)

- 고도로 구조화된 개발 환경에서 프로그램을 구현하기 위해 안전한 코딩 표준을 준수하여 개발하여야 한다.
- 제3자가 소프트웨어 안전 여부를 쉽게 판단할 수 있도록 문서화해야 한다.

## 6) 테스트 분석가(Test Analyst)

- 요구사항과 구현 결과를 반복적으로 테스트해야 한다.
- 테스트 그룹은 반드시 보안 전문가일 필요는 없으며, 테스트가 가능할 정도의 위험에 대한 학습이나 툴 사용 방법을 숙지하고 있으면 된다.

## 7) 보안 감사자(Security Auditor)

- 프로젝트의 현재 상태를 검사하고 현재 상태의 보안을 보장한다.
- 설계 단계에서는 일반적으로 취약성으로 이어질 수 있는 사항이 있는지 점검한다.

# 03 운영체제 보안

## 1) Secure OS <sup>21.4, 20.9</sup>

- 컴퓨터 운영체제의 커널에 보안 기능을 추가한 것으로 운영체제의 보안상 결함으로 인하여 발생할 수 있는 각종 해킹으로부터 시스템을 보호하기 위하여 사용된다.
- 네트워크 보안 제품의 무력화 시 최후 시스템 보호 역할을 수행하며 조직의 보안 정책 및 역할에 최적화되어 보안 정책 관리를 지원한다.
- Secure OS 접근 통제 기법의 종류 <sup>21.5</sup> : 강제적 접근 통제, 임의적 접근 통제, 역할 기반 접근 통제
- Secure OS의 목적

| 안정성 | 중단 없는 안정적 서비스 지원 |
| --- | --- |
| 보안성 | 핵심 서버 침입 차단 및 통합 보안 관리 |
| 신뢰성 | 중요 정보의 안전한 보호 기반 신뢰성 확보 |

## 2) 버퍼 오버플로우(Buffer Overflow)

### ① 버퍼 오버플로우 개념

운영체제가 메모리를 조작하는 동안 잘못된 동작을 하는 프로그램의 취약점으로, 일반적으로는 데이터 저장 과정에서 데이터를 저장할 메모리 위치의 유효성을 검사하지 않을 때 발생한다.

### ② 버퍼 오버플로우 대응 방안

- 운영체제의 주기적 최신 패치와 입력값 검증이 가능한 안전 함수를 사용한다.
- 스택 실드 : 함수 시작 시 복귀 주소를 'Global RET'이라는 특수 스택에 저장해 두고 함수 종료 시 스택의 RET 값을 비교해 다를 경우 오버플로 상태로 간주하여 프로그램 실행을 중단한다.
- ASLR : 메모리 공격 방어를 위해 주소 공간 배치를 난수화, 실행 시마다 메모리 주소를 변경하여 오버플로우를 통한 특정 주소의 호출을 차단한다.
- 스택 가드(Stack Guard) : 메모리상에서 프로그램의 복귀 주소와 변수 사이에 특정 값(카나리)을 저장해 두었다가 그 값이 변경되었을 경우 오버플로우 상태로 가정하여 프로그램 실행을 중단하는 기술이다. <sup>24.5, 20.6</sup>

## 3) 시스로그(Syslog)

- Linux에서 다양한 이벤트를 로그 파일에 기록하는 것을 의미한다.
- 다른 의미로는 Syslog Server라고 불리는 이벤트 메시지(로그) 수집기 쪽으로 IP 네트워크를 통해서 장치(Machine)의 이벤트 메시지들을 전송할 수 있게 해주는 프로토콜이다.

---

**무정지 서버(Nonstop Sever)**
이중화된 중앙 처리 장치(CPU)와 메인 메모리 등 주요 하드웨어를 완전히 동기화하여 장애가 발생하더라도 멈추지 않는 고가용성 서버이다.

---

**B 기적의 TIP**

스택 가드는 버퍼 오버플로우를 해결하기 위한 기술입니다.

---

**✓ 개념 체크**

1 Secure OS 접근 통제 기법의 종류에는 강제적 접근 통제, 임의적 접근 통제, 역할 기반 접근 통제가 있다. (O, X)

2 메모리상에서 프로그램의 복귀 주소와 변수 사이에 특정 값(카나리)을 저장해 두었다가 그 값이 변경되었을 경우 오버플로우 상태로 가정하여 프로그램 실행을 중단하는 기술은?

1 O 2 스택 가드

**01** 정보통신망의 고도화와 안전한 이용 촉진을 위하여 설립한 것은?

① 한국정보보호진흥원
② 한국인터넷진흥원
③ 한국정보통신기술협회
④ 한국소프트웨어진흥원

정보통신망의 고도화와 안전한 이용 촉진을 위하여 설립한 것은 한국인터넷 진흥원이다.

**02** 컴퓨터 운영체제의 커널에 보안 기능을 추가한 것으로 운영체제의 보안상 결함으로 인하여 발생 가능한 각종 해킹으로부터 시스템을 보호하기 위하여 사용되는 것은?

① GPID
② CentOS
③ XSS
④ Secure OS

Secure OS : 컴퓨터 운영체제의 커널에 보안 기능을 추가한 것으로 운영체제의 보안상 결함으로 인하여 발생할 수 있는 각종 해킹으로부터 시스템을 보호하기 위하여 사용된다.

**03** Secure OS의 보안 기능으로 거리가 먼 것은?

① 식별 및 인증
② 임의적 접근 통제
③ 고가용성 지원
④ 강제적 접근 통제

Secure OS 접근 통제 기법의 종류 : 강제적 접근 통제, 임의적 접근 통제, 역할 기반 접근 통제

**04** 다음 내용이 설명하는 소프트웨어 취약점은?

> 메모리를 다루는 데 오류가 발생하여 잘못된 동작을 하는 프로그램 취약점

① FTP 바운스 공격
② SQL 삽입
③ 버퍼 오버플로우
④ 디렉터리 접근 공격

**버퍼 오버플로우(Buffer Overflow)**
• 버퍼에 할당된 메모리의 경계를 침범해서 데이터 오류를 발생하게 하는 공격이다.
• 버퍼가 오버플로우 되는 순간에 공격자가 원하는 임의의 명령어를 수행시킬 수 있다.

**05** 다음 내용이 설명하는 것은?

> 메모리상에서 프로그램의 복귀 주소와 변수 사이에 특정 값(카나리)을 저장해 두었다가 그 값이 변경되었을 경우 오버플로우 상태로 가정하여 프로그램 실행을 중단하는 기술이다.

① Stack Guard
② Bridge
③ ASLR
④ FIN

Stack Guard : 메모리상에서 프로그램의 복귀 주소와 변수 사이에 특정 값을 저장해 두었다가 그 값이 변경되었을 경우 오버플로우 상태로 가정하여 프로그램 실행을 중단하는 기술이다.

정답 01 ② 02 ④ 03 ③ 04 ③ 05 ①

▶ 합격 강의

출제빈도 ⓐ 중 하
반복학습 ① ② ③

빈출 태그 Seven Touchpoints • 정보 보안의 3대 요소

## 01 소프트웨어 개발 보안 방법론

### 1) 소프트웨어 개발 보안 방법론의 개념

- 기존의 소프트웨어 개발 방법론이 적용된 프로젝트에서 안전한 소프트웨어 개발에
  요구되는 보안 활동들을 적용하는 개발 방법이다.
- SDLC(Software Development Life Cycle, 소프트웨어 개발 생명주기) 보안
  활동

| 요구사항 분석 | 요구사항 중 보안 항목 식별, 요구사항 명세서 |
| --- | --- |
| 설계 | • 위협원 도출을 위한 위협 모델링<br>• 보안 설계 검토 및 보안 설계서 작성, 보안 통제 수립 |
| 구현 | • 표준 코딩 정의서 및 소프트웨어 개발 보안 가이드를 준수해 개발<br>• 소스 코드 보안 약점 진단 및 개선 |
| 테스트 | 모의 침투 테스트 또는 동전 분석을 통한 보안 취약점 진단 및 개선 |
| 유지보수 | 지속적인 개선, 보안 패치 |

### 2) 소프트웨어 개발 보안 방법론의 종류

① MS-SDL(Microsoft-Secure Development Life Cycle)
마이크로소프트사에서 보안 수준이 높은 안전한 소프트웨어를 개발하기 위해 수행한
프로세스 개선 작업으로, 자체 수립한 SDL 방법론을 적용하였다.

| 교육 | • 소프트웨어 개발 보안 교육<br>• 안전 설계, 위협 모델링, 시큐어 코딩, 보안 테스팅, 프라이버시 관련 보안 교육 |
| --- | --- |
| 계획/분석 | 소프트웨어의 질과 버그 경계 정의, 보안과 프라이버시 위험 분석 |
| 설계 | 공격 영역 분석, 위협 모델링 |
| 구현 | 도구 명세, 금지된 함수 사용 제한, 정적 분석 |
| 시험/검증 | 동적/퍼징 테스팅, 공격 영역/위협 모델 검증 |
| 배포/운영 | 사고 대응 계획, 최종 보안 검토, 기록 보관 |
| 대응 | 사고 대응 수행 |

## ② Seven Touch-points [20.8]

- 소프트웨어 보안의 모범 사례를 SDLC에 통합한 개발 보안 방법론이다.
- 공통 위험 요소를 파악하고 이해하며, 보안을 설계하고 모든 소프트웨어 산출물에 대해 철저하고 객관적인 위험 분석 및 테스트를 거쳐 안전한 소프트웨어를 만들어 내는 방법을 정의하고 있다.
- SDLC의 각 단계에 7개의 보안 강화 활동을 집중적으로 관리하도록 개발자에게 요구한다.

| 보안 강화 활동 \ SDLC 단계 | 요구사항 및 Use Cases | 구조 설계 | 테스트 계획 | 코드 | 테스트 및 테스트 결과 | 현장과의 피드백 |
|---|---|---|---|---|---|---|
| 악용 사례 | ● | | | | | |
| 보안 요구사항 | ● | | | | | |
| 위험 분석 | ● | ● | | | ● | |
| 위험 기반 보안 테스트 | | | ● | | | |
| 코드 검토 | | | | ● | | |
| 침투 테스트 | | | | | ● | ● |
| 보안 운영 | | | | | | ● |

## ③ CLASP(Comprehensive, Lightweight Application Security Process)

- SDLC 초기 단계에 보안 강화를 목적으로 하는 정형화된 개발 보안 프로세스이다.
- 활동 중심의 프로세스와 역할 기반의 프로세스로 구성된 집합체이다.
- 안전한 소프트웨어를 개발하기 위해 개념 관점, 역할 기반 관점, 활동 평가 관점, 활동 구현 관점, 취약성 관점 등 5가지 관점에 따라 개발 보안 프로세스를 수행한다.

| 개념 관점 | • CLASP 구조와 CLASP 프로세스 컴포넌트 간의 종속성을 제공한다.<br>• CLASP 프로세스 컴포넌트들의 상호 작용 방법과 취약성 관점을 통해서 역할 기반 관점에 적용하는 방법을 기술한다. |
|---|---|
| 역할 기반 관점 | 24개의 보안 관련 CLASP 활동들에 요구되는 각 역할을 창출하여 활동 평가 관점, 활동 구현 관점, 취약성 관점에서 사용한다. |
| 활동 평가 관점 | 활동 평가 관점, 활동 구현 관점, 취약성 관점에서의 적합성과 관련하여 보안 관련 CLASP 활동들에 대한 타당성을 평가한다. |
| 활동 구현 관점 | 활동 평가 관점에서 선택한 24개의 보안 관련 CLASP 활동들을 수행한다. |
| 취약성 관점 | 문제 타입에 대한 솔루션을 활동 평가 관점, 활동 구현 관점으로 통합한다. |

## ④ OWASP(The Open Web Application Security Project) [24.5, 21.8]

- 오픈소스 웹 애플리케이션 보안 프로젝트로서 주로 웹을 통한 정보 유출, 악성 파일 및 스크립트, 보안 취약점 등을 연구하는 곳이다.
- 연구 결과에 따라 취약점 발생 빈도가 높은 10가지 취약점을 공개한다.

✔ 개념 체크

1 소프트웨어 보안의 모범 사례를 SDLC에 통합하고, SDLC의 각 단계에서 7개의 보안 강화 활동을 집중적으로 관리하도록 개발자에게 요구하는 개발 보안 방법론은?

1 Seven Touch-points

## 02 정보 보안의 3대 요소 <sub></sub> 24.5, 23.8, 23.6, 22.4, 21.3, 20.8, 20.6

### 1) 기밀성(Confidentiality)

- 인가된 사용자만 정보 자산에 접근할 수 있다.
- 일반적인 보안의 의미와 가장 가깝다.
- 방화벽, 암호 패스워드 등이 대표적인 예이다.
- 신분 위장(Masquerading)★ 등과 같은 공격에 의해 위협받을 수 있다.

### 2) 무결성(Integrity)

- 시스템 내의 정보는 오직 인가된 사용자가 인가된 방법으로만 수정할 수 있다.
- 변경(변조), 삭제, 수정, 재전송 등과 같은 공격으로 위협받을 수 있다.

### 3) 가용성(Availability)

- 사용자가 필요할 때 데이터에 접근할 수 있는 능력을 말한다.
- 인가된 사용자가 조직의 정보 자산에 적시에 접근하여 업무를 수행할 수 있도록 유지하는 것을 목표로 한다.
- 가용성을 유지하기 위해 데이터 백업, 위협 요소 제거 등의 기술을 사용할 수 있다.
- 서비스 거부(Denial of Service) 등과 같은 공격 때문에 위협받을 수 있다.

★ 마스커레이딩(Masquerading)
- 한 사람이나 시스템이 다른 사람이나 시스템으로 가장하는 행위를 의한다.
- 인증된 사용자나 시스템으로 가장하여 무단 액세스 또는 권한 위반을 시도하는 공격자의 행위를 의미한다.

**서비스 거부(DoS, Denial of Service)**
- 시스템이나 네트워크에 대한 정상적인 서비스를 방해하거나 중단시키는 공격이다.
- 과도한 트래픽, 리소스 고갈, 악성 코드 등을 이용하여 시스템을 과부하 시키거나 마비시키는 방식이다.

**정보 보안의 3대 요소**
인가된 사람만 접근하고(기밀성), 인가된 사람만 수정할 수 있으며(무결성), 인가된 사용자가 원할 때 접근할 수 있어야 한다(가용성).

---

✅ **개념 체크**

1 정보 보안의 3대 요소 중 시스템 내의 정보는 오직 인가된 사용자가 인가된 방법으로만 수정할 수 있는 특성은?

1 무결성

**01** 실무적으로 검증된 개발 보안 방법론 중 하나로써 소프트웨어 보안의 모범 사례를 SDLC(Software Development Life Cycle)에 통합한 소프트웨어 개발 보안 생명주기 방법론은?

① CLASP
② CWE
③ PIMS
④ Seven Touch-points

·········································································

Seven Touch-points : 실무적으로 검증된 개발 보안 방법 중 하나로써 소프트웨어 보안의 모범 사례를 SDLC(Software Development Life Cycle)에 통합한 소프트웨어 개발 보안 생명주기 방법론이다.

**02** SDLC 초기 단계에 보안 강화를 목적으로 하는 정형화된 개발 보안 프로세스로 활동 중심의 프로세스와 역할 기반의 프로세스로 구성된 집합체는?

① CLASP
② CWE
③ PIMS
④ Seven Touch-points

·········································································

CLASP(Comprehensive, Lightweight Application Security Process)
· 소프트웨어 개발 보안 방법론 중 하나이다.
· 소프트웨어 개발 생명주기(SDLC) 초기 단계에 보안 강화를 목적으로 하는 정형화된 프로세스로써, 활동 중심, 역할 기반의 프로세스로 구성된 집합체이다. 이미 운영 중인 시스템에 적용하기 좋다.

**03** 소프트웨어 개발에서 정보보안 3요소에 해당하지 <u>않는</u> 설명은?

① 기밀성 : 인가된 사용자에 대해서만 자원 접근이 가능하다.
② 무결성 : 인가된 사용자에 대해서만 자원 수정이 가능하며 전송 중인 정보는 수정되지 않는다.
③ 가용성 : 인가된 사용자는 가지고 있는 권한 범위 내에서 언제든 자원 접근이 가능하다.
④ 휘발성 : 인가된 사용자가 수행한 데이터는 처리 완료 즉시 폐기되어야 한다.

·········································································

**정보보안의 3요소**
· 무결성(Integrity) : 시스템 내의 정보는 오직 인가된 사용자만 수정할 수 있는 보안 요소
· 기밀성(Confidentiality) : 인가되지 않는 사용자가 객체 정보의 내용을 알 수 없도록 하는 보안 요소
· 가용성(Availability) : 정보 시스템 또는 정보에 대한 접근과 사용이 요구 시점에 완전하게 제공될 수 있는 상태를 의미하는 보안 요소

**04** 오픈소스 웹 애플리케이션 보안 프로젝트로서 주로 웹을 통한 정보 유출, 악성 파일 및 스크립트, 보안 취약점 등을 연구하는 곳은?

① WWW
② OWASP
③ WBSEC
④ ITU

·········································································

OWASP(The Open Web Application Security Project)
· 오픈소스 웹 애플리케이션 보안 프로젝트로서 주로 웹을 통한 정보 유출, 악성 파일 및 스크립트, 보안 취약점 등을 연구하는 곳이다.
· 연구 결과에 따라 취약점 발생 빈도가 높은 10가지 취약점을 공개한다.

정답 01 ④ 02 ① 03 ④ 04 ②

# 시큐어 코딩 가이드(1)

▶ 합격 강의

**빈출 태그** 입력 데이터 검증 및 표현 · SQL Injection · XSS · 자원 삽입 · 하드 코드된 비밀번호

## 01 시큐어 코딩 가이드

### 1) 구현 단계 보안 약점 제거 기준의 개념
— 2022년 개정 기준

- 보안에 안전할 수 있는 프로그램 코드를 적용하여 프로그램을 코딩하는 것을 의미한다.
- 대표적인 웹 애플리케이션의 보안 취약점 발표 사례인 OWASP(Open Web Application Security Project) TOP 10을 참고하여 KISA(한국인터넷진흥원)에서 발표한 보안 약점 가이드이다.
- 애플리케이션의 보안 취약점과 대응 방안이 구체적으로 서술된 문서이다.
- 입력 데이터 검증 및 표현, 보안 기능, 시간 및 상태, 에러 처리, 코드 오류, 캡슐화, API 오용 등의 유형으로 분류한다.

### 2) 구현 단계 보안 약점 제거 기준의 구분

① 입력 데이터 검증 및 표현
- SQL 삽입
- 코드 삽입
- 경로 조작 및 자원 삽입
- 크로스 사이트 스크립트(XSS)
- 운영체제 명령어 삽입
- 위험한 형식 파일 업로드
- 신뢰 되지 않은 URL 주소로 자동 접속 연결
- 부적절한 XML 외부 개체 참조
- XML 삽입
- LDAP 삽입
- 크로스 사이트 요청 위조(CSRF)
- 서버사이드 요청 위조
- 보안 기능 결정에 사용되는 부적절한 입력값

> 🅑 **기적의 TIP**
>
> 시큐어 코딩 가이드 중 입력 데이터 검증 및 표현, 보안 기능 등에 속한 취약점을 정리하세요. 내용이 방대하므로 출제되었던 빈출 태그를 기준으로 정리하세요.

> ✔ **개념 체크**
>
> 1 시큐어 코딩 가이드에 따르면 적절한 인증 없는 중요 기능 허용, 부적절한 인가는 입력 데이터 검증 및 표현에 관한 보안 약점 제거 기준이다. (O, X)
>
> 1 X

**TLS(Transport Layer Security, 전송 계층 보안)**
- SSL을 기반으로 만들어진 네트워크를 통해 보안 서비스를 제공하는 기술의 전송 계층 보안 프로토콜이다.
- 특징
  - SSL의 후속 프로토콜 : SSL의 보안 취약점을 개선하여 더욱 안전하고 강력한 프로토콜
  - 다양한 응용 프로그램 지원 : 웹 브라우징, 이메일, 파일 전송 등 다양한 응용 프로그램에서 사용
  - 인증, 암호화, 무결성 보장 : 서버 및 클라이언트 인증, 데이터 암호화, 데이터 무결성 보장
  - 다양한 암호화 알고리즘 지원 : 다양한 암호화 알고리즘 지원으로 상황에 맞는 보안 수준 설정 가능

② 보안 기능
- 적절한 인증 없는 중요 기능 허용
- 부적절한 인가
- 중요한 자원에 대한 잘못된 권한 설정
- 취약한 암호화 알고리즘 사용
- 암호화되지 않은 중요 정보
- 하드 코드된 중요 정보
- 충분하지 않은 키 길이 사용
- 적절하지 않은 난수 값 사용
- 취약한 패스워드 허용
- 부적절한 전자서명 확인
- 부적절한 인증서 유효성 검증
- 사용자 하드 디스크에 저장되는 쿠키를 통한 정보 노출
- 주석문 안에 포함된 시스템 주요 정보
- 솔트(Salt) 없이 일방향 해시 함수 사용
- 무결성 검사 없는 코드 다운로드
- 반복된 인증 시도 제한 기능 부재

③ 시간 및 상태
- 경쟁 조건 : 검사 시점과 사용 시점
- 종료되지 않는 반복문 또는 재귀 함수

④ 에러 처리
- 오류 메시지 정보 노출
- 오류 상황 대응 부재
- 부적절한 예외 처리

⑤ 코드 오류
- Null Pointer 역참조
- 부적절한 자원 해제
- 신뢰할 수 없는 데이터의 역 직렬화

⑥ 캡슐화
- 잘못된 세션에 의한 데이터 정보 노출
- 제거되지 않고 남은 디버그 코드
- public 메소드로부터 반환된 private 배열
- private 배열에 public 데이터 할당

⑦ API 오용
- DNS lookup에 의존한 보안 결정

✅ **개념 체크**

1 Null Pointer 역참조, 부적절한 자원 해제는 시큐어 코딩 가이드의 시간 및 상태에 대한 보안 약점 제거 기준에 해당한다. (O, X)

1 X

# 02 입력 데이터 검증 및 표현, 보안 기능

## 1) 입력 데이터 검증 및 표현

### ① 입력 데이터 검증 및 표현의 개념

- 프로그램에 입력되는 데이터로 인해 여러 가지 보안 약점이 발생할 수 있다.
- 이러한 보안 약점을 방지하기 위한 보안 점검 항목들이다.

### ② 보안 약점의 종류 23.8, 22.3

|  |  |
|---|---|
| SQL Injection 23.3, 21.8 | • 검증되지 않은 외부 입력값이 SQL 쿼리문에 삽입되어 공격할 수 있는 보안 약점이다.<br>• DB에 컴파일된 SQL 쿼리문을 전달함으로써 방지할 수 있다.<br>• SQL Injection 취약점이 발생하는 곳은 주로 웹 애플리케이션과 데이터베이스가 연동되는 부분이다.<br>• 로그인과 같이 웹에서 사용자의 입력값을 받아 데이터베이스 SQL 문으로 데이터를 요청하는 경우 SQL Injection을 수행할 수 있다. |
| 경로 조작 및 자원 삽입 | 검증되지 않은 외부 입력값이 시스템 자원 접근 경로를 조작하거나 시스템 자원에 삽입되어 공격할 수 있는 보안 약점이다. |
| 크로스 사이트 스크립트<br>(XSS, Cross Site Scripting)<br>24.7, 23.3, 20.9 | • 게시판의 글에 원본과 함께 악성 코드를 삽입하여 글을 읽으면 악성 코드가 실행되도록 하여 클라이언트의 정보를 유출하는 공격 방법이다.<br>• 웹 페이지에 악의적인 스크립트를 포함해 사용자 측에서 실행되게 유도함으로써, 정보 유출 등의 공격을 유발할 수 있는 취약점이다.<br>• 외부 입력값에 스크립트가 삽입되지 못하도록 문자열 치환 함수를 사용하거나, JSTL 이나 크로스 사이트 스크립트 방지 라이브러리를 사용함으로써 방지할 수 있다. |
| XQuery 삽입 | • XQuery를 사용하여 XML 데이터에 대한 동적 쿼리 생성 시 검증되지 않은 외부 입력값이 쿼리문 구조 변경에 사용될 수 있는 보안 약점이다.<br>• XQuery에 사용되는 외부 입력값에 대하여 특수문자 및 쿼리 예약어 필터링을 통해 방지할 수 있다. |
| XPath 삽입 | 검증되지 않은 외부 입력값으로 XPath 쿼리문을 생성하여 쿼리문의 의미나 구조가 변경될 수 있는 보안 약점이다. |
| LDAP 삽입 | • 외부 입력값이 올바르게 처리되지 못하여 LDAP(Lightweight Directory Access Protocol) 쿼리문의 구성 변경에 사용될 수 있는 보안 약점이다.<br>• DN(Distinguished Name)과 필터에 사용되는 외부 입력값에 특수 문자를 제거함으로써 방지할 수 있다. |
| 자원 삽입 22.3 | 외부 입력값을 검증하지 않고 시스템 자원에 대한 식별자로 사용하는 경우, 공격자는 입력값 조작을 통해 시스템이 보호하는 자원에 임의로 접근하거나 수정할 수 있다. |

- SQL Injection : ID/PW 입력 칸에 SQL을 입력해 DB에 접근하는 공격 기법이다.
- XSS : 게시판 게시글에 악성 코드를 심어 게시글을 읽으면 감염된다.

 개념 체크

1 게시판의 글에 원본과 함께 악성 코드를 삽입하여 글을 읽으면 악성 코드가 실행되도록 하여 클라이언트의 정보를 유출하는 공격 방법은?

1 XSS

## 2) 보안 기능

### ① 보안 기능의 개념

- 인증, 접근 제어, 기밀성, 암호화, 권한 관리 등의 보안 기능을 부적절하게 구현하여 여러 가지 보안 약점이 발생할 수 있다.
- 이러한 보안 약점을 방지하기 위한 보안 점검 항목들이다.

### ② 보안 약점의 종류

| | |
|---|---|
| 적절한 인증 없는 중요 기능 허용 | • 적절한 인증 없이 중요 정보를 읽거나 변경할 때 발생하는 보안 약점이다.<br>• 인증 과정 없이 서버에 접근하지 못하도록 하고 중요 정보는 재인증을 거치도록 함으로써 방지할 수 있다. |
| 부적절한 인가 | • 접근할 수 있는 실행 경로에 대한 접근 제어 검사를 완전하게 하지 않아 정보가 유출되는 보안 약점이다.<br>• 노출되는 실행 경로를 최소화하고 사용자의 권한에 따라 접근 제어 리스트(Access Control List)를 관리함으로써 방지할 수 있다. |
| 중요한 자원에 대한 잘못된 권한 설정 | • 보안 또는 설정 파일처럼 중요한 자원에 대해 읽기나 쓰기 권한을 잘못 설정하여 발생하는 보안 약점이다.<br>• 중요한 자원은 관리자만 읽고 쓰기가 가능하게 하고 사용자의 권한을 검사함으로써 방지할 수 있다. |
| 취약한 암호화 알고리즘 사용 | • 취약하거나 위험한 암호화 알고리즘을 사용하여 패스워드가 유출되는 보안 약점이다.<br>• 잘 알려진 안전한 암호화 알고리즘을 사용함으로써 방지할 수 있다. |
| 중요 정보 평문 저장 | • 개인정보, 금융정보, 패스워드 등의 중요 정보를 암호화하지 않고 평문으로 저장하여 중요 정보가 노출되는 보안 약점이다.<br>• 중요 정보를 암호화하여 저장하고 중요 정보 접근 시 사용자의 권한을 검사함으로써 방지할 수 있다. |
| 중요 정보 평문 전송 | • 중요 정보를 암호화하지 않고 평문으로 전송하여 중요 정보가 노출되는 보안 약점이다.<br>• 중요 정보를 암호화하여 전송하거나 보안 채널을 사용함으로써 방지할 수 있다. |
| 하드 코드된 비밀번호<br>20.8 | • 프로그램 코드 내에 데이터를 직접 입력하는 하드 코드된 패스워드를 포함해 사용하여 관리자의 정보가 노출되는 보안 약점이다.<br>• 패스워드는 암호화하여 별도의 파일에 저장하여 사용하고 디폴트 패스워드 대신 사용자 입력 패스워드를 사용함으로써 방지할 수 있다. |
| 충분하지 않은 키 길이 사용 | • 길이가 짧은 키로 암호화 및 복호화를 함으로써 짧은 시간 안에 키를 찾아낼 수 있는 보안 약점이다.<br>• RSA 알고리즘은 2,048비트 이상, 대칭 암호화 알고리즘은 128비트 이상의 키를 사용함으로써 방지할 수 있다. |
| 적절하지 않은 난수값 사용 | • 적절하지 않은 난수값을 사용하여 난수가 예측 가능해질 수 있는 보안 약점이다.<br>• 난수값을 결정하는 현재 시각 기반 등으로 시드값을 매번 변경함으로써 방지할 수 있다. |

## 하드 코드된 암호화 키 사용 예제

### 안전하지 않은 코드의 예 Java

```java
public class MemberDAO {
private static final String DRIVER = "oracle.jdbc.driver.OracleDriver";
private static final String URL = "jdbc:oracle:thin:@192.168.0.3:1521:ORCL";
private static final String USER = "SCOTT"; // DB ID;
// DB 패스워드가 소스코드에 평문으로 저장되어 있다.
private static final String PASS = "SCOTT"; // DB PW;
......
public Connection getConn() {
    Connection con = null;
    try {
    Class.forName(DRIVER);
    con = DriverManager.getConnection(URL, USER, PASS);
    ......
```

### 안전한 코드의 예 Java

```java
public class MemberDAO {
private static final String DRIVER = "oracle.jdbc.driver.OracleDriver";
private static final String URL = "jdbc:oracle:thin:@192.168.0.3:1521:ORCL";
private static final String USER = "SCOTT"; // DB ID
......
public Connection getConn() {
    Connection con = null;
    try {
    Class.forName(DRIVER);
    // 암호화된 패스워드를 프로퍼티에서 읽어들어 복화해서 사용해야 한다.
    String PASS = props.getProperty("EncryptedPswd");
    byte[] decryptedPswd = cipher.doFinal(PASS.getBytes());
    PASS = new String(decryptedPswd);
    con = DriverManager.getConnection(URL, USER, PASS);
    ......
```

**01** 웹 페이지에 악의적인 스크립트를 포함시켜 사용자 측에서 실행되게 유도함으로써, 정보 유출 등의 공격을 유발할 수 있는 취약점은?

① Ransomware
② Pharming
③ Phishing
④ XSS

크로스 사이트 스크립트(XSS) : 웹 페이지에 악의적인 스크립트를 포함시켜 사용자 측에서 실행되게 유도함으로써, 정보 유출 등의 공격을 유발할 수 있는 취약점이다.

**02** Secure 코딩에서 입력 데이터의 보안 약점과 관련한 설명으로 틀린 것은?

① SQL 삽입 : 사용자의 입력값 등 외부 입력값이 SQL 쿼리에 삽입되어 공격
② 크로스사이트 스크립트 : 검증되지 않은 외부 입력값에 의해 브라우저에서 악의적인 코드가 실행
③ 운영체제 명령어 삽입 : 운영체제 명령어 파라미터 입력값이 적절한 사전 검증을 거치지 않고 사용되어 공격자가 운영체제 명령어를 조작
④ 자원 삽입 : 사용자가 내부 입력값을 통해 시스템 내에 사용이 불가능한 자원을 지속적으로 입력함으로써 시스템에 과부하 발생

경로 조작 및 자원 삽입 : 검증되지 않은 외부 입력값이 시스템 자원 접근 경로를 조작하거나 시스템 자원에 삽입되어 공격할 수 있는 보안 약점이다.

**03** SQL Injection 공격과 관련한 설명으로 **틀린** 것은?

① SQL Injection은 임의로 작성한 SQL 구문을 애플리케이션에 삽입하는 공격 방식이다.
② SQL Injection 취약점이 발생하는 곳은 주로 웹 애플리케이션과 데이터베이스가 연동되는 부분이다.
③ DBMS의 종류와 관계없이 SQL Injection 공격 기법은 모두 동일하다.
④ 로그인과 같이 웹에서 사용자의 입력값을 받아 데이터베이스 SQL문으로 데이터를 요청하는 경우 SQL Injection을 수행할 수 있다.

SQL Injection 공격 기법은 DBMS의 종류에 따라 다양하다.

**04** 다음 Java 코드에서 밑줄로 표시된 부분에는 어떤 보안 약점이 존재하는가? (단, Key는 암호화 키를 저장하는 변수이다.)

```
import javax.crypto.KeyGenerator;
import javax.crypto.sepc.SecretKey-
Spec;
import javax.crypto.Cipher;
.......생략
public String encriptString(String
usr) {
String key = "22df3023sf~2;asn!@#/>as";
if (key != null) {
byte[] bToEncrypt = usr.getBytes("UTF-
8");
.....생략
```

① 무결성 검사 없는 코드 다운로드
② 중요 자원에 대한 잘못된 권한 설정
③ 하드 코드된 암호화 키 사용
④ 적절한 인증없는 중요 기능 허용

**KISA 소프트웨어 개발 보안 가이드/보안 기능/하드 코드된 비밀번호**
• 프로그램 코드 내에 데이터를 직접 입력하는 하드 코드된 패스워드를 포함시켜 사용하여 관리자의 정보가 노출되는 보안 약점이다.
• 패스워드는 암호화하여 별도의 파일에 저장하여 사용하고 디폴트 패스워드 대신 사용자 입력 패스워드를 사용함으로써 방지할 수 있다.

정답 01 ④ 02 ④ 03 ③ 04 ③

SECTION

04

시큐어 코딩 가이드(2)

출제빈도 상 中 하
반복학습 1 2 3

▶ 합격 강의

빈출 태그 에러 처리 • 코드 오류 • 캡슐화 • API 오용

## 01 시간 및 상태, 에러 처리, 코드 오류

### 1) 시간 및 상태

#### ① 시간 및 상태의 개념
동시 수행을 지원하는 병렬 시스템이나 여러 개의 프로세스가 동작하는 멀티 프로세스 환경에서 시간 및 상태를 부적절하게 사용하여 여러 가지 보안 약점이 발생할 수 있다.

#### ② 보안 약점의 종류

| 경쟁 조건 :<br>검사 시점과 사용 시점<br>(TOCTOU) | • 자원을 검사하는 시점(TOC : Time Of Check)과 사용하는 시점(TOU : Time Of Use)이 달라서 발생하는 보안 약점이다.<br>• 여러 프로세스가 공유 자원 접근 시 동기화 구문으로 한 번에 하나의 프로세스만 접근하게 함으로써 방지할 수 있다. |
|---|---|
| 종료되지 않는<br>반복문 또는 재귀 함수 | • 종료 조건이 없는 반복문이나 재귀 함수를 사용하여 무한 반복하며 자원 고갈이 발생하는 보안 약점이다.<br>• 재귀 호출 횟수를 제한함으로써 방지할 수 있다. |

### 2) 에러 처리

#### ① 에러 처리의 개념
발생한 에러를 처리하지 않거나 완전하게 처리하지 않아 에러 정보에 중요 정보가 포함되어 여러 가지 보안 약점이 발생할 수 있다.

#### ② 보안 약점의 종류
• 에러 메시지를 통한 정보 노출 : 에러 메시지에 실행 환경이나 사용자 관련 등 민감한 정보가 포함되어 외부에 노출되는 보안 약점이다.
• 에러 상황 대응 부재 : 에러가 발생할 수 있는 에러 상황에 대해 예외 처리를 하지 않아 프로그램이 동작하지 않거나 제대로 동작하지 않는 보안 약점이다.
• 부적절한 예외 처리 : 프로그램 수행 중에 함수의 결과값에 대해 적절하게 처리하지 않거나 예외 상황에 대해 조건을 적절하게 검사하지 않아 발생하는 보안 약점이다.

---

기적의 TIP

앞 섹션 시큐어 코딩 가이드의 연속된 내용입니다. 출제된 적은 없지만, 항목별 각 취약점을 정리하세요.

SATAN(Security Administrator Tool for Analyzing Networks)
해커와 똑같은 방식으로 시스템에 침입, 보안상의 약점을 찾아 보완할 수 있는 네트워크 분석용 보안 관리 도구이다.

개념 체크

1 시간 및 상태의 보안 약점 중 자원을 검사하는 시점(TOC : Time Of Check)과 사용하는 시점(TOU : Time Of Use)이 달라서 발생하는 보안 약점은?

1 경쟁 조건 : 검사 시점과 사용 시점

### 3) 코드 오류

#### ① 코드 오류의 개념
개발자가 흔히 실수하는 프로그램 오류들로 인해 여러 가지 보안 약점이 발생할 수 있다.

#### ② 보안 약점의 종류
- Null Pointer(널 포인터) 역참조 : 일반적으로 객체가 Null이 될 수 없다는 가정을 위반하여 공격자가 의도적으로 Null Pointer 역참조를 발생시켜 공격에 사용하는 보안 약점이다.
- 부적절한 자원 해제 : 오픈 파일 디스크립터, 힙 메모리, 소켓 등의 유한한 자원을 할당받아 사용한 후 프로그램 에러로 반환하지 않아 발생하는 보안 약점이다.
- 해제된 자원 사용 : 해제된 자원을 참조하여 의도하지 않은 값이나 코드를 실행하게 됨으로써 의도하지 않은 결과가 발생하는 보안 약점이다.
- 초기화되지 않은 변수 사용 : 초기화되지 않은 변수를 사용하면 임의의 값이 사용되어 의도하지 않은 결과가 발생하는 보안 약점이다.

**SecurePass(시큐어패스)**
키보드 입력을 통한 패스워드 유출을 막기 위해 그래픽과 마우스 따위로 패스워드를 입력하는 방식이다.

## 02 캡슐화, API 오용

### 1) 캡슐화

#### ① 캡슐화의 개념
중요한 데이터나 기능성을 잘못 캡슐화하거나 잘못 사용하면 여러 가지 보안 약점이 발생할 수 있다.

#### ② 보안 약점의 종류

| | |
|---|---|
| 잘못된 세션에 의한 데이터 정보 노출 | • 다중 스레드 환경에서 정보를 저장하는 멤버 변수가 포함되어 서로 다른 세션에서 데이터를 공유하여 발생하는 보안 약점이다.<br>• 싱글톤(Singleton) 패턴 사용 시 변수 범위를 제한하여 방지할 수 있다. |
| 제거되지 않고 남은 디버그 코드 | • 개발 완료 후에 디버그 코드가 제거되지 않은 채로 배포되어 발생하는 보안 약점이다.<br>• 소프트웨어가 배포되기 전에 디버그 코드를 삭제해 방지할 수 있다. |
| 시스템 데이터 정보 노출 | • 시스템, 관리자, DB 정보 등의 시스템 데이터 정보가 공개되어 발생하는 보안 약점이다.<br>• 예외 상황 발생 시 시스템 메시지 등의 시스템 데이터 정보가 화면에 출력되지 않게 함으로써 방지할 수 있다. |
| public 메소드로부터 반환된 private 배열 | • private 선언된 배열을 public 선언된 메소드를 통해 반환하여 그 배열의 레퍼런스가 외부에 공개되어 발생하는 보안 약점이다.<br>• private 선언된 배열을 public 선언된 메소드를 통해 반환하지 않게 함으로써 방지할 수 있다. |
| private 배열에 public 데이터 할당 | • public 선언된 메소드의 인자가 private 선언된 배열에 저장되어 그 배열을 외부에서 접근할 수 있게 되는 보안 약점이다.<br>• public 선언된 메소드의 인자를 private 선언된 배열에 저장되지 않도록 함으로써 방지할 수 있다. |

✅ **개념 체크**

1 코드 오류의 보안 약점 중 오픈 파일 디스크립터, 힙 메모리, 소켓 등의 유한한 자원을 할당받아 사용한 후 프로그램 에러로 반환하지 않아 발생하는 보안 약점은?

1 부적절한 자원 해제

## 2) API 오용

### ① API 오용의 개념

서비스에서 제공되는 사용법에 반하는 방법으로 API를 사용하거나 보안에 취약한 API를 사용하여 여러 가지 보안 약점이 발생할 수 있다.

### ② 보안 약점의 종류

| | |
|---|---|
| DNS lookup에 의존한 보안 결정 | • 도메인명에 의존하여 인증이나 접근 통제 등의 보안을 결정하면 공격자가 DNS 엔트리를 속여 동일 도메인에 속한 서버인 것처럼 위장하는 보안 약점이다.<br>• 보안 결정 시 도메인명을 이용한 DNS lookup에 의존하지 않도록 함으로써 방지할 수 있다. |
| 취약한 API 사용 | • 보안 문제로 금지된 함수 또는 오용될 가능성이 있는 API 등의 취약한 API를 사용하여 발생하는 보안 약점이다.<br>• 보안 문제로 금지된 함수는 안전한 대체 함수를 사용함으로써 방지할 수 있다. |

**01** 다음 중 시간 및 상태에 따른 보안 약점의 종류는?

① 검사 시점과 사용 시점(경쟁 조건)
② 에러 메시지를 통한 정보 노출
③ 에러 상황 대응 부재
④ 부적절한 예외 처리

---

**경쟁 조건 : 검사 시점과 사용 시점**
• 자원을 검사하는 시점(TOC : Time Of Check)과 사용하는 시점(TOU : Time Of Use)이 달라서 발생하는 보안 약점이다.
• 여러 프로세스가 공유 자원 접근 시 동기화 구문으로 한 번에 하나의 프로세스만 접근하게 함으로써 방지할 수 있다.
**종료되지 않는 반복문 또는 재귀 함수**
• 종료 조건이 없는 반복문이나 재귀 함수를 사용하여 무한 반복하며 자원 고갈이 발생하는 보안 약점이다.
• 재귀 호출 횟수를 제한함으로써 방지할 수 있다.

**02** 다음 중 에러 처리 보안 약점의 종류가 아닌 것은?

① 에러 메시지를 통한 정보 노출
② 에러 상황 대응 부재
③ 부적절한 예외 처리
④ 검사 시점과 사용 시점

---

검사 시점과 사용 시점은 시간 및 상태에 따른 보안 약점의 종류이다.

**03** 다음과 관련된 보안 취약점은?

> – 잘못된 세션에 의한 데이터 정보 노출
> – 제거되지 않고 남은 디버그 코드
> – 시스템 데이터 정보 노출
> – public 메소드로부터 반환된 private 배열

① 에러 메시지를 통한 정보 노출
② 에러 상황 대응 부재
③ 부적절한 예외 처리
④ 캡슐화

---

**캡슐화**
• 잘못된 세션에 의한 데이터 정보 노출
• 제거되지 않고 남은 디버그 코드
• Public 메소드로부터 반환된 Private 배열
• Private 배열에 Public 데이터 할당

**04** 다음 중 코드 오류의 보안 약점이 아닌 것은?

① Null Pointer(널 포인터) 역참조
② 부적절한 인가
③ 해제된 자원 사용
④ 초기화되지 않은 변수 사용

---

**보안 약점의 종류**
• Null Pointer(널 포인터) 역참조 : 일반적으로 객체가 Null이 될 수 없다는 가정을 위반하여 공격자가 의도적으로 Null Pointer 역참조를 발생시켜 공격에 사용하는 보안 약점이다.
• 부적절한 자원 해제 : 오픈 파일 디스크립터, 힙 메모리, 소켓 등의 유한한 자원을 할당받아 사용한 후 프로그램 에러로 반환하지 않아 발생하는 보안 약점이다.
• 해제된 자원 사용 : 해제된 자원을 참조하여 의도하지 않은 값이나 코드를 실행하게 됨으로써 의도하지 않은 결과가 발생하는 보안 약점이다.
• 초기화되지 않은 변수 사용 : 초기화되지 않은 변수를 사용하면 임의의 값이 사용되어 의도하지 않은 결과가 발생하는 보안 약점이다.

**05** 다음 중 시큐어코딩 가이드 중 API 오용에 해당하는 보안 약점은?

① DNS Look-up에 의존한 보안 결정
② 잘못된 세션에 의한 데이터 정보 노출
③ 제거되지 않고 남은 디버그 코드
④ 시스템 데이터 정보 노출

---

**DNS lookup에 의존한 보안 결정**
• 도메인명에 의존하여 인증이나 접근 통제 등의 보안을 결정하면 공격자가 DNS 엔트리를 속여 동일 도메인에 속한 서버인 것처럼 위장하는 보안 약점이다.
• 보안 결정 시 도메인명을 이용한 DNS Look-up에 의존하지 않도록 함으로써 방지할 수 있다.
**취약한 API 사용**
• 보안 문제로 금지된 함수 또는 오용될 가능성이 있는 API 등의 취약한 API를 사용하여 발생하는 보안 약점이다.
• 보안 문제로 금지된 함수는 안전한 대체 함수를 사용함으로써 방지할 수 있다.

---

정답 01 ① 02 ④ 03 ④ 04 ② 05 ①

▶ 합격 강의

## 01 암호 알고리즘(Cryptographic Algorithm) 22.4, 22.3

### 1) 암호 알고리즘 22.7, 21.3

① 암호 알고리즘의 개념 22.7, 21.3

└ 암호화되기 전 메시지

- 평문(Plaintext)을 암호문(Ciphertext)으로 바꾸고, 암호문을 다시 평문으로 바꿀 때 사용되는 알고리즘을 의미한다.  └ 암호가 적용된 메시지

- 평문을 암호문으로 바꾸는 과정을 암호화(Encryption)라고 하고, 암호문을 다시 평문으로 바꾸는 과정을 복호화(Decryption)라고 한다.

- 암호화 및 복호화 과정에 암호키(Cryptographic Key)가 필요하다.

② 암호 방식의 분류

### 2) 공개키(Public Key, 비대칭키) 암호화 기법 24.5, 23.8, 22.7, 22.4, 21.3, 20.9, 20.6

① 공개키 암호화 기법의 개념

- 암호키와 해독키가 서로 다른 기법으로 키 개수는 2N개가 필요하다.

- 비대칭키 암호화 기법 또는 공개키(공중키) 암호화 기법이라고도 한다.

- 키 분배가 비밀키 암호화 기법보다 쉽고, 암호화/복호화 속도가 느리며 알고리즘이 복잡하다.

② 공개키 암호화 기법 종류

| RSA (Rivest Shamir Adleman) 20.8 | • 소인수분해의 어려움에 기초를 둔 알고리즘이다.<br>• 1978년 MIT에 의해 제안되었다.<br>• 전자 문서에 대한 인증 및 부인 방지에 활용된다. |
|---|---|
| 엘 가말(El Gamal) | • 이산 대수 문제의 어려움에 기초를 둔 알고리즘이다.<br>• 동일한 메시지라도 암호화가 이루어질 때마다 암호문이 변경되고 암호문의 길이가 2배로 늘어난다. |
| 디피-헬만(Diffie-Hellman) | • 공유 비밀키를 생성하기 위한 키 교환 프로토콜로, 두 개체 간에 안전한 통신을 위해 사용된다.<br>• 키 교환을 위한 수학적인 문제에 기반하여 동작하며, 중간자 공격을 방지하기 위해 인증 메커니즘과 함께 사용될 수 있다. |
| 에니그마(Enigma) | • 전자기계 암호화 장치로, 제2차 세계대전 전까지 사용되었다.<br>• 이 기기는 로터와 플러그보드 등의 구성 요소를 사용하여 문자를 암호화한다.<br>• 초기의 공개키 암호화 기법의 하나로 간주한다. |
| 엘리프티 암호(Elliptic Curve Cryptography, ECC): | • 타원 곡선의 수학적 속성을 이용한 암호화 기법이다.<br>• RSA와 비교하여 같은 수준의 보안을 제공하는 키 크기에서 더 효율적으로 작동하며, 제한된 환경에서도 잘 동작한다. |
| 디피-가말(Diffie-Gamal) | • 비밀 키를 안전하게 교환하기 위한 공개 키 암호화 기술이다.<br>• 상호 합의한 큰 소수와 기본 원시 루트를 사용하여 사용자 간 비밀키를 생성하고, 중간자 공격을 예방한다.<br>• 주로 인터넷 통신 및 보안 프로토콜에서 사용한다. |

## 3) 비밀키(Private Key, 대칭키) 암호화 기법 23.6, 22.7, 21.5

① 비밀키 암호화 기법의 개념

• 동일한 키로 암호화하고 복호화하는 기법으로 키 개수는 $N(N-1)/2$개가 필요하다.
• 대칭키 암호화 기법 또는 개인키 암호화 기법이라고도 한다.
• 암호화/복호화 속도가 빠르고 알고리즘이 단순하다.
• 키 분배가 공개키 암호화 기법보다 어렵다.
• 스트림 방식과 블록 방식으로 분류된다.

② 비밀키 암호화 기법의 종류 23.6, 23.3

| 스트림 방식 | • 평문의 길이와 동일한 스트림(Stream)을 생성하여 비트 단위로 암호화하는 대칭키 암호화 방식이다. 암호화할 때 XOR 연산을 수행한다.<br>• 종류 : RC4, A5/1, LSFR, SEAL, WEP, OFB | |
|---|---|---|
| 블록 방식 | • 평문을 블록 단위로 암호화하는 대칭키 암호화 방식이다.<br>• 종류 | |
| | DES (Data Encryption Standard) 22.3 | • 1970년대 초 IBM이 개발한 알고리즘이다.<br>• 16라운드 Feistel 구조를 가진다.<br>• 평문을 64비트로 블록화를 하고, 실제 키의 길이는 56비트를 이용한다.<br>• 전사 공격(Brute-Force Attack)에 취약하다. |
| | AES (Advanced Encryption Standard) 23.3, 21.5 | • DES를 대신하여 새로운 표준이 되었다.<br>• 블록 크기는 128비트이고, 키 길이는 128/192/ 256비트이다.<br>• SPN(Substitution-Permutation Network) 구조이다. |

**타원 곡선**
RSA 암호보다 짧은 키 길이로 동일한 보안 수준을 제공하지만, 특허 문제가 존재한다.

**라빈(Rabin)**
RSA 암호 시스템의 변형으로 소인수분해를 기반으로 하는 간단하고 빠른 연산 속도의 공개키 암호 방식이다.

**디피-헬만 알고리즘(Diffie-Hellman Algorithm, DH Algorithm)**
두 사용자가 사전에 어떠한 비밀 교환 없이 공중망 환경에서 비밀 키(Secret Key)를 교환하게 해주는 알고리즘으로 이산대수의 복잡성을 활용한 비밀키 교환 알고리즘이다.

**DSA(Digital Signature Algorithm)**
비대칭 암호화 방식으로 이산대수를 활용한 암호화 알고리즘이다.

🕐 **암기 TIP**

**대표 알고리즘 : DES, AES**
"화장실에서 사용하는 비밀스러운 비(밀키)데(DES)"
암호화 키와 복호화 키가 같아서(대칭키) 암호화키를 공개하면 안 됩니다(비밀키).

**CBC(Cipher Block Chaining)**

• 블록 암호화 알고리즘의 한 종류로, 각 블록을 암호화하기 전에 이전 블록의 암호화 결과와 XOR 연산을 수행하는 방식이다.
• 각 블록의 암호문이 이전 블록의 암호문에 의존하게 되어, 동일한 평문이라도 서로 다른 암호문이 생성된다.

✓ **개념 체크**

1 소인수 분해의 어려움에 기초를 둔 암호화 알고리즘은?

1 RSA

| | |
|---|---|
| ARIA | • 국내 기술로 개발된 암호 알고리즘이다.<br>• 경량 환경 및 하드웨어 구현에서의 효율성 향상을 위해 개발되었다.<br>• 우리나라 국가 표준으로 지정되었다.<br>• 블록 크기와 키 길이가 AES와 동일하다. |
| SEED | • 국내 기술로 개발된 128비트 블록 암호 알고리즘이다.<br>• Feistel 구조이다.<br>• 2005년 국제 표준으로 제정되었다. |
| IDEA | • DES를 대체하기 위해서 스위스에서 개발한 알고리즘이다.<br>• 서로 다른 대수 그룹으로부터의 세 가지 연산을 혼합하는 방식이다. |

## 02 해시(HASH) 암호화 24.5, 23.8, 23.3, 21.5, 21.3

### 1) 해시 암호화의 개념

- 임의의 길이의 메시지를 입력하면, 고정된 길이의 출력값으로 변환하는 기법이다.
- 주어진 원문에서 고정된 길이의 의사 난수를 생성하며, 생성된 값을 해시값이라고 한다.
- 해시 함수라고도 한다.
- 디지털 서명에 이용되어 데이터 무결성을 제공한다.
- 블록체인에서 체인 형태로 사용되어 데이터의 신뢰성을 보장한다.
- SHA, SHA1, SHA256, MD5, RMD160, HAS-160, HAVAL 기법 등이 있다.

### 2) 해시의 3저항성

| | |
|---|---|
| 역상 저항성 | 어떤 해시값에 대하여, 원래 입력값을 찾는 것이 어려워야 하며, 이를 일방향성(One-wayness)이라고도 한다. |
| 제2 역상 저항성 | 어떤 입력값에 대하여, 그 입력값의 해시값과 같은 해시값을 갖는 또 다른 입력값을 찾는 것이 어려워야 한다. |
| 충돌 저항성 | 같은 해시값을 갖는 두 입력값을 찾는 것이 어려워야 한다. |

### 3) SHA(Secure Hash Algorithm)

- 1993년에 미국 NIST에 의해 개발되었고 가장 많이 사용되고 있는 방식이다.
- SHA-1은 DSA에서 사용하게 되어 있으며 많은 인터넷 응용에서 Default 해시 알고리즘으로 사용된다.
  ─ 2022년 공식적으로 폐기
- SHA-256, SHA-384, SHA-512는 AES의 키 길이인 128, 192, 256bit에 대응하도록 출력 길이를 늘인 해시 알고리즘이다.
  ─ 비트코인 작업 증명에 사용

**보안 인증 방법**
- Something You Know(알고 있는 것)
  - 사용자가 알고 있는 정보를 사용하여 인증하는 방법
  - 패스워드나 PIN(개인식별번호)과 같은 비밀 정보를 사용하는 것
- Something You Have(가지고 있는 것)
  - 사용자가 소유하고 있는 물리적인 장치나 객체를 사용하여 인증하는 방법
  - 스마트카드, USB 토큰, 휴대폰 앱 등
- Something You Are(자신의 특징)
  - 사용자의 생체적인 특징이나 생체 인식 기술을 사용하여 인증하는 방법
  - 지문, 홍채, 음성, 얼굴 등 개인의 생체 특징을 사용하여 인증하는 바이오메트릭 인증
- Somewhere You Are(있는 곳)
  - 사용자가 특정한 위치에 있는지를 확인하여 인증하는 방법
  - IP 주소나 지리적 위치를 이용하여 인증

**Salt**
- 시스템에 저장되는 패스워드들은 Hash 또는 암호화 알고리즘의 결과값으로 저장된다.
- 이때 암호 공격을 막기 위해 똑같은 패스워드들이 다른 암호값으로 저장되도록 추가되는 값을 의미한다.

**01** 큰 숫자를 소인수 분해하기 어렵다는 기반하에 1978년 MIT에 의해 제안된 공개키 암호화 알고리즘은?

① DES      ② AES
③ SMT      ④ RSA

---

RSA(Rivest Shamir Adleman) : 소인수 분해의 어려움에 기초를 둔 알고리즘이다.

**02** 공개키 암호에 대한 설명으로 <u>틀린</u> 것은?

① 10명이 공개키 암호를 사용할 경우 5개의 키가 필요하다.
② 복호화키는 비공개되어 있다.
③ 송신자는 수신자의 공개키로 문서를 암호화한다.
④ 공개키 암호로 널리 알려진 알고리즘은 RSA가 있다.

---

공개키(Public Key) 암호화 기법 : 암호키와 해독키가 서로 다른 기법으로 키 개수는 2N 개가 필요하다.

**03** 대칭 암호 알고리즘과 비대칭 암호 알고리즘에 대한 설명으로 <u>틀린</u> 것은?

① 대칭 암호 알고리즘은 비교적 실행 속도가 빠르기 때문에 다양한 암호의 핵심 함수로 사용될 수 있다.
② 대칭 암호 알고리즘은 비밀키 전달을 위한 키 교환이 필요하지 않아 암호화 및 복호화의 속도가 빠르다.
③ 비대칭 암호 알고리즘은 자신만이 보관하는 비밀키를 이용하여 인증, 전자서명 등에 적용이 가능하다.
④ 대표적인 대칭키 암호 알고리즘으로는 AES, IDEA 등이 있다.

---

대칭 암호 알고리즘은 처음 통신 시에 비밀키를 전달해야 하므로, 키 교환 중 키가 노출될 수 있다.

**04** DES는 몇 비트의 암호화 알고리즘인가?

① 8
② 24
③ 64
④ 132

---

DES(Data Encryption Standard)이며 블록 암호의 일종으로 평문을 64비트로 나누어 56비트의 키를 사용한 알고리즘 방법이다.

**05** 암호화 키와 복호화 키가 동일한 암호화 알고리즘은?

① RSA
② AES
③ DSA
④ ECC

---

**비밀키(Private Key, 대칭키) 암호화 기법**
• 동일한 키로 암호화하고 복호화하는 기법으로 키 개수는 N(N−1)/2개가 필요하다.
• 종류 : DES, AES, ARIA, SEED, IDEA, RC4

**06** 해시(Hash) 기법에 대한 설명으로 <u>틀린</u> 것은?

① 임의의 길이의 입력 데이터를 받아 고정된 길이의 해시값으로 변환한다.
② 주로 공개키 암호화 방식에서 키 생성을 위해 사용한다.
③ 대표적인 해시 알고리즘으로 HAVAL, SHA-1 등이 있다.
④ 해시 함수는 일방향 함수(One-way Function)이다.

---

공개키 암호화 방식이 아니라 대표적인 해싱 암호화 기법이다.

# 서버 인증과 접근 통제

**학습 방향**

서버 인증 및 서버 접근 통제는 서버 보안을 위한 접근 보안과 관련된 내용을 학습합니다. 분량에 비해 출제 빈도가 높으니, 중요 부분 위주로 기출문제와 함께 본문을 정리하며 학습하세요.

**출제빈도**

| | | |
|---|---|---|
| SECTION 01 | 상 | 60% |
| SECTION 02 | 중 | 40% |

# 서버 인증 및 서버 접근 통제

▶ 합격 강의

빈출 태그 사용자 인증 기법 · 접근 통제 기법(MAC · DAC · RBAC) · 접근 통제 모델(벨라 파둘라 모델 · SSO)

---

**(B) 기적의 TIP**

기출 표기를 확인하고 정리
하세요. 무조건 암기보다는
조금 생각해 보면 쉽게 정리
할 수 있으므로 교재를 정독
하세요.

★ OTP(One-Time Password,
일회용 패스워드)
로그인할 때마다 해당 세션에서만
사용할 수 있는 일회성 패스워드
를 생성하는 보안 시스템이다.

**사용자 인증 유형**
• Type 1(지식) : 주체는 '그가 알
고 있는 것'을 보여준다(예 패스
워드, PIN 등).
• Type 2(소유) : 주체는 '그가 가
지고 있는 것'을 보여준다(예 토
큰, 스마트 카드 등).
• Type 3(존재) : 주체를 나타내는
것을 보여준다(예 생체 인증).
• Type 4(행위) : 주체는 '그가 하
는 것'을 보여준다(예 서명, 움직
임, 음성 등).
• Two Factor : 위 타입 중 두 가
지 인증 매커니즘을 결합하여
구현한다(예 토큰+PIN-6).
• Multi Factor : 가장 강한 인증.
3가지 이상의 매커니즘 결합한
것이다.
• Type 3과 Type 4를 합쳐 생체
인증이라고도 한다.

## 01 서버 인증과 접근 통제

### 1) 사용자 인증 기법 22.4

—— What you know

① 지식 기반 인증(Knowledge-based Authentication)
• 사용자가 기억하고 있는 지식을 기초로 접근 제어를 수행하는 사용자 인증 기법
이다.
• 아이디, 패스워드, PIN(Personal Identification Number) 번호 등이 있다.
• 사용자가 지식을 기반으로 한 인증 정보를 안전하게 보호해야 한다.

—— What you have

② 소유 기반 인증(Authentication by what the entity has)
• 사용자가 소유하고 있는 인증 토큰을 기반으로 하는 사용자 인증 기법이다.
• 지식 기반 인증 기법보다 보안성이 높다.
• 스마트카드, 인터넷 뱅킹 시 사용되는 OTP(One Time Password)★ 단말, 공인
인증서 등이 있다.
• 비밀번호와 같은 지식 기반 인증보다 안전하지만, 물리적인 장치를 분실하거나 도
난당하면 보안에 취약해질 수 있다.

—— What you are

③ 생체 기반 인증(Biometrics based Authentication)
• 사람의 정적인 신체적 특성 또는 동적인 행위적 특성을 이용하는 사용자 인증 기법
이다.
• 지문 인식, 홍채 인식, 정맥 인식, 음성 인식 등이 해당한다.
• 유일성, 영속성, 정량성, 보편성 등이 있다.
• 생체 인증은 물리적인 소유물 없이 개인의 신원을 확인하므로 안전성과 편리성을
동시에 제공한다.

④ 다중 인증 요소(Multi-Factor Authentication)
• 두 개 이상의 인증 요소를 사용하여 서버 접근을 보호하는 기법이다.
• 보통 비밀번호와 추가적인 인증 요소(예 : SMS 코드, 지문 인식 등)를 함께 사용
한다.
• 다중 인증 요소를 통해 인증의 강도와 안전성을 높일 수 있다.

⑤ 시간 기반 접근 통제(Time-Based Access Control)
• 특정 시간대에만 서버에 접근할 수 있도록 설정하는 기법이다.
• 특정 시간 범위 내에서만 인증이 가능하고 그 외의 시간에는 접근이 차단된다.

⑥ 위치 기반 접근 통제(Location-Based Access Control)

- 특정 위치에서만 서버에 접근할 수 있도록 설정하는 기법이다.
- 위치 정보를 기준으로 서버에 접근을 제한하거나 허용한다.
- 특정 지리적 위치에서만 접근이 가능하고 그 외의 지역에서는 접근이 차단된다.

⑦ 역할 기반 접근 통제(Role-Based Access Control)

- 사용자의 역할에 기반하여 서버 접근 권한을 관리하는 기법이다.
- 각 사용자에게 역할을 할당하고, 역할에 따라 허용된 작업 및 자원에 접근할 수 있다.

⑧ 행동 기반 접근 통제(Behavior-Based Access Control)

- 사용자의 행동 패턴을 분석하여 서버 접근을 평가하는 기법이다.
- 사용자의 특정 행동 패턴에 이상이 감지되면 접근을 차단할 수 있다.
- 예기치 않은 대량 데이터 다운로드 등의 행위를 감지하여 접근을 제한할 수 있다.

## 2) 접근 통제(Access Control)

① 접근 통제의 개념 22.7

- 시스템의 자원 이용에 대한 불법적인 접근을 방지하는 과정이다.
- 크래커(Cracker)의 침입으로부터 보호한다.
- 종류 23.8, 23.3, 22.2, 21.5, 21.3 : 강제적 접근 통제, 임의적 접근 통제, 역할 기반 접근 통제
  ━━━ Secure OS의 보안
  기능과 동일하다.

② 접근 통제 요소

- 식별
  - 개체가 자신의 신원을 주장하는 과정이다.
  - 개체는 고유한 식별자, 예를 들어 사용자 이름, ID 또는 디지털 인증서 등을 제공하여 자신을 식별한다.
  - 개체를 고유하게 식별하고 추적하는 데 사용된다.
- 인증
  - 개체의 신원이 실제로 확인되고 검증되는 과정이다.
  - 개체는 식별된 신원을 증명하기 위해 암호, PIN, 바이오메트릭스(지문, 얼굴 인식 등) 등의 인증 요소를 제공한다.
  - 인증 요소를 통해 시스템은 개체의 신원을 확인하고, 개체가 정당한 사용자인지를 검증한다.
- 인가
  - 인증된 개체에 대한 특정 자원 또는 서비스에 대한 접근 권한을 부여하는 과정이다.
  - 개체의 역할, 권한, 정책 등을 고려하여 개체가 수행할 수 있는 작업 범위를 결정한다.
  - 시스템은 인증된 개체에만 필요한 자원 및 서비스에 접근할 수 있는 권한을 부여하고, 불법적인 접근을 방지한다.

**접근 통제 기법**

- 식별(Identification) : 자신이 누구라고 시스템에 밝히는 행위
- 인증(Authentication) : 주체의 신원을 검증하기 위한 활동
- 인가(Authorization) : 인증된 주체에게 접근을 허용하는 활동
- 책임 추적성(Accountability) : 주체의 접근을 추적하고 행동을 기록하는 활동

✓ **개념 체크**

1 접근 통제(Access Control)의 종류에는 강제적 접근 통제, 임의적 접근 통제, 역할 기반 접근 통제가 있다. (O, X)

1 O

③ AAA(Authentication Authorization Accounting, 인증 권한 검증 계정 관리) [22.7, 22.4]
- 시스템의 사용자가 로그인하여 명령을 내리는 과정에 대한 시스템의 동작을 Authentication(인증), Authorization(권한 부여), Accounting(계정 관리)으로 구분한다.
- 인증 : 망, 시스템 접근을 허용하기 전에 사용자의 신원을 검증한다.
- 권한 부여 : 검증된 사용자에게 어떤 수준의 권한과 서비스를 허용한다.
- 계정 관리 : 사용자의 자원에 대한 사용 정보를 모아서 과금, 감사, 용량 증설, 리포팅 등이 있다. 기준으로 허용함으로 조직의 기능 변화에 따른 관리적 업무의 효율성을 높일 수 있다.

## 3) 접근 통제 기법

① 강제적 접근 통제(MAC : Mandatory Access Control) [21.8]
- 중앙에서 정보를 수집하고 분류하여 보안 레벨을 결정하고 정책적으로 접근 제어를 수행하는 방식으로 다단계 보안 모델이라고도 한다.
- 어떤 주체가 특정 개체에 접근하려 할 때 양쪽의 보안 레이블(Security Label)에 기초하여 높은 보안 수준을 요구하는 정보(객체)가 낮은 보안 수준의 주체에게 노출되지 않도록 하는 접근 제어 방법이다.
- 대표적 접근 통제 모델로 BLP(Bell-Lapadula), Biba, Clark-Wilson, 만리장성 모델 등이 있다.

② 임의적 접근 통제(DAC : Discretionary Access Control)
- 정보의 소유자가 보안 레벨을 결정하고 이에 대한 정보의 접근 제어를 설정하는 방식이다.
- 주체 또는 소속 그룹의 아이디(ID)에 근거하여 객체에 대한 접근 제한을 설정한다.
- 객체별로 세분화된 접근 제어가 가능하며, 유연한 접근 제어 서비스를 제공할 수 있다.
- 다양한 환경에서 폭넓게 사용되고 있다.
- 대표적 모델로는 접근 제어 행렬, 자격 목록, 접근 제어 목록 등이 있다.

**기적의 TIP**

RBAC는 직무(Role)를 기준으로 역할을 결정하는 방식입니다.

③ 역할 기반 접근 통제(RBAC : Role Based Access Control) [24.7, 24.5, 22.4]
- 사람이 아닌 직책에 대해 권한을 부여함으로써 효율적인 권한 관리가 가능하다.
- 접근 권한은 직무에 허용된 연산을 기준으로 허용함으로 조직의 기능 변화에 따른 관리적 업무의 효율성을 높일 수 있다.

④ MAC vs DAC vs RBAC [20.8]

| 정책 | MAC | DAC | RBAC |
|---|---|---|---|
| 권한 부여 | 시스템 | 데이터 소유자 | 중앙 관리자 |
| 접근 결정 | 보안 등급(Label) | 신분(Identity) | 역할(Role) |
| 정책 변경 | 고정적(변경 어려움) | 변경 용이 | 변경 용이 |
| 장점 | 안정적, 중앙 집중적 | 구현 용이, 유연함 | 관리 용이 |

**개념 체크**

1 중앙에서 정보를 수집하고 분류하여 보안 레벨을 결정하고 정책적으로 접근 제어를 수행하는 방식으로 다단계 보안 모델이라고도 하는 것은?

1 강제적 접근 통제

## 4) 대표적 접근 통제 모델

### ① 벨 라파둘라 모델(BLP : Bell-LaPadula Confidentiality Model) 24.7, 23.6, 21.5

- 군대의 보안 레벨처럼 정보의 기밀성에 따라 상하 관계가 구분된 정보를 보호하기 위해 사용한다.
- 낮은 보안 레벨 권한을 가진 경우에는 높은 보안 레벨의 문서를 읽을 수 없고 자신의 권한보다 낮은 수준의 문서만을 읽을 수 있다.
- 자신의 권한보다 높은 보안 레벨의 문서에는 쓰기가 가능하지만, 보안 레벨이 낮은 문서의 쓰기 권한은 제한한다.
- 분산 시스템과 데이터베이스 관리를 위한 모델이다.
- 데이터의 일관성과 가용성을 동시에 보장하기 위해 설계되었다.
- 다중 마스터 복제(Multi-Master Replication) 방식을 기반으로 하며, 데이터의 복제 및 분산 처리를 효과적으로 수행할 수 있다.
- 주요 특징

| | |
|---|---|
| 다중 마스터 복제 | • 여러 개의 마스터 노드가 존재하며, 각 마스터 노드는 동시에 데이터를 쓰고 읽을 수 있다.<br>• 데이터베이스에 대한 부하를 분산시킬 수 있고, 병렬 처리를 통해 성능을 향상시킬 수 있다. |
| 자동 분할 및 복제 | • 데이터를 자동으로 분할하고 여러 노드에 복제함으로써 데이터의 안정성과 가용성을 보장한다.<br>• 데이터의 분할과 복제는 애플리케이션의 요구에 따라 자동으로 조정되며, 확장성을 갖추고 부하 분산을 실현한다. |
| 일관성 모델 | 여러 마스터 노드 간의 동기화와 충돌 해결을 통해 데이터 일관성을 유지하면서도 동시성을 높일 수 있다. |
| 확장성 | 새로운 노드를 추가하거나 기존 노드를 제거함으로써 시스템의 용량을 조정하는 수평적 확장성을 가진다. |

### ② SSO(Single Sign-On) 24.3, 21.8

시스템이 몇 대가 되어도 하나의 시스템에서 인증에 성공하면 다른 시스템에 대한 접근 권한도 얻는 시스템이다.

| | |
|---|---|
| 단일 인증 | • 사용자가 한 번의 인증을 통해 여러 시스템 또는 애플리케이션에 접근할 수 있다.<br>• 사용자는 처음에 인증을 수행한 후, 그 이후에는 다른 시스템이나 애플리케이션에 접근할 때 추가적인 인증 절차 없이 자동으로 로그인된다. |
| 사용자 경험 향상 | • 사용자는 여러 개의 아이디와 비밀번호를 기억하거나 반복적으로 입력하는 번거로움을 피할 수 있다.<br>• 사용자 경험을 향상시키고 생산성을 향상시킨다. |
| 보안 강화 | • 중앙 집중식 인증 시스템을 사용하기 때문에 보안성이 강화된다.<br>• 사용자는 강력한 인증 수단을 통해 단일 인증을 수행하고, 그 이후에는 자격 증명을 안전하게 전달받아 다른 시스템에 접근할 수 있다. |
| 효율적인 관리 | • 관리자는 사용자의 인증 및 접근 권한을 중앙에서 효과적으로 관리할 수 있다.<br>• 새로운 사용자의 등록, 사용자 계정의 비활성화 또는 삭제 등의 작업을 단일 지점에서 수행할 수 있다. |

✔ 개념 체크

1 하나의 시스템에서 인증에 성공하면 다른 시스템이 몇 대가 된다고 하더라도 그에 대한 접근 권한도 얻는 시스템은?

1 SSO

### ③ Biba Integrity Model

- 무결성을 위한 최초의 상업적 모델이다(BLP를 보완, MAC). 무결성 목표 중 비인가자에 의한 데이터 변형 방지만 취급한다.
- 변조 방지를 목적으로 한다.
- 주요 특징

| 기본 원칙 | • "정보의 높은 수준의 무결성은 정보의 낮은 수준의 무결성을 손상시킬 수 없다"라는 기본 원칙에 기반한다.<br>• 상위 수준의 데이터에 대한 접근은 하위 수준의 데이터에 대한 접근보다 더 제한적이어야 한다. |
| --- | --- |
| 무결성 레벨 | • 데이터를 무결성 레벨에 따라 분류한다.<br>• 두 가지 레벨인 "상위"와 "하위"로 분류되며, 더 높은 무결성 레벨에 속한 데이터에는 더 높은 보호 수준이 요구된다. |
| 순서 정책 | • 순서 정책(Ordering Policy)을 사용하여 데이터의 무결성을 보호한다.<br>• 상위 무결성 레벨의 데이터에 대한 접근은 하위 무결성 레벨의 데이터에 대한 접근보다 더 제한적이어야 한다.<br>• 데이터의 무결성을 위반하는 작업은 허용되지 않는다. |
| 무결성 강화 | • 하향식 무결성 강화(Dominance Enforcement)를 사용하여 무결성을 유지한다.<br>• 데이터의 무결성 레벨을 상위로 올릴 수 없도록 제한한다.<br>• 데이터의 변조나 손상을 방지 가능이다. |

### ④ CWM(Clark-Wilson Integrity Model)

- 무결성 중심의 상업적 모델로 사용자가 직접 객체에 접근할 수 없고 프로그램을 통해서만 객체에 접근할 수 있게 하는 보안 모델이다. 무결성의 3가지 목표를 모델을 통해서 각각 제시한다.
  - 비인가자들의 데이터 변형 방지
  - 내외부의 일관성 유지
  - 합법적인 사용자에 의한 불법적 수정 방지
- 주요 특징

| 분리된 역할 | • 업무 역할과 데이터 보증 역할을 분리하여 데이터의 무결성을 유지한다.<br>• 업무 역할은 실제 비즈니스 업무를 수행하며, 데이터 보증 역할은 업무에 대한 제약 조건을 강제하여 무결성을 보장한다. |
| --- | --- |
| 정기적인 검증 | • 정기적인 검증을 통해 데이터의 무결성을 보장한다.<br>• 데이터에 대한 접근과 수정은 사전에 정의된 규칙에 따라 이루어져야 하며, 이러한 규칙은 외부 감사를 통해 검증한다. |
| 강제적인 변환 규칙 | • 데이터의 변환 규칙을 강제한다. 이는 데이터의 무결성을 보장하기 위해 정의된 규칙에 따라 데이터를 변환하고 검증한다.<br>• 데이터의 무결성을 침해할 수 있는 잘못된 변환은 허용되지 않는다. |
| 일반적인 액세스 제어 | • 일반적인 액세스 제어 기법을 사용하여 데이터의 접근을 제어한다.<br>• 인증 및 권한 부여, 암호화 등의 기술을 활용하여 데이터의 무결성을 유지하고 외부 공격을 방지한다. |

✔ 개념 체크

1 무결성 중심의 상업적 모델로 사용자가 직접 객체에 접근할 수 없고 프로그램을 통해서만 객체에 접근할 수 있게 하는 보안 모델은?

1 CWM

## 02 보안 아키텍처와 보안 프레임워크

### 1) 보안 아키텍처(Security Architecture)

① 보안 아키텍처의 개념
- 보안 설계 감독을 위한 원칙과 보안 시스템의 모든 양상에 대한 세부 사항을 의미한다.
- 보안 요구사항을 충족시키는 시스템 구성 방법에 대한 세부 사항이다.
- 정보 자산의 기밀성, 무결성 및 가용성을 높이기 위한 보안 영역의 구성 요소와 관계에 대한 세부 사항이다.

② 보안 아키텍처의 주요 목표
- 보안 요구사항 충족
  - 조직의 보안 요구사항을 정확히 이해하고 충족시키는 데 중점을 둔다.
  - 기밀성, 무결성, 가용성과 같은 보안 요소를 고려하여 시스템과 네트워크를 설계하는 것을 의미한다.
- 위험 관리
  - 보안 아키텍처는 조직이 직면하는 보안 위협과 위험을 분석하고 관리하는 방법을 제공한다.
  - 위험 평가, 취약성 분석, 위협 모델링 등의 기법을 사용하여 위험을 감지하고 적절한 대응을 계획한다.
- 방어적인 설계
  - 보안 아키텍처는 방어적인 설계 원칙을 준수하여 시스템을 보호한다.
  - 이는 다중 계층 보안, 원칙 최소 권한, 분리와 격리, 감사 추적 등과 같은 보안 기법을 적용하는 것을 의미한다.
- 표준 준수
  - 보안 아키텍처는 관련된 보안 표준과 규정을 준수하는 데 중점을 둔다.
  - 이는 산업 표준 및 법적 요구사항을 따르고 보안 최선의 사례를 적용하는 것을 의미한다.
- 유연성과 확장성
  - 보안 아키텍처는 조직의 변화에 유연하게 대응하고 확장할 수 있는 구조를 제공한다.
  - 새로운 기술, 비즈니스 요구사항 또는 보안 트렌드에 대한 적시적인 대응을 할 수 있도록 한다.

 개념 체크

1 새로운 기술, 비즈니스 요구사항 또는 보안 트렌드에 대한 적시적인 대응을 할 수 있도록 하는 보안 아키텍처의 주요 목표는?

1 유연성과 확장성

## 2) 보안 프레임워크(Security Framework)

### ① 개념

- 정보의 기밀성, 무결성 및 가용성을 높이기 위한 정보 보안 시스템의 기본이 되는 뼈대이다.
- 보안 프레임워크는 기술적 보안, 관리적 보안, 물리적 보안 프레임워크로 나누어진다.

### ② 주요 요소

- 정책 및 지침
  - 보안 프레임워크는 조직의 보안 정책 및 지침을 정의한다.
  - 보안 목표, 규정 준수 요구 사항, 보안 관리 절차 등을 명시하고 지침을 제공한다.
- 위험 평가 및 관리
  - 보안 프레임워크는 조직의 위험을 평가하고 관리하는 방법을 제시한다.
  - 취약성 분석, 위험 식별, 위험 평가 등을 통해 보안 위협에 대한 대응 계획을 수립하는 것을 포함한다.
- 보안 조치 및 기술
  - 보안 프레임워크는 보안 조치와 기술을 제시하여 조직의 보안 수준을 향상시킨다.
  - 암호화, 방화벽, 침입 탐지 시스템, 인증 및 접근 제어 메커니즘 등과 같은 보안 기술을 포함한다.
- 보안 교육 및 인식
  - 보안 프레임워크는 조직 내에서 보안 교육과 인식을 촉진하는 방법을 제시한다.
  - 직원들에게 보안 정책, 절차 및 최선의 보안 관행에 대한 교육을 제공하는 것을 의미한다.
- 감사와 모니터링
  - 보안 프레임워크는 보안 상태의 모니터링과 감사를 수행하는 방법을 제시한다.
  - 이상 행위 탐지, 로그 분석, 보안 이벤트 관리 등을 통해 보안 위반 및 침해 사례를 탐지하고 대응할 수 있는 프로세스를 포함한다.

✔ 개념 체크

1 정보의 기밀성, 무결성 및 가용성을 높이기 위한 정보 보안 시스템의 기본이 되는 뼈대는?

1 보안 프레임워크

**01** 다음 내용이 설명하는 접근 제어 모델은?

> – 군대의 보안 레벨처럼 정보의 기밀성에 따라 상하 관
> 계가 구분된 정보를 보호하기 위해 사용한다.
> – 낮은 보안 레벨 권한을 가진 경우에는 높은 보안 레벨
> 의 문서를 읽을 수 없고 자신의 권한보다 낮은 수준의
> 문서만을 읽을 수 있다.
> – 자신의 권한보다 높은 보안 레벨의 문서에는 쓰기가
> 가능하지만, 보안 레벨이 낮은 문서의 쓰기 권한은 제
> 한한다.

① Clark–Wilson Integrity Model
② PDCA Model
③ Bell–Lapadula Model
④ Chinese Wall Model

---

벨라파듈라 모델(BLP, Bell–LaPadula Confidentiality Model)에 관한 설명
이다.

**02** 각 사용자 인증의 유형에 대한 설명으로 가장 적절하지 <u>않은</u> 것은?

① 지식 : 주체는 '그가 알고 있는 것'을 보여주며
예시로는 패스워드, PIN 등이 있다.
② 소유 : 주체는 '그가 가지고 있는 것'을 보여주
며 예시로는 토큰, 스마트카드 등이 있다.
③ 존재 : 주체는 '그를 대체하는 것'을 보여주며
예시로는 패턴, QR 등이 있다.
④ 행위 : 주체는 '그가 하는 것'을 보여주며 예시
로는 서명, 움직임, 음성 등이 있다.

---

존재 : 주체를 나타내는 특징을 기반으로 인증한다(예 지문, 홍채, 망막, DNA).

**03** 정보 시스템 내에서 어떤 주체가 특정 개체에 접근하
려 할 때 양쪽의 보안 레이블(Security Label)에 기
초하여 높은 보안 수준을 요구하는 정보(객체)가 낮은
보안 수준의 주체에게 노출되지 않도록 하는 접근 제
어 방법은?

① Mandatory Access Control
② User Access Control
③ Discretionary Access Control
④ Data–Label Access Control

---

강제적 접근 통제(MAC : Mandatory Access Control) : 중앙에서 정보를 수집
하고 분류하여 보안 레벨을 결정하고 정책적으로 접근 제어를 수행하는 방식으
로 다단계 보안 모델이라고도 한다.

**04** 접근 통제 방법 중 조직 내에서 직무, 직책 등 개인의
역할에 따라 결정하여 부여하는 접근 정책은?

① RBAC
② DAC
③ MAC
④ QAC

---

역할 기반 접근 통제(RBAC : Role Based Access Control) : 사람이 아닌 직책
에 대해 권한을 부여함으로써 효율적인 권한 관리가 가능하다.

**05** 정보 보안을 위한 접근 통제 정책 종류에 해당하지 <u>않</u>
<u>는</u> 것은?

① 임의적 접근 통제
② 데이터 전환 접근 통제
③ 강제적 접근 통제
④ 역할 기반 접근 통제

---

접근 통제 종류 : 강제적 접근 통제, 임의적 접근 통제, 역할 기반 접근 통제

[정답] 01 ③ 02 ③ 03 ① 04 ① 05 ②

# 보안 솔루션과 보안 아키텍처

▶ 합격 강의

빈출 태그 IDS • 방화벽 • 침입 탐지 기법 • IP Sec • VPN

**🅑 기적의 TIP**

출제되었던 내용 위주로 기출문제를 병행하여 학습하세요.

## 01 보안 솔루션

### 1) IDS(Intrusion Detection System, 침입 탐지 시스템) 23.8, 21.8

① IDS의 개념
- 침입 공격에 대하여 탐지하는 것을 목표로 하는 보안 솔루션이다.
- 외부 침입에 대한 정보를 수집하고 분석하여 침입 활동을 탐지해 이에 대응하도록 보안 담당자에게 통보하는 기능을 수행하는 네트워크 보안 시스템이다.

② 예방적이고 사전 조처 기술
- HIDS(Host-based IDS, 호스트 기반 IDS)
  - 컴퓨터 시스템의 내부를 감시하고 분석하여 침입을 탐지하는 시스템이다.
  - 컴퓨터 시스템의 동작이나 상태를 모두 감시하거나 부분적으로 감시한다.
  - CPU, 메모리, 디스크 등 호스트 자원을 일정 부분 점유한다.
- NIDS(Network-based IDS, 네트워크 기반 IDS)
  - 네트워크상의 모든 패킷을 캡처링한 후 이를 분석하여 침입을 탐지한다.
  - 네트워크 위치에 따라 설치할 수 있으며, 적절한 배치를 통하여 넓은 네트워크 감시가 가능하다.
  - HIDS가 탐지하지 못한 침입을 탐지할 수 있다.

③ 침입 탐지 기법 21.8
- 오용 탐지(Misuse Detection)
  - 이미 발견되어 알려진 공격 패턴과 일치하는지를 검사하여 침입을 탐지한다.
  - 속도가 빠르고 구현이 간단하다.
  - 오탐(False Positive)★은 낮지만, 미탐(False Negative)★이 높다.
- 이상 탐지(Anomaly Detection)
  - 장기간 수집된 올바른 사용자 행동 패턴을 활용해 통계적으로 침입을 탐지한다.
  - 알려지지 않은 공격을 탐지하는 데 적합하다.
  - 미탐(False Negative)은 낮지만, 오탐(False Positive)이 높다.
  - 호스트 기반과 네트워크 기반 침입 탐지 시스템에 모두 적용될 수 있다.

**물리적 위협**
- 화재, 홍수 등 천재지변으로 인한 위험
- 하드웨어 파손, 고장으로 인한 장애
- 방화, 테러로 인한 하드웨어와 기록 장치를 물리적으로 파괴하는 행위

★ 오탐(False Positive)
실제 공격이 아닌데도 공격으로 탐지함

★ 미탐(False Negative)
실제 공격인데도 공격을 탐지하지 못함

**✔ 개념 체크**

1 방화벽은 외부 침입에 대한 정보를 수집하고 분석하여 침입 활동을 탐지해 이에 대응하도록 보안 담당자에게 통보하는 기능을 수행하는 네트워크 보안 시스템이다. (O, X)

1 X

**오용 탐지 vs 이상 탐지**

| 구분 | 오용 탐지 | 이상 탐지 |
|---|---|---|
| 동작 원리 | 정의된 악성 행위와 비교하여 탐지 | 정상적인 동작을 학습하고 비정상 탐지 |
| 기반 데이터 | 악성 행위에 대한 사전 지식 | 시스템의 정상 동작에 대한 학습 |
| 탐지 방법 | 시그니처 또는 패턴 일치 여부 | 예상치 못한 패턴 또는 동작 탐지 |
| 새로운 공격 탐지 | 새로운 악성 행위에 대한 업데이트 필요 | 새로운 동작에 대한 학습 후 탐지 가능 |
| 탐지 능력 | 알려진 침입 패턴에 효과적 | 새로운, 알려지지 않은 공격에 효과적 |
| 활용 분야 | 시그니처 기반 침입 탐지 시스템 | 네트워크, 시스템, 행동 분석 등에 사용 |

## 2) 방화벽(Firewall)

### ① 방화벽의 개념

- 내부-외부 네트워크 사이에 위치하여, 보안 정책을 만족하는 트래픽만 통과할 수 있다.
- 방화벽이 제공하는 기능에는 접근 제어, 인증, 감사 추적, 암호화 등이 있다.
- 불법 사용자의 침입 차단을 위한 정책과 이를 지원하는 하드웨어 및 소프트웨어를 제공한다.
- 방화벽 하드웨어 및 소프트웨어 자체의 결함에 의해 보안상 취약점을 가질 수 있다.
- 내부 네트워크에서 외부 네트워크로 나가는 패킷은 그대로 통과시키므로 내부 사용자에 의한 보안 침해는 방어하지 못한다.

### ② 방화벽의 유형

- 패킷 필터링(Packet Filtering)
  - 패킷의 출발지 및 목적지 IP 주소, 서비스의 포트 번호 등을 이용한 접속 제어를 수행한다.
  - 특정 IP, 프로토콜, 포트의 차단 및 허용을 할 수 있다.
  - 바이러스에 감염된 파일 전송 시 분석이 불가능하다.
  - OSI 참조 모델의 제3/4계층에서 처리되므로 처리 속도가 빠르다.
- 상태 검사(Stateful Inspection)
  - 패킷 필터링 기능을 사용하며 현재 연결 세션의 트래픽 상태와 미리 저장된 상태와의 비교를 통하여 접근을 제어한다.
- 응용 레벨 게이트웨이(Application Level Gateway)
  - OSI 참조 모델의 7계층의 트래픽을 감시하여 안전한 데이터만을 네트워크 중간에서 릴레이한다.
  - 응용 프로그램 수준의 트래픽을 기록하고 감시하기가 쉬우며, 추가로 사용자 인증과 같은 부가 서비스를 지원할 수 있다.
  - 응용 계층에서 동작하기 때문에 다른 방식의 방화벽에 비해 처리 속도가 가장 느리다.

방화벽은 네트워크로 들어오는 위험을 막아준다. 사람이 물리적으로 직접 침입하는 경우는 방어할 수 없다.

✅ **개념 체크**

1 패킷의 출발지 및 목적지 IP 주소, 서비스의 포트 번호 등을 이용한 접속 제어를 수행하는 방화벽의 유형은?

1 패킷 필터링

- 회선 레벨 게이트웨이(Circuit Level Gateway)
  - 종단-대-종단 TCP 연결을 허용하지 않고, 두 개의 TCP 연결을 설정한다.
  - 시스템 관리자가 내부 사용자를 신뢰할 때 일반적으로 사용한다.
  - 내부 IP 주소를 숨길 수 있다.

**기적의 TIP**

출제 빈도가 높지 않으니 가볍게 정리하세요.

### 3) 방화벽 5가지 구성 형태

#### ① 스크리닝 라우터(Screening Router)

내부 네트워크

- 외부(인터넷)와 내부망의 가운데에서 패킷 필터링 규칙을 적용해서 방화벽의 임무를 수행하는 구조이다.
- 3계층과 4계층에서 IP와 Port에 대해 접근 제어를 하는 스크리닝 라우터는 매우 저렴하게 방화벽의 임무를 수행할 수 있으나 세부적인 규칙을 적용하기 어렵고 만약에 접속이 폭주하면 부하가 걸려 효과적이지 못하다.

#### ② 단일 홈 게이트웨이(Single-Homed Gateway)

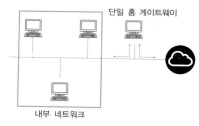

단일 홈 게이트웨이

내부 네트워크

- 스크리닝 라우터와 비슷한 구조를 가진다. 접근 제어, 프록시, 인증, 로깅 등 방화벽의 기본 기능을 수행하며, 더욱 강력한 보안 정책을 실행할 수 있지만 방화벽이 손상되면 내부의 공격에 대해 무방비 상태가 된다.
- 2계층에서 우회를 통한 공격이 가능하며, 일반적으로 이런 구조를 베스천 호스트라고 한다.

#### ③ 이중 홈 게이트웨이(Dual-Homed Gateway)

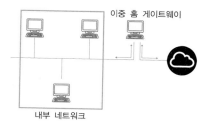

이중 홈 게이트웨이

내부 네트워크

**베스천 호스트(Bastion Host)**
중세 성곽의 가장 중요한 수비 부분을 의미하는 단어로, 방화벽 시스템 관리자가 중점 관리하는 시스템을 말하며 액세스 제어 및 응용 시스템 게이트웨이로서 프록시 서버의 설치, 인증, 로그 등을 담당하는 호스트를 말한다.

**스크리닝 라우터(Screening Router)**
외부 네트워크와 내부 네트워크를 연결하는 라우터로서, 패킷 필터링과 같은 보안 기능을 제공하여 외부에서 내부로 들어오는 트래픽을 검사하고 제어한다.

**방어선 네트워크(Perimeter Network)**
외부와 내부 네트워크 사이에 있는 중간 구역으로서, 방화벽이 설정된 구간이다.

**개념 체크**

1 2개의 네트워크 인터페이스를 가진 베스천 호스트로, 하나의 NIC는 내부 네트워크와 연결하고 다른 NIC는 외부 네트워크와 연결하며, 하나의 네트워크에서 다른 네트워크로 IP를 라우팅하지 않아 프록시 기능이 부여되는 형태의 방화벽 구성은?

1 이중 홈 게이트웨이

- 2개의 네트워크 인터페이스(NIC)를 가진 베스천 호스트로서 하나의 NIC는 내부 네트워크와 연결하고 다른 NIC는 외부 네트워크와 연결한다. 방화벽은 하나의 네트워크에서 다른 네트워크로 IP 패킷을 라우팅하지 않기 때문에 프록시 기능을 부여한다.
- 내부에서 외부로 갈려면 반드시 이중 홈 게이트웨이를 지나가야 하므로 좀 더 효율적으로 트래픽을 관리할 수 있다.

④ 스크린된 호스트 게이트웨이(Screened Host Gateway)

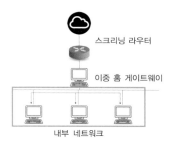

- 이중 홈드 게이트웨이와 스크리닝 라우터를 결합한 형태로 '숨겨진'이라는 의미로 방화벽이 숨겨져 있다. 패킷 필터링 호스트와 베스천 호스트로 구성되어 있다.
- 패킷 필터링 라우터는 외부 및 내부 네트워크(인터넷 쪽)에서 발생하는 패킷을 통과시킬 것인지를 검사하고 외부에서 내부로 유입되는 패킷(라우터와 내부 네트워크 사이)에 대해서는 베스천 호스트로 검사된 패킷을 전달한다. 베스천 호스트는 내부 및 외부 네트워크 시스템에 대한 인증을 담당한다.
- 3계층과 4계층에 대해서 접근 제어를 해주고 베스천 호스트에서 7계층에 대한 접근 제어를 하게 되지만 구축 비용은 위의 방식들보다 매우 비싼 편이다.

⑤ 스크린된 서브넷 게이트웨이(Screened Subnet Gateway) 21.5

- 스크린된 호스트의 보안상 문제점을 보완한 모델이다. 외부 네트워크와 내부 네트워크 사이에 하나 이상의 경계 네트워크를 두어 내부 네트워크를 외부 네트워크로 분리하기 위한 구조이다.
- 스크린된 서브넷 게이트웨이 방식은 외부와 내부의 가운데에 DMZ를 위치시키며 방화벽도 DMZ 부분에 위치하고 주로 프록시가 설치된다.
- 설치나 관리가 어렵고 속도가 느리며 고비용이다.

**크롤링(Crawling)**
- = 웹 크롤링(Web Crawling) = 데이터 크롤링(Data Crawling)
- 웹 사이트(Web Site), 하이퍼링크(Hyperlink), 데이터(Data), 정보 자원을 자동화된 방법으로 수집, 분류, 저장하는 것이다.

✅ **개념 체크**

1  이중 홈 게이트웨이와 스크리닝 라우터를 결합한 형태로 방화벽이 숨겨져 있으며, 패킷 필터링 호스트와 베스천 호스트로 구성된 방화벽 구성 형태는?

2  스크린된 서브넷 게이트웨이는 스크린 된 호스트의 보안상 문제점을 보완한 모델로 외부 네트워크와 내부 네트워크 사이에 하나 이상의 경계 네트워크를 두어 내부 네트워크를 외부 네트워크로 분리하기 위한 구조를 갖는다. (O, X)

1 스크린된 호스트 게이트웨이
2 O

## 1) IPS(Intrusion Prevention System, 침입 방지 시스템) 22.7

- 사전에 조처하는 기술로서 침입 공격에 대하여 방지하는 것을 목표로 하는 보안 솔루션이다.
- IDS와 방화벽의 장점을 결합한 네트워크 보안 시스템이다.
- 호스트의 IP 주소, 포트 번호, 사용자 인증에 기반을 두고 외부 침입을 차단한다.
- 허용되지 않는 사용자나 서비스에 대해 사용을 거부하여 내부 자원을 보호한다.

## 2) DMZ(DeMilitarized Zone, 비무장 지대)

- DMZ는 보안 조치가 취해진 네트워크 영역이다.
- 메모리, 네트워크 연결, 접근 포인트 등과 같은 자원에 대한 접근을 제한하기 위해 구축된다.
- 내부 방화벽과 외부 방화벽 사이에 위치할 수 있다.
- 웹 서버, DNS 서버, 메일 서버 등이 위치할 수 있다.

## 3) IPSec(IP Security) 24.5, 23.8, 21.5

- 통신 세션의 각 IP 패킷을 암호화하고 인증하는 안전한 인터넷 프로토콜(IP)이다.
- ESP는 발신지 인증, 데이터 무결성, 기밀성 모두를 보장한다.
- 운영 모드는 Tunnel 모드와 Transport 모드로 분류된다. ——— Encapsulation Security Payload
- AH는 발신지 호스트를 인증하고, IP 패킷의 무결성을 보장한다.
  ——— Authentication Header

## 4) DLP(Data Loss Prevention)

- 기업 데이터 유출을 방지하는 것을 목표로 하는 보안 솔루션이다.
- 사용자의 PC에서 기업 내 기밀 데이터가 외부로 반출되는 것을 항시 감시하고 기록하며, 정책에 따라 유출을 차단한다.

## 5) ESM(Enterprise Security Management, 통합 보안 관리)

- 방화벽, 침입 탐지 시스템, 가상 사설망 등의 보안 솔루션을 하나로 모은 통합 보안 관리 시스템으로 서로 다른 보안 장비에서 발생한 각종 로그를 통합적으로 관리하여 통합 보안 관제 서비스를 제공한다.
- 전사적 차원의 보안 정책 통합 관리와 적용을 통해 정보 시스템 보안성을 향상시키고 안전성을 높인다.

## 6) VPN(Virtual Private Network, 가상 사설망) 22.7, 22.3, 20.9

- 이용자가 인터넷과 같은 공중망에 사설망을 구축하여 마치 전용망을 사용하는 효과를 가지는 보안 솔루션이다.
- 안전하지 않은 공용 네트워크를 이용하여 사설 네트워크를 구성하는 기술이다.

- 전용선을 이용한 사설 네트워크에 비해 저렴한 비용으로 안전한 망을 구성할 수 있다.
- 공용 네트워크로 전달되는 트래픽은 암호화 및 메시지 인증 코드 등을 사용하여 기밀성과 무결성을 제공한다.
- 인터넷과 같은 공공 네트워크를 통해서 기업의 재택근무자나 이동 중인 직원이 안전하게 회사 시스템에 접근할 수 있도록 해준다.

## 이론을 확인하는 기출문제

**01** 침입 탐지 시스템(IDS : Intrusion Detection System)과 관련한 설명으로 **틀린** 것은?

① 이상 탐지 기법(Anomaly Detection)은 Signature Base나 Knowledge Base라고도 불리며 이미 발견되고 정립된 공격 패턴을 입력해 두었다가 탐지 및 차단한다.

② HIDS(Host-Based Intrusion Detection)는 운영체제에 설정된 사용자 계정에 따라 어떤 사용자가 어떤 접근을 시도하고 어떤 작업을 했는지에 대한 기록을 남기고 추적한다.

③ NIDS(Network-Based Intrusion Detection System)로는 대표적으로 Snort가 있다.

④ 외부 인터넷에 서비스를 제공하는 서버가 위치하는 네트워크인 DMZ(Demilitarized Zone)에는 IDS가 설치될 수 있다.

①번은 오용 탐지에 관한 설명이다.

**02** 물리적 위협으로 인한 문제에 해당하지 **않는** 것은?

① 화재, 홍수 등 천재지변으로 인한 위협

② 하드웨어 파손, 고장으로 인한 장애

③ 방화, 테러로 인한 하드웨어와 기록 장치를 물리적으로 파괴하는 행위

④ 방화벽 설정의 잘못된 조작으로 인한 네트워크, 서버 보안 위협

방화벽은 소프트웨어적인 방식으로 물리적 위협을 막을 수 없다.

**03** 침입 차단 시스템(방화벽) 중 다음과 같은 형태의 구축 유형은?

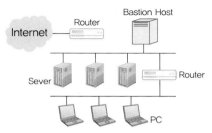

① Block Host

② Tree Host

③ Screened Subnet

④ Ring Homed

스크린된 서브넷 게이트웨이(Screened Subnet Gateway) : 스크린된 호스트의 보안상 문제점을 보완한 모델이다. 외부 네트워크와 내부 네트워크 사이에 하나 이상의 경계 네트워크를 두어 내부 네트워크를 외부 네트워크로 분리하기 위한 구조이다. 스크린된 서브넷 게이트웨이 방식은 외부와 내부의 가운데에 DMZ(DeMilitarized Zone) 위치시키며 방화벽도 DMZ 부분에 위치하고 주로 프록시가 설치된다.

정답 01 ① 02 ④ 03 ③

**04** 방화벽, 침입 탐지 시스템, 가상 사설망 등의 보안 솔루션을 하나로 모은 통합 보안 관리 시스템은?

① NAT
② VPN
③ ESM
④ IDS

ESM(Enterprise Security Management) : 방화벽, 침입탐지시스템(IDS), 가상사설망(VPN) 등 다양한 종류의 보안 솔루션을 하나로 모은 통합보안 관리시스템이다.

**05** 이용자가 인터넷과 같은 공중망에 사설망을 구축하여 마치 전용망을 사용하는 효과를 가지는 보안 솔루션은?

① ZIGBEE
② KDD
③ IDS
④ VPN

VPN(Virtual Private Network, 가상 사설망) : 이용자가 인터넷과 같은 공중망에 사설망을 구축하여 마치 전용망을 사용하는 효과를 가지는 보안 솔루션이다.

**06** IPSec(IP Security)에 대한 설명으로 <u>틀린</u> 것은?

① 암호화 수행 시 일방향 암호화만 지원한다.
② ESP는 발신지 인증, 데이터 무결성, 기밀성 모두를 보장한다.
③ 운영 모드는 Tunnel 모드와 Transport 모드로 분류된다.
④ AH는 발신지 호스트를 인증하고, IP 패킷의 무결성을 보장한다.

IPSec(IP security) : 통신 세션의 각 IP 패킷을 암호화하고 인증하는 안전한 인터넷 프로토콜(IP)로 양방향 암호화를 지원한다.

**07** 사전 등록된 모바일 장비를 통해 원격으로 개인 사용자 기기를 등록, 관리, 추적 등을 지원하는 단말기기 관리 업무를 처리하는 BYOD(Bring Your Own Device) 환경에서의 주요 보안 강화 기술은?

① NAC
② MDM
③ MAM
④ ESM

**BYOD 환경에서 주요 보안 강화 기술**
• MDM(Mobile Device Management) : 기기 자체를 관리하는 방식
• MAM(Mobile Application Management) : 기기 내 특정 애플리케이션만 관리하는 방식

정답 04 ③ 05 ④ 06 ① 07 ②

# 공격 유형

학습 방향

이번 챕터에서는 구축된 시스템의 안전을 위해 서비스 공격 유형에 대해 살펴보도록 합니다. 단편적으로 용어 위주로 시험이 출제되니 출제 용어 기준으로 확인하도록 하세요.

출제빈도

**SECTION 01**　상　━━━━━━━━━━━━━━━━　**100%**

# 서비스 공격 유형

▶ 합격 강의

> 빈출 태그 Smurf • Ping of Death • Ping Flooding • LAND • DDoS • TCP 세션 하이재킹 • Phishing • 랜섬웨어 • Key Logger • Tripwire • Switch Jamming

## ⓞ1 서비스 거부 공격

### 1) DoS(Denial of Service, 서비스 거부)

- 시스템의 자원을 부족하게 하여 원래 의도된 용도로 사용하지 못하게 하는 공격 방법이다.
- 정보보호의 3대 목표 중 가용성(Availability)을 위협하는 행위로서 공격자가 임의로 자신의 IP 주소를 속여서 다량으로 서버에 보낸다.
- 헤더가 조작된 일련의 IP 패킷 조각들을 전송한다.
- 라우터, 웹, 전자 우편, DNS 서버 등 모든 네트워크 장비를 대상으로 이루어질 수 있다.

### 2) 서비스 거부 공격 유형

① 스머프 공격(Smurf Attack) 24.3, 23.3, 22.4, 20.6
- 공격 대상의 IP 주소를 근원지로 대량의 ICMP 응답 패킷을 전송하여, 서비스 거부를 유발하는 공격 방법이다.
- IP 또는 ICMP의 특성을 악용하여 특정 사이트에 집중적으로 데이터를 보내 네트워크 또는 시스템의 상태를 불능으로 만드는 공격 방법이다.
- 공격 절차
  - 공격자가 브로드캐스트 주소로 위장한 가짜 ICMP Echo Request 패킷을 생성한다.
  - 가짜 패킷에는 공격 대상 시스템의 IP 주소가 출발지 IP 주소로 설정한다.
  - 공격자는 이 가짜 패킷을 네트워크상의 여러 호스트에 전송한다.
  - 네트워크의 각 호스트는 가짜 패킷을 받고, 해당 IP 주소로 응답을 보내려고 시도한다. 하지만 출발지 IP 주소가 공격 대상 시스템의 IP 주소로 설정되어 있어서 응답은 공격 대상이 아닌 브로드캐스트 주소로 전송된다.
  - 이로 인해 응답은 공격 대상 시스템을 향해 돌아오지 않고, 네트워크 대역폭이 고갈되며 서비스 중단을 유발한다.

② Ping of Death <sup>23.6, 22.4</sup>

- 비정상적인 ICMP 패킷을 전송하여, 시스템의 성능을 저하하는 공격 방법이다.
- Ping은 네트워크 장치 간의 연결 상태를 확인하기 위해 사용되는 도구로, ICMP(Echo Request)와 ICMP(Echo Reply) 메시지를 교환하여 동작한다.
- 일반적으로 작은 크기의 ICMP 패킷이 사용되지만, 'Ping of Death'에서는 이보다 훨씬 큰 크기의 ICMP 패킷이 사용된다.
- 공격자는 정상적인 ICMP 패킷보다 훨씬 큰 패킷을 조작하여 생성하고, 이를 목표 시스템으로 전송한다.
- 공격 절차
  - 공격자는 비정상적으로 큰 크기의 ICMP Echo Request 패킷을 생성한다.
  - 생성된 이 패킷은 목표 시스템의 IP 주소로 설정된다.
  - 공격자는 생성된 패킷을 네트워크상에서 목표 시스템에 대상으로 전송한다.
  - 목표 시스템은 비정상적으로 큰 패킷을 처리하기 위해 많은 시스템 리소스를 사용하게 되어 성능 저하 또는 시스템 충돌을 유발한다.
  - 이로 인해 목표 시스템은 서비스를 중단하게 되거나, 응답이 지연되는 등의 문제가 발생한다.

### ➕ 더 알기 TIP

**Smurf Attack vs Ping of Death**

| 구분 | Smurf Attack | Ping of Death |
| --- | --- | --- |
| 공격 유형 | 네트워크 리소스 고갈 | 네트워크 리소스 고갈 |
| 프로토콜 | ICMP | ICMP |
| 공격 대상 | 브로드캐스트 주소, 목표 시스템 | 목표 시스템 |
| 패킷 생성 | IP 주소를 가장한 ICMP Echo Request | 고갈시킬만큼 큰 ICMP Echo Request 패킷 |
| 영향 | 네트워크 대역폭 고갈, 서비스 중단 | 서비스 중단, 시스템 충돌 |
| 유사점 | ICMP 프로토콜 이용, 네트워크 리소스 고갈을 목표로 함 | |
| 차이점 | 브로드캐스트 주소 이용, 목표 시스템 공격 | 패킷 크기를 크게 하여 목표 시스템 공격 |

③ Ping 플러딩(Ping Flooding) <sup>23.6, 21.8</sup>

- 네트워크의 정상 작동 여부를 확인하기 위해 사용하는 Ping 테스트를 이용하여 공격자가 공격 대상 컴퓨터를 확인하는 공격 기법이다.
- 특정 사이트에 매우 많은 ICMP Echo를 보내면, 이에 대해 응답하기 위해 시스템 자원을 모두 사용해 버려 시스템이 정상적으로 동작하지 못하도록 하는 공격 방법이다.

④ SYN 플러딩(SYN Flooding)

- TCP 연결 설정 과정의 취약점을 악용한 서비스 거부 공격이다.
- TCP 3-Way Handshaking 과정에서 Half-Open 연결 시도가 가능하다는 취약성을 이용한 공격 방법이다.

- Ping of Death : 비정상적 ICMP 전송
- Ping Flood : 대량의 ICMP Echo 전송

### ✅ 개념 체크

1 특정 사이트에 매우 많은 ICMP Echo를 보내면, 이에 대해 응답하기 위해 시스템 자원을 모두 사용해버려 시스템이 정상적으로 동작하지 못하도록 하는 공격 방법은?

1 Ping 플러딩(Ping Flooding)

⑤ UDP 플러딩(UDP Flooding)
- 대량의 UDP 패킷을 만들어 보내 정상적인 서비스를 하지 못하도록 하는 공격 방법이다.
- ICMP Unreachable : 공격 과정에서 지정된 UDP 포트가 나타내는 서비스가 존재하지 않을 때 발생하는 패킷이다.

⑥ 티어드랍(Teardrop)
패킷 재조합의 문제를 악용하여 오프셋이나 순서가 조작된 일련의 패킷 조각들을 보냄으로써 자원을 고갈시키는 공격 방법이다.

**Teardrop Attack**
서비스 거부 공격(DOS)의 하나. 공격 대상 컴퓨터에 헤더가 조작된 일련의 IP 패킷조각(IP Fragments)들을 전송함으로써 컴퓨터의 OS를 다운시키는 공격이다.

⑦ 랜드(LAND, Local Area Network Denial Attack)
- LAN 내에서 네트워크 리소스를 고갈시키는 것을 목표로 한다.
- 공격자가 패킷의 출발지 IP 주소나 포트(Port)를 임의로 변경하여 출발지와 목적지 주소(또는 포트)를 동일하게 함으로써, 공격 대상 컴퓨터의 실행 속도가 느려지거나 동작이 마비되어 서비스 거부 상태에 빠지도록 하는 공격 방법이다.
- LAND 예시

| 스위치 오버로드<br>(Switch Overload) | 스위치에 대량의 패킷을 생성하여 스위치가 처리하기 어려운 수준으로 트래픽을 과부하로 몰아넣어 스위치 성능을 저하시킨다. |
|---|---|
| ARP 스푸핑<br>(ARP Spoofing) | 공격자는 가짜 ARP 응답을 생성하여 로컬 네트워크의 기기들 사이의 통신을 방해하거나 중단시킨다. |
| MAC 플러딩<br>(MAC Flooding) | 공격자가 대량의 가짜 MAC 주소를 생성하여 스위치의 MAC 주소 테이블을 오버플로우 시키는 공격이다. |
| LAN 스니핑<br>(LAN Sniffing) | 공격자는 네트워크에서 전송되는 데이터를 감청하고 분석하여 네트워크 서비스에 대한 액세스를 방해하거나 정보를 유출한다. |

**DDoS 프로토콜 계층 공격 유형**
- TCP SYN Flooding
- UDP Flooding
- ICMP Flooding
- NTP Flooding
- DNS Flooding
- Slow HTTP Attack

⑧ DDoS(Distributed Denial of Service, 분산 서비스 거부) [23.8, 22.3]
- 여러 대의 공격자를 분산 배치하여 동시에 서비스 거부 공격을 함으로써 공격 대상이 되는 시스템이 정상적인 서비스를 할 수 없도록 방해하는 공격 방법이다.
- 공격용 도구 [20.8]
  - Trinoo : 1999년에 등장한 DDoS 공격 도구로, 일련의 Master와 Agent 시스템으로 구성되어 있다. Master 시스템은 공격을 지시하고, Agent 시스템은 대량의 UDP 패킷을 생성하여 목표 시스템에 보낸다.
  - TFN(Tribe Flood Network) : TFN은 1999년에 발견된 DDoS 공격 도구로, Master와 Agent 시스템으로 구성되어 있다. ICMP, TCP, UDP 등 다양한 프로토콜을 이용하여 대량의 트래픽을 생성하여 목표 시스템을 공격한다.
  - TFN2K : TFN의 발전된 버전으로, 2000년에 등장한 DDoS 공격 도구이다. 트래픽 생성과 통신을 위해 암호화된 데이터를 사용하여 탐지를 어렵게 만들었다.
  - Stacheldraht : 1999년에 발견된 DDoS 공격 도구로, 암호화된 TCP 연결을 통해 제어되는 Agent 시스템으로 구성된다. ICMP, TCP, UDP 등 다양한 프로토콜을 사용하여 목표 시스템을 공격한다.

✔ 개념 체크

1 공격자가 패킷의 출발지 IP 주소나 포트(Port)를 임의로 변경하여 출발지와 목적지 주소(또는 포트)를 동일하게 함으로써, 공격 대상 컴퓨터의 실행 속도가 느려지거나 동작이 마비되어 서비스 거부 상태에 빠지도록 하는 공격 방법은?

1 LAND Attack

⑨ 공격 대역폭 홍수(Bandwidth Flooding)
- 공격자가 대량의 트래픽을 목표 시스템으로 전송하여 네트워크 대역폭을 고갈시키는 공격이다.
- 목표 시스템은 대량의 트래픽으로 인해 정상적인 통신을 처리하지 못하게 된다.

⑩ 애플리케이션 계층 공격(Application Layer Attack)
애플리케이션 계층에서 발생하는 공격으로, HTTP GET/POST 요청을 낮은 처리 용량을 갖는 리소스에 대해 반복적으로 보내거나, 잘못된 데이터로 요청을 가로채는 등의 방법을 사용하여 서비스를 고갈시킨다.

⑪ DNS 공격(DNS Attack)
- DNS 서버에 대한 공격으로, DNS 쿼리를 대량으로 보내거나, DNS 응답을 위조하거나 차단하여 정상적인 DNS 서비스를 방해한다.
- 이에 따라 도메인 이름 해석이 실패하거나 지연되어 서비스 접근이 불가능해질 수 있다.

⑫ 소켓 오버로드(Socket Exhaustion)
- 공격자가 대량의 연결을 생성하여 시스템의 소켓 리소스를 고갈시키는 공격이다.
- 서비스 포트에 연결 요청을 계속해서 보내어 정상적인 연결을 막고, 서버의 처리 용량을 초과시킨다.

⑬ 리소스 고갈 공격(Resource Exhaustion Attack)
시스템의 리소스를 고갈시켜 서비스를 중단시키는 공격으로, CPU, 메모리, 디스크 공간 등의 리소스를 과도하게 사용하여 시스템 성능을 떨어뜨리거나 마비시킨다.

익스플로잇(Exploit)
컴퓨터 소프트웨어나 하드웨어나 컴퓨터 관련 전자제품의 버그, 보안 취약점 등 설계상 결함을 이용하여 공격자의 의도된 동작을 수행하도록 만들어진 절차나 일련의 명령, 스크립트, 프로그램 또는 특정한 데이터 조각을 말한다.

## 02 그 외 공격 유형

① TCP 세션 하이재킹 21.3
- 서버와 클라이언트 통신 시에 TCP의 3-Way Handshake 단계에서 발생하는 취약점을 이용한 공격 기법으로 서버와 클라이언트가 TCP를 이용하여 통신하고 있을 때 RST 패킷을 전송하여 일시적으로 TCP 세션을 끊고 시퀀스 번호를 새로 생성하여 세션을 탈취하고 인증을 회피하는 공격 기법이다.
- 비동기화 상태와 동기화 상태 2가지가 존재한다.
- SSH 같은 세션 인증 수준이 높은 프로토콜 사용을 통해 방어하도록 한다.
- 공격 단계

| 패킷 스니핑 (Sniffing) | 공격자는 패킷 스니핑 도구를 사용하여 네트워크상에서 패킷을 가로채어 세션의 정보를 획득한다. |
|---|---|
| 시퀀스 예측 (Sequence Prediction) | 공격자는 스니핑한 패킷에서 TCP 세션의 시퀀스 번호를 예측한다. |
| 세션 세팅 (Session Setup) | • 공격자는 예측한 시퀀스 번호★를 사용하여 자신의 컴퓨터에서 TCP 세션을 세팅한다.<br>• 공격자는 세션을 획득하고, 통신의 주체로 속일 수 있다. |
| 세션 조작 (Session Manipulation) | • 공격자는 획득한 세션을 이용하여 데이터를 조작하거나 서버와 클라이언트 사이의 통신을 중단시킬 수 있다.<br>• 예를 들어, 공격자는 패킷을 변조하여 인증 정보를 변경하거나 중간에 데이터를 삽입, 삭제할 수 있다. |

★ 시퀀스 번호
TCP 통신에서 데이터의 순서를 지정하는 데 사용되며, 공격자가 세션을 조작할 수 있게 된다.

세션 하이재킹 탐지 기법의 종류
• 비동기화 상태 감지
• ACK STORM 탐지
• 패킷의 유실 및 재전송 증가 탐지
• 예상치 못한 접속의 리셋 탐지

② 피싱(Phishing) [21.3]
- 소셜 네트워크에서 진짜 웹 사이트와 거의 동일하게 꾸며진 가짜 웹 사이트를 통해 개인정보를 탈취하는 수법이다.
- 금융기관 등의 웹 사이트에서 보내온 메일로 위장하여 개인의 인증번호나 신용카드번호, 계좌정보 등을 빼내 이를 불법적으로 이용한다.
- 공격 절차
  - 위장된 메일 또는 메시지 전송
  - 가짜 웹 사이트 제작
  - 개인정보 입력 요청
  - 정보 도용 및 악용

③ 이블 트윈 공격(Evil Twin Attack)
피싱 사기의 무선 버전이다. 공격자는 합법적인 제공자처럼 행세하며 노트북이나 휴대전화로 핫스팟에 연결한 무선 사용자들의 정보를 탈취한다.

④ 파밍(Pharming)
도메인을 탈취하거나 악성 코드를 통해 DNS의 이름을 속여 사용자가 진짜 웹 사이트로 오인하게 만들어 개인정보를 탈취하는 수법이다.

⑤ 랜섬웨어(Ransomware) [21.8, 20.6]
개인과 기업, 국가적으로 큰 위협이 되는 주요 사이버 범죄 중 하나로 Snake, Dark side 등 시스템을 잠그거나 데이터를 암호화해 사용할 수 없도록 하고 이를 인질로 금전을 요구하는 데 사용되는 악성 프로그램이다.

⑥ 키 로거(Key Logger) [20.6]
- 컴퓨터 사용자의 키보드 움직임을 탐지해 ID, 패스워드 등 개인의 중요한 정보를 몰래 빼가는 공격 방법이다.
- 공격 절차
  - 키 로거 소프트웨어 설치
  - 키보드 입력 감지
  - 기록된 데이터 수집
  - 데이터 악용
- 예방 조치
  - 안티바이러스 소프트웨어 설치 및 업데이트
  - 신뢰할 수 있는 소프트웨어 및 소스 사용
  - 경계 강화

⑦ 무작위 대입 공격(Brute-Force Attack)
패스워드(Password)에 사용될 수 있는 문자열의 범위를 정하고, 그 범위 내에서 생성 가능한 패스워드를 활용하는 공격 방법이다.

⑧ APT(Advanced Persistent Threat, 지능적 지속 위협) [23.8]

개인 단체, 정치 단체, 국가, 산업체 등 목표 조직을 표적으로 하여 다양한 보안 위협을 만들어 침해에 성공해 정보를 유출하거나 장기간의 접속 권한을 획득하기 위해 또는 장기간의 접근을 위해 지속적으로 수행되는 공격 방법이다.

⑨ 제로데이(Zero-day) 공격

조사된 정보를 바탕으로 정보 시스템, 웹 애플리케이션 등의 알려지지 않은 취약점 및 보안 시스템에서 탐지되지 않는 악성 코드 등을 감염시키는 것이다.

⑩ 백도어(Back Door) [23.3, 20.8, 20.6]

• 프로그램이나 손상된 시스템에 허가되지 않는 접근을 할 수 있도록 정상적인 보안 절차를 우회하는 악성 소프트웨어이다. 트랩 도어(Trap Door)라고도 한다.
• 백도어 공격 도구
  NetBus, Back Orifice, RootKit 등
• 백도어 탐지 방법
  – 무결성 검사
  – 로그 분석
  – SetUID 파일 검사
  – 현재 동작 중인 프로세스 및 열린 포트 확인
  – 바이러스 및 백도어 탐지 툴 사용
• 백도어의 특징
  – 은밀성
  – 접근 경로
  – 악용 가능성
• Tripwire [24.7, 21.3, 20.6]
  크래커가 침입하여 백도어를 만들어 놓거나, 설정 파일을 변경했을 때 분석하는 도구이다.

⑪ Switch Jamming [22.3]

스위칭 허브의 기능이 방해받아 정상 동작하지 못해 스위치가 더미 허브처럼 작동하게 되는 것을 의미한다(Switch + Jamming).

⑫ Session Hijacking(TCP 세션 하이재킹)

케빈 미트닉이 사용했던 공격 방법의 하나로, TCP의 세션 관리 취약점을 이용한 공격 기법이다.

⑬ Piggyback Attack

사회공학적 방법으로 인가자를 몰래 따라 들어가는 방법이다. 대체로(중요한 정보를 취급하는 곳 또는 회사 입구 등) 물리적인 보안 장치들이 많이 존재하는 장치들을 우회하는 방법이다.

**제로데이 공격(Zero-day Attack)**
보안 취약점이 발견되었을 때 그 문제의 존재 자체가 널리 공표되기도 전에 해당 취약점을 악용하여 이루어지는 보안 공격이다.

**Nmap(Network mapper)**
보안 스캐너로 컴퓨터와 서비스를 찾을 때 쓰이며, 네트워크 "지도"를 함께 만들어 서버에 열린 포트 정보를 스캐닝해서 보안 취약점을 찾는 데 사용한다.

✓ 개념 체크

1 프로그램이나 손상된 시스템에 허가되지 않는 접근을 할 수 있도록 정상적인 보안 절차를 우회하는 악성 소프트웨어는?

1 백도어

⑭ CSRF(Cross Site Request Forgery)

사용자가 자신의 의지와는 무관하게 공격자가 의도한 행위(수정, 삭제, 등록 등)를 특정 웹 사이트에 요청하게 하는 공격 기법이다.

⑮ 블루투스 관련 공격 22.3

- 블루버그 : 블루투스 장비 사이 취약한 연결 관리를 악용한 공격 기법이다.
- 블루스나프(블루스나핑) : 블루투스의 취약점을 활용하여 장비의 파일에 접근하는 공격으로 OPP(Obex Push Protocol)를 사용하여 정보를 열람하는 공격 기법이다.
- 블루재킹 : 블루투스를 이용해 스팸처럼 명함을 익명으로 퍼뜨리는 공격 기법이다.

⑯ 악성 코드 유형 22.4

- 웜(Worm) : 네트워크를 통해 연속적으로 자신을 복제하여 시스템의 부하를 높여 결국 시스템을 다운시키는 바이러스의 일종이다.
- Rogue Ware : 백신 소프트웨어를 사칭해서 이득을 얻는 악성 소프트웨어이다.
- UDP 반사 공격(UDP Reflection Attack) : 전 세계 어느 곳으로 UDP 서비스를 이용하여 대규모 트래픽을 보낼 수 있게 된다.

## 03 공격 탐지 및 방지

① Honeypot 23.3, 22.7, 22.3

- 비정상적인 접근의 탐지를 위해 의도적으로 설치해 둔 시스템이다.
- 침입자를 속여 실제 공격당하는 것처럼 보여줌으로써 크래커를 추적 및 공격 기법의 정보를 수집하는 역할을 한다.
- 쉽게 공격자에게 노출되어야 하며 쉽게 공격이 가능한 것처럼 취약해 보여야 한다.

② DPI(Deep Packet Inspection) 22.3

OSI 7계층까지 전 계층의 프로토콜과 패킷 내부의 콘텐츠를 파악하여 침입 시도, 해킹 등을 탐지하고 트래픽을 조정하기 위한 패킷 분석 기술이다.

③ HSM(Hardware Security Module) 23.8, 22.4

- 암호화 키를 생성하고 저장하는 역할을 하는 전용 하드웨어 장치이다.
- 암호키(Master Key)를 안전하게 저장하는 역할과 Server CA의 Private Key를 저장하는 역할을 제공한다.

④ TCP Wrapper 22.4, 22.3

어떤 외부 컴퓨터가 접속되면 접속 인가 여부를 점검해서 인가되면 접속이 허용되고, 그 반대의 경우에는 거부할 수 있는 접근 제어 유틸리티이다.

⑤ SDN(Software Defined Networking) 24.3, 22.4

• 네트워크를 제어부, 데이터 전달부로 분리하여 네트워크 관리자가 보다 효율적으로 네트워크를 제어, 관리할 수 있는 기술이다.
• 기존의 라우터, 스위치 등과 같이 하드웨어에 의존하는 네트워크 체계에서 안정성, 속도, 보안 등을 소프트웨어로 제어, 관리하기 위해 개발되었다.
• 네트워크 장비의 펌웨어 업그레이드를 통해 사용자의 직접적인 데이터 전송 경로 관리가 가능하고, 기존 네트워크에는 영향을 주지 않으면서 특정 서비스의 전송 경로 수정을 통하여 인터넷상에서 발생하는 문제를 처리할 수 있다.

 개념 체크

1 HSM은 어떤 외부 컴퓨터가 접속하면 접속 인가 여부를 점검해서 인가되면 접속을 허용하고, 그 반대의 경우에는 거부할 수 있는 접근 제어 유틸리티이다. (O, X)

1 X

---

## 이론을 확인하는 기출문제

**01** 다음 설명에 해당되는 공격 기법은?

> 시스템 공격 기법 중 하나로 허용 범위 이상의 ICMP 패킷을 전송하여 대상 시스템의 네트워크를 마비시킨다.

① Ping of Death
② Session Hijacking
③ Piggyback Attack
④ XSS

Ping of Death에 관한 내용이다.

**02** 특정 사이트에 매우 많은 ICMP Echo를 보내면, 이에 대한 응답(Respond)을 하기 위해 시스템 자원을 모두 사용해 버려 시스템이 정상적으로 동작하지 못하도록 하는 공격 방법은?

① Role-Based Access Control
② Ping Flood
③ Brute-Force
④ Trojan Horses

Ping Flood에 관한 내용이다.

**03** DoS(Denial of Service) 공격과 관련한 내용으로 틀린 것은?

① Ping of Death 공격은 정상 크기보다 큰 ICMP 패킷을 작은 조각(Fragment)으로 쪼개어 공격 대상이 조각화된 패킷을 처리하게 만드는 공격 방법이다.
② Smurf 공격은 멀티캐스트(Multicast)를 활용하여 공격 대상이 네트워크의 임의의 시스템에 패킷을 보내게 만드는 공격이다.
③ SYN Flooding은 존재하지 않는 클라이언트가 서버별로 한정된 접속 가능 공간에 접속한 것처럼 속여 다른 사용자가 서비스를 이용하지 못하게 하는 것이다.
④ Land 공격은 패킷 전송 시 출발지 IP 주소와 목적지 IP 주소값을 똑같이 만들어서 공격 대상에게 보내는 공격 방법이다.

Smurf 공격 : 희생자의 스푸핑 된 원본 IP를 가진 수많은 인터넷 제어 메시지 프로토콜(ICMP) 패킷들이 IP 브로드캐스트 주소를 사용하여 컴퓨터 네트워크로 브로드캐스트하는 분산 서비스 거부 공격이다.

정답 01 ① 02 ② 03 ②

## 04 다음 내용이 설명하는 것은?

> 개인과 기업, 국가적으로 큰 위협이 되고있는 주요 사이버 범죄 중 하나로 Snake, Darkside 등 시스템을 잠그거나 데이터를 암호화해 사용할 수 없도록 하고 이를 인질로 금전을 요구하는 데 사용되는 악성 프로그램

① Format String
② Ransomware
③ Buffer overflow
④ Adware

---

랜섬웨어(Ransomware) : 개인과 기업, 국가적으로 큰 위협이 되는 주요 사이버 범죄 중 하나로 Snake, Darkside 등 시스템을 잠그거나 데이터를 암호화해 사용할 수 없도록 하고 이를 인질로 금전을 요구하는 데 사용되는 악성 프로그램

## 05 컴퓨터 사용자의 키보드 움직임을 탐지해 ID, 패스워드 등 개인의 중요한 정보를 몰래 빼가는 해킹 공격은?

① Key Logger Attact
② Worm
③ Rollback
④ Zombie Worm

---

Key Logger Attact : 컴퓨터에 몰래 설치되어 사용자의 키보드 움직임을 탐지해 ID, 패스워드 등 개인의 중요한 정보를 몰래 빼가는 해킹 공격이다.

## 06 크래커가 침입하여 백도어를 만들어 놓거나, 설정 파일을 변경했을 때 분석하는 도구는?

① tripwire
② tcpdump
③ cron
④ netcat

---

tripwire : 크래커가 침입하여 백도어를 만들어 놓거나, 설정 파일을 변경했을 때 분석하는 도구이다.

## 07 백도어 탐지 방법으로 틀린 것은?

① 무결성 검사
② 닫힌 포트 확인
③ 로그 분석
④ SetUID 파일 검사

---

**백도어 탐지 방법**
• 무결성 검사
• 로그 분석
• SetUID 파일 검사
• 현재 동작 중인 프로세스 및 열린 포트 확인
• 바이러스 및 백도어 탐지 툴 사용

## 08 세션 하이재킹을 탐지하는 방법으로 거리가 먼 것은?

① FTP SYN SEGMENT 탐지
② 비동기화 상태 탐지
③ ACK STORM 탐지
④ 패킷의 유실 및 재전송 증가 탐지

---

**TCP 세션 하이재킹**
• 서버와 클라이언트 통신 시에 TCP의 3Way-Handshake 단계에서 발생하는 취약점을 이용한 공격 기법으로 서버와 클라이언트가 TCP를 이용하여 통신하고 있을 때 RST 패킷을 전송하여 일시적으로 TCP 세션을 끊고 시퀀스 번호를 새로 생성하여 세션을 탈취하고 인증을 회피하는 공격 기법이다.
• 비동기화 상태와 동기화 상태 2가지가 존재한다.
• 세션 하이재킹 탐지 기법 : 비동기화 상태 감지, ACK STORM 탐지, 패킷의 유실 및 재전송 증가 탐지, 예상치 못한 접속의 리셋을 탐지한다.
• SSH 같은 세션 인증 수준이 높은 프로토콜 사용을 통해 방어하도록 한다.

## 09 위조된 매체 접근 제어(MAC) 주소를 지속적으로 네트워크로 흘려보내, 스위치 MAC 주소 테이블의 저장 기능을 혼란시켜 더미 허브(Dummy Hub)처럼 작동하게 하는 공격은?

① Parsing ② LAN Tapping
③ Switch Jamming ④ FTP Flooding0

---

Switch Jamming : 스위칭 허브의 기능이 방해받아 정상 동작하지 못해 스위치가 더미 허브처럼 작동하게 되는 것(Switch + Jamming)

**10** 블루투스(Bluetooth) 공격과 해당 공격에 대한 설명이 올바르게 연결된 것은?

① 블루버그(BlueBug) : 블루투스의 취약점을 활용하여 장비의 파일에 접근하는 공격으로 OPP를 사용하여 정보를 열람

② 블루스나프(BlueSnarf) : 블루투스를 이용해 스팸처럼 명함을 익명으로 퍼뜨리는 것

③ 블루프린팅(BluePrinting) : 블루투스 공격 장치의 검색 활동을 의미

④ 블루재킹(BlueJacking) : 블루투스 장비 사이의 취약한 연결 관리를 악용한 공격

• 블루버그 : 블루투스 장비 사이 취약한 연결 관리를 악용한 공격 기법이다.
• 블루스나프(블루스나핑) : 블루투스의 취약점을 활용하여 장비의 파일에 접근하는 공격으로 OPP(Obex Push Protocol)를 사용하여 정보를 열람하는 공격 기법이다.
• 블루재킹 : 블루투스를 이용해 스팸처럼 명함을 익명으로 퍼뜨리는 공격 기법이다.

**11** 다음 설명에 해당하는 시스템은?

- 1990년대 David Clock이 처음 제안하였다.
- 비정상적인 접근의 탐지를 위해 의도적으로 설치해 둔 시스템이다.
- 침입자를 속여 실제 공격을 당하는 것처럼 보여줌으로써 크래커를 추적 및 공격 기법의 정보를 수집하는 역할을 한다.
- 쉽게 공격자에게 노출되어야 하며 쉽게 공격이 가능한 것처럼 취약해 보여야 한다.

① Apache
② Hadoop
③ Honeypot
④ MapReduce

Honeypot : 비정상적인 접근을 탐지하려고 일부러 설치해 둔 시스템을 의미한다.

**12** 다음에서 설명하는 IT 기술은?

- 네트워크를 제어부, 데이터 전달부로 분리하여 네트워크 관리자가 보다 효율적으로 네트워크를 제어, 관리할 수 있는 기술이다.
- 기존의 라우터, 스위치 등과 같이 하드웨어에 의존하는 네트워크 체계에서 안정성, 속도, 보안 등을 소프트웨어로 제어, 관리하기 위해 개발되었다.
- 네트워크 장비의 펌웨어 업그레이드를 통해 사용자의 직접적인 데이터 전송 경로 관리가 가능하고, 기존 네트워크에는 영향을 주지 않으면서 특정 서비스의 전송 경로 수정을 통하여 인터넷상에서 발생하는 문제를 처리할 수 있다.

① SDN(Software Defined Networking)
② NFS(Network File System)
③ Network Mapper
④ AOE Network

• Nmap(Network Mapper) : 고든 라이온(Gordon Lyon)이 작성한 보안 스캐너이다. 이것은 컴퓨터와 서비스를 찾을 때 쓰이며, 네트워크 "지도"를 함께 만든다.
• AOE(Activity On Edge) : 구하기 위한 네트워크 작업들을 수행하는 데 걸리는 최단 시간을 구하는 것이다.

**13** 클라우드 기반 HSM에 대한 설명으로 틀린 것은?

① 클라우드(데이터 센터) 기반 암호화 키 생성, 처리, 저장 등을 하는 보안 기기이다.

② 국내에서는 공인인증제의 폐지와 전자서명법 개정을 추진하면서 클라우드 HSM 용어가 자주 등장하였다.

③ 클라우드에 인증서를 저장하므로 기존 HSM 기기나 휴대폰에 인증서를 저장해 다닐 필요가 없다.

④ 하드웨어가 아닌 소프트웨어적으로만 구현되기 때문에 소프트웨어식 암호 기술에 내재된 보안 취약점을 해결할 수 없다는 것이 주요 단점이다.

HSM(Hardware Security Module) : 암호화 키를 생성하고 저장하는 역할을 하는 전용 하드웨어 장치이다.

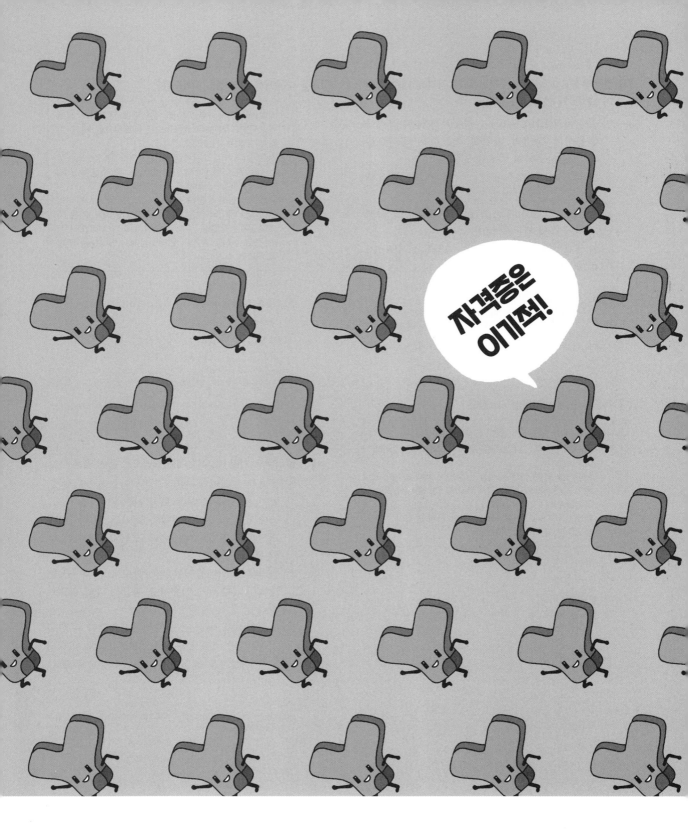

# 베스트셀러 1위 교재로 한 번에 합격!
# 정보처리 필기/실기 시리즈

## 정보처리기능사

- 필기 기본서 / 최신문제집
- 실기 기본서

## 정보처리산업기사

- 필기 기본서
- 실기 기본서
- 필기 + 실기 올인원

## 정보처리기사

- 필기 기본서 / 절대족보 / 기출 1200제
- 실기 기본서 / 최신문제집 / 핵심 600제
- 필기 + 실기 올인원

## 한번에 합격, 자격증은 이기적

### 이기적 스터디 카페

합격 전담마크! 핵심자료부터
실시간 Q&A까지 다양한 혜택 받기

### 365 이벤트

매일 매일 쏟아지는 이벤트!
기출복원, 리뷰, 합격후기, 정오표

### 100% 무료 강의

인증만 하면, 교재와 연계된
고퀄리티 강의가 무료

### CBT 온라인 문제집

연습도 실전처럼!
시험 환경 100% 재현

Q **이기적 스터디 카페**

홈페이지 : license.youngjin.com
질문/답변 : cafe.naver.com/yjbooks

수험서 35,000 원

13000
9 788931 476002
ISBN 978-89-314-7600-2

YoungJin.com Y.
영진닷컴

# 정보처리기사
## 필기

# 기출
# 공략

# 시험 환경 100% 재현!
# CBT 온라인 문제집

**편리한 학습을 돕는 글자 크기 변경 기능**

글자 크기 100% 150% 200%

**한 문제도 놓치지 않도록 안 푼 문제 수 확인**

· 전체 문제 수 : 40   · 안 푼 문제 수 : 40

**실전 시간관리 연습 제한 / 남은시간 표시**

제한 시간 40분
남은 시간 38분 50초

**CBT 시험 그대로! 답안 표기란**

답안 표기란

1  ① ② ③ ④

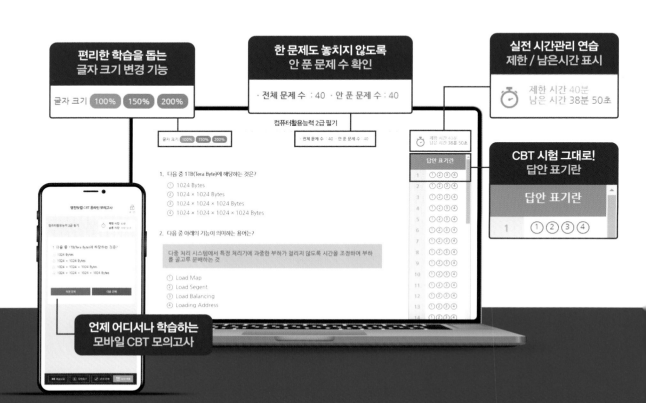

언제 어디서나 학습하는
모바일 CBT 모의고사

## 이용 방법

| STEP 1 | STEP 2 | STEP 3 | STEP 4 |
|---|---|---|---|
| 이기적 CBT<br>cbt.youngjin.com<br>접속 | 과목 선택 후<br>제한시간 안에<br>풀이 | 답안 제출하고<br>합격 여부<br>확인 | 틀린 문제는<br>꼼꼼한 해설로<br>복습 |

이기적 CBT 🔍

# 이렇게
# 기막힌
# 적중률

# 정보처리기사
# 필기 기본서

## 3권 · 기출공략집

**"이"** 한 권으로 합격의 **"기적"**을 경험하세요!

YoungJin.com **Y.**
영진닷컴

## 대표 기출 90선

## 최신 기출문제

## 최신 기출문제 정답 & 해설

**구매 인증 PDF**

모의고사 01~03회

시험장까지 함께 가는 핵심 요약
이기적 스터디 카페에서 제공

※ **참여 방법** : '이기적 스터디 카페' 검색 → 이기적 스터디 카페(cafe.naver.com/yjbooks) 접속 → '구매 인증 PDF 증정' 게시판 → 구매 인증 → 메일로 자료 받기

# 기출공략집

참고 파트01-챕터01-섹션02

## 1과목 소프트웨어 설계

### 01 | CASE(Computer Aided Software Engineering)

- 소프트웨어 개발 과정에서 사용되는 요구 분석, 설계, 구현, 검사 및 디버깅 과정을 컴퓨터와 전용의 소프트웨어 도구를 사용하여 자동화하는 작업이다.
- 소프트웨어 생명주기의 전체 단계를 연결해주고 자동화시켜 주는 통합된 도구를 제공해 주는 기술이다.
- 소프트웨어 시스템의 문서화 및 명세화를 위한 그래픽 기능을 제공한다.
- 자료 흐름도 등의 다이어그램을 쉽게 작성하게 해주는 소프트웨어 CASE 도구이다.
- 표준화된 개발 환경 구축 및 문서 자동화 기능을 제공한다.
- 작업 과정 및 데이터 공유를 통해 작업자 간의 커뮤니케이션을 증대시킨다.

### CASE(Computer Aided Software Engineering)에 대한 설명으로 틀린 것은?

① 소프트웨어 모듈의 재사용성이 향상된다.
② 자동화된 기법을 통해 소프트웨어 품질이 향상된다.
③ 소프트웨어 사용자들에게 사용 방법을 신속히 숙지시키기 위해 사용된다.
④ 소프트웨어 유지보수를 간편하게 수행할 수 있다.

**오답 피하기**

CASE는 개발 단계에서 사용되는 자동화 도구이므로 사용자 단계에서 사용되는 도구가 아니다.

참고 파트01-챕터01-섹션03

### 02 | 애자일(Agile)

- '날렵한, 재빠른'의 사전적 의미와 같이 소프트웨어 개발 중 설계 변경에 신속히 대응하여 요구사항을 수용할 수 있다.
- 절차와 도구보다 개인과 소통을 중요시하고 고객과의 피드백을 중요하게 생각한다.
- 소프트웨어가 잘 실행되는데 가치를 둔다.
- 소프트웨어 배포 시차를 최소화할 수 있다.
- 특정 방법론이 아닌 소프트웨어를 빠르고 낭비 없이 제작하기 위해 고객과의 협업에 초점을 두고 있다.
- 특징 : 짧은 릴리즈와 반복, 점증적 설계, 사용자 참여, 문서 최소화, 비공식적인 커뮤니케이션 변화

**Agile 선언문**

- 프로세스나 도구보다 개인과의 소통이 더 중요하다.
- 완벽한 문서보다 실행되는 소프트웨어가 더 중요하다.
- 계약 협상보다 고객과의 협업이 더 중요하다.
- 계획을 따르는 것보다 변경에 대한 응답이 더 중요하다.

### 소프트웨어 개발 방법론 중 애자일(Agile) 방법론의 특징과 가장 거리가 먼 것은?

① 각 단계의 결과가 완전히 확인된 후 다음 단계 진행
② 소프트웨어 개발에 참여하는 구성원들 간의 의사소통 중시
③ 환경 변화에 대한 즉시 대응
④ 프로젝트 상황에 따른 주기적 조정

참고 파트01-챕터01-섹션04

## 03 | 익스트림 프로그래밍(XP : eXtreme Programming)

- 1999년 Kent Beck이 제안하였으며, 개발 단계 중 요구사항이 시시각각 변동이 심한 경우 적합한 방법론이다.
- 요구에 맞는 양질의 소프트웨어를 신속하게 제공하는 것을 목표로 한다.
- 요구사항을 모두 정의해 놓고 작업을 진행하는 것이 아니라 요구사항이 변경되는 것을 적용하는 방식으로 예측성보다는 적응성에 더 높은 가치를 부여한 방법이다.
- 고객의 참여와 개발 과정의 반복을 극대화하여 생산성을 향상하는 방법이다.

### XP 핵심 가치

- 소통(Communication) : 개발자, 관리자, 고객 간의 원활한 소통을 지향한다.
- 단순성(Simplicity) : 부가적 기능 또는 미사용 구조와 알고리즘은 배제한다.
- 피드백(Feedback) : 소프트웨어 개발에서 변화는 불가피하다. 이러한 변화는 지속적 테스트와 통합, 반복적 결함 수정 등 빠르게 피드백한다.
- 용기(Courage) : 고객 요구사항 변화에 능동적으로 대응한다.
- 존중(Respect) : 개발 팀원 간의 상호 존중을 기본으로 한다.

### 익스트림 프로그래밍에 대한 설명으로 틀린 것은?

① 대표적인 구조적 방법론 중 하나이다.
② 소규모 개발 조직이 불확실하고 변경이 많은 요구를 접하였을 때 적절한 방법이다.
③ 익스트림 프로그래밍을 구동시키는 원리는 상식적인 원리와 경험을 최대한 끌어올리는 것이다.
④ 구체적인 실천 방법을 정의하고 있으며, 개발 문서보다는 소스 코드에 중점을 둔다.

**오답 피하기**

대표적 구조적 방법론에는 폭포수 모형, 나선형 모형 등이 있다.

참고 파트01-챕터02-섹션02

## 04 | 요구사항 분석

- 요구사항 간 상충되는 것을 해결하고, 소프트웨어의 범위를 파악한다.
- 명확하지 못하거나 모호한 부분을 걸러 내기 위한 과정이다.
- 소프트웨어가 환경과 어떻게 상호 작용하는지 이해한다.
- 중복되는 내용을 통합하고, 서로 상충되는 요구사항을 해결한다.
- 시스템 요구사항을 정제하여 소프트웨어 요구사항을 도출한다.
- 도출된 사항을 분석하여 소프트웨어 개발 범위를 파악한다.
- 비용과 일정에 대한 제약을 설정한다.
- 타당성 조사를 수행한다.
- 요구사항 정의를 문서화한다.
- 요구사항은 비기능적 요구사항에 해당한다.

### SWEBOK에 따른 요구사항 개발 프로세스

도출(Elicitation) → 분석(Analysis) → 명세(Specification) → 확인(Validation)

### 소프트웨어 개발 방법 중 요구사항 분석(Requirements Analysis)과 거리가 먼 것은?

① 비용과 일정에 대한 제약 설정
② 타당성 조사
③ 요구사항 정의 문서화
④ 설계 명세서 작성

참고 파트01-챕터02-섹션04

## 05 | UML Diagram

### UML의 기본 구성 요소

| 구성 | 내용 |
|------|------|
| 사물<br>(Things) | • 객체지향 모델을 구성하는 기본 요소<br>• 객체 간의 관계 형성 대상 |
| 관계<br>(Relationship) | • 객체 간의 연관성을 표현하는 것<br>• 종류 : 연관, 집합, 포함, 일반화, 의존, 실체화 |
| 다이어그램<br>(Diagram) | • 객체의 관계를 도식화한 것<br>• 다양한 관점에서 의사소통할 수 있도록 View를 제공<br>• 정적 모델 – 구조 다이어그램<br>• 동적 모델 – 행위 다이어그램 |

### UML 다이어그램의 분류

• 구조적(정적) 다이어그램 : Class Diagram, Object Diagram, Composite Structure Diagram, Deployment Diagram, Component Diagram, Package Diagram
• 행위(동적) 다이어그램 : Use Case Diagram, Activity Diagram, Collaboration Diagram, State Diagram Interaction Diagram(Sequence Diagram), Communication Diagram, Interaction Overview Diagram, Timing Diagram

### 순차 다이어그램(Sequence Diagram)과 관련한 설명으로 틀린 것은?

① 객체들의 상호 작용을 나타내기 위해 사용한다.
② 시간의 흐름에 따라 객체들이 주고받는 메시지의 전달 과정을 강조한다.
③ 동적 다이어그램보다는 정적 다이어그램에 가깝다.
④ 교류 다이어그램(Interaction Diagram)의 한 종류로 볼 수 있다.

참고 파트01-챕터02-섹션05

## 06 | 유스케이스(Use Case)의 구성 요소 간의 관계

• 연관 관계(Association) : 유스케이스와 액터 간의 상호 작용이 있음을 표현하는 관계이다.
• 포함 관계(Include) : 하나의 유스케이스가 다른 유스케이스의 실행을 전제로 할 때 형성되는 관계이다.
• 확장 관계(Extend) : 확장 기능 유스케이스와 확장 대상 유스케이스 사이에 형성되는 관계이다.
• 일반화 관계(Generalization) : 유사한 유스케이스 또는 액터를 모아 추상화한 유스케이스 또는 액터와 연결해 그룹을 만들어 이해도를 높이기 위한 관계이다.

### 유스케이스 다이어그램에 관련된 내용으로 틀린 것은?

① 시스템과 상호 작용하는 외부 시스템은 액터로 파악해서는 안 된다.
② 유스케이스는 사용자 측면에서의 요구사항으로, 사용자가 원하는 목표를 달성하기 위해 수행할 내용을 기술한다.
③ 시스템 액터는 다른 프로젝트에서 이미 개발되어 사용되고 있으며, 본 시스템과 데이터를 주고받는 등 서로 연동되는 시스템을 말한다.
④ 액터가 인식할 수 없는 시스템 내부의 기능을 하나의 유스케이스로 파악해서는 안 된다.

**오답 피하기**
• 유스케이스 즉, 사용 사례는 시스템과 상호 작용하는 액터의 행위 사례를 의미한다.
• 액터(Actor)는 서비스를 이용하는 외부 객체이다. 시스템이 특정한 사례(Use Case)를 실행하도록 요구할 수 있는 중요한 요소이다.

참고 파트01-챕터02-섹션04

## 07 | 럼바우(Rumbaugh) 객체지향 분석 기법

• 객체 모델링 : 정보 모델링이라고도 한다. 시스템에서 요구되는 객체를 찾아내어 속성과 연산 식별 및 객체 간의 관계를 규정하여 객체를 다이어그램으로 표시한다.
• 동적 모델링 : 제어 흐름, 상호 작용, 동작 순서 등의 상태를 시간 흐름에 따라 상태 다이어그램으로 표시한다.
• 기능 모델링 : 자료 흐름도를 이용하여 여러 프로세스 간의 자료 흐름을 표시한다. 어떤 데이터를 입력하여 어떤 결과를 가져올 수 있을지를 표현한다.

### 객체지향 분석 기법의 하나로 객체 모형, 동적 모형, 기능 모형의 3개 모형을 생성하는 방법은?

① Wirfs-Block Method
② Rumbaugh Method
③ Booch Method
④ Jacobson Method

**오답 피하기**
절차 : 객체 모델링 → 동적 모델링 → 기능 모델링

정답 05 ③ 06 ① 07 ②

## 08 | UI 설계 원칙과 설계 지침

### UI 설계 원칙

| 직관성<br>(Intuitiveness) | • Findability/Ease of use/Consistency<br>• '앱의 구조를 큰 노력 없이도 쉽게 이해하고, 쉽게 사용하게 해주는가'에 관한 척도이다. |
| --- | --- |
| 유효성<br>(Efficiency) | • Feedback/Effectiveness<br>• 얼마나 정확하고 완벽하게 사용자의 목표가 달성될 수 있는지에 관한 척도이다.<br>• 시스템의 상태와 사용자의 지시에 대한 효과를 보여주어 사용자가 명령에 대한 진행 상황과 표시된 내용을 해석할 수 있도록 도와준다. |
| 학습성<br>(Learnability) | • Easy of Learning/Accessibility/Memorability<br>• 초보와 숙련자 모두가 쉽게 배우고 사용할 수 있게 해주는지에 관한 척도이다. |
| 유연성<br>(Flexibility) | • Forgiveness/Error Prevention/Error Detectability/Error-averse<br>• 사용자의 인터랙션을 얼마나 포용하고, 실수로부터 방지해주는지에 관한 척도이다. |

### UI 설계 지침

• 사용자 중심 : 실사용자의 이해를 바탕으로 쉽게 이해하고, 쉽게 사용할 수 있는 환경을 제공한다.
• 일관성 : 사용자가 기억하기 쉽고 빠른 습득이 가능하도록 버튼이나 조작법을 제공한다.
• 단순성 : 인지적 부담을 줄이도록 조작 방법을 가장 간단히 작동하도록 한다.
• 가시성 : 주요 기능은 메인 화면에 배치하여 조작이 쉽게 한다.
• 표준화 : 기능 구조의 선행 학습 이후 쉽게 이용할 수 있도록 디자인을 표준화한다.
• 접근성 : 사용자의 직무, 성별, 나이 등 다양한 계층을 수용해야 한다.
• 결과 예측 가능 : 작동 대상 기능만 보고도 결과 예측이 가능해야 한다.
• 명확성 : 사용자 관점에서 개념적으로 쉽게 인지할 수 있어야 한다.
• 오류 발생 해결 : 오류가 발생하면 사용자가 상황을 정확히 인지할 수 있어야 한다.

### UI 설계에 도움을 주는 도구

• 와이어 프레임(Wire Frame) : UI 중심의 화면 레이아웃을 선을 이용하여 개략적으로 작성한다.
• 목업(Mockup) : 실물과 흡사한 정적인 모형을 의미한다. 시각적으로 구성 요소를 배치하는 것으로 일반적으로 실제로 구현되지는 않는다.
• 프로토타입(Prototype) : Interaction이 결합하여 실제 작동하는 모형이다.
• 스토리보드(storyboard) : 정책, 프로세스, 와이어 프레임, 설명이 모두 포함된 설계 문서이다.

### UI의 설계 지침으로 틀린 것은?

① 이해하기 편하고 쉽게 사용할 수 있는 환경을 제공해야 한다.
② 주요 기능을 메인 화면에 노출하여 조작이 쉽도록 하여야 한다.
③ 치명적인 오류에 대한 부정적인 사항은 사용자가 인지할 수 없도록 한다.
④ 사용자의 직무, 연령, 성별 등 다양한 계층을 수용하여야 한다.

오답 피하기

치명적인 오류에 대한 부정적인 사항도 사용자에게 정확한 정보를 제공해야 하며, 오류 메시지는 사용자가 쉽게 이해할 수 있도록 소리, 색 등을 사용하여 전달한다.

## 09 | 자료 흐름도(DFD : Data Flow Diagram)

• 자료는 처리를 거쳐 변환될 때마다 새로운 명칭을 부여해야 한다.
• 자료 흐름도의 최하위 처리(Process)는 소단위 명세서를 갖는다.
• 어떤 처리(Process)가 출력 자료를 산출하기 위해서는 필요한 자료가 반드시 입력되어야 한다.
• 시스템이나 프로그램 간의 총체적인 데이터 흐름을 표시할 수 있으며, 기본적인 데이터 요소와 그들 사이의 데이터 흐름 형태로 기술된다.
• 다차원적이며 자료 흐름 그래프 또는 버블(Bubble) 차트라고도 한다.
• 구조적 분석 기법에 이용된다.
• 그림 중심의 표현이고 하향식 분할 원리를 적용한다.
• DFD는 화살표, 원, 사각형, 직선(단선/이중선)으로 표시한다.

### 자료 흐름도(Data Flow Diagram)의 구성 요소로 옳은 것은?

① Process, Data Flow, Data Store, Comment
② Process, Data Flow, Data Store, Terminator
③ Data Flow, Data Store, Terminator, Data Dictionary
④ Process, Data Store, Terminator, Mini-Spec

정답 08 ③ 09 ②

## 10 | 데이터 사전(자료 사전, Data Dictionary)

### 자료 사전

- 시스템 자신이 필요로 하는 여러 가지 객체(기본 테이블, 뷰, 인덱스, 데이터베이스, 패키지, 접근 권한 등)에 관한 정보를 포함하고 있는 시스템 데이터베이스이다.
- 시스템 카탈로그(System Catalog), 메타 데이터(Metadata)라고도 한다.
- 시스템 카탈로그 자체도 시스템 테이블로 구성되어 있어 SQL문을 이용하여 내용 검색이 가능하다.

### 자료 사전 표기법

| 기호 | 의미 | 설명 |
|---|---|---|
| = | 자료의 정의 | ~로 구성되어 있다(is compose of). |
| + | 자료의 연결 | 그리고(and, along with) |
| ( ) | 자료의 생략 | 생략 가능한 자료(Optional) |
| [ \| ] | 자료의 선택 | 다중 택일(Selection), 또는(or) |
| { } | 자료의 반복 (Iteration of) | $\{\ \}_n$ : 최소 n번 이상 반복 $\{\ \}^n$ : 최대 n번 이하 반복 $\{\ \}_m^n$ : m번 이상 n번 이하 반복 |
| ** | 자료의 설명 | 주석(Comment) |
| \| | 대체 항목 나열 | 또는(or) |

### 데이터 사전에 대한 설명으로 틀린 것은?

① 시스템 카탈로그 또는 시스템 데이터베이스라고도 한다.
② 데이터 사전 역시 데이터베이스의 일종이므로 일반 사용자가 생성, 유지 및 수정할 수 있다.
③ 데이터베이스에 대한 데이터인 메타 데이터(Metadata)를 저장하고 있다.
④ 데이터 사전에 있는 데이터에 실제로 접근하는 데 필요한 위치 정보는 데이터 디렉터리(Data Directory)라는 곳에서 관리한다.

**오답 피하기**

데이터 사전은 DBMS가 자동으로 관리한다.

## 11 | 소프트웨어 모델링

- 현실 세계에 존재하는 데이터를 추상화하여 컴퓨터 세계로 옮기는 변환 과정이다.
- 모델링 작업의 결과물은 다른 모델링에 영향을 준다.
- 개념적 모델링과 논리적 모델링으로 구분된다.
- 데이터 모델링의 결과물을 데이터 모델이라고 한다.

### 소프트웨어 모델링과 관련한 설명으로 틀린 것은?

① 모델링 작업의 결과물은 다른 모델링 작업에 영향을 줄 수 없다.
② 구조적 방법론에서는 DFD(Data Flow Diagram), DD(Data Dictionary) 등을 사용하여 요구사항의 결과를 표현한다.
③ 객체지향 방법론에서는 UML 표기법을 사용한다.
④ 소프트웨어 모델을 사용할 경우 개발될 소프트웨어에 대한 이해도 및 이해 당사자 간의 의사소통 향상에 도움이 된다.

**오답 피하기**

모델링은 소프트웨어 개발 전 단계에 사용되며 모델링 작업 결과물은 연계된 다른 모델링 작업에 영향을 줄 수 있다.

참고 파트01-챕터04-섹션03

## 12 | 응집도, 결합도 그리고 효과적인 모듈 설계

**응집도(Cohesion)**
- 한 모듈 내에 있는 처리 요소들 사이의 기능적인 연관 정도를 나타낸다.
- (높음) 기능적 응집도 〉 순차적 응집도 〉 교환적 응집도 〉 절차적 응집도 〉 시간적 응집도 〉 논리적 응집도 〉 우연적 응집도 (낮음)

**결합도**
- 모듈들이 변수를 공유하지 않도록 결합도를 낮추어야 한다.
- (낮음) 데이터 결합도 〈 스탬프 결합도 〈 제어 결합도 〈 외부 결합도 〈 공통 결합도 〈 내용 결합도 (높음)

**효과적인 모듈화 설계 방법**
- 응집도는 강하게, 결합도는 약하게 설계한다.
- 복잡도와 중복성을 줄이고 일관성을 유지할 수 있도록 설계한다.
- 유지보수가 용이하도록 설계한다.
- 모듈 크기는 시스템의 전반적인 기능과 구조를 이해하기 쉬운 크기로 설계한다.
- 모듈 기능은 예측이 가능해야 하며 지나치게 제한적이어서는 안 된다.

---

### 효과적인 모듈 설계를 위한 유의 사항으로 거리가 먼 것은?

① 모듈 간의 결합도를 약하게 하면 모듈 독립성이 향상된다.
② 복잡도와 중복성을 줄이고 일관성을 유지시킨다.
③ 모듈의 기능은 예측이 가능해야 하며 지나치게 제한적이어야 한다.
④ 유지보수가 용이해야 한다.

참고 파트01-챕터05-섹션01

## 13 | 객체지향/캡슐화

**객체지향(Object Oriented) 분석**
- 현실 세계의 대상체인 개체(Entity)를 속성(Attribute)과 메소드(Method)로 결합하여 객체(Object)로 표현(모델링)한다.
- 소프트웨어 개발의 대상을 기능이 아닌 개체를 대상으로 하며 개체 간의 상호관계를 모델링하는 방식이다.

**캡슐화(Encapsulation)**
- 서로 관련성이 높은 데이터(속성)와 그와 관련된 기능(메소드, 함수)을 묶는 기법이다.
- 결합도가 낮아져 소프트웨어 개발에 있어 재사용성이 높아진다.
- 정보은닉을 통하여 타 객체와 메시지 교환 시 인터페이스가 단순해진다.

---

### 객체지향의 주요 개념에 대한 설명으로 틀린 것은?

① 캡슐화는 상위 클래스에서 속성이나 연산을 전달받아 새로운 형태의 클래스로 확장하여 사용하는 것을 의미한다.
② 객체는 실세계에 존재하거나 생각할 수 있는 것을 말한다.
③ 클래스는 하나 이상의 유사한 객체들을 묶어 공통된 특성을 표현한 것이다.
④ 다형성은 상속받은 여러 개의 하위 객체들이 다른 형태의 특성을 갖는 객체로 이용될 수 있는 성질이다.

**오답 피하기**
①번은 상속성에 대한 설명이다.

---

참고 파트01-챕터05-섹션01

## 14 | 객체지향의 구성 요소와 설계 원칙

### 객체지향의 구성 요소

| Class | • 유사한 객체를 정의한 프로그램이다.<br>• 같은 종류의 객체 집합으로 '속성+행위'를 정의한 것으로 일반적인 Type을 의미한다.<br>• 객체지향 프로그램의 기본적인 사용자 정의 데이터형이다.<br>• 객체지향 프로그램에서 데이터를 추상화하는 단위이다.<br>• 같은 종류의 Object 속성과 연산을 정의하고 있는 Template이다.<br>• 상위 클래스(부모 클래스, Super Class), 하위 클래스(자식 클래스, Sub Class)가 있다. | |
|---|---|---|
| Object | • 데이터와 함수를 묶어 캡슐화한 것이다.<br>• 데이터와 함수를 묶어 캡슐화하는 대상이 된다.<br>• 하나의 소프트웨어 모듈이다.<br>• Class(클래스)에 속한 Instance(인스턴스)를 Object(객체)라 한다. | |
| | Attribute | Object가 가지고 있는 데이터 값 |
| | Method | Object의 행위인 함수 |
| Message | Object 간에 서로 주고받는 통신을 의미한다. | |

### 객체지향 설계 원칙(SOLID)

| 단일 책임의 원칙<br>(SRP : Single Responsibility Principle) | 모든 클래스는 단일 목적으로 생성되고, 하나의 책임만 가져야 한다. |
|---|---|
| 개방-폐쇄의 원칙<br>(OCP : Open Closed Principle) | 소프트웨어 구성 요소는 확장에 대해서는 개방되어야 하나 수정에 대해서는 폐쇄적이어야 한다. |
| 리스코프 치환 원칙<br>(LSP : Liskov Substitution Principle) | 부모 클래스가 들어갈 자리에 자식 클래스를 대체하여도 계획대로 작동해야 한다. |
| 인터페이스 분리 원칙<br>(ISP : Interface Segregation Principle) | • 클라이언트는 자신이 사용하지 않는 메소드와 의존관계를 맺으면 안 된다.<br>• 클라이언트가 사용하지 않는 인터페이스 때문에 영향을 받아서는 안 된다. |
| 의존 역전 원칙<br>(DIP : Dependency Inversion Principle) | 의존 관계를 맺으면 변하기 쉽고 변화 빈도가 높은 것보다 변하기 어렵고 변화 빈도가 낮은 것에 의존한다. |

### 객체에 대한 설명으로 틀린 것은?

① 객체는 상태, 동작, 고유 식별자를 가진 모든 것이라 할 수 있다.
② 객체는 공통 속성을 공유하는 클래스들의 집합이다.
③ 객체는 필요한 자료 구조와 이에 수행되는 함수들을 가진 하나의 독립된 존재이다.
④ 객체의 상태는 속성값에 의해 정의된다.

**오답 피하기**

클래스는 공통 속성을 공유하는 객체들의 집합이다.

참고 파트02-챕터03-섹션03

## 15 | CBD(Component Based Development)

• 재사용이 가능한 컴포넌트의 개발 또는 상용 컴포넌트들을 조합하여 애플리케이션 개발 생산성과 품질을 높이고, 시스템 유지보수 비용을 최소화할 수 있는 개발 방법 프로세스이다.
• 컴포넌트 단위의 개발 및 조립을 통하여 정보 시스템의 신속한 구축, 변경, 확장의 용이성과 타 시스템과의 호환성을 달성하고자 하는 소프트웨어 공학 프로세스, 방법론 및 기술의 총체적 개념이다.

### 소프트웨어 개발 방법론 중 CBD(Component Based Development)에 대한 설명으로 틀린 것은?

① 생산성과 품질을 높이고, 유지보수 비용을 최소화할 수 있다.
② 컴포넌트 제작 기법을 통해 재사용성을 향상시킨다.
③ 모듈의 분할과 정복에 의한 하향식 설계 방식이다.
④ 독립적인 컴포넌트 단위의 관리로 복잡성을 최소화할 수 있다.

정답 14 ② 15 ③

## 16 | GoF(Gang of Four) 디자인 패턴

### GoF 디자인 패턴
- 구조 : Adapter, Bridge, Composite, Decorator, Facade, Flyweight, Proxy
- 행위 : Chain of Responsibility, Iterator, Command, Interpreter, Memento, Observer, State, Strategy, Visitor, Template Method, Mediator
- 생성 : Factory Method, Singleton, Prototype, Builder, Abstraction Factory

### 디자인 패턴을 사용할 때의 장·단점

| | |
|---|---|
| 장점 | • 개발자 간의 원활한 의사소통을 지원한다.<br>• 소프트웨어 구조 파악이 쉽다.<br>• 재사용을 통한 개발 시간을 단축할 수 있다.<br>• 설계 변경 요청에 대한 유연한 대처가 가능하다.<br>• 객체지향 설계 및 구현의 생산성을 높이는 데 적합하다. |
| 단점 | • 객체지향 설계/구현 위주로 사용된다.<br>• 초기 투자 비용이 부담된다. |

### 디자인 패턴의 특징
자주 사용하는 설계 형태를 정형화하여 유형별로 설계 템플릿을 만들어 두고 소프트웨어 개발 중 나타나는 과제를 해결하기 위한 방법 중 한 가지이므로 개발 프로세스를 무시할 수 없다.

---

### 디자인 패턴을 이용한 소프트웨어 재사용으로 얻어지는 장점이 아닌 것은?

① 소프트웨어 코드의 품질을 향상시킬 수 있다.
② 개발 프로세스를 무시할 수 있다.
③ 개발자들 사이의 의사소통을 원활하게 할 수 있다.
④ 소프트웨어의 품질과 생산성을 향상시킬 수 있다.

## 17 | 요구사항 검토 기법

### 요구사항 검토 기법

| 방법 | | 설명 |
|---|---|---|
| 프로토타이핑 | | 시제품인 프로토타입을 제작하여 검증한다. |
| 테스트 설계 | | Test Case를 생성하고, 요구사항이 현실적으로 테스트 가능한지 검토한다. |
| CASE (Computer Aid Software Engineering) | | • 소프트웨어를 개발하는 시점부터 요구 분석, 설계, 개발, 유지보수에 이르기까지 소프트웨어 생명주기의 전 단계를 연결한다.<br>• 요구사항 변경의 추적과 분석을 통하여 요구사항을 관리한다. |
| 요구사항 검토 | 동료 검토 (Peer Review) | 명세 작성자가 동료들에게 설명하고 동료들이 결함을 찾는 방법이다. |
| | 워크스루 (Walk Through) | • 절차 : 검토 회의 전 명세서 배포 → 짧은 검토 회의 → 결함 발견<br>• 사용 사례를 확장하여 명세하거나 설계 다이어그램, 원시 코드, 테스트 케이스 등에 적용할 수 있다.<br>• 복잡한 알고리즘 또는 반복, 실시간 동작, 병행 처리와 같은 기능이나 동작을 이해하려고 할 때 유용하다.<br>• 단순한 테스트 케이스를 이용하여 프로덕트를 수작업으로 수행해 보는 것이다. |
| | 인스펙션 (Inspection) | 명세서 작성자 외 전문가가 명세서의 결함을 발견하는 방법으로, 정적 테스트 기법에 주로 사용된다. |

---

### 요구사항 검증(Requirements Validation)과 관련한 설명으로 틀린 것은?

① 요구사항이 고객이 정말 원하는 시스템을 제대로 정의하고 있는지 점검하는 과정이다.
② 개발 완료 이후에 문제점이 발견될 경우 막대한 재작업 비용이 들 수 있기 때문에 요구사항 검증은 매우 중요하다.
③ 요구사항이 실제 요구를 반영하는지, 문서상의 요구사항은 서로 상충되지 않는지 등을 점검한다.
④ 요구사항 검증 과정을 통해 모든 요구사항 문제를 발견할 수 있다.

> **오답 피하기**
> 요구사항 검증을 통해 모든 요구사항 문제를 발견할 수는 없다.

정답 16 ② 17 ④

## 18 | 미들웨어

### 미들웨어 솔루션의 정의
- DB(DataBase) : 데이터베이스 벤더에서 제공하는 클라이언 트와 데이터베이스를 연결하는 미들웨어이다. 2-Tier 아키텍 처라고 한다.
- 클라이언트와 서버 간의 통신을 담당하는 시스템 소프트웨어 이다.
- 이기종 하드웨어, 소프트웨어, 네트워크, 프로토콜, PC 환경, 운영체제 환경 등에서 시스템 간의 표준화된 연결을 도와주는 소프트웨어이다.
- 표준화된 인터페이스를 통하여 시스템 간의 데이터 교환에 있 어 일관성을 제공한다.
- 운영체제와 애플리케이션 사이에서 중간 매개 역할을 하는 다 목적 소프트웨어이다.

### 미들웨어 솔루션의 유형
- TP-Monitor(Transaction Processing Monitor) : 여러 프로 토콜에서 동작하는 세션, 시스템, 데이터베이스 사이의 트랜잭 션을 감시하여 일관성 있게 보관 유지하는 역할을 한다.
- ORB(Object Request Broker) : 객체지향 미들웨어로 코바 (CORBA) 표준 스펙을 구현한 미들웨어이다.
- RPC(Remote Procedure Call) : 응용 프로그램의 프로시저 를 사용하여 원격 프로시저를 마치 로컬 프로시저처럼 호출하 는 방식이다.
- MOM(Messgae Oriented Middleware) : 메시지 기반의 비 동기형 메시지를 전달하는 방식의 미들웨어이다. 온라인 업무 보다는 이기종 분산 데이터 시스템의 데이터 동기를 위해 많 이 사용한다.
- WAS(Web Application Server) : 사용자의 요구에 따라 변 하는 동적인 콘텐츠를 처리하기 위해 사용되는 미들웨어이다.

---

### 분산 시스템에서의 미들웨어(Middleware)와 관련한 설명으로 틀린 것은?

① 분산 시스템에서 다양한 부분을 관리하고 통신하 며 데이터를 교환하게 해주는 소프트웨어로 볼 수 있다.

② 위치 투명성(Location Transparency)을 제공 한다.

③ 분산 시스템의 여러 컴포넌트가 요구하는 재사용 가능한 서비스의 구현을 제공한다.

④ 애플리케이션과 사용자 사이에서만 분산 서비스 를 제공한다.

**오답 피하기**

애플리케이션과 사용자 사이에서뿐만 아니라, 이기종 하드웨어, 서버 간 표준 인터페이스를 통해 연결을 도와준다.

---

## 19 | 인터페이스 보안 기술

### IPSec(IP Security Protocol)
- 보안에 취약한 인터넷상에서 안전한 통신을 실현하는 통신 규 약이다.
- 가상 전용 회선을 구축하여 데이터를 도청당하는 등의 행위를 방지하기 위한 통신 규약이다.

### SSL(Secure Sockets Layer)
- 웹 브라우저와 웹 서버 간에 데이터를 안전하게 주고받기 위 한 업계 표준 프로토콜이다.
- 미국 넷스케이프 커뮤니케이션즈사가 개발했고, 마이크로소 프트사 등 주요 웹 제품 업체가 채택하고 있다.
- FTP 등 다른 TCP/IP 애플리케이션에 적용할 수 있다.
- 인증 암호화 기능을 제공한다.

---

### 인터페이스 보안을 위해 네트워크 영역에 적용될 수 있는 것으로 거리가 먼 것은?

① IPSec      ② SSL

③ SMTP    ④ S-HTTP

**오답 피하기**

SMTP(Simple Mail Transfer Protocol) : 사용자의 컴퓨터에서 작성한 메일 을 다른 사람의 계정이 있는 곳으로 전송해 주는 역할을 하는 프로토콜이다.

---

정답 18 ④ 19 ③

참고 파트02-챕터03-섹션01

## 20 | 애플리케이션 패키징

### 패키징

- 개발이 완료된 소프트웨어를 고객에 인도하기 위해 패키징하고, 설치 매뉴얼, 사용 매뉴얼 등을 작성하는 일련의 배포용 설치 파일을 만드는 작업을 의미한다.
- 향후 관리 편의성을 위해 모듈화하여 패키징한다.
- 사용자를 중심으로 진행하며, 사용자의 다양한 환경에서 설치할 수 있도록 패키징한다.
- 사용자의 불편함을 줄이고 사용자의 편의성을 먼저 고려한다.
- 패키징 시 주의 사항 : 전체 내용을 포함, 고객 중심, 모듈화, 버전 관리 및 릴리즈 노트 관리

### 패키징 도구 활용 시 고려 사항

- 제품 SW 종류에 적합한 암호화 알고리즘을 적용한다.
- 패키징 도구를 활용하여 여러 가지 이기종 콘텐츠 및 단말기 간 DRM 연동을 고려한다.
- 사용자에게 배포되는 소프트웨어임을 고려하여 반드시 내부 콘텐츠에 대한 암호화 및 보안을 고려한다.

---

### 소프트웨어 패키징에 대한 설명으로 틀린 것은?

① 패키징은 개발자 중심으로 진행한다.

② 신규 및 변경 개발 소스를 식별하고, 이를 모듈화하여 상용 제품으로 패키징한다.

③ 고객의 편의성을 위해 매뉴얼 및 버전 관리를 지속적으로 한다.

④ 범용 환경에서 사용할 수 있도록 일반적인 배포 형태로 패키징이 진행된다.

---

참고 파트02-챕터01-섹션02

### 21 | 형상 관리(Version Control Revision Control)

### 형상 관리

- 구성 관리(Software Configuration Management)라고도 한다.
- 소프트웨어에 가시성과 추적 가능성을 부여하여 제품의 품질과 안전성을 높인다.
- 형상 관리를 위해 구성된 팀은 형상통제위원회이다.
- 소프트웨어 개발 생명주기 전반에 걸쳐 생성되는 소스 코드와 문서 등과 같은 산출물의 종합 및 변경 과정을 체계적으로 관리하고 유지하는 일련의 개발 관리 활동이다.
- 형상 식별, 형상 통제, 형상 상태 보고, 형상 감사를 통하여 변경사항을 관리한다.
- 이전 리비전이나 버전에 대한 정보에 접근 가능하여 배포본 관리에 유용하다.
- 불필요한 사용자의 소스 수정을 제한할 수 있다.
- 동일한 프로젝트에 대해 여러 개발자 동시 개발이 가능하다.

### 대표적인 소프트웨어 형상 항목

- 프로젝트 요구 분석서, 운영 및 설치 지침서, 요구사항 명세서, 설계/인터페이스 명세서, 테스트 설계서, 소프트웨어 품질보증, 형상 관리, V&V 계획서와 같은 계획서, 코드 모듈(소스와 오브젝트 모두)

---

### 형상 관리의 개념과 절차에 대한 설명으로 틀린 것은?

① 형상 식별은 형상 관리 계획을 근거로 형상 관리의 대상이 무엇인지 식별하는 과정이다.

② 형상 관리를 통해 가시성과 추적성을 보장함으로써 소프트웨어의 생산성과 품질을 높일 수 있다.

③ 형상 통제 과정에서는 형상 목록의 변경 요구를 즉시 수용 및 반영해야 한다.

④ 형상 감사는 형상 관리 계획대로 형상 관리가 진행되고 있는지, 형상 항목의 변경이 요구사항에 맞도록 제대로 이뤄졌는지 등을 살펴보는 활동이다.

**오답 피하기**

형상 변경이 발생하면 "형상통제위원회"를 통해 변경을 승인한다.

## 22 | SW 테스트

### 인수 테스트
- 일반적인 테스트 레벨의 가장 마지막 상위 레벨로, SW 제품에 대한 요구사항이 제대로 이행되었는지 확인하는 단계이다.
- 테스팅 환경을 실사용자 환경에서 진행하며 수행하는 주체가 사용자이다.
- 알파, 베타 테스트와 가장 밀접한 연관이 있다.
  - 알파 테스트 : 베타 테스트 전에 프로그램 개발 시 내부에서 미리 평가하고 버그를 찾아 수정하기 위해 시험해 보는 검사이다.
  - 베타 테스트 : 정식으로 프로그램을 공개하기 전에 한정된 집단 또는 일반인에게 공개하여 기능을 시험하는 검사이다.

### 결함 집중(Defect Clustering)
- 파레토 법칙이 좌우한다.
- 애플리케이션 결함의 대부분은 소수의 특정한 모듈에 집중되어 존재한다.
- 결함은 발생한 모듈에서 계속 추가로 발생할 가능성이 크다.

------

필드 테스팅(Field Testing)이라고도 불리며 개발자 없이 고객의 사용 환경에 소프트웨어를 설치하여 검사를 수행하는 인수 검사 기법은?

① 베타 검사　　　　② 알파 검사
③ 형상 검사　　　　④ 복구 검사

## 23 | 단위 테스트(Unit Test)

### 단위 테스트 정의
- 하나의 모듈을 기준으로 독립적으로 진행되는 가장 작은 단위의 테스트이다.
- 애플리케이션을 구성하는 하나의 기능이 올바르게 동작하는지를 독립적으로 테스트하는 것이다.
- 구현 단계에서 각 모듈의 개발을 완료한 후 개발자가 명세서의 내용대로 정확히 구현되었는지 테스트한다.
- 모듈 내부의 구조를 구체적으로 볼 수 있는 구조적 테스트를 주로 시행한다.

### 단위 테스트 지원 도구(xUnit)
- CppUnit : C++ 언어에서 사용하는 단위 테스트 도구이다.
- JUnit : Java 프로그래밍 언어에 사용되는 테스트 도구로서 데이터를 테스트한 다음 코드에 삽입한다.
- NUnit : 모든 .net 언어에 널리 사용되는 단위 테스트 프레임워크로 병렬로 실행할 수 있는 데이터 중심 테스트를 지원한다.
- JMockit : 오픈소스 단위 테스트 도구로 기록 및 검증 구문으로 API를 Mocking할 수 있다.
- EMMA : 코드 분석 오픈소스 툴킷으로 Java 기반이므로 외부 라이브러리 종속성이 없으며 소스 코드에 액세스할 수 있다.
- PHPUnit : PHP 프로그래머를 위한 단위 테스트 도구이다.
- HttpUnit : Java 프로그램용 GUI가 없는 브라우저를 포함하는 오픈소스 Java 라이브러리이다.
- DBUnit : 데이터베이스 단위 테스트를 지원하는 프레임워크이다.

------

단위 테스트(Unit Test)와 관련한 설명으로 틀린 것은?

① 구현 단계에서 각 모듈의 개발을 완료한 후 개발자가 명세서의 내용대로 정확히 구현되었는지 테스트한다.
② 모듈 내부의 구조를 구체적으로 볼 수 있는 구조적 테스트를 주로 시행한다.
③ 필요 테스트를 인자를 통해 넘겨주고, 테스트 완료 후 그 결과값을 받는 역할을 하는 가상의 모듈을 테스트 스텁(Stub)이라고 한다.
④ 테스트할 모듈을 호출하는 모듈도 있고, 테스트할 모듈이 호출하는 모듈도 있다.

**오답 피하기**

필요 데이터를 인자를 통해 넘겨주고, 테스트 완료 후 그 결과값을 받는 역할을 하는 가상의 모듈을 테스트 드라이버(Test Driver)라고 한다.

정답 22 ① 23 ③

참고 파트02-챕터04-섹션06

## 24 | 테스트 스텁(Stub)과 테스트 드라이버(Driver)

### Test Stub
- 상위 모듈에서 하위 모듈 방향으로 통합 테스트를 진행하는 하향식 테스트에서 사용한다.
- 상위 모듈에서 하위 모듈로의 테스트를 진행하는 과정 중 하위 시스템 컴포넌트의 개발이 완료되지 않은 상황에서 시스템 테스트를 진행하기 위하여 임시로 생성된 가상의 더미 컴포넌트(Dummy Component)를 일컫는다.

### Test Driver
- 하위 모듈에서 상위 모듈로 통합하면서 테스트하는 상향식 테스트에서 사용한다.
- 테스트할 소프트웨어 또는 시스템을 제어하고 동작시키는데 사용되는 도구를 의미한다.
- 시스템이나 시스템 컴포넌트를 시험하는 환경 일부분으로 시험을 지원하는 목적 하에 생성된 코드와 데이터이다.

---

### 테스트 드라이버(Test Driver)에 대한 설명으로 틀린 것은?

① 시험 대상 모듈을 호출하는 간이 소프트웨어이다.
② 필요에 따라 매개 변수를 전달하고 모듈을 수행한 후의 결과를 보여줄 수 있다.
③ 상향식 통합 테스트에서 사용된다.
④ 테스트 대상 모듈이 호출하는 하위 모듈의 역할을 한다.

참고 파트02-챕터04-섹션03

## 25 | 통합 테스트

### 통합 테스트
- 단위 테스트를 통과한 개발 소프트웨어/하드웨어 컴포넌트 간 인터페이스 및 연동 기능 등을 구조적으로 접근하여 테스트한다.

### 시각에 따른 테스트
- 검증(Verification) 테스트 : 제품이 명세서대로 완성되었는지 검증하는 단계이다. 개발자의 시각에서 제품의 생산 과정을 테스트하는 것을 의미한다.
- 확인(Validation) 테스트 : 사용자의 요구사항을 잘 수행하고 있는지 사용자의 시각에서 생산된 제품의 결과를 테스트하는 것을 의미한다.

---

### 소프트웨어 테스트에서 검증(Verification)과 확인(Validation)에 대한 설명으로 틀린 것은?

① 소프트웨어 테스트에서 검증과 확인을 구별하면 찾고자 하는 결함 유형을 명확하게 하는 데 도움이 된다.
② 검증은 소프트웨어 개발 과정을 테스트하는 것이고, 확인은 소프트웨어 결과를 테스트하는 것이다.
③ 검증은 작업 제품이 요구 명세의 기능, 비기능 요구사항을 얼마나 잘 준수하는지 측정하는 작업이다.
④ 검증은 작업 제품이 사용자의 요구에 적합한지 측정하며, 확인은 작업 제품이 개발자의 기대를 충족시키는지를 측정한다.

**오답 피하기**

V-모델

## 26 | 테스트 케이스(Test Case)

### 테스트 케이스 정의
- 구현된 소프트웨어가 사용자의 요구사항을 정확하게 준수했는지를 확인하기 위해 설계된 입력값, 실행 조건, 기대 결과 등으로 구성된 테스트 항목에 대한 명세서를 의미한다.
- 테스트의 목표 및 테스트 방법을 결정하고 테스트 케이스를 작성해야 한다.
- 테스트 케이스 자동 생성
- 자료 흐름도 → 테스트 경로 관리
- 입력 도메인 분석 → 테스트 데이터 산출
- 랜덤 테스트 → 무작위 값 입력, 신뢰성 검사

---

### 테스트 케이스와 관련한 설명으로 틀린 것은?

① 테스트의 목표 및 테스트 방법을 결정하기 전에 테스트 케이스를 작성해야 한다.

② 프로그램에 결함이 있더라도 입력에 대해 정상적인 결과를 낼 수 있기 때문에 결함을 검사할 수 있는 테스트 케이스를 찾는 것이 중요하다.

③ 개발된 서비스가 정의된 요구사항을 준수하는지 확인하기 위한 입력값과 실행 조건, 예상 결과의 집합으로 볼 수 있다.

④ 테스트 케이스 실행이 통과되었는지 실패하였는지 판단하기 위한 기준을 테스트 오라클(Test Oracle)이라고한다.

## 27 | 블랙박스 테스트 vs 화이트박스 테스트

### 블랙박스 테스트(Black Box Test)
- 소프트웨어가 수행할 특정 기능을 알기 위해 각 기능이 완벽히 작동되는 것을 입증하는 테스트로 기능 테스트라고도 한다.
- 대표적인 명세 기반 기법(Specification-based Technique)이다.
- 등가 분할의 경계 부분에 해당하는 입력값에서 결함이 발견될 확률이 경험적으로 높아서 결함을 방지하기 위해 경계값까지 포함하여 테스트하는 기법이다.
- 종류 : 동치 분할 검사, 원인 효과 그래프, 오류 예측 검사, 비교 검사, 경계값 분석

### 화이트박스 테스트(White Box Test)
- 모듈의 원시 코드를 오픈시킨 상태에서 코드의 논리적 모든 경로를 테스트하는 방법이다.
- Source Code의 모든 문장을 한 번 이상 수행함으로써 진행된다.
- 화이트박스 테스트의 이해를 위해 논리 흐름도(Logic-Flow Diagram)를 이용할 수 있다.
- 테스트 데이터를 이용해 실제 프로그램을 실행함으로써 오류를 찾는 동적 테스트(Dynamic Test)에 해당한다.
- 종류 : 기초 경로 검사, 루프 테스트, 데이터 흐름 테스트, 제어 구조 검사

---

### 블랙박스 테스트를 이용하여 발견할 수 있는 오류가 아닌 것은?

① 비정상적인 자료를 입력해도 오류 처리를 수행하지 않는 경우

② 정상적인 자료를 입력해도 요구된 기능이 제대로 수행되지 않는 경우

③ 반복 조건을 만족하는데도 루프 내의 문장이 수행되지 않는 경우

④ 경계값을 입력할 경우 요구된 출력 결과가 나오지 않는 경우

## 28 | 알고리즘 순환 복잡도

### 시간 복잡도 Big-$O$ 표기법

| | |
|---|---|
| $O(1)$ | 상수 시간의 복잡도를 의미하며 입력값 n이 주어졌을 때, 문제를 해결하는 데 오직 한 단계만 거친다(해시 함수). |
| $O(log_2 n)$ | 로그 시간의 복잡도를 의미하며 입력값 n이 주어졌을 때, 문제를 해결하는 데 필요한 단계들이 연산마다 특정 요인에 의해 줄어든다(이진 탐색). |
| $O(nlog_2 n)$ | 선형 로그 시간의 복잡도를 의미하며 문제 해결을 위한 단계수는 nlog_2n번의 수행 시간을 갖는다(퀵 정렬, 병합(합병) 정렬). |
| $O(n)$ | 선형 시간의 복잡도를 의미하며 문제를 해결하기 위한 단계의 수와 입력값 n이 1 : 1 관계이다(순차 탐색). |
| $O(n^2)$ | 제곱 시간의 복잡도를 의미하며 문제를 해결하기 위한 단계의 수는 입력값 n의 제곱근이다(버블 정렬, 삽입 정렬, 선택 정렬). |
| $O(C^n)$ | 지수 시간의 복잡도를 의미하며 문제를 해결하기 위한 단계의 수는 주어진 상수값 C의 n제곱이다. |

### 알고리즘 시간 복잡도 $O(1)$이 의미하는 것은?

① 컴퓨터 처리가 불가
② 알고리즘 입력 데이터 수가 한 개
③ 알고리즘 수행 시간이 입력 데이터 수와 관계없이 일정
④ 알고리즘 길이가 입력 데이터보다 작음

**오답 피하기**

알고리즘 시간 복잡도 O(1)은 알고리즘 수행 시간이 입력 데이터 수와 관계없이 일정하다는 의미이다.

## 29 | 소스 코드 최적화

### 클린 코드(Clean Code)
• 깔끔하게 잘 정리된 코드이다.
• 중복 코드 제거로 애플리케이션의 설계가 개선된다.
• 가독성이 높아진다.
• 버그를 찾기 쉬워지며, 프로그래밍 속도가 빨라진다.

### 외계인 코드(Alien Code)
아주 오래되거나 참고문서 또는 개발자가 없어 유지보수 작업이 어려운 프로그램을 의미한다.

### 소스 코드 품질 분석 기법

| | |
|---|---|
| 정적 분석 도구 | • 소프트웨어를 분석하는 방법의 하나로 소프트웨어를 실행하지 않고 코드 레벨에서 분석하는 방법이다.<br>• 종류 : pmd, cppcheck, checkstyle, FindBugs |
| 동적 분석 도구 | • 애플리케이션을 실행하여 코드에 존재하는 메모리 누수 현황을 발견하고, 발생한 스레드의 결함 등을 분석하기 위한 도구이다.<br>• 종류 : Avalanche, Valgrind, ValMeter |

### 클린 코드(Clean Code)를 작성하기 위한 원칙으로 틀린 것은?

① 추상화 : 하위 클래스/메소드/함수를 통해 애플리케이션의 특성을 간략하게 나타내고, 상세 내용은 상위 클래스/메소드/함수에서 구현한다.
② 의존성 : 다른 모듈에 미치는 영향을 최소화하도록 작성한다.
③ 가독성 : 누구든지 읽기 쉽게 코드를 작성한다.
④ 중복성 : 중복을 최소화할 수 있는 코드를 작성한다.

**오답 피하기**

상세 내용은 하위 클래스/메소드/함수에서 구현한다.

참고 파트02-챕터06-섹션01

## 30 | 선형/비선형 구조

- 선형 구조 : 큐, 스택, 데크, 리스트, 연결 리스트
- 비선형 구조 : 그래프, 트리, 인접 행렬
- 스택 응용 분야 : 인터럽트의 처리, 수식의 계산, 서브루틴의 복귀 번지 저장, 후위 표현(Post-fix Expression)의 연산, 깊이 우선 탐색

---

### 순서가 A, B, C, D로 정해진 입력 자료를 push, push, pop, push, push, pop, pop, pop 순서로 스택 연산을 수행하는 경우 출력 결과는?

① B D C A
② A B C D
③ B A C D
④ A B D C

**오답 피하기**

입력 순서 : A → B → C → D

| 연산 | 스택 | 행동 |
|------|------|------|
| push | A | A 삽입 |
| push | A, B | B 삽입 |
| pop | A | B 출력 |
| push | A, C | C 삽입 |
| push | A, C, D | D 삽입 |
| pop | D | D 출력 |
| pop | C | C 출력 |
| pop | A | A 출력 |

출력을 순서대로 표시하면 B → D → C → A

참고 파트02-챕터06-섹션03

## 31 | 정렬

**버블 정렬(Bubble Sort)**
- 인접한 데이터를 비교하면서 그 크기에 따라 데이터의 위치를 바꾸어 정렬하는 방법이다.
- 최상, 최악, 평균 시간 복잡도 : $O(n^2)$

**삽입 정렬(Insertion Sort)**
- 정렬된 파일에 새로운 하나의 레코드를 순서에 따라 삽입시켜 정렬하는 방법이다.
- 최상 시간 복잡도 : $O(n)$
- 최악, 평균 시간 복잡도 : $O(n^2)$

---

### 버블 정렬을 이용하여 다음 자료를 오름차순으로 정렬할 경우 PASS 1의 결과는?

> 9, 6, 7, 3, 5

① 6, 9, 7, 3, 5
② 3, 9, 6, 7, 5
③ 3, 6, 7, 9, 5
④ 6, 7, 3, 5, 9

**오답 피하기**

버블 정렬의 오름차순 수행 시 매 회전(Pass)마다 마지막 값이 가장 큰 값이 된다.
- 초 기 : 9, 6, 7, 3, 5
- 1Pass : 6, 7, 3, 5, 9
- 2Pass : 6, 3, 5, 7, 9
- 3Pass : 3, 5, 6, 7, 9
- 4Pass : 3, 5, 6, 7, 9

참고 파트02-챕터06-섹션04

## 32 | 검색

### 이분 검색 방법
- 탐색 효율이 좋고 탐색 기간이 적게 소요된다.
- 검색할 데이터가 정렬되어 있어야 한다.
- 비교 횟수를 거듭할 때마다 검색 대상이 되는 데이터의 수가 절반으로 줄어든다.
- 대상 범위의 첫 번째 원소의 위치를 Low로, 마지막 원소의 위치를 High로 두고서 그 중간 원소의 위치인 Mid를 (Low + High) / 2로 구한다.
- 검색을 수행하기 전에 반드시 데이터의 집합이 정렬되어 있어야 한다.
- 찾고자 하는 Key와 중간값을 비교한다.

| Key 〉 중간값 | Low를 (Mid+1)로 두고서 계속 수행 |
| --- | --- |
| Key 〈 중간값 | High를 (Mid-1)로 두고서 계속 수행 |
| Key = 중간값 | 검색 완료 |

### 선형 검색
- 원하는 레코드를 찾을 때까지 처음부터 끝까지 차례로 하나씩 비교하면서 검색한다.
- 데이터가 모인 집합(배열, 링크드리스트(Linked-List) 등)의 처음부터 끝까지 하나씩 순서대로 비교하며 원하는 값을 찾아내는 알고리즘이다.
- 순차 검색이라고도 한다.
- 단점 : 단순한 방식으로 정렬되지 않는 검색에 가장 유용하며 평균 검색 시간이 많이 소요된다.
- 평균 검색 횟수 : (n + 1) / 2

### 깊이 우선 탐색
- 루트 노드(혹은 다른 임의의 노드)에서 시작해서 다음 분기 (Branch)로 넘어가기 전에 해당 분기를 완벽하게 탐색하는 방법이다.
- 넓게(Wide) → 탐색하기 전에 깊게(Deep) 탐색하는 것이다.

---

다음 그래프에서 정점 A를 선택하여 깊이 우선 탐색 (DFS)으로 운행한 결과는?

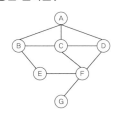

① A B E C D F G
② A B E C F D G
③ A B C D E F G
④ A B E F G C D

**오답 피하기**

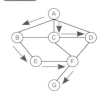

---

참고 파트02-챕터03-섹션02

## 33 | DRM(Digital Rights Management)

### DRM
- 디지털 콘텐츠의 지식재산권 보호, 관리 기능 및 안전한 유통과 배포를 보장하는 솔루션이다.

### DRM 기술 요소
- 사용 규칙 제어 기술 : 콘텐츠 식별 체계, 메타 데이터, 권리 표현 기술
- 저작권 보호 기술 : 암호화(Encryption), 키 관리(Key Management), 암호화 파일 생성(Packager), 식별 기술(Identification), 저작권 표현(Right Expression), 정책 관리(Policy Management), 크랙 방지(Tamper Resistance), 인증 (Authentication), 인터페이스 (Interface), 이벤트 보고(Event Reporting), 사용 권한(Permission)

### DRM 시스템 구성 요소
- 콘텐츠 제공자(Contents Provider) : 콘텐츠를 제공하는 저작권자
- 콘텐츠 분배자(Contents Distributor) : 쇼핑몰 등으로써 암호화된 콘텐츠 제공
- 패키저(Packager) : 콘텐츠를 메타 데이터와 함께 배포할 수 있는 단위로 묶는 기능
- 보안 컨테이너 : 원본을 안전하게 유통하기 위한 전자적 보안 장치
- DRM 컨트롤러 : 배포된 콘텐츠의 이용 권한을 통제
- 클리어링 하우스(Clearing House) : 키 관리 및 라이센스 발급 관리

---

디지털 저작권 관리(DRM) 구성 요소가 <u>아닌</u> 것은?

① Data Warehouse
② DRM Controller
③ Packager
④ Contents Distributor

**오답 피하기**

Data Warehouse : 기간 업무 시스템에서 추출되어 새로이 생성된 데이터 베이스로서 의사결정 자원 시스템을 지원하는 주체적, 통합적, 시간적 데이터의 집합체이다.

---

정답 32 ④ 33 ①

참고 파트02-챕터06-섹션01

## 34 | 인덱스(Index)

- 데이터베이스 성능에 많은 영향을 주는 DBMS의 구성 요소로 테이블과 클러스터에 연관되어 독립적인 저장 공간을 보유하며, 데이터베이스에 저장된 자료를 더욱 빠르게 조회하기 위하여 별도로 구성한 순서 데이터를 말한다.
- 데이터베이스 대부분에서 테이블을 삭제하면 인덱스도 같이 삭제된다.

데이터베이스의 인덱스와 관련한 설명으로 틀린 것은?

① 문헌의 색인, 사전과 같이 데이터를 쉽고 빠르게 찾을 수 있도록 만든 데이터 구조이다.
② 테이블에 붙여진 색인으로 데이터 검색 시 처리 속도 향상에 도움이 된다.
③ 인덱스의 추가, 삭제 명령어는 각각 ADD, DE-LETE이다.
④ 대부분의 데이터베이스에서 테이블을 삭제하면 인덱스도 같이 삭제된다.

오답 피하기
- 인덱스는 수정할 수 없다.
- 인덱스 생성 : CREATE
- 인덱스 삭제 : DROP

참고 파트02-챕터06-섹션02

## 35 | 트리 순회, 연산식

- 전위 순회(Preorder) : [루트 → 왼쪽 자식 → 오른쪽 자식] 순으로 순회
- 중위 순회(Inorder) : [왼쪽 자식 → 루트 → 오른쪽 자식] 순으로 순회
- 후위 순회(Postorder) : [왼쪽 자식 → 오른쪽 자식 → 루트] 순으로 순회

다음 트리를 Preorder 운행법으로 운행할 경우 다섯 번째로 탐색되는 것은?

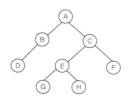

① C  ② E
③ G  ④ H

오답 피하기
Preorder의 순회 순서는 Root → Left → Right이다.

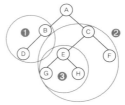

- A ① ②
- A B D C ③ F
- A B D C E G H F
이므로 5번째 E가 검색된다.
그림과 같이 트리를 자식 노드별로 분할하여 분석하면 쉽게 풀 수 있다.

참고 파트02-챕터06-섹션04

## 36 | 해싱 함수의 종류

해싱 함수의 종류 : 제산 방법(Division Method), 중간 제곱 방법(Mid-Square Method), 중첩 방법(폴딩, Folding Method), 기수 변환 방법 (Radix Conversion Method), 무작위 방법 (Random Method), 계수 분석 방법(Digit Analysis Method)

해싱 함수 중 레코드 키를 여러 부분으로 나누고, 나눈 부분의 각 숫자를 더하거나 XOR한 값을 홈 주소로 사용하는 방식은?

① 제산법
② 폴딩법
③ 기수 변환법
④ 숫자 분석법

오답 피하기
중첩 방법(폴딩, Folding Method) : 해싱 함수 중 레코드 키를 여러 부분으로 나누고, 나눈 부분의 각 숫자를 더하거나 XOR한 값을 홈 주소로 삼는 방식이다.

정답 34 ③ 35 ② 36 ②

참고 파트03-챕터02-섹션01

## 37 | 데이터베이스 설계

**개념적 설계**
- 요구 분석 단계에서 나온 결과(명세)를 E-R(Entity-Relationship) 다이어그램과 같은 DBMS에 독립적이고 고차원적인 표현 기법으로 기술하는 과정이다.
- 요구 조건 분석 결과로 식별된 응용을 검토해서 이들을 구현할 수 있는 트랜잭션을 고차원 명세로 기술하는 과정이다.

**논리적 설계**
- 목표 DBMS에 종속적인 논리적 스키마 작성
- 논리적 데이터 모델로 변환
- 트랜잭션 인터페이스 설계
- 스키마의 평가 및 정제

**물리적 설계**
- 목표 DBMS에 종속적인 물리적 구조 설계
- 저장 레코드 양식 설계 및 레코드 집중의 분석/설계
- 파일 조직 방법과 저장 방법 그리고 파일 접근 방법 등을 선정
- 응답 시간 효율화를 위한 접근 경로 설계
- 트랜잭션 세부 설계

---

### 물리적 데이터베이스 구조의 기본 데이터 단위인 저장 레코드의 양식을 설계할 때 고려 사항이 아닌 것은?

① 데이터 타입
② 데이터값의 분포
③ 트랜잭션 모델링
④ 접근 빈도

---

참고 파트03-챕터02-섹션02

## 38 | E-R 다이어그램

**E-R 다이어그램**

| 기호 | 기호 이름 | 의미 |
|---|---|---|
| 사각형 | 사각형 | 개체(Entity) |
| 마름모 | 마름모 | 관계(Relationship) |
| 타원 | 타원 | 속성(Attribute) |
| 실선 | 실선 | 개체 타입과 속성을 연결 |
| 2중 타원 | 2중 타원 | 다중값 속성 |

### E-R 모델에서 다중값 속성의 표기법은?

①
②
③
④

---

참고 파트03-챕터02-섹션02

## 39 | 릴레이션의 구성

**관계형 데이터베이스 모델 구조**

| 학번 | 이름 | 학과 | 학년 |
|---|---|---|---|
| 2024010 | 김합격 | 경비학과 | 1 |
| 2024016 | 박합격 | 태권도학과 | 3 |
| 2024011 | 정합격 | 영문학과 | 4 |

학년 도메인

**속성(Attribute)**
- 테이블의 열(Column)에 해당하며 파일 구조의 항목(Item), 필드(Field)와 같은 의미이다.
- 디그리(Degree) : 속성의 수(차수)

**튜플(Tuple)**
- 파일 구조의 각 행을 튜플이라고 한다. 레코드와 같은 의미이다.
- 카디널리티(Cardinality) : 튜플(행)의 수(기수)

---

### 다음 릴레이션의 Degree와 Cardinality는?

| 학번 | 이름 | 학년 | 학과 |
|---|---|---|---|
| 13001 | 홍길동 | 3학년 | 전기 |
| 13002 | 이순신 | 4학년 | 기계 |
| 13003 | 강감찬 | 2학년 | 컴퓨터 |

① Degree : 4, Cardinality : 3
② Degree : 3, Cardinality : 4
③ Degree : 3, Cardinality : 12
④ Degree : 12, Cardinality : 3

정답 37 ③ 38 ③ 39 ①

## 40 | 키(Key)

**기본키(Primary Key)**
- 테이블의 각 레코드를 고유하게 식별하는 필드나 필드의 집합이다.
- 테이블에 기본키 설정은 필수가 아니다.
- 기본키를 설정하지 않고도 다른 테이블과의 관계를 설정할 수 있다.
- 관계가 설정되어있는 테이블에서 기본키 설정을 해제하더라도 설정된 관계는 유지된다.
- 데이터가 이미 입력된 필드도 기본키로 지정할 수 있으며 기본키 값은 변경될 수 있다.

**외래키(Foreign Key)**
- 관계형 데이터 모델에서 한 릴레이션의 외래키는 참조되는 릴레이션의 기본키와 대응되어 릴레이션 간에 참조 관계를 표현하는 데 사용되는 중요한 도구이다.
- 외래키를 포함하는 릴레이션이 참조하는 릴레이션이 되고, 대응되는 기본키를 포함하는 릴레이션이 참조 릴레이션이 된다.

---

### 다음 설명의 (  ) 안에 들어갈 내용으로 적합한 것은?

> "후보키는 릴레이션에 있는 모든 튜플에 대해 유일성과 (  )을 모두 만족시켜야 한다."

① 중복성  ② 최소성
③ 참조성  ④ 동일성

**오답 피하기**
유일성과 최소성을 모두 만족하는 키는 후보키이다.

## 41 | 무결성의 종류

- **개체 무결성** : 기본키의 값은 널(Null)값이나 중복값을 가질 수 없다는 제약 조건이다.
- **참조 무결성** : 참조할 수 없는 외래키 값을 가질 수 없다는 제약 조건이다.
- **도메인 무결성** : 각 속성값은 해당 속성 도메인에 지정된 값이어야 한다는 제약 조건이다.

---

### 무결성 제약 조건 중 개체 무결성 제약 조건에 대한 설명으로 옳은 것은?

① 릴레이션 내의 튜플들이 각 속성의 도메인에 정해진 값만을 가져야 한다.
② 기본키는 NULL 값을 가져서는 안 되며 릴레이션 내에 오직 하나의 값만 존재해야 한다.
③ 자식 릴레이션의 외래키는 부모 릴레이션의 기본키와 도메인이 동일해야 한다.
④ 자식 릴레이션의 값이 변경될 때 부모 릴레이션의 제약을 받는다.

**오답 피하기**
- 기본키 – 개체 무결성
- 외래키 – 참조 무결성
- 속성 – 도메인 무결성

## 42 | 이상 현상(Anomaly)

- 릴레이션 조작 시 데이터들이 불필요하게 중복되어 예기치 않게 발생하는 곤란한 현상을 의미한다.
- 종류 : 삽입 이상, 삭제 이상, 갱신 이상

---

### 데이터 속성 간의 종속성에 대한 엄밀한 고려 없이 잘못 설계된 데이터베이스에서는 데이터 처리 연산 수행 시 각종 이상 현상이 발생할 수 있는데, 이러한 이상 현상이 아닌 것은?

① 검색 이상  ② 삽입 이상
③ 삭제 이상  ④ 갱신 이상

**오답 피하기**
- 테이블에 입력 시 : 삽입
- 테이블에 수정 시 : 갱신
- 테이블에 삭제 시 : 삭제

정답 40 ② 41 ② 42 ①

## 43 | 정규화(Normalization)

- 함수적 종속성 등의 잘못 설계된 관계형 스키마를 더 작은 속성의 세트로 쪼개어 바람직한 스키마로 만들어 가는 과정이다.
- 데이터베이스의 논리적 설계 단계에서 수행한다.
- 데이터 구조의 안정성을 최대화한다.
- 중복을 배제하여 삽입, 삭제, 갱신 이상의 발생을 방지한다.
- 데이터 삽입 시 릴레이션을 재구성할 필요성을 줄인다.

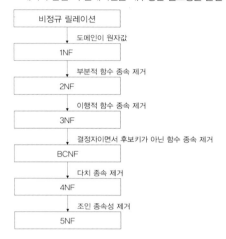

### 다음 조건을 모두 만족하는 정규형은?

- 테이블 R에 속한 모든 도메인이 원자값만으로 구성되어 있다.
- 테이블 R에서 키가 아닌 모든 필드가 키에 대해 함수적으로 종속되며, 키의 부분 집합이 결정자가 되는 부분 종속이 존재하지 않는다.
- 테이블 R에 존재하는 모든 함수적 종속에서 결정자가 후보키이다.

① BCNF  ② 제1정규형
③ 제2정규형  ④ 제3정규형

**오답 피하기**
- 원자값 : 1정규형
- 완전 함수적 종속 : 2정규형
- 결정자가 후보키 : BCNF정규형

## 44 | 병행 제어/로킹

**병행 제어의 목적**
- 데이터베이스 공유 최대화
- 데이터베이스 일관성 최대화
- 시스템 활용도 최대화
- 사용자에 대한 응답 시간 최소화

**로킹(Locking) 특징**
- 로킹 단위가 커지면 로크의 수가 적어 관리가 쉬워지지만 병행성 수준은 낮아진다.
- 로킹 단위가 작으면 로크의 수가 많아 관리가 어려워지지만, 병행성 수준은 높아진다.
- 로킹의 대상이 되는 객체(파일, 테이블, 필드, 레코드)의 크기를 로킹 단위라고 한다.

### 로킹 단위(Locking Granularity)에 대한 설명으로 옳은 것은?

① 로킹 단위가 크면 병행성 수준이 낮아진다.
② 로킹 단위가 크면 병행 제어 기법이 복잡해진다.
③ 로킹 단위가 작으면 로크(Lock)의 수가 적어진다.
④ 로킹은 파일 단위로 이루어지며, 레코드와 필드는 로킹 단위가 될 수 없다.

**오답 피하기**
로킹은 잠김 시간의 길이이다. 로킹 단위가 커지면 병행성이 낮아진다.

## 45 | 분산 데이터베이스의 투명성

- 위치 투명성(Location Transparency) : 하드웨어와 소프트웨어의 물리적 위치를 사용자가 알 필요가 없다.
- 중복(복제) 투명성(Replication Transparency) : 사용자에게 통지할 필요 없이 시스템 안에 파일들과 자원들의 부가적인 복사를 자유롭게 할 수 있다.
- 병행 투명성(Concurrency Transparency) : 다중 사용자들이 자원들을 자동으로 공유할 수 있다.
- 장애 투명성(Faiure Transparency) : 사용자들은 어느 위치의 시스템에 장애가 발생했는지 알 필요가 없다.
- 분산 데이터베이스의 구성 요소 : 분산 처리기, 분산 데이터베이스, 통신 네트워크, 분산 트랜잭션
- 분산 데이터베이스의 구조 : 전역, 분할(단편화), 할당, 지역 스키마

---

### 분산 데이터베이스 시스템과 관련한 설명으로 틀린 것은?

① 물리적으로 분산된 데이터베이스 시스템을 논리적으로 하나의 데이터베이스 시스템처럼 사용할 수 있도록 한 것이다.

② 물리적으로 분산되어 지역별로 필요한 데이터를 처리할 수 있는 지역 컴퓨터(Local Computer)를 분산 처리기(Distributed Processor)라고 한다.

③ 분산 데이터베이스 시스템을 위한 통신 네트워크 구조가 데이터 통신에 영향을 주므로 효율적으로 설계해야 한다.

④ 데이터베이스가 분산되어 있음을 사용자가 인식할 수 있도록 분산 투명성(Distribution Transparency)을 배제해야 한다.

## 46 | 관계 대수(Relational Algebra)

### 관계 대수

- 원하는 정보와 그 정보를 어떻게 유도하는가를 기술하는 절차적인 방법이다.
- 주어진 릴레이션 조작을 위한 연산의 집합이다.
- 질의에 대한 해를 구하기 위해 수행해야 할 연산의 순서를 명시한다.
- 릴레이션 조작을 위한 연산의 집합으로 피연산자와 결과가 모두 릴레이션이다.
- 일반 집합 연산과 순수 관계 연산으로 구분된다.

### 순수 관계 연산자의 종류

| | |
|---|---|
| Select($\sigma$) | 튜플 집합을 검색한다. |
| Project($\pi$) | 속성 집합을 검색한다. |
| Join($\bowtie$) | 두 릴레이션의 공통 속성을 연결한다. |
| Division($\div$) | 두 릴레이션에서 특정 속성을 제외한 속성만 검색한다. |

---

### 관계 대수식을 SQL 질의로 옳게 표현한 것은?

$\pi_{\text{이름}}(\sigma_{\text{학과 = '교육'}}(\text{학생}))$

① SELECT 학생 FROM 이름 WHERE 학과 = '교육';

② SELECT 이름 FROM 학생 WHERE 학과 = '교육';

③ SELECT 교육 FROM 학과 WHERE 이름 = '학생';

④ SELECT 학과 FROM 학생 WHERE 이름 = '교육';

**오답 피하기**

- Select($\sigma$) : 튜플 집합을 검색한다.
- Project($\pi$) : 속성 집합을 검색한다.

$\pi_{\text{이름}}$ → SELECT 이름
$\sigma_{\text{학과 = '교육'}}(\text{학생})$ → FROM 학생 WHERE 학과 = '교육';

정답 45 ④ 46 ②

참고 파트03-챕터04-섹션02

## 47 | SQL의 분류

- DDL의 종류 : CREATE, DROP, ALTER
- DML의 종류 : SELECT, INSERT, DELETE, UPDATE
- DCL의 종류 : GRANT, REVOKE, COMMIT, ROLLBACK

**SQL의 기능에 따른 분류 중에서 REVOKE문과 같이 데이터의 사용 권한을 관리하는 데 사용하는 언어는?**

① DDL(Data Definition Language)
② DML(Data Manipulation Language)
③ DCL(Data Control Language)
④ DUL(Data User Language)

**오답 피하기**
- 테이블 → 정의(Definition)
- 레코드 → 조작(Manipulation)
- 데이터베이스 → 제어(Control)

참고 파트03-챕터04-섹션02

## 48 | DDL(Data Definition Language)

- 데이터베이스의 정의/변경/삭제에 사용되는 언어이다.
- 논리적 데이터 구조와 물리적 데이터 구조로 정의할 수 있다.
- 논리적 데이터 구조와 물리적 데이터 구조 간의 사상을 정의한다.
- 번역한 결과가 데이터 사전에 저장된다.

```
CREATE TABLE 기본테이블
  ( { 열이름 데이터_타입 [NOT NULL], [DEFAULT 값] }
    [PRIMARY KEY(열이름_리스트)]
    [UNIQUE(열이름_리스트,…)]
    [FOREIGN KEY(열이름_리스트)]
    REFERENCES 기본테이블[(기본키_열이름)]
      [ON DELETE 옵션]
      [ON UPDATE 옵션]
    [CHECK(조건식)] );
```

- { }는 중복 가능한 부분, [ ]는 생략 가능한 부분이다.
- NOT NULL은 특정 열에 대해 널(Null) 값을 허용하지 않을 때 기술한다.
- PRIMARY KEY는 기본키를 구성하는 속성을 지정할 때 기술한다.
- FOREIGN KEY는 외래키로 어떤 릴레이션의 기본키를 참조하는지를 기술한다.

**CASCADE vs RESTRICT**
- DROP View : View_이름 [CASCADE | RESTRICT];
- CASCADE : 삭제할 요소가 다른 개체에서 참조 중이라도 삭제가 수행된다.
- RESTRICT : 삭제할 요소가 다른 객체에서 참조 중일 경우 삭제가 취소된다.

**DDL 종류**
- CREATE : 스키마, 도메인, 테이블, 뷰 정의
- ALTER : 테이블 정의 변경
- DROP : 스키마, 도메인, 테이블, 뷰 삭제

**테이블 두 개를 조인하여 뷰 V_1을 정의하고, V_1을 이용하여 뷰 V_2를 정의하였다. 다음 명령 수행 후 결과로 옳은 것은?**

| DROP VIEW V_1 CASCADE; |
| --- |

① V_1만 삭제된다.
② V_2만 삭제된다.
③ V_1과 V_2 모두 삭제된다.
④ V_1과 V_2 모두 삭제되지 않는다.

**오답 피하기**
CASCADE : 삭제할 요소가 다른 개체에서 참조 중이라도 삭제가 수행된다. 즉, V_1 하위에 연결된 V_2도 같이 삭제된다.

정답 47 ③ 48 ③

## 49 | DML(Data Manipulation Language)

- SELECT : 튜플을 검색할 때 사용한다.
- INSERT : 튜플을 삽입할 때 사용한다.
- DELETE : 튜플을 삭제할 때 사용한다.
- UPDATE : 튜플의 내용을 변경할 때 사용한다.

| SELECT문 기본 구조 |
| --- |
| SELECT 속성명 [ALL \| DISTINCT]<br>FROM 릴레이션명<br>WHERE 조건;<br>[GROUP BY 속성명1, 속성명2,…]<br>[HAVING 조건]<br>[ORDER BY 속성명 [ASC \| DESC]]; |
| • ALL : 모든 튜플을 검색(생략 가능)<br>• DISTINCT : 중복된 튜플 생략<br>• ORDER BY를 사용하며 내림차순은 DESC를 사용한다. 오름차순의 경우 생략이나 ASC를 사용한다. |

다음 테이블을 보고 강남지점의 판매량이 많은 제품부터 출력되도록 할 때 다음 중 가장 적절한 SQL 구문은? (단, 출력은 제품명과 판매량이 출력되도록 한다.)

[푸드] 테이블

| 지점명 | 제품명 | 판매량 |
| --- | --- | --- |
| 강남지점 | 비빔밥 | 500 |
| 강북지점 | 도시락 | 300 |
| 강남지점 | 도시락 | 200 |
| 강남지점 | 미역국 | 550 |
| 수원지점 | 비빔밥 | 600 |
| 인천지점 | 비빔밥 | 800 |
| 강남지점 | 잡채밥 | 250 |

① SELECT 제품명, 판매량 FROM 푸드
  ORDER BY 판매량 ASC;

② SELECT 제품명, 판매량 FROM 푸드
  ORDER BY 판매량 DESC;

③ SELECT 제품명, 판매량 FROM 푸드
  WHERE 지점명 = '강남지점'
    ORDER BY 판매량 ASC;

④ SELECT 제품명, 판매량 FROM 푸드
  WHERE 지점명 = '강남지점'
    ORDER BY 판매량 DESC;

## 50 | DCL(Data Control Language)

- COMMIT : 명령어로 수행된 결과를 실제 물리적 디스크로 저장하고, 명령어로 수행을 성공적으로 완료하였음을 선언한다.
- ROLLBACK : 명령어로 수행에 실패하였음을 알리고, 수행된 결과를 원상 복귀시킨다.
- GRANT : 데이터베이스 사용자에게 사용 권한을 부여한다.
- REVOKE : 데이터베이스 사용자로부터 사용 권한을 취소한다.

| GRANT : 권한 설정 |
| --- |
| • GRANT 권한 ON 데이터 객체 TO 사용자 [WITH GRANT OPTION];<br>• WITH GRANT OPTION : 사용자가 부여받은 권한을 다른 사용자에게 다시 부여할 수 있는 권한을 부여한다.<br>• 부여할 수 있는 권한 : UPDATE, DELETE, INSERT, SELECT |

| REVOKE : 권한 해제 |
| --- |
| • REVOKE [GRANT OPTION FOR] 권한 ON 데이터 객체 FROM 사용자 [CASCADE];<br>• GRANT OPTION FOR : 다른 사용자에게 권한을 부여할 수 있는 권한을 취소한다.<br>• CASCADE : 권한을 부여받았던 사용자가 다른 사용자에게 부여한 권한도 연쇄 취소한다.<br>• 부여할 수 있는 권한 : UPDATE, DELETE, INSERT, SELECT |

데이터 제어어(DCL)에 대한 설명으로 옳은 것은?

① ROLLBACK : 데이터의 보안과 무결성을 정의한다.

② COMMIT : 데이터베이스 사용자의 사용 권한을 취소한다.

③ GRANT : 데이터베이스 사용자에게 사용 권한을 부여한다.

④ REVOKE : 데이터베이스 조작 작업이 비정상적으로 종료되었을 때 원래 상태로 복구한다.

## 51 | 하위 질의, SQL 연산자

### 하위 질의의 개념
• 하위 질의문은 하위 질의를 먼저 처리하고 검색된 결과는 상위 질의에 적용되어 검색된다.

### 논리 연산자 설정
• AND : 이면서, 그리고 조건
• OR : 이거나, 또는 조건
• NOT : 부정 조건

### BETWEEN ~ AND
• 구간 값 조건식이다.
• BETWEEN 90 AND 95은 90 이상에서 95 이하까지의 범위를 의미한다.
• WHERE 점수 >= 90 AND 점수 <= 95로 표현할 수 있다.

.................................................................

## 아래의 SQL문을 실행한 결과는?

[R1 테이블]

| 학번 | 이름 | 학년 | 학과 | 주소 |
|------|------|------|------|------|
| 1000 | 홍길동 | 4 | 컴퓨터 | 서울 |
| 2000 | 김철수 | 3 | 전기 | 경기 |
| 3000 | 강남길 | 1 | 컴퓨터 | 경기 |
| 4000 | 오말자 | 4 | 컴퓨터 | 경기 |
| 5000 | 장미화 | 2 | 전자 | 서울 |

[R2 테이블]

| 학번 | 과목번호 | 성적 | 점수 |
|------|----------|------|------|
| 1000 | C100 | A | 91 |
| 1000 | C200 | A | 94 |
| 2000 | C300 | B | 85 |
| 3000 | C400 | A | 90 |
| 3000 | C500 | C | 75 |
| 3000 | C100 | A | 90 |
| 4000 | C400 | A | 95 |
| 4000 | C500 | A | 91 |
| 4000 | C100 | B | 80 |
| 4000 | C200 | C | 74 |
| 5000 | C400 | B | 85 |

[SQL문]

```
SELECT 이름
FROM R1
WHERE 학번 IN
    (SELECT 학번
     FROM R2
     WHERE 과목번호 = 'C100');
```

① 
| 이름 |
|------|
| 홍길동 |
| 강남길 |
| 장미화 |

② 
| 이름 |
|------|
| 홍길동 |
| 강남길 |
| 오말자 |

③ 
| 이름 |
|------|
| 홍길동 |
| 김철수 |
| 강남길 |
| 오말자 |
| 장미화 |

④ 
| 이름 |
|------|
| 홍길동 |
| 김철수 |

**오답 피하기**

• 하위 질의문은 하위 질의를 먼저 처리하고 검색된 결과는 상위 질의에 적용되어 검색된다.
• 하위 질의 : (SELECT 학번 FROM R2 WHERE 과목번호 = 'C100');
• R2 테이블에서 과목번호가 'C100'인 튜플의 학번 필드를 조회한다. → 학번 1000, 3000, 4000이 조회된다.
• SELECT 이름 FROM R1 WHERE 학번 IN(1000, 3000, 4000)
• R1 테이블에서 학번이 1000, 2000, 4000인 튜플의 이름을 조회한다. → 홍길동, 강남길, 오말자

## 52 | 트랜잭션

**트랜잭션의 특성**
- 원자성(Atomicity) : 완전하게 수행 완료되지 않으면 전혀 수행되지 않아야 한다.
- 일관성(Consistency) : 시스템의 고정 요소는 트랜잭션 수행 전후에 같아야 한다.
- 격리성(Isolation, 고립성) : 트랜잭션 실행 시 다른 트랜잭션의 간섭을 받지 않아야 한다.
- 영속성(Durability, 지속성) : 트랜잭션의 완료 결과가 데이터베이스에 영구히 기억된다.

**트랜잭션 상태**
- 활동(Active) : 초기 상태로 트랜잭션이 Begin_Trans에서 부터 실행을 시작하였거나 실행 중인 상태이다.
- 부분 완료(Partially Committed) : 트랜잭션의 마지막 연산이 실행된 직후의 상태로, 모든 연산의 처리는 끝났지만 트랜잭션이 수행한 최종 결과를 데이터베이스에 반영하지 않은 상태이다.
- 철회(Aborted) : 트랜잭션이 실행에 실패하여 Rollback 연산을 수행한 상태이다.
- 완료(Committed) : 트랜잭션이 실행을 성공적으로 완료 연산을 수행한 상태이다.

---

### 다음 설명과 관련 있는 트랜잭션의 특징은?

> "트랜잭션의 연산은 모두 실행되거나, 모두 실행되지 않아야 한다."

① Durability
② Isolation
③ Consistency
④ Atomicity

## 53 | 뷰(View) 특징

- 뷰의 생성 시 CREATE문, 검색 시 SELECT문을 사용한다.
- 뷰의 정의 변경 시 ALTER문을 사용할 수 없고 DROP문을 이용한다.
- 뷰를 이용한 또 다른 뷰의 생성이 가능하다.
- 하나의 뷰 제거 시 그 뷰를 기초로 정의된 다른 뷰도 함께 삭제된다.
- 뷰에 대한 조작에서 삽입, 갱신, 삭제 연산은 제약이 따른다.
- 뷰가 정의된 기본 테이블이 제거되면 뷰도 자동적으로 제거된다.

---

### 데이터베이스에서의 뷰(View)에 대한 설명으로 틀린 것은?

① 뷰는 다른 뷰를 기반으로 새로운 뷰를 만들 수 있다.
② 뷰는 일종의 가상 테이블이며, Update에는 제약이 따른다.
③ 뷰는 기본 테이블을 만드는 것처럼 Create View를 사용하여 만들 수 있다.
④ 뷰는 논리적으로 존재하는 기본 테이블과 다르게 물리적으로만 존재하며 카탈로그에 저장된다.

**오답 피하기**
- DBA는 보안 측면에서 뷰를 활용할 수 있다.
- 뷰는 물리적으로 존재하지 않는 가상화된 테이블이다.

## 54 | C언어의 연산자

### C언어의 연산자 우선순위(높음 → 낮음)
- 괄호( ) → 산술 연산자 → 비트 이동 연산자 → 관계 연산자 → 비트 논리 연산자 → 논리 연산자
- 산술 연산자 : *, /, %, +, −
- 비트 이동 연산자 : 《, 》
- 관계 연산자 : 〈, 〈=, 〉, =, ==, !=
- 비트 논리 연산자 : &, ^, |
- 논리 연산자 : !, &&, ||
- 삼항 연산자 : ?

### C언어의 논리 연산자
- 논리부정(!) 연산자 : '참'을 '거짓'으로 '거짓'을 '참'으로 부정
- 논리곱(&&) 연산자 : 좌측과 우측 피연산자가 모두 '참'이어야 '참'의 결과
- 논리합(||) 연산자 : 좌측과 우측 피연산자 중 하나 이상이 '참'이면 '참'의 결과

### 다음 C언어 프로그램이 실행되었을 때 실행 결과는?

```
#include <stdio.h>
int main(int argc, char *argv[]) {
  int a = 5, b = 3, c = 12;
  int t1, t2, t3;
  t1 = a && b;
  t2 = a || b;
  t3 = !c;
  printf("%d", t1 + t2 + t3);
  return 0;
}
```

① 0      ② 2
③ 5      ④ 14

**오답 피하기**

| | |
|---|---|
| int a = 5, b = 3, c = 12; | |
| t1 | a && b |
| | 5 && 3 |
| | 참 && 참 |
| | 결과 : 참(1) |
| t2 | a || b |
| | 5 || 3 |
| | 참 || 3 |
| | 결과 : 참(1) |
| t3 | !c |
| | !12 |
| | !참 |
| | 결과 : 거짓(0) |

printf("%d", t1 + t2 + t3); 명령문은 1 + 1 + 0을 수행한 결과 2를 출력한다.

## 55 | C언어 변수명 작성 규칙과 라이브러리 함수

### C언어의 변수명 작성 규칙
- 영문 대소문자(A~Z, a~z), 숫자(0~9), '_'를 혼용하여 사용할 수 있다.
- 첫 글자는 숫자로 시작할 수 없으며, 영문자나 '_'로 시작해야 한다.
- 영문자는 대소문자를 구분한다.
- 공백을 포함할 수 없다.
- 예약어(Reserved Word)를 사용할 수 없다.

### 라이브러리 함수
- atoi() : 문자열을 정수형으로 변환
- atof() : 문자열을 실수형으로 변환
- itoa() : 숫자를 문자열로 변환
- ceil() : 자리 올림
- floor() : 자리 버림

### C언어에서 변수로 사용할 수 없는 것은?

① data02      ② int01
③ _sub      ④ short

**오답 피하기**

short는 C언어의 자료형(예약어)이다.

## 56 | for 반복문과 문자열 처리 함수

### for 반복문
- 일정 횟수만큼 반복 수행할 때 사용한다.
- 문법 구조

```
for(초기식; 조건식; 증감식)
{
    명령문1;
    ...
    명령문n;
}
```

### 문자열 처리 함수
- strlen() : 인수로 전달되는 문자열 길이 반환
- strcat(), strncat() : 하나의 문자열에 다른 문자열을 연결
- strcpy(), strncpy() : 문자열을 복사
- strcmp(), strncmp() : 문자열 내용을 비교
- atoi(), atol(), atoll(), atof() : 인수로 전달된 문자열을 숫자 형으로 변환
- toupper(), tolower() : 영문자를 대문자, 소문자로 변환

### 다음 C 프로그램의 결과값은?

```
main(void) {
    int i;
    int sum = 0;
    for(i = 1; i <= 10; i = i + 2)
    sum = sum + i;
    printf("%d", sum);
}
```

① 15      ② 19
③ 25      ④ 27

**오답 피하기**
- 반복 변수를 초기화하는 초기식은 한 번만 수행되고 조건식을 만족하면 하위 명령문을 수행한 후 증감식을 수행하고 조건식을 검사한다.
- i가 1일 때 i <= 10을 만족하므로 sum은 1이 된다.
- i가 3일 때 i <= 10을 만족하므로 sum은 4가 된다.
- i가 5일 때 i <= 10을 만족하므로 sum은 9가 된다.
- i가 7일 때 i <= 10을 만족하므로 sum은 16이 된다.
- i가 9일 때 i <= 10을 만족하므로 sum은 25가 된다.
- i가 11일 때 i <= 10을 만족하지 못하므로 printf를 실행한다

## 57 | Java 연산자의 종류 및 우선순위

| 연산자 | 종류 | 결합 방향 | 우선순위 |
|---|---|---|---|
| 단항 연산자 | +, -, !, ~, ++, -- | ← | 높음 |
| 산술 연산자 | *, /, % | | |
| | +, - | | |
| 시프트 연산자 | <<, >>, >>> | | |
| 관계 연산자 | <, <=, >, >= | → | |
| | ==, != | | |
| 비트 연산자 | &, \|, ^ | | |
| 논리 연산자 | &&, \|\| | | |
| 조건 연산자 | ? : | → | |
| 할당 연산자 | =, +=, -=, *=, /=, %=, <<=, >>= | ← | |
| 콤마 연산자 | , | → | 낮음 |

### 다음 Java 프로그램이 실행되었을 때의 결과는?

```
public class Array1 {
    public static void main(String[] args)
    {
        int cnt = 0;
        do {
            cnt++;
        } while (cnt < 0);
        if(cnt == 1)
            cnt++;
        else
            cnt = cnt + 3;
        System.out.printf("%d", cnt);
    }
}
```

① 2      ② 3
③ 4      ④ 5

**오답 피하기**
**do~while 명령문과 if~else 명령문**
- 변수 cnt의 초깃값은 0이며, do~while 명령문에 의해 무조건 반복문 내부로 진입하여 cnt++;를 수행하여 변수 cnt는 1이 된다. 조건식 cnt < 0이 결과 거짓이므로 다음 if~else 명령문을 수행하게 된다.
- 변수 cnt는 1이므로 조건식 cnt==1은 참이다. cnt++;를 수행하여 변수 cnt는 2이 된다.
- 출력문에 의해 변수 cnt는 2가 출력된다.

## 58 | Java의 배열 객체

**Java의 배열 객체.length**
- 배열 객체.length : 배열 객체의 크기(요소의 개수)
- 실행의 순서 : main() → marr()

**Java 출력 함수**
- System.out.print() : 괄호 안을 출력하고 줄 바꿈을 안 한다.
- System.out.println() : 괄호 안을 출력하고 줄 바꿈을 한다.
- System.out.printf() : 변환 문자를 사용하여 출력한다.

다음 Java 프로그램이 실행되었을 때 실행 결과는?

```java
public class Rarr {
  static int[] marr() {
    int temp[] = new int[4];
    for(int i = 0; i < temp.length; i++)
      temp[i] = i;
    return temp;
  }
  public static void main(String[] args) {
    int iarr[];
    iarr = marr();
    for(int i = 0; i < temp.length; i++)
      System.out.print(iarr[i] + " ");
  }
}
```

① 1 2 3 4
② 0 1 2 3
③ 1 2 3
④ 0 1 2

**오답 피하기**
- temp.length : 1차원 문자 배열 객체의 크기(4)
- marr() 메소드에서 배열 객체 temp의 0번째 요소에서 3번째 요소까지의 값을 0에서 3으로 초기화하고 배열 객체 temp를 반환하여 참조 변수 iarr에 전달한 후 배열 요소를 차례대로 출력하는 프로그램이다.

## 59 | Java 삼항 연산자

**if ~ else 문**

```
if(조건식)
    조건식의 결과가 참일 때  실행하는 명령문;
else
    조건식의 결과가 거짓일 때  실행하는 명령문;
```

**삼항 연산자**

```
조건식? 참일 때  명령문 : 거짓일 때  명령문
```

다음 Java 프로그램이 실행되었을 때의 결과는?

```java
public class Ovr {
  public static void main(String[] args) {
    int a = 1, b = 2, c = 3, d = 4;
    int mx, mn;
    mx = a < b ? b : a;
    if(mx == 1) {
        mn = a > mx ? b : a;
    }
    else {
        mn = b < mx ? d : c;
    }
    System.out.println(mn);
  }
}
```

① 1
② 2
③ 3
④ 4

**오답 피하기**
변수 mx의 값을 구한 후 if ~ else문을 실행하여 변수 mn의 값을 구하여 출력하는 프로그램이다.

| | |
|---|---|
| mx = a 〈 b ? b : a; | 조건식 1 〈 2의 결과는 '참'이므로 변수 mx에는 변수 b 값인 3이 대입된다. |
| if(mx == 1) { | 3 == 1의 결과는 '거짓'이므로 |
|    mn = a 〉 mx ? b : a; | |
| } | |
| else { | '거짓'인 경우 else 블록을 실행한다. |
|    mn = b 〈 mx ? d : c; | 조건식 2 〉 3의 결과는 '거짓'이므로 변수 mn에는 변수 c 값인 3이 대입된다. |
| } | |

## 60 | Python

### Python
- 1991년 귀도 반 로섬(Guido van Rossum)이 개발한 고급 프로그래밍 언어이다.
- 플랫폼에 독립적이고 인터프리터식, 객체지향적, 동적 타이핑 대화형 언어이다. 매우 쉬운 문법 구조로 초보자들도 쉽게 배울 수 있다.

### Python 변수명 작성 규칙
- 영문 대소문자(A~Z, a~z), 숫자(0~9), '_'를 혼용하여 사용할 수 있다.
- 첫 글자는 영문자나 '_'로 시작해야 한다.
- 영문자는 대소문자를 구분한다.
- 공백을 포함할 수 없다.
- 예약어(Reserved Word)를 사용할 수 없다.

---

### 파이썬의 변수 작성 규칙 설명으로 옳지 않은 것은?

① 첫 자리에 숫자를 사용할 수 없다.
② 영문 대문자/소문자, 숫자, 밑줄(_)의 사용이 가능하다.
③ 변수 이름의 중간에 공백을 사용할 수 있다.
④ 이미 사용되고 있는 예약어는 사용할 수 없다.

**오답 피하기**

C, Java, Python 모두 변수 이름 중간에 공백을 허용하지 않는다.

## 61 | Python 함수

### if ~ elif ~ else 조건문

```
if 조건1:
    조건1이 True일 경우 실행문
elif 조건2:
    조건1일 False이고 조건2가 True일 경우 실
    행문
else
    조건1과 조건2가 모두 False일 경우 실행문
```

### range() 함수
- for 반복문과 함께 많이 사용되며, 주어진 인수로 0부터 연속된 정수를 리스트 객체로 반환하는 함수이다.
- (예1) range(3) → (결과) [0, 1, 2]
- (예2) range(1, 3) → (결과) [1, 2]

---

### 다음 파이썬(Python) 프로그램이 실행되었을 때의 결과는?

```
def cs(n):
  s = 0
  for num in range(n + 1):
    s + = num
  return s

print(cs(11))
```

① 45　　　　　　　　② 55
③ 66　　　　　　　　④ 78

**오답 피하기**

- print(cs(11)) 명령문을 통해 정수 11을 cs( ) 함수에 전달한 후 반환되는 값을 출력한다.
- cs( ) 함수에 정수 11이 매개 변수 n에 전달된 후, for ~ in 반복문을 통해 0부터 11까지의 num의 값을 s에 누적한다.
- s의 최종 결과 66은 반환되며 print( ) 함수를 통해 콘솔에 출력한다.

참고 파트04-챕터03-섹션01

## 62 │ 파이썬의 리스트와 딕셔너리

- 리스트 객체 : [요소1, 요소2, … ]
- 딕셔너리 객체 : { 'key1' : value1, 'key2' : value2, … }

### 다음 Python 프로그램이 실행되었을 때, 실행 결과는?

```
a = 100
list_data = ['a', 'b', 'c']
dict_data = {'a':90, 'b':95}
print(list_data[0])
print(dict_data['a'])
```

①

②

③

④

**오답 피하기**
- print(list_data[0]) : list_data[0]의 슬라이싱 연산을 통해 리스트 객체의 0번째 요소를 추출하여 출력한다. → a
- print(dict_data['a']) : dict_data['a']는 딕셔너리의 키 'a'에 대응하는 값을 추출하여 출력한다. → 90

참고 파트04-챕터05-섹션07

## 63 │ 기억 장치 교체 전략

주기억 장치의 모든 페이지 프레임이 사용 중일 때 어떤 페이지 프레임을 교체할 것인지 결정하는 전략이다.

| OPT (OPTimal replacement) | • 이후에 가장 오랫동안 사용되지 않을 페이지를 먼저 교체하는 기법이다.<br>• 실현 가능성이 희박하다. |
|---|---|
| FIFO (First In First Out) | • 가장 먼저 적재된 페이지를 먼저 교체하는 기법이다.<br>• 구현이 간단하다. |
| LRU (Least Recently Used) | 각 페이지마다 계수기나 스택을 두어 현시점에서 가장 오랫동안 사용하지 않은 페이지를 교체하는 기법이다. |
| LFU (Least Frequently Used) | 참조된 횟수가 가장 적은 페이지를 먼저 교체하는 기법이다. |

4개의 페이지를 수용할 수 있는 주기억 장치가 있으며, 초기에는 모두 비어 있다고 가정한다. 다음의 순서로 페이지 참조가 발생할 때, LRU 페이지 교체 알고리즘을 사용하면 몇 번의 페이지 결함이 발생하는가?

페이지 참조 순서 : 1, 2, 3, 1, 2, 4, 1, 2, 5

① 5회      ② 6회
③ 7회      ④ 8회

**오답 피하기**

| 요청 페이지 | 1 | 2 | 3 | 1 | 2 | 4 | 1 | 2 | 5 |
|---|---|---|---|---|---|---|---|---|---|
| 페이지 프레임 | 1 | 1 | 1 | 1 | 1 | 1 | 1 | 1 | 1 |
| | | 2 | 2 | 2 | 2 | 2 | 2 | 2 | 2 |
| | | | 3 | 3 | 3 | 3 | 3 | 3 | 5 |
| | | | | | | 4 | 4 | 4 | 4 |
| 페이지 부재 | ● | ● | ● | | | ● | | | ● |

프레임에 찾는 값이 없을 때 부재(결함)가 발생한다.

정답 62 ① 63 ①

## 64 | 운영체제 스케줄링

### HRN(Highest Response-ratio Next)

$$우선순위\ 계산식 = \frac{대기\ 시간 + 서비스를\ 받을\ 시간}{서비스를\ 받을\ 시간}$$

### SJF(Shortest Job First)
• 비선점 스케줄링 기법의 일종이다.
• 준비상태 큐에서 기다리고 있는 프로세스들 중에서 실행 시간이 가장 짧은 프로세스에게 먼저 CPU를 할당하는 스케줄링 기법이다.

---

### 다음에서 설명하는 프로세스 스케줄링은?

최소 작업 우선(SJF) 기법의 약점을 보완한 비선점 스케줄링 기법으로 다음과 같은 식을 이용해 우선순위를 판별한다.

$$우선순위 = \frac{대기한\ 시간 + 서비스를\ 받을\ 시간}{서비스를\ 받을\ 시간}$$

① FIFO 스케줄링    ② RR 스케줄링
③ HRN 스케줄링    ④ MQ 스케줄링

## 65 | 주기억 장치 배치 전략

• 최초 적합(First Fit) : 프로그램/데이터가 할당 가능한 영역 중에서 첫 번째 영역에 할당
• 최적 적합(Best Fit) : 프로그램/데이터가 할당 가능한 영역 중에서 단편화가 가장 작은 영역에 할당
• 최악 적합(Worst Fit) : 프로그램/데이터가 할당 가능한 영역 중에서 단편화가 가장 큰 영역에 할당

---

### 빈 기억 공간의 크기가 20KB, 16KB, 8KB, 40KB 일 때 기억 장치 배치 전략으로 "Best Fit"을 사용하여 17KB의 프로그램을 적재할 경우 내부 단편화의 크기는 얼마인가?

① 3KB           ② 23KB
③ 64KB          ④ 67KB

**오답 피하기**

입력 데이터 크기인 17KB보다 크면서 가장 비슷한 크기의 저장 공간(20KB)에 적재한다.

## 66 | 가상 기억 장치(Virtual Memory)

### 가상 기억 장치(Virtual Memory)
• 주기억 장치의 부족한 용량을 해결하기 위해 보조 기억 장치를 주기억 장치처럼 사용하는 기법이다.
• 가상 기억 장치의 일반적인 구현 방법에는 프로그램을 고정된 크기의 일정한 블록(페이지)으로 나누는 페이징 기법과 가변적인 크기의 블록(세그먼트)으로 나누는 세그멘테이션 기법이 있다.

### 워킹 셋(Working Set)
• 운영체제의 가상 기억 장치 관리에서 프로세스가 일정 시간 동안 자주 참조하는 페이지들의 집합이다.

---

### 운영체제의 가상 기억 장치 관리에서 프로세스가 일정 시간 동안 자주 참조하는 페이지들의 집합을 의미하는 것은?

① Locality        ② Deadlock
③ Thrashing       ④ Working Set

정답 64 ③  65 ①  66 ④

## 67 | UNIX, LINUX의 쉘(Shell)과 커널(Kernel)

### UNIX의 특징
- Multi-User 및 Multi-Tasking을 지원한다.
- 네트워킹 시스템이며 대화식 운영체제이다.
- 높은 이식성과 확장성, 프로세스 간 호환성이 높다.
- 트리 구조의 계층적 파일 시스템을 갖는다.

### 쉘(Shell)
- 사용자가 지정한 명령들을 해석하여 커널로 전달하는 명령어 해석기이다.
- 시스템과 사용자 간의 인터페이스를 담당한다.
- 종류 : C Shell, Bourn Shell, Korn Shell 등

### 커널(Kernel)
- 운영체제의 핵심 부분인 커널(Kernel)은 프로세스 관리, 기억 장치 관리, 입출력 관리, 파일 시스템 관리 등의 기능을 수행한다.
- 사용자 인터페이스 제공은 쉘(Shell)의 기능이다.

### umask
- 파일이나 디렉터리 생성 시 초기 접근 권한을 설정할 때 사용한다.
- 초기 파일의 권한은 666이고 디렉터리는 777이며 여기에 umask 값을 빼서 초기 파일 권한을 설정할 수 있다.
- 파일 초기 권한 666 - ? = 파일 권한 644

----

### 리눅스에서 생성된 파일 권한이 644일 경우 umask 값은?

① 022　　　　　　　　　② 666
③ 777　　　　　　　　　④ 755

**오답 피하기**

| 소유자 | | | 그룹 | | | 사용자 | | |
|---|---|---|---|---|---|---|---|---|
| r | w | x | r | w | x | r | w | x |
| 4 | 2 | 1 | 4 | 2 | 1 | 4 | 2 | 1 |

- rwx(7)은 모든 권한을 갖는다.
- - - -(0)은 모든 권한이 해제된 상태이다.
- 644는 소유자(읽기+쓰기), 그룹(읽기), 사용자(읽기) 권한이 부여된 상태이다.
- 파일 초기 권한(666) - umask 값 = 파일 권한(644)

## 68 | OSI 7계층

### 데이터 링크 계층(Data Link Layer)
- 인접한 두 개의 통신 시스템 간에 신뢰성 있는 효율적인 데이터를 전송하는 계층이다.
- 링크의 설정과 유지 및 종료를 담당한다.
- 전송 데이터의 흐름 제어, 프레임 동기, 오류 제어 등을 수행한다.
- 링크의 효율성을 향상시킨다.
- 프로토콜 종류 : HDLC, PPP, LLC, LAPB, LAPD, ADCCP

### 전송 계층(Transport Layer)
- 통신 양단간(End-to-End) 투명한 데이터 전송을 제공한다.
- 에러 제어 및 흐름 제어를 담당한다.
- 표준 : TCP, UDP

----

### OSI 7계층에서 물리적 연결을 이용해 신뢰성 있는 정보를 전송하려고 동기화, 오류 제어, 흐름 제어 등의 전송 에러를 제어하는 계층은?

① 데이터 링크 계층　　　② 물리 계층
③ 응용 계층　　　　　　④ 표현 계층

**오답 피하기**
- 물리적 연결 + 동기화, 오류 제어 : 데이터 링크 계층(HDLC, LAPB)
- 데이터 전송 + 오류 수정, 흐름 제어 : 전송 계층(TCP, UDP)

## 69 | TCP/IP

### TCP(Transmission Control Protocol)
- OSI 7계층의 전송 계층에 해당한다.
- 특징 : 접속형 서비스, 전이중 전송 서비스, 신뢰성 서비스
- 기능 : 패킷 다중화, 오류 제어, 흐름 제어, 순서 제어

### IP(Internet Protocol)
- OSI 7계층의 네트워크 계층에 해당하며 비신뢰성 서비스를 제공한다.
- 비연결성으로 송신지가 여러 개인 데이터 그램을 보내면서 순서가 뒤바뀌어 도달할 수 있으며 IP 프로토콜의 헤더 길이는 최소 20~60byte이다.
- ARP(Address Resolution Protocol) : 논리 주소(IP 주소)를 물리 주소(MAC 주소)로 변환하는 프로토콜이다.
- RARP(Reverse Address Resolution Protocol) : 호스트의 물리 주소(MAC 주소)로부터 논리 주소(IP 주소)를 구하는 프로토콜이다.

### ICMP(Internet Control Message Protocol, 인터넷 제어 메시지 프로토콜)
- TCP/IP 계층의 인터넷 계층에 해당한다. 네트워크 컴퓨터에서 운영체제의 오류 메시지를 전송받는 데 주로 쓰이며, 인터넷 프로토콜에 의존하여 작업을 수행한다.
- IP의 동작 과정에서의 전송 오류가 발생하는 경우에 대비해 오류 정보를 전송하는 목적으로 사용하는 프로토콜이다.

---

### IP 프로토콜의 주요 특징에 해당하지 않는 것은?

① 체크섬(Checksum) 기능으로 데이터 체크섬(Data Checksum)만 제공한다.
② 패킷을 분할, 병합하는 기능을 수행하기도 한다.
③ 비연결형 서비스를 제공한다.
④ Best Effort 원칙에 따른 전송 기능을 제공한다.

---

## 70 | TCP/UDP

### TCP(Transmission Control Protocol)
- 신뢰성 있는 연결 지향형 전달 서비스를 제공한다.
- 순서 제어, 에러 제어, 흐름 제어 기능을 제공한다.
- 전이중 서비스와 스트림 데이터 서비스를 제공한다.
- 메시지를 캡슐화(Encapsulation)와 역캡슐화(Decapsulation)한다.
- 서비스 처리를 위해 다중화(Multiplexing)와 역다중화(Demultiplexing)를 이용한다.

### UDP(User Datagram Protocol)
- 비연결형 및 비신뢰성 전송 서비스를 제공한다.
- 흐름 제어나 순서 제어가 없어 전송 속도가 빠르다.
- 수신된 데이터의 순서 재조정 기능을 지원하지 않는다.
- 복구 기능을 제공하지 않는다.

---

## UDP 특성에 해당되는 것은?

① 양방향 연결형 서비스를 제공한다.
② 송신 중에 링크를 유지관리하므로 신뢰성이 높다.
③ 순서 제어, 오류 제어, 흐름 제어 기능을 한다.
④ 흐름 제어나 순서 제어가 없어 전송 속도가 빠르다.

**오답 피하기**

①, ②, ③번은 TCP의 특성이다.

---

## 71 | IPv6(Internet Protocol version 6)

- 16비트씩 8 부분의 16진수로 표시한다.
- 인증 및 보안 기능을 포함하고 있어 IPv4보다 보안성이 강화되었다.
- IPv6 확장 헤더를 통해 네트워크 기능 확장이 용이하다.
- 자동으로 네트워크 환경 구성이 가능하다.
- 128비트 길이의 IP 주소이다.
- 인증 및 보안 기능을 포함하고 있어 IPv4보다 보안성이 강화되었다.
- IPv6의 주소 체계는 유니캐스트(Unicast), 애니캐스트(Anycast), 멀티캐스트(Multicast) 방식이다.

---

## IPv6에 대한 특성으로 틀린 것은?

① 표시 방법은 8비트씩 4 부분의 10진수로 표시한다.
② $2^{128}$개의 주소를 표현할 수 있다.
③ 등급별, 서비스별로 패킷을 구분할 수 있어 품질 보장이 용이하다.
④ 확장 기능을 통해 보안 기능을 제공한다.

**오답 피하기**

16비트씩 8 부분의 16진수로 표시한다.

---

정답 69 ① 70 ④ 71 ①

참고 파트05-챕터03-섹션04

## 72 | 공개키와 비밀키 암호화 기법

### 공개키(비대칭키) 암호화 기법
- 암호키와 해독키가 서로 다른 기법이다.
- 비대칭키 암호화 기법 또는 공중키 암호화 기법이라고도 한다.
- 키 분배가 비밀키 암호화 기법보다 용이하다.
- 암호화/복호화 속도가 느리고 알고리즘이 복잡하다.

### 비밀키(대칭키) 암호화 기법
- 동일한 키로 암호화하고 복호화하는 기법으로 키 개수는 N(N−1)/2개 필요하다.
- 대칭 암호 알고리즘은 처음 통신 시에 비밀키를 전달해야 하므로, 키 교환 중 키가 노출될 수 있다.
- 암호화/복호화 속도가 빠르고 알고리즘이 단순하다.
- 종류 : DES, AES, ARIA, SEED, IDEA, RC4

---

## 대칭 암호 알고리즘과 비대칭 암호 알고리즘에 대한 설명으로 틀린 것은?

① 대칭 암호 알고리즘은 비교적 실행 속도가 빠르기 때문에 다양한 암호의 핵심 함수로 사용될 수 있다.

② 대칭 암호 알고리즘은 비밀키 전달을 위한 키 교환이 필요하지 않아 암호화 및 복호화의 속도가 빠르다.

③ 비대칭 암호 알고리즘은 자신만이 보관하는 비밀키를 이용하여 인증, 전자 서명 등에 적용이 가능하다.

④ 대표적인 대칭키 암호 알고리즘으로는 AES, IDEA 등이 있다.

### 오답 피하기
- 공개키(암호화 ≠ 복호화, 암호화 키를 공개한다.) = 비대칭키 = RSA
- 비공개키(암호화 = 복호화, 암호화키를 공개하지 않는다.) = 대칭키 = DES

참고 파트05-챕터01-섹션01

## 73 | 나선형 모형(Spiral Model)

- Boehm이 제시하였으며, 반복적인 작업을 수행하는 점증적 생명주기 모형이다.
- 점증적 모형, 집중적 모형이라고도 한다.

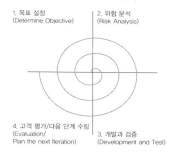

## 소프트웨어 개발 모델 중 나선형 모델의 4가지 주요 활동이 순서대로 나열된 것은?

| Ⓐ 계획 수립 | Ⓑ 고객 평가 |
| Ⓒ 개발 및 검증 | Ⓓ 위험 분석 |

① Ⓐ-Ⓑ-Ⓓ-Ⓒ 순으로 반복

② Ⓐ-Ⓓ-Ⓒ-Ⓑ 순으로 반복

③ Ⓐ-Ⓑ-Ⓒ-Ⓓ 순으로 반복

④ Ⓐ-Ⓒ-Ⓑ-Ⓓ 순으로 반복

참고 파트05-챕터01-섹션01

## 74 | 폭포수 모델(Waterfall Model)

- 각 단계가 끝나는 시점에서 확인, 검증, 검사를 거쳐 다음 단계로 넘어가거나 이전 단계로 환원하면서 구현 및 운영 단계에 이르는 하향식 생명주기 모형이다.
- 폭포수 모델의 순서 : 계획 → 요구사항 정의 → 개략 설계 → 상세 설계 → 구현 → 통합 시험 → 시스템 실행 → 유지보수

## 다음 설명에 해당하는 생명주기 모형으로 가장 옳은 것은?

가장 오래된 모형으로 많은 적용 사례가 있지만 요구사항의 변경이 어려우며, 각 단계의 결과가 확인되어야만 다음 단계로 넘어간다. 선형 순차적 모형으로 고전적 생명주기 모형이라고도 한다.

① 패키지 모형

② 코코모 모형

③ 폭포수 모형

④ 관계형 모델

정답 72 ② 73 ② 74 ③

## 75 | CPM/PERT

### CPM(Critical Path Method)
- 프로젝트 완성에 필요한 작업들을 나열하고 작업에 필요한 소요 기간을 예측하는 기법이다.
- 노드와 간선으로 구성되며, 노드는 작업을 표시하고 간선은 작업 사이의 전후 의존 관계를 나타낸다.
- 박스 노드는 프로젝트의 중간 점검을 뜻하는 이정표로, 이 노드 위에 예상 완료 시간을 표시한다.
- 한 이정표에서 다른 이정표에 도달하기 전의 작업이 모두 완료되어야만 다음 작업 진행이 가능하다.

### PERT(Program Evaluation and Review Technique)
- 소요 시간 예측이 어려운 경우 최단 시간 내에 완성할 수 있게 하는 프로젝트 일정 방법이다.
- 계획 공정(Network)을 작성하여 분석하므로 간트 도표에 비해 작업 계획을 수립하기 쉽다.
- 계획 공정의 문제점을 명확히 종합적으로 파악할 수 있다.
- 관계자 전원이 참가하게 되므로 의사소통이나 정보 교환이 용이하다.

---

### 소프트웨어 비용 추정 모형(Estimation Models)이 아닌 것은?

① COCOMO
② Putnam
③ Function-Point
④ PERT

## 76 | COCOMO(COnstructive COst MOdel) 모델

- 보헴(Boehm)이 제안한 소스 코드(Source Code)의 규모에 의한 비용 예측 모델이다.
- 같은 규모의 소프트웨어라도 그 유형에 따라 비용이 다르게 산정된다.
- 시스템의 구성 모듈과 서브 시스템의 비용 합계를 계산하여 시스템의 비용을 산정한다.
- 현실적으로 가장 이해하기 쉬운 실험적 모형이다.

### COCOMO 개발 유형

| | |
|---|---|
| Organic Mode (단순형) | • 5만 라인 이하의 소프트웨어를 개발하는 유형<br>• 기관 내부에서 개발된 중소 규모의 소프트웨어로 일괄 자료 처리나 과학 기술 계산용, 비즈니스 자료 처리 등<br>• 노력(MM) = 2.4 × (KDSI)$^{1.05}$ |
| Semi-detached Mode (중간형) | • 30만 라인 이하의 소프트웨어를 개발하는 유형<br>• 트랜잭션 처리 시스템이나 운영체제, 데이터베이스 관리 시스템 등<br>• 노력(MM) = 3.0 × (KDSI)$^{1.12}$ |
| Embedded Mode (임베디드형) | • 30만 라인 이상의 소프트웨어를 개발하는 유형<br>• 초대형 규모의 트랜잭션 처리 시스템이나 운영체제 등<br>• 노력(MM) = 3.6 × (KDSI)$^{1.20}$ |

---

### COCOMO(Constructive Cost Model) 모형의 특징이 아닌 것은?

① 프로젝트를 완성하는 데 필요한 man-month로 산정 결과를 나타낼 수 있다.
② 보헴(Boehm)이 제안한 것으로 원시 코드 라인 수에 의한 비용 산정 기법이다.
③ 비교적 작은 규모의 프로젝트 기록을 통계 분석하여 얻은 결과를 반영한 모델이며 중소 규모 소프트웨어 프로젝트 비용 추정에 적합하다.
④ 프로젝트 개발 유형에 따라 Object, Dynamic, Function의 3가지 모드로 구분한다.

참고 파트05-챕터01-섹션04

## 77 | LOC(Line Of Code) 기법

- 소프트웨어 각 기능의 원시 코드 라인 수의 비관치, 낙관치, 기대치를 측정하여 예측치를 구하고 이를 이용하여 비용을 산정하는 기법이다.
- 예측치 = a + (4 × c) + b / 6
  (단, a는 낙관치, b는 비관치, c는 기대치임)
- 개발 기간 = 예측된 LOC / (개발자 수 × 1인당 월평균 생산 LOC)
- 10000 / (2 × 5)

---

LOC 기법에 의하여 예측된 총 라인 수가 36,000라인, 개발에 참여할 프로그래머가 6명, 프로그래머들의 평균 생산성이 월간 300라인일 때 개발에 소요되는 기간을 계산한 결과로 가장 옳은 것은?

① 5개월  ② 10개월
③ 15개월  ④ 20개월

**오답 피하기**

개발 기간 = 예측된 LOC / (개발자 수 × 1인당 월평균 생산 LOC)
= 360000 / (6 × 300)
= 360000 / 1800
= 20개월

---

참고 파트05-챕터01-섹션04

## 78 | SLIM

- Putnam 모형 기반의 자동화 추정 도구이다.
- 푸트남(Putnam)이 제안한 것으로 생명주기 예측 모형이라고도 한다.
- 시간에 따른 함수로 표현되는 Rayleigh-Norden 곡선의 노력 분포도를 기초로 한다.

---

Putnam 모형을 기초로 해서 만든 자동화 추정 도구는?

① SQLR/30  ② SLIM
③ MESH  ④ NFV

참고 파트05-챕터01-섹션05

## 79 | CMMI 5단계(소프트웨어 프로세스 성숙도)

**CMMI 5단계**

| 단계 | 내용 |
|---|---|
| 1. 초기(Initial) | 예측/통제 불가능 |
| 2. 관리(Managed) | 기본적인 프로젝트 관리 체계 수립 |
| 3. 정의(Defined) | 조직 차원의 표준 프로세스를 통한 프로젝트 지원 |
| 4. 정량적 관리 (Quantitativelymanaged) | 정량적으로 프로세스가 측정/통제됨 |
| 5. 최적화(Optimizing) | 프로세스 개선 활동 |

---

CMM(Capability Maturity Model) 모델의 레벨로 옳지 않은 것은?

① 최적 단계  ② 관리 단계
③ 정의 단계  ④ 캐치 단계

---

참고 파트05-챕터01-섹션04

## 80 | 소프트웨어 품질 목표

**소프트웨어 품질 목표**

| | |
|---|---|
| 정확성 (Correctness) | 사용자의 요구 기능을 충족시키는 정도 |
| 신뢰성 (Reliability) | 주어진 시간동안 주어진 기능을 오류 없이 수행하는 정도 |
| 사용 용이성 (Usability) | • 사용에 필요한 노력을 최소화하고 쉽게 사용할 수 있는 정도<br>• 적절한 사용자 인터페이스와 문서를 가지고 있는 정도 |
| 효율성 (Efficiency) | 명시된 조건하에서 소프트웨어 제품의 일정한 성능과 자원 소요량의 관계에 관한 속성. 즉 요구되는 기능을 수행하기 위해 필요한 자원의 소요 정도 |
| 무결성 (Integrity) | 허용되지 않는 사용이나 자료의 변경을 제어하는 정도 |
| 이식성 (Portability) | 다양한 하드웨어 환경에서도 운용 가능하도록 쉽게 수정될 수 있는 정도 |

---

소프트웨어 품질 목표 중 하나 이상의 하드웨어 환경에서 운용되기 위해 쉽게 수정될 수 있는 시스템 능력을 의미하는 것은?

① Portability  ② Efficiency
③ Usability  ④ Correctness

---

정답 77 ④ 78 ② 79 ④ 80 ①

참고 파트05-챕터01-섹션06

## 81 | 소프트웨어 개발 프레임워크

- 소프트웨어 프레임워크를 활용하면 개발 및 운영 용이성을 제공하고, 시스템 복잡도 감소, 재사용성 확대 등의 장점이 있다.
- 개발 용이성 : 패턴 기반 개발과 비즈니스 로직에만 집중한 개발이 가능하며, 공통 기능은 프레임워크가 제공한다.
- 운영 용이성 : 변경이 용이하며, 비즈니스 로직/아키텍처 파악이 용이하다.
- 시스템 복잡도의 감소 : 복잡한 기술은 프레임워크에 의해 숨겨진다. 미리 잘 정의된 기술 Set을 적용할 수 있다.
- 개발 코드의 최소화 : 반복 개발을 제거하며, 공통 컴포넌트와 서비스 활용이 가능하다.
- 이식성 : 플랫폼 비의존적인 개발 가능하며, 플랫폼과의 연동은 프레임워크가 제공한다.
- 변경 용이성 : 잘 구조화된 아키텍처를 적용하며, 플랫폼에 비의존적이다.
- 품질 보증 : 검증된 개발 기술과 패턴에 따른 개발이 가능하며, 고급 개발자와 초급 개발자의 차이를 줄여준다.
- 설계와 코드의 재사용성 : 프레임워크의 서비스 및 패턴의 재사용, 사전에 개발된 컴포넌트의 재사용이 가능하다.

### 소프트웨어 개발 프레임워크의 적용 효과로 볼 수 없는 것은?

① 공통 컴포넌트 재사용으로 중복 예산 절감
② 기술 종속으로 인한 선행사업자 의존도 증대
③ 표준화된 연계 모듈 활용으로 상호 운용성 향상
④ 개발 표준에 의한 모듈화로 유지보수 용이

**오답 피하기**

이전 프로젝트 수주 기업의 자체 프레임워크 사용으로 인한 기술 종속으로 인해 증가하는 선행사업자에 대한 의존도를 표준화된 개발 기반 도입으로 일정 부분 해소할 수 있어 유지보수업체의 선정이 용이하다.

참고 파트01-챕터02-섹션01

## 82 | 플랫폼 성능 특성

**플랫폼 성능 측정 항목**
- 응답 시간(Response Time)
- 가용성(Availability)
- 사용률(Utilization)

### 소프트웨어 설계 시 구축된 플랫폼의 성능 특성 분석에 사용되는 측정 항목이 아닌 것은?

① 응답 시간(Response Time)
② 가용성(Availability)
③ 사용률(Utilization)
④ 서버 튜닝(Server Tuning)

참고 파트05-챕터01-섹션06

## 83 | 테일러링(Tailoring) 고려 사항

**내부적 요건**
- 목표 환경 : 시스템의 개발 환경 및 유형이 서로 다른 경우 테일러링이 필요
- 요구사항 : 프로젝트의 생명주기 활동 측면에서 개발, 운영, 유지보수 등 프로젝트에서 먼저 고려할 요구사항이 서로 다른 경우 테일러링이 필요
- 프로젝트 규모 : 사업비, 참여 인력, 개발 기간 등 프로젝트의 규모가 서로 다른 경우 테일러링이 필요
- 보유 기술 : 프로세스, 방법론, 산출물, 인력의 숙련도 등이 다른 경우 테일러링이 필요

**외부적 요건**
- 법적 제약사항 : 프로젝트별로 적용될 IT Compliance 서로 다른 경우 테일러링이 필요
- 표준 품질 기준 : 금융, 제조, 의료 업종별 표준 품질 기준이 상이하므로 방법론의 테일러링이 필요

### 소프트웨어 개발 방법론의 테일러링(Tailoring)과 관련한 설명으로 틀린 것은?

① 프로젝트 수행 시 예상되는 변화를 배제하고 신속히 진행하여야 한다.
② 프로젝트에 최적화된 개발 방법론을 적용하기 위해 절차, 산출물 등을 적절히 변경하는 활동이다.
③ 관리 측면에서의 목적 중 하나는 최단기간에 안정적인 프로젝트 진행을 위한 사전 위험을 식별하고 제거하는 것이다.
④ 기술적 측면에서의 목적 중 하나는 프로젝트에 최적화된 기술 요소를 도입하여 프로젝트 특성에 맞는 최적의 기법과 도구를 사용하는 것이다.

정답 81 ② 82 ④ 83 ①

참고 파트05-챕터02-섹션01

## 84 | RIP(Routing Information Protocol)

- 최단 경로 탐색에는 Bellman-Ford 알고리즘을 사용하는 거리 벡터 라우팅 프로토콜이다.
- 라우팅 프로토콜을 IGP와 EGP로 분류했을 때 IGP에 해당한다.
- 최적의 경로를 산출하기 위한 정보로서 홉(거리값)만을 고려하므로, RIP이 선택한 경로가 최적의 경로가 아닌 경우가 많이 발생할 수 있다.
- 소규모 네트워크 환경에 적합하다.

### RIP(Routing Information Protocol)에 대한 설명으로 틀린 것은?

① 거리 벡터 라우팅 프로토콜이라고도 한다.

② 소규모 네트워크 환경에 적합하다.

③ 최대 홉 카운트를 115홉 이하로 한정하고 있다.

④ 최단 경로 탐색에는 Bellman-Ford 알고리즘을 사용한다.

**오답 피하기**

최대 홉 카운트를 15홉 이하로 한정하고 있다.

참고 파트05-챕터03-섹션02

## 85 | 정보보안의 3요소

- 무결성(Integrity) : 시스템 내의 정보는 오직 인가된 사용자만 수정할 수 있는 보안 요소
- 기밀성(Confidentiality) : 인가되지 않는 사용자가 객체 정보의 내용을 알 수 없도록 하는 보안 요소
- 가용성(Availability) : 정보 시스템 또는 정보에 대한 접근과 사용이 요구 시점에 완전하게 제공될 수 있는 상태를 의미하는 보안 요소

### 소프트웨어 개발에서 정보보안 3요소에 해당하지 않는 설명은?

① 기밀성 : 인가된 사용자에 대해서만 자원 접근이 가능하다.

② 무결성 : 인가된 사용자에 대해서만 자원 수정이 가능하며 전송 중인 정보는 수정되지 않는다.

③ 가용성 : 인가된 사용자는 가지고 있는 권한 범위 내에서 언제든 자원 접근이 가능하다.

④ 휘발성 : 인가된 사용자가 수행한 데이터는 처리 완료 즉시 폐기되어야 한다.

참고 파트05-챕터02-섹션01

## 86 | 신기술 용어

**Mesh Network**
- 기존 무선 랜의 한계 극복을 위해 등장하였으며, 대규모 디바이스의 네트워크 생성에 최적화되어 차세대 이동통신, 홈네트워킹, 공공 안전 등의 특수 목적을 위한 새로운 방식의 네트워크 기술이다.

**Zing**
- 기기를 키오스크에 갖다 대면 원하는 데이터를 바로 가져올 수 있는 기술로 10cm 이내 근접 거리에서 기가급 속도로 데이터 전송이 가능한 초고속 근접 무선 통신(NFC) 기술이다.

**MQTT(Message Queuing Telemetry Transport)**
- IBM이 주도하여 개발한 기술로 사물 통신, 사물 인터넷과 같이 대역폭이 제한된 통신 환경에 최적화하여 개발된 푸시 기술 기반의 경량 메시지 전송 프로토콜이다.
- TCP/IP 기반 네트워크에서 동작하는 발행-구독 기반의 메시징 프로토콜로 최근 IoT 환경에서 자주 사용되고 있는 프로토콜이다.

**SDN(Software Defined Networking)**
- 네트워크를 제어부, 데이터 전달부로 분리하여 네트워크 관리자가 보다 효율적으로 네트워크를 제어, 관리할 수 있는 기술이다.
- 기존의 라우터, 스위치 등과 같이 하드웨어에 의존하는 네트워크 체계에서 안정성, 속도, 보안 등을 소프트웨어로 제어, 관리하기 위해 개발된다.

**직접 연결 저장 장치(DAS : Direct Attached Storage)**
- 하드 디스크와 같은 데이터 저장 장치를 호스트 버스 어댑터에 직접 연결하는 방식이다.
- 저장 장치와 호스트 기기 사이에 네트워크 디바이스 없이 직접 연결하는 방식으로 구성된다.

**Docker**
- 컨테이너 응용 프로그램의 배포를 자동화하는 오픈소스 엔진으로 SW 컨테이너안의 응용 프로그램들을 배치시키는 일을 자동화해 주는 오픈소스 프로젝트이자 소프트웨어이다.

**Kiosk**
- 공공장소에 설치된 터치스크린 방식의 정보 전달 시스템이다.
- 백화점, 전시장, 공항, 철도역과 같은 곳에 설치되어 각종 행사 안내나 상품 정보, 시설물 이용 방법, 관광 정보 등을 제공하는 무인 단말기이다.

### 다음 내용이 설명하는 것은?

- 사물 통신, 사물 인터넷과 같이 대역폭이 제한된 통신 환경에 최적화하여 개발된 푸시 기술 기반의 경량 메시지 전송 프로토콜
- 메시지 매개자(Broker)를 통해 송신자가 특정 메시지를 발행하고 수신자가 메시지를 구독하는 방식
- IBM이 주도하여 개발

① GRID      ② TELNET

③ GPN      ④ MQTT

정답 84 ③ 85 ④ 86 ④

참고 파트05-챕터02-섹션03

## 87 | 데이터베이스 관련 기술 용어

### 하둡(Hadoop)

• 오픈소스를 기반으로 한 분산 컴퓨팅 플랫폼으로 일반 PC급 컴퓨터들로 가상화된 대형 스토리지를 형성하고, 그 안에 보관된 거대한 데이터 세트를 병렬로 처리할 수 있도록 빅데이터 분산 처리를 돕는 자바 소프트웨어 오픈소스 프레임워크이다.

• 다양한 소스를 통해 생성된 빅데이터를 효율적으로 저장하고 처리한다.

• 하둡의 필수 핵심 구성 요소는 맵리듀스(MapReduce)와 하둡 분산 파일 시스템(Hadoop Distributed File System)이다.

• Sqoop : 하둡(Hadoop)과 관계형 데이터베이스 간에 데이터를 전송할 수 있도록 설계된 도구이다.

---

### 다음이 설명하는 용어로 옳은 것은?

> – 오픈소스를 기반으로 한 분산 컴퓨팅 플랫폼이다.
> – 일반 PC급 컴퓨터들로 가상화된 대형 스토리지를 형성한다.
> – 다양한 소스를 통해 생성된 빅데이터를 효율적으로 저장하고 처리한다.

① 하둡(Hadoop)
② 비컨(Beacon)
③ 포스퀘어(Foursquare)
④ 멤리스터(Memristor)

**오답 피하기**

포스퀘어(Foursquare)
• 스마트폰에 탑재된 GPS를 활용해 위치 정보를 수집한다.
• 쇼핑 관광 등에 활용하는 위치 기반 소셜네트워크 서비스이다.

---

참고 파트05-챕터05-섹션01

## 88 | 공격 유형

### DoS(Denial of Service, 분산 서비스 거부)

• 여러 곳에 분산된 공격 지점에서 한 곳의 서버에 대해 분산 서비스 공격을 수행하는 공격 방법이다.

• 공격 종류 : Ping Of Death, Land Attack, SYN Flooding, Smurf, DDoS, UDP Flooding

### TCP 세션 하이재킹

• 서버와 클라이언트 통신 시에 TCP의 3-Way Handshake 단계에서 발생하는 취약점을 이용한 공격 기법이다.

• 세션 하이재킹 탐지 기법 : 비동기화 상태 감지, ACK STORM 탐지, 패킷의 유실 및 재전송 증가 탐지, 예상치 못한 접속의 리셋 탐지

### 백도어(Back Door)

• 프로그램이나 손상된 시스템에 허가되지 않는 접근을 할 수 있도록 정상적인 보안 절차를 우회하는 악성 소프트웨어이다. 트랩 도어(Trap Door)라고도 한다.

• 백도어 공격 도구 : NetBus, Back Orifice, RootKit 등

• 백도어 탐지 방법 : 무결성 검사, 열린 포트 확인, 로그 분석, SetUID 파일 검사 등

### 웜(Worm)

• 네트워크를 통해 연속적으로 자신을 복제하여 시스템의 부하를 높여 결국 시스템을 다운시키는 바이러스의 일종이다.

### Ping Flood

• 특정 사이트에 매우 많은 ICMP Echo를 보내면, 이에 대한 응답(Respond)을 하기 위해 시스템 자원을 모두 사용해 버려 시스템이 정상적으로 동작하지 못하도록 하는 공격 기법이다.

---

### DoS(Denial of Service) 공격과 관련한 내용으로 틀린 것은?

① Ping of Death 공격은 정상 크기보다 큰 ICMP 패킷을 작은 조각(Fragment)으로 쪼개어 공격 대상이 조각화된 패킷을 처리하게 만드는 공격 방법이다.

② Smurf 공격은 멀티캐스트(Multicast)를 활용하여 공격 대상이 네트워크의 임의의 시스템에 패킷을 보내게 만드는 공격이다.

③ SYN Flooding은 존재하지 않는 클라이언트가 서버별로 한정된 접속 가능 공간에 접속한 것처럼 속여 다른 사용자가 서비스를 이용하지 못하게 하는 것이다.

④ Land 공격은 패킷 전송 시 출발지 IP 주소와 목적지 IP 주소값을 똑같이 만들어서 공격 대상에게 보내는 공격 방법이다.

**오답 피하기**

Smurf 공격 : Broadcast를 이용해 Ping Packet을 보내고, 수많은 Ping Packet이 Server로 반사되는 공격 기법이다.

---

**정답** 87 ① 88 ②

## 89 | Secure OS와 OWASP

### Secure OS의 보안 기능
- 강제적 접근 통제, 임의적 접근 통제, 식별 및 인증, 객체 사용 보호, 완전성 조성, 신뢰 경로

### OWASP(The Open Web Application Security Project)
- 오픈소스 웹 애플리케이션 보안 프로젝트로서 주로 웹을 통한 정보 유출, 악성 파일 및 스크립트, 보안 취약점 등을 연구하는 곳이다.
- 연구 결과에 따라 취약점 발생 빈도가 높은 10가지 취약점을 공개한다.

### OWASP TOP 10 LIST 2022
- Broken Access Control
- Cryptographic Failures
- Injections
- Insecure Design
- Security Misconfigurations
- Vulnerable and Outdated Components
- Identification and Authentication Failures
- Software and Data Integrity Failures
- Security Logging and Monitoring Failures
- Server-Side Request Forgery(SSRF)

---

### Secure OS의 보안 기능으로 거리가 먼 것은?

① 식별 및 인증　　② 임의적 접근 통제
③ 고가용성 지원　　④ 강제적 접근 통제

**오답 피하기**
고가용성은 보안보다는 성능을 위한 기능이다.

## 90 | 접근 통제

### 정보의 접근 통제 정책

| 정책 | MAC | DAC | RBAC |
|---|---|---|---|
| 권한 부여 | 시스템 | 데이터 소유자 | 중앙 관리자 |
| 접근 결정 | 보안 등급 (Label) | 신분(Identity) | 역할(Role) |
| 정책 변경 | 고정적 (변경 어려움) | 변경 용이 | 변경 용이 |
| 장점 | 안정적 중앙 집중적 | 구현 용이 유연함 | 관리 용이 |

### AAA(Authentication Authorization Accounting, 인증 권한 검증 계정 관리)
- 시스템의 사용자가 로그인하여 명령을 내리는 과정에 대한 시스템의 동작을 Authentication(인증), Authorization(권한 부여), Accounting(계정 관리)으로 구분한다.
- Authentication(인증) : 망, 시스템 접근을 허용하기 전에 사용자의 신원을 검증한다.
- Authorization(권한 부여) : 검증된 사용자에게 어떤 수준의 권한과 서비스를 허용한다.
- Accounting(계정 관리) : 사용자의 자원에 대한 사용 정보를 모아서 과금, 감사, 용량 증설, 리포팅 등의 관리를 한다.

### Honeypot
- 비정상적인 접근을 탐지하기 위해 의도적으로 설치해 둔 시스템을 의미한다.

---

### 접근 통제 방법 중 조직 내에서 직무, 직책 등 개인의 역할에 따라 결정하여 부여하는 접근 정책은?

① RBAC　　② DAC
③ MAC　　④ QAC

| 시험 시간 | 풀이 시간 | 합격 점수 | 내 점수 | 문항수 |
|---|---|---|---|---|
| 2시간 30분 | 분 | 60점 | 점 | 총 100개 |

자동 채점 서비스

---

**1과목 소프트웨어 설계**

참고 파트01-챕터01-섹션04

**01** XP(eXtreme Programming)의 기본원리로 볼 수 없는 것은?

① Linear Sequential Method
② Pair Programming
③ Collective Ownership
④ Continuous Integration

참고 파트01-챕터02-섹션04

**02** 럼바우(Rumbaugh) 객체지향 분석 기법에서 동적 모델링에 활용되는 다이어그램은?

① 객체 다이어그램(Object Diagram)
② 패키지 다이어그램(Package Diagram)
③ 상태 다이어그램(State Diagram)
④ 자료 흐름도(Data Flow Diagram)

참고 파트01-챕터04-섹션03

**03** 좋은 소프트웨어 설계를 위한 소프트웨어의 모듈 간의 결합도(Coupling)와 모듈 내 요소 간 응집도(Cohesion)에 대한 설명으로 옳은 것은?

① 응집도는 낮게 결합도는 높게 설계한다.
② 응집도는 높게 결합도는 낮게 설계한다.
③ 양쪽 모두 낮게 설계한다.
④ 양쪽 모두 높게 설계한다.

참고 파트01-챕터05-섹션01

**04** 객체지향 기법의 캡슐화(Encapsulation)에 대한 설명으로 틀린 것은?

① 인터페이스가 단순화된다.
② 소프트웨어 재사용성이 높아진다.
③ 변경 발생 시 오류의 파급효과가 적다.
④ 상위 클래스의 모든 속성과 연산을 하위 클래스가 물려받는 것을 의미한다.

참고 파트01-챕터05-섹션02

**05** 다음 내용이 설명하는 객체지향 설계 원칙은?

> – 클라이언트는 자신이 사용하지 않는 메서드와 의존 관계를 맺으면 안 된다.
> – 클라이언트가 사용하지 않는 인터페이스 때문에 영향을 받아서는 안 된다.

① 인터페이스 분리 원칙
② 단일 책임 원칙
③ 개방 폐쇄의 원칙
④ 리스코프 교체의 원칙

참고 파트01-챕터04-섹션06

**06** 파이프 필터 형태의 소프트웨어 아키텍처에 대한 설명으로 옳은 것은?

① 노드와 간선으로 구성된다.
② 서브 시스템이 입력 데이터를 받아 처리하고 결과를 다음 서브 시스템으로 넘겨주는 과정을 반복한다.
③ 계층 모델이라고도 한다.
④ 3개의 서브 시스템(모델, 뷰, 제어)으로 구성되어 있다.

참고 파트02-챕터02-섹션02

**07** 인터페이스 구현 시 사용하는 기술 중 다음 내용이 설명하는 것은?

> JavaScript를 사용한 비동기 통신 기술로, 클라이언트와 서버 간에 XML 데이터를 주고받는 기술

① Procedure
② Trigger
③ Greedy
④ AJAX

참고 파트01-챕터05-섹션03

**08** 디자인 패턴 사용의 장·단점에 대한 설명으로 거리가 먼 것은?

① 소프트웨어 구조 파악이 용이하다.
② 객체지향 설계 및 구현의 생산성을 높이는 데 적합하다.
③ 재사용을 위한 개발 시간이 단축된다.
④ 절차형 언어와 함께 이용될 때 효율이 극대화된다.

참고 파트01-챕터04-섹션02

**09** DFD(data flow diagram)에 대한 설명으로 틀린 것은?

① 자료 흐름 그래프 또는 버블(bubble)차트라고도 한다.
② 구조적 분석 기법에 이용된다.
③ 시간 흐름을 명확하게 표현할 수 있다.
④ DFD의 요소는 화살표, 원, 사각형, 직선(단선/이중선)으로 표시한다.

참고 파트01-챕터01-섹션01

**10** 소프트웨어 공학의 기본 원칙이라고 볼 수 없는 것은?

① 품질 높은 소프트웨어 상품 개발
② 지속적인 검증 시행
③ 결과에 대한 명확한 기록 유지
④ 최대한 많은 인력 투입

참고 파트01-챕터02-섹션05

**11** UML에서 활용되는 다이어그램 중, 시스템의 동작을 표현하는 행위(Behavioral) 다이어그램에 해당하지 않는 것은?

① 유스케이스 다이어그램(Use Case Diagram)
② 시퀀스 다이어그램(Sequence Diagram)
③ 활동 다이어그램(Activity Diagram)
④ 배치 다이어그램(Deployment Diagram)

참고 파트01-챕터04-섹션01

**12** 소프트웨어의 상위 설계에 속하지 않는 것은?

① 아키텍처 설계
② 모듈 설계
③ 인터페이스 정의
④ 사용자 인터페이스 설계

참고 파트01-챕터03-섹션03

**13** 다음 중 UI(User Interface)에서 사용자 동작에 해당하지 않는 것은?

① Swipe
② Tap
③ Drag
④ Flux

참고 파트01-챕터01-섹션03

**14** 시스템의 기능을 여러 개의 고유 모듈들로 분할하여 이들 간의 인터페이스를 계층 구조로 표현한 도형 또는 도면을 무엇이라 하는가?

① Flow Chart
② HIPO Chart
③ Control Specification
④ Box Diagram

참고 파트01-챕터02-섹션05

**15** 다음 중 요구사항 모델링에 활용되지 않는 것은?

① 에자일(Agile) 방법
② 유스케이스 다이어그램(Use Case Diagram)
③ 시퀀스 다이어그램(Sequence Diagram)
④ 단계 다이어그램(Phase Diagram)

참고 파트01-챕터02-섹션01

**16** 현행 시스템 분석에서 고려하지 않아도 되는 항목은?

① DBMS 분석
② 네트워크 분석
③ 운영체제 분석
④ 인적 자원 분석

참고 파트02-챕터02-섹션03

**17** IPSec(IP Security)에 대한 설명으로 틀린 것은?

① 암호화 수행 시 양방향 암호화를 지원한다.
② ESP는 발신지 인증, 데이터 무결성, 기밀성 모두를 보장한다.
③ 운영 모드는 Tunnel 모드와 Transport 모드로 분류된다.
④ Tunnel 모드는 전송 계층과 네트워크 계층 사이에 전달되는 payload를 보호한다.

참고 파트01-챕터03-섹션03

**18** 여러 개의 선택 항목 중 하나의 선택만 가능한 경우 사용하는 사용자 인터페이스(UI) 요소는?

① 토글 버튼
② 텍스트 박스
③ 라디오 버튼
④ 체크 박스

참고 파트01-챕터05-섹션04

**19** GoF(Gangs of Four) 디자인 패턴 분류에 해당하지 않는 것은?

① 생성 패턴
② 구조 패턴
③ 행위 패턴
④ 추상 패턴

참고 파트01-챕터04-섹션07

**20** 코드의 기입 과정에서 원래 '12639'으로 기입되어야 하는데 '12936'으로 표기되었을 경우, 어떤 코드 오류에 해당하는가?

① Addition Error
② Omission Error
③ Sequence Error
④ Transcription Error

---

**2과목** **소프트웨어 개발**

참고 파트02-챕터06-섹션01

**21** 연결 리스트(Linked List)에 대한 설명으로 거리가 먼 것은?

① 노드의 삽입이나 삭제가 쉽다.
② 노드들이 포인터로 연결되어 검색이 빠르다.
③ 연결을 해주는 포인터(Pointer)를 위한 추가 공간이 필요하다.
④ 연결 리스트 중에서 중간 노드 연결이 끊어지면 그 다음 노드를 찾기 힘들다.

참고 파트01-챕터04-섹션01

**22** 정보 시스템 개발 단계에서 프로그래밍 언어 선택 시 고려할 사항으로 가장 거리가 먼 것은?

① 개발 정보 시스템의 특성
② 사용자의 요구사항
③ 컴파일러의 가용성
④ 컴파일러의 독창성

참고 파트02-챕터05-섹션03

**23** 소스 코드 품질 분석 도구 중 정적 분석 도구가 아닌 것은?

① pmd
② checkstyle
③ valance
④ cppcheck

참고 파트02-챕터06-섹션02

**24** 중위 표기법으로 표현된 다음 수식을 후위 표기법으로 옳게 표현한 것은?

> a/b+c-d*e

① a/b+c-d*e
② ab/c+de*-
③ -+/abc*de
④ a/b+-de*c

참고 파트05-챕터01-섹션05

**25** SPICE 모델의 프로세스 수행 능력 수준의 단계별 설명이 틀린 것은?

① 수준 7 - 미완성 단계
② 수준 5 - 최적화 단계
③ 수준 4 - 예측 단계
④ 수준 3 - 확립 단계

참고 파트02-챕터04-섹션01

**26** S/W Project 일정이 지연된다고 해서 Project 말기에 새로운 인원을 추가 투입하면 Project는 더욱 지연되게 된다는 내용과 관련되는 법칙은?

① Putnam의 법칙
② Mayer의 법칙
③ Brooks의 법칙
④ Boehm의 법칙

참고 파트02-챕터06-섹션03

**27** 다음 초기 자료에 대하여 삽입 정렬(Insertion Sort)을 이용하여 오름차순 정렬한 경우 1회전 후의 결과는?

초기 자료 : 8, 3, 4, 9, 7

① 3, 4, 8, 7, 9
② 3, 4, 9, 7, 8
③ 7, 8, 3, 4, 9
④ 3, 8, 4, 9, 7

참고 파트02-챕터03-섹션04

**28** 소프트웨어 품질 목표 중 요구되는 기능을 수행하기 위해 필요한 자원의 소요 정도를 의미하는 것은?

① Usability
② Reliability
③ Efficiency
④ Functionality

참고 파트02-챕터05-섹션02

**29** 정렬된 N개의 데이터를 처리하는데 $O(N\log_2 N)$의 시간이 소요되는 정렬 알고리즘은?

① 합병 정렬
② 버블 정렬
③ 선택 정렬
④ 삽입 정렬

참고 파트02-챕터05-섹션02

**30** 알고리즘 설계 기법으로 거리가 먼 것은?

① Divide and Conquer
② Greedy
③ Static Block
④ Backtracking

참고 파트02-챕터05-섹션03

**31** 외계인 코드(Alien Code)에 대한 설명으로 옳은 것은?

① 프로그램의 로직이 복잡하여 이해하기 어려운 프로그램을 의미한다.
② 아주 오래되거나 참고문서 또는 개발자가 없어 유지보수 작업이 어려운 프로그램을 의미한다.
③ 오류가 없어 디버깅 과정이 필요 없는 프로그램을 의미한다.
④ 사용자가 직접 작성한 프로그램을 의미한다.

참고 파트02-챕터06-섹션02

**32** 다음 트리에 대한 INORDER 운행 결과는?

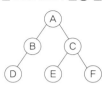

① D B A E C F
② A B D C E F
③ D B E C F A
④ A B C D E F

참고 파트02-챕터02-섹션02

**33** 다음 중 단위 테스트 도구로 사용할 수 없는 것은?

① CppUnit
② JUnit
③ HttpUnit
④ IgpUnit

참고 파트01-챕터06-섹션01

**34** 다음은 인스펙션 과정을 표현한 것이다. (가)~(마)에 들어갈 말을 [보기]에서 찾아 바르게 연결한 것은?

[보기]

㉠ 준비
㉡ 사전교육
㉢ 인스펙션 회의
㉣ 수정
㉤ 후속조치

① (가) - ㉡, (나) - ㉢
② (나) - ㉠, (다) - ㉢
③ (다) - ㉢, (라) - ㉤
④ (라) - ㉣, (마) - ㉢

참고 파트02-챕터04-섹션01

**35** 다음 설명의 소프트웨어 테스트의 기본 원칙은?

- 파레토 법칙이 좌우한다.
- 애플리케이션 결함의 대부분은 소수의 특정한 모듈에 집중되어 존재한다.
- 결함은 발생한 모듈에서 계속 추가로 발생할 가능성이 높다.

① 살충제 패러독스
② 결함 집중
③ 오류 부재의 궤변
④ 완벽한 테스팅은 불가능

참고 파트02-챕터03-섹션02

**36** 저작권 관리 구성 요소에 대한 설명이 틀린 것은?

① 콘텐츠 제공자(Contents Provider) : 콘텐츠를 제공하는 저작권자
② 콘텐츠 분배자(Contents Distributor) : 콘텐츠를 메타 데이터와 함께 배포 가능한 단위로 묶는 기능
③ 클리어링 하우스(Clearing House) : 키 관리 및 라이선스 발급 관리
④ DRM 컨트롤러 : 배포된 콘텐츠의 이용 권한을 통제

참고 파트02-챕터04-섹션04

**37** 블랙박스 테스트 기법으로 거리가 먼 것은?

① 기초 경로 검사
② 동치 클래스 분해
③ 경계값 분석
④ 원인 결과 그래프

참고 파트02-챕터06-섹션04

**38** 해싱 함수 중 레코드 키를 여러 부분으로 나누고, 나눈 부분의 각 숫자를 더하거나 XOR한 값을 홈 주소로 사용하는 방식은?

① 제산법
② 폴딩법
③ 기수 변환법
④ 숫자 분석법

참고 파트02-챕터05-섹션03

**39** 다음에서 설명하는 클린 코드 작성 원칙은?

- 한 번에 한 가지 처리만 수행한다.
- 클래스/메소드/함수를 최소 단위로 분리한다.

① 다형성
② 단순성
③ 추상화
④ 의존성

참고 파트02-챕터03-섹션02

**40** 디지털 저작권 관리(DRM)에 사용되는 기술 요소가 아닌 것은?

① 키 관리
② 방화벽
③ 암호화
④ 크랙 방지

**3과목** **데이터베이스 구축**

참고 파트03-챕터05-섹션01

**41** 다음 설명과 관련 있는 트랜잭션의 특징은?

> "트랜잭션의 연산은 모두 실행되거나, 모두 실행되지 않아야 한다."

① Durability
② Isolation
③ Consistency
④ Atomicity

참고 파트03-챕터02-섹션03

**42** 데이터베이스에 영향을 주는 생성, 읽기, 갱신, 삭제 연산으로 프로세스와 테이블 간에 매트릭스를 만들어서 트랜잭션을 분석하는 것은?

① CASE 분석
② 일치 분석
③ CRUD 분석
④ 연관성 분석

참고 파트03-챕터05-섹션01

**43** 데이터베이스 로그(log)를 필요로 하는 회복 기법은?

① 즉각 갱신 기법
② 대수적 코딩 방법
③ 타임 스탬프 기법
④ 폴딩 기법

참고 파트03-챕터04-섹션01

**44** 테이블 R1, R2에 대하여 다음 SQL문의 결과는?

```
(SELECT 학번 FROM R1)
INTERSECT
(SELECT 학번 FROM R2);
```

[R1] 테이블

| 학번 | 학점 수 |
|---|---|
| 20201111 | 15 |
| 20202222 | 20 |

[R2] 테이블

| 학번 | 과목번호 |
|---|---|
| 20202222 | CS200 |
| 20203333 | CS300 |

① 

| 학번 | 학점 수 | 과목번호 |
|---|---|---|
| 20202222 | 20 | CS200 |

② 

| 학번 |
|---|
| 20202222 |

③ 

| 학번 |
|---|
| 20201111 |
| 20202222 |
| 20203333 |

④ 

| 학번 | 학점 수 | 과목번호 |
|---|---|---|
| 20201111 | 15 | NULL |
| 20202222 | 20 | CS200 |
| 20203333 | NULL | CS300 |

참고 파트03-챕터03-섹션02

**45** 정규화의 필요성으로 거리가 먼 것은?

① 데이터 구조의 안정성 최대화
② 중복 데이터의 활성화
③ 수정, 삭제 시 이상 현상의 최소화
④ 테이블 불일치 위험의 최소화

참고 파트03-챕터02-섹션02

**46** 개체-관계 모델의 E-R 다이어그램에서 사용되는 기호와 그 의미의 연결이 틀린 것은?

① 사각형 – 개체 타입
② 삼각형 – 속성
③ 선 – 개체 타입과 속성 연결
④ 마름모 – 관계 타입

참고 파트03-챕터05-섹션04

**47** 분산 데이터베이스의 투명성(Transparency)에 해당하지 않는 것은?

① Location Transparency
② Replication Transparency
③ Failure Transparency
④ Media Access Transparency

참고 파트03-챕터02-섹션03

**48** 릴레이션에 대한 설명으로 거리가 먼 것은?

① 튜플들의 삽입, 삭제 등의 작업으로 인해 릴레이션은 시간에 따라 변한다.
② 한 릴레이션에 포함된 튜플들은 모두 상이하다.
③ 애트리뷰트는 논리적으로 쪼갤 수 없는 원자값으로 저장한다.
④ 한 릴레이션에 포함된 튜플 사이에는 순서가 있다.

참고 파트03-챕터04-섹션04

**49** SQL문에서 HAVING을 사용할 수 있는 절은?

① LIKE절
② WHERE절
③ GROUP BY절
④ ORDER BY절

참고 파트03-챕터04-섹션01

**50** 관계대수에 대한 설명으로 틀린 것은?

① 주어진 릴레이션 조작을 위한 연산의 집합이다.
② 일반 집합 연산과 순수 관계 연산으로 구분된다.
③ 질의에 대한 해를 구하기 위해 수행해야 할 연산의 순서를 명시한다.
④ 원하는 정보와 그 정보를 어떻게 유도하는가를 기술하는 비절차적 방법이다.

참고 파트03-챕터04-섹션01

**51** 다음 SQL문의 실행 결과는?

```
SELECT 과목이름
FROM 성적
WHERE EXISTS
(SELECT 학번 FROM 학생 WHERE 학생.학번 =
성적.학번 AND 학생.학과 IN ('전산', '전기')
AND 학생.주소 = '경기');
```

[학생] 테이블

| 학번 | 이름 | 학년 | 학과 | 주소 |
|------|------|------|------|------|
| 1000 | 김철수 | 1 | 전산 | 서울 |
| 2000 | 고영준 | 1 | 전기 | 경기 |
| 3000 | 유진호 | 2 | 전자 | 경기 |
| 4000 | 김영진 | 2 | 전산 | 경기 |
| 5000 | 정현영 | 3 | 전자 | 서울 |

[성적] 테이블

| 학번 | 과목번호 | 과목이름 | 학점 | 점수 |
|------|----------|----------|------|------|
| 1000 | A100 | 자료구조 | A | 91 |
| 2000 | A200 | DB | A$^+$ | 99 |
| 3000 | A100 | 자료구조 | B$^+$ | 88 |
| 3000 | A200 | DB | B | 85 |
| 4000 | A200 | DB | A | 94 |
| 4000 | A300 | 운영체제 | B$^+$ | 89 |
| 5000 | A300 | 운영체제 | B | 88 |

① 
| 과목이름 |
|----------|
| DB |

② 
| 과목이름 |
|----------|
| DB |
| DB |

③ 
| 과목이름 |
|----------|
| DB |
| DB |
| 운영체제 |

④ 
| 과목이름 |
|----------|
| DB |
| 운영체제 |

참고 파트03-챕터05-섹션02

**52** 로킹(Locking) 기법에 대한 설명으로 틀린 것은?

① 로킹의 대상이 되는 객체의 크기를 로킹 단위라
고 한다.

② 로킹 단위가 작아지면 병행성 수준이 낮아진다.

③ 데이터베이스도 로킹 단위가 될 수 있다.

④ 로킹 단위가 커지면 로크 수가 작아 로킹 오버헤
드가 감소한다.

참고 파트03-챕터05-섹션03

**53** 사용자 X1에게 department 테이블에 대한 검색 연
산을 회수하는 명령은?

① delete select on department to X1;

② remove select on department from X1;

③ revoke select on department from X1;

④ grant select on department from X1;

참고 파트03-챕터04-섹션04

**54** player 테이블에는 player_name, team_id,
height 컬럼이 존재한다. 아래 SQL문에서 문법적
오류가 있는 부분은?

```
(1) SELECT player_name, height
(2) FROM player
(3) WHERE team_id = 'Korea'
(4) AND height BETWEEN 170 OR 180;
```

① (1)

② (2)

③ (3)

④ (4)

참고 파트05-챕터02-섹션02

**55** 다음 내용이 설명하는 것은?

– 네트워크상에 광채널 스위치의 이점인 고속 전송과
장거리 연결 및 멀티 프로토콜 기능을 활용

– 각기 다른 운영체제를 가진 여러 기종들이 네트워크
상에서 동일 저장장치의 데이터를 공유하게 함으로
써, 여러 개의 저장 장치나 백업 장비를 단일화시킨
시스템

① SAN

② MBR

③ NAC

④ NIC

참고 파트03-챕터03-섹션02

**56** 제3정규형에서 보이스코드 정규형(BCNF)으로 정규
화하기 위한 작업은?

① 원자값이 아닌 도메인을 분해

② 부분 함수 종속 제거

③ 이행 함수 종속 제거

④ 결정자가 후보키가 아닌 함수 종속 제거

참고 파트03-챕터02-섹션03

**57** A1, A2, A3 3개 속성을 갖는 한 릴레이션에서 A1의
도메인은 3개 값, A2의 도메인은 2개 값, A3의 도메
인은 4개 값을 갖는다. 이 릴레이션에 존재할 수 있
는 가능한 튜플(Tuple)의 최대 수는?

① 24

② 12

③ 8

④ 9

참고 파트03-챕터02-섹션01

**58** 데이터베이스 설계 시 물리적 설계 단계에서 수행하
는 사항이 아닌 것은?

① 저장 레코드 양식 설계

② 레코드 집중의 분석 및 설계

③ 접근 경로 설계

④ 목표 DBMS에 맞는 스키마 설계

참고 파트03-챕터02-섹션03

**59** 한 릴레이션 스키마가 4개 속성, 2개 후보키 그리고 그 스키마의 대응 릴레이션 인스턴스가 7개 튜플을 갖는다면 그 릴레이션의 차수(degree)는?

① 1
② 2
③ 4
④ 7

참고 파트03-챕터01-섹션03

**60** 데이터웨어하우스의 기본적인 OLAP(on-line analytical processing) 연산이 아닌 것은?

① translate
② roll-up
③ dicing
④ drill-down

**4과목** **프로그래밍 언어 활용**

참고 파트04-챕터05-섹션11

**61** UNIX에서 새로운 프로세스를 생성하는 명령어는?

① ls
② cat
③ fork
④ chmod

참고 파트04-챕터02-섹션01

**62** Java 프로그래밍 언어의 정수 데이터 타입 중 'long'의 크기는?

① 1byte
② 2byte
③ 4byte
④ 8byte

참고 파트04-챕터04-섹션01

**63** 다음 JAVA 프로그램이 실행되었을 때의 결과는?

```
public class ovr {
  public static void main(String[] args) {
    int a = 1, b = 2, c = 3, d = 4;
    int mx, mn;
    mx = a < b ? b : a;
    if(mx == 1) {
      mn = a > mx ? b : a;
    }
    else {
      mn = b < mx ? d : c;
    }
    System.out.println(mn);
  }
}
```

① 1
② 2
③ 3
④ 4

참고 파트04-챕터06-섹션01

**64** 소규모 네트워트인 LAN과 LAN 간의 인터네트워킹 연결 장치로 제2계층에서 동작하는 장비는?

① 리피터
② 브리지
③ L4 스위치
④ 허브

참고 파트04-챕터05-섹션09

**65** 파일 디스크립터(File Descriptor)에 대한 설명으로 틀린 것은?

① 파일 관리를 위해 시스템이 필요로 하는 정보를 가지고 있다.
② 보조기억장치에 저장되어 있다가 파일이 개방(open)되면 주기억장치로 이동된다.
③ 사용자가 파일 디스크립터를 직접 참조할 수 있다.
④ 파일 제어 블록(File Control Block)이라고도 한다.

참고 파트04-챕터03-섹션04

**66** 다음 파이썬으로 구현되는 프로그램을 실행하여 '12a34'를 입력한 경우의 실행 결과로 옳은 것은?

```
a, b = map(int, input('문자열 입력 : ').
split('a'))
print(a, b)
```

① 
```
12
34
```

② 
```
12a34a
```

③ 
```
1234
```

④ 
```
12 34
```

참고 파트04-챕터04-섹션02

**67** 다음 Java 코드를 실행한 결과는?

```
int x=1, y=6;
while (y--) {
x++;
}
System.out.println("x=" x+"y=" y);
```

① x=7 y=0
② x=6 y=-1
③ x=7 y=-1
④ Unresolved compilation problem 오류 발생

참고 파트04-챕터03-섹션04

**68** 다음 Python 프로그램이 실행되었을 때, 실행 결과는?

```
a = 0
b = 0

def func1():
    a = 10
    b = a
    return b
def func2():
    global a
    b = a
    return b

a = 20
b = 20
print(func1())
print(func2())
a = a + 20
b = b + 20
print(func1())
print(func2())
```

① 
```
10
20
10
40
```

② 
```
10
20
10
20
```

③ 
```
20
20
10
40
```

④ 
```
20
20
40
40
```

참고 파트04-챕터06-섹션04

**69** 10.0.0.0 네트워크 전체에서 마스크값으로 255.240.0.0을 사용할 경우 유효한 서브넷 ID는?

① 10.240.0.0
② 10.0.0.32
③ 10.1.16.3
④ 10.29.240.0

참고 파트04-챕터05-섹션05

**70** 다음과 같은 프로세스가 차례로 큐에 도착하였을 때, SJF(Shortest Job First) 정책을 사용할 경우 가장 먼저 처리되는 작업은?

| 프로세스 번호 | 실행시간 |
| --- | --- |
| P1 | 6 |
| P2 | 8 |
| P3 | 4 |
| P4 | 3 |

① P1
② P2
③ P3
④ P4

참고 파트04-챕터05-섹션07

**71** 4개의 페이지를 수용할 수 있는 주기억장치가 있으며, 초기에는 모두 비어 있다고 가정한다. 다음의 순서로 페이지 참조가 발생할 때, FIFO 페이지 교체 알고리즘을 사용할 경우 페이지 결함의 발생 횟수는?

> 페이지 참조 순서 : 1, 2, 3, 1, 2, 4, 5, 1

① 6회
② 7회
③ 8회
④ 9회

참고 파트04-챕터02-섹션02

**72** 다음 JAVA 프로그램의 결과값은?

```java
class TestClass {
  void exe(int[] arr) {
    System.out.println(func(func(5, 5),
5, func(arr)));
  }
  int func(int a, int b) {
    return a + b;
  }
  int func(int a, int b, int c) {
    return a - b;
  }
  int func(int[] c) {
    int s = 0;
    for(int i = 0; i < c.length; i++) {
      s += c[i];
    }
    return s;
  }
}
public class Test {
  public static void main(String[]
args) {
    int[] a = {1, 2, 3, 4, 5};
    TestClass t = new TestClass();
    t.exe(a);
  }
}
```

① 5
② 10
③ 15
④ 20

참고 파트04-챕터05-섹션11

**73** 리눅스에서 생성된 파일 권한이 644일 경우 umask 값은?

① 022
② 666
③ 777
④ 755

참고 파트02-챕터01-섹션03

**74** SSH(Secure Shell)에 대한 설명으로 틀린 것은?

① SSH의 기본 네트워크 포트는 220번을 사용한다.

② 전송되는 데이터는 암호화된다.

③ 키를 통한 인증은 클라이언트의 공개키를 서버에 등록해야 한다.

④ 서로 연결되어 있는 컴퓨터 간 원격 명령 실행이나 셸 서비스 등을 수행한다.

참고 파트04-챕터05-섹션04

**75** 교착상태의 해결 방법 중 은행원 알고리즘(Banker's Algorithm)이 해당되는 기법은?

① Detection

② Avoidance

③ Recovery

④ Prevention

참고 파트04-챕터06-섹션03

**76** UDP 특성에 해당되는 것은?

① 데이터 전송 후, ACK를 받는다.

② 송신 중에 링크를 유지 관리하므로 신뢰성이 높다.

③ 흐름 제어나 순서 제어가 없어 전송 속도가 빠르다.

④ 제어를 위한 오버헤드가 크다.

참고 파트04-챕터04-섹션02

**77** 다음 C코드의 반복문을 while문으로 변환한 것으로 옳은 것은?

```c
#include <stdio.h>
int main() {
  int i = 0;
  int sum = 0;
  while(i < 10) {
    sum += i;
    i++;
  }
  printf("Sum = %d\n", sum);
  return 0;
}
```

① 
```c
#include <stdio.h>
int main() {
    int i = 0;
    int sum = 0;

    while(i > 10) {
        sum += i;
        i++;
    }
    printf("Sum = %d\n", sum);
    return 0;
}
```

② 
```c
#include <stdio.h>
int main() {

    while(i < 10) {
    int i = 0;
    int sum = 0;

        sum += i;
        i++;
    }
    printf("Sum = %d\n", sum);
    return 0;
}
```

③ 
```c
#include <stdio.h>
int main() {
    int i = 0;

    while(i < 10) {
    int sum = 0;
        sum += i;
        i++;
    }
    printf("Sum = %d\n", sum);
    return 0;
}
```

④ 
```c
#include <stdio.h>
int main() {
    int i = 0;
    int sum = 0;

    while(i < 10) {
        sum += i;
        i++;
    }
    printf("Sum = %d\n", sum);
    return 0;
}
```

참고 파트04-챕터06-섹션03

**78** TCP/IP에서 사용되는 논리 주소를 물리 주소로 변환시켜 주는 프로토콜은?

① TCP
② ARP
③ FTP
④ IP

참고 파트04-챕터04-섹션02

**79** C언어의 break 명령문에 대한 설명으로 옳은 것은?

① C언어에서 반복 처리를 위한 명령문이다.
② switch~case 구문에서는 break 명령문을 생략하여도 동일한 결과를 얻을 수 있다.
③ continue 명령문과 함께 조건 분기 명령문에 해당한다.
④ 가장 가까운 블록을 탈출한다.

참고 파트04-챕터06-섹션02

**80** OSI-7 layer의 데이터링크 계층에서 사용하는 데이터 전송 단위는?

① 바이트
② 프레임
③ 레코드
④ 워드

## 5과목 정보 시스템 구축 관리

참고 파트02-챕터04-섹션02

**81** 다음 중 휴리스틱 탐색 방법이 아닌 것은?

① A Algorithm
② Greedy Search
③ Hill Climbing
④ Bell-Lapadula

참고 파트05-챕터01-섹션05

**82** CMM(Capability Maturity Model) 모델의 레벨로 옳지 않은 것은?

① 최적 단계
② 관리 단계
③ 계획 단계
④ 정의 단계

참고 파트01-챕터01-섹션03

**83** 다음 설명에 해당하는 생명주기 모형으로 가장 옳은 것은?

> 가장 오래된 모형으로 많은 적용 사례가 있지만 요구사항의 변경이 어려우며, 각 단계의 결과가 확인되어야지만 다음 단계로 넘어간다. 선형 순차적 모형으로 고전적 생명주기 모형이라고도 한다.

① 패키지 모형
② 코코모 모형
③ 폭포수 모형
④ 관계형 모델

참고 파트02-챕터02-섹션01

**84** 서비스 지향 아키텍처 기반 애플리케이션을 구성하는 층이 아닌 것은?

① 표현 층
② 프로세스 층
③ 제어 클래스 층
④ 비지니스 층

참고 파트05-챕터02-섹션01

**85** 다음 내용이 설명하는 것은?

> − 미국의 작가 닐 스티븐슨(Neal Stephenson)이 1992
> 년에 발표한 사이버펑크 소설 스노우 크래쉬에 처음
> 소개된 개념이다.
> − 가상현실을 넘어선 개념으로 3차원 가상 세계에서
> 사람들이 현실 세계처럼 상호작용하고 생활할 수 있
> 는 디지털 공간을 의미한다.

① 메타버스
② 증강현실
③ 혼합현실
④ 디지털 트윈

참고 파트05-챕터01-섹션06

**86** 소프트웨어 개발 프레임워크의 적용 효과로 볼 수 없
는 것은?

① 공통 컴포넌트 재사용으로 중복 예산 절감
② 기술 종속으로 인한 선행사업자 의존도 증대
③ 표준화된 연계모듈 활용으로 상호 운용성 향상
④ 개발표준에 의한 모듈화로 유지보수 용이

참고 파트05-챕터01-섹션02

**87** CPM 네트워크가 다음과 같을 때 임계경로의 소요
기일은?

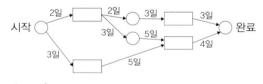

① 10일
② 12일
③ 14일
④ 16일

참고 파트01-챕터01-섹션04

**88** 익스트림 프로그래밍(eXtreme Programming)의 5
가지 가치에 속하지 않는 것은?

① 의사소통
② 단순성
③ 피드백
④ 고객 배제

참고 파트05-챕터04-섹션01

**89** 다음은 정보의 접근통제 정책에 대한 설명이다. (ㄱ)
에 들어갈 내용으로 옳은 것은?

| 정책 | (ㄱ) | DAC | RBAC |
|---|---|---|---|
| 권한 부여 | 시스템 | 데이터 소유자 | 중앙 관리자 |
| 접근 결정 | 보안등급<br>(Label) | 신분(Identity) | 역할(Role) |
| 정책 변경 | 고정적<br>(변경 어려움) | 변경 용이 | 변경 용이 |
| 장점 | 안정적,<br>중앙 집중적 | 구현 용이,<br>유연함 | 관리 용이 |

① NAC
② MAC
③ SDAC
④ AAC

참고 파트01-챕터01-섹션03

**90** 소프트웨어 개발 모델 중 나선형 모델의 4가지 주요
활동이 순서대로 나열된 것은?

> ⓐ 계획 수립
> ⓒ 개발 및 검증
> ⓑ 고객 평가
> ⓓ 위험 분석

① ⓐ-ⓑ-ⓓ-ⓒ 순으로 반복
② ⓐ-ⓓ-ⓒ-ⓑ 순으로 반복
③ ⓐ-ⓑ-ⓒ-ⓓ 순으로 반복
④ ⓐ-ⓒ-ⓑ-ⓓ 순으로 반복

참고 파트05-챕터03-섹션05

**91** 타원 곡선 위에서의 이산대수 문제의 난해성에 기반한 암호화 알고리즘으로 비트코인과 같은 블록체인 시스템 등에 활용되는 방식은 무엇인가?

① RSA
② ECC
③ DSA
④ MD5

참고 파트04-챕터06-섹션04

**92** CSMA/CA 방식에 대한 설명과 가장 거리가 먼 것은?

① 무선 환경에서 효율적인 통신을 위해 채널 상태를 감지하고 충돌을 회피하는 방식이다.
② 유선 네트워크에서 주로 사용되며, 충돌을 감지하고, 전송을 중단하고 랜덤한 시간 후 재전송을 시도한다.
③ IEEE 802.11 프로토콜을 사용한다.
④ 랜덤 백오프, RTS/CTS 등 다양한 메커니즘을 사용하여 충돌을 줄이고 효율적인 통신을 지원한다.

참고 파트05-챕터02-섹션01

**93** 다음이 설명하는 다중화 기술은?

- 광섬유를 이용한 통신 기술의 하나를 의미함
- 파장이 서로 다른 복수의 광신호를 동시에 이용하는 것으로 광섬유를 다중화하는 방식임
- 빛의 파장 축과 파장이 다른 광선은 서로 간섭을 일으키지 않는 성질을 이용함

① Wavelength Division Multiplexing
② Frequency Division Multiplexing
③ Code Division Multiplexing
④ Time Division Multiplexing

참고 파트05-챕터03-섹션03

**94** 웹페이지에 악의적인 스크립트를 포함시켜 사용자 측에서 실행되게 유도함으로써, 정보 유출 등의 공격을 유발할 수 있는 취약점은?

① Ransomware
② Pharming
③ Phishing
④ XSS

참고 파트04-챕터06-섹션03

**95** TCP 헤더와 관련한 설명으로 틀린 것은?

① 순서번호(Sequence Number)는 전달하는 바이트마다 번호가 부여된다.
② 수신번호확인(Acknowledgement Number)은 상대편 호스트에서 받으려는 바이트의 번호를 정의한다.
③ Urgent Pointer는 IPv4의 헤더 구조 중, 도착한 패킷에 대한 오류 여부를 체크하기 위해 존재하는 요소이다.
④ 윈도우 크기는 송수신 측의 버퍼 크기로 최대 크기는 64bit이다.

참고 파트05-챕터02-섹션02

**96** 소프트웨어 정의 데이터 센터(SDDC, Software Defined Data Center)에 대한 설명으로 틀린 것은?

① 컴퓨팅, 네트워킹, 스토리지, 관리 등을 모두 소프트웨어로 정의한다.
② 인력 개입 없이 소프트웨어 조작만으로 자동 제어 관리한다.
③ 데이터센터 내 모든 자원을 가상화하여 서비스한다.
④ 특정 하드웨어에 종속되어 특화된 업무를 서비스하기에 적합하다.

참고 파트05-챕터03-섹션05

**97** 아래 이미지와 같은 동작 방식을 가지는 블록 암호화 방식은 무엇인가?

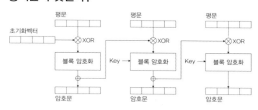

① CBC
② ECB
③ CFB
④ OFB

참고 파트01-챕터04-섹션04

**98** NS(Nassi-Schneiderman) chart에 대한 설명으로 거리가 먼 것은?

① 논리의 기술에 중점을 둔 도형식 표현 방법이다.
② 연속, 선택 및 다중 선택, 반복 등의 제어 논리구조로 표현한다.
③ 주로 화살표를 사용하여 논리적인 제어 구조로 흐름을 표현한다.
④ 조건이 복합되어 있는 곳의 처리를 시각적으로 명확히 식별하는 데 적합하다.

참고 파트05-챕터05-섹션01

**99** 아래 설명에 해당하는 도구는 무엇인가?

> ─ 호스트 기반으로 크래커가 침입하여 백도어를 만들어 놓거나, 설정 파일을 변경했을 때 분석하는 도구이다.
> ─ 침입 이후 탐지에 매우 유용할 뿐만 아니라 무결성 입증과 변화 관리 그리고 정책 준수 같은 다른 여러 목적으로도 사용될 수 있다.

① SATAN
② Klaxon
③ Watcher
④ Tripwire

참고 파트04-챕터06-섹션04

**100** IPv6의 주소 표기법으로 올바른 것은 무엇인가?

① 255.236.212.1
② 2001:0db8:85a3:0000:0000:8a2e:0370:7334
③ 20:A0:C3:4B:21:33
④ 0c00:002A:0080:c703:3c75

**빠른 정답 확인 QR**
스마트폰으로 QR을 찍으면 정답표가 오픈됩니다.
기출문제를 편리하게 채점할 수 있습니다.

---

1과목 **소프트웨어 설계**

참고 파트01-챕터01-섹션03

**01** 시스템의 기능을 여러 개의 고유 모듈들로 분할하여 이들 간의 인터페이스를 계층 구조로 표현한 도형 또는 도면을 무엇이라 하는가?

① Flow Chart
② HIPO Chart
③ Control Specification
④ Box Diagram

참고 파트01-챕터05-섹션04

**02** GoF(Gangs of Four) 디자인 패턴에서 생성(Creational) 패턴에 해당하는 것은?

① 컴퍼지트(Composite)
② 어댑터(Adapter)
③ 추상 팩토리(Abstract Factory)
④ 옵서버(Observer)

참고 파트01-챕터05-섹션01

**03** 소프트웨어 설계에서 사용되는 대표적인 추상화 메커니즘이 아닌 것은?

① 프로토콜 추상화
② 자료 추상화
③ 제어 추상화
④ 기능 추상화

참고 파트03-챕터02-섹션02

**04** 개체-관계 모델에 대한 설명으로 옳지 않은 것은?

① 오너-멤버(Owner-Member) 관계라고도 한다.
② 개체 타입과 이들 간의 관계 타입을 기본 요소로 이용하여 현실 세계를 개념적으로 표현한다.
③ E-R 다이어그램에서 개체 타입은 사각형으로 나타낸다.
④ E-R 다이어그램에서 속성은 타원으로 나타낸다.

참고 파트01-챕터01-섹션02

**05** CASE(Computer Aided Software Engineering)의 주요 기능으로 옳지 않은 것은?

① S/W 라이프 사이클 전 단계의 연결
② 그래픽 지원
③ 다양한 소프트웨어 개발 모형 지원
④ 언어 번역

참고 파트01-챕터04-섹션06

**06** 소프트웨어 아키텍처 모델 중 MVC(Model-View-Controller)와 관련한 설명으로 틀린 것은?

① MVC 모델은 사용자 인터페이스를 담당하는 계층의 응집도를 높일 수 있고 여러 개의 다른 UI를 만들어 그 사이에 결합도를 낮출 수 있다.
② 모델(Model)은 뷰(View)와 제어(Controller) 사이에서 전달자 역할을 하며, 뷰마다 모델 서브 시스템이 각각 하나씩 연결된다.
③ 뷰(View)는 모델(Model)에 있는 데이터를 사용자 인터페이스에 보이는 역할을 담당한다.
④ 제어(Controller)는 모델(Model)에 명령을 보냄으로써 모델의 상태를 변경할 수 있다.

참고 파트01-챕터02-섹션05

**07** UML 모델에서 한 객체가 다른 객체에게 오퍼레이션을 수행하도록 지정하는 의미적 관계로 옳은 것은?

① Dependency
② Realization
③ Generalization
④ Association

참고 파트01-챕터06-섹션02

**08** 통신을 위한 프로그램을 생성하여 포트를 할당하고, 클라이언트의 통신 요청 시 클라이언트와 연결하는 내·외부 송·수신 연계 기술은?

① DB 링크 기술
② 소켓 기술
③ 스크럽 기술
④ 프로토타입 기술

참고 파트01-챕터03-섹션03

**09** UI의 종류로 멀티 터치, 동작 인식 등 사용자의 자연스러운 움직임을 인식하여 서로 주고받는 정보를 제공하는 사용자 인터페이스는?

① GUI(Graphical User Interface)
② OUI(Organic User Interface)
③ NUI(Natural User Interface)
④ CLI(Command Line Interface)

참고 파트04-챕터05-섹션10

**10** 분산 시스템을 위한 마스터-슬레이브(Master-Slave) 아키텍처에 대한 설명으로 틀린 것은?

① 일반적으로 실시간 시스템에서 사용된다.
② 마스터 프로세스는 일반적으로 연산, 통신, 조정을 책임진다.
③ 슬레이브 프로세스는 데이터 수집 기능을 수행할 수 없다.
④ 마스터 프로세스는 슬레이브 프로세스들을 제어할 수 있다.

참고 파트01-챕터02-섹션05

**11** 다음 중 시스템의 구조와 관계를 보여주는 UML 다이어그램은?

① 유스케이스 다이어그램
② 액티비티 다이어그램
③ 컴포넌트 다이어그램
④ 시퀀스 다이어그램

참고 파트01-챕터01-섹션01

**12** 시스템의 5가지 기본 요소 중 다음과 같은 특징을 갖는 것은?

> "처리된 결과의 측정, 분석 후 목표치 도달 여부 확인과 만족스럽지 못한 결과는 다시 조정하는 반복 행위"

① 입력(input)
② 제어(control)
③ 피드백(feedback)
④ 처리(process)

참고 파트01-챕터02-섹션01

**13** 입력되는 데이터를 컴퓨터의 프로세서가 처리하기 전에 미리 처리하여 프로세서가 처리하는 시간을 줄여주는 프로그램이나 하드웨어를 말하는 것은?

① EAI
② FEP
③ GPL
④ Duplexing

참고 파트01-챕터05-섹션01

**14** 객체지향 언어(Object-Oriented Programming Language)에서 하나 이상의 유사한 객체(object)들을 묶어서 하나의 공통된 특성으로 표현한 것을 무엇이라 하는가?

① 클래스(class)
② 행위(behavior)
③ 사건(event)
④ 메시지(message)

참고 파트01-챕터04-섹션07

**15** 코드화 대상 항목의 중량, 면적, 용량 등의 물리적 수치를 이용하여 만든 코드는?

① 순차 코드
② 10진 코드
③ 표의 숫자 코드
④ 블록 코드

참고 파트01-챕터05-섹션02

**16** 다음 ( ) 안에 들어갈 내용으로 옳은 것은?

컴포넌트 설계 시 "( )에 의한 설계"를 따를 경우,
해당 명세에서는
(1) 컴포넌트의 오퍼레이션 사용 전에 참이 되어야 할
선행조건
(2) 사용 후 만족되어야 할 결과조건
(3) 오퍼레이션이 실행되는 동안 항상 만족되어야 할 불
변조건 등이 포함되어야 한다.

① 협약(Contract)
② 프로토콜(Protocol)
③ 패턴(Pattern)
④ 관계(Relation)

참고 파트01-챕터02-섹션05

**17** 기본 유스케이스 수행 시 특별한 조건을 만족할 때
수행하는 유스케이스는?

① 연관
② 확장
③ 선택
④ 특화

참고 파트01-챕터02-섹션05

**18** UML 다이어그램 중 정적 다이어그램이 아닌 것은?

① 컴포넌트 다이어그램
② 배치 다이어그램
③ 순차 다이어그램
④ 패키지 다이어그램

참고 파트01-챕터06-섹션01

**19** 프로그램 품질관리의 한 방법으로써 워크스루
(Walk-through)와 인스펙션(Inspection)이 있다.
워크스루에 대한 설명으로 옳지 않은 것은?

① 소프트웨어 품질을 검토하기 위한 기술적 검토
회의이다.
② 제품 개발자가 주최가 된다.
③ 오류 발견과 발견된 오류의 문제 해결에 중점을
둔다.
④ 검토 자료는 사전에 미리 배포한다.

참고 파트01-챕터05-섹션01

**20** 캡슐화(Encapsulation)에 관한 설명 중 옳지 않은
것은?

① 데이터와 데이터를 처리하는 함수를 하나로 묶
는 것이다.
② 캡슐화된 객체의 세부 내용이 외부에 은폐되어
변경이 발생해도 오류의 파급효과가 적다.
③ 인터페이스가 단순해지고 객체 간의 결합도가
낮아진다.
④ 캡슐화된 객체들은 재사용이 불가능하다.

---

**2과목** **소프트웨어 개발**

참고 파트02-챕터03-섹션04

**21** 소프트웨어의 일부분을 다른 시스템에서 사용할 수
있는 정도를 의미하는 것은?

① 신뢰성(Reliability)
② 유지보수성(Maintainability)
③ 가시성(Visibility)
④ 재사용성(Reusability)

참고 파트02-챕터01-섹션02

**22** 소프트웨어 형상 관리에 대한 설명으로 거리가 먼 것
은?

① 소프트웨어에 가해지는 변경을 제어하고 관리한
다.
② 프로젝트 계획, 분석서, 설계서, 프로그램, 테스
트 케이스 모두 관리 대상이다.
③ 대표적인 형상 관리 도구로 Ant, Maven, Gra-
dle 등이 있다.
④ 유지보수 단계뿐만 아니라 개발 단계에도 적용
할 수 있다.

참고 파트02-챕터02-섹션02

**23** 웹과 컴퓨터 프로그램에서 용량이 적은 데이터를 교환하기 위해 데이터 객체를 속성 · 값의 쌍 형태로 표현하는 형식으로 자바스크립트(JavaScript)를 토대로 개발되어진 형식은?

① Pythonm
② XML
③ JSON
④ WEB SERVER

참고 파트02-챕터03-섹션01

**24** 소프트웨어 패키징에 대한 설명으로 틀린 것은?

① 패키징은 개발자 중심으로 진행한다.
② 신규 및 변경 개발소스를 식별하고, 이를 모듈화하여 상용제품으로 패키징한다.
③ 고객의 편의성을 위해 매뉴얼 및 버전관리를 지속적으로 한다.
④ 범용 환경에서 사용이 가능하도록 일반적인 배포 형태로 패키징이 진행된다.

참고 파트02-챕터05-섹션01

**25** 다음 결함 관리 프로세스의 빈칸에 알맞은 것은?

결함 관리 계획 → 결함 기록 → ( ) → ( ) → ( ) → 최종 분석 및 보고서 작성

① 결함 검토, 결함 재확인, 결함 수정
② 결함 검토, 결함 수정, 결함 재확인
③ 결함 수정, 결함 재확인, 결함 검토
④ 결함 검토, 결함 확인, 결함 수정

참고 파트02-챕터04-섹션06

**26** 테스트 드라이버(Test Driver)에 대한 설명으로 틀린 것은?

① 시험대상 모듈을 호출하는 간이 소프트웨어이다.
② 필요에 따라 매개 변수를 전달하고 모듈을 수행한 후의 결과를 보여줄 수 있다.
③ 상향식 통합 테스트에서 사용된다.
④ 테스트 대상 모듈이 호출하는 하위 모듈의 역할을 한다.

참고 파트02-챕터04-섹션03

**27** 테스트 단계 중 SW 제품에 대한 요구사항이 제대로 이행되었는지 점검하는 것이 주요 목적인 테스트는?

① 통합 테스트(Integration Test)
② 단위 테스트(Unit Test)
③ 시스템 테스트(System Test)
④ 인수 테스트(Acceptance Test)

참고 파트02-챕터06-섹션03

**28** 다음 초기 자료에 대하여 selection sort를 이용하여 오름차순 정렬할 경우 2회전 후의 결과는?

초기 자료 : 8, 3, 4, 9, 7

① 3, 8, 4, 9, 7
② 3, 4, 8, 9, 7
③ 3, 4, 7, 9, 8
④ 3, 4, 7, 8, 9

참고 파트02-챕터01-섹션03

**29** 다음 설명의 소프트웨어 버전 관리 도구 방식은?

– 버전 관리 자료가 원격 저장소와 로컬 저장소에 함께 저장되어 관리된다.
– 로컬 저장소에서 버전 관리가 가능하므로 원격 저장소에 문제가 생겨도 로컬 저장소의 자료를 이용하여 작업할 수 있다.
– 대표적인 버전 관리 도구로 Git이 있다.

① 단일 저장소 방식
② 분산 저장소 방식
③ 공유 폴더 방식
④ 클라이언트 · 서버 방식

참고 파트02-챕터02-섹션02

**30** 인터페이스 구현 검증 도구 중 아래에서 설명하는 것은?

> – 서비스 호출, 컴포넌트 재사용 등 다양한 환경을 지원하는 테스트 프레임워크
> – 각 테스트 대상 분산 환경에 데몬을 사용하여 테스트 대상 프로그램을 통해 테스트를 수행하고, 통합하여 자동화하는 검증 도구

① xUnit
② STAF
③ FitNesse
④ RubyNode

참고 파트02-챕터03-섹션04

**31** 소프트웨어 품질 관련 국제 표준인 ISO/IEC 25000에 관한 설명으로 옳지 않은 것은?

① 소프트웨어 품질 평가를 위한 소프트웨어 품질 평가 통합 모델 표준이다.
② System and Software Quality Requirements and Evaluation으로 줄여서 SQuaRE라고도 한다.
③ ISO/IEC 2501n에서는 소프트웨어의 내부 측정, 외부 측정, 사용 품질 측정, 품질 측정 요소 등을 다룬다.
④ 기존 소프트웨어 품질 평가 모델과 소프트웨어 평가 절차 모델인 ISO/IEC 9126과 ISO/IEC 14598을 통합하였다.

참고 파트02-챕터04-섹션03

**32** 소프트웨어 생명주기 모델 중 V 모델과 관련한 설명으로 틀린 것은?

① 요구 분석 및 설계 단계를 거치지 않으며 항상 통합 테스트를 중심으로 V 형태를 이룬다.
② Perry에 의해 제안되었으며 세부적인 테스트 과정으로 구성되어 신뢰도 높은 시스템을 개발하는 데 효과적이다.
③ 개발 작업과 검증 작업 사이의 관계를 명확히 들어내 놓은 폭포수 모델의 변형이라고 볼 수 있다.
④ 폭포수 모델이 산출물 중심이라면 V 모델은 작업과 결과의 검증에 초점을 둔다.

참고 파트02-챕터04-섹션04

**33** 소프트웨어 테스트와 관련한 설명으로 틀린 것은?

① 화이트박스 테스트는 모듈의 논리적인 구조를 체계적으로 점검할 수 있다.
② 블랙박스 테스트는 프로그램의 구조를 고려하지 않는다.
③ 테스트 케이스에는 일반적으로 시험 조건, 테스트 데이터, 예상 결과가 포함되어야 한다.
④ 화이트박스 테스트에서 기본 경로(Basis Path)란 흐름 그래프의 시작 노드에서 종료 노드까지의 서로 독립된 경로로 싸이클을 허용하지 않는 경로를 말한다.

참고 파트02-챕터05-섹션02

**34** 제어 흐름 그래프가 다음과 같을 때 McCabe의 cyclomatic 수는 얼마인가?

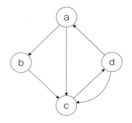

① 3
② 4
③ 5
④ 6

참고 파트02-챕터04-섹션04

**35** 블랙박스 테스트의 종류 중 프로그램의 입력 조건에 중점을 두고, 어느 하나의 입력 조건에 대하여 타당한 값과 그렇지 못한 값을 설정하여 해당 입력 자료에 맞는 결과가 출력되는지 확인하는 테스트 기법은?

① Equivalence Partitioning Testing
② Boundary Value Analysis
③ Comparison Testing
④ Cause-Effect Graphic Testing

참고 파트02-챕터05-섹션03

**36** 외계인 코드(Alien Code)에 대한 설명으로 옳은 것은?

① 프로그램의 로직이 복잡하여 이해하기 어려운 프로그램을 의미한다.
② 아주 오래되거나 참고문서 또는 개발자가 없어 유지보수 작업이 어려운 프로그램을 의미한다.
③ 오류가 없어 디버깅 과정이 필요 없는 프로그램을 의미한다.
④ 사용자가 직접 작성한 프로그램을 의미한다.

참고 파트02-챕터01-섹션03

**37** 버전 관리 항목 중 저장소에 새로운 버전의 파일로 갱신하는 것을 의미하는 용어는?

① 형상 검사(Configuration Audit)
② 롤백(Rollback)
③ 단위 테스트(Unit Test)
④ 체크인(Check-In)

참고 파트01-챕터01-섹션03

**38** 폭포수 모델(Waterfall Model)에 대한 설명으로 옳지 않은 것은?

① 앞 단계가 끝나야만 다음 단계로 넘어갈 수 있다.
② 요구분석 단계에서 프로토타입을 사용하는 것이 특징이다.
③ 제품의 일부가 될 매뉴얼을 작성해야 한다.
④ 각 단계가 끝난 후 결과물이 명확히 나와야 한다.

참고 파트02-챕터06-섹션02

**39** 다음 postfix로 표현된 연산식의 연산 결과로 옳은 것은?

```
3 4 * 5 6 * +
```

① 35
② 42
③ 81
④ 360

참고 파트02-챕터06-섹션03

**40** 이진트리의 레코드 R = (88, 74, 63, 55, 37, 25, 33, 19, 26, 14, 9)에 대하여 힙(heap) 정렬을 만들 때 37의 왼쪽과 오른쪽의 자노드(child node)의 값은?

① 55, 25
② 63, 33
③ 33, 19
④ 14, 9

**3과목** **데이터베이스 구축**

참고 파트03-챕터04-섹션01

**41** 릴레이션 R의 차수가 4이고 카디널리티가 5이며, 릴레이션 S의 차수가 6이고 카디널리티가 7일 때, 두 개의 릴레이션을 카티션 프로덕트한 결과의 새로운 릴레이션의 차수와 카디널리티는 얼마인가?

① 24, 35
② 24, 12
③ 10, 35
④ 10, 12

참고 파트03-챕터04-섹션03

**42** 시스템 카탈로그에 대한 설명으로 옳지 않은 것은?

① 사용자가 직접 시스템 카탈로그의 내용을 갱신하여 데이터베이스 무결성을 유지한다.
② 시스템 자신이 필요로 하는 스키마 및 여러 가지 객체에 관한 정보를 포함하고 있는 시스템 데이터베이스이다.
③ 시스템 카탈로그에 저장되는 내용을 메타 데이터라고도 한다.
④ 시스템 카탈로그는 DBMS가 스스로 생성하고 유지한다.

참고 파트03-챕터04-섹션01

**43** 다음 관계대수 중 순수 관계 연산자가 아닌 것은?

① 차집합(difference)
② 프로젝트(project)
③ 조인(join)
④ 디비전(division)

참고 파트03-챕터05-섹션02

**44** 다음 기법과 가장 관계되는 것은?

- deferred modification
- immediate update
- shadow paging
- check point

① Locking
② Integrity
③ Recovery
④ Security

참고 파트03-챕터04-섹션04

**45** 다음 R1과 R2의 테이블에서 아래의 실행결과를 얻기 위한 SQL문은?

[R1] 테이블

| 학번 | 이름 | 학년 | 학과 | 주소 |
|---|---|---|---|---|
| 1000 | 홍길동 | 1 | 컴퓨터공학 | 서울 |
| 2000 | 김철수 | 1 | 전기공학 | 경기 |
| 3000 | 강남길 | 2 | 전자공학 | 경기 |
| 4000 | 오말자 | 2 | 컴퓨터공학 | 경기 |
| 5000 | 장미화 | 3 | 전자공학 | 서울 |

[R2] 테이블

| 학번 | 과목번호 | 과목이름 | 학점 | 점수 |
|---|---|---|---|---|
| 1000 | C100 | 컴퓨터구조 | A | 91 |
| 2000 | C200 | 데이터베이스 | A+ | 99 |
| 3000 | C100 | 컴퓨터구조 | B+ | 89 |
| 3000 | C200 | 데이터베이스 | B | 85 |
| 4000 | C200 | 데이터베이스 | A | 93 |
| 4000 | C300 | 운영체제 | B+ | 88 |
| 5000 | C300 | 운영체제 | B | 82 |

[실행결과]

| 과목번호 | 과목이름 |
|---|---|
| C100 | 컴퓨터구조 |
| C200 | 데이터베이스 |

① SELECT 과목번호, 과목이름
   FROM R1, R2
   WHERE R1.학번 = R2.학번 AND R1.학과 = '전자공학' AND R1.이름 = '강남길';
② SELECT 과목번호, 과목이름
   FROM R1, R2
   WHERE R1.학번 = R2.학번 OR R1.학과 = '전자공학' OR R1.이름 = '홍길동';
③ SELECT 과목번호, 과목이름
   FROM R1, R2
   WHERE R1.학번 = R2.학번 AND R1.학과 = '컴퓨터공학' AND R1.이름 = '강남길';
④ SELECT 과목번호, 과목이름
   FROM R1, R2
   WHERE R1.학번 = R2.학번 OR R1.학과 = '컴퓨터공학' OR R1.이름 = '홍길동';

참고 파트03-챕터02-섹션04

**46** 다음 설명의 (    ) 안에 들어갈 내용으로 적합한 것은?

> "후보키는 릴레이션에 있는 모든 튜플에 대해 유일성과 (    )을 모두 만족시켜야 한다."

① 중복성
② 최소성
③ 참조성
④ 동일성

참고 파트03-챕터04-섹션04

**47** SQL문에서 SELECT에 대한 설명으로 옳지 않은 것은?

① FROM 절에는 질의에 의해 검색될 데이터들을 포함하는 테이블명을 기술한다.
② 검색 결과에 중복되는 레코드를 없애기 위해서는 WHERE 절에 'DISTINCT' 키워드를 사용한다.
③ HAVING 절은 GROUP BY 절과 함께 사용되며, 그룹에 대한 조건을 지정한다.
④ ORDER BY 절은 특정 속성을 기준으로 정렬하여 검색할 때 사용한다.

참고 파트03-챕터03-섹션02

**48** 제3정규형(3NF)에서 BCNF(Boyce-Codd Normal Form)가 되기 위한 조건은?

① 결정자가 후보키가 아닌 함수 종속 제거
② 이행적 함수 종속 제거
③ 부분적 함수 종속 제거
④ 원자값이 아닌 도메인 분해

참고 파트03-챕터04-섹션04

**49** 다음 중 SQL의 집계 함수(aggregation function)가 아닌 것은?

① AVG
② COUNT
③ SUM
④ CREATE

참고 파트03-챕터04-섹션01

**50** 다음 두 릴레이션 R1과 R2의 카티션 프로덕트(cartesian product) 수행 결과는?

R1

| 학년 |
|------|
| 1 |
| 2 |
| 3 |

R2

| 학과 |
|------|
| 컴퓨터 |
| 국문 |
| 수학 |

①

| 학년 | 학과 |
|------|------|
| 1 | 컴퓨터 |
| 2 | 국문 |
| 3 | 수학 |

②

| 학년 | 학과 |
|------|------|
| 2 | 컴퓨터 |
| 2 | 국문 |
| 2 | 수학 |

③

| 학년 | 학과 |
|------|------|
| 3 | 컴퓨터 |
| 3 | 국문 |
| 3 | 수학 |

④

| 학년 | 학과 |
|------|------|
| 1 | 컴퓨터 |
| 1 | 국문 |
| 1 | 수학 |
| 2 | 컴퓨터 |
| 2 | 국문 |
| 2 | 수학 |
| 3 | 컴퓨터 |
| 3 | 국문 |
| 3 | 수학 |

참고 파트03-챕터04-섹션01

**51** 테이블 R과 S에 대한 SQL문이 실행되었을 때, 실행 결과로 옳은 것은?

> SELECT A FROM R UNION ALL SELECT A FROM S ;

| R | |
|---|---|
| A | B |
| 1 | A |
| 3 | B |

| S | |
|---|---|
| A | B |
| 1 | A |
| 2 | B |

① 
```
1
```

② 
```
3
2
```

③ 
```
1
3
```

④ 
```
1
3
1
2
```

참고 파트02-챕터06-섹션02

**52** 다음 그림에서 트리의 차수는?

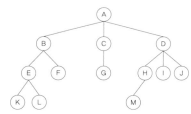

① 1
② 2
③ 3
④ 4

참고 파트03-챕터04-섹션01

**53** 테이블 R1, R2에 대하여 다음 SQL문의 결과는?

> (SELECT 학번 FROM R1)
> INTERSECT
> (SELECT 학번 FROM R2)

[R1] 테이블

| 학번 | 학점 수 |
|---|---|
| 20201111 | 15 |
| 20202222 | 20 |

[R2] 테이블

| 학번 | 학점 수 |
|---|---|
| 20202222 | CS200 |
| 20203333 | CS300 |

① 
| 학번 | 학점 수 | 과목번호 |
|---|---|---|
| 20202222 | 20 | CS200 |

② 
| 학번 |
|---|
| 20202222 |

③ 
| 학번 |
|---|
| 20201111 |
| 20202222 |
| 20203333 |

④ 
| 학번 | 학점 수 | 과목번호 |
|---|---|---|
| 20201111 | 15 | NULL |
| 20202222 | 20 | CS200 |
| 20203333 | NULL | CS300 |

참고 파트03-챕터02-섹션03

**54** 관계 데이터베이스 모델에서 차수(Degree)의 의미는?

① 튜플의 수
② 테이블의 수
③ 데이터베이스의 수
④ 애트리뷰트의 수

참고 파트03-챕터04-섹션05

**55** DELETE 명령에 대한 설명으로 틀린 것은?

① 테이블의 행을 삭제할 때 사용한다.
② WHERE 조건절이 없는 DELETE 명령을 수행하면 DROP TABLE 명령을 수행했을 때와 동일한 효과를 얻을 수 있다.
③ SQL을 사용 용도에 따라 분류할 경우 DML에 해당한다.
④ 기본 사용 형식은 "DELETE FROM 테이블 [WHERE 조건];"이다.

참고 파트05-챕터02-섹션02

**56** 정보 시스템과 관련한 다음 설명에 해당하는 것은?

- IBM AIX 시스템에서 장애 발생 시 서비스 중단 없이 시스템을 계속 운영하기 위한 클러스터링 솔루션이다.
- 각 시스템 간에 공유 디스크를 중심으로 클러스터링으로 엮어 다수의 시스템을 동시에 연결할 수 있다.
- 서버 장애 시 다른 노드로 자동으로 애플리케이션을 전환하여 가동 중단 시간을 최소화한다.

① 고가용성 솔루션(HACMP)
② 점대점 연결 방식(Point-to-Point Mode)
③ 스틱스넷(Stuxnet)
④ 루팅(Rooting)

참고 파트03-챕터04-섹션02

**57** 참조 무결성을 유지하기 위하여 DROP문에서 부모 테이블의 항목 값을 삭제할 경우 자동적으로 자식 테이블의 해당 레코드를 삭제하기 위한 옵션은?

① CLUSTER
② CASCADE
③ SET-NULL
④ RESTRICTED

참고 파트03-챕터05-섹션01

**58** Commit과 Rollback 명령어에 의해 보장받는 트랜잭션 특성은?

① 병행성
② 보안성
③ 원자성
④ 로그

참고 파트03-챕터02-섹션04

**59** 릴레이션에서 기본키를 구성하는 속성은 널(Null)값이나 중복 값을 가질 수 없다는 것을 의미하는 제약 조건은?

① 참조 무결성
② 보안 무결성
③ 개체 무결성
④ 정보 무결성

참고 파트03-챕터02-섹션02

**60** 개체-관계 모델(E-R)의 그래픽 표현으로 옳지 않은 것은?

① 개체 타입 - 사각형
② 속성 - 원형
③ 관계 타입 - 마름모
④ 연결 - 삼각형

참고 파트04-챕터05-섹션07

**61** 페이징 기법에서 페이지 크기가 작아질수록 발생하는 현상이 아닌 것은?

① 기억장소 이용 효율이 증가한다.
② 입·출력 시간이 늘어난다.
③ 내부 단편화가 감소한다.
④ 페이지 맵 테이블의 크기가 감소한다.

참고 파트04-챕터01-섹션06

**62** C언어에서 구조체를 사용하여 데이터를 처리할 때 사용하는 것은?

① for
② scanf
③ struct
④ abstract

참고 파트04-챕터03-섹션02

**63** 다음 파이썬(Python) 프로그램이 실행되었을 때의 결과는?

```
l = [10*i for i in range(10) if i%2==0]
print(l)
```

① [0, 2, 4, 6, 8]
② [0, 1, 2, 3, 4, 5, 6, 7, 8, 9]
③ [0, 20, 40, 60, 80]
④ [0, 20, 40, 60, 80, 90]

참고 파트04-챕터06-섹션04

**64** CIDR(Classless Inter-Domain Routing) 표기로 203.241.132.82/27과 같이 사용되었다면, 해당 주소의 서브넷 마스크(subnet mask)는?

① 255.255.255.0
② 255.255.255.224
③ 255.255.255.240
④ 255.255.255.248

참고 파트04-챕터06-섹션02

**65** OSI 7계층 중 네트워크 계층에 대한 설명으로 틀린 것은?

① 패킷을 발신지로부터 최종 목적지까지 전달하는 책임을 진다.
② 한 노드로부터 다른 노드로 프레임을 전송하는 책임을 진다.
③ 패킷에 발신지와 목적지의 논리 주소를 추가한다.
④ 라우터 또는 교환기는 패킷 전달을 위해 경로를 지정하거나 교환 기능을 제공한다.

참고 파트04-챕터01-섹션04

**66** 다음 C언어 프로그램이 실행되었을 때의 결과는?

```
#include <stdio.h>
int main(int argc, char *argv[]) {
    char a;
    a = 'A' + 1;
    printf("%d", a);
    return 0;
}
```

① 1
② 11
③ 66
④ 98

참고 파트04-챕터05-섹션07

**67** 3개의 페이지 프레임을 갖는 시스템에서 페이지 참조 순서가 1, 2, 1, 0, 4, 1, 3일 경우 FIFO 알고리즘에 의한 페이지 교체의 경우 프레임의 최종 상태는?

① 1, 2, 0
② 2, 4, 3
③ 1, 4, 2
④ 4, 1, 3

참고 파트05-챕터01-섹션06

**68** 프레임워크(Framework)에 대한 설명으로 옳은 것은?

① 소프트웨어 구성에 필요한 기본 구조를 제공함으로써 재사용이 가능하게 해준다.
② 소프트웨어 개발 시 구조가 잡혀있기 때문에 확장이 불가능하다.
③ 소프트웨어 아키텍처(Architecture)와 동일한 개념이다.
④ 모듈화(Modularity)가 불가능하다.

참고 파트04-챕터01-섹션02

**69** C언어의 malloc( ) 함수에 대한 설명으로 틀린 것은?

① malloc( ) 함수는 실행 시간에 힙 메모리를 할당받는다.
② malloc( ) 함수를 실행하여 메모리를 할당받지 못하면 널 값이 반환된다.
③ malloc( ) 함수로 할당받은 메모리는 free( ) 함수를 통해 해제시킨다.
④ 인수로 비트 단위의 정수를 전달받아 메모리를 할당한다.

참고 파트04-챕터01-섹션03

**70** 다음 1~20까지의 수열 중 짝수, 홀수를 구분하는 C언어 프로그램에서 빈칸에 알맞은 것은?

```c
#include <stdio.h>
int main() {
    int i;
    for (i = 1; i <= 20; i++) {
        if (i ( 1 ) 2 == 0) {
            printf("%d (짝수)\n", i);
        } ( 2 ) {
            printf("%d (홀수)\n", i);
        }
    }
    return 0;
}
```

① /, if else
② %, if else
③ %, else
④ /, else

참고 파트01-챕터04-섹션03

**71** 다음 중 가장 강한 응집도(Cohesion)는?

① Sequential Cohesion
② Procedural Cohesion
③ Logical Cohesion
④ Coincidental Cohesion

참고 파트04-챕터05-섹션05

**72** HRN 방식으로 스케줄링할 경우, 입력된 작업이 다음 〈표〉와 같을 때 우선순위가 가장 높은 것은?

| 작업 | 대기시간 | 서비스(실행)시간 |
|------|----------|------------------|
| A | 5 | 20 |
| B | 40 | 20 |
| C | 15 | 45 |
| D | 40 | 10 |

① A
② B
③ C
④ D

참고 파트04-챕터05-섹션04

**73** 교착상태의 해결 방법 중 은행원 알고리즘(Banker's Algorithm)이 해당되는 기법은?

① Detection
② Avoidance
③ Recovery
④ Prevention

참고 파트04-챕터01-섹션03

**74** 다음 C언어 프로그램이 실행되었을 때의 결과는?

```c
#include <stdio.h>
int main(int argc, char *argv[]) {
    int a = 4;
    int b = 7;
    int c = a | b;
    printf("%d", c);
    return 0;
}
```

① 3
② 4
③ 7
④ 10

참고 파트04-챕터02-섹션01

**75** 자바에서 사용하는 접근 제어자의 종류가 아닌 것은?

① internal
② private
③ default
④ public

참고 파트04-챕터02-섹션05

**76** 다음은 Python에서 두 수를 입력받아 예외를 처리하는 코드이다. 다음 빈칸에 알맞은 것은?

```python
( 1 ):
    num1 = int(input("첫 번째 숫자 입력: "))
    num2 = int(input("두 번째 숫자 입력: "))
    result = num1 / num2
except ValueError:
    print("숫자만 입력하시오.")
except ZeroDivisionError:
    print("0으로 나눌 수 없음.")
else:
    print("계산 결과: ", result)
( 2 ):
    print("계산 완료")
```

① try, finally
② try, except
③ finally, try
④ try, else

참고 파트04-챕터02-섹션05

**77** 다음 JAVA 프로그램의 결과값은?

```java
class TestClass {
    int t = 1;
    public void print() {
        System.out.print("AA");
    }
}
public class Test extends TestClass {
    public void print() {
        System.out.print("BB");
    }
    public static void main(String[] args) {
        int t = 2;
        TestClass tt = new Test();
        tt.print();
        System.out.print(t);
    }
}
```

① AA1
② AA2
③ BB1
④ BB2

참고 파트04-챕터05-섹션03

**78** 다중 프로그래밍 시스템에서 OS에 의해 CPU가 할당되는 프로세스를 변경하기 위한 목적으로 현재 CPU를 사용하여 실행되고 있는 프로세스의 상태 정보를 저장하고 제어 권한을 ISR에게 넘기는 작업을 무엇이라 하는가?

① Context Switching
② Monitor
③ Mutual Exclusion
④ Semaphore

참고 파트04-챕터06-섹션03

**79** TCP 프로토콜과 관련한 설명으로 틀린 것은?

① 인접한 노드 사이의 프레임 전송 및 오류를 제어한다.
② 흐름 제어(Flow control)의 기능을 수행한다.
③ 전이중(Full Duplex) 방식의 양방향 가상회선을 제공한다.
④ 전송 데이터와 응답 데이터를 함께 전송할 수 있다.

참고 파트04-챕터06-섹션02

**80** 오류 제어에 사용되는 자동 반복 요청 방식(ARQ)이 아닌 것은?

① Stop-and-wait ARQ
② Go-back-N ARO
③ Selective-Repeat ARQ
④ Non-Acknowledge ARQ

---

### 5과목 정보 시스템 구축 관리

참고 파트05-챕터02-섹션01

**81** 다음이 설명하는 용어로 옳은 것은?

> - 블루투스4.0(BLE) 프로토콜 기반의 근거리 무선통신 장치로, 최대 70m 이내의 장치들과 교신할 수 있는 차세대 스마트폰 근거리 통신 기술이다.
> - 저전력으로 모바일 결제 등을 가능하게 해주는 스마트폰 근거리 통신 기술이다.
> - NFC보다 가용거리가 길고 5~10cm 단위 구별이 가능해 정확성이 높다.

① 하둡(Hadoop)
② 비컨(Beacon)
③ 포스퀘어(Foursquare)
④ 맴리스터(Memristor)

참고 파트05-챕터03-섹션02

**82** 시스템 내의 정보는 오직 인가된 사용자만 수정할 수 있는 보안 요소는?

① 기밀성
② 부인방지
③ 가용성
④ 무결성

참고 파트01-챕터04-섹션07

**83** 코드의 기입 과정에서 원래 '12536'으로 기입되어야 하는데 '12936'으로 표기되었을 경우, 어떤 코드 오류에 해당하는가?

① Addition Error
② Omission Error
③ Sequence Error
④ Transcription Error

참고 파트05-챕터03-섹션05

**84** 시스템에 저장되는 패스워드들은 Hash 또는 암호화 알고리즘의 결과값으로 저장된다. 이때 암호공격을 막기 위해 똑같은 패스워드들이 다른 암호값으로 저장되도록 추가되는 값을 의미하는 것은?

① Pass flag
② Bucket
③ Opcode
④ Salt

참고 파트05-챕터03-섹션02

**85** 오픈소스 웹 애플리케이션 보안 프로젝트로서 주로 웹을 통한 정보 유출, 악성 파일 및 스크립트, 보안 취약점 등을 연구하는 곳은?

① WWW
② OWASP
③ WBSEC
④ ITU

참고 파트05-챕터03-섹션01

**86** 메모리상에서 프로그램의 복귀 주소와 변수 사이에 특정 값을 저장해 두었다가 그 값이 변경되었을 경우 오버플로우 상태로 가정하여 프로그램 실행을 중단하는 기술은?

① Stack Guard
② Bridge
③ ASLR
④ FIN

참고 파트05-챕터03-섹션05

**87** 다음 보안 인증 방법 중 스마트 카드, USB 토큰에 해당하는 것은?

① Something You Know
② Something You Have
③ Something You Are
④ Somewhere You Are

참고 파트05-챕터05-섹션01

**88** 세션 하이재킹을 탐지하는 방법으로 거리가 먼 것은?

① FTP SYN SEGMENT 탐지
② 비동기화 상태 탐지
③ ACK STORM 탐지
④ 패킷의 유실 및 재전송 증가 탐지

참고 파트04-챕터06-섹션04

**89** 라우팅 프로토콜인 OSPF(Open Shortest Path First)에 대한 설명으로 옳지 않은 것은?

① 네트워크 변화에 신속하게 대처할 수 있다.
② 거리 벡터 라우팅 프로토콜이라고 한다.
③ 멀티캐스팅을 지원한다.
④ 최단 경로 탐색에 Dijkstra 알고리즘을 사용한다.

참고 파트01-챕터02-섹션03

**90** 소프트웨어 프로젝트 관리를 효율적으로 수행하기 위한 3P 중 소프트웨어 프로젝트를 수행하기 위한 Framework의 고려와 가장 연관되는 것은?

① People
② Problem
③ Product
④ Process

참고 파트04-챕터06-섹션03

**91** TELNET 프로토콜의 Well Known Port 번호는?

① 23번 포트
② 53번 포트
③ 80번 포트
④ 161번 포트

참고 파트05-챕터01-섹션04

**92** LOC 기법에 의하여 예측된 총 라인 수가 50,000라인, 프로그래머의 월 평균 생산성이 200라인, 개발에 참여할 프로그래머가 10인일 때, 개발 소요 기간은?

① 25개월
② 50개월
③ 200개월
④ 2000개월

참고 파트05-챕터02-섹션01

**93** 다음이 설명하는 IT 기술은?

> – 사물인터넷(IoT) 디바이스 간의 상호작용을 위한 퀄컴이 개발한 오픈소스 소프트웨어 프레임워크이다.
> – 디바이스들이 서로 통신하고 협업할 수 있도록 하며, 이를 통해 서로 다른 제조업체의 기기들이 함께 작동할 수 있게 연결한다.

① Zigbee
② AllJoyn
③ MQTT
④ BLE

참고 파트05-챕터05-섹션01

**94** 다음 내용이 설명하는 것은?

> 개인과 기업, 국가적으로 큰 위협이 되고 있는 주요 사이버 범죄 중 하나로 Snake, Darkside 등 시스템을 잠그거나 데이터를 암호화해 사용할 수 없도록 하고 이를 인질로 금전을 요구하는 데 사용되는 악성 프로그램

① Format String
② Ransomware
③ Buffer overflow
④ Adware

참고 파트05-챕터03-섹션05

**95** 공개키 암호에 대한 설명으로 틀린 것은?

① 10명이 공개키 암호를 사용할 경우 5개의 키가 필요하다.
② 복호화키는 비공개되어 있다.
③ 송신자는 수신자의 공개키로 문서를 암호화한다.
④ 공개키 암호로 널리 알려진 알고리즘은 RSA가 있다.

참고 파트05-챕터04-섹션02

**96** IPSec(IP security)에 대한 설명으로 틀린 것은?

① 암호화 수행 시 일방향 암호화만 지원한다.
② ESP는 발신지 인증, 데이터 무결성, 기밀성 모두를 보장한다.
③ 운영 모드는 Tunnel 모드와 Transport 모드로 분류된다.
④ AH는 발신지 호스트를 인증하고, IP 패킷의 무결성을 보장한다.

참고 파트05-챕터05-섹션01

**97** 서버에 열린 포트 정보를 스캐닝해서 보안 취약점을 찾는 데 사용하는 도구는?

① type
② mkdir
③ ftp
④ nmap

참고 파트05-챕터03-섹션01

**98** 제조사가 시장에 내놓겠다고 공표하였으나 개발과 출시 일정이 계속 연기되면서, 향후에 출시되지 않을 가능성이 있는 제품을 의미하는 것은?

① Hypeware
② Vaporware
③ Wishware
④ Blue Sky

참고 파트05-챕터03-섹션05

**99** 해시(Hash) 기법에 대한 설명으로 틀린 것은?

① 임의의 길이의 입력 데이터를 받아 고정된 길이의 해시값으로 변환한다.
② 주로 공개키 암호화 방식에서 키 생성을 위해 사용한다.
③ 대표적인 해시 알고리즘으로 HAVAL, SHA-1 등이 있다.
④ 해시 함수는 일방향 함수(One-way function)이다.

참고 파트05-챕터04-섹션01

**100** 접근 통제 방법 중 조직 내에서 직무, 직책 등 개인의 역할에 따라 결정하여 부여하는 접근 정책은?

① RBAC
② DAC
③ MAC
④ QAC

**빠른 정답 확인 QR**
스마트폰으로 QR을 찍으면 정답표가 오픈됩니다.
기출문제를 편리하게 채점할 수 있습니다.

| 시험 시간 | 풀이 시간 | 합격 점수 | 내 점수 | 문항수 |
|---|---|---|---|---|
| 2시간 30분 | 분 | 60점 | 점 | 총 100개 |

자동 채점 서비스

---

**1과목** **소프트웨어 설계**

참고 파트01-챕터02-섹션03

**01** 정형 기술 검토(FTR)의 지침으로 틀린 것은?

① 의제를 제한한다.
② 논쟁과 반박을 제한한다.
③ 문제 영역을 명확히 표현한다.
④ 참가자의 수를 제한하지 않는다.

참고 파트01-챕터05-섹션04

**02** GoF(Gang of Four) 디자인 패턴을 생성, 구조, 행동 패턴의 세 그룹으로 분류할 때, 구조 패턴이 아닌 것은?

① Adapter 패턴
② Bridge 패턴
③ Builder 패턴
④ Proxy 패턴

참고 파트01-챕터02-섹션05

**03** 유스케이스(Usecase)에 대한 설명 중 옳은 것은?

① 유스케이스 다이어그램은 개발자의 요구를 추출하고 분석하기 위해 주로 사용한다.
② 액터는 대상 시스템과 상호 작용하는 사람이나 다른 시스템에 의한 역할이다.
③ 사용자 액터는 본 시스템과 데이터를 주고받는 연동 시스템을 의미한다.
④ 연동의 개념은 일방적으로 데이터를 파일이나 정해진 형식으로 넘겨주는 것을 의미한다.

참고 파트01-챕터04-섹션06

**04** 서브 시스템이 입력 데이터를 받아 처리하고 결과를 다른 시스템에 보내는 작업이 반복되는 아키텍처 스타일은?

① 클라이언트 서버 구조
② 계층 구조
③ MVC 구조
④ 파이프 필터 구조

참고 파트01-챕터01-섹션03

**05** HIPO(Hierarchy Input Process Output)에 대한 설명으로 거리가 먼 것은?

① 상향식 소프트웨어 개발을 위한 문서화 도구이다.
② HIPO 차트 종류에는 가시적 도표, 총체적 도표, 세부적 도표가 있다.
③ 기능과 자료의 의존 관계를 동시에 표현할 수 있다.
④ 보기 쉽고 이해하기 쉽다.

참고 파트01-챕터02-섹션04

**06** 럼바우(Rumbaugh)의 객체지향 분석 기법 중 자료 흐름도(DFD)를 주로 이용하는 것은?

① 기능 모델링
② 동적 모델링
③ 객체 모델링
④ 정적 모델링

참고 파트01-챕터02-섹션04

## 07 객체지향 개념을 활용한 소프트웨어 구현과 관련한 설명 중 틀린 것은?

① 객체(Object)란 필요한 자료 구조와 수행되는 함수들을 가진 하나의 독립된 존재이다.
② JAVA에서 정보은닉(Information Hiding)을 표기할 때 private의 의미는 '공개'이다.
③ 상속(Inheritance)은 개별 클래스를 상속 관계로 묶음으로써 클래스 간의 체계화된 전체 구조를 파악하기 쉽다는 장점이 있다.
④ 같은 클래스에 속하는 개개의 객체이자 하나의 클래스에서 생성된 객체를 인스턴스(Instance)라고 한다.

참고 파트01-챕터02-섹션02

## 08 요구사항 개발 프로세스가 아닌 것은?

① 도출(Elicitation)
② 분석(Analysis)
③ 명세(Specification)
④ 검증(Verification)

참고 파트02-챕터03-섹션01

## 09 소프트웨어 패키징에 대한 설명으로 틀린 것은?

① 패키징은 개발자 중심으로 진행한다.
② 신규 및 변경 개발소스를 식별하고, 이를 모듈화하여 상용제품으로 패키징한다.
③ 고객의 편의성을 위해 매뉴얼 및 버전 관리를 지속적으로 한다.
④ 범용 환경에서 사용이 가능하도록 일반적인 배포 형태로 패키징이 진행된다.

참고 파트01-챕터03-섹션03

## 10 다음 내용이 설명하는 UI 설계 도구는?

> – 디자인, 사용 방법 설명, 평가 등을 위해 실제 화면과 유사하게 만든 정적인 형태의 모형
> – 시각적으로만 구성 요소를 배치하는 것으로 일반적으로 실제로 구현되지는 않음

① 스토리보드(Storyboard)
② 목업(Mockup)
③ 프로토타입(Prototype)
④ 유스케이스(Usecase)

참고 파트02-챕터02-섹션02

## 11 인터페이스 구현 시 사용하는 기술로 속성-값 쌍(Attribute–Value Pairs)으로 이루어진 데이터 오브젝트를 전달하기 위해 사용하는 개방형 표준 포맷은?

① JSON
② HTML
③ AVPN
④ DOF

참고 파트01-챕터01-섹션02

## 12 CASE에 대한 설명으로 옳지 않은 것은?

① 소프트웨어 모듈의 재사용성이 향상된다.
② 자동화된 기법을 통해 소프트웨어 품질이 향상된다.
③ 소프트웨어 사용자들이 소프트웨어 사용 방법을 신속히 숙지할 수 있도록 개발된 자동화 패키지이다.
④ 소프트웨어 유지보수를 간편하게 수행할 수 있다.

참고 파트01-챕터05-섹션01

## 13 소프트웨어 설계에서 사용되는 대표적인 추상화(Abstraction) 기법이 아닌 것은?

① 자료 추상화
② 제어 추상화
③ 기능 추상화
④ 강도 추상화

참고 파트01-챕터04-섹션01

**14** 소프트웨어 공학에서 모델링(Modeling)과 관련한 설명으로 틀린 것은?

① 개발팀이 응용문제를 이해하는 데 도움을 줄 수 있다.
② 유지보수 단계에서만 모델링 기법을 활용한다.
③ 개발될 시스템에 대하여 여러 분야의 엔지니어들이 공통된 개념을 공유하는 데 도움을 준다.
④ 절차적인 프로그램을 위한 자료 흐름도는 프로세스 위주의 모델링 방법이다.

참고 파트01-챕터04-섹션01

**15** 다음은 어떤 프로그램 구조를 나타낸다. 모듈 F에서의 fan-in과 fan-out의 수는 얼마인가?

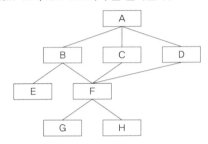

| | fan-in | fan-out |
|---|---|---|
| ① | 2 | 3 |
| ② | 3 | 2 |
| ③ | 1 | 2 |
| ④ | 2 | 1 |

참고 파트01-챕터04-섹션04

**16** 프로그램 설계도의 하나인 NS Chart에 대한 설명으로 가장 거리가 먼 것은?

① 논리의 기술에 중점을 두고 도형을 이용한 표현 방법이다.
② 이해하기 쉽고 코드 변환이 용이하다.
③ 화살표나 GOTO를 사용하여 이해하기 쉽다.
④ 연속, 선택, 반복 등의 제어 논리 구조를 표현한다.

참고 파트01-챕터01-섹션04

**17** 애자일(Agile) 기법 중 스크럼(Scrum)과 관련한 설명으로 틀린 것은?

① 스크럼 마스터(Scrum Master)는 스크럼 프로세스를 따르고, 팀이 스크럼을 효과적으로 활용할 수 있도록 보장하는 역할 등을 맡는다.
② 제품 백로그(Product Backlog)는 스크럼 팀이 해결해야 하는 목록으로 소프트웨어 요구사항, 아키텍처 정의 등이 포함될 수 있다.
③ 스프린트(Sprint)는 소단위 개발 업무를 위한 주기로 2~4주의 단기간으로 결정된다.
④ 스크럼 마스터는 방해 요소를 찾아 해결하고 완료 작업시간을 소멸 차트(Burndown Chart)에 기록한다.

참고 파트01-챕터02-섹션02

**18** 요구사항 명세 기법에 대한 설명으로 틀린 것은?

① 비정형 명세 기법은 사용자의 요구를 표현할 때 자연어를 기반으로 서술한다.
② 비정형 명세 기법은 사용자의 요구를 표현할 때 Z 비정형 명세 기법을 사용한다.
③ 정형 명세 기법은 사용자의 요구를 표현할 때 수학적인 원리와 표기법을 이용한다.
④ 정형 명세 기법은 비정형 명세 기법에 비해 표현이 간결하다.

참고 파트01-챕터02-섹션05

**19** UML 모델에서 한 사물의 명세가 바뀌면 다른 사물에 영향을 주며, 일반적으로 한 클래스가 다른 클래스를 오퍼레이션의 매개변수로 사용하는 경우에 나타나는 관계는?

① Association
② Dependency
③ Realization
④ Generalization

참고 파트01-챕터01-섹션04

**20** 익스트림 프로그래밍(XP)에 대한 설명으로 틀린 것은?

① 기존의 방법론에 비해 실용성(Pragmatism)을 강조한 것이라고 볼 수 있다.
② 사용자의 요구사항은 언제든지 변할 수 있다.
③ 고객과 직접 대면하며 요구사항을 이야기하기 위해 사용자 스토리(User Story)를 활용할 수 있다.
④ 빠른 개발을 위해 테스트를 수행하지 않는다.

---

## 2과목 소프트웨어 개발

참고 파트02-챕터02-섹션02

**21** 인터페이스 구현 검증 도구가 아닌 것은?

① Foxbase
② STAF
③ watir
④ xUnit

참고 파트02-챕터06-섹션02

**22** 다음의 항을 이용하여 트리의 전체 노드 수를 구하는 공식은?

> a : 루트 노드의 수
> b : 간 노드의 수
> c : 단말 노드의 수
> d : 전체 노드 수
> e : 트리의 차수

① $d = a + b + e$
② $d = e - a - b$
③ $d = a + c + e$
④ $d = a + b + c$

참고 파트02-챕터06-섹션05

**23** 색인 순차 파일에 대한 설명으로 옳지 않은 것은?

① 레코드를 참조할 때 색인을 탐색한 후 색인이 가리키는 포인터를 사용하여 직접 참조할 수 있다.
② 레코드를 추가 및 삽입하는 경우, 파일 전체를 복사할 필요가 없다.
③ 인덱스를 저장하기 위한 공간과 오버플로우 처리를 위한 별도의 공간이 필요 없다.
④ 색인 구역은 트랙 색인 구역, 실린더 색인 구역, 마스터 색인 구역으로 구성된다.

참고 파트02-챕터04-섹션03

**24** 소프트웨어 테스트에서 검증(Verification)과 확인(Validation)에 대한 설명으로 틀린 것은?

① 소프트웨어 테스트에서 검증과 확인을 구별하면 찾고자 하는 결함 유형을 명확하게 하는 데 도움이 된다.
② 검증은 소프트웨어 개발 과정을 테스트하는 것이고, 확인은 소프트웨어 결과를 테스트하는 것이다.
③ 검증은 작업 제품이 요구 명세의 기능, 비기능 요구사항을 얼마나 잘 준수하는지 측정하는 작업이다.
④ 검증은 작업 제품이 사용자의 요구에 적합한지 측정하며, 확인은 작업 제품이 개발자의 기대를 충족시키는지를 측정한다.

참고 파트02-챕터03-섹션01

**25** 소프트웨어 패키징에 대한 설명으로 틀린 것은?

① 패키징은 개발자 중심으로 진행한다.
② 신규 및 변경 개발소스를 식별하고, 이를 모듈화하여 상용제품으로 패키징한다.
③ 고객의 편의성을 위해 매뉴얼 및 버전 관리를 지속적으로 한다.
④ 범용 환경에서 사용이 가능하도록 일반적인 배포 형태로 패키징이 진행된다.

참고 파트02-챕터04-섹션03

**26** 필드 테스팅(field testing)이라고도 불리며 개발자 없이 고객의 사용 환경에 소프트웨어를 설치하여 검사를 수행하는 인수 검사 기법은?

① 베타 검사
② 알파 검사
③ 형상 검사
④ 복구 검사

참고 파트02-챕터06-섹션04

**27** 해싱 함수(Hashing Function)의 종류가 아닌 것은?

① 제곱법(mid-square)
② 숫자분석법(digit analysis)
③ 개방주소법(open addressing)
④ 제산법(division)

참고 파트02-챕터01-섹션03

**28** 클라이언트/서버 방식의 소프트웨어 버전 관리 도구가 아닌 것은?

① CVS
② SVN
③ RCS
④ Clear Case

참고 파트02-챕터06-섹션02

**29** 다음 트리에 대한 중위 순회 운행 결과는?

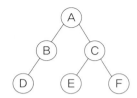

① ABDCEF
② ABCDEF
③ DBECFA
④ DBAECF

참고 파트02-챕터04-섹션01

**30** 소프트웨어 테스트에서 오류의 80%는 전체 모듈의 20% 내에서 발견된다는 법칙은?

① Brooks의 법칙
② Boehm의 법칙
③ Pareto의 법칙
④ Jackson의 법칙

참고 파트02-챕터01-섹션02

**31** 형상 관리의 개념과 절차에 대한 설명으로 틀린 것은?

① 형상 식별은 형상 관리 계획을 근거로 형상 관리의 대상이 무엇인지 식별하는 과정이다.
② 형상 관리를 통해 가시성과 추적성을 보장함으로써 소프트웨어의 생산성과 품질을 높일 수 있다.
③ 형상 통제 과정에서는 형상 목록의 변경 요구를 즉시 수용 및 반영해야 한다.
④ 형상 감사는 형상 관리 계획대로 형상 관리가 진행되고 있는지, 형상 항목의 변경이 요구사항에 맞도록 제대로 이뤄졌는지 등을 살펴보는 활동이다.

참고 파트02-챕터03-섹션04

**32** 소프트웨어 품질 관련 국제 표준인 ISO/IEC 25000에 관한 설명으로 옳지 않은 것은?

① 소프트웨어 품질 평가를 위한 소프트웨어 품질 평가 통합 모델 표준이다.
② System and Software Quality Requirements and Evaluation으로 줄여서 SQuaRE라고도 한다.
③ ISO/IEC 2501n에서는 소프트웨어의 내부 측정, 외부 측정, 사용 품질 측정, 품질 측정 요소 등을 다룬다.
④ 기존 소프트웨어 품질 평가 모델과 소프트웨어 평가 절차 모델인 ISO/IEC 9126과 ISO/IEC 14598을 통합하였다.

참고 파트02-챕터05-섹션03

**33** 소스 코드 품질 분석 도구 중 정적 분석 도구가 아닌 것은?

① pmd
② cppcheck
③ valMeter
④ checkstyle

참고 파트02-챕터03-섹션02

**34** 디지털 저작권 관리(DRM) 기술과 거리가 먼 것은?

① 콘텐츠 암호화 및 키 관리
② 콘텐츠 식별체계 표현
③ 콘텐츠 오류 감지 및 복구
④ 라이선스 발급 및 관리

참고 파트02-챕터04-섹션06

**35** 상향식 통합 테스트 절차가 올바른 순서로 나열된 것은?

> ㉮ 하위 모듈을 클러스터로 결합
> ㉯ 상위 모듈에서 데이터 입출력을 확인하기 위해 더미 모듈인 드라이버를 작성
> ㉰ 통합된 클러스터 단위로 테스트를 수행
> ㉱ 테스트가 완료되면 클러스터는 프로그램 구조의 상위로 이동하여 결합하고 드라이버는 실제 모듈로 대체

① ㉮ → ㉯ → ㉰ → ㉱
② ㉯ → ㉮ → ㉱ → ㉰
③ ㉮ → ㉰ → ㉯ → ㉱
④ ㉱ → ㉯ → ㉰ → ㉮

참고 파트02-챕터04-섹션06

**36** 다음이 설명하는 애플리케이션 통합 테스트 유형은?

> – 깊이 우선 방식 또는 너비 우선 방식이 있다.
> – 상위 컴포넌트를 테스트하고 점증적으로 하위 컴포넌트를 테스트한다.
> – 하위 컴포넌트 개발이 완료되지 않은 경우 스텁(Stub)을 사용하기도 한다.

① 하향식 통합 테스트
② 상향식 통합 테스트
③ 회귀 테스트
④ 빅뱅 테스트

참고 파트02-챕터06-섹션03

**37** 다음 초기 자료에 대하여 삽입 정렬(Insertion Sort)을 이용하여 오름차순 정렬할 경우 1회전 후의 결과는?

> 초기 자료 : 8, 3, 4, 9, 7

① 3, 4, 8, 7, 9
② 3, 4, 9, 7, 8
③ 7, 8, 3, 4, 9
④ 3, 8, 4, 9, 7

참고 파트02-챕터06-섹션02

**38** n개의 노드로 구성된 무방향 그래프의 최대 간선수는?

① $n-1$
② $n/2$
③ $n(n-1)/2$
④ $n(n+1)$

참고 파트02-챕터01-섹션01

**39** IDE(Integrated Development Environment) 도구의 각 기능에 대한 설명으로 틀린 것은?

① Coding – 프로그래밍 언어를 가지고 컴퓨터 프로그램을 작성할 수 있는 환경을 제공
② Compile – 저급언어의 프로그램을 고급언어 프로그램으로 변환하는 기능
③ Debugging – 프로그램에서 발견되는 버그를 찾아 수정할 수 있는 기능
④ Deployment – 소프트웨어를 최종 사용자에게 전달하기 위한 기능

참고 파트02-챕터04-섹션04

**40** 블랙박스 테스트를 이용하여 발견할 수 있는 오류가 아닌 것은?

① 비정상적인 자료를 입력해도 오류 처리를 수행하지 않는 경우
② 정상적인 자료를 입력해도 요구된 기능이 제대로 수행되지 않는 경우
③ 반복 조건을 만족하는데도 루프 내의 문장이 수행되지 않는 경우
④ 경계값을 입력할 경우 요구된 출력 결과가 나오지 않는 경우

**3과목 데이터베이스 구축**

참고 파트03-챕터03-섹션02

**41** 정규화 과정에서 A→B이고, B→C일 때 A→C인 관계를 제거하는 관계는?

① 1NF → 2NF
② 2NF → 3NF
③ 3NF → BCNF
④ BCNF → 4NF

참고 파트03-챕터02-섹션04

**42** 다음 중 기본키는 NULL 값을 가져서는 안 되며, 릴레이션 내에 오직 하나의 값만 존재해야 한다는 조건을 무엇이라 하는가?

① 개체 무결성 제약조건
② 참조 무결성 제약조건
③ 도메인 무결성 제약조건
④ 속성 무결성 제약조건

참고 파트03-챕터02-섹션03

**43** A1, A2, A3의 3개 속성을 갖는 한 릴레이션에서 A1의 도메인은 3개 값, A2의 도메인은 2개 값, A3의 도메인은 4개 값을 갖는다. 이 릴레이션에 존재할 수 있는 가능한 튜플(Tuple)의 최대 수는?

① 24
② 12
③ 8
④ 9

참고 파트03-챕터04-섹션02

**44** CREATE TABLE문에 포함되지 않는 기능은?

① 속성 타입 변경
② 속성의 NOT NULL 여부 지정
③ 기본키를 구성하는 속성 지정
④ CHECK 제약조건의 정의

참고 파트03-챕터02-섹션04

**45** 관계형 데이터베이스에서 다음 설명에 해당하는 키(Key)는?

> 한 릴레이션 내의 속성들의 집합으로 구성된 키로서, 릴레이션을 구성하는 모든 튜플에 대한 유일성은 만족시키지만 최소성은 만족시키지 못한다.

① 후보키
② 대체키
③ 슈퍼키
④ 외래키

참고 파트03-챕터02-섹션01

**46** 데이터베이스 설계 단계 중 물리적 설계 시 고려 사항으로 적절하지 않은 것은?

① 스키마의 평가 및 정제
② 응답 시간
③ 저장 공간의 효율화
④ 트랜잭션 처리량

참고 파트03-챕터03-섹션01

**47** 정규화를 거치지 않아 발생하게 되는 이상(anomaly) 현상의 종류에 대한 설명으로 옳지 않은 것은?

① 삭제 이상이란 릴레이션에서 한 튜플을 삭제할 때 의도와는 상관없는 값들도 함께 삭제되는 연쇄 삭제 현상이다.
② 삽입 이상이란 릴레이션에서 데이터를 삽입할 때 의도와는 상관없이 원하지 않는 값들도 함께 삽입되는 현상이다.
③ 갱신 이상이란 릴레이션에서 튜플에 있는 속성 값을 갱신할 때 일부 튜플의 정보만 갱신되어 정보에 모순이 생기는 현상이다.
④ 종속 이상이란 하나의 릴레이션에 하나 이상의 함수적 종속성이 존재하는 현상이다.

참고 파트03-챕터03-섹션03

**48** 정규화된 엔티티, 속성, 관계를 시스템의 성능 향상과 개발 운영의 단순화를 위해 중복, 통합, 분리 등을 수행하는 데이터 모델링 기법은?

① 정규화
② 반정규화
③ 집단화
④ 머징

참고 파트03-챕터05-섹션02

**49** 로킹 단위(Locking Granularity)에 대한 설명으로 옳은 것은?

① 로킹 단위가 크면 병행성 수준이 낮아진다.
② 로킹 단위가 크면 병행 제어 기법이 복잡해진다.
③ 로킹 단위가 작으면 로크(lock)의 수가 적어진다.
④ 로킹은 파일 단위로 이루어지며, 레코드와 필드는 로킹 단위가 될 수 없다.

참고 파트03-챕터03-섹션01

**50** 어떤 릴레이션 R에서 X와 Y를 각각 R의 애트리뷰트 집합의 부분 집합이라고 할 경우 애트리뷰트 X의 값 각각에 대해 시간에 관계없이 항상 애트리뷰트 Y의 값이 오직 하나만 연관되어 있을 때 Y는 X에 함수 종속이라고 한다. 이 함수 종속의 표기로 옳은 것은?

① $Y \rightarrow X$
② $Y \subset X$
③ $X \rightarrow Y$
④ $X \subset Y$

참고 파트04-챕터05-섹션09

**51** 해싱 등의 사상 함수를 사용하여 레코드 키(Record Key)에 의한 주소 계산을 통해 레코드를 접근할 수 있도록 구성한 파일은?

① 순차 파일
② 인덱스 파일
③ 직접 파일
④ 다중 링 파일

참고 파트03-챕터05-섹션02

**52** 동시성 제어를 위한 직렬화 기법으로 트랜잭션 간의 처리 순서를 미리 정하는 방법은?

① 로킹 기법
② 타임 스탬프 기법
③ 검증 기법
④ 베타 로크 기법

참고 파트03-챕터03-섹션03

**53** 물리 데이터 저장소의 파티션 설계에서 파티션 유형으로 옳지 않은 것은?

① 범위 분할(Range Partitioning)
② 해시 분할(Hash Partitioning)
③ 조합 분할(Composite Partitioning)
④ 유닛 분할(Unit Processing)

참고 파트03-챕터04-섹션02

**54** 테이블 두 개를 조인하여 뷰 V_1을 정의하고, V_1을 이용하여 뷰 V_2를 정의하였다. 다음 명령 수행 후 결과로 옳은 것은?

> DROP VIEW V_1 CASCADE;

① V_1만 삭제된다.
② V_2만 삭제된다.
③ V_1과 V_2 모두 삭제된다.
④ V_1과 V_2 모두 삭제되지 않는다.

참고 파트03-챕터04-섹션03

**55** 다음 SQL문에서 ( ) 안에 들어갈 내용으로 옳은 것은?

> UPDATE 인사급여 ( ) 호봉 = 15
>     WHERE 성명 = '홍길동';

① SET
② FROM
③ INTO
④ IN

참고 파트03-챕터04-섹션02

**56** 『회원』 테이블 생성 후 『주소』 필드(컬럼)가 누락되어 이를 추가하려고 한다. 이에 적합한 SQL 명령어는?

① DELETE
② RESTORE
③ ALTER
④ ACCESS

참고 파트03-챕터04-섹션04

**57** 다음 R1과 R2의 테이블에서 아래의 실행결과를 얻기 위한 SQL문은?

[R1] 테이블

| 학번 | 이름 | 학년 | 학과 | 주소 |
| --- | --- | --- | --- | --- |
| 1000 | 홍길동 | 1 | 컴퓨터공학 | 서울 |
| 2000 | 김철수 | 1 | 전기공학 | 경기 |
| 3000 | 강남길 | 2 | 전자공학 | 경기 |
| 4000 | 오말자 | 2 | 컴퓨터공학 | 경기 |
| 5000 | 장미화 | 3 | 전자공학 | 서울 |

[R2] 테이블

| 학번 | 과목번호 | 과목이름 | 학점 | 점수 |
| --- | --- | --- | --- | --- |
| 1000 | C100 | 컴퓨터구조 | A | 91 |
| 2000 | C200 | 데이터베이스 | A+ | 99 |
| 3000 | C100 | 컴퓨터구조 | B+ | 89 |
| 3000 | C200 | 데이터베이스 | B | 85 |
| 4000 | C200 | 데이터베이스 | A | 93 |
| 4000 | C300 | 운영체제 | B+ | 88 |
| 5000 | C300 | 운영체제 | B | 82 |

[실행결과]

| 과목번호 | 과목이름 |
| --- | --- |
| C100 | 컴퓨터구조 |
| C200 | 데이터베이스 |

① SELECT 과목번호, 과목이름
　 FROM R1, R2
　 WHERE R1.학번 = R2.학번 AND R1.학과 = '전자공학' AND R1.이름 = '강남길';
② SELECT 과목번호, 과목이름
　 FROM R1, R2
　 WHERE R1.학번 = R2.학번 OR R1.학과 = '전자공학' OR R1.이름 = '홍길동';
③ SELECT 과목번호, 과목이름
　 FROM R1, R2
　 WHERE R1.학번 = R2.학번 AND R1.학과 = '컴퓨터공학' AND R1.이름 = '강남길';
④ SELECT 과목번호, 과목이름
　 FROM R1, R2
　 WHERE R1.학번 = R2.학번 OR R1.학과 = '컴퓨터공학' OR R1.이름 = '홍길동';

참고 파트03-챕터04-섹션03

## 58 뷰(VIEW)에 대한 설명으로 틀린 것은?

① 뷰 위에 또 다른 뷰를 정의할 수 있다.
② 뷰에 대한 조작에서 삽입, 갱신, 삭제 연산은 제약이 따른다.
③ 뷰의 정의는 기본 테이블과 같이 ALTER문을 이용하여 변경한다.
④ 뷰가 정의된 기본 테이블이 제거되면 뷰도 자동적으로 제거된다.

참고 파트03-챕터04-섹션03

## 59 데이터 사전에 대한 설명으로 틀린 것은?

① 시스템 카탈로그 또는 시스템 데이터베이스라고도 한다.
② 시스템 카탈로그는 DBMS가 스스로 생성하고 유지한다.
③ 데이터베이스에 대한 데이터인 슈퍼데이터(Superdata)를 저장하고 있다.
④ 데이터 사전에 있는 데이터에 실제로 접근하는 데 필요한 위치 정보는 데이터 디렉터리(Data Directory)라는 곳에서 관리한다.

참고 파트03-챕터04-섹션03

## 60 데이터베이스의 인덱스와 관련한 설명으로 틀린 것은?

① 문헌의 색인, 사전과 같이 데이터를 쉽고 빠르게 찾을 수 있도록 만든 데이터 구조이다.
② 테이블에 붙여진 색인으로 데이터 검색 시 처리 속도 향상에 도움이 된다.
③ 인덱스의 추가, 삭제 명령어는 각각 ADD, DELETE이다.
④ 대부분의 데이터베이스에서 테이블을 삭제하면 인덱스도 같이 삭제된다.

### 4과목 프로그래밍 언어 활용

참고 파트04-챕터03-섹션03

## 61 다음 파이썬으로 구현되는 프로그램 실행 결과로 옳은 것은?

```
a = [1, 2, 3, 4, 5, 6, 7, 8, 9, 10, 11,
12, 13, 14, 15]
a[3:7:2] = 'd', 'f'
print(a[:8])
```

① [3, 'd', 4, 'f', 5, 6, 7]
② [3, 'd', 'f', 6, 7, 8]
③ [1, 2, 3, 'd', 5, 'f', 7, 8]
④ [1, 2, 3, 'd', 'f', 7, 8, 9]

참고 파트04-챕터04-섹션02

## 62 다음 C 프로그램의 결과값은?

```
#include <stdio.h>
int main()
{
    int n = 3;
    int r = 1;
    int i = 1;
    while(i <= n)
    {
        r *= i;
        i++;
    }
    printf("%d", r);
    return 0;
}
```

① 3
② 6
③ 9
④ 12

참고 파트04-챕터01-섹션01

## 63 다음 C 프로그램의 결과값은?

```
#include <stdio.h>
int main()
{
    int a = 97;
    int b = 'a';
    int c = 3.14;
    printf("%c, %d, %d", a, b, c);
    return 0;
}
```

① 97, a, 3.14
② A, 97, 3
③ a, 97, 3
④ a, 97, 3.14

참고 파트04-챕터01-섹션03

## 64 다음 C 프로그램의 결과값은?

```
#include <stdio.h>
int function(int x, int y)
{
    return x > y ? 10*x*y : 10*x+y;
}
int main()
{
    printf("%d", function(3, 7));
    return 0;
}
```

① 20
② 37
③ 73
④ 210

참고 파트04-챕터02-섹션04

## 65 객체지향 개념에서 다형성(Polymorphism)과 관련한 설명으로 틀린 것은?

① 다형성은 현재 코드를 변경하지 않고 새로운 클래스를 쉽게 추가할 수 있게 한다.
② 다형성이란 여러 가지 형태를 가지고 있다는 의미로, 여러 형태를 받아들일 수 있는 특징을 말한다.
③ 메소드 오버라이딩(Overriding)은 상위 클래스에서 정의한 일반 메소드의 구현을 하위 클래스에서 무시하고 재정의할 수 있다.
④ 메소드 오버로딩(Overloading)의 경우 매개 변수 타입은 동일하지만 메소드명을 다르게 함으로써 구현, 구분할 수 있다.

참고 파트04-챕터05-섹션06

## 66 메모리 관리 기법 중 Worst fit 방법을 사용할 경우 10K 크기의 프로그램 실행을 위해서는 어느 부분에 할당되는가?

| 영역 번호 | 메모리 크기 | 사용 여부 |
|---|---|---|
| NO.1 | 8K | FREE |
| NO.2 | 12K | FREE |
| NO.3 | 10K | IN USE |
| NO.4 | 20K | IN USE |
| NO.5 | 16K | FREE |

① NO.2
② NO.3
③ NO.4
④ NO.5

참고 파트04-챕터06-섹션04

## 67 10.0.0.0 네트워크 전체에서 마스크 255.240.0.0을 사용할 경우 유효한 서브넷 ID는?

① 10.1.16.9
② 10.16.0.0
③ 10.27.32.0
④ 10.0.1.32

참고 파트01-챕터04-섹션03

**68** 다음 중 가장 약한 결합도(Coupling)는?

① Common Coupling
② Content Coupling
③ External Coupling
④ Stamp Coupling

참고 파트03-챕터05-섹션01

**69** 트랜잭션의 상태 중 트랜잭션의 마지막 연산이 실행된 직후의 상태로, 모든 연산의 처리는 끝났지만 트랜잭션이 수행한 최종 결과를 데이터베이스에 반영하지 않은 상태는?

① Active
② Partially Committed
③ Committed
④ Aborted

참고 파트04-챕터06-섹션02

**70** OSI 7계층에서 단말기 사이에 오류 수정과 흐름 제어를 수행하여 신뢰성 있고 명확한 데이터 전송을 하는 계층은?

① 네트워크 계층
② 전송 계층
③ 데이터 링크 계층
④ 표현 계층

참고 파트04-챕터02-섹션01

**71** Java에서 사용되는 출력 함수가 아닌 것은?

① System.out.print( )
② System.out.println( )
③ System.out.printing( )
④ System.out.printf( )

참고 파트04-챕터06-섹션02

**72** 다음 설명에 해당하는 OSI 7계층을 옳게 나열한 것은?

> ㄱ. 네트워크 환경에서 사용자에게 서비스를 제공하는 계층
> ㄴ. 링크의 설정과 유지 및 종료를 담당하며, 노드 간의 오류 제어와 흐름 제어 기능을 수행하는 계층
> ㄷ. 통신망을 통하여 패킷을 목적지까지 전달하는 계층
> ㄹ. 종단 간 신뢰성 있고 효율적인 데이터를 전송하기 위해 오류 검출과 복구, 흐름 제어를 수행하는 계층

① 응용 계층 – 데이터 링크 계층 – 네트워크 계층 – 전송 계층
② 네트워크 계층 – 세션 계층 – 전송 계층 – 응용 계층
③ 응용 계층 – 데이터 링크 계층 – 네트워크 계층 – 전송 계층
④ 물리 계층 – 데이터 링크 계층 – 네트워크 계층 – 표현 계층

참고 파트04-챕터05-섹션07

**73** 페이지 교체 기법 중 시간 오버헤드를 줄이기 위해 각 페이지마다 참조 비트와 변형 비트를 두는 교체 기법은?

① LRU
② FIFO
③ LFU
④ NUR

참고 파트04-챕터06-섹션04

**74** IPv6에 대한 설명으로 틀린 것은?

① 더 많은 IP 주소를 지원할 수 있도록 주소의 크기는 64비트이다.
② 프로토콜의 확장을 허용하도록 설계되었다.
③ 확장 헤더로 이동성을 지원하고, 보안 및 서비스 품질 기능 등이 개선되었다.
④ 유니캐스트, 멀티캐스트, 애니캐스트를 지원한다.

참고 파트04-챕터05-섹션11

**75** 운영체제 분석을 위해 리눅스에서 버전을 확인하고자 할 때 사용되는 명령어는?

① ls
② cat
③ pwd
④ uname

참고 파트04-챕터01-섹션02

**76** C언어의 malloc( ) 함수와 free( ) 함수를 통하여 해제하는 메모리 영역은?

① 스택(Stack)
② 힙(Heap)
③ 버퍼(Buffer)
④ 스풀(Spool)

참고 파트04-챕터02-섹션03

**77** 다음 JAVA 프로그램의 결과값은?

```
public class Test
{
    public static void main(String[]
args) {
        for(int i = 0; i <10; i++) {
            if(i % 5 == 0)
                System.out.print("O");
            else
                System.out.print("X");
        }
    }
}
```

① XXXXOXXXXO
② OXXXXOXXXX
③ XXOXXOXXOX
④ OOOOXOOOOX

참고 파트04-챕터02-섹션02

**78** 다음 파이썬으로 구현되는 프로그램 실행 결과로 옳은 것은?

```
a = [[[0]*2 for y in range(2)] for x in
range(2)]
print(a)
```

① [0, 0], [0, 0], [0, 0], [0, 0]
② [[0, 0], [0, 0]], [[0, 0], [0, 0]]
③ [[[0, 0], [0, 0]], [[0, 0], [0, 0]]]
④ [[[0, 0], [0, 0]]], [[[0, 0], [0, 0]]]

참고 파트04-챕터01-섹션03

**79** C언어에서 자료형의 크기를 구하는 연산자는?

① strlen
② length
③ sizeof
④ type

참고 파트04-챕터05-섹션07

**80** 페이징 기법과 세그먼테이션 기법에 대한 설명으로 가장 옳지 않은 것은?

① 페이징 기법에서는 주소 변환을 위한 페이지 맵 테이블이 필요하다.
② 프로그램을 일정한 크기로 나눈 단위를 페이지라고 한다.
③ 세그먼테이션 기법에서는 하나의 작업을 크기가 각각 다른 여러 논리적인 단위로 나누어 사용한다.
④ 세그먼테이션 기법에서는 내부 단편화가, 페이징 기법에 서는 외부 단편화가 발생할 수 있다.

참고 파트05-챕터01-섹션04

**81** 소프트웨어 비용 추정 모형(estimation models)이 아닌 것은?

① COCOMO
② Putnam
③ Function-Point
④ PERT

참고 파트05-챕터03-섹션05

**82** RSA 암호 시스템의 변형으로 소인수분해를 기반으로 하는 간단하고 빠른 연산속도의 공개키 암호 방식은?

① 엘가말(El Gamal) 암호
② 타원곡선 암호
③ ECC 암호
④ 라빈(Rabin) 암호

참고 파트05-챕터02-섹션02

**83** 사용자가 컴퓨터나 네트워크를 의식하지 않고 장소에 상관없이 언제, 어디서나 네트워크에 접속할 수 있는 환경을 무엇이라 하는가?

① 사물인터넷(IoT)
② 디지털 컨버전스(Digital Convergence)
③ 블루투스(Bluetooth)
④ 유비쿼터스(Ubiquitous)

참고 파트05-챕터02-섹션03

**84** 하둡(Hadoop)과 관계형 데이터베이스 간에 데이터를 전송할 수 있도록 설계된 도구는?

① Apnic
② Topology
③ Sqoop
④ SDB

참고 파트02-챕터02-섹션03

**85** 다음 빈칸 ①~②에 들어갈 알맞은 말로 올바르게 짝지은 것은?

- ( ① ) : 비대칭 암호화 방식으로 이산대수를 활용한 암호화 알고리즘
- ( ② ) : 비대칭 암호화 방식으로 소인수분해를 활용한 암호화 알고리즘

① DSA, RSA
② AES, RSA
③ DEA, AES
④ RSA, DES

참고 파트05-챕터02-섹션01

**86** 기기를 키오스크에 갖다 대면 원하는 데이터를 바로 가져올 수 있는 기술로 10cm 이내 근접 거리에서 기가급 속도로 데이터 전송이 가능한 초고속 근접무선 통신(NFC, Near Field Communication) 기술은?

① BcN(Broadband Convergence Network)
② Zing
③ Marine Navi
④ C-V2X(Cellular Vehicle To Everything)

참고 파트05-챕터02-섹션01

**87** 클라우드 컴퓨팅 유형이 아닌 것은?

① IaaS
② LaaS
③ PaaS
④ SaaS

참고 파트05-챕터05-섹션01

**88** 다음에서 설명하는 IT 기술은?

> - 네트워크를 제어부, 데이터 전달부로 분리하여 네트워크 관리자가 보다 효율적으로 네트워크를 제어, 관리할 수 있는 기술
> - 기존의 라우터, 스위치 등과 같이 하드웨어에 의존하는 네트워크 체계에서 안정성, 속도, 보안 등을 소프트웨어로 제어, 관리하기 위해 개발됨
> - 네트워크 장비의 펌웨어 업그레이드를 통해 사용자의 직접적인 데이터 전송 경로 관리가 가능하고, 기존 네트워크에는 영향을 주지 않으면서 특정 서비스의 전송 경로 수정을 통하여 인터넷상에서 발생하는 문제를 처리할 수 있음

① SDN(Software Defined Networking)
② NFS(Network File System)
③ Network Mapper
④ AOE Network

참고 파트05-챕터04-섹션02

**89** 사전 등록된 모바일 장비를 통해 원격으로 개인 사용자 기기를 등록, 관리, 추적 등을 지원하는 단말기 관리 업무를 처리하는 BYOD(Bring Your Own Device) 환경에서의 주요 보안 강화 기술은?

① NAC
② MDM
③ MAM
④ ESM

참고 파트02-챕터02-섹션03

**90** IP 또는 ICMP의 특성을 악용하여 특정 사이트에 집중적으로 데이터를 보내 네트워크 또는 시스템의 상태를 불능으로 만드는 공격 방법은?

① TearDrop
② Smishing
③ Qshing
④ Smurfing

참고 파트02-챕터02-섹션03

**91** SSL을 기반으로 만들어진 네트워크를 통해 보안 서비스를 제공하는 기술의 전송 계층 보안 프로토콜은?

① TLS
② IPSec
③ SET
④ Kerberos

참고 파트05-챕터02-섹션01

**92** 기존 무선 랜의 한계 극복을 위해 등장하였으며, 대규모 디바이스의 네트워크 생성에 최적화되어 차세대 이동통신, 홈네트워킹, 공공 안전 등의 특수목적을 위한 새로운 방식의 네트워크 기술을 의미하는 것은?

① Software Defined Perimeter
② Virtual Private Network
③ Local Area Network
④ Mesh Network

참고 파트01-챕터01-섹션03

**93** 나선형(Spiral) 모형의 주요 태스크에 해당하지 않는 것은?

① 버전 관리
② 위험 분석
③ 개발
④ 평가

참고 파트05-챕터01-섹션05

**94** CMMI의 성숙도 레벨이 아닌 것은?

① 관리(Managed) 단계
② 정의(Defined) 단계
③ 최적화(Optimizing) 단계
④ 시작(Start) 단계

참고 파트05-챕터02-섹션03

## 95 다음이 설명하는 IT 기술은?

- 컨테이너 응용 프로그램의 배포를 자동화하는 오픈
소스 엔진이다.
- 소프트웨어 컨테이너 안에 응용 프로그램들을 배치
시키는 일을 자동화해 주는 오픈소스 프로젝트이자
소프트웨어로 볼 수 있다.

① StackGuard
② Docker
③ Cipher Container
④ Scytale

참고 파트05-챕터03-섹션05

## 96 Something You Have가 아닌 것은?

① IC 카드
② 마그네틱 카드
③ 지문
④ OTP

참고 파트05-챕터04-섹션01

## 97 시스템이 몇 대가 되어도 하나의 시스템에서 인증에 성공하면 다른 시스템에 대한 접근권한도 얻는 시스템을 의미하는 것은?

① SOS
② SBO
③ SSO
④ SOA

참고 파트05-챕터01-섹션04

## 98 Cocomo model 중 기관 내부에서 개발된 중소규모의 소프트웨어로 일괄 자료 처리나 과학기술 계산용, 비즈니스 자료 처리용으로 5만 라인 이하의 소프트웨어를 개발하는 유형은?

① Embedded
② Organic
③ Semi-detached
④ Semi-embeded

참고 파트01-챕터03-섹션01

## 99 다음 내용이 설명하는 사용자 요구사항 분석과 관련된 용어는?

- 어떤 제품 혹은 서비스를 사용할 만한 목표 집단 내
의 다양한 사용자의 유형을 대표하는 가상의 인물
이다.
- 마케팅, 디자인, 판매 등 다양한 개발 조건 간의 사용
자를 위한 상호 소통의 도구로 이용되며, 사용자 중
심의 UI를 만들기 위해서 사용자를 분류하고 정의해
야 한다.

① 유즈케이스(Usecase)
② 페이퍼 프로토타입(Paper Prototype)
③ 페르소나(Persona)
④ 감성 공학(Sensibility Engineering)

참고 파트05-챕터05-섹션01

## 100 어떤 외부 컴퓨터가 접속되면 접속 인가 여부를 점검해서 인가된 경우에는 접속이 허용되고, 그 반대의 경우에는 거부할 수 있는 접근 제어 유틸리티는?

① tcp wrapper
② trace checker
③ token finder
④ change detector

**빠른 정답 확인 QR**
스마트폰으로 QR을 찍으면 정답표가 오픈됩니다.
기출문제를 편리하게 채점할 수 있습니다.

---

**1과목  소프트웨어 설계**

참고 파트01-챕터02-섹션03

**01** 정형 기술 검토(FTR)의 지침 사항으로 가장 옳지 않은 것은?

① 제품의 검토에만 집중한다.
② 문제 영역을 명확히 표현한다.
③ 참가자의 수를 제한한다.
④ 논쟁이나 반박을 허용한다.

참고 파트01-챕터02-섹션04

**02** UML의 기본 구성요소 중에서 사물(Things)과 가장 관련성이 높은 것은?

① 클래스  ② 객체
③ 패키지  ④ 다이어그램

참고 파트05-챕터01-섹션02

**03** 간트 차트(Gantt Chart) 작성 시 고려 사항이 아닌 것은?

① 작업의 순서  ② 작업의 기간
③ 작업의 종속성  ④ 작업에 필요한 자원

참고 파트01-챕터05-섹션02

**04** 다음 내용이 설명하는 객체지향 설계 원칙은?

> – 클래스를 여러 개로 분리한다. 클래스의 책임이 너무 많다면 해당 클래스를 여러 개로 분리하여 각 클래스에 하나의 책임만을 부여한다.
> – 클래스에서 수행하는 기능을 분리하고, 클래스가 하나의 책임을 수행하기 위해 여러 개의 기능을 수행한다면 해당 기능을 다른 클래스로 분리한다.

① 인터페이스 분리 원칙
② 단일 책임 원칙
③ 개방 폐쇄의 원칙
④ 리스코프 교체의 원칙

참고 파트01-챕터03-섹션02

**05** UI의 설계 지침으로 틀린 것은?

① 이해하기 편하고 쉽게 사용할 수 있는 환경을 제공해야 한다.
② 주요 기능을 메인 화면에 노출하여 조작이 쉽도록 해야 한다.
③ 치명적인 오류에 대한 부정적인 사항은 사용자가 인지할 수 없도록 한다.
④ 사용자의 직무, 연령, 성별 등 다양한 계층을 수용하여야 한다.

참고 파트02-챕터02-섹션01

**06** EAI(Enterprise Application Integration)의 구성요소가 아닌 것은?

① Application Adapter
② Message Hub
③ Workflow
④ SOA

참고 파트01-챕터05-섹션01

**07** 객체지향 개념 중 데이터와 데이터를 처리하는 함수를 캡슐화한 하나의 모듈을 의미하는 것은?

① Class  ② Package
③ Object  ④ Message

참고 파트01-챕터04-섹션02

**08** DFD(Data Flow Diagram)에 대한 설명으로 거리가 먼 것은?

① 자료 흐름 그래프 또는 버블(Bubble) 차트라고도 한다.
② 구조적 분석 기법에 이용된다.
③ 시간 흐름을 명확하게 표현할 수 있다.
④ DFD의 요소는 화살표, 원, 사각형, 직선(단선/이중선)으로 표시한다.

참고 파트01-챕터05-섹션01

**09** 다음 중 추상화(Abstraction) 방법이 아닌 것은?

① 제어 추상화　　② 기능 추상화
③ 데이터 추상화　④ 구조 추상화

참고 파트01-챕터06-섹션01

**10** 요구사항 분석에서 비기능적(Nonfunctional) 요구에 대한 설명으로 옳은 것은?

① 시스템의 처리량(Throughput), 반응 시간 등의 성능 요구나 품질 요구는 비기능적 요구에 해당하지 않는다.
② '차량 대여 시스템이 제공하는 모든 화면이 3초 이내에 사용자에게 보여야 한다'는 비기능적 요구이다.
③ 시스템 구축과 관련된 안전, 보안에 대한 요구사항들은 비기능적 요구에 해당하지 않는다.
④ '금융 시스템은 조회, 인출, 입금, 송금의 기능이 있어야 한다'는 비기능적 요구이다.

참고 파트01-챕터02-섹션05

**11** UML 다이어그램 중 시스템 내 업무 처리 과정이나 연산이 수행되는 과정을 나타내는 것은?

① Activity Diagram
② Model Diagram
③ State Diagram
④ Class Diagram

참고 파트01-챕터04-섹션06

**12** 소프트웨어 아키텍처 모델 중 MVC(Model-View-Controller)와 관련한 설명으로 틀린 것은?

① MVC 모델은 사용자 인터페이스를 담당하는 계층의 응집도를 높일 수 있고, 여러 개의 다른 UI를 만들어 그 사이의 결합도를 낮출 수 있다.
② 모델(Model)은 애플리케이션이 "무엇"을 할 것인지를 정의하는 부분으로, 내부 비즈니스 로직을 처리하기 위한 역할을 할 것이다.
③ 뷰(View)는 모델(Model)과 제어(Controller)가 각각 무엇을 해야 할지를 알고 있어야 한다.
④ 제어(Controller)는 모델(Model)에 명령을 보냄으로써 모델의 상태를 변경할 수 있다.

참고 파트02-챕터01-섹션01

**13** 개발 환경 구성을 위한 빌드(Build) 도구에 해당하지 않는 것은?

① Ant　　　② Selenium
③ Maven　④ Gradle

참고 파트05-챕터01-섹션01

**14** 나선형(Spiral) 모형에 대한 설명으로 옳지 않은 것은?

① 대규모 시스템의 소프트웨어 개발에 적합하다.
② 실제 개발될 소프트웨어에 대한 시제품을 만들어 최종 결과물을 예측한다.
③ 위험성 평가에 크게 의존하기 때문에 이를 발견하지 않으면 문제가 발생할 수 있다.
④ 여러 번의 개발 과정을 거쳐 점진적으로 완벽한 소프트웨어를 개발한다.

참고 파트01-챕터05-섹션04

**15** GoF(Gang of Four) 디자인 패턴과 관련한 설명으로 틀린 것은?

① 디자인 패턴을 목적(Purpose)으로 분류할 때 생성, 구조, 행위로 분류할 수 있다.
② Bridge Pattern은 기존에 구현되어 있는 클래스에 기능 발생 시 기존 클래스를 재사용할 수 있도록 중간에서 맞춰주는 역할을 한다.
③ Behavioral Pattern은 클래스나 객체들이 상호 작용하는 방법과 책임을 분산하는 방법을 정의한다.
④ Factory Method Pattern은 상위 클래스에서 객체를 생성하는 인터페이스를 정의하고, 하위 클래스에서 인스턴스를 생성하도록 하는 방식이다.

참고 파트01-챕터02-섹션04

**16** 럼바우의 객체지향 분석 기법에서 자료 흐름도를 이용하여 여러 프로세스 간의 자료 흐름을 기술하는 모델링은?

① Dynamic Modeling
② Object Modeling
③ Functional Modeling
④ Static Modeling

참고 파트01-챕터01-섹션03

**17** 애자일(Agile) 프로세스 모델에 대한 설명으로 틀린 것은?

① 변화에 대한 대응보다는 자세한 계획을 중심으로 소프트웨어를 개발한다.
② 날렵한, 재빠른 이란 사전적 의미와 같이 소프트웨어 개발 중 설계 변경에 신속히 대응하여 요구사항을 수용할 수 있다.
③ 협상과 계약보다는 고객과의 협력을 중시한다.
④ 종류에는 익스트림 프로그래밍(eXtreme Programming), 스크럼(SCRUM), 린(Lean), DSDM, FDD, Crystal 등이 있다.

참고 파트05-챕터01-섹션04

**18** COCOMO(Constructive Cost Model) 모형에 대한 설명으로 옳지 않은 것은?

① 산정 결과는 프로젝트를 완성하는데 필요한 man-month로 나타난다.
② 보헴(Boehm)이 제안한 것으로 원시 코드 라인 수에 의한 비용 산정 기법이다.
③ 비용견적의 유연성이 높아 소프트웨어 개발비 견적에 널리 통용되고 있다.
④ 프로젝트 개발 유형에 따라 Object, Dynamic, Function의 3가지 모드로 구분한다.

참고 파트01-챕터05-섹션01

**19** 객체지향 기법에서 데이터와 데이터를 조작하는 연산을 하나로 묶어 하나의 모듈 내에서 결합 되도록 하는 것은?

① 객체
② 캡슐화
③ 다형성
④ 추상화

참고 파트02-챕터04-섹션06

**20** 서로 다른 모듈들이 연결되거나 인터페이스를 통해 통신하는 경우, 이러한 상호 작용이 예상대로 이루어지는지 확인하며 모듈 간의 호환성과 통합 과정에서 발생할 수 있는 문제를 찾는 것이 목적인 테스트는?

① 통합 테스트(Integration Test)
② 단위 테스트(Unit Test)
③ 시스템 테스트(System Test)
④ 인수 테스트(Acceptance Test)

## 2과목 소프트웨어 개발

참고 파트02-챕터04-섹션01

**21** 다음 설명의 소프트웨어 테스트의 기본원칙은?

> – 테스트를 통해 결함이 발견되지 않았다고 해서 소프트웨어에 결함이 없다고 확신할 수 없다.
> – 테스트는 결함을 발견하는 활동일 뿐, 결함이 없음을 보장하는 활동은 아니다.

① 살충제 패러독스
② 결함 집중
③ 오류 부재의 궤변
④ 완벽한 테스팅은 불가능

참고 파트02-챕터03-섹션04

**22** ISO/IEC 9126의 소프트웨어 품질 특성 중 기능성(Functionlity)의 하위 특성으로 옳지 않은 것은?

① 적응성
② 적합성
③ 정확성
④ 보안

참고 파트02-챕터05-섹션02

**23** 알고리즘 시간 복잡도 O(n)이 의미하는 것은?

① 컴퓨터 처리가 불가능하다.
② 알고리즘 입력 데이터 수가 한 개다.
③ 선형으로, 문제를 해결하기 위한 단계의 수와 입력값 n이 1:1 관계를 갖는다.
④ 알고리즘 길이가 입력 데이터보다 작다.

참고 파트02-챕터02-섹션01

**24** 인터페이스 간의 통신을 위해 이용되는 데이터 포맷
이 아닌 것은?

① ZHTML      ② CSV
③ XML      ④ REST

참고 파트01-챕터04-섹션04

**25** 프로그램 설계도의 하나인 NS Chart에 대한 설명으
로 가장 거리가 먼 것은?

① 논리의 기술에 중점을 두고 도형을 이용한 표현
방법이다.
② 조건이 복합되어있는 곳의 처리를 시각적으로
명확히 식별하는 데 적합하다.
③ 블록 다이어그램이라고도 한다.
④ 연속, 선택, 반복 등의 제어 논리 구조를 표현한
다.

참고 파트02-챕터06-섹션03

**26** 1964년 J. W. J. 윌리엄스에 의해 발명되었으며, n
개의 노드에 대한 완전 이진 트리를 루트 노드부터
부모 노드, 왼쪽 자식 노드, 오른쪽 자식 노드 순으로
구성하는 정렬은?

① 삽입 정렬
② 병합 정렬
③ 버블 정렬
④ 힙 정렬

참고 파트02-챕터05-섹션02

**27** 제어 흐름 그래프가 다음과 같을 때 McCabe의
Cyclomatic 수는 얼마인가?

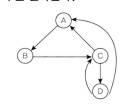

① 3      ② 4
③ 5      ④ 6

참고 파트05-챕터01-섹션04

**28** 소프트웨어 품질 관련 국제 표준인 ISO/IEC 25000
에 관한 설명으로 옳지 않은 것은?

① 소프트웨어 품질 평가를 위한 소프트웨어 품질
평가 통합모델 표준이다.
② System and Software Quality Require-
ments and Evaluation으로 줄여서 SQuaRE
라고도 한다.
③ 기존 소프트웨어 품질 평가 모델과 소프트웨어
평가 절차 모델인 ISO/IEC 9126과 ISO/IEC
14598을 통합하였다.
④ 2501n(9126-2, 품질 모형)은 매트릭을 통한 측
정 방법을 제시한다.

참고 파트02-챕터06-섹션02

**29** 다음 트리의 전위 순회 결과는?

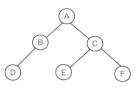

① A B D C E F      ② D B A E C F
③ A B C D E F      ④ D B E F C A

참고 파트02-챕터06-섹션03

**30** 정렬된 n개의 데이터를 처리하는 데 평균 $O(n^2)$의
시간이 소요되는 정렬 알고리즘은?

① 힙 정렬      ② 버블 정렬
③ 병합 정렬      ④ 퀵 정렬

참고 파트05-챕터01-섹션01

**31** 프로젝트의 작업을 계층적으로 분해하고 구조화한
것으로 프로젝트 관리자는 작업의 세부 항목을 파악
하고, 프로젝트 일정과 예산을 관리할 수 있는 도구
는?

① Critical Path Method
② Risk Analysis
③ Work Breakdown Structure
④ Waterfall Model

참고 파트02-챕터01-섹션01

**32** IDE(Integrated Development Environment) 도구의 각 기능에 대한 설명으로 틀린 것은?

① Coding : 프로그래밍 언어를 가지고 컴퓨터 프로그램을 작성할 수 있는 환경을 제공
② Compile : 문법에 어긋나는지 확인하고 기계어로 변환하는 기능 제공
③ Debugging : 프로그램에서 발견되는 버그를 찾아 수정할 수 있는 기능 제공
④ Deployment : 저급 언어의 프로그램을 고급 언어 프로그램으로 변환하는 기능 제공

참고 파트02-챕터01-섹션02

**33** 소프트웨어 형상 관리(Configuration Management)에 대한 설명으로 가장 타당한 것은?

① 개발 인력을 관리하는 것
② 개발 과정의 변경 사항을 관리하는 것
③ 개발 일정을 관리하는 것
④ 테스트 과정에서 소프트웨어를 통합하는 것

참고 파트02-챕터06-섹션01

**34** 선형 자료 구조에 해당하지 않는 것은?

① 해시          ② 스택
③ 큐            ④ 데크

참고 파트02-챕터04-섹션06

**35** 테스트 드라이버(Test Driver)에 대한 설명으로 틀린 것은?

① 시험대상 모듈을 호출하는 간이 소프트웨어이다.
② 필요에 따라 매개 변수를 전달하고 모듈을 수행한 후의 결과를 보여줄 수 있다.
③ 하향식 통합 테스트에서 사용된다.
④ 테스트 대상 모듈이 호출하는 상위 모듈의 역할을 한다.

참고 파트02-챕터04-섹션05

**36** 다음이 설명하는 테스트 관련 용어는?

> – 주어진 테스트 케이스에 의해 수행되는 소프트웨어의 테스트 범위를 측정하는 테스트 품질 측정 기준이다.
> – 테스트의 정확성과 신뢰성을 향상시키는 역할을 수행한다.

① 테스트 커버리지        ② 테스트 시나리오
③ 테스트 드라이버        ④ 테스트 스텁

참고 파트02-챕터06-섹션03

**37** 다음 자료에 대하여 삽입(Insertion) 정렬 기법을 사용하여 오름차순으로 정렬하고자 한다. 1회전 후의 결과는?

> 5, 4, 3, 2, 1

① 4, 3, 2, 1, 5
② 3, 4, 5, 2, 1
③ 4, 5, 3, 2, 1
④ 1, 2, 3, 4, 5

참고 파트02-챕터06-섹션05

**38** 파일 편성 방법 중 순차 파일 편성 방법의 특징이 아닌 것은?

① 집계용 파일이나 단순한 마스터 파일 등이 대표적인 응용 파일이다.
② 기본키 값에 따라 순차적으로 배열되어 있다.
③ 파일 내 레코드 추가, 삭제 시 파일 전체를 복사할 필요가 없다.
④ 기억 공간의 활용률이 높다.

참고 파트02-챕터04-섹션03

**39** 다음 중 확인 시험(Validation Test)과 거리가 먼 것은?

① 알파(Alpha) 테스트
② 베타(Beta) 테스트
③ 블랙박스(Black-Box) 테스트
④ 화이트박스(White-Box) 테스트

참고 파트01-챕터04-섹션03

**40** 응집력이 강한 것부터 약한 순서로 옳게 나열된 것은?

① Sequential → Functional → Procedural → Coincidental → Logical
② Procedural → Coincidental → Functional → Sequential → Logical
③ Functional → Sequential → Procedural → Logical → Coincidental
④ Logical → Coincidental → Functional → Sequential → Procedural

**3과목  데이터베이스 구축**

참고 파트03-챕터04-섹션01

**41** 관계 해석에서 'There Exists : 존재 정량자'의 의미를 나타내는 논리 기호는?

① ∃                    ② ∈
③ ∀                    ④ U

참고 파트03-챕터02-섹션04

**42** 다음은 관계형 데이터베이스의 키(Key)를 설명하고 있다. 해당되는 키는?

– 모든 튜플을 유일하게 식별할 수 있는 하나 또는 몇 개의 속성 집합을 의미한다.
– 유일성과 최소성 모두 만족한다.

① 후보키                ② 대체키
③ 슈퍼키                ④ 외래키

참고 파트03-챕터04-섹션04

**43** SQL에서 각 기능에 대한 내장 집계 함수(Aggregate Function)의 연결이 옳지 않은 것은?

① 열에 있는 값들의 개수 – COUNT
② 열에 있는 값들의 평균 – AVG
③ 열에 있는 값들의 합 – TOT
④ 열에서 가장 큰 값 – MAX

참고 파트03-챕터04-섹션01

**44** 관계 해석에 대한 설명으로 옳지 않은 것은?

① 수학의 프레디킷 해석에 기반을 두고 있다.
② 관계 데이터 모델의 제안자인 코드(Code)가 관계 데이터베이스에 적용할 수 있도록 설계하여 제안하였다.
③ 튜플 관계 해석과 도메인 관계 해석이 있다.
④ 원하는 정보와 그 정보를 어떻게 유도하는가를 기술하는 절차적 특성을 가진다.

참고 파트03-챕터04-섹션04

**45** SELECT문에 대한 설명으로 틀린 것은?

① DML에 해당하는 SQL 명령문이다.
② SELECT 절에 * 기호를 사용하면, 해당 테이블의 모든 열을 선택한다.
③ WHERE 절은 필수 구문이다.
④ 열의 값을 한 번만 선택할 때는 DISTINCT를 사용한다.

참고 파트03-챕터03-섹션03

**46** 데이터베이스 분할(Partitioning)의 종류가 아닌 것은?

① Range Partition
② List Partition
③ Hash Partition
④ Relation Partition

참고 파트03-챕터04-섹션03

**47** 다음과 같은 일련의 권한 부여 SQL 명령에 대한 설명 중 부적합한 것은?

DBA) GRANT SELECT ON STUDENT TO U1 WITH GRANT OPTION;
U1) GRANT SELECT ON STUDENT TO U2;
DBA) REVOKE SELECT ON STUDENT FROM U1 CASCADE;

① U1은 STUDENT에 대한 검색 권한이 없다.
② DBA는 STUDENT에 대한 검색 권한이 있다.
③ U2는 STUDENT에 대한 검색 권한이 있다.
④ U2는 STUDENT에 대한 검색 권한을 다른 사용자에게 부여할 수 없다.

참고 파트03-챕터04-섹션03

**48** 시스템 자신이 필요로 하는 여러 가지 객체에 관한 정보를 포함하고 있는 시스템 데이터베이스로서, 포함하고 있는 객체로는 테이블, 데이터베이스, 뷰, 접근 권한 등이 있는 것은?

① 스키마(Schema)
② 시스템 카탈로그(System Catalog)
③ 관계(Relation)
④ 도메인(Domain)

참고 파트03-챕터01-섹션05

**49** 3단계 데이터베이스 구조(3-Level Database Architecture)에서 공용의 의미보다는 어느 개인이나 특정 응용에 한정된 논리적 데이터 구조이며 데이터베이스의 개별 사용자나 응용 프로그래머가 접근하는 데이터베이스를 정의한 것은?

① 관계 스키마　　② 개념 스키마
③ 외부 스키마　　④ 내부 스키마

참고 파트03-챕터05-섹션01

**50** 데이터베이스에서 하나의 논리적 기능을 수행하기 위한 작업의 단위 또는 한꺼번에 모두 수행되어야 할 일련의 연산을 의미하는 것은?

① COLLISION
② BUCKET
③ SYNONYM
④ TRANSACTION

참고 파트03-챕터02-섹션03

**51** 릴레이션의 특징으로 옳지 않은 것은?

① 한 릴레이션에 포함된 튜플 사이에는 순서가 없다.
② 속성의 값은 물리적으로 더 이상 쪼갤 수 없는 원자값이다.
③ 한 릴레이션에 포함된 튜플들은 모두 상이하다.
④ 한 릴레이션을 구성하는 속성들 사이의 순서는 큰 의미가 없다.

참고 파트03-챕터05-섹션02

**52** 여러 사용자 또는 프로세스가 동시에 데이터베이스에 접근할 때 일관성을 유지하고 충돌을 방지하기 위한 제어 메커니즘을 의미하는 용어는?

① Concurrency Control
② Backup
③ Normalization
④ Transaction

참고 파트03-챕터02-섹션04

**53** 외래키에 대한 설명으로 옳지 않은 것은?

① 외래키는 현실 세계에 존재하는 개체 타입 간의 관계를 표현하는데 중요한 역할을 수행한다.
② 외래키로 지정되면 참조 릴레이션의 기본키에 없는 값은 입력할 수 없다.
③ 외래키를 포함하는 릴레이션이 참조 릴레이션이 되고, 대응되는 기본키를 포함하는 릴레이션이 참조하는 릴레이션이 된다.
④ 참조 무결성 제약조건과 밀접한 관계를 가진다.

참고 파트03-챕터04-섹션04

**54** SQL의 명령은 사용 용도에 따라 DDL, DML, DCL로 구분할 수 있다. DML에 해당하는 것으로만 나열된 것은?

| ㉠ UPDATE | ㉡ SELECT |
|---|---|
| ㉢ INSERT | ㉣ GRANT |
| ㉤ ALTER | ㉥ DROP |

① ㉠, ㉡, ㉢
② ㉠, ㉣, ㉥
③ ㉢, ㉣, ㉤
④ ㉠, ㉡, ㉢, ㉥

참고 파트03-챕터04-섹션04

**55** 다음 질의에 대한 SQL문은?

> 「프로젝트 번호(PNO)가 1, 2, 3에서 일하는 사원의 주민
> 등록번호(JUNO)를 검색하라.」
> (단, 사원 테이블(WORKS)은 프로젝트 번호(PNO), 주민
> 등록번호(JUNO) 필드로 구성된다.)

① SELECT WORKS FROM JUNO WHERE
  PNO IN 1, 2, 3;
② SELECT WORKS FROM JUNO WHERE
  PNO ON 1, 2, 3;
③ SELECT JUNO FROM WORKS WHERE
  PNO IN (1, 2, 3);
④ SELECT JUNO FROM WORKS WHERE
  PNO ON (1, 2, 3);

참고 파트03-챕터05-섹션01

**56** 트랜잭션이 부분 완료(Partial Commit) 상태에 도달
하였다가 실패(Fail) 상태로 가는 경우에 해당하는 것
은?

① 사용자의 인터럽트
② 교착상태(Deadlock) 발생
③ 트랜잭션 프로그램의 논리 오류
④ 디스크 출력 도중의 하드웨어 장애

참고 파트03-챕터04-섹션05

**57** 다음 SQL문의 빈칸에 들어갈 내용은?

> update 직원 (　　) 급여 = 급여 * 1.1
> (　　) 급여 <= 100000 or 입사일 < 20230101;

① into, where
② set, where
③ set, having
④ set, order by

참고 파트03-챕터04-섹션03

**58** 뷰에 대한 설명으로 옳지 않은 것은?

① 뷰는 삽입, 삭제, 갱신 연산에 제약사항이 따른
  다.
② 뷰는 데이터 접근 제어로 보안을 제공한다.
③ 뷰는 일반 사용자가 수정할 수 있다.
④ 뷰는 데이터의 논리적 독립성을 제공한다.

참고 파트03-챕터03-섹션02

**59** 제2정규형(2NF)에서 제3정규형(3NF)이 되기 위한
조건은?

① 이행적 함수 종속 제거
② 부분적 함수 종속 제거
③ 다치 종속 제거
④ 조인 종속 제거

참고 파트04-챕터05-섹션10

**60** 분산 시스템에 대한 설명으로 거리가 먼 것은?

① 다수의 사용자들이 데이터를 공유할 수 있다.
② 다수의 사용자들 간에 통신이 용이하다.
③ 귀중한 장치들이 다수의 사용자들에 의해 공유
  될 수 있다.
④ 집중형(Centralized) 시스템에 비해 소프트웨
  어의 개발이 용이하다.

**4과목 프로그래밍 언어 활용**

참고 파트04-챕터01-섹션02

**61** 다음과 같이 C언어의 외부 헤더 파일을 현재 파일에
포함시킬 때 사용하는 선행 처리 지시자는?

> ＿＿＿＿＿＿＿＿＿ <stdio.h>

① #define
② #import
③ #include
④ #error

참고 파트04-챕터04-섹션02

## 62 다음 C 프로그램의 결과값은?

```c
#include <stdio.h>
int main()
{
    int d = 55;
    int r = 0, q = 0;
    r = d;
    while(r >= 4) {
        r = r - 4;
        q++;
    }
    printf("%d 그리고 ", q);
    printf("%d", r);

    return 0;
}
```

① 13 그리고 0  ② 13 그리고 3
③ 0 그리고 13  ④ 3 그리고 13

참고 파트04-챕터01-섹션06

## 63 다음 C 프로그램의 결과값은?

```c
#include <stdio.h>
struct data
{
    int a;
    int c[10];
};
int main()
{
    struct data d;
    int i;
    for(i = 0; i < 10; i++)
    {
        d.c[i] = i * 2;
    }
    for(i = 0; i < 10; i += 2)
    {
        d.a += d.c[i];
    }
    printf("%d", d.a);
    return 0;
}
```

① 20  ② 30
③ 40  ④ 60

참고 파트04-챕터01-섹션03

## 64 다음 C 프로그램의 밑줄 친 부분(!x || !y)과 동일한 결과값을 출력하는 명령은?

```c
#include <stdio.h>
int main()
{
    int x, y;
    for(x = 0; x < 2; x++)
    {
        for(y = 0; y < 2; y++)
        {
            printf("%d", !x || !y);
        }
    }
    return 0;
}
```

① !(x && y)  ② !(x || y)
③ !x || y  ④ !x && y

참고 파트04-챕터02-섹션01

## 65 다음 Java 연산의 결과로 옳은 것은?

```
a << n
```

① $a \times n$이다.
② $a \div n$이다.
③ $a \times 2^n$이다.
④ $a \div 2^n$이다.

참고 파트04-챕터06-섹션02

## 66 TCP 프로토콜에 대한 설명으로 틀린 것은?

① 전송 계층 서비스를 제공한다.
② 전이중 서비스를 제공한다.
③ 비연결형 프로토콜이다.
④ 에러 제어 프로토콜이다.

참고 파트04-챕터06-섹션04

**67** 192.168.1.0/24 네트워크를 FLSM 방식을 이용하여 3개의 Subnet으로 나누고 IP Subnet-Zero를 적용했다. 이때 서브네팅 된 네트워크 중 2번째 네트워크의 Broadcast IP 주소는?

① 192.168.1.127
② 192.168.245.128
③ 192.168.1.191
④ 192.168.1.192

참고 파트04-챕터04-섹션02

**68** C언어의 Break 명령문에 대한 설명으로 옳은 것은?

① C언어에서 반복처리를 위한 명령문이다.
② switch ~ case 구문에서는 break 명령문을 생략하여도 동일한 결과를 얻을 수 있다.
③ continue 명령문과 함께 조건 분기 명령문에 해당한다.
④ 가장 가까운 블록을 탈출한다.

참고 파트04-챕터05-섹션05

**69** HRN 방식으로 스케줄링할 경우, 입력된 작업이 다음과 같을 때 처리되는 작업 순서로 옳은 것은?

| 작업 | 대기 시간 | 실행 시간 |
|---|---|---|
| A | 5 | 10 |
| B | 10 | 15 |
| C | 10 | 30 |
| D | 20 | 5 |

① A → B → C → D
② A → C → B → D
③ D → B → A → C
④ D → A → B → C

참고 파트04-챕터06-섹션04

**70** 다음 중 A클래스의 IP 주소는?

① 229.6.8.4
② 120.80.158.57
③ 210.150.165.140
④ 192.132.124.65

참고 파트04-챕터06-섹션03

**71** ICMP(Internet Control Message Protocol)에 관한 설명으로 틀린 것은?

① IP 프로토콜에서는 오류 보고와 수정을 위한 메커니즘이 없기 때문에 이를 보완하기 위해 설계되었다.
② ICMP는 네트워크 계층 프로토콜이다.
③ ICMP 메시지는 하위 계층으로 가기 전에 IP 프로토콜의 데이터그램으로 캡슐화된다.
④ ICMP 메시지는 4바이트의 헤더와 고정 길이의 데이터 영역으로 나뉜다.

참고 파트04-챕터05-섹션11

**72** 주어진 명령어를 실행하는데 새로운 프로세스를 생성하지 않고, 쉘 프로세스를 대체하는 유닉스 명령어는?

① exit()
② fork()
③ exec()
④ wait()

참고 파트04-챕터05-섹션07

**73** 다음 중 페이지 교체(Page Replacement) 알고리즘이 아닌 것은?

① LFU(Least Frequently Used)
② SSTF(Shortest Seek Time First)
③ Optimal
④ LRU(Least Recently Used)

참고 파트03-챕터05-섹션02

**74** 병행 제어에 영향을 주는 요소로 한 번에 로크(Lock)되어야 할 데이터의 크기를 로킹 단위(Locking Granularity)라고 한다. 이 단위가 클 경우에 대한 설명으로 옳지 않은 것은?

① 병행성 수준이 높아진다.
② 병행제어 기법이 간단하다.
③ 로크의 수가 적어진다.
④ 극단적인 경우 순차 처리하는 것과 같다.

참고 파트04-챕터06-섹션01

**75** 다음 중 한 네트워크에서 다른 네트워크로 들어가는 입구 역할을 하는 장치로, 근거리 통신망(LAN)과 같은 하나의 네트워크를 다른 네트워크와 연결할 때 사용되는 장치는?

① 게이트웨이      ② 라우터
③ 리피터      ④ 브리지

참고 파트04-챕터03-섹션01

**76** 파이썬의 변수명으로 사용 불가능한 것은?

① student      ② kor total
③ int_var      ④ Name

참고 파트04-챕터02-섹션03

**77** 다음 Java 프로그램의 결과값은?

```java
class TestClass {
    void exe(int[] arr) {
        System.out.println(func(func(5,
5), 5, func(arr)));
    }
    int func(int a, int b) {
        return a + b;
    }
    int func(int a, int b, int c) {
        return a - b;
    }
    int func(int[] c) {
        int s = 0;
         for(int i = 0; i < c.length;
i++) {
            s += c[i];
        }
        return s;
    }
}
public class Test {
    public static void main(String[]
args) {
        int[] a = {1, 2, 3, 4, 5};
        TestClass t = new TestClass();
        t.exe(a);
    }
}
```

① 5      ② 10
③ 15      ④ 20

참고 파트04-챕터03-섹션04

**78** 다음은 n각형을 그리는 파이썬 함수이다. 빈칸 ( ㄱ )에 가장 적절한 명령은?

```python
import turtle
n = int(input("몇 각형을 그리시겠습니
까?"))

if n < 3:
    print("3 이상의 n 값 입력")
else:
    t = turtle.Turtle()

    def ngak(distance, n):
        angle = ( ㄱ )

        for i in range(n):
            t.forward(distance)
            t.left(angle)

    ngak(100, n)
    turtle.done()
```

① 180 % n      ② 180 // n
③ 360 % n      ④ 360 // n

참고 파트04-챕터03-섹션04

**79** C언어의 지역 변수(Local Variable)에 관한 설명으로 틀린 것은?

① 지역 변수는 블록 내부에 선언된 변수이다.
② 지역 변수는 블록 안팎에서 유효하다.
③ 지역 변수는 스택(Stack) 영역에 저장된다.
④ 지역 변수는 초기화하지 않으면 쓰레기 값으로 대입된다.

참고 파트04-챕터05-섹션04

**80** 다음은 교착상태 발생 조건 중 어떤 조건을 제거하기 위한 것인가?

> – 프로세스가 수행되기 전에 필요한 모든 자원을 할당시켜준다.
> – 자원이 점유되지 않은 상태에서만 자원을 요구하도록 한다.

① Multi-Exclusion      ② Hold and Wait
③ Non-preemption      ④ Circular Wait

참고 파트05-챕터05-섹션01

**81** DDoS 공격과 연관이 있는 공격 방법은?

① Secure Shell
② TCP SYN Flooding
③ Nimda
④ Deadlock

참고 파트05-챕터05-섹션01

**82** 송신자가 생성한 메시지를 가로챈 공격자가 그 메시지를 다시 송신자에게 재전송하여 접근 권한을 얻는 형태의 공격 방법은?

① Worm
② Rogue Ware
③ Adware
④ Reflection Attack

참고 파트05-챕터03-섹션03

**83** Secure 코딩에서 입력 데이터의 보안 약점과 관련한 설명으로 틀린 것은?

① SQL 삽입 : 사용자의 입력값 등 외부 입력값이 SQL 쿼리에 삽입되어 공격
② 크로스사이트 스크립트 : 검증되지 않은 외부 입력값에 의해 브라우저에서 악의적인 코드가 실행
③ 운영체제 명령어 삽입 : 운영체제 명령어 파라미터 입력값이 적절한 사전 검증을 거치지 않고 사용되어 공격자가 운영체제 명령어를 조작
④ 자원 삽입 : 사용자가 내부 입력값을 통해 시스템 내에 사용이 불가능한 자원을 지속적으로 입력함으로써 시스템에 과부하 발생

참고 파트05-챕터04-섹션01

**84** 시스템의 사용자가 로그인하여 명령을 내리는 과정에 대한 시스템의 동작 중 다음 설명에 해당하는 것은?

> – 인증된 사용자에게 어떤 권한을 부여할 것인지 결정하는 과정이다.
> – 일반적으로 역할이나 그룹에 기반하여 부여된다.

① Aging
② Accounting
③ Authorization
④ Authentication

참고 파트05-챕터03-섹션05

**85** 대칭 암호 알고리즘과 비대칭 암호 알고리즘에 대한 설명으로 틀린 것은?

① 대칭 암호 알고리즘은 비교적 실행 속도가 빠르기 때문에 다양한 암호의 핵심 함수로 사용될 수 있다.
② 대칭 암호 알고리즘은 처음 통신 시에 비밀키를 전달해야 하므로, 키 교환 중 키가 노출될 수 있다.
③ 비대칭 암호 알고리즘은 자신만이 보관하는 비밀키를 이용하여 인증, 전자서명 등에 적용이 가능하다.
④ 대표적인 대칭키 암호 알고리즘으로는 RSA, Diffie-Hellman 등이 있다.

참고 파트05-챕터02-섹션01

**86** IEEE 802.15 규격의 범주에 속하며 비교적 짧은 거리(약 10m 내)인 개인 활동 공간 내의 저전력 휴대기기 간의 무선 네트워크의 구성 무선통신 규격은?

① WPAN
② VPN
③ WAN
④ WLAN

참고 파트04-챕터06-섹션03

**87** TELNET 프로토콜의 Well Known Port 번호는?

① 23번 포트
② 53번 포트
③ 80번 포트
④ 161번 포트

참고 파트05-챕터05-섹션01

**88** 다음 내용이 설명하는 보안 공격 유형은?

> – 사회 공학적 방법을 사용한다.
> – 특정 기업이나 조직을 표적으로 하여 공격자가 다양한 공격을 수행한다.
> – 공격 대상을 명확히 지정하여 시스템의 특성을 파악한 후 지속적으로 공격한다.

① 루트킷(Rootkit) 공격
② 랜섬웨어(Ransomware) 공격
③ 지능적 지속 위협(APT) 공격
④ 블루 스나프(Blue Snarf) 공격

참고 파트04-챕터06-섹션04

**89** 무선 LAN 환경에서는 충돌 감지가 어려우므로 전송을 하기 전 캐리어를 감지하여 회선이 사용 중인지, 충돌 가능성이 있는지를 확인하는 절차를 거친다. 이러한 절차를 통해 충돌 가능성을 회피하는 무선 전송 다원 접속 방식을 뜻하는 단어는?

① Token Bus
② Token Ring
③ CSMA/CA
④ CDMA

참고 파트05-챕터03-섹션03

**90** 다음 중에서 SQL 인젝션 공격에 대한 보호 대책으로 거리가 먼 것은?

① 사용자 입력이 SQL 문장으로 사용되지 않도록 한다.
② 사용자 입력으로 특수문자의 사용은 제한하도록 한다.
③ 원시 ODBC 오류를 사용자가 볼 수 없도록 코딩해야 한다.
④ 테이블 이름, SQL 구조 등이 외부 HTML에 포함되어 나타나도록 한다.

참고 파트05-챕터05-섹션01

**91** 클라우드 기반 HSM(Cloud-based Hardware Security Module)에 대한 설명으로 틀린 것은?

① 클라우드(데이터센터) 기반 암호화 키 생성, 처리, 저장 등을 하는 보안 기기이다.
② 국내에서는 공인인증 제의 폐지와 전자서명법 개정을 추진하면서 클라우드 HSM 용어가 자주 등장하였다.
③ 클라우드에 인증서를 저장하므로 기존 HSM 기기나 휴대폰에 인증서를 저장해 다닐 필요가 없다.
④ 하드웨어가 아닌 소프트웨어적으로만 구현되기 때문에 소프트웨어식 암호 기술에 내재된 보안 취약점을 해결할 수 없다는 것이 주요 단점이다.

참고 파트05-챕터03-섹션02

**92** 다음 중 소프트웨어 개발에서 정보 보안 3요소 중 하나에 해당하지 않는 것은?

① 비밀번호 정책 : 비밀번호는 최소 8자리 이상이어야 하며, 대소문자, 숫자, 특수문자를 포함해야 한다.
② 접근 제어 : 사용자는 자신의 권한에 따라 시스템 자원에 대한 접근 권한을 부여받는다.
③ 암호화 : 중요한 데이터는 암호화하여 저장 및 전송한다.
④ 백업 : 중요한 데이터는 정기적으로 백업하여 복구가 가능하도록 한다.

참고 파트05-챕터04-섹션02

**93** 침입 탐지 시스템(IDS : Intrusion Detection System)과 관련한 설명으로 틀린 것은?

① 오용탐지(Misuse Detection)는 Signature Base나 Knowledge Base라고도 불리며 이미 발견되고 정립된 공격 패턴을 입력해두었다가 탐지 및 차단한다.
② HIDS(Host-Based Intrusion Detection System)는 운영체제에 설정된 사용자 계정에 따라 어떤 사용자가 어떤 접근을 시도하고 어떤 작업을 했는지에 대한 기록을 남기고 추적한다.
③ NIDS(Network-Based Intrusion Detection System)로는 대표적으로 Snort가 있다.
④ 외부 인터넷에 서비스를 제공하는 서버가 위치하는 네트워크인 DMZ(Demilitarized Zone)에는 IDS를 설치할 수 없다.

참고 파트04-챕터06-섹션03

**94** 패킷이 네트워크를 따라 계속 전송되는 네트워크 루프 현상을 확인하고 적절히 포트를 사용하지 못하게 하여 루프를 예방하는 프로토콜은?

① VLAN      ② STP
③ L2AN      ④ ARP

참고 파트05-챕터02-섹션01

**95** 다음 내용이 설명하는 것은?

> – 스마트그리드 등 HAN/NAN 활용을 위한 IEEE802.15.4g 표준 기반 900MHz 대역 근거리 무선 통신 기술이다.
> – 넓은 커버리지와 더불어 빠른 속도를 지원해 원격 검침 등 스마트시티 핵심 서비스를 실현할 최적의 기술이다.

① OTT      ② BaaS
③ SDDC      ④ Wi-SUN

참고 파트05-챕터02-섹션01

**96** 인터넷상에서 통신하고자 하는 지능형 단말들이 서로를 식별하여 그 위치를 찾고, 그들 상호 간에 멀티미디어 통신 세션을 생성하거나 삭제 또는 변경하기 위한 절차를 명시한 시그널링 프로토콜은?

① PLCP(Packet Level Control Processor)
② Traffic Distributor
③ SIP(Session Initiation Protocol)
④ DPI(Deep Packet Inspection)

참고 파트05-챕터04-섹션02

**97** IPSec(IP Security)에 대한 설명으로 틀린 것은?

① 암호화 수행 시 일방향 암호화만 지원한다.
② ESP는 발신지 인증, 데이터 무결성, 기밀성 모두를 보장한다.
③ 운영 모드는 Tunnel 모드와 Transport 모드로 분류된다.
④ AH는 발신지 호스트를 인증하고, IP 패킷의 무결성을 보장한다.

참고 파트05-챕터01-섹션04

**98** COCOMO 모델의 프로젝트 유형으로 거리가 먼 것은?

① Organic
② Semi-detached
③ Embedded
④ Sequential

참고 파트01-챕터01-섹션03

**99** 프로토타이핑 모형(Prototyping Model)에 대한 설명으로 옳지 않은 것은?

① 개발 단계에서 오류 수정이 불가하므로 유지보수 비용이 많이 발생한다.
② 최종 결과물이 만들어지기 전에 의뢰자가 최종 결과물의 일부 또는 모형을 볼 수 있다.
③ 프로토타입은 발주나 개발자 모두에게 공동의 참조 모델을 제공한다.
④ 프로토타입은 구현 단계의 구현 골격이 될 수 있다.

참고 파트05-챕터03-섹션05

**100** 해시(Hash) 기법에 대한 설명으로 틀린 것은?

① 임의의 길이의 입력 데이터를 받아 고정된 길이의 해시값으로 변환한다.
② 해시 함수는 주로 검색, 데이터 무결성, 인증, 암호화 등 다양한 용도로 사용된다.
③ 대표적인 해시 알고리즘으로 HAVAL, SHA-1 등이 있다.
④ 해시 함수는 다차원 함수(Multidimensional Function)이다.

| 시험 시간 | 풀이 시간 | 합격 점수 | 내 점수 | 문항수 |
|---|---|---|---|---|
| 2시간 30분 | 분 | 60점 | 점 | 총 100개 |

자동 채점 서비스

---

**1과목** **소프트웨어 설계**

참고 파트01-챕터02-섹션03

**01** 정형 기술 검토(FTR)의 지침사항으로 옳은 내용 모두를 나열한 것은?

> ① 의제를 제한한다.
> ② 논쟁과 반박을 제한한다.
> ③ 문제 영역을 명확히 표현한다.
> ④ 참가자의 수를 제한하지 않는다.

① ①, ④
② ①, ②, ③
③ ①, ②, ④
④ ①, ②, ③, ④

참고 파트01-챕터05-섹션04

**02** GoF(Gang of Four)의 디자인 패턴에서 행위 패턴에 속하는 것은?

① Builder
② Visitor
③ Prototype
④ Bridge

참고 파트01-챕터04-섹션01

**03** 다음은 어떤 프로그램 구조를 나타낸다. 모듈 F에서의 Fan-In과 Fan-Out의 수는 얼마인가?

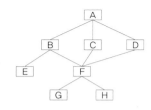

① Fan-In : 2, Fan-Out : 3
② Fan-In : 3, Fan-Out : 2
③ Fan-In : 1, Fan-Out : 2
④ Fan-In : 2, Fan-Out : 1

참고 파트01-챕터04-섹션06

**04** 소프트웨어 아키텍처와 관련한 설명으로 틀린 것은?

① 파이프 필터 아키텍처에서 데이터는 파이프를 통해 양방향으로 흐르며, 필터 이동 시 오버헤드가 발생하지 않는다.
② 외부에서 인식할 수 있는 특성이 담긴 소프트웨어의 골격이 되는 기본 구조로 볼 수 있다.
③ 데이터 중심 아키텍처는 공유 데이터 저장소를 통해 접근자 간의 통신이 이루어지므로 각 접근자의 수정과 확장이 용이하다.
④ 이해관계자들의 품질 요구사항을 반영하여 품질 속성을 결정한다.

참고 파트01-챕터02-섹션05

**05** 유스케이스(Usecase)에 대한 설명 중 옳은 것은?

① 유스케이스 다이어그램은 개발자의 요구를 추출하고 분석하기 위해 주로 사용한다.
② 액터는 대상 시스템과 상호 작용하는 사람이나 다른 시스템에 의한 역할이다.
③ 사용자 액터는 본 시스템과 데이터를 주고받는 연동 시스템을 의미한다.
④ 연동의 개념은 일방적으로 데이터를 파일이나 정해진 형식으로 넘겨주는 것을 의미한다.

참고 파트01-챕터02-섹션02

**06** 소프트웨어 개발 방법 중 요구사항 분석(Requirements Annalysis)과 거리가 먼 것은?

① 비용과 일정에 대한 제약 설정
② 타당성 조사
③ 요구사항 정의 문서화
④ 설계 명세서 작성

참고 파트01-챕터05-섹션01

**07** 객체에게 어떤 행위를 하도록 지시하는 명령은?

① Class
② Package
③ Object
④ Message

참고 파트01-챕터02-섹션02

**08** 소프트웨어 개발 단계에서 요구 분석 과정에 대한 설명으로 거리가 먼 것은?

① 분석 결과의 문서화를 통해 향후 유지보수에 유용하게 활용할 수 있다.
② 개발 비용이 가장 많이 소요되는 단계이다.
③ 자료 흐름도, 자료 사전 등이 효과적으로 이용될 수 있다.
④ 보다 구체적인 명세를 위해 소단위 명세서(Mini-Spec)가 활용될 수 있다.

참고 파트05-챕터01-섹션03

**09** 정보 공학 방법론에서 데이터베이스 설계의 표현으로 사용하는 모델링 언어는?

① Package Diagram
② State Transition Diagram
③ Deployment Diagram
④ Entity-Relationship Diagram

참고 파트01-챕터05-섹션01

**10** 객체지향 개념에서 다형성(Polymorphism)과 관련한 설명으로 틀린 것은?

① 다형성은 현재 코드를 변경하지 않고 새로운 클래스를 쉽게 추가할 수 있게 한다.
② 다형성이란 여러 가지 형태를 가지고 있다는 의미로 여러 형태를 받아들일 수 있는 특징을 말한다.
③ 메소드 오버라이딩(Overriding)은 상위 클래스에서 정의한 일반 메소드의 구현을 하위 클래스에서 무시하고 재정의할 수 있다.
④ 메소드 오버로딩(Overloading)의 경우 매개 변수 타입은 동일하지만, 메소드명을 다르게 함으로써 구현, 구분할 수 있다.

참고 파트01-챕터05-섹션03

**11** 디자인 패턴을 이용한 소프트웨어 재사용으로 얻어지는 장점이 아닌 것은?

① 소프트웨어 코드의 품질을 향상시킬 수 있다.
② 개발 프로세스를 무시할 수 있다.
③ 개발자들 사이의 의사소통을 원활하게 할 수 있다.
④ 소프트웨어의 품질과 생산성을 향상시킬 수 있다.

참고 파트01-챕터01-섹션02

**12** CASE(Computer-Aided Software Engineering)의 원천 기술이 아닌 것은?

① 일괄 처리 기술
② 프로토타이핑 기술
③ 정보 저장소 기술
④ 구조적 기법

참고 파트01-챕터02-섹션04

**13** 요구사항 정의 및 분석·설계의 결과물을 표현하기 위한 모델링 과정에서 사용되는 다이어그램(Diagram)이 아닌 것은?

① Data Flow Diagram
② UML Diagram
③ E-R Diagram
④ AVL Diagram

참고 파트01-챕터05-섹션02

**14** 객체지향 분석 방법론 중 Coad-Yourdon 방법에 해당하는 것은?

① E-R 다이어그램을 사용하여 객체의 행위를 데이터 모델링하는 데 초점을 둔 방법이다.
② 객체, 동적, 기능 모델로 나누어 수행하는 방법이다.
③ 미시적 개발 프로세스와 거시적 개발 프로세스를 모두 사용하는 방법이다.
④ Use Case를 강조하여 사용하는 방법이다.

참고 파트01-챕터05-섹션04

**15** GoF(Gangs of Four) 디자인 패턴에 대한 설명으로 틀린 것은?

① Factory Method Pattern은 상위 클래스에서 객체를 생성하는 인터페이스를 정의하고, 하위 클래스에서 인스턴스를 생성하도록 하는 방식이다.

② Prototype Pattern은 Prototype을 먼저 생성하고 인스턴스를 복제하여 사용하는 구조이다.

③ Bridge Pattern은 기존에 구현되어 있는 클래스에 기능 발생 시 기존 클래스를 재사용할 수 있도록 중간에서 맞춰주는 역할을 한다.

④ Mediator Pattern은 객체 간의 통제와 지시의 역할을 하는 중재자를 두어 객체지향의 목표를 달성하게 해준다.

참고 파트01-챕터03-섹션03

**16** 다음 중 사용자 인터페이스 방식인 NUI(Natural User Interface)의 예시로 옳지 않은 것은?

① 음성 인식
② 제스처 인식
③ 터치 인터페이스
④ 마우스 및 키보드 인터페이스

참고 파트01-챕터04-섹션03

**17** 시스템에서 모듈 사이의 결합도(Coupling)에 대한 설명으로 옳은 것은?

① 모듈 간의 결합도를 약하게 하면 모듈 독립성이 향상된다.

② 한 모듈 내에 있는 처리요소들 사이의 기능적인 연관 정도를 나타낸다.

③ 결합도가 높으면 시스템 구현 및 유지보수 작업이 쉽다.

④ 자료 결합도는 내용 결합도보다 결합도가 높다.

참고 파트02-챕터04-섹션06

**18** 설계 기법 중 하향식 설계 방법과 상향식 설계 방법에 대한 비교 설명으로 가장 옳지 않은 것은?

① 하향식 설계에서는 통합 검사 시 인터페이스가 이미 정의되어 있어 통합이 간단하다.

② 하향식 설계에서 레벨이 낮은 데이터 구조의 세부 사항은 설계 초기 단계에서 필요하다.

③ 상향식 설계는 최하위 수준에서 각각의 모듈들을 설계하고 이러한 모듈이 완성되면 이들을 결합하여 검사한다.

④ 상향식 설계에서는 인터페이스가 이미 성립되어 있지 않더라도 기능 추가가 쉽다.

참고 파트01-챕터01-섹션02

**19** CASE의 주요 기능으로 가장 옳지 않은 것은?

① S/W 라이프 사이클 전 단계의 연결
② 그래픽 지원
③ 다양한 소프트웨어 개발 모형 지원
④ 언어 번역

참고 파트01-챕터01-섹션04

**20** 익스트림 프로그래밍(XP)에 대한 설명으로 틀린 것은?

① 기존의 방법론에 비해 실용성(Pragmatism)을 강조한 것이라고 볼 수 있다.

② 사용자의 요구사항은 언제든지 변할 수 있다.

③ 고객과 직접 대면하며 요구사항을 이야기하기 위해 사용자 스토리(User Story)를 활용할 수 있다.

④ 빠른 개발을 위해 테스트를 수행하지 않는다.

참고 파트02-챕터03-섹션02

**21** 저작권 관리 구성 요소 중 패키저(Packager)의 주요 역할로 옳은 것은?

① 콘텐츠를 제공하는 저작권자를 의미한다.
② 콘텐츠를 메타 데이터와 함께 배포 가능한 단위로 묶는다.
③ 라이선스를 발급하고 관리한다.
④ 배포된 콘텐츠의 이용 권한을 통제한다.

참고 파트02-챕터03-섹션04

**22** 소프트웨어 품질 특성인 이식성(Portability)의 세부 특성이 아닌 것은?

① 적응성
② 이식 용이성
③ 호환성
④ 사용자 편의성

참고 파트01-챕터01-섹션02

**23** 소프트웨어 재공학의 주요 활동 중 기존 소프트웨어 시스템을 새로운 기술 또는 하드웨어 환경에서 사용할 수 있도록 변환하는 작업을 의미하는 것은?

① Analysis
② Migration
③ Restructuring
④ Reverse Engineering

참고 파트02-챕터04-섹션01

**24** 테스트와 디버깅의 목적으로 옳은 것은?

① 테스트는 오류를 찾는 작업이고 디버깅은 오류를 수정하는 작업이다.
② 테스트는 오류를 수정하는 작업이고 디버깅은 오류를 찾는 작업이다.
③ 둘 다 소프트웨어의 오류를 찾는 작업으로 오류 수정은 하지 않는다.
④ 둘 다 소프트웨어 오류의 발견, 수정과 무관하다.

참고 파트02-챕터02-섹션01

**25** 기업 내의 컴퓨터 애플리케이션들을 현대화하고, 통합하고, 조정하는 것을 목표로 세운 계획, 방법 및 도구 등을 일컫는 것은?

① e-business
② BPR
③ EAI
④ ERP

참고 파트02-챕터05-섹션02

**26** 알고리즘 설계 기법으로 거리가 먼 것은?

① Divide and Conquer
② Greedy
③ Static Block
④ Backtracking

참고 파트02-챕터06-섹션02

**27** 다음 그래프의 인접 행렬(Adjacency Matrix) 표현 시 옳은 것은?

①
$\begin{pmatrix} 011 \\ 001 \\ 100 \end{pmatrix}$
②
$\begin{pmatrix} 011 \\ 011 \\ 100 \end{pmatrix}$

③
$\begin{pmatrix} 001 \\ 101 \\ 001 \end{pmatrix}$
④
$\begin{pmatrix} 101 \\ 011 \\ 101 \end{pmatrix}$

참고 파트02-챕터04-섹션06

**28** 다음 중 테스트 드라이버에 대한 설명으로 옳지 않은 것은?

① 하향식 통합 테스트에서 사용한다.
② 필요에 따라 매개 변수를 전달하고 모듈을 수행한 후의 결과를 보여줄 수 있다.
③ 시험 대상 모듈을 호출하는 간이 소프트웨어이다.
④ 테스트 대상을 제어하고 동작시키는데 사용되는 도구를 의미한다.

참고 파트02-챕터06-섹션02

**29** 다음과 같이 주어진 후위 표기 방식의 수식을 중위 표기 방식으로 나타낸 것은?

> ABC − / DEF + ∗ +

① A / (B − C) + F ∗ E + D
② A / (B − C) + D ∗ ( E + F )
③ A / (B − C) + D + E ∗ F
④ A / (B − C) ∗ D + E + F

참고 파트02-챕터05-섹션02

**30** 순서도의 기본 구조가 아닌 것은?

① 입출력　　　　② 연속
③ 선택　　　　　④ 반복

참고 파트02-챕터04-섹션01

**31** 테스트를 목적에 따라 분류했을 때, 강도(Stress) 테스트에 대한 설명으로 옳은 것은?

① 시스템에 고의로 실패를 유도하고 시스템이 정상적으로 복귀하는지 테스트한다.
② 시스템에 과다 정보량을 부과하여 과부하 시에도 시스템이 정상적으로 작동되는지를 테스트한다.
③ 사용자의 이벤트에 시스템이 응답하는 시간, 특정 시간 내에 처리하는 업무량, 사용자 요구에 시스템이 반응하는 속도 등을 테스트한다.
④ 부당하고 불법적인 침입을 시도하여 보안 시스템이 불법적인 침투를 잘 막아내는지 테스트한다.

참고 파트02-챕터04-섹션06

**32** 다음 중 단위 테스트 도구로 사용할 수 없는 것은?

① CppUnit
② JUnit
③ HttpUnit
④ IgpUnit

참고 파트01-챕터01-섹션02

**33** 소프트웨어를 보다 쉽게 이해할 수 있고 적은 비용으로 수정할 수 있도록 겉으로 보이는 동작의 변화 없이 내부 구조를 변경하는 것은?

① Refactoring
② Architecting
③ Specification
④ Renewal

참고 파트02-챕터03-섹션02

**34** 디지털 저작권 관리(DRM) 구성 요소가 아닌 것은?

① Data Warehouse
② DRM Controller
③ Packager
④ Contents Distributor

참고 파트02-챕터04-섹션06

**35** 단위 테스트에서 테스트의 대상이 되는 하위 모듈을 호출하고, 파라미터를 전달하는 가상의 모듈로 상향식 테스트에 필요한 것은?

① 테스트 스텁(Test Stub)
② 테스트 드라이버(Test Driver)
③ 테스트 슈트(Test Suites)
④ 테스트 케이스(Test Case)

참고 파트02-챕터04-섹션06

**36** 다음이 설명하는 애플리케이션 통합 테스트 유형은?

> − 깊이 우선 방식 또는 너비 우선 방식이 있다.
> − 상위 컴포넌트를 테스트하고 점증적으로 하위 컴포넌트를 테스트한다.
> − 하위 컴포넌트 개발이 완료되지 않은 경우 스텁(Stub)을 사용하기도 한다.

① 하향식 통합 테스트
② 상향식 통합 테스트
③ 회귀 테스트
④ 빅뱅 테스트

**37** 다음 자료에 대하여 선택(Selection) 정렬을 이용하여 오름차순으로 정렬하고자 한다. 2회전 후의 결과로 옳은 것은?

> 37, 14, 17, 40, 35

① 14, 17, 35, 37, 40
② 14, 17, 37, 40, 35
③ 14, 37, 17, 40, 35
④ 14, 17, 37, 35, 40

**38** 프로그램 설계도의 하나인 NS(Nassi-Schnnei-derman) Chart에 대한 설명으로 가장 옳지 않은 것은?

① 논리의 기술에 중점을 두고 도형을 이용한 표현 방법이다.
② 박스, 다이아몬드, 화살표 등의 기호를 사용하므로 읽고 작성하기가 매우 쉽다.
③ 이해하기 쉽고 코드로 변환이 용이하다.
④ 연속, 선택, 반복 등의 제어 논리 구조를 표현한다.

**39** 코드 인스펙션과 관련한 설명으로 틀린 것은?

① 프로그램을 수행시켜보는 것 대신에 읽어보고 눈으로 확인하는 방법으로 볼 수 있다.
② 코드 품질 향상 기법 중 하나이다.
③ 동적 테스트 시에만 활용하는 기법이다.
④ 결함과 함께 코딩 표준 준수 여부, 효율성 등의 다른 품질 이슈를 검사하기도 한다.

**40** 모듈의 재사용성을 높이기 위하여 최소화해야 하는 결합도는?

① 내용 결합도(Content Coupling)
② 제어 결합도(Control Coupling)
③ 공통 결합도(Common Coupling)
④ 스탬프 결합도(Stamp Coupling)

## 3과목 데이터베이스 구축

**41** 데이터베이스에서 개념적 설계 단계에 대한 설명으로 틀린 것은?

① 산출물로 ERD가 만들어진다.
② DBMS에 독립적인 개념 스키마를 설계한다.
③ 트랜잭션 인터페이스를 설계한다.
④ 논리적 설계 단계의 앞 단계에서 수행된다.

**42** 데이터베이스에서 병행 제어의 목적으로 틀린 것은?

① 시스템 활용도 최대화
② 사용자에 대한 응답 시간 최소화
③ 데이터베이스 공유 최소화
④ 데이터베이스 일관성 유지

**43** 릴레이션의 R의 차수가 3이고 카디널리티가 3이며, 릴레이션의 S의 차수가 4이고 카디널리티가 4일 때, 두 개의 릴레이션을 카티션 프로덕트한 결과의 새로운 릴레이션의 차수와 카디널리티는 얼마인가?

① 7, 7
② 12, 7
③ 7, 12
④ 12, 12

**44** 순수 관계 연산자에서 릴레이션의 일부 속성만 추출하여 중복되는 튜플은 제거한 후 새로운 릴레이션을 생성하는 연산자는?

① REMOVE
② PROJECT
③ DIVISION
④ JOIN

참고 파트03-챕터02-섹션04

**45** 다음 두 릴레이션에서 외래키로 사용된 것은? (단, 밑줄친 속성은 기본키)

> 제품(제품코드, 제품명, 단가, 구입처)
> 판매(판매코드, 판매처, 제품코드, 수량)

① 제품코드　　　　② 제품명
③ 판매코드　　　　④ 판매처

참고 파트03-챕터03-섹션03

**46** 데이터베이스 분할(Partitioning)에 대한 설명으로 틀린 것은?

① 테이블 분할은 대량의 데이터를 처리하고 성능을 향상시키기 위해 테이블을 논리적 또는 물리적으로 분할하는 과정이다.
② 수평 분할, 수직 분할, 조인 분할 방식이 있다.
③ 테이블 분할은 성능 향상, 데이터 관리, 보안, 유지 보수 등의 측면에서도 이점을 제공한다.
④ 테이블의 열(Column)을 기준으로 논리적 또는 물리적으로 나누어 여러 개의 파티션으로 구성하는 방식을 수평 분할이라 한다.

참고 파트03-챕터02-섹션04

**47** 다음에 주어진 제약 조건과 키의 빈칸을 알맞게 채운 것은?

| 제약 조건 | 개체 무결성 | 참조 무결성 | 도메인 무결성 |
|---|---|---|---|
| 대상 | 튜플 | 튜플, 테이블 | 속성 |
| 키 | ㉠ | ㉡ | X |

　　　㉠　　　　　　　㉡
① 기본키　　　　　기본키
② 기본키　　　　　외래키
③ 외래키　　　　　기본키
④ 외래키　　　　　외래키

참고 파트03-챕터01-섹션05

**48** 데이터베이스의 3층 스키마 중 모든 응용 시스템과 사용자들이 필요로 하는 데이터를 통합한 조직 전체의 데이터베이스 구조를 논리적으로 정의하는 스키마는?

① 개념 스키마
② 외부 스키마
③ 내부 스키마
④ 응용 스키마

참고 파트03-챕터02-섹션01

**49** 물리적 데이터베이스 설계에 대한 설명으로 거리가 먼 것은?

① 물리적 설계의 목적은 효율적인 방법으로 데이터를 저장하는 것이다.
② 트랜잭션 처리량과 응답 시간, 디스크 용량 등을 고려해야 한다.
③ 저장 레코드의 형식, 순서, 접근 경로와 같은 정보를 사용하여 설계한다.
④ 트랜잭션의 인터페이스를 설계하며, 데이터 타입 및 데이터 타입들 간의 관계로 표현한다.

참고 파트02-챕터06-섹션01

**50** 순서가 A, B, C, D로 정해진 입력 자료를 스택에 입력하였다가 출력한 결과로 가능한 것이 아닌 것은?

① A, D, B, C　　　　② D, C, B, A
③ B, C, D, A　　　　④ C, B, A, D

참고 파트03-챕터05-섹션01

**51** 트랜잭션의 특성 중 둘 이상의 트랜잭션이 동시에 병행 실행되는 경우 어느 하나의 트랜잭션 실행 중에 다른 트랜잭션의 연산이 끼어들 수 없음을 의미하는 것은?

① Atomicity　　　　② Consistency
③ Isolation　　　　④ Durability

참고 파트03-챕터05-섹션03

**52** 장비 고장 또는 기타 재해 발생 시 데이터베이스를 보존하기 위한 데이터베이스 복사 활동을 의미하는 용어는?

① Concurrency Control
② Backup
③ Normalization
④ Transaction

참고 파트03-챕터03-섹션02

**53** 다음과 같이 결정자이면서 후보키가 아닌 것을 제거한 정규화는?

① 2NF
② 3NF
③ BCNF
④ 4NF

참고 파트03-챕터04-섹션02

**54** DDL에 해당하는 SQL 명령으로만 나열된 것은?

① DELETE, UPDATE, CREATE
② CREATE, ALTER, DROP
③ INSERT, DELETE, UPDATE
④ SELECT, INSERT, ALTER

참고 파트03-챕터04-섹션04

**55** 다음 표와 같은 판매실적 테이블에 대하여 서울 지역에 한하여 판매액 내림차순으로 지점명과 판매액을 출력하고자 한다. 가장 적절한 SQL 구문은?

[테이블명 : 판매실적]

| 도시 | 지점명 | 판매액 |
|------|--------|--------|
| 서울 | 강남지점 | 330 |
| 서울 | 강북지점 | 168 |
| 광주 | 광주지점 | 197 |
| 서울 | 강서지점 | 158 |
| 서울 | 강동지점 | 197 |
| 대전 | 대전지점 | 165 |

① SELECT 지점명, 판매액 FROM 판매실적 WHERE 도시 = "서울" ORDER BY 판매액 DESC;
② SELECT 지점명, 판매액 FROM 판매실적 ORDER BY 판매액 DESC;
③ SELECT 지점명, 판매액 FROM 판매실적 WHERE 도시 = "서울" ASC;
④ SELECT * FROM 판매실적 WHEN 도시 = "서울" ORDER BY 판매액 DESC;

참고 파트03-챕터05-섹션01

**56** 트랜잭션을 수행하는 도중 장애로 인해 손상된 데이터베이스를 손상되기 이전의 정상적인 상태로 복구시키는 작업은?

① Recovery
② Commit
③ Abort
④ Restart

참고 파트03-챕터04-섹션04

**57** 다음과 같은 조건을 검색하는 SQL 명령문은?

> – 부서번호가 D1, D2, D3인 사원의 사원명을 검색하시오(IN연산자를 반드시 사용하시오).
> – 사원 테이블(TBL)은 사원명(ENAME) 속성과 부서번호(DNO) 속성으로 구성되어 있다.

① SELECT ENAME, DNO FROM TBL WHERE DNO IN ('D1', 'D2', 'D3');
② SELECT ENAME FROM TBL WHERE DNO IN ('D1', 'D2', 'D3');
③ SELECT ENAME WHERE DNO IN ('D1', 'D2', 'D3');
④ SELECT ENAME FROM DNO WHERE DNO IN ('D1', 'D2', 'D3');

참고 파트03-챕터03-섹션01

**58** 릴레이션 조작 시 데이터들이 불필요하게 중복되어 예기치 않게 발생하는 곤란한 현상을 의미하는 것은?

① Normalization
② Rollback
③ Cardinality
④ Anomaly

참고 파트03-챕터04-섹션01

**59** 집합 연산에 대한 설명으로 옳지 않은 것은?

① UNION 연산과 UNION ALL 연산은 여러 SQL문의 결과에 대한 합집합을 수행한다.
② UNION 연산은 중복된 행을 제거한 뒤 두 테이블을 합쳐준다.
③ INTERSECT 연산은 JOIN 연산으로 동일한 수행 결과를 얻을 수 있다.
④ EXCEPT(MINUS) 연산은 여러 SQL문의 결과에 대한 교집합을 수행한다.

참고 파트03-챕터05-섹션04

**60** 분산 운영체제에서 사용자가 원하는 파일이나 데이터베이스, 프린터 등의 자원들이 지역 컴퓨터 또는 네트워크 내의 다른 원격지 컴퓨터에 존재하더라도 위치에 관계없이 그 외 사용을 보장하는 개념은?

① 위치 투명성
② 접근 투명성
③ 복사 투명성
④ 접근 독립성

---

**4과목 프로그래밍 언어 활용**

참고 파트04-챕터01-섹션02

**61** 다음 C 프로그램의 결과값은?

```c
#include <stdio.h>
#include <string.h>
int main()
{
    printf("%d", strlen("Hello World"));
    return 0;
}
```

① 9　　　　　② 10
③ 11　　　　④ 12

참고 파트04-챕터01-섹션03

**62** 다음 C 프로그램의 결과값은?

```c
#include <stdio.h>
int main()
{
    int a = 3, b = 5, c = -1;
    int t1, t2, t3;

    t1 = a>b && a<b;
    t2 = a>b || a<b;
    t3 = !c;
    printf("%d", t1 + t2 + t3);
    return 0;
}
```

① 1　　　　　② 2
③ 3　　　　　④ 4

참고 파트04-챕터04-섹션01

**63** 다음 C 프로그램을 실행하여 사용자가 3을 입력했을 때의 결과값은?

```c
#include <stdio.h>
int main()
{
    int value;
    scanf("%d", &value);

    switch (value)
    {
        case 1: printf("one");
        case 2: printf("two");
        case 3: printf("three"); break;
        case 4: printf("four");
        case 5: printf("five");
    }
    return 0;
}
```

① 
```
one
two
```

② 
```
one
two
three
```

③ 
```
three
```

④ 
```
four
five
```

참고 파트04-챕터01-섹션03

**64** 다음 C 프로그램의 밑줄 친 부분(!x || !y)과 동일한 결과값을 출력하는 명령은?

```c
#include <stdio.h>
int main()
{
    int x, y;

    for(x = 0; x < 2; x++)
    {
        for(y = 0; y < 2; y++)
        {
            printf("%d", !x || !y);
        }
    }

    return 0;
}
```

① !(x && y)　　　② !(x || y)
③ !x || y　　　　④ !x && y

참고 파트04-챕터02-섹션04

**65** 다음 Java 프로그램의 결과값은?

```java
class TestClass {
    int t = 1;
    public void print() {
        System.out.print("AA");
    }
}
public class Test extends TestClass {
    public void print() {
        System.out.print("BB");
    }
    public static void main(String[]
args) {
        int t = 2;
        TestClass tt = new Test();
        tt.print();
        System.out.print(t);
    }
}
```

① AA1　　　　② AA2
③ BB1　　　　④ BB2

참고 파트04-챕터06-섹션04

**66** IP 주소 체계와 관련한 설명으로 틀린 것은?

① IPv6의 패킷 헤더는 32 octet의 고정된 길이를 가진다.
② IPv6는 주소 자동 설정(Auto Configuration) 기능을 통해 손쉽게 이용자의 단말을 네트워크에 접속시킬 수 있다.
③ IPv4는 호스트 주소를 자동으로 설정하며 유니캐스트(Unicast)를 지원한다.
④ IPv4는 클래스별로 네트워크와 호스트 주소의 길이가 다르다.

참고 파트04-챕터06-섹션04

**67** 192.168.1.0/24 네트워크를 FLSM 방식 네트워크를 4개의 Subnet으로 나누고 IP Subnet-zero를 적용했다. 이때 Subnetting된 네트워크 중 4번째 네트워크의 4번째 사용 가능한 IP는 무엇인가?

① 192.168.1.192　　　② 192.168.1.195
③ 192.168.1.196　　　④ 192.168.1.198

참고 파트04-챕터01-섹션02

**68** C언어의 malloc() 함수에 대한 설명으로 틀린 것은?

① malloc() 함수는 실행 시간에 힙 메모리를 할당받는다.
② malloc() 함수를 실행하여 메모리를 할당받지 못하면 널 값이 반환된다.
③ malloc() 함수로 할당받은 메모리는 free() 함수를 통해 해제시킨다.
④ 인수로 비트 단위의 정수를 전달받아 메모리를 할당한다.

참고 파트04-챕터05-섹션05

**69** HRN 방식으로 스케줄링 할 경우, 입력된 작업이 다음 <표>와 같을 때 우선순위가 가장 높은 것은?

| 작업 | 대기시간 | 서비스(실행) 시간 |
|---|---|---|
| A | 5 | 20 |
| B | 40 | 20 |
| C | 15 | 45 |
| D | 40 | 10 |

① A  ② B  ③ C  ④ D

참고 파트05-챕터05-섹션01

**70** 백도어 탐지 방법으로 틀린 것은?

① 무결성 검사
② 닫힌 포트 확인
③ 로그 분석
④ SetUID 파일 검사

참고 파트04-챕터01-섹션02

**71** 라이브러리의 개념과 구성에 대한 설명 중 틀린 것은?

① 라이브러리란 필요할 때 찾아서 쓸 수 있도록 모듈화되어 제공되는 프로그램을 말한다.
② 프로그래밍 언어에 따라 일반적으로 도움말, 설치 파일, 샘플 코드 등을 제공한다.
③ 외부 라이브러리는 프로그래밍 언어가 기본적으로 가지고 있는 라이브러리를 의미하며, 표준 라이브러리는 별도의 파일 설치를 필요로 하는 라이브러리를 의미한다.
④ 라이브러리는 모듈과 패키지를 총칭하며, 모듈이 개별 파일이라면 패키지는 파일들을 모아 놓은 폴더라고 볼 수 있다.

참고 파트04-챕터06-섹션02

**72** 다음 설명은 OSI 7계층 중 어느 계층에 속하는가?

> - 응용 간의 대화 제어(Dialogue Control)를 담당한다.
> - 긴 파일 전송 중에 통신 상태가 불량하여 트랜스포트 연결이 끊어지는 경우 처음부터 다시 전송을 하지 않고 어디까지 전송이 진행되었는지를 나타내는 동기점(Synchronization Point)을 이용하여 오류를 복구한다.

① 데이터 링크 계층
② 네트워크 계층
③ 세션 계층
④ 표현 계층

참고 파트04-챕터05-섹션07

**73** 3개의 페이지 프레임을 갖는 시스템에서 페이지 참조 순서가 1, 2, 1, 0, 4, 1, 3일 경우 FIFO 알고리즘에 의한 페이지 교체의 경우 프레임의 최종 상태는?

① 1, 2, 0
② 2, 4, 3
③ 1, 4, 2
④ 4, 1, 3

참고 파트04-챕터05-섹션03

**74** 프로세스와 관련한 설명으로 틀린 것은?

① 프로세스는 스레드(Thread) 내에서 실행되는 흐름의 단위이며, 스레드와 달리 주소 공간에 실행 스택(Stack)이 없다.
② 프로세스 제어 블록(PCB : Process Control Block)은 프로세스 식별자, 프로세스 상태 등의 정보로 구성된다.
③ 이전 프로세스의 상태 레지스터 내용을 보관하고 다른 프로세스의 레지스터를 적재하는 과정을 문맥 교환(Context Switching)이라고 한다.
④ 프로세스가 준비 상태에서 프로세서가 배당되어 실행 상태로 변화하는 것을 디스패치(Dispatch)라고 한다.

참고 파트04-챕터06-섹션02

**75** OSI 7계층에서 물리적 연결을 이용해 신뢰성 있는 정보를 전송하려고 동기화, 오류 제어, 흐름 제어 등 역할을 하는 계층은?

① 데이터 링크 계층 ② 물리 계층
③ 전송 계층 ④ 네트워크 계층

참고 파트04-챕터01-섹션03

**76** C언어에서 산술 연산자에 해당하지 않는 것은?

① % ② =
③ / ④ *

참고 파트04-챕터02-섹션05

**77** 다음 Java 프로그램의 결과값은?

```java
public class Test
{
    static void func(int a, int b) throws
ArithmeticException
    {
        if (b == 0) {
            throw new ArithmeticExcep-
            tion ("나눗셈 불가");
        }
        System.out.println("결과 : " +
a / b);
    }

    public static void main(String[]
args) {
        try {
            func(30, 0);
        } catch (ArithmeticException e)
{
            System.out.println(e.get-
Message());
        } finally {
            System.out.println("프로그
램 종료");
        }
    }
}
```

① 나눗셈 불가 ② 프로그램 종료

③ 정수 변환 불가
　나눗셈 불가
　프로그램 종료

④ 나눗셈 불가
　프로그램 종료

참고 파트04-챕터03-섹션04

**78** 다음 파이썬으로 구현되는 프로그램 실행 결과로 옳은 것은?

```python
text = "Hello, World!"

for i in range(0, len(text), 2):
    print(text[i])
```

①
```
H
e
l
l
o
```

②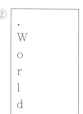
```
,
W
o
r
l
d
```

③
```
H
l
o
W
```

④
```
H
l
o

o
l
!
```

참고 파트04-챕터01-섹션01

**79** C언어의 변수명으로 사용 불가능한 것은?

① A1 ② text-size
③ _total12 ④ Score

참고 파트04-챕터04-섹션01

**80** 모듈화(Modularity)와 관련한 설명으로 틀린 것은?

① 소프트웨어의 모듈은 프로그래밍 언어에서 Sub-routine, Function 등으로 표현될 수 있다.
② 모듈의 수가 증가하면 상대적으로 각 모듈의 크기가 커지며, 모듈 사이의 상호교류가 감소하여 과부하(Overload) 현상이 나타난다.
③ 모듈화는 시스템을 지능적으로 관리할 수 있도록 해주며, 복잡도 문제를 해결하는 데 도움을 준다.
④ 모듈화는 시스템의 유지보수와 수정을 용이하게 한다.

참고 파트05-챕터02-섹션01

**81** TCP/IP 기반 네트워크에서 동작하는 발행 – 구독 기반의 메시징 프로토콜로 최근 IoT 환경에서 자주 사용되고 있는 프로토콜은?

① MLFQ      ② MQTT
③ Zigbee      ④ MTSP

참고 파트05-챕터05-섹션01

**82** 특정 사이트에 매우 많은 ICMP Echo를 보내면, 이에 대해 응답(Respond)하기 위해 시스템 자원을 모두 사용해 버려 시스템이 정상적으로 동작하지 못하도록 하는 공격 방법은?

① Role-Based Access Control
② Ping Flood
③ Brute-Force
④ Trojan Horses

참고 파트05-챕터02-섹션01

**83** 인공 지능과 머신 러닝 기술을 활용하여 네트워크 동작을 모니터링하고, 문제를 예측하고, 최적의 구성을 제안하여 네트워크 관리와 운영을 간소화하고 자동화하기 위한 접근 방식을 무엇이라 하는가?

① DPI      ② IBN
③ MapReduce      ④ Docker

참고 파트05-챕터02-섹션03

**84** 다음이 설명하는 용어로 옳은 것은?

> – 오픈 소스를 기반으로 한 분산 컴퓨팅 플랫폼이다.
> – 일반 PC급 컴퓨터들로 가상화된 대형 스토리지를 형성한다.
> – 다양한 소스를 통해 생성된 빅데이터를 효율적으로 저장하고 처리한다.

① 하둡(Hadoop)
② 비컨(Beacon)
③ 포스퀘어(Foursquare)
④ 맴리스터(Memristor)

참고 파트05-챕터03-섹션05

**85** 다음 보기의 빈 칸에 알맞은 암호화 알고리즘은?

> – ( ) : 비대칭 암호화 방식으로 이산대수를 활용한 암호화 알고리즘
> – ( ) : 비대칭 암호화 방식으로 소인수분해를 활용한 암호화 알고리즘

① DSA, RSA
② AES, RSA
③ DEA, AES
④ RSA, DES

참고 파트05-챕터05-섹션01

**86** 서버에 열린 포트 정보를 스캐닝해서 보안 취약점을 찾는 데 사용하는 도구는?

① type      ② mkdir
③ ftp      ④ nmap

참고 파트05-챕터03-섹션05

**87** 현대 대칭키 암호를 이용한 블록 암호의 주요 모드가 아닌 것은?

① ECB
② CBC
③ CFB
④ ECC

참고 파트05-챕터02-섹션02

**88** 다음 내용이 설명하는 스토리지 시스템은?

> – 하드 디스크와 같은 데이터 저장 장치를 호스트 버스 어댑터에 직접 연결하는 방식
> – 저장 장치와 호스트 기기 사이에 네트워크 디바이스 없이 직접 연결하는 방식으로 구성

① DAS      ② NAS
③ BSA      ④ NFC

참고 파트05-챕터01-섹션04

**89** COCOMO Model 중 기관 내부에서 개발된 중소 규모의 소프트웨어로 일괄 자료 처리나 과학 기술 계산용, 비즈니스 자료 처리용으로 5만 라인 이하의 소프트웨어를 개발하는 유형은?

① Embedded
② Organic
③ Semi-detached
④ Semi-embeded

참고 파트05-챕터03-섹션02

**90** 시스템 내의 정보는 오직 인가된 사용자만 접근할 수 있는 보안 요소는?

① 기밀성 　　　　② 부인 방지
③ 가용성 　　　　④ 무결성

참고 파트03-챕터01-섹션03

**91** 빅데이터 분석 기술 중 대량의 데이터를 분석하여 데이터 속에 내재되어 있는 변수 사이의 상호관계를 규명하여 일정한 패턴을 찾아내는 기법은?

① Data Mining 　　② Wm-Bus
③ Digital Twin 　　④ Zigbee

참고 파트05-챕터01-섹션02

**92** 간트 차트(Gantt Chart)에 대한 설명으로 틀린 것은?

① 프로젝트를 이루는 소작업별로 언제 시작되고 언제 끝나야 하는지를 한눈에 볼 수 있도록 도와준다.
② 자원 배치 계획에 유용하게 사용된다.
③ CPM 네트워크로부터 만드는 것이 가능하다.
④ 수평 막대의 길이는 각 작업(Task)에 필요한 인원수를 나타낸다.

참고 파트05-챕터01-섹션03

**93** 소프트웨어 개발 방법론 중 CBD(Componet Based Development)에 대한 설명으로 틀린 것은?

① 생산성과 품질을 높이고, 유지보수 비용을 최소화할 수 있다.
② 컴포넌트 제작 기법을 통해 재사용성을 향상시킨다.
③ 모듈의 분할과 정복에 의한 하향식 설계 방식이다.
④ 독립적인 컴포넌트 단위의 관리로 복잡성을 최소화할 수 있다.

참고 파트01-챕터01-섹션03

**94** 소프트웨어 생명주기 모델 중 V 모델과 관련한 설명으로 틀린 것은?

① 요구 분석 및 설계 단계를 거치지 않으며 향상 통합 테스트를 중심으로 V 형태를 이룬다.
② Perry에 의해 제안되었으며 세부적인 테스트 과정으로 구성되어 신뢰도 높은 시스템을 개발하는 데 효과적이다.
③ 개발 작업과 검증 작업 사이의 관계를 명확히 들어내 놓은 폭포수 모델의 변형이라고 볼 수 있다.
④ 폭포수 모델이 산출물 중심이라면 V 모델은 작업과 결과의 검증에 초점을 둔다.

참고 파트05-챕터02-섹션02

**95** 정보 시스템과 관련한 다음 설명에 해당하는 것은?

> – 각 시스템 간에 공유 디스크를 중심으로 클러스터링으로 엮어 다수의 시스템을 동시에 연결할 수 있다.
> – 조직, 기업의 기간 업무 서버 등의 안정성을 높이기 위해 사용될 수 있다.
> – 여러 가지 방식으로 구현되며 2개의 서버를 연결하는 것으로 2개의 시스템이 각각 업무를 수행하도록 구현하는 방식이 널리 상용된다.

① 고가용성 솔루션(HACMP)
② 점대점 연결 방식(Point-to-Point Mode)
③ 스턱스넷(Stuxnet)
④ 루팅(Rooting)

참고 파트01-챕터01-섹션01

**96** 소프트웨어 공학에 대한 설명으로 거리가 먼 것은?

① 소프트웨어 공학이랑 소프트웨어의 개발, 운용, 유지보수 및 파기에 대한 체계적인 접근 방법이다.

② 소프트웨어 공학은 소프트웨어 제품의 품질을 향상시키고 소프트웨어 생산성과 작업 만족도를 증대시키는 것이 목적이다.

③ 소프트웨어 공학의 궁극적 목표는 최대의 비용으로 계획된 일정보다 이른 시일 내에 소프트웨어를 개발하는 것이다.

④ 소프트웨어 공학은 신뢰성 있는 소프트웨어를 경제적인 비용으로 획득하기 위해 공학적 원리를 정립하고 이를 이용하는 것이다.

참고 파트05-챕터01-섹션05

**97** CMM(Capability Maturity Model) 모델의 레벨로 옳지 않은 것은?

① 최적 단계
② 관리 단계
③ 정의 단계
④ 캐치 단계

참고 파트05-챕터01-섹션04

**98** COCOMO 모델의 프로젝트 유형으로 거리가 먼 것은?

① Organic
② Semi-detached
③ Embedded
④ Sequential

참고 파트05-챕터04-섹션01

**99** 다음 내용이 설명하는 접근 제어 모델은?

> – 군대의 보안 레벨처럼 정보의 기밀성에 따라 상하 관계가 구분된 정보를 보호하기 위해 사용한다.
> – 자신의 권한보다 낮은 보안 레벨 권한을 가진 경우에는 높은 보안 레벨의 문서를 읽을 수 없고 자신의 권한보다 낮은 수준의 문서만을 읽을 수 있다.
> – 자신의 권한보다 높은 보안 레벨의 문서에는 쓰기가 가능하지만 보안 레벨이 낮은 문서의 쓰기 권한은 제한한다.

① Clark-Wilson Integrity Model
② PDCA Model
③ Bell-Lapadula Model
④ Chinese Wall Model

참고 파트05-챕터05-섹션01

**100** 해싱 함수(Hashing Function)의 종류가 아닌 것은?

① 제곱법(Mid-Square)
② 숫자 분석법(Digit Analysis)
③ 개방 주소법(Open Addressing)
④ 제산법(Division)

**빠른 정답 확인 QR**
스마트폰으로 QR을 찍으면 정답표가 오픈됩니다.
기출문제를 편리하게 채점할 수 있습니다.

# 최신 기출문제
## 정답 & 해설

### 최신 기출문제 01회

| | | | | |
|---|---|---|---|---|
| 01 ① | 02 ③ | 03 ② | 04 ④ | 05 ① |
| 06 ② | 07 ④ | 08 ④ | 09 ③ | 10 ④ |
| 11 ④ | 12 ② | 13 ④ | 14 ② | 15 ④ |
| 16 ④ | 17 ① | 18 ③ | 19 ④ | 20 ④ |
| 21 ② | 22 ④ | 23 ③ | 24 ② | 25 ① |
| 26 ③ | 27 ④ | 28 ③ | 29 ① | 30 ① |
| 31 ② | 32 ① | 33 ④ | 34 ② | 35 ② |
| 36 ② | 37 ① | 38 ② | 39 ② | 40 ② |
| 41 ② | 42 ④ | 43 ① | 44 ② | 45 ② |
| 46 ② | 47 ④ | 48 ④ | 49 ③ | 50 ④ |
| 51 ③ | 52 ② | 53 ③ | 54 ④ | 55 ① |
| 56 ④ | 57 ① | 58 ④ | 59 ③ | 60 ① |
| 61 ③ | 62 ④ | 63 ③ | 64 ② | 65 ① |
| 66 ④ | 67 ④ | 68 ① | 69 ① | 70 ④ |
| 71 ① | 72 ① | 73 ① | 74 ① | 75 ② |
| 76 ③ | 77 ② | 78 ② | 79 ④ | 80 ② |
| 81 ④ | 82 ③ | 83 ③ | 84 ③ | 85 ① |
| 86 ② | 87 ③ | 88 ④ | 89 ② | 90 ② |
| 91 ② | 92 ② | 93 ① | 94 ④ | 95 ③ |
| 96 ④ | 97 ① | 98 ① | 99 ④ | 100 ② |

### 최신 기출문제 02회

| | | | | |
|---|---|---|---|---|
| 01 ② | 02 ③ | 03 ① | 04 ① | 05 ④ |
| 06 ② | 07 ① | 08 ② | 09 ③ | 10 ③ |
| 11 ③ | 12 ③ | 13 ② | 14 ① | 15 ③ |
| 16 ① | 17 ② | 18 ③ | 19 ③ | 20 ④ |
| 21 ④ | 22 ④ | 23 ③ | 24 ① | 25 ② |
| 26 ④ | 27 ④ | 28 ② | 29 ② | 30 ② |
| 31 ③ | 32 ① | 33 ④ | 34 ④ | 35 ① |
| 36 ④ | 37 ④ | 38 ② | 39 ② | 40 ④ |
| 41 ③ | 42 ① | 43 ① | 44 ③ | 45 ① |
| 46 ② | 47 ② | 48 ① | 49 ④ | 50 ① |
| 51 ① | 52 ② | 53 ② | 54 ④ | 55 ② |
| 56 ① | 57 ② | 58 ③ | 59 ③ | 60 ④ |
| 61 ④ | 62 ③ | 63 ③ | 64 ② | 65 ② |
| 66 ③ | 67 ④ | 68 ① | 69 ④ | 70 ④ |
| 71 ① | 72 ② | 73 ② | 74 ③ | 75 ① |
| 76 ① | 77 ④ | 78 ① | 79 ① | 80 ④ |
| 81 ① | 82 ④ | 83 ④ | 84 ④ | 85 ② |
| 86 ④ | 87 ② | 88 ① | 89 ② | 90 ① |
| 91 ① | 92 ① | 93 ② | 94 ② | 95 ① |
| 96 ① | 97 ④ | 98 ① | 99 ② | 100 ① |

### 최신 기출문제 03회

| | | | | |
|---|---|---|---|---|
| 01 ④ | 02 ③ | 03 ② | 04 ④ | 05 ① |
| 06 ① | 07 ② | 08 ④ | 09 ① | 10 ② |
| 11 ① | 12 ③ | 13 ④ | 14 ② | 15 ② |
| 16 ③ | 17 ④ | 18 ② | 19 ② | 20 ④ |
| 21 ① | 22 ④ | 23 ③ | 24 ④ | 25 ① |
| 26 ① | 27 ③ | 28 ④ | 29 ④ | 30 ③ |
| 31 ③ | 32 ① | 33 ③ | 34 ② | 35 ① |
| 36 ① | 37 ④ | 38 ③ | 39 ② | 40 ③ |
| 41 ② | 42 ① | 43 ① | 44 ① | 45 ③ |
| 46 ① | 47 ④ | 48 ② | 49 ① | 50 ③ |
| 51 ③ | 52 ② | 53 ④ | 54 ③ | 55 ① |
| 56 ③ | 57 ① | 58 ③ | 59 ③ | 60 ③ |
| 61 ③ | 62 ② | 63 ③ | 64 ① | 65 ④ |
| 66 ③ | 67 ② | 68 ④ | 69 ③ | 70 ② |
| 71 ③ | 72 ① | 73 ④ | 74 ① | 75 ② |
| 76 ② | 77 ② | 78 ③ | 79 ③ | 80 ④ |
| 81 ④ | 82 ④ | 83 ④ | 84 ③ | 85 ① |
| 86 ② | 87 ② | 88 ① | 89 ② | 90 ④ |
| 91 ① | 92 ④ | 93 ① | 94 ④ | 95 ② |
| 96 ③ | 97 ③ | 98 ② | 99 ③ | 100 ① |

### 최신 기출문제 04회

| | | | | |
|---|---|---|---|---|
| 01 ④ | 02 ② | 03 ④ | 04 ② | 05 ③ |
| 06 ④ | 07 ③ | 08 ③ | 09 ④ | 10 ② |
| 11 ① | 12 ③ | 13 ② | 14 ② | 15 ② |
| 16 ③ | 17 ① | 18 ④ | 19 ② | 20 ① |
| 21 ③ | 22 ② | 23 ③ | 24 ① | 25 ③ |
| 26 ④ | 27 ② | 28 ④ | 29 ① | 30 ② |
| 31 ③ | 32 ④ | 33 ② | 34 ① | 35 ③ |
| 36 ① | 37 ③ | 38 ② | 39 ④ | 40 ③ |
| 41 ① | 42 ① | 43 ④ | 44 ④ | 45 ③ |
| 46 ④ | 47 ③ | 48 ② | 49 ③ | 50 ④ |
| 51 ② | 52 ① | 53 ③ | 54 ① | 55 ③ |
| 56 ④ | 57 ② | 58 ③ | 59 ① | 60 ④ |
| 61 ③ | 62 ② | 63 ③ | 64 ① | 65 ③ |
| 66 ③ | 67 ① | 68 ④ | 69 ③ | 70 ② |
| 71 ④ | 72 ③ | 73 ② | 74 ① | 75 ① |
| 76 ② | 77 ① | 78 ④ | 79 ② | 80 ② |
| 81 ② | 82 ④ | 83 ④ | 84 ③ | 85 ④ |
| 86 ① | 87 ① | 88 ③ | 89 ③ | 90 ① |
| 91 ① | 92 ① | 93 ④ | 94 ② | 95 ④ |
| 96 ③ | 97 ① | 98 ④ | 99 ① | 100 ④ |

### 최신 기출문제 05회

| | | | | |
|---|---|---|---|---|
| 01 ② | 02 ② | 03 ② | 04 ① | 05 ② |
| 06 ④ | 07 ④ | 08 ② | 09 ④ | 10 ④ |
| 11 ② | 12 ① | 13 ④ | 14 ① | 15 ③ |
| 16 ① | 17 ① | 18 ④ | 19 ④ | 20 ④ |
| 21 ② | 22 ④ | 23 ② | 24 ① | 25 ③ |
| 26 ③ | 27 ① | 28 ① | 29 ② | 30 ② |
| 31 ② | 32 ④ | 33 ① | 34 ① | 35 ② |
| 36 ① | 37 ③ | 38 ② | 39 ③ | 40 ① |
| 41 ③ | 42 ③ | 43 ③ | 44 ② | 45 ① |
| 46 ④ | 47 ② | 48 ① | 49 ④ | 50 ① |
| 51 ③ | 52 ② | 53 ③ | 54 ② | 55 ① |
| 56 ① | 57 ② | 58 ④ | 59 ④ | 60 ① |
| 61 ③ | 62 ① | 63 ③ | 64 ① | 65 ④ |
| 66 ① | 67 ③ | 68 ② | 69 ④ | 70 ② |
| 71 ③ | 72 ② | 73 ④ | 74 ① | 75 ① |
| 76 ② | 77 ④ | 78 ④ | 79 ② | 80 ② |
| 81 ② | 82 ② | 83 ② | 84 ① | 85 ① |
| 86 ① | 87 ④ | 88 ② | 89 ② | 90 ① |
| 91 ① | 92 ④ | 93 ③ | 94 ① | 95 ① |
| 96 ③ | 97 ④ | 98 ④ | 99 ③ | 100 ③ |

| | | | | |
|---|---|---|---|---|
| 01 ① | 02 ③ | 03 ② | 04 ④ | 05 ① |
| 06 ② | 07 ④ | 08 ④ | 09 ③ | 10 ④ |
| 11 ④ | 12 ② | 13 ④ | 14 ② | 15 ④ |
| 16 ④ | 17 ① | 18 ③ | 19 ④ | 20 ④ |
| 21 ② | 22 ④ | 23 ③ | 24 ② | 25 ① |
| 26 ③ | 27 ④ | 28 ③ | 29 ① | 30 ④ |
| 31 ② | 32 ① | 33 ④ | 34 ② | 35 ④ |
| 36 ④ | 37 ① | 38 ② | 39 ② | 40 ④ |
| 41 ④ | 42 ③ | 43 ① | 44 ② | 45 ④ |
| 46 ② | 47 ④ | 48 ④ | 49 ③ | 50 ④ |
| 51 ③ | 52 ② | 53 ③ | 54 ② | 55 ① |
| 56 ④ | 57 ① | 58 ④ | 59 ② | 60 ① |
| 61 ③ | 62 ④ | 63 ③ | 64 ② | 65 ① |
| 66 ④ | 67 ④ | 68 ① | 69 ① | 70 ④ |
| 71 ① | 72 ① | 73 ① | 74 ① | 75 ② |
| 76 ④ | 77 ④ | 78 ② | 79 ④ | 80 ② |
| 81 ④ | 82 ③ | 83 ③ | 84 ④ | 85 ② |
| 86 ② | 87 ④ | 88 ④ | 89 ② | 90 ④ |
| 91 ② | 92 ② | 93 ① | 94 ④ | 95 ③ |
| 96 ④ | 97 ① | 98 ③ | 99 ④ | 100 ② |

## 1과목 소프트웨어 설계

### 01 ①

**XP(eXtreme Programming) 12 실천사항**

- Pair Programming
- Planning Game
- Test Driven Development
- Whole Team
- Continuous Integration
- Design Improvement
- Small Releases
- Coding Standards
- Collective Code Ownership
- Simple Design
- System Metaphor
- Sustainable Pace

### 02 ③

**럼바우(Rumbaugh) 객체지향 분석 기법**

- 소프트웨어 구성 요소를 그래픽으로 모형화하였다.
- 객체 모델링 기법(OMT, Object Modeling Technique)이라고도 한다.
- 객체 모델링 : 객체를 다이어그램으로 표현한다.
- 동적 모델링 : 상태를 시간 흐름에 따라 상태 다이어그램으로 표현한다.
- 기능 모델링 : 자료흐름도를 이용하여 여러 프로세스 간의 자료 흐름을 표현한다.

### 03 ②

**모듈의 결합도와 응집도**

- 바람직한 소프트웨어 설계는 응집도는 강하게, 결합도는 약하게 설계하여 모듈의 독립성을 확보할 수 있도록 한다.
- 유지보수가 수월해야 하며 복잡도와 중복을 피한다.
- 입구와 출구는 하나씩 갖도록 한다.

### 04 ④

**객체지향 기법의 캡슐화(Encapsulation)**

- 서로 관련성이 높은 데이터(속성)와 그와 관련된 기능(메소드, 함수)을 묶는 기법이다.
- 결합도가 낮아져 소프트웨어 개발에 있어 재사용성이 높아진다.
- 정보은닉을 통하여 타 객체와 메시지 교환 시 인터페이스가 단순해진다.
- 변경 발생 시 오류의 파급효과가 적다.

**오답 피하기**

상위 클래스의 모든 속성과 연산을 하위 클래스가 물려받는 것은 상속(Inheritance)이라고 한다.

### 05 ①

**객체지향 설계 원칙(SOLID)**

| 단일책임의 원칙(SRP, Single Responsibility Principle) | 모든 클래스는 단일 목적으로 생성되고, 하나의 책임만 가져야 한다. |
|---|---|
| 개방-폐쇄의 원칙(OCP, Open Closed Principle) | 소프트웨어 구성 요소는 확장에 대해서는 개방되어야 하나 수정에 대해서는 폐쇄적이어야 한다. |
| 리스코프치환 원칙(LSP, LiskovSubstitution Principle) | 부모 클래스가 들어갈 자리에 자식 클래스를 대체하여도 계획대로 작동해야 한다. |
| 인터페이스 분리 원칙(ISP, Interface Segregation Principle) | 클라이언트는 자신이 사용하지 않는 메서드와 의존관계를 맺으면 안 되며, 클라이언트가 사용하지 않는 인터페이스 때문에 영향을 받아서는 안 된다. |
| 의존 역전 원칙(DIP, Dependency Inversion Principle) | 의존 관계를 맺으면 변하기 쉽고 변화 빈도가 높은 것보다 변하기 어렵고 변화 빈도가 낮은 것에 의존한다. |

### 06 ②

**파이프 필터(Pipe-Filters)**

- 데이터 흐름(Data Stream)을 생성하고 처리하는 시스템을 위한 구조이다.
- 필터는 파이프를 통해 받은 데이터를 변경시키고 그 결과를 파이프로 전송한다.
- 각 처리 과정은 필터(filter) 컴포넌트에서 이루어지며, 처리되는 데이터는 파이프(pipes)를 통해 흐른다. 이 파이프는 버퍼링 또는 동기화 목적으로 사용될 수 있다.
- 장점 : 필터 교환과 재조합을 통해서 높은 유연성을 제공한다.
- 단점 : 상태정보 공유를 위해서 큰 비용이 소요되며 데이터 변환에 과부하가 걸릴 수 있다.
- 컴파일러, 연속한 필터들은 어휘 분석, 파싱, 의미 분석 그리고 코드 생성을 수행한다.
- 생물정보학에서의 워크플로우 등에 활용된다.

④번은 MVC 모델에 대한 설명이다.

## 07 ④

### AJAX(Asynchronous Javascript And Xml)

- JavaScript를 사용한 비동기 통신 기술로, 클라이언트와 서버 간에 XML 데이터를 주고받는 기술이다.
- 브라우저가 가지고 있는 XMLHttpRequest 객체를 이용해서 전체 페이지를 새로 고치지 않고도 페이지의 일부만을 위한 데이터를 로드하는 기법이다.

## 08 ④

### 디자인 패턴을 사용할 때의 장·단점

| 장점 | • 개발자 간의 원활한 의사소통을 지원한다.<br>• 소프트웨어 구조 파악이 쉽다.<br>• 재사용을 통한 개발 시간을 단축할 수 있다.<br>• 설계 변경 요청에 대해 유연하게 대처할 수 있다.<br>• 객체지향 설계 및 구현의 생산성을 높이는 데 적합하다. |
|---|---|
| 단점 | • 객체지향 설계/구현 위주로 사용된다.<br>• 초기 투자 비용이 부담된다. |

## 09 ③

### 데이터(자료) 흐름도(DFD, Data Flow Diagram)

- 시스템 내의 모든 자료 흐름을 4가지의 기본 기호(처리, 자료 흐름, 자료 저장소, 단말)로 기술하고 이런 자료 흐름에 중심의 분석용 도구이다.
- DFD의 요소는 화살표, 원, 사각형, 직선(단선/이중선)으로 표시한다.
- 시스템이나 프로그램 간의 총체적인 데이터 흐름을 표시할 수 있으며, 기본적인 데이터 요소와 그들 사이의 데이터 흐름 형태로 기술된다.
- 시간의 흐름을 명확하게 표시하지는 못한다.
- 다차원적이며 자료 흐름 그래프 또는 버블(bubble)차트라고도 한다.
- 구조적 분석 기법에 이용된다.
- 그림 중심의 표현이고 하향식 분할 원리를 적용한다.

## 10 ④

소프트웨어 개발에서는 적절한 인력 배치와 효율적인 협업이 중요하며, 무조건 많은 인력을 투입하는 것이 항상 좋은 해결책은 아니다.

## 11 ④

### UML 다이어그램의 분류

| 구조적(Structural) 다이어그램 | • 클래스 다이어그램(Class Diagram)<br>• 객체 다이어그램(Object Diagrma)<br>• 컴포넌트 다이어그램(Componet Diagram)<br>• 배치 다이어그램(Deployment Diagram)<br>• 복합체 구조 다이어그램(Composite Structure Diagram)<br>• 패키지 다이어그램(Package Diagram) |
|---|---|
| 행위(Behavioral) 다이어그램 | • 유스케이스 다이어그램(Use Case Diagram)<br>• 시퀀스 다이어그램(Sequence Diagram)<br>• 커뮤니케이션 다이어그램(Communication Diagram)<br>• 상태 다이어그램(State Diagram)<br>• 활동 다이어그램(Activitiy Diagram)<br>• 상호작용 개요 다이어그램(Interaction Overview Diagram)<br>• 타이밍 다이어그램(Timing Diagram) |

## 12 ②

### 소프트웨어 설계의 분류

## 13 ④

### UI(User Interface)에서 사용자 동작

- 클릭(Click) : 마우스나 터치스크린을 사용하여 특정 버튼, 링크, 아이콘 등을 선택할 때 발생하는 동작
- 탭(Tap) : 터치스크린에서 손가락으로 화면을 가볍게 누르는 동작
- 더블 클릭/더블 탭(Double Click/Double Tap) : 짧은 시간 내에 동일한 위치를 두 번 클릭하거나 탭하는 동작
- 드래그(Drag) : 마우스 버튼을 누른 상태로 이동하거나, 터치스크린에서 손가락을 눌러 끌어 이동하는 동작
- 스와이프(Swipe) : 터치스크린에서 손가락을 빠르게 밀어 올리거나, 옆으로 이동시키는 동작.
- 핀치(Pinch) : 두 손가락을 사용하여 화면을 확대하거나 축소하는 동작

## 14 ②

### HIPO(Hierarchy Input Process Output)

- 프로그램의 기능을 계층 구조로 도식화함으로써 개발 순서를 논리적으로 전개할 수 있는 수단이다.
- 하향식 중심이며 표준화된 문서 작성 기법을 사용하므로 의사 전달 착오 가능성이 매우 적다.
- 구성 요소 : Input, Process, Output

## 15 ④

요구사항 모델링이나 UML 다이어그램 중 단계 다이어그램은 포함되지 않는다.

## 16 ④

### 현행 시스템 분석의 절차

- 1단계 : 시스템 구성 파악 – 시스템 기능 파악 – 시스템 인터페이스 현황 파악
- 2단계 : 아키텍처 파악 – 소프트웨어 구성 파악
- 3단계 : 시스템 하드웨어 현황 파악 – 네트워크 구성 파악

## 17 ①

### IPSec(IP security)

- 통신 세션의 각 IP패킷을 암호화하고 인증하는 안전한 인터넷 프로토콜(IP) 통신을 위한 인터넷 프로토콜으로 양방향 암호화를 지원한다.
- ESP는 발신지 인증, 데이터 무결성, 기밀성 모두를 보장한다.
- 운영 모드는 Tunnel 모드와 Transport 모드로 분류된다.
- AH는 발신지 호스트를 인증하고, IP 패킷의 무결성을 보장한다.
- 전송 모드(Transport)는 전송 계층과 네트워크 계층 사이에 전달되는 payload를 보호한다.
- 터널 모드(Tunnel)는 IPSec이 IP 헤더를 포함한 IP 계층의 모든 것을 보호한다.

## 18 ③

### 사용자 인터페이스(UI) 요소

| 라디오 버튼 | ○ Radio1<br>○ Radio2<br>⦿ Radio3 | 선택 영역에서 어느 하나를 선택할 때 사용하는 버튼이다. 항목 중 1개만 선택할 수 있다. |
|---|---|---|
| 체크박스 | ☐ 정보처리<br>☑ 정보보안<br>☑ 빅데이터<br>☑ 리눅스마스터 | 라디오 버튼과 달리 동시에 여러 항목을 선택할 수 있다. |
| 토글 버튼 | ⬭ | 항목을 on/off하는 경우에 사용된다. |
| 드롭다운 리스트<br>(목록상자) | 드롭다운메뉴 ▼<br>✎ 수정<br>🗑 삭제<br>⊘ 차단<br>비활성화 | 기본값이 보이는 디폴트 값을 가지고 있다가 드롭다운 버튼을 누르면 선택 항목이 표시된다. |

## 19 ④

### GoF(Gang of Four) 디자인 패턴
- 에릭 감마(Eric Gamma), 리처드 헬름(Richard Helm), 랄프 존슨(Ralph Johnson), 존 브리시데스(John Vlissides)가 제안하였다.
- 객체지향 설계 단계 중 재사용에 관한 유용한 설계를 디자인 패턴화하였다.
- 생성 패턴, 구조 패턴, 행위 패턴으로 분류한다.

## 20 ④

### 코드 오류의 종류

| 필사 오류<br>(Transcription Error) | 입력 시 한 자리를 잘못 기록하는 오류 | ⓔ 1234 → 1235 |
|---|---|---|
| 전위 오류<br>(Transposition Error) | 입력 시 좌우 자리를 바꾸어 발생하는 오류 | ⓔ 1234 → 1243 |
| 이중 오류(Double Transposition Error) | 전위 오류가 두 개 이상 발생하는 오류 | ⓔ 1234 → 2143 |
| 생략 오류(Missing Error) | 입력 시 한 자리를 빼고 기록하는 오류 | ⓔ 1234 → 123 |
| 추가 오류(Addition Error) | 입력 시 한 자리를 추가해서 기록하는 오류 | ⓔ 1234 → 12345 |
| 임의 오류(Random Error) | 두 가지 이상의 오류가 결합해서 발생하는 오류 | ⓔ 1234 → 21345 |

---

### 2과목 소프트웨어 개발

## 21 ②

### 연결 리스트
- 노드들이 순차적으로 연결되어 있어, 임의의 노드에 빠르게 접근하기 어렵다.
- 배열처럼 인덱스를 이용하여 바로 접근할 수 없기 때문에, 원하는 노드를 찾기 위해서는 연결된 노드를 따라 순차적으로 탐색해야 한다.
- 연결 리스트는 검색 속도가 배열에 비해 느리다는 단점을 가지고 있다.

## 22 ④

컴파일러가 독창적이면 타 시스템 호환성 등의 문제가 생길 수 있다.

## 23 ③

### 소스 코드 품질 분석 도구

| 정적 분석 도구 | pmd, cppcheck, SonarQube, checkstyle, ccm, cobertura, FindBugs 등 |
|---|---|
| 동적 분석 도구 | Avalanche, Valgrind 등 |

## 24 ②

a/b+c−d*e → (((a/b)+c)−(d*e)) → ab/c+de*−

오답 피하기

연산자 우선순위에 따라 괄호로 묶어준 뒤 괄호 뒤로 연산자를 이동시키면 된다.

## 25 ①

### SPICE 모델의 레벨

| 레벨 5 | 최적(optimizing) 단계 | 정의된 프로세스와 표준 프로세스가 지속적으로 개선되는 단계이다. |
|---|---|---|
| 레벨 4 | 예측(predictable) 단계 | 표준 프로세스 능력에 대하여 정량적인 이해와 성능이 예측되는 단계이다. |
| 레벨 3 | 확립(established) 단계 | 표준 프로세스를 사용하여 계획되고 관리된 단계이다. |
| 레벨 2 | 관리(managed) 단계 | 프로세스가 정해진 절차에 따라 이루어져 산출물을 내며, 모든 작업이 계획되고 추적되는 단계이다. |
| 레벨 1 | 수행(performed) 단계 | 해당 프로세스의 목적은 달성하지만 계획되거나 추적되지 않은 단계이다. |
| 레벨 0 | 불완전(incomplete) 단계 | 프로세스가 구현되지 않거나 프로세스 목적을 달성하지 못한 단계이다. |

## 26 ③

### 브룩스(Brooks)의 법칙
소프트웨어 개발 일정이 지연된다고 해서 말기에 새로운 인원을 투입하면 작업 적응 기간과 부작용으로 인해 일정은 더욱 지연된다는 법칙이다.

## 27 ④

| 0pass | 8, 3, 4, 9, 7 |
|---|---|
| 1pass | 3, 8, 4, 9, 7 |
| 2pass | 3, 4, 8, 9, 7 |
| 3pass | 3, 4, 8, 9, 7 |
| 4pass | 3, 4, 7, 8, 9 |

오답 피하기

삽입 정렬(Insertion Sort)은 정렬된 파일에 2번째 값을 첫 번째 킷값으로 설정하고 킷값 앞쪽 배열과 비교해 정렬한다. 각 pass 결과를 유추해보면 선택 정렬은 1pass 때마다 가장 작은 값이 맨 앞으로 배치되고, 버블 정렬은 가장 큰 값이 맨 뒤에 배치되는 공식을 알고 있다면 쉽게 답을 찾을 수 있다.

**28 ③**

## 소프트웨어 품질 목표(Software Quality And Goals)

| | |
|---|---|
| 정확성(Correctness) | 사용자의 요구 기능을 충족시키는 정도를 의미한다. |
| 신뢰성(Reliability) | 정확하고 일관된 결과를 얻기 위해 요구된 기능을 오류 없이 수행하는 정도를 의미한다. |
| 효율성(Efficiency) | 요구되는 기능을 수행하기 위해 필요한 자원의 소요 정도나 자원의 낭비 정도를 의미한다. |
| 무결성(Integrity) | 허용되지 않는 사용이나 자료의 변경을 제어하는 정도를 의미한다. |
| 이식성(Portability) | 다양한 하드웨어 환경에서도 운용이 가능하도록 쉽게 수정될 수 있는 정도를 의미한다. |

**29 ①**

## 시간 복잡도 Big-O(빅-오) 표기법

| | | |
|---|---|---|
| O(1) | 상수 시간의 복잡도를 의미하며 입력값 n이 주어졌을 때, 문제를 해결하는데 오직 한 단계만 거친다. | 해시 함수 |
| O(log₂n) | 로그 시간의 복잡도를 의미하며 입력값 n이 주어졌을 때, 문제를 해결하는데 필요한 단계들이 연산마다 특정 요인에 의해 줄어든다. | 이진 탐색 |
| O(Nlog₂n) | 선형 로그 시간의 복잡도를 의미하며 문제 해결을 위한 단계수는 nlog₂n번의 수행시간을 갖는다. | 퀵 정렬, 병합(합병) 정렬 |
| O(n) | 선형 시간의 복잡도를 의미하며 문제를 해결하기 위한 단계의 수와 입력값 n이 1:1 관계이다. | 순차 탐색 |
| O(n^2) | 제곱 시간의 복잡도를 의미하며 문제를 해결하기 위한 단계의 수는 입력값 n의 제곱근이다. | 버블 정렬, 삽입 정렬, 선택 정렬 |
| O(C^n) | 지수 시간의 복잡도를 의미하며 문제를 해결하기 위한 단계의 수는 주어진 상수값 C의 n제곱이다. | |

**30 ③**

알고리즘 설계 기법에는 분할 정복법(Divide&Conquer), 동적 계획법(Dynamic Programming), 탐욕법(Greedy Method), 퇴각 검색법(Backtracking), 분기 한정법(Branch&Bound), 근사해법(Approximation Algoritm) 등이 있다.

**31 ②**

외계인 코드(Alien Code)는 아주 오래되거나 참고문서 또는 개발자가 없어 유지보수 작업이 어려운 프로그램을 의미한다.

**32 ①**

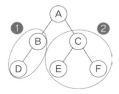

- 중위 순회(Inorder) 방법은 Left → Root → Right 순서로 진행된다.
- ❶ A ❷ → D B A ❷ → D B A E C F

**33 ④**

## 단위 테스트 지원 도구(xUnit)

- JUnit : Java 프로그래밍 언어에 사용되는 테스트 도구로서, 데이터를 테스트한 다음 코드에 삽입한다.
- NUnit : 모든 .net 언어에 널리 사용되는 단위 테스트 프레임워크로서, 병렬로 실행할 수 있는 데이터 중심 테스트를 지원한다.
- JMockit : 오픈소스 단위 테스트 도구로서, 기록 및 검증 구문으로 API를 Mocking 할 수 있다.
- EMMA : 코드 분석 오픈소스 툴 킷으로서, JAVA 기반이므로 외부 라이브러리 종속성이 없으며 소스 코드에 액세스할 수 있다.
- PHPUnit: PHP 프로그래머를 위한 단위 테스트 도구이다.
- HttpUnit : HtmlUnit은 Java 프로그램용 GUI가 없는 브라우저를 포함하는 오픈소스 Java 라이브러리이다.
- DBUnit : 데이터베이스 단위 테스트를 지원하는 프레임워크이다.

**34 ②**

## 코드 인스펙션 과정

**35 ②**

## 소프트웨어 테스트의 원리

- 테스팅은 결함이 존재함을 밝히는 활동이다. : 소프트웨어의 잠재적인 결함을 줄일 수 있지만, 결함이 발견되지 않아도 결함이 없다고 증명할 수 없음을 나타낸다.
- 완벽한 테스팅은 불가능하다. : 무한 경로, 무한 입력 값, 무한 시간이 소요되어 완벽하게 테스트할 수 없으므로 리스크 분석과 우선순위를 토대로 테스트에 집중할 것을 의미한다.
- 테스팅은 개발 초기에 시작해야 한다. : 애플리케이션의 개발 단계에 테스트를 계획하고 SDLC(Software Development Life Cycle)의 각 단계에 맞춰 전략적으로 접근하는 것을 고려해야 한다.
- 결함 집중(Defect Clustering) : 애플리케이션 결함의 대부분은 소수의 특정한 모듈에 집중되어 존재한다. 파레토 법칙이 좌우한다.
- 살충제 패러독스(Presticide Paradox) : 동일한 테스트 케이스로 반복 테스트시 결함을 발견할 수 없으므로 주기적으로 테스트 케이스를 리뷰하고 개선해야 한다.

**36 ②**

> **오답 피하기**

콘텐츠를 메타 데이터와 함께 배포 가능한 단위로 묶는 기능을 하는 것은 패키저(Packager)이다.

**37 ①**

| 화이트박스 테스트 | 기초 경로 검사, 조건 검사, 제어 구조 검사, 데이터 흐름 검사, 루프 검사 등 |
|---|---|
| 블랙박스 테스트 | 동치 분할 검사, 원인-효과 그래프 검사, 비교 검사 등 |

**38 ②**

**해싱 함수의 종류**

| 제산법<br>(Division Method) | 나머지 연산자(%)를 사용하여 테이블 주소를 계산하는 방법 |
|---|---|
| 제곱법<br>(Mid-Square Method) | 레코드 키값을 제곱한 후에 결과값의 중간 부분에 있는 몇 비트를 선택하여 해시 테이블의 홈 주소로 사용하는 방법 |
| 중첩법(폴딩법,<br>Folding Method) | 레코드 키를 여러 부분으로 나누고, 나눈 부분의 각 숫자를 더하거나 XOR한 값을 홈 주소로 사용하는 방법 |
| 기수 변환법<br>(Radix Conversion Method) | 키 숫자의 진수를 다른 진수로 변화시켜 주소 크기를 초과한 높은 자릿수를 절단하고, 이를 다시 주소 범위에 맞게 조정하는 방법 |
| 계수 분석법<br>(Digit Analysis Method) | 레코드 키를 구성하는 수들이 모든 키들 내에서 각 자리별로 어떤 분포인지를 조사하여 비교적 고른 분포를 나타내는 자릿수를 필요한 만큼 선택하여 레코드의 홈 주소로 사용하는 방법 |
| 무작위법<br>(Random Method) | 난수를 발생시킨 후 그 난수를 이용해 각 키의 홈 주소를 산출하는 방법 |

**39 ②**

**클린 코드의 작성 원칙**

| 가독성 | • 누구나 코드를 쉽게 읽을 수 있도록 작성한다.<br>• 이해하기 쉬운 용어 사용하고 들여쓰기 등을 활용한다. |
|---|---|
| 단순성 | • 한 번에 한 가지 기능만 처리한다.<br>• 클래스/메소드/함수는 최소 단위로 분리한다. |
| 의존성 배제 | 다른 모듈에 미치는 영향 최소화하여 코드 변경 시 다른 부분에 영향 없도록 작성한다. |
| 중복성 최소화 | 중복된 코드는 삭제하여 공통된 코드로 사용한다. |
| 추상화 | 상위 클래스/메소드/함수에서 간략하게 애플리케이션 특성을 나타내고, 상세 내용은 하위 클래스/메소드/함수에서 구현한다. |

**40 ②**

DRM 기술 요소에는 암호화, 키 관리, 암호화 파일 생성, 식별 기술, 저작권 표현, 정책 관리, 크랙 방지, 인증, 인터페이스, 이벤트 보고, 사용 권한 등이 있다.

**3과목 데이터베이스 구축**

**41 ④**

**트랜잭션의 특성(ACID)**

| 원자성(Atomicity) | 완전하게 수행 완료되지 않으면 전혀 수행되지 않아야 함 |
|---|---|
| 일관성(Consistency) | 시스템의 고정 요소는 트랜잭션 수행 전후에 같아야 함 |
| 격리성(Isolation, 고립성) | 트랜잭션 실행 시 다른 트랜잭션의 간섭을 받지 않아야 함 |
| 영속성(Durability, 지속성) | 트랜잭션의 완료 결과가 데이터베이스에 영구히 기억되어야 함 |

**42 ③**

**CRUD Matrix**

• 데이터베이스에 영향을 주는 생성, 읽기, 갱신, 삭제 연산으로 프로세스와 테이블 간에 매트릭스를 만들어서 트랜잭션을 분석하는 도구이다.
• 업무 프로세스와 데이터 간의 상관관계 분석을 위한 것으로 업무 프로세스와 엔티티 타입을 행과 열로 구분하여 행과 열이 만나는 교차점에 이용에 대한 상태를 표시한다.

**43 ①**

**즉각 갱신법**

• 데이터를 갱신하면 트랜잭션이 완료되기 전에 실제 데이터베이스에 반영하는 방법이다.
• 회복 작업을 위해서 갱신 내용을 별도의 Log로 기록해야 한다.
• Redo, Undo 모두 사용 가능하다.

**44 ②**

두 테이블의 중복 레코드는 학번 : 20202222이므로 ②번이 답이 된다.

> **오답 피하기**

**Intersection(교집합)**

• Intersection(교집합)은 연관성이 있는 두 개의 릴레이션에서 중복되는 레코드를 선택하여 릴레이션을 생성한다.
• 연산자의 기호는 ∩를 사용한다.

**45 ②**

**정규화의 목적**

• 데이터 구조의 안정성 최대화
• 중복 데이터의 최소화
• 수정 및 삭제 시 이상 현상의 최소화
• 테이블 불일치 위험의 최소화

**46 ②**

**E-R 다이어그램**

| 기호 | 기호 이름 | 의미 |
|---|---|---|
| ▭ | 사각형 | 개체(Entity) |
| ◇ | 마름모 | 관계(Relationship) |
| ◯ | 타원 | 속성(Attribute) |
| — | 선 | 개체 타입과 속성 연결 |

**47 ④**

**분산 데이터베이스의 목표**

| 위치 투명성<br>(Location Transparency) | 하드웨어와 소프트웨어의 물리적 위치를 사용자가 알 필요가 없다. |
|---|---|
| 중복(복제) 투명성<br>(Replication Transparency) | 사용자에게 통지할 필요 없이 시스템 안에 파일들과 자원들의 부가적인 복사를 자유롭게 할 수 있다. |
| 병행 투명성<br>(Concurrency Transparency) | 다중 사용자들이 자원들을 자동으로 공유할 수 있다. |
| 장애 투명성<br>(Faiure Transparency) | 사용자들은 어느 위치의 시스템에 장애가 발생했는지 알 필요가 없다. |

**48 ④**

**릴레이션의 특징**

- 테이블의 열(Column)에 해당하며 모든 속성값은 원자값이다.
- 한 릴레이션의 속성은 원자값이며, 속성 간 순서가 없다.
- 모든 튜플은 서로 다른 값을 가지며, 튜플 사이에는 순서가 없다.

**49 ③**

HAVING절은 GROUP BY절에 의해 선택된 그룹의 탐색 조건을 지정할 수 있으며 SUM, AVG, COUNT, MAN, MIN 등의 그룹 함수와 함께 사용할 수 있다.

**50 ④**

**관계대수(Relational Algebra)**

- 원하는 정보와 그 정보를 어떻게 유도하는가를 기술하는 절차적인 방법이다.
- 주어진 릴레이션 조작을 위한 연산의 집합이다.
- 일반 집합 연산과 순수 관계 연산으로 구분된다.
- 질의에 대한 해를 구하기 위해 수행해야 할 연산의 순서를 명시한다.

**51 ③**

SELECT 과목이름 FROM 성적 WHERE EXISTS

성적 테이블에서 아래 하위 테이블에서 검색된 2000, 4000에 해당하는 학생의 과목이름을 출력한다.

| 학번 | 과목번호 | 과목이름 | 학점 | 점수 |
|---|---|---|---|---|
| 1000 | A100 | 자료구조 | A | 91 |
| 2000 | A200 | DB | A⁺ | 99 |
| 3000 | A100 | 자료구조 | B⁺ | 88 |
| 3000 | A200 | DB | B | 85 |
| 4000 | A200 | DB | A | 94 |
| 4000 | A300 | 운영체제 | B⁺ | 89 |
| 5000 | A300 | 운영체제 | B | 88 |

(SELECT 학번 FROM 학생 WHERE 학생.학번 = 성적.학번 AND 학생.학과 IN ('전산', '전기') AND 학생.주소 = '경기');

[하위 질의] 학생 테이블과 성적 테이블의 학번 필드가 같은 학생 중 학생 테이블의 학과 필드가 전산, 전기이면서 학생 주소가 경기인 학생의 학번 필드를 검색한다. → 2000, 4000

| 학번 | 이름 | 학년 | 학과 | 주소 |
|---|---|---|---|---|
| 1000 | 김철수 | 1 | 전산 | 서울 |
| 2000 | 고영준 | 1 | 전기 | 경기 |
| 3000 | 유진호 | 2 | 전자 | 경기 |
| 4000 | 김영진 | 2 | 전산 | 경기 |
| 5000 | 정현영 | 3 | 전자 | 서울 |

**오답 피하기**

하위 질의의 경우 하위 질의를 먼저 처리하고 그 결과를 상위 질의 조건에 입력한다.

**52 ②**

**로킹(Locking)의 특징**

- 로킹 단위가 커지면 로크의 수가 적어 관리가 쉬워지지만 병행성 수준은 낮아진다.
- 로킹 단위가 작으면 로크의 수가 많아 관리가 어려워지지만 병행성 수준은 높아진다.

**53 ③**

REVOKE 명령은 데이터베이스 사용자로부터 사용 권한을 취소한다.

**오답 피하기**

**기본 구조**

REVOKE [GRANT OPTION FOR] 권한 ON 데이터 객체 FROM 사용자 [CASCADE];

- GRANT OPTION FOR : 다른 사용자에게 권한을 부여할 수 있는 권한 취소한다.
- CASCADE : 권한을 부여받았던 사용자가 다른 사용자에게 부여한 권한도 연쇄 취소한다.
- 부여 가능한 권한 : Update, delete, Insert, Select

**54 ④**

- BETWEEN은 구간값 조건식이다.
- BETWEEN 170 AND 180은 170~180까지의 범위를 의미하며, where >= 170 and <= 180으로 표현할 수 있다.

**55 ①**

SAN(Storage Area Network)은 네트워크상에 광채널 스위치의 이점인 고속 전송과 장거리 연결 및 멀티 프로토콜 기능을 활용하여 각기 다른 운영체제를 가진 여러 기종들이 네트워크상에서 동일 저장장치의 데이터를 공유하게 함으로써, 여러 개의 저장 장치나 백업 장비를 단일화시킨 시스템이다.

**56 ④**

**BCNF 정규형**

- 1, 2, 3정규형을 만족하고, 결정자가 후보키가 아닌 함수적 종속을 제거한다.
- 강력한 3정규형이라고도 한다.

## 57 ①

- 모든 속성의 도메인 값을 곱하면 최대 튜플 수가 계산된다.
- 3×2×4 = 24개

## 58 ④

**물리적 설계**

- 목표 DBMS에 종속적인 물리적 구조 설계
- 저장 레코드 양식 설계
- 레코드 집중의 분석/설계
- 접근 경로 설계
- 트랜잭션 세부 설계

## 59 ③

제시된 릴레이션의 스키마(속성)가 4개이므로 차수는 4가 된다.

> 오답 피하기

**속성(Attribute)**

- 테이블의 열(Column)에 해당하며 파일 구조의 항목(Item), 필드(Field)와 같은 의미이다.
- 차수(Degree) : 속성의 수(차수)

## 60 ①

OLAP(on-line analytical processing) 연산 종류 : roll-up, drill-down, dicing, slicing

---

### 4과목  프로그래밍 언어 활용

## 61 ③

> 오답 피하기

- ls : 현재 디렉터리 내의 모든 파일을 표시한다.
- cat : 파일의 내용을 화면에 표시한다.
- chmod : 파일의 사용 권한을 지정한다.

## 62 ④

**Java 정수 데이터 타입**

- byte : 1Byte
- short : 2Byte
- int : 4Byte
- long : 8Byte

## 63 ③

**JAVA의 if~else와 삼항 연산자(조건 연산자)**

- 삼항 연산자의 문법

| 조건식 ? 참값 : 거짓값 |
| --- |

- 변수 mx의 값을 구한 후 if~else문을 실행하여 변수 mm의 값을 구하여 출력하는 프로그램이다.

| `mx = a < b ? b : a;` | 조건식 1〈2의 결과는 '참'이므로 변수 mx에는 변수 b 값인 30이 대입된다. |
| --- | --- |
| `if(mx == 1) {` | 3==1의 결과는 '거짓'이므로 |
| `mn = a > mx ? b : a;` | |
| `}` | |

| `else {` | '거짓'인 경우 else 블록을 실행한다. 조건식 2〉3의 결과는 '거짓'이므로 변수 mn에는 변수 c 값인 30이 대입된다. |
| --- | --- |
| `mn = b < mx ? d : c;` | |
| `}` | |

## 64 ②

**브리지**

- 두 개의 근거리통신망(LAN) 시스템을 이어주는 접속장치이다.
- 양쪽 방향으로 데이터의 전송만 해줄 뿐 프로토콜 변환 등 복잡한 처리는 불가능하다.

## 65 ③

**파일 디스크립터(File Descriptor)**

- 파일을 관리하기 위해 필요한 파일에 대한 정보를 갖고 있는 제어 블록이다.
- 파일 제어 블록(FCB, File Control Block)이라고도 한다.
- 파일마다 독립적으로 존재하며, 시스템에 따라 다른 구조를 가질 수 있다.
- 보조기억장치에 저장되어 있다가 해당 파일이 열릴(Open) 때 주기억장치로 옮겨진다.
- 파일 시스템이 관리하므로 사용자가 직접 참조할 수 없다.
- 파일 디스크립터의 내용 : 파일 구조, 파일 유형, 파일 크기, 파일 이름, 파일 생성 시간, 수정 시간, 파일에 대한 접근 횟수, 보조 기억 장치 정보, 접근 제어 정보

## 66 ④

| map 함수 | • 주어진 함수를 순회 가능한(iterable) 객체의 모든 요소에 적용하여 새로운 이터레이터(iterator)를 반환하는 함수이다.<br>• 형식 : map(function, iterable)<br>– function : 적용할 함수. 순회 가능한 객체의 각 요소를 받아 처리한다.<br>– iterable : 순회 가능한 객체로 list, tuple, set, dict 등과 같은 여러 형태의 컬렉션을 포함한다. |
| --- | --- |
| split 함수 | • string을 delimiter를 기준으로 분리한 후 분리된 각 부분을 원소로 가지는 리스트를 반환한다.<br>• 형식 : string.split(delimiter, maxsplit) |

> 오답 피하기

문자열 입력으로 받은 12a34를 'a' 기준으로 분할하고 정수형으로 a, b에 각각 할당한다.

## 67 ④

while문의 조건식 부분에 입력된 'y- -'는 참이나 거짓을 판단하는 조건식이 아니기 때문에 오류가 발생한다.

> 오답 피하기

다음과 같이 코드를 수정하여 실행하면 'x=7 y=0'이 출력된다.

```
int x=1, y=6;
while (y>0) {
x++;
y--;
}
```

## 68 ①

|  |  |
|---|---|
| `a = 0`<br>`b = 0` | 전역 변수 a와 b를 선언하고 0으로 초기화 |
| `def func1():`<br>`    a = 10`<br>`    b = a`<br>`    return b` | • func1 함수 선언<br>• 함수 내에 지역 변수 a를 10으로 초기화<br>• 함수 내에 지역 변수 b에 a의 값 할당<br>• 함수의 반환값으로 b 값을 반환 |
| `def func2():`<br>`    global a`<br>`    b = a`<br>`    return b` | • func2 함수 정의<br>• a 변수를 전역 변수로 사용하기 위해 선언<br>• 지역 변수 b에 전역 변수 a의 값을 할당<br>• 함수의 반환값으로 b 값을 반환 |
| `a = 20`<br>`b = 20`<br>`print(func1())`<br>`print(func2())` | • 전역 변수 a에 20 할당<br>• 전역 변수 b에 20 할당<br>• func1 함수를 호출하고 반환된 값 10을 출력<br>• func2 함수를 호출하고 반환된 값 20을 출력 |
| `a = a + 20`<br>`b = b + 20`<br>`print(func1())`<br>`print(func2())` | • 전역 변수 a(20)에 20을 더한 값을 할당<br>• 전역 변수 b(20)에 20을 더한 값을 할당<br>• func1 함수를 호출하고 반환된 값을 출력<br>• func2 함수를 호출하고 반환된 값을 출력 |

## 69 ①

• 10.0.0.0 네트워크는 A클래스에 해당한다.
• 서브넷은 255.240.0.0/12이므로, 11111111. 11110000. 00000000. 00000000이다.
• 유효한 서브네트 ID

| | |
|---|---|
| – 10.0.0.0 | – 10.128.0.0 |
| – 10.16.0.0 | – 10.144.0.0 |
| – 10.32.0.0 | – 10.160.0.0 |
| – 10.48.0.0 | – 10.176.0.0 |
| – 10.64.0.0 | – 10.192.0.0 |
| – 10.80.0.0 | – 10.208.0.0 |
| – 10.96.0.0 | – 10.224.0.0 |
| – 10.112.0.0 | – 10.240.0.0 |

오답 피하기

**서브넷 마스크**
• 현재 사용 중인 네트워크의 범위를 설정하는 것이다.
• 서브넷 ID는 설정된 범위의 첫 번째 IP로 서브넷을 식별하는 역할을 한다.

## 70 ④

실행시간이 가장 짧은 P4가 가장 먼저 처리된다.

오답 피하기

**SJF(Shortest Job First)**
• 비선점 스케줄링 기법의 일종이다.
• 준비상태 큐에서 기다리고 있는 프로세스들 중에서 실행 시간이 가장 짧은 프로세스에게 먼저 CPU를 할당하는 스케줄링 기법이다.

## 71 ①

| 참조 페이지 | 1 | 2 | 3 | 1 | 2 | 4 | 5 | 1 |
|---|---|---|---|---|---|---|---|---|
| 프레임 1 | 1 | 1 | 1 | 1 | 1 | 1 | 5 | 5 |
| 프레임 2 | | 2 | 2 | 2 | 2 | 2 | 2 | 1 |
| 프레임 3 | | | 3 | 3 | 3 | 3 | 3 | 3 |
| 프레임 4 | | | | | | 4 | 4 | 4 |
| 페이지 부재 | ● | ● | ● | | | ● | ● | ● |

오답 피하기

**FIFO(First In First Out, 선입선출) 알고리즘**
• 가장 먼저 적재된 페이지를 먼저 교체하는 기법이다.
• 구현이 간단하다.

## 72 ①

```java
class TestClass {
    void exe(int[] arr) {
        System.out.println(func(func(5, 5), 5,
        func(arr)));
    }
    int func(int a, int b) {
        return a + b;
    }
    int func(int a, int b, int c) {
        return a - b;
    }
    int func(int[] c) {
        int s = 0;
        for(int i = 0; i < c.length; i++) {
            s += c[i];
        }
        return s;
    }
}
```

• TestClass 클래스 정의
• exe 메서드 : int 배열 arr을 인자로 받아서 연산을 수행하고 결과를 출력하는 메서드
• func(int a, int b) : 두 개의 정수 a와 b를 인자로 받아 더한 값을 반환하는 메서드
• func(int a, int b, int c) : 세 개의 정수 a, b, c를 인자로 받아 a – b의 값을 반환하는 메서드
• func(int[] c) : 정수 배열 c를 인자로 받아 배열의 모든 요소를 더한 값을 반환하는 메서드

```
public class Test {
    public static void main(String[] args) {
        int[] a = {1, 2, 3, 4, 5};
        TestClass t = new TestClass();
        t.exe(a);
    }
}
```

- Test 클래스의 정의 : main 메서드를 가지는 클래스로, 프로그램의 시작점임
- main 메서드 : 배열 a를 초기화하고, TestClass의 인스턴스를 생성한 후, exe 메서드를 실행
- func(5, 5)는 5와 5를 더한 결과로서 10을 반환
- func(arr)는 배열 a의 원소인 1, 2, 3, 4, 5를 모두 더한 결과로서 15를 반환
- func(10, 5, 15)는 10에서 5를 빼서 5를 반환
- System.out.println으로 결과를 출력하면 5 출력

## 73 ①

**umask**

- 파일이나 디렉터리 생성 시 초기 접근 권한을 설정할 때 사용한다.
- 초기 파일의 권한은 666이고 디렉터리는 777이며 여기에 umask 값을 빼서 초기 파일 권한을 설정할 수 있다.
- 파일 초기 권한 666 − ? = 644

| 소유자 | | | 그룹 | | | 사용자 | | |
|---|---|---|---|---|---|---|---|---|
| r | w | x | r | w | x | r | w | x |
| 4 | 2 | 1 | 4 | 2 | 1 | 4 | 2 | 1 |

- rwx(7)은 모든 권한을 갖는다.
- − − −(0)은 모든 권한이 해제된 상태이다.
- 644는 소유자(읽기+쓰기), 그룹(읽기), 사용자(읽기) 권한이 부여된 상태이다.

## 74 ①

SSH의 기본 네트워크 포트는 22번을 사용한다.

## 75 ②

**교착상태의 해결 방법**

| 예방(Prevention) | • 교착상태가 발생하지 않도록 사전에 시스템을 제어하는 방법이다. <br>• 일반적으로 자원의 낭비가 가장 심한 것으로 알려진 기법이다. |
|---|---|
| 회피(Avoidance) | • 교착상태 발생 가능성을 인정하고 교착상태가 발생하려 할 때, 교착상태 가능성을 피해가는 방법이다. <br>• 주로 은행원 알고리즘(Banker's Algorithm)을 사용한다. |
| 발견(Detection) | 교착상태가 발생했는지 검사하여 교착상태에 빠진 프로세스와 자원을 발견하는 방법이다. |
| 회복(Recovery) | 교착상태에 빠진 프로세스를 종료하거나 해당 프로세스가 점유하고 있는 자원을 선점하여 다른 프로세스에게 할당하는 기법이다. |

## 76 ③

**UDP(User Datagram Protocol)**

- 비연결형, 비신뢰성 전송 서비스를 제공한다.
- TCP에 비해 헤더 구조가 간단하고 오버헤드가 적다.
- 흐름 제어나 순서 제어가 없어 전송 속도가 빠르다.
- 수신된 데이터의 순서 재조정이나 복구 기능을 지원하지 않는다.

## 77 ④

- 변수의 값을 반복문 안에 위치하면 반복 시마다 변수값이 초기화된다.
- While문의 기본 구조

```
#include <stdio.h>
int main() {
    int i = 1;
    while (i <= 5) {
        printf("%d\n", i);
        i++;
    }
    return 0;
}
```

## 78 ②

- ARP(Address Resolution Protocol) : 논리 주소(IP 주소)를 물리 주소(MAC 주소)로 변환하는 프로토콜이다.
- RARP(Reverse Address Resolution Protocol) : 호스트의 물리 주소(MAC 주소)로부터 논리 주소(IP 주소)를 구하는 프로토콜이다.

## 79 ④

break 명령문은 가장 가까운 반복문이나 switch~case 구문을 탈출하는 역할을 한다.

## 80 ②

**OSI 7 Layer PDU**

| Layer | PDU | Protocol |
|---|---|---|
| Application | Data(Message) | FTP, HTTP |
| Presentation | Data(Message) | JPEG,MPEG |
| Session | Data(Message) | NetBIOS |
| Transport | Segment | TCP, UDP |
| Network | Packet | IP |
| Data Link | Frame | MAC, PPP |
| Physical | Bit | Ethernet, RS232c |

**81 ④**

### 휴리스틱 탐색(Heuristic Search)

- 문제를 해결하기 위해 경험적 규칙이나 추정치를 사용하여 탐색 공간을 효율적으로 줄이는 방법이다.
- 주로 최적화 문제나 인공지능 분야에서 많이 사용된다.
- 종류 : Heuristic Function, A Algorithm, Consistent Heuristic, Greedy Search, Beam Search, Hill Climbing, Simulated Annealing, Best First 등

**82 ③**

### CMMI 5단계(소프트웨어 프로세스 성숙도)

| 1. 초기(initial) | 예측/통제 불가능 |
|---|---|
| 2. 관리(managed) | 기본적인 프로젝트 관리 체계 수립 |
| 3. 정의(defined) | 조직 차원의 표준 프로세스를 통한 프로젝트 지원 |
| 4. 정량적 관리 (quantitatively managed) | 정량적으로 프로세스가 측정/통제됨 |
| 5. 최적화(optimizing) | 프로세스 개선 활동 |

**83 ③**

### 폭포수 모형(Waterfall Model)

- Boehm이 제시한 고전적 생명주기 모형으로, 소프트웨어 개발 과정의 각 단계가 순차적으로 진행되는 모형이다.
- 선형 순차적 모델이라고도 한다.
- 개발 단계 : 타당성 검사 → 계획 → 요구 분석 → 설계 → 구현 → 시험 (검사) → 운용 → 유지보수

**84 ③**

### SOA에서 일반적으로 사용되는 층

- 표현 층 : 사용자 인터페이스 제공
- 비즈니스 로직 층 : 비즈니스 로직 구현
- 데이터 액세스 층 : 데이터베이스 등의 데이터 저장소와의 상호 작용

**85 ①**

### 메타버스(Metaverse)

- 그리스어로 '초월'이나 '가공'을 뜻하는 '메타(Meta)'와 '현실 세계' 또는 '우주'를 뜻하는 '유니버스(Universe)'의 합성어이다.
- ICT 기술이 현실같이 구현한 가상 세계를 의미한다.

**오답 피하기**

- 증강현실(AR, Augmented Reality) : 현실 공간에 2D 또는 3D로 표현되는 가상의 물체를 겹쳐 보이게 하면서 상호작용하는 환경
- 혼합현실(MR, Mixed Reality) : 현실을 기반으로 가상 정보를 부가하는 증강현실(AR) + 가상 환경에 현실 정보를 부가하는 증강가상(AV)
- 디지털 트윈(Digital Twin) : 컴퓨터에 현실 속 사물의 쌍둥이를 만들고, 현실에서 발생할 수 있는 상황을 컴퓨터로 시뮬레이션함으로써 결과를 미리 예측하는 기술

**86 ②**

### 소프트웨어 개발 프레임워크 적용 시 장점

- 개발 용이성 : 패턴 기반 개발과 비즈니스 로직에만 집중한 개발 가능하며, 공통 기능은 프레임워크가 제공함
- 운영 용이성 : 변경이 용이하고, 비즈니스 로직과 아키텍처 파악이 용이함
- 시스템 복잡도의 감소 : 복잡한 기술은 프레임워크에 의해 숨겨지고, 미리 잘 정의된 기술 셋을 적용할 수 있음
- 개발 코드의 최소화 : 반복 개발을 제거하여 공통 컴포넌트와 서비스 활용이 가능함
- 이식성 : 플랫폼 비의존적인 개발이 가능하며, 플랫폼과의 연동은 프레임워크가 제공함
- 변경 용이성 : 잘 구조화된 아키텍처 적용이 가능하며, 플랫폼에 비의존적임
- 품질 보증 : 검증된 개발 기술과 패턴에 따른 개발이 가능하며, 고급 개발자와 초급 개발자의 차이를 줄일 수 있음
- 설계와 코드의 재사용성 : 프레임워크의 서비스 및 패턴의 재사용이 가능하며, 사전에 개발된 컴포넌트의 재사용이 가능함

**87 ③**

짧은 작업보다 긴 작업을 선택해서 계산해야 그 시간 안에 모든 일을 처리할 수 있으므로, 모든 작업을 거치려면 2일 + 3일 + 5일 + 4일 = 14일이 필요하다.

**88 ④**

### XP 핵심가치

- 소통(Communication) : 개발자, 관리자, 고객 간의 원활한 소통을 지향한다.
- 단순성(Simplicity) : 부가적 기능 또는 미사용 구조와 알고리즘은 배제한다.
- 피드백(Feedback) : 소프트웨어 개발에서 변화는 불가피하며, 이러한 변화는 지속적 테스트와 통합, 반복적 결함수정 등을 빠르게 피드백한다.
- 용기(Courage) : 고객 요구사항 변화에 능동적으로 대응한다.
- 존중(Respect) : 개발 팀원 간의 상호 존중을 기본으로 한다.

**89 ②**

### 접근통제 정책의 비교

| 정책 | MAC | DAC | RBAC |
|---|---|---|---|
| 권한 부여 | 시스템 | 데이터 소유자 | 중앙 관리자 |
| 접근 결정 | 보안등급(Label) | 신분(Identity) | 역할(Role) |
| 정책 변경 | 고정적 (변경 어려움) | 변경 용이 | 변경 용이 |
| 장점 | 안정적, 중앙 집중적 | 구현 용이, 유연함 | 관리 용이 |

**90 ②**

### 나선형 모형(Spiral Model)

- Boehm이 제시하였으며, 반복적인 작업을 수행하는 점증적 생명주기 모형이다.
- 점증적 모형, 집중적 모형이라고도 한다.
- 개발 단계(이 과정을 추가 수정 요구사항이 없을 때까지 반복) : 계획 수립(Planning) → 위험 분석(Risk Analysis) → 개발 및 검증(Development) → 고객 평가(Customer Evaluation)

| 계획<br>(Planning) | 위험 요소와 타당성을 분석하여 프로젝트의 추진<br>여부를 결정한다. |
|---|---|
| 위험 분석<br>(Risk Analysis) | 개발 목적과 기능 선택, 제약 조건 등을 결정하고<br>분석한다. |
| 개발 및 검증<br>(Development) | 선택된 기능을 수행하는 프로토타입을 개발한다. |
| 고객 평가<br>(Customer Evaluation) | 개발된 프로토타입을 사용자가 확인하고 추가 및<br>수정될 요구사항이 있으면 이를 반영한 개선 프<br>로토타입을 만든다. |

• 장단점

| 장점 | • 위험 분석 단계에서 기술과 관리의 위험 요소들을 하나씩 제거<br>해나감으로써 완성도 높은 소프트웨어 개발이 가능하다.<br>• 비용이나 시간이 많이 소요되는 대규모 프로젝트나 큰 시스템<br>구축 시 유리하다. |
|---|---|
| 단점 | • 위험 분석 단계에서 발견하지 못한 위험 요소로 인해 문제가 발<br>생할 수 있다.<br>• 적용 경험이나 성공 사례가 많지 않다. |

**폭포수 모형(Waterfall Model)**
• Boehm이 제시한 고전적 생명주기 모형으로, 소프트웨어 개발 과정의 각
단계가 순차적으로 진행되는 모형이다.
• 선형 순차적 모델이라고도 한다.
• 개발 단계 : 타당성 검사 → 계획 → 요구 분석 → 설계 → 구현 → 시험
(검사) → 운용 → 유지보수

## 91 ②

ECC(타원 곡선 암호)는 타원 곡선 위에서의 이산대수 문제의 난해성을 기
반으로 하고, RSA는 소인수분해 문제의 난해성을 기반으로 한다.

## 92 ②

②번은 CSMA/CD 방식의 특징이다.

## 93 ①

**파장 분할 다중(Wavelength Division Multiplexing)**
• 레이저 빛의 다른 파장(다른 색)을 사용하여 여러 반송파 신호를 단일 광
섬유에 적용하는 기술이다.
• 광섬유를 이용한 통신 기술의 하나를 의미한다.
• 파장이 서로 다른 복수의 광신호를 동시에 이용하는 것으로 광섬유를 다
중화하는 방식이다.
• 빛의 파장 축과 파장이 다른 광선은 서로 간섭을 일으키지 않는 성질을
이용한다.

## 94 ④

**크로스사이트 스크립트(XSS)**
• 웹페이지에 악의적인 스크립트를 포함시켜 사용자 측에서 실행되게 유도
함으로써, 정보 유출 등의 공격을 유발할 수 있는 취약점이다.
• 외부 입력값에 스크립트가 삽입되지 못하도록 문자열 치환 함수를 사용
하거나 JSTL이나 크로스사이트 스크립트 방지 라이브러리를 사용함으
로써 방지할 수 있다.

## 95 ③

**TCP header 구조**

IPv4의 헤더 구조 중, 도착한 패킷에 대한 오류 여부를 체크하기 위해 존재
하는 요소는 체크섬(Checksum)이다.

## 96 ④

**소프트웨어 정의 데이터 센터(SDDC, Software Defined Data Center)**
• 가상 데이터 센터(virtual data center, VDC)라고도 하며, 추상화, 풀링
(Pooling), 자동화 등을 통해 인프라를 가상화하는 데이터 센터를 의미
한다.
• 컴퓨팅, 네트워킹, 스토리지, 관리 등을 모두 소프트웨어로 정의한다.
• 인력 개입 없이 소프트웨어 조작만으로 자동 제어 관리한다.
• 데이터 센터 내 모든 자원을 가상화하여 서비스한다.

## 97 ①

**CBC(Cipher Block Chaining)**
• 블록 암호화 알고리즘의 한 종류로, 각 블록을 암호화하기 전에 이전 블
록의 암호화 결과와 XOR 연산을 수행하는 방식이다.
• 각 블록의 암호문이 이전 블록의 암호문에 의존하게 되어, 동일한 평문이
라도 서로 다른 암호문이 생성된다.

## 98 ③

**N-S 차트(Nassi-Schneiderman Chart)**
• 구조적 프로그램의 순차, 선택, 반복의 구조를 사각형으로 도식화하여 알
고리즘을 논리적 기술에 중점을 둔 도형식 표현 방법이다.
• 박스 다이어그램이라고도 한다.
• 조건이 복합되어 있는 곳의 처리를 시각적으로 명확히 식별하는 데 적합
하다.
• 제어 구조 : 순차(Sequence), 선택 및 다중 선택(If~Then~Else, Case),
반복(Repeat~Until, While, For)

## 99 ④

• SATAN(Security Administrator Tool for Analyzing Networks) : 네트워
크 취약점 스캐너로, 시스템의 보안 설정을 점검하고 취약점을 찾는 데
사용
• Klaxon : 네트워크 트래픽을 분석하여 침입 탐지를 수행하는 시스템
• Watcher : 일반적인 감시 시스템으로, 특정 이벤트나 상태 변화를 감시
하는 데 사용

## 100 ②

**IPv6(Internet Protocol version 6)**
• 128비트 길이의 IP 주소이다.
• 16비트씩(16진수) 8개의 필드로 분리 표기된다.
• 인증 및 보안 기능을 포함하고 있어 IPv4보다 보안성이 강화되었다.

| | | | | |
|---|---|---|---|---|
| 01 ② | 02 ③ | 03 ① | 04 ① | 05 ④ |
| 06 ② | 07 ② | 08 ② | 09 ③ | 10 ③ |
| 11 ③ | 12 ③ | 13 ② | 14 ① | 15 ③ |
| 16 ① | 17 ② | 18 ③ | 19 ③ | 20 ④ |
| 21 ② | 22 ② | 23 ③ | 24 ① | 25 ② |
| 26 ④ | 27 ④ | 28 ② | 29 ② | 30 ② |
| 31 ③ | 32 ① | 33 ④ | 34 ② | 35 ① |
| 36 ② | 37 ④ | 38 ② | 39 ② | 40 ④ |
| 41 ③ | 42 ① | 43 ② | 44 ③ | 45 ① |
| 46 ② | 47 ② | 48 ① | 49 ④ | 50 ④ |
| 51 ④ | 52 ③ | 53 ② | 54 ④ | 55 ② |
| 56 ① | 57 ② | 58 ③ | 59 ③ | 60 ④ |
| 61 ④ | 62 ③ | 63 ③ | 64 ② | 65 ② |
| 66 ③ | 67 ④ | 68 ① | 69 ④ | 70 ② |
| 71 ① | 72 ④ | 73 ② | 74 ② | 75 ① |
| 76 ① | 77 ④ | 78 ① | 79 ① | 80 ④ |
| 81 ② | 82 ④ | 83 ④ | 84 ④ | 85 ② |
| 86 ① | 87 ② | 88 ① | 89 ② | 90 ④ |
| 91 ① | 92 ① | 93 ② | 94 ② | 95 ① |
| 96 ① | 97 ④ | 98 ② | 99 ② | 100 ① |

## 1과목  소프트웨어 설계

### 01 ②

**HIPO(Hierarchy Input Process Output)**
- 프로그램의 기능을 계층 구조로 도식화함으로써 개발 순서를 논리적으로 전개할 수 있는 수단이다.
- 하향식 중심이며 표준화된 문서 작성 기법을 사용하므로 의사 전달 착오 가능성이 매우 적다.
- 구성 요소 : Input, Process, Output

### 02 ③

**디자인 패턴(Design Pattern)**

| 생성 패턴 | 팩토리 메소드 패턴(Factory Method Pattern), 추상 팩토리 패턴(Abstract Factory Pattern), 빌더 패턴(Builder Pattern), 프로토타입 패턴(prototype Pattern), 싱글턴 패턴(Singleton Pattern) 등 |
|---|---|
| 구조 패턴 | 어댑터 패턴(Adapter Pattern), 브리지 패턴(Bridge Pattern), 컴포지트 패턴(Composite Pattern), 데코레이터 패턴(Decorator Pattern), 퍼싸드 패턴(Facade Pattern), 플라이 웨이트 패턴(Fly wight Pattern), 프록시 패턴(Porxy Pattern) 등 |
| 행위 패턴 | 책임 연쇄 패턴(Chain of Responsibility Pattern), 명령 패턴(Command Pattern), 반복자 패턴(iterator Pattern), 기록 패턴(Mememto Pattern), 상태 패턴(State Pattern), 전략 패턴(Strategy Pattern), 템플릿 메서드 패턴(Template Method Pattern), 해석자 패턴(Interpreter Pattern), 감시자 패턴(Observer Pattern), 방문자 패턴(Visitor Pattern), 중재자 패턴(Mediator Pattern) 등 |

### 03 ①

**추상화 메커니즘의 종류**
- 자료 추상화 : 컴퓨터 내부의 자료 표현을 추상화한다.
- 제어 추상화 : 몇 개의 기계 명령어를 모아 이해하기 쉬운 추상 구문으로 만드는 것이다.
- 기능 추상화 : 입력 데이터를 출력 데이터로 변환하는 과정을 추상화하는 방법이다.

### 04 ①

**개체 관계도(ERD, Entity-Relationship Diagram)**
- 1976년에 Peter Chen이 제안한 방식이다.
- 개념적 설계에 가장 많이 사용되는 모델로 개체 관계도(ERD)가 가장 대표적이다.
- 데이터를 개체(entity), 관계(relationship), 속성(attribute)과 같은 개념으로 표시한다.
- 개체 타입은 사각형, 관계 타입은 다이아몬드, 속성은 타원, 그리고 이들을 연결하는 링크로 구성된다.
- 데이터베이스 설계 단계에서 데이터 구조들과 그들 간의 관계를 표현하는 방법이다.
- 현실 세계의 자료가 데이터베이스로 표현될 수 있는 개념적 구조를 기술하는 것이다.
- 개체 집합과 관계 집합으로 나누어서 개념적으로 표시하는 방식으로, 특정 데이터베이스 관리 시스템(DBMS)을 고려한 것은 아니다.

### 05 ④

**CASE(Computer Aided Software Engineering)**
- 개발을 신속하게 할 수 있다.
- 소프트웨어 생명 주기의 전체 단계를 연결시켜 주고 자동화시켜 주는 통합된 도구를 제공해주는 기술이다.
- 소프트웨어 시스템의 문서화 및 명세화를 위한 그래픽 기능을 제공한다.
- 오류 수정이 쉬워 S/W 품질이 향상된다.
- S/W 개발 단계의 표준화를 기할 수 있다.
- CASE가 제공하는 기능 : 모델들 사이의 모순 검사 기능, 다양한 소프트웨어 개발 모형 지원, 자료 흐름도 작성 기능

### 06 ②

**MVC 모델**
- Model : 데이터와 비즈니스 로직을 관리한다(사용자가 편집하길 원하는 모든 데이터를 가지고 있어야 한다).
- View : 레이아웃과 화면을 처리한다(모델이 가지고 있는 정보를 따로 저장해서는 안 된다).
- Controller : 명령을 모델과 뷰 부분으로 라우팅한다(모델이나 뷰에 대해서 알고 있어야 한다).

### 07 ②

**UML 실체화 관계(Realization Relation)**

- 인터페이스와 실제 구현된 일반 클래스 간의 관계로 존재하는 행동에 대한 구현을 표현한다.
- 한 객체가 다른 객체에게 오퍼레이션을 수행하도록 지정하는 의미적 관계이다.

## 08 ②

### 인터페이스 연계 기술

- DB Link : DB에서 제공하는 DB Link 객체를 이용하는 것이다. 수신 시스템의 DB에서 송신 시스템에서 접근 가능한 DB Link를 생성한 뒤 송신 시스템에서 DB Link로 직접 참조하여 연계하는 것이다.
- Socket : 서버에서 통신을 위한 소켓(Socket)을 생성, 포트를 할당한 뒤 클라이언트의 통신 요청 시 클라이언트와 연결하는 방식이다.

## 09 ③

**오답 피하기**

- GUI(Graphical User Interface) : 그래픽을 이용하여 사용자와 소통하는 방식
- OUI(Organic User Interface) : 자연 그대로의 상태 특성들을 반영한 장치 제어 방식
- CLI(Command Line Interface) : 글자의 입출력으로 사용자와 컴퓨터 간 소통하는 방식

## 10 ③

### 주/종(Master/Slave) 처리기

- 하나의 프로세서를 Master(주 프로세서)로 지정하고, 나머지들은 Slave(종 프로세서)로 지정하는 구조이다.
- 주 프로세서가 고장나면 전체 시스템이 다운된다.
- 주 프로세서만 입출력을 수행하므로 비대칭 구조를 갖는다.
- 일반적으로 실시간 시스템에서 사용된다.

| 주 프로세서의 역할 | • 연산, 통신, 조정을 책임진다.<br>• 운영체제를 수행한다.<br>• 슬레이브 프로세서들을 제어할 수 있다. |
|---|---|
| 종 프로세서의 역할 | • 자료 수집과 연산만 담당한다.<br>• 입출력 발생 시 주 프로세서에게 서비스를 요청한다.<br>• 사용자 프로그램만 담당한다. |

## 11 ③

**오답 피하기**

- 유스케이스 다이어그램 : 시스템과 사용자의 상호작용을 표현한 것
- 액티비티 다이어그램 : 일련의 활동들을 도식화하여 표현한 것
- 시퀀스 다이어그램 : 특정 행동이 어떠한 순서로 어떤 객체와 어떻게 상호작용을 하는지 표현한 것

## 12 ③

### 시스템의 구성 요소

- 입력(Input) : 처리 방법, 제어조건, 처리할 데이터를 시스템에 투입하는 요소
- 출력(Output) : 처리된 결과를 시스템에서 출력하는 요소
- 처리(Process) : 입력된 자료를 처리 조건에 따라 변환 및 가공하는 요소
- 제어(Control) : 시스템의 기본 요소들이 각 과정을 올바르게 행하는지 감독하는 요소
- 피드백(Feedback) : 처리된 결과를 측정하고 목표에 도달되었는지를 검사하며 불충분할 경우 다시 입력하는 요소

## 13 ②

### FEP(Front-End Processor, 전위처리기)

- 입력 데이터를 프로세서가 처리하기 전에 미리 처리하여 프로세서가 처리하는 시간을 줄여주는 프로그램이나 하드웨어이다.

- 여러 통신 라인을 중앙 컴퓨터에 연결하고 터미널의 메시지(Message)가 보낼 상태로 있는지 받을 상태로 있는지 검색한 후, 통신 라인의 에러를 검출한다.
- 각 처리 과정은 필터 컴포넌트에서 이루어지며, 처리되는 데이터는 파이프를 통해 흐른다. 이 파이프는 버퍼링 또는 동기화 목적으로 사용될 수 있다.

## 14 ①

### 객체지향 언어의 특징

| 캡슐화(Encapsulation) | 데이터와 코드의 형태를 외부로부터 알 수 없도록 하고, 데이터의 구조와 역할 및 기능을 하나의 캡슐 형태로 만드는 것 |
|---|---|
| 상속(Inheritance) | 상위 클래스의 모든 속성을 하위 클래스가 모두 이어받는 것 |
| 다형성(Polymorphism) | 한 객체가 다른 여러 형태(객체)로 재구성되는 것 |
| 추상화(abstraction) | 객체의 공통적인 속성과 기능을 추출하여 표현하는 것 |

## 15 ③

### 표의 숫자 코드(Significant Digit Code, 유효 숫자 코드)

- 코드화 대상 항목의 길이, 넓이, 부피, 무게 등을 나타내는 문자나 숫자, 기호를 그대로 코드로 사용하는 코드이다.
- 코드의 추가 및 삭제가 용이하다.
- 같은 코드를 반복 사용하므로 오류가 적다.
- 예

| 코드 | 의미 |
|---|---|
| 127-890-1245 | 두께 127mm, 폭 890mm, 길이 1245mm의 강판 |

## 16 ①

### 협약에 의한 설계(Design by Contract)

- 클래스에 대한 여러 가정을 공유하도록 명세한 것이다.
- 3가지 타입

| 선행조건 | 오퍼레이션이 호출되기 전 참이 되어야 할 조건 |
|---|---|
| 결과조건 | 오퍼레이션이 수행된 후 만족하여야 하는 조건 |
| 불변조건 | 클래스 내부가 실행되는 동안 항상 만족하여야 하는 조건 |

## 17 ②

### 유스케이스(Use Case) Diagram 요소

| 확장 관계<br>(Extends Association) | • 기준 유스케이스와 확장 대상 유스케이스 사이에 형성되는 관계로, 해당 유스케이스에 부가적인 유스케이스를 실행할 수 있을 때의 관계이다.<br>• 확장 대상 유스케이스를 수행할 때 특정 조건에 따라 확장 기능 유스케이스를 수행하는 경우에 적용한다. |
|---|---|
| 사용 관계<br>(Uses Association) | 여러 개의 유스케이스에서 공통으로 수행해야 하는 기능을 모델링하기 위해 사용한다. |
| 접속 관계<br>(Communication Association) | • 액터/유스케이스 또는 유스케이스/유스케이스 사이에 연결되는 관계이다.<br>• 액터나 유스케이스가 다른 유스케이스의 서비스를 이용하는 상황을 표현한다. |

**18 ③**

**UML 다이어그램의 분류**

| 구조적(Structural) 다이어그램(정적) | • 클래스 다이어그램(Class Diagram) |
| --- | --- |
| | • 객체 다이어그램(Object Diagrma) |
| | • 컴포넌트 다이어그램(Componet Diagram) |
| | • 배치 다이어그램(Deployment Diagram) |
| | • 복합체 구조 다이어그램(Composite Structure Diagram) |
| | • 패키지 다이어그램(Package Diagram) |
| 행위(Behavioral) 다이어그램(동적) | • 유스케이스 다이어그램(Use Case Diagram) |
| | • 시퀀스 다이어그램(Sequence Diagram) |
| | • 커뮤니케이션 다이어그램(Communication Diagram) |
| | • 상태 다이어그램(State Diagram) |
| | • 활동 다이어그램(Activitiy Diagram) |
| | • 상호작용 개요 다이어그램(Interaction Overview Diagram) |
| | • 타이밍 다이어그램(Timing Diagram) |

**19 ③**

- 워크스루(Walkthrough)는 교육적 목적이나 문서의 이해, 문제의 식별 등에 목적이 있고, 발견된 오류의 문제 해결 자체에 중점을 두지는 않는다. 또한 문제 해결은 보통 후속 단계에서 진행된다.
- 인스펙션(Inspection)은 오류 발견과 수정에 중점을 둔 공식적인 검토 방법이다.

오답 피하기

| 워크스루(Walkthrough, 검토회의) | • 소프트웨어 검토를 위해 미리 준비된 자료를 바탕으로 정해진 절차에 따라 평가하는 방법 |
| --- | --- |
| | • 오류 조기 검출이 목적임 |
| | • 검토 자료를 회의 전에 배포하여 사전 검토한 후 짧은 시간 동안 회의 진행 |
| 인스펙션(Inspection) | • 저작자 외의 다른 전문가 또는 팀이 검사하여 오류를 찾아내는 공식적 검토 방법 |
| | • 워크스루를 발전시킨 형태 |

**20 ④**

**캡슐화(Encapsulation)**

- 속성과 관련된 연산(Operation)을 클래스 안에 묶어서 하나로 취급하는 것을 의미한다.
- 결합도가 낮아져 소프트웨어 개발에 있어 재사용성이 높아진다.
- 정보은닉을 통하여 타 객체와 메시지 교환 시 인터페이스가 단순해진다.
- 변경 발생 시 오류의 파급효과가 적다.

**2과목 소프트웨어 개발**

**21 ④**

**소프트웨어 품질 목표(품질평가 기준항목)**

- 정확성(Correctness) : 사용자가 요구하는 기능을 충족시키는 정도
- 신뢰성(Reliability) : 요구된 기능을 오류 없이 수행하는 정도
- 효율성(Efficiency) : 요구된 기능을 수행하기 위한 시스템의 능력과 자원의 소요 정도

- 이식성(Portability) : 다양한 하드웨어 환경에서 운용 가능하도록 쉽게 수정할 수 있는지의 정도
- 무결성(Integrity) : 허용되지 않는 사용이나 자료의 변경을 제어하는 정도
- 유용성(Usability) : 쉽게 사용할 수 있는 정도
- 유연성(Flexibility) : 새로운 요구사항에 맞게 얼마큼 쉽게 수정할 수 있는지의 정도
- 재사용성(Reusability) : 이미 만들어진 프로그램을 다른 목적으로 사용할 수 있는지의 정도
- 상호운용성(Interoperability) : 다른 소프트웨어와 정보를 교환할 수 있는 정도

**22 ③**

형상 관리 도구에는 Git, SVN(Subversion), CVS(Concurrent Version System) 등이 있다.

오답 피하기

Ant, Maven, Gradle은 빌드 자동화 도구이다.

**23 ③**

**JSON(JavaScript Object Notation)**

- 속성-값 쌍(Attribute-Value Pairs)으로 이루어진 데이터 오브젝트를 전달하기 위해 사용하는 개방형 표준 포맷이다.
- AJAX(Asynchronous Javascript and XML)에서 많이 사용되고 XML을 대체하는 주요 데이터 포맷이다.
- 언어 독립형 데이터 포맷으로 다양한 프로그래밍 언어에서 사용되고 있다.

**24 ①**

**패키징 도구 활용 시 고려 사항**

- 사용자에게 배포되는 소프트웨어임을 고려하여 반드시 내부 콘텐츠에 대한 암호화 및 보안을 고려한다.
- 다양한 이기종 콘텐츠 및 단말기 간 DRM 연동을 고려한다.
- 사용자 편의성을 위한 복잡성 및 비효율성 문제를 고려한다.
- 반드시 내부 콘텐츠에 대한 암호화 및 보안을 고려한다.
- 제품 소프트웨어에 적합한 암호화 알고리즘을 적용하여 범용성에 지장이 없도록 고려한다.

**25 ②**

결함 관리 프로세스는 '결함 관리 계획 → 결함 기록 → 결함 검토 → 결함 수정 → 결함 재확인 → 최종 분석 및 보고서 작성' 순으로 진행한다.

**26 ④**

④번은 테스트 Stub에 관한 설명이다.

**27 ④**

**인수 테스트(Acceptance Test)**

- 일반적인 테스트 레벨의 가장 마지막 상위 레벨로, SW 제품에 대한 요구사항이 제대로 이행되었는지 확인하는 단계이다.
- 테스팅 환경을 실사용자 환경에서 진행하며 수행하는 주체가 사용자이다.
- 테스트 단계 중 SW 제품에 대한 요구사항이 제대로 이행되었는지 점검하는 것이 주요 목적이므로 알파, 베타 테스트와 가장 밀접한 연관이 있다.

오답 피하기

- 통합 테스트(Integration Test) : 모듈 통합 과정에서 각 모듈 간의 인터페이스 결함 검증
- 단위 테스트(Unit Test) : 모듈의 동작 검증
- 시스템 테스트(System Test) : 전체 시스템의 기능 검증

## 28 ②

- 오름차순 선택 정렬은 pass마다 앞쪽의 값들이 가장 작은 값이 위치하게 된다. 즉 2회전 시에는 두 번째 값까지 정렬이 완성된 것을 찾으면 된다.
- 앞으로 이동한 값을 제외한 나머지 값들은 위치가 변하지 않는다.

| 1pass | 8, 3, 4, 9, 7 → 3, 8, 4, 9, 7 |
|---|---|
| 2pass | 3, 8, 4, 9, 7 → 3, 4, 8, 9, 7 |
| 3pass | 3, 4, 8, 9, 7 → 3, 4, 7, 9, 8 |
| 4pass | 3, 4, 7, 9, 8 → 3, 4, 7, 8, 9 |

## 29 ②

**분산 저장소 방식**

- 버전 관리 자료가 원격 저장소와 로컬 저장소에 함께 저장되어 관리된다.
- 로컬 저장소에서 버전 관리가 가능하므로 원격 저장소에 문제가 생겨도 로컬 저장소의 자료를 이용하여 작업할 수 있다.
- 개발자별로 원격 저장소의 자료를 각자의 로컬 저장소로 복사하여 작업 후 변경사항을 로컬 저장소에서 우선 적용하여 로컬 버전 관리가 가능하다.
- 개발 완료한 파일을 수정한 다음에 로컬 저장소에 먼저 커밋(Commit)한 이후, 다시 원격 저장소에 반영(Push)하는 방식이다.
- 종류 : Git, Bazaar, Mercurial, TeamWare, Bitkeeper, Plastic SCM, GNU arch

## 30 ②

> **오답 피하기**

- xUnit : 다양한 언어를 지원하는 단위 테스트 프레임워크
- FitNesse : 웹 기반 테스트 케이스 설계/실행/결과 확인 등을 지원하는 테스트 프레임워크
- RubyNode : Ruby(프로그래밍 언어) 내부 노드 구조에 읽기 전용 접근을 허용하는 라이브러리

## 31 ③

**ISO/IEC 25000**

- 기존 소프트웨어 품질 평가 모델과 소프트웨어 평가 절차 모델인 ISO/IEC 9126과 ISO/IEC 14598을 통합하였다.
- 2500n, 2501n, 2502n, 2503n, 2504n의 다섯 가지 분야로 나눌 수 있고, 확장 분야인 2505n이 있다.

| 2501n(9126-2, 품질 모형) | 품질 모델 및 품질 사용 |
|---|---|
| 2503n(9126-3, 품질 측정) | 매트릭을 통한 측정 방법 제시 |

## 32 ①

**V-모델**

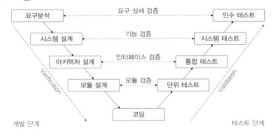

- 폭포수 모델에 시스템 검증과 테스트 작업을 강조한 모델이다.
- 세부적인 프로세스로 구성되어 있어서 신뢰도 높은 시스템 개발에 효과적이다.

- 개발 단계의 작업을 확인하기 위해 테스트 작업을 수행한다.
- 생명주기 초반부터 테스트 작업을 지원한다.

## 33 ④

화이트박스 테스트에서 기본 경로(Basis Path)란 제어 흐름 그래프를 분석하여 선형 독립 실행 경로 집합을 찾는다. Mccabe의 순환 복잡도를 사용하여 선형 독립 경로 수를 결정한 다음 얻어진 각 경로에 대한 테스트 사례를 생성한다.

## 34 ②

- 순환복잡도 : V(G) = E−N+2 = 6−4+2 = 4
- E는 화살표 수, N은 노드 수(점)

## 35 ①

**블랙박스 테스트의 종류**

| 동치 분할 검사 (Equivalence Partitioning Testing) | 입력 자료에 초점을 맞춰 테스트 케이스를 만들고 검사하는 방법(=동등 분할 기법) |
|---|---|
| 경계값 분석 (Boundary Value Analysis) | 입력 조건의 중간값보다 경계값에서 오류가 발생할 확률이 높다는 점을 이용하여, 입력 조건의 경계값을 테스트 케이스로 선정하여 검사하는 방법 |
| 원인-효과 그래프 검사 (Cause–Effect Graphing Testing) | 입력 데이터 간의 관계와 출력에 영향을 미치는 상황을 체계적으로 분석한 다음, 효용성이 높은 테스트 케이스를 선정하여 검사하는 방법 |
| 오류 예측 검사 (Error Guessing) | 과거의 경험이나 확인자의 감각으로 검사하는 방법 |
| 비교 검사 (Comparison Testing) | 여러 버전의 프로그램에 동일한 테스트 자료를 제공하여 동일한 결과가 출력되는지 검사하는 방법 |

## 36 ②

외계인 코드(Alien Code) : 아주 오래되거나 참고문서 또는 개발자가 없어 유지보수 작업이 어려운 코드

> **오답 피하기**

**나쁜 코드(Bad Code)**

- 다른 개발자가 로직(Logic)을 이해하기 어렵게 작성된 코드를 의미한다.
- 종류
  - 처리 로직의 제어가 정제되지 않고 복잡하게 얽혀 있는 스파게티 코드
  - 변수나 메소드에 대한 이름 정의를 알 수 없는 코드
  - 동일 로직이 중복되게 작성된 코드 등

## 37 ④

**Subversion(SVN) 주요 명령어**

| Import | 아무것도 없는 서버의 저장소에 맨 처음 소스 파일을 저장 |
|---|---|
| Check-in | 체크아웃으로 가져온 파일을 수정 후 저장소(Repository)에 새로운 버전으로 갱신 |
| Check-out | 타 개발자가 수정 작업을 위하여 저장소(Repository)에 저장된 파일을 자신의 작업공간으로 인출 |

| | |
|---|---|
| Commit | 체크인 시 이전 갱신 사항이 있는 경우 충돌(conflict)이 발생하면 알림을 표시하고 diff(코드 비교) 도구를 이용하여 수정한 뒤 Commit(예치) 과정 수행 |
| Diff | 새로운 개발자가 추가된 파일의 수정 기록(Change Log)을 보면서 기존 개발자가 처음 추가한 파일과 이후 변경된 파일의 차이 확인(Diff) |

## 38 ②

**폭포수 모델(Waterfall Model)**
- 보헴(Boehm)이 제안한 고전적 생명 주기 모형으로, 선형 순차적 모형이라도 한다.
- 타당성 검토, 계획, 요구사항 분석, 구현, 테스트, 유지보수의 단계를 통해 소프트웨어를 개발하는 모형이다.
- 순차적인 접근 방법을 이용하여 단계적 정의와 산출물이 명확하다.
- 각 단계의 결과가 확인되어야만 다음 단계로 넘어간다.
- 폭포수 모델의 순서 : 계획 → 요구사항 정의 → 개략 설계 → 상세 설계 → 구현 → 통합 시험 → 시스템 실행 → 유지보수

## 39 ②

- Postfix(전위 표기법)를 Infix(중위 표기법)로 변환 후 계산한다.
- 계산 과정
  → 3 4 * 5 6 * +
  → ((3 4) * (5 6) *) + : 연산자 앞 피연산자 2개를 괄호( )로 묶는다.
  → (3 * 4) + (5 * 6) : 연산자를 괄호( ) 안의 피연산자 사이로 이동한다.
  → 12 + 30 = 42

## 40 ③

(88, 74, 63, 55, 37, 25, 33, 19, 26, 14, 9)를 이진 트리에 입력하면 다음 그림과 같다.

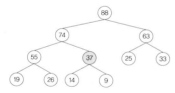

## 3과목 데이터베이스 구축

## 41 ③

Cartesian Product(교차곱)의 결과 : 릴레이션의 속성의 개수는 더하고, 튜플의 개수는 곱함
- 릴레이션 R : 차수 4, 카디널리티 5
- 릴레이션 S : 차수 6, 카디널리티 7
→ 결과 릴레이션 : 차수 10, 카디널리티 35

## 42 ①

**시스템 카탈로그(System Catalog)**
- 시스템 자신이 필요로 하는 여러 가지 객체(기본 테이블, 뷰, 인덱스, 데이터베이스, 패키지, 접근 권한 등)에 관한 정보를 포함하고 있는 시스템 데이터베이스이다.
- 데이터 사전(Data Dictionary), 메타 데이터(Meta Data)라고도 한다.

- 시스템 카탈로그 자체도 시스템 테이블로 구성되어 있어 SQL문을 이용하여 내용 검색이 가능하다.
- 사용자가 시스템 카탈로그를 직접 갱신할 수는 없으나 SQL문으로 여러 가지 객체에 변화를 주면 시스템이 자동으로 갱신된다.

## 43 ①

**순수 관계 연산자의 종류**

| select | σ | 튜플 집합을 검색한다. |
|---|---|---|
| project | π | 속성 집합을 검색한다. |
| join | ⋈ | 두 릴레이션의 공통 속성을 연결한다. |
| division | ÷ | 두 릴레이션에서 특정 속성을 제외한 속성만 검색한다. |

## 44 ③

**Recovery(복구)**
- Deferred Modification : 변경된 데이터를 실제로 디스크에 반영하는 것을 지연시키는 방식이다. 이는 데이터의 논리적인 수정 작업을 기록하고, 나중에 특정 시점에 변경사항을 일괄적으로 디스크에 반영하는 복구 기법과 관련이 있다.
- Immediate Update : 데이터의 변경사항을 즉시 디스크에 반영하는 방식이다.
- Shadow Paging : 복구를 위해 일부 페이지를 원래의 페이지와 별도의 그림자 페이지로 유지하는 방식이다.
- Checkpoint : 특정 시점에서의 상태를 기록하는 것이다.

## 45 ①

- R1, R2 테이블에서 학번이 같으면서, R1의 학과가 '전자공학'이면서 '강남길'인 항목의 과목번호, 과목이름을 조회하는 SQL문이다.
- R1, R2 테이블을 학번으로 조인하고, '전자공학'이면서 '강남길'인 레코드 중에서 과목번호, 과목이름 필드를 조회한다.

## 46 ②

**후보키(Candidate Key)**
- 모든 튜플들을 유일하게 식별할 수 있는 하나 또는 몇 개의 속성 집합을 의미한다.
- 유일성과 최소성을 모두 만족시킨다.

오답 피하기

**슈퍼키(Super Key)**
- 두 개 이상의 속성으로 구성된 기본키이다.
- 유일성은 만족시키지만, 최소성은 만족시키지 못한다.

## 47 ②

**SELECT문 기본 구조**

```
SELECT 속성명 [ALL | DISTINCT]
FROM 릴레이션명
WHERE 조건;
[GROUP BY 속성명1, 속성명2,…]
[HAVING 조건]
[ORDER BY 속성명 [ASC | DESC]];
```

- ALL : 모든 튜플을 검색(생략 가능)
- DISTINCT : 중복된 튜플 생략

## 48 ①

### BCNF(보이스/코드) 정규형

- 1, 2, 3정규형을 만족하고, 결정자가 후보키가 아닌 함수 종속 제거되면 보이스/코드 정규형에 속한다.
- 후보키를 여러 개 가지고 있는 릴레이션에서 발생할 수 있는 이상 현상을 해결하기 위해 제3정규형 보다 좀 더 강력한 제약조건을 적용한다.
- 보이스/코드 정규형에 속하는 모든 릴레이션은 3정규형에 속하지만, 3정규형에 속하는 모든 릴레이션이 보이스/코드 정규형에 속하지는 않는다.

## 49 ④

### 그룹 함수의 종류(집계 함수)

| COUNT | • 테이블의 행의 수를 계산할 때<br>• 표현식 : COUNT(*) |
|---|---|
| SUM | • 하나 또는 여러 개의 열 합계를 구할 때<br>• 표현식 : SUM(열 이름) |
| AVG | • 하나 또는 여러 개의 열 평균을 구할 때<br>• 표현식 : AVG(열 이름) |
| MAX | • 해당 열의 최댓값을 구할 때<br>• 표현식 : MAN(열 이름) |
| MIN | • 해당 열의 최솟값을 구할 때<br>• 표현식 : MAN(열 이름) |

## 50 ④

### 교차곱(Cartesian Product)

- 두 릴레이션에 있는 튜플들의 순서쌍을 구하는 연산이다.
- 교차곱의 결과 속성의 개수는 더하고 튜플의 개수는 곱한 결과 릴레이션이 생성된다.

## 51 ④

릴레이션 R, S에서 속성 A를 기준으로 합집합(UNION ALL) 연산을 수행하면 릴레이션 R, S의 속성 A 값 모두가 검색된다.

## 52 ③

트리의 차수(Degree)는 트리 노드 수가 가장 많은 차수이므로 3이다.

## 53 ②

두 테이블의 중복 레코드는 학번 : 20202222이므로 ②번이 답이 된다.

### Intersection(교집합)

- Intersection(교집합)은 연관성이 있는 두 개의 릴레이션에서 중복되는 레코드를 선택하여 릴레이션을 생성한다.
- 연산자의 기호는 ∩를 사용한다.

## 54 ④

- 디그리(Degree) : 속성의 수(차수)
- 카디널리티(Cardinality) : 튜플의 수(기수)

## 55 ②

DELETE문은 테이블 내의 튜플들만 삭제하지만, DROP문은 테이블 자체를 삭제한다.

### SQL 데이터베이스 조작어

| SELECT | 튜플을 검색 | DELETE | 튜플을 삭제 |
|---|---|---|---|
| INSERT | 튜플을 삽입 | UPDATE | 튜플의 내용을 변경 |

## 56 ①

### 고가용성 솔루션(HACMP, High Availability Cluster Multi Processing)

- AIX(AIXadvanced interactive executive, IBM 운영체제)를 기반으로 Solution. Resource의 중복 또는 공유를 통해 Application의 보호를 가능하게 해준다.
- 각 시스템 간에 공유 디스크를 중심으로 클러스터링으로 엮여 다수의 시스템을 동시에 연결할 수 있다.
- 조직, 기업의 기간 업무 서버 등의 안정성을 높이기 위해 사용될 수 있다.
- 여러 가지 방식으로 구현되며 2개의 서버를 연결하는 것으로 2개의 시스템이 각각 업무를 수행하도록 구현하는 방식이 널리 사용된다.

- 점대점 연결 방식(Point-to-Point Mode) : 두 컴퓨터를 직접 연결하는 방식
- 스턱스넷(Stuxnet) : 슈퍼 산업시설 웜 바이러스
- 루팅(Rooting) : 최상위 권한(루트 권한)을 얻는 것

## 57 ②

```
DROP TABLE 테이블_이름 [CASCADE | RESTRICT];
```

- CASCADE : 삭제할 요소가 다른 개체에서 참조 중이라도 삭제가 수행된다.
- RESTRICT : 삭제할 요소가 다른 개체에서 참조 중일 경우 삭제가 취소된다.

## 58 ③

### 트랜잭션의 특성

| 격리성(Isolation, 고립성) | 둘 이상의 트랜잭션이 동시에 병행 실행되는 경우 어느 하나의 트랜잭션 실행 중에 다른 트랜잭션의 연산이 끼어들 수 없다. |
|---|---|
| 원자성(Atomicity) | 트랜잭션의 연산은 데이터베이스에 모두 반영되든지, 아니면 전혀 반영되지 않아야 한다. |
| 일관성(Consistency) | 트랜잭션이 그 실행을 성공적으로 완료하면 언제나 일관성 있는 데이터베이스 상태로 변환한다. |
| 영속성(Durability, 지속성) | 트랜잭션에 의해서 생성된 결과는 계속 유지되어야 한다. |

Commit, Rollback에 의해 보장받는 트랜잭션의 특성은 원자성이다.

## 59 ③

### 무결성(Integrity)

| 개체 무결성 | 기본키의 값은 널(Null)값이나 중복 값을 가질 수 없다는 제약조건 |
|---|---|
| 참조 무결성 | 참조할 수 없는 외래키 값을 가질 수 없다는 제약조건 |
| 도메인 무결성 | 릴레이션의 하나의 속성은 반드시 원자값이어야 한다는 것을 보장하는 제약조건 |

**60** ④

E-R 다이어그램

| 기호 | 기호 이름 | 의미 |
|---|---|---|
| ▭ | 사각형 | 개체(Entity) |
| ◇ | 마름모 | 관계(Relationship) |
| ◯ | 타원 | 속성(Attribute) |
| ── | 선 | 개체 타입과 속성 연결 |

---

**4과목 프로그래밍 언어 활용**

**61** ④

페이징(Paging) 기법
• 가상기억장치에 보관된 프로그램과 주기억장치의 영역을 동일한 크기로 나눈 후, 나눠진 프로그램을 동일하게 나눠진 주기억장치의 영역에 적재시켜 실행하는 기법이다.
• 가상기억장치에서 주기억장치로 주소를 조정하기 위해 페이지의 위치 정보를 가진 페이지 맵 테이블이 필요하다.
• 페이지의 크기가 클수록 페이지 맵 테이블의 크기가 작아지고, 단편화가 증가하고, 디스크 접근 횟수가 감소하며, 전체 입출력 시간이 감소한다.

**62** ③

• C언어에서 서로 다른 데이터 타입을 묶은 자료 구조를 구조체(structure) 라고 한다.
• 구조체를 사용하여 데이터를 처리하려면 키워드 struct를 사용해야 한다.

**63** ③

| for i in range(10) | i는 0부터 9까지의 숫자 생성 |
|---|---|
| if i%2==0 | i가 짝수인 경우에만 리스트에 포함 |
| 10*i | 짝수 i에 10을 곱한 값이 새로운 리스트에 추가 |

**오답 피하기**

파이썬의 리스트 컴프리헨션(List Comprehension) 기본 구조

[표현식 for 요소 in 반복 가능한 객체 if 조건]

• 표현식(Expression) : 각 요소에 대해 실행될 코드로서, 이 표현식의 결과가 새로운 리스트에 추가된다.
• 요소(Element) : 반복 가능한 객체(iterable)의 각 항목을 의미한다.
• 조건(Optional) : 선택적으로 요소를 필터링할 수 있는 조건이다. 이 조건이 참일 때만 해당 요소가 리스트에 포함된다.

**64** ②

• 27은 32bit의 2진수 IP 주소 중 27bit가 네트워크 ID인 1비트의 개수이고 나머지 5(32-27)bit가 호스트 ID인 0비트의 개수이다.
• 서브넷 마스크 : 11111111.11111111.11111111.11100000
• 10진수 표기법 : 255.255.255.224

**오답 피하기**

서브넷 마스크(Subnet Mask)
• 네트워크를 작은 내부 네트워크로 분리하여 효율적으로 네트워크를 관리하기 위한 수단이다.

• 서브넷 마스크는 32bit의 값으로 IP 주소를 네트워크와 호스트 IP 주소를 구분하는 역할을 한다.
• 네트워크 ID에 해당하는 모든 비트를 1로 설정하며 호스트 ID에 해당하는 모든 비트를 0으로 설정한다.
• CIDR 표기 형식 : 10진수의 IP/네트워크 ID의 1비트의 개수

**65** ②

②번은 데이터링크 계층에 대한 설명이다.

**66** ③

• char 자료형은 한 개의 문자 상수를 1byte의 공간에 ASCII 코드값으로 저장한다.
• 대문자 'A'의 ASCII 코드값은 01000001으로 10진수 65이다.
• a = 'A' + 1; : 대문자 'A'의 ASCII 코드값(65)과 1을 덧셈한 결과 66을 char형 변수 a에 대문자 'B'의 ASCII 코드값으로 저장한다.
• 출력 결과는 "%d"의 출력 형식 지정문자에 의해 10진 정수로 변환되어 콘솔에 66이 출력된다.

**67** ④

FIFO(First In First Out)는 가장 먼저 적재된 페이지를 먼저 교체하는 기법이다.

| 요청 페이지 | 1 | 2 | 1 | 0 | 4 | 1 | 3 |
|---|---|---|---|---|---|---|---|
| 페이지 프레임 | 1 | 1 | 1 | 1 | 4 | 4 | 4 |
| | | 2 | 2 | 2 | 2 | 1 | 1 |
| | | | | 0 | 0 | 0 | 3 |
| 페이지 부재 | ○ | ○ | | ○ | ○ | ○ | ○ |

**68** ①

**오답 피하기**

• 프레임워크는 기본 구조가 잡혀 있지만 내부에서 사용하는 기능과 코드는 개발자가 변경할 수 있다.
• 프레임워크는 소프트웨어 개발에 필요한 기본 구조와 기능을 제공하는 반면, 소프트웨어 아키텍처는 소프트웨어의 전체적인 구조와 기능을 정의한다.
• 프레임워크는 소프트웨어를 모듈화하여 개발하는 것을 가능하게 한다.

**69** ④

malloc() 함수
• 인수로 바이트 단위의 정수를 전달받아 메모리를 할당한다.
• 할당하고자 하는 메모리의 크기를 바이트 단위로 지정해야 한다.

**70** ③

• % : 나머지 연산자
• if문의 기본 구조

```
if (조건1) {
    // 조건1이 참일 때 실행될 코드
    if (조건2) {
        // 조건1과 조건2가 모두 참일 때 실행될 코드
    } else {
        // 조건1은 참이지만 조건2는 거짓일 때 실행될 코드
    }
} else {
    // 조건1이 거짓일 때 실행될 코드
}
```

**71** ①

**(강함)** 기능적 응집도(Functional Cohension) > 순차적 응집도(Sequential Cohension) > 통신적(교환적) 응집도(Communication Cohension) > 절차적 응집도(Procedural Cohension) > 시간적 응집도(Temporal Cohension) > 논리적 응집도(Logical Cohension) > 우연적 응집도(Coincidental Cohension) **(약함)**

**72** ④

• 우선순위 계산식 = 대기시간+서비스시간/서비스시간

| 작업 | 우선순위 |
|------|----------|
| A | (5+20)/20 = 1.25 |
| B | (40+20)/20 = 3 |
| C | (15+45)/45 = 1.3 |
| D | (40+10)/2 = 25 |

• 작업순서 : D → B → C → A

**73** ②

**교착상태의 해결 방법**

| 예방(Prevention) | • 교착상태가 발생하지 않도록 사전에 시스템을 제어하는 방법이다.<br>• 일반적으로 자원의 낭비가 가장 심한 것으로 알려진 기법이다. |
|------------------|---|
| 회피(Avoidance) | • 교착상태 발생 가능성을 인정하고 교착상태가 발생하려고 할 때, 교착상태 가능성을 피해가는 방법이다.<br>• 주로 은행원 알고리즘(Banker's Algorithm)을 사용한다. |
| 발견(Detection) | 교착상태가 발생했는지 검사하여 교착상태에 빠진 프로세스와 자원을 발견하는 방법이다. |
| 회복(Recovery) | 교착상태에 빠진 프로세스를 종료하거나 해당 프로세스가 점유하고 있는 자원을 선점하여 다른 프로세스에게 할당하는 기법이다. |

**74** ③

• 변수 a와 b의 4, 7을 (2진수)비트 연산자 |(OR)로 연산한다.
• 비트 연산자는 2진수로 변환 후 계산한다.
• OR 연산자는 두 비트 중 1개라도 1이면 1이 출력된다.

```
       0100   (4)
OR )   0111   (7)
       0111   (7)
```

• 변수 0111는 "%d" 출력 형식 지정문자에 의해 10진수로 변환되어 7이 출력된다.

**75** ①

**JAVA 접근 제한자(접근 제어자)**

| public | 모든 접근을 허용한다. |
|--------|---|
| private | 같은 패키지에 있는 객체와 상속 관계의 객체들만 허용한다. |
| default | 같은 패키지에 있는 객체들만 허용한다. |
| protected | 현재 객체 내에서만 허용한다. |

**76** ①

**Python 예외 처리 구조**

```
try:
    # 오류가 발생할 수 있는 코드
except 예외타입:
    # 예외가 발생했을 때 실행할 코드
else:
    # 예외가 발생하지 않았을 때 실행할 코드(optional)
finally:
    # 예외 발생 여부와 상관없이 항상 실행할 코드(optional)
```

**77** ④

| class TestClass {<br>  int t = 1;<br>  public void print() {<br>    System.out.<br>print("AA");<br>  }<br>} | • TestClass 클래스를 정의<br>• t 멤버 변수 선언하고 1로 초기화<br>• print 메소드를 정의<br>• "AA"를 출력 |
|---|---|
| public class Test extends TestClass {<br>    public void print()<br>    {<br>    System.out.print<br>    ("BB");<br>    }<br>} | • Test 클래스를 정의<br>• Test 클래스는 TestClass 클래스를 상속받아서 print라는 이름의 메소드를 재정의(오버라이딩)<br>• "BB"를 출력 |
| public static void<br>main(String[] args) {<br>    int t = 2; | • main 메소드 정의(String 배열 args를 매개변수로 가지고 있음)<br>• t 정수형 변수를 선언하고 초기값으로 2를 할당 |
| TestClass tt = new Test();<br>    tt.print();<br>    System.out.<br>print(t);<br>  }<br>} | • TestClass 타입의 tt라는 이름의 변수를 선언(상속받은 Test 클래스의 객체로 초기화)<br>• tt 객체의 print 메소드를 호출(실제로 실행되는 print 메소드는 Test 클래스에서 재정의한 메소드임)<br>• 따라서 "BB"가 출력<br>• t 변수의 값을 출력(main 메소드 내에서 선언된 변수이므로 초기값인 2가 출력) |

**78** ①

컨텍스트 스위칭(Context Switching)이란, 다중 프로그래밍 시스템에서 운영체제에 의하여 CPU가 할당되는 프로세스를 변경하기 위하여 현재 CPU를 사용하여 실행되고 있는 프로세서의 상태 정보를 저장하고, 앞으로 실행될 프로세스의 상태 정보를 설정한 다음에 중앙 처리 장치를 할당하여 실행이 되도록 하는 작업이다.

**79** ①

**TCP(Transmission Control Protocol)**
• 신뢰성 있는 연결 지향형 전달 서비스를 제공한다.
• 순서 제어, 에러 제어, 흐름 제어 기능을 제공한다.
• 전이중 서비스와 스트림 데이터 서비스를 제공한다.

- 메시지를 캡슐화(Encapsulation)와 역캡슐화(Decapsulation)한다.
- 서비스 처리를 위해 다중화(Multiplexing)와 역다중화(Demultiplexing)를 이용한다.

**오답 피하기**

①번은 데이터링크 계층에 관한 내용이다.

## 80 ④

**자동 반복 요청(ARQ, Automatic Repeat reQuest)**
- 통신 경로에서 오류 발생 시 수신측은 오류의 발생을 송신측에 통보하고, 송신측은 오류가 발생한 프레임을 재전송하는 오류 제어 방식이다.
- 종류

| 정지-대기 ARQ (Stop-and-Wait ARQ) | 송신측에서 하나의 블록을 전송한 후 수신측의 응답을 기다리는 방식 | |
| --- | --- | --- |
| 연속 ARQ (Continuous ARQ) | Go-back-N ARQ | 오류가 발생한 블록 이후의 모든 블록을 재전송하는 방식 |
| | 선택적 재전송 ARQ(Selective Repeat ARQ) | 오류가 발생한 블록만 재전송하는 방식 |
| 적응적 ARQ (Adaptive ARQ) | 데이터 블록의 길이를 채널의 상태에 따라 유동적으로 변경하는 방식 | |

## 5과목 정보 시스템 구축 관리

## 81 ②

**오답 피하기**

- 하둡(Hadoop) : 상용 하드웨어의 클러스터에 방대한 데이터 세트를 분산할 수 있는 프레임워크
- 포스퀘어(Foursquare) : 위치 기반 소셜 네트워크 서비스
- 멤리스터(Memristor) : 메모리(memory)+레지스터(resistor)의 합성어이며, 전류의 흐름과 시간의 변화에 따라 저항의 강도가 바뀌는 새로운 전기소자로 이전의 상태를 모두 기억하는 메모리

## 82 ④

**정보보안의 3요소(CIA)**

| 기밀성(Confidentiality) | 인가되지 않는 사용자가 객체 정보의 내용을 알 수 없도록 하는 보안 요소 |
| --- | --- |
| 무결성(Integrity) | 시스템 내의 정보는 오직 인가된 사용자만 수정할 수 있는 보안 요소 |
| 가용성(Availability) | 정보 시스템 또는 정보에 대한 접근과 사용이 요구 시점에 완전하게 제공될 수 있는 상태를 의미하는 보안 요소 |

## 83 ④

**코드 오류의 종류**

| 필사 오류 (Transcription Error) | 입력 시 한 자리를 잘못 기록하는 오류 | 예 1234 → 1235 |
| --- | --- | --- |
| 전위 오류 (Transposition Error) | 입력 시 좌우 자리를 바꾸어 발생하는 오류 | 예 1234 → 1243 |
| 이중 오류(Double Transposition Error) | 전위 오류가 두 개 이상 발생하는 오류 | 예 1234 → 2143 |
| 생략 오류 (Missing Error) | 입력 시 한 자리를 빼고 기록하는 오류 | 예 1234 → 123 |
| 추가 오류 (Addition Error) | 입력 시 한 자리를 추가해서 기록하는 오류 | 예 1234 → 12345 |
| 임의 오류 (Random Error) | 두 가지 이상의 오류가 결합해서 발생하는 오류 | 예 1234 → 21345 |

## 84 ④

**오답 피하기**

- Bucket : 하나의 주소를 갖는 파일의 한 구역
- Opcode : 프로세서가 이 명령어를 통해 수행해야 할 일의 종류를 명시하는 필드

## 85 ②

**오답 피하기**

- WWW(World Wide Web) : 인터넷에 연결된 컴퓨터를 통해 사람들이 정보를 공유할 수 있는 전 세계적인 정보 공유 시스템
- WBSEC(WiBro Security) : 와이브로용 보안 프로세서
- ITU(International Telecommunication Union) : 국제전기통신연합

## 86 ①

**오답 피하기**

- Bridge : OSI 모델의 데이터 링크 계층에 있는 여러 개의 네트워크 세그먼트를 연결함
- ASLR : 주소를 매번 실행할 때마다 무작위화시켜 공격을 방해하는 정보 보호 기법
- FIN : 사용자를 식별하기 위해 사용하는 보통 4~8자리의 짧은 숫자로 이루어진 비밀번호

## 87 ②

**보안 인증 방법**

| Something You Know (알고 있는 것) | • 사용자가 알고 있는 정보를 사용하여 인증하는 방법 • 패스워드나 PIN(개인식별번호)과 같은 비밀 정보를 사용하여 인증 |
| --- | --- |
| Something You Have (가지고 있는 것) | • 사용자가 소유하고 있는 물리적인 장치나 객체를 사용하여 인증하는 방법 • 스마트 카드, USB 토큰, 휴대폰 앱 등을 사용하여 인증 |
| Something You Are (자신의 특징) | • 사용자의 생체적인 특징이나 생체 인식 기술을 사용하여 인증하는 방법 • 지문, 홍채, 음성, 얼굴 등 개인의 생체 특징을 사용하여 인증하는 바이오메트릭 인증 |
| Somewhere You Are (있는 곳) | • 사용자가 특정한 위치에 있는지를 확인하여 인증하는 방법 • IP 주소나 지리적 위치를 이용하여 인증 |

## 88 ①

**TCP 세션 하이재킹**

- 서버와 클라이언트 통신 시에 TCP의 3way handshake 단계에서 발생하는 취약점을 이용한 공격 기법으로 서버와 클라이언트가 TCP를 이용하여 통신하고 있을 때 RST 패킷을 전송하여 일시적으로 TCP 세션을 끊고 시퀀스 번호를 새로 생성하여 세션을 탈취하고 인증을 회피하는 공격 기법이다.
- 비동기화 상태와 동기화 상태 2가지가 존재한다.
- 세션 하이재킹 탐지기법 : 비동기화 상태 감지, ACK STORM 탐지, 패킷의 유실 및 재전송 증가 탐지, 예상치 못한 접속의 리셋 탐지
- SSH 같은 세션 인증 수준이 높은 프로토콜 사용을 통해 방어하도록 한다.

## 89 ②

OSPF는 링크 상태 방식을 사용하며, 거리 벡터 라우팅 프로토콜을 사용하는 방식은 RIP이다.

## 90 ④

**효과적인 프로젝트 관리를 위한 3대 요소**

- 사람(People) : 인적 자원
- 문제(Problem) : 문제 인식
- 프로세스(Process) : 작업 계획

## 91 ①

TELNET 프로토콜의 Well Known Port 번호는 23이다.

## 92 ①

개발 기간 = 50000 / (10 × 200) = 25

> **오답 피하기**

**LOC(Line Of Code)**

- 노력(인월) = 개발 기간(월) × 투입 인원(인)
- 개발 비용 = 개발 기간(월) × 투입 인원(인) × 단위 비용(1인당 월평균 인건비)
- 개발 기간 = 예측된 LOC / (투입 인원 × 1인당 월평균 생산 LOC)
- 생산성 = 개발된 LOC / (투입 인원 × 개발 기간)

## 93 ②

> **오답 피하기**

- Zigbee : 저전력, 저비용 무선 메쉬 네트워크 프로토콜로, 스마트 홈과 IoT 디바이스 간의 무선 통신에 많이 사용된다.
- MQTT(Message Queueing Telemetry Transport) : ISO 표준 발행-구독 기반의 메시징 프로토콜이다.
- BLE(Bluetooth Low Energy) : 저전력 무선 통신 기술로, 주로 짧은 거리에서의 통신을 필요로 하는 IoT 디바이스에서 사용된다.

## 94 ②

> **오답 피하기**

- 포맷 스트링(Format String) : ret 또는 dtors 값을 쉘 코드의 주소값으로 덮어 공격용 쉘을 실행시키는 공격
- 버퍼 오버플로(Buffer overflow) : 메모리를 다루는 데에 오류가 발생하여 잘못된 동작을 하는 프로그램 취약점
- 애드웨어(Adware) : 특정 소프트웨어를 실행하거나 설치 후 자동적으로 광고가 표시되는 프로그램

## 95 ①

**공개키(Public Key) 암호화 기법**

- 암호키와 해독키가 서로 다른 기법으로 키 개수는 2N개가 필요하다.
- 비대칭키 암호화 기법 또는 공중키 암호화 기법이라고도 한다.

## 96 ①

IPSec(IP security)은 통신 세션의 각 IP 패킷을 암호화하고 인증하는 안전한 인터넷 프로토콜(IP)로, 양방향 암호화를 지원한다.

## 97 ④

**Nmap(Network mapper)**

- 고든 라이온(Gordon Lyon)이 작성한 보안 스캐너이다.
- 네트워크 "지도"를 함께 만들어 서버에 열린 포트 정보를 스캐닝해서 보안 취약점을 찾는 데 사용한다.

## 98 ②

| Vaporware | 출시가 지연되거나 취소될 가능성이 높은 제품 |
|---|---|
| Hypeware | 과도한 홍보로 인해 소비자의 기대감을 부풀리는 제품 |
| Wishware | 개발되기를 바라는 제품이지만 현실성이 낮은 제품 |
| Unicorn | 혁신적이지만 실현 가능성이 낮은 제품 |
| Blue Sky | 미래 지향적인 아이디어나 기술 |

## 99 ②

**해시(HASH) 암호화 방식**

- 임의의 길이의 메시지를 입력으로 하여 고정된 길이의 출력값으로 변환하는 기법이다.
- 주어진 원문에서 고정된 길이의 의사난수를 생성하며, 생성된 값을 해시 값이라고 한다.
- 해시 함수라고도 한다.
- 디지털 서명에 이용되어 데이터 무결성을 제공한다.
- 블록체인에서 체인 형태로 사용되어 데이터의 신뢰성을 보장한다.
- SHA, SHA1, SHA256, MD5, RMD160, HAS-160, HAVAL 기법 등이 있다.

> **오답 피하기**

공개키 암호화 방식이 아니라 대표적인 해싱 암호화 기법이다.

## 100 ①

**접근 통제 방법**

| | |
|---|---|
| 강제적 접근 통제(MAC, Mandatory Access Control) | 중앙에서 정보를 수집하고 분류하여 보안 레벨을 결정하고 정책적으로 접근 제어를 수행하는 방식으로 다단계 보안 모델이라고도 한다. |
| 임의적 접근 통제(DAC, Discretionary Access Control) | 정보의 소유자가 보안 레벨을 결정하고 이에 대한 정보의 접근 제어를 설정하는 방식이다. |
| 역할 기반 접근 통제(RBAC, Role Based Access Control) | 사람이 아닌 직책에 대해 권한을 부여함으로써 효율적인 권한 관리가 가능하다. |

| 01 ④ | 02 ③ | 03 ② | 04 ④ | 05 ① |
|---|---|---|---|---|
| 06 ① | 07 ② | 08 ④ | 09 ① | 10 ② |
| 11 ① | 12 ③ | 13 ④ | 14 ② | 15 ② |
| 16 ③ | 17 ④ | 18 ② | 19 ② | 20 ④ |
| 21 ① | 22 ④ | 23 ③ | 24 ④ | 25 ① |
| 26 ① | 27 ③ | 28 ③ | 29 ④ | 30 ③ |
| 31 ③ | 32 ③ | 33 ③ | 34 ③ | 35 ① |
| 36 ① | 37 ④ | 38 ③ | 39 ② | 40 ③ |
| 41 ② | 42 ① | 43 ① | 44 ① | 45 ③ |
| 46 ① | 47 ④ | 48 ② | 49 ① | 50 ③ |
| 51 ③ | 52 ② | 53 ④ | 54 ③ | 55 ① |
| 56 ③ | 57 ① | 58 ③ | 59 ③ | 60 ③ |
| 61 ③ | 62 ② | 63 ③ | 64 ② | 65 ④ |
| 66 ④ | 67 ② | 68 ④ | 69 ② | 70 ② |
| 71 ③ | 72 ① | 73 ③ | 74 ① | 75 ④ |
| 76 ③ | 77 ② | 78 ③ | 79 ③ | 80 ④ |
| 81 ④ | 82 ④ | 83 ③ | 84 ③ | 85 ① |
| 86 ② | 87 ② | 88 ① | 89 ② | 90 ④ |
| 91 ① | 92 ④ | 93 ① | 94 ④ | 95 ② |
| 96 ③ | 97 ③ | 98 ② | 99 ③ | 100 ① |

## 1과목 소프트웨어 설계

### 01 ④

**정형 기술 검토(FTR)의 지침 사항**
- 의제와 그 범위를 유지하라.
- 참가자의 수를 제한하라.
- 각 체크리스트를 작성하고, 자원과 시간 일정을 할당하라.
- 개발자가 아닌 제품의 검토에 집중하라.
- 논쟁과 반박을 제한하라.
- 검토 과정과 결과를 재검토하라.

### 02 ③

**디자인 패턴(Design Pattern)**

| 생성 패턴 | 팩토리 메소드 패턴(Factory Method Pattern), 추상 팩토리 패턴(Abstract Factory Pattern), 빌더 패턴(Builder Pattern), 프로토타입 패턴(prototype Pattern), 싱글턴 패턴(Singleton Pattern) 등 |
|---|---|
| 구조 패턴 | 어댑터 패턴(Adapter Pattern), 브리지 패턴(Bridge Pattern), 컴포지트 패턴(Composite Pattern), 데코레이터 패턴(Decorator Pattern), 퍼싸드 패턴(Facade Pattern), 플라이 웨이트 패턴(Fly wight Pattern), 프록시 패턴(Porxy Pattern) 등 |
| 행위 패턴 | 책임 연쇄 패턴(Chain of Responsibility Pattern), 명령 패턴(Command Pattern), 반복자 패턴(Iterator Pattern), 기록 패턴(Mememto Pattern), 상태 패턴(State Pattern), 전략 패턴(Strategy Pattern), 템플릿 메서드 패턴(Template Method Pattern), 해석자 패턴(Interpreter Pattern), 감시자 패턴(Observer Pattern), 방문자 패턴(Visitor Pattern), 중재자 패턴(Mediator Pattern) 등 |

### 03 ②

액터(Actor)는 서비스를 이용하는 외부 객체이며, 시스템이 특정한 사례(Use Case)를 실행하도록 요구할 수 있는 존재이다.

### 04 ④

**파이프 필터(Pipe-Filters)**
- 데이터 흐름(Data Stream)을 생성하고 처리하는 시스템을 위한 구조이다.
- 필터는 파이프를 통해 받은 데이터를 변경시키고 그 결과를 파이프로 전송한다.
- 각 처리 과정은 필터(filter) 컴포넌트에서 이루어지며, 처리되는 데이터는 파이프(pipes)를 통해 흐른다. 이 파이프는 버퍼링 또는 동기화 목적으로 사용될 수 있다.
- 장점 : 필터 교환과 재조합을 통해서 높은 유연성을 제공한다.
- 단점 : 상태정보 공유를 위해서 큰 비용이 소요되며 데이터 변환에 과부하가 걸릴 수 있다.
- 컴파일러, 연속한 필터들은 어휘 분석, 파싱, 의미 분석 그리고 코드 생성을 수행한다.
- 생물정보학에서의 워크플로우 등에 활용된다.

### 05 ①

**HIPO(Hierarchy Input Process Output)**
- 하향식 기법으로 절차보다는 기능 중심이다.
- 도형 목차의 내용을 입력, 처리, 출력 관계로 도표화한 것이 총괄 도표이다.
- 체계적인 문서 작성이 가능하며, 보기 쉽고 알기 쉽다.
- 기능과 자료의 의존 관계를 동시에 표현할 수 있다.
- HIPO 차트 종류에는 가시적 도표, 총체적 도표, 세부적 도표가 있다.
- 프로그램 구조와 데이터 구조나 데이터 구조 간의 관계를 표현할 수 없다.

### 06 ①

**럼바우(Rumbaugh) 객체지향 분석 기법**
- 소프트웨어 구성 요소를 그래픽 표기법을 이용하여 모델링하는 객체지향 분석(Object-oriented Analysis) 기법이다.
- 객체 모델링 → 동적 모델링 → 기능 모델링 순서로 진행된다.

| 객체 모델링 (Object Modeling) | 객체 다이어그램, 정보 모델링이라고도 하며 시스템에서 요구하는 객체를 찾고 객체들 간의 관계를 정의, 가장 중요하며 선행되어야 함 |
|---|---|
| 동적 모델링 (Dynamic Modeling) | 상태 다이어그램, 시간의 흐름에 따라 객체들 사이의 제어 흐름, 동작 순서 등의 동적인 행위를 표현 |
| 기능 모델링 (Functional Modeling) | 자료 흐름도(DFD), 프로세스들의 자료 흐름을 중심으로 처리 과정 표현 |

### 07 ②

JAVA에서 정보은닉(InformationHiding)을 표기할 때 private는 외부에서 클래스 내부 정보에 접근하지 못하도록 하는 '접근금지'의 의미이다.

### 08 ④

SWEBOK에 따른 요구사항 개발 프로세스 : 도출(Elicitation) → 분석(Analysis) → 명세(Specification) → 확인(Validation)

## 09 ①

**애플리케이션 패키징**

- 개발이 완료된 소프트웨어를 고객에 인도하기 위해 패키징하고, 설치 매뉴얼, 사용 매뉴얼 등을 작성하는 일련의 배포용 설치 파일을 만드는 작업을 의미한다.
- 향후 관리 편의성을 위해 모듈화하여 패키징한다.
- 사용자를 중심으로 진행하며, 사용자의 다양한 환경에서 설치할 수 있도록 패키징한다.
- 사용자의 불편함을 줄이고 사용자의 편의성을 먼저 고려한다.
- 주의 사항 : 전체 내용을 포함, 고객 중심, 모듈화, 버전 관리 및 릴리즈 노트 관리

## 10 ②

**UI 설계 도구**

- 와이어프레임 : UI 중심의 화면에 대한 개략적인 레이아웃이나 UI 요소 등에 대한 뼈대를 설계
- 목업 : 와이어프레임보다 좀 더 실제 화면과 유사하게 만든 정적인 형태의 모형
- 스토리보드 : 와이어프레임 콘텐츠에 대한 설명, 페이지 간 이동 흐름 등을 추가한 문서
- 프로토타입 : 실제 구현된 것처럼 테스트가 가능한 동적인 형태의 모형
- 유스케이스 : 사용자가 원하는 목표를 달성하기 위해 수행할 내용을 기술

## 11 ①

**JSON(JavaScript Object Notation)**

- 속성-값 쌍(Attribute-Value Pairs)으로 이루어진 데이터 오브젝트를 전달하기 위해 사용하는 개방형 표준 포맷이다.
- AJAX(Asynchronous Javascript and XML)에서 많이 사용되고 XML을 대체하는 주요 데이터 포맷이다.
- 언어 독립형 데이터 포맷으로 다양한 프로그래밍 언어에서 사용되고 있다.

## 12 ③

**CASE가 제공하는 기능**

- 개발을 신속하게 할 수 있고, 오류 수정이 쉬워 S/W 품질이 향상된다.
- 소프트웨어 생명 주기의 전체 단계를 연결해 주고 자동화시켜 주는 통합된 도구를 제공해주는 기술이다.
- 소프트웨어 시스템의 문서화 및 명세화를 위한 그래픽 기능을 제공한다.
- S/W 개발 단계의 표준화를 기할 수 있으며 자료 흐름도 작성 기능을 제공한다.
- 모델들 사이의 모순검사 기능을 제공하며 다양한 소프트웨어 개발 모형을 지원한다.
- 원천 기술 : 구조적 기법, 프로토타이핑 기술, 정보 저장소 기술

## 13 ④

**추상화(Abstraction)**

- 시스템 내의 공통 성질을 추출한 뒤 추상 클래스를 설정하는 기법이다.
- 현실 세계를 컴퓨터 시스템에 자연스럽게 표현할 수 있다.
- 종류 : 기능 추상화, 제어 추상화, 자료 추상화

## 14 ②

모델링은 소프트웨어 개발 전단계에 사용된다.

## 15 ②

- Fan-In : 주어진 한 모듈을 제어하는 상위 모듈 수(해당 모듈로 들어오는 화살표의 개수) → 3

- Fan-Out : 주어진 한 모듈이 제어하는 하위 모듈 수(해당 모듈에서 나가는 화살표의 개수) → 2

## 16 ③

**N-S 차트(Nassi-Schneiderman Chart)**

- 구조적 프로그램의 순차, 선택, 반복의 구조를 사각형으로 도식화하여 알고리즘을 논리적 기술에 중점을 둔 도형식 표현 방법이다.
- 박스 다이어그램이라고도 한다.
- 조건이 복합되어 있는 곳의 처리를 시각적으로 명확히 식별하는 데 적합하다.
- 제어 구조 : 순차(Sequence), 선택 및 다중 선택(If~Then~Else, Case), 반복(Repeat~Until, While, For)

> **오답 피하기**
>
> NS Chart에서는 GOTO문을 사용하지 않으며, 화살표는 단순히 도형 간의 연결을 나타낼 때 사용한다.

## 17 ④

스크럼 마스터는 방해 요소를 찾아 해결하는 역할을 맡지만, 완료 작업시간을 기록하는 것은 프로덕트 오너(Product Owner)나 팀 자체의 일이다. 또한 소멸 차트는 스프린트 기간 동안의 남은 작업을 시각적으로 보여주는 도구이다.

## 18 ②

"Z"는 정형 명세 기법 중 하나이다.

> **오답 피하기**
>
> 정형 명세 기법은 수학적인 원리와 표기법을 사용하여 요구사항을 표현하는 반면, 비정형 명세 기법은 자연어와 같은 형식이 없는 방법으로 요구사항을 기술한다.

## 19 ②

**UML 관계의 종류**

- 연관(Association) 관계 : 2개 이상의 사물이 서로 관련되어 있는 관계
- 집합(Aggregation) 관계 : 하나의 사물이 다른 사물에 포함되어 있는 관계
- 포함(Composition) 관계 : 포함하는 사물의 변화가 포함되는 사물에게 영향을 미치는 관계
- 일반화(Generalization) 관계 : 하나의 사물이 다른 사물에 비해 더 일반적이거나 구체적인 관계
- 의존(Dependency) 관계 : 서로에게 영향을 주는 짧은 시간 동안만 연관을 유지하는 관계
- 실체화(Realization) 관계 : 사물이 할 수 있거나 해야 하는 기능으로, 서로를 그룹화할 수 있는 관계

## 20 ④

**XP(eXtremeProgramming)**

- 대표적인 Agile 방법론이다.
- 1999년 Kent Beck이 제안하였으며, 개발 단계 중 요구사항이 시시각각으로 변동이 심한 경우에 적합한 방법론이다.
- 빠른 개발을 진행하면서 매 반복에서 테스트를 진행한다.
- 요구사항을 모두 정의해 놓고 작업을 진행하는 것이 아니라, 요구사항이 변경되는 것을 적용하는 방식으로 예측성보다는 적응성에 더 높은 가치를 부여한 방법이다.
- 사용자의 요구사항은 언제든지 변할 수 있다.
- 고객과 직접 대면하며 요구사항을 이야기하기 위해 사용자 스토리(User Story)를 활용할 수 있다.
- 기존의 방법론에 비해 실용성(Pragmatism)을 강조한 것이라고 볼 수 있다.

**21 ①**

**인터페이스 구현 검증 도구**

| Watir | • Ruby 기반 웹 애플리케이션 테스트 프레임워크이다.<br>• 모든 언어 기반의 웹 애플리케이션 테스트와 브라우저 호환성을 테스트할 수 있다. |
|---|---|
| xUnit | • java(Junit), C++(Cppunit), .Net(Nunit) 등 다양한 언어를 지원하는 단위 테스트 프레임워크이다.<br>• 함수, 클래스 등 다른 구성 단위의 테스트를 도와준다. |
| FitNesse | • 웹 기반 테스트 케이스 설계/실행/결과 확인 등을 지원하는 테스트 프레임워크이다.<br>• 테스트 케이스 테이블을 작성하면 자동으로 빠르고 쉽게 작성한 테스트를 수행할 수 있다. |
| STAF | • 서비스 호출, 컴포넌트 재사용 등 다양한 환경을 지원하는 테스트 프레임워크이다.<br>• 데몬을 사용하여 테스트 대상 분산 환경에서 대상 프로그램을 통하여 테스트를 수행하고 통합하는 자동화 검증 도구이다. |

**22 ④**

전체 노드 수 = 루트 노드 수 + 간 노드의 자식 노드 수 + 단말 노드 수(자식이 없는 노드) + 트리의 차수(한 노드가 가질 수 있는 최대 자식 수)

**23 ③**

**색인 순차 파일(Indexed Sequential Access File)**
• 기본 영역, 색인 영역, 오버플로우 영역으로 구성된다.
• 레코드를 참조할 때 색인을 탐색한 후 색인이 가리키는 포인터를 사용하여 직접 참조할 수 있다.
• 레코드를 추가 및 삽입하는 경우, 파일 전체를 복사할 필요가 없다.
• 인덱스를 저장하기 위한 공간과 오버플로우 처리를 위한 별도의 공간이 필요하다.
• 색인 구역은 트랙(Track) 색인 영역, 실린더(Cylinder) 색인 영역, 마스터(Master) 색인 영역으로 구성된다.

**24 ④**

| 검증(Verification) 테스트 | • 제품이 명세서대로 완성되었는지 검증하는 단계이다.<br>• 개발자의 시각에서 제품의 생산 과정을 테스트하는 것을 의미한다. |
|---|---|
| 확인(Validation) 테스트 | • 소프트웨어가 고객의 요구사항과 기대를 충족하는지 확인하는 단계이다.<br>• 사용자의 요구사항을 잘 수행하고 있는지 사용자의 시각에서 생산된 제품의 결과를 테스트하는 것을 의미한다. |

**25 ①**

**애플리케이션 패키징**
• 개발이 완료된 소프트웨어를 고객에 인도하기 위해 패키징하고, 설치 매뉴얼, 사용 매뉴얼 등을 작성하는 일련의 배포용 설치 파일을 만드는 작업을 의미한다.
• 향후 관리 편의성을 위해 모듈화하여 패키징한다.

• 사용자를 중심으로 진행하며, 사용자의 다양한 환경에서 설치할 수 있도록 패키징한다.
• 사용자의 불편함을 줄이고 사용자의 편의성을 먼저 고려한다.
• 주의 사항 : 전체 내용을 포함, 고객 중심, 모듈화, 버전 관리 및 릴리즈 노트 관리

**26 ①**

| 알파 테스트 | 베타 테스트 전에 프로그램 개발 시 내부에서 미리 평가하고 버그를 찾아 수정하기 위해 시험해 보는 검사이다. |
|---|---|
| 베타 테스트 | 정식으로 프로그램을 공개하기 전에 한정된 집단 또는 일반인에게 공개하여 기능을 시험하는 검사이다. |

**27 ③**

**해싱 함수의 종류**

| 제산법<br>(Division Method) | 나머지 연산자(%)를 사용하여 테이블 주소를 계산하는 방법 |
|---|---|
| 제곱법<br>(Mid-Square Method) | 레코드 키값을 제곱한 후에 결과값의 중간 부분에 있는 몇 비트를 선택하여 해시 테이블의 홈 주소로 사용하는 방법 |
| 중첩법(폴딩법,<br>Folding Method) | 레코드 키를 여러 부분으로 나누고, 나눈 부분의 각 숫자를 더하거나 XOR한 값을 홈 주소로 사용하는 방법 |
| 기수 변환법<br>(Radix Conversion Method) | 키 숫자의 진수를 다른 진수로 변화시켜 주소 크기를 초과한 높은 자릿수를 절단하고, 이를 다시 주소 범위에 맞게 조정하는 방법 |
| 계수 분석법<br>(Digit Analysis Method) | 레코드 키를 구성하는 수들이 모든 키들 내에서 각 자리별로 어떤 분포인지를 조사하여 비교적 고른 분포를 나타내는 자릿수를 필요한 만큼 선택하여 레코드의 홈 주소로 사용하는 방법 |
| 무작위법<br>(Random Method) | 난수를 발생시킨 후 그 난수를 이용해 각 키의 홈 주소를 산출하는 방법 |

**28 ③**

**소프트웨어 버전 관리 도구**

| 공유 폴더 방식 | • 버전 관리 자료가 로컬 컴퓨터의 공유 폴더에 저장되어 관리되는 방식이다.<br>• 개발자들은 개발이 완료된 파일을 약속된 공유 폴더에 매일 복사하고, 담당자는 공유 폴더의 파일을 자기 PC로 복사한 후 컴파일 하여 이상 유무를 확인한다.<br>• 이상 유무 확인 과정에서 파일의 오류가 확인되면 해당 파일을 등록한 개발자에게 수정을 의뢰하고, 파일에 이상이 없다면 다음날 각 개발자들이 동작 여부를 다시 확인한다.<br>• 파일을 잘못 복사하거나 다른 위치로 복사하는 것에 대비하기 위해 파일의 변경사항을 데이터베이스에 기록하여 관리한다.<br>• 종류에는 SCCS, RCS, PVCS, QVCS 등이 있다. |
|---|---|

| 클라이언트/서버 방식 | • 버전 관리 자료가 중앙 시스템(서버)에 저장되어 관리되는 방식이다.<br>• 서버의 자료를 개발자별로 자신의 PC(클라이언트)로 복사하여 작업한 후 변경된 내용을 서버에 반영한다.<br>• 모든 버전 관리는 서버에서 수행된다.<br>• 하나의 파일을 서로 다른 개발자가 작업할 경우 경고 메시지를 출력한다.<br>• 서버에 문제가 생기면, 서버가 복구되기 전까지 다른 개발자와의 협업 및 버전 관리 작업은 중단된다.<br>• 종류에는 CVS, SVN(Subversion), CVSNT, Clear Case, CMVC, Perforce 등이 있다. |
|---|---|
| 분산 저장소 방식 | • 버전 관리 자료가 하나의 원격 저장소와 분산된 개발자 PC의 로컬 저장소에 함께 저장되어 관리되는 방식이다.<br>• 개발자별로 원격 저장소의 자료를 자신의 로컬 저장소로 복사하여 작업한 후 변경된 내용을 로컬 저장소에서 우선 반영(버전 관리)한 다음 이를 원격 저장소에 반영한다.<br>• 로컬 저장소에서 버전 관리가 가능하므로 원격 저장소에 문제가 생겨도 로컬 저장소의 자료를 이용하여 작업할 수 있다.<br>• 종류에는 Git, GNU arch, DCVS, Bazaar, Mercurial, TeamWare, Bitkeeper, Plastic SCM 등이 있다. |

**오답 피하기**

**RCS(Revision Control System)**
• 소스 파일의 수정을 한 사람만으로 제한한다는 점이 CVS와의 차이점이다.
• 다수의 사용자가 동시에 파일 수정을 할 수 없도록 파일 잠금 방식으로 버전을 관리하는 도구이다.
• 다른 방향으로 진행된 개발 결과를 합치거나 변경 내용을 추적할 수 있다.

## 29 ④

중위 순회(In-order)는 LEFT → ROOT → RIGHT 순으로 진행된다.

❶A❷ → DBA❷ → DBAECF 순서로 진행된다.

## 30 ③

**오답 피하기**

• Brooks의 법칙 : 지체되는 소프트웨어 개발 프로젝트에 인력을 더하는 것은 개발을 늦출 뿐이다.
• Boehm의 법칙 : 소프트웨어 프로젝트 중에 버그를 찾아 수정하는 비용은 시간이 지날수록 높아진다.
• Jackson의 법칙은 없다.

## 31 ③

형상 통제 과정에서 형상 목록의 변경 요구의 경우 변경 통제 위원회를 통하여 변경 통제가 이루어져야 한다.

## 32 ③

**ISO/IEC 25000**
• 기존 소프트웨어 품질 평가 모델과 소프트웨어 평가 절차 모델인 ISO/IEC 9126과 ISO/IEC 14598을 통합하였다.
• 2500n, 2501n, 2502n, 2503n, 2504n의 다섯 가지 분야로 나눌 수 있고, 확장 분야인 2505n이 있다.

| 2501n(9126-2, 품질 모형) | 품질 모델 및 품질 사용 |
|---|---|
| 2503n(9126-3, 품질 측정) | 매트릭을 통한 측정 방법 제시 |

## 33 ③

**소스 코드 품질 분석 도구**

| 정적 분석 도구 | • 소프트웨어를 분석하는 방법의 하나로 소프트웨어를 실행하지 않고 코드 레벨에서 분석하는 방법이다.<br>• 종류 : pmd, cppcheck, SonarQube, checkstyle, ccm, cobertura, FindBugs 등 |
|---|---|
| 동적 분석 도구 | • 애플리케이션을 실행하여 코드에 존재하는 메모리 누수 현황을 발견하고, 발생한 스레드의 결함 등을 분석하기 위한 도구이다.<br>• 종류 : Avalanche, Valgrind, valMeter 등 |

## 34 ③

**디지털 저작권 관리(DRM, Digital Right Management)**
• 저작권자가 배포한 디지털 콘텐츠가 저작권자의 의도한 용도로만 사용되도록 디지털 콘텐츠의 생성, 유통, 이용까지의 전 과정에 걸쳐 사용되는 디지털 콘텐츠 관리 및 보호 기술이다.
• 구성 요소

| 클리어링 하우스<br>(Clearing House) | 저작권에 대한 사용 권한, 라이선스 발급, 사용량에 따른 관리 등을 수행하는 곳 |
|---|---|
| 콘텐츠 제공자<br>(Contents Provider) | 콘텐츠를 제공하는 저작권자 |
| 패키저<br>(Packager) | 콘텐츠를 메타 데이터와 함께 배포 가능한 형태로 묶어 암호화하는 프로그램 |
| 콘텐츠 분배자<br>(Contents Distributor) | 암호화된 콘텐츠를 유통하는 곳이나 사람 |
| 콘텐츠 소비자<br>(Customer) | 콘텐츠를 구매해서 사용하는 주체 |
| DRM 컨트롤러<br>(DRM Controller) | 배포된 콘텐츠의 이용 권한을 통제하는 프로그램 |
| 보안 컨테이너<br>(Security Container) | 콘텐츠 원본을 안전하게 유통하기 위한 전자적 보안 장치 |

• 기술 요소

| 암호화<br>(Encryption) | 콘텐츠 및 라이선스를 암호화하고 전자 서명을 할 수 있는 기술 |
|---|---|
| 키 관리<br>(key Management) | 콘텐츠를 암호화한 키에 대한 저장 및 분배 기술 |

| 암호화 파일 생성 (Pakager) | 콘텐츠를 암호화된 콘텐츠로 생성하기 위한 기술 |
|---|---|
| 식별 기술 (Identification) | 콘텐츠에 대한 식별 체계 표현 기술 |
| 저작권 표현 (Right Expression) | 라이선스의 내용 표현 기술 |
| 정책 관리 (Policy Management) | 라이선스 발급 및 사용에 대한 정책 표현 및 관리 기술 |
| 크랙 방지 (Tamper Resistance) | 크랙에 의한 콘텐츠 사용 방지 기술 |
| 인증 (Authentication) | 라이선스 발급 및 사용의 기준이 되는 사용자 인증 기술 |

## 35 ①

**상향식 통합 테스트 절차**

- 하위 모듈을 클러스터로 결합 : 가장 낮은 수준의 모듈들을 기능적으로 묶어 클러스터를 구성한다.
- 상위 모듈에서 데이터 입출력을 확인하기 위해 더미모듈인 드라이버를 작성 : 상위 모듈과의 인터페이스를 구현하는 드라이버를 만들어 상위 모듈의 기능을 시뮬레이션한다.
- 통합된 클러스터 단위로 테스트를 수행 : 드라이버를 통해 클러스터에 데이터를 입력하고 출력 결과를 검증하여 클러스터의 기능을 테스트한다.
- 테스트가 완료되면 클러스터는 프로그램 구조의 상위로 이동하여 결합하고 드라이버는 실제 모듈로 대체 : 테스트를 통과한 클러스터는 상위 모듈과 결합되고 드라이버는 실제 모듈로 교체된다.

## 36 ①

**통합 테스트 수행 방법**

| 통합 테스트 (Intergration Test) | 점진적 통합 방식 (빅뱅) | 모든 모듈이 결합된 프로그램 전체가 테스트 대상이다. |
|---|---|---|
| | 비점진적 통합 방식 | • 상향식 : 하위→상위로 통합해 가면서 테스트한다. • 하향식 : 상위→하위로 통합해 가면서 테스트한다. |
| 혼합식 테스트 (Sandwich Test) | | • 상향식과 하향식의 장점을 이용하는 방식(상향식+하향식)이다. • 스텁(Stub)과 드라이버(Driver)의 필요성이 매우 높은 방식이다. |
| 회귀 시험 (Regression Test) | | • 수정한 부분이 소프트웨어의 다른 부분에 영향을 미치는지 테스트하여 소프트웨어 수정이 새로운 오류를 발생시키지 않았는지 확인한다. • 유형 : Retest All, Selective, Priority 기법 |

## 37 ④

- 오름차순 선택 정렬은 pass마다 앞쪽의 값들이 가장 작은 값이 위치하게 된다. 즉 2회전 시에는 두 번째 값까지 정렬이 완성된 것을 찾으면 된다.
- 앞으로 이동한 값을 제외한 나머지 값들은 위치가 변하지 않는다.

| 1pass | 8, 3, 4, 9, 7 → 3, 8, 4, 9, 7 |
|---|---|
| 2pass | 3, 8, 4, 9, 7 → 3, 4, 8, 9, 7 |
| 3pass | 3, 4, 8, 9, 7 → 3, 4, 7, 9, 8 |
| 4pass | 3, 4, 7, 9, 8 → 3, 4, 7, 8, 9 |

## 38 ③

무방향 그래프의 최대 간선수 : n(n-1)/2

**오답 피하기**

방향 그래프의 최대 간선수 : n(n-1)

## 39 ②

**IDE 도구의 기능**

| Coding | 프로그래밍 언어를 가지고 컴퓨터 프로그램을 작성할 수 있는 환경을 제공 |
|---|---|
| Compile | 소스 코드를 기계어나 중간 코드로 변환하는 역할 |
| Debugging | 프로그램에서 발견되는 버그를 찾아 수정할 수 있는 기능 |
| Deployment | 소프트웨어를 최종 사용자에게 전달하기 위한 기능 |

## 40 ③

| 화이트박스 테스트 | • 모듈의 원시 코드를 오픈시킨 상태에서 코드의 논리적 모든 경로를 테스트한다. • Source Code의 모든 문장을 한 번 이상 수행함으로써 진행된다. • 종류 : 기초 경로 검사, 조건 검사, 제어 구조 검사, 데이터 흐름 검사, 루프 검사 등 |
|---|---|
| 블랙박스 테스트 | • 사용자의 요구사항 명세를 보면서 구현된 기능에 중점을 두는 테스트이다. • 소프트웨어가 수행할 특정 기능을 알기 위해 각 기능이 완전히 작동되는 것을 입증하는 테스트(= 기능 테스트)이다. • 종류 : 동치 분할 검사, 원인 효과 그래프 검사, 비교 검사 등 |

---

**3과목 데이터베이스 구축**

## 41 ②

**이행 종속 규칙**

- 릴레이션에서 속성 A가 B를 결정하고(A→B), 속성 B가 C를 결정하면(B→C) 속성 A가 C도 결정한다는(A→C) 종속 규칙이다.
- 정규화 과정에서 이행 종속을 해소하는 단계를 '3차 정규형'이라고 한다.

## 42 ①

**무결성(Integrity)**

| 개체 무결성 | 기본키의 값은 널(Null)값이나 중복 값을 가질 수 없다는 제약조건 |
|---|---|
| 참조 무결성 | 참조할 수 없는 외래키 값을 가질 수 없다는 제약조건 |
| 도메인 무결성 | 릴레이션의 하나의 속성은 반드시 원자값이어야 한다는 것을 보장하는 제약조건 |

## 43 ①

- 모든 속성의 도메인 값을 곱하면 최대 튜플 수가 계산된다.
- 3×2×4 = 24(개)

## 44 ①

### CREATE TABLE문

```
(  { 열이름 데이터_타입 [NOT NULL], [DEFALUT 값] }
   [PRIMARY KEY(열이름_리스트)]
   [UNIQUE(열이름_리스트, …)]
   { [FOREIGN KEY(열이름_리스트)]
      REFERENCES 기본테이블[(기본키_열이름)]
      [ON DELETE 옵션]
      [ON UPDATE 옵션] }
   [CHECK(조건식)] );
```

- { }는 중복 가능한 부분, [ ]는 생략 가능한 부분
- NOT NULL은 특정 열에 대해 널(Null) 값을 허용하지 않을 때 기술
- PRIMARY KEY는 기본키를 구성하는 속성을 지정할 때
- FOREIGN KEY는 외래키로 어떤 릴레이션의 기본키를 참조하는지를 기술

**오답 피하기**

속성의 타입 변경은 ALTER문을 사용한다.

## 45 ③

### 키(Key)의 종류

| 기본키(Primary Key) | • 후보키들 중에서 하나를 선택한 키로, 테이블에서 기본키는 오직 1개만 지정할 수 있다.<br>• NULL 값을 절대 가질 수 없고, 중복된 값을 가질 수 없다. |
|---|---|
| 후보키(Candidate Key) | • 테이블에서 각 행을 유일하게 식별할 수 있는 최소한의 속성들의 집합이다.<br>• 기본키가 될 수 있는 후보들이며, 유일성과 최소성을 동시에 만족시켜야 한다. |
| 슈퍼키(Super Key) | • 테이블에서 각 행을 유일하게 식별할 수 있는 하나 또는 그 이상의 속성들의 집합이다.<br>• 유일성은 만족시키지만 최소성은 만족시키지 못한다. |
| 대체키(Alternate Key) | • 후보키가 두 개 이상일 경우 그 중에서 어느 하나를 기본키로 지정하고 남은 후보키들이다.<br>• 기본키로 선정되지 않은 후보키이다. |
| 외래키(Foreign Key) | • 테이블이 다른 테이블의 데이터를 참조하여 테이블 간의 관계를 연결하는 것이다.<br>• 참조되는 테이블의 기본키와 동일한 키 속성을 가진다. |

## 46 ①

| 물리적 설계 | • 목표 DBMS에 종속적인 물리적 구조 설계<br>• 저장 레코드 양식 설계<br>• 레코드 집중의 분석/설계<br>• 엑세스 경로 인덱싱<br>• 클러스터링, 해싱 등의 설계 |
|---|---|
| 논리적 설계 | • 목표 DBMS에 종속적인 논리적 스키마 설계<br>• 스키마의 평가 및 정제<br>• 논리적 데이터 모델로 변환<br>• 트랜잭션 인터페이스 설계 |

## 47 ④

### 이상(Anomaly) 현상

- 릴레이션 조작 시 데이터들이 불필요하게 중복되어 예기치 않게 발생하는 곤란한 현상을 의미한다.
- 종류 : 삽입 이상, 삭제 이상, 갱신 이상

## 48 ②

### 반정규화(De-Normalization)

- 정규화된 엔티티, 속성, 관계에 대해 시스템의 성능 향상과 개발(Development)과 운영(Maintenance)의 단순화를 위해 중복, 통합, 분리 등을 수행하는 데이터 모델링의 기법을 의미한다.
- 정규화를 통하여 정합성과 데이터 무결성이 보장되지만, 테이블의 개수가 증가함에 따라 테이블 간의 조인이 증가하여 조회 성능이 떨어질 수 있다.
- 즉, DB의 성능 향상을 목적으로 정규화를 통해 분할된 테이블을 다시 합치는 과정을 의미한다.

**오답 피하기**

- 정규화(Normalization) : 관계형 데이터베이스의 설계에서 데이터 중복을 줄이고 데이터 무결성을 개선하기 위해 데이터를 정규형에 맞도록 구조화하는 것
- 집단화(Aggregation) : 관련 있는 객체들을 묶어 하나의 상위 객체를 구성하는 것
- 머징(Merging) : 두 객체를 병합하는 것

## 49 ①

| 로킹 단위 | 커짐 | 작아짐 |
|---|---|---|
| 로크 수 | 적어짐 | 많아짐 |
| 관리 난이도 | 쉬움 | 어려움 |
| 병행 제어 | 단순해짐 | 복잡해짐 |
| 로킹 오버헤드 | 감소 | 증가 |
| 병행성 수준 | 낮아짐 | 높아짐 |
| 데이터베이스 공유도 | 감소 | 증가 |

**오답 피하기**

로킹의 대상이 되는 객체(파일, 테이블, 필드, 레코드)의 크기를 로킹 단위라고 한다.

## 50 ③

### 함수적 종속(Functional Dependency)

- 어떤 릴레이션 R에서, X와 Y를 각각 R의 속성(Attribute) 집합의 부분 집합일 경우, 속성(Attribute) X의 값 각각에 대해 시간에 관계없이 항상 속성(Attribute) Y의 값이 오직 하나만 연관되어 있을 때 Y는 X에 함수 종속이라 하고, X → Y로 표기한다.
- 종류

| 완전 함수적 종속<br>(Full Functional Dependency) | 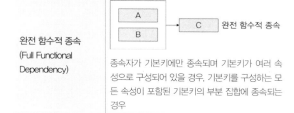<br>종속자가 기본키에만 종속되며 기본키가 여러 속성으로 구성되어 있을 경우, 기본키를 구성하는 모든 속성이 포함된 기본키의 부분 집합에 종속되는 경우 |
|---|---|

| 부분 함수적 종속<br>(Partial Functional<br>Dependency) | 부분 함수적 종속<br>릴레이션에서 종속자가 기본키가 아닌 다른 속성에 종속되거나 기본키가 여러 속성으로 구성되어 있을 경우, 기본키를 구성하는 속성 중 일부만 종속되는 경우 |
|---|---|
| 이행적 함수 종속<br>(Transitive Functional<br>Dependecy) | 릴레이션에서 X, Y, Z라는 3개의 속성이 있을 때 X→Y, Y→Z이면 X→Z가 성립되는 경우 |

## 51 ③
### 파일의 구조

| 순차 파일<br>(Sequential File) | 입력되는 데이터들을 논리적인 순서에 따라 물리적 연속 공간에 순서대로 기록하는 방식(=순서 파일) |
|---|---|
| 색인 순차 파일<br>(Indexed Sequential<br>File) | 레코드들을 키값 순으로 정렬시켜 기록하고 레코드의 키 항목만을 모은 색인(인덱스)을 구성하여 편성하는 방식 |
| 직접 파일<br>(Direct File) | 파일을 구성하는 레코드들을 특정 순서 없이 임의의 물리적 저장 공간에 기록하는 방식(=랜덤 파일, DAM 파일) |
| 역 파일<br>(Inverted File) | 특정 항목(Field)을 여러 개의 색인으로 만들어 항목별 특성에 맞게 작업할 수 있도록 하는 방식 |
| 다중 리스트 파일<br>(Multi-List File) | 각 키에 대하여 색인을 만든 다음 각 데이터 레코드들 간에 다중 리스트를 구축하여 구성하는 방식 |
| 다중 링 파일<br>(Multi-Ring File) | 같은 특성을 가진 레코드들을 일련의 포인터로 연결하여 구성하는 방식 |

## 52 ②
### 타임 스탬프 기법
- 동시성 제어를 위한 직렬화 기법으로 트랜잭션 간의 순서를 미리 정하는 방법이다.
- 트랜잭션이 DBMS로부터 유일한 타임 스탬프(시간 허가 인증 도장)를 부여받는다.

## 53 ④
### 파티션(Partition)의 종류

| 범위(Range) 파티션 | • 데이터를 지정한 범위에 따라 분할하는 방식이다.<br>• 예를 들어, 날짜 범위에 따라 데이터를 분할할 수 있다.<br>• 데이터의 연속성과 접근 패턴을 기반으로 분할하는 데 적합하다. |
|---|---|
| 목록(List) 파티션 | • 특정 열 값의 목록에 따라 데이터를 분할하는 방식이다.<br>• 예를 들어, 특정 지역의 데이터를 분할할 때 해당 지역의 목록을 사용할 수 있다.<br>• 명시적인 값 목록을 기반으로 분할하는 데 유용하다. |
| 해시(Hash) 파티션 | • 해시 함수를 사용하여 데이터를 분할하는 방식이다.<br>• 데이터의 고르고 균형 잡힌 분할을 위해 사용된다.<br>• 해시 파티션은 데이터의 분산을 극대화하기 위해 사용된다. |
| 컴포지트(Composite)<br>파티션 | • 두 개 이상의 파티션 유형을 조합하여 데이터를 분할하는 방식이다.<br>• 범위와 목록을 조합하여 데이터를 분할할 수 있다.<br>• 다양한 분할 기준을 조합하여 더 세부적인 데이터 분할을 수행할 때 사용된다. |

## 54 ③

```
DROP TABLE 테이블_이름 [CASCADE | RESTRICT];
```

- CASCADE : 삭제할 요소가 다른 개체에서 참조 중이라도 삭제가 수행된다.
- RESTRICT : 삭제할 요소가 다른 개체에서 참조 중일 경우 삭제가 취소된다.

## 55 ①

```
UPDATE 테이블명
  SET 속성명=값
    WHERE 조건;
```

## 56 ③

```
ALTER TABLE 회원
ADD COLUMN 주소 VARCHAR(255);
```

## 57 ①
- R1, R2 테이블에서 학번이 같으면서, R1의 학과가 '전자공학'이면서 '강남길'인 항목의 과목번호, 과목이름을 조회하는 SQL문이다.
- R1, R2 테이블을 학번으로 조인하고, '전자공학'이면서 '강남길'인 레코드 중에서 과목번호, 과목이름 필드를 조회한다.

## 58 ③
### 뷰(View)의 특징
- 뷰의 생성 시 CREATE문, 검색 시 SELECT문을 사용한다.
- 뷰의 정의 변경 시 ALTER문을 사용할 수 없고 DROP문을 이용한다.
- 뷰를 이용한 또 다른 뷰의 생성이 가능하다.
- 하나의 뷰 제거 시 그 뷰를 기초로 정의된 다른 뷰도 함께 삭제된다.
- 뷰에 대한 조작에서 삽입, 갱신, 삭제 연산은 제약이 따른다.
- 뷰가 정의된 기본 테이블이 제거되면 뷰도 자동적으로 제거된다.

**오답 피하기**

뷰의 삽입, 삭제, 갱신 연산 시 ALTER문을 사용할 수 없다는 제약이 있다.

## 59 ③
### 데이터 사전(Data Dictionary)
- 시스템 자신이 필요로 하는 여러 가지 객체(기본 테이블, 뷰, 인덱스, 데이터베이스, 패키지, 접근 권한 등)에 관한 정보를 포함하고 있는 시스템 데이터베이스이다.
- 시스템 카탈로그(System Catalog), 메타 데이터(Meta Data)라고도 한다.

- 시스템 카탈로그 자체도 시스템 테이블로 구성되어 있어 SQL문을 이용하여 내용 검색이 가능하다.
- 사용자가 시스템 카탈로그를 직접 갱신할 수 없으며, SQL문으로 여러 가지 객체에 변화를 주면 시스템이 자동으로 갱신한다.

**60** ③

**인덱스(Index)**
- 데이터베이스 성능에 많은 영향을 주는 DBMS의 구성 요소로 테이블과 클러스터에 연관되어 독립적인 저장 공간을 보유하며, 데이터베이스에 저장된 자료를 더욱 빠르게 조회하기 위하여 별도로 구성한 순서 데이터를 말한다.
- 대부분의 데이터베이스에서 테이블을 삭제하면 인덱스도 같이 삭제된다.
- 인덱스는 수정이 불가능하며 생성은 CREATE 명령문, 삭제는 DROP 명령문을 사용한다.

---

**4과목 | 프로그래밍 언어 활용**

**61** ③
- a[3:7:2]는 리스트 a의 3번째 인덱스부터 7번째 인덱스(미포함)까지 2칸씩 건너뛸 때 값을 추출하는 슬라이싱 연산이다.
- = 연산자를 사용하여 추출된 값을 문자열 'd'와 'f'로 대체한다.
- print(a[:8])은 리스트 a의 0번째 인덱스부터 8번째 인덱스(미포함)까지 값을 출력한다.

**62** ②
- n 변수에 3을 할당, r 변수에 1을 할당, i 변수에 1을 할당한다.
- while 루프 시작 → i가 n보다 작거나 같은 동안 루프가 계속된다.
- 루프 내부에서 r은 현재의 i값과 곱해진다. 따라서 처음에는 r이 1이므로 r은 1×1=1이 된다.
- i는 1씩 증가하므로 루프가 계속되면서 r은 1×2=2, 그 다음은 2×3=6이 된다.
- i가 3이 되면 루프가 종료된다.
- printf 함수를 통해 결과인 r이 출력(6)된다.

**63** ③
- a에 97을 할당, b에 'a'를 할당, c에 3.14를 할당한다.
- %c, %d, %d 형식 문자열을 사용하여 a, b, c의 값을 출력한다.

오답 피하기
- c에 3.14를 할당하면 실수값이 아니라 정수값인 3만 저장된다.
- %c 형식 지시자는 문자를 출력하는데, a는 97이라는 정수값이므로 문자 'a'가 아닌 ASCII 코드값인 'a'가 출력된다.

**64** ②
- function 함수 정의
  - 두 개의 정수 매개변수 x와 y를 받아서 조건 연산자를 사용하여 값을 반환한다.
  - 만약 x가 y보다 크다면 10*x*y를 반환하고, 그렇지 않으면 10*x+y를 반환한다.
- main 함수 정의
  - main 함수 내에서 function(3, 7)을 호출하여 결과를 얻는다.
  - 여기서 x는 3이고 y는 7이다.
  - 3 > 7은 거짓이므로 두 번째 표현식 10*x+y가 실행된다.
- 따라서 10*3+7을 계산하여 37이 반환되며, printf 함수를 사용하여 결과를 출력한다.

**65** ④

**다형성(Polymorphism)**
- 많은 상이한 클래스들이 동일한 메소드명을 이용하는 능력을 의미한다.
- 한 메시지가 객체에 따라 다른 방법으로 응답할 수 있는 것이다.
- 메시지에 의해 객체가 연산을 수행하게 될 때 하나의 메시지에 대해 각 객체가 가지고 있는 고유한 방법으로 응답할 수 있는 능력이다.

오답 피하기
메소드 오버라이딩(Overriding)의 경우 매개 변수 타입은 동일하지만 메소드명을 다르게 함으로써 구현, 구분할 수 있다.

**66** ④
- 10K 크기의 프로그램이 할당되려면 사용하지 않는 메모리인 NO.1, NO.2, NO.5 중에서 메모리 크기가 10K 이상인 NO.2, NO.5에 할당될 수 있다.
- NO.2에 할당되면 내부 단편화가 2K 발생하고, NO.5에 할당되면 내부 단편화가 6K 발생한다.
- 최악 적합(Worst-Fit)은 적재 가능한 공간 중에서 가장 큰 공백이 남는 부분에 배치하는 기법이므로, NO.5에 할당된다.

**67** ②
- 10.0.0.0 네트워크는 A클래스에 해당한다.
- 서브넷은 255.240.0.0/12이므로, 11111111. 11110000. 00000000. 00000000이다.
- 유효한 서브네트 ID
  - 10.0.0.0
  - 10.16.0.0
  - 10.32.0.0
  - 10.48.0.0
  - 10.64.0.0
  - 10.80.0.0
  - 10.96.0.0
  - 10.112.0.0
  - 10.128.0.0
  - 10.144.0.0
  - 10.160.0.0
  - 10.176.0.0
  - 10.192.0.0
  - 10.208.0.0
  - 10.224.0.0
  - 10.240.0.0

오답 피하기
**서브넷 마스크**
- 현재 사용 중인 네트워크의 범위를 설정하는 것이다.
- 서브넷 ID는 설정된 범위의 첫 번째 IP로 서브넷을 식별하는 역할을 한다.

**68** ④

**결합도(Coupling)**
**(약함)** 자료 결합도(Data Coupling) → 스탬프 결합도(Stamp Coupling) → 제어 결합도(Control Coupling) → 외부 결합도(External Coupling) → 공통 결합도(Common Coupling) → 내용 결합도(Content Coupling) **(강함)**

| 자료 결합도<br>(Data Coupling) | 한 모듈이 파라미터나 인수로 다른 모듈에게 데이터를 넘겨주고 호출받은 모듈은 받은 데이터에 대한 처리 결과를 다시 돌려주는 경우의 결합도 |
|---|---|
| 스탬프 결합도<br>(Stamp Coupling) | 두 모듈이 동일한 자료구조를 조회하는 경우의 결합도 |

| 제어 결합도<br>(Control Coupling) | 한 모듈이 다른 모듈의 내부 논리 조직을 제어하기 위한 목적으로 제어신호를 이용하여 통신하는 경우의 결합도 |
|---|---|
| 외부 결합도<br>(External Coupling) | 한 모듈에서 외부로 선언한 변수를 다른 모듈에서 참조할 경우의 결합도 |
| 공통 결합도<br>(Common Coupling) | 한 모듈이 다른 모듈에게 제어 요소를 전달하고 여러 모듈이 공통자료 영역을 사용하는 경우의 결합도 |
| 내용 결합도<br>(Content Coupling) | 한 모듈이 다른 모듈의 내부 기능 및 그 내부 자료를 참조하는 경우의 결합도 |

## 69 ②

**트랜잭션의 상태**

| 활동(Active) | 초기 상태로, 트랜잭션이 Begin_Trans에서부터 실행을 시작하였거나 실행 중인 상태 |
|---|---|
| 부분 완료<br>(Partially Commited) | 트랜잭션의 마지막 연산이 실행된 직후의 상태로, 모든 연산의 처리는 끝났지만 트랜잭션이 수행한 최종 결과를 데이터베이스에 반영하지 않은 상태 |
| 철회(Aborted) | 트랜잭션이 실행에 실패하여 Rollback 연산을 수행한 상태 |
| 완료(Committed) | 트랜잭션이 실행을 성공적으로 완료 연산을 수행한 상태 |

## 70 ②

**전송 계층(Transport Layer)**
- 통신 양단 간(End-to-End) 투명한 데이터 전송을 제공한다.
- 에러 제어 및 흐름 제어를 담당한다.
- 표준 : TCP, UDP

## 71 ③

**Java 출력 함수**
- System.out.print() : 괄호 안을 출력하고 줄 바꿈을 안 한다.
- System.out.println() : 괄호 안을 출력하고 줄 바꿈을 한다.
- System.out.printf() : 변환 문자를 사용하여 출력한다.

## 72 ①

**OSI 7계층의 기능**
- 물리 계층(Physical Layer) : 전기적, 기능적, 절차적 기능을 정의한다.
- 데이터 링크 계층(Data Link Layer) : 흐름 제어, 에러 제어. 두 노드 간을 직접 연결하는 링크 상에서 프레임의 전달을 담당한다. 흐름 제어와 오류 복구를 통하여 신뢰성 있는 프레임 단위의 전달을 제공한다.
- 네트워크 계층(Network Layer) : 경로 설정 및 네트워크 연결 관리하며 통신망을 통한 목적지까지 패킷 전달을 담당한다.
- 전송 계층(Transport Layer) : 통신 양단 간(End-to-End)의 에러 제어 및 흐름 제어. 다중화/역다중화한다.
- 세션 계층(Session Layer) : 회화 구성, 동기 제어, 데이터 교환 관리. 프로세스 간에 대한 연결을 확립, 관리, 단절시키는 수단을 제공한다.
- 표현 계층(Presentation Layer) : 코드 변환, 암호화, 압축, 구문 검색한다.
- 응용 계층(Application Layer) : 사용자에게 서비스 제공하며, 네트워크 가상 터미널(network virtual terminal)이 존재하여 서로 다른 프로토콜에 의해 발생하는 호환성 문제를 해결하는 계층이다.

## 73 ④

**NUR(Not Used Recently)**
- 최근에 사용하지 않은 페이지를 먼저 교체하는 기법이다.
- 매 페이지마다 두 개의 하드웨어 비트인 참조 비트(호출비트, Reference Bit)와 변형 비트(Modified Bit)가 필요하다.

> **오답 피하기**

**페이지 교체 기법**

| FIFO(First In First Out) | 가장 먼저 들어온 페이지 교체 |
|---|---|
| LRU(Least Recently Used) | 가장 오랫동안 사용되지 않은 페이지 교체 |
| LFU(Least Frequently Used) | 참조 횟수가 가장 작은 페이지 교체 |
| MFU(Most Frequently used) | 참조 횟수가 가장 많은 페이지 교체 |
| OPT(Optimal) | 앞으로 가장 오랫동안 사용되지 않을 페이지 교체 |
| NUR(Not Used Recently) | 최근에 사용하지 않은 페이지 교체 |

## 74 ①

**IPv6(Internet Protocol version 6)**
- 16비트씩 8 부분으로 총 128비트로 구성된다.
- 주소의 한 부분이 0으로만 연속되는 경우 연속된 0은 '::'으로 생략하여 표시할 수 있다.
- 주소 체계는 유니캐스트(Unicast), 애니캐스트(Anycast), 멀티캐스트(Multicast) 등 세 가지로 나뉜다.

## 75 ④

**uname 명령어 옵션**
- -a : 모든 시스템 정보를 출력
- -r : 커널 버전을 출력
- -s : 운영체제 이름을 출력
- -m : CPU 아키텍처를 출력

> **오답 피하기**

- ls : 현재 디렉터리에 있는 파일과 디렉터리 목록을 출력
- cat : 파일 내용을 출력
- pwd : 현재 작업 디렉터리의 절대 경로를 출력

## 76 ②

**메모리 구조**

| 스택(Stack) | • 함수 호출 시 자동으로 할당되고 함수 종료 시 자동으로 해제되는 메모리 영역이다.<br>• LIFO(Last In First Out) 방식으로 작동한다.<br>• 변수의 크기가 미리 알려져 있어야 한다. |
|---|---|
| 힙(Heap) | • 프로그램에서 직접적으로 할당하고 해제해야 하는 메모리 영역이다.<br>• malloc() 함수를 사용하여 할당하고 free() 함수를 사용하여 해제한다.<br>• 동적 메모리 할당에 사용된다. |
| 버퍼(Buffer) | • 데이터를 일시적으로 저장하는 메모리 영역이다.<br>• 입출력 작업에 주로 사용된다.<br>• 프로그램 종료 시 자동으로 해제된다. |
| 스풀(Spool) | • 프린터와 같은 입출력 장치와 데이터를 주고받는 데 사용되는 메모리 영역이다.<br>• 데이터를 일시적으로 저장하여 입출력 작업을 효율적으로 처리한다.<br>• 프로그램 종료 시 자동으로 해제된다. |

## 77 ②

클래스 정의

```
public class Test
{   // 메인 메서드 정의
}
```

메인 메서드

```
public static void main(String[] args) {
    // for 루프
}
```

for 루프

```
for(int i = 0; i <10; i++) {
    if(i % 5 == 0)
        System.out.print("O");
    else
        System.out.print("X");
}
```

- 루프는 변수 i를 0부터 9까지 증가시키면서 총 10번 반복
- if(i % 5 == 0) : i가 5로 나누어떨어지면, "O" 출력
- else : i가 5로 나누어떨어지지 않으면, "X" 출력
- 0~9까지 수열 i를 생성하고 i의 값이 5의 배수일 때 O를 출력한다.

## 78 ③

이 코드는 2×2×2 크기의 3차원 리스트를 생성한다.

`[[0]*2 for y in range(2)]`

- [0, 0]이라는 1차원 리스트를 두 번 반복하여 2×2 크기의 2차원 리스트를 생성한다.
- 예를 들어, y가 0일 때 [0, 0]이 생성되고, y가 1일 때도 [0, 0]이 생성된다.
- 결과적으로 [[0, 0], [0, 0]]이라는 2차원 리스트를 생성한다.

`for x in range(2)`

- 위에서 생성된 2차원 리스트를 두 번 반복하여 2×2×2 크기의 3차원 리스트를 생성한다.
- 예를 들어, x가 0일 때 [[0, 0], [0, 0]]이 생성되고, x가 1일 때도 동일한 [[0, 0], [0, 0]]이 생성된다.
- 결과적으로 [[[0, 0], [0, 0]], [[0, 0], [0, 0]]]이라는 3차원 리스트를 생성한다.

## 79 ③

sizeof : 자료형의 크기를 바이트 단위로 구하는 연산자

오답 피하기

- strlen : 문자열의 길이를 구하는 함수
- length : 자료형의 길이를 구하는 함수(C++에서 사용)
- type : 자료형을 출력하는 함수

## 80 ④

세그먼테이션 기법에서는 논리적 크기가 제각기 다르기 때문에 할당되지 못하고 외부 단편화가 발생할 수 있고, 페이징 기법에서는 일정한 크기로 나누어져 있기 때문에 내부 단편화가 발생할 수 있다.

---

### 5과목 정보 시스템 구축 관리

## 81 ④

PERT(Program Evaluation and Review Technique)는 프로젝트 완성에 필요한 작업들의 상호 관계를 표시하는 기법으로, 프로젝트 일정 관리 차트이다.

## 82 ④

라빈(Rabin)은 RSA 암호보다 빠른 연산 속도를 가지지만 선택 공격에 취약하다는 단점이 있다.

오답 피하기

- 엘가말(El Gamal) : RSA 암호와 유사하지만, 암호화 및 복호화 속도가 느림
- 타원곡선(ECC) : RSA 암호보다 짧은 키 길이로 동일한 보안 수준 제공. 하지만 특허 문제가 존재함

## 83 ④

오답 피하기

- 사물인터넷(IoT) : 다양한 물건에 센서와 통신 기능을 탑재하여 인터넷에 연결하는 기술
- 디지털 컨버전스(Digital Convergence) : 다양한 매체와 기술의 통합
- 블루투스(Bluetooth) : 단거리 무선 통신 기술

## 84 ③

오답 피하기

- APNIC : 아시아-태평양 지역의 IP 주소 할당 및 정보 서비스 제공 업무를 수행하는 비영리기관
- Topology : 컴퓨터 네트워크의 요소들(링크, 노드 등)을 물리적으로 연결해 놓은 방식
- SDB : 등록 장치

## 85 ①

| 구분 | DSA | RSA |
|---|---|---|
| 알고리즘 | 비대칭 암호화 | 비대칭 암호화 |
| 키의 종류 | 개인키, 공개키 | 개인키, 공개키 |
| 키 생성 | 더 작은 개인키와 공개키 생성 | 큰 개인키와 공개키 생성 |
| 안정성 | 안정적 | 안정적 |
| 속도 | 상대적으로 빠름 | 상대적으로 느림 |
| 사용 사례 | 디지털 서명 | 암호화, 디지털 서명 |
| 암호화 알고리즘 | 이산대수 | 소인수분해 |

## 86 ②

Zing : 기기를 키오스크에 갖다 대면 원하는 데이터를 바로 가져올 수 있는 기술로 10cm 이내 근접 거리에서 기가급 속도로 데이터 전송이 가능한 초고속 근접무선통신(NFC, Near Field Communication) 기술

오답 피하기

- BcN(Broadband Convergence Network) : 음성 · 데이터, 유 · 무선 등 통신 · 방송 · 인터넷이 융합된 품질 보장형 광대역 멀티미디어 서비스를 언제 어디서나 끊김없이 안전하게 이용할 수 있는 차세대 통합 네트워크

- Marine Navi : LTE와 지능형 CCTV, 인공지능(AI) 등을 활용한 KT의 통합 선박 안전 솔루션
- C-V2X(Cellular Vehicle To Everything) : 이동통신망을 통해 차량과 차량, 차량과 보행자, 차량과 인프라 간 정보를 공유하는 기술

## 87 ②

### 클라우드 컴퓨팅 서비스

| IaaS<br>(Infrastructure as a Service) | 서버, 스토리지, 네트워크 등 기반 인프라를 클라우드 서비스 모델로 제공 |
|---|---|
| PaaS<br>(Platform as a Service) | 운영체제, 개발 도구, 데이터베이스 등 플랫폼 환경을 클라우드 서비스 모델로 제공 |
| SaaS<br>(Software as a Service) | 응용 소프트웨어를 클라우드 서비스 모델로 제공 |

## 88 ①

### SDN의 특징

| 네트워크 제어와 데이터 전달 분리 | 네트워크를 제어하는 소프트웨어(Control Plane)와 데이터를 전달하는 하드웨어(Data Plane)를 분리하여 관리 효율성을 높인다. |
|---|---|
| 소프트웨어 기반 제어 | 기존 하드웨어 중심의 네트워크 관리에서 벗어나 소프트웨어를 통해 네트워크를 유연하고 효율적으로 제어한다. |
| 중앙 집중 관리 | 중앙 집중 관리 시스템을 통해 전체 네트워크를 통합적으로 관리하고 제어한다. |
| 프로그래밍 가능성 | 네트워크를 소프트웨어 코드로 정의하고 변경하여 다양한 요구에 맞게 네트워크를 구성하고 관리할 수 있다. |

**오답 피하기**

- NFS(Network File System) : 분산 환경에서 파일 공유를 위해 사용되는 클라이언트-서버 모델의 파일 시스템
- Network Mapper : 네트워크 상의 호스트 정보를 수집하고 분석하는 보안 도구
- AOE Network : 이더넷 프로토콜을 사용하는 디스크 저장장치 기술

## 89 ②

### BYOD(Bring Your Own Device) 환경에서 주요 보안 강화 기술

| MDM<br>(Mobile Device Management) | 기기 자체를 관리하는 방식 |
|---|---|
| MAM<br>(Mobile Application Management) | 기기 내 특정 애플리케이션만 관리하는 방식 |

## 90 ④

Smurfing : IP 또는 ICMP의 특성을 악용하여 특정 사이트에 집중적으로 데이터를 보내 네트워크 또는 시스템의 상태를 불능으로 만드는 공격 방법

**오답 피하기**

- TearDrop : 네트워크나 서버에 요청과 데이터를 Flooding하여 컴퓨터 리소스를 사용할 수 없도록 만들려는 공격
- Smishing : IP와 인터넷 제어 메시지 프로토콜(ICMP)의 특성을 이용하여 고성능 컴퓨터를 통하여 대량의 접속 신호를 집중적으로 보냄으로써 상대 컴퓨터의 서버를 접속 불능 상태로 만들어버리는 해킹 수법
- Qshing : QR코드(Quick Response Code)를 통해 악성 앱을 내려받도록 유도하거나 악성 프로그램을 설치하게 하는 금융사기 기법 중 하나

## 91 ①

- TLS(Transport Layer Security)의 특징
  - SSL의 후속 프로토콜 : SSL의 보안 취약점을 개선하여 더욱 안전하고 강력한 프로토콜
  - 다양한 응용 프로그램 지원 : 웹 브라우징, 이메일, 파일 전송 등 다양한 응용 프로그램에서 사용
  - 인증, 암호화, 무결성 보장 : 서버 및 클라이언트 인증, 데이터 암호화, 데이터 무결성 보장
  - 다양한 암호화 알고리즘 지원 : 다양한 암호화 알고리즘 지원으로 상황에 맞는 보안 수준 설정 가능
- TLS 사용 예시
  - HTTPS : 웹 사이트의 보안 연결
  - IMAP/POP3 : 이메일 서버와 클라이언트 간의 보안 연결
  - FTPS : 파일 전송 프로토콜(FTP)의 보안 버전

**오답 피하기**

- IPSec : 장치 간 연결을 보호하기 위한 프로토콜 그룹
- SET : 안전한 전자상거래를 할 수 있도록 보장해주는 지불 프로토콜
- Kerberos : 사용자나 호스트의 ID를 확인하는 데 사용되는 인증 프로토콜

## 92 ④

### Mesh Network

- 기존 무선 랜의 한계 극복을 위해 등장하였으며, 대규모 디바이스의 네트워크 생성에 최적화되어 차세대 이동통신, 홈네트워킹, 공공 안전 등의 특수목적을 위한 새로운 방식의 네트워크 기술이다.
- 통신량이 많은 비교적 소수의 국 사이에 구성될 경우 경제적이며 간편하지만, 다수의 국 사이에는 회선이 세분화되어 비경제적일 수도 있다.
- 해당 형태의 무선 네트워크의 경우 대용량을 빠르고 안전하게 전달할 수 있어 행사장이나 군 등에서 많이 활용된다.

**오답 피하기**

- Software Defined Perimeter(SDP, 소프트웨어 정의 경계) : 신원이 확인된 사용자만 리소스에 접근할 수 있는 인증 절차를 밟는 네트워크 접근 시스템
- Virtual Private Network(VPN, 가상사설망) : 공중 네트워크를 통해 한 회사나 몇몇 단체가 내용을 바깥 사람에게 드러내지 않고 통신할 목적으로 쓰이는 사설 통신망
- Local Area Network(LAN, 근거리 통신망) : 가까운 지리적 범위 내의 컴퓨터 및 기타 장치들을 연결하여 통신하고 자원을 공유할 수 있는 네트워크

## 93 ①

### 나선형 모형(Spiral Model)

- Boehm이 제시하였으며, 반복적인 작업을 수행하는 점증적 생명주기 모형이다.
- 점증적 모형, 집중적 모형이라고도 한다.
- 개발 단계(이 과정을 추가 수정 요구사항이 없을 때까지 반복) : 계획 수립(Planning) → 위험 분석(Risk Analysis) → 개발 및 검증(Development) → 고객 평가(Customer Evaluation)

| 계획 수립(Planning) | 위험 요소와 타당성을 분석하여 프로젝트의 추진 여부를 결정한다. |
|---|---|
| 위험 분석(Risk Analysis) | 개발 목적과 기능 선택, 제약 조건 등을 결정하고 분석한다. |
| 개발 및 검증(Development) | 선택된 기능을 수행하는 프로토타입을 개발한다. |
| 고객 평가(Customer Evaluation) | 개발된 프로토타입을 사용자가 확인하고 추가 및 수정될 요구사항이 있으면 이를 반영한 개선 프로토타입을 만든다. |

## 94 ④

**CMMI 5단계(소프트웨어 프로세스 성숙도)**

| 1. 초기(initial) | 예측/통제 불가능 |
|---|---|
| 2. 관리(managed) | 기본적인 프로젝트 관리 체계 수립 |
| 3. 정의(defined) | 조직 차원의 표준 프로세스를 통한 프로젝트 지원 |
| 4. 정량적 관리(quantitatively managed) | 정량적으로 프로세스가 측정/통제됨 |
| 5. 최적화(optimizing) | 프로세스 개선 활동 |

## 95 ②

Docker : 컨테이너 응용 프로그램의 배포를 자동화하는 오픈소스 엔진으로 SW 컨테이너 안의 응용 프로그램들을 배치시키는 일을 자동화해 주는 오픈소스 프로젝트이자 소프트웨어이다.

**오답 피하기**

- StackGuard : 메모리상에서 프로그램의 복귀 주소와 변수 사이에 특정 값을 저장해 두었다가 그 값이 변경되었을 경우 오버플로우 상태로 가정하여 프로그램 실행을 중단하는 기술
- Cipher Container : 조직이 동적 컨테이너 환경 내에서 데이터를 보호하기 위한 규정 준수. 규정 및 모범 사례 요구사항을 충족할 수 있도록 중요한 암호화, 액세스 제어 및 데이터 액세스 감사 로깅 제공
- Scytale : 암호화 기법으로 단순하게 문자열의 위치를 바꾸는 방법

## 96 ③

**보안 인증 방법**

| Something You Know (알고 있는 것) | • 사용자가 알고 있는 정보를 사용하여 인증하는 방법<br>• 패스워드나 PIN(개인식별번호)과 같은 비밀 정보를 사용하여 인증 |
|---|---|
| Something You Have (가지고 있는 것) | • 사용자가 소유하고 있는 물리적인 장치나 객체를 사용하여 인증하는 방법<br>• 스마트 카드, USB 토큰, 휴대폰 앱 등을 사용하여 인증 |
| Something You Are (자신의 특징) | • 사용자의 생체적인 특징이나 생체 인식 기술을 사용하여 인증하는 방법<br>• 지문, 홍채, 음성, 얼굴 등 개인의 생체 특징을 사용하여 인증하는 바이오메트릭 인증 |
| Somewhere You Are (있는 곳) | • 사용자가 특정한 위치에 있는지를 확인하여 인증하는 방법<br>• IP 주소나 지리적 위치를 이용하여 인증 |

## 97 ③

**SSO(Single Sign-On)**

- 한 번의 시스템 인증을 통하여 여러 정보 시스템에 재인증 절차 없이 접근할 수 있는 통합 로그인 기능이다.
- 사용자당 비밀번호 수를 최소화하여 사용자 액세스 감사를 용이하게 하고 모든 유형의 데이터에 대한 강력한 액세스 제어를 제공한다.
- 사용자 입장에서는 한 번의 인증으로 여러 서비스를 이용할 수 있어 편리할 뿐만 아니라 비밀번호 분실 및 관리에 대한 위험도 줄일 수 있다.

## 98 ②

**소프트웨어 개발 유형**

| Organic Mode (단순형) | • 5만 라인 이하의 소프트웨어를 개발하는 유형<br>• 기관 내부에서 개발된 중소규모의 소프트웨어로 일괄 자료 처리나 과학기술 계산용, 비즈니스 자료 처리 등<br>• 노력(MM) = 2.4 × (KDSI)1.05 |
|---|---|
| Semi-detached Mode (중간형) | • 30만 라인 이하의 소프트웨어를 개발하는 유형<br>• 트랜잭션 처리 시스템이나 운영체제, 데이터베이스 관리 시스템 등<br>• 노력(MM) = 3.0 × (KDSI)1.12 |
| Embedded Mode (임베디드형) | • 30만 라인 이상의 소프트웨어를 개발하는 유형<br>• 초대형 규모의 트랜잭션 처리 시스템이나 운영체제 등<br>• 노력(MM) = 3.6 × (KDSI)1.20 |

## 99 ③

- 페르소나(Persona)의 특징
  - 가상의 사용자 유형 : 실제 사용자를 기반으로 하지만, 특정 사용자 그룹을 대표하는 가상의 인물
  - 상세한 정보 포함 : 인구 통계, 성격, 목표, 습관, 고통점 등 사용자에 대한 상세 정보 포함
  - 사용자 중심 설계 : 사용자 중심의 제품 및 서비스 설계를 위한 도구
  - 공감 형성 : 개발팀 내 사용자에 대한 공감 형성 및 이해 증진
- 페르소나 활용 분야
  - 마케팅 : 타깃 고객층 설정 및 마케팅 전략 수립
  - 디자인 : 사용자 요구에 맞는 제품 및 서비스 디자인
  - 판매 : 고객과의 효과적인 커뮤니케이션 및 영업 전략 수립
  - 개발 : 사용자 중심의 기능 개발 및 UI/UX 디자인

## 100 ①

**오답 피하기**

- trace checker : 측정 데이터를 자동으로 자세히 분석하는 도구
- token finder : 특정 문자열이나 패턴을 검색하는 도구
- change detector : 파일이나 디렉터리 등에서 변경사항을 감지하고 알려주는 도구

| | | | | |
|---|---|---|---|---|
| 01 ④ | 02 ② | 03 ④ | 04 ② | 05 ③ |
| 06 ④ | 07 ③ | 08 ③ | 09 ④ | 10 ② |
| 11 ① | 12 ③ | 13 ② | 14 ② | 15 ② |
| 16 ③ | 17 ① | 18 ④ | 19 ② | 20 ① |
| 21 ③ | 22 ① | 23 ③ | 24 ① | 25 ③ |
| 26 ④ | 27 ② | 28 ④ | 29 ① | 30 ② |
| 31 ③ | 32 ④ | 33 ② | 34 ① | 35 ③ |
| 36 ① | 37 ③ | 38 ③ | 39 ④ | 40 ③ |
| 41 ① | 42 ① | 43 ③ | 44 ④ | 45 ③ |
| 46 ④ | 47 ③ | 48 ② | 49 ③ | 50 ④ |
| 51 ② | 52 ① | 53 ③ | 54 ① | 55 ③ |
| 56 ④ | 57 ② | 58 ③ | 59 ① | 60 ④ |
| 61 ③ | 62 ② | 63 ③ | 64 ① | 65 ③ |
| 66 ③ | 67 ① | 68 ③ | 69 ③ | 70 ② |
| 71 ④ | 72 ③ | 73 ② | 74 ① | 75 ① |
| 76 ② | 77 ① | 78 ④ | 79 ② | 80 ② |
| 81 ② | 82 ④ | 83 ④ | 84 ③ | 85 ④ |
| 86 ① | 87 ① | 88 ③ | 89 ③ | 90 ④ |
| 91 ④ | 92 ① | 93 ④ | 94 ② | 95 ④ |
| 96 ③ | 97 ① | 98 ④ | 99 ① | 100 ④ |

## 1과목 소프트웨어 설계

### 01 ④
**정형 기술 검토(FTR) 지침 사항**
- 의제와 그 범위를 유지하라.
- 참가자의 수를 제한하라.
- 각 체크 리스트를 작성하고, 자원과 시간 일정을 할당하라.
- 개발자가 아닌 제품의 검토에 집중하라.
- 논쟁과 반박을 제한하라.
- 검토 과정과 결과를 재검토하라.

### 02 ②
객체는 사물의 가장 기본적인 단위이다.

### 03 ④
**간트 차트 작성 시 고려 사항**
- 작업의 순서 : 작업의 선후 관계를 명확히 해야 한다.
- 작업의 기간 : 작업이 완료되기까지 소요되는 시간을 산정해야 한다.
- 작업의 종속성 : 작업 간의 선후 관계를 파악해야 한다.
- 작업의 진행 현황 : 작업의 진행 현황을 파악하고, 필요에 따라 일정을 조정해야 한다.

### 04 ②
단일 책임 원칙 : 각 객체가 단 하나에 대한 책임만을 가져야 한다.

### 05 ③
**UI 설계 지침**
- 사용자 중심 : 실사용자의 이해를 바탕으로 쉽게 이해하고, 쉽게 사용할 수 있는 환경을 제공한다.
- 일관성 : 사용자가 기억하기 쉽고 빠른 습득이 가능하도록 버튼이나 조작법을 제공한다.
- 단순성 : 인지적 부담을 줄이도록 조작 방법을 가장 간단히 작동하도록 한다.

**오답 피하기**
치명적인 오류에 대한 부정적인 사항도 사용자에게 정확한 정보를 제공해야 한다.

### 06 ④
- SOA(Service-Oriented Architecture) : 서비스 지향 아키텍처를 의미한다.
- EAI(Enterprise Application Integration) : 기업 내의 애플리케이션과 시스템을 통합하는 것을 목적으로 하는 기술이다.

**오답 피하기**
SOA는 EAI의 구현 방법 중 하나일 뿐이며, EAI의 구성 요소는 아니다.

### 07 ③
객체지향 개념 중 데이터와 데이터를 처리하는 함수를 캡슐화한 하나의 모듈을 의미하는 것은 객체(Object)이다.

### 08 ③
DFD는 시스템의 데이터 흐름을 표현하는 다이어그램으로, 시간 흐름의 개념을 명확하게 표현하는 데에는 적합하지 않다.

**오답 피하기**
시간 흐름을 명확하게 표현할 수 있는 것은 시퀀스 다이어그램이다.

### 09 ④
**추상화 방법**
- 제어 추상화 : 시스템의 제어 흐름을 단순화하는 방법
- 기능 추상화 : 시스템의 기능을 단순화하는 방법
- 데이터 추상화 : 시스템의 데이터를 단순화하는 방법

### 10 ②
**기능적 요구사항 vs 비기능적 요구사항**
- 기능적 요구사항 : 시스템이 실제로 어떻게 동작하는지에 관점을 둔 요구사항
- 비기능적 요구사항 : 시스템 구축에 대한 성능, 보안, 품질, 안정성 등으로 실제 수행에 보조적인 요구사항

**오답 피하기**
'차량 대여 시스템이 제공하는 모든 화면이 3초 이내에 사용자에게 보여야 한다'는 성능에 관한 요구사항에 해당하므로 비기능적 요구사항에 해당한다.

### 11 ①
- 클래스 다이어그램(Class Diagram) : 시스템 내 클래스의 정적 구조를 표현하고 시스템을 구성하는 클래스들 사이의 관계를 표현한다.
- 상태 머신 다이어그램(State Machine Diagram) : 객체의 생명주기를 표현한다. 동적 행위를 모형화하지만, 특정 객체만을 다룬다(웹 실시간 임베디드 시스템, 게임, 프로토콜 설계에 이용).
- 활동 다이어그램(Activity Diagram) : 업무 처리 과정이나 연산이 수행되는 과정을 표현한다.

## 12 ③

**MVC 모델**

- Model : 데이터와 비즈니스 로직을 관리한다(사용자가 편집하길 원하는 모든 데이터를 가지고 있어야 한다).
- View : 모델(Model)에 있는 데이터를 사용자 인터페이스에 보이는 역할(UI)을 담당한다(모델이 가지고 있는 정보를 따로 저장해서는 안 된다).
- Controller : 모델(Model)에 명령을 보냄으로써 모델의 상태를 변경할 수 있다. 사용자의 요청을 받아서 그 요청을 분석하고, 필요한 업무 처리 로직(모델)을 호출한다(모델이나 뷰에 대해서 알고 있어야 한다).

## 13 ②

Selenium : 다양한 브라우저 지원 및 개발 언어를 지원하는 웹 애플리케이션 테스트 프레임워크이다.

## 14 ②

**나선형 모형(Spiral Model)**

- Boehm이 제시하였으며, 반복적인 작업을 수행하는 모형으로 점증적 모형, 집중적 모형이라고도 한다. 완성도 높은 소프트웨어를 만들 수 있다.
- 여러 번의 개발 과정을 거쳐 완벽한 최종 소프트웨어를 개발하는 점진적 모형이다.
- 가장 큰 장점인 위험 분석 단계에서 기술과 관리의 위험 요소들을 하나씩 제거해 나감으로써 위험성 평가에 크게 의존하기 때문에 이를 발견하지 않으면 문제가 발생할 수 있다.
- 대규모 시스템의 소프트웨어 개발에 적합하다.

## 15 ②

Bridge Pattern은 기능 클래스 계층과 구현의 클래스 계층을 연결하고, 구현부에서 추상 계층을 분리하여 각자 독립적으로 변형할 수 있도록 해주는 패턴이다.

## 16 ③

자료 흐름도는 데이터 흐름을 표현하는 다이어그램으로, 기능 모델링에서 프로세스 간의 데이터 흐름을 기술하는 데 사용된다.

## 17 ①

**애자일(Agile) 방법론**

- 날렵한, 재빠른 이란 사전적 의미와 같이 소프트웨어 개발 중 설계 변경에 신속히 대응하여 요구사항을 수용할 수 있다.
- 절차와 도구보다 개인과 소통을 중요시하고 고객과의 피드백을 중요하게 생각한다.
- 소프트웨어가 잘 실행되는데 가치를 둔다.
- 소프트웨어 배포 시차를 최소화할 수 있다.
- 특정 방법론이 아닌 소프트웨어를 빠르고 낭비 없이 제작하기 위해 고객과의 협업에 초점 두고 있다.
- 특징 : 짧은 릴리즈와 반복, 점증적 설계, 사용자 참여, 문서 최소화, 비공식적인 커뮤니케이션, 변화
- 종류 : 익스트림 프로그래밍(eXtreme Programming), 스크럼(SCRUM), 린(Lean), DSDM, FDD, Crystal

## 18 ④

**COCOMO 프로젝트 유형**

| Organic Mode (유기적 모드) | 일괄 자료 처리나 과학 기술 계산용, 비즈니스 자료 처리용의 5만 라인 이하의 중소 규모 소프트웨어를 개발하는 유형 |
|---|---|
| Semi-Detached Mode (반 결합모드) | 트랜잭션 처리시스템이나 운영체제, 데이터베이스 관리 시스템 등의 30만 라인 이하의 소프트웨어를 개발하는 유형 |
| Embedded Mode (내장 모드) | 최대형 규모의 트랜잭션 처리 시스템이나 운영체제 등의 30만 라인 이상의 소프트웨어를 개발하는 유형 |

## 19 ②

객체지향 기법에서 데이터와 데이터를 조작하는 연산을 하나로 묶어 하나의 모듈 내에서 결합 되도록 하는 것은 캡슐화이다.

## 20 ①

통합 테스트(Integration Test) : 서로 다른 모듈들이 연결되거나 인터페이스를 통해 통신하는 경우. 이러한 상호 작용이 예상대로 이루어지는지 확인하며 모듈 간의 호환성과 통합 과정에서 발생할 수 있는 문제를 찾는 것이 목적이다.

---

**2과목 소프트웨어 개발**

## 21 ③

오류–부재의 궤변(Absence of Errors Fallacy) : 사용자의 요구사항을 만족하지 못하는 오류를 발견하고 그 오류를 제거하였다 해도, 해당 애플리케이션의 품질이 높다고 말할 수 없다.

## 22 ①

- 기능성(Functionlity)의 하위 특성은 적합성, 정확성, 상호운용성, 보안성, 기능성 준수성이다.
- 적응성은 유지보수성이다.

## 23 ③

**Big–O 표기**

- O(1) : 상수형으로, 문제 해결 시 오직 한 단계만 처리한다.
- O(logn) : 로그형으로, 문제를 해결하는데 필요한 단계들이 연산마다 특정 요인에 의하여 줄어든다.
- O(n) : 선형으로, 문제를 해결하기 위한 단계의 수와 입력값 n이 1:1 관계를 가진다.
- O(nlogn) : 로그 선형으로, 문제를 해결하기 위한 단계의 수가 n*(logn) 번만큼의 수행 시간을 가진다.
- O(n²) : 2차형으로, 문제를 해결하기 위한 단계의 수는 입력값 n의 제곱이 된다.

## 24 ①

ZHTML은 존재하지 않는 데이터 포맷이다. CSV, XML, REST는 모두 인터페이스 간의 통신을 위해 이용되는 데이터 포맷이다.

## 25 ③

**N–S 차트(Nassi–Schneiderman Chart)**

- 구조적 프로그램의 순차, 선택, 반복의 구조를 사각형으로 도식화하여 알고리즘의 논리적 기술에 중점을 둔 도형식 표현 방법이다.
- 조건이 복합되어있는 곳의 처리를 시각적으로 명확히 식별하는 데 적합하다.

- 제어 구조 : 순차(Sequence), 선택 및 다중 선택(If~Then~Else, Case), 반복(Repeat~Until, While, For)
- 박스 다이어그램이라고도 한다.

## 26 ④

문제는 힙 정렬에 관한 내용이다.

## 27 ②

- 순환 복잡도 : V(G) = E − N + 2 = 6 − 4 + 2 = 4
- E은 화살표 수, N은 노드 수(점)

## 28 ④

**ISO/IEC 25000**
- 기존 소프트웨어 품질 평가 모델과 소프트웨어 평가 절차 모델인 ISO/IEC 9126과 ISO/IEC 14598을 통합하였다.
- 2500n, 2501n, 2502n, 2503n, 2504n의 다섯 가지 분야로 나눌 수 있고, 확장 분야인 2505n이 있다.
- 2501n(9126-2, 품질 모형) : 품질 모델 및 품질 사용
- 2503n(9126-3, 품질 측정) : 매트릭을 통한 측정 방법 제시

## 29 ①

**전위(Preorder) 운행 : Root → Left → Right**

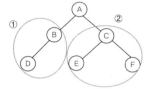

- A ① ②
- A B D ②
- A B D C E F

## 30 ②

힙 정렬, 병합 정렬, 퀵 정렬의 평균 시간 복잡도는 O(nlogn)이다.

## 31 ③

**작업 분해(WBS : Work Breakdown Structure)**
- 프로젝트의 작업을 계층적으로 분해하고 구조화한 것을 의미한다.
- 프로젝트 관리자는 작업의 세부 항목을 파악하고, 프로젝트 일정과 예산을 관리할 수 있다.

## 32 ④

**IDE 도구의 기능**

| 기능 | 설명 |
|---|---|
| 개발 환경 지원 | 프로그래밍 언어를 가지고 컴퓨터 프로그램을 작성할 수 있는 환경을 제공 |
| 컴파일(Compile) | 문법에 어긋나는지 확인하고 기계어로 변환하는 기능 제공 |
| 디버깅(Debugging) | 프로그래밍 과정에 발생하는 오류 및 비정상적인 연산 제거 |
| 외부 연계 | 외부 형상, 배포 관리 기능과 연계되어 자동 배포 등이 가능 |

| DB 연동 | JDBC, ODBC 등을 통한 데이터베이스 연동 기능 |
|---|---|
| 배포(Deployment) | 소프트웨어를 최종 사용자에게 전달하기 위한 기능 |

## 33 ②

**형상 관리**
- 구성 관리(Software Configuration Management)라고도 한다.
- 소프트웨어의 변경 사항을 체계적으로 관리하기 위하여 추적하고 통제하는 것이다.
- 단순 버전 관리 기반의 소프트웨어 운용을 좀 더 포괄적인 학술 분야의 형태로 넓히는 근간을 의미한다.
- 작업 산출물을 형상 항목(Configuration Item)이라는 형태로 선정하고, 형상 항목 간의 변경 사항 추적과 통제 정책을 수립하고 관리한다.

## 34 ①

해시는 데이터가 키와 값의 쌍으로 저장되는 자료 구조이다.

## 35 ③

**테스트 드라이버(Test Driver)**
- 하위 → 상위 모듈로 통합하면서 테스트하는 것으로 상향식 테스트에서 사용한다.
- 테스트 대상을 제어하고 동작시키는데 사용되는 도구를 의미한다.
- 시스템 및 컴포넌트를 시험하는 환경의 일부분으로 시험을 지원하는 목적하에 생성된 코드와 데이터이다.
- 순차적 실행을 지원하는 프로그램이나 명령들이 묶여 있는 배치 파일이다.

## 36 ①

테스트 커버리지에 관한 설명이다.

## 37 ③

삽입 정렬은 두 번째 값을 키값으로 지정해 키값 앞의 값과 비교하면서 정렬을 진행한다. 이후 세 번째, 네 번째, 다섯 번째 순으로 키값을 지정해 반복한다.
- 1pass : 5, 4, 3, 2, 1 → 4, 5, 3, 2, 1
- 2pass : 4, 5, 3, 2, 1 → 3, 4, 5, 2, 1
- 3pass : 3, 4, 5, 2, 1 → 2, 3, 4, 5, 1
- 4pass : 2, 3, 4, 5, 1 → 1, 2, 3, 4, 5

## 38 ③

순차 파일은 파일을 논리적 처리 순서에 따라 연속된 물리 공간에 기록하기 때문에 중간에 새로운 레코드를 삽입하거나 삭제할 경우 전체를 복사하여 순차적으로 정렬해야 한다.

## 39 ④

화이트박스(White-Box) 테스트는 소프트웨어 내부의 코드와 구조를 검토하여 테스트하는 방법이며, 내부 로직의 동작 여부와 코드 커버리지를 확인하는 데 중점을 두는 테스트이지만, 확인 시험(Validation Test)은 외부 사용자 관점에서 소프트웨어가 실제로 요구사항을 충족시키는지 확인하는 것을 의미한다.

## 40 ③

**응집도 정도(강 〉 약)**
기능적 응집도 〉 순차적 응집도 〉 교환적 응집도 〉 절차적 응집도 〉 시간적 응집도 〉 논리적 응집도 〉 우연적 응집도

**41** ①

**관계 해석 자유변수**
- ∀ : for all(모든 것에 대하여), 전칭 정량자(Universal Quantifier)
- ∃ : "There exists", "For Some", 존재 정량자(Existential Quantifier)

**42** ①

**후보키(Candidate Key)**
- 모든 튜플을 유일하게 식별할 수 있는 하나 또는 몇 개의 속성 집합을 의미한다.
- 유일성과 최소성을 모두 만족한다.

**43** ③

열에 있는 값들의 합 – SUM

**44** ④

관계 해석은 원하는 정보만을 명시하고 "어떻게(How) 질의를 해석하는가"에 대해 언급이 없는 선언적인 언어이므로, 관계 해석은 절차적 특성을 가진다고 할 수 없다.

**45** ③

WHERE 절은 조건절로 선택적 구문이다.
**SELECT문 기본 구조**

```
SELECT 속성명 [ALL | DISTINCT]
FROM 릴레이션명
[WHERE 조건];
[GROUP BY 속성명1, 속성명2,…]
[HAVING 조건]
[ORDER BY 속성명 [ASC | DESC]];
  • ALL : 모든 튜플을 검색(생략 가능)
  • DISTINCT : 중복된 튜플 생략
```

**46** ④

**데이터베이스 분할의 종류**
- 범위 분할(Range Partition) : 연속적인 값을 기준으로 분할하는 방법이다. 예를 들어, 날짜를 기준으로 분할할 수 있다.
- 목록 분할(List Partition) : 이산적인 값을 기준으로 분할하는 방법이다. 예를 들어, 국가를 기준으로 분할할 수 있다.
- 해시 분할(Hash Partition) : 해시 함수를 사용하여 분할하는 방법이다. 예를 들어, 고객 ID를 기준으로 분할할 수 있다.
- 합성 분할(Composite Partition) : 두 가지 이상의 분할 방법을 결합하여 사용하는 방법이다. 예를 들어, 날짜를 기준으로 Range Partition하고, 국가를 기준으로 List Partition할 수 있다.

**47** ③

DBA) REVOKE SELECT ON STUDENT FROM U1 CASCADE; 에서 U1에 대한 검색 권한이 해제되면서 CASCADE 옵션으로 인해 하위 권한인 U2에 대한 검색 권한도 해제된다.

**48** ②

**시스템 카탈로그(System Catalog)**
- 시스템 자신이 필요로 하는 여러 가지 객체(기본 테이블, 뷰, 인덱스, 데이터베이스, 패키지, 접근 권한 등)에 관한 정보를 포함하고 있는 시스템 데이터베이스이다.
- 데이터 사전(Data Dictionary), 메타 데이터(Meta Data)라고도 한다.
- 시스템 카탈로그 자체도 시스템 테이블로 구성되어 있어 SQL문을 이용하여 내용 검색이 가능하다.
- 사용자가 시스템 카탈로그를 직접 갱신할 수는 없으나 SQL문으로 여러 가지 객체에 변화를 주면 시스템이 자동으로 갱신된다.

**49** ③

**스키마 3계층**

| | |
|---|---|
| **외부 스키마**<br>(External Schema) | 사용자나 응용 프로그래머가 접근할 수 있는 정의를 기술한다. |
| **개념 스키마**<br>(Conceptual Schema) | 범기관적 입장에서 데이터베이스를 정의한 것으로 개체 간의 관계와 제약조건을 나타내고, 데이터베이스 접근 권한, 보안 및 무결성 규칙에 대한 명세가 있다. |
| **내부 스키마**<br>(Internal Schema) | 데이터의 실제 저장 방법을 기술한다. |

**50** ④

데이터베이스의 상태를 변화시키기 위한 하나의 논리적 작업 단위를 Trans + Action = Transaction이라 한다.

**51** ②

**릴레이션의 특징**
- 튜플의 유일성 : 모든 튜플은 서로 다른 값을 갖는다.
- 튜플의 무순서성 : 하나의 릴레이션에서 튜플의 순서는 없다.
- 속성의 원자성 : 속성값은 원자값을 갖고, 논리적으로 더 이상 분해될 수 없는 최소 단위이다.
- 속성의 무순서성 : 각 속성은 릴레이션 내에서 유일한 이름을 가지며, 속성의 순서는 큰 의미가 없다.

**52** ①

- Concurrency Control(병행 제어, 동시성 제어) : 여러 사용자 또는 프로세스가 동시에 데이터베이스에 접근할 때 일관성을 유지하고 충돌을 방지하기 위한 제어 메커니즘을 의미한다.
- Normalization(정규화) : 데이터베이스 설계 과정에서 중복을 최소화하고 데이터의 일관성을 유지하기 위해 테이블을 구조화하는 작업이다.
- Transaction(트랜잭션) : 데이터베이스에서 하나의 논리적 작업 단위를 의미하며, 일련의 데이터 조작 작업을 원자적(Atomic), 일관적(Consistent), 고립적(Isolated), 영구적(Durable)으로 수행하는 것을 보장한다.

**53** ③

외래키를 포함하는 릴레이션이 참조하는 릴레이션이 되고, 대응되는 기본키를 포함하는 릴레이션이 참조 릴레이션이 된다.

**54** ①

ALTER, DROP은 DDL, GRANT는 DCL에 해당한다.

## 55 ③
- WHERE 절에서 PNO IN (1, 2, 3)을 사용하여 프로젝트 번호가 1, 2, 3인 행을 조회한다.
- IN (값1, 값2, 값3) : IN 다음에 나열된 값은 (값1 OR 값2 OR 값3)의 형태와 같이 값1, 값2, 값3 중에서 하나 이상 일치하는 조건을 모두 포함한다.

## 56 ④
- 트랜잭션이 부분 완료 상태에 도달하였다가 실패 상태로 가는 경우는 트랜잭션이 데이터베이스에 반영되기 직전에 장애가 발생한 경우이다.
- 디스크 출력 도중의 하드웨어 장애는 트랜잭션의 데이터베이스 반영을 방해할 수 있는 장애이므로, 트랜잭션이 부분 완료 상태에 도달하였다가 실패 상태가 되는 경우에 해당한다.

## 57 ②
### UPDATE
- 튜플의 내용을 변경하는 명령어이다.
- 기본 구조

```
UPDATE 테이블명
SET 속성명 = 데이터
WHERE 조건;
```

## 58 ③
- 뷰는 가상 테이블이기 때문에 데이터베이스에 물리적으로 존재하지 않는다.
- 뷰는 일반 사용자가 수정할 수 없고 DBA에 의해 수정될 수 있다.

## 59 ①
2NF에서 이행 함수 종속을 제거하면 3NF가 된다.

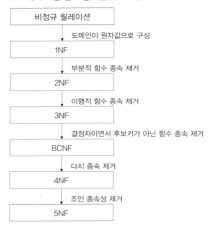

## 60 ④
### 분산 처리 시스템의 특징
- 다수의 사용자들이 데이터를 공유할 수 있다.
- 점진적인 확장이 가능하지만 보안 문제가 발생할 수 있다.
- 개발 난도가 높아 개발 비용이 많이 소요된다.
- 시스템 전체의 정책을 결정하는 통합적인 제어 기능이 필요하다.
- 집중형(Centralized) 시스템에 비해 소프트웨어의 개발이 어렵다.
- 종류 : 클라이언트/서버 모델, 프로세서 풀 모델, 혼합 모델

---

### 4과목 프로그래밍 언어 활용

## 61 ③
헤더 파일 선행 처리 지시자는 #include이다.

## 62 ②

| | |
|---|---|
| `#include <stdio.h>` | 〈stdio.h〉 헤더 파일 포함 |
| `int main()`<br>`{`<br>    `int d = 55;`<br>    `int r = 0, q = 0;`<br>    `r = d;` | • main() 함수가 시작<br>• d에 55를 할당<br>• r과 q를 선언<br>• r에 d의 값인 55를 할당 |
| `    while(r >= 4) {`<br>        `r = r - 4;`<br>        `q++;`<br>    `}` | • r이 4 이상일 때 while 루프 실행<br>• r에서 4를 빼고, q를 1 증가시킴(4로 나눈 몫을 계산하는 과정)<br>• 루프가 실행되는 동안 q는 13이 되며, r은 3이 남음(55 / 4 = 13⋯3) |
| `    printf("%d 그리고 ", q);`<br>    `printf("%d", r);` | • 몫 q를 출력하고 " 그리고 "를 출력<br>• printf 함수는 나머지 r을 출력 |
| `    return 0;`<br>`}` | main 함수 종료 |

## 63 ③

| | |
|---|---|
| `#include <stdio.h>` | 〈stdio.h〉 헤더 파일 포함 |
| `struct data`<br>`{`<br>    `int a;`<br>    `int c[10];`<br>`};` | • data 이름의 구조체 정의<br>• int 타입의 a 변수와 길이가 10인 int 배열 c를 멤버로 가짐 |
| `int main()`<br>`{`<br>    `struct data d;`<br>    `int i;` | • main() 함수 시작<br>• data 구조체 타입의 변수 d와 int 타입의 변수 i를 선언 |
| `    for(i = 0; i < 10; i++)`<br>    `{`<br>        `d.c[i] = i * 2;`<br>    `}` | • for 문을 사용하여 구조체 d의 멤버 배열 c의 각 원소를 i의 값의 두 배로 초기화<br>• c 배열은 [0, 2, 4, 6, 8, 10, 12, 14, 16, 18]이 됨 |
| `    for(i = 0; i < 10; i += 2)`<br>    `{`<br>        `d.a += d.c[i];`<br>    `}` | • for문을 사용하여 c 배열의 짝수 인덱스에 해당하는 원소들을 d.a에 더함<br>• i의 초깃값은 0이며, for 문이 반복될 때마다 i에 2씩 더해짐<br>• d.c[0] + d.c[2] + d.c[4] + d.c[6] + d.c[8]의 합이 d.a에 저장.<br>• 결과 : 0 + 4 + 8 + 12 + 16 = 40 |
| `    printf("%d", d.a);` | 구조체 d의 a 멤버인 40을 출력 |
| `    return 0;`<br>`}` | main 함수 종료 |

**64** ①

```
#include <stdio.h>
int main()
{

    int x, y;
    for(x = 0; x < 2; x++)
    {
        for(y = 0; y < 2;
y++)
        {
            printf("%d",
!x || !y);
        }
    }

    return 0;
}
```

- 〈stdio.h〉 헤더 파일 포함
- main() 함수 시작

- 정수형 변수 x, y 선언
- x는 0 ~ 1까지 +1씩 반복
- y는 0 ~ 1까지 +1씩 반복
- !0 → 1, !1→0으로 보수처리
- a||b : a, b 둘 중 1개만 1이어도 1 출력(or 연산)

| x | | y | 결과 |
|---|---|---|---|
| !0(1) | \|\| | !0(1) | 1 |
| !0(1) | \|\| | !1(0) | 1 |
| !1(0) | \|\| | !0(1) | 1 |
| !1(0) | \|\| | !1(0) | 0 |

main 함수 종료

| X | 0 | 0 | 1 | 1 |
|---|---|---|---|---|
| Y | 0 | 1 | 0 | 1 |

을 각 명령에 대입하면
① !(0 0 0 1) = 1 1 1 0
② !(0 1 1 1) = 1 0 0 0
③ (1 1 0 0) || y = 1 1 0 1
④ (1 1 0 0) && y = 0 1 0 0

**65** ③

Java에서 << 연산자는 피연산자의 비트를 n만큼 왼쪽으로 산술 시프트 한다.
- 왼쪽 시프트 : × $2^n$
- 오른쪽 시프트 : ÷ $2^n$
- 예 a가 10인 경우, a << 2는 다음과 같이 계산된다.
  00000000 00000000 00000000 00001010
  00000000 00000000 00000000 00101000

**66** ③

**TCP(Transmission Control Protocol)**
- 신뢰성 있는 연결 지향형 전달 서비스를 제공한다.
- 순서 제어, 에러 제어, 흐름 제어 기능을 제공한다.
- 전이중 서비스와 스트림 데이터 서비스를 제공한다.
- 메시지를 캡슐화(Encapsulation)와 역캡슐화(Decapsulation)한다.
- 서비스 처리를 위해 다중화(Multiplexing)와 역다중화(Demultiplexing)를 이용한다.

**67** ①

- 192.168.1.0/24에서 /24란 진수 IP주소에서 1의 개수가 24개를 의미한다.
  - 11111111 11111111 11111111 00000000
  - 10진수 표기시 255.255.255.0이므로 C 클래스를 서브넷으로 사용한다.
- FLSM 방식으로 4개의 서브넷을 나누라고 지시했으나 2의 제곱수 단위로만 나눌 수 있으므로 $2^2$ = 4, 즉 4개로 Subneting할 수 있다.
- 256 ÷ 4 = 64이므로 각 Subnet에 할당되는 IP는 대역별로 64개가 된다.

| No | 대역 |
|---|---|
| 1 | 192.168.1.0 ~ 192.168.1.63 |
| 2 | 192.168.1.64 ~ 192.168.1.127 |
| 3 | 192.168.1.128 ~ 192.168.1.191 |
| 4 | 192.168.1.192 ~ 192.168.1.256 |

- 각 대역의 첫 번째 IP는 네트워크 ID, 마지막 IP는 브로드캐스트 주소로 할당된다. 따라서 두 번째 네트워크의 네트워크 ID는 192.168.1.64, 브로드캐스트 주소는 192.168.1.127이다.

**68** ④

break 명령문은 가장 가까운 반복문이나 switch ~ case 구문을 탈출하는 역할을 한다.

**69** ③

**HRN(Highest Response-ratio Next)**
- 우선순위 계산식 = $\dfrac{대기 시간 + 서비스를 받을 시간}{서비스를 받을 시간}$
- A : (5 + 10) ÷ 10 = 1.5
- B : (10 + 15) ÷ 15 = 1.66
- C : (10 + 30) ÷ 30 = 1.33
- D : (20 + 5) ÷ 5 = 5
- 작업 순서 : D → B → A → C

**70** ②

A클래스의 IP 주소 범위는 0.0.0.0에서 127.255.255.255까지이므로, 첫 번째 Octet 값이 0~127 사이인 IP 주소를 찾으면 된다.

**71** ④

ICMP 메시지는 8바이트의 헤더와 가변 길이의 데이터 영역으로 나뉜다.

**72** ③

exec()는 주어진 명령어를 실행하기 위해 기존 프로세스의 메모리 공간을 교체하는 명령어로 새로운 프로세스를 생성하지 않고, 쉘 프로세스를 대체한다.

**오답 피하기**
- exit() : 쉘 프로세스를 종료
- fork() : 새로운 프로세스를 생성
- wait() : 종료된 자식 프로세스를 대기

**73** ②

**기억 장치 교체 전략**
주기억 장치의 모든 페이지 프레임이 사용 중일 때 어떤 페이지 프레임을 교체할 것인지 결정하는 전략이다.

| OPT (OPTimal replacement) | • 이후에 가장 오랫동안 사용되지 않을 페이지를 먼저 교체하는 기법이다.<br>• 실현 가능성이 희박하다. |
|---|---|
| FIFO (First In First Out) | • 가장 먼저 적재된 페이지를 먼저 교체하는 기법이다.<br>• 구현이 간단하다. |
| LRU (Least Recently Used) | 각 페이지마다 계수기나 스택을 두어 현시점에서 가장 오랫동안 사용하지 않은 페이지를 교체하는 기법이다. |

| LFU<br>(Least Frequently Used) | 참조된 횟수가 가장 적은 페이지를 먼저 교체하는 기법이다. |
|---|---|

**오답 피하기**

SSTF는 디스크 스케줄링 기법이다.

## 74 ①

**로킹(Locking)**

로킹 단위가 커지면 로크의 수가 적어 관리가 쉬워지지만, 병행성 수준이 낮아지고, 로킹 단위가 작으면 로크의 수가 많아 관리가 어려워지지만, 병행성 수준이 높아진다.

## 75 ①

게이트웨이는 한 네트워크에서 다른 네트워크로 들어가는 입구 역할을 하는 장치로, 근거리 통신망과 같은 하나의 네트워크를 다른 네트워크와 연결할 때 사용되는 장치이다.

## 76 ②

kor total은 공백을 포함하고 있으므로 파이썬의 변수명으로 사용할 수 없다.

**파이썬의 변수명 규칙**

- 문자, 숫자, 언더바(_)로 구성되어야 한다.
- 처음 시작으로 숫자는 올 수 없다.
- 공백을 포함할 수 없다.
- 예약어(Reserved Word)를 사용할 수 없다.

## 77 ①

| | |
|---|---|
| ```class TestClass {`<br>`  void exe(int[] arr) {`<br>`    System.out.println`<br>`    (func(func(5, 5), 5,`<br>`    func(arr)));`<br>`  }`<br>`  int func(int a, int b) {`<br>`    return a + b;`<br>`  }`<br>`  int func(int a, int b,`<br>`int c) {`<br>`    return a - b;`<br>`  }`<br>`  int func(int[] c) {`<br>`    int s = 0;`<br>`    for(int i = 0; i <`<br>`c.length; i++) {`<br>`      s += c[i];`<br>`    }`<br>`    return s;`<br>`  }`<br>`}``` | • TestClass 클래스 선언<br>• exe 메서드 : int 배열 arr를 인자로 받아서 연산을 수행하고 결과를 출력하는 메서드<br>• func(int a, int b) : 두 개의 정수 a와 b를 인자로 받아 더한 값을 반환하는 메서드<br>• func(int a, int b, int c) : 세 개의 정수 a, b, c를 인자로 받아 a − b의 값을 반환하는 메서드<br>• func(int[] c) : 정수 배열 c를 인자로 받아 배열의 모든 요소를 더한 값을 반환하는 메서드 |

| | |
|---|---|
| ```public class Test {`<br>`  public static void`<br>`  main(String[] args) {`<br>`    int[] a = {1, 2, 3, 4,`<br>`5};`<br>`    TestClass t = new`<br>`TestClass();`<br>`    t.exe(a);`<br>`  }`<br>`}``` | • Test 클래스 선언 : main() 메서드를 갖는 클래스로, 프로그램의 시작점<br>• main() 메서드 정의 : 배열 a를 초기화하고, TestClass의 인스턴스를 생성한 후, exe 메서드를 실행<br>• func(5, 5)는 5와 5를 더한 결과로써 10을 반환<br>• func(arr)는 배열 a의 원소인 1, 2, 3, 4, 5를 모두 더한 결과로써 15를 반환<br>• func(10, 5, 15)는 10에서 5를 빼서 5를 반환<br>• System.out.println으로 결과를 출력하면 5 출력 |

## 78 ④

| | |
|---|---|
| ```import turtle`<br>`n = int(input("몇 각형`<br>`을 그리시겠습니까?"))``` | • turtle 그래픽 라이브러리 임포트<br>• 3 이상의 값을 입력받음 |
| ```if n < 3:`<br>`  print("3 이상의 n 값`<br>`입력")`<br>`else:``` | • 3 이상의 값인지 확인 |
| ```  t = turtle.Tur-`<br>`tle()``` | • 새로운 turtle 객체 t를 생성 |
| ```  def ngak(distance,`<br>`n):`<br>`    angle = 360 /`<br>`n``` | • 한 변 길이 distance와 변의 수 n을 받아서 도형을 그림<br>• n 값에 따가 내각을 계산 |
| ```    for i in range(n):`<br>`t.forward(distance)`<br>`t.left(angle)``` | • n번 반복하는 루프 시작<br>• 앞으로 이동시키며 변의 길이 distance만큼 이동<br>• 틀을 왼쪽으로 회전 |
| ```  ngak(100, n)`<br>`turtle.done()``` | • ngak 함수를 호출하여 n−각형 그림(변의 길이는 100)<br>• 그림을 그린 후 터틀 그래픽 창을 열어둠 |

## 79 ②

지역 변수는 블록 내부에서만 유효하다.

## 80 ②

**교착상태의 발생 조건**

- 상호배제(Mutual Exclusion) : 한 번에 한 개의 프로세스만이 공유 자원을 사용할 수 있다.
- 점유와 대기(Hold and Wait) : 이미 자원을 가진 프로세스가 다른 자원의 할당을 요구하는 동안 가진 자원을 계속 점유한다.
- 비선점(Non-Preemption) : 프로세스에 할당된 자원은 사용이 끝날 때까지 강제로 빼앗을 수 없다.

• 환형 대기(Circular Wait) : 이미 자원을 가진 프로세스가 앞이나 뒤의 프로세스의 자원을 요구한다.

**81** ②

TCP SYN Flooding : Denial-of-Service(DoS) 공격의 한 종류로, TCP/IP 연결을 설정하는 과정에서 발생하는 취약점을 이용하여 공격 대상의 서비스를 마비시키는 공격이다.

**오답 피하기**

**DDoS 공격 유형**

| 프로토콜 계층 공격 | 애플리케이션 계층 공격 |
| --- | --- |
| • TCP SYN Flooding<br>• UDP Flooding<br>• ICMP Flooding<br>• NTP Flooding<br>• DNS Flooding<br>• Slow HTTP Attack | • HTTP Flooding<br>• SQL Injection<br>• Cross-Site Scripting (XSS)<br>• Command Injection<br>• Botnet Attack |

**82** ④

반사공격(Reflection Attack) : 공격자들은 전 세계 어느 곳으로도 통상적인 UDP 서비스를 이용하여 대규모 트래픽을 보낼 수 있게 된다.

**83** ④

경로 조작 및 자원 삽입 : 검증되지 않은 외부 입력값이 시스템 자원 접근 경로를 조작하거나 시스템 자원에 삽입되어 공격할 수 있는 보안 약점이다.

**84** ③

**AAA(Authentication Authorization Accounting, 인증 권한 검증 계정 관리)**
• 시스템의 사용자가 로그인하여 명령을 내리는 과정에 대한 시스템의 동작을 Authentication(인증), Authorization(권한 부여), Accounting(계정 관리)으로 구분한다.
• 인증 : 망, 시스템 접근을 허용하기 전에 사용자의 신원을 검증한다.
• 권한 부여 : 검증된 사용자에게 어떤 수준의 권한과 서비스를 허용한다.
• 계정 관리 : 사용자의 자원에 대한 사용 정보를 모아서 과금, 감사, 용량 증설, 리포팅 등을 한다.

**85** ④

**대칭키(비밀키 암호화 기법)**
• 동일한 키로 암호화하고 복호화하는 기법으로 키 개수는 N(N-1)/2개 필요하다.
• 대칭 암호 알고리즘은 처음 통신 시에 비밀키를 전달해야 하므로, 키 교환 중 키가 노출될 수 있다(키 교환에는 시간과 비용이 소요됨).
• 암호화/복호화 속도가 빠르고 알고리즘이 단순하다.
• 종류 : DES, AES, ARIA, SEED, IDEA, RC4

**86** ①

**WPAN(Wireless Personal Area Network)**
• 사용자를 중심으로 작은 지역에서 블루투스 헤드셋, 스마트 워치 등과 같은 개인화 장치들을 주로 연결시키는 무선 통신 규격이다.
• IEEE 802.15 규격의 범주에 속한다.

**87** ①

TELNET 프로토콜의 Well Known Port 번호는 23이다.

**88** ③

**APT 공격의 특징**
• 특정 기업이나 조직을 대상으로 장기간에 걸쳐 지속적으로 공격한다.
• 사회 공학적 방법을 사용하여 피해자의 신뢰를 얻는다.
• 다양한 첨단 보안 위협을 이용하여 공격을 수행한다.
• 공격 대상을 명확히 지정하고, 시스템의 특성을 파악하여 공격한다.
• 정치적, 경제적, 군사적 이익을 위해 수행되는 경우가 많다.

**89** ③

**CSMA/CA(Carrier Sense Multiple Access with Collision Avoidance)**
• 무선 LAN에서 사용되는 무선전송 다원 접속 방식이다.
• 전송 전에 캐리어 감지를 통해 매체가 사용 중인지 확인하고, 사용 중이라면 일정 시간 기다렸다가 다시 전송하는 방식이다.

**90** ④

테이블 이름, SQL 구조 등이 외부 HTML에 포함되어 나타나도록 하는 것은 사용자가 SQL 명령을 실행할 기회를 제공하기 때문에 SQL인젝션 공격에 취약해진다.

**91** ④

**HSM(Hardware Security Module)**
암호키(Master Key)를 안전하게 저장하는 역할과 Server CA의 Private Key를 저장하는 역할을 하는 전용 하드웨어 장치이다.

**92** ①

비밀번호 정책은 정보 보안을 위한 조치이지만, 정보 보안 3요소에 포함되지는 않는다.

**오답 피하기**

**정보 보안의 3요소**

| 무결성(Integrity) | 시스템 내의 정보는 오직 인가된 사용자만 수정할 수 있는 보안 요소이다. |
| --- | --- |
| 기밀성(Confidentiality) | • 인가되지 않는 사용자가 객체 정보의 내용을 알 수 없도록 하는 보안 요소이다.<br>• 접근 제어, 암호화와 관련된 보안 요소이다. |
| 가용성(Availability) | • 정보 시스템 또는 정보에 대한 접근과 사용이 요구 시점에 완전하게 제공될 수 있는 상태를 의미하는 보안 요소이다.<br>• 백업과 관련된 보안 요소이다. |

**93** ④

DMZ(Demilitarized Zone)에는 IDS를 설치할 수 있다.

**94** ②

**STP(Spanning Tree Protocol)**
• 네트워크 루프를 방지하기 위한 프로토콜이다.
• 네트워크에 연결된 스위치 중에서 하나를 루트 브리지로 선택하고, 루트 브리지에서 멀리 떨어진 스위치들로 가는 경로를 차단하여 네트워크 루프를 방지한다.

**95** ④

### Wi-SUN

- IEEE 802.15.4g 표준을 기반으로 한 근거리 무선 통신 기술로, 넓은 커버리지와 더불어 빠른 속도를 지원한다.
- 스마트그리드 등 HAN/NAN 활용에 적합한 기술이다.

**96** ③

SIP(Session Initiation Protocol) : 인터넷상에서 통신하고자 하는 지능형 단말들이 서로를 식별하여 그 위치를 찾고, 그들 상호 간에 멀티미디어 통신 세션을 생성하거나 삭제 또는 변경하기 위한 절차를 명시한 시그널링 프로토콜이다.

**97** ①

### IPSec(IP Security)

- 통신 세션의 각 IP 패킷을 암호화하고 인증하는 안전한 인터넷 프로토콜(IP) 통신을 위한 인터넷 프로토콜으로 양방향 암호화를 지원한다.
- ESP는 발신지 인증, 데이터 무결성, 기밀성 모두를 보장한다.
- 운영 모드는 Tunnel 모드와 Transport 모드로 분류된다.
- AH는 발신지 호스트를 인증하고, IP 패킷의 무결성을 보장한다.

**98** ④

### COCOMO 프로젝트 유형

- Organic Mode(유기적 모드) : 일괄 자료 처리나 과학 기술 계산용, 비즈니스 자료 처리용의 5만 라인 이하의 중소 규모 소프트웨어를 개발하는 유형
- Semi-Detached Mode(반결합 모드) : 트랜잭션 처리 시스템이나 운영체제, 데이터베이스 관리 시스템 등의 30만 라인 이하의 소프트웨어를 개발하는 유형
- Embedded Mode(내장 모드) : 최대형 규모의 트랜잭션 처리 시스템이나 운영체제 등의 30만 라인 이상의 소프트웨어를 개발하는 유형

**99** ①

### 프로토타이핑 모형

- 최종 결과물이 만들어지기 전에 의뢰자가 최종 결과물의 일부 또는 모형을 볼 수 있으므로 개발 초기에 오류 발견이 가능하다.
- 프로토타이핑 모형은 발주자나 개발자 모두에게 공동의 참조 모델을 제공한다.
- 사용자의 요구사항을 충실히 반영할 수 있다.

**100** ④

### 해시(Hash) 암호화 방식

- 임의의 길이의 메시지를 입력으로 하여 고정된 길이의 출력값으로 변환하는 기법이다.
- 주어진 원문에서 고정된 길이의 의사 난수를 생성하며, 생성된 값을 해시값이라고 한다.
- 해시 함수는 주로 검색, 데이터 무결성, 인증, 암호화 등 다양한 용도로 사용된다.
- 블록체인에서 체인 형태로 사용되어 데이터의 신뢰성을 보장한다.
- SHA, SHA1, SHA256, MD5, RMD160, HAS-160, HAVAL 기법 등이 있다.

**오답 피하기**

해시 함수는 해시값을 통해 본래 입력값을 찾는 것이 어려워야 하므로 일방향 함수(One-way Function)이다.

| | | | | |
|---|---|---|---|---|
| 01 ② | 02 ② | 03 ② | 04 ① | 05 ② |
| 06 ④ | 07 ④ | 08 ② | 09 ④ | 10 ④ |
| 11 ② | 12 ① | 13 ④ | 14 ① | 15 ③ |
| 16 ④ | 17 ① | 18 ④ | 19 ④ | 20 ④ |
| 21 ② | 22 ④ | 23 ② | 24 ① | 25 ③ |
| 26 ③ | 27 ① | 28 ① | 29 ② | 30 ② |
| 31 ② | 32 ④ | 33 ① | 34 ① | 35 ② |
| 36 ① | 37 ② | 38 ② | 39 ③ | 40 ① |
| 41 ③ | 42 ③ | 43 ③ | 44 ③ | 45 ① |
| 46 ④ | 47 ③ | 48 ① | 49 ④ | 50 ① |
| 51 ③ | 52 ② | 53 ② | 54 ② | 55 ① |
| 56 ① | 57 ② | 58 ④ | 59 ④ | 60 ① |
| 61 ③ | 62 ① | 63 ③ | 64 ① | 65 ④ |
| 66 ① | 67 ③ | 68 ④ | 69 ④ | 70 ② |
| 71 ③ | 72 ② | 73 ④ | 74 ① | 75 ① |
| 76 ② | 77 ④ | 78 ② | 79 ② | 80 ② |
| 81 ② | 82 ② | 83 ② | 84 ① | 85 ① |
| 86 ④ | 87 ④ | 88 ① | 89 ② | 90 ① |
| 91 ① | 92 ④ | 93 ③ | 94 ① | 95 ① |
| 96 ③ | 97 ④ | 98 ④ | 99 ③ | 100 ③ |

## 1과목 소프트웨어 설계

**01** ②

### 정형 기술 검토 지침사항

- 의제와 그 범위를 유지하라.
- 참가자의 수를 제한하라.
- 각 체크 리스트를 작성하고, 자원과 시간 일정을 할당하라.
- 개발자가 아닌 제품의 검토에 집중하라.
- 논쟁과 반박을 제한하라.
- 검토 과정과 결과를 재검토하라.

**02** ②

### GoF 디자인 패턴

- 구조 : Adapter, Bridge, Composite, Decorator, Facade, Flyweight, Proxy
- 행위 : Chain of Responsibility, Iterator, Command, Interpreter, Memento, Observer, State, Strategy, Visitor, Template Method, Mediator
- 생성 : Factory Method, Singleton, Prototype, Builder, Abstraction Factory

**03** ②

- Fan-In : 주어진 한 모듈을 제어하는 상위 모듈 수 → 3
- Fan-Out : 주어진 한 모듈이 제어하는 하위 모듈 수 → 2

**04** ①

파이프 필터 : 상태 정보 공유를 위해 비용이 소요되며 데이터 변환에 오버헤드가 발생할 수 있다.

**05** ②

액터(Actor) : 서비스를 이용하는 외부 객체이다. 시스템이 특정한 사례(Use Case)를 실행하도록 요구할 수 있는 존재이다.

**06** ④

**요구사항 분석**
- 요구사항 간 상충되는 것을 해결하고, 소프트웨어의 범위를 파악한다.
- 명확하지 못하거나 모호한 부분을 걸러 내기 위한 과정이다.
- 소프트웨어가 환경과 어떻게 상호 작용하는지 이해한다.
- 중복되는 내용을 통합하고, 서로 상충되는 요구사항을 해결한다.
- 시스템 요구사항을 정제하여 소프트웨어 요구사항을 도출한다.
- 도출된 사항을 분석하고 소프트웨어 개발 범위를 파악하여, 비용과 일정에 대한 제약을 설정한다.
- 타당성 조사를 수행한다.
- 요구사항 정의를 문서화한다.

**오답 피하기**

설계 명세서 작성은 요구사항을 바탕으로 시스템의 설계를 구체화하고 문서로 만드는 작업이다.

**07** ④

**객체지향의 구성 요소**
- Class : 유사한 객체를 정의한 집합으로 속성+행위를 정의한 것으로 일반적인 Type을 의미한다.
- Object : 데이터와 함수를 묶어 캡슐화하는 대상이 된다.
- Message : Object 간에 서로 주고받는 통신을 의미한다.

**08** ②

개발 비용이 가장 많이 소요되는 단계는 유지보수 단계이다.

**09** ④

**개체 관계도(ERD : Entity-Relationship Diagram)**
- 데이터베이스 설계 단계에서 데이터 구조들과 그들 간의 관계를 표현하는 방법이다.
- 구성 : 개체(Entity), 속성(Attribute), 관계(Relationship)

**10** ④

**다형성(Polymorphism)**
- 많은 상이한 클래스들이 동일한 메소드명을 이용하는 능력을 의미한다.
- 한 메시지가 객체에 따라 다른 방법으로 응답할 수 있는 것이다.
- 메시지에 의해 객체가 연산을 수행하게 될 때 하나의 메시지에 대해 각 객체가 가지고 있는 고유한 방법으로 응답할 수 있는 능력이다.

**오답 피하기**

메소드 오버로딩(Overriding)의 경우 메소드명은 동일하지만, 매개 변수 타입을 다르게 함으로써 구현, 구분할 수 있다.

**11** ②

디자인 패턴은 자주 사용하는 설계 형태를 정형화하여 유형별로 설계 템플릿을 만들어 두고 소프트웨어 개발 중 나타나는 과제를 해결하기 위한 방법 중 한 가지이므로 개발 프로세스를 무시할 수 없다.

**12** ①

**CASE(Computer-Aided Software Engineering)**
- 개발을 신속하게 할 수 있고, 오류 수정이 쉬워 S/W 품질이 향상된다.
- 소프트웨어 생명주기의 전체 단계를 연결해 주고 자동화시켜 주는 통합된 도구를 제공해 주는 기술이다.
- 소프트웨어 시스템의 문서화 및 명세화를 위한 그래픽 기능을 제공한다.
- S/W 개발 단계의 표준화를 기할 수 있으며 자료 흐름도 작성 기능을 제공한다.
- 모델들 사이의 모순 검사 기능을 제공하며 다양한 소프트웨어 개발 모형을 지원한다.
- 원천 기술 : 구조적 기법, 프로토타이핑 기술, 정보 저장소 기술

**13** ④

럼바우 객체지향 분석 기법에서 E-R Diagram, Data Flow Diagram(자료 흐름도), UML을 사용한다.

**오답 피하기**

**AVL 트리**
- 균형 이진 검색 트리(Balanced Binary Search Tree)로서, 노드의 삽입 또는 삭제가 발생할 때마다 트리의 균형을 유지하는 자료 구조이다.
- Adelson-Velsky와 Landis에 의해 개발되었다.
- 각 노드의 왼쪽 서브 트리와 오른쪽 서브 트리의 높이 차이(균형 인수)를 이용하여 균형을 조정한다.

**14** ①

Coad와 Yourdon 방법 : 객체지향 분석 방법론에서 E-R 다이어그램을 사용하여 객체의 행위를 모델링한다.

**15** ③

Bridge Pattern은 기능 클래스 계층과 구현 클래스 계층을 연결하고, 구현부에서 추상 계층을 분리하여 각자 독립적으로 변형할 수 있도록 해주는 패턴이다.

**오답 피하기**

③번은 Adapter 패턴에 대한 설명이다.

**16** ④

NUI는 음성 인식, 제스처 인식, 터치 인터페이스와 같은 방식을 사용하여 사용자와 컴퓨터 간 상호 작용이 이루어진다.

**17** ①

**오답 피하기**

② 응집도에 대한 설명이다.
③ 결합도가 낮으면 시스템 구현 및 유지보수 작업이 쉽다.
④ 자료 결합도의 결합도가 가장 낮다.

**18** ④

상향식 설계는 가장 기본적인 컴포넌트를 먼저 설계한 뒤 이것을 사용하는 상위 수준의 컴포넌트를 설계하므로 기능 추가가 어렵다.

**19** ④

**CASE가 제공하는 기능**
- 개발을 신속하게 할 수 있다.
- 소프트웨어 생명주기의 전체 단계를 연결시켜 주고 자동화시켜 주는 통합된 도구를 제공해 주는 기술이다.
- 소프트웨어 시스템의 문서화 및 명세화를 위한 그래픽 기능을 제공한다.
- 오류 수정이 쉬워 S/W 품질이 향상된다.
- S/W 개발 단계의 표준화를 기할 수 있다.
- 모델들 사이의 모순 검사 기능을 지원한다.
- 다양한 소프트웨어 개발 모형을 지원한다.
- 자료 흐름도 작성 기능을 지원한다.

**20** ④

XP(eXtremeProgramming)
- 빠른 개발을 진행하면서 매 반복에서 테스트를 진행한다.
- 요구사항을 모두 정의해 놓고 작업을 진행하는 것이 아니라, 요구사항이 변경되는 것을 적용하는 방식으로 예측성보다는 적응성에 더 높은 가치를 부여한 방법이다.

## 2과목 소프트웨어 개발

**21** ②

오답 피하기

① 콘텐츠 제공자, ③ 클리어링 하우스, ④ 보안 컨테이너

**22** ④

| | |
|---|---|
| 이식성<br>(Portability) | • 소프트웨어를 한 환경에서 다른 환경으로 쉽게 이동하거나 재사용할 수 있는 능력을 의미한다.<br>• 여러 가지 세부 특성으로 구성되어 있으며, 적응성, 이식 용이성, 호환성이 이러한 특성에 해당한다. |
| 적응성<br>(Adaptability) | • 소프트웨어가 다양한 환경에 대해 적응할 수 있는 능력을 의미한다.<br>• 소프트웨어가 다른 운영체제, 하드웨어 또는 네트워크 환경에서 작동할 수 있도록 적응할 수 있는 유연성을 갖추어야 한다. |
| 이식 용이성<br>(Portability) | • 소프트웨어가 한 환경에서 다른 환경으로 쉽게 이동하거나 재사용될 수 있는 능력을 의미한다.<br>• 특정 플랫폼에 종속되지 않고 여러 플랫폼에서 작동할 수 있는 소프트웨어의 이동성을 나타낸다. |
| 호환성<br>(Compatibility) | • 소프트웨어가 다른 시스템, 플랫폼 또는 응용 프로그램과 원활하게 상호 작용할 수 있는 능력을 의미한다.<br>• 데이터 형식, 프로토콜, API 등의 호환 가능성을 포함한다. |

오답 피하기

사용자 편의성은 다른 소프트웨어 품질 특성인 사용성(Usability)의 세부 특성이다.

**23** ②

재공학의 과정
- 분석(Analysis) : 소프트웨어 재공학 활동 중 기본 소프트웨어의 명세서를 확인하여 소프트웨어의 동작을 이해하고 재공학 대상을 선정하는 것이다.
- 재구성(Restructuring) : 소프트웨어 구조를 향상시키기 위해 코드를 재구성하는 것이다.
- 역공학(Reverse Engineering) : 소프트웨어 재공학 활동 중 원시 코드를 분석하여 소프트웨어 관계를 파악하고 기존 시스템의 설계 정보를 재발견하고 다시 제작하는 작업이다.
- 이식(Migration) : 소프트웨어 재공학의 주요 활동 중 기존 소프트웨어 시스템을 새로운 기술 또는 하드웨어 환경에서 사용할 수 있도록 변환하는 작업이다.

**24** ①

테스트는 오류를 찾는 작업이고 디버깅은 오류를 수정하는 작업이다.

**25** ③

EAI(Enterprise Application Integration, 기업 애플리케이션 통합)
- 기업 내의 컴퓨터 애플리케이션들을 현대화하고, 통합하고, 조정하는 것을 목표로 세운 계획, 방법 및 도구 등을 일컫는 비즈니스 컴퓨팅 용어이다.
- 기업의 비즈니스와 애플리케이션의 새롭고 통합적인 시각을 개발하고, 기존의 애플리케이션들이 새로운 시각 내에 어떻게 맞춰지는지를 확인한다.

오답 피하기

- BPR(Business Process Reengineering) : 기업 활동에 관한 어떤 목표(매상, 수익률 등)를 설정하여, 그것을 달성하기 위해 업무 내용, 업무 흐름/조직 구조 분석, 최적화를 하는 것이다.
- ERP(Enterprise Resource Planning) : 기업 활동을 위해 사용되는 기업 내의 모든 인적, 물적 자원을 효율적으로 관리하여 궁극적으로 기업의 경쟁력을 강화해 주는 역할을 하는 통합 정보 시스템이다.

**26** ③

알고리즘 설계 기법 : 분할 정복법(Divide & Conquer), 동적 계획법(Dynamic Programming), 탐욕법(Greedy Method), 퇴각 검색법(Backtracking), 분기 한정법(Branch & Bound), 근사 해법(Approximation Algorithm)

**27** ①

- 방향성 그래프에서 방향 간선이 존재하면 1, 존재하지 않으면 0으로 표현한다.
- 각 노드별 방향 간선을 분석해서 행/열을 구성한다.

**28** ①

오답 피하기

테스트 드라이버는 상향식 통합 테스트에서 사용한다.

**29** ②

```
ABC-/DEF++*+              ← 후위
(A(BC-))/DEF++*+          ← 괄호 1
(A(BC-))/(D(EF+)*)+       ← 괄호 2
((A(BC-))/(D(EF+)*)+)     ← 괄호 3
                          ← 연산자 이동
A/(B-C)+D*(E+F)           ← 정규화
```

연산자는 피연산자 2개 단위로 묶는다.

**30** ②

순서도 : 알고리즘을 시각적으로 표현하는 도구로, 기본적으로 입출력, 선택, 반복의 기본 구조를 가지고 있다.

오답 피하기

| | |
|---|---|
| 입력(Input)과<br>출력(Output) | • 입력은 사용자로부터의 입력이나 외부 데이터의 획득을 나타낸다.<br>• 출력은 결과의 출력이나 외부로의 데이터 전송을 나타낸다. |
| 선택(Selection) | • 따라 프로그램의 흐름을 분기하는 요소로 사용된다.<br>• 주어진 조건에 따라 다른 경로를 선택하여 다른 동작을 수행하도록 한다. |
| 반복(Iteration) | • 특정 조건이 만족하는 동안 일련의 동작을 반복적으로 실행하는 요소로 사용된다.<br>• 주어진 조건이 참이면 반복적으로 동작을 수행하며, 조건이 거짓이 되면 반복이 종료된다. |

## 31 ②

**목적에 따른 테스트**

| 안전<br>(Security) | 소프트웨어가 불법적인 침입으로부터 시스템을 보호할 수 있는지 확인한다. |
| --- | --- |
| 강도<br>(Stress) | 소프트웨어에 과도하게 부하를 가하여도 소프트웨어가 정상적으로 실행되는지 확인한다. |
| 병행<br>(Parallel) | 변경된 소프트웨어와 기존 소프트웨어에 동일한 데이터를 입력하여 두 결과를 비교 확인한다. |

## 32 ④

**단위 테스트 지원 도구(xUnit)**

- JUnit : Java 프로그래밍 언어에 사용되는 테스트 도구로 데이터를 테스트한 다음 코드에 삽입한다.
- NUnit : 모든 .net 언어에 널리 사용되는 단위 테스트 프레임워크이다. 병렬로 실행할 수 있는 데이터 중심 테스트를 지원한다.
- JMockit : 오픈소스 단위 테스트 도구로서, 기록 및 검증 구문으로 API를 Mocking할 수 있다.
- EMMA : 코드 분석 오픈소스 툴 킷으로서 Java 기반이므로 외부 라이브러리 종속성이 없으며 소스 코드에 액세스할 수 있다.
- PHPUnit : PHP 프로그래머를 위한 단위 테스트 도구이다.
- HttpUnit : HtmlUnit은 Java 프로그램용 GUI가 없는 브라우저를 포함하는 오픈소스 Java 라이브러리이다.
- DBUnit : 데이터베이스 단위 테스트를 지원하는 프레임워크이다.

## 33 ①

리팩토링(Refactoring) : 소프트웨어를 더 쉽게 이해할 수 있고, 적은 비용으로 수정할 수 있도록 겉으로 보이는 동작의 변화 없이 내부 구조를 변경하는 것을 의미한다.

## 34 ①

**DRM 요소 기술**

| 구성 | 내용 |
| --- | --- |
| 콘텐츠 제공자<br>(Contents Provider) | 콘텐츠를 제공하는 저작권자 |
| 콘텐츠 분배자<br>(Contents Distributor) | 쇼핑몰 등으로서 암호화된 콘텐츠 제공 |
| 패키저(Packager) | 콘텐츠를 메타 데이터와 함께 배포 가능한 단위로 묶는 기능 |
| 보안 컨테이너<br>(Security Container) | 원본을 안전하게 유통하려는 전자적 보안 장치 |
| DRM Controller | 배포된 콘텐츠의 이용 권한을 통제 |
| Clearing House | 키 관리 및 라이선스 발급 관리 |

## 35 ②

**테스트 드라이버(Test Driver)**

- 하위 → 상위 모듈로 통합하면서 테스트하는 상향식 테스트에서 사용한다.
- 테스트 대상을 제어하고 동작시키는 데 사용되는 도구를 의미한다.
- 시스템 및 컴포넌트를 시험하는 환경의 일부분으로 시험을 지원하는 목적하에 생성된 코드와 데이터이다.
- 순차적 실행을 지원하는 프로그램이나 명령들이 묶여 있는 배치 파일이다.

## 36 ①

**하향식 통합 검사(Top Down Integration Test)**

- 상위 컴포넌트를 테스트하고 점증적으로 하위 컴포넌트를 테스트한다.
- 주요 제어 모듈 기준으로 아래로 통합하며 진행한다.
- 하위 컴포넌트 개발이 완료되지 않은 경우 스텁(Stub)을 사용하기도 한다.
- 우선 통합법, 깊이 우선 통합법, 너비 우선 통합법 등이 있다.

## 37 ②

오름차순 선택 정렬의 경우 1pass마다 가장 작은 값이 맨 앞으로 이동한다.

| Original | 37 | 14 | 17 | 40 | 35 |
| --- | --- | --- | --- | --- | --- |
| 1Pass | 14 | 37 | 17 | 40 | 35 |
| 2Pass | 14 | 17 | 37 | 40 | 35 |
| 3Pass | 14 | 17 | 35 | 40 | 37 |
| 4Pass | 14 | 17 | 35 | 37 | 40 |

## 38 ②

**N-S 차트(Nassi-Schneiderman Chart)**

- 구조적 프로그램의 순차, 선택, 반복의 구조를 사각형으로 도식화하여 알고리즘을 논리적 기술에 중점을 둔 도형식 표현 방법이다.
- 조건이 복합되어 있는 곳의 처리를 시각적으로 명확히 식별하는 데 적합하다.
- 제어 구조 : 순차(Sequence), 선택 및 다중 선택(If~Then~Else, Case), 반복(Repeat~Until, While, For)
- 박스 다이어그램이라고도 한다.
- 연속, 선택, 반복 등의 제어 논리 구조를 표현한다.

> **오답 피하기**
>
> 사각형 박스로 선택, 조건, 반복 조건을 구조적 흐름으로 표현한다.

## 39 ③

**인스펙션(Inspection)**

- 소프트웨어 요구, 설계, 원시 코드 등의 작성자 외의 다른 전문가 또는 팀이 검사하여 오류를 찾아내는 공식적 검토 방법이다.
- 요구 분석서, 원시 코드 등의 문서 검토를 진행하는 정적 테스트 시에 활용하는 기법이다.

## 40 ①

결합도 종류(약 → 강) : 데이터 결합도 → 스탬프 결합도 → 제어 결합도 → 공통 결합도 → 내용 결합도

> **오답 피하기**
>
> 결합도를 최소화하고 응집도를 최대화해야 하므로, 결합도가 가장 높은 내용 결합도를 낮추는 것이 재사용성이 좋은 모듈 설계이다.

---

**3과목 | 데이터베이스 구축**

## 41 ③

**데이터베이스 설계 단계에서의 트랜잭션 설계**

- 개념 설계 : 트랜잭션 모델링
- 논리 설계 : 트랜잭션 인터페이스 설계
- 물리 설계 : 트랜잭션 세부설계

## 42 ③

**병행 제어의 목적**
- 데이터베이스 공유 최대화
- 데이터베이스 일관성 최대화
- 시스템 활용도 최대화
- 사용자에 대한 응답 시간 최소화

## 43 ③

Cartesian Product(교차곱)의 결과 릴레이션은 두 릴레이션의 속성의 개수는 더하고 각 튜플의 개수는 곱한 크기의 결과 릴레이션이 생성된다.

릴레이션 R   : 차수 3, 카디널리티 3
릴레이션 S   : 차수 4, 카디널리티 4
－－－－－－－－－－－－－－－－－－
결과 릴레이션 : 차수 7, 카디널리티 12

## 44 ②

**순수 관계 연산자의 종류**
- Select(σ) : 튜플 집합을 검색한다.
- Project(π) : 속성 집합을 검색한다.
- Join(⋈) : 두 릴레이션의 공통 속성을 연결한다.
- Division(÷) : 두 릴레이션에서 특정 속성을 제외한 속성만 검색한다.

## 45 ①

- 〈제품〉이 입고되면 그 〈제품〉이 〈판매〉된다고 볼 수 있다.
- 하위 테이블인 〈판매〉 테이블은 〈제품〉 테이블의 [제품코드]를 참조한다. 즉 상위 테이블 〈제품〉의 [제품코드] 필드가 외래키가 된다.

## 46 ④

**데이터베이스 분할**
- 수평 분할 : 효율성, 지역의 최적화, 보안 향상을 위해 행 단위로 분할 한다. 종류에는 라운드로빈, 해시 분할, 영역 분할, 이용자 정의 분할 방식 등이 있다.
- 수직 분할 : 열 단위로 분할 한다. 응용 프로그램에 따라 컬럼을 그룹화하는 방법과 분열하는 방법이 있다.

## 47 ②

**무결성(Integrity)**
- 개체 무결성 : 기본키의 값은 널 값이나 중복 값을 가질 수 없다는 제약 조건
- 참조 무결성 : 참조할 수 없는 외래키 값을 가질 수 없다는 제약 조건

## 48 ①

| 외부 스키마(External Schema) | 사용자나 응용 프로그래머가 접근할 수 있는 정의를 기술한다. |
|---|---|
| 개념 스키마 (Conceptual Schema) | • 모든 응용 시스템들이나 사용자들이 필요로 하는 데이터를 통합한 조직 전체의 데이터베이스를 정의한다.<br>• 범기관적 입장에서 데이터베이스를 정의한다.<br>• 개체 간의 관계와 제약 조건을 나타내고, 데이터베이스 접근 권한, 보안 및 무결성 규칙 명세가 있다. |
| 내부 스키마(Internal Schema) | • 데이터의 실제 저장 방법을 기술한다.<br>• 물리적 저장 장치의 입장에서 본 데이터베이스 구조로써 실제로 데이터베이스에 저장될 레코드의 형식을 정의하고 저장 데이터 항목의 표현 방법, 내부 레코드의 물리적 순서 등을 나타낸다. |

## 49 ④

| 논리적 설계 | • 목표 DBMS에 종속적인 논리적 스키마 설계 및 스키마의 평가 및 정제이다.<br>• 논리적 데이터 모델로 변환 및 트랜잭션 인터페이스 설계이다. |
|---|---|
| 물리적 설계 | • 목표 DBMS에 종속적인 물리적 구조 설계이다.<br>• 저장 레코드 양식 설계와 레코드 집중의 분석/설계, 액세스 경로 인덱싱, 클러스터링, 해싱 등의 설계가 포함된다. |

**오답 피하기**
트랜잭션의 인터페이스 설계는 논리적 설계 단계에서 진행한다.

## 50 ①

스택 입력 및 출력 문제를 해결할 때는 우선 보기의 첫 번째 문자까지 스택에 입력해 보고 순서대로 Push와 POP을 진행해서 보면 된다.
예를 들어
②번의 경우 : A, B, C, D 입력 → D 출력 → C 출력 → B 출력 → A 입력 → A 출력이므로 순서가 맞다.
①번의 경우 : A 입력 → A 출력 → B, C, D 입력 → D, C, B 순으로 출력되어야 한다.

**오답 피하기**
**스택(Stack)**
- 리스트의 한쪽 끝에서만 자료의 삽입과 삭제가 이루어지는 선형 자료 구조로 인터럽트 처리, 서브루틴 호출 작업 등에 응용된다.
- 가장 나중에 삽입된 자료가 가장 먼저 삭제되는 후입선출(LIFO : Last In First Out) 방식이다.

## 51 ③

**트랜잭션의 특성**
- 원자성(Atomicity) : 완전하게 수행 완료되지 않으면 전혀 수행되지 않아야 한다.
- 일관성(Consistency) : 시스템의 고정 요소는 트랜잭션 수행 전후에 같아야 한다.
- 격리성(Isolation, 고립성) : 트랜잭션 실행 시 다른 트랜잭션의 간섭을 받지 않아야 한다.
- 영속성(Durability, 지속성) : 트랜잭션의 완료 결과가 데이터베이스에 영구히 기억된다.

## 52 ②

- Concurrency Control(동시성 제어) : 여러 사용자 또는 프로세스가 동시에 데이터베이스에 접근할 때 일관성을 유지하고 충돌을 방지하기 위한 제어 메커니즘을 의미한다.
- Normalization(정규화) : 데이터베이스 설계 과정에서 중복을 최소화하고 데이터의 일관성을 유지하기 위해 테이블을 구조화하는 작업이다.
- Transaction(트랜잭션) : 데이터베이스에서 하나의 논리적 작업 단위를 의미하며, 일련의 데이터 조작 작업을 원자적(Atomic), 일관적(Consistent), 고립적(Isolated), 영구적(Durable)으로 수행하는 것을 보장한다.

**오답 피하기**
장비 고장 또는 기타 재해 발생 시 데이터베이스를 보존하기 위한 데이터베이스 복사 활동을 의미하는 용어는 "Backup"이다.

## 53 ③

**BCNF(보이스/코드) 정규형**

- 1, 2, 3정규형을 만족하고, 결정자가 후보키가 아닌 함수 종속 제거되면 보이스/코드 정규형에 속한다.
- 후보키를 여러 개 가지고 있는 릴레이션에서 발생할 수 있는 이상 현상을 해결하기 위해 3정규형보다 좀 더 강력한 제약 조건을 적용한다.
- 보이스/코드 정규형에 속하는 모든 릴레이션은 3정규형에 속하지만, 3정규형에 속하는 모든 릴레이션이 보이스/코드 정규형에 속하지는 않는다.

## 54 ②

**DDL(데이터 정의어)의 종류**

- CREATE : 스키마, 도메인, 테이블, 인덱스, 뷰 정의
- ALTER : 테이블 정의 변경
- DROP : 스키마, 도메인, 테이블, 인덱스, 뷰 삭제

## 55 ①

**SELECT 명령문의 정렬**

- SELECT 명령문에서는 튜플 간 정렬을 위해 ORDER BY 절을 추가하여 사용한다. 정렬의 기준 속성명의 값들을 오름차순 또는 내림차순으로 튜플 단위로 정렬하여 결과 테이블을 생성한다.
- ASC는 오름차순, DESC는 내림차순을 지정하는 옵션이다.
- SELECT 속성명1, 속성명2 FROM 테이블명 WHERE 조건식 ORDER BY 정렬 기준 속성명 [ASC|DESC];

> 판매실적 테이블을 읽어 서울지역에 한하여 판매액 내림차순으로 지점명과 판매액을 출력
>
> SELECT 지점명, 판매액 FROM 판매실적 WHERE 도시 = '서울' ORDER BY 판매액 DESC;

## 56 ①

**트랜잭션의 연산**

- Commit 연산 : 트랜잭션 실행이 성공적으로 종료되었음을 선언한다.
- Rollback 연산 : 트랜잭션 실행이 실패하였음을 선언한다.
- Recovery 연산 : 트랜잭션을 수행하는 도중 장애로 인해 손상된 데이터베이스를 손상되기 이전의 정상적인 상태로 복구시키는 작업이다.

## 57 ②

**SELECT문 기본 구조**

> SELECT 속성명 [ALL | DISTINCT]
> FROM 릴레이션명
> WHERE 조건;
> [GROUP BY 속성명1, 속성명2,…]
> [HAVING 조건]
> [ORDER BY 속성명 [ASC | DESC]];
> - ALL : 모든 튜플을 검색(생략 가능)
> - DISTINCT : 중복된 튜플 생략
> - IN(a, b) : where 절에 작성하는 포함 조건

SELECT ENAME FROM TBL WHERE DNO IN ('D1', 'D2', 'D3');

## 58 ④

이상(Anomaly) 현상 : 데이터 중복으로 인해 릴레이션 조작 시 예상하지 못한 곤란한 현상이 발생하는 것을 의미한다.

## 59 ④

| 집합 연산자 | 연산자 의미 |
|---|---|
| UNION | 합집합 결과 중복된 행은 하나의 행으로 출력 |
| UNION ALL | 합집합 결과 중복된 행도 그대로 결과로 출력 |
| INTERSECT | 교집합 결과 중복된 행은 하나의 행으로 출력 |
| EXCEPT | 차집합 결과 중복된 행은 하나의 행으로 출력 |

## 60 ①

**분산 처리 시스템의 투명성(Transparency)**

- 사용자가 분산된 여러 자원의 위치 정보를 알지 못하고 마치 하나의 커다란 시스템을 사용하는 것처럼 인식하도록 하는 것이다.
- 종류

| 위치(Location) 투명성 | 하드웨어와 소프트웨어의 물리적 위치를 사용자가 알 필요가 없다. |
|---|---|
| 이주(Migration) 투명성 | 사용자나 응용 프로그램의 동작에 영향을 받지 않고 시스템 내에 있는 정보 객체를 이동할 수 있게 한다. |
| 복제(Replication) 투명성 | 사용자에게 통지할 필요 없이 시스템 안에 파일들과 자원들의 부가적인 복사가 자유롭다. |
| 병행(Concurrency) 투명성 | 다중 사용자들이 자원들을 자동으로 공유할 수 있다. |

---

### 4과목 프로그래밍 언어 활용

## 61 ③

| | |
|---|---|
| ```#include <stdio.h>```<br>```#include <string.h>```<br>```int main()``` | • 헤더 파일 정의<br>• main() 함수 시작 |
| ```{```<br>  ```printf("%d", strlen``` ```("Hello World"));```<br>  ```return 0;```<br>```}``` | • strlen('Hello World') 부분이 호출되어 "Hello World" 문자열의 길이인 11을 반환<br>• printf 함수를 사용하여 출력<br>• 함수 종료 |

## 62 ①

| | |
|---|---|
| ```#include <stdio.h>```<br>```int main()```<br>```{``` | • 헤더 파일 정의<br>• main() 함수 시작 |
| ```  int a = 3, b = 5, c``` ```= -1;```<br>```  int t1, t2, t3;``` | • a, b, c 정수형 변수 초기화<br>• t1, t2, t3 정수형 변수 초기화 |
| ```  t1 = a>b && a<b;```<br>```  t2 = a>b || a<b;```<br>```  t3 = !c;``` | • 3)5(F) && 3〈5(T) → F(0)<br>• 3)5(F) || 3〈5(T) → T(1)<br>• !-1 → F(0) |
| ```  printf("%d", t1 + t2``` ```+ t3);```<br>```  return 0;```<br>```}``` | • 0+1+0 = 1 출력<br>• 함수 종료 |

## 63 ③

|  |  |
|---|---|
| `#include <stdio.h>`<br>`int main()`<br>`{` | • 헤더 파일 정의<br>• main() 함수 시작 |
| `    int value;`<br>`    scanf("%d", &value);` | • 정수형 변수 value 선언<br>• value 값 입력 받아 value에 저장 |
| `    switch (value)`<br>`    {`<br>`      case 1:`<br>`printf("one");`<br>`      case 2:`<br>`printf("two");`<br>`      case 3:`<br>`printf("three");`<br>`break;`<br>`      case 4:`<br>`printf("four");`<br>`      case 5:`<br>`printf("five");`<br>`    }` | • value가 1일 경우 "onetwothree"를 출력<br>• 2일 경우 "twothree"를 출력<br>• 3일 경우 "three"를 출력하고 switch문을 빠져나감(break문이 없을 경우 아래의 case문들도 실행).<br>• 4일 경우 "fourfive"를 출력<br>• 5일 경우 "five"를 출력 |
| `    return 0;`<br>`}` | 함수 종료 |

## 64 ①

|  |  |
|---|---|
| `#include <stdio.h>`<br>`int main()`<br>`{` | • 헤더 파일 정의<br>• main() 함수 시작 |
| `    int x, y;`<br>`    for(x = 0; x < 2; x++)`<br>`    {`<br>`        for(y = 0; y < 2; y++)`<br>`        {`<br>`            printf("%d",`<br>`!x \|\| !y);`<br>`        }`<br>`    }` | • 정수형 변수 x, y 선언<br>• x는 0~1까지 +1씩 반복<br>• y는 0~1까지 +1씩 반복<br>• !0 → 1, !1 → 0으로 보수 처리<br>• a\|\|b : a, b 둘 중 1개만 1이어도 1 출력 (or 연산) |

| x | | y | 결과 |
|---|---|---|---|
| !0(1) | \|\| | !0(1) | 1 |
| !0(1) | \|\| | !1(0) | 1 |
| !1(0) | \|\| | !0(1) | 1 |
| !1(0) | \|\| | !1(0) | 0 |

|  |  |
|---|---|
| `    return 0;`<br>`}` | main() 함수 종료 |

**오답 피하기**

!(x && y)

| x | | y | x && y | ! |
|---|---|---|---|---|
| 0 | && | 0 | 0 | 1 |
| 0 | && | 1 | 0 | 1 |
| 1 | && | 0 | 0 | 1 |
| 1 | && | 1 | 1 | 0 |

## 65 ④

|  |  |
|---|---|
| `class TestClass {`<br>`    int t = 1;`<br>`    public void print() {`<br>`    System.out.`<br>`print("AA");`<br>`    }`<br>`}` | • TestClass 클래스 선언<br>• t 멤버 변수 선언하고 1로 초기화<br>• print() 메소드를 정의<br>• "AA"를 출력 |
| `public class Test ex-`<br>`tends TestClass {`<br>`    public void print()`<br>`{`<br>`        System.out.`<br>`print("BB");`<br>`    }` | • Test 클래스 선언<br>• Test 클래스는 TestClass 클래스를 상속받아서 print라는 이름의 메소드를 재정의(오버라이딩)<br>• "BB"를 출력 |
| `    public static void`<br>`main(String[] args) {`<br>`    int t = 2;` | • main() 메소드 정의(String 배열 args를 매개 변수로 가지고 있음)<br>• t 정수형 변수를 선언하고 초깃값으로 2를 할당 |
| `    TestClass tt = new`<br>`Test();`<br>`    tt.print();`<br>`    System.out.`<br>`print(t);`<br>`    }`<br>`}` | • TestClass 타입의 tt라는 이름의 변수를 선언(상속받은 Test 클래스의 객체로 초기화)<br>• tt 객체의 print() 메소드를 호출(실제로 실행되는 print() 메소드는 Test 클래스에서 재정의한 메소드임)<br>• 따라서 "BB"가 출력<br>• t 변수의 값을 출력(main() 메소드 내에서 선언된 변수이므로 초깃값인 2가 출력) |

## 66 ①

IPv6의 패킷 헤더는 40바이트의 고정된 길이를 가지므로 IPv4처럼 Header Length Field가 필요 없다.

## 67 ③

**서브네팅**

• 192.168.1.0/24란 1의 개수가 24개를 의미한다.
• 11111111 11111111 11111111 00000000
• 255.255.255.0의 C클래스를 서브넷으로 사용하는 것을 의미한다.
• FLSM 방식으로 4개의 서브넷을 나누라고 지시했으나 2의 승수 단위로만 나눌 수 있으므로 2^2 = 4이며, 즉 4개로 Subnetting하여야 한다.
• 256/4=64이므로 각 Subnet에 할당되는 IP는 대역별로 64개가 된다.

| No | 대역 |
|---|---|
| 1 | 192.168.1.0~63 |
| 2 | 192.168.1.64~127 |
| 3 | 192.168.1.128~191 |
| 4 | 192.168.1.192~256 |

• 각 대역의 첫 번째 IP(192.168.1.192)는 네트워크 ID, 마지막 IP는 브로드캐스트 주소로 할당된다.
• 4번째 : 193, 194, 195, 196로 196번이다.

## 68 ④

**malloc() 함수(메모리 동적 할당)**
- malloc() 함수는 프로그램이 실행 중일 때 사용자가 직접 힙 영역에 메모리를 할당할 수 있게 해준다.
- malloc() 함수의 실행 시간에 힙 메모리를 할당받는다.
- malloc() 함수를 실행하여 메모리를 할당받지 못하면 널 값이 반환된다.
- malloc() 함수로 할당받은 메모리는 free() 함수를 통해 해제시킨다.
- 예를 들어, malloc(10)을 호출하면 10바이트의 메모리가 할당된다.

**오답 피하기**

[형식]

```
#include 〈stdlib.h〉 // malloc() 함수가 포함된 헤더 파일
void* malloc(size_t size)
```

## 69 ④

우선순위를 계산하여 그 숫자가 가장 큰 것부터 높은 순으로 우선순위가 부여된다.

**HRN 계산**

$$\text{우선순위 계산식} = \frac{\text{대기 시간} + \text{서비스를 받을 시간}}{\text{서비스를 받을 시간}}$$

- A 작업 : (5+20)/20 = 1.25
- B 작업 : (40+20)/20 = 3
- C 작업 : (15+45)/45 = 1.3
- D 작업 : (40+10)/10 = 5
- 작업 순서 : D → B → C → A

## 70 ②

**백도어 탐지 방법**
- 무결성 검사
- 로그 분석
- SetUID 파일 검사
- 현재 동작 중인 프로레스 및 열린 포트 확인
- 바이러스 및 백도어 탐지 툴 사용

## 71 ③

표준 라이브러리는 프로그래밍 언어가 기본적으로 가지고 있는 라이브러리를 의미하며, 외부 라이브러리는 별도의 파일 설치를 필요로 하는 라이브러리를 의미한다.

## 72 ③

**OSI 7계층의 기능**
- 세션 계층(Session Layer) : 회화 구성, 동기 제어, 데이터 교환 관리, 프로세스 간에 대한 연결을 확립, 관리, 단절시키는 수단을 제공한다.
- 표현 계층(Presentation Layer) : 코드 변환, 암호화, 압축, 구문 검색한다.
- 응용 계층(Application Layer) : 사용자에게 서비스 제공하며, 네트워크 가상 터미널(network virtual terminal)이 존재하여 서로 다른 프로토콜에 의해 발생하는 호환성 문제를 해결하는 계층이다.

## 73 ④

FIFO(First In First Out)는 가장 먼저 적재된 페이지를 먼저 교체하는 기법이다.

| 요청 페이지 | 1 | 2 | 1 | 0 | 4 | 1 | 3 |
|---|---|---|---|---|---|---|---|
| 페이지 프레임 | 1 | 1 | 1 | 1 | 4 | 4 | 4 |
| | | 2 | 2 | 2 | 2 | 1 | 1 |
| | | | | 0 | 0 | 0 | 3 |
| 페이지 부재 | O | O | | | O | O | O |

## 74 ①

**프로세스(Process)**
- 프로세스는 주소 공간에 실행 스택(Stack)을 가지고 있다.
- 비동기적 행위를 일으키는 주체로 정의할 수 있다.
- 실행 중인 프로그램을 말한다.
- 프로세스는 각종 자원을 요구한다.

**스레드(Thread)**
- 프로세스 내에서의 작업 단위로서 시스템의 여러 자원을 할당받아 실행하는 프로그램의 단위를 의미한다.
- 하드웨어, 운영체제의 성능과 응용 프로그램의 처리율을 향상시킬 수 있다.
- 한 개의 프로세스는 여러 개의 스레드를 가질 수 있다.

## 75 ①

**데이터 링크 계층(Data Link Layer)**
- 인접한 두 개의 통신 시스템 간에 신뢰성 있는 효율적인 데이터를 전송하는 계층이다.
- 링크의 설정과 유지 및 종료를 담당한다.
- 전송 데이터의 흐름 제어, 프레임 동기, 오류 제어 등을 수행한다.
- 링크의 효율성을 향상시킨다.
- 프로토콜 종류 : HDLC, PPP, LLC, LAPB, LAPD, ADCCP

## 76 ②

**C언어 연산자**

| 산술 연산자 | *, /, % |
|---|---|
| | +, − |
| 시프트 연산자 | 《, 》 |
| 관계 연산자 | 〈, 〈=, 〉, 〉= |
| | ==, != |
| 할당 연산자 | =, +=, −=, *=, /=, %=, 《=, 》= |

**77** ④

|  |  |
|---|---|
| ```public class Test { static void func(int a, int b) throws ArithmeticException {``` | Test 클래스 선언. 매개 변수 a,b를 갖는 func 정적 메소드를 정의한다. |
| ```if (b == 0) { throw new ArithmeticException("나 눗셈 불가"); }``` | • b가 0인 경우, 즉 0으로 나누는 상황에서는 ArithmeticException를 발생시킨다.<br>• 예외를 발생시키는 throw를 사용하여 새로운 ArithmeticException 객체를 생성하고 메시지 "나눗셈 불가"를 함께 전달한다. |
| ```System.out. println("결과 : " + a / b);``` | b가 0이 아닌 경우 a를 b로 나눈 결과를 출력한다. |
| ```public static void main(String[] args) {``` | 명령행 인수를 문자열 배열로 받는 매개 변수를 갖는 main 메소드 선언한다. |
| ```try { func(30, 0); } catch (Arithmet- icException e) { System.out. println(e.get- Message()); } finally { System.out. println("프로그 램 종료"); }``` | • try–catch 블록으로 예외 처리를 한다.<br>• try 블록 내에서는 예외가 발생할 수 있는 코드를 실행한다.<br>• func(30, 0)를 호출하는데, func 메소드에서 0으로 나누는 상황에서 ArithmeticException이 발생할 수 있다.<br>• 만약 예외가 발생하면 catch 블록으로 이동하여 해당 예외를 받아서 처리한다.<br>• ArithmeticException e는 catch 블록에서 ArithmeticException 예외를 받아올 때 사용할 변수이고, 예외 객체에 저장된다.<br>• System.out.println(e.getMes-sage())는 예외 객체에 저장된 메시지를 출력한다. 이 경우 "나눗셈 불가" 메시지가 출력된다.<br>• finally : 예외 발생 여부와 상관없이 항상 실행된다.<br>• "프로그램 종료" 메시지를 출력한다. |

[결과]
나눗셈 불가
프로그램 종료

**78** ④

- range(0, len(text), 2)를 사용하여 0부터 text 문자열의 길이까지 2의 간격으로 숫자를 생성한다.
- text 문자열의 짝수 인덱스에 해당하는 값을 추출하기 위한 인덱스 범위를 정의하는 것이다.

| H | e | l | l | o | , |   | W | o | r | l | d | ! |

**79** ②

**C언어 변수명 작성 규칙**
- 영문 대소문자(A~Z, a~z), 숫자(0~9), '_'를 혼용하여 사용할 수 있다.
- 첫 글자는 영문자나 '_'로 시작해야 한다.
- 영문자는 대소문자를 구분한다.
- 공백을 포함할 수 없다.
- 예약어(Reserved Word)를 사용할 수 없다.
- 예약어 : auto, beak, case, char, const, continue, default, do, double, else, enum, extern, float, for, goto, if, int, long, register, return, short, signed, sizeof, static, struct, switch, typedef, union, unsigend, void, volatile, while

**80** ②

**모듈화(Modularity)**
- 모듈화는 거대한 문제를 작은 조각의 문제로 나누어 다루기 쉽도록 하는 과정으로, 작게 나누어진 각 부분을 모듈이라고 한다.
- 소프트웨어의 모듈은 프로그래밍 언어에서 Subroutine, Function 등으로 표현될 수 있다.
- 모듈화는 시스템을 지능적으로 관리할 수 있도록 해주며, 복잡도 문제를 해결하는 데 도움을 준다.
- 모듈화는 시스템의 유지보수와 수정을 용이하게 한다.

## 5과목 정보 시스템 구축 관리

**81** ②

**MQTT(Message Queuing Telemetry Transport)**
- IBM이 주도하여 개발한 기술로 사물 통신, 사물 인터넷과 같이 대역폭이 제한된 통신 환경에 최적화하여 개발된 푸시 기술 기반의 경량 메시지 전송 프로토콜이다.
- TCP/IP 기반 네트워크에서 동작하는 발행–구독 기반의 메시징 프로토콜로 최근 IoT 환경에서 자주 사용되고 있는 프로토콜이다.

**82** ②

**Ping Flood**
- 네트워크의 정상 작동 여부를 확인하기 위해 사용하는 Ping 테스트를 공격자가 공격 대상 컴퓨터를 확인하기 위한 방법으로 사용하는 공격 방법이다.
- 특정 사이트에 매우 많은 ICMP Echo를 보내면, 이에 대한 응답(Respond)을 하기 위해 시스템 자원을 모두 사용해 버려 시스템이 정상적으로 동작하지 못하도록 하는 공격 방법이다.

## 83 ②

**IBN(Intent-Based Networking)**
- 네트워크 관리를 더 효율적이고 자동화된 방식으로 수행하기 위해 인공 지능과 머신러닝을 활용하는 개념이다.
- 네트워크 운영자가 의도(Intention)를 기반으로 네트워크 동작을 설정하고 제어할 수 있는 방식을 제공한다.
- 네트워크의 상태를 실시간으로 모니터링하고 예측하여 문제를 사전에 감지하고 조치할 수 있다.
- 네트워크 구성을 최적화하고 필요한 변경을 자동으로 제안하며, 네트워크 운영을 간소화하고 자동화할 수 있다.

## 84 ①

**하둡(Hadoop)**
- 오픈소스를 기반으로 한 분산 컴퓨팅 플랫폼이다.
- 일반 PC급 컴퓨터들로 가상화된 대형 스토리지를 형성한다.
- 다양한 소스를 통해 생성된 빅데이터를 효율적으로 저장하고 처리한다.

**멤리스터(Memristor)**
- 메모리(Memory)+레지스터(Resistor)의 합성어이다.
- 전류의 흐름과 시간의 변화에 따라 저항의 강도가 바뀌는 새로운 전기소자로 이전의 상태를 모두 기억하는 메모리이다.

**비컨(Beacon)**
- 블루투스 4.0(BLE) 프로토콜 기반의 근거리 무선 통신 장치로 최대 70m 이내의 장치들과 교신할 수 있는 차세대 스마트폰 근거리 통신 기술이다.
- 저전력으로 모바일 결제 등을 가능하게 해주는 스마트폰 근거리 통신 기술이다.
- NFC보다 가용 거리가 길고 5~10cm 단위 구별이 가능해 정확성이 높다.

**포스퀘어(Foursquare)**
- 스마트폰에 탑재된 GPS를 활용해 위치 정보를 수집한다.
- 쇼핑 관광 등에 활용하는 위치 기반 소셜네트워크 서비스이다.
- 위치 기반의 지역 검색 및 추천 서비스로, 사용자로 하여금 현재 위치를 지속적으로 갱신하면서 친구들과 공유하게끔 하는 서비스이다.

## 85 ①

| 구분 | DSA | RSA |
|---|---|---|
| 알고리즘 | 비대칭 암호화 | 비대칭 암호화 |
| 키의 종류 | 개인키, 공개키 | 개인키, 공개키 |
| 키 생성 | 더 작은 개인키와 공개키 생성 | 큰 개인키와 공개키 생성 |
| 안정성 | 안정적 | 안정적 |
| 속도 | 상대적으로 빠름 | 상대적으로 느림 |
| 사용 사례 | 디지털 서명 | 암호화, 디지털 서명 |
| 암호화 알고리즘 | 이산대수 | 소인수분해 |

## 86 ④

Nmap(Network mapper) : 고든 라이온(Gordon Lyon)이 작성한 보안 스캐너로 컴퓨터와 서비스를 찾을 때 쓰이며, 네트워크 "지도"를 함께 만들어 서버에 열린 포트 정보를 스캐닝해서 보안 취약점을 찾는 데 사용한다.

## 87 ④

| ECB(Electronic Codebook Mode) | 평문 블록을 독립적으로 암호화하는 가장 간단한 모드이다. |
|---|---|
| CBC(Cipher Block Chaining Mode) | • 이전 암호문 블록과의 연결을 통해 암호화를 진행하는 모드이다.<br>• 초기화 벡터(IV)를 사용하여 암호화의 무작위성을 추가한다. |
| CFB(Cipher Feedback Mode) | • 암호문의 일부를 피드백으로 사용하여 다음 평문 블록을 암호화하는 모드이다.<br>• 암호문 블록이 평문 블록과의 연결로 사용된다. |
| OFB(Output Feedback Mode) | • 암호문 블록의 일부를 피드백으로 사용하여 다음 암호문 블록을 생성하는 모드이다.<br>• 암호문 블록과 평문 블록은 연결되지 않는다. |
| CTR(Counter Mode) | • 암호문 블록을 생성하기 위해 카운터 값을 사용하는 모드이다.<br>• 각 평문 블록은 카운터 값을 증가시키며, 암호화와 복호화에 동일한 카운터 값이 사용된다. |

**오답 피하기**

ECC(Elliptic Curve Cryptography) : 대칭키 암호화 모드가 아닌 암호화 기술인 "타원 곡선 암호화(Elliptic Curve Cryptography)"를 나타내는 용어이다.

## 88 ①

**직접 연결 저장 장치(DAS : Direct-attached storage)**
- 하드 디스크와 같은 데이터 저장 장치를 호스트 버스 어댑터에 직접 연결하는 방식이다.
- 저장 장치와 호스트 기기 사이에 네트워크 디바이스가 있지 말아야 하고 직접 연결하는 방식으로 구성된다.

## 89 ②

**COCOMO 개발 유형**
- Organic Mode(유기적 모드) : 일괄 자료 처리나 과학 기술 계산용, 비즈니스 자료 처리용의 5만 라인 이하의 중소 규모 소프트웨어를 개발하는 유형이다.
- Semi-Detached Mode(반 결합 모드) : 트랜잭션 처리 시스템이나 운영 체제, 데이터베이스 관리 시스템 등의 30만 라인 이하의 소프트웨어를 개발하는 유형이다.
- Embedded Mode(내장 모드) : 최대형 규모의 트랜잭션 처리 시스템이나 운영체제 등의 30만 라인 이상의 소프트웨어를 개발하는 유형이다.

## 90 ①

**정보 보안의 3요소**
- 무결성(Integrity) : 시스템 내의 정보는 오직 인가된 사용자만 수정할 수 있는 보안 요소이다.
- 기밀성(Confidentiality) : 인가되지 않는 사용자가 객체 정보의 내용을 알 수 없도록 하는 보안 요소이다.
- 가용성(Availability) : 정보 시스템 또는 정보에 대한 접근과 사용이 요구 시점에 완전하게 제공될 수 있는 상태를 의미하는 보안 요소이다.

## 91 ①

### 데이터마이닝(Data Mining)

- 대량의 자료에서 유용한 정보를 찾아내어 그 데이터 사이의 연관 관계를 분석해 미래에 대한 예측을 가능하게 하는 것이다.
- 데이터웨어하우스와 데이터마이닝을 적용해 고객의 개인적 성향을 분석하여 고객관리와 마케팅의 효율성을 극대화할 수 있다.

## 92 ④

### 간트 차트(Gantt Chart)

- 각 작업들의 일정을 막대로 표시하는 기법이다.
- 이정표, 작업 기간, 작업 일정 등을 나타낸다.
- 시간선(Time-Line) 차트라고도 한다.
- 막대로 표시하며, 수평 막대의 길이는 각 태스크의 기간을 나타낸다.

## 93 ③

### 컴포넌트 기반 개발 방법론(CBD : Component Based Development)

- 재사용이 가능한 컴포넌트의 개발 또는 상용 컴포넌트들을 조합하여 애플리케이션 개발 생산성과 품질을 높이고, 시스템 유지보수 비용을 최소화할 수 있는 개발 방법 프로세스이다.
- 컴포넌트 단위의 개발 및 조립을 통하여 정보 시스템의 신속한 구축, 변경, 확장의 용이성과 타 시스템과의 호환성을 달성하고자 하는 소프트웨어 공학 프로세스, 방법론 및 기술의 총체적 개념이다.

## 94 ①

### V-모델

- 폭포수 모델에 시스템 검증과 테스트 작업을 강조한 모델이다.
- 세부적인 프로세스로 구성되어 있어서 신뢰도 높은 시스템 개발에 효과적이다.
- 개발 단계의 작업을 확인하기 위해 테스트 작업을 수행한다.
- 생명주기 초반부터 테스트 작업을 지원한다.

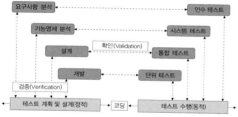

▲V-모델과 테스트 단계

## 95 ①

### 고가용성 솔루션(HACMP : High Availability Cluster Multi Processing)

- AIX(AIXadvanced interactive executive, IBM 운영체제)를 기반으로 Solution, Resource의 중복 또는 공유를 통해 Application의 보호를 가능하게 해준다.
- 두 대 이상의 시스템을 하나의 Cluster로 묶어 Cluster 내의 한 시스템에서 장애가 발생할 경우 다른 시스템이 장애가 발생한 시스템의 자원을 인수할 수 있도록 하여 서비스의 중단을 최소화하도록 도와주는 솔루션이다.
- 각 시스템 간에 공유 디스크를 중심으로 클러스터링으로 엮어 다수의 시스템을 동시에 연결할 수 있다.
- 조직, 기업의 기간 업무 서버 등의 안정성을 높이기 위해 사용된다.

> **오답 피하기**

스턱스넷(Stuxnet)은 2010년 6월에 발견된 웜 바이러스이다.

## 96 ③

소프트웨어 공학의 궁극적 목표는 최소의 비용으로 계획된 일정보다 이른 시일 내에 소프트웨어를 개발하는 것이다.

## 97 ④

### CMMI 5단계(소프트웨어 프로세스 성숙도)

- 초기(Initial) : 예측/통제 불가능
- 관리(Managed) : 기본적인 프로젝트 관리 체계 수립
- 정의(Defined) : 조직 차원의 표준 프로세스를 통한 프로젝트 지원
- 정량적 관리(Quantitatively Managed) : 정량적으로 프로세스가 측정/통제됨
- 최적화(Optimizing) : 프로세스 개선 활동

## 98 ④

### COCOMO 개발 유형

- Organic Mode(유기적 모드) : 일괄 자료 처리나 과학 기술 계산용, 비즈니스 자료 처리용의 5만 라인 이하의 중소규모 소프트웨어를 개발하는 유형이다.
- Semi-Detached Mode(반 결합모드) : 트랜잭션 처리 시스템이나 운영체제, 데이터베이스 관리 시스템 등의 30만 라인 이하의 소프트웨어를 개발하는 유형이다.
- Embedded Mode(내장 모드) : 최대형 규모의 트랜잭션 처리 시스템이나 운영체제 등의 30만 라인 이상의 소프트웨어를 개발하는 유형이다.

## 99 ③

### 벨라파듈라 모델(BLP : Bell-LaPadula Confidentiality Model) :

군대의 보안 레벨처럼 정보의 기밀성에 따라 상하 관계가 구분된 정보를 보호하기 위해 사용하며, 자신의 권한보다 낮은 보안 레벨 권한을 가진 경우에는 높은 보안 레벨의 문서를 읽을 수 없고 자신의 권한보다 낮은 수준의 문서만을 읽을 수 있다.

## 100 ③

해싱 함수의 종류 : 제산 방법(Division Method), 중간 제곱 방법(Mid - Square Method), 중첩 방법(폴딩, Folding Method), 기수 변환 방법(Radix Conversion Method), 무작위 방법(Random Method), 계수 분석 방법(Digit Analysis Method)

MEMO